성경으로 본 기업 윤리와 비즈니스

비즈니스 윤리와
지속가능경영

성경으로 본 기업 윤리와 비즈니스

비즈니스 윤리와 지속가능경영

스콧 레이 · 켄만 윙 지음
노동래 옮김

Beyond Integrity

A Judeo-Christian Approach to Business Ethics

연암사

성경으로 본 기업 윤리와 비즈니스

비즈니스 윤리와 지속가능경영
Beyond Integrity

초판 인쇄 2016년 1월 1일
초판 발행 2016년 1월 15일

지은이   스콧 레이 · 켄만 웡
옮긴이   노동래
발행인   권윤삼
발행처   도서출판 연암사

등록번호 제10-2339호
주소   121-826 서울시 마포구 월드컵로 165-4
전화   02-3142-7594
팩스   02-3142-9784

ISBN 979-11-5558-017-2 92190

연암사의 책은 독자가 만듭니다.
독자 여러분들의 소중한 의견을 기다립니다.
트위터 @yeonamsa
이메일 yeonamsa@gmail.com

이 도서의 국립중앙도서관 출판시도서목록(CIP)은
서지정보유통지원시스템 홈페이지(http://seoji.nl.go.kr)와
국가자료공동목록시스템(http://www.nl.go.kr/kolisnet)에서 이용하실 수 있습니다.
(CIP제어번호: CIP2015026724)

추천사

아무래도 우리 시대 하나님 나라의 전초기지는 기업의 비즈니스 영역에 세워져 있는 것 같다. 인간의 삶을 밑바닥에서 뒷받침하는 자본이 생성되고 뭇 생명들이 먹고사는 일에 가장 긴밀하게 관여하는 현장이 거기에 둥지를 틀고 있기 때문이다. 예수의 달란트 비유에서 주인의 요청은 각자에게 부여된 그 달란트 자본금을 밑천으로 사업을 벌여 이익을 남기라는 것이었다. 사업상의 수익 창출에 자신이 없는 최악의 소극적인 경우에도 은행에 그 자금을 맡겨 이자수익이라도 거두는 걸 주인은 은연중 용인하였다. 그러나 예수의 이 비유는 그 달란트를 맡은 종들이 그 자본금을 어떻게 운용하였고, 어떤 사업에 투자하였으며, 어떤 장사를 벌여 그렇게 곱절의 수익을 거두었는지 설명하지 않는다. 그 생략된 '과정'이 오늘날 성경의 이야기로써 기업 윤리를 세우고자 하는 경우 함정이 될 수 있다. 달란트 자본을 가지고 곱절의 이득을 거두었으니 그 결과가 선하면 모든 것을 선하게 보고자 하는 자기정당화의 위험이 도사리고 있기 때문이다. 그 위험을 심각하게 보지 않는 자들은 '꿩 잡는 게 매'라는 속설을 곧잘 인용한다. 어차피 약육강식의 동물적 정글 세계에서는 힘 센 사람이 약한 사람을 지배하고, 자본이 있는 자가 그렇지 못한 자의 몫을 합법적으로 빼앗아 제 소유로 만드는 것이 상례인 양 인식되어 왔기 때문이다.

그러나 예수는 분명히 과정의 윤리를 세워 달란트 자본에 인간의 얼굴을 중시하였고, 그것이 하나님 나라의 필수적 가치임을 분명히 하였다. 이에 따라 하나님과 돈의 신 맘몬 중 한 가지를 섬겨야지 그 둘을 동시에 섬길 수 없음도 확고하게 밝혔다. 나아가 사도 바울은 그 가치기준을 분명히 설정하지 않은 채 맹목적인 물질적 탐욕에 휘둘려

"돈을 사랑하는 것이 모든 악의 뿌리"임을 역설하기도 하였다. 그러나 그 달란트 자본이 인간의 얼굴을 달고 하나님 앞에 경건하게 성육신하면 모든 이들에게 '일용할 양식'을 공급하는 요긴한 수단이 되고, 헐벗은 자에게 의복을 공급하는 재원이 되며, 억눌린 자들을 해방시키는 소중한 밑천이 되기도 한다.

이 책은 이와 같이 오늘날 전 지구적 자본주의 사회 속에서 성경이 제시하는 윤리적 원칙을 올곧게 세워보고자 하는 신실한 의욕으로 지어졌다. 저자는 성경이 생산된 고대의 환경을 무시하고 문자 그대로 그 교훈을 오늘날 자본제적 체계 속에 뭉툭하게 들이대지 않는다. 도리어 저자는 성경의 시대적인 제약과 문화적인 차이를 충분히 고려하면서 그럼에도 불구하고 바뀔 수 없는 진리의 차원에서 기업과 비즈니스, 자본과 그 운용방식에 대한 윤리적 기초를 확립하고자 애쓰고 있다. 이 책의 도드라진 장점은 자본주의 경영학의 교리 교본처럼 성경을 원리적인 차원에서 활용하기보다 기본적인 교훈을 추출하여 다양한 맥락에 적용될 경우 어떤 결과가 산출되고 또 그것에 무슨 의미가 있는지 자세한 토론 주제를 제시하면서 탄력적인 소통을 시도한다는 점이다. 게다가 다양한 비즈니스 현장의 사례를 분석하고, 추가로 읽을 만한 참고자료들을 풍성하게 제공함으로써 딱 부러진 단 하나의 모범답안이 아니라 여러 맥락에 따라 유연하게 대응하고 지속적으로 실천 가능한 대안들을 모색하도록 돕고 있는 것도 이 책의 유익한 점이다.

역자는 한국 기업의 다양한 현장 경험을 쌓아오면서 기업윤리와 컴플라이언스 영역의 도서들을 번역한 이력을 갖추고 있다. 그는 번역작업을 통해 비단 영리를 최고 목적으로 하는 일반기업뿐 아니라 관공서와 교회 및 여러 NGO기관과 같은 비영리단체 역시 합리적인 경영 체계에 반드시 포함되어야 할 필수조건으로 윤리 규범을 강조해 왔다. 이 땅의 기업들이 10년 주기로 엄청난 위기상황을 초래하면서 물질자본의 세계를 뒷받침하는 인간의 정신세계가 얼마나 취약한지 온 국민이 통렬하게 경험해온 터라 그의 통찰과 청지기적 노력이 더욱 값지게 다가온다. 오늘날 이해관계로 얽힌 조직과 무관하게 살 수 없는 세상을 경험하면서 그 균형을 잡아줄 견고한 중심이 갈급한 형편이다. 이런 현실에 부응하여 성경의 핵심 교훈을 통해 컴컴한 세상에서 이 책이 길잡이 역할을 해줄 수 있으리라 확신한다. 경영자와 직장인은 물론 목회자와 교회 직분자, 신학도들까지 진지한 일독을 권한다.

차정식 _ 한일장신대 신학부 교수

역자 서문

컴플라이언스 관련 책자를 몇 권 번역해서 소개하고, 이에 관해 이따금 강의를 하러 다니면서 나는 단순히 법률 규정의 문자를 지키는 것만으로는 부족하고 윤리가 뒷받침되는 데까지 나갈 필요가 있다는 걸 절실히 깨닫게 되었다.

고등학생 시절부터 기독교 신앙에 심취해 있던 나는 오늘날 우리나라의 교회들이 사회에 기여하기보다는 오히려 사회가 교회의 상태에 대해 우려의 시선을 보내는 경지에 이른 현실을 지켜보면서, 신앙이 삶과 분리되어서는 안 되며 교회당에서 입술로 하는 고백과 삶의 현장에서 살아가는 가치가 일치해야 한다고 되뇌곤 했다.

나는 두 가지 과제를 두고 씨름하고 있었다. 어떻게 우리나라 조직들이 진정으로 윤리적인 조직이 되도록 도움을 줄 수 있을 것인가? 어떻게 내가 고백하는 신앙을 삶의 현장에서 적용하며 살아낼 것인가? 이러한 고민에 대한 작은 해답으로 이 책을 소개한다.

이 책은 추천사와 저자 서문에서 밝히고 있듯이, 다양한 주제에 관해 다양한 학자와 실무자들의 견해를 소개한다. 이 책이 다루는 내용이 방대하기도 하거니와 일부 내용들은 상당히 어려운 부분도 있지만 주제마다 일반적인 서적들과는 차원이 다른, 깊이 있고 실제적인 관점을 제공하고 있어서 독자들에게 큰 도움이 되리라 확신한다.

이 책의 저자들은 비록 유대 기독교적 전통, 즉 성경적 가치관을 기반으로 논리를 전개하지만, 이들이 다루는 각각의 주제마다 관점을 달리하는 다양한 학자들의 견해를 제시하고 있어서 자신의 종교와 무관하게 유익한 통찰력을 얻을 수 있다. 또한 이 책은 저자들이 대학원 기업 윤리 과정 교재로 사용할 목적으로 저술했기 때문에 다양한 읽기 자료와 사례연구 자료들을 포함하고 있다. 우리나라에서도 이 책, 또는 유사한 교재를 사용해서 미래의 경영자와 직장인들에게 비즈니스 현장에서 부딪힐 수 있는 윤리적 딜레마의 성격과 이에 대처할 수 있는 방법을 미리 준비시키는 대학들이 증가하기를 기대한다.

이 책에서 저자들은 기업 윤리는 개인의 성품에만 맡겨 둘 사안이 아니라, 조직 차원의 문화와 제도적 장치로까지 이어져야 하고, 개인 차원에서도 개인적으로 올곧을 뿐만 아니라, 조직에서 윤리를 증진하는 리더 역할도 잘 수행해야 한다는 점을 강조하고 있다. 그런 기업, 그런 개인들이 많이 나와서 우리 사회가 보다 맑고 투명한 사회가 되는 데 기여하기를 고대해 본다.

바쁜 일정에도 불구하고 이 책의 원고를 읽고 추천사를 써 주신 한일장신대학교 신학부 차정식 교수님께 감사드린다. 차 교수님의 추천사는 이 책을 읽어야 할 이유를 잘 설명해 주고 있다. 또한 기업이 이익만 추구할 것이 아니라 사업가 정신과 기업의 보유 자원으로 사회를 보다 조화되고 평화로운 세상으로 바꾸는 데 기여할 수 있다는 취지에 깊이 공감하고, 그러한 메시지를 표지 그림으로 그려 주신 유영성 일러스트레이터께 깊이 감사드린다.

도서출판 연암사 권윤삼 대표와 편집부에도 깊이 감사드린다. 이들의 헌신적인 노력이 없었다면 이 책은 빛을 보지 못했을 것이다. 그리고 늘 옆에서 힘이 되어 주는 아내와 두 아들에게도 사랑과 감사를 전한다. 한 해를 번역에 매달려 지내면서 때로는 내 역량 부족에, 때로는 지겨움과 피로에 힘들어 할 때마다 가족의 사랑과 격려는 이 일을 지속하는 원동력이 되었다.

끝으로 방대한 분량의 책을 번역할 수 있는 용기와 힘을 주신 내 하나님께 깊이 감사드린다. 나는 책 선정에서부터, 번역과 원 출판사 접촉 및 협상, 편집 등 모든 과정마다 내가 믿는 하나님이 개입하시고 인도하셨다고 믿는다. 분량과 다루는 주제 면에서 감히 번역할 엄두를 내기 어려운 이 책을 번역하겠다고 도전한 건 내가 하나님을 사랑한다는 신앙 고백이었음을 밝혀둔다.

노동래

감사의 글

이 책의 3판 발행을 기쁘게 생각합니다. 우리는 이 책의 초판(1996년에 출판됨) 발행을 준비할 때, 이 책이 2판까지 발행되리라 기대하지 않았었고, 더욱이 3판까지 발행되리라고는 꿈에도 생각하지 않았습니다. 1, 2판 발행 때와 마찬가지로 많은 사람들이 큰 도움을 주었습니다. 먼저, 존더반(Zondervan) 출판사의 카트야 코브렛(Katya Covrett)과 짐 루악(Jim Ruark)의 편집 관련 지도에 감사드립니다. 또한 이 회사의 가일 닐(Gail Neal)에 감사드립니다. 그녀는 이 책에 게재된 논문들을 사용할 수 있는 허가와 관련된 행정 사무를 처리해 주었습니다. 또한 이 책을 교재로 채택하고 내용 개선을 위해 통찰력을 공유해 주신 많은 교수님들께도 감사드립니다.

또한 우리(탈봇 신학교의 스콧(Scott)과 시애틀 퍼시픽 대학교 경영/경제학부의 켄만(Kenman))동료들과 재계의 친구들에게도 감사드리고 싶습니다. 그들은 우리와 비즈니스, 경제학, 신학 및 윤리에 대해 많은 대화를 나누었으며 때로는 우리에게 좋은 자료들을 소개해 주기도 했습니다. 그들 중 알 에리스먼(Al Erisman), 제프 반 두저(Jeff Van Duzer), 빌 웨스트(Bill West), 그리고 짐 해링톤(Jim Harrington)은 이 책의 이전 판에 대해 사려 깊은 피드백도 제공해 주었습니다. 우리는 또한 (자신도 모르는 사이에) 이 책의 내용 중 일부에 대한 '테스트 집단' 역할을 해 준 많은 학생들의 기여에 대해서도 감사드리고 싶습니다. 이들 중 일부는 사례 연구 또는 사례 연구를 위한 아이디어를 제공해 주기도 했습니다. 무엇보다도 우리가 이 책을 저술하는 동안 물리적으로, 그리고 정신적으로 함께 하지 못하는 것을 참아 준 가족들에게 깊은 감사를 전하고 싶습니다.

저자 서문

이 책은 성경적 가치관이라는 렌즈를 통해 비즈니스상의 도덕적 이슈들을 탐구하는 책의 3판이다. 지난 10여년 동안, 신문의 머리기사를 장식했던 많은 사건들로 인해 재계와 일반 대중은 비즈니스를 옳고 그름에 관한 보다 깊은 확신 및 단순한 "돈벌이"보다 더 강력한 목적과 연결시키기 위한 노력을 갱신할 필요가 있음을 상기시켜 주었다. 최근에 큰 문제에 빠져든 사람들 중 다수는 고위 경영진이었지만, 윤리 공부는 고위 경영진뿐만 아니라 기업 내 모든 직급의 임직원은 물론 취업하려는 모든 학생에게도 매우 중요하다.

몇 년 전에, 내가 교수로 재직하고 있는 대학교는 10년 전에 졸업하여 성공을 거두고 있는 졸업생 중 한 명을 초대하여 신입생 환영 연회에 앞서서 강연을 하게 했다. 과거에 이러한 연례행사에서 강연을 했던 몇몇 강사들은(그들은 모두 성공적인 동문들이다) 기본적으로 열심히 공부하는 덕목을 칭찬하며 학생들에게 학업과 함께 다른 사람들과의 '네트워크 형성'을 위해 현재의 기회를 최대한 활용하도록 격려했다. 나는 이 얘기들을 전에도 들었다고 생각했고, 또한 내 아들이 속한 야구팀의 행사를 돕고 서둘러 왔기 때문에, 그다지 강사의 말에 주의를 기울이지 않고 있었다(몇몇 졸업생들에게 사과하는 바이다). 그런데 갑자기 내 이름이 거명되어 깜짝 놀랐다.

그 연사는 자기가 졸업반이었을 때 내가 가르쳤던 기업 윤리 과목에 충분한 주의를 기울이지 않았다고 고백했다. 나는 잠시 상한 자존심을 내려놓고서, 윤리 공부는 다른 사람에게나 필요하다고 생각했다는 그의 말을 들었다. 그는 자신이 선량한 사람이고,

신앙심이 독실하며, 수업에서 다루었던 많은 이슈들이 자신의 삶에서 훨씬 뒤에나(자신이 고위 경영진에 오를 경우에나) 적용될 것으로 생각했다고 말했다. 그리고 나서 그는 자신의 경력에 대해 설명했다. 그는 졸업하자마자 4대 회계 법인에서 감사 업무를 하다 몇 년 뒤에 모기지 쪽으로 옮겨갔다. 청중들에게는 자신이 후에 들어간 산업을 따라 오지 말라며 농담을 한 뒤에(지난 10년 동안 회계 및 모기지는 별도의 경제 위기 촉발에 중추적 역할을 했다), 그는 자신을 가장 놀라게 한 것에 대해 설명했다. 그것은 그가 즉각적으로 직면해야 했던 많은 윤리적 문제들, 이들의 복잡성, 그리고 자신이 자랑스럽게 생각하지 않는 결정을 하라는 압력에 직면할 준비가 전혀 되어 있지 않았다는 것이었다.

대부분의 학생들은 졸업하자마자 회계 부정이나 서브프라임 모기지 스캔들과 같은 극적인 사건들에 직면하지는 않겠지만, 윤리적 도전 과제들은 기업, 의료계, 교육계, 엔지니어링, 사회 운동, 법률, 그리고 기타 영역 및 이 영역들의 모든 직급을 포함한 모든 직업에 존재한다. 윤리 자원 센터(Ethics Resources Center)가 실시한 2009년 전국 비즈니스 윤리 조사에 의하면, 조사 대상자의 약 절반(49%)이 직장에서 비윤리적인 활동을 목격했다고 한다.[1]

"올곧음(Integrity)"을 갖추는 것이 도움이 되기는 하지만, 이것만으로는 직장 내에서의 윤리 문제들에 대하여 효과적인 해법을 찾아 시행하기에는 충분하지 않다. 옳고 그름에 대한 우리의 인식은 동료와 리더에 의해 영향을 받는다. 우리는 또한 상반되는 의무와 압력에 직면할 수도 있고, 함께 일하면서 같이 결정을 내려야 할 때에도 무엇이 옳은 행동인지에 대하여 저마다 생각이 다를 수도 있다. 따라서 우리가 자신의 인식을 믿고서 올바른 길을 찾으려고 할 경우(인간은 자신을 과대평가하는 것과 같은 오류를 저지르는 경향이 있기 때문에 (자기 본위 편향), 우리의 인식 자체가 정확하지 않을 수도 있다), 잘못된 결정을 내릴 수도 있다.

이 지점이 바로 직업에 적용되는 공식적 윤리 공부가 중요한 기여를 할 수 있는 대목이다. 기업 윤리는 학문의 영역이기도 하고(이 분야가 점점 성장하고 있다) 기업 실무의 영역이기도

---

1) http://www.ethics.org/nbes/의 2009년 윤리 자원 센터 전국 비즈니스 윤리 조사를 보라. 이 수치(49%)는 56%였던 2007년 수치에 비해 다소 개선된 것이다. 이 조사에서 다소 의외였던 점은 윤리 위반을 저지르도록 압력을 받은 것으로 인식한 직원이 비교적 적었다는 사실이다(2007년에는 10%였는데 2009년에는 8%였다). 그러나 우리는 "인식"은 무엇이 비윤리적인지 여부에 대한 인식 및 민감성에 크게 의존한다는 점에 대해 주의를 환기하고자 한다. 허드슨(Hudson) 조사에 의하면 약 1/3이 직장에서 "비윤리적인 활동"을 목격했다고 한다.(http://www. Marketwatch.com/story/one-third-of-us-workers-witness-unethical-behavior). LRN 조사에 의하면, (과거 6개월간) 이 수치는 25%이다(http://www.lrn.com/lrn-ethics-study-ethics-impact-on-employee-engagement.html을 보라).

하다. 또한 기업 윤리는 일터에서의 옳고 그름에 대한 기준을 연구하고, 개발하며, 적용하는 분야이다. 기업 윤리는 비리 회피에 관심이 있지만, 점점 더 옳은 일을 하는 데 관심을 기울이고 있다. 학문 분야(discipline)로서 기업 윤리는 매우 중요한 질문("특정 가치 또는 의사 결정에 무엇이 잘못되었는가?")과 건설적인 질문("어떻게 좋은 가치를 존중하는 방식으로 일을 수행할 수 있는가?")을 하고, 이 질문에 대한 답변에 기초하여 실제적인 지침을 제공한다.

이 분야는 우리가 무엇을 가치 있게 여기고 무엇을 해야 하는지에 대한 적절한 기준을 개발하고자 하는 "규범적" 분야이지만, 사람들에게 윤리적(또는 비윤리적) 선택을 하도록 "장려하는" 핵심 요인들의 이해와 같이 어떤 일을 "왜" 해야 하는지 설명하려는 강력한 기술적(記述的) 측면도 있다. 기업 윤리는 개인들이 어떤 존재이며, 어떻게 결정을 내리고, 어떻게 행동해야 하는지에 초점을 맞추는 한편, 조직 및 경제 시스템에 내면화된 역학관계, 목적 및 가치 체계(그리고 실무 관행)에도 큰 관심을 기울인다.

확실히, 기업 윤리라는 학문이 달성할 수 있는 데에는 한계가 있다. 단순히 기업 윤리를 공부하는 것만으로 윤리적으로 "방탄복을 입게" 되는 것도 아니고, 복잡한 이슈들에 대하여 완벽한 해법이 보장되는 것도 아니다. 하지만 공식적으로 기업 윤리를 공부하면 보다 의도적이고, 깊이 생각하고, 정보에 입각한 윤리적 결정을 내리는 데 도움이 된다. 또한, 자신의 행동의 윤리적 함의와 사회적 환경의 영향에 대한 인식(도덕적 민감성), 세련된 틀을 통해 대안들을 평가할 수 있는 능력(도덕적 관점 지니기), 그리고 적절하고 옹호할 수 있는 가치를 반영하는 해법을 생각하는 능력(도덕적 상상력)이 향상될 수 있다.

기독교 윤리와 비즈니스

이 책은 기독교 신학에서 도출된 윤리가 개인의 의사 결정 향상과 조직 풍토, 기업의 시스템 및 구조 변화에 큰 기여를 할 것이라고 가정한다. 그러나 지금까지 기업 윤리는 주로 (종교가 없이) 세속적인 토대 위에 발달되어 왔다. 이미 다양한 기업 윤리 수업 과정에서 인간의 이성(즉 철학 및 사회 과학적 연구 방법)에 의존한 연구 자료와 교재들을 제공하고 있는데 유대-기독교적 접근법을 취하는 이 책이 어떤 기여를 할 수 있을까?

적어도 기독교 전통은 다양한 배경을 지닌 사람들에게 수천 년 동안 의미와 영감, 도덕적 지침을 제공해 준 시간과 상황의 시험을 거친 "지혜 문학"의 원천이며, 신앙을 바탕으로 한 "세계관" 또는 "이야기/서사(narrative)"는 기독교 교인들에게 "보는 방법", 즉 가치와 행동을 해석, 비판, 건설하는 렌즈를 제공해 준다. 신에 기원을 둔 윤리는 도덕적 헌신을 강화해 주고, 더 깊은 도덕적 정체성에 기여하며, "도덕적 동기"(왜 선해야 하는가?) 문제를 보다 설득력 있게 다룰 수 있다. 또한 신앙 전통은 그 안에서 옳고 그름의 문제에 대해 "씨름"할 수 있는 어휘와 이를 지원하는 맥락을 함께 제공해 준다.

물론, 초월적/신적 기원으로부터 윤리를 도출하려는 시도는 매우 겸손하게 행해져야 함을 인식할 필요가 있다. 분명하고 명확한 "하나님"의 명령이라는 이름으로 다수의 중대한 오류가 저질러지고 피해가 발생해 왔다. 기독교인들이 도덕적 문제들에 대하여 한목소리를 내는 경우도 극히 드문데, 이는 주로 기독교인들의 도덕적 정체성을 형성하도록 도와주는 주된 책(성경)이 해석되어야 하기 때문이다. 성경이 쓰여진 맥락 및 문화와 현대 독자들의 경험, 가정 및 전통과의 간극으로 인해 이는 매우 복잡하다.

기독교 신학 또한 어느 정도 독특한 내용의 규범 발달에 기여한다(예컨대, '원수를 사랑하라'와 같은 내용). 그러나 다수의 기독교 윤리 기준들은 다른 신앙 전통 또는 "이성"으로부터 도출된 기준들과 유사한 기독교의 윤리적 기준들도 많다.[2] 어떤 이들은 이를 "모든 종교들은 사실상 다 같다"는 증거로 보기도 한다. 그러나 기독교적 관점에서, 우리는 유사성을 발견하리라고 기대한다. "기독교인"이건 아니건, 동일한 하나님이 모든 사람의 창조주이며, 하나님의 형상이 부분적으로라도 사람들 안에 반영되어 있다. 따라서 "자연법"이건 "일반 은총"이건 종교, 문화, 그리고 시대를 불문하고 어느 정도 공통적인 윤리적 기준이 발견되는 것도 우연은 아니다(물론 다른 점들도 있다).[3]

아래의 두 부류 주요 독자층에 유용한 교과서를 제공하는 것이 우리의 목표이다. (1) 자신을 그리스도의 제자(많은 교파와 분파를 포함)로 인식하고, 어떻게 자신의 신앙 전통에 따라 살고 행동할지에 대하여 지침을 구하는 이들, (2) 중요한 여러 관습들 중 하나에서 도출된 윤리가 현존하는 가장 강력한 문화적 전통과 어떻게 건설적으로 연결될 수 있는지에 관심이 있는 비기독교인들(기업이 보다 나은 방향으로 변할 수 있다고 믿는 사람 포함).

기독교 윤리 공부가 남을 판단하거나 다른 사람들이 얼마나 성숙하지 않았는지 지적

---

2) 기독교 윤리의 독특성은 기독교 신학/윤리 내에서의 논쟁 중 하나이다. 이 문제에 대해 다양한 견해들이 있다. 어떤 이들은 자연법(natural law)을 지지하며, 따라서 이성만으로 신의 법을 분별할 수 있다고 본다. 다른 이들은 이성의 타락한 성격을 지적하며 따라서 성경이 필요하다고 본다.

3) John P. Fraedrich, "Philosophy Type Interaction in the Ethical Decision-Making Process of Retailers" (Texas A&T university, Collage Station, 텍사스,, 1988년 박사 논문).

하는 일로 비춰질 수도 있다. 우리는 기독교인들이 다른 종교를 믿는 사람(또는 종교가 없는 사람)들보다 윤리적이라고 주장하지 않는다는 점을 명확히 하고자 한다. 신약의 설명을 진지하게 받아들이면, 예수는 주로 종교적으로 거만한 자들을 낮춤으로써 우리 모두를 동일한 토대 위에 놓기 위해 오셨다. 그리고 많은 면에서 독실한 교인들이었던 일부 저명한 기업가들(엔론 및 월드컴의 임원들이 떠오른다)이 최근에 불행한 상황에 빠져들었던 사실은 우리 모두 잘못을 저지를 수 있음을 상기시켜 준다. 은혜에 대한 반응은 논리적으로 하나님을 기쁘시게 하는 삶을 살려고 노력하게 하지만, 기독교 신앙은 일차적으로는 도덕에 관한 것이 아니다. 더욱이, 기독교 신앙은 윤리적 기준을 사용하여 다른 사람들의 결점을 지적하거나 우리가 그들보다 낫다고 느끼는 것과 같이 "도덕적으로 고찰하기"에 관한 것은 더더욱 아니다.

그리고 이 책의 다음 섹션들에서 보게 되겠지만, 기독교 전통에서 도출된 윤리는 우리가 만날 수 있는 모든 문제들에 대한 쉬운 답변이나 이를 풀 수 있는 공식을 제공해 주지 않는 경우가 흔할 것이다. 사실, 성경의 분량에 비추어 볼 때 직접적인 명령 또는 "~할 경우 ~"와 같은 형태의 지침이 부족하다는 점은 주목할 만하다.[4] N. T. 라이트(N. T. Wright)가 관찰한 바와 같이, 성경을 찾아보는 사람들은 "너는 ~할지니라"와 같은 지침은 별로 없고 "옛날에~"와 같은 형태의 지침들이 더 많음을 알게 될 것이다.[5] 몇 가지 직접적인 명령을 찾을 수는 있지만, 성경은 주로 도덕적 방향 및 틀 또는 "울타리를 받쳐 주는 기둥"을 위한 지침(즉 패러다임)의 형태로, 보다 넓은 서사, 많은 이야기와 원리들을 제공해 준다. 도덕적 의사 결정(1장에서 보다 자세히 다루어진다)은 (렌즈 또는 보는 방법으로서의) 성경을 "통해" 보기, (보다 구체적인 지침을 위해) "성경을" 적절히 보기, 이성(이슈 이해, 사실 수집 및 성경 해석 등)과 (강조점이 다른 다양한 교파를 포함한) 신실한 공동체가 기도하며 내린 분별력의 결합 등 여러 형태의 지침들을 통해 수행되어야 한다. 이러한 형태의 지침들을 신실하고 근면하게 사용하더라도 완전하거나 이상적이지 않은 선택을 하게 될 수도 있음을 기억할 필요가 있다. 우리는 깨어진 세상에서 살고 있기 때문에 때로는 (완벽한 결정이 아니라) 현명한 결정을 내려야 하는 과제에 직면하게 된다(이 주제에 대해서는 2장에서 다룬다).

성경이 영감으로 기록되었다면, 하나님이 인생의 모든 결정에 사용할 간단한 명령들

---

4) Dennis Hollinger, 선을 선택하기: 복잡한 세상에서의 기독교 윤리 (Grand Rapids: Baker Academic, 2002)를 보라.
5) N. T. Wright, "성경이 어떻게 권위적일 수 있는가?" Vox Evangelica 21 (1991): 7-32쪽.

(소위 "사용자 매뉴얼")을 제공함으로써 일들을 쉽게 할 수 없었느냐고 의아해 할 수도 있을 것이다. 우리는 하나님이 그렇게 했을 수도 있었겠지만, 그의 무한한 지혜와 사랑으로 그렇게 하지 않았다고 생각한다. 복잡성과 불확실성을 붙들고 씨름할 필요가 없다면, 우리는 어린아이에 머무르게 될 것이고, 사랑의 하나님이 제안하는 성숙한 사람으로 성장하지 못할 것이다. 그리고 완전한 매뉴얼을 가지게 될 경우 하나님 또는 다른 것들에 의존할 필요가 훨씬 적어질 것이다(사용자 매뉴얼에 얼마나 자주 먼지가 쌓이는지 생각해 보라). 게다가, 우리가 빠져 나갈 구멍을 찾는 데 매우 뛰어나다는 사실을 감안할 때, 매뉴얼이 얼마나 두꺼워야 할지, 얼마나 자주 이를 다시 써야 할지 상상할 수 있겠는가?

오늘날의 비즈니스 풍토

앞에서 언급한 바와 같이 비즈니스는 매우 실제적인 상황에서 수행되므로 실제로 변화가 발생할 수 있는 가능성에 대해 다룰 필요가 있다. 기독교 윤리에 따라 사는 것이 진정으로 기업을 향상시킬 수 있는가, 아니면 매우 나쁜 상황에 비추어 볼 때 그것은 그릇된 희망에 지나지 않는가? 과거 몇 십 년 동안 신문의 머리기사를 장식하는 많은 스캔들이 발생한 점에 비추어 볼 때, 이 질문은 매우 적절한 것 같다. 과거에 발생했던 많은 스캔들은 실제로 기업의 도덕적 풍토를 반대 방향으로 끌고 갔다. 이러한 불행한 사건들은 보다 나은 윤리가 필요하다는 점을 더욱 명백하게 보여주며, 의도하지는 않았지만 보다 나은 윤리를 확립하려는 시도를 반기는 듯하다. 그러나 상황이 다른 쪽으로 전개되어 기업의 건전한 행동 연구와 실무가 더 복잡해지고 있다.

우리가 윤리와 관련된 주제들을 처음으로 대학생들에게 가르치고 기업인들에게 강연하기 시작했을 때는 윤리가 왜 그들의 복지, 경력 및 조직, 그리고 경제 전반에 중요한지를 납득시키는 데 많은 시간을 할애했다. 하지만 최근의 사건들로 인해 보다 나은 기업 윤리의 필요에 대해 기업인들(및 학생들)을 납득시킬 필요는 줄어들었다. "대불황(Great Recession)"이라 명명된 기간 동안 다수의 사람들이 실직하고 다수의 기업들이 문을 닫았다. 부분적으로는 금융 시스템 참가자들의 비양심적인 거래에 의해 부추겨진 주택 거품이라는 비이성적인 흥청거림과 기업의 로비에 영향을 받은 안이한 정부 감독으로 인해 많은 사람들이 피해를 입었다. 불과 몇 년 전에 저명한 투자 회사에 고용된 애널리스트들의 그릇된 진술과 사기적인 회계 장부에 의해 촉진된 (엔론 및 월드컴과 같은) 기업 부도의

15

결과, 금융 시장(그리고 많은 개인 퇴직 계좌 및 투자 계좌)이 기반을 상실했다.

　이러한 사건들과 임원들이 구속되는 언론 보도는 견고한 도덕적 토대가 개인과 서로 밀접하게 연결되어 있는 공동체 전체의 복지에 필요하다는, 무겁지만 중요한 교훈을 주는 데 도움이 되었다. 그 결과, 다시 한 번 도덕적 문제를 존중하는 말과 행동을 요구하는 비즈니스 풍토가 조성된 듯하다. 그러나 단기 실적 기대 및 글로벌 경쟁과 같이 이를 상쇄하는 세력도 작용하여 시장에서 좋은 가치와 행동을 실제로 실천하기 어렵다. 이러한 세력들은 윤리적 변화에 보다 더 적대적인 비즈니스 풍토를 만드는 것 같다.

　분기 실적에 대한 투자자들의 집착이 테크놀로지 및 그에 따른 변화의 속도와 결합하면 기업의 의사 결정자들에게 단기적으로 사고하도록 압박을 가할 수 있다. 최근의 몇 가지 스캔들이 보여주는 바와 같이, 오랫동안 신망을 받아왔던 임원들조차 이러한 압박이 버거울 수 있다. 회사의 리더들은 장기적 가치를 추구하기보다 분기 이익에 초점을 맞춤으로써 투자자들을 달래야만 한다고 생각할 수 있는 바, 이로 인해 "숫자를 맞추기" 위해 다양한 윤리적 측면들을 생략할 인센티브가 제공될 수 있다. 감히 대세를 거슬러 장기적 접근법을 취하는 CEO들은 자리가 위태로워질 수 있다.

　글로벌 경쟁도 급속히 격화되어서 윤리적 고려 사항들을 다루거나 추구할 여유가 감소하는 것 같다. 국내의 회사들은 분기 벤치마크를 달성하기 위해 서로 경쟁해야 할 뿐만 아니라, 직원 급여, 안전 및 환경상 책임과 같은 다양한 법적 문화적 기대 하에서 영위되는 결과 경쟁 우위를 지니고 있을 수도 있는 다른 나라의 회사들과도 경쟁해야 한다. 경쟁자들보다 높은 기준을 유지하려는 회사들은 보다 높은 비용과 낮은 이익, 단기 지향적 금융 시장에 의해 "처벌"의 위협에 직면할 가능성이 있다. 이러한 요소들은 경제 상황이 나아지면 윤리도 경영상의 다른 일시적 유행처럼 팽개쳐지는 것은 아닌가, 기업의 리더들이 윤리에 기울이고 있는 현재의 관심은 대중이 자기 회사가 윤리에 진정으로 관심을 기울이고 있다고 속이기 위한 아첨이 아닌가라는 합리적인 의문을 제기하게 한다.

　좋은 윤리적 리더십에 대한 모범적 모델로 여겨져 온 어느 회사 리더의 운명은 이러한 도전 과제들과 긴장을 보여준다. 이 회사는 겉옷에 사용되는 대중적인 모직 재료인 폴라텍을 만드는 말덴 밀스(Malden Mills)이다. 1995년 크리스마스 2주 전에, 매사추세츠 주 매튜엔(Mathuen)의 주민들은 이 지역 최후의 대규모 의류 공장 중 핵심 공장이자 주요 고용주이며 경제적 생명줄인 회사에 화재가 발생해서 4개 공장 중 3개가 무너지는 것을 지켜봤다. 이 화재로 20명 이상이 부상을 입었고, 1,400명이 실직했으며, 뉴잉글랜드의 여러 마을에서 의류 공장들이 노동력이 싼 해외로 이전함에 따라 어려움을 겪었던 것처럼 이 마을도 경제적으로 붕괴될지 모른다는 두려움이 번져나갔다.

그런데 놀랍게도, (당시 70세이던) 이 회사의 대주주 아론 포이어스타인(Aaron Feuerstein)은 화재 보험금을 챙겨서 은퇴할 수도 있었지만, 즉각적으로 몇 달 안에 공장을 다시 지어서 이전의 노동자들을 복귀시키겠다는 계획을 발표했다. 더구나 포이어스타인은 모든 직원들에게 소액의 크리스마스 보너스와 지역의 슈퍼마켓에서 사용할 수 있는 식품 쿠폰을 지급했다. 직원들로부터 열렬한 박수갈채를 받는 가운데, 그는 모든 직원들에게 최소한 향후 30일간 급여 전액을 지급하고 90일간 건강보험료를 지급하겠다고 발표했다. 포이어스타인은 자신의 (유대교) 신앙과 어려운 상황은 도덕적 소신에 대한 진정한 시험이라는 자신의 믿음을 인용하면서 보험금을 타서 은퇴하는 것은 결단코 생각해 본 적이 없다고 말했다. 그는 "저는 매사추세츠와 뉴잉글랜드에 헌신합니다. 저는 이곳에서 살고, 이곳에서 활동하며, 이곳에서 예배드립니다. 말덴 밀스는 바로 이곳에 공장을 다시 지을 것입니다."라고 말했다.[6]

이 발표가 있은 후에, 포이어스타인은 자신의 약속을 지켰으며 그의 행동은 전국적으로 주목을 받게 되었다. 공장을 재건축한 이후, 이 회사 직원들의 충성심은 더 높아졌고 이직률과 오류 발생률이 낮아져서 생산성이 높아졌다. 말덴 밀스 사례는 이례적인 기업 시민의 예로서, 그리고 사람을 이익보다 우선시하는 것이 어떻게 "이익이 되는지"에 대한 예로서 자주 인용되게 되었다.

그러나 몇 년 뒤에, 이 이야기는 불행하고 복잡하게 전개되었다. 부분적으로는 경쟁 세력들과 공장 재건축 비용 및 일이 없는 노동자들에 대한 임금 지급의 결과 이 회사는 부채가 급증하며 2001년 말에 파산을 신청했다. 이 회사는 궁극적으로 파산 상태를 벗어났지만, 포이어스타인의 회사 소유 지분은 크게 줄어들었으며 (포이어스타인과 같은 사회적 책임감이 결여되었을 수도 있는) 은행 및 다른 채권자들이 이 회사의 지배 지분을 보유하게 되었다. 이 회사는 또한 경쟁력을 유지하기 위해 더 많은 부분을 해외(중국의 상하이)에서 생산하게 되었다.

6. David Lamb, "매사추세츠 공장 지대에 크리스마스 천사가 나타나다," 1995년 12월 19일자 로스앤젤레스 타임스, A24면.

확실히 하자면, 이 메시지는 착한 사람이 꼴찌를 한다거나 이익 이외의 목표를 추구하는 리더십 발휘가 불가능하다는 것이 아니다. 그러나 이 이야기는 경쟁 시장에 적용된 윤리는 "옳은 일을 하라" 또는 "이는 결국 성품의 문제이다"와 같이 자주 사용되는 진부한 말들이 묘사하는 것처럼 간단하지 않고 보다 복잡하다는 점을 적절히 주목하도록 요구한다. 기독교적 확신대로 살고 기업 풍토를 개선하는 일은 도전적이고 다양한 측면을 지니는 과제이며, 윤리 규범과 경제적 현실에 대한 주의를 요하는 과제이다.[7]

이는 기독교 신앙에 익숙한 사람들에게는 놀라운 일이 아니다. 왜냐하면 기독교 신앙은 인간 본성과 문화 일반이 타락하였다는 실재를 고려하고, 실제로 달성할 수 있는 것이 무엇인지에 대한 현실감을 제공해 주기 때문이다. 그럼에도 불구하고 기독교 윤리는 이 땅에서의 우리의 일이 (갱생 및 회복의 과제에 있어서 파트너 또는 섭정으로서) 궁극적인 의미가 있으며, 우리가 살고 있는 세상의 불완전한 측면조차도 언젠가는 구속될 것이라는 신앙에 기초한 희망이 있는 이상에 관한 것이다.

3판

많은 읽기 자료, 사례, 각 장 말미의 편집자 주석의 많은 부분들이 업데이트되었지만, 2번의 판들과 마찬가지로 이 책은 기독교 신학에 근거하여 기업 윤리에 접근하며, 비즈니스 실무의 복잡성과 변화하는 성격을 현실적으로 고려한다. 읽기 자료들은 다양한 관점을 포함하며, 일부는 명시적으로 기독교적이고 일부는 조금이지만 명확하게 기독교적 가치를 반영한다. 기독교적 세계관에 해로운 관점을 제공하는 읽기 자료도 영향력 있는 관점을 대표하기에 여기에 포함시켰다. 독자들이 치열하게 생각하고, 주위의 세계와 더 많은 대화를 나누고, 기독교 신앙에 건전한 기초를 둔 가치를 확립하는 것이 우리의 목표이다.

켄만 L. 윙

---

7) 또 하나의 최근 예로는 Paul(일명 Bono)과 Ali Hewsen에 의해 창립된 의류회사 Edun을 들 수 있다. 이 회사는 아프리카의 가난한 지역에 일자리와 경제 개발을 가져오기 위한 "사회적 기업" 형태로 시작했다. 2010년에 이 회사는 일부 공장을 중국으로 옮긴다고 발표했다.

차례

Part 1   기독교 기업 윤리의 토대

Chapter 1   윤리적 의사 결정

Chapter 2   비즈니스에서의 기독교 윤리: 긴장과 도전

BEYOND INTEGRITY

Part 1
기독교
기업 윤리의 토대

A Judeo-Christian Approach to Business Ethics

Beyond Integrity

윤리적 의사 결정

어려운 의사 결정을 보류하는 것이야말로 가장 비윤리적인 결정이다.

Sir George Adrian Cadbury, Cadbury-Schweppes CEO

개관

당신은 주요 소프트웨어 제조회사의 세일즈 부서에서 일하고 있으며, 기본급 외에 모든 세일즈 수수료와 경영진이 매 분기 정해 주는 판매 할당량을 초과할 때에는 분기 보너스를 받고 있다. 당신의 상사들은 이 할당량이 벅차다고 생각하지만, 각각의 판매 원들은 때때로 자신의 목표를 초과하여 보너스를 받을 수 있는 자격을 갖추게 될 것이 라고 기대한다. 당신은 팀원들이 모두 최근에 목표를 초과했기 때문에 당신의 목표를 초과하는 데 다소 압박을 받고 있다. 혹독한 침체 후에 경기가 살아나고 있으며, 세일즈 도 활기를 되찾게 될 것으로 예상되고 있다.

이번 분기에 당신은 목표치를 초과하여 1년 만에 처음으로 분기 보너스를 받을 좋은 기회를 맞고 있다. 이 보너스를 받으면 회사의 보험이 완전히 커버해 주지 않는 의료 비 용을 지불할 수 있다. 당신은 어느 대기업에 상당한 금액의 소프트웨어 판매 계약을 마 무리 지으려 하는데, 이번 분기 말까지 이를 마치지 못할 것 같다. 동료 중 한 명에게 이 재수 없는 판매 시기에 대해 얘기하니, 주문 날짜를 이번 분기로 소급하라고 동료가 제안한다. 당신의 동료는 대부분의 판매원들이 이렇게 하고 있으며, 상사들에게 발각 당할 가능성은 아주 낮다고 말한다. 동료가 제안한 방안에 대해 생각해 보고서, 당신은 그렇게 하면 자신이 판매 기록을 위조하고 자격이 없는 보너스를 받게 된다는 사실을 깨달았지만, 이 고객은 새로운 분기 초에 계약을 마무리 지을 것이라고 확답한 상태였다. 이 보너스가 당신의 가계에 큰 도움이 된다는 것은 말할 필요도 없다.

당신은 윤리적 의사 결정에 관한 중요한 질문을 제기하는 도덕적 이슈에 직면하고 있다. 주문 일자 소급에 관해 당신이 내린 결론이 당신의 도덕적 심사숙고의 핵심 요소 중 하나임은 말할 필요도 없다. 그러나 그러한 의사 결정에 도달한 과정도 동등하게 중요한 요소이다. 도덕과 관련하여 특정 선택을 하게 한 요소들은 무엇인가? 딜레마를 해결하기 위해 물어봐야 할 질문들은 무엇인가? 우리는 많은 비즈니스맨들이 무비판적으로 사용하는 프로세스인 단순히 '자신의 직관을 믿기'보다는, 도덕적 이슈에 관해 보다 사려 깊은 사고방식을 개발하도록 권장하고 있다.

이번 장의 논문들은 도덕적 의사 결정의 중요한 측면들과, 옳고 그름을 결정하는 일반적인 방법에 대해 소개해 준다. 서론격인 논문에서 기업 윤리 교수인 데이비드 길 (David Gill)은 직장에서의 윤리적 의사 결정이 얼마나 복잡해질 수 있는지 이해하도록 도와주는데, 그는 윤리적 딜레마에 대한 단순하고 지나치게 흑백논리적인 관점을 거부한다. 그의 논문 "비즈니스 의사 결정 모델 업그레이드하기"는 윤리적 이슈에 직면하게 될 때 이를 인식하도록 도와주고 이 딜레마를 해결할 수 있는 모델을 제공해 줄 것이다. 그는 윤리를 의사 결정 및 딜레마로 축소하지 않도록 주의를 기울이며, 직장에서의 도덕적 삶에 성품과 미덕이 얼마나 중요한지를 지적한다. 그는 사후대응적으로 딜레마를 다루는 방식인 "피해 통제"를 뛰어넘어 생각하도록 촉구한다.[1] 대신, 그는 윤리를 조직의 사명 및 핵심 가치와 연결시키는 보다 전향적 접근법을 옹호한다. 이 연결 관계에 대해서는 11장에서 좀 더 살펴볼 것이다.

버나드 아데니(Bernard Adeney)는 그의 논문 "윤리에 있어서 성경과 문화"에서 윤리적 의사 결정, 특히 문화가 서로 다른 맥락에서 성경의 사용을 어떻게 이해해야 하는지를 통

---

[1] 윤리적 의사 결정에서 이러한 피해 통제의 관점에 대한 보다 자세한 설명은 David Gill, "비즈니스 윤리 2.0: 피해 통제를 뛰어넘어" Cardus Comment(2010년 5월 14일), http://www.cardus.ca/comment/article/1992/ (accessed January 17, 2011)를 보라.

찰력 있게 가르쳐 준다. 그는 독자들이 성경의 문화적 배경을 이해하도록 도와주고, 성경을 그 문화적 맥락 안에서 해석하고(아데니는 성경의 일부 명령들은 이 명령의 원래 상황을 떠나서는 말이 되지 않는다고 올바르게 주장한다), 이를 오늘날의 매우 다른 문화에 적절하게 적용하기 위한 몇 가지 건전한 조언을 제공한다. 5장에서 살펴보는 바와 같이, 성경 시대의 경제생활(주로 자급 농업 또는 상업)은 오늘날과 같이 발전한 시대의 현대적, 정보 시대의 경제와는 아주 딴판이다. 그는 성경을 이해하고 이를 오늘날의 경제생활에 적용하도록 도와주는 구체적인 많은 사례들을 제공한다. 그는 성경은 윤리 교과서가 아니지만, 성경의 도덕적 지혜가 하나님의 세상 구속 이야기와 맞물려 있음을 강조한다. 그러나 성경에는 이야기와 지혜 자료로부터 끄집어낼 수 있는 도덕 규칙(십계명)과 일반 원리들이 들어 있다.

도널드 쉬멜테코프(Donald Schmeltekopf) 교수는 그의 논문 "비즈니스의 도덕적 맥락"에서 몇 가지 기본 되는 자료들을 제공하는데, 이 자료에서 그는 윤리적 이슈들은 비즈니스를 잘 수행하는 데 필요한 한 가지 요소라고 주장한다. 이는 비즈니스가 적절히 기능을 발휘하는 것은 도덕적 맥락을 전제로 하기 때문이라는 것이다. 비즈니스는 필요성과 사람의 참여에 의해 배양되는 일련의 미덕들을 전제한다. 그는 경영 대학에서 윤리적 의사 결정에 대해 준비시키지 않는 것에 대해 올바르게 비판하며, 세속 학계에서 비즈니스가 번성하는 데 필요한 미덕들과 가치들을 갈고 닦을 지적 자원을 보유하고 있는지에 대해 의문을 제기한다.[2] 그는 기독교 세계관과 미덕에 대한 철학(아리스토텔레스파) 전통에서 기업 윤리 이해뿐만 아니라 기업 전반의 목적 및 사명을 이해하기 위한 틀을 제공한다. 그는 기업의 본질적 선함을 하나님이 인간에게 맡긴 청지기 직의 일부라고 단언함으로써 다음 장에 나오는 댈라 윌라드(Dalla Willard, "비즈니스 중의 비즈니스")와 로버트 시리코(Robert Sirico, "기업가적 소명")의 논문을 예견한다.

윤리적 추론 개관

직장에서 사람들은 다양한 방식으로 도덕적 결정을 내린다. 어떤 사람은 "합법적이면, 도덕적이다"라고 주장하면서 법률을 따르기만 한다. 자기 회사의 정책을 따르면서

---

2) 이 점에 대한 보다 깊은 논의는 Charles Colson, "왜 하버드 대학이 윤리를 가르칠 수 없는가," 1991년 4월 4일 하버드 경영 대학원 연설을 보라. 이 연설은 Breakpoint, "윤리의 문제: 하버드 경영 대학원 연설," http://www.breakpoint.org/features-columns/articles/entry/12/9649(accessed January 17, 2011)에서 찾아볼 수 있다.

회사의 정책을 따르는 한, 도덕적 의무를 다하는 셈이라고 가정하는 이들도 있다. 자기의 본능을 따르거나 "직관을 믿는" 사람들도 있다. 또는 그 구조를 알건 모르건 간에, 보다 구조화된 도덕적 추론 방법을 이용할 수도 있다. 즉, 이들은 구체적인 사안에서 때에 따라 여러 가지 공식적 도덕적 추론 모델을 사용하여 도덕적 의무와 씨름한다. 이들 중 일부는 실제로는 여러 도덕적 추론 모델 사이를 옮겨 가며 특정 모델을 고수하지 않을 수도 있다.

예를 들어, 아래의 시나리오를 생각해 보자.

당신이 아시아에 신시장을 개척하려는 어느 회사의 CEO라고 상상해 보라. 당신의 회사는 향후 5년간 5천만 달러의 계약을 체결할 수 있는 프로젝트 제안서를 준비했다. 이 계약은 동남아 국가의 한 정부에 서비스를 제공하는 프로젝트이다. 당신은 지금 이 거래의 입찰을 위해 정부 관리를 만나러 가고 있다. 정부 관리를 만나서, 당신은 입찰에서 경쟁하려면 특정 관리에게 현금으로 "담보"를 제공해야 한다는 말을 들었다. 다른 입찰자들도 그러한 담보를 제공하도록 요구하냐고 묻자 그건 당신이 알 바 아니라고 한다. 당신은 이 계약의 우선 협상 대상자가 되기 위해서 관리에게 몰래 뇌물을 주도록 요구 받았음을 깨닫는다. 당신이 CEO가 되기 전에, 당신의 회사도 이런 일을 했다. 당신의 원칙은 "이건 옳지 않다"라고 말하지만, 고려할 요소들이 많이 있다. 이에는 이 계약을 체결함으로써 보전될 일자리뿐만 아니라 만들어질 일자리, 뇌물이 일상적인 관행인 문화적 맥락, 그리고 이 계약을 확보하면 확실히 당신에게 이익이 된다는 사실 등이 포함된다. 당신은 뇌물을 주기로 동의하고 입찰 서류를 제출한다. 귀국 편 비행기 안에서, 당신은 옳은 일이 아닐 수도 있다는 생각에 괴로워한다. 하지만 이 계약을 따내지 못하면 당신의 자리가 위험해질 수 있을 뿐만 아니라, 회사에서 수백 명의 일자리도 없어질 수 있다. 집에 돌아와서도 이 계약 건이 어떻게 돌아가는지에 대해 신경이 쓰여, 당신은 지역 상공 회의소 회의에서 이 사안을 꺼냈다. 그러나 각자 도덕적 문제에 대해 매우 다른 방법론으로 접근했기 때문에 혼란만 가중되는 듯했다. 참가자들(그들의 접근법은 괄호 안에 표시됨)은 당신에게 다음과 같이 대답한다.

참가자 1:

어느 지역 기업의 사장(윤리적 이기주의자)

왜 이런 도덕에 관한 토론을 하는가? 나는 당신이 방금 말한 사안에 대해 아무 문제도 없다고 생각한다. 당신도 알다시피, 나는 기업을 운영하고 있고, 나는 법의 테두리 안에 머물러 있다는 전제 하에 돈을 벌 수 있는지 여부에만 관심이 있다. 사실, 유일하게 가치가 있는 기업 윤리는 "남들이 당신에게 하기 전에 당신이 남들에게 하라"이다. 의심할 나위도 없이 내 경쟁자들도 이렇게 할 것이다. 결국, 내 자리가 이 계약에 의존된다면, 내 가족은 어떻게 될 것인가? 내가 스스로 만족하기 위해 내 가족이 굶어야 한다는 말인가? 이런 얘기들은 논외로 치더라도, 자본주의는 결국 이기심에 기초하고 있지 않은가? 당신들은 너무 순진하다. 이 세상은 거칠고 험하다. 내가 내 필요를 보살피지 않는다면, 누가 보살펴 주겠는가? 당신들은 『모두 일등을 찾아서』라는 책을 읽어 볼 필요가 있다. 그 책이 모든 것을 말해 준다!

참가자 2:

지역 상공회의 소장(공리주의자)

참으로 대단한 시나리오이다! 나는 관리에게 뇌물을 주어야 한다는 사실이 다소 꺼림칙함을 인정한다. 그러나 내가 당신이라면 나는 이로 인해 직원들과 지역 공동체에 가져올 선에 근거해서 내 행동을 정당화할 수 있을 것이다. 뇌물을 주지 않으면 수백 명의 일자리가 위태로워진다. 그러면 우리 지역 사회의 경제가 큰 타격을 입을 수 있다. 그러나 이 계약을 확보하면, 일자리가 창출될 수 있고, 세금 기반이 늘어날 수 있으며, 이 지역 공동체가 절실히 필요로 하는 개선 프로젝트를 진행할 수 있다. 나는 경쟁 회사가 피해를 볼 수도 있음을 알고 있지만, 그들의 정부 계약 의존도는 당신의 비즈니스 의존도만큼 높지 않다. 나는 반드시 원칙이 옳고 그름을 결정할 필요는 없고, 이 행동에 의해 초래될 결과가 이를 결정한다고 믿는다. 나는 특정 행동 또는 결정이 최선의 결과를 가져온다면, 이를 허용해야 한다고 생각한다. 달리 말하자면, 피해에 비해 최고의 효용을 가져오는 결정이 가장 도덕적인 결정이다. 따라서 이 사례에서, 중요한 결정 요인은 뇌물 제공이 최대 다수의 최대 이익을 가져오는지 여부이다. 방금 전에 지적한 바와 같이, 이는 당신의 공동체에 큰 유익을 가져올 수 있다. 모든 것을 감안할 때, 유사한 행동이 긍정적인 결과보다는 부정적인 결과를 가져올 수도 있다. 그런 경우에는, 그 행동이 허용되지 않아야 한다. 우리는 결과를 고려하지 않는 확고한 규칙을 세우는 데 조심해야 한다.

참가자 3:
크리스천 여성 기업인 협회 지부장(의무론자 또는 원칙 기반 윤리)

잠깐! 이는 불공정한 경쟁의 장을 만들기 위한 명백한 뇌물이 아닌가? 이는 명백히 옳지 않다. 내 도덕적 권위인 성경과 서구의 보편적 도덕은 이에 명백히 반대한다. 따라서 내게는 얼마나 많은 사람들이 일자리를 잃게 될지 또는 우리 지역 공동체가 이 계약으로 어떤 이익을 얻게 될지는 상관없다. 내가 일자리를 잃어도 관계없다! 뇌물은 옳지 않다. 고용주에 대한 충성과 하나님에 대한 충성이 충돌할 경우, 내가 어느 것을 우선시할지에 대해서는 의문의 여지가 없다. 마찬가지로, 당신도 당신이 하나님의 원칙을 먼저 지킬 경우 하나님이 공급해 줄 것이라고 믿어야 한다.

참가자 4:
지역 TV 쇼 진행자(감정주의자)

논의를 방해하고 싶지는 않지만, 내 견해로는 지금까지 말한 사람들은 모두 불가능한 것을 하려는 것 같다. 지금까지 각 사람은 이 사례에서 무엇이 옳고 그른지에 대해 모종의 결정을 내리려 했다. 나는 그것이 가능하다고 생각하지 않는다. 그들은 모두 실상은 자신의 개인적 선호를 숨기기 위해 옳고 그름이라는 언어를 사용하고 있을 뿐이다. 내 말은 어떤 사람이 뭔가를 옳거나 그르다고 말할 때, 그들이 말하고 있고 말할 수 있는 것은 자신이 그 행동 또는 입장을 좋아하거나 싫어한다는 사실 뿐이라는 점이다. 우리는 정직해져야 하며, 우리는 자신의 선호에 대해 말하고 있을 뿐이며 우리의 논의가 더 설득력을 가지도록 도덕적 언어를 사용하고 있음을 인정해야 한다. 이 사안에서, 당신은 자신이 이에 대해 어떻게 생각하는지 물어봐야 한다. 감정은 당신이 할 수 있는 어떠한 추론보다 중요하다. 내 견해로는, 나는 이 사안에서 거리낄 것이 없으므로 관리에게 돈을 주더라도 괜찮다고 생각한다.

참가자 5:

인류학 교수(상대주의자)

성경이 내 도덕적 권위가 아니기 때문에, 나는 크리스천 여성 기업인 협회 지부장의 의견을 명백히 거부한다. 내가 진정으로 옳고 그른 것은 없다고 말하려는 것은 아니지만, 나는 옳고 그름에 대한 보편적이고 절대적인 기준은 없다고 생각한다. 무엇이 도덕적인지는 상황과 옳고 그름에 대한 당대의 문화적 합의에 의존한다. 이 경우 그 사회에서 이러한 관행이 허용되어야 한다는 합의가 형성되어 있다면, 나는 이를 허용하지 않을 이유가 없다고 생각한다. 반대로 그 사회가 이 관행에 반대한다면, 어떤 기준도 이를 강제할 수 없다고 생각한다. 나는 대부분의 비서구 사회에서는 뇌물이 게임의 일부일 뿐이라는 사실을 알고 있다. 이것이 우리에게는 끔찍해 보일지라도 우리가 누구이기에 그들에게 무엇이 옳은지 판단한단 말인가? 우리는 그들의 규범을 존중해야 한다. 그러니 우리가 물어봐야 할 질문은 다른 곳에서의 도덕성이 아니라, 뇌물이 그 지역의 비즈니스에서 수용될 수 있는 문화인가라는 점이다. 로마에서는 무엇이 옳은 일인지 여러분도 알고 있지 않는가?[3]

참가자 6:

성직자(미덕 이론)

이 이슈에 대해 다소 다른 시각을 말해 보겠다. 나는 도덕성은 어떤 사람이 도덕적 딜레마에 직면했을 때 단순히 올바른 결정에 대해 논의하는 것 이상을 의미한다고 믿는다. 도덕적 삶에는 그저 옳은 일을 하고 바른 결정을 내리는 것 이상의 뭔가가 있다. 올바른 사람이 되는 것이 더 중요하다. 따라서 윤리적 문제를 고려할 때 개인의 성품 또는 덕목의 위치를 소홀히 할 수 없다. 실제로 사람이 옳은 일을 할 수 있는 능력을 주는 성품의 특질을 계속 무시할 경우, 단순히 이슈들을 논의하는 것은 효과가 없다. 결국, 최근에 발생한 대부분의 비즈니스 윤리 스캔들에 관한 머리기사는 이 나라 최고의 대학에서 교육을 받은 사람들과 관련되었다. 따라서 이는 단지 옳고 그름에 관한 지식 문제일 수 없다. 여러분도 알다시피, 이는 성품의 문제이다. 따라서 나는 이 상황에서 물어봐야 할

---

3) 상대주의는 6장에서 다루어진다.

더 중요한 질문들이 있다고 믿는다. 예를 들어, 공정한 경쟁에 관한 어떤 사람의 태도가 그 사람의 성품에 대해 무엇을 말해 주는가? 뇌물 지급에 대한 지지 또는 반대가 우리 사회에 대해 무엇을 말해 주는가? 우리 사회는 이제 더 이상 상품 또는 서비스에 대한 공정 경쟁이 가치가 없다고 생각하는가? 또한 앞에서 언급한 바와 같이, 학교나 공동체에서 우리 아이들이 옳다고 알고 있는 것을 실천하는 데 필요한 성품을 갖추는 데 동의하거나 이를 추구하지 않는 마당에, 윤리에 대해 토론만 하는 것이 무슨 소용이 있는가? 이런 질문들은 기업 윤리에 대해 논의할 때 무시될 수 없는 중요한 질문들이다.

• • •

휴! 참으로 혼란스럽다, 그렇지 않은가? 사회에서 도덕에 관해 동의하지 않는 경우가 많은 것도 놀라운 일은 아니다. 위의 논의에서 모두가 특정 윤리 시스템에서 유래한 독특한 도덕적 추론을 사용하여 자신의 주장을 폈다. 참가자들은 오늘날의 도덕적 이슈에 관한 논쟁에 사용되는 유력한 도덕적 추론 방법을 대변한다. 미디어에서 도덕적 이슈들에 대해 토론할 때 이 장에서 논의된 다양한 도덕적 추론 스타일에 대한 예들이 등장한다. 이러한 논의들을 주의 깊게 살펴본다면 이 시스템들이 빈번하게 채용된다는 점을 발견하게 될 것이다. 이 장의 나머지 부문과 다음 몇 장에서는 시나리오 참가자들이 사용한 윤리 시스템을 분석하고, 각각의 시스템에 대하여 긍정적인 측면을 설명하고 비판도 제공할 것이다.[4]

윤리적 이기주의

윤리적 이기주의는 어떤 행동의 도덕성은 자신의 이익에 의해 결정된다는 이론으로 자신의 이익을 증진시키는 행동들은 도덕적이며, 그렇지 않은 행동들은 도덕적이지 않다고 판단한다. 윤리적 이기주의자라고 해서 반드시 이기적인 것은 아니다. 이 점에 대해 흔히들 혼동한다. 위의 토론에서 참가자 1은 엄격하게 자신의 이익에 기초하여 도덕적 결정을 내리므로, 도덕적 이기주의자에 대한 명확한 사례이다.[5] 비즈니스에서 이기

---

4) 이들 도덕적 시스템에 대한 보다 자세한 내용은 다음 자료를 참조하라. Louis P. Pojman, Ethics: Discovering Right & Wrong, 5판(Belmont, Calif.: Wadsworth, 2005); William Frankena, Ethics, 2판, (Englewood Cliffs, N.J.: Prentice Hal, 1988); Scott B. Rae, Moral Choices: An Introduction on Ethics, 3판 (Grand Rapids: Zondervan, 2009); . Louis P. Pojman과 Peter Tramel, Moral Philosophy: A Reader, 4판. (Indianapolis: Hackett, 2009).

주의에 대한 다른 예로는, 오로지 자신의 일자리를 지킬 수 있는지(그들의 경제적 자기 이익)에만 기초하여 도덕적 결정을 내리는 개인과 이익 척도(회사의 자기 이익)만을 기초로 의사를 결정하는 회사를 들 수 있다.

현대 사회에서는 이기주의가 매력이 있기는 하지만, 모든 것을 포함하는 윤리적 시스템으로서는 문제가 있다. 먼저, 이기주의는 다른 시스템에 의지하지 않고서는 상충하는 이해관계들의 심판을 볼 수 없다. 내 이익이 당신의 이익과 충돌할 경우 어떻게 될 것인가? 이기주의자가 이 갈등을 해결하기 위해 할 수 있는 것은 자신의 이익이라는 근본 전제를 다시 주장하는 것뿐이다. 이해들이 결코 충돌하지 않으리라고 가정하는 것은 순진한 처사이다. 그러나 윤리적 이기주의가 실행 가능한 시스템이 되려면 이 가정이 필요한 듯하다.

윤리적 이기주의가 충분한 윤리 시스템이 되는 데 대한 두 번째 문제는 성경이 신자와 비신자 모두에게 자신의 이익과 이타주의 사이의 균형을 요구한다는 점이다. 우리는 다른 사람들을 보살피도록 부름 받았는데, 이는 그들도 우리 자신과 동등한 사람들이기 때문이고, 또한 그 분의 이타적인 본을 받는 것이 그리스도의 제자가 되는 것 중에 중요한 한 부분이기 때문이다. 신자들은 섬기는 자가 되라고 부름 받았는데, 이는 정기적으로 다른 사람의 필요를 자신의 필요보다 우선시하도록 요구한다. 그러나 이러한 부름은 신자들에게 자신의 합법적인 이익을 무시하라는 의무를 지우지는 않는다. 성경은 자신의 이익 추구를 정죄하지 않는다. "겸손하게 남들을 자신보다 낫게 여기라. 각자 자신의 이익뿐 아니라 다른 사람의 이익도 살펴봐야 한다"(NIV 1984년판)는 빌립보서 2장 3-4절은 이 점을 명확히 한다. 성경은 오로지 자신의 이익만 추구하는 것을 정죄할 뿐, 다른 사람의 이익에 대한 관심과 자신의 이익 균형을 맞추는 것은 정죄하지 않는다. 성경은 그 추종자들에게 윤리적 이기주의자들이 주장하는 것과 같은 극단적인 이타주의를 요구하지 않는다. 예수조차도 때로는 자신의 하늘 아버지와 보낼 시간을 얻기 위해 대중들로부터 물러났다는 사실을 기억해야 한다. 따라서 성경이 자주 의존하는 적법한 자기 이익의 여지가 있지만, 자기 이익은 다른 사람의 이익에 대한 동정심 있는 관

---

5) 윤리적 이기주의의 예는 Ayn Rand의 저술들을 보라. 예컨대, Ayn Rand, The Virtue of Selfishness(New York: Signet, 1964), Louis P. Pojman, Moral Philosophy: A Reader, 2판 (Indianapolis: Hackett, 1998):72-78쪽에 나오는 같은 저자의 "A Defense of Ethical Egoism"을 보라.

심과 균형을 이루어야 한다.

공리주의

공리주의는 목적론적(teleological, "목적"을 의미하는 그리스어 telos에서 따온 말) 시스템으로 알려져 있는데, 이 시스템에서는 산출된 결과가 특정 행동의 도덕성을 결정한다. 실상, 때로는 공리주의와 목적론적 윤리는 상호 교차적으로 사용된다. 오늘날 가장 흔한 형태의 공리주의는 가장 많은 사람을 위한 최대의 선을 산출하는 행동이 도덕적 행동이라는 입장이다. 즉, 해로운 결과에 비해 가장 유익한 결과를 가져오는 행동을 취해야 한다는 것이다. 따라서 이러한 유형의 도덕적 추론은 특정 행동의 결과를 최우선적으로 강조하기 때문에 결과주의라고 불리기도 한다.[6] 도덕적 추론에 대한 공리주의적 방법론은 현재 논의되고 있는 많은 도덕적 이슈들에 널리 적용되고 있다. 위의 토론에서 참가자 2의 입장에서 명백히 볼 수 있는 바와 같이, 비즈니스에서 도덕에 관한 많은 논의들이 공리주의의 토대에서 수행되고 있는 데, 여러 전략적 의사 결정에 보편적으로 사용되고 있는 비용-효용 분석도 공리주의의 한 가지 예이다. 공리주의는 대부분 비용-효용 분석의 도덕적 적용이다. 이의 옹호자들은 모든 사정을 감안할 때 특정 행동이 보다 많은 사람들에게 보다 유익한 결과를 제공할 경우 이 행동을 가장 도덕적인 행동이라고 간주한다. 이러한 형태의 추론에 대한 하나의 예로는, 회사가 시장에서 경쟁지위를 유지하기 위해 공장을 폐쇄할지 또는 직원을 정리 해고할지 고려하는 상황을 들 수 있다. 회사는 흔히 이 조치들을 정당화하기 위해 일부에게는 해가 되겠지만 회사가 계속 존속해서 나머지 직원들의 일자리를 보존함으로써 전체적으로 볼 때 피해보다는 효용이 더 많다고 주장할 것이다.

공리주의에는 (특히 세속 사회에서) 매력이 있기는 하지만 단점도 있다. 공리주의에 대한 가장 보편적인 비판은 공리주의는 약자를 보호할 수 없으며 때로는 명백하게 부당한 일도 더 큰 이익을 가져올 경우 이를 정당화할 수 있다는 점이다. 예를 들어, 공리주의의 관점에서는 미국의 남북 전쟁 시기에 남부의 노예 제도가 정당화될 수 있었다. 노예 제도는 값싼 노동력을 제공하여 남부를 번창하게 했으며, 노예제도로 피해를 입은 사람

---

6) 고전적인 공리주의에는 Jeremy Bentham과 John Stuart Mill이 포함된다. 도덕 철학에서의 Bentham 과 Mill의 글들에 대해서는 Alan Lyan이 편집한 Utilitarianism and Other Essays (New York: Penguin, 1987)을 보라.

보다는 이익을 본 사람이 많았다. 그러나 오늘날 공리주의자를 제외하면 어느 누구도 어떤 근거에서도 노예 제도를 정당화하지 않을 것이고, 노예 제도가 가져왔던 좋은 결과들은 이 논의와 관련이 없을 뿐만 아니라, 많은 노예들이 견뎌야 했던 고통에 대해 냉담한 처사이기도 하다. 노예 제도가 비도덕적이라는 추론은 결과들의 균형과는 관련이 없다. 그보다는, 궁극적으로 노예들도 하나님의 형상대로 지음 받았기 때문에 각 사람의 기본적 권리와 존엄성을 보호해야 한다는 일반 원칙과 관련이 있다.

윤리적 이기주의와 마찬가지로, 공리주의도 널리 받아들여지고 있으며 많은 공공 정책의 기초가 되고 있지만, 이 시스템에는 다른 문제들도 있다. 먼저, 공리주의는 의사 결정자가 피해 및 효용 예측과 측정에 있어서 훌륭한 예언자일 것을 요구하는데, 피해나 효용은 예측과 측정이 어렵다. 둘째, 효용과 피해라는 개념은 가치중립적이지 않다. 예를 들어, 왜 누군가가 죽임 당하는 것이 해악으로 여겨지는가? 이는 확실히 어떤 효용이 있더라도 누군가를 죽이는 것은 옳지 않다고 말하는, 인간의 존엄과 생명의 신성함이라는 도덕적 원칙에 대한 선험적인 약속이 있기 때문이다. 어떤 사안이 왜 효용 또는 해악인지 설명하기 위해서는 원칙에 호소해야 한다. 무엇이 효용이고 해악인지에 관해서는 무엇이 선인지에 대한 정의만큼이나 많은 다양성과 다원주의가 있다. 그러나 공리주의에서와 마찬가지로, 원칙에 호소해도 딜레마가 해결되지 않을 때가 있으므로 행동 및 의사 결정의 결과를 진지하게 고려할 필요가 있다.

의무론적 시스템

의무론적 도덕 시스템은 목적론적 도덕적 추론과는 달리 원칙에 기반을 둔다. 우리의 견해로는 의무론이야말로 대부분의 사람들이 어려운 의사 결정을 할 때 기본적으로 고려하는 도덕적 추론 방법이다. 의무론적(deontological)이라는 말은 "필요하다"를 의미하는 그리스어 dei에서 유래했다. 이로부터 목적 또는 결과 때문이 아니라 본래 필요한 도덕적 의무라는 개념이 나왔다. 의무론적 의무는 본질적으로 옳은 도덕적 책무이다. 예를 들어, 의무론자들은 절도로부터 누가 이익을 보건 간에 절도는 잘못이라고 말할 것이다. 도덕적 의무는 원칙으로부터 나오기 때문에, 행동의 결과는 옳고 그름의 결정과 무관하다. 위의 토론에서 참가자 3은 이 입장을 취한다.[7] 종교적 관점 및 세속적 세계관 양쪽 모두에 다양한 유형의 의무론적 시스템이 있다. 실상, 유대교, 기독교 및 이슬람교와 같이 특정 경전을 중심으로 하는 대부분의 종교적 전통은 윤리관에서 매우 의무론적인데, 그 이유는 원칙들이 그 경전의 말이나 사상에서 나오기 때문이다. 이는 일반적으로 윤리의 "신적 명령 이론"이라 불리는데, 이 이론에서는 영감을 받은 문헌에 기록된 신의 명령이 특정 종교 추종자들을 위한 도덕적 지침의 주요 원천을 형성한다.[8] 성경은 명백히 기독교 윤리의 토대가 되기 때문에 우리는 이 장의 뒷부분에서 윤리에서 성경을 어떻게 사용하는지에 대해 논의할 것이다.

두 번째 형태의 의무론적 도덕성은 자연법의 사용에서 발견된다. 일반적으로 자연법은 광범위하고, 보편적이며, 널리 공유되는 도덕적 가치들로서 성경과 일치하지만 성경의 밖에서 계시된 도덕적 가치들을 일컫는다. 정의, 공정성, 개인의 존엄성 존중, 남에게 피해를 주지 않을 의무, 진실을 말하기, 살인 금지에 나타난 생명 존중과 같은 가치들은 성경이 기록되기 전에 생겨난, 사실상 보편적으로 공유되는 가치들의 몇 가지 예이다.[9] 옥스퍼드 대학교의 신학자 존 매퀘리(John Macquarrie)는 이를 다음과 같이 표현했다. "사실 '자연법'이라는 말이 일종의 법률을 의미하는 것으로 사용된다면 이는 잘못된 것이다. 자연법은 모든 실제 시스템에 추가된 또 하나의 법률이나 법률 시스템이 아니라, 이에 기초해서 특정 규칙들이나 법률들이 측정되어야 하는 가장 일반적인 도덕적 원칙들을 일컫는 다소 부정확한 방식이다."[10] 자연법은 우리의 구체적인 법률들이 근거하고 있는 일반 원칙이기 때문에, 이를 자연**법**이라 부르면 오도할 수 있다.

성경에서 자연법을 긍정하는 중심 구절은 로마서 2장 1-16절일 것이다. 바울은 로마서 1장 18-32절에서 종교가 없는 사람들의 죄를 지적하기 위해, 그리고 흥미롭게도 동성애에 반대하기 위해 창조에 호소한 뒤에, 2장 1-16절에서는 도덕주의적인 사람도 죄 때문에 하나님 앞에 정죄를 받는다는 사실을 증명한다. 자연법에 적용해 보면 이 구

---

7) 다양한 의무론적 시스템에 대한 보다 자세한 내용은 William Franklin, Ethics, 2판 (Englewood Cliffs, NJ: Prentice Hall, 1988)을 보라.

8) 신적 명령 도덕관에 대한 유용한 논의를 찾아보려면 Richard Mouw, The God Who Commands (Notre Dame: University of Notre Dame Press, 1991)를 보라.

9) 역사적으로 추적한 이러한 가치들의 목록을 위해서는 C.S. Lewis, The Abolition of Man (New York: Macmillan, 1947)의 부록을 보라.

10) Charles E. Curran과 Richard A. McCormick이 편집한 Readings in Moral Theology, no. 7: Natural Law and Theology(New York: Paulist, 1991), 239쪽에 나오는 John Macquarrie, "Rethinking Natural Law." 자연법에 대한 다른 자료로는 J. Budziszewski, Written on the Heart(Downers Grove, IL.: IVP Academic, 1997)와 같은 저자의 What we Can't Not Know(New York: Spence, 2003)가 있다.

절의 중심은 바울이 "실로, 율법을 가지고 있지 않는 이방인들이 본성에 의해 율법에서 요구되는 일들을 하면, 그들은 율법을 가지고 있지 않음에도 불구하고 자신이 스스로 율법이 된다. 그들은 **율법의 요구가 그들의 마음에 쓰여져 있음**을 보여주며, 그들의 양심도 증거가 되어서, 그들의 생각이 그들을 고발하기도 하며 때로는 방어하기도 한다(강조는 저자가 추가했음)"고 말하는 14절과 15절이다.

하나님은 유대인들에게 책임을 묻는 것과 동일한 방식으로 율법이 없는 사람들에 대해서도 그들의 죄에 대한 책임을 지게 하는 것 같다(로마서 2:17-29). 율법이 없는 사람들에게 옳고 그름을 알 수 있는 방법이 없다면 이러한 처사를 공정하다고 하기는 어렵다. 달리 말하자면, 하나님이 적법하게 세상에 대해 죄에 대한 책임을 물으려면, 세상이 특별 계시를 받지는 않았다 해도, 하나님의 도덕적 기준에 접근할 수 있어야 한다. 이것이 바로 자연법, 또는 도덕에 적용된 일반 계시이다. 하나님은 이러한 가치들을 성경 밖에서 계시했으며, 성경에 대해 접근하지 못하는 사람들이 이에 접근할 수 있게 했다.[11] 자연법은 성경과 성경을 받아들이지 않는 문화 사이에 다리를 놓을 수 있게 해 준다.

자연법이 기업 윤리에 어떻게 적용될 수 있는지 예를 들어 보기 위해, 종업원의 권리를 생각해 보자. 가장 널리 받아들여지고 있는 보편적 도덕 원리 중 하나는 개인의 존엄성과 이를 존중할 의무이다. 인간의 존엄성은 궁극적으로 하나님의 형상에 근거하고 있지만, 신자들만이 인간의 존엄성을 지지하는 것은 아니다. 이 원칙은 미국 헌법의 인권법과 지난 세기에 세계 도처에서 이루어진 인권 선언의 많은 부분을 뒷받침하고 있다. 또한 고용주들이 종업원들에게 안전하고 인간적인 근무 조건을 제공할 의무를 지게 하는 것도 바로 이 근본적인 도덕 원칙이다. 종업원들이 부상당할 리스크를 안고 있는 작업장은 개별 종업원의 존엄성에 대한 존중 결여를 나타내기 때문에 문제가 된다. 나아가 보상의 일환으로 숙소가 제공되는 경우, 이러한 숙소는 인간의 존엄성과 부합해야 한다. 그렇다고 해서 해외의 고용주들이 미국의 숙소와 유사한 조건을 제공해야 한다는 말은 아니지만, 그 조건은 인간의 존엄성이라는 기본 규범을 위반하지 않아야 한다. 이 원칙은 자연법에서 나오며 종업원의 권리에 대한 토론에서 중심 위치를 차지한다. 종업원의 존엄성에 대한 존중과 함께 회사들이 합리적인 이익을 낼 필요도 고려

---

11) 자연법의 성경적 기초에 대한 보다 자세한 성경 해석 연구는 Alan F. Johnson, " Is There Biblical Warrant for Natural Law Theories?" Journal of the Evangelical Theological Society 27 (June 1982): 185-199쪽을 보라.

되어야 한다. 물론 종업원들이 자발적으로 표준 이하의 조건에서 일하기로 선택할 경우, 그들은 자신의 선택에 대해 책임이 있다. 그러나 종업원들이 고용에 대한 선택을 거의 할 수 없는 나라들에서는, 그들의 취약성으로 인해 고용주들이 인간적인 근무 조건을 제공할 도덕적 의무가 증가한다.

인간의 존엄성에 대한 존중은 또한 성희롱과 직장 내 차별에 대한 사회적 관심의 중심에 위치한다. 남성과 여성 모두 하나님의 형상대로 지음 받아 기본적인 존엄성을 지니고 있기 때문에, 성희롱의 대상이 되면 안 된다. 인간은 하나님의 형상을 지니고 있기 때문에 쾌락을 위한 성적 대상으로 취급되면 안 되고, 귀한 인간으로 존중되어야 한다. 성희롱의 정의, 이를 지나치게 강조하는지 여부, 그리고 피고인의 권리를 어떻게 보호해야 하는지 등에 대해서는 합의가 이루어지지 않고 있지만, 대부분의 사람이 성희롱은 개인의 본질적인 존엄성을 위반하기 때문에 비도덕적이라는 점에 동의한다. 이와 유사하게 인종, 성별(性別), 또는 장애에 근거한 차별은 그들이 공정하게 대우받을 수 있는 개인의 존엄성 존중을 위반하는 처사이다.

감정주의

도덕에 대한 감정주의 접근법이 최근에 되살아나고 있다. 라디오와 TV 인기 토크 쇼 출연자들의 말에 따르면, 이 방법이야말로 오늘날의 윤리적 문제들을 다루는 데 사용되는 지배적인 방법들 중 하나라는 점을 쉽게 알 수 있을 것이다.[12] 위의 토론에서 참가자 4는 이 방법을 대변한다. 감정주의에 의하면, 개인의 감정(feelings)이 옳고 그름에 대한 가장 중요한 결정 요소이다. 그러나 감정은 사람마다 다르므로, 도덕은 개인의 선호 문제에 지나지 않게 되어 버린다. 감정주의자는 도덕적 언어에 의해 표현된 판단은 단지 특정 주제에 관한 개인의 감정을 표현하는 데 지나지 않으며, 따라서 도덕적 언어로 하는 말은 어느 것도 옳거나 그르다고 할 수 없다고 주장한다. 감정주의자들은 윤리적 진술을 사실로 위장된 태도로 간주한다.

감정주의에 대한 주요 비판 중 하나는 감정주의는 윤리에서 추론의 위치를 고려할

---

12) 이에 대한 보다 자세한 주석은 Thomas Sowell, "The Mushing of America," Forbes, July 18, 1994, 69쪽을 보라. 감정주의에 대한 보다 자세한 내용은 Stephen Sarris, Ethical Emotivism (New York: Springer, 1986); Mark Andrew Schroeder, Non-Cognivitism in Ethics (New York: Routledge, 2010)를 보라.

수 없다는 점이다. 감정주의는 아래와 같이 그릇된 이분법을 만든다.

a. 과학에 대해 진실이 존재하는 것처럼 도덕적 진실이 있거나,
b. 가치들은 우리의 주관적 감정의 표현에 지나지 않는다.

그러나 도덕적 진실은 추론의 진실이다. 즉, 어떤 도덕적 판단이 다른 대안들보다 나은 추론에 의해 지지될 경우 이 판단은 진실이라는 또 하나의 중요한 가능성이 있다. 크리스천인 우리는 또한 도덕적 진실은 계시의 진실이며, 창조의 사실과 도덕의 사실 사이에는 밀접한 관계가 있다고 말하고자 한다. 좋은 추론은 일반적으로 도덕적 불일치를 해결하지만, 감정주의자들에게는 좋은 추론과 조작이 매 한가지이다. 도덕에 관한 언어가 사실에 관한 언어가 아니라고 가정할 하등의 이유가 없으며, 도덕적 판단은 단지 감정 또는 선호의 표현이 아니라 인식이 있는 진술이다. 옳고 그름은 경험적으로 관찰될 수 있는 특질이 아니기 때문에 윤리적 진술이 경험적으로 확인될 수 없다는 사실이 놀랄 일은 아니다.

미덕 이론

2000년대 초의 금융 스캔들과 2007-2009년의 금융 시스템 와해로 인해 윤리에서 성품에 대한 고려가 되살아났다. 윌리엄 J. 베넷(William J. Bennett)의 『미덕의 책』(The Book of Virtues)과 같은 저술들은 이 접근법이 다시 유행하게 되었다는 증거가 된다. 앞의 토론에서 참가자 6이 말한 데서 명백히 알 수 있듯이, 미덕 접근법은 다른 방법들과 다소 다르다.[13] 지금까지 설명한 모든 규범적인 이론들은 행동 지향적 윤리 시스템으로 불리는 이론들이다. 위의 상공회의소 토론에서 마지막 참가자를 제외한 다른 참가자들은 이러한 행동 지향적 방법 중 하나를 사용했다. 대부분의 현대 윤리 이론들은 도덕적 딜레마에 직면했을 때 올바른 일을 하기, 또는 올바른 결정을 내리기에 초점을 맞춰왔다.

미덕 이론가들은 도덕에는 단지 옳은 일을 하는 것 이상이 포함된다고 주장한다. 이처럼 미덕 이론가들에 의해 주장되는 근본적인 도덕적 요구는 사람이 수행하는 행동이 아니라, 그 사람이 하는 행동에 관한 것이다. **미덕 이론은 의무가 아니라 성품의 윤리이다.** 이러한 강조들은 확실히 그리스도의 성품을 본받는 것과 같이 성경의 강조와 부합하기 때문에 미덕은 예수의 생애 이야기나 보다 넓은 인류 구속 이야기와 따로 떼어

서 이해될 수 없다. 미덕 이론의 전통은 플라톤과 아리스토텔레스에게 미칠 정도로 오래되었으며, 복음서, 스토아 학파와 에피쿠로스 학파, 그리고 토마스 아퀴나스를 포함한다.

미덕 방법론은 여러 이유로 기업 윤리에 매우 중요하다. 먼저, 위의 토론에서 가장 추악한 기업 윤리 스캔들의 대부분이 최고 엘리트 과정을 밟았기 때문에 무엇이 옳고 그른지 알고 있는 사람들에 의해 저질러졌다는 참가자 6의 얘기는 옳은 말이다. 예를 들어 버니 매도프(Bernie Madoff)는 투자자들로부터 수십 억 달러를 사기 친 폰지 사기 기법이 옳지 않다는 것을 알고 있었다. 이와 유사하게, "장부를 요리했던" 엔론의 회계사들은 자신들이 하고 있는 일이 옳지 않다는 것을 알았지만, 어쨌든 그런 일을 했다.[14] 따라서, 이는 단지 도덕적 추론 문제만이 아니라 옳고 그름에 대한 지식과 함께 작동하는 의지의 문제이다. "미덕이 없는 추론은 무력하고, 추론이 없는 미덕은 맹목적이다"라는 말이 있다.[15] 따라서 윤리에 대한 종합적인 접근법에는 추론과 미덕이 필요하다.

둘째, 해당 시스템의 기능 발휘 자체를 위해 신뢰, 정직 및 협력과 같은 미덕들을 요구하는 자본주의 시스템에서, 참가자들이 자제력을 발휘하는 데 필요한 성품이 없다면 자본주의의 토대가 무너질 수도 있다. 실로, 미국을 건국한 사람들은 시민들이 미덕을 갖추고 있을 때에만 민주주의의 실험이 성공할 것이라고 믿었다. 일반적으로 믿고 있는 바와는 달리, 완전한 자유는 결코 그들이 의도한 바가 아니었다. 오히려 그들의 비전은 "질서 있는" 또는 "제약된" 자유, 즉 도덕과 성품에 의해 길들여진 자유였다. 현대 사건들의 추세가 우려스러운 방향으로 향하고 있다는 사실과, 이 사건들이 사회에 미치는 부정적인 영향은 건국 선조들이 생각했던 것이 사실임을 보여준다. 자유 경제 시스템에서 기업은 민주주의의 초석인 바, 도덕에 관한 대중의 대화에서 미덕이 다시 한번 진지하게 고려되지 않으면 자유 시장 경제의 미래에 대해 염려하지 않을 수 없다.

---

13) 미덕 윤리에 대해 보다 자세한 내용은 Peter Kreeft, Back to Virtue: Traditional Moral Wisdom for Modern Moral Confusion (San Fransisco: Ignatius, 1992); Jonathan R. Wilson, Gospel Virtue: Practicing Faith, Hope and Love in Uncertain Times(Downers Grove, IL: InterVarsity, 1998)를 보라.

14) 엔론 사태에서 도덕적 및 법률적 실패에 관한 보다 자세한 내용은 Bethany McLean과 Peter Elkind, The Smartest Guys in the Room: The Amazing Rise and Scandalous Fall of Enron(New York: Portfolio, 2003)을 보라. Benard Madoff 와 그의 기록적인 폰지 사기 기법에 관해서는 Too Good to Be True: The Rise and Fall of Bernie Madoff(New York: Portfolio, 2010)를 보라.

15) William Frankena, Ethics, 2판(Englewood Cliffs, N.J.: Prentis Hall, 1973), 65쪽에서 인용함.

위에서 논의된 대부분의 윤리 시스템들은 현대 사회에서 널리 사용되고 있다. 독자들이 다양한 도덕적 이슈들에 관해 읽거나 듣게 되면, 이러한 도덕적 추론 중 어떤 입장이 사용되고 있는지 살펴보라. 성경은 때에 따라 다양한 유형의 도덕적 추론에 대한 예를 제공해 주지만, 성경 어느 곳에서도 이 장에서 언급된 어느 시스템이 충분하다고 암시하지 않는다. 버나드 아데니가 아래의 읽기 자료에서 지적하는 바와 같이, 성경은 하나님의 세상 구원에 관한 전체적인 이야기를 제공하며, 비즈니스에 적용될 수 있는 일반적인 도덕 원칙들은 이 일반적인 구원의 이야기로부터 나온다. 예를 들어, 십계명과 모세의 율법은 출애굽기 이야기와 자기 백성인 이스라엘에 대한 하나님의 신실함을 떠나서는 온전히 이해될 수 없다. 마찬가지로 사람들을 특징짓는 미덕들은 하나님의 성품에 근거하고 있으며, 이 성품은 인간에 대한 하나님의 사랑과 신실함에 관한 서사적 이야기와 분리될 수 없다. 성경 이야기로 되돌아가는 성경적 원칙에 대한 강조는 이 원칙들이 의무론적 색채를 띠게 한다. 더욱이 위에서 말한 바와 같이, 성경은 하나님과 하나님의 백성의 관계 이야기에 계시된 하나님의 성품으로부터 나온 미덕들인 도덕적 성품을 매우 강조한다. 따라서 성경은 미덕과 원칙, 즉 궁극적으로 하나님의 성품의 미덕에 근거하고 이의 적용에 있어서 그리스도에 의해 모범이 보여지고, 궁극적으로 하나님의 구속 사역 이야기의 맥락 안에서 세워진 원칙들을 혼합한 접근법을 지지하는 듯하다.

윤리적 비즈니스 의사 결정 모델 업그레이드하기

데이비드 W. 길(David W. Gill)
Business and Professional Ethics Journal 23,
no. 4(2004년 겨울) : 135-151쪽.

의사 결정에 관해 내가 가장 좋아하는 말은 우디 앨런(Woody Allen)의 "졸업생에 대한 연설(1980)"이다. 이 연설에서 그는 이렇게 말했다. "인류는 역사상 그 어느 때보다 중대한 기로에 서 있습니다. 하나의 길은 희망이 전혀 없는 완전한 절망으로 인도합니다. 다른 길은 완전한 멸종으로 인도합니다. 올바른 선택을 할 수 있는 지혜를 달라고 기도합시다."[1] 흔히 비즈니스에서 윤리적 의사 결정에 관한 우리의 선택은 못마땅한 결정에서 비극적인 결정 사이에 걸쳐 있는 듯하다. 그러나 우디 앨런의 연설에서와 같이 우리가 모든 가능성들을 보고 있는 것은 아닐 수도 있다.

이 글은 비즈니스 윤리에서 의사 결정을 강화하고 풍부하게 하는 몇 가지 방법을 제안한다. 비즈니스 윤리에 관한 나의 수정론자적 사고의 주요 원천은 지난 몇 년 동안 연구해 왔던 기독교 윤리이다. 내가 비즈니스 윤리 분야에서 배운 내용 일부는 기독교 윤리 수업과 저술에 녹아들어 있다. 그러나 다른 방향으로의 전개도 유익하며, 기독교 윤리의 일부 주제 및 강조점이 우리의 비즈니스 윤리를 강화하는 데 도움을 줄 수 있다. 그러나 성경에 나오는 이러한 윤리 주제 및 통찰력을 이해하기 위해 신앙과 종교적 헌신이 필요한 것은 아니다. 일반 상식과 비즈니스 경험도 같은 결론에 이르게 해 준다.

의사 결정의 중요성에 대해서는 의문이 없다. 의사 결정은 인간의 독특한 특징이다. 인간에게는 자기 초월, 심사숙고 및 선택 능력이 있다. 우리는 본능이나 제약 조건에 굴복하지만은 않는다. 의사 결정 능력을 사용하지 않는 것, 또는 의사 결정이 허용되지 않는 것은 문자 그대로 비인간적인 경험이다. 수백 년 동안 철학자, 신학자 등이 의사 결정에 많은 주의를 기울여 왔다. 그리고 의사 결정이 비즈니스의 중요한 부분임은 말할 필요도 없다. 회사와 직장생활의 운명이 의사 결정의 질에 달려 있는 경우가 흔하다.

윤리적 의사 결정은 옳고 그름, 좋고 나쁨의 문제에 관련된다. 그런데 종종 어떻게 결정해야 할지 (또는 이 상황에서 무엇이 옳은 일인지) 명확하지 않은 딜레마 또는 진퇴양난에 빠지기도 한다. 확실히 이 주제에 대한 관심이 새로워진 것은 지난 10년 동안의 스캔들에서 비즈니스 리더들이 내린 나쁜 의사 결정에 대한 길고도 실망스러운 리스트 때문이다. 케네스 레이(Kenneth Lay, 엔론의 전 CEO, 역자 주), 앤드류 패스토우(Andrew Fastow, 엔론의 전 CEO, 역자 주), 데니스 코즈로위스키(Dennis Kozlowski, 타이코사의 전 CEO), 마사 스튜어트(Martha Stewart, 마사 스튜어트 옴니미디어 의장, 2004년에 내부자 거래와 관련하여 투옥됨, 역자 주)와 기타 많은 사람들이 자신들뿐만 아니라, 대부분은 아무 잘못도 없는 다른 사람들에게 끔찍한 결과를 가져온 잘못된 결정을 내렸다.

물론 켄 레이(Ken Lay)와 회사의 다른 악한들이 훌륭한 의사 결정 방법이 없어서 실패했는지는 물어볼 가치가 있다. 아마도 이것이 문제의 일부일 테지만, 나는 표준적인 의사 결정 기법이 그들(그리고 우리들)을 구할 수 있을 거라고 생각하지 않는다. 그들이 잘못 다룬 결정적인 의사 결정들은 보다 깊은 차원이었다. (내 가치는 무엇인가? 내가 법 위에 있는가? 내 사명은 무엇인가? 나는 어떤 유산을 남길 것인가? 나는 참으로 자신의 이익만을 추구하기 원하는가? 등). 의사 결정에 대한 표준적인 설명은 너무 협소해서, 즉 당면한 딜레마와 진퇴양난에만 초점을 맞추고 보다 기본적이고 근본적인 사안들을 소홀히 함으로써 실패할 수도 있다. 아무튼, 최근에 비즈니스 윤리 교육 및 연수가 증가했음에도 불구하고 일간 신문에 비윤리적이고 불법적인 비즈니스 행동에 대해 기사가 나오지 않는 날이 드물다. 따라서 매우 실제적인 우려가 윤리적 의사 결정에 대한 접근법을 개선하려는 노력을 견인하고 있다.

윤리적 비즈니스 의사 결정에 관심을 가지게 되는 두 번째 이유는 비즈니스에 관한 인기 있는 저술가들이 제공하는 것보다 나은 뭔가를 제공하기 위함이다. 많은 비즈니스 리더들이, 서점의 비즈니스 코너에서 귀중한 진열대를 차지하고 있는 베스트셀러 "리더십" 작가 존 맥스웰(John Maxwell)의 『비즈니스 윤리 따위는 없다 - 의사 결정에는 오직 한 가지 규칙만이 있을 뿐이다』(There's Nothing as "Business Ethics" - There's Only ONE RULE for Making Decisions)[2]와 같은 책을 읽어봤을 것이다. 맥스웰이 리더십에 관해 적어 놓은 다양한 사고들로부터 도움을 받는 독자들도 있겠지만, 나는 비즈니스 윤리 및 의사 결정에 관한 그의 접근법은 끔찍하게 잘못되었다고 생각한다.

맥스웰은 이렇게 말한다. "윤리적 딜레마는 도덕적 원칙 또는 관행과 관련하여 바람직하지 않거나 유쾌하지 않은 선택으로 정의될 수 있다…. 우리는 쉬운 일을 하고 있는가, 아니면 옳은 일을 하고 있는가?"(5쪽). 딜레마는 문제가 있고 어려운 상황이지만, 이 용어를 "바람직하지 않고" "불쾌한" 것으로 묘사하면 심리적 요소들(욕구, 쾌락)을 지나치게 강조하고, 윤리의 핵심을 차지하는 해악이라는 이슈를 부각시키지 못한다. 둘째, 맥스웰이 딜레마를 "쉬운" 것과 "옳은"것의 대립으로 놓는 것도 순진하며 그릇된 것이다. 윤리적 딜레마는 무엇이 옳은 일인지 알기 어렵기 때문에 딜레마인 것이다. 무엇이 옳은 일인지는 자명(自明)하지 않다. 예를 들어, 충성스러운 종업원들을 정리 해고하고 이들의 일자리를 해외로 옮겨야 하는가? 이렇게 하면 아마도 고객들과 주주들, 그리고 해외 경제에는 좋은 일일 것이다. 그러나 충성스러운 종업원들에게는 나쁜 일일 테고, 또한 장기적인 평판과 브랜드에 나쁜 영향을 줄 수도 있다. 이것이 "쉬운" 일과 "옳은" 일에 관한 사안이라고 말하는 것은 우스꽝스러운 일이다.

맥스웰은 계속해서 이렇게 말한다. "윤리 문제에 있어서는 오직 두 가지 중요한 요점만이 있다. 첫째는 따라야 할 기준이다. 둘째는 이를 따를 의지이다"(23쪽). 그러나 이 상황에서 무엇이 적절한 기준인가? 그리고 무엇이 옳은 일인지 이해한다 하더라도 이를 행할 "의지"를 어떻게 만들어 낼 수 있는가? 맥스웰은 이 문제들이 간단한 것처럼 지나쳐 버리지만 이는 간단한 문제가 아니다. 맥스웰은 이러저러한 상황들과 딜레마에 윤리적 가치 및 가이드라인을 어떻게 적용해야 하는지에 대해 이해하는 도전 과제를 간과하고 있는 것이다. 우리의 방법은 무엇인가? 누가 의사 결정 프로세스에 관여할 필요가 있는가? 이해관계자들은 누구이며, 특히 이해관계가 충돌할 때 어떻게 다양한 이해 및 요구를 존중할 수 있는가?

맥스웰은 오직 필요한 윤리 가이드라인은 "다른 사람이 당신에게 해 주기 원하는 바를 다른 사람에게 해 주라"는 황금률이라고 주장한다. 이 말이 우리의 의사 결정을 도와주는 강력하고, 때로는 유용한 원칙이라는 데에는 의심할 나위가 없다. 그러나 예수는 산상수훈(山上垂訓)에서 이 규칙을 따로 따로 떨어진 개인들이 아니라 제자 집단에게 가르쳤음에도 불구하고, 맥스웰은 이를 문맥에서 떼어내 자신의 이익을 옳은 행동에 대한 기준으로 삼는다. (내가 마조히스트가 아닌 한) 사람들이 내게 해 주기를 바라는 대로 남에게 해 준다는 원칙이 다소는 내가 부당한 일을 하지 못하게 방지해 주겠지만, 예를 들어 터프가이 스타일의 사람이 다른 사람들에게 터프가이 스타일로 대하는 것을 막아주지는 못할 것이다. 이것이 바로 예수와 기타 현명한 교사들이 공동체의 분별력과 행동을 강조한 이유이다. 맥스웰이 우리가 필요로 하는 유일한 규칙은 이것뿐이라고 말한 것도 잘못이다. 황금률에는 일반성이 있지만, 맥스웰이 주장하는 것과 같은 배타성이나 충분성은 없다. 맥스웰과 달리, 예수는 자신의 윤리적 가르침을 황금률로 국한하지 않았다. 맥스웰의 의사 결정 모델은 지나치게 단순화하고 순진해서 실패하기 때문에 우리는 보다 나은 방법을 찾고 이를 증진해야 한다.

내가 MBA 윤리 과정에서 가장 흔히 사용하는 교재는 린다 트레비노(Linda Trevino)와 캐서린 넬슨(Katherine Nelson)의 『비즈니스 윤리 관리하기: 이를 어떻게 올바르게 할 것인지에 대한 솔직한 이야기』(Managing Business Ethics: Straight Talk about How To Do It Right)[3]이다. 존 맥스웰에게서 본 것과 그들의 8단계 접근법을 보면 도움이 된다. 맥스웰은 그들의 6단계의 일부와 8단계의 많은 부분에 주의를 기울이지만, 이 프로세스의 나머지는 명시적 또는 묵시적으로 무시한다. 건전한 윤리적 비즈니스 의사 결정을 내리기 위한 그들의 8단계는 아래와 같다.

1. 사실을 수집하라. 이는 트레비노와 넬슨 그리고 윤리에 대해 진지하게 생각하는 사람들에게 중요한 출발점이다.
2. 윤리적 이슈들 또는 가치들을 정의하라. 윤리적으로 위험에 처해 있거나 충돌을 일으키는 것은 무엇인가?
3. 영향을 받는 당사자, 이해관계자들을 파악하라. 이는 부분적으로는 사실 관계에 관한 문제이지만, 트레비노와 넬슨은 의사 결정자가 다른 이해관계자의 관점에서 이 딜레마를 보도록 도전한다.
4. 결과들을 파악하라. 이 단계는 공리주의와 기타 접근법의 잠재적 통찰력을 인정한다.
5. 의무들을 파악하라. 이 단계는 칸트주의자와 기타 비결과주의자들의 윤리적 접근법의 잠재적 통찰력을 인정한다.
6. 당신의 성격과 올곧음을 고려하라. 이 단계는 미덕과 성품 윤리학의 잠재적 통찰력을 인정한다.
7. 가능한 행동들에 대해 창의적으로 생각하라. 윤리에 대한 많은 설명에서 상상력과 창의성이 상실되고 있지만, 이들의 역할은 매우 중요할 수 있다.
8. 당신의 직감을 점검하라. 직관, 감정 또는 양심이 딜레마 해결에 도움이 될 수도 있다.

트레비노와 넬슨은 상당히 포괄적이고, 현명하며, 실제적인 방법론을 개략적으로 설명했다. 그들은 또한 관리자들에게 회사의 규칙을 배우고 많은 질문을 하며 어려운 도전 과제들에 직면했을 때 도움이 될 수 있는 관계들을 발전시킴으로써 미리 대비하도록 노력하라고 촉구한다. 그들이 대략적으로 설명한 8단계는 대부분의 다른 설명들보다 총체적이고 포괄적이며 실제적이고 현실적이기는 하지만, 다른 비즈니스 윤리 저자들도 이와 비슷한 얘기를 하고 있다.

실제적이고 포괄적인 윤리적 의사 결정을 향하여

기독교적 관점에서 윤리적 비즈니스 의사 결정 프로세스를 숙고해 보는 것이 이 글의 목적이다. 기독교적 입장이 어떤 통찰력과 관점을 제공해 줄 수 있는가? 내가 경영학을 공부하는 학생들(그리고 직장에서 모든 직급의 임직원들)에게 의사 결정을 가르치는 방법은 (실제 또는 가능한) 윤리 문제와 직면하는 4가지 단계에 초점을 맞추는 것이었다.[4]

첫째, 심각한 윤리 문제에 직면할 수 있는지 (또는 아닌지) 인식하라. 나는 6가지 테스트 질문들이 심각한 이슈들을 탐지하는 데 있어서 (그리고 성격상 그다지 윤리에 관련되지 않은 사안들을 제쳐 놓는데 있어서) 신뢰할 만하고 포괄적인 방법이라고 믿는다. 둘째, 심각한 윤리적 이슈가 인식된 경우, 어떻게 할지에 대한 전략을 세워야 한다. 셋째, 이 이슈를 간단히 윤리 부서나 상사에게 넘길 수 없는 경우, 이 이슈를 주의 깊게 분석하고 대응책 면에서 최상의 대안을 이해해야 한다. 넷째, 이 이슈를 **해결하기** 위해 최선을 다해야 한다. 기독교 윤리가 어떻게 비즈니스 윤리 분야의 난관을 극복하고, 이 프로세스에 다소의 통찰력을 제공할 수 있을 것인가?

사명, 목적 및 윤리

인식/전략 수립/분석/해결이라는 4단계를 직접 풀어 놓기에 앞서서, 3가지 중요한 사전적(事前的) 항목들이 이 전체적인 작업에 중요한 구조를 제공해 준다. 이 중에서 첫 번째는 사명, 또는 "핵심 목적"이다. 비즈니스의 다른 측면들과 마찬가지로 윤리적 의사 결정은 회사의 전체적인 사명과 목적에 비추어, 그리고 이를 달성하기 위해 수행된다(또는 수행되어야 한다). 궁극적이고, 전체적인 사명은 의사 결정에 동기를 부여하기도 하고 지침이 되기도 한다.

유대교 및 기독교의 윤리적 심사숙고는 예를 들어, 십계명은 "너는 내 앞에서 다른 신들을 두지 말라"에서 드러나는 바와 같이 "누가 신이 될지"를 명확히 하는 데에서 시작한다는 점에 주목한다. 십계명에 대한 위대한 유대교와 기독교 주석가들은 나머지 아홉 가지 계명들은 이 신(야훼)이 왕좌에 앉게 되는 것이 의미하는 바에 관한 진술이라고 지적한다. "우리의 신들이 우리의 선(善)들을 결정한다"고 말할 수 있다. 목적이 윤리를 견인한다. 성경은 그러한 목적론적 사고로 가득 차 있다. 즉, 궁극적인 사명과 목적을 명확히 하고, 그 비용을 계산하고, 이에 대해 준비하고 계획을 세우고 실행하라는 것이다. 부정적인 교훈도 놓쳐서는 안 된다. 즉, 돈과 같은 재물을 왕좌에 앉힐 경우, 그러한 사명으로부터 흘러나오는 부정적인 윤리적 결과에 놀라지 않아야 한다.

아리스토텔레스의 목적론적 윤리와 짐 콜린스(Jim Collins)와 제리 포라스(Jerry Porras)의 『지속되도록 지어지다』(Built to Last)[5]에 나오는 "핵심을 보존하라"는 주문도 이와 동일한 취지로 말한다. 이 주제에 관해 매우 중요하고 이제는 고전이 된 글에서 더글라스 셔먼(Douglas Sherman)은 이렇게 썼다. "기업의 행동을 규율하는 가치들은 해당 기관의 "왜"에 의해 조건 지워져야 한다. 가치들은 기업의 목적에서 나와서 이 목적을 수행하고, 이 목적에 의해 제약되어야 한다."[6] 기업이 현명한 윤리적 의사 결정과 건강한 기업 문화를 증진하기 원한다면, 그들은 먼저 자신들이 왜 사업을 영위하는지, 자신의 목적이 무엇인지를 명확히 해야 한다.

도덕적 행위자(Moral Agent)의 성품

두 번째 사전적 항목: 도덕적 행위자들은 단지 합리적 의사 결정을 내리는 기계들 이상이다. 논리적인 추론 기법을 다른 사람에게 이전해 줄 수 있을지는 몰라도, 이것이 현명한 윤리적 분별력이나 성과를 보장해 주지는 않는다. 플라톤과 아리스토텔레스, 그리고 대부분의 근대 이전의 사상가들은 도덕적 동인(moral agency)은 의사 결정 기법 이상이라고 보았다. 그것은 성품, 즉 우리는 누구인가에 관한 것이다. 성품은 우리의 습관, 특질, 능력 및 성향의 총체이다. 스포츠로 비유해 보자. 이에 적합한 자질, 이를 수행할 신체적 능력이 없으면 이 "게임"을 수행할 수 없다. 윤리에서 지적(知的)으로 뭔가를 안다 해도 필요한 강한 성품 없이는 이를 수행할 수 없다.

이 주제에 관한 기독교적-성경적 관점은 명확하다. 예수의 프로그램은 단지 "일련의 새로운 규칙과 가다듬은 의사 결정 방법이 필요하다"가 아니라, "다시 태어날 필가 있다"이다. 성 바울은 단지 "이 도덕적 규칙을 정확히 적용하기"에 관해서가 아니라, "옛 자아를 벗어 버리고 새로운 자아를 입는 것"에 관해 말한다. 이는 당신은 누구인가, 당신은 어떤 종류의 사람인가에 관한 것이다. 이는 단지 횡령을 금지하는 도덕 규칙을 암기하는 것이 아니라, 탐욕이 없고, 관대하며 정직한 성품을 개발하는 것이다. 이는 단지 성적 또는 인종적 희롱을 금지하는 규칙을 상기하는 것이 아니라, 하나님의 형상대로 지음 받은 모든 사람들을 습관적으로 존중하는 것이다. 이는 어떤 사안을 객관적으로 옳거나 그르다고 분류할 수 있는 것이 아니라, "악한 것을 미워하고 선한 것을 고수하는 것"이다(로마서 12:9). 이는 단지 추론하는 기계가 아니라 (역사, 감정, 성격 등) 다차원적인 사람에 관한 것이다. 기독교와 성경만이 도덕적 특성을 이처럼 강조하는 것은 아니지만, 크리스천이 조직의 윤리적 건강 증진에 관심을 기울일 때마다 윤리적 성품 배양 및 개발에 대한 강조가 논의의 중심적인 측면이 되어야 한다.

다수의 기업 윤리 교사들과 저자들은 의사 결정 이론에서 "미덕 이론"을 칸트나 밀의 이론들에 필적하는 의사 결정 이론의 한 가지 대안으로 거론하는 분류상의 오류를 저지른다(부분적으로는 트레비노와 넬슨이 이에 대한 책임이 있다). 그들은 윤리적 의사 결정에서 먼저 우리의 의무 또는 다른 사람들의 권리는 무엇인가라는 칸트의 질문을 제기하고 나서, 그 다음에 어떻게 (가장 많은 사람들을 위한) 가장 좋은 결과를 가져올 수 있는가라는 밀의 질문을 제기하도록 제안한다. 그리고 나서, 이와 같은 방식으로 이 결정이 내 성품에 어떻게 영향을 주는가라는 미덕 윤리 질문을 제기하라는 것이다. 그러나 미덕/성품 윤리를 이런 식으로 위치시키는 것은 별로 도움이 되지 않는다.

우리의 성품은 세 번째 이론적 질문의 원천만이 아니라 우리의 모든 추론 및 의사 결정 배후의 배경이자 맥락이다. 미덕 이론은 딜레마에 직면해 있건 아니건 간에 당신은 누구인가에 관한 것이다. 그것은 당신의 지속적이고 습관적인 특성 및 역량에 관한 것이다. 미덕 이론은 단지 의무론이나 목적론이 제공하는 것과 같은 의사 결정 이론이나 전략이 아니다. 미덕 이론을 그렇게 다루면 매우 중요한 무언가를 잃게 된다. 여기에서 함의하는 바는 기업들이 훌륭한 의사 결정 및 성과를 원할 경우 기술적 역량 및 추론 역량이 높은 사람이 아니라 좋은 성품을 지닌 사람을 채용하고, 연수 및 승진시켜야 한다는 것이다.

윤리적으로 분별하고 행동하는 공동체

셋째, 윤리적인 삶은 개인의 일이 아니라 공동체의 일이다. 윤리는 개인 경기가 아니라 팀 경기이다. 하나님은 자신이 창조한 인간의 공동체성에 관해 "우리(복수)의 형상대로 사람(복수)을 만들자"고 했다(창세기 1장). 사실, 창세기 1-2장의 창조 이야기에서 창조에 관해 오직 하나의 부정적인 진술은 "사람이 혼자 사는 것이 좋지 않다"는 것이다. 성경의 모든 중대한 윤리적 지시들은 개인이 아니라 공동체에 주어졌다. 십계명은 개인이 아니라 회중에게 주어졌고, 산상수훈(山上垂訓)은 개인이 아니라 일단의 제자들에게 가르쳐졌다. 또한 예수는 그의 제자들을 하나씩이 아니라 둘씩 보냈다. 그는 "두세 사람이 내 이름으로 모인 곳마다" 함께 하겠다고 약속했으며, "두세 사람이 동의할 경우" 땅에서 묶인 것은 하늘에서도 묶일 것이라고 했다. 성 바울은 각 사람은 "그리스도의 몸"의 구성원이며, 그러한 모든 구성원들이 필요하다고 가르쳤다. 이처럼 지혜 문헌은 상담자가 많은 곳에 지혜가 있음을 환기시킨다.[7]

인류학자들과 사회학자들은 도덕은 사회적 구조물임을 보여주었다. 고대의 철학자들은 개인의 선(善)이 질서가 잡히고 정의로운 공동체와 서로 의존한다는 점에서 윤리가 정치에 내면화된 것으로 보았다. "튼튼한 개인"이라는 미국의 문화적 신화에 의해 강조된 현대의 개인주의는 기독교적 사고에만 반대되는 것이 아니라, 역사상 대부분의 사람들의 생각과 관행에 반대된다.

성경은 공동체가 매우 중요하다는 점을 되풀이해서 강조하기 때문에, 크리스천들은 존 맥스웰과 같이 개인주의자적 오류에 빠져서는 안 된다. 윤리적 의사 결정은 추상적인 논리 속에서 개인적으로 내리는 결정이 아니다. 관련 규칙 결정, 발생할 수 있는 결과 예측 및 가장 현명한 결정에 도달하기라는 도전 과제는 공동체 안에서 다루어질 때 가장 효과적으로 수행될 수 있다. 공동체는 우리에게 무엇이 옳은지 이해하도록 도움을 주고, 옳은 일을 수행하도록 도움을 준다. 이 사실이 기업에 시사하는 바는 팀 플레이어들을 채용하여 팀을 세우고, 옳은 결정뿐 아니라 팀의 노력에 대해서도 보상하라는 것이다.

진정한 윤리적 딜레마 인식하기

이처럼 사전적이지만 중요한 특성들(사명, 성품 및 공동체)이 구비되고 나면, 윤리적 의사 결정의 첫 번째 단계는 특정 질문, 이슈 또는 행동이 윤리적으로 매우 중요한 사안인지 결정하는 일일 것이다. 우리의 관심이 윤리 및 도덕에 관한 사안이 아니라 사실은 기호 및 태도의 문제일 수도 있다. 실상은 도덕이나 윤리적 사안이 아닌 비즈니스 딜레마들이 많이 있다. 물론, 이런 경우에도 현명하고 좋은 결정이 중요하지만, 우리의 관심은 윤리적으로 중요한 문제들을 찾아내는 데 중점을 둔다.

하나의 간단한 테스트만으로 윤리적 의사 결정을 내리는 것은 적정하지 않다. (모든 윤리적 문제들에 대해 권위 있는 결정을 내려 줄) 유일하고 전능한 윤리적 황제 또는 재판관은 없는 것과 마찬가지로, (이를 결정하기 위해 사용할 수 있는) 유일한 테스트 질문도 없다. 여러 테스트들을 사용할 때 윤리적으로 중요한 사안들을 놓치지 않을 가능성이 높다. 내 제안은 여섯 가지 질문 (또는 여섯 가지 기준)에 의존한다.

법률 및 윤리강령 첫째, 심각한 불법의 소지가 있는가? 둘째, 이 사안이 회사 (또는 직업) 윤리에 위배되는가? 이 두 가지 테스트들은 정부 및 조직, 그리고 전문가 그룹이 정한 윤리 강령과 기준에 간직되어 있는 가치 및 판단에 의존한다. 이들은 직접적인 컴플라이언스 테스트이다. 법규 또는 회사나 직업상의 윤리 강령에 위반되는 듯한 무언가가 일어나고 있을 경우 적신호가 켜져야 하며, 이 문제를 다음 단계로 가져가 이에 관해 어떻게 할지에 대한 전략을 세워야 할 수도 있다.

일반적으로 법규는 사회에서 어떻게 행동해야 할지에 대해 합의한 사회 계약이다. 법의 관할지에서 사는 사람은 누구나 이를 준수하거나 합법적인 수단을 통해 이를 바꾸도록 노력할 것으로 기대된다. 이와 마찬가지로, 회사와의 고용 계약 수용은 일반적으로 그 회사의 윤리 강령을 준수하기로 명시적으로 동의하는 것을 의미한다. 특정 전문가 집단에 가입하는 것은 해당 집단의 윤리 강령에 대한 동의를 포함한다.

이러한 컴플라이언스 테스트들을 기독교적 관점에서는 어떻게 보는가? 성경에서는 크리스천의 일차적인 "시민권"과 충성은 "하나님의 나라"에 속한다고 가르치지만, 예수와 바울 등은 (일반적으로) 국가 및 국가의 법률에 복종하라고 권고한다. 그러한 권위들은 단지 견뎌야 하는 것만이 아니라 선을 지지하고 악을 저지하기 위한 하나님의 도구로 여겨질 수도 있다(로마서 13:1-7). 이러한 일반 원칙에 대한 예외는 황제의 요구가 하나님의 요구와 명백히 반하는 경우인데, 이때에는 "인간의 권위보다 하나님에게 복종해야 한다"(사도행전 5:29).

따라서 국가의 법률과 회사 및 전문가 단체의 윤리적 가이드라인들은 두 개의 첫 번째 가이드라인들이지만, 이 가이드라인들만으로는 충분하지 않다. 이들보다 더 높은 권위가 있다. 법률이 윤리적 올바름과 일치하지 않을 수 있고, 어떤 국가나 정치 단체, 회사 또는 전문가 집단도 완벽하다고 주장할 수 없다. 도덕적 권위에 대해 질문하는 것은 크리스천의 소명이다. 노예 제도나 기타 도덕적으로 혐오스러운 일들이 합법적이었던 것과 같이 때로는 법률이 도덕적으로 올바르지 않을 수 있다. 때로는 정부가 인간 또는 환경을 위험에 빠뜨리는 유해 화학물질 배출을 금지하지 않는 경우와 같이, 법률이 침묵을 지키는 경우도 있다. 어떤 행동이 합법적(또는 불법적)이라거나, 법률이 침묵한다 해서, 그 행동이 옳은 것은 아니다. 몇 가지 추가 테스트들이 필요하다.

개인의 양심 세 번째 테스트 질문은 "그 행동이 사람들의 양심 및 개인적 가치들에 위배되는가"이다. 물론, 사람들의 양심 및 개인적 가치들은 사람에 따라 다소 다르다. 보수적인 아일랜드의 가톨릭 신자, 이슬람교 신자, 여성주의자, 그리고 교외의 고등학교 학생이 민감하게 반응하는 윤리적 이슈들은 매우 다를 수 있다. 그러나 모든 사람은 일종의 내적인 도덕적 "나침반"을 가지고 있는데 (사람들이 반드시 이에 동의하거나 이를 준수해야 할 필요는 없지만) 이를 존중해야 한다. 기독교 전통에서는, 이러한 도덕적 나침반 또는 양심의 원천은 인류의 시조가 따먹은 "선과 악을 알게 하는 나무"이다. 이는 비록 "플랜 B"에 해당하는 윤리적 지식이지만, 성경은 이 지식 또한 하나님으로부터 나왔으며, 이 지식이 아담과 이브에게 주어졌음을 분명히 하고 있다(창세기 2:16-17; 3:22). 이 "마음에 쓰여진 법"이나 "일반 은총" 또는 "자연 도덕"은 인류 역사에서 그다지 효과적이지 못했을 수도 있지만, 성 바울에 의하면 성경에 계시된 율법 및 윤리도 효과적이지 못했다(로마서 1장-2장).

여기서 말하고자 하는 요점은 조직에서 도덕에 관해 개방적인 대화를 나누고, 사람들(모든 사람들)에게 뭔가가 심각하게 잘못되었다고 생각될 때마다 이에 대해 말하도록 장려하라는 것이다. 다른 사람들은 둔감한 이슈들에 대해 민감한 반응을 보이는 사람들이 있을 수 있다. 사람들은 자신의 핵심 가치와 양심에 따라 소신껏 말하도록 초대되어야 한다. 물론, 조직이 궁극적으로는 우려를 표명한 사람에게 감사를 표명하고, 그들의 도덕적 확신이 조직 전체의 정책이 될 수는 없음을 설명해야만 하는 경우도 있을 수 있다. 그러나 사람들이 옳고 그름에 관한 자신의 확신을 공유할 수 있는 개방적이고 존중받는 환경을 조성하는 것은 좋은 일이다.

황금률 네 번째 테스트 질문은 내적 확신에서 외적 행동으로 옮겨간다. "당신은 이 일이 당신에게 일어나기를 원하는가?"(마태복음 7:12). 공자의 어록과 다른 종교, 그리고 철학의 가르침에도 매우 밀접한 내용이 있기는 하지만, 이는 예수의 산상수훈의 황금률이다. "당신이 모든 사람이 모든 사람에게 해 주도록 원할 수 있는 것만 남들에게 하라"는 칸트의 "정언 명령"도 이와 가깝다. 물론, 당신이 개인적으로 참을 수 있겠는가가 이 테스트 질문의 한 부분이다. 그러나 이 규칙은 일단의 제자들에게 주어졌으며, 따라서 우리의 동료들 및 우리가 사랑하는 사람들에 관해서도 질문하는 것이 좋다. 내 동료들과 가족들이 이를 참을 수 있겠는가? 내가 이를 원하겠는가? 나 자신과 동료, 그리고 아이들이 우리가 마케팅하고 있는 신약을 먹겠는가? 우리가 오염시키고 있는 물을 마시겠는가? 우리가 만들고 있는 이 차를 운전하겠는가? 이 네 번째 테스트는 내 양심과 사고에 도전을 가하는 세 번째 질문보다 더 깊이 들어감을 알 수 있을 것이다. 이 질문은 삶, 행동에 관한 것이다.

대중에 대한 공개 다섯 번째 테스트 질문은 "이 일이 대중에게 공개된다 해도 일어나겠는가?"이다. 이 일이 신문의 머리기사에 나오거나 저녁 뉴스에 주된 이야기로 등장한다 해도, 이 일이 일어나겠는가? 이 테스트는 사회는 일종의 도덕적 나침반을 가지고 있으며, 사회의 판단 앞에서의 수치와 두려움이 비윤리적 선택을 피하도록 도움을 주리라고 가정한다. 예수는 "사람들은 자신의 행위가 악하기 때문에 빛보다 어둠을 사랑한다"고 말했다(요한복음 3:19). 아담과 이브는 하나님에게 불순종한 뒤에 "하나님을 피해 숨었다." 비윤리적 행동에는 흔히 은닉(隱匿)과 비밀이 수반된다. 투명성과 낮의 빛은 윤리적이고 정직하게 행동하는 데 큰 도움이 된다. 이 테스트는 첫 번째 테스트(법규 준수)와 다소 유사하다. 이 테스트는 우리 사회에 일종의 믿을 만한 도덕적 지침이 있다고 기대한다. 여기에서는 단지 법에 간직된 지침이 아니라, 여론이 우리를 인도하기를 기대한다. 물론, 우리는 대중도 속을 수 있고 악을 저지를 수 있음을 안다. 교육을 잘 받은 독일 국민이 히틀러를 지지했던 사실을 생각해 보라. 그러니 대중에 대한 공개 테스트는 그 자체로는 적절하거나 안전하지 않지만, 윤리에 대한 또 하나의 중요한 여과 장치이다.

피해 여섯 번째이자 마지막 테스트는 '누군가가 중대한, 그리고 자신의 책임이 아닌 피해를 입을 수 있겠는가?'이다. 많은 윤리 강령들이 이 "피해"라는 가이드라인을 여러 형태로 반복한다. 고대의 히포크라테스의 의사 선서는 "어떤 피해도 입히지 말라"를 의사들의 첫 번째 의무의 하나로 제시한다. 내 판단으로 피해는 윤리에서 최종적인 질문이다. 우리가 피해를 입을 것인가, 번성할 것인가? 예를 들어, 십계명은 "우리의 유익을 위해" 이 계명을 준수하는 사람들의 삶이 "잘되고" 그들이 "그 땅에서 오래 살도록" 하기 위한 가이드라인이라고 설명되며 정당화된다(신명기 5~6장). 마음의 죄(색욕, 탐욕, 시기 등)를 금하는 성경의 가르침조차도 이러한 태도들은 다른 사람들에게 피해를 주는 (그리고 이러한 마음을 품는 사람들을 부패시키고 이들에게 피해를 주는)행동의 뿌리이기 때문에 잘못되었음을 강조한다.

물론, "피해"에 대해 논의되고 정의되어야 한다. 거의 모든 것이 피해를 야기할 잠재력을 안고 있다. 여기에서 필수적인 수식어들은 "중대한"과 "자신의 책임이 아닌"이다. 이 수식어들이 항상 자명한 것은 아니기 때문에, 바람직하기로는, 의사 결정에 의해 영향을 받을 수 있는 모든 사람("이해관계자")이 토의에 참여해야 한다. 사람들은 자신이 선택하지 않은 또는 선택하도록 강요되어서는 안 되는 피해에 노출되지 않아야 한다.

이 여섯 가지 윤리 테스트들은 모두 심각한 윤리적 이슈들을 탐지하는 데 도움이 된다. 이 중 어느 한 가지 테스트도 항상 충분한 것은 아니다. 예외적인 상황이 발생할 수 있다. 해석이 필요하고, 우리의 성품이 테스트되며, 도덕적 공동체가 필수적이다. 그러나 이 여섯 가지 테스트들을 사용해서 강력한 적신호나 다수의 노란 신호등이 깜빡거리는 것을 찾아내기 시작하면, 다음 단계에 무엇을 할지에 대하여 전략을 더 잘 수립할 수 있다. 확실히 이 여섯 가지 테스트들은 종교인이 아닌 사상가들에 의해 제안되었으며 따라서 "신앙 행위"인 것만은 아니다. 그러나 앞에서 살펴본 바와 같이 기독교의 성경과 전통은 다양한 주제들을 흥미 있는 방식으로 강화하며 강조한다.

윤리적 의사 결정에 관해 보다 넓은 관점 취하기

그러나 "인식" 단계를 떠나기 전에, 딜레마 해결이 극히 중요하기는 하지만, 일련의 다른 의사 결정들도 윤리적으로 매우 중요하다는 점을 주목해야 한다. 먼저, 일상적이고 통속적인 관행과 의사 결정들이 조직의 장기적인 윤리적 건강과 성과를 형성한다. 단지 큰 위기만 중요한 것이 아니라 통상적인 의사 결정 기회도 중요하다. 둘째, 조직의 사명 및 비전, 핵심 가치, 그리고 특정 딜레마에서 어떻게 할지에 관한 결정보다 윤리적 기준에 관한 의사 결정이 더 근본적이고 중요하다. 셋째, 어떤 성품을 지닌 사람을 고용할지 및 어떤 유형의 기업 문화를 조성할지에 관한 결정은 윤리적 건강과 성과에 큰 영향을 준다.

협소한 "의사 결정론자"적 접근법을 피하고, 조직 윤리에 대한 보다 넓고, 깊고, 풍부한 입장을 취해야 한다. 윤리 및 윤리적 의사 결정을 오직 또는 주로 위기/딜레마의 맥락에서만 생각할 경우, 사후 대응적이고 대개는 부정적인 일인 "피해 통제"와 별로 다르지 않게 된다. 사후 대응적인 "딜레마" 윤리에서 선제적인 "관행" 윤리로, 부정적인 "경계(boundary)" 윤리에서 긍정적인 "위임(mandate)" 윤리로 이동해야 한다. 간단히 요약하자면, 먼저 조직의 핵심 사명 및 목적을 명확히 파악해야 한다. 그리고 나서 조직의 중요한 "관행들"(예컨대, 리서치, 마케팅, 재무 보고, 회의, 소통 등, 즉 사명 수행 및 달성을 위한 활동들)을 주의 깊게 계획한다. 다음에는 (a) 사람들에게 피해를 주게 될 경계가 침범되지 않고 (b) 조직의 모든 활동에서 "어떻게 옳은 일을 하는지" 보여주기 위해 긍정적인 위임 및 이상이 떠받쳐지도록 각각의 업무 영역을 안내할 원칙들을 파악한다. 이 프로세스에서는 모든 단계에서 의사 결정을 내리게 된다. 그러나 이는 선제적이고, 긍정적이며, 사명에 의해 견인되는 의사 결정이다.

윤리적 딜레마에 관한 전략 수립: 그 다음에는 어떻게 할 것인가?

앞에서 말한 여섯 가지 테스트 질문 결과 특정 이슈 또는 딜레마가 참으로 (그리고 적어도 잠재적으로는) 심각한 윤리적 도전 과제로 판명될 경우, 그 다음으로 해야 할 단계는 다음과 같은 전략을 수립하는 것이다. 내가 파악한 이 문제에 대해 어떻게 해야 하는가? 이 정보를 누구와 공유해야 하는가? 다음 단계는 무엇이어야 하는가? 이에 대해 진행할 때 특별히 주의할 점은 무엇인가? 이 시점에서 무모해서는 안 된다. 결국 윤리가 피해로부터 보호하기 위함이라면, 우리는 자신의 일자리와 우리에게 의존하는 사람들의 복지를 포함한 일자리들과 회사 및 공동체에 피해를 주는 방식으로 반응하고 싶지 않을 것이다.

조직의 매니저들과 리더들이 이러한 전략에 대해 생각하고 반응하기 위한 가이드라인 및 채널을 만들어 두면 회사와 직원들에게 큰 유익을 줄 수 있다. 윤리에 관한 질문 또는 문제들이 (가급적) 상사, 컴플라이언스나 법률 책임자, 인사 부서 또는 익명의 핫라인에 즉각적으로 보고되도록 요구하는 회사들이 있는가 하면, 아무것도 하지 않는 회사들도 있다.

크리스천들은 예수가 먼저 잘못을 저지른 사람에게 가서 말하라고 제안한 것을 기억할 것이다! 예수는 그렇게 해서 통하지 않을 경우 다른 사람과 함께 가서 말하라고 했다. 그래도 문제가 해결되지 않을 경우 이를 (교회에) 공개한다(마태복음 18:15-17). 물론, 이 사안에서 예수는 조직의 기준 위반이 아니라 개인 간의 갈등을 언급한 것이지만, 이 이야기에는 확실히 누군가의 뒤에서 그에 관해 얘기하기보다는 그 사람에게 말해야 하며, 이는 문제가 더 커지고 파괴적으로 되기 전에 해결되기를 의도하는 것이라는 성경의 주제가 들어 있다. 또한 여기에는 특히 허위의 비난을 받기 쉬운 지위에 있는 리더들에 대한 비난의 경우 증인이 필요하다는 성경의 가르침이 있다. 이 이야기가 전략적으로 함의하는 바는 무언가를 공개하기 전에 적어도 한두 사람과 상의해야 한다는 것이다.

윤리적 이슈 분석하기

인식 및 전략 단계만 필요한 조직도 있을 것이다. 그러한 조직에서는 문제를 인식하고 이를 윤리 위원회나 옴부즈맨 또는 상사에게 알려주면 그들이 이 문제를 처리한다. 그러나 3단계로 나아가 이 문제를 세심하게 분석할 필요가 있는 경우도 있을 수 있다. 해결책을 선택하기 전에 문제의 네 가지 기본적인 측면들을 명확히 하고 연구할 필요가 있다.

먼저, 자신의 역할과 책임을 명확히 하라. 당신은 왜 이 문제를 다루고 있는가? 당신에게 어떤 권한이 있는가? 당신은 이 사안이 당신의 관할에 속하는 문제이기 때문에 이에 관여하고 있을 수 있다. 그럴 경우에는 논쟁의 여지가 없다. 그러나 예를 들어, 당신이 당신의 부서나 공식적인 책임 영역이 아닌 곳에서 발생한 성희롱이나 인종 차별 이슈를 제기하고 있는 경우라면 어떻겠는가? 이 일은 당신의 일이 아니니 "참견 말고" 뒤로 빠지라는 말을 들을 수도 있다. 다른 한편으로는 인간으로서, 동료로서, 아버지로서, 또는 기타 자격으로 모든 사람이 피해로부터 보호되리라는 확신을 얻기 전에는 이를 내버려둘 수 없다고 생각할 수도 있다. 여기서 말하고자 하는 바는 당신의 얘기가 도전을 받을 수도 있으므로 당신이 어떤 자격에서 말하는지 알라는 것이다.

둘째, 분석을 위해서는 관련 사실 관계를 명확히 해야 한다. 정확히 무슨 일이 일어났는가? 언제? 어디서? 누가 관련되어 있는가? 누가 무슨 일을 했으며, 누가 영향을 받았는가? 이에 관한 사실 관계를 기록하라. 증인을 구하라. 이 부분을 올바로 하도록 만전을 기하라. 윤리적 딜레마로 보였던 사안들이 이러한 사실 수집 단계에서 사라지는 경우가 있다. 잘못되었거나, 두 가지 끔찍한 대안들 사이에서 선택할 수밖에 없었던 것으로 보였던 것이 사실은 그렇지 않은 것으로 밝혀지는 경우가 있다.

셋째, 문제가 되고 있고 갈등을 빚고 있는 결정적인 가치와 원칙을 명확히 하라. 이 가치들과 원칙들은 당신의 조직, 전문가 그룹, 당신의 양심 등에서 나올 수 있다. 무엇이 걸려 있는가? 그것은 정직성 문제인가? 공정성 문제인가? 안전상의 문제인가? 중심적인 가치의 이슈가 되고 있는 것은 무엇인가? 이는 당신이 이에 기초하여 이슈를 제기하는 가치들이며, 나중에 당신의 반응을 정당화 시킬 가치들이다(예컨대, 이렇게 해야 공정하다, 안전하다, 정직하다 등).

넷째, 마지막으로 사용 가능한 대안들과 그에 따르게 될 결과들을 명확히 하라. 아무도 행동의 결과에 대해 완벽하게 보장하거나 알 수는 없지만, 그렇다고 해서 우리가 이러 저러한 행동을 할 경우 어떤 결과가 발생할 지에 대해 가능한 최대의 주의를 기울이지 않아도 되는 것은 아니다.

분석에 많은 것들이 달려 있으므로, 이 4단계의 모든 분석 과정에서 아주 조심해야 한다. 또한 창의적이고 상상력이 풍부해야 하며, "제로-섬"보다는 "윈-윈"할 수 있는 방안을 생각해야 한다. 또한 협동적이어야 한다. 머리를 맞대면 좋은 생각이 나올 수 있다.

기독교적 관점에서 이 분석 기술을 살펴보면, 상식과 비즈니스 경험에서와 마찬가지로 성경과 기독교 전통에서도 이 네 가지 기법을 발견할 수 있다. 기독교가 가장 뚜렷하게 기여하는 부분은 (a) 이 분석에 주어지는 진지함과 주의 (b) 소망이라는 기독교의 미덕에 뿌리를 내리고 있다고 할 수 있는 창의성 및 상상력에 대한 요구, 그리고 (c) 윤리에서 "외로운 경비대원"으로가 아니라 함께 일하라는, 협동 요구에 놓여 있다.

윤리적 딜레마 해결하기

네 번째 단계, 즉 윤리적 딜레마에 대한 최선의 해결책 발견이 전체 프로세스의 목적이다. 세심한 분석과 가능한 최선의 사고를 통해 최선의, 그리고 가장 책임 있는 대안을 선택해야 한다. 우리가 제안하는 해법이 할 수 있는 최선의 방법이고 수용할 만한 방법임을 어떻게 알 수 있는가? 우리는 앞의 여섯 가지 테스트 질문들과 이 딜레마에서 문제가 되고 있다고 파악한 가치 및 원칙들로 되돌아간다. 우리가 제안하는 해법이 합법적이어야 하고, 윤리 강령에 일치해야 하며, 대중 앞에서 방어할 수 있어야 하고, 그리고 책임이 없는 다른 사람들에게 심각하게 피해를 주지 않아야 한다. 위험에 처해졌던 가치들(예컨대, 안전, 정직성, 공정성)이 이제 준수된다.

다음에는 어떻게 할 것인가? 부분적으로는 예수의 전통에 따라, 위반자에 의한 자발적인 개혁을 추구할 수 있다. 그리고 공개는 최후 수단으로만 사용한다. 불행하게도, 너무도 많은 윤리 사안 논의가 비난할 대상을 정하는 수준에 머문다. 보다 완전한 해결에는 피해를 입은 사람들(직원, 고객, 윤리 위반으로 피해를 본 모든 사람)에 대한 사후 관리가 필요할 것이다. 위반자가 시정하도록 도와줌으로써, 또는 그들이 피해를 줄 수도 있는 사람들에게 경고함으로써 위반자에 대해서도 사후 관리해야 한다.

마지막으로, 완전한 해결은 유사한 종류의 윤리적 딜레마가 재발할 가능성을 최소화하기 위해 조직, 구조, 절차의 개선을 수행하는 것이다. 보상 시스템이 비윤리적 행위를 보상하고 있을 수 있다. 관리를 잘하면 문제에 빠져들 유혹을 감소시킬 수 있을지도 모른다.

결론

성경이 "윤리" 및 "도덕성"이라는 말을 사용하지는 않지만, 성경은 윤리적 관심과 지침으로 가득 찬 책이며, 이는 사람들을 위한 도덕적 신학과 윤리적 지침의 풍부한 전통으로 이어졌다. "선과 악을 알게 하는 나무"와 "마음에 쓰여진 율법"에 관한 성경의 주제 및 다른 많은 구절들은 크리스천들에게 그들이 도덕적 지혜를 완전히 장악하고 있지 않음을 분명히 한다. 실상, 크리스천의 도덕적 성품의 첫 번째 미덕은 "심령의 가난함", 즉 겸손이어야 한다. 그 반대의 경우가 너무 흔하지만 말이다.

겸손하고, 개방적이며, 가르치기 쉽고, 다른 사람들의 윤리적 확신을 존중하는 크리스천들 또한 예수의 가치와 윤리에 중심을 둔 특별한 윤리적 정체성을 지니고 있다. 예수와 기독교 신앙 및 전통에는 귀중하고 통찰력이 있는 뭔가가 있는데, 이는 오늘날의 비즈니스 환경의 도전 과제에도 적용될 수 있다.

요약하자면, 비즈니스 윤리 문헌 및 비즈니스 리더들의 상식적 경험에 근거한, 그리고 또한 성경 및 기독교 윤리의 통찰력 및 강조점에 근거한 우리의 의사 결정 방법은 다음과 같다.

- 윤리적 의사 결정의 동기 부여 요인이자 가이드로서의 기업의 사명을 강조함
- 좋은 의사 결정에 필수적인 요소로 단지 추론 기술만이 아닌 좋은 성품을 강조함
- 의사 결정에서 개인주의가 아닌 팀워크와 공동체를 강조함
- 법률과 윤리 강령을 존중하지만, 단순한 법규 준수가 반드시 윤리적으로 올바른 것과 동일하지는 않다고 봄
- 다양한 시장에서 모든 사람의 양심과 가치를 존중함
- 황금률 테스트를 개인이 아니라 공동체 안에서 사용함
- 윤리적 프로세스의 일환으로 투명성과 사회적 책임을 증진함
- 심각한 피해의 위협 또는 존재를 윤리 사안에서 최후의 선으로 간주함
- 질문 및 위기를 다루기 위한 사전 전략(프로세스, 연수 등)을 수립함
- 가능하면 위반자에게 먼저 접근하고, 공개는 최후 수단으로만 사용함
- 윤리적 이슈 분석에 주의를 기울임. 사실 관계, 가치, 대안 파악을 명확히 함
- 의사 결정에서 논리 및 합리성과 더불어 상상력과 창의력을 가치 있게 봄
- 특히 힘이 약한 사람들이 자신에게 영향을 주는 의사 결정에서 목소리를 낼 수 있도록 모든 이해관계자들을 강조함
- 비난을 돌리는 평결을 윤리적 문제의 해결책으로 보지 않고, 피해를 입은 사람들과 위반자를 사후 관리함
- 문제의 재발을 최소화하기 위해 조직의 개혁을 추구함

토론 문제

1. 길은 어떻게 윤리적 딜레마를 인식하라고 제안하는가? 윤리적 딜레마 파악을 위한 그의 여섯 가지 테스트를 어떻게 생각하는가?
2. 단순히 법규를 준수하는 것이 "윤리적으로 옳은 일을 하는 것과 같은 것은 아니다"라는 말에 동의하는가, 아니면 "합법적이면 윤리적이다"라고 믿는가? 당신의 답변에 대해 설명하라.
3. 기업 윤리에 필요한 유일한 윤리적 가이드라인은 황금률이라는 존 맥스웰의 말에 동의하는가? 길은 기업 윤리에 대한 맥스웰의 견해에 대해 어떻게 반응하는가?

Notes ─────────

1. Woody Allen, Side Effects(New York Ballantine, 1975), 76쪽.

2. Warner Books, 2003.

3. Wiley, 3판, 2004. "Eight Steps to Sound Ethical Decision Making in Business"가 그 책의 94-100쪽에 나와 있다.

4. 물론, 압력이 심하고 이 4가지 단계들을 상세하게 살펴볼 시간이 없을 경우에 추천할 만한 한 가지는 사람들이 피해를 입지 않게 보호하도록 노력하라는 것이다. 때로는 이처럼 단순하게 할 필요가 있다.

5. James C. Collins와 Jerry I. Porras, Built to Last: Successful Habits of Visionary Companies (New York: Harper Collins, 1994), 4장, (Preserve the Core/Stimulate Progress," 80-90쪽.

6. " The Ethical Roots of the Business System," Harvard Business Review(1983년 11-12월호), 186쪽.

7. 창세기 1:26-27; 2:18; 출애굽기 20:1 이하; 마태복음 5:1 이하; 누가복음 10:1, 마태복음 18:19-20, 고린도전서 12:12 이하; 잠언 11:14.

읽기 자료

BEYOND
INTEGRITY

윤리에 있어서 성경과 문화

버나드 아데니(Bernard Adeney)
Strange Virtues: Ethics in a Multicultural World
(Downers Grove, IL.: InterVarsity, 1995): 79-105쪽

크리스천들은 성경이 신앙과 생활의 1차적이고 권위 있는 안내서라고 믿는다. 문화적 전통은 성경을 뒤엎을 권위가 없다. 크리스천들은 그들의 문화가 어떠하든지, 서로 의견이 다를 경우, 성경에서 지혜를 구했다.

윌리엄 더니스(William Dyrness)는 "최종적으로 문화를 초월하는 것은 성서(scripture)의 '메시지'가 아니라 성서다"라고 주장했다.[1] 성경(Bible)의 메시지, 또는 성경이 해석되는 방식은 언제나 특정 문화에서 특정한 사람들의 우선순위를 반영하는 인간의 언어로 인식 및 진술된다. 다른 한편, 정경(canon of the Bible) 전체는 동서고금을 막론하고 크리스천이 된다는 것이 무엇을 의미하는지에 있어서 매우 중요하다. 켈시는 어떤 텍스트를 "성서(scripture)"라 부르는 것은 아래와 같이 얘기하는 셈이라고 주장한다.

1) 기독교 공동체의 일반 생활에서 이 텍스트를 특정 방식으로 사용하는 것이 해당 공동체의 정체성 확립 및 유지에 필수적이다…. 2) 이 텍스트가 기독교 공동체 일반 생활의 권위이다…. 3) 이 텍스트는 기독교 공동체에 일종의 "건강함"을 부여한다…. 4) "성경은 신학을 위한 권위가 된다"는 표현은 자체의 힘이 있다.[2]

58

성서라는 말은 헌신(commitment)을 함축한다. 동서고금을 막론하고, 신자들은 자신을 성서와 관련시켜 정의한다. 교리 또는 관행상의 차이에도 불구하고, 모두 공통적인 문서 원천을 그리스도 안에 있는 하나님의 계시의 도구로 본다.

그러나 성경은 저절로 해석되지 않는다. 모두 텍스트를 받아들이지만 이 텍스트가 무엇을 의미하는지에 대해서는 큰 차이가 있다.[3]

성경의 문화적 맥락

성경을 읽는 사람들의 문화뿐만 아니라, 성경 텍스트 내부와 그 배후에 놓여 있는 많은 문화적 차이들로 인해 성경을 이해하는 과제가 복잡해진다. 우리는 읽은 것을 문화적 경험과 관련시켜서만 이해할 수 있다. 그러나 성경에 기록된 모든 것은 성경 저자 또는 편집자의 문화적 경험 안에 위치하고 있다.

성경의 문화와 모든 시대의 독자들의 문화 사이에는 겹치는 부분이 있다. 그렇지 않다면 이처럼 낯선 텍스트를 읽기가 불가능할 것이다. 그러나 많은 차이들도 있다. 이 차이들을 이해하지 못하면, 성경의 윤리적 가르침들도 이해할 수 없다.

크리스천들은 애초에 "성경 속의 낯선 신세계"는 자신의 세계관보다 더 정확한 세계관이며 그 결과 우리의 관점을 수정해야 한다는 이상한 도박을 벌인다. 이는 성경과의 대화에 관여함을 의미한다. 즉, 우리의 질문들을 성경에게로 가져오고, 성경이 우리에게 묻는 질문을 듣고, 성경에 비추어 우리의 대답을 조사하며, 대부분의 경우 성경의 대답이 우리의 대답과 충돌하게 되는데, 특히 이때 성경의 대답을 진지하게 받아들인다.[4]

성경의 질문들과 성경의 답변들이 우리에게 매우 낯설고 이해할 수 없는 것으로 보여질 때 문제가 발생한다. 성경에 대한 교리가 어떠하든, 대부분의 크리스천들은 이 부분을 자신과 무관하다며 무시해 버린다. 그러나 다른 신자들 사이의 차이 또는 심지어 같은 사람에게서도 상황에 따라 달리 해석되는 차이는 무시하기 어렵다.

독실한 크리스천들은 익숙하던 구절에서 뭔가 새로운 것을 배울 때마다 놀라곤 한다. 성령이 새로운 통찰력에 눈뜨게 하기 때문이다. 사람이 특정 텍스트를 다시 읽을 때마다, 이 텍스트를 약간은 다른 맥락에서 읽게 된다. 그는 이번 주에는 일 년 전과는 다른 문제들과 우려들에 직면하게 된다. 자신의 해석 맥락이 바뀜에 따라, 신자들은 이 텍스트에서 새로운 것들을 보게 된다. 같은 장면에 대한 두 장의 사진들이 어떻게 구도를 설정하고 어떻게 초점을 잡고, 어떤 필름과 카메라를 사용하느냐에 따라 완전히 다르게 보일 수 있는 것과 마찬가지로, 특정 텍스트도 어떤 관점에서 보느냐에 따라 다르게 보일 수 있다.

그렇다고 텍스트가 변함을 의미하지는 않는다. 적법한 해석의 수 및 유형은 실제 텍스트의 내용에 의해 통제된다.[5] 텍스트 자체에 무엇이 있는가는 원래의 맥락에서 가능했던 의미의 숫자에 의해 지배된다. 윤리적 지시, 법률, 예, 그리고 이야기들을 맥락에서 떼어내면 그 의미에 영향을 주게 된다. 성경이 "살인하지 말라", "거룩한 입맞춤으로 서로 문안하라" 또는 "예수가 울었다"고 말할 때, 그 맥락이 없으면 이 텍스트들의 의미를 이해할 수 없다.

이 점을 이해하지 못하면, 성경의 더 많은 부분들이 당혹스러울 것이다. 예를 들어, 출애굽기 23장 19절에서 이스라엘 백성은 "너희는 새끼를 어미의 젖에 삶지 말라"는 명령을 받는다. "새끼"가 아기 염소를 뜻한다는 것을 알게 되더라도 왜 그런 금지 조항이 있어야 하는지 이해하는 데 별로 도움이 되지 않는다. 동물 보호 활동가들은 이 구절에 기뻐할지도 모르지만, 동물에 대한 잔인함 방지가 이 율법의 동기였을 것 같지는 않다. 가나안의 다산 관습에 관한 고고학적 발견은 훨씬 더 그럴 법한 설명을 제공한다. 어미의 젖에 새끼를 삶는 것은 확실히 보편적인 풍요 제의(祭儀)의 일부였다. 따라서 이 율법 조항은 가나안 종교들과의 혼합주의에 대한 금지로 이해되어야 한다. 풍요 제의에 대해 알지 못하는 사람들은 이 율법 조항이 무의미하다고 생각할 수도 있다. 다른 한편, 우리의 문화에서 이에 대한 유추를 찾아낼 수 있다면 이 조항에서 배우는 바가 있을 것이다.

이 세상의 많은 지역에 정령들을 달래고 풍요를 확보하려는 제의가 보편적이다. 그런 맥락에서는 이 율법이 의미가 있다. 이 조항은 하나님이 고대 가나안의 맥락에서 풍요 마술을 어떻게 보았는지 가르쳐 준다. 그러한 제의가 희귀한 곳에서도, 이 조항이 오늘날 의미가 있을 수 있다. 예를 들어, 세계주의자는 이 조항을 특정 사항에 적용하여, 위험한 임신 촉진제 사용(하나님에게 속한 사항을 조종하기 위해 과학이라는 마술을 신뢰하는 것)은 정당화되지 않는 임신 증가 수단이라고 주장할 수 있다. 중국의 약에서 코뿔소의 뿔이 효험이 있다고 알려져 있어서 코뿔소를 사냥하고 있는 (그래서 코뿔소의 멸종을 위협하고 있는) 아시아인들도 이 조항에 주의를 기울여야 한다.

성경의 일부 명령들은 원래의 맥락을 떠나서는 이해될 수 없다. 의미가 명백한 조항들도 있지만 그들에게 의미를 주었던 문화적 조건들이 더 이상 적절하지 않기 때문에 따라서는 안 되는 명령들도 있다. "서로 사랑의 입맞춤으로 문안하라"(베드로 전서 5:14)는 베드로의 지시나 "머리를 가리지 않고 기도하거나 예언하는 여자는 자신의 머리를 욕보이는 것이다. 이는 머리를 미는 것이나 마찬가지이다"(고린도 전서 11:5)는 바울의 말, 또는 반항하는 자녀는 돌로 쳐 죽여야 한다는 신명기의 율법(신명기 21:18–21)과 같은 성서의 명령들은 특정 시대, 특정 장소의 사람들에게 어떤 의미가 있었는지가 이해되어야 우리 시대와 장소에 어떤 의미가 있을 수 있는지 이해되기 시작할 수 있다.

구약 성경에서 하나님은 오늘날에는 혐오스러워 보이는 일들을 자신이 직접하기도 하고 명령도 한다. 부모가 자기 자녀를 죽이도록 허용하는 율법에서 배울 점이 있다고 상상하기 어렵다. 우리는 이 율법이 전체 공동체와 관련된 법적 절차를 제공해 주었기 때문에 매우 극단적인 경우에만 사용되었을 것이라고 생각할 수 있다. 따라서 이 조항은 범죄의 길로 들어가는 젊은이로부터 공동체를 보호하는 외에도, 당시의 문화에서 자기 자녀에 대해 무제한적인 권한을 가졌던 부모에 의한 독단적인 사형 집행으로부터 자녀를 보호했다. 최소한 이 법은 사형 선고에서는 전체 공동체의 동의와 참여를 요구했다.

율법의 의미는 그 맥락의 실제 조건에 관련해서만 이해될 수 있다. 보다 더 잔인한 관습을 방지하기 위해 해당 조항이 제정되었을 수도 있다. 그럴 경우, 이혼법("너희의 마음이 너무도 완고하기 때문에," 마태복음 19:8)은 무언가 좋은 것을 법제화하는 것이 아니라 나쁜 것을 방지했을 뿐이다.

그렇다 해도, 나는 이 율법에 대해 기분이 좋지 않으며, 이를 완전히 이해한 체하지도 않는다. 나는 어떤 상황에서도 불순종하는 자녀가 죽임을 당해야 한다고 생각하지 않는다. 내 현대적 양심이 성경에 대해 판단하도록 허용할 위험은 차치하고, 나는 기록된 사건들을 완전히 이해하기에는 문화적으로 이들로부터 너무도 멀리 떨어져 있다. 그러나 때로는 원래 텍스트의 저자들은 선함의 의미에 대해 우리가 오늘날 이해하는 것과는 다른 방식으로 이해했다는 점은 확실하다.

예를 들어, 민수기 15장에서 모세는 하나님으로부터 안식일에 나무를 주운 사람을 돌로 쳐 죽이라는 지시를 받았다. 기능적으로는, 이 사람은 예수와 그의 제자들이 안식일에 곡식을 따 먹은 것과 똑같은 일을 했다(마태복음 12:1–8). 그러나 모세는 율법에 따라 나무를 주운 사람을 돌로 쳐 죽이게 했다.

이스라엘의 리더들 중 한 사람이었던 고라는 모세가 명백하게 권한을 남용한다며 분개했다. 고라는 사실상 이렇게 말했다. "모세, 당신은 너무 나갔소. 왜 당신이 그렇게 일방적으로 권한을 행사해야 하오? 당신만 하나님의 마음을 아는 사람이오?"(민수기 16:3).

고라만 그렇게 우려한 것이 아니었다. 고라는 백성의 재판관 역할을 하라고 임명된 250명의 저명한 공동체 지도자들과 함께 왔다. 고라는 하나님의 백성 모두가 거룩하다고 주장했다. "모든 회중이 거룩하고, 하나님이 그들 가운데 계시오. 그런데 왜 당신이 스스로를 주님의 총회 위에 높인 것이오?"(민수기 16:3). 내가 아는 한, 이것이 성경에서 최초로 모든 신자들의 제사장 직을 찬성하는 주장이다.

현대의 시각으로 읽으면, 고라는 칭찬할 만하다. 그는 한쪽 구석에서 불평한 것이 아니라 책임 있게 자기가 우려하는 바를 임명된 위원회에 제기했다. 그의 우려는 윤리적이었으며 인권에 관련되었다. 현대의 기준으로 보면 그의 본능은 민주적이었고, 그의 방법은 책임이 있었으며, 그의 신학적 주장은 정교했다. 그런데, 바로 여기에 문제가 놓여 있다. 고라의 행동은 현대의 기준으로 판단될 수 없다. 이 의미는 초기 청동기 시기에 이스라엘 국가가 탄생하던 맥락 안에서만 접근될 수 있다.

당시의 문화적 맥락에서 고라의 행동의 의미는 모세와 하나님에 대한 반역으로서, 이는 통일된 하나님의 백성으로서의 이스라엘 국가의 존속 자체를 위협하는 행동이었다. 이 맥락에서는 모세의 리더십만 도전을 받은 것이 아니라, 하나님의 리더십, 하나님의 율법, 그리고 국가의 형성에 필요한 규율이 걸려 있었다. 또한 나무를 주운 것은 안식일 위반이었기 때문에 십계명도 위험에 처해 있었다.

민수기의 설명에 의하면, 하나님은 고라의 죄를 매우 무겁게 여겨서 모세는 하나님 앞에서 전체 국가의 생존을 위해 간청해야 했다. 하나님은 지진을 일으켜 이들을 죽였다. "[고라와 그 가족 그리고 추종자들] 밑의 땅이 갈라졌다. 땅이 입을 벌려 그들을 삼켰다…. 그리고 주님에게서 불이 나와 향을 올린 250명을 태웠다"(민수기 16:31–32, 35).

여기서의 요점은 모세가 안식일에 나무를 주운 사람에게 사형 선고를 내린 일이 본질적으로 옳으냐 그르냐가 아니라, 고라가 이스라엘의 형성에 있어서 중차대한 시기에 모세의 리더십에 도전한 점이 매우 잘못되었다는 것이었다. 고라의 행동은 문화적 맥락을 떠나 그 자체로 판단될 수 없다. 이는 권력 투쟁 이야기이다. 하나님의 조치는 그 당시 그리고 그 장소에서는 고라의 행동이 옳지 않았다는 데 의문의 여지를 남겨두지 않는다.

그렇다고 오늘날 안식일에 나무를 주운 사람을 돌로 치는 것이 좋은 아이디어라고 할 수는 없다. 출애굽 시기에 존재했던 조건들은 결코 되풀이되지 않을 것이다. 그렇다면 이 구절이 우리에게 가르쳐주는 것이 없다는 말인가? 물론 그렇지 않다.

안식일을 지키는 것이 하나님의 눈에 매우 중요하다는 점을 배울 수 있다. 이 계명은 일중독과 물질주의라는 쌍둥이 신들의 노예가 된 사람들에게 매우 중요하다. 민주주의가 절대 선이 아니라는 점을 배울 수도 있다. 이는 자유주의적 정치 문화가 문명의 정점이라고 생각하는 사람들에게 중요한 교훈이다. 공동체의 결속과 리더십에 대한 존중이 개인의 인권 또는 심지어 251명의 죽음보다 중요할 수도 있다는 점을 배울 수도 있다. 이는 개인의 자율을 윤리의 중심 위치로 올려놓은 사람들에게 중요한 교훈이 된다.

이 이야기에는 윤리적 내용들이 풍부하다. 그러나 이 내용은 실제 시간과 장소로부터 벗어난 만고불변의 진리로 추상화될 수 없다. 이 이야기를 전체로 볼 때, 이로부터 추상화된 어떤 원칙들보다 윤리적 교훈을 더 많이 배울 수 있다. 원칙들은 잘못된 때에, 잘못된 장소에서, 잘못된 사람에 의해 사용될 때에는 그릇될 수 있다. 다행히도, 내가 고라의 이야기에서 이끌어 낸 교훈들은 절대적이지 않다. 다른 이야기들로부터는 이와 반대되는 종류의 교훈들을 배울 수도 있다.

곡식을 따 먹은 제자들의 이야기에서, 인간의 필요가 형식주의적인 법 조항보다 중요하다는 점을 배울 수 있다. 선지자 나단이 다윗 왕을 꾸짖은 이야기에서는 리더들은 무제한적인 권한을 가져서는 안 되며, 리더들이 개인의 권리를 침해했을 때 리더에 맞서 일어서는 것이 중요하다는 점을 배울 수 있다(사무엘 하 11-12장). 예수와 간음 현장에서 붙잡힌 여인의 이야기에서, 자신도 역시 죄인인 리더들이 죄인에 대한 재판에서 자비를 베푸는 것이 현명하다는 점을 배울 수 있다(요한복음 8:2-11). 모세의 삶의 다른 이야기들로부터도 고라의 이야기에 균형을 잡아주는 교훈들을 배울 수도 있다.

예를 들어, 백성들이 금송아지를 숭배했을 때, 모세는 그들의 목숨을 위해 간구했다. "아, 이 백성은 큰 죄를 지었습니다. 그들은 금으로 신상을 만들었습니다. 그러나 그들의 죄를 용서해 주십시오. 그렇지 않으려거든, 주께서 쓰신 책에서 제 이름을 지워 버리십시오"(출애굽기 32:31-32). 아마도 금송아지 숭배는 안식일에 땔감을 주운 것보다 훨씬 더 심각한 죄였을 테지만, 하나님 백성들의 다른 삶의 상황에서는 다른 윤리적 판단이 작용했다.

그렇다면 성경적 윤리는 상대주의적이고, 절대적인 가치는 없으며 주관적 기준에 따라 판단해야 하는가? 절대 그렇지 않다! 성경에서의 윤리는 맥락에 의존한다. 성경의 윤리는 인간의 모습을 띤 언어이다. 그러나 이들은 변하지 않는 하나님의 성품과 의지로부터 나온다.

유진 니다(Eugene Nida)와 그에 이어 찰스 크래프트(Charles Kraft)는 성경은 "상대적 문화 상대주의"를 가르친다고 제안한다.[6] 이는 모든 진리가 상대적이라는 뜻이 아니라, 모든 진리는 이 진리를 구체적인 문화적 관심사와 연결시키는 구체적인 언어로 살을 입는다는 뜻이다. 우리는 도덕적 원칙을 적절하게 이해할 수는 있지만, 절대적으로 이해할 수는 없다. 성경이 기록되던 시대 및 현대에 선과 악이 작용하고 있음을 명백히 볼 수 있기 때문에 적절하게 이해할 수 있고, 선과 악이 우리가 일부만 알 수 있는 특정한 현실에 근거하고 있기 때문에 절대적으로 이해할 수는 없다. 니다는 이렇게까지 이야기한다.

기독교에서 유일한 절대는 삼위일체 하나님이다. 유한하고 제한된 인간과 관련된 것들은 모두 필연적으로 제한적일 수밖에 없으며, 따라서 상대적이다. 성경적 문화 상대주의가 없으면 인간의 제도를 절대화하거나 하나님을 상대화하게 될 것이기 때문에, 이는 우리들 인간의 종교의 필수적인 특성이다.[7]

윤리에서의 절대주의와 상대주의의 양 극단은 다른 곳에서 보다 자세히 다룰 것이다. 이제 성경으로부터 어떻게 윤리에 관해 배울 수 있는가라는 질문으로 넘어가 보자.

성경 이야기를 통해 세상을 보는 법 배우기

우리가 성경으로부터 선에 대해 배우는 일차적인 방법은 성경 이야기를 이를 통해 모든 인간사를 볼 수 있는 해석의 틀(framework)로 만드는 것이다. 이 접근법은 성경에서 명제나 교리를 배운다는 것을 부인하지 않는다. 그러나 전통적인 보수 신학과 달리, 우리는 이 교리들을 배워서 다양한 맥락에 적용하는 명제로 보지 않는다. 그보다는 교리들은 이를 통해 현실을 보는 렌즈이다. 교리들은 우리가 진리를 보도록 도와준다. 렌즈는 진리가 아니지만, 무엇이 진리인지 설명하는 데 도움을 준다.

조지 A. 린드벡(George A. Lindbeck)은 이렇게 말한다.

> 존재의 모든 측면의 구조를 세우는 데 사용되는 포괄적인 체계나 이야기는 주로 믿어야 할 일련의 명제들이 아니라, 사람이 그 안에서 움직이는 매체이고, 사람이 자신의 삶을 사는 데 있어서 채택하는 일련의 기술이다. 그 상징 언어와 구조는 많은 목적에 사용될 수 있는 바, 현실에 관한 진술은 그 중 하나일 뿐이다.[8]

문화나 언어와 마찬가지로, 교리는 주로 개인의 주관성의 표출이라기보다는 개인들의 주관성을 형성하는 공동체적 현상이다.[9]

크리스천들은 불가피하게 자신의 문화라는 렌즈를 통해 세상을 보고 경험한다. 우리가 경험하는 현실은 사회적으로 구축된다. 제아무리 마음이 굳센 사람이라도 다른 모든 사람들과 다른, 자신의 신념을 유지하기 어렵다. 그 예로 어느 부족을 연구하러 간 인류학자가 결국 정령숭배자가 되었다는 이야기는 잘 알려져 있다. 그 부족이 현실(reality)에 대해 들려준 이야기들이 이 인류학자가 이를 통해 현실을 인식하는 해석 틀이 되었던 것이다.

내 친구 중 한 명은 박사 과정을 공부하다 극단적인 신앙 상실을 경험하게 되었다. 그는 어느 날 캠브리지 대학의 창문을 바라보다가 아래쪽의 버스들과 그가 바라보고 있는 모든 물질들이 중요한 것, 존재하는 것의 전부라는 생각이 들었다. 그가 대학교 및 대중문화로부터 날마다 흡수한 이야기는 그의 신앙과 뚜렷하게 모순되었다. 그 결과는 극단적인 의심이었다.

우리가 살아내고 있는 도덕성은 우리가 현실을 바라보는 방식의 결과물이다. 사람들은 대개 일련의 신념 또는 원칙들보다는 세상이 실제로 어떤 모습인지에 대한 그들의 해석과 관련하여 행동한다. 아이리스 머독(Iris Murdoch)은 "우리는 고립되어 자유롭게 선택하는 사람들, 우리가 조사하는 모든 것들에 대한 군주들이 아니라, 상상에 의해 실제의 성격을 끊임없이 그리고 압도적으로 변형시키려는 유혹에 빠진 몽매한 존재임"을 관찰했다.[10] 이 상황에서는 사이먼 웨일(Simone Weil)이 제안하는 바와 같이, 도덕성은 주의의 문제이다. 우리는 자신이 중요하다고 생각하는 것, 자신이 사실이라고 믿는 것에 따라 행동한다. 가족, 동료, 직원, 또는 상사에 대한 우리의 행동들은 선과 악에 대한 합리적 선택이라기보다는 우리가 살고 있는 이야기의 자연스러운 흐름인 경우가 더 많다.

우리의 현실 인식은 전통에서 나온다. 현대의 자유주의적 문화에서 현실은 보편적이고, 과학적이며, 자유로운 합리성에 접근할 수 있는 객체로 인식된다. 이와는 대조적으로 알라스데어 매킨타이어(Alasdair MacIntyre)는 합리성 자체가 특정 전통 및 사회적 기관과 이를 구현하는 관계들에 의해 결정된다고 주장한다. 그는 이렇게 기록한다. "각 사람은 일련의 라이벌 지적 입장들, 현재의 사회적 관계에 다소 불완전하게 구현된 일련의 라이벌 전통들 그리고 일련의 대화 공동체들에 직면하는 데, 이들은 각자 말하는 방식을 가지고 있다."[11]

현대의 자유주의자들은 이 입장을 거부하고 계속해서 모든 사람에게 자신의 합리성을 강요한다. 현대의 대학교는 보편적, 과학적 합리성이라는 거대한 전당이다. 특정 전통, 특히 명백히 종교적인 전통은 교실에서 배제된다. 이와 대조적으로 "포스트모던" 사상가들은 자유주의적 기관과 더불어 보편적, 과학적 합리성이라는 가설을 "해체" 또는 파괴했다. 그들은 진리는 없으며, 모든 전통은 똑같이 지지될 수 없다는 가정과 더불어 다양성을 인정한다.

매킨타이어는 자유주의의 진술과 일부 포스트모더니즘의 냉소주의 모두를 비판한다.[12] 그는 세계를 보는 논리 정연한 방법으로 실제를 인식할 때에만 실제에 대해 일관성이 있을 수 있다고 주장한다. 현대 세계의 앞뒤가 맞지 않는 현상의 많은 부분들은 사람들이 절반쯤 믿는 자유주의, 일관성이 없는 전통들의 혼합, 또는 전통이 전혀 없는 가운데에서 살고 있기 때문에 발생한다. 우리가 전통과 이를 실천하는 공동체를 필요로 한다는 사실은 하나의 전통만이 진리라거나, 모든 전통이 거짓이라는(또는 동등하게 진리라는) 것을 함축하지 않는다. 모든 전통들은 그들의 역사, 기관 및 시대와 장소에서 지위에 관한 인식에 의해 제한된다.

기형이 된 우리 시대의 몽상을 피하기 위해, 크리스천들은 역사 속에서의 하나님의 사역이라는 관점으로 세상을 보아야 한다고 믿는다.[13] 성경 이야기들은 이를 통해 세상을 진정으로 볼 수 있는 언어와 범주를 제공한다. 린드벡은 이렇게 말한다.

해석의 방향을 주목할 필요가 있다. 예표론(Typology)이 성서의 내용을 별도의 성경적 실제에 관한 비유 속으로 집어넣는 것이 아니라 그 반대이다. 이는 우리 시대에 흔히 말해지는 바와 같이 신자들이 성경에서 자신의 이야기를 발견하는 것이 아니라, 성경의 이야기를 자신의 이야기로 만든다는 것을 시사한다. 십자가가 고통에 대한 비유적 표현으로 여겨져서는 안 되며, 메시아의 나라가 장래의 소망에 대한 상징으로 여겨져서는 안 된다. 오히려, 고통이 십자가여야 하고, 장래의 소망이 메시아의 나라여야 한다… 말하자면, 세상이 텍스트를 빨아들이는 것이 아니라, 텍스트가 세상을 빨아들이는 것이다.[14]

크리스천들은 자신과 서로에게 자신의 삶의 이야기를 성경 이야기의 일부로 말함으로써 성경을 통해 선해지는 법을 배운다. 신자들이 말하는 이야기보다 더 중요한 것은 그들이 사는 이야기이다. 선함은 사람이 하나님의 백성 일부로 살 때 성령의 사역에 의해 달성된다. 신자가 자신의 삶이 이스라엘, 예수, 그리고 교회 이야기의 연속이 되도록 이 이야기들을 잘 알게 될 때 바로 이 일이 일어난다. 그때 크리스천은 "그리스도의 편지… 잉크로 쓰여지지 않고 살아계신 하나님의 성령으로 쓰여진 편지, 돌판 위가 아니라 인간의 마음 판 위에 쓰여진 편지"가 된다(고린도후서 3:3).

물론 윤리에 있어서 큰 문제는 '어떻게 성경의 이야기를 배우는가' 이다. 성경에는 많은 이야기들이 있는 듯하다. 성경에 있는 이야기들이 모두 서로 일치하지 않는 것처럼 보인다. 이 이야기들의 문화적 맥락들이 우리에게 생소할 때도 있다. 그리고 같은 이야기가 기독교 공동체의 다른 부분들에 의해 관련되어지는 방식이 때로는 서로에게 인식되지 않기도 한다. 이들은 매우 큰 질문들로서 이 책의 범위를 벗어난다. 그러나 출발점으로서 우리가 성경 이야기에 의해 형성되어지는 많은 방식들을 고려해 보자.

서사(Narrative)의 맥락 안에서의 윤리

스탠리 하우어스(Stanley Hauerwas)는 윤리책 독서보다는 소설책 독서를 통해 윤리에 대해 더 많이 배울 수 있다고 말했다. 성경은 윤리책이 아니다. 성경은 윤리에 관한 많은 조직적인 논문들을 포함하고 있지 않다. 윤리가 명시적으로 다루어질 경우, 이는 대개 어느 이야기의 맥락에서 나온다. 구약의 율법은 출애굽 이야기라는 맥락에서 묘사된다. 산상수훈은 예수 이야기의 중요한 부분이다. 성서에 대한 칼 바르트(Karl Barth)의 견해를 묘사하기 위해 켈시가 사용하는 표현을 빌자면, 성경은 "방대하고, 느슨하게 짜여진 논픽션 소설"과 같다.[15]

우리는 이야기가 세상을 보는 방식이 우리 자신의 상징적 의미 구조가 되도록 허용함으로써 이야기로부터 윤리를 배운다. 예를 들어, 방탕한 아들의 이야기를 읽을 때 우리는 아버지, 탕자, 형 또는 심지어 불량한 친구들과 동일시할 수 있다. 우리가 등장인물들과 동일시할 때, 그들의 행동과 관계는 우리 자신의 행동과 관계에 대한 상징이 된다. 우리 자신의 행동의 의미와 도덕적 평가는 이야기에 나오는 인물들의 행동에 부여된 의미에 의해 명확해진다. 방탕한 아들의 반항적인 삶은 우리 자신의 반항을 상징할 수 있으며, 우리에게 용서가 진정으로 가능하다는 점을 가르쳐 줄 수도 있다.

성경 이야기 안에서, 우리는 여러 문학 형태로 표현된 삶에 관한 도덕적 견해를 본다. 이야기, 시, 역사, 예언, 묵시, 법, 설교, 격언, 편지, 노래, 전기, 기도 등의 형태로 특수한 문화적 맥락 안에서 선과 악이 계시되고 상징화된다.

크리스천들이 풍부한 기독교 자료들을 읽을 때, 아래와 같은 4가지 보편적 질문이 제기된다. (1) 성경 저자들에 의해 표현된 강력하고 지저분한 모든 감정들을 어떻게 다룰 것인가? (2) 성경의 명령들이 오늘의 삶에 얼마나 관련이 있는가? (3) 성경의 원리들이 기독교 윤리의 중심인가? (4) 성경은 우리가 왜 다른 방식이 아니라 특정 방식으로 살아야 한다고 말하는가?[16] 이 4개의 질문들에 (긍정적 및 부정적) 도덕적 사례의 위치, 환상, 심미적 표현, 비극 등 다른 많은 질문들이 추가될 수 있다. 이들은 모두 이야기의 맥락 안에서 가장 잘 이해될 수 있다. 그럼에도 불구하고, 내 과제를 제한하기 위해 나는 이들 4개의 질문들에 대해서만 설명할 것이다.

1. 감정 표현 성경은 감정으로 가득 차 있다. 아담과 이브의 두려움 및 다윗의 환희, 솔로몬의 에로틱한 사랑과 예레미야의 고뇌, 욥의 의기소침과 에스더의 침착한 용기, 예수의 눈물과 그의 제자들의 기쁨 등 성경에는 그들의 도덕적 삶이 감정으로 표현된, 살아 숨쉬는 인간의 표시를 지니고 있다.

감정 차원에서는 특정 상황에 대해 무엇이 적절한 반응인지에 대한 정확한 공식이 없다. 일반적으로 그러한 반응들은 이에 대한 평가가 없이 기록된다. 감정적 반응들은 쉽사리 좋거나 나쁘다고 분류할 수 없다. 이러한 반응들은 정직하다 또는 부정직하다, 적절하다 또는 부적절하다는 말에 더 어울린다. 선험적인 이유로, 예수의 감정적 반응만이 좋다고 표시될 수 있다. 바빌로니아 아이들의 머리를 부순다는 생각에 행복감을 표현한 시인은 확실히 적들에 대한 우리의 감정적 반응을 위한 안내자는 아니다(시편 137:9).

그럼에도 불구하고 성경 저자들이 표현한 감정의 범위는 하나님의 백성이 자기 주위의 세상을 바라본 방식에 대해 귀중한 통찰력을 제공해 준다. 우리는 그들의 감정에서 그들이 이해한 하나님이 세상에서 일하시는 방식에 대해 정직하게 반응한 것을 본다. 그들이 (하나님이 일하시는 방식을) 항상 명확하게 본 것은 아니었기 때문에, 그들의 감정이 모두 적절한 것은 아니었다. 많은 경우에, 우리는 그들의 반응이 적절했는지에 대해 판단할 수 없다. 그들의 상황이 우리와는 너무도 거리가 멀고 경험도 너무 낯설다. 그럼에도 불구하고 대부분의 경우에 표현된 감정들은 우리를 성경 기록자들과 동일시할 수 있게 해 준다. 성경에서 표현된 감정들을 무비판적으로 모방해서는 안 되지만, 이러한 감정들은 종종 저자들이 직면했던 상황의 중심으로 들어가는 창문을 제공해 준다.

때로는 하나의 이야기 안에서 부정적 감정의 파괴적인 결과들을 보게 된다. 때로는 하나님이 인간을 그들의 감정 속에서 어떻게 다루는지 보게 된다. 그리고 때로는 인간의 감정이 하나님의 마음에 대한 계시 수단이기도 하다. 예레미야서에서 예루살렘의 임박한 파괴에 대한 예언자 자신의 고뇌의 감정은 야훼의 말씀과 구분되지 않는다. 게르하르트 폰 라드(Gerhard von Rad)는 예레미야의 원하지 않은 환상은 "사람의 생명 그 자체 이상에 대한 위협이 될 정도로… 끔찍한 어두움; 이를 통해 일종의 형이상학적 심연으로 끝나게 된다고 위협하는 하나님의 이스라엘을 다루는 방식"을 담고 있다고 논평했다.[17]

예레미야와 달리, 우리는 자신과 부모를 저주하고 결코 태어나지 않았기를 바라서는 안 된다. 그러나 우리가 아주 조금이라도 예레미야와 같은 절망을 경험할 때에는 그의 이야기와 하나님이 그 속에서 그를 다룬 방식이 우리의 도덕적 삶에 매우 중요해질 수 있다. 예레미야의 상황에 대한 그의 특수한 반응들이 우리가 따를 모델로 제시되지는 않았지만, 하나님과의 삶의 이야기라는 맥락 안에서 그의 감정들은 이 세상에 존재하는 악과 절망의 깊이에 대해 드러내 준다. 우리는 그를 판단할 수 없다. 그의 반응이 당시 예루살렘 성 안의 어느 누구의 반응보다 훨씬 더 적절했을 수 있다. 확실히 그는 다른 누구보다 더 많은 것을 보았다. 그의 감정들은 우리에게 보라고 가르친다.

2. 도덕 규칙과 법 너무도 많은 크리스천들이 성경의 도덕적 가르침을 규칙, 명령

및 법의 수준으로 축소시키는 것은 비극적인 일이다. 윤리와 율법이 동일시되면, '내가 이 법에 의해 구속되는가 아니면 안심하고 이를 무시해도 되는가' 가 성경 해석의 주요 질문이 된다. 이 지시는 동서고금을 막론하고 적용되는 명령인가 아니면 특정 문화를 위한 특수한 규칙인가? 이 율법이 관련이 있는가 없는가? 이 율법이 도덕법인가 의식에 관한 법인가?

문제는 이러한 질문들이 타당하지 않다는 것이 아니다. 그러나 이러한 질문들은 충분히 깊이 들어가지 않는다. 예수는 이렇게 말했다.

> 내가 율법이나 선지자를 폐지하러 온 것으로 생각하지 말라. 나는 폐지하러 온 것이 아니라 성취하러 왔다. 내가 진실로 너희들에게 말하거니와, 하늘과 땅이 사라질 때까지, 모든 율법이 달성될 때까지 문자 하나, 한 문자의 획 하나도 율법에서 없어지지 않을 것이다. 그러므로 이 명령들 중에서 가장 작은 것 하나를 어기고, 다른 사람들에게도 그렇게 가르치는 사람들은 하늘나라에서 가장 작다고 일컬어질 것이다. 그러나 이것들을 실천하고 가르치는 사람들은 하늘나라에서 크다고 일컬어질 것이다. 내가 너희에게 말하거니와, 너희의 의로움이 서기관들과 바리새인들의 의로움보다 낮지 않으면, 너희가 결코 하늘나라에 들어가지 못할 것이다(마태복음 5:17–20).

율법 중 관련이 없는 부분은 없다. 의식법과 도덕법 사이의 일반적인 구분은 구약 또는 신약 성경에서 지지되지 않는다. 소위 의식법들은 명백히 도덕적인 명령들과 섞여 있다. 고대 이스라엘 사람들은 둘 사이의 구분을 알지 못했다. 이스라엘 사람들의 종교적 삶과 도덕적 삶은 하나였다. 더욱이, 앞에서 본 바와 같이, 사형을 요구하는 율법을 포함한 일부 "도덕적" 율법들은 현대인들이 이해하기 어렵다.

성경의 모든 율법들이 문자적으로 준수되어야 한다고 주장하는 일부 "신정주의자들"(theonomists)의 시도는 성서의 서사적 독법(narrative reading)과 현저하게 대비된다. 율법을 맥락에서 떼어내면 그 의미 자체가 상실된다. 다른 극단에서, 체제론자들(dispensationalists)은 성서의 가장 심오한 가르침들 중 일부를 크리스천들과 관련이 없는 체제 또는 기간에 할당함으로써 이 가르침들을 버린다. 예를 들어, 어떤 이들은 "산상수훈"은 휴거(rapture) 이후에 지상에 남게 될 유대인들에게만 주어진 것이라고 말한다.[18] 이들은 율법의 서사 구조는 존중되지만, 가장 위대한 통찰력 중 일부를 삭제하는 대가를 치른다. 신학적 자유주의자들도 때로는 동일한 결론에 도달하는데, 그 기준은 체제론자들의 기준과 다르다.

"어려운" 구약의 율법을 거부하고 신약의 은혜를 지지하는 것이 아마도 가장 보편적이고 가장 해로운 "주머니칼 비평"[19]일 것이다. 이는 예수의 관행 및 가르침에 어긋날 뿐만 아니라, 신자들에게서 구약의 상당한 부분을 빼앗아 가기도 한다. 신약의 명령들이 구약의 율법들보다 반드시 더 권위가 있는 것은 아니다. 어느 것도 맥락을 떠나 이해될 수 없고 맹목적으로 따를 수도 없다. 이들의 의미가 그 권위의 원천인 바, 이는 특정 시대 특정 장소에서 하나님의 백성을 위한 하나님의 뜻에서 나온다.

크리스토퍼 라이트(Christopher Wright)는 구약 율법을 5개 범주로 분류했는데, 그 각각은 고대 유대인들의 삶의 특정 국면 안에서 기능을 발휘했다. 이 범주에는 형법, 민법, 가족법, 제의법 그리고 자선법이 포함된다.[20] 이 분야의 율법들 각각은 이스라엘의 구체적인 사회 구조에 관련되었다. 율법은 이 사회 구조들의 창설 및 유지에 도움을 주었다. 오늘날 사회 구조는 고대 이스라엘의 사회 구조와 다르다. 우리 사회가 농업 사회, 군주제, 노예 기반, 가부장제, 부족 사회, 중혼, 중동 지역 등이 아닌 한, 자신을 규율하는 자체의 법을 개발해야 할 것이다.

율법들은 자신의 권한 영역 안에서 기능을 발휘한다. 율법들은 특수한 사회적 배경 안에서 하나님 사랑과 이웃 사랑을 향한 방향을 반영한다. 우리의 배경이 유사하다면, 이 율법들은 오늘날의 우리에게 지혜와 지시를 제공해 준다.

예수는 이렇게 말했다. "'네 마음과 뜻과 정성을 다해 주 네 하나님을 사랑하라.' 이것이 가장 크고 첫째가 되는 명령이다. 그리고 두 번째는 이와 같다. '네 이웃을 너 자신과 같이 사랑하라.' 모든 율법과 선지자들이 이 두 명령 위에 걸려 있다"(마태복음 22:37-40). 모든 종류의 성경 문헌들은 그 맥락에 관련해서, 그리고 위대한 사랑의 명령에 관련해서 이해되어야 한다. 각각의 율법이 어떻게 사랑의 명령을 특정 맥락에 구체화시키는지 이해할 때 성경에 나오는 모든 율법으로부터 배울 수 있다.

성경의 도덕 규칙들은 대개 간단하며 구체적인 사항들보다는 수용할 수 있는 행동의 경계를 대략적으로 정해 준다. 예를 들어 십계명의 금지사항들은 하나님의 뜻의 가장자리를 표시하며, 하나님이 이 백성을 이집트에서 해방시킨 사건과 이스라엘을 위한 율법의 계시적 목적이라는 맥락 안에서 이해되어야 한다. 예를 들어 훔치지 말라는 명령은 기독교적 경제 관계의 세부 사항들을 밝혀주지 않는다. 이 명령은 모든 사회에서 중요성을 지니는, 수용할 만한 경제적 행동의 기본적 경계를 제공한다. 그러나 절도의 의미와 재산권의 정의는 사회마다 다르다.

절도 금지는 다른 9개의 명령들과 마찬가지로 시대를 초월한 윤리 원칙이 아니라, 다른 문화적 표현으로 번역해야 한다. 이는 형법은 더더욱 아니다. 십계명은 상세한 법 조항이나 처벌을 포함하고 있지 않다. 그보다는 형법, 민법, 가족법, 제의법, 그리고 자선법에 주어진 수많은 규칙들과 규정들에서 그 의미를 도출한 명령이다. 이 율법들은 전체적으로 하나님이 초기 청동기 시대에 이스라엘이 어떤 종류의 공동체가 되기를 원했는지에 대한 그림을 제공한다.

하나님이 오늘날 우리에게 원하는 공동체를 이해하기 위해서는, 하나님의 백성들에 대한 성경 이야기에 의해 그려진 그림을 이해해야 한다. 율법들은 패러다임에 관한 그림에 살을 입혀 준다. 우리는 율법을 따를 필요가 없다는 의미에서 율법으로부터 벗어난 것이 아니다. 오히려, 이스라엘을 향한 하나님의 뜻을 설명한 이야기에 포함된 율법의 의미를 따라야 한다. 간음 금지에 관한 예수의 논평에서 볼 수 있는 바와 같이, 이 과제는 단순히 이 율법을 준수하는 것보다 훨씬 더 엄격할 수 있다. 예수는 간음의 의미가 마음속에서 여성을 객체화시키는 남성들의 모든 정욕을 포함한다고 시사했다(마태복음 5:27-28).

고전적인 "율법의 4가지 용도"들은 모두 성경 이야기에 계시된 의미의 상징 구조를 밝혀주는 것으로 이해될 수 있다. (1) 율법의 신학적 또는 계시적 용도는 이 세상의 본성 및 우리의 관계들과 행동들의 의미를 보여준다. (2) 율법의 도덕적 용도는 죄를 납득시키고 그리스도에게로 인도한다. (3) 율법의 정치적/사회적 용도는 율법에 계시된 사회의 패러다임을 활용하여 성경의 율법과 유사한 목적을 가지고 우리 사회에서 기능하게 될 현대의 법률 규범을 만드는 데 도움을 준다. (4) 율법의 교훈적, 교육적 용도는 율법의 맥락상의 의미가 여전히 유효하기 때문에 하나님에 의해 처음 주어졌을 때 타당했던 것처럼 오늘날에도 타당한, 구체적이고 적용 가능한 규칙들을 추구한다.

루터와 칼빈은 율법의 4가지 용도에 관해 고전적인 논쟁을 벌였다. 두 사람 모두 처음 3가지 용도는 받아들였지만, 루터는 은혜 때문에 우리는 4번째 용도로부터 벗어났다고 주장했다. 내 입장은 두 종교 개혁가들의 입장을 결합한 것이다. 루터와 마찬가지로, 나는 맥락을 고려함이 없이 율법의 세부적인 규정들에 구속된다고는 생각하지 않는다. 율법이 가리키는 의미를 발견할 수 있는 한, 이에 구속된다. 율법의 의미는 율법을 담고 있는 이야기와 관련해서만 이해될 수 있다.

3. 도덕적 원리와 주제　율법에 대한 보편적인 접근법은 성경의 모든 규칙, 율법 및 지시 배후에 놓여 있는 기본적인 도덕 원칙들을 찾으려 한다. 그리고 나서는 원칙을 살리고 규칙은 무시할 수 있다. 이 방법의 장점은 율법의 의미를 추구한다는 것이다. 하나님과 이웃을 사랑하라는 지상명령(至上命令)의 원칙들은 모든 기독교 윤리의 토대이다. 우리는 성경의 모든 도덕적 지시들을 이 위대한 원칙의 렌즈를 통해 해석해야 한다.

예수는 성경의 모든 규칙을 꼼꼼하게 따르지만, 율법의 의미와 목적을 잊어버린 사람들에게 매우 가혹했다. "서기관과 바리새인들, 이 위선자들아! 너희에게 화가 있을지어다. 너희가 민트와 허브와 커민의 십일조는 드리지만 율법의 더 중요한 사항인 정의와 자비와 믿음은 소홀히 했다. 다른 부분들을 소홀히 하지 않으면서 이 사항들을 실천해야 한다. 너희는 하루살이는 건져 내면서 낙타는 삼키는구나"(마태복음 23:23-24).

정의, 자비, 믿음은 도덕적 삶에 있어서 토대가 된다. 우리는 이들을 통해 율법의 의미를 이해할 수 있다. 그러나 이를 율법 배후의 기본 의미로 설정하는 데에는 위험이 따른다. 가장 큰 원칙들조차도 주로 사고와 언어의 세상에서 사는 추상 관념이다. 하나님을 사랑하고 정의를 시행한다는 것이 무슨 의미인가? 율법은 구체적인 상황에서 어떻게 할지를 가르쳐준다. 이야기는 이에 대해 더 잘 가르쳐준다. 선한 사마리아인 이야기나 방탕한 아들 이야기에서 추론한 큰 원칙들이 열거될 경우, 더 명확한 가르침을 줄 것이라고 생각하는 사람이 있을 것이다. 그러나 열거된 원칙들은 이야기보다 더 많은 것을 말해 주지 않는다. 원칙들은 훨씬 덜 말해 준다. 사람이 하나님이 죄인을 사랑한다는 아이디어에는 냉담한 태도를 보일 수 있다. 그러나 아버지가 반항적인 아들을 껴안기 위해 급히 달려가는 이미지는 사람의 마음을 사로잡는다. 이 이야기는 우리의 경험 및 상상력과 관련된 이미지를 제공해 줌으로써 하나님이 우리를 얼마나 사랑하는지 보여준다.

성경적 윤리에 원칙들이 불가결하기는 하지만, 원칙들이 윤리의 중심적 원천으로까지 높여지면 안 되며, 유일한 원천이 되어서는 더더욱 안 된다. 원칙들은 하나님의 뜻의 의미를 이해하기 위한 하나의 도구로써 특정 상황 또는 맥락에서 분리된 것이다. 원칙들은 문화적 실제와의 접촉이라는 특수성이 결여되었다. 원칙들을 중심 위치에 두는 크리스천들은 흔히 가치들이 충돌하는 상황을 극복하기 위해 원칙들에 우선순위를 부여하려 한다. 예를 들어, 생명 보호 원칙이 진실을 말하는 원칙보다 순위가 높다면, 라합의 거짓말은 정당화될 수 있다.[21] 특정 원칙들을 절대화하여 원칙에 대한 사회 문화적 해석이 모든 상황에 동일한 대답을 주는 도덕 규칙과 같이 취급되게 하는 사람들도 있다.[22]

지상명령을 제외하면, 원칙들은 엄격하게 계층화되지 않아야 한다. 성경 기록에서 생명이 언제나 진실보다 가치가 있다거나, 또는 노먼 가이슬러(Norman Geisler)를 인용하자면 "완전한 사람은 불완전한 사람보다 가치가 있는"지는 확실하지 않다.[23] 어느 원칙에 대한 특수한 문화적 해석이 모든 시대를 위한 규칙으로 여겨져서도 안 된다. 부모 공경(하나의 원칙)이 필연적으로 가부장제(하나의 사회문화적 구조)를 의미할 필요는 없다.

원칙들이 성경 율법들의 의미를 알도록 도와주는 것처럼, 율법도 특정 맥락에서 원칙들의 의미를 드러내 준다. 어떤 원칙의 진정한 의미는 이 원칙이 실제(reality)와 접촉할 때에만 이해될 수 있다. 그러나 이 원칙이 다른 실제들과 접촉할 때에는 원칙의 구체화된 의미가 달라진다. 원칙은 추상적 언어 차원에서는 변하지 않는다. 정의와 사랑은 이상(ideal)으로 존속한다. 그러나 이 원칙들이 특정인이 용서되어야 하는지 또는 돌로 쳐 죽임을 당해야 하는지를 의미하는가는 맥락에 의존한다.

종종 도덕 규칙들이 자신을 뛰어넘어 원칙들을 가리키는 경우도 있다. 이 도덕 규칙을 예로 들어 보자. "네 이웃의 외투를 저당 잡을 경우, 해질 때까지는 이웃의 외투를 그에게 돌려주어라. 왜냐하면 그 외투가 그 사람의 유일한 덮을 것이기 때문이다. 그것은 그 사람이 자기 몸을 덮을 외투이다. 외투가 없으면 그 사람이 무엇을 덮고 자겠느냐? 그가 내게 호소하면, 나는 동정심이 많기 때문에 그 말을 들어줄 것이다"(출애굽기 22:26 NEB 버전; 라이트는 이를 "자선법"으로 분류했다). 도덕 규칙으로 볼 때, 이 규칙은 현대 세계에서의 특정한 경제적 관계에 직접적인 도움을 주지 못할 수도 있다. 오늘날 외투들은 일반적으로 저당 잡히지 않으며, 저당 잡힌다 해도 그 외투가 일반적으로 그 사람이 덮고 잘 유일한 물건도 아니다.[24] 이 율법은 자신을 넘어서 가난한 사람에 대한 동정의 원칙을 가리킨다. 이 원칙은 하나님이 가난한 사람들을 돌본다는 것과 우리가 그들을 어떻게 대해야 하는지를 가르쳐준다.

가난한 사람들에 대한 관심의 원칙은 가난한 사람을 특정 상황에서 어떻게 대해야 하는지에 관한 여러 규칙들로부터 도출된다. 원칙들은 도덕적 관행을 하나의 맥락에서 다른 맥락으로 다시 탄생시키도록 도와주는 도구들이다. 특정 율법에서 간단한 형태로 몇 가지 의미들을 추상화함으로써, 우리의 맥락이 성경의 맥락과 다르기는 하지만, 성경의 맥락에 나타난 하나님의 뜻이 우리에게 어떻게 관련이 있을 수 있는지 아는 데 도움을 받을 수 있다. 그러나 원칙의 진정한 의미는 실제 삶에서의 좋은 관행들에서만 드러난다.

선지자들은 계속적으로 도덕 규칙들의 제한된 범위를 뛰어넘는 윤리적 원칙들에 호소한다. 이러한 호소들은 종종 사악한 관행들에 대한 경고의 형태로 온다. 예를 들어, "… 압제적인 칙령을 발하는 이들, 가난한 사람들의 권리를 빼앗고 내 백성 중 억압받는 사람들에게 정의를 시행하지 않는 이들에게 화가 있을지어다. 너희가 심판의 날, 멀리서 재앙이 오는 때에 어떻게 하려느냐?"(이사야 10:1-4, NIV). 가난한 사람들을 위한 정의의 원칙에 호소하여 법적 압제가 비난된다.

마치 규칙은 일반적이지 않으니 버려질 수 있는 것으로 취급하는 것과 같이, 도덕 규칙들 및 명령들을 원칙들이나 명제들로 추상화하여 그 힘을 제거해서는 안 된다. 규칙은 원칙에 살을 입힌다. 규칙을 원칙의 적용으로 생각하기보다는, 원칙을 규칙에서 추상화한 것으로 생각하는 것이 더 도움이 된다. 명령에 대한 신학적, 서사적 이해는 몰역사적(ahistoraical) 율법주의로부터 이들을 보호해 주며, 이 명령들을 새로운 역사적 상황에 적용할 수 있게 해 준다. 원칙은 선과 악의 의미를 하나의 맥락에서 다른 맥락으로 옮기는 데 도움을 준다.

원칙은 율법과 같은 뚜렷한 정의는 가지고 있지 않지만, 이를 통해 맥락상의 율법들이 다른 문화적 맥락에 "다시 태어날" 수 있는 매개 수단을 제공한다. 이 프로세스에 대한 성경의 좋은 예가 예수의 산상수훈에 제공되어 있다. "눈에는 눈, 이에는 이"(출애굽기 21:24)는 부족 간의 전쟁이라는 맥락에서 과도한 보복으로부터 이웃을 보호하려는 구약 율법이었다. 예수는 단지 이 율법을 폐기한 것이 아니라 자신의 원수 사랑이라는 견지에서 이 율법의 깊은 원래 의미를 재형성했다. 원래의 율법은 반목과 극단적인 보복으로부터 사람들을 보호했다. 이 율법의 의미는 원수의 권리 존중에 뿌리를 두고 있었다. 예수는 그 의미를 제거하는 것이 아니라 그 논리적 함의(含意)를 보여준다.

4. 우리는 왜 선해야 하는가? 4번째 차원의 도덕적 서사는 "윤리를 초월한(meta-ethical)" 차원이라고 불려왔다. 여기에서는 다음과 같은 질문을 한다. 왜 도덕적이어야 하는가? 선함의 토대와 의미는 무엇인가?

신학과 도덕이 상호 의존적인지 여부에 대해 광범위하게 토론되었다.[25] 성경은 도덕의 의미나 토대에 대해 논리적이거나 철학적인 논의를 제공하지 않는다. 성경은 또한 하나님의 존재에 대한 그러한 논의도 제공하지 않는다. 모든 도덕이 신학에 의존하는지에 대해 토론하지 않고서도,[26] 성경의 하나님에 대한 신앙은 도덕적 행동을 요구하거나 수반함이 명백하다고 말할 수 있다. 신구약에서 자신을 하나님의 백성으로 인식하는 사람은 성품과 도덕적 실천에서 하나님을 본받아야 한다. 하나님이 거룩하기 때문에 하나님의 백성들도 거룩해야 한다(레위기 11:45). 하나님이 자비롭기 때문에 그들도 자비로워야 한다(민수기 14:18-19; 호세아 6:6을 비교하라). 예수는 "그러므로 너희의 하늘 아버지가 완전한 것처럼 너희도 완전하라"고 말했다(마태복음 5:48; 5:43-47을 비교하라).

그러나 성경의 도덕성의 토대는 우리가 하나님을 모방해야 한다는 추상적인 요구가 아니다. 이는 하나님이 누구이며 무슨 일을 했는지에 대한 본질적인 속성에 반응하라는 호소이다. 하나님은 성경에서 제일 먼저 우리의 창조자로 제시되고 있다. 하나님은 사랑이 많은 창조자인 바, 하나님이 우리를 선하게 만들었으니 우리도 선해야 한다. 우리는 하나님의 형상대로 만들어졌고 하나님과 같아져야만 우리에게 의도된 바와 같은 사람이 될 수 있기 때문에, 선함은 우리에게 좋은 것이다. 하나님은 우리를 문화적 존재로 만들었다. 그러므로 우리의 선함은 우리의 문화 안에서, 그리고 문화를 통해서 표현되어야 한다.

성경은 또한 하나님을 우리의 아버지로 묘사한다. 성경은 단순히 자신의 창조자와 부모에게 특정한 반응을 보이는 것이 적절하고 좋다고 가정한다. 창조주, 아버지, 어머니에 대한 개념들은 자명한 도덕적 요구 사항을 가지고 있다고 가정된다. 개인의 자율과 자유를 매우 강조하는 서양에서는, 다른 지역에서보다 이러한 가정을 따르기가 어렵다고 생각할 수도 있다. 아버지나 어머니에게 버려지거나 학대 받았던 사람들은 부모에 순종하듯이 하나님에게 순종하라는 비유가 이해하기 어려울 것이다.[27] 그럼에도 불구하고, 하나님의 부모로서의 권리에 대한 가정의 수용 여부를 떠나 성경에서는 하나님의 모든 피조물들에 대한 하나님의 권리가 보편적으로 가정된다.

자기 자녀에 대한 하나님의 사랑에 관한 성경의 이야기는 우리에게 이를 통해 가족 관계에서 권리와 책임을 이해할 수 있는 틀을 제공해 주는 이야기이다. 하나님이 우리의 아버지와 어머니로 그려지지만, 우리는 하나님을 선할 수도 있고 그렇지 않을 수도 있는 우리의 부모와 비슷하다고 보아서는 안 된다.[28] 오히려, 우리는 하나님이 우리를 사랑하듯이 우리의 자녀를 사랑하는 부모가 되어야 한다. 비록 이 땅에서 이 이미지가 실현되는 방식은 가족 구조의 문화적 양식에 따라 다르지만, 이 이미지는 문화를 초월하며 생물학에 뿌리를 두고 있다. 모계 사회, 가부장제, 평등주의, 핵가족, 대가족, 기타 가족 구조들 모두는 부모를 통해 자녀에게 하나님의 사랑을 반영할 수 있다.

셋째, 우리는 하나님이 율법의 수여자이자 온 땅의 심판자이기 때문에 선해야 한다. 하나님은 우리의 창조주이자 부모로서 온 땅에 대해 심판할 권리를 가지고 있다. 하나님은 재판관으로서 순종을 요구한다. 리처드 모우(Richard Mouw)는 기독교의 모든 도덕은 "신의 뜻에 대한 도덕적 굴복"이라는 아이디어에 근거하고 있다고 주장하는 책을 썼다.[29] 모우가 지적하듯이, 하나님의 권위에 대한 굴복은 심판에 대한 두려움에 굴복할 필요는 없다. 그럼에도 불구하고 하나님의 심판은 하나님의 권위의 불가피한 측면 중 하나이다. 이 이미지가 이슬람교에 두드러지는 바, 이는 복종을 의미한다.

하나님을 재판관으로 그리는 성경의 묘사는 우주의 중심에 선함과 정의가 있기 때문에 도덕이 의미가 있다고 가정한다. 성경 이야기에서는 하나님이 언젠가는 정의와 의로움을 이 땅에 확립할 것이기 때문에, 현재 정의와 의로움이 의미가 있다. 다가오는 하나님 나라는 유대-기독교 윤리의 동기이자 목표이다. 정의의 하나님과 자비의 하나님은 하나이고 같은 존재이다. 하나님은 이 땅을 사랑하기 때문에 이 땅을 심판한다.

넷째, 우리는 언약(covenant)에서 하나님의 상대방이기 때문에 선해야 한다. 이 점에 있어서는 성경에 역설이 있다. 한편으로 이 언약은 선물이다. 이 언약은 보수가 아니며 영원하다. 다른 한편으로 이 언약은 상호 합의이며 약속들을 포함한다. 이 언약의 요구 사항들은 종교적 신의(하나님은 신랑으로, 그리고 이스라엘은 그의 신부로 묘사된다)와 사회적 정의이다. 신약에서는 하나님의 백성들은 그리스도의 피로 도장을 찍은 새로운 언약을 통해 받아들여지고 용서되었다. 이 언약의 구성원 자격은 그리스도에 대한 순종에 의해 확인된다(야고보서 2:17; 또한 마태복음 25:31-46; 히브리서 6:4-8도 보라).

이는 내가 성경 이야기에서 중심적인 윤리 이미지라고 생각하는 것을 가르쳐 준다.

우리는 우리의 연인이자 구속자인 하나님에 대한 합당한 반응으로 잘 살아야 한다.[30] 성경에서 도덕은 근본적으로 우리를 선택하고, 해방시키고, 복 주고, 용서하고, 심판함에 있어서의 하나님의 은혜에 대한 반응으로 여겨져야 한다. 계시의 중심점은 성육신의 신비이다. 하나님의 아들 예수는 스스로 역사의 고뇌를 짊어지고 하나님의 백성들에게 자유를 주기 위해서 죽었다. 우리가 참으로 자유를 얻었다면, 우리는 참으로 진정한 순종의 자유 안에서 살아야 한다(갈라디아서 5:1).

성경적 선함은 감사, 존경, 충성심, 신앙 및 소망과 연결되어 있다. 이러한 미덕들은 모든 문화를 초월한다. 무엇보다도 선함은 사랑 안에서 드러난다. 사랑의 율법은 공동체에서 하나님의 사랑의 흐름을 제한하는 모든 문화적 관습의 타당성에 반대하며 이를 부인한다. 그리스도 안에 있는 하나님의 사랑은 어느 한 그룹에 의해 다른 그룹을 억압하게 하는 모든 인종적, 사회적, 성별의 장애물들을 부숴 버린다(갈라디아서 3:28). 성경은 우리에게 역사적, 문화적 용어로 역사에 드러난 하나님의 성품과 행동을 말해 준다. 이 이야기는 우리가 왜 선해야 하는지를 나타낸다.

독자의 문화적 맥락

성경의 이야기를 "객관적으로" 이해하기는 불가능하다. 내가 앞에서 이미 시사한 바와 같이, 우리가 무엇을 알고 있든지 특정한 시각에서 안다는 의미에서 모든 지식은 "주관적"이다. 성경적 이해의 목적은 문화를 초월하는 몇 가지 일련의 윤리적 원칙들을 형성하는 것이 아니라, 특정 시기와 장소에서 하나님께 순종하는 것이다. 부분적으로는 하나님의 뜻은 맥락에 따라 다르다는 이유로(하나님의 성품은 그렇지 아니함), 다른 사회 문화적 상황에 있는 사람들은 같은 이야기에서 다른 것들을 이해할 수도 있다.

아래의 이야기는 전에는 명확하고 단순해 보였던 상황에 관해 골치 아프고 새로운 질문들을 제기할 수도 있다.

"제인"은 중국의 어느 대학교에서 영어를 가르쳤다. 어느 날 제인은 "퀘이 펑"이 기말 시험에서 다른 사람의 답안을 보고 있는 것을 목격했다. 퀘이 펑은 제인의 아파트에 자주 와서 요리하는 법을 가르쳐주었고 깊은 대화도 나눴다. 이 두 사람은 친해졌다. 제인은 시험에서 부정행위를 하다 들키면 낙제시키겠다고 공표했었지만, 퀘이 펑이 낙제한다면 평생 동안 취업할 수 없을지도 모른다는 것을 알고 있었다. 퀘이 펑이 이 과목에서 낙제한다면, 다니던 대학교에서 쫓겨나고, 다른 고등 교육을 받을 기회나 반듯한 직장을 구할 가능성이 아주 적을 터였다. 대학교에서 낙제하면 평생 동안 부모에게 경제적으로 의존하게 될 수 있었다. 퀘이 펑의 미래가 이 한 과목의 시험에 달려 있을 수 있었다. 게다가, 퀘이 펑은 제인의 학생들 중에서 가장 유능한 사람 중 하나였다.

제인은 시험 부정행위에 관해 직접 언급하는 성경 구절을 떠올릴 수 없었지만, 부정직은 옳지 않다는 걸 알고 있었다. 규칙은 명확했고, 학문적 기준이 걸려 있었다. 그러나 퀘이 펑이 정말로 자기 답을 친구의 답과 맞춰 보는 부정행위를 하고 있었는지, 단지 눈알을 굴리고 있었는지는 확실하지 않았다. 그녀가 부정행위를 하고 있었다면, 이 행동이 진정으로 대학교에서 제적될 만한 사유였을까? 부정행위가 미국에서와 같은 의미를 가지고 있었을까? 그렇다 해도, 부정행위가 다르게 평가되고 있지는 않았는가? 제인은 중국인 동료들이 부정행위에 대해 매우 느슨하다는 것을 알고 있었다. 그러나 동료들이 느슨하다고 해서 자신도 똑같이 해야 한다는 것을 의미하는가?

퀘이 펑이 눈알을 굴린다는 것의 진정한 의미는 무엇이었는가? 이 상황에서 젊은 미국인 교환 교수로서 제인의 책임은 무엇이었는가? 제인이 중국에 왔을 때 그녀는 옳고 그름에 관한 흑백 논리를 가지고 있었다. 그녀에게는 규칙은 절대 깨져서는 안 되는 것이었다. 그러나 그녀는 이 상황에서 어찌해야 할 바를 알지 못했다. 복도에서 퀘이 펑을 직면했을 때 그녀의 눈이 공포로 사로잡혀 있는 걸 보고, 제인은 마음이 납덩이처럼 무겁고 규칙은 참으로 공허하다고 느껴졌다. 퀘이 펑은 제인의 가장 촉망 받는 학생이었다. 제인은 이 상황에서 무엇이 선인지 어떻게 알 수 있단 말인가?

퀘이 펑이 눈알을 굴린 것이 옳았는지는 이 이야기의 윤리적 딜레마의 작은 부분에 지나지 않는다. 자신의 맥락에서는, 제인은 주저 없이 부정행위 도중 들킨 학생을 낙제시켰을 것이다. 그녀는 정직성이라는 성경의 원칙을 강하게 신봉했다. 부정행위로 인한 낙제는 매우 간단한 정의였다. 그러나 정의가 중국에서도 동일한 조치를 요구했는가?

제인은 자신이 완전히 이해하고 있지 않은 상황에서, 전례가 될 결정을 신속하게 내려야 했다. 중국에서 교사로 더 많은 경험을 쌓았더라면, 중국 교육 시스템의 성격을 더 잘 알았더라면, 더 넓은 범위의 대응책을 알았더라면, 믿을 수 있는 중국인 크리스천 교사와 상담할 수 있었더라면, 제인은 이 상황에서 하나님의 뜻을 더 잘 알 수 있는 위치에 있었을 것이다.

제인은 이 딜레마에 중국의 교사로서만이 아니라, 시험 부정, 표절, 지적 재산권, 학문적 경쟁, 교육 기회 및 직업의 자유 등에 관한 규범이 잘 확립된 북미 사람으로서도 접근했다. 성경의 이야기에는 현대 서구 사회의 사회 문화적 교육 구조에 비할 만한 것이 없기 때문에, 위의 어떤 규범도 성경에서 직접 도출될 수 없다. 이 사안에 관해서 성경에는 중국의 교육 구조에 비견할 만한 것도 없다. 제인은 성경에 기초하여 자국 문화에서 나온 교육의 가치들, 새로운 사회 상황의 가치들에 대한 이해, 그리고 이 두 가치들에 대한 비판적 평가를 종합해서 어떻게 할지 결정해야 했다.

제인이 처해 있는 중국의 문화적 상황은 성경에 나오는 교육 구조와 너무도 다르기 때문에, 제인에게 어떻게 하라고 말해 주는 구체적인 성경의 율법이나 규칙이 없었다.[31] 정직이나 정의와 같은 일반 원칙들이 관대함, 자비와 같은 다른 원칙들과 충돌하는 것 같았다. 제인의 감정은 그녀의 합리적이고 규칙 지향적 사고와 충돌하는 것 같았다. 아마도 가장 중요한 사항은 제인이 성서에 따라 살아온 결과 어떤 사람이 되었는가일 것이다. 제인이 정직하고 동정심이 있는 사람, 기도하며 다른 사람에 민감한 사람, 자제와 지혜의 사람이라면 이 상황에서 훨씬 더 올바르게 행동할 가능성이 더 높았을 것이다. 성령의 열매에 대항할 율법은 없다(갈라디아서 5:22-23). 성령의 인도가 그녀의 문화적 지식 결여를 보충해 줄 수도 있을 것이다. 다른 한편으로는, 경건한 사람도 끔찍한 실수를 저지를 수 있다. 제인은 중국의 교육 시스템의 얼개들을 배우는 것이 좋았을 것이다.[32]

성경은 풀어야 할 고대의 퍼즐이 아니라 역사 속에서의 하나님의 행동의 이야기다. 브레버드 차일즈(Brevard Childs)가 다음과 같이 설명한 바와 같이 말이다. "성경의 윤리에 관한 구절들의 객관적 이해가 아니라 하나님의 뜻에 대한 이해가 중심 과제이다."[33] 특정한 맥락을 떠나서는 하나님의 뜻을 알 수 없다. 지식이 순종 및 경험과 분리될 때에는 부분적이고 위험하다.[34] 실제로 성경을 실천해 보려고 노력해 보기 전에는 성경이 무엇을 의미하는지 안다고 무분별하게 말할 수 없다.[35] 우리가 처해 있는 사회 문화적 맥락을 이해하기 전에는 어떻게 하나님의 뜻을 행할지 알 수 없는 경우가 많다.

성경의 사회 문화적 맥락: 모델인가 패러다임인가?

성경적 사회 윤리의 가장 복잡한 문제들 중 하나는 성경에서 전제되고 있는 사회 구조를 어떻게 해석할 것인가 하는 문제이다. 이스라엘의 구조들은 하나님의 계시의 본질적인 부분인가? 이 구조들이 우리에게 주는 윤리적 의미는 무엇인가? 성경에서 가정된 사회적, 경제적, 정치적, 그리고 문화적 구조들은 현대 세계의 우리들 대부분에게는 매우 낯설다. 우리들 대부분은 더 이상 절대 군주제, 노예제, 부족 및 종족 전쟁, (고대 중동 형태의) 가부장제 및 동물 제사가 있는 세상에서 살지 않는다.

구약 전체는 하나님의 백성들은 이상적으로는 하나님에 의해 다스려지는 정치적 집단이라고 가정한다. 오늘날 대부분의 크리스천들은 신정정치는 불가능하며 바람직하지 않다고 가정한다. 일부 이슬람 국가들을 제외하면, 현재 대부분의 국가들은 성경의 세계에서는 낯설었던 종교 다원주의를 가정한다.

구약의 많은 부분에서 가정되었던 농경 사회 대신, 오늘날의 사회는 급격한 도시화가 진행 중이다. 남성 우월 사회가 가정되는 대신, 오늘날의 세계의 많은 부분에서는 여성 평등 운동이 활발하게 벌어지고 있다. 절대 군주제 대신 민주주의라는 이상이 팽배해 있다. 종교, 경제, 정치, 사회 및 법률을 모두 포함하는 시스템 대신, 우리는 성경에서 가정된 것들과는 달리, 사회적 실제들과 관련하여 다양한 부분들을 관장하는 여러 법률들을 가지고 있다. 이자가 금지되는 대면적 경제 관계 대신, 세계의 대부분은 신용을 중심으로 구축된다.

이처럼 팽배한 차이에 대해 최소한 구약은 우리 시대와는 무관하다며 이를 거절하는 식으로 반응하기가 쉽다. 크리스천들이 신학적인 확신을 가지고 이처럼 행동하는 것은 교회의 커다란 비극들 중 하나이다. 모든 구약을 문자적으로 준수하도록 요구하거나, 구약을 그리스도의 "영적" 예표론의 원천으로 제한시키려는 시도들도 받아들일 수 없다.

라이트는 이스라엘의 사회적 형태는 성경 신학의 의미의 본질적인 부분이라는 설득력 있는 주장을 제공한다.[36] 이스라엘의 사회적 법률들은 이 법률들의 신학적 동기에서 쉽게 분리될 수 없다. 유대 율법은 계속해서 하나님의 성품을 언급함으로써 정당화된다. 성경 안의 하나님에 대한 계시는 이스라엘에게 의도되었던 종류의 사회에 대한 이해와 분리될 수 없다. 세상 안에서의 하나님의 사역 이야기는 하나님이 이스라엘의 특수한 사회 구조 안에서 계시되는 방식과 떼어낼 수 없다.

노먼 갓월드(Norman Gottwald)는 B.C. 1050년 이전의 구약의 사회학적 세계에 대해 깊게 연구한 뒤에 다음과 같은 결론을 내렸다.

이스라엘은 농업과 목축업이라는 경제적 기반을 지닌, 평등하고, 대가족제이며, 분할된 부족 사회였다… 이들은 고대 근동의 주요 문화적 및 정치적 중심지에서 규범이 되었던 정치적 우월성 및 사회적 계층화라는 형태에 대한 심원한 저항과 반대로 특징 지워졌다.[37]

고대 율법을 통해 하나님은 이스라엘에게 주변 국가들과 달라질 수 있는 기회를 주었다. 노예제도에 기반한 사회 구조의 맥락 속에서, 이스라엘은 7년마다 모든 노예들을 풀어 주고 종자돈을 주어야 했다(신명기 15장). 군주제의 정치 시스템이라는 맥락 속에서, 이스라엘은 군주제는 억압의 통로가 될 것(사무엘 상 8장)이며, 가장 위대한 왕이라 할지라도 하나님의 법 위에 있지 않다(사무엘 하 12장)는 것을 알아야 했다. 농업 경제의 맥락 속에서, 이스라엘은 모든 사람이 땅을 공평하게 소유하게 하고 땅과 동물들이 존중받게 해야 했다(레위기 25장). 가부장제와 중혼(重婚)이라는 맥락 속에서, 이스라엘은 여성의 권리를 보호해야 했다(신명기 21:10-14; 22:13-29).

이 모든 점들이 모호하지 않았더라면 좋았을 것이다. 우리가 혐오스럽다고 생각하는 제도들이 금지되었더라면 더 좋았을 것이다. 군주제, 노예제, 인종 차별, 성 차별, 중혼 폐지의 씨앗들이 모두 구약 및 신약에서 발견된다. 그러나 이 씨앗들은 대부분의 성경 저자들의 인식 밖에 있었다. 율법과 선지자, 그리고 바울의 서신들에서 억압 구조들이 문제시되고, 비난되며, 개선되기는 하지만, 이들을 폐지하라는 말은 거의 없다. 실상, 이 구조들은 대개 성경 저자들의 사고방식에 내재되어 있었다. 구약 및 신약의 명령들은 모든 시대를 위한 이상적인 사회 구조를 가정하지 않는다. 그보다는 성경의 명령들은 이 명령들이 주어진 당대의 사회 구조를 가정하고 그 안에서 이스라엘 또는 교회가 다르게 될 수 있는 방법을 개괄한다. 이스라엘은 실제 사회 상황과 관련하여 하나님의 뜻에 관한 패러다임을 제공한다. 이스라엘은 교회가 어떤 구조를 갖춰야 하는지에 대한 모델이 아니며, 세속 국가의 모델은 더더욱 아니다. 구약은 교회뿐 아니라 현대 정치에도 관련이 있는, 고대 근동에서의 하나님의 사역 이야기를 말해 준다.

엘리자벳 쉬슬러 피오렌자(Elisabeth Schüssler Fiorenza)와 같은 신학자들은 성 차별주의가 성경 저자들에게 끼친 영향을 찾아내는 "의심의 성서 해석"이 필요하다고 주장한다.[38] 피오렌자의 의심의 성서 해석학은 여권 신장 운동에 대한 자신의 주관적 견해를 이에 비추어 모든 것을 판단하는 결정적 기준으로 삼는 것에 너무 가깝다. 그럼에도 불구하고 주의 깊게 사용되는 의심의 성서 해석학은 성경 문화의 사회적 구조가 어떻게 그 메시지를 우리의 문화에는 적절하지 않은 방식으로 형성했는지 보여줄 수 있다. 피오렌자는 이를 위해서는 아래와 같이 해야 한다고 제안한다.

> 신약을 원형(archetype)이 아니라 견본(prototype)으로 보아야 한다. 원형과 견본은 모두 원래의 모델을 나타낸다. 그러나 원형은 변하지 않는 영원한 패턴을 확립하는 이상적인 형태임에 비해, 견본은 구속력이 있는 영원한 패턴이나 원칙이 아니다. 그러므로 견본은 변화의 가능성에 열려 있다.[39]

성경의 문화들은 더 이상 우리의 문화보다 권위적이지 않다. 대부분의 성경의 교훈들은 이상적인 구조에 의해 살고 있는 사람들이 아니라 그들 주위의 이방 관습들에 따라 살고 있는 사람들에게 주어졌다. 나는 오늘날에도 사정이 크게 다르지 않다고 생각한다. 대가족, 가정 학습, 농업, 고리대금, 방어 및 의술은 오늘날 거의 권위적인 것으로 생각되지 않는다. 성경 해석의 큰 과제들 중 하나는 하나님의 뜻과 그 뜻이 성경적으로 구현된 특정한 문화적 고향을 구분하는 것이다.

텍스트와 오늘 사이의 간격 메우기

이 장의 기본 주장은 성경 이야기가 맥락 안에서 이해되면, 우리가 우리의 삶을 동일한 이야기의 일부로 보는 법을 배워서 선하게 되도록 가르쳐 준다는 것이다. 우리의 해석을 안내해 줌으로써, 성경의 이야기는 우리가 세상 속에서의 하나님의 사역과 일치하는 방식으로 실제(reality)를 경험하게 해 준다. 이스라엘에 대한 하나님의 사역 이야기와 그리스도 안에서의 계시는 우리의 이야기이기도 하다.

그러나 그것이 우리의 유일한 이야기는 아니다. 우리의 문화적 맥락과 분리될 수 없는 우리 삶의 이야기도 있다. 우리의 문화는 우리가 그로부터 완전히 탈출할 수 없는 상징적 의미 시스템을 제공한다. 우리는 문화라는 눈을 통해 성경 이야기를 읽는다. 우리 자신의 문화적 경험이 성서보다 권위가 높지는 않지만, 이 경험은 우리의 출발점이다. 그것은 또한 우리의 목표이다. 성경의 가르침을 완전히 이해하기 위해서는 이를 우리 자신의 문화적 경험 안에서 살아내야 한다.

이는 흔히 맥락화라고 불리는 프로세스를 필요로 한다. 우리는 성경을 새로운 문화적 배경 안으로 직접 번역하지 않는다. 또한, 마치 복음서의 메시지가 단순히 다른 문화적 형태로 표현될 수 있는 양 "문화 이식"을 하지도 않는다.[40] 권위가 있는 것은 성경이지, 성경 메시지의 추상적인 해석이 아니다. 성경의 메시지는 구체적인 문화적 견지에서 인식될 때에만 이해될 수 있다. 하나님의 말씀은 언제나 환생되며, 교회의 다른 부분들은 이를 다르게 환생시킬 수 있다.[41] 달리 말하자면, 복음의 내용은 그 문화적 형태로부터 분리될 수 없다.

넬리 후타레안(Nelly Hutahaean)은 인도네시아 북 수마트라 출신의 바타크 족 목사이다. 아래의 이야기는 그녀가 자신의 문화적 맥락에서 어떻게 성경의 하나님에게 순종하려고 노력했는지 보여준다.[42]

어느 날, 넬리의 친한 친구인 아리가 넬리에게 도움을 청했다. 아리의 아버지는 살해당했고, 어머니는 공산주의자들과 연루되어서 몇 년째 투옥 중이었다. 아리는 아기 때 구조되어서 입양된 가정에서 자랐다. 아리는 현재 18살이고 2달 뒤면 고등학교를 졸업하게 된다. 아리는 성실한 학생이었고 교사들과 친구들에게 인정받고 있었다. 최근에 그녀는 바타크 전통 춤 파티에 학교 대표로 선발되었다. 넬리가 아리를 만났을 때, 넬리는 아리의 눈이 부어 있고 그녀의 몸은 최근에 양아버지에게 맞은 피멍 투성이인 것을 보았다.

아리는 날마다 학교가 끝나면 곧바로 집으로 와서 빨래, 청소, 다림질, 요리, 설거지 등 집안 일을 하도록 강요받았다. 그녀는 수업 이외의 활동 참가가 금지되었다. 아리의 양아버지는 그녀에게 매우 엄격한 규칙을 요구했고 조금이라도 어기면 엄한 벌을 주었다. 양아버지는 아리가 전통 춤에서 학교를 대표하는 영예를 수락했음을 알게 되자, 아리의 교복과 책들을 옷장에 넣고 잠근 뒤 학교에 가지 못하게 했다.

아리는 더 이상 그 집에서의 고통과 치욕을 참을 수 없었다. 아리는 정기적으로 매를 맞았고, 이제는 고등학교를 졸업할 기회를 박탈당하고 있었다. 아리는 넬리에게 탈출해서 자카르타로 갈 수 있도록 도와달라고 했다. 아리는 자카르타에서 감옥에 있는 어머니를 만난 후에 새 삶을 시작하고 싶어 했다. 넬리의 딜레마는 아리가 도망가도록 도와주어야 하느냐였다.

내가 이 이야기를 듣고 최초로 보인 반응은 양아버지에 대한 분노와 넬리는 아리가 도망갈 수 있도록 도와야 한다는 강한 확신이었다. (서양인인) 내 관점으로는, 18세가 된 사람은 그러한 상황에서 벗어날 권리가 있었다. 아리의 양 가족들은 그녀를 노예처럼 부려 먹었다. 그들은 아리에게 고등학교를 졸업할 기회도 허락하지 않으려 했다. 아리의 양아버지는 아리를 학대했다. 그리고 아리는 오랫동안 보지 못했던 친 어머니를 만나고 싶어 했다.

그러나 넬리는 그다지 자신이 없었다. 그녀는 자신의 반응이 성경에 충실하고 문화적 상황과 관련해서 지혜롭기를 원했다. 그녀는 아리가 도망가서 양 가족들과의 관계를 끊으면, 아리의 여생에 중대한 영향을 주리라는 점을 지적했다. 이는 또한 양 가족들과 공동체 전체에 심각한 영향을 가져올 수도 있었다. 가족으로부터 도망가면 바타크 부족의 가장 기본적인 금기를 깨는 것이 될 터였다. 이는 가장 큰 죄로 여겨질 터였다. 그녀가 고등학교를 졸업하지 못하게 될 뿐만 아니라, 평생 낙오자가 될 터였다. 바타크 족의 일원으로서 아리는 이 부족에 의해 장래의 물질적 안전이 보장되었다. 도망친다면, 아리는 죽은 사람으로 취급될 상황이었다.

아리가 사회의 가장 기본적인 아다트(전통)를 깨면, 자기를 키워 주었던 가족과 아버지에게 회복할 수 없는 수치를 입히게 될 것이었다. 가부장적이고 밀접하게 엮여진 이 부족의 가족 구조 안에서는, 아버지가 의무를 이행하지 않은 것으로 여겨지고 온 가족이 고통을 받게 될 터였다. 아버지는 따돌림을 받게 되고, 사업이 보이코트되며, 파산하게 될 수도 있었다. 온 공동체가 분열되고 아버지의 참여 상실로 손해를 보게 될 터였다. 아다트는 너무도 강력해서 어떤 여자도 감히 도망칠 생각을 하지 못했었다.

넬리는 이 상황과 성경의 맥락 안에서 어떻게 해야 할지 알고 싶었다. 한편으로 성경의 이야기는 가족을 매우 가치 있게 평가한다. 다섯 번째 계명은 부모를 공경하라고 요구하며, 그러면 장수하고 잘될 것이라고 시사한다(신명기 5:16). 거의 18년 동안 이 가족은 아리를 양육했고 학비를 대 주었다.

다른 한편으로 아리는 억압 받는 고아의 범주에 들어간 것 같았다. 성경은 "정의를 추구하고, 억압받는 사람을 구하고, 고아를 보호하고, 과부를 위해 탄원하라"(이사야 1:17)와 같은 명령들로 가득 차 있다. 성경의 하나님은 약자의 보호자이다.

바타크 부족 문화의 맥락 안에서, 넬리는 어떻게 성경에 나오는 이 두 가지 주제를 존중할 것인가? 넬리는 양 가족이 아리를 양육해 준 사실을 존중해야 한다고 믿는 한편 아리에게는 도움이 필요하며 고통에 혼자서 맞서도록 내버려둘 수 없다고도 생각했다.

심사숙고, 성경 연구, 신뢰받는 공동체 구성원들과의 상담, 가능한 대안들 및 그 영향 연구, 계획 수립 프로세스를 거친 뒤에,[43] 넬리는 아리가 다른 현지 가족들에게 숨도록 주선했다. 이 공동체의 장로 중 한 명이 양아버지에게 접근하여 아리를 용서해 주고 아리가 학교를 졸업할 수 있게 해 달라고 부탁했다. 넬리는 하나님에게 자신의 대담함을 용서해 주고 아리가 어머니를 만날 수 있게 해 달라고 기도했다. 넬리는 또한 아리와 양아버지 사이의 궁극적인 화해를 위해서도 기도했다.

넬리는 그녀가 처해 있는 것과 같은 가부장적, 집단적, 그리고 가족 지향적 사회 안에서 이런 경우와 같은 갈등은 개인적으로는 좀처럼 해소할 수 없다고 생각했다. 공동체의 장로들만이 수용할 수 있는 해결책을 내놓을 수 있었다.

나는 이 이야기에서 많은 것을 배웠다. 나는 내 자신의 서구적, 개인주의적, 인권적 접근법이 적절하지 않다는 것을 알게 되었다. 나는 또한 자신의 문화와 신앙을 매우 진지하게 고려한 현명한 여성의 예도 보았다. 넬리는 아버지가 딸에 대해 무제한적인 권리를 가진다는 가부장적 전제를 받아들이지 않았다. 그러나 그녀는 문제 해결 시에 사회 공동체의 자원을 거절하지도 않았다. 넬리는 성경을 딸에게 언제나 순종을 요구하는 협소한 규칙집으로 보지 않았다. 그녀는 또한 가족 및 공동체 구조의 중요성을 고려하지 않은 채 "가난하고 억눌린" 사람에 대한 구절들에만 의지하지도 않았다. 넬리는 자신의 가치와 행동에서 권위, 억압받는 자들에 대한 충성, 그리고 문화적 민감성에 대한 존중을 결합했다.

우리는 타락한 세상에 살고 있기 때문에, 이런 이야기가 언제나 잘 해결되리라고 확신할 수는 없다. 아리의 경우에 결과는 혼재하였다. 아리는 아직 양아버지와 화해하지는 않고 있지만, 공동체로부터 소외되지 않은 채 고등학교를 졸업하고 대학교에 진학할 수 있었다. 아리의 어머니는 석방되었고, 아리는 결혼해서 아이를 낳았다. 넬리의 이야기는 도덕적 위기를 자신의 문화 안에서 성경 이야기라는 렌즈를 통해 해석한 사람의 예를 보여주고 있다. 넬리는 지혜의 산출물을 내는 방식으로 성경 이야기와 자신의 문화 이야기를 결합했다.

낯선 문화 속에서 살고 있는 사람들에게는 2중의 과제가 있다. 우리는 성경의 이야기를 우리가 속한 사회의 시각과 통합해야 한다. 이를 넘어서 우리는 이 사회의 이야기가 하나님의 말씀을 통해 보여지고 변혁될 수 있도록, 우리의 새로운 고향을 충분히 이해하기 시작해야 한다.

토론 문제

1. 윤리에서 성경의 사용에 대해 아데니가 지적하려는 주요 요점은 무엇이라고 생각하는가?
2. 구약이 오늘날의 윤리에 어떻게 관련이 있다고 생각하는가? 이에 대해 아데니는 어떻게 제안하는가?
3. 아데니가 "성경을 '객관적으로' 이해하는 것은 불가능하다"고 한 말이 무슨 뜻이라고 생각하는가? 이에 대한 아데니의 말에 동의하는가?
4. 아데니는 윤리에서 성경의 원칙을 어떻게 사용하는가? 원칙들은 이 원칙들이 도출된 문화로부터 이해될 필요가 있다는 말에 동의하는가?
5. "절도 금지는 다른 9개의 명령들처럼, 다른 문화적 표현으로 번역되어야만 하는 영원한 윤리적 원칙이 아니다"라는 말에 동의하는가? 그 이유는 무엇인가?

Notes ─────────

1. William A. Dyrness, Learning about Theology from the Third World (Grand Rapids, Mich.: Zondervan, 1990), 28쪽. 물론 성경 자체는 문화적으로 위치해 있지만, 성경의 원래 텍스트는 모든 크리스천들에게 문화를 초월하여 기능한다.

2. David Kelsey, The Uses of Scripture in Recent Theology(Philadelphia: Fortress, 1975), 89쪽. Kelsey는 성서(Scripture)에 대해 매우 중요한 근본적인 정의를 옹호한다. 즉, 성경(Bible), 또는 적어도 성경의 일부는 기독교 공동체를 위한 권위를 가지고 있기 때문에 성서이다. "권위가 있다"는 말이 그 자체로 성서에 대해 판단하는 것이라는 점을 부인하지 않으면서도 Kelsey의 기능적 정의를 받아들일 수도 있을 것이다. 나는 크리스천들은 하나님이 성경을 권위 있는 계시 도구로 삼았기 때문에 정경 전체가 기독교 공동체에 권위를 행사한다는 입장을 견지할 것이다.

3. 이 장에서, 나는 텍스트 비평에 의해 제기되는 문제들을 무시한다. 성서의 원래 텍스트가 무엇인지는 큰 논쟁거리이다. 이 논의들은 중요하지만, 이 장의 범위를 넘어선다. 성서의 권위에 대한 교리에 있어서도 상당한 차이가 있지만, 이에 대한 차이가 어떠하든, 대부분의 크리스천들은 자신의 신앙과 행위를 성서와 관련시켜 설명한다.

4. Robert McAfee Brown, Unexpected News: Reading the Bible with Third World Eye (Philadelphia: Westminster Press, 1984), 13쪽. "The strange new world within the Bible" 은 Karl Barth에게서 빌려온 말이다.

5. 불행하게도, 때로는 텍스트의 번역이 (대개는 백인 남성인) 역자의 견해를 드러내는 경우가 있다. 그 경우 번역자의 문화적 편견에 기초해서 해당 텍스트의 의미가 축소되거나, 심지어 원래는 존재하지 않았던 것을 말할 수도 있다.

6. Kraft는 이렇게 말한다. "성서는, 바다와 그 위를 떠다니는 빙산처럼, 초월적인 문화적 진리(supra cultural truth)와 비슷하다. 최소한 자신의 일부를 표면 위에 보여주는 빙산들도 많지만, 다른 많은 빙산들은 완전히 표면 아래에 잠겨 있다. 성경에 나오는 하나님의 [자기] 계시의 많은 부분들은 이를 보고자 하는 거의 모든 사람들에게 최소한 부분적으로라도 보여질 수 있다… 그러나 많은 부분은 표면 아래 잠복해 있으며, 성서에서 특정한 문화적 적용 밑에 어떤 초월적인 문화적 진리가 놓여 있는지 발견하려는 사람에게만 보여진다" (Charles H. Kraft, Christianity in Culture [Maryknoll, N.Y.: Orbis, 1979], 131쪽). 7장의 성서 해석학 이슈에 대한 Kraft의 논의, "Supra Cultural Meanings via Cultural Forms"는 매우 유용하다. 그럼에도 불구하고, 나는 문화적 살을 발라낸 "문화를 초월한 의미"가 있을 수 있는지 자신이 없다. 성경의 모든 단어는 그 자체가 문화적 형태이다. 그렇다면, "문화를 초월한 의미"는 빙산보다는 분자에 보다 더 가까울 것이다! Marvin Mayers와 Paul Hiebert는 Eugene Nida의 문화적 살을 발라 낸 "상대적 문화 상대주의"를 개선하고 "성경적 절대주의와 문화적 상대주의"에 기초한 윤리적 사고의 모델을 제시하려 한다. Mayers의 접근법에는 유익한 통찰력이 많이 있기는 하지만, Kraft가 보여주는 성서 해석학적 엄격함은 결여되어 있다. Marvin K. Mayers, Christianity Confronts Culture, 2판 (Grand Rapids, Mich.: Zondervan, 1987), 241-260쪽)의 16장 "Cross-Cultural Ethics"를 보라. 또한 Paul G. Hiebert, Cultural Anthropology (Grand Rapids, Mich.: Baker Book House, 1983), 251-262쪽을 보라.

7. Eugene A. Nida, Customs, Culture and Christianity (New York: Harper & Brothers, 1954), 282쪽. 또한 48-53쪽도 보라. 사실은 삼위일체 하나님에 대한 우리의 이해가 결코 절대적이지 않기 때문에, 이 말조차도 문제가 있다. 그러나 Nida의 의도는 무한하고 절대적인 것은 모두 하나님에게 돌리려는 것이다.

8. George A. Lindbeck, The Nature of Doctrine (Philadelphia: Westminster Press, 1984), 35쪽.

9. 위의 책 33쪽.

10. Iris Murdoch, Revisions, Stanley Hauerwas & Alasdair MacIntyee 편(Notre Dame, Ind.: University of Notre Dame Press, 1988), 49쪽에 나오는 "Against Dryness: A Polemical Sketch"

11. Alasdair MacIntyre, Whose Justice? Which Rationality? (Notre Dame, Ind.: University of Notre Dame Press, 1988), 393쪽.

12. 간략히 말하기 위해서 나는 MacIntyre의 주장을 상당히 단순화시켰다.

13. "기독교 전통"에는 사실은 다른 많은 전통들이 있으며, 각각의 전통은 세상을 다르게 설명한다. 내가 "크리스천들"이 모두 하나의 전통을 가지고 있는 것처럼 말할 때에는, 요점을 말하기 위해 단순화하는 것이다. 크리스천들이라는 말을 통해서, 나는 성경(Bible)을 성서(Scripture)로 여기는 개신교와 가톨릭을 포함한 광범위하고 중심적인 기독교 전통의 흐름을 가정한다.

14. Linbeck, Nature of Doctrine, 118쪽.

15. Kelsey, Use of Scripture, 48쪽. 성경에 대한 이러한 접근법이 성경 비평학자들의 통찰력을 무시하는 것은 아니다. 그들은 성경에 포함된 이야기를 이해하는 데 도움을 줄 수 있다. 그러나 (Gerhard von Rad에서와 같이) 텍스트 배후에 놓여 있는 몇 가지 계시적 사건이나 (Rudolf Bultman에서와 같이) 이를 전달한 공동체의 경험, 또는 심지어 (Karl Barth에서와 같이) 현대 독자들의 계시적 경험에 초점이 놓여 있는 것이 아니라, 현재 자리 잡고 있는 정경의 텍스트 안의 이야기에 초점이 놓여 있다(Introduction to the Old Testament as Scripture[Philadelphia: Fortress, 1979]와 같은 Brevard Childs의 문헌을 보라).

16. 이들 4개의 "도덕적 담론 차원들"은 처음에는 Henry David Aiken에 의해 구분되었으나, 그 이후 여러 번 채택되었다. Henry David Aiken, Reason and Conduct(New York: Alfred Knopt, 1962), 65-87쪽. Allen Verhey, "The Use of Scripture in Ethics," Religious Studies Review 4(1978 1월); James Gustafson, Theology and Christian Ethics(Philadelphia: United Church Press, 1979), 130-133쪽을 비교하라. 윤리를 성경에 관련시키는 방법에 대한 하나의 예표로서, 이 4개의 차원들은 너무도 단순하다. 우리는 이보다 더 많은 방법으로 성경으로부터 선함에 대해 배운다. 그럼에도 불구하고, 이 4개의 차원들은 많은 크리스천들을 곤란하게 하는 4가지 질문들을 포착한다.

17. Gerhard von Rad, Old Testament Theology (San Francisco: Harper & Row, 1965), 2: 204쪽.

18. 나는 이 견해에 대한 문헌은 보지 못했지만 Plymouth Brethren 파의 신자들이 이런 견해를 표명하는 것을 자주 들었다. J. N. Darby에 의해 지적된 체제론자 접근법은 율법을 하나님의 세상 속에서의 사역의 서사 구조 안에 부합시키는 장점

이 있다. 다른 한편, Darby의 추종자들 중 일부는 맥락 안에서의 텍스트의 원래 의미를 해치고 협소한 율법주의로 귀결되는 극단적 문자주의를 선전해 왔다. 이 견해에 의하면 다른 체제에 할당되지 않은 성경의 모든 지시들은 문자적으로 준수되어야 한다.

19. 자기가 좋아하지 않는 성서의 일부를 잘라내는 관행, 이 관행에 대한 전형적인 예는 이단자 Marcion(2세기)인데, 그는 구약과 자기가 동의하지 않는 신약의 상당 부분을 삭제했다.

20. Christopher J. H. Wright, Living as the People of God (Leicester, U. K.: InterVarsity Press, 1983) 151-152쪽. 또한 An Eye for an Eye (Downers Grove, IL.: InterVarsity Press, 1984)로도 출판됨. Wright의 율법 분류는 A. Phillips, Ancient Israel's Criminal Law: A New Approach to the Decalogue (London: Blackwell, 1970)에 의해 최초로 제안되었다.

21. 여호수아 2:1-7. John Jefferson Davis, Evangelical Ethics (Phillipsburg, N. J.: Presbyterian and Reformed, 1985), 15-16쪽을 보라. Norman L. Geisler도 자신이 "윤리적 계층주의라 부르는 것의 옹호자이다. Ethics: Alternatives and Issues (Grand Rapids, Mich: Zondervan, 1971)를 보라.

22. 가족 위계 원칙에 관한 Bill Gothard의 가르침은 이 범주에 속한다. Gothard는 성경 원칙의 이름으로 가부장제라는 사회문화적 시스템을 절대화한다.

23. Geisler, Ethics, 117쪽. 신체적 제약이 있는 사람에 관하여 "신체적으로 완전한 사람은 그렇지 않은 사람보다 인간성을 더 잘 보여준다"는 터무니없는 말을 한다. 이 척도에 의하면 히틀러는 헬렌 켈러보다 나은 인간성을 보여주었다!

24. 이 말은 노숙자들에게는 해당되지 않는다. 그러나 노숙자의 외투는 대개 저당 잡을 가치가 없을 것이다. 만일 가치가 있다면, 이 규칙은 문자적 의미에서 권위가 있을 것이다.

25. 예를 들어, Ian T. Ramsey, ed., Christian Ethics and Moral Philosophy (London: SCM Press, 1966), 그리고 Gene Outka와 John P. Reeder Jr., eds., Religion and Morality (Garden City, N.Y.: Anchor/Doubleay, 1973)를 보라.

26. 이는 인식론의 근본적인 질문이다. 내게는 이 논쟁이 David Hume의 "존재로부터는 당위가 나오지 않는다. 윤리적이지 않은 전세로부터는 윤리적 결론이 나오지 않는다."는 익숙한 금언에 대한 평가에 달려 있는 듯하다. 확실히 성경의 하나님 개념은 그 자체로 다소간의 윤리적 결론을 요구한다고 주장하는 것이 가능하다. Christian Ethics and Moral Philosophy, ed. Ian T. Ramsey (llondo: SCM Press, 1966), 140-144쪽에 나오는 Dewi Z. Phillips, "God and Ought"를 보라. 다른 한편, 종교적 믿음 자체가 선험적인 도덕적 판단에 의존한다고 주장하는 이들도 있다. 같은 책에 나오는 Kai Nielsen의 글 "Some Remarks on the Independence of Morality from Religion"을 보라. 이 입장들은 모순 없이 주장될 수 있다. 사람은 확실히 믿음이나 종교적 신학이 없이도 선함이나 하나님의 존재에 관해 도덕적 결정을 할 수 있다. 그러나, 그렇다고 해서 그 사람의 도덕적 능력 또는 인식이 하나님으로부터 나오지 않았음을 함의하는 것은 아니다. 성경 이야기의 가정들을 가지고 시작할 경우, 하나님이 모든 도덕의 근원임이 명확하다. 논리적으로 종교적 전제를 요구하지 않고서도 윤리에 대해 합리적으로 정당화할 수 있다는 William Frankena의 주장은 아마도 옳은 말일 것이다. Gene Outka & John P. Reeder Jr., eds., Religion and Morality (Garden City, N.Y.: Anchor/Doubleay, 1973), 259쪽에 나오는 Frankena, "Is Morality Logically Dependent on Religion?"을 보라. 그러나 나는 기독교의 전제로부터 도덕과 이성 모두의 궁극적인 의미는 하나님의 성품에 토대를 두고 있다고 주장하는 바이다. C.S. Lewis, Miracles (New York: Macmillan, 1947)를 보라.

27. 가족 관계가 고통스러운 사람들은 하나님이 자신의 부모와 같은 아버지가 아니라, 자신의 어머니와 아버지가 하늘 아버지와 같아야 한다는 점을 확신해야 한다.

28. 아버지로서의 하나님의 이미지는 구약과 신약에 널리 퍼져 있다. 이스라엘의 가부장적 구조 때문에 어머니로서의 하나님의 이미지는 아주 드물다. 그럼에도 불구하고, 어머니로서의 하나님의 이미지가 몇 군데 있다. 예를 들어 이사야 66:12-13을 보라. 아버지 및 어머니라는 용어는 하나님이 어떠한가에 대한 인간적 상징 또는 표지이다. 하나님은 영으로서 성기가 없기 때문에, 어떤 이미지도 문자적으로 여겨져서는 안 된다(요한복음 4:24를 보라).

29. Richard J. Mouw, The God Who Commands (Notre Dame, Ind.: University of Notre Dame Press, 1990) 2쪽. Mouw는 그러한 굴복을 이 땅을 심판할 하나님의 권한에 기초하지 않도록 주의를 기울이지만, 이 땅에 대한 하나님의 절대적인 권위는 하나님의 권위의 한 측면으로서 심판을 확실히 포함한다. Mouw의 책은 순종을 윤리의 중심 위치로 회복하는 데 도움이 된다. Mouw와 달리, 나는 순종이 성경 이야기의 중심적인 도덕적 이미지라고 생각하지 않는다.

30. 이는 H. Gichard Niebuhr의 저술들에 편만한 주제이다.

31. 아마도 가장 가까운 유추는 다니엘서에서 찾아볼 수 있을 것이다. 다니엘은 바빌로니아의 학생이자 교사였는데, 그는 바빌로니아의 교육 구조의 요구를 충족시키지 않으면 죽음을 맞이해야 했다. 우리는 다니엘이 "신중하고 분별력있게 대응했다"고 듣는다(다니엘 2:14). 그러나 이 또한 여전히 Jane의 상황과는 거리가 먼 얘기다.

32. 이 사안에서 Jane은 Kwei-feng에게 엄하게 경고하고 다른 자리에서 시험을 마칠 수 있게 해 줬다. 그러나 1년 뒤에도

Jane은 자기가 옳게 행동했는지 자신이 없었다. 많은 공산주의 국가들에서 시험 부정이 보편적인 하나의 이유는 사람들이 아이디어의 사적 소유 개념이 별로 없기 때문이다. 어느 아프리카 학생이 이렇게 말한 적이 있다. "부정은 어떤 사람이 다른 사람이 이를 필요로 하는 것을 보지 못하게 하는 것입니다."

33. Brevard Childs, Biblical Theology in Crisis (Philadelphia: Westminster Press, 1970), 126쪽.

34. 예를 들어, 바로가 하나님의 뜻을 알고서도 하나님의 뜻에 순종하지 않았을 때의 결과들을 보라. 순종이 없는 지식의 결과는 "바로의 마음이 이처럼 완고해졌다"였다(출애굽기 9:27-35를 보라).

35. 이러한 생각에는 라틴아메리카 신학의 영향이 베어 있다. 예를 들어, Jose Miguez Bonino는 "정확한 지식은 올바른 행동에 달려 있다", "신앙은 언제나 탄탄한 순종이다"라고 말한다(Doing Theology in a Revolutionary Situation [Philadelphia: Fortress, 1975], 89-90쪽). 해방 신학의 강조점은 행동(응용)에서 사고(성경적 윤리)로의 이동에 놓여 있다. 이러한 강조는 교정 수단으로는 좋지만, 이러한 이동은 지역적이며 양쪽으로 간다는 점을 흐리지 않아야 한다.

36. Wright, Living as the People of God.

37. Norman K. Gottwald, The Tribes of Yahweh: A Sociology of the Religion of Liberated Israel 1250-1050 BCE (London: SCM Press, 1979), 10쪽.

38. Elisabeth Schüsler Fiorenza, In Memory of Her: A Feminist Reconstruction of Christian Origins (New York: Crossroad, 1983).

39. 위의 책 33쪽. 이 짧은 논의는 제기된 성서 해석학적 이슈들의 표면을 긁은 것뿐이다. Fiorenza의 책은 다른 여권주의자의 접근법들에 대한 매우 유용한 개관을 포함하고 있다. 또한 Phyllis Trible, God and the Rhetoric of Sexuality(Philadelphia: Foetress, 1978)와 Letty Russell, Human Liberation in a Feminist Perspective(Philadelphia: Westminster Press, 1974)를 보라.

40. Charles H. Kraft, Christianity in Culture (Maryknoll, N.Y.: Orbis, 1979). 280-289를 보라.

41. 나는 이를 Dyrness의 Learning about Theology from the Third World에서 설득력 있게 주장되는 주요 요점들 중의 하나라고 이해한다.

42. Nelly는 Satya Wacana Christian University의 대학원생이다. 그녀는 내가 1992년에 가르쳤던 윤리 과목의 요건 중 하나로서 인도네시아어로 이 글을 썼다. 나는 그녀의 허락을 받아 그녀의 이야기를 영어로 옮겨서 이를 단축하고 이 장의 필요에 맞는 부분을 강조했다.

43. 이 프로세스는 "성서해석 사회"에서는 잘 알려진 요소들이다.

비즈니스의 도덕적 맥락

읽기 자료

BEYOND INTEGRITY

도널드 쉬멜테코프(Donald Schmeltekopf)
(Waco: Baylor Business School, 2003)

나는 이 강의의 제목을 "비즈니스의 도덕적 맥락"이라 정했는데, 이 강의에서 나는 대기업에서 중소기업에 이르기까지 비즈니스 활동의 윤리적 측면들은 애초에 비즈니스의 의미 및 목적에 대해 명확하고 설득력 있게 설명할 수 있을 때에만 충분히 이해될 수 있다고 주장한다. 그리고 그러한 설명은 하나님, 창조, 보편적 선, 소명, 죄와 같은 신학적, 형이상학적 영역으로 들어가도록 요구한다. 나는 그러한 외연 확대는 가정, 일터, 놀이 등 모든 측면에서 우리의 삶을 인도해야 한다고 일반적으로 믿는 도덕적 요건들 및 미덕들을 보여주고, 따라서 비즈니스 활동이 벌어지는 도덕적 맥락의 위치를 부여하고 이를 정의하는 데 도움이 된다고 믿는다. 현재 기업에 종사하고 있는 사람들과 종사하기 위해 준비하고 있는 사람들 모두에게 있어서, 우리가 비즈니스에서 직면하고 있는 깊은 문제는 우리의 삶이 단편화되고 나누어진다는 것, 즉 일요일에 교회에서 고백하는 가장 중요한 신념들과 확신들이 월요일의 실제 업무에 적용되지 않고 별개로 논다는 것이다. 이 문제는 비즈니스에만 독특한 것은 아니지만 (이는 날마다 개인주의와 상대주의라는 이데올로기의 공기를 마시는 모든 현대인들의 곤경이다) 비즈니스가 현대 문화에서 차지하는 중요한 역할로 인해 이는 비즈니스에 특히 중요한 문제이다. 간단히 말해서 내 주장은 가장 기본적인 차원에서의 비즈니스 활동들은 도덕적 종교적 맥락으로부터 분리될 수 없으며, 일반적으로 우리의 비즈니스 사고를 점령하고 있는 경험적 사실 및 데이터라는 테스트를 충족시키는 것만큼이나 도덕적 및 종교적 진리라는 테스트도 충족시켜야 한다는 것이다.

애초에 기업이 미국 및 세계 도처에서 우리 개인 및 집단생활에 기여하는 방식을 기억하고 이를 이해하는 것이 중요하다. 미국의 기업들은 미국 시민들의 노동력의 약 55%를 고용하고 있으며, 나머지는 정부, 교육 기관, 전문직 및 다양한 문화 및 종교 기관들이 일자리를 공급하고 있다.

확실히 비즈니스 활동은 우리가 이 나라에서 누리고 있는 높은 생활수준을 가능하게 해 주는 경제의 중추를 구성하고 있다. 부분적으로는 기업의 창의력과 기꺼이 재무 리스크 부담을 무릅쓸 의향의 결과, 대부분의 수작업의 고역을 대체한 기술 진보가 이루어졌다. 또한 아마도 우리의 삶에서 기업들보다 효율적으로 운영되고 합리적으로 조직된 기관들도 없을 것이다. 어떤 기관도 기업들보다 구성원들의 요구에 더 잘 반응하지 않는다. 또한 기업은 국방을 지원하고, 가정과 도시의 치안을 확보하며, 이로부터 우리 모두가 혜택을 받는 데 필요한 사회적 서비스 제공에 도움이 될 세금의 큰 부분을 납부한다는 것도 주목해야 한다. 그리고 대부분의 기업들은 다양한 공동체의 선량한 시민으로 처신한다는 데 그다지 의문이 있을 수 없다.

다른 한편으로 우리가 알고 있는 것처럼 기업들, 특히 일부 주요 기업들은 과거 25년간 극악무도한 비윤리적, 불법적 행동을 저질러왔다. 1970년대 후반에 미국의 자동차 산업에서 인간의 안전에 대해 무관심했던 포드사의 핀토 사례, 1980년대의 저축 대부 산업의 경영진 부정, 1990년대 초반의 대형 금융기관들의 내부자 거래 스캔들, 포드와 파이어스톤의 자동차 안전 스캔들, 엔론, 타이코 및 월드컴과 같은 회사들의 경영진 부정 사례, 아델피아 커뮤니케이션즈, 디너지, 글로벌 크로싱, 릴라이언트 에너지 및 제록스와 같은 회사들의 기업 회계 스캔들 사태, 그리고 회계 프로세스의 무결성을 확보할 책임을 맡은 아서 앤더슨과 같은 회사들이 이러한 스캔들에서 수행한 역할, 그리고 코카콜라 회사의 음료 부문장에 의한 마케팅 테스트 조작을 포함한 일부 주요 회사들의 소규모 사기 빈발 등을 이러한 예로 들 수 있을 것이다. 일부 CEO들에 대한 이례적인 보상 패키지, 또는 환경 이슈들에 대한 무관심과 같은 회사의 행동들은 그 자체로는 불법적이지 않지만, 그럼에도 불구하고 오늘날의 미국 기업들의 상당수는 오로지 자기 이익만 추구한다는 대중의 인식에 한 몫을 하고 있다.

최근에 기업이 이익과 공동선 사이의 합리적인 균형을 유지하고 있는지 물어 보았더니, 미국인의 85퍼센트는 "아니오"라고 대답했다. 2002년 9월에 피터 하트 리서치 어소시에이츠(Peter Hart Research Associates)에 의해 수행된 조사에 의하면, 미국인들은 이 조사가 수행된 후 처음으로 대기업을 긍정적으로 보기 보다는 부정적으로 보는 사람들이 많았다. 이 보고서는 "기업 스캔들들로 인해 미국인들은 CEO들에게 화가 나 있고 미국의 기업에 대해 의심쩍어 하고 있다"[1]고 결론지었다. 또한 1988년에 갤럽이 수행한 조사는 미국인들에게 10개의 주요 기관들 중 기업은 대중의 신뢰에서 꼴찌를 차지했음을 보여준다.[2] 기업에 대한 이러한 냉소주의는 기업들에게 좋지 않을 뿐만 아니라, 어떠한 인간의 기관도 신뢰할 수 없다는 견해를 조장하기 때문에 사회 전반에도 해롭다. 이러한 태도에서 조금만 더 나아가면 오늘날 우리 사회에서 표명되는 "각자 도생하고, 뒤쳐지는 자는 악마에게 잡아먹히게 하라"는 보다 냉소적인 주장에 이르게 된다. 미국의 경영 대학교들이 최소한 기업의 행동 및 문화에 관련해서 이 상태를 다루기 위해 무언가를 할 수 있는가? 긍정적인 측면에서는, 전국의 경영 대학교들, 특히 자신의 분야에서 전문적 및 지적 기준을 신경 쓰는 사람들이 최근 몇 십 년 동안에 그들의 프로그램을 개선시키기 위해 열심히 노력했다.

100년 전에는 미국의 대학과 대학교들의 경영학 프로그램들은 약간의 경제학, 회계학 그리고 비즈니스 원칙 및 경영 관리만으로 구성되어 있었다. 이에 비해 오늘날에는 경영학 프로그램에서의 모든 분야와 하위 분야들은 매우 전문화되어 있으며, 특히 경제 행태에 관한 경험적 데이터를 고려하는 과학적 계량화 원칙에 기반을 두고 있다. 경영 대학 학생들은 학부생이나 대학원생 모두 이들 특화된 분야와 관련된 기술과 지식을 획득하도록 기대된다. 이 학생들이 졸업하면, 그들은 "기업 경영에 대해 잘 알" 뿐만 아니라, 일상의 기업 운영, 즉 비즈니스 활동 프로세스를 관리할 준비를 갖추게 된다. 그러나 기업의 목적과 의미를 알려주어야 할 도덕적, 영적 가치들에 대한 진지한 고찰은 경영 대학 교과 과정에서 아직도 결여되고 있다. MBA 학생들의 태도에 대한 최근의 조사에서, 응답자의 22퍼센트만이 자신의 학교는 경영 관리에서 발생하는 윤리적 이슈들에 대해 적절하게 준비시켜 주고 있다고 대답했다.[3] 그러한 도덕적, 영적 이슈들은 경영 대학의 교과 과정에서 진지하게 받아들여져야 하는 데, 이는 대학교 및 미디어에서 목소리를 높이는 소수의 비판자들의 특별한 탄원 때문이 아니라, 이 이슈들이 우리 인류에게 매우 중요하며, 이 이슈들을 추구하려는 우리의 욕망은 인간의 조건, 인간의 번영 그리고 공동선을 이해하려는 자연스러운 욕구에 깊이 내재되어 있으며 또한 이들에 의해 동기가 부여되기 때문이다. 이 이유로 많은 학자들은 모든 학생들에 대하여 교양 과목 교육 강화를 옹호한다. 그러나 많은 경영 대학, 그리고 실상은 일부 대학교들에 그러한 도덕적이고 형이상학적인 질문들은 합리적이고 경험적인 조사 대상이 되기 어려우며, 따라서 정의상 "교리" 시간이나 설교에 맡겨 두는 것이 가장 좋은, 사적인 문제라는 가정이 널리 퍼져 있다. 이 잘못된 가정은 기업 활동의 궁극적인 목적은 최종적으로 그리고 필연적으로 본질상 개인주의적이고, 기업 자체는 각 사람이 무언가 좋은 것을 얻기 위한 방편에 지나지 않는다는 환원주의자적 견해로 이어진다.

내 질문을 반복하자면, 미국의 경영 대학들은 내가 "비즈니스의 도덕적 맥락"이라고 부르는 것에 대한 진정한 기초를 제공하기 위해 비즈니스에 대해 가치와 관련된 사항들을 다룰 수 있는가? 다행스럽게도 최근의 상황을 보면 경영 대학들이 이 이슈들을 다루기 시작하고 있음을 시사한다. 미국의 대학 및 대학교들은 최소한 30년 동안 기업 윤리 과정을 제공해 오고 있으며, 그런 과정의 수가 해마다 늘어나고 있다. 실상은 회계 분야와 같은 일부 자격증 부여 기관들은 해당 분야 전공자들에게 윤리 과목을 요구하고 있고, 많은 대학교들이 이 분야에 석좌교수를 두고 있다. 비즈니스 윤리 분야의 이러한 성장으로 3개의 학문 저널이 만들어지고, 비즈니스 윤리 협회(Society of Business Ethics)라는 전문가 단체가 설립되었다.

이처럼 가치와 관련된 이슈들을 다루고자 하는 가장 사려 깊고 영향력 있는 시도들이 하버드 경영 대학원에서 이루어지고 있다. 몇 년 전에, 학사 운영 팀의 강력한 장려와 교수진의 광범위한 연구 및 준비를 통해 하버드 경영 대학원은 가치, 지식, 그리고 기술 사이에 적절한 균형을 이루기 위해 MBA 교과 과정을 대대적으로 개편했다. 하버드 경영 대학원의 교수진과 학사 운영 팀은 대중의 신뢰를 받는 대학교는 지식과 정보 이상을 가르칠 의무가 있음을 인식했다. 비즈니스에서 삶을 포함한 인생의 모든 측면들은 인간에게 끊임없이 가치의 문제에 반응하도록 요구하기 때문에, 대학교는 학생들에게 그러한 질문들을 다룰 기회를 제공해야 한다. 하버드 대학교의 교수진은 가치중립성은 대안이 아님을 이해했다. 우리는 가치에 대해 침묵을 지키고 있는 동안에도 가치를 가르친다. 그러므로 하버드 경영 대학원은 개정된 MBA 프로그램을 개발해서 실행했는데, 지금은 "기업 거버넌스, 리더십 및 가치"라 불리는 "리더십, 윤리 및 기업의 책임"이라는 필수 과목이 이 프로그램의 중심에 있었다. 이에 대한 공부는 등록 후 첫 학기 동안에 이 과정의 상당한 모듈을 다루게 되지만, 전체 MBA 과정에도 걸쳐 있다. 이에 관한 하버드 대학원의 비전은 고상하다. 이 프로그램을 기초한 사람들 중 하나인 토마스 R. 파이퍼(Thomas R. Piper)는 이렇게 썼다. "이렇게 하는 목적은 특정한 기본 지식 및 기술과 넓은 경영자적 시각뿐만 아니라, 그들의 교육 및 장래에 지니게 될 힘 있는 지위가 요구하는 도덕적, 사회적 책임감을 지닌 전문가를 교육시킨다는 우리의 근본적인 책임을 더 잘 수행하기 위함이다."[4]

하버드 대학원의 이 조치에는 인간과 세상에 대한 신학적/형이상학적 믿음이 표현되지는 않았지만 그 이면에 그러한 믿음이 내재되어 있다. 새로운 MBA 커리큘럼에 영감을 고취하는 비전을 정당화하기 위해 파이퍼 교수는 "실패하는 믿음"과 "경력과 목적의 결합"과 같은 말을 채용하며, "목적의식, 가치, 책임 및 책임감, 그리고 소망"으로 냉소주의를 극복하는 것에 관해 기록한다.[5]

이는 비즈니스 맥락 안에서 적용되는 도덕적, 종교적 진리의 언어이다. 그러나 하버드 대학원은 세속적인 기관으로서 노골적으로 신학적이고 형이상학적인 표현을 피해야 하기 때문에, 이 대학원의 노력은 그 가치가 저하되었다. 따라서 나는 이 강의의 나머지 부분에서 비즈니스의 의미와 목적에 대한 유대 기독교적 이해에 대한 주요 노선을 명시적으로 논의하고, 고대 그리스의 전통에서 나온 몇 가지 보충적 주제들로 이를 보완하고자 한다. 나는 이러한 근본적인 신념과 아이디어들에 대한 토론을 통해서, 내가 비즈니스의 도덕적 맥락에 대해 어떤 생각을 가지고 있는지 그리고 이것이 비즈니스 윤리에 어떤 함의를 지니고 있는지 명확히 하고자 한다.

먼저, 많은 신학자들이 단순히 성경 이야기라고 부르는, 모든 세상에 대한 하나님의 관계에 대한 광대한 서사를 언급함으로써 다소의 신학적 배경으로 시작하자. 성경에 의하면, 하나님은 "하늘과 땅"을 창조했다. 이로부터 시인이 노래하듯이 "땅이 여호와의 것이고, 땅에 가득한 것, 곧 세계와 그 안에 살고 있는 사람들이 여호와의 것"이라는 말이 나온다. 인간에 관해 우리는 하나님이 "사람을 자기의 형상대로 창조했다. 하나님이 그들, 곧 남자와 여자를 자기 형상대로 창조했다"는 말을 듣는다(창세기1:28). 또한 하나님은 인간에게 "바다의 고기, 공중의 새, 그리고 짐승들과 땅 위의 모든 것을 다스릴" 특별한 책임을 주었다(창세기 1:28). 땅은 우리의 것이 아니라 여호와의 것이기 때문에, 이 다스림은 소유권으로 이해되는 것이 아니라 청지기 직분으로 이해되어야 한다. 성경에 의하면, 인간에게 주어진 작품은 좋았다. 실로, 하나님 자신이 일했고, 하늘과 땅, 그리고 그 안에 있는 모든 것들을 창조했으며, 창조의 7일째에 하나님은 안식했다. 이후에, 우리는 하나님을 그리고 하나님만을 예배하고, 그의 명령들에 순종하며, 하나님 및 다른 사람들과의 언약에 따라 살라는 지시를 받는다.

그러나 우리 인간은 하나님에게 등을 돌리고, 창조주가 아닌 피조물을 예배했다. 이 죄는 우리를 하나님으로부터 분리시켰을 뿐만 아니라, 우리가 땅과 그 자원들에 대한 불성실한 청지기가 되게 했다. 우리의 우상 숭배, 즉 하나님만을 예배하고 우리의 이웃을 우리 자신처럼 사랑하라는 하나님의 명령에 대한 불순종으로 우리 인간은 도덕적 및 영적 늪에 빠지게 되었고, 사물의 본성 자체와도 사이가 나빠지게 되었다. 이스라엘 백성과, 완전한 사람이면서 완전한 신인 나사렛 사람 예수라는 하나님 자신의 아들을 통해서 하나님의 구속 계획이 나온다. 예수의 삶, 죽음, 그리고 부활은 하나님과의 화해를 가능하게 했으며, 이에 따라 성령을 통해서, 그리고 다른 신자들과의 교제 안에서 우리에게 이 세상과 다음 세상에서 목적과 소망이 주어진다.

물론, 성경 이야기에는 이보다 더 많은 것들이 있다. 나는 개요만 제공했으며, 보다 많은 세부 사항들을 보충할 수도 있을 것이다.[6] 그러나 이 이야기를 믿는다면, 그 안에서 비즈니스의 의미와 목적에 대해 보다 풍부하게 이해하기 위한 묵시적인 신학적/형이상학적 토대를 볼 수 있다. 무엇이 이러한 기저의 근본적인 신념들인가? 첫째, 하나님이 창조주이기 때문에 땅은 여호와의 것인데, 그 분이 우리에게 자신의 세상과 "그 안에서 사는 것들"을 돌보도록 위임했다. 둘째, 우리는 하나님이 우리에게 맡겨 놓은 것들에 대한 청지기가 되도록 부름 받았기 때문에, 사회 안에서 이 청지기 직을 촉진하기 위한 올바른 제도들을 사용해야 한다. 셋째, 세상의 모든 재물은 하나님의 선물이며, 따라서 우리는 경제 자원에 대한 선한 청지기가 되어야 하고, 동시에 사도 바울이 기록한 바와 같이 "돈에 대한 사랑이 모든 악의 뿌리"이므로 부해지려는 욕망을 피해야 한다. 넷째, 죄가 우리 모두의 안에서 활발하게 작용하고 있기 때문에, 자기 이익 및 물질적인 것들에 대한 사랑과 하나님에 의해 부름 받은 청지기 직분이 체계적으로 타락할 수 있다. 우리는 자기 의(self-righteousness)라는 가식이나, 비즈니스 세계가 본질적으로 가치 중립적이라는 환상에 속지 말아야 한다. 다섯 째, 그리스도 안에서 그러한 타락으로부터의 자유가 발견되기 때문에, 기독교 신자는 교회 생활에서의 지속적인 교제와 예배를 필요로 한다.[7]

기독교 전통에서 "경제(economy)"라는 단어는, 한편으로는 하나님이 창조했지만, 다른 한편으로는 인간의 사악함으로 인해 파손되고 깨어진 이 세상 안에서 우리의 물질적 복지에 대한 질서와 관리를 위한 하나님의 계획을 일컫는다. 가장 단순하게 볼 때, 경제는 전체적으로 하나님의 권위 아래에서 우리의 비즈니스와 노동 생활을 다스릴 목적을 가지고 있는 일련의 복잡한 구조와 활동들이다. 이런 방식으로 볼 때, 경제는 하나님이 인류의 생존과 번영을 위해 세운 가족, 교회, 정부와 법, 병원과 기타 건강 관련 조직, 대학과 같은 문화 단체 등과 같은 제도의 하나이다. 이 제도들 중 어느 것도 그 자체를 위해 존재하지 않는다. 모든 것들이 인류의 유익과 하나님의 영광을 위해 존재하며, 중요한 방식으로 서로 관련되어 있고, 인간의 상태에 비추어 온 세상을 다스리는 하나님의 전반적인 "경륜(Divine Economy)"을 반영한다. 유대-기독교 전통에서 이해되는 특정한 제도로서의 경제는 내가 이미 언급한 신념들을 지도 원리와 토대가 되는 출발점으로 삼고 있는 바, 이 신념들을 다시 열거하자면 다음과 같다. 하나님은 하늘과 땅의 창조주이다; 이 세상은 우리의 것이 아니라 그 분의 것이다; 우리의 물질을 포함하여 우리가 가지고 있는 것들은 하나님의 선물이다; 우리는 하나님으로부터 우리에게 맡겨진 것들의 좋은 청지기가 되어 우리의 노동과 재능들이 우리 자신만을 위해서가 아니라 다른 사람을 섬기기 위해 제공될 수 있도록 하라는 요구를 받았다; 우리의 노동은 땅에 대한 우리의 청지기 직분과 다른 사람에 대한 섬김을 보여주는 주된 수단이다; 자기를 사랑하는 경향으로 인해 우리는 종종 좋은 청지기가 될 책임에 실패하곤 한다; 우리는 창조주가 아닌 피조물(예컨대, 물질적인 것들)이나 그 일부(예컨대, 돈)를 예배함으로써 우상 숭배를 저지른다; 그리고 교회가 우리의 삶에 의미가 있으려면, 교회가 우리에게 진정한 한 분 하나님을 예배하도록 촉구할 뿐만 아니라 우리의 우상 숭배와 자기 사랑을 지적하기도 하는 진정한 공동체가 되어야 한다. 전체적으로, 이들 토대가 되는 믿음들은 우리의 경제생활을 위한 도덕적/영적 틀을 구성하는 바, 나는 이를 비즈니스의 도덕적 맥락이라고 부른다.

이 시점에서 다음과 같이 반대하는 사람이 있을 것이다. (1) 이들 소위 "신념들"은 최소한 현대인들에게는 합리적으로 믿어질 수 없다. (2) 소수의 사람들만 이러한 견해를 가지고 있고 이에 의해 살아가고 있기 때문에, 이를 진지하게 받아들이는 것은 어리석은 일이다. (3) 그러한 신념들을 채택한다면 일터에서 명백하게 불리한 입장에 처하게 될 것이다. 직설적으로 말하자면, 그 사람은 순진하고 어리석게 보일 것이고 영원히 가난한 기독교 사업가가 될 것이다. 첫 번째 반대에 대한 내 대답은 이러한 확신들은 단지 이성을 초월한 신비에서 나온 것이 아니고, 성경의 드라마에 묘사되고 2세기에 걸친 교회의 신학 전통과 도덕적 가르침에 의해 검증된, 이스라엘과 나사렛 예수의 살아 있는 역사에서 나왔다는 것이다. 하나님과 성경 이야기의 진리를 믿는 것은 궁극적으로 계시와 신앙의 문제이지만, 기독교 시대의 증언이 확증하는 바와 같이 그러한 믿음에 합리적이고 경험적인 증거가 없는 것이 아니다. 두 번째 반대에 관해 말하자면, 일터에서 실제로 이러한 신념들에 의해 살아가는 사람들이 많건 적건 간에, 비즈니스와 일터에 관한 유대-기독교적 이해는 역사적 시대, 장소, 상황을 막론하고 경제 근저의 근본적이고 규범적인 모든 이슈들에 관한 진리를 담고 있다. 그리고 마지막으로, 나는 이 이해에 참되고 완전히 적절한 진리가 들어 있다고 믿기 때문에, 때로는 진정한 희생을 할 필요가 있고 때로는 순진하다고 여겨질 수도 있지만, 나는 일터에서 반드시 불이익을 받게 된다고는 생각하지 않는다. 그러나 이 사실은 단지 경제 안에서만이 아니라 인간의 삶의 모든 영역에서 크리스천의 올곧은 삶을 특징짓는다.

나는 많은 사람들, 아마도 전형적인 비즈니스맨은 비즈니스를 하는 사람이 신학적 주장과 도덕적 이슈들에 신경을 쓰는 것은 완전히 어리석은 짓이라고 하는 네 번째 이의를 제기할 수도 있다고 생각한다. 그들은 비즈니스는 단지 비즈니스일 뿐이라고 말한다. 비즈니스에는 신학 및 형이상학과 다른 자체의 원칙, 방법과 관행이 있다는 것이다. 비즈니스는 자체의 규칙과 스코어링 시스템이 있는 일종의 게임이다. 비즈니스 게임에서 일차적 목표는 경쟁자를 이기는 것이고, 이는 자기 자신을 위해, 또는 회사와 그 주주들을 위해 이익을 극대화하는 것을 의미한다. 이렇게 생각하는 사람들은 법의 테두리 안에서, 그리고 계몽된 자기 이익이라는 의식을 가지고 비즈니스가 수행되는 한, 필요한 모든 것을 한 셈이라고 주장한다. 이러한 견해는 나누어진 삶으로 즉, 우리들 대부분에게 삶의 많은 부분을 차지하는 일을 우리 자신과 다른 사람들, 그리고 세상에 관해 우리가 가장 깊이 간직하고 있는 견해인 풍성한 삶으로부터의 분리로 이어진다.[8] 그리고 나누어진 삶은 필연적으로 빈곤해지고 축소된 삶이다. 이는 노동의 도덕적/영적 의미를 약화시키고, 우리의 일에서 진정한 의미를 떼어내고 일을 돈, 소유와 힘이라는 보상을 주는 단순한 비즈니스 게임으로 격하시킨다. 이는 또한 한 종류의 비즈니스 가치와 다른 종류의 비즈니스 가치를 구별할 근거를 제거한다. 그런 맥락에서는 복권이나 포르노 잡지 판매가 구두 수선이나 컴퓨터 제조만큼 정당화될 수 있다. 더욱이 나누어진 삶은 한 가지 중요한 측면에서 낭비된 삶이다. 이는 진정한 의미는 일 밖의 영역, 즉 스포츠, 사교 클럽, 가족, 교회 그리고 이웃 등에서만 일어난다고 가정한다. 그럴 경우 삶의 이러한 영역들이 매우 중요하기는 하지만, 다른 어느 활동보다 많은 시간을 차지하며 우리의 자아 형성에 상당한 역할을 하는 우리 삶의 한 영역이 전반적으로 의미와 목적 없이 공허해진다.

나누어진 삶에 대한 이러한 그림은 비즈니스의 도덕적 맥락의 또 다른 중심 주제인 소명에 주의를 기울이게 한다. 소명(vocation)이라는 말은 요청, 초청, 또는 부름을 뜻하는 라틴어 vocatio에서 나왔다. 유대-기독교 전통에서는, 우주의 창조주 하나님은 또한 각 사람을 구속 받은 삶으로 부를 뿐만 아니라, 사업가, 의사, 전업 주부, 목사, 교육자, 학생 등과 같은 특정 직업 안에서의 서비스의 삶으로도 부른다. 우리가 이 사실을 깨닫든 깨닫지 못하든, 하나님은 사제, 목사, 선교사뿐만 아니라, 우리 모두를 하나님에 의해 주어진 각자의 은사와 재능에 따라 특정한 과업으로 부른다. 신학자 맥스 스택하우스(Max Stackhouse)는 소명이라는 개념을 다음과 같이 묘사한다.

> 소명은 "왜 나인가요?"라는 질문에 대한 대답이다. 모든 사람은 하나님으로부터 소명을 받지만, 이를 따를 수도 있고 무시할 수도 있다. 아브라함과 사라의 부름에서 선지자들과 사도들의 부름을 거쳐 가톨릭 수도사들의 전통에 담긴 심원한 종교적 소명감과 종교 개혁의 모든 신자들의 제사장 의식에 이르기까지, 우리 모두는 하나님에 의해 목적을 가지고 이 세상에 보내졌으며 하나님의 경제 안의 모든 삶을 섬기도록 부름 받았다는 아이디어는 심원하고 예리한 통찰력이다. 이는 우리 모두는 하나님의 형상대로 지음 받았고, 우리 각자는 하나님의 목적을 성취함에 있어서 일익을 담당한다는 신념을 포함한다."[9]

하나님의 부름은 개인들에 대해서 뿐만이 아니고, 스택하우스가 강조하듯이, 제도와 조직들에게도 해당된다. 그는 이렇게 기록한다. "학교 및 대학, 법원과 병원, 박물관과 리서치 기관, 제조업체와 노동조합, 교회와 입법 기관들은 모두 독특한 소명을 가지고 있다. 이들은 인간의, 그리고 인간을 위해 특정 기능을 수행하라고 부름 받았으며, 이들은 이 소명을 뛰어나게, 그리고 뚜렷한 목적을 가지고 수행해야 한다."[10] 그렇다면, 하나님의 요청은 개인들에게뿐만 아니라 공공 및 민간 기관들에게도 적용된다. 내가 잠시 후에 보여주기를 희망하는 바와 같이, 이 견해는 비즈니스에 중대한 함의가 있다.

그렇다면, 소명 또는 부름이라는 아이디어는 성경의 드라마에 묘사된 하나님의 목적과 우리의 실제 경제생활을 연결해 주는 것이라는 점을 이해할 필요가 있다. 소명은 우리의 신앙과 일을 통합시킴으로써 나누어진 삶을 극복할 수 있게 해 준다. 소명은 또한 우리가 땅과 노동에 대한 청지기 직분과 다른 사람들을 돌볼 책임을 수행하는 수단을 표현하기도 한다. 실로, 우리의 소명은 기도의 한 형태, 즉 우리가 일상의 삶에서 하나님에게 영예를 돌리는 방식이다. 세속주의자들은 우리에게 신앙은 엄격하게 사적인 문제이며, 따라서 우리가 경제 또는 공동체 삶의 다른 측면들의 참여자로서 자신이나 기업을 어떻게 보는가에 대한 공적인 개념과는 관련이 없다고 믿게 하려고 하겠지만, 이처럼 일의 도덕적, 영적 의미를 부인하면 죽도 밥도 아니게 될 것이다.

아리스토텔레스에 의해 표현된 그리스의 전통이 경제에 대한 유대-기독교적 비전과 비즈니스의 도덕적 맥락 이해에 대해 하나의 보완적 대안이 될 수 있다. 아리스토텔레스는 "모든 예술과 모든 질문, 그리고 모든 행동과 추구는 다소의 선을 겨냥한 것으로 생각된다. 그리고 이 이유로 선은 모든 사물이 겨냥하는 바라고 선언되어 왔다."는 입장을 견지했다.[11] 아리스토텔레스는 인간을 위한 궁극적인 선을 행복으로 파악했는데, 행복은 지적, 도덕적 미덕에 따라 사는 삶으로 정의했다. 그는 그러한 삶이 인간의 최고의 탁월함을 보여준다고 믿었기 때문에 이런 견해를 채택했다. 그는 합리적이고 사회적인 존재로서의 우리의 자연적인 잠재력을 완전히 실현시키는 삶을 사는 것보다 인간에게 더 큰 목적은 있을 수 없다고 주장했다. 완벽한 미덕에 따라 살면, 그러한 삶이 행복의 의미이다. 이런 삶은 그 자체의 목적과 정당성이 있다. 반면에, 아리스토텔레스가 "일반적인 사람들"은 행복을 쾌락 및 부(富)와 동일시함을 인정하기는 하지만, 부는 우리의 행복을 정의해 줄 수 없다. 그러나 그는 "천박한 유형"의 사람이 있다고 말한다. 부는 그 자체가 목적이 될 수 없다. 우리는 부 자체를 위해 부를 원하지 않는다. 부는 하나의 수단, 즉 개인과 사회 모두의 올곧은 삶의 추구를 뒷받침하기 위한 수단으로 여겨져야 한다. 어떤 경제활동이든, 고결하게(virtuously) 수행되어야 하고 탁월한 품질의 재화를 산출해야 한다. 따라서 성과와 상품은 탁월함으로 특징지워진다. 상품은 그 기능에 완벽하게 부합할 때 탁월하다. 예를 들어, 구두장이는 가능한 최고의 기능을 수행하는 구두를 만들 때 도덕적이다. 건축가, 목수는 물리적 안전과 가족의 안락함이라는 기능을 가능한 최고로 수행하는 건물을 지을 때 자기 일을 잘 수행하는 것이다. 이것이 그의 탁월함이고 건축가로서의 그의 미덕이다. 여기에서 고려되고 있는 목적은 구두장이나 건축가의 경제적 이익과 관련이 있는 것이 아니라, 모든 사람의 유익과 도덕적인 삶을 위한 것이다. 구두장이나 건축가가 도덕적으로 덕이 있는 삶을 사는 것은 우리 모두가 추구하는 행복의 전제 조건이다.

아리스토텔레스의 전통에서는, 비즈니스의 도덕적 맥락은 인간의 본성 및 합리적이고 사회적인 존재로서의 우리의 역량과 성향과 관련하여 검토된다. 삶에서의 우리의 기능은 합리적이고 사회적인 존재로서의 우리의 가능성을 극대화하고, 지적이고 도덕적인 미덕에 의해 결정되는 탁월한 삶을 사는 것이다. 비즈니스 활동이 구두를 만드는 것이든, 집을 짓는 것이든, 배를 건조하는 것이든, 또는 땅을 경작하는 것이든, 비즈니스의 목적과 의미는 그러한 풍성한 삶을 강화하는 것이다. 기능공, 농부, 상인 및 선장들은 인간의 영혼의 가장 높은 활동, 곧 정신의 세계를 추구하지는 않을지라도 자신의 일을 탁월하게 한다는 점에서는 덕이 있는 삶을 공유하며 이를 통해 인간으로서의 자신의 잠재력을 실현한다.

이들을 취합해 보면, 비즈니스의 도덕적 맥락에 대한 기독교적 이해가 그리스 전통에 의해 보충되면, 사회 따라서 비즈니스에 대한 우리의 개인주의적인 사고에 대한 근본적인 대안을 제공한다. 유대–기독교 전통과 그리스 전통에서는, 인간은 성경 이야기가 계시하듯이 하나님에 의해 창조되었거나, 그리스인들이 생각했던 바와 같이 본성상 공동체적인 존재이다. 그러므로 다른 사람들과 우리의 관계는 현대의 많은 세속적 사상가들이 믿는 바와 같이 주로 계약적인 관계가 아니다. 즉, 다른 사람들에 대한 우리의 의무는 혼전의 약속이 결혼 관계의 모든 것을 좌우할 수 없듯이, 다른 사람들과 맺는 공식적인 계약(contract)에 한정되지 않는다. 그보다 우리는 서로에게 책임을 지는 공동체 안에서 본성과 언약(covenant)에 의해 무한한 방식으로 주고받으면서 서로 연결되어 있다. 개인으로서건 기업으로서건, 우리는 상호 책임이라는 관계 안에 있다. 이것이 바로 성경의 언약이라는 말의 의미인데, 이는 부담이라기보다는 "인간의 의지를 하나님의 정의와… 우리의 이웃들에게 연결시켜주는" 하나님의 선물로 인식된다.[12]

그렇다면 비즈니스의 도덕적 맥락에 대한 이러한 이해가 비즈니스의 목적, 기업의 윤리적 자기 이해 및 바람직한 기업 문화에 대해 우리에게 무엇을 말해 주는가? 달리 말해서, 조직과 기업 모두의 입장에서 기업의 도덕적 삶의 특징은 무엇이어야 하는가? 이제 도덕적, 종교적 입장에서 기업의 목적은 개인을 위해서건 주주를 위해서건, 이익 극대화로 축소될 수 없다는 점이 명확할 것이다. 하나님은 우리의 최종적이고 영속적인 선이며, 이 사실이 인정되든 인정되지 않든, 이 기쁜 사실이 비즈니스를 포함한 인간의 모든 활동에 적용된다. 기업은 이 세상에 대한 하나님의 다스림에 속하는 기관으로서, 이에 의해 인간이 우리 모두의 복지를 위해 피조물에 대한 좋은 청지기가 되고 서로를 돌보라고 준 기관이다. 비즈니스의 소명은 이 청지기 직분에 참여하여 그 과업을 탁월하게 수행하는 것이다. 이 일을 계속 수행하기 위해서는 이익이 필요하지만, 이익이 최우선이 아니며 최우선이 되어서도 안 된다. 이익은 당면 과제를 수행하기 위해 필요한 조건일 뿐이다. 기업의 도덕적 우선순위는 오늘날 우리가 흔히 상품과 서비스의 생산이라고 부르는 것이고 앞으로도 그럴 테지만, 아무 상품이나 서비스라도 무방한 것은 아니다.

유대-기독교적 시각에서 볼 때, 우리가 생산하는 상품과 서비스는 성경 이야기에 묘사된 바와 같이 땅, 우리의 노동, 우리의 부, 그리고 우리의 이웃에 대한 적절한 청지기 직분 및 돌봄을 반영해야 한다. 그러므로 대기업이든 중소기업이든, 모든 기업은 직원들 및 일반 대중에게 자신의 활동이 어떻게 공동선에 기여하는지 보여줄 수 있는 명확한 사명 의식이 있어야 한다. 그러한 사명 선언서는 종교적 언어를 띨 필요는 없다. 실로 사명 선언서는 일반적으로 종교적 언어를 띠지 않겠지만, 회사 또는 기업이 비즈니스의 목적에 대한 깊은 공동체적 이해의 원천으로부터 자신의 목적을 이끌어 낸다는 데에는 의문이 없다.

이처럼 도덕적이고 종교적인 목적의식을 가지고 있는 기업은 자신의 과제를 윤리적인 방식으로 달성하고자 할 것이다. 그런 기업은 PR 목적에서가 아니라, 윤리 강령이 조직의 올곧음과 모든 직원들과 경영진에게 기대하는 바를 반영하기 때문에 높은 수준의 윤리 강령을 지니게 될 것이다. 더욱이, 도덕적이고 종교적인 목적에 의해 뒷받침되는 기업은 개방성, 정직성, 직원들을 포함한 모든 이해관계자들에 대한 존중, 그리고 사회적 책임과, 인류를 묶어 주는 언약에 대한 강한 헌신에 의해 특징지어지는 기업 문화를 만들고 이를 유지할 것이다. 기업 문화는 또한 재능이 떨어지는 사람을 솎아내기 위한 수단으로가 아니라 모든 사람이 일을 탁월하게 하고 공동의 선을 위해 해야 한다는 의무로서 조직 구성원들에게 높은 기대를 권장할 것이다. 다른 사람들보다 효율적이고 효과적으로 일을 할 역량이 있는 직원들도 있겠지만, 아무도 대충대충하거나 무관심한 태도로 일을 하거나, 다른 사람의 복지에 대해 무시하도록 허용되어서는 안 된다. 이러한 태만은 기업의 사명에 대한 위반일 뿐만 아니라, 우리의 은사와 재능을 포함하여 우리가 가진 모든 것에 대해 좋은 청지기가 되어야 한다는 신적 소명에 대한 불성실이기도 하다. 이제 비즈니스에서 미덕의 위치라는 마지막 주제에 대해 말하고자 한다. 덕이 있는 사람은 착하고 올바른 성품을 가진 사람, 옳은 일을 올바른 방식으로, 올바른 정신을 가지고, 적절한 목적으로 할 수 있는 이해력과 확신을 가진 사람, 그리고 편리할 때만이 아니라 언제나 이를 성실하게 수행하는 사람이다.

미덕 전통에서는 용기, 절제, 신중과 정의는 가장 높은 도덕적 미덕들이며, 믿음, 소망, 그리고 사랑은 가장 높은 영적 미덕들이다. 비즈니스 및 일터에 있는 사람들에게 활동이 다르면 요구되는 미덕도 다르겠지만, 어떤 미덕이 요구되는지는 가장 높은 도덕적 미덕들로부터 추론될 수 있다. 예를 들어, 회계사에게 요구되는 정직성은 정의의 한 종류이고, 농부나 제조업자에게 요구되는 기업가 정신은 용기의 표현이며, 매니저의 분별력은 신중함의 일종이고, 고객의 욕망에 편승해 이들을 편취하기를 거절하는 것은 일종의 절제의 표현이다.[13] 이러한 미덕들은 어떻게 개발되는가? 이러한 미덕들은 공동의 선에 헌신된 특정 공동체의 유대 안에서 개발된다. 예를 들어, 회계사들이 덕이 있으려면, 즉 정직하려면, 자신의 일에서 도덕적으로 정직하게 일을 수행하고 있음을 보여주는 전문가들인 회계사들의 공동체 안에서 그러한 성품을 가장 잘 개발할 수 있다.

윤리의 미덕 전통은 의심할 나위 없이 개인들에게 적용되지만, 기업 자체가 덕을 갖춘다는 일에 대해 의미 있게 말하는 것이 가능한가? 즉, 특정 회사가 일을 윤리적인 방식으로 처리한다고 말하는 것은 일리가 있지만, 회사나 기업이 덕이 있다고 말할 수도 있는가? 나는 그럴 수 있다고 믿는다. 어떤 사람이나 기업의 윤리적 행위에 대해 말할 때, 우리는 주로 특정한 종류의 행동, 즉 도덕법의 명령에 합치하는 행동을 일컫는 것이다. 그것은 우리가 해야 할 일 또는 하지 말아야 할 일이다. 또는 보다 정확하게 말하자면 책임 있는 주체로서 하는 일 또는 하지 않는 일이다. 이는 행동으로서의 윤리적 행동은 도덕적 삶의 바깥쪽을 나타냄을 시사한다. 이에 반해 미덕은 주로 옳고 선한 행동 또는 그 반대의 행동을 낳는 품성인 도덕적 삶의 내적인 측면을 일컫는다. 이에 대해 예수는 다음과 같이 말한 바 있다 "마음에서 악의, 살인, 간음, 음란, 절도, 거짓 증거, 비방이 나온다"(마태복음 15:19).

기업이 마음에 해당하는 것을 가지고 있는가? 우리는 종종 어느 조직 또는 기관의 "영혼(soul)"에 대해 말하는데, 이 표현이 의미하는 바는 기업 내부에 있는 기업의 성품의 특성과 질이다. 도덕과 관련된 기업 내부의 상황은 주로 기업 문화와 운영 정책에 의해 정의된다. 덕이 있는 회사 또는 기업의 경우, 탁월함과 공동선을 추구하려는 열망에 의해 견인되는 사명의 공유를 통해, 모든 이해관계자에 대한 헌신과 인류와의 묵시적 언약에 대한 헌신을 통해, 그리고 조직 전체에 흐르는 도덕적 기조의 존재에 의해 그 문화가 드러날 것이다. 이러한 기업의 정책들은 이 회사의 공식적인 삶을 지시하는 감독상의 가이드라인을 통해 기업 문화의 질을 반영 및 강화할 것이다.

참으로 윤리적인 기업은 내면적으로 덕이 있으며, 외부적으로 덕이 있고 올바른 일들을 실천할 것이다. 예수가 설명한 바와 같이 외부와 내부는 밀접하게 연결되어 있다. 그러나 기업의 실무자들에게나 비즈니스 윤리를 공부하는 학생들 모두에게 있어서 미덕의 존재와 옳은 행동의 실천은 신학적 또는 형이상학적 진공 속에서 일어나지도 않고, 일어날 수도 없다. 마찬가지로, 비즈니스 윤리 프로그램이 그 목적을 달성하려면, 진공 속에서 존재할 수 없다. 학생들은 도덕적 딜레마들에 분석적 기술을 연마하거나, 도덕적 딜레마에 대한 사례 연구를 사용하는 일종의 "도덕적 추론" 방법을 통해 도덕적 딜레마를 인식하는 데 보다 더 능숙해질 수 있다. 그러나 비즈니스의 도덕적 맥락에 대한 이해 없이는 비즈니스를 땅에 대한 우리의 청지기 직분과 이웃에 대한 관심의 일부로 보거나, 비즈니스에서 도덕적 삶의 성격과 정당화에 대해 이해하려는 설득력 있는 토대를 가지지 못할 것이다.

토론 문제

1. 경영 대학들이 학생들에게 향후에 직장에서 직면하게 될 윤리적 도전들에 대해 잘 준비시키지 못하고 있다는 쉬멜테코프의 말에 동의하는가? 왜 그렇게 생각하는가?

2. 쉬멜테코프는 유대-기독교 전통에 따른 비즈니스의 의미와 목적이 무엇이라고 생각하는가? 아리스토텔레스의 전통에 따를 때의 의미와 목적은 무엇이라고 생각하는가?

3. 쉬멜테코프는 덕이 있는 비즈니스라는 말을 무슨 뜻으로 사용하는가?

Notes ————

1. "이 조사는 회사에 대한 불신이 널리 퍼져 있음을 보여준다." (2002년 9월, Search Archive index, Calendar Directory), 1쪽.

2. Thomas R. Piper, Mary C. Gentle, 그리고 Sharon Daloz Parks, Can Ethics Be Taught? (Boston: Harvard Business School, 1993), 2쪽.

3. New York Times (2003년 5월 20일), C3면.

4. Piper 등, 위의 책 11쪽.

5. 위의 책 3-5쪽.

6. 크리스천들은 성경의 이야기 전체를 받아들이기 때문에, 내가 개괄하는 신학적/형이상학적 토대에 끌릴 것이다. 다른 종교를 믿는 사람들 중 예컨대 유대인들 및 이슬람교인들과 같이 성경의 서사의 일부를 내가 묘사한 것과 같이 믿는 사람

도 있을 수 있으며, 예컨대, 힌두교 신자, 불교 신자 및 종교가 없는 사람들과 같이 이를 거의 믿지 않거나 전혀 믿지 않는 사람도 있을 것이다. 그럼에도 불구하고, 크리스천이 아닌 사람들도 다른 근거에서 비즈니스 활동에 대해 이와 동일하거나 유사한 신학적/형이상학적 토대를 지지할 수도 있다. 나는 이 논문에서 다른 근거들을 탐구하지는 않겠지만, 종교 전통들을 연결시키는 다양한 가교들을 찾는 일의 중요성을 인식하고 있다.

7. On Moral Business, ed. Max L. Stackhouse, Dennis P. McCann과 Shirley J. Roels, Preston N. Williams(grand Rapids: Eerdmans Publishing Co., 1995), 38-45쪽에 나오는George N. Monsma, Jr., "Biblical Principles Important for Economic Theory and Practice."

8. Helen J. Alford & Michael J. Naughton, Managing as if Faith Mattered (Norte Dame: University of Norte Dame Press, 2001), 7쪽 이하.

9. Max L. Stackhouse, Public Theology and Political Economy (Grand Rapids: Eerdmans Publishing Co., 1987), 24쪽.

10. 위의 책 25쪽.

11. Richard McKeon이 편집한 The Basic Works of Aristotle (New York: Random House, 1966), 935쪽의 Aristotle, Nicomachean Ethics.

12. Stackhouse, 위의 책 26쪽.

13. Alford & Naughton, 위의 책 88-94쪽.

사례 연구

BEYOND INTEGRITY

사례 1.1: 비밀 유지

어느 주요 항공기 제조업체의 책임자들이 상당수의 직원들이 수 주일 안에 정리 해고 통지를 받게 될 것이라고 발표한 뒤에 직원들 사이에서는 소용돌이가 일고 있었다. 경기 침체로 상업용 비행기 주문이 크게 줄어들어 이 회사는 감원할 수밖에 없었다.

일정 수의 직원들이 정리 해고된다는 것은 알려졌지만, 해고 통보를 받을 직원들의 명단은 엄격한 비밀로 유지되었다. 최초의 발표 이후, 많은 직원들은 불안감에 다른 일자리를 알아보고 있었다. 하지만 경제 상황이 좋지 않다 보니 일자리를 구하기가 어려웠다.

실제 감원 통보일(3주 뒤)까지는 소수의 최고위급 임원, 인사 부서의 일부 직원, 그리고 "그룹 매니저들"만이 정리 해고 대상자들의 명단을 알고 있어야 했다. 영향을 받게 될 부서의 그룹 매니저로서, 당신은 해고 대상자 명단을 알고 있는 사람 중 한 명이다. 해고가 발표되고 나면, 직원들은 대략 4주에서 6주 안에 자신의 임무를 마치고 다른 일자리를 찾아야 한다.

회사는 정리 해고에 관한 한 엄격한 비밀 유지 정책을 가지고 있다. 과거에 해고 대상자 명단이 일찍 새어 나가자 일부 직원들이 다른 일자리를 찾아 서둘러 퇴사하는 바람에 회사가 휘청거린 적이 있었다. 일부 직원들은 "앙갚음"하기 위해 최후의 몇 주 동안 회사 장비와 컴퓨터들을 파괴하기까지 했다.

일반적으로 비밀을 유지하라는 계약상의 의무는 문제가 되지 않는다. 그러나 현재 당신의 상황은 다르다. 당신은 부하 직원인 존이 해고 대상자 명단에 들어 있는 것을 보고서 다소 당혹하고 있으며, 그에게 미리 알려 줄 수 있기를 희망하고 있다.

존은 컴퓨터 시스템 애널리스트로서 이 회사에서 7년간 재직 중이다. 그가 현재 수행하고 있는 프로젝트에서 그가 맡고 있는 분야 및 그의 전문성은 회사에 매우 중요하다. 만약 존이 과제를 마치지 않고 일찍 퇴사하면, 당신의 부서는 이 프로젝트를 제때 마치기가 매우 힘들 것이다. 주요 항공사 중 하나인 특정 고객사의 임원이 프로젝트의 전 단계가 지연된 데 대해 이미 화가 나 있는 상황이라서, 이 프로젝트가 상당히 지연되면 이 고객과의 장래 항공기 판매 계약이 위험에 처하게 될 수도 있다.

당신은 존과 가까운 친구가 되었다. 이는 부분적으로는 그가 당신처럼 30대 중반이고 결혼해서 3명의 자녀를 두고 있는 데 기인했다. 당신과 그의 딸들은 같은 축구 팀에서 활동하고 있고, 당신의 가족들도 자주 만난다.

존과 그의 아내 매기는 곧 넷째 아이를 낳게 될 것이다. 어느 날 저녁에 있었던 축구 시합에서 존은 당신에게 다른 회사에서 일자리를 제의 받았다고 얘기한다. "상황이 전과 동일하다면 나는 지금 있는 곳에 머무르겠네. 보수와 교통이 이곳이 낫거든. 곧 해고 대상자가 발표되리라는 것을 아니까 시간을 좀 달라고 했지만, 그들은 지금 그 자리를 채워야 한다는 거야. 1주일 안에 대답해 줘야 하는데, 자네는 내가 그들의 제의를 받아들여야 한다고 생각하나?" 그는 윙크를 하면서 이렇게 물어본다.

지위(그리고 고용 계약) 때문에 요구되는 비밀 유지의 수준을 이해하는 당신은 침묵을 지킨다. 존은 이렇게 대답한다. "자네가 해고에 대해 직접적으로 말할 수 없다는 것을 아네. 하지만 자네의 '무응답'이 희소식이라고 믿어도 되겠지? 지난 몇 년간의 우리 사이를 돌이켜 볼 때 만일 그 반대의 경우라면 최소한 우회적으로라도 경고해 줄 수 있지 않겠나? 게다가 내게 다소의 언질을 준다고 해도 해보다는 득이 훨씬 많을 걸세. 자네가 내게 알려준다 해도 아무도 피해를 입지 않을 것이네. 그런데 자네가 내게 말을 해 주지 않을 경우 내가 잃을 것을 생각해 보게."

토론 문제

1. 당신은 해고에 대한 존의 질문에 대해 어떻게 대응하겠는가? 그 이유는 무엇인가?

2. 당신은 비밀 유지와 친구에 대한 신의 사이에서 선택해야만 하는가? 당신의 대답에 대해 설명하라.

사례 연구
BEYOND INTEGRITY

사례 1.2:
보상할 것인가 외면할 것인가?

내 이름은 댄이다. 나를 아는 사람들은 종종 내가 "상습적인 창업가"라고 놀린다. 나는 30대 후반인데, 이미 4개의 신설 법인에 관여했다. 이 중 3개는 성공적으로 성장해서 큰 회사들에 팔렸고 나(와 몇 명의 비즈니스 파트너들)는 꿈조차 꾸지 못했던 수준의 재정적 자유를 이뤄냈다.

나는 일하는 동안 내 신앙을 동기 부여와 도덕적 지침의 원천이 되게 하려고 노력했다. 예를 들어, 내게 그렇게 할 권한이 있다면 "사회의 변두리 계층"에서 직원을 고용하는 리스크를 감수했다. 그들은 종종 매우 책임감이 높은 직원임이 판명되곤 했다. 부분적으로는 내가 창업을 도왔던 기업에서 꾸준히 고용된 데 힘입어 그들의 삶이 바뀌는 것에 나는 큰 만족을 느끼고 있다. 나는 또한 급여를 후하게 주고, 도전적인 일을 만들어 내며, (건강, 재활용 등) 보다 직접적으로 사회에 유익이 되는 상품을 만들거나 서비스를 제공하는 사업에 들어가려 노력해 왔다.

내가 창업을 도왔던 대부분의 조직들은 성공적이었지만, 나는 대부분의 창업가들과 마찬가지로 실패를 통해 큰 교훈을 얻었다. 내가 창업을 도와주었던 기업들 중 하나가 2년 전에 문을 닫았다. 경기가 갑작스럽게 침체되자, 우리의 비즈니스 아이디어가 통하지 않게 되었고 이를 되돌리기 위해 시간과 돈을 더 쏟는 것은 낭비일 뿐이라는 것이 분명해졌다. 그래서 우리(와 주요 투자자들)는 사업을 접기로 결정했다. 이 모든 경험은 나를 겸손해지게 했고, 사업 실패로 손해를 본 사람들에게 어디까지 해 줘야 할지에 대해 생각하게 했다.

내 파트너들과 나는 이 사업에 수백만 달러를 투자했으며 다른 투자자들(대부분 2개의 벤처 캐피탈 회사들과 약간의 개인들)로부터 추가로 3백만 달러를 조달했다. 우리가 문을 닫기로 결정했을 때, 지급해야 할 상당한 액수의 청구서가 남아 있었다. 예를 들어, 우리는 공급자들, 최근에 설비를 리모델링했던 건설회사, 그리고 여러 빌딩 소유자들(임차 계약을 조기에 종료하려면 잔여기간의 임차료를 지불해야 했다)에게 줄 돈이 있었다.

문을 닫은 지 거의 1년 뒤에 우리는 파산 절차에 들어갔다. 우리는 이 기업을 유한 책임 회사로 세웠기 때문에, 법원은 회사의 잔여 자산을 채권자들에게 분배했다. 최종적으로, 채권자들은 약 25%를 변제 받았다. 이 금액은 "그들에게 온전히 보상해 줄" 금액에는 크게 미치지 못했지만, 다른 사업체들 중 하나가 파산 절차에서 채권자로 있을 때 받았던 10%에 비하면 훨씬 나은 것이었다.

파산 절차가 개시된 이후, 개인 투자자들 중 한 명과 우리 회사와 계약을 맺고 있던 회사의 소유자가 내게 개인적으로 접촉해서 이 실패한 사업으로 자신들이 얼마나 큰 피해를 입었는지에 대해 얘기했다. 그 계약자는 몇 명의 직원들을 정리 해고해야 했으며 낡은 설비와 차량들을 대체할 추가 자금 투입(우리가 전액을 지불했더라면 그 돈을 보유했을 것이다)이 없다면 자기의 회사도 곧 파산할지 모른다고 했다. 그들은 모두 내가 그들에게 보상해 줄 충분한 개인 재산이 있는데도 법이 내가 개인적으로 책임지지 않도록 허용하는 것에 관하여 얼마나 불만인지 말했다(이렇게 온화한 표현을 쓰지는 않았지만 말이다).

나의 파트너들과 이 문제에 대해 상의를 했더니 우리는 잘못한 것이 전혀 없으며 "슬픔에 잠긴 패자들"을 무시해야 한다고 말했다. 한 파트너는 그 투자자와 계약자는 해당 사업과 관련된 리스크를 이해할 만한 충분한 경험이 있으며, 다른 자산들은 문제의 회사 파산과 아무 관련이 없다고 말했다. 다른 파트너는 파산법과 유한 책임은 리스크 감수와 혁신 그리고 이를 통한 경제 성장을 고취함으로써 사회 전체에 도움이 된다고 믿고 있다. 그는 만일 기업의 소유주들이 항상 다른 자산들에 대해서도 책임을 져야 한다면, 창업과 관련된 리스크를 감수하려는 사람들이 훨씬 적어질 거라고 했다.

나는 내 파트너들의 말이 옳은지 모르겠다. 내가 물어줄 충분한 재산이 있는 걸 아는

데도 배상해 주지 않고서 마음 편하게 지낼 수 있을 것인가? 그렇게 할 경우 나는 그저 변명만 하고 "법 뒤에 숨는" 것일까?

내가 처음에 말한 바와 같이 신앙과 일을 통합하려고 노력하지 않았더라면, 이는 전혀 딜레마가 아닐 것이다. 성경을 찾아보면 사람들에게 진실을 말하고(출애굽기 20:16), 빚을 갚고(시편 37:21, 로마서 13:8) (비록 우연하게라도) 다른 사람에게 피해를 입히면 이를 보상하고(출애굽기 22장), 좋은 평판을 유지하라(사도행전 6:3)고 지시하는 많은 구절들을 만날 수 있다.

그러나 나는 성경은 매우 오래 전에 우리의 상황과는 다른 맥락에서 쓰여졌기 때문에, 모든 것이 문자적으로 적용되어서는 안 된다는 것을 잘 안다. 예를 들어 성경은 돈을 빌려 줄 때 이자를 받는 것을 금지하지만, 당시의 맥락은 지금과는 아주 달랐다. 당시에는 일반적으로 어려움에 처한 친족에게 돈을 빌려 주었다. 이자를 받는 것은 그들에게 추가적인 압박이 될 터였다. 구약 성경의 이자 금지 율법을 현대에 문자적으로 적용하면 자본주의에 대한 노골적인 저주가 될 것이다. 그런데, 오늘날의 대출, 특히 기업에 대한 대출은 생산적인 자산에 투입되므로, 공정한 이자 부과(및 이에 의한 책임 있는 자본주의)가 정당화되는 듯하다. (물론 내 마음 한 구석에서는 더 이상 지급하지 않으려 하고 있지만)나는 쉬운 길을 택하려는 것이 아니고, 단순한 농업 경제 시대에 쓰여졌던 구절들이 현대의 복잡한 경제에도 적용되는지 알고 싶다. 오늘날의 경제적 거래들은 훨씬 덜 개인적이며, 행동을 지배하는 법률들도 더 많다.

우리는 모든 리스크들을 공개했고, 성실하게 사업을 운영했으므로, 나는 투자자들에게는 상환해 주지 않는 쪽에 더 마음이 쏠리고 있다. 그러나 (우리의 과거의 성공에 기초해서 우리를 위해 일했던) 계약자와 받아야 할 금액을 다 받지 못한 다른 사람들 중 일부에게는 다르게 생각하고 있다.

토론 문제

1. 당신은 내게 어떻게 조언하겠는가? 나는 내 다른 재산으로 피해를 입은 사람들에게 배상해야 하는가? 아니면 사업을 하다 보면 으레 그런 일도 일어나려니 하고 편하게 생각해야 하는가?
2. 이 상황에서 나는 성경의 지시를 어떻게 올바르게 적용할 수 있는가?

사례 1.3:
불법 체류자 해고

당신은 부엌 리모델링에 필요한 상품을 만드는 (주로 부엌 캐비닛과 조리대를 제조 및 설치하는) 작은 회사의 사장이다. 당신은 최근에 한 경쟁 회사를 매입했는데, 이 거래를 완료하기 전의 실사 과정에서 회사의 장기근속자 중 일부가 불법 체류자들임을 알게 되었다. 사실, 이들 중 일부는 그 회사 설립 때부터 재직해 왔다. 당신이 그들을 고용한 것은 아니고, 인수 대상 회사 매입 시 그들을 물려받은 것이다. 이 거래가 완료되고 나서 당신은 그들이 최고의 직원들 중 일부라는 것을 알게 되었다. 그들은 불평 없이 장시간 열심히 일하며, 어떤 일이라도 기꺼이 하려 한다. 당신은 또한 그들 모두 이 나라에서 태어나서 자동으로 미국 시민이 된 아이들을 포함한 가족이 있다는 것을 알게 되었다. 당신은 이들을 출신 국가로 돌려보낼 경우, 반드시 그런 것은 아니지만 가족들을 떼어놓게 될 수도 있다는 것도 알게 된다. 그들은 불법적으로 입국했기 때문에 사회보장 번호가 없으며, 그 결과 그들에게 현금으로 지급하고 세금이나 사회보장 비용을 유보하지 않고 있음도 알게 되었다. 당신은 이는 합법적으로 이 나라에 들어와서 정규적으로 세금을 내는 다른 직원들에게 불공정하다는 생각이 들었다. 당신은 또한 이런 식으로 급여를 지급할 때마다 법률을 위반하는 것이며, 그들을 고용하고 있는 한, 뭔가 불법을 저지르고 있다는 것도 안다. 당신이 그들에게 그들의 이민 상태에 관한 문서를 요구할 경우, 그들은 이를 제출하지 못할 것이다. 그리고 만일 제출되는 경우가 있다면, 이는 허위 서류일 것이라는 점이 명확하다.

토론 문제

1. 당신은 불법 체류 중인 외국인 노동자들에게 어떻게 하겠는가? 그들을 내보내서 그들의 가족을 빈곤에 빠뜨리는 것이 옳은가? 아니면 그들의 고용을 유지하면서 그들의 이민 상태에 대해 다른 길을 찾아보겠는가?

2. 당신이 불법 체류자인 직원들에게 급여를 지급하는 방식에 의해, 즉 세금을 원천 징수하지 않음으로써 만들어진 불균형에 대해서는 어떻게 생각하는가? 이것이 불

공정한가? 아니면 그들이 퇴직할 때 사회보장을 받을 수 없을 테니 사회보장 비용을 내지 않는 것을 수용할 수 있는가?

3. 당신은 그들을 내보낼 뿐만 아니라 이민 당국에 신고할 의무도 있다고 생각하는가? 왜 그렇게 생각하는가?

논평

윤리적 의사 결정은 복잡한 일이다. 데이비드 길이 기업 윤리에 대한 저명한 리더십 저자 존 맥스웰의 견해가 단순하다고 비판하는 것은 옳은 지적이다. 황금률 이외에도 고려해야 할 많은 원칙과 미덕이 있을 뿐만 아니라, 이 요소들의 적용이 언제나 명확한 것도 아니다. 합법적인 회색 지대들이 있고 무엇이 옳은 일인지 다소 모호한, 진정한 윤리적 딜레마의 한가운데 서 있는 경우에 직면할 수 있다. 확실히 보다 더 명쾌한 결정들도 있다. 우리는 이를 "유혹"이라 부르는데, 이는 자신의 이익과 도덕적 가치 또는 미덕 사이에 갈등이 있는 경우이다. 도덕적 결정이 유혹일 경우, 윤리적 의사 결정은 간단 명확하다는 맥스웰의 말이 옳다. 그러나 도덕적 딜레마들은 자주 발생한다. 실상, 우리가 타락한 세상에서 살고 있음을 감안할 때, 보다 자주 발생하지 않는 것이 놀랍다. 길은 독자들이 도덕적 딜레마에 직면했을 때 이를 인식하도록 도와준다. 우리는 가치 또는 미덕의 충돌에 직면할 때 도덕적 딜레마가 발생한다고 제안하겠다. 즉, 2개 이상의 가치에 주도된 이익들이 충돌할 때 도덕적 딜레마가 발생한다. 특정 시나리오에서 경합하는 이익들 모두를 뒷받침하는 가치 또는 미덕이 없을 경우, 또 다른 종류의 딜레마, 즉 전략적 딜레마 또는 소통의 딜레마에 처하게 된다. 윤리적 의사 결정이 성품의 문제를 포함하도록 넓은 시각을 취하는 길의 견해는 기독교의 강조와 일치한다. 그는 또한 그 안에서 의사 결정이 이루어지게 될 기업 문화의 형성에 대해서 강조하는데, 이 또한 옳은 얘기이다. 이 주제에 대해서는 11장에서 보다 자세히 다룰 것이다.

궁극적으로 조직의 변화 촉진이 목표이기 때문에 도덕적 결정을 실행하는 것이 올바른 선택을 내리는 것만큼이나 중요하다. 도덕적 질문에 직면해 있는 사람이 도덕적으로 높은 기준이라고 믿어지는 바에 따른 결정이 내려지고 나면, 그 실행은 저절로 이뤄진다고 가정할 유혹에 빠지기 쉽다. 하버드 경영 대학원의 조지프 바다라코 교수는

『조용히 인도하기』(Leading Quietly)라는 제목의 도발적인 책에서 도덕적 선택의 실행은 시간, 노력, 기술, 지혜, 조직 차원의 자본 형성, 그리고 제한된 목표들을 해결하려는 의지를 필요로 한다고 주장한다. 도덕적 사안이라 해서 조직 문화를 무시하고 그저 "옳은 일을 하는" 것을 의미하지는 않는다는 것이다. 달리 말하자면, 그는 사람들이 자신이 도덕적인 편에 있다고 믿을 때 흔히 취하는 견해인 "모 아니면 도" 식의 전술이 아니라 도덕적 결정을 실행함에 있어서 **점진적 접근법**을 옹호한다. 그는 리더들이 윤리적 딜레마를 반드시 "극명한 '예-아니오'의 선택이나 기본 원칙들에 대한 불가피한 테스트로 볼 필요는 없다고 제안한다. 차분한 리더들은 자신이 직면해 있는 상황에서 걸려 있는 도덕적 딜레마를 인식하지만, 이 상황에 관해 오로지 윤리적 관점에서 생각하는 것을 넘어서서, 이를 자신의 상상력, 경영 관리 기술, 그리고 어렵고 때로는 위험한 바다를 항해할 수 있는 능력에 대한 도전이라는 다른 관점에서 본다"고 주장한다.[16] 그는 윤리를 "비장의 카드"로 사용하는 것에 저항하는 접근법을 지지하며, "(윤리적 문제들을 포함한) 인간의 중요한 문제들 대부분은 상층부의 누군가가 신속하고 단호한 일회성 조치를 취함으로써 해결되는 것이 아니다"라고 주장한다. 그는 "중요한 것들은 대개 전혀 주목을 받지 않는 곳에서 일하는 사람들에 의한 주의 깊고, 사려 깊으며, 작은 실제적 노력들이다"[17]라고 주장한다. 바다라코에 의하면, 이것이 장기적인 조직의 변화를 가져오는 리더십이다.

도널드 쉬멜테코프는 그의 도덕적 맥락이라는 글에서 추가적으로 윤리적 의사 결정을 위한 기본 토대를 닦는다. 그는 직장에서의 모든 의사 결정을 전략적 의사 결정으로 축소시키는, 사업가들의 "단편화되고 나누어진 삶"의 위험을 올바르게 지적한다. 사람이 자신의 삶을 구획하고 도덕적 부분을 사생활에만 국한시키면, 일터에서의 의사 결정은 단순히 법률과 감독상의 기준 준수 문제가 된다. 쉬멜테코프는 우리가 2장에서, 특히 앨버트 카(Albert Carr)의 논문에서 보다 자세히 보게 될 일터에서의 기독교 윤리에 대한 강력한 도전을 예견한다. 사업가들이 성공적으로 경쟁하려면 자신의 삶을 분리시켜야 한다는 그의 견해에 각별한 주의를 기울여라. 우리의 견해로는 사업가들이 카의 견

---

16) Joseph L. Badaracco Jr., Leading Quietly: Unorthodox Guide to Doing the Right Thing (Cambridge: Harvard Business School Press, 2002) 160쪽.
17) 위의 책 9쪽.

해를 거부하고 의도적으로 가치와 미덕을 일터로 들여 올 때에만 의사 결정에 도덕적 부분이 존재하게 된다. 쉬멜테코프에 의하면, 나누어진 삶은 "한 종류의 기업의 가치와 다른 종류의 기업의 가치 사이에 구분할 근거를 제거한다. 그런 맥락에서는 복권이나 포르노 잡지 판매가 구두 수선이나 컴퓨터 제조와 같이 정당화될 수 있다." 즉, 삶을 나누고 이중적인 도덕을 유지하면, 즉 사생활에서는 도덕을 중시하고 일터에서는 사업을 중시하면 비즈니스를 신성한 소명과 부름으로 보는 우리의 견해를 무색해지게 한다.

쉬멜테코프는 선도적인 경영 대학들의 윤리 교육에 대해 비판적이며, 경영 대학원생들이 MBA를 마쳤을 때 윤리적 도전에 맞설 준비가 되어 있지 않음을 보여주는 통계 수치에 놀라지 않는다. 그는 도덕의 기초가 무시되거나 에누리되어서 사적이고, 개인적인 도덕적 의사 결정으로 이어진다고 생각한다. 쉬멜테코프에 의하면 학생들을 리더십, 가치, 그리고 거버넌스에서 보다 잘 준비시키려는 하버드 대학의 노력마저 미흡한데, 이는 그들이 "노골적으로 신학적이고 형이상학적인 모든 노력들을 피해야 하기" 때문이다. 우리는 그들이 실제로는 그렇게 할 수 없으며, 필연적으로 특정한 세계관에 빠지게 될 것이라고 제안한다. 그러나 가치에 있어서 대학들이 커리큘럼에 의도적으로 어떤 것들을 들여올 수 있는지에 대해 쉬멜테코프는 정확하게 관찰하는데, 커리큘럼에서는 의사 결정이 모델과 절차를 따르는 것으로 축소된다. 그는 비즈니스가 유대-기독교적 도덕에 의해서 이해된 (그리고 그의 견해에 의하자면 아리스토텔레스의 미덕 개념에 의해 보충된) 도덕적 맥락 안에 위치해 있을 때에만 윤리적 의사 결정이 실체와 내용을 가지게 된다고 주장한다.

윤리에서 성경의 사용
크리스천들에게 비즈니스의 윤리적 의사 결정은 성경에 기초한 세계관으로부터 시작된다. 특히 기독교 비즈니스 윤리는 성경에 자신의 성품과 이에 수반하는 도덕적 원칙들을 계시한 하나님으로부터 시작한다. 그러나 성경이 기독교 윤리를 위한 권위 있는 원천임을 인식하는 것과 이를 올바르게 사용하는 것은 전혀 별개이다. 성경의 중심성을 고수한다 해서, 성경의 문맥을 벗어나 복잡한 비즈니스 문제들을 단순하게 다루는 것이 정당화되지는 않는다. 성경이 다소의 비즈니스 관행들을 다루기는 하지만, 이러한 관행들은 경제 시스템이 세계화된 현대 시장 경제와는 매우 다른 고대에 발생했다. 성경을 비즈니스 윤리에 적용하는 것은 복잡하다고 말할 수 있다. 윤리에 대한 성경의 권위에 대해 동의한다 할지라도, 특정 이슈에 대해 성경이 뭐라고 말하는지에 대해서는 동의하지 않을 수 있다. 성경의 가르침이 해당 이슈에 적용되는지, 또는 어떻게 적용되는지에 대해 동의하지 않을 수도 있다. 이는 비즈니스 윤리에 대한 성경의 기여에 대해 회의론을 정당화하려는 것이 아니라, 비즈니스 윤리 이슈를 다룸에 있어서 성경을 적절히 사용하기가 복잡하다는 점을 인정하려는 것이다.

성경은 주로 농업 사회이던 고대의 맥락에서 쓰여졌다. 대부분의 가족들은 작은 마을에서 부족들을 중심으로 살았다. 정부는 대개 왕정 국가였고, 개인들은 자신의 삶을 다스리는 법률에 대해 거의 의견을 낼 수 없었다. 주식 시장, 정교한 금융 상품, 은행 시스템, 그리고 인터넷과 같은 대량 소통 네트워크 같은 것이 없었다. 국제 교역이 존재하기는 했지만, 대부분의 경제 활동은 자급자족 활동이었다. 성경은 경제적 학대, 취약 계층에 대한 착취, 그리고 그로 인한 경제 정의 요구 사례들을 기록한다. 성경의 경제 상황은 오늘날의 상황과 아주 달랐다.[18] 내부자 거래, 인수 합병, 소비자 안전과 같은 복잡한 이슈들은 성경 시대의 사회와는 동떨어진 비교적 새로운 이슈들이기에, 성경에서 이러한 이슈들을 직접적으로 다루리라고 기대하는 것은 비합리적이다. 그러나 성경은 경제 정의, 공정성 및 비즈니스 거래에 있어서의 정직성에 관한 일반 원칙들을 많이 언급하고 있다. 인간의 공동체가 존재하는 한 경제 활동이 있어 왔던 바, 성경은 당대의 경제 부정의를 대담하게 다룬다. 구체적인 이슈들은 확실히 변했지만, 경제생활과 비즈니스 관행을 다루는 성경 윤리에 대해서는 새로운 것이 없다.

성경을 해석하고 이를 현대의 비즈니스에 적용할 때, 성경은 다양한 문학 형식으로 기록되었으며 각각 독특성이 있다는 점을 인식해야 한다.[19] 성경의 많은 부분은 이야기 또는 서사로 쓰여져서 이야기를 말함으로써 요점을 들려준다. 다른 형태로는 시편 및 예언서의 상당 분량과 같은 시가 있는데, 시는 생생한 비유적 언어들을 사용하여 독자

---

18) 성경 시대의 경제생활에 대한 보다 자세한 정보는 Dictionary of New Testament Backgrounds(Downers Grove, IL.: InterVarsity, 2000)에 나오는 Douglas E. Oakman, "Economics of Palestine"; Christopher J. H. Wright, God's People in God's Land: Family, Land and Property in the Old Testament(Grand Rapids: Eerdmans, 1990)을 보라. 이에 대해서는 5장에서 보다 자세히 설명할 것이다.

19) 성서 해석학, 즉 성경 해석 연구, 특히 각각 다른 문학 형태에 대한 이해에 관한 보다 자세한 내용은 Gordon D. Fee와 Douglas Stuart, How to Read the Bible for All Its Worth, 3판, (Grand Rapids: Zondervan, 2003); 그리고 Walt Russell, Playing with Fire: How the Bible Ignites Change in Your Soul(Colorado Springs: NavPress, 2000)을 보라.

들의 합리적 반응뿐만 아니라 감정도 일깨운다. 지혜 문학, 특히 잠언은 기술적으로 정확하기보다는 외우기 쉽도록 짧고 함축적으로 표현한다. 잠언은 간헐적인 예외가 있는 "경험 법칙"으로 의도되었다. 출애굽기에서 신명기에 기록된 모세의 율법은 이스라엘 국가를 세우기 위한 하나님의 법을 기록하며, 이스라엘이 신정 국가이던 시절, 즉 하나님의 법이 자동적으로 그 땅의 법이었던 특별한 시기의 법률 체계로서 기록되었다. 신약 성서의 목회 서신, 또는 서신들은 따뜻한 개인적 언급과 요점을 다루기 위한 설득력 있는 합리적 주장을 사용한다.

성경을 문학 형태의 빛에 비추어 읽는 것 외에도, 성경의 "대주제", 즉 인간에 대한 하나님의 사랑과 신실함, 그리고 인간과 궁극적으로는 모든 피조물을 구속하기 위한 하나님의 사역이라는 렌즈를 통해 성경의 구체적인 부분들을 읽는 것이 매우 중요하다. 이것이 성경의 "큰 그림"이며, 도덕적 원칙과 미덕들은 결코 따로 떨어진 도덕 법규로 의도되지 않았음을 명심할 필요가 있다. 오히려 이 원칙들과 미덕들은 세상을 구속하고 회복하려는 하나님의 사역 이야기와 엮여 있다. 아데니가 우리에게 성경의 큰 이야기 및 도덕적 가치와 미덕들이 어떻게 이 전체적인 이야기로부터 나오는지를 놓치지 말라고 상기시켜 주는 것은 옳은 얘기이다.

성경은 성경 저자들의 의도를 이해하기 위해서 특수한 문화적 맥락 안에서 기록되었다는 점을 깨달아야 한다. 아데니가 성경은 문화적 맥락과 깊이 연결되어 있어서 일부 명령들은 그 원래의 맥락을 이해하지 못하는 한 전혀 의미가 없다고 한 지적은 참으로 옳은 말이다. "[염소] 새끼를 어미젖에 삶지 말라"는 명령에 대한 아데니의 예는 매우 명확한 사례이다. 이 명령은 이스라엘 백성에게 실행이 금지된 가나안의 종교 관행이라는 배경을 모르고서는 이해할 수 없다. 그리고 이와 같은 명령은 이스라엘에 대한 하나님의 전반적인 목적, 즉, 하나님에 대한 집단적 증거를 지니게 될, 도덕적으로 구별되는 공동체를 창조하려는 목적과 분리해서는 이해하기 어렵다. 마찬가지로, 오늘날에는 길들이 포장되어 있고, 샌들을 신고 다니지 않으며, 먼 거리를 자주 걸어 다니지 않기 때문에 서로 발을 씻으라는 명령은 오늘날의 문화에서는 그다지 의미가 없다. 이곳에서도 이 명령을 예수의 전반적인 이야기와 "섬김을 받으려 함이 아니요 오히려 섬기려 함"이라는 그의 사명(마가복음 10:45)에서 떼어내는 것은 근시안적인 처사일 것이다. 인류를 위한 죽음에서 절정을 이룬 예수의 생애에 대한 전반적인 이야기는 섬김의 궁극적인 형태인 바, 이 맥락에서 서로 발을 씻으라는 명령이 주어졌다. 성경에 나오는 많은 명령들이 이 범주에 속한다. 실상, 희년(50년마다 모든 땅을 원 주인에게 돌려줘야 한다고 요구함. 이러한 명령을 오늘날 시행할 경우 부동산 시장에 어떤 결과를 초래할지 생각해 보라)과 같이 명백히 비즈니스 관행에 적용되는 일부 명령들은 주로 농경 사회에서 땅이 개인이 가질 수 있는 주된, 그리고 때로는 유일한 자산이었던 맥락 안에서 이해될 필요가 있다. 이 명령도 땅에 대한 하나님의 궁극적인 소유권과 자기 백성을 돌보는 하나님의 전체적인 사역 이야기라는 배경 하에서 주어졌다.

우리는 성경을 특정 맥락에서 적용하며, 우리의 문화라는 렌즈를 통해서 읽는다는 아데니의 말도 옳다. 사실, 대부분의 사람들은 다른 문화와 접촉하기 전에는 자신의 문화적 틀을 인식하지 않는다. 상대주의처럼 들릴지 몰라도 이는 상대주의가 아니며, 성경을 읽고 적용할 때 어느 누구도 완전히 객관적일 수 없다는 아데니의 말은 옳다. 그렇다고 해서 문화적 편견을 극복하기 위해 최선을 다할 필요가 없음을 의미하지는 않으며, 많은 경우에 문화적 편견을 극복할 수 있다. 성경을 공동체 안에서, 특히 다른 문화 출신의 사람들과 함께 읽으면 편견을 최소화할 수 있다. 그러나 아데니가 절도 금지 및 십계명의 다른 아홉 가지 계명들이 시대를 초월한 원칙이 아니라고 주장한 점은 지나친 것이다. 재산권이 어떻게 간주되는지에 따라 무엇이 절도를 구성하는지는 문화에 따라 달라질 수 있지만, 절도가 어떻게 정의되든 "너는 도둑질하지 말지니라"라는 명령에 의해 절도가 금지되어 있다고 말하는 것이 보다 정확할 것이다.

아데니는 일반 원칙들과 개별적인 관행들을 올바르게 구분한다. 성경에서는, 대부분의 일반 원칙들이 특정 상황에 적용된다. 달리 말하자면, 대부분의 성경 원칙들은 그 위에 "구두 가죽"이 입혀져 있다. 즉, 성경의 원칙들은 해당 문화의 실제 삶 속에 내면화되어 있다. 일반적으로 구체적인 관행은 보다 넓은 도덕적 원칙을 표현한다. 예를 들어, 신약 성경의 신자들은 거룩한 입맞춤으로 서로 문안하고, 서로의 발을 씻으며, 자기 손으로 일하라는 명령을 받았다.

거룩한 입맞춤은 환대의 원칙을 적용했고, 발 씻기기는 기꺼이 낮아져 섬기는 원칙을 적용했으며, 손으로 일하는 것은 자기 자신과 자신의 가족을 부양하기 위해 열심히 일하는 원칙을 적용했다. 아데니는 "원칙들은 도덕적 관행을 한 맥락에서 다른 맥락으로 환생시키도록 도와주기 위한 도구들이다"라고 말한다. 원칙들은 고대 사회의 특정 관행들과 현대 사회의 특정 관행을 이어주는 수단이다.

성경을 정확하게 적용하기 위해서는 일반 원칙과 특정 관행을 구별해야 한다. 많은 경우에 성경 구절에서 요구하는 특정 관행은 문화에 의해 제약되며 오늘날에는 규범적이지 않다. 또는 해당 관행이 오늘날에는 존재하지 않는 경우도 있다. 그러나 그 특정 관행의 기초가 되는 일반 원칙들은 대개 오늘날의 도덕규범으로서 오늘날의 구체적인 상황에 적용될 수 있다. 예를 들어, 환대의 원칙을 적용하기 위해 우리는 키스 대신 악수를 한다. 일반적으로 성경의 관행이 여전히 근저의 원칙을 소통하는 경우, 이 관행은 오늘날에도 규범으로 간주될 가능성이 있다. 그런데 예를 들어, 많은 문화에서 문안하는 키스는 환대의 의미를 내포하지 않으니, 이 원칙은 문화적으로 적절한 방식으로 표현될 수 있다. 또는 자신의 가족을 부양하기 위해 열심히 일하는 것은 단순히 손으로 일하는 외에 여러 방식을 통해 표현될 수 있다. 성경의 많은 명령들은 이런 식으로 문화적으로 조건 지어졌다. 그런 경우, 근저의 원칙을 찾아서 이를 현대의 배경에 적용하는 것이 목적이다. 원칙이 최종 목표가 아니고, 실제 삶에 원칙을 적용하는 것이 목표이다. 물론, 선한 의도를 가지고 있는 사람들이 일반 원칙이 무엇인지, 그리고 이를 현재 상황에 어떻게 적용해야 할지에 대해 동의하지 않을 수도 있다.

구약의 율법에는 문화적 요인들 외에도 고려해야 할 요인들이 있다. 먼저 구약과 신약 사이의 신학적 차이가 고려되어야 한다. 예를 들어, 구약의 의식에 관한 율법들(희생 제사와 종교 축제들을 다루는 율법들)은 그리스도의 죽음 때문에 크리스천들에게 적용되지 않는다(히브리서 8장-10장). 또한 신약은 구약의 음식에 관한 율법은 더 이상 적용되지 않으며(사도행전 8장-12장), 아무도 구약의 시민법 아래에 있지 않음(로마서 7:1-4)에 대해 분명히 한다. 따라서 이스라엘에게 명령되었던 많은 율법들이 오늘날의 크리스천들에게 직접 적용되지는 않는다. 즉, 이러한 율법들은 중개 수단으로서의 더 넓은 원칙들을 통해 간접적으로 적용될 수 있다. 오늘날의 문화에 적절하고 구약 율법의 의도에 충실한 방식으로 이들을 재적용하는 것이 도전 과제이다. 예를 들어, 우리는 문자적으로 감사의 희생 제물을 드리지는 않지만, 공개적인 증언, 관대한 나눔, 그리고 개인적인 기도 등 다양한 방식으로 하나님에 대한 감사를 표현할 수 있다. 희생 제사의 기초가 되는 원칙은 오늘날에 적절하고 이 근저의 원칙을 정확하게 표현하는 방식으로 적용된다. 희년과 같이 경제생활을 다스렸던 율법은 재적용에 가장 큰 도전 과제를 부여하는 율법에 속한다. 우리는 대부분의 농업에 관련된 율법들은 사기를 방지하고 사람들에게 자신을 부양할 수 있는 새로운 기회를 주기 위해 설계되었다고 제안한다.

비즈니스에서의 기독교 윤리: 긴장과 도전

비즈니스맨들이 갑자기 기독교 윤리에 굴복한다면 역사상 최대의 경제적 혼란이 초래될 것이다!

앨버트 Z. 카(Albert Z. Carr), "비즈니스의 허세가 윤리적인가?"

개요

지난 10년 동안 영적 가치들(특히 기독교적 가치들)을 일터로 통합하는 것과 관련한 관심이 폭발적으로 증가했다. 많은 책들이 쓰여졌고 많은 컨퍼런스들이 열렸다. (예일 및 프린스턴 등과 같은) 유수한 대학교에 학문적 리서치 센터들이 설립되었다. 그리고 이 주제를 깊이 있게 다루는 독립적인 학술 저널(The Journal of Management, Spirituality & Religion)이 창간되었다. 비즈니스 위크, 포춘과 같은 주요 잡지들에 이 주제에 관한 표지 기사들도 실렸다. 일에 신앙과 가치를 "들여온다"는 목표는 고상한 목표이며 이러한 관심을 끌 가치가 있다.

그러나 신앙과 비즈니스를 통합하려는 실제 시도는 도전적일 수 있다. 신앙에서 도출된 가치들을 살아내는 것은 간단한 상투어들이 암시하는 것보다 훨씬 더 복잡한 지대를 헤쳐 나가는 것과 관련된다. 비즈니스의 "보다 어두운" 측면과 경쟁이라는 현실을 고려할 경우, 많은 긴장들이 조명을 받게 된다. 사실, 일부 리서치들은 많은 비즈니스맨들이 실상은 비즈니스를 위한 규칙과 일 바깥의 삶을 위한 규칙이라는 서로 충돌하는 규칙들을 가지고 살아간다는 의심을 지지한다.[1] 보다 최근에는, 어처구니없는 많은 기업 비리들의 영향으로 기독교적 가치와 비즈니스가 본질적으로 양립 가능한가라는 의문이 더 깊어졌다. 어떤 이들은 윤리와 비즈니스의 성공은 반대의 관계에 있다.[2] 즉, 비즈니스는 노골적인 도덕적 기준 위반은 아니더라도 약삭빠름과 유연함을 요구한다고 주장하기까지 한다. 비즈니스 참여자들은 자신의 "사적인" 도덕적 확신을 문 앞에 내려놓아야 하며, 그렇지 않을 경우 성공은 달성하기 힘들다. 반대로, 성공은 도덕을 얼마나 타협할 용의가 있느냐에 비례해서 달성된다. 물론, "착한" 행동이 여전히 존재한다. 그러나 착한 행동의 배후에는 윤리 그 자체가 아닌 경제적 자기 이익이 자리 잡고 있다.

조직들은 유사한 결정론적 법칙에 갇혀 있다. "제한된" 경쟁을 벌이거나, 직원들에게 더 높은 급여를 주거나 동기 부여 또는 PR 차원을 넘어서 기부하기 위해 이익을 희생하는 "좋은" 회사는 경쟁자들이 유사한 규칙 및 의도로 운영되지 않는 한 곧 쇠퇴할 것이다.[3] 그렇다면 성공을 위해 타협할 것이냐 시합에서 물러날 것이냐 사이에 선택이 이뤄져야 한다.

이처럼 부정적인 설명과는 현격하게 대조되는 입장을 보이는 사람들이 있는데, 그들은 윤리와 비즈니스의 가치는 보다 더 정렬을 이루고 있거나 다소의 통찰력을 갖추면 좀 더 정렬을 이루게 할 수 있다고 주장한다.[4] 장기적 관점에서 볼 때 좋은 윤리는 좋은 비즈니스이다. 윤리적 태만은 근시안적이다. 예를 들어, 정직과 공정성은 고객의 충성 및 직원의 동기 부여를 이끌어 낸다. 그렇다면 건전한 윤리는 전략의 핵심 요소 중 하나로서 단기적인 재무적 희생만이 필요할 뿐이다.

시장의 복잡한 도덕적 성격을 감안하여, 이 장에서는 비즈니스에서 기독교 윤리에

---

1) Business Ethics: New Challenges for Business Schools and Corporate Leaders, R. A. Peterson과 O. C. Ferrell 편저 (Armonk, N.Y.:M.E. Sharpe, 2004), 3-17쪽에 나오는 O. C. Ferrell, "A Framework for Understanding Organizational Ethics,"

2) James Michelman, "Some Ethical Consequences of Economic Competition," Journal of Business Ethics 2 (1983): 79-87쪽을 보라.

3) 경쟁 세력에 대한 보다 자세한 논의는 David Korten, When Corporations Rule the World(West Hartford, Conn.: Kumarian, 1995)를 보라. 또한 John Dobson, "The Feminine Firm: A Comment," Business Ethics Quarterly 6, no.2(April 1996): 227-231쪽을 보라.

4) 예컨대, Norman Vincent Peale와 Kenneth Blanchard, The Power of Ethical Management (New York: William Morrow, 1988)를 보라. 보다 학자적인 주장(이상적인 주장)에 대해서는 Manuel Velasquez, "Why Ethics Matters: A Defense of Ethics in Business Organizations," Business Ethics Quarterly 6, no. 2(1996): 201-213쪽을 보라. www.faqs.org/abstracts/Philosophy-and-religion/Why-ethics-matter-a-defense-of-ethics-in-busuness-organizations.html에서 더 많은 내용을 읽어보라.

따라 살고 행동하려 할 때 직면하게 되는 몇 가지 긴장과 도전들에 대해 초점을 맞출 것이다. 기독교 윤리는 성공을 위한 처방인가, 실패를 위한 순진한 처방인가, 이 두 가지가 섞인 것인가, 아니면 완전히 다른 무엇인가? 위의 질문에 대한 답의 결코 적지 않은 부분이 기독교 윤리와 비즈니스의 요구 사이의 관계에 대한 이해에 좌우된다. 이 둘은 정렬을 이루고 있는가, 모순되는가, 아니면 그 중간에 있는가?

첫 번째 읽기 자료, "비즈니스의 허세가 윤리적인가?(Is Business Bluffing Ethical?)"는 하버드 비즈니스 리뷰에 실린 고전이다. 비즈니스에 관한 어두운(아마도 현실적인?) 가정들에 근거해서 앨버트 카는 비즈니스를 위한 도덕과 사생활을 위한 도덕이라는 두 종류의 도덕은 불가피한 현실이라는 입장을 취한다. 카는 포커 게임을 비즈니스에 대한 비유로 사용해서 비즈니스에서 "허세"와 같은 관행들은 자체의 기준에 의해 판단되고 "교회에서 설교되는 윤리적 원칙들"에 의해 판단되지 않아야 한다고 주장한다. 그는 사적인 도덕을 일터에 적용하려 하는 사람들은 비즈니스맨으로서는 실패하기 쉽다고 결론짓는다.

"정직이 무익하다면 왜 정직해야 하는가?(Why Be Honest If Honesty Doesn't Pay?)"라는 제목의 두 번째 글에서 아말 바이드(Amar Bhide)와 호워드 H. 스티븐슨(Howard H. Stevenson)은 정성적인 리서치를 사용하여 비즈니스에서 윤리와 재무적 성공 사이의 연결 관계를 찾아내려 한다. 그들은 특히 좋은 윤리와 좋은 비즈니스는 동의어라는 대중적인 주장을 지지하는 증거를 찾아내려 한다. 바이드와 스티븐슨은 비즈니스에서 윤리적 행동과 재무적 성공 사이의 정렬(또는 정렬의 결여)에 관하여 몇 가지 놀라운 결론에 도달한다.

저명한 철학자이자 신학자인 달라스 윌라드(Dallas Willard)의 세 번째 글 "비즈니스의 목적"은 이 논의에 대한 통찰력이 있는 몇 가지 역사적 견해들을 보여준다. 윌라드가 언급하는 바와 같이, 현대의 비즈니스는 사회적 목적과 기여 의식이라는 면에서 대체로 길을 잃었다. 그의 요점들은 비즈니스가 무엇에 관한 것이며 비즈니스의 진정한 성공이 어떻게 측정되어야 하는지에 대한 카의 가정에 대해 직접적으로 반박한다.

비즈니스의 허세가
윤리적인가?

앨버트 Z. 카(Albert Z. Carr)
하버드 비즈니스 리뷰 (1968년 1-2월호). 저작권 ⓒ 1967.

비즈니스 윤리는 사회를 위한 윤리가 아니라 포커 게임의 윤리이다.

서론

저자의 친구 중 한 명은 이렇게 말했다. "성문 법률이 사람에게 살인할 기회를 활짝 열어 줄 경우, 이 기회를 이용하지 않는 사람은 바보일 것이다. 자기가 그렇게 하지 않는다 해도 누군가는 그렇게 할 것이다." 카는 그러한 행동은 노골적인 속임수가 아닌 한, 이기기 위해 모든 기회를 활용하려는 포커 게임 참가자의 허세에 비유한다. 저자는 "아무도 그 이유로 당신을 나쁘게 생각하지 않는다"라고 말한다. "그리고 옳고 그름에 관한 비즈니스 기준은 우리 사회의 도덕성에 대해 지배적인 전통과 다르기 때문에, 아무도 비즈니스 게임에 대해 나쁘다고 생각하지 않는다."

카는 여러 분야의 대기업에게 컨설팅을 제공하는 뉴욕의 한 컨설팅 회사에 재직할 때 이 주제에 관심을 가지게 되었다. 소신이 있는 많은 임원들이 스트레스로 가득 차 있는 현실은 그로 하여금 개인의 윤리 의식과 비즈니스 현실 사이의 갈등에서 생겨날 수 있는 긴장의 정도에 대해 인식하게 했다. 그는 또한 일에서 성공적이면서 스트레스를 받지 않는 사람들과 포커를 잘하는 사람들에게서 보여지는 윤리적 태도가 유사함에 대해 충격을 받았다.

카는 세계 2차대전 때 전시 생산국 국장 보좌관이었으며 이후에는 백악관 참모 및 트루먼 대통령의 특별 자문으로 일했다. 그는 현재 전업 작가로 일하고 있다. 그의 저서에는 회사 발전에 대한 연구인 『John D. Rockefeller's Secret Weapon』이라는 책이 있다. 이 글은 1968년 3월에 뉴 아메리칸 라이브러리에 의해 출판될 그의 최신 저서 『게임으로서의 비즈니스』(Business as a Game)의 한 장을 인용한 글이다.

• • •

내가 이 주제에 대해 논의했던 어느 저명한 비즈니스맨이 다소 열을 내며 이렇게 말했다. "당신은 사람들에게 허세를 부리라고 장려하려는 거요? 허세는 거짓말의 한 형태에 지나지 않소! 당신은 거짓말하라고 조언하고 있는 거요!"

나는 사적인 도덕성의 토대는 진실에 대한 존중이며 비즈니스맨이 진실에 가까울수록 존중 받을 가치가 있다는 데 동의했다. 동시에, 나는 비즈니스에서의 대부분의 허세는 포커에서의 허세와 비슷한 게임 전략으로 간주될 수도 있는데, 그렇다고 해서 허세 부리는 사람의 도덕성에 나쁜 영향을 주지 않는다고 말했다.

나는 다음과 같이 지적한 영국의 정치가 헨리 테일러(Henry Taylor)를 인용했다. "모든 측면에서 진실이 말해지리라고 기대되지 않을 경우 허위는 더 이상 허위가 아니다." 이 말은 포커, 외교, 그리고 비즈니스에서의 허세(bluffing)에 대한 정확한 묘사이다. 나는 피고가 "무죄"를 주장할 때 그가 진실을 말하리라고 기대되지 않는 형사 법정을 예로 들었다. 모든 사람들이 피고의 변호사의 일은 자기 고객이 처벌을 면하게 해 주는 것이며, 이것이 윤리적 관행이라는 점을 당연하게 받아들인다. 나는 의회의 윤리에 대해 다음과 같이 말한 것으로 알려진 텍사스 주 민주당 하원 의원 오마르 벌레슨(Omar Burleson)을 언급했다. "윤리는 한 통의 벌레들이다."[1] 이 말은 정치에서 누가 윤리적인가를 결정하는 문제를 신랄하게 요약하고 있다.

나는 내 친구에게 많은 비즈니스맨들이 날마다 속으로는 '아니오'라고 생각하면서도 상사들에게 '예'라고 대답해야 한다는 압박을 받고 있으며, 그렇게 하지 않으면 직장을 잃을 수도 있다면 이는 일반적으로 허용될 수 있는 전략으로 인정된다는 점을 상기시켰다. 나는 요점은 비즈니스 윤리는 게임 윤리로서 종교 윤리와는 다르다고 말했다.

그는 설득되지 않았다. 자기가 사장으로 있는 회사에 대해 언급하면서, 그는 이렇게 말했다. "일부 비즈니스맨들은 그런지 몰라도, 나는 우리의 윤리에 대해 자부심을 가지고 있다고 말할 수 있소. 30년 동안 어느 고객도 내 말에 의문을 제기하거나 숫자를 점검하지 않았소. 우리는 고객들에게 충실했고 공급자들에게 공정했소. 나는 거래에서 내 악수를 계약으로 간주하오. 나는 경쟁사들과 가격 담합을 해 본 적이 없소. 나는 판매원들이 다른 회사들에 대해 해로운 소문을 퍼뜨리는 것을 허용하지 않았소. 우리의 단체 협약은 업계 최고 수준이오. 그리고 내가 그렇다고 말한다면, 우리의 윤리 수준은 최고인 거요!"

그는 실제로는 그 사실을 모르는 가운데, 사생활의 윤리 기준과는 거리가 먼 비즈니스 게임의 윤리적 기준에 따라 살고 있다고 말하고 있었다. 신사적인 포커 플레이어와 마찬가지로, 그는 다른 참가자들과 공모하지 않았고, 그들의 평판을 깎아 내리려 하지 않았으며, 줘야 할 것을 보류하지도 않았다.

그러나 이처럼 훌륭한 사람이 바로 그 시점에 자기 회사의 제품 하나를 실제보다 훨씬 더 나아 보이게 하는 방식으로 광고하도록 허용하고 있었다. 그의 제품 라인 중 다른 품목 하나는 딜러들 사이에 "내장된 노후화"로 악명이 높았다. 그는 훨씬 개선된 제품이 열등한 제품을 대체하기를 원하지 않았기 때문에 개선된 제품 시장에서 물러나 있었다. 그는 자신은 이에 대해 너무 많이 알게 되지 않는 방식으로 주 법 개정에 관여하고자 경쟁사들과 함께 로비스트들을 고용했다.

그의 견해에서는 이런 사항들은 윤리와는 전혀 관계가 없었다. 이들은 단순히 일상적인 비즈니스 관행이었다. 그 자신은 의심할 나위 없이 노골적인 거짓말을 하지 않았다. 그는 결코 거짓말을 하지 않았다. 그러나 그 사람이 지배했던 회사 전체는 많은 기만 전략에 깊이 관여했다.

속이라는 압력

대부분의 임원들은 이따금 회사 또는 자신의 이익을 위해 고객, 딜러, 노동조합, 정부 관리, 또는 심지어 자기 회사의 다른 부서 사람들과 협상할 때 일정 형태의 속임수를 쓰도록 강제된다. 그들은 의식적인 허위 진술, 관련 사실 은닉, 또는 과장에 의해, 짧게 말하자면 허세에 의해 다른 사람들이 자기에게 동의하도록 설득한다. 나는 개별 임원들이 때때로 허세 부리기를 거절한다면, 즉 그가 진실을, 모든 진실을, 그리고 오로지 진실만을 말해야 된다고 느낀다면, 그 사람은 규칙 하에서 허용된 기회들을 무시하는 것이며 자기의 비즈니스 거래에서 커다란 불이익을 받는 것이라고 말해도 무방하다고 생각한다.

그러나 도처에서 비즈니스맨은 자신이 일익을 담당하고 있는 곳에서 자신을 허세에 조화시키지 못한다. 아마도 종교적 이상주의에 의해 촉발된 양심이 자신을 괴롭힐 것이다. 죄책감을 느끼고, 궤양을 앓거나 신경이 쇠약해질 수도 있다. 임원이 허세 전략을 유용하게 사용할 수 있으려면, 허세를 부리는 과정에서 자기 존중을 잃거나 감정적으로 동요되지 않아야 한다. 만일 그가 개인의 올곧음과 정직성에 대한 높은 기준을 비즈니스의 실제적 요구와 조화시키려면, 그는 자신의 허세가 윤리적으로 정당화된다고 느껴야 한다. 이 정당화는 개인과 회사에 의해 수행되는 비즈니스는 게임, 즉 특수한 전략과 특수한 비즈니스 윤리에 대한 이해를 요구하는 게임의 비인격적 특성을 가지고 있다는 사실에 기초한다.

이 게임은 최고위층에서부터 최하위층에 이르기까지 회사 생활의 모든 차원에서 수행된다. 코넬 대학교를 우등으로 졸업하고 한 대기업에 취직 원서를 낸 어떤 사람의 최근 경험이 보여주는 바와 같이, 개인이 비즈니스계에 들어가기로 결정한 바로 그 순간부터 어쩔 수 없이 게임 상황에 들어가게 될 수도 있다.

이 지원자는 아래와 같은 진술이 포함된 심리 테스트를 받게 되었다. "아래의 잡지들 중 귀하가 정기적으로나 때때로 읽어 보았던 잡지들에 표시하고, 그 중 귀하가 가장 흥미를 느끼는 잡지에 중복 표시하시오. 리더스 다이제스트, 타임, 포춘, 세터데이 이브닝 포스트, 더 뉴 리퍼블릭, 라이프, 룩, 램파츠, 뉴스위크, 비즈니스 위크, U.S. 뉴스 & 월드 리포트, 더 네이션, 플레이보이, 에스콰이어, 하퍼스, 스포츠 일러스트 레이티드.

그의 독서 취향은 광범위했으며, 그는 이따금 위의 잡지들 중 거의 모든 잡지를 읽곤 했다. 그는 더 뉴 리퍼블릭을 정기 구독했고, 램파츠에 열중했으며, 플레이보이에 나오는 사진들의 열렬한 팬이었다. 그는 플레이보이에 대한 관심이 자신에게 불리하게 작용할지는 알 수 없었지만, 램파츠와 더 뉴 리퍼블릭에 관심이 있다고 고백할 경우 자신이 자유주의적이고, 급진적이거나, 최소한 지성적이라고 생각될 것이고, 자신이 절실하게 필요로 하는 취직 기회가 줄어들 것이라고 생각했다. 그래서 그는 보다 보수적인 몇 개의 잡지에 표시했다. 그가 취직한 걸로 봐서 이는 명백히 건전한 결정이었다.

그는 비즈니스 윤리와 일치하는, 게임 참가자의 결정을 한 것이다.

합병으로 인해 갑자기 실직하게 된 어느 잡지 광고 세일즈맨의 사례도 이와 흡사하다.

이 사람은 58세였는데, 과거의 좋은 실적에도 불구하고 젊은 사람을 선호하는 취업 시장에서 이 사람이 일자리를 구할 기회는 많지 않았다. 그는 활발하고 건강한 사람이었으며, 흰머리카락만 아니라면 나이를 짐작하기 어려웠다. 그는 일자리를 구하기 전에 머리칼을 염색해서 흰머리를 감췄다. 그는 시간이 지나면 자신의 나이가 탄로 날 수도 있다는 것을 알았지만, 실제 나이가 발각되면 그때 대처할 수 있을 것이라고 생각했다. 그와 그의 아내는 그가 쉽게 45세로 행세할 수 있을 거라 생각하고 이력서에 45세라고 적었다.

이는 거짓말이었지만, 비즈니스 게임에서 받아들여지는 규칙의 범위 안에 있으며, 이에 대해 도덕적인 비난이 가해지지 않는다.

포커의 비유

비즈니스를 포커와 비교함으로써 비즈니스의 성격에 대해 많은 것을 배울 수 있다. 둘 다 운의 요소들이 많지만, 장기적으로는 꾸준한 기술을 가지고 시합하는 사람이 승자가 된다. 두 개의 게임 모두에서 궁극적인 승리는 규칙에 대한 해박한 지식, 다른 참가자들의 심리에 대한 통찰력, 담대한 척 하는 태도, 상당한 정도의 자제, 그리고 운에 의해 제공된 기회에 신속하고 효과적으로 대응할 수 있는 능력을 필요로 한다.

아무도 포커 게임을 교회에서 설교되는 원칙들에 입각해서 하리라고 기대하지 않는다. 포커에서는 허세를 부려서 좋은 패를 가지고 있는 친구가 제 풀에 포기하게 만드는 것이 올바르고 적절하다. 포커 게임을 하는 사람은 자기 손에 에이스 카드가 한 장도 없으면서 에이스를 두 장이나 가지고 있는 친구의 마지막 칩까지 다 벗겨낸다 해도 패자에게 조금의 동정심도 느끼지 않는다. 자기 자신을 보호하는 것은 상대방에게 달린 일이다. 뛰어난 포커 플레이어였던 해리 트루먼 전 대통령은 이렇게 말했다. "열을 견디지 못하겠거든, 부엌에서 나가라." 포커에서 패자에게 자비를 보일 경우, 이는 게임의 규칙과는 동떨어진 개인적인 자세일 뿐이다.

포커에는 자체의 특수한 윤리가 있는 바, 나는 여기에서 속임수에 반대하는 규칙을 말하는 것이 아니다. 소매 안에 에이스를 감추고 있거나 카드에 표시를 하는 사람은 비윤리적인 것 이상이다. 그는 사기꾼이고, 사기꾼으로서 처벌을 받을 것이다. 즉, 게임에서 쫓겨나거나, 서부 영화에서라면 총에 맞아 죽을 것이다.

속임수와는 달리, 비윤리적인 포커 플레이어는 규칙의 문자는 준수하면서, 상대방을 불공정하게 불이익에 빠뜨리는 방법을 찾는 사람이다. 그는 큰 소리로 상대방의 신경을 거스를지도 모른다. 또는 상대방을 취하게 하거나, 테이블의 다른 플레이어와 공모한다. 윤리적인 포커 플레이어는 그러한 전술에 눈살을 찌푸린다.

포커 자체의 윤리는 문명사회의 인간관계의 윤리적 이상과는 다르다. 이 게임은 다른 사람에 대한 불신을 요구한다. 포커는 우정이 설 자리를 무시한다. 포커에서는 친절과 열린 마음이 아니라 교활한 기만과 자신의 강점 및 의도를 감추는 것이 중요하다. 아무도 이를 이유로 포커를 더 나쁘다고 생각하지 않는다. 그리고 옳고 그름에 대한 비즈니스의 기준이 우리 사회에 통용되는 도덕 전통과 다르다 해서 비즈니스 게임을 더 나쁘다고 생각해서는 안 된다.

황금률은 잊어버려라

비즈니스에 대한 이런 견해는 비즈니스에 대한 경험이 많지 않은 사람들에게는 특히 우려가 된다. 내가 아는 목회자 한 사람이 비즈니스가 유대-기독교적 윤리 시스템에 기초하지 않는 한 우리 사회에서 기능할 수 없다고 이의를 제기한 적이 있다. 그는 이렇게 말했다.

나는 일부 비즈니스맨들이 고객들에게 창녀를 제공해 주고 있다는 것을 알지만, 모든 그릇마다 약간의 썩은 사과는 있기 마련입니다. 그렇다고 나머지 과일들도 멀쩡하지 않다는 것을 의미하는 것은 아니죠. 확실히 대다수의 비즈니스맨들은 윤리적입니다. 나는 기본적으로 종교적 가르침에 입각한 엄격한 윤리 강령을 준수하는 사람들을 많이 알고 있습니다. 그들은 좋은 대의명분에 기부합니다. 그들은 공동체 활동에 참여합니다. 그들은 자기 산업의 근무 조건을 개선시키기 위해 다른 사람들과 협력합니다. 확실히 그들은 윤리에 무관심하지 않습니다.

대부분의 비즈니스맨들이 그들의 사적인 삶에서 윤리에 무관심하지 않다는 데 대해서는 모두 동의할 것이다. 내 말의 요점은 그들의 직장 생활에서는 그들은 사적인 시민이 되기를 중지한다는 것이다. 그들은 다소 다른 윤리 기준에 의해 인도되어야 하는 게임 참가자들이 된다.

나는 이 문제에 대해 상당히 많은 생각을 말해 준 중서부의 어느 임원의 입장이 상당히 설득력 있다고 생각했다.

"비즈니스맨이 국법을 지키고 악의적인 거짓말을 하지 않는 한, 그는 윤리적이다. 만일 법률이 사람에게 살인할 권리를 줄 경우, 이를 이용하지 않으면 바보일 것이다. 그가 이 기회를 이용하지 않는다 해도 누군가는 이를 이용할 것이다. 그에게 멈춰 서서 누가 피해를 입을지 고려할 의무는 없다. 법률이 해도 된다고 말한다면, 이는 그가 필요로 하는 정당화의 모든 것이다. 여기에 비윤리적인 것은 전혀 없다. 이는 아주 간단한 비즈니스의 상식이다."

이 임원(그를 로빈스라 부르자)은 일부 비즈니스맨들이 눈살을 찌푸리는 산업 스파이마저 비윤리적이라고 여겨져서는 안 된다는 입장을 취한다. 그는 최근에 미국 상공 회의소 회의에서 어느 마케팅 권위자가 비즈니스 조직이 스파이를 고용하는 것을 개탄하는 연설을 한 것을 상기했다. 그는 점점 더 많은 회사들이 값비싼 자체 리서치 부서와 디자인 부서를 세우는 것보다 몰래 카메라와 마이크로, 또는 직원들에게 뇌물을 줌으로써 경쟁자들의 비밀에 접하는 것이 더 싸다는 것을 발견하고 있다고 지적했다. 그는 계속해서 이러한 추세와 함께 전자 산업이 성장해서 사업 스파이 활동을 위한 장비 공급이 더 쉬워졌다고 지적했다.

이에 대해 불편한가? 이 마케팅 직업인도 그렇게 생각했다. 그러나 이에 대한 시정 방안에 이르러서는 그는 "황금률을 존중하라"는 말에 의존할 수밖에 없었다. 로빈스는 이 말은 패배의 고백이라고 생각했는데, 왜냐하면 그는 황금률이 사회를 위한 이상으로서의 가치가 있음에도 불구하고 비즈니스를 위한 가이드로서는 적절하지 않다고 믿었기 때문이다. 비즈니스맨은 많은 시간을 다른 사람들이 자기에게 하지 않기를 바라는 것을 다른 사람들에게 하려고 한다.[2] 로빈스는 계속해서 이렇게 말했다.

"비즈니스에서 여러 종류의 스파이 활동이 너무도 보편적이어서 산업 스파이는 미국에 금주법이 시행되던 때의 음주처럼 죄로 여겨지지 않는다. 그리고 스파이에 관해서는 이를 금지하는 법도 없다. 법은 이 분야에서 매우 관대하다. 국가가 정보 요원 사용에 대해 수치심을 느끼지 않듯이, 정보 요원을 사용하는 기업은 더 이상 이를 수치스럽게 생각하지 않는다. 제조업체들에게 스파이 방지 활동 서비스를 제공함으로써 수백만 달러를 버는 대기업이 적어도 하나는 있음을 명심하라(장외에서 이 회사의 주식을 살 수 있다). 산업 스파이는 윤리적 문제가 아니다. 이는 확립된 비즈니스 경쟁 기법이다."

"우리는 법을 제정하지 않는다"

기업의 어느 부분을 살펴보든 우리는 기업의 윤리 기준과 교회의 윤리 기준이 뚜렷이 구분됨을 인식할 수 있다. 신문들에는 이러한 구분에서 발생하는 자극적인 이야기들이 가득하다.

- 우리는 어느 날 미시간 주 상원 의원 필립 A. 하트(Phillip A. Hart)가 식품 가공업체들이 여러 제품들의 포장을 속였다고 공격하는 기사를 읽는다.[3]
- 다음날에는 자동차 회사들이 여러 해 동안 자동차를 소유한 가족들의 안전을 무시해 왔음을 보여주는 랠프 네이더(Ralph Nader)의 책 『어떤 속도에도 안전하지 않다』(Unsafe at Any Speed)를 두고 의회에서 난리 법석을 떤다.[4]
- 그리고 나서 몬타나 주 상원 의원 리 메트칼프(Lee Metcalf)와 저널리스트 빅 라이너머 가 『과다 요금 부과』(Overcharge)라는 그들의 책에서 전력 회사들이 전기 사용자들로부터 과도하게 많은 금액을 받아내기 위해 정부 규제 기관을 회피하는 방법들을 보여준다.[5]

이는 현재 팽배해 있는 상황을 극적으로 보여주는 예들에 지나지 않는다. 유사한 공격 대상이 되지 않는 산업이 거의 없다. 기업에 대한 비판자들은 그러한 행동을 비윤리적이라 비난하지만, 관련 회사들은 자신들이 단지 비즈니스 게임을 하고 있을 뿐이라는 점을 알고 있다.

기업체들 중 가장 존경 받는 곳은 보험회사들이다. 최근에 뉴잉글랜드에서 개최된 일군의 보험회사 임원들 모임에서 연사로 온 사회 비평가 대니얼 패트릭 모이니한(Daniel Patrick Moynihan)이 그들의 "비윤리적 관행"에 대해 강력하게 비판하자, 임원들은 깜짝 놀랐다. 모이니한은 그들이 불공정하게 높은 보험료를 받기 위해 오래된 보험계리 테이블을 사용하는 죄를 저지르고 있다고 주장했다. 그들은 원고가 지쳐 나가떨어지면 값싸게 분쟁을 해결하기 위해 그들에 대해 제소된 소송 심리 진행을 습관적으로 지연시켰다. 그들의 고용 정책에서는 특정 소수자 그룹을 교묘하게 차별하는 기발한 방법을 사용했다.[6]

청중들은 이러한 비난의 타당성을 부인하기 어려웠다. 그러나 이 사람들은 비즈니스 게임 참가자들이었다. 모이니한의 공격에 대한 그들의 대응은 네이더에 대한 자동차 제조업체들의 대응, 메트칼프 상원 의원에 대한 전력 회사의 대응, 그리고 하트 상원 의원에 대한 식품 가공업체들의 대응과 유사했다. 그들은 자신들의 비즈니스를 규율하는 법이 바뀌거나 여론이 떠들썩해진다면 필요한 조정을 하겠다고 했다. 그러나 그들은 자신들이 도덕적으로 전혀 잘못이 없다는 견해를 보였다. 법조문을 준수하는 한, 그들은 자신이 적합하다고 생각하는 대로 기업을 운영할 권리가 있다는 것이었다.

이 점에서는 소기업도 대기업과 같은 입장을 보인다. 예를 들어 보자.

- 1967년에 자동차 열쇠 제조업자가, 우편으로 열쇠를 주문할 경우 주문자 중 일부는 자동차 도둑일 가능성이 있음에도 불구하고 우편으로 자동차 마스터키를 주문받는다고 비난 받았다. 그의 방어 논리는 단도직입적이었다. 자기가 열쇠를 주문하는 사람이면 누구에게나 열쇠를 파는 것을 금지하는 법률이 없는 한, 자기 고객의 열쇠 주문 동기를 물어 보는 것은 자기에게 달린 일이 아니라는 것이었다. 그는 자기가 우편으로 자동차 열쇠를 파는 것이, 살인자에 의해 사용될 수도 있는 총을 우편으로 주문하는 가정에 파는 것보다 왜 더 나쁘다는 말이냐고 따졌다. 법률이 바뀔 때까지는 이 열쇠 제조업자는 비즈니스 게임의 규칙에 의해 기업을 운영하는 비즈니스맨들과 마찬가지로 자신이 윤리적이라고 생각할 수 있었다.[7]

비즈니스에서는 사회의 윤리적 이상에 대한 위반이 보편적이지만, 이것이 반드시 비즈니스 원칙 위반은 아니다. 연방 통상 위원회는 해마다 많은 기업들에게 일반적인 기준으로 보면 도덕적으로 의문시되지만 관련 회사들에 의해 완강하게 방어되는 관행들에 대해 "중지 명령"을 내린다.

한번은 잘 알려진 구강 청결제 제조업체가 건강에 해로울 수도 있는 값싼 알코올을 사용한다고 비난받았다. 이 회사의 최고 경영자는 의회에서 증언한 뒤에 개인적으로 이렇게 논평했다.

"우리는 법을 어기지 않았습니다. 우리는 치열한 경쟁의 한가운데 있습니다. 사업을 계속하려면, 우리는 법이 허용하는 한 이익을 낼 기회를 찾아야 합니다. 우리는 법을 제정하지 않습니다. 우리는 법을 준수합니다. 그런데 우리가 왜 '보다 더 거룩한' 윤리 얘기를 견뎌야 합니까? 이는 완전한 위선입니다. 우리는 윤리를 증진하기 위해 사업을 하는 것이 아닙니다. 담배 회사들을 보십시오. 법을 제정하는 사람들에 의해 윤리가 해당 법률에 구현되지 않는다면, 비즈니스맨이 그 틈을 메우리라고 기대할 수 없습니다. 왜냐고요? 비즈니스맨들이 갑자기 기독교 윤리에 굴복한다면 역사상 가장 큰 경제적 혼란이 초래될 것입니다!"

결국 정부는 그를 처벌하지 못했다는 점을 주목할 필요가 있다.

환상을 버려라

비즈니스맨들이 윤리에 대해 얘기하는 것은 비즈니스라는 게임의 엄연한 현실 위에 덧씌우는 얇은 장식인 경우가 흔하다.

나는 전에 한 젊은 임원이 새로운 업계 강령(industry code)이 자신의 회사와 그 경쟁사들이 사회에 대한 기업의 책임을 깊이 인식하고 있는 증거라고 연설하는 말을 들었다. 그는 이 강령이 윤리 강령이라고 말했다. 소속 업계가 자체 경찰 활동을 벌이고, 회원사들이 잘못을 저지르지 않게 할 거라는 거였다. 그의 눈은 확신과 열정으로 빛이 났다.

같은 날, 어느 호텔의 회의실에서 업계의 최고위급 임원들이 이 새로운 강령을 집행할 "황제"와 회의를 했는데, 이 사람은 명망이 높은 사람이었다. 참석한 사람은 아무도 그들의 공통적인 태도를 의심할 수 없었다. 그들의 눈에는 이 강령은 주로 연방 정부가 업계에 엄격한 제한을 부과하지 않도록 선수치기 위해 고안되었다. 그들은 이 강령이 연방 법률보다 자신들을 훨씬 덜 속박할 것이라고 생각했다. 즉, 이 강령은 일반 대중이 아니라 업계를 보호하기 위해 고안되었다.

그 젊은 임원은 이 강령의 표면적 설명을 받아들인 반면, 모두가 노련한 게임 참가자들인 리더들은 그 목적에 대해 한 순간도 자신을 기만하지 않았다.

"윤리적으로 행동하면 보상이 따른다"거나 "건전한 윤리가 좋은 비즈니스이다"라는 등의 문구가 담긴 연설이나 글들에 의해서 기업이 사적 생활에서 생각되는 윤리에 의해 인도될 여유가 있다는 환상이 강화된다. 실제로는 이는 전혀 윤리적 입장이 아니다. 이는 자기 이익을 위해 계산된 행동의 위장일 뿐이다. 이렇게 말하는 사람은 실제로는 회사가 경쟁자, 공급자, 직원 그리고 고객들을 너무 쥐어짜서 화나게 하지 않을 경우 장기적으로 더 많은 돈을 벌 수 있다고 말하는 것이다. 그는 너무 날카로운 정책들은 궁극적으로 이익을 해친다고 말하고 있는 것이다. 이 말은 사실이지만, 그것은 윤리와는 아무 관계가 없다. 이의 근저의 태도는 현금 서랍에서 20달러짜리 지폐 한 장이 남는 것을 발견한 상점 주인이 이를 동업자에게 말해야 할지 말지에 관한 윤리적 문제를 두고 고민하다가, 다음에 다투게 될 때 자기가 유리한 위치를 차지하기 위해 이 돈을 나누기로 결정했다는 이야기와 유사하다.

나는 비즈니스맨들에게 팽배해 있는 윤리에 대한 태도를 아래와 같이 요약해도 무방하다고 생각한다.

우리는 아마도 세계의 문명사회에서 가장 경쟁이 치열한 곳에서 살고 있을 것이다. 사람들이 성공을 위해 애쓰고 있기 때문에, 우리의 고객들은 높은 수준의 공격성을 장려한다. 비즈니스는 우리의 주요 경쟁 영역인데, 이 분야는 전략 게임을 벌이고 있다. 기본적인 게임의 규칙은 정부에 의해 정해졌고, 정부는 기업 비리를 찾아내 처벌한다. 그러나 기업이 법에 의해 정해진 게임의 규칙을 어기지 않는 한, 기업은 이익 이외의 어느 것도 참작하지 않고 자기의 전략을 정할 법적인 권리가 있다. 기업이 이익에 관한 장기적인 관점을 취할 경우, 가능한 한 관련자들과 우호적인 관계를 보존할 것이다. 현명한 비즈니스맨이라면 직원, 경쟁자, 고객, 정부, 그리고 일반 대중 사이에 위험한 적대감을 조성할 정도로까지 기회를 이용하려 하지 않을 것이다. 그러나 이 영역에서의 결정, 마지막 테스트에서의 결정은 전략적 결정이지 윤리적 결정이 아니다.

개인과 게임

회사의 구성원들은 종종 비즈니스 게임의 요구에 적응하기 어렵다는 사실을 발견한다. 그는 시간 전략을 요구하는 상황에서는 개인의 윤리적 기준을 보존하려 한다. 그가 도덕적 인간이라는 자신에 대한 인식에 도전을 가하는 회사 정책을 수행하라는 명령을 받게 되면 괴로워한다.

예를 들어, 급여를 인상해 줄 가치가 있는 사람에 대한 급여 인상 거절, 장기근속 직원 해고, 자신이 오도한다고 믿는 광고 준비, 고객이 알 권리가 있다고 생각되는 사실 은폐, 확립된 제품 제조에 사용되는 재료의 품질 저하, 자신은 재생한 제품이라고 알고 있는 제품을 신제품으로 판매, 의약품의 치료 효과 과장, 또는 딜러 협박 등을 하라는 지시를 받게 되면 괴로워한다. 자신의 일과 상황의 성격에 의해 이런 종류의 문제에 직면하지 않는 운 좋은 임원들도 있다. 그러나 대부분의 비즈니스맨은 조만간 어떤 형태로든 윤리적 딜레마를 느끼게 된다. 그러나 이러한 딜레마는 회사가 임원에게 이 행동을 시킬 때보다는 자신이 스스로 이를 만들어 냈을 때, 즉 자신에게 이익이 되지만 자신이 이전에 지녔던 도덕적 확신에 배치되는 조치를 스스로 취했거나 이를 고려 중일 때 가장 고통스러울 것이다. 아래와 같은 예를 들 수 있을 것이다.

- 어느 수출 부서의 매니저는 매출이 증가하고 있음을 보여주기 원하고 있는데, 큰 고객으로부터 미국의 법률을 위반할 만한 명시적인 허위는 없지만 고객 회사의 본국에서 특정 세금을 회피할 수 있도록 문구를 작성하라는 압력을 받고 있다.

- 어느 회사의 사장은 몇 년만 있으면 은퇴해서 연금을 받게 될 임원이 예전처럼 생산적이지 않음을 발견했다. 그를 계속 고용해야 하는가?
- 어느 슈퍼마켓 매니저가 절반이 썩은 토마토를 멀쩡한 쪽을 위로 향하게 해서 6개들이 포장에 하나씩 집어넣을지 말지를 고민하고 있다.
- 한 회계사가 자기 회사의 세금 계산 시 부적절한 항목을 공제한 것을 발견했는데, 자신이 불법을 저지른 것은 아니지만 이 일이 사장에게 알려질 경우의 결과를 두려워하고 있다. 아마도 자기가 아무 말도 하지 않으면 아무도 이를 알지 못할 것이다.
- 어느 회사의 CEO가 이사들로부터 자신이 다른 회사의 주식을 대량으로 주문해서 이를 보유하고 있다는 소문에 대해 해명해 달라는 요청을 받았다. 이 주식은 자신의 사위 명의로 되어 있었고, 전에 사위에게 이 주식을 팔라고 공식적으로 지시했기 때문에 그는 이를 부인할 수도 있었다.

비즈니스에서는 끊임없이 이와 같은 유혹들이 생겨난다. 만일 어느 임원이 비즈니스에 대한 고려에 기초한 의사 결정과 개인적 윤리 의식에 기초한 결정 사이에서 괴로움을 당하도록 허용한다면, 그는 자신을 극심한 심리적 긴장에 노출시키는 것이다.

그렇다고 건전한 비즈니스 전략이 반드시 윤리적 이상과 어긋나는 것은 아니다. 이 둘이 일치하는 경우도 종종 있는데, 그런 경우에는 모두가 만족한다. 그러나 모든 전략 게임에서와 마찬가지로, 비즈니스에서의 조치에 대한 주요 테스트는 합법성과 이익이다. 비즈니스 게임에서 승자가 되고자 하는 사람은 게임 참가자의 태도를 지녀야 한다.

비즈니스 전략가의 의사 결정은 수술을 하는 외과의사의 결정만큼이나 냉정해야 한다. 즉, 개인적 감정을 굴복시키고 목표와 기술에 집중해야 한다. 만일 위의 CEO가 자기 사위가 주식을 소유하고 있다는 사실을 인정한다면 이는 지금 그렇다고 말할 경우보다 나중에 이 사실이 알려졌을 때 잃을 게 더 많기 때문이다. 만일 위의 슈퍼마켓 매니저가 썩은 토마토를 버리라고 지시한다면, 이는 고객 불만이 증가해서 고객 관계가 악화되는 것을 피하기 위해서이다. 회사 사장이 나이 많은 임원을 해고하지 않는다면 이는 해고할 경우 장기적으로 다른 직원들의 부정적인 반응이 그 임원에게 급여와 연금을 지급하는 것보다 더 큰 손실이 되리라고 믿기 때문이다.

지각이 있는 모든 비즈니스맨들은 진실하기를 원하지만, 그들은 좀처럼 모든 진실을 말해줘야겠다고 생각하지 않는다. 비즈니스 게임에서 문제를 회피하려면 진실을 말하는 것은 대개 좁은 범위에 국한되어야 한다. 이 점에 대해서는 오래 전(1888년)에 존 록펠러(John D. Rockefeller)의 보좌관 폴 밥콕(Paul Babcock)이 정부 조사 위원회 증언을 앞둔 스탠더드 오일 컴퍼니(Standard Oil Company)의 임원에게 깔끔하게 말해 주었다. "모든 질문들을 완벽하게 진실하면서도 기저의 사실은 얼버무리는 대답으로 받아 넘기시오."[8] 이는 과거에도 현명하고 허용될 수 있는 비즈니스 전략이었고, 지금도 그러하며, 아마 앞으로도 항상 그럴 것이다.

직장용에 한함

임원이 가정과 직장의 윤리 시스템 사이에 확연한 구분을 하지 않거나 그의 아내가 이 구분을 이해하지 못하면 그의 가정생활은 혼란스러워질 것이다. 자기 아내에게 "오늘 존스를 내보내야 했소"라거나 "오늘 상사에게 짐이 최근에 빈둥거리고 있음을 인정할 수밖에 없었소"라고 말했던 많은 임원들은 분노에 찬 항의를 들어야만 했다. "어떻게 그런 짓을 할 수가 있죠? 존스는 나이가 50이 넘어서 다른 직장을 구하기가 어려울 거예요." 또는 "짐에게 그런 짓을 했다고요? 지금 그의 아내가 병에 걸려 있고 아이들에 대해 무척 염려하고 있는데 말에요?"와 같은 항의 말이다.

이 임원이 회사의 이익과 자신의 안전이 걸려 있는 문제라 어쩔 수 없다고 말한다면, 그는 눈초리가 차가워진 아내로부터 험악한 비난을 받게 될 것이 뻔하다. 많은 아내들은 비즈니스는 특별한 윤리 코드를 가지고 작동된다는 사실을 받아들일 준비가 되어 있지 않다. 이에 대해서 남부의 한 세일즈 담당 임원이 자기 주에서 치열한 선거 유세전이 펼쳐지고 있을 때 자기 아내와 나눴던 대화를 들려주었다.

"나는 아내에게 내 비즈니스의 절반을 가져다주고 있는 콜비와 점심을 했다고 말하는 실수를 저질렀습니다. 콜비는 자기 회사가 선거 결과에 이해관계가 있다고 말했습니다. 그는 이렇게 말했습니다. '그런데 말이죠, 나는 랭 진영의 시민 위원회 재무 담당자입니다. 나는 기부금을 모금하고 있는데 당신이 100달러를 기부해 줄 것으로 믿어도 되겠죠?'

나는 랭에 반대하고 있었지만, 콜비가 어떤 사람인지 알고 있었죠. 내가 그로부터 비즈니스를 받지 못하게 될 경우, 내 자리가 위험해질 수 있었어요. 그래서 나는 그저 웃으면서 그 자리에서 수표를 끊어서 그에게 주었지요. 그는 내게 감사를 표했고, 그리고 나서 우리는 다음 번 주문에 대해 얘기하기 시작했어요. 아마도 그는 내가 자기와 정치적 견해를 같이 한다고 생각했을 겁니다. 그렇다면 나는 이 문제로 잠을 설칠 필요가 없게 된 겁니다.

나는 아내에게 이 말을 하지 않을 눈치가 있어야 했어요. 아내는 길길이 날뛰었어요. 아내는 내가 남자답지 못했고 콜비에게 맞서야 했었다고 말했습니다.

나는 '이봐, 이건 모 아니면 도의 상황이었다고. 내가 그렇게 하지 않았으면 그 비즈니스를 잃었을 거야'라고 말했습니다.

아내는 내게 이렇게 말했습니다. '나는 그 말을 믿지 않아요. 당신은 그 사람에게 정직하게 말할 수도 있었어요. 당신은 찍지 않을 후보에게 선거 자금을 기부해야 한다고는 생각하지 않는다고 말할 수 있었어요. 그러면 그 사람은 틀림없이 이해해 주었을 거예요.'

나는 이렇게 말했습니다. '여보, 당신은 멋진 여자지만, 지금은 한참 빗나가고 있어. 내가 그렇게 말했다면 무슨 일이 일어났을지 알기나 하는 거야? 콜비는 웃으며 이렇게 말했을 거야. '아, 몰랐네요. 그냥 잊어버리세요.' 그렇지만 그 순간부터 그의 눈에 나는 괴짜, 아마도 다소 급진적인 인간으로 보일 거야. 그는 자기의 주문을 요청하는 내 말을 듣고는 이에 대해 고려해 보겠다고 약속했을 거야. 그 후 일주일이 지나도 나는 아무런 연락도 받지 못하겠지. 전화를 해 보면 그의 비서가 그는 아직 주문에 대해 결정을 내리지 못했다고 말할 거야. 그리고 나서 한 달 후에 나는 그가 다른 회사와 비즈니스를 하고 있다는 소문을 듣게 되겠지. 그리고 한 달 뒤에는 내가 잘리게 될 거고.'

아내는 잠시 침묵을 지키더니 이렇게 말했습니다. '여보, 사람이 자기 가족의 안전과 자기에 대한 도덕적 의무 사이에서 선택하도록 강제된다면 비즈니스에 뭔가 잘못이 있는 거네요. 내가 당신이 그 사람에게 대항해야 했다고 말하는 건 쉽죠. 하지만 당신이 그렇게 했더라면, 당신은 나와 아이들을 배신하는 거라고 느꼈겠네요. 당신이 그렇게 한 게 유감이지만, 당신을 비난할 수 없네요. 비즈니스에는 뭔가가 잘못되었어요!'"

이 아내는 사적인 생활에서 인식된 의무라는 견지에서 이 문제를 보았다. 남편은 이를 게임 전략의 문제로 보았다. 약자의 입장에 있는 당사자로서, 그는 자기 자리를 위협할 수도 있는데 윤리적 감성을 충족시킬 여유가 없다고 생각했다.

이기기 위한 게임

도덕적 겁쟁이라는 감정을 느끼느니, 콜비와의 비즈니스에 도전하여 자신의 경력에 흠집이 나는 것을 받아들이는 사람도 있을 것이다. 그들은 존경을 받을 자격이 있지만, 비즈니스맨으로서가 아니라 사인(私人)으로서 그럴 뿐이다. 요령 있는 비즈니스 게임 참가자가 불공정한 압력에 굴복하도록 강제될 경우, 그는 자신의 도덕적 연약함을 책망하지 않는다. 대신에, 그는 향후에는 그러한 압력에 대항해 손실을 보지 않고 자신을 방어할 수 있는 강한 지위에 있으려고 노력한다.

비즈니스 게임에 참여하려면 특수한 윤리적 전망 등 이 게임이 수행되는 원칙들을 완전히 습득해야 한다. 그러면 간헐적인 허세는 이 게임의 윤리라는 측면에서 정당화될 수 있으며 경제적 필요라는 측면에서도 정당화될 수 있다는 점을 확실히 인식하게 될 것이다. 이 점에 대해 마음을 정리하고 나면, 다른 참가자들에 대항할 자신의 전략을 세울 수 있는 좋은 입장에 있게 된다. 그러면 특정 상황에서 허세가 성공할 가능성이 있는지 객관적으로 판단할 수 있고, 윤리 위반이라는 생각이 없이 언제 어떻게 허세를 부릴지 결정할 수 있다.

승자가 되기 위해서는 이기기 위한 게임을 해야 한다. 그렇다고 무자비하고, 잔인하며, 엄하거나 배반해야 한다는 뜻은 아니다. 오히려, 올곧음, 정직성, 품위에 대한 평판이 좋을수록 장기적으로 승리할 가능성이 더 커진다. 그러나 모든 비즈니스맨은 포커 게임을 하는 사람들과 마찬가지로 때로는 손실과 게임의 합법적 규칙 범위 내의 허세 사이에서 선택해야 할 때가 있다. 손실을 보지 않으려면, 회사 및 업계에서 위로 올라가려면, 그런 위기에서는 허세를 부릴 것이다. 그것도 열심히 부릴 것이다.

우리는 때때로 부를 형성하는 과정에서 크고 작은 속임수를 써 왔다는 사실을 편리하게 잊어버리는 성공적인 비즈니스맨을 만나게 된다. 록펠러는 어느 일요일에 주일학교 반에서 경건하게 "하나님이 내게 돈을 주셨다"고 말했다. 우리 시대에는 그런 말이 자아낼 너털웃음을 무릅쓰려는 거물은 거의 없을 것이다.

20세기 후반에는 아이들조차도 어떤 사람이 비즈니스에서 번창했다면, 그 사람은 때로는 장애물을 극복하기 위해 엄격한 진실로부터 벗어났거나, 절반의 진실이나 호도하는 생략과 같이 보다 미묘한 속임수를 썼다는 사실을 알고 있다. 어떤 형태의 허세이든, 허세는 비즈니스 게임의 불가결한 부분이며, 이 기법을 숙지하지 않는 임원은 많은 돈이나 권한을 얻지 못할 것이다.

토론 문제

1. 당신은 "전 세계의 비즈니스맨들이 갑자기 기독교 윤리에 굴복한다면 역사상 최대의 경제적 혼란이 초래될 것이다"라는 어느 임원의 말에 동의하는가? 그 임원은 무슨 의미로 이 말을 했다고 생각하는가?

2. 카가 비즈니스를 자체의 게임 규칙을 지닌 포커 게임에 비유하는 것에 대해 어떻게 생각하는가?

Notes ────────

1. 1967. 3. 9일자 뉴욕 타임즈
2. Bruce D. Henderson, "Brinkmanship in Business," HBR, 1967년 3-4월호, 49쪽을 보라.
3. The New York Times, 1966년 11월 21일.
4. New York, Grossman Publishers, Inc., 1965.
5. New York, David McKay Company, Inc., 1967.
6. The New York Times, 1967년 1월 17일.
7. The New Republic, 1967. 7. 1, 7쪽의 "Business in Crime"에서 Ralph Nader에 의해 인용됨.
8. Rockefeller에 대한 Babcock의 메모에 수록됨(Rockefeller Archives).

읽기 자료

BEYOND
INTEGRITY

정직이 무익하다면
왜 정직해야 하는가?

아말 바이드(Amar Bhide)와 호워드 H. 스티븐슨(Howard H. Stevenson)
하버드 비즈니스 리뷰72(1990년 9-10월호): 121-129쪽 저작권 ⓒ 1990

비즈니스맨들은 정직이 이익이 되기 때문이 아니라 자신이 원하기 때문에 자신이 한 말을 지킨다.

　우리는 신뢰가 합리적인 경우가 있다고 믿는다. 경제학자, 윤리학자, 그리고 비즈니스의 현자(賢者)들은 정직이 최선의 방책이라고 우리를 설득하려 하지만, 그 증거는 약한 것 같다. 우리는 광범위한 인터뷰들을 통해서 그들의 이론을 지지하고, 따라서 보다 높은 비즈니스 행동 기준을 장려하는 데이터를 찾고 싶었다.

우리의 지론은 근거를 찾지 못했지만 배반은 이익이 될 수도 있음을 우리는 발견했다. 진실을 말하거나 약속을 지켜야 할 강력한 경제적 이유는 없다. 실제 세계에서 배반에 대한 처벌은 신속하지도 않고 확실하지도 않다.

정직은 주로 도덕적 선택이다. 비즈니스맨들은 자신에게 선한 일을 하면 장기적으로 잘될 것이라고 스스로에게 말한다. 그러나 이러한 확신에는 사실상의 근거나 논리적인 근거가 거의 없다. 가치관이 없고, 옳고 그름에 대한 기본적인 선호가 없다면, 그러한 환상에 근거한 신뢰는 유혹을 만나면 깨지게 될 것이다.

우리들 대부분은 자신을 신뢰하기를 바라고 다른 사람들이 우리를 존경하고 믿어주기를 바라기 때문에 미덕을 선택한다. 극단적인 경우에는 완고한 비즈니스맨들도 대개 자기의 약속을 지키기 위해 금전적 계산을 무시한다(또는 얼버무린다).

우리는 이에 대해 즐거워해야 한다. 사람들이 그래야만 하기 때문이 아니라 그러기를 원하기 때문에 정직하게 사는 시스템에 자부심을 가질 수 있다. 물질적으로도, 도덕성에 기초한 신뢰에는 큰 이점이 있다. 그럴 때 우리는 경제적 인센티브에만 의존할 경우에는 결코 착수하지 못할 위대하고 흥미 있는 일에 참여할 수 있게 된다.

경제학자들과 게임 이론가들은 신뢰는 시장에서 보복과 평판을 통해 강제된다고 말한다. 당신이 신뢰를 배반하면 피해자가 보복을 모색하기 쉬우며, 다른 사람들도 최소한 당신에게 유리한 조건으로 거래를 하지 않으려 할 것이다. 공정하게 거래한다는 평판이 있는 사람은 번영할 것이다. 그러므로 정직한 사람이 이익을 극대화하게 된다.

구체적인 예를 볼 때까지는 이 말이 그럴 듯해 보인다. 신뢰를 저버렸을 때 끔찍한 결과가 초래됨을 명백하게 보여주는 사례들은 별로 없고 그 증거도 박약한 반면, 배반이 득이 될 수 있다는 증거는 강력한 것 같다.

도덕주의자들은 E. F. 휴톤(E. F. Hutton)이 공수표 발행 사기로 어떻게 몰락했는지를 이에 대한 고전적인 예로 설명한다.[1] 한 때는 전국에서 두 번째로 큰 브로커였던 휴톤은 평판과 재정에 대한 타격에서 회복하지 못했고 시어슨에게 강제로 매각되었다.

엑손의 발데즈 재난은 또 다른 유명한 예이다. 엑손과 다른 7개의 석유회사들은 대규모 유출 가능성은 "매우 희박"하다고 주장해서 발데즈 주민들이 유조선 터미널을 받아들이도록 설득했다. 1,800쪽에 달하는 그들의 유사시 대응 계획은 유출 사고가 나더라도 몇 시간 안에 통제될 것이라고 장담했다. 실상은, 엑손의 초대형 유조선이 24만 배럴이 넘는 석유를 분출했을 때, 정화 계획에서 약속되었던 장비들은 활용할 수 없었다. 이로 인한 비용이 얼마나 소요될 것 같은가? 최근의 추정에 의하면(그리고 이 추정치는 계속 증가하고 있음) 엑손의 비용이 2십억 달러에 달할 수 있으며, 석유업계가 알래스카에서의 가동에 대한 심각한 제약에 직면하고 있다.

그러나 이러한 이야기들이 무엇을 증명하는가? 공수표 발행은 휴톤을 괴롭히고 궁극적으로 이 회사를 망하게 했던 여러 부실 경영 사례 중 하나의 예일 뿐이었다. 엑손의 준비 소홀은 값비싼 대가를 치렀지만, 다른 많은 의사 결정들도 나쁜 결과를 가져올 수 있다. 낮은 유출 가능성을 고려할 때, 약속된 정화 장비 비용을 아낀 것이 그 결정을 내릴 당시에 진정으로 나쁜 비즈니스 의사 결정이었는가?

신뢰가 도움이 되지 않는다는 많은 증거들은 도덕주의자의 입장에 보다 더 치명적이다. 배반이 처벌되었다는 이야기는 적은 데 비해, 속임수가 의심의 여지없이 보상을 받았다는 이야기는 수없이 많이 발견할 수 있다.

필립 칸은 잡지사 잉크(Inc.)와의 인터뷰에서 자기 회사 볼랜드 인터네셔널(Borland International)이 어떻게 잡지사 바이트(BYTE)의 광고 세일즈맨을 속여서 판매를 시작했는지에 대해 유쾌하게 설명했다.

잉크: 볼랜드가 광고 하나로 시작했는데, 이 광고가 없었더라면 지금 여기 앉아서 이 회사에 대해 얘기하고 있지 않을 것이라는 이야기가 있습니다. 그 이야기에 대해 어떤 근거가 있나요?

칸: 그건 사실입니다. 바이트 지 1983년 11월호의 전면 광고 한 면이 이 회사를 굴러가게 했습니다. 그게 실패했더라면 저는 아무것도 할 수 없었을 겁니다.

잉크: 돈이 한 푼도 없었다면, 어떻게 그 광고비를 지불했나요?

칸: 광고 세일즈맨에게 외상으로 해 달라고 설득했다고 해 둡시다. 바이트는 프로그래머들을 위한 잡지였고 우리는 그들에게 다가가고 싶었기 때문에, 우리는 다른 마이크로 컴퓨터 잡지들이 아니라 오직 바이트에만 광고를 내보내고 싶었어요. 하지만 우리는 광고를 실을 형편이 못되었어요. 유일한 방법은 어떻게 해서든 그들에게 외상으로 해 달라고 설득하는 것이었죠.

잉크: 그들이 외상을 주었나요?

칸: 그들이 외상을 제의한 건 아니에요. 우리는 2개의 작은 방을 쓰고 있었는데, 세일즈맨들이 방문하기 전에 추가 인원을 고용해서 아주 바쁜 벤처회사인 것처럼 꾸몄어요. 그리고 컴퓨터 잡지 광고 계획을 표시하는 척하는 차트를 만들었답니다. 그 차트에서 우리는 바이트에 X 표시를 해서 이들을 광고 대상에서 배제했어요. 광고 세일즈맨들이 도착했을 때 우리는 전화벨이 계속 울리게 하고, 사람들이 부산하게 돌아다니게 했죠. 나는 그 사람이 차트를 보면 안 되기라도 하는 것처럼 차트를 치우게 했답니다. 그는 이렇게 말했어요. "잠깐만요. 바이트에도 광고를 내 주면 안 될까요?"
저는 이렇게 말했죠. "우리는 당신네 잡지에 광고하고 싶지 않습니다. 당신네 잡지 독자층은 우리에게 맞지 않거든요." 그가 "한번 시도해 보시죠"라고 말하자 나는 이렇게 말했어요. "솔직히 말하자면, 우리의 광고 계획은 최종 결정이 났고, 추가 광고할 여유가 없어요." 그러자 그는 좋은 조건으로 해 줄 테니 한 번만 광고를 달라고 하더군요. 우리는 2만 달러어치의 소프트웨어를 팔 수 있을 것이고 그 돈으로 광고비를 지불할 수 있을 것으로 기대했는데, 실제로는 15만 달러어치를 팔았어요. 돌이켜 보면 재미있는 이야기인데, 그 때에는 대단히 위험한 일이었죠.[2]

프로 스포츠에서 추가적인 증거가 나온다. 우리의 연구에서 한 응답자는 최근에 뉴욕 닉스(New York Knicks)와 계약 기간이 3년 이상 남은 한 코치가 이 팀을 떠나겠다고 발표한 사례를 인용했다. 응답자는 피티노가 "켄터키 대학교의 코치가 되기 위해 떠났다"고 했다(다른 많은 기관들과 마찬가지로, 고등 교육 기관은 계약 파기에서 한쪽 당사자이다). 피티노는 1주일 전에 뉴욕 타임즈에 자기는 결코 계약을 깨뜨리지 않는다고 말했었다. 그러나 그는 32살인데 벌써 5번째 직장에 다니고 있다. 그는 계약 기간을 채운 적이 한 번도 없다는 사실을 말하지 않았다. 학교들은 불만이 있는 코치를 원하지 않기 때문에 항상 그를 보내줬다.

"프로 선수들도 해마다 똑같은 짓을 합니다. 그들은 장기 계약을 하는데, 한 해 성적이 좋을 경우, 계약을 재협상하지 않으면 그만두겠다고 협박합니다. 참으로 아이러니하지만 그들은 자신이 원하는 것을 얻습니다."

휴톤과 엑손 사례의 모호성에 비해, 칸과 피티노 사례에서는 인과관계가 뚜렷하다. 바이트의 세일즈맨을 속인 것이 칸의 성공에 결정적이었다. 속임수가 없었더라면 볼랜드 인터네셔널은 거의 확실히 사업을 접었을 것이다. 그리고 프로 선수들과 코치들은 계약을 파기할 때 돈을 (그것도 몇 자리 수의 돈을) 번다.

장기적으로는 어떤가? 배반이 궁극적으로 처벌되는가? 어떤 기록도 그렇다고 시사하지 않는다. 오늘날의 많은 블루칩 회사들은 20세기 초에 유가증권 사기에 근접하는 상황하에서 설립되었다. 이를 조장했던 악덕 자본가들은 당시에 엄청난 물질적 부를 보상받았고 그들의 부는 여러 세대를 살아남았다. 산업혁명에도 불구하고 "사람은 강제나 사기를 사용하지 않고서는 좀처럼 낮은 위치에서 높은 자리로 올라갈 수 없다"[3]는 마키아벨리의 관찰은 여전히 타당하다.

힘은 신뢰에 대한 효과적인 대체물이 될 수 있다. 이론상으로는 칸과 피티노 코치는 그들의 속임수와 계약 불이행으로 인해 그 피해자들 및 정의로운 사회에 의해 고통을 당해야 한다. 볼랜드는 휘파람을 불지 못해야 한다. 왜 평판과 보복이 신뢰를 강제하는 장치 역할을 하지 못하는가?

> 힘은 신뢰에 대한 효과적인 대체물이 될 수 있다.

힘, 즉 다른 사람들에게 커다란 피해나 이익을 줄 수 있는 능력은 건망증을 유발할 수 있는 듯하다. 볼랜드 인터네셔널의 거액의 광고 예산은 이에 합당한 존중을 이끌어 낸다. 이 회사 초창기의 속임수는 설사 기억되더라도 재미있는 장난으로 기억된다. 피티노의 농구 경기 승리 기록은 그가 도중에 팀을 그만둔 기록을 씻어낸다.

우리의 응답자 중 여러 사람이 저명한 뉴욕의 백화점들은 공급자들에게 당당하게 약속을 어긴다고 말했다.

"백화점에 55,000달러어치 송장을 보내면 그들은 38,000천 달러만 보내줍니다. 이에 대해 이의를 제기하면 그들은 '11,000달러는 2일간의 지연 벌칙금이다. 얼마는 운송세와 하역료이다… 당신은 선적 지시 섹션 3C의 42조를 따르지 않았다. 당신은 잘못된 운송 도구를 사용했다'고 말합니다. 그들은 주문할 때 두 번에 한 번 꼴로 600쪽에 달하는 확인 서류를 보내고서는, 우리가 이 지시를 따르지 않았다고 말합니다."

"백화점들은 지독합니다! 상인들은 배제되고 재무 전문가들이 장악했습니다. 우리를 우려먹는 친구는 연말에 자기 상사에게 가서 이렇게 말합니다. '저는 화물 운임료 감축으로 482,000달러를 절감했습니다. 저는 제 전임자보다 지불을 평균 22일 늦춰서 얼마를 절약했습니다…."

그럼에도 불구하고, 공급자들은 자기를 괴롭히는 사람의 비위를 맞춘다.

"백화점들이 공급자들을 그런 식으로 대우하기 때문에 망할 것이라고 말하지 마세요! 나는 그런 말 절대로 안 믿습니다. 그들의 힘은 너무 커요. 그들이 한 친구를 우려먹더라도, 그들에게 납품하려는 사람들이 줄을 서서 기다리고 있답니다."

억압적인 힘에 대한 영웅적 저항은 천안문 광장의 학생들의 영역이지, 이 학생들이 모방하기 위해 목숨을 무릅썼던 자본주의 사회의 비즈니스맨들의 영역은 아니다. 비즈니스맨들은 힘의 오용과 신뢰의 문제를 다루게 되면 원칙을 고수하지 않는다. 우리는 적응해야 한다고 들었다. 우리의 윤리적 가치를 공유하는 고객들과만 거래한다면, 우리의 사업은 망할 것이다.

우리가 인터뷰했던 한 부동산 개발업자는 이 점에 대해 직설적이었다.

사람들은 정말로 창녀들입니다. 사람들은 자기에게 도움이 된다면 신뢰할 수 없는 사람들과도 비즈니스를 할 것입니다. 그들은 자기 변호사에게 이렇게 말할지도 모릅니다. "조심하세요. 그 사람은 정직하지 않아요. 그는 믿을 수 없는 사람이고 뭔가가 일어나면 계약을 지키지 않으려고 할 겁니다." 그렇지만 이 두 사람은 서로 비즈니스를 합니다… 나는 재수 없고 말도 하기 싫은 사람들과 거래를 하고 있습니다. 하지만 그 거래는 조건이 좋아서 이를 받아들였고, 내가 할 수 있는 최선을 다했습니다. 그리고 변호사에게 모든 것이 적절하게 반영되도록 세 배나 더 신경을 쓰라고 했죠.

때로는 힘이 있는 사람들이 다른 사람들에게 선택의 여지를 남겨주지 않는다. 자동차 부품 공급자들은 자동차 제조 3사에서 과거에 아무리 나쁜 대우를 받았거나 앞으로 어떤 대우를 받게 되리라고 예상될지라도 그들에게 기꺼이 협조해야 한다. 패션 제품 공급자들은 백화점의 횡포를 받아들여야 한다고 믿는다. 여기서는 힘이 신뢰를 완전히 대체한다.

그러나 일반적으로 힘은 그렇게 절대적이지는 않으며, 어느 정도의 신뢰는 비즈니스 관계에서 필요한 요소이다. 피티노는 농구 경기 성적을 바꿔 놓는 놀라운 능력을 보여줬지만, 고용할 수 있는 코치가 피티노 밖에 없는 것은 아니다. 볼랜드 인터네셔널과 거래를 하는 것은 좋지만, 이 회사가 컴퓨터 잡지사를 만들거나 파산시키지는 못한다. 그럼에도 불구하고, 힘이 그다지 크지 않은 기업조차도 볼품없는 신뢰의 기록을 씻을 수 있다. 인식상의 관성, 즉 자신의 믿음에 부합하는 데이터를 구하고 이에 반하는 데이터를 피하는 경향이 그 이유이다.

미국 우편국의 우편 사기 부문이 해마다 가짜 자선단체들에게 피해를 입은 사람들로부터 받는 편지들을 예로 들어 보자. 표면상으로는 기부자들은 자신이 신봉하는 대의명분에 기부하지 못하게 된 데 대해 짜증이 나 있다. 그들은 자신이 사기를 신뢰했다고 말하는 정보를 피하려 한다.

예상되는 보상이 상당하고, 듣고 싶지 않은 정보의 회피 성향이 참으로 강해지면, 배경 조사(reference checking)는 사라져 버린다. 탐욕에 눈 먼 사람들의 눈에는, 가장 오점이 있는 평판들도 밝게 빛난다.

많은 상품 브로커들의 요트는 계속해서 고객들을 우려먹은 돈으로 조달된다. 허황된 수익률 약속에 속아 새로 투자하는 의사나 치과 의사는 이전 투자자의 운명에 대해 알지 못하거나 관심이 없다. 그런 투자자들은 브로커가 약속한 어마어마한 수익률을 믿기 원한다. 그들은 자신들이 일장춘몽을 깨뜨릴 배경 점검이나 기타 현실성 점검을 원하지 않는다. 그래서 알 만한 정보 원천들이 리테일 상품 브로커들이 해마다 투자자들의 자본 70%를 까먹는다고 알려주고 있음에도 불구하고 이 브로커들이 번창한다.

자기가 바라는 것을 확인해 주는 데이터를 찾는 현상은 순진한 의사들에만 제한된 것이 아니다. 월 스트리트 저널은 최근에 32세의 복합 기업 경영자가 어떻게 시티 뱅크, 뱅크 오브 뉴 잉글랜드(Bank of New England), 그리고 기타 여러 월가 회사들과 같은 세련된 금융 기관들에게 거대한 사기를 쳤는지에 대해 자세한 기사를 실었다. 이 귀재에 대해 실사를 실시한 살로몬 브러더스(Salomon Brothers)의 실사 팀은 그를 매우 도덕적이고 윤리적이라고 묘사했다. 하지만 몇 달 후에 거대한 사기 사건이 터졌다.

신의가 없다는 사실이 공개되고 난 이후에도, 콧대가 높은 비즈니스맨들은 믿을 이유를 발견하려 한다. 그들은 "그건 그의 잘못이 아니다"라고 생각할 것이다. 그래서 오스카 와이야트(Oscar Wyatt)의 코스탈 코퍼레이션(Coastal Corporation)이 가스 공급 계약을 이행하지 않을 수 있었고,[4] 이와 관련된 소송이 아직 해결되지 않은 상태에서, 그는 수십억 달러의 정크 본드를 발행했다. 고수익에 혹한 정크 본드 투자자들은 그들의 계약 관계는 다를 거라고 믿었다. 와이야트는 에너지 가격이 오르자 그의 계약을 파기할 수밖에 없었지만, 정크 본드는 단순한 공급 계약보다 훨씬 더 구속력이 있다.

이와 유사하게, 피티노를 새로 고용한 곳들마다 이전 구단이 피티노에게 잘못했으며, 그들의 관계는 영원히 계속되리라고 믿었다.

모호성과 복잡성도 평판상의 강제를 약화시킬 수 있다. 우리가 다른 사람이 약속을 지키리라고 믿으면, 우리는 동시에 그의 올곧음, 타고난 능력, 그리고 유리한 외부 여건도 믿게 된다. 그래서 신뢰가 배반된 듯 해 보일 때에는 모호한 점이 많아서 분개한 사람도 무슨 일이 일어났는지 파악하지 못할 수 있다. 이 위반이 배반 때문인가, 무능력 때문인가, 아니면 약속한 대로 이행할 수 없게 한 외부 상황 때문인가? 아무도 모른다. 그러나, 그러한 지식이 없이는, 누군가가 기본적 정직성, 유혹에 약함, 또는 약속의 현실성 등 어떤 점에서 믿을 수 없다고 증명되었는지 판단할 수 없다.

매도자의 설명에 속아서 회사를 샀다는 사람에 관한 아래의 예는 시사하는 바가 있다.

"매도인이 이렇게 말했습니다. '우리에게는 오랫동안 사용될 기술이 있습니다. 우리에게는 시장이 있어요.' 우리는 이 친구가 마음에 들었습니다. 그는 우리가 사는 지역에 있었고, 우리 아버지도 알고 있었죠. 그는 이야깃거리가 많아서 함께 얘기하면 참 즐거운 사람이었습니다."

"그는 우리와, 우리의 거래 은행, 그리고 후순위 대출자를 속여서 좋은 조건으로 이 거래를 마칠 수 있었어요. 그러고 나서 회사가 비틀거렸답니다. 재미있는 것은 그가 우리에게서 이 사업체를 도로 사 간 뒤에, 그는 상당한 액수의 자기 자본을 투입했는데, 아직 호전되지 않고 있다는 겁니다. 나는 무슨 일이 벌어졌는지 모르겠어요."

"그는 아마도 자기 자신의 이야기를 너무도 신봉한 나머지 이 회사를 도로 사 간 것 같아요. 그는 다른 회사를 팔아서 큰돈을 벌었기 때문에, 이 건과 별개로 돈이 많은 사람입니다. 저는 그 사람이 자기는 훌륭한 비즈니스맨인데, 우리가 그 회사를 엉망으로 만들었다는 것을 증명하고 싶었다고 생각합니다. 그가 사기꾼이었다면, 왜 신경을 썼겠습니까?"

피해자들마저 누군가가 신뢰를 저버렸는지, 또는 어느 정도나 신뢰를 저버렸는지에 대해 제대로 평가하지 못하는 판국에, 제3자가 이를 판단하기는 실제적으로 불가능하다고 해도 놀랄 일이 아니다.

소통의 모호함 때문에 이 어려움이 가중된다. 불만을 품은 당사자들은 당황 또는 소송의 두려움으로 인해 과거의 불쾌한 경험을 덜 중요해 보이게 하거나 숨길 수도 있다. 또는 다른 사람들의 악행과 자신이 비난 받을 짓을 하지 않았음을 과장할 수도 있다. 따라서 피해자 자신들이 완전히 정직하며 객관적이라는 것을 신뢰하지 못하는 한, 그들의 경험에 기초한 판단은 믿을 수 없게 되며, 위반 혐의자의 평판의 정확성을 알 수 없게 된다.

> 비즈니스맨들은 다른 사람들의 과거에 집착하지 않는 법을 배운다.

신뢰를 배반하는 사람들의 평판을 보호해 주는 마지막 요인은 사람들을 액면 그대로 받아들이는 것이 도움이 된다는 사실이다. 비즈니스맨들은 "유죄가 증명될 때까지는 무죄"라는 원칙은 사업에서 좋은 원칙이며 다른 사람의 과거에 매달릴 만한 가치가 없다는 것을 배우게 된다.

다른 사람들이, 최소한 최초의 의도에서는, 믿을만하다고 가정하는 것은 합리적인 정책이다. 평균적인 차입자들은 백만 달러짜리 사기를 계획하지 않으며, 대부분의 코치들은 계약 기간을 마치려 하며, 대부분의 구매자들은 공급자들의 청구서에 대해 "잊어버리거나" 벌칙 부과를 위한 이유들을 만들어 내지 않는다.

위에 언급했던 냉소적인 부동산 개발업자도 우리에게 이렇게 말했다.

"대체로, 대부분의 사람들은 본질적으로 정직합니다. 어떤 산업, 어떤 분야에서도 정직하지 않은 사람은 종 모양 분포의 끝 부분인 꼬리에 지나지 않습니다. 따라서 이는 단지 그들을 용인하는 문제일 뿐입니다."

또 다른 응답자도 이에 동의했다.

"나는 그렇지 않다고 증명될 때까지는 사람들을 액면대로 받아들이는 경향이 있는데, 대개는 그게 통합니다. 불량배와 불한당들에게는 그게 통하지 않지만, 그런 사람이 몇 명이나 되겠습니까?"

불신은 자기실현적 예언이 될 수 있다. 사람들은 전적으로 성자이거나 죄인이 아니다. 절대적인 도덕 규칙을 고수하는 사람은 극히 드물다. 대부분의 사람들이 상황에 대처하며, 사람들의 정직성과 신뢰도는 그들의 기본적인 성품 외에도 그들이 어떤 대우를 받는가에 따라서도 좌우된다. 다른 당사자가 당신을 속이려 할 거라고 가정하고서

관계를 시작하면, 그 사람이 정확히 그렇게 하도록 부추길 수도 있다.

지나간 잘못을 눈감아 주는 것은 비즈니스 관계에서 충분히 일리가 있을 수 있다. 사람들과 회사들은 변한다. 볼랜드 인터네셔널이 일단 이륙하고 난 뒤에는 칸은 다시는 광고 세일즈맨을 속이지 않았다. 현재 도덕적인 시민이 과거에는 약삭빠른 트레이더나 날강도였을 수도 있다.

신뢰를 깨뜨린 사람들은 평판 악화라는 제재를 받지 않을 뿐만 아니라, 일반적으로 그들이 상처를 주는 당사자들에게 보복을 받지도 않는다. 위에서 언급한 것과 동일한 요인들이 적용된다. 힘을 예로 들어 보자. 보다 힘이 센 위반자를 공격하는 것은 어리석은 짓으로 간주된다. 우리는 이런 말을 듣는다. "그것은 서열상의 위치에 좌우된다. 매도인은 구매 고객이 약속을 어기면, 대체로 보복하지 않는다. 피고용인도 고용주가 약속을 어길 때 대체로 보복하지 않는다."

힘이 보복으로부터 보호해 주지 않는 곳에서는, 편의와 인식상의 관성이 종종 보복으로부터 보호해 준다. 앙갚음하려면 큰 비용이 들 수 있다. 신뢰가 깨진 것에 대해 생각만 해도 무력해질 수 있다. "잊어버리고 전진하라"가 비즈니스 세계의 구호인 듯하다.

비즈니스맨들은 많은 프로젝트들을 가지고 있고 끊임없이 새로운 기회를 찾아내기를 기대하기 때문에, 보복을 낭비적인 경로 이탈이라고 생각한다. 그러므로 개별적인 신뢰 위반으로 입은 피해가 상대적으로 작은데, 이에 대해 보복하는 것은 보다 전망이 좋은 다른 프로젝트로부터 빗나가는 것이라고 생각한다.

응답자들은 보복할 여유가 없다고 말했다.

"보복하려는 생각에 사로잡혀 있을 수 없습니다. 그러면 다른 모든 것이 날아가 버릴 것입니다. 그러다가는 집에 가서 아이들에게 화풀이하거나, 아내에게 분풀이 하고, 비즈니스를 엉망으로 만들 것입니다."

"나이가 들면서 그것을 깨닫게 됩니다. 보복은 이중의 손해입니다. 먼저 돈을 잃습니다. 보복을 하면 시간도 잃게 됩니다."

"당신이 나를 한 번 물면 그건 당신 잘못이다. 당신이 나를 두 번 물면 그건 내 잘못이다… 그러나 당신이 나를 두 번 물더라도 나는 아무 보복도 하지 않겠다. 그리고 나는 내 삶에서 해야 할 더 좋은 일이 있기 때문에 당신을 물어뜯지 않겠다. 단지 당신에게 앙갚음했다는 만족감만을 위해서 소송을 하지는 않겠다."

이미 전성기가 지나갔고 자신이 평생을 걸쳐 이룩한 업적이 위협받는 사람들만이 적극적으로 보복하려 한다. 우리의 인터뷰는 일반적으로 비즈니스맨들은 싸우기보다는 방향을 전환함을 시사한다. 비용을 속이다 적발된 직원은 조용히 회사를 나가게 한다. 계속해서 지불액을 깎는 고객은 할 수 있으면 거래 대상에서 배제한다. 복잡하게 생각할 것 없다.

우리가 인터뷰한 사람들은 또한 상처를 잊어버리고 깨어진 관계를 회복할 용의가 있는 듯 했다. 공급자를 배제시키고, 직원이나 판매원을 내 보낸다. 그런데 몇 달이나 몇 년 후에 양 당사자들은 실제로 또는 상상 속에서 상황이나 마음이 변했음을 환기시키며 관계를 복원하려 한다. "그 직원은 개인적으로 극심한 긴장 속에 있었다." "그 회사의 판매원이 자기의 권한 범위를 넘었다." "그 회사의 경영진이 새롭게 바뀌었다." 편의와 인식상의 관성이 두 번째 기회를 주는 관행을 강화하는 듯하다.

> **"보복은 이중의 손해이다. 먼저 돈을 잃고 다음에 시간을 잃는다."**

보복에 어떤 이익이 있을 수 있는가? 게임 이론가들은 보복은 당신이 만만하게 볼 상대가 아니라는 신호를 보낸다고 주장한다. 우리는, 예를 들어 특히 침해나 소프트웨어 프라이버시와 같이 신뢰 관계가 없는 곳에서 피해가 발생할 경우 이러한 신호에 다소의 가치가 있다고 믿는다. 그러나, 예컨대 직원과의 관계에서처럼 돈독한 신뢰 관계가 있을 경우, 누구의 잘못인가에 관한 불가피한 모호성이 종종 보복이 보내는 신호를 왜곡한다. 일방적인 잘못에 대한 설득력 있는 증거가 없으면, 보복하는 측은 보복적이라는 평판을 얻게 되고 훌륭한 사람들마저 두려워서 돈독한 관계를 확립하지 못하게 할 수도 있다.

앙갚음했다는 카타르시스적 만족감도 제한적인 듯하다. 실추된 명예에 대한 보복은 최소한 비즈니스에서는 유행이 지났다. 셰익스피어의 베니스의 상인과 달리, 현대의 비즈니스맨은 보복 자체를 위한 보복에 관심이 없으며, 실상 보복에 대한 갈증을 직업인답지 못하고 무책임한 것으로 간주한다.

"우리 회사의 최선의 이익과 내가 하고자 하는 것이 완전히 일치하기에, 나는 어떤 앙심도 공식화시키지 않으려 합니다. 내가 보복을 합리화하고 이를 컴퓨터를 통해 실행시키지 못할 경우, 나는 이를 내 일기장에 적어 놓기만 하고 회사의 행동으로 만들지 않을 것입니다."

정직이 전혀 가치가 없다거나 배반이 절대 처벌받지 않는다고 말하면 심한 과장일 것이다. 신뢰할 수 있는 행동은 힘의 상실과 보이지 않는 저격으로부터 보호해 준다. 그러나 이러한 보호는 형체가 없으며, 그 금전적 가치는 신용에 대한 설득력 있는 근거가 되지 못한다.

좋은 과거 기록은 힘을 잃을 때 보호를 제공해 줄 수 있다. 당신이 더 이상 승리하는 코치가 되지 못하거나 당신의 소프트웨어가 더 이상 팔리지 않으면 어떻게 되겠는가? 그러면 오랫동안 억눌려 있던 과거의 힘의 남용에 대한 기억이 떠오르고, 피해자들이 당신에게 달려들지도 모른다.

어느 딜(deal) 주선자는 특정 유형의 거래에 대해 유일한 자금 조달원이었던 한 투자은행의 운명을 인용했다.

"그들은 항상 거래 조건의 윤곽을 정한 뒤 마무리할 때에 이를 바꾸는 사람들이라는 평판이 있었습니다. 업계에서는 그러리라고 예상해야 한다는 것을 알았습니다. 우리에게는 다른 선택이 없었습니다. 이 회사에 법적인 문제가 불거지고, 다른 자금 조달원이 생기게 되자 사람들이 그곳으로 몰려가고 있습니다. 사람들은 그 은행을 버릴 수 있는 첫 번째 기회에 그렇게 했습니다. 그것도 어느 정도 고소한 기분으로 말이죠. 그 은행은 자기들이 모든 카드를 쥐고 있었을 때 모든 사람을 우려먹었기 때문에 고객들로부터 호의를 이끌어 내지 못하고 있습니다."

또 다른 사업가는 자신의 장수를 신용에 대한 평판 덕으로 돌렸다.

"우리가 성공한 가장 중요한 이유는 우리 상품 라인의 품질입니다. 그렇지만 우리의 라인이 언제나 성공적이었던 것은 아니었기에 내 정직성이 없었더라면 우리는 살아남지 못했을 겁니다. 모든 비즈니스에는 굴곡이 있는데, 사람들이 나를 믿기 때문에 우리 실적이 좋지 않을 때에도 나를 지지해 줬습니다."

신용은 보이지 않는 저격에 대한 즉각적인 보호를 제공해 줄 수도 있다. 힘의 남용이 신뢰를 몰아내면, 피해자들이 종종 힘의 남용자에게는 보이지 않는 방식으로 앙갚음하려 한다. "나는 단지 이익을 내기 위해 사업을 하는 것이 아닙니다. 어떤 고객이 나를 골치 아프게 하면, 나는 수수료를 올립니다." "대기업에 대해 앙갚음하는 방법은 그들에게 더 많이 파는 것입니다."

때로는, 저격이 '갑'을 위협할 수도 있다. 예를 들어, 백화점들의 고압적 태도는 디자이너 의류 할인점이라는 새로운 유형의 경쟁자를 만들어 냈다.

한 할인업자는 이렇게 말했다. "일반적으로 제조업체들은 자기 제품을 우리와 같은 사람들에게 헐값에 팔지 않습니다. 그러나 백화점들이, 특히 합병 후에 공급자들을 조직적으로 쥐어짰기 때문에 우리의 사업이 번성했습니다. 동시에, 제조업자들은 우리가 그들을 올바르게 대우한다는 것을 알았습니다. 우리는 세심하게 약속을 지킵니다. 우리는 지급한다고 말하면 그대로 지급합니다. 그들이 우리에게 특정 지역에서 특정 품목을 광고하지 말라고 요청하면, 우리는 광고를 하지 않습니다. 그들이 선적할 때 고의가 아닌 실수를 하더라도 우리는 그들에게 벌칙을 가하지 않습니다.

백화점들은 우리와 경쟁할 자회사들을 만들려고 했지만, 그들은 할인점 사업을 이해하지 못합니다. 누구나 할인점을 세울 수는 있지만, 정말로 중요한 것은 공급자들의 신뢰입니다."

> 당신이 남용했던 공급자들이 인기 품목을 당신의 경쟁자들에게
> 먼저 선적할 때의 재무적 영향을 어떻게 계량화할 수 있겠는가?

이러한 효용들은 거짓말할지 약속을 지킬지에 대한 합리적인 비즈니스 의사 결정에 쉽게 고려될 수도 없다. 저격은 보이지 않는다. 저격수는 당신이 측정하거나 보지 못하는 실탄만을 날릴 것이다. 당신이 남용했던 공급자들이 인기 품목을 당신의 경쟁자들에게 먼저 선적할 때의 재무적 영향을 어떻게 계량화할 수 있겠는가?

힘을 상실했을 때 보호를 제공해 주는 것의 가치는 더욱더 계산할 수 없다. 미래의 어느 순간에 당신의 운이 다할 수도 있고, 그렇게 되면 다른 사람들이 당신에게 어떤 해를 가하려고 할지도 모른다는 가능성을 평가하기란 신의 보복의 성격을 예상하기만큼이나 어렵다. 이처럼 불확실하고 알 수도 없는 보복 가능성에 비추어 볼 때, 확실히 모호한 미래의 비용이 불편한 약속을 깰 때의 확실하고 즉각적인 효용에 필적할 수 없다. 합리적인 할인율을 적용했을 때의 순 현재가치는 확실히 약속이행에 불리하게 작용할 것이다.

이 모든 점에 비추어 볼 때, 약속 위반이 만연할 것이라고 예상할 수도 있을 것이다. 실상은 대부분의 비즈니스맨들이 힘이 있는 약속 위반자들과 거래를 거부할 정도로 원칙주의자들은 아니지만, 대부분의 경우 자신의 약속을 지키려고 노력한다. 편리한 망각을 감안해도, 우리는 아래와 같은 말에 의해 흔들리지 않을 수 없다.

"나는 40년 동안 이 비즈니스를 해왔습니다. 나는 2개의 회사를 팔았고, 직접 회사를 상장시켰으며 모든 종류의 거래를 해 봐서 세상 물정 모르는 아이가 아니란 말입니다. 그렇지만 나는 사람들이 나를 이용해 먹은 경우를 한 번도 생각할 수 없습니다. 내가 젊고 순진해서 많은 것을 몰랐던 때에는 내가 한 일에 대한 대가를 덜 받았을 수도 있지만, 그것은 배우는 경험이었습니다."

배반이 우리를 집어 삼키지 못하는 한 가지 이유는 사람들이 충실함의 경제적 가치를 과장해서 이를 합리화하기 때문이다.

"비용이 상승하고 있어서 내가 이 일을 마치려면 백만 달러를 손해 볼 것이다. 하지만 내가 이 일을 하지 않으면 내 이름이 엉망이 될 것이고, 아무도 나와 거래를 하지 않을 것이다."

"내가 이 화학물질 공급이 부족할 때 터무니없이 높은 가격에 팔면, 고객들이 죽어날 것이다. 그러나 내가 정가를 받으면, 공급과잉 시에 그들도 내가 한 대로 할 것이다."

신뢰하는 사람이 자기가 리스크를 무릅쓰고자 하는 이유를 찾는 것과 마찬가지로, 어려운 약속을 지키려고 하는 사람은 숫자가 그렇지 않다고 말하는 경우에도 정당화의 논거를 찾는다. 신용은 비즈니스 사회에서 장기적인 경제적 가치의 타당한 기준인 "전략적 초점"과 "지속 가능한 경쟁 우위"의 지위를 얻었다.

그러나 왜 신용이 뿌리를 내렸는가? 왜 비즈니스맨들은 이에 반하는 상당한 증거들에도 불구하고 신용이 이익이 된다고 믿고 싶어 하는가? 이에 대한 대답은 재무의 영역이 아니라 사회적, 도덕적 행동 영역에 확고하게 자리 잡고 있다.

우리가 인터뷰했던 비즈니스맨들은 그들의 가족, 친구, 공동체를 매우 중시했다. 그들은 모호한 재정적 이익 때문이 아니라, 자신의 명성에 자부심을 느끼기 때문에 평판을 가치 있게 생각했다. 이보다 더 중요한 것은, 외부인들은 신용을 쉽게 판단할 수 없기 때문에, 비즈니스맨들은 자신의 내부의 음성, 즉 양심에 의해 인도되는 듯했다. 인터뷰 대상자들에게 배반이 명백히 이익이 되는 예를 인용했을 때, 우리는 다음과 같은 말을 들었다.

"그렇게 해서 얼마나 많은 돈을 벌든지 그건 중요하지 않습니다. 옳은 건 옳은 거고, 잘못된 건 잘못된 겁니다."

"그게 중요합니까? 그들은 돈은 많을지 몰라도 자기의 가치관과 인생이 무엇인지에 대해서는 아주 가난한 사람들입니다. 나는 돈으로 사람을 평가할 수 없습니다. 나는 그들의 행위와 그들이 어떻게 반응하는지에 의해 평가합니다."

"나에 대해서만 말할 수 있지만, 내 경우는 내 인생에서 내 말과 내 개인의 신뢰성이 가장 중요합니다. 우리가 이룬 다른 모든 성공은 이차적입니다."

비즈니스에서는 도덕적, 사회적 동기의 중요성을 아무리 강조해도 지나치지 않다. 선택적 기억, 사실에 대한 주의 깊은 선별이 신뢰라는 미덕이 이익이 된다는 허구를 지탱하는 데 도움이 될지는 몰라도, 신뢰의 근본적인 토대는 도덕적이다. 우리는 약속을 지키는 것이 옳은 일이기 때문에 약속을 지키는 것이지, 그것이 비즈니스 상 이익이 되기 때문에 지키는 것이 아니다. 냉소주의자들은 우리가 들은 말을 가식적이라고 치부해 버릴 테고, 성과가 열망에 미치지 못하는 것이 사실이다. 그러나 우리는 왜 신뢰가 그토록 많은 관계들의 토대인지에 대해 양심 외에는 다른 이유를 찾을 수 없다.

처음에는 이러한 발견이 우리를 당혹하게 했다. 평균적인 비즈니스맨들이 힘의 남용에 대항해 싸우지 않고 부정직을 참기 때문에 신뢰에 대한 배반이 이익이 된다는 말인가? 확실히 이것은 옳지 않을뿐더러 효율적이지도 않으니 이 시스템은 고쳐질 필요가 있지 않은가! 그러나 이에 대해 더 생각해 보고 나서 우리는 이 시스템은 도덕적인 견지에서 및 물질적 견지에서도 문제가 없다는 결론을 내렸다.

도덕적 이점은 평이하다. 신뢰나 보다 넓게 미덕의 개념은 불신과 사악함에 경제적 보상이 주어지지 않으면 공허하다. 정직한 거래에 부가 자연스럽게 따라 온다면, 우리는 장기와 단기, 어리석음과 지혜, 그리고 높은 할인율과 낮은 할인율 사이의 충돌에 대해서만 말하면 될 것이다. 그리고 다른 사람들의 정직성에 대해서는 신경 쓸 필요가 없고 그들의 상식에 대해서만 염려하면 될 것이다. 예측 가능한 재정적 보상이 없다는 바로 그 사실이 정직을 우리가 귀하게 여기는 도덕적 자질로 만드는 요소이다.

자기 이익이 아니라 도덕에 기초한 신뢰는 또한 커다란 경제적 효용을 제공한다. 두려움에 의해 신뢰가 유지되는 경우를 고려해 보라.

신용이 없는 사람이 불확실한 보복에 직면하는 세계는 모두가 다른 사람을 아는 (그리고 다른 사람을 자세하게 지켜보는) 작은 세계이다. 참으로 상품 브로커뿐만 아니라 모든 낯선 사람들, 이민자 그리고 혁신가들에 대해 미심쩍게 바라보는 작은 마을이다.

이곳에서는 그늘이나 모호한 구석이 없다. 주민들은 "다이아몬드를 A에게 가져다주고 현금을 받아 와라"와 같이 책임이 특정된 거래에서만 서로를 신뢰하며, 이의 위반은 명확하다. 그들은 신의 없음, 역량 부족, 과도한 낙관주의 또는 단순한 불운 등을 통해 헝클어질 수도 있는 기법에 모험을 걸지 않는다.

이러한 세계에서는 어두운 비관주의가 팽배해진다. 기회는 희박해 보이고 결국 좌절하게 된다. "단 한 번도 속을 여유가 없다. 그러니, 의심스러우면 하지 말라."가 작동 원리가 된다.

이러한 세계에서는 두 번째 기회도 없다. 토마스 와트슨 시니어(Thomas Watson Sr.)와 같이 중죄 판결을 받은 사람은 IBM을 설립하도록 허용되지 않을 것이다. 페더럴 익스프레스는 초기에 대출 약정에 부도를 낸 뒤에는 결코 여신을 제공받지 못했을 것이다. 여기에서의 규칙은 명확하다. 눈에는 눈, 이에는 이이고 죽이지 않으면 죽임을 당한다.

> 다행히도, 우리가 사는 세계는 신뢰하는 낙관주의자들로 가득하다
> – 이렇다 할 기록이 없는 스티브 잡스도 애플을 시작할 수 있다.

작고, 폐쇄적이며, 앙갚음을 하는 세계도 존재한다. 가격 담합 집단, 고리대금 영업, 입법부의 결탁, 그리고 상호 핵 억지력 파괴 합의 등에서는 약속 위반에 대한 처벌이 신속하기 때문에 신뢰는 자체적으로 강화된다. 배정된 양을 초과하면 가격 전쟁을 치러야 한다. 납부일자를 못 맞추면 팔이 부러진다. 내 지역구 사업을 막으면, 당신 지역구 사업도 막힌다. 우리의 도시를 공격하면 당신의 도시를 쓸어버릴 것이다.

좋게 말하면 그런 세계는 안정적이고 예측 가능하다. 계약이 준수되고, 한 사람의 말은 실제로 그의 의무가 된다. 그 결과, 아무도 편의상 신의를 지키지 않는 관계 속으로 들어가지 않기 때문에 의도하지 않더라도 도덕적 기준이 높다. 다른 한편으로는, 그런 세계는 모든 변화, 새로운 아이디어 및 혁신에 저항한다. 이는 기업가 정신에 완전히 반한다.

다행히도, 우리가 살고 있는 보다 넓은 세계는 덜 엄격하다. 이 세계는 낯선 사람들 및 혁신가들과 기꺼이 비즈니스를 할 용의가 있는, 신뢰하는 낙관주의자들로 가득하다. 이렇다 할 기록이 없는 26세의 스티브 잡스나 거의 10번이나 실패한 52세의 레이 크록(Ray Kroc)도 애플이나 맥도널드를 시작할 수 있는 지원을 받을 수 있었다. 사람들은 그렇게 하는 이유를 대지 않아도 메인 주에서 몬타나 주로, 또는 플라스틱에서 빵 제품으로 이동하도록 허용된다.

대규모 팀의 정직성과 능력을 요구하고, 시장 및 기술상의 많은 리스크들에 직면하는 프로젝트들은 그럼에도 불구하고 열렬한 지원을 받는다. 낙관주의자들은 실패할 경우 잘못이 있는 사람을 찾아내 벌주는 능력보다는, 무지개 끝에 있는 황금 항아리에 더 초점을 맞춘다.

약속 위반에 대한 관용은 모험을 장려한다. 사업가는 채무자의 투옥과 파산의 낙인이라는 두려움이 없이 성장에 필요한 자금을 손쉽게 빌릴 수 있다.

관용은 또한 기능을 다한 기업에서 자원이 빠져 나오도록 허용한다. 자동차 안테나 제조업체가 사업을 못하게 되면, 우리는 일부 약속들, 아마도 해서는 안 되었을 약속들이 파기되어야만 한다는 것을 안다. 그러나 묵시적 또는 명시적 계약 위반마다 완전한 보복을 요구하지는 않을 때, 자동차 시대에 대한 적응이 더 쉽게 이루어진다.

우리의 세계에서는 그가 뭔가 제공할 것이 있는 한, 상황에 적응하지 못하는 건달조차도 받아들여진다. 천재 발명가, 비전이 있는 조직자, 용감한 개척자들은 단지 그들이 모든 면에서 다 신뢰할 수 있는 것은 아니라는 이유만으로 배척되지 않는다. 우리는 정직하지 않은 사람들과 불한당들이 우리의 진보에 많은 기여를 했다는 점을 잘 알기 때문에, 이를 조정한다. (위대한 재능이 도덕적 취약성을 상쇄하도록 허용한다.) 그리고 아마도 원칙에 맞지 않는 이러한 관용이 역동적인 사업가적 경제를 촉진한다.

고대 때부터, 철학자들은 미개한 "자연 상태"와, 힘과 사기에 대한 인간의 성향이 길들여진 완벽하고 질서가 잡힌 사회를 비교했다. 다행히도 우리는 혼란도 아니고 침체도 아닌 무언가를 만들어 냈다. 우리는 정직을 요구하지는 않지만, 이를 존경하고 기뻐한다. 만화경(萬華鏡)과 마찬가지로, 우리는 질서와 변화를 가지고 있다. 우리는 아름답고 잘 들어맞는 관계를 맺으면서도 늘 이를 깨뜨리고 개혁한다.

그러나 제3의 길은 우리들 대부분이 존경할 만한 도덕적 나침반에 따라 살 때에만 통한다는 것을 기억해야 한다. 우리의 신뢰는 자기의 이익에 근거하지 않았기 때문에 깨지기 쉽다. 실로 우리 모두는 신뢰가 파괴적인 난투나 융통성 없는 규칙과 관료주의에 길을 내준 조직, 산업, 그리고 심지어 사회 전체를 알고 있다. 이익이 되건 아니건 오직 옳은 일을 하겠다는 우리의 개인적 의지와 결심만이 우리를 혼란과 침체 사이에서 옳은 선택을 하도록 이끌어 준다.

토론 문제

1. 당신은 정직이 이익이 되지 않는다는 바이드와 스티븐슨의 말에 동의하는가? 그이유는 무엇인가?
2. 좋은 윤리와 좋은 비즈니스("좋은 비즈니스"를 수익성으로 정의할 경우)는 어떤 관계가 있다고 생각하는가?

Notes ────

1. 하버드 비즈니스 리뷰 컬렉션 Ethics in Practice는 6편의 글을 싣고 있다(Boston: Harvard Business School Press, 1989).
2. "Management by Necesity," Inc., 1989년 3월, 33쪽. 허락을 받아 게재함. 저작권 ⓒ 1989 Goldhirsh Group Inc., 38 Commercial Wharf, Boston, Mass. 02310.
3. The Discourses, Chapter XIII, Book 2, Modern Library Edition,1950.
4. Forbes(Toni Mack, "Profitable If Not Popular", 1988년 5월 30일 34쪽)는 이렇게 말한다. "1970년대 초에 Wyatt는 치솟는 천연 가스 가격과 San Antonio와 Austin과 같은 도시들에 대한 저가의 가스 공급 계약 사이에 끼어 곤욕을 치르고 있었다. 그의 해법은 계약 파기였다. 그는 그저 계약 이행을 거절했다."

비즈니스의 목적

달라스 윌라드(Dallas Willard)
Provocations, 2006년 10월 11일,
http://www.fff.org/index/jpurnal/detail/business-of-business

비즈니스는 하나의 직업인 바, 직업에는 사회에서의 도덕 규칙이 있다.

비즈니스(제조업, 상업)의 목적은 무엇인가? 오늘날 이 질문에 대한 자동적인 대답은 아래와 같다. 비즈니스의 목적은 이에 관여하는 사람들을 위해 돈을 버는 것이다. 사실, 이 대답은 이제 너무도 명백하다고 여겨져서, 이 질문을 하는 사람은 어리석거나 아는 게 없는 사람이라고 생각될 수도 있다. 그러나 이는 성공을 본질적으로 명성, 지위, 그리고 물질이라는 관점에서 이해하도록 강화하는 현대 사회에서 그릇된 교육이 횡행하고 있기 때문에 생긴 결과일 뿐이다.

이 대답은 직업(여기서 우리는 비즈니스도 하나의 직업이라고 가정할 것이다)에 대한 비교적 최근의 한 가지 견해를 반영할 뿐이며, 오늘날에도 일반 대중이 공유하고 있는 직업에서의 성공에 대한 견해도 아니다. 자신의 "서비스"를 광고하는 어떤 비즈니스나 다른 직업도 자신들이 자기 또는 이에 관여하는 사람들을 부유하게 해 주기 위해 존재한다고 표명하지 않는다. 그들은 모두 한 목소리로 자신들의 목적은 서비스라고 말할 것이다. 나는 고객들에게 자신들은 단지 자신의 이익을 위해 존재한다고 말하는 직업인들을 만나본 적이 없다. 그럼에도 불구하고, 오늘날의 많은 직업인들은 자기 이익에 의해 지배되고 있는데, 이것이 바로 법원과 "뉴스"를 점령하고 있는 끊임없는 도덕적 실패의 원천이다. 그리고 사실은 사리 추구를 성공이라고 생각하는 많은 사람들이 절대로 공식적으로는 그렇게 말하지 않으면서도 "근무 시간이 끝난 뒤"에는 그렇게 말하기도 한다. 그러나 이 "직업인"은 자유 경쟁 시장에서 기술적 전문성만 보유하고 있는 것이 아니라 사회에서 도덕적 역할도 보유하고 있다.

직업에 사회의 도덕적 역할이 있다는, 보다 오래된 견해는 대량 사회 및 도시의 익명성의 시대가 되기 전에는 보다 더 명백했고 옹호하기 쉬웠다. 오늘날 의사, 변호사와 같은 사람들은 다른 사람들과 함께 사는 평범한 개인으로 간주된다. 이전에는 그들은 주위의 일반인들, 즉 일반 대중 또는 "공동의" 선을 위해 잠재적으로 희생적인 특별한 선(good)을 제공하는 데 대한 적절한 대응으로 특별한 훈련과 지위, 그리고 존경을 받았다. 상인과 제조업의 역할은 성직, 의료, 법률과 같은 전통적인 직업의 역할보다는 덜 명확했지만, 그럼에도 불구하고 공동체에서 그들의 높아진 위상과 힘은 이와 함께 독특하고 피할 수 없는 도덕적 책임을 수반한다고 이해되었다.

존 러스킨은 1860년에 이에 대해서 아래와 같이 썼다.

"사실 사람들은 다른 사람들과 관련된 상인들의 기능을 명확하게 설명한 것이 없었다."[1] 그리고 나서 그는 오늘날 우리가 "비즈니스"라 부르는 것을 "모든 문명 국가"의 삶에 필요한 "5개의 위대한 지적 직업"이라는 맥락 안으로 집어넣는다. 이 직업들은 국가와 관련해서 다음과 같은 기능을 수행한다.

군인은 국가를 방어한다.
목사는 국가를 가르친다.
의사는 국가를 건강하게 유지한다.
변호사는 국가 안에서 정의를 집행한다.
상인은 국가를 부양한다.

그는 이 리스트에 다음과 같이 덧붙인다. "그리고 이 모든 사람들의 의무는, 정당한 경우, 국가를 위해 죽는 것이다." 군인은 "전투에서 자기 자리를 떠나기보다는" 죽어야 하고, 목사는 "거짓을 가르치기보다는" 죽어야 하며, 변호사는 "불의를 지지하기보다는" 죽어야 하는 데, 상인은… **무엇**을 하기보다는 …해야 하는가? 러스킨은 사람들이 이 빈칸을 채우기가 어렵다는 점을 인정한다. "상인"은 무엇을 하기보다는 죽어야 하는가?

이 질문에 대한 답은 상인 또는 제조업자가 공동체의 구성원들에게 제공하는 기능과 선에 의해 제공된다. 그의 과업은 공동체를 부양하는 것이다. 그의 기능은 공동체로부터 자기의 지위 확대를 위한 수단을 뽑아내는 것이 아니다. 러스킨은 계속해서 이렇게 말한다.

급여를 받는 것이 성직자의 기능이 아닌 것처럼, 이 부양으로부터 자기를 위해 이익을 얻는 것은 그의 기능이 아니다. 급료는 적절하고 필요한 부가물이지만 진정한 성직자라면 급료가 그의 인생 목적은 아니다. 수수료(사례비)가 진정한 의사의 삶의 목적이 아니듯이 말이다. 이처럼 수수료가 진정한 상인의 삶의 목적은 아니다… 즉 상인은 자기가 거래하는 물건의 품질, 이를 획득하거나 생산하는 수단을 속속들이 이해해야 한다. 그리고 이 물건을 완벽한 상태로 획득 또는 생산하기 위해 자기의 모든 지혜와 에너지를 쏟아야 하며, 이를 가장 필요한 곳에 가능한 가장 싼 가격에 유통시켜야 한다.

러스킨은 더 나아가 고용하고 있는 사람들의 복지에 대한 "상인"의 책임을 강조한다. 상인은 자기를 위해 일하는 사람들을 직접적으로 다스린다. 따라서 "상인은 항상 자기가 파는 것을 가장 순수하고 가장 싸게 생산할 수 있는 방법뿐만 아니라, 이 물건의 생산 또는 운송과 관련된 다양한 고용들이 피고용자들에게 가장 유익이 되게 할 수 있는 방법도 고려할 책임이 있다." 따라서 비즈니스의 기능은 "최고의 지능과 인내, 친절, 재치… 그의 모든 에너지… 그리고 필요할 경우 자기 생명의 포기"를 요구한다. 선장이 재난을 당했을 때 최후로 배를 떠날 의무가 있는 것과 같이, "제조업자는 사업상의 위기나 어려움에 처하게 될 경우 직원들과 함께 고통을 짊어지되, 아버지가 기근이나 난파 또는 전쟁 시에 아들을 위해 자신을 희생하는 것과 마찬가지로, 직원들이 고통을 느끼도록 허용하는 것보다 더 많은 고통을 자신이 직접 짊어질 의무가 있다."

러스킨만 이런 식으로 말한 것이 아니라는 점을 보여주기 위해, 미국의 가장 위대한 사상적 리더이자 정부의 리더 중 한 명이었던 루이스 브랜다이스(Louis Brandeis)의 말도 인용한다. 1912년 10월에 브라운 대학교의 학위 수여식에서 "비즈니스 – 하나의 직업"[2]이라는 제목으로 행한 강연에서 브랜다이스는 다음과 같이 말했다.

"저명한 직업인들은… 재무적 수익의 크기를 성공의 척도로 보는 것을 단호히 거절합니다. 그들은 보다 넓은 의미에서의 탁월한 성과를 성공 여부에 대한 테스트 기준으로 삼습니다. 그리고 다른 무엇보다도, 특정 직업에서의 진보와 공동체에 대한 서비스를 포함시킵니다. 이것들은 모두 저명한 직업인들이 명성을 얻게 되는 토대입니다. 그들에게 높은 수입은 성공에 일반적으로 따르는 요소일 뿐입니다. 그러나 이 요소를 과장하는 사람들은 진정한 성공을 이루기 어렵습니다."

그는 계속해서 이렇게 말한다. "사람의 가장 뛰어나고 가장 다양한 지적 역량과 도덕적 자질을 행사할 기회가 풍부한 현대의 비즈니스 분야에서, 단순한 돈벌이는 적법한 목적으로 간주될 수 없습니다."

브랜다이스는 그의 강연의 대부분을 당대의 비즈니스맨들의 경력으로부터 "과학자, 투자자, 정치인들의 성공에 비견할 만한" 비즈니스에서의 "진정한 성공"을 예시하는 데 할애한다. 그는 러스킨과 마찬가지로 "상인"의 기능의 고상함을 강조한다. 그는 우리가 그러한 경력들을 모델로 삼을 경우, "'대기업'이라는 말은 불길한 의미를 떨어내고 새로운 의미를 부여 받을 것입니다. 그러면 대기업은 규모나 힘에서 큰 것이 아니라 서비스에서 위대하고 매너에서 훌륭함을 의미하게 될 것입니다"라고 말한다.

그런데 아직 이러한 의미의 변화가 일어나지 않았다는 점은 말할 필요도 없다. 러스킨과 브랜다이스, 그리고 유사한 사람들[3]의 글은 오늘날 미국의 경영 대학에서 인기 있는 참고자료는 아니다. 경영 대학들은 좋은 의도에서 러스킨과 브랜다이스의 시대에 살았던 또 다른 사람이 "교양 있는 사람들의 입에서 이기심으로 말하는 변명들"[4]이라고 한 말에 너무 많은 비중을 둔다.

비즈니스에서는 확실히 이익을 내야 하며, 기업이 서비스를 제공하려면 살아남아야 한다. 그러나 공공의 선과 자신에 의존하는 사람들의 복지를 희생하면서 이익을 내서는 안 된다. 예를 들어, 살아남거나 번창하기 위해 오염된 음식 또는 조잡한 가구나 전자제품을 팔아서는 안 된다. 그리고 이익을 비즈니스에 관련된 사람들의 유일한 목적이나 목표로 삼아서도 안 된다.

옳은 일을 하지 않으면 "시장"에서 쫓겨날 것이라고 말하는 것으로는 충분하지 않다. 아주 조금만 사실인 이 구호는 잘해야 식칼로 뇌수술을 하는 격이고, 실제로 그대로 실현되는 경우는 거의 없다. 이 구호는 오늘날 도덕적 소명과 도덕적 성품이 전혀 무게가 없으며 따라서 개인의 행동 및 공공 정책을 위한 확립된 준거 역할을 하지 못하기 때문에 통용되고 있을 뿐이다. 도덕적 소명과 도덕적 성품은 판단의 근거가 되어야 하고, 품위 있는 사람이라면 받아들여야 하는 실제의 측면으로 취급되지 않는다. 따라서, 직장에 들어가는 젊은이들의 이상주의나 서비스를 받을 일반 대중의 정당한 요구가 합당한 지지를 받지 못한다. 직업이 (모든 사람들이 마음 깊은 곳에서는 이를 알고 있는 바) 일반 대중과 이웃에게 선의 공급자 및 보호자로 기능하기에 적합한 방식으로 수행되려면 소명과 성품이라는 설득력 있는 틀이 회복되어야 한다. 공식적으로 포스트 기독교적인 세계가 직면하고 있는 최대의 도전은 이 틀을 제공하는 것이다. 아직까지는 이 과제가 잘되지 않고 있다.[5]

확실히 가장 좋은 길은 (혹시 가능하거든 더 나은 방법을 찾아보라) 직업을 예수 그리스도에 대한 지적인 제자도를 통해 하나님으로부터 부여받은 것으로 보는 것이다. 이것이 바로 러스킨과 브랜다이스 그리고 다른 많은 사람들이 생각했던 고상함을 낳게 되는, 오랜 기간에 검증되었고 경험적인 직업의 토대이자 틀이다.

토론 문제

1. 윌라드에 의하면, 비즈니스의 목적은 무엇인가? 비즈니스의 목적에 관한 그의 견해에 동의하는가?

2. 비즈니스에 대한 윌라드의 견해는 카의 견해와 어떻게 다른가? 당신은 누구의 견해를 더 좋아하는가? 왜 그런가?

3. 이익에 대한 윌라드의 견해는 무엇인가? 당신은 이 견해에 동의하는가? 그 이유는 무엇인가?

Notes

1. 모든 인용문들은 Ruskin의 책 Unto This Last 여러 판본들의 "Lecture I"에서 따왔다. 이 강의는 "명예의 근원"이라는 제목이 달려 있다.

2. Business - A Profession (Boston: Small, Maynard & Company, Publishers, 1914)에 최초로 발표됨. Google Book Search에서도 구할 수 있음.

3. 19 세기 말과 20 세기 초의 "Progressive Movement"는 부분적으로는 미국의 정치 및 사회에서 Ruskin, T. H. Green 그리고 Brandeis가 표현한 내용의 톤을 다소 낮춘, 일종의 이상주의를 실현하려는 노력이다. 이 운동이 어떻게 되었는지(이 운동이 일련의 사건들을 통해 어떻게 잘못되었는지, 그리고 실행 가능한 도덕적 내용이 없이 분출되는 사상들에 의해 그 천재성이 어떻게 집어 삼켜졌는지)는 현재 미국의 사회적 및 개인적 상황에 대한 이해에 몰두하고 있는 사람들에게 매우 교훈적인 연구가 될 것이다. Who Were the Progressives?, Glenda, editor(Boston: ST. Martin's Press, 2002와 Michael McGert, A Fierce Discontent: The Rise and Fall of the Progressive Movement in America, 1870-1920(New York: Oxford University Press, 2003)은 좋은 출발점이 될 것이다.

4. Prolegomena to Ethics [Google Book Search]의 §208에서 T. H. Green이 한 말.

5. 그러나 이와 대조적으로 Os Guinness의 필독서 The Call(Nashville: Word Publishing 1998)을 보라. 또한 Phillips Brooks(1835-1893)의 영적 삶에 대한 많은 처방들을 보라. (편집자 주. "크리스천 비즈니스맨의 의무"라 불리는 설교를 담고 있는 책 Phillips Brooks' Addresses는 Project Gutenberg를 통해서 또는 Google Book Search를 통해서 찾아볼 수 있는데, 이들은 여러 원천들로부터 수집한 Brooks의 다른 글들의 전문도 가지고 있다.)

사례 2.1:
볼랜드의 용감한 시작

볼랜드 인터네셔널의 전 CEO 필립 칸은 밑바닥에서 출발해서, 1991년에 소프트웨어 업계 최대 회사 중 하나인 아쉬톤 테이트(Ashton-Tate)를 4억 4천만 달러에 인수한 것을 포함한 일련의 조치들을 통해 강력한 소프트웨어 회사를 세웠다. 이 회사는 한 때에는 매우 성공적이었는데, 이는 거의 100억 달러가 소요된 본사 사옥 신축에서 정점을 이루었다. 칸은 한 때에는 세계 최대의 소프트웨어 제조사인 마이크로소프트에 도전할 생각까지 했었다.[5] 이 회사는 최근에 어려움을 겪고 있다. 이 회사의 시작에 대해 도덕적으로 의문스럽다고 여기는 사람이 있는 반면, 이를 "게임의 테두리 내에 속하는 영리한 조치"라고 평가하는 사람도 있다.

1989년에 잉크 지와의 인터뷰에서 칸은 볼랜드의 초라한 시작에 관한 이야기를 들려주었다. 2개의 작은 방을 쓰고 있었고 돈에 쪼들리던 그는 자기의 목표 시장에 도달하기 위한 가장 좋은 매체인 바이트에 광고할 여유가 없었다. 광고 세일즈맨에게 외상을 달라고 설득하기 위해 칸은 "여분의 직원들"을 고용해서 부산하게 돌아다니게 하고 전화벨이 계속 울리게 해서 바쁜 것처럼 보이게 했다. 그는 바이트가 지워진 광고 계획을 차트에 적어 놓고는 이 회사의 광고 세일즈맨이 이 차트를 "우연히" 보게 했다. 이 세일즈맨이 바이트에도 광고를 내 달라고 요청하자, 칸은 바이트는 자기가 생각하는 매체가 아니며, 자기는 추가 광고를 할 여유도 없다고 말했다. 이 세일즈맨은 사정을 하면서 좋은 외상 조건을 제공했다. 이 광고를 한 번 실었는데 15만 달러어치의 소프트웨어가 팔려서 신생 기업이 성공적으로 출범했다.[6]

토론 문제

1. 칸의 행동에 대해 어떻게 생각하는가? 그의 행동은 (*"게임의 규칙 안에서"*) 재치 있는 비즈니스인가, 속임수인가, 양쪽 모두인가?

---

5) Julie Pitta, "The Barbarian Steps Down," Los Angeles Times, 1995년 1월 12일, D1면.
6) "Managing by Necessity," Inc., 1989년 3월호, 33쪽.

2. 비즈니스에 관한 카와 윌라드의 설명/가정에 비추어 보면 칸의 행동이 어떻게 보이겠는가?

3. 결국 모든 사람이 "이겼기" 때문에, 칸의 결정은 윤리적이라고 말하는 사람도 있을 것이다. 이 말에 동의하는가? 왜 그렇게 생각하는가?

사례 2.2:
자기 영역이 아닌 분야에서 조언하기[7]

역사적으로, 주식 브로커 사용 시의 고비용으로 인해 많은 사람들이 주식 시장에 투자하지 못했었다. 부분적으로는 인터넷과 같은 기술상의 진보로 인해, (트레이드에 대해 낮은 수수료와 비용을 징수하는) 할인 브로커리지 업계가 주식 시장에 더 많은 사람들이 접근할 수 있게 했다. 그러나 보다 낮은 비용에는 한 가지 애로사항이 있다. 할인 브로커들은 고객들에게 맞춤 조언을 제공해 줄 여유가 없다. 할인 브로커들은 스스로 리서치를 하려고 하거나, 완전한 서비스를 제공하는 브로커들이 부과하는 높은 가격을 부담할 형편이 되지 못하는 투자자들에게 서비스를 제공할 의도로 설립되었다.

지난 1년간 (내가 대학 졸업반이던 해에) 나는 전국적 할인 브로커리지 회사의 한 지점에 인턴 사원으로 들어가 파트타임으로 일하고 있다. 나는 우리가 제공하는 서비스가 고객들에게 유익하다고 믿었기 때문에, 졸업하면 이 업계에 정식 직원으로 들어오기를 원하고 있다. 내 주요 책임 중 하나는 고객들을 위해 계좌를 개설하고 그들에게 우리 회사의 서비스에 대해 교육시키는 것이다. 우리는 나이와 경제 상태 면에서 폭넓은 계층의 고객을 보유하고 있다.

최근에 80대 초반의 한 고객이 개인 트레이딩 계좌를 개설하기 위해 우리 지점에 왔다. 이 사실 자체는 그리 특이할 것이 없지만, 그 고객의 의도를 알고 나서 나는 크게 우

---

7) 이 사례는 시애틀 퍼시픽 대학교 학부생 Michael Peterson이 2010년 봄 학기 비즈니스 윤리 과목(BUS 4899)의 학과 프로젝트로 저술했다.

려하게 되었다. 그는 자신이 평생 모은 돈을 이 계좌에 옮겨서 주식 시장에 투자하려 한
다고 말했다. 자기 저축의 많은 부분을 주식 시장에 투자하는 사람들이 많이 있지만, 그
분의 나이와 경제적 변동성 수준을 고려할 때 내게는 이 계획이 불안해 보였다. 더구나,
이 고객은 자기의 모든 돈을 핑크 시트에서 거래되는 특정 소형주 한 종목에 투자할 계
획이었다. 주식이 핑크 시트에 등재된 경우, 이 회사는 파산 신청 절차를 밟고 있는 것
이어서 이에 대한 투자는 매우 위험하다. 간단히 말해서, 이 고객은 결연하게 이 하나의
위험한 주식의 성과에 자기의 미래 전부를 걸었다.

이날 오후에, 사무실에는 나 외에도 브로커 면허가 있는 다른 사람이 일하고 있었다.
이 브로커의 책임은 내가 고객을 도와 줄 때 나를 감독하고 필요할 때 도움을 주는 것이
었다. 이 브로커는 또한 나를 감독하는 것 외에도, 전화를 받고 다른 고객들을 도와 줄
책임이 있다. 그가 어깨 너머로 우리의 대화를 들어서, 내 망설임과 우려를 이해하고 있
다는 것이 확실함에도 불구하고, 이 브로커는 내게 이 고객에게 우리 회사의 웹사이트
사용법을 알려 주고 모든 서류 작업이 적절하게 완료되게 하라고 상기시켜 준 것 외에
는 달리 개입하지 않았다.

나는 어떻게 진행해야 하는가? 이 상황에서 내 신앙과 일을 어떻게 통합시켜야 하는
가? 나는 직장에서 내 기독교적 가치에 따라 살고자 하지만, 이 경우 내가 그렇게 하면
법에 어긋날 수도 있다. 내가 이 고객에게 소형주에 투자하지 말라고 조언함으로써 법
을 어기고 내 미래의 경력을 위험에 빠뜨려야 하는가? (나는 이곳에서 일하는 것을 아주 좋아하고 있으며,
현재 심한 경기 침체로 일자리가 별로 없는 상태이다.) 그 고객이 계좌 개설 신청서에 연락처로 적은 그의
딸에게 연락해서 (이는 고객 비밀 유지 의무에 위반될 것이다) 자기 아버지를 설득하라고 해야 하는가?
아니면 그 고객이 자신의 재무적 복지를 심각하게 위험에 빠뜨리고 있다는 걸 알면서
도 내 일의 범위에 머물러서 계좌를 개설하고, 그의 돈을 받은 다음에 그가 자기 길을
가도록 해야 하는가? 어떤 것이 윤리적인가? 나는 어떻게 적절한 권위(이 경우 법률과 내 고용주)
를 존중하면서도 "내 형제를 지키는 자" 역할을 할 수 있는가? 내 상사는 내 우려 사항
을 알고 있지만 이 이슈를 해결하기 위해 위험을 무릅쓰려 하지 않고 있으며, 지금은 다
른 고객을 도와주고 있다. 이제 내가 어떻게 진행해야 할지는 내게 달려 있으며, 어떤
결과도 내 책임임을 잘 알고 있다.

토론 문제

1. 이 인턴사원은 자기의 지위에 대한 법적 요건과 노인에 대한 윤리적 의무 사이의 갈등으로 보이는 이 상황에서 어떻게 해야 하는가?

2. 그는 자기 직장의 규칙을 지켜야 하는가, 아니면 보다 넓은 의무에 따라 행동해야 하는가?

논평

많은 비즈니스맨들이 상거래에 편만해 보이는 도덕적 가치들과 일터 바깥에서의 자신의 삶을 다스리는 기준 사이에서 불편한 긴장을 느낀다. 재정적 성공은 실제로 도덕적 확신의 포기를 "요구한다"는 계속되는 의혹은 비즈니스 경력에서 가장 골치 아픈 측면이다. 정직하거나 동정적으로 행동할 경우 경쟁자들에 비해 자신(또는 자신 조직)이 매우 불리한 입장에 처하게 될 수도 있다고 두려워한다. 사실, 어떤 리서치에 의하면 사람들은 "사적인 생활"을 위한 가치와 일터에서의 가치라는 두 종류의 가치에 따라 살고 있다.[8] 비즈니스를 게임으로 보는 앨버트 카(Albert Carr)의 묘사와 볼랜드 사례는 다소 익살스럽지만, 그럼에도 불구하고 이 긴장을 여실히 보여준다.

이 골치 아픈 이슈에 대해, 비즈니스에서의 우리의 일에 대해 어떻게 접근해야 하는가? 카가 주장하는 대로 두 개의 서로 다른 윤리에 따라 살아야 하는가? 카는 비즈니스의 도덕적 성격에 대한 다소 어두운 가정에 의존한다. 거꾸로 된 황금률과 "비즈니스맨들이 갑자기 기독교 윤리에 굴복하면 사상 최대의 경제적 혼란이 초래될 것"이라는 그의 말은 특히 도발적이다. 이 말은, 경제가 생존을 위해 불신과 속임수에 구조적으로 의존하기 때문에, 기독교 윤리에 굴복하면 경제가 망가질 것이라는 뜻이다.

이러한 묘사가 보편적이기는 하지만, 이 말이 옳은가? 비즈니스는 속임수와 불신이 정상일 정도로 망가졌는가? 칸은 자신의 신생 기업을 성공적으로 출발시키기 위해 투명하지 않은 길을 선택하도록 "강제"되었는가? 성공하기 위해서는 자신의 확신을 타협하거나 구분해야만 하는가?

---

8) John P. Fraedrich, "Philosophy Type Interaction in the Ethical Decision-Making Process of Retailers" (박사 논문, Texas A&M 대학교, College Station, Tex., 1988).

비즈니스는 여러 사람, 조직, 그리고 산업들로 구성되어 있는데, 이들이 수용할 수 있는 행동 기준은 서로 다르다. 그러므로 비즈니스가 하나의 실체인 양 지나치게 일반화하는 것은 위험하다. 그러나 최소한 비즈니스의 일부 부분에는 보다 낙관주의적인 설명이 보다 더 정확할 수도 있다고 믿을 수 있는 좋은 이유들이 있다. 불신에 기초한 경제가 이토록 장기에 걸쳐 효율적으로 작동할 수 있는가?

바이드와 스티븐슨의 글에서 언급된 바와 같이, 정직과 신뢰는 아마도 희귀한 예외라기보다는 비즈니스 관행의 일반적인 규범일 것이다. 그들이 "정직이 경제적 이익을 위한 최선의 정책이다"라는 아이디어는 직관적으로는 일리가 있지만 합리적, 경제적 관점에서는 근거가 없다는 것을 발견한 점에 비추어 볼 때 이는 특히 주목할 가치가 있다. 그들은 약속을 어기는 것이 실제로 상당한 이익을 가져다주거나, 최소한 거의 처벌되지 않는 사례들을 지적한다. 그럴지라도, 그들은 많은 비즈니스맨들에게 정직은 전략이라기보다는 양심과 도덕의 문제이기 때문에 비즈니스 관계에 필요한 신뢰는 여전히 건강하게 살아 있다고 결론을 내린다.

볼랜드 사례는 사람이 사업을 시작하기 위해 어디까지 갈 수 있는가에 대한 극단적인 사례이기 때문에 우리의 관심을 끈다. (사고파는 것처럼) 신뢰가 필요한 기초이고, (고객에게 좋은 가치를 제공하고, 대금을 제때 지급하며, 공동체에 대한 봉사 프로그램에 관여하는 것과 같이) 공정한 거래가 당연하게 여겨지는 (날마다 수십억 번씩 이루어지는) 통상적인 비즈니스 활동들은 잡지, 텔레비전 또는 영화의 소재거리가 아니다.

최근의 대형 신뢰 배반 사건들(회계 부정, 서브프라임 모기지)에서 확인된 바와 같이, 경제가 계속 굴러가게 하려면 신뢰가 필요하다. 세계를 대충만 훑어봐도 확고한 도덕적 토대가 없는 나라들은 모든 것을 재차 확인해야 하기 때문에, 경제가 활력이 없고 비효율적인 경향이 있다는 점을 보여준다.[9]

비즈니스의 도덕적 성격에 대한 보편적인 가정이 지나치게 비관적일 수도 있지만(물론 일부 비즈니스맨, 조직 또는 전체 산업에 큰 결함이 있을 수도 있다), 시장에 대해 지나치게 낙관적인 방어를 제공하려는 것이 우리가 말하는 요점은 아니다. 윤리와 비즈니스 성공 사이의 관계는 복잡하다. (좋은 윤리건 나쁜 윤리건) 윤리와 "성공적인" 비즈니스 사이에 완벽한 상관관계는 없다.

---

9) www.Transparency.org에서 Transparency International Corruption Perception Index를 보라.

비즈니스는 (기독교 신학에서 "세상"의 다른 부분들과 마찬가지로) 선하기도 하고 악하기도 하다(타락했지만 그럼에도 불구하고 다소의 하나님의 형상/존재를 보유하고 있다)고 말하는 것이 가장 정확할 것이다. 오랫동안 검증된 공정함에 대한 평판으로 현재의 지위에 오른 사람이 있는가 하면, 무자비와 교활함을 통해 그렇게 된 사람도 있다. 이 둘을 결합해서 그렇게 "해 낸" 사람도 있다. 진실을 말하면 평판 자본을 쌓고 이에 대한 보상으로 거래가 성사된 사례가 있는가 하면, 판매를 하지 못하게 되는 경우도 있을 수 있다. 그러나 비즈니스에 종사하는 동안에 올바른 삶을 사는 것과 재정적으로 이익을 얻는 것 사이에 진정한 선택(그리고 상쇄 관계 및 희생)을 할 필요가 있을 것이라는 데에는 의문이 없다. 그러나 바이드와 스티븐슨이 말하는 바와 같이, 우리는 이에 대해 감사해야 한다. 정직이 보상받지 못하는 경우가 있다는 사실이, 올바른 이유로 올바른 일(그리고 올바른 사람)을 선택하게 한다.

경제적 정렬 문제는 차치하고, 보다 더 중요하게 고려해야 할 사항은 애초에 비즈니스에서의 "성공" 측정 척도 문제일 것이다. 카는 성공을 오로지 자기 이익의 관점에서 정의한다. 오늘날의 문화에서 이는 기본적으로 주어진 명제이다. 실상은 대부분의 사람들이 대안적 정의를 묘사하기 시작하는 것조차도 힘들어 할 것이다. "비즈니스의 목적"에서 월라드는 이를 매우 다른 관점에서 생각하도록 도전한다. 그는 "비즈니스의 목적이 무엇인가"라고 묻는다. 비즈니스의 목적은 과연 무엇인가? 성공은 궁극적으로 목적과 연결되어 있다. 비즈니스를 하나의 "직업"이라고 볼 때, 자기 이익이라는 목적은 과녁에 한참 못 미친다. 의사, 목사, 교사, 비영리 기관의 리더들, 그리고 예술가들이 자기가 일하는 주된 목적은 부를 쌓는 것이라고 설명한다면 얼마나 이상하겠는가? 왜 비즈니스로부터는 덜 고상한 목적을 받아들이는가? 비즈니스가 제품 및 서비스의 공급과 직원들의 복지를 돌봄을 통해 사회(또는 "공동의 선")를 섬기는 도덕적 역할을 한다고 보는 것이 훨씬 나은 접근법이다.[10] 이 견해에 의하면 비즈니스에는 단순한 "게임"보다 훨씬 많은 것들이 있다.

이렇게 정의하면 카가 말하는 바와 같이 비즈니스에서 "많은 돈과 힘을 쌓는 데"에는 실패하더라도 성공적일 수 있다. 공동체를 위해 삶을 향상시키는 제품과 서비스를

---

10) 또한 Charles Handy, "What's a Business For?", Harvard Business Review(2002년 12월)를 보라. 또한 Jeff Van Duzer, Why Business Matters to God: (And What Still Needs to Be Fixed) (Downers Grove, Ill.: InterVarsity Press Academic, 2010)을 보라.

제공하며, 직원들에게 도전적이고 보상이 돌아가는 일자리를 만들어 주는 지속 가능한 기업을 만들어 냄으로써 성공적인 비즈니스맨이 될 수 있다. 물론 (자원 봉사, 자선, 환경보호 등) 더 많은 의무 또는 사회를 섬길 수 있는 방법들도 있다.

허세와 게임

볼랜드의 시작에 관한 이야기는, 특히 사업가들(잉크 잡지의 독자들)에게는 흥미 있는 이야기이다. 전 CEO 필립 칸의 결정은 비즈니스에 관한 카의 견해가 부적절하다는 점, 특히 영향을 받는 많은 사람들이 선택에 의해 "테이블에 앉는" 것이 아니라는 점을 다소나마 보여준다.

이 사례에서는 모든 사람들에게 "좋은" 결과가 나왔지만, (1장에서 본 바와 같이) 결과에만 기초해서 어떤 결정이나 행동의 도덕성을 판단하는 것은 적절하지 않다. 만약 이야기가 다르게 진행되어서 볼랜드가 외상 대금을 지급하지 못했더라면, 이 이야기에 대해 전혀 언급하지 않을 것이다. 바이트는 손해를 보았을 것이고, 광고 세일즈맨은 부정적인 결과로 고생했을 것이다. 그리고 칸도 위신이 실추됐을 것이다. 돈으로 봤을 때, 실제 손해는 크지 않았겠지만, 여기에는 원금이 아니라 원칙이 걸려 있다. 칸은 세일즈맨을 속여서 바이트가 알지 못하고 동의하지 않은 상태에서 리스크를 부담하게 했다.

좀 더 깊이 들어가서, 아무리 작은 속임수일지라도, 이를 통해 성공하는 것이 장기적으로 진정으로 유익한지 물어봐야 한다. 보다 필사적인 상황에서는 보다 큰 규모의, 보다 빈번한 거짓말에 의존하게 되지 않겠는가? 문제시되는 회사 설립자의 행동에 관한 이야기가 회사 역사의 일부로 돌아다니는데, 직원들이 건전한 윤리를 고수하리라고 믿을 수 있는가? 이 사실이 칸의 경력에 어떤 영향을 주었는가? 그는 계속해서 다른 회사들을 차리기는 했지만, 나중에 볼랜드의 이사회에 의해 (다른 이유로) 밀려났다.

유사한 이야기가 이 점을 강화시켜 줄 것이다. 배리 민코우(Barry Minkow)는 한 때 ZZZZ 베스트(ZZZZ Best)라 불리는 건물 보수기업을 창업하여 기린아(麒麟兒)라는 찬사를 받았다. 민코우는 하루아침에 성공한 듯한 사업 덕에 20세에 백만장자가 되었다. 곧 이어 그는 잡지와 주요 TV에 등장했다. 그러나 이 회사(그리고 민코우)가 비상하자마자 몰락이 시작되었다.

수백만 달러의 대출을 신청한 뒤에, 민코우는 향후 재무 전망을 허위로 부풀려서 은행을 감쪽같이 속였다. 그는 대출 신청 건에 대해 실사를 나온 은행의 감사자들을 근무 외 시간에 큰 빌딩으로 데려가서 이 빌딩이 ZZZZ 베스트의 큰 고객 중 하나의 예라며 보여줬다. 실은, 그 빌딩은 회사의 고객이 아니었다. 민코우는 경비원에게 돈을 주고, 빌딩에 들어가서 몇 명의 자기 직원들이 회사 유니폼을 입고서 이 빌딩에서 일하는 것처럼 꾸며서 감사자들을 속였다. ZZZZ 베스트는 대출을 받았지만, 이를 갚을 수 없었다. 결국 민코우는 (ZZZZ 베스트의 여러 임원들과 함께) 이 조사자들과 대출자들을 속여 1억 달러가 넘는 돈을 대출 받은 혐의로 몇 년을 복역했다.[11] 볼랜드의 전 CEO 필립 칸의 행동이 법률 상의 사기는 아니고, 그의 사례에서는 민코우의 사례에서보다 걸린 금액이 훨씬 작았지만, 윤리적 원리는 동일하다.

카의 주장은 도발적이기는 하지만, 조금만 조사해 보면 근거가 사라진다. 윌라드가 지적한 바와 같이 비즈니스는 단순한 "게임"과는 거리가 멀다. 비즈니스는 하나의 직업으로서 그 중심 목적은 공동의 선에 대한 서비스라는 도덕적 역할 수행이라고 볼 좋은 이유가 있다. 또한 비즈니스를 자체의 특수한 규칙을 가지고 있는 포커 게임처럼 취급하는 것은 이 세상에서 책임 있는 행동의 소명을 저버리는 것이다. 카는 기독교 윤리(또는 비즈니스 외부의 다른 어떤 가치 시스템)가 우리가 그 안에서 "사적인 시민"이 되기를 중지하는 비즈니스에서의 일에 영향을 주도록 허용해서는 안 된다고 강조한다. 이는 세상에서 빛과 소금이 되라는 그리스도의 명령에 정면으로 배치된다.

---

11) Minko의 이야기는 다소 재미있는 반전을 이룬다. 출소한 뒤에 그는 목사가 되어서 정부가 사기를 발견하도록 도와주는 조직인 Fraud Discovery Institute라는 조직을 설립했다. 불행하게도, Minko는 2011년에 유가증권 사기 공모 혐의로 다시 투옥되었다.

Chapter 3

크리스천의 비즈니스 영위

개요

역사적으로 기독교 교회들은 기업들과 불편한 관계에 있었다. 예를 들어, 어거스틴은 단호하게 "비즈니스는 그 자체로 악하다"고 선언했으며, 터툴리안(Tertullian)은 상거래는 "하나님의 종들에게 별로 적합하지 않다"고 했다. 루터 또한 당대의 "무역 회사들"(현대의 주식회사들과 유사함)을 비난했다.[1] 오늘날 많은 비즈니스맨들은 자기 교회의 리더들이 하나님의 "참된 사역"이라고 간주되는 일, 즉 교회와 선교 현장에서 벌어지고 있는 일에 소요되는 자금을 대는 경제적 부가 가치 있게 생각되고 있음에도 불구하고 비즈니스를 "하나님 나라의 일"에 어울리지 않는 것으로 본다고 말한다. 보다 최근에는, 골치 아픈 기업 비리들(회계 부정, 서브프라임 모기지 대출, 환경 재앙)의 폭로가 잠재적으로 치명적일 수도 있는 "세계화"의 영향에 대한 논쟁과 맞물려서, 비즈니스 관여에 관한 케케묵은 문제가 다시금 부각되고 있다. 상거래가 기독교 전통과는 긴장 관계에 있는 가치들로 가득 찬 시스

---

1) Theodore Tappert 편, Selected Writings of Martin Luther(Philadelphia: Fortress Press, 1967), 85쪽이하의 Martin Luther, Treatise on Trade and Usury"를 보라.

템 안에서 수행되는 것처럼 보이는데, 상거래가 세상에서 신의 사역에 참여하는 적법한 수단이 될 수 있는가?

이번 장은 크리스천의 비즈니스 영위에 관해 신학 정보에 입각한 관점 전개에 중점을 둔다. 특히, 사업을 하는 크리스천이 어떻게 사려 깊고 충실하게 일에 접근해야 하는가라는 중요한 이슈가 다루어질 것이다. 상업 활동이 주로 "진짜" 또는 "적절한" 교회의 일을 지원하기 위한 수단으로 간주되어 도덕적, 영적 순결을 위해 포기되어야 하는가, 아니면 그 안에서 "충실한 존재"로서 섬기거나 사회를 하나님의 나라의 이상으로 변화시키는 것을 돕는 적법한 영적 천직 또는 소명으로 받아들여져야 하는가?

크리스천들이 (비즈니스도 그 일부인) 현대 문화와 어떻게 상호 작용해야 하는가에 대한 보다 폭넓은 논의를 통해 비즈니스에 대한 적절한 관여가 토의될 것이다. 오래 전에 H. 리처드 니버(H. Richard Niebuhr)의 영향력 있는(비록 흠이 있지만) 책 『그리스도와 문화』(Christ and Culture)에 분류되어 있는 바와 같이, 다양한 신학적 전통들마다 기독교와 문화의 관계에 대해 아주 다른 견해를 보이고 있다. 어떤 전통들(그리고 이에 영향력이 있는 신학자들)은 기독교적 가치와 문화를 둘러 싸고 있는 가치 사이의 틈을 강조하며, 이들의 상호 작용에서 분리주의자적인 경향이 있다. 다른 이들은 그리스도의 가치와 문화의 가치 사이에 조화되는 부분이 있다고 보며, 이들 사이의 공통적인 도덕적 기반을 강조하는 경향이 있다. 또 다른 이들은 그 중간쯤에 있는데, 이들은 다시 타락한 문화의 "은혜를 입은" 측면과 "구속되어야 할" 측면에 대한 강조를 달리 한다.

이 장의 첫 번째 글 로크 반 웬스빈 시커(Louke van Wensveen Siker)의 "그리스도와 비즈니스: 기독교 비즈니스 윤리 유형론"은 일련의 범주를 만듦으로써 크리스천의 적절한 비즈니스 관여를 조사하기 위한 장을 마련한다. 니버의 『그리스도와 문화』에 기초해서, 반 웬스빈 시커는 "그리스도"와 "비즈니스"라는 서로 경쟁하는 도덕적 권위 사이의 관계에 관한 일련의 신념들을 분류하는 유형론을 개발한다. 그녀는 이 관계에 관한 사고 유형이 조사될 수 있는 다섯 개의 "이상적인 유형"을 묘사한다. 이 장의 나머지 논문들은 반 웬스빈 시커에 의해 묘사된 다양한 사고들의 독특한 특징을 담고 있다.[2] 두 번째

---

2) 확실히 밝혀 두자면, 나머지 논문들은 이 유형론에서 전개된 범주에 완벽하게 들어맞지는 않는다. 어떤 유형론에도 한계가 있다. 많은 저자들(그리고 독자들)이 두 개 이상의 "유형"을 보유할 수도 있다. 그러나 유형론은 기본적인 사고 유형을 분류 및 묘사하는 데 큰 도움이 되는 도구이다.

논문은 비즈니스 및 비즈니스에 참여하는 일의 거룩함에 대한 낙관적인 설명을 제시한다. 로버트 시리코의 "사업가적 소명"은 상거래 세계에 관해 호의적이지 않은 몇 가지 가정들을 시정하려 한다. 그럼으로써, 그는 비즈니스는 교회의 "적절한 일"이 일어날 수 없는 영역이라는 묵시적인 가정을 약화시킨다. 시리코는 (광의로 이해된) 사업가적 활동은 하나님의 창조적 성격을 반영하기 때문에 고유한 가치가 있다고 주장한다.

세 번째 논문, "거친 비즈니스: 깊고 빠른 물속에서"에서 회사 임원 스티브 브린(Steve Brinn)은 우리는 어려운 윤리적 긴장을 타락하고 불완전한 비즈니스 세계의 엄연한 사실로 받아들여야 한다고 말한다. 그러나 그는 크리스천들은 도덕적 위험에 직면한다는 이유만으로 어느 영역을 떠나서는 안 된다고 주장한다. 브린은 그리스도가 살았던 모델은 문화에 대한 포기가 아니라 문화에 관여하는 모델이었다고 말한다.

사례들은 비즈니스에의 참여가 윤리적으로 문제가 있는 결과를 가져올 수도 있지만 이를 포기하면 실제로 더 나쁠 수도 있는 상황들을 살펴봄으로써 문화적 관여라는 이슈를 탐구한다. 이 예들은 브린이 "깊고 빠른 물"이라고 부르는 것들이다.

사례 연구들을 읽을 때, 당신의 생각은 ("그리스도와 문화"라는 글에 제시되는 유형 중) 어느 "유형" 또는 "유형들"과 가장 가까운지 평가해 보라. 이 글들을 읽고 당신의 생각이 어떻게 도전받았는지, 바뀌었는지, 아니면 확인되었는지 생각해 보라.

그리스도와 비즈니스: 기독교 비즈니스 윤리 유형론

로크 반 웬스빈 시커(Louke van Wensveen Siker)
Journal of Business Ethics 8 (1989):
Copyright © 1989 Kluwer Academic Publishers.

서론

비즈니스 윤리 분야가 점점 더 잘 정의되어감에 따라, 이의 하위 분야인 기독교 비즈니스 윤리도 다양한 측면을 띠어가고 있다. 이 논문에서 나는 기독교 비즈니스 윤리가 현재 비즈니스에서의 윤리적 변화에 대해 생각하고 있는 다양한 방식을 살펴볼 것이다. 이를 위해서는 적절한 범주를 필요로 한다. 응용 철학자들이 이 분야에 사용하는 전통적 범주(공리주의, 칸트 학파 등)는 기독교 윤리학자들이 이 분야를 적절히 구조화하는 데 큰 도움이 되지 않을 것이다. 나는 전통적인 신학적 범주들이 비교적 새로운 분야인 기독교 비즈니스 윤리의 범위 및 다양성을 이해하도록 돕는 데 있어서 갈 길이 멀다는 점을 보여줄 것이다. 내가 선택한 범주들은 리처드 니버의 고전적 연구인 그리스도와 문화[1]에 나오는 유형론에서 영감을 얻었다.

유형론

논의를 진행하기 전에, 니버의 유형론에 대해 간단히 상기해 보기로 하자. 『그리스도와 문화』라는 책은 크리스천들이 수백 년 동안 니버가 "그리스도와 문화의 권위들 사이의 관계라는 영원한 문제"[2]라 부르는 것을 어떻게 다루어왔는지를 탐구한다. 니버는 이 문제에 대해 반복적인 응답 패턴을 인식하고서, 이를 다섯 가지 유형으로 정리했다. 먼저, 그는 가장 극단적인 응답을 제시한다. 여기에서는 문화에 존재하는 악을 강조한 나머지 그리스도를 문화에 반대하는 것으로만 보는 급진적인 크리스천의 견해를 보게 된다("문화와 대립하는 그리스도"). 스펙트럼의 반대쪽에는 문화의 요구와 그리스도의 요구 사이에 기본적인 모순이 없는 것으로 보는 문화적인 크리스천의 입장을 만나게 된다("문화의 그리스도"). 니버는 이 극단들 사이에 3개의 다른 입장들을 위치시킨다. 소위 종합적 크리스천들은 문화의 권위가 확인되면서도 그리스도의 권위에 의해 대체되는 위계(位階)를 확립하는 경향이 있다("문화 위의 그리스도"). 이원주의자인 크리스천들은 문화를 타락했으면서도 하나님에 의해 보존된 것으로 보는 데서 오는 모호성과 씨름한다("역설적 관계에 있는 그리스도와 문화"). 마지막으로, 개종주의자인 크리스천들은 문화가 그리스도의 변혁 사역의 영역인 한, 문화를 긍정하는 경향이 있다("문화의 변혁자 그리스도").

니버의 유형론은 기독교 비즈니스 윤리 연구에 내재된 다양성을 이해하는 좋은 도구 역할을 할 수 있다. 여기서의 초점인 그리스도의 권위와 문화의 권위 사이의 관계는 크리스천이면서 비즈니스에 관여하고 있는 사람이 질문하는 주요 주제이기도 하다. 실상, 이 연구에서 니버의 다섯 가지 유형은 비즈니스에 대립하는 그리스도, 비즈니스의 그리스도, 비즈니스 위의 그리스도, 역설적 관계에 있는 그리스도와 비즈니스, 그리고 비즈니스의 변혁자 그리스도로 좁혀질 수 있다. 각각의 경우에 "비즈니스"는 지배적인 자본주의 비즈니스 문화를 일컫는다. 이 범주들은 기독교 비즈니스 윤리에 대한 다양한 접근법들을 파악하는 독특한 신학적 방법을 제공할 것이다. 응용 철학자들에 의해 사용되는 범주들은 도덕적 권위에 대한 다른 기초들을 반영하지만, 니버의 유형론은 하나의 궁극적인 도덕적 권위, 즉 그리스도가 인간의 충성을 요구하는 삶의 또 다른 영역인 비즈니스에 어떻게 관련된다고 생각되는가에 대한 다양한 방식을 보여줄 것이다. 즉, 이 범주들은 그리스도의 사역과 존재가 비즈니스에서 윤리적 변화의 가능성과 역동성에 미치는 영향에 대한 일련의 신념들을 보여준다.

니버의 다섯 가지 유형들은 실로 비즈니스에서의 윤리에 대해 숙고하는 크리스천들 사이에서 명확하게 드러날 것이다. 그러나 니버가 다음과 같이 말한 바와 같이 어느 한 가지 접근법이 특정한 유형에 정확히 들어맞지는 않을 것이다. "가설적인 장치로부터 복잡한 실제 사건으로 돌아오면, 어떤 사람이나 그룹도 하나의 유형에 완벽하게 부합하지 않는다는 점이 명백하다."[3] 그러나 다양한 접근법들을 이에 비추어 분류할 수 있는 대략적인 배경을 제공할 수 있는 한에서는(물론 예외는 있다!), 유형론이 유용한 도구가 될 것이다. 이러한 한계를 염두에 두고서, 기독교 비즈니스 윤리에 관한 니버의 유형론이 어떤 모습일지를 보여주고자 한다.

유형 Ⅰ : 비즈니스에 대립하는 그리스도

모든 기독교 비즈니스 윤리학자들은 신앙심이 깊은 사람들 중에서 비즈니스 세계는 부패로부터 구원받을 수 없다고 가정하는 회의주의나 반대를 한번쯤은 만나 볼 것이다. 이 주장들은 모두 낯이 익은, "비즈니스 윤리라니, 이 말 자체가 모순 아닌가?"라는 말의 변형이라 할 수 있다. 니버는 이러한 태도의 초기 옹호자 터툴리안을 지목했는데, 터툴리안은 상업은 "하나님의 종에 의해 채택되는" 일이 극히 드문데, 이는 탐욕은 차치하더라도 우상의 종(種)으로서 이 직업을 택할 실질적인 동기가 없다"[4]고 주장했다.

비즈니스에서의 윤리적 변화에 대한 급진적 크리스천의 회의(懷疑)는 그리스도와 비즈니스를 관련시키는 다양한 방법들 중에서 니버가 "문화에 대립하는 그리스도"라 묘사한 태도와 유사한, 영구적인 주제인 듯하다. 신학적으로 말하자면, 그러한 회의는 현재의 비즈니스 문화는 변화되기보다는 파괴되어야 하는 영역인 악과 우상의 영역으로 구별되어 있다는 가정에 뿌리를 두고 있다. 크리스천은 가급적 비즈니스 세계의 부패로부터 자신을 단절시키고 그리스도에 의해 확립된 새로운 질서에 집중해야 한다는 것이다. 비즈니스에서의 윤리적 변화에 관한 그러한 급진적 회의주의에 대한 현대의 예는 코스타리카의 마르크스주의 신학자 프란츠 힌켈라메르트(Franz Hinkelammert)의 글들에서 찾아볼 수 있다. 힌켈라메르트는 자본주의 비즈니스 세계를 상품과 회사들이 독립적인 주체로 취급되고, 모든 비즈니스맨들의 전적인 복종을 요구하는 우상에 의해 특징지어지는 곳으로 묘사한다. 그는 하나님에 대한 신앙을 고백하는 크리스천들은 이 우상의 영역을 거부하는 외에는 다른 선택이 없다는 결론을 내린다.[5]

전체적으로, "비즈니스에 대립하는 그리스도" 유형은 기독교 비즈니스 윤리의 어떤 방법도 반대한다고 해도 무방하다. 이 유형은 현재 지배적인 어떤 형태의 기업에 대해서도 적법성을 부정하기 때문에 비즈니스 윤리의 타당성을 부인한다.

유형 Ⅱ: 비즈니스의 그리스도

케네스 블랜차드(Kenneth Blanchard)와 노먼 빈센트 필(Norman Vincent Peale)의 『윤리적 경영의 힘』(The Power of Ethical Management)의 한 장면에서, 어느 목사가 혼란스러워하는 비즈니스맨에게 이렇게 말한다. "인내심을 가지면, 당신이 옳은 일을 하면, 설사 단기적으로는 손해를 보더라도 장기적으로는 이익이 된다는 것을 깨닫게 될 겁니다."[6] 이 목사는 또한 인내를 가진다는 것은 하나님이라고도 불릴 수 있는 보다 높은 힘의 시기를 믿는다는 것을 의미한다고 설명한다. 그렇게 하면, 일이 항상 잘 풀리게 마련이라는 것이다. 이 장면은 하나님의 목표와 비즈니스의 목표는 본질적으로 조화를 이룬다는 가정을 전형적으로 보여준다. 이 주장은 비즈니스 세계가 여전히 상당한 정도의 타락을 안고 있기는 하지만, 본질적으로 선함을 품고 있다고 한다. 타락의 극복은 가능할 뿐만 아니라, 비교적 쉬운 일이다. 결국, 비즈니스맨들은 모두 좋은 의도를 가지고 있으며, 옳고 그름을 구분할 줄 안다. 그들은 구체적인 도덕적 의사 결정에서 약간의 지침만을 필요로 할 뿐이다. 비즈니스 윤리학자들은 컨설턴트로서의 역할을 통해 그러한 지침을 제공하고 따라서 윤리적 변화를 촉진할 수 있다. 비즈니스 윤리에 대한 이러한 낯익은 접근법은 "비즈니스의 그리스도" 유형으로 분류될 수 있다.

문화적 크리스천에 관한 니버의 관찰은 "비즈니스의 그리스도" 유형의 특징을 보다 자세히 보여주는 데 도움이 된다. 예를 들어, 니버는 "문화적 크리스천들은 사회의 지

도층이 되기 위해 힘쓰는 경향이 있다."고 말한다.[7]

마찬가지로, "비즈니스의 그리스도" 접근법은 윤리적 변화의 매개체로 최고위급 매니저들을 겨냥한다. 니버는 또한 문화적인 크리스천들은 세련된 그룹의 언어를 사용한다고 말한다. 이와 유사하게, 기독교 비즈니스 윤리학자들은 종종 신학적 범주를 일반적으로 받아들여지는 윤리적 용어 및 자신들이 상담하는 회사들의 비즈니스 용어들과 바꾸어 쓴다. 이러한 유형의 가장 뚜렷한 각색의 예는 "좋은 윤리가 좋은 비즈니스이다"라는 구호이다. 마지막으로, 니버는 문화적 크리스천들은 교양이 있는 사람들에게 그리스도를 추천하려는 열심에서 "제자의 길을 쉽게 만들기 원한다"고 한다.[8] 마찬가지로, "비즈니스의 그리스도" 접근법은 윤리가 긍정적인 사고의 문제이며, 이틀짜리 경영진 수련회에서 가르칠 수 있는 메시지로서 간단하고 매력적인 것으로 보이게 한다. 결국, 니버의 "비즈니스의 그리스도" 유형은 이처럼 널리 퍼진 접근법의 구체적인 특징들이 어떻게 그리스도와 비즈니스가 본질적으로 정렬을 이룬다는 기본 가정에서 나왔는지를 이해하는 데 도움이 된다.

유형 Ⅲ: 비즈니스 위의 그리스도

니버의 세 번째 유형, "문화 위의 그리스도"는 비즈니스 윤리에 대해 다소 덜 낙관적이면서도 보다 더 널리 퍼져 있는 기독교적 접근법에 대해 이해하는 데 도움이 된다. 소위 종합적인 이 유형은 주로 윤리적 변화는 합리적인 분별력과 자연법, 그리고 궁극적으로는 신의 율법의 적용에 의해 인도되는 프로세스인, 존재의 높은 단계로의 단계적 고양(高揚)을 닮았다는 토마스 학파의 가정에 기반한다. 이 가정은 기독교 비즈니스 윤리에서는 세심한 연역적 추론에 의해 일반 규범을 특수한 상황에 적용하는 방법에서 발견된다. 인간의 존엄, 정의와 같은 일반 규범들은 보편적인 도덕적 권위를 가진다고 생각된다. 이러한 규범들은 비즈니스 윤리 분야에 명확한 토대를 제공한다. 비즈니스 윤리의 주된 과제는 대개 보완성, 비례성 등과 같이 합리적으로 개발된 내적 규범들에 의해, 비즈니스를 궁극적인 토대에 따라 변화되도록 인도하는 것이다. 이러한 접근법의 완벽한 예는 "경영진 개발: 실제적인 윤리적 방법 그리고 사례"라는 테오드르 퍼셀, S. J.의 글에서 찾아볼 수 있다.[9]

요약하자면, 급진적인 크리스천들과는 달리, 종합주의 비즈니스 윤리학자들은 현대 비즈니스 세계가 파괴되어야 할 필요가 있다고 가정하지 않는다. 결국, 비즈니스 세계도 창조된 질서의 일부이다. 다른 한편으로는, 그들은 비즈니스가 그 자체의 법 안에 선에 대한 완전한 잠재력을 지니고 있다고 믿는 문화적 크리스천들을 추종하지도 않는다. 그들은 권위가 있는 외부의 가이드라인에 의해서 비즈니스 생활이 고양될 필요가 있다고 가정한다. 이는 쉬운 과제가 아닐 수도 있다. 예를 들어 토마스 맥마혼(Thomas McMahon)이 질문한 바와 같이, 비교 가치에 근거한 보상이라는 개념에 의해 인도되는 비즈니스 세계에서 정의에 기초한 가족의 생계 임금 개념을 어떻게 적용할 것인가?[10] 그러나 그러한 어려움들에도 불구하고, 변혁에 대한 종합주의적 견해의 지지자들은 철저하고 창의적인 추론을 통해서 권위가 있는 지침을 발견하는 것이 가능하다고 믿는다.

유형 Ⅳ: 역설적 관계에 있는 그리스도와 비즈니스

회중 목사 로버트 S. 바첼더(Robert S. Bachelder)는 "그리스도와 문화는 역설적 관계에 있다"고 말한다. 그 결과는 다음과 같다.

> 임원들은 자신의 일반적인 소명과 개인적 소명은 긴장 관계에 있으리라고 예상해야 한다. 그러나 이 긴장이 패배주의와 냉소주의를 자아낼 필요는 없다. 이 긴장은 경계와 도덕적 상상력을 줄 수 있다. 임원들이 해야 할 일은 자기 회사의 도덕적 모호성을 인정하면서도, 하나님이 새로운 도덕적 가능성에 대한 길을 열 것으로 믿으면서 이에 완전히 참여하는 것이다.[11]

니버의 "역설적 관계에 있는 그리스도와 문화" 유형은 비즈니스 맥락과 관련하여 가장 적절히 표현될 수 있다. 그리고 비즈니스에서의 윤리적 변화를 긴장과 역설로 인식하는 사람은 바첼더만이 아니다. 여기에서도, 기독교 비즈니스 윤리의 뚜렷한 주제를 다루고 있다.

역설적 유형을 설명함에 있어서, 니버는 이원주의적 크리스천들은 문화의 타락에 매우 민감함을 발견했다. 그럼에도 불구하고 그들은 이와 동시에 문화에 참여하도록 부름 받았다고 느낀다. 결국, 하나님은 죄 중에서도 이 세상을 계속 보존하고 있으며, 이 세상에서 벗어나는 것은 하나님의 계획에 반함을 의미한다. 판단과 참여 사이의 이 긴장 가운데에서 사는 이원주의적 크리스천들은 사회 변혁에 대해 제한적인 기대만 하는 경향이 있다. 이 세상의 죄는 법률 및 이를 상쇄하는 세력들을 통해 억제될 수 있지만, 하나님의 왕국은 이 세상에 속하지 않았다. 한편 하나님의 은혜는 개인들 안에서 변혁을 이뤄낸다. 그러나 용서받은 죄인들조차도 그들을 인도할 적극적인 규칙이 없이, 항상 "대담하게 죄를 짓도록" 강제되는, 사회생활의 불완전한 선택들 사이에서 오락가락하도록 방치되고 있다.

비즈니스 맥락에서는 이러한 유형이 다양한 방식으로 표현된다. 사회적 차원에서 표출되는 한 가지 방식은 파업, 불매운동, 주주 의결권, 공시, 입법 등과 같은 외부적 압력을 통해 대기업의 힘을 억제하려는 활동주의자들의 시도이다. 예를 들어, 나는 팀 스미스(Tim Smith)가 지휘하는 기업의 책임에 관한 초교파 위원회(Interfaith Council on Corporate Responsibility)의 작업을 염두에 두고 있다. 개인적 차원에서는, 비즈니스 윤리학자들이 바첼더와 마찬가지로, 타협과 모호성을 안고 살 필요가 있으며, 명확한 규칙이 없는 상황에서는 개인의 최상의 판단을 사용할 필요가 있다고 강조할 때 이 유형을 인식하게 된다. 이에 대해 내가 가장 좋아하는 예는 비즈니스 윤리학자에게서 나온 것이 아니라, 그의 책 『윤리학』(Ethics)에서 사람은 극단적인 상황에서는 때로는 "비즈니스의 필요에 의해 인간의 생활을 파괴하도록 선택할 수밖에 없을 수도 있다"고 말하는 디트리히 본회퍼(Dietrich Bonhoeffer)에게서 나온 것이다.[12]

대체로, 이원주의적 비즈니스 윤리학자들은 권력 투쟁과 타협의 필요성이라는 현실적인 언어를 말할 가능성이 있다. 그러나 판단의 자유와 고정된 규칙의 부재에 대해 강조하는 이 현실주의는 보수적인 권고에서와 마찬가지로 자유주의적인 권고에서도 쉽게 표현될 수도 있다(위의 예가 이에 대한 증거이다). 따라서 이원주의적 비즈니스 윤리학자들은 예측 가능성이 떨어질 수 있다. 그러나 그들의 강점은 살아 있는 신앙에서 발견되는 용기 및 자유에 놓여 있음은 물론이다.

유형 Ⅴ: 비즈니스의 변혁자 그리스도

니버의 다섯 번째 유형인 그리스도와 문화라는 문제에 대한 개종주의자적 접근법은 긴장보다는 뉘앙스에 의해 특징지어진다. 이 견해는 문화의 왜곡에 대한 인식과 함께, 변혁시키는 하나님의 사역으로서의 문화에 대한 긍정을 보여준다. 개종주의자들은 변혁을 인간의 영혼의 개종과 함께 시작되어 행동과 사회적 변화에서 끝나는 하나의 프로세스로 본다. 그들은 이 세상에서의 변화의 가능성에 비추어 볼 때, 크리스천들은 죄를 향한 부정적인 행동보다는 긍정적인 실천에 더 집중하는 것이 적절하다고 믿는다.

개종주의 비즈니스 윤리학자들은 비즈니스 세계에 있는 심각한 악에 대한 인식과 비즈니스 생활의 실제적인 역사적 변화에 대한 희망을 결합한다. 이러한 변혁을 추구함에 있어서, 그들은 언제나 비즈니스에 대립하기보다는, 비즈니스와 함께 일하고자 한다. 또한 그들은 물질에 대해서 뿐만 아니라 영에 대해서, 그리고 공동체뿐만 아니라 개인에 대해서도 관심을 기울이는 총체적 접근법을 취한다. 그들의 글에서는 성품, 구현, 스토리와 같은 개념들이 자주 등장할 것이다.

개종주의자 접근법의 좋은 예는 맥스 스택하우스의 책 『대중 신학과 정치 경제』(Public Theology and Political Economy)에서 찾아볼 수 있다.[13] "영성과 회사"라는 제목의 7장에서 스택하우스는 다음과 같이 주장한다.

> 에큐메니컬 교회에 의해 탄생한 사회 민주주의의 이상은… 광범한 정치적, 경제적 또는 기술적 힘이 없이도 대중 신학에 근거하여, 현재의 모든 경제 형태와 이데올로기들이 물질주의와 환원주의에 사로잡혀 있는 것을 변혁시키기 위한 새로운 영성을 개발해야 한다. 이것이 가능한 이유는 현대의 회사 안에는 이미 영적인 문제들이 사회적인 문제들과 본질적으로 관련되어 있는 교회학적인 요소들이 남아 있으며, 따라서 새로운 유형의 물질적 및 조직상의 구현과 잠재적으로 관련이 있기 때문이다.[14]

이 짧은 구절은 개종주의자의 주요 특징을 거의 교과서적인 방식으로 포착하고 있으며, 경제적 왜곡에 대한 우려와, 영에 근거하면서도 완전히 역사적인 변혁에 대한 소망 모두를 보여준다.

평가

… 이제 기독교 비즈니스 윤리학이 주는 유익에 대해 살펴보기로 하자. 가장 명백한 점은, 니버의 유형론은 기독교 비즈니스 윤리학자들이 새로운 탐구 영역에서 방법론적인 자아 인식을 유지하도록 도와 줄 수 있다는 것이다. 한 걸음 더 나아가, 니버의 유형론은 또한 이 분야에서 동료들의 연구에 접근하는 신선한 기회도 제공할 수 있다. 결국, 다양한 유형들의 뉘앙스들은 다른 사람들의 연구에 대해 공정하지 않은 흑백 논리적

시각을 예방한다. 예를 들어, 몇 가지 보편적인 오류를 언급하자면, 급진적인 접근법으로 이원주의자들을 통째로 반박하거나 문화적 접근법으로 개종주의자들을 완전히 반박할 가능성이 줄어든다. 이 유형론은 이를 토대로 각 접근법의 상대적 적정성에 대해 공개적으로 토론할 수 있는 기회가 될 수도 있다…

이는 내 마지막 관찰로 이어진다. 니버의 유형론은 궁극적으로 기독교 비즈니스 윤리학자들에게 자신의 방법들이 어떻게 보완적일 수도 있는지 조사하도록 도전할 수 있다. 니버 자신이 그의 유형들 중 어느 하나가 그리스도와 문화 사이의 관계라는 영구적인 문제에 대해 가장 권위 있는 대답이라고 지정하지 않았다.[15] 그는 모든 유형이 필요한 기여를 하지만 그 자체로는 충분하지 않다고 주장하는, 우리가 오늘날 반성적 평형 (reflective equilibrium) 접근법이라 부르는 방법을 옹호한다. 따라서 급진적인 크리스천은 그리스도의 권위의 힘을 상기시켜 주며, 문화적 크리스천은 복음이 어떻게 사회 지도층에게 제시될 수 있는지를 보여주고, 종합주의자는 구원이 창조를 확인해 줌을 상기시켜 주며, 이원론자는 건강한 의심과 현실주의를 더해 주고, 개종주의자는 긍정적이고 고백적인 행동을 요구한다. 유사한 맥락에서, 비즈니스에서 윤리적 변화를 추구하는 다양한 신학적 접근법들은 예기치 않은 방식으로 서로를 잘 보완해 줄 수 있다. 그 경우 우리는 팀 스미스뿐만 아니라, 노먼 빈센트 필의 말도 주의 깊게 들어야 한다.

토론 문제

1. 반 웬스빈 시커가 기독교와 비즈니스의 관계를 보는 주된 방법들은 무엇인가?
2. 이들 중 어느 유형이 오늘날의 기독교 비즈니스맨의 지배적인 패러다임이라고 생각하는가?
3. 이들 중 어느 유형이 성경에 가장 부합한다고 생각하는가? 그 이유는 무엇인가?

Notes

1. H. Richard Niebuhr, Christ and Culture (Harper & Row, New York, 1951).
2. Christ and Culture, 11쪽. 이 문제에 대한 Niebuhr의 말은 그리스도와 인간의 삶이 문화로부터 떨어질 수 있음을 암시한다고 비판 받을 수도 있다. 그러나 Charles Scriven이 그의 최근의 연구 The Transformation of Culture(Herald Press, Scotsdale, PA, 1988)에서 주장하는 바와 같이, Niebuhr는 일반적으로 지배적인 문화의 권위를 지칭하는 듯하다. 이렇게 이해할 경우, 그리스도의 문화에 대한 반대 또는 크리스천의 문화로부터의 철수라는 말이 보다 더 일리가 있다.
3. 위의 책 43-44쪽.

4. 위의 책 54쪽. Tertullian, On Idolatry, xi에서 인용.

5. Pablo Richard 등이 편찬한 The Idols of Death and the God of Life: A Theology(Orbis Books, Maryknoll, NY, 1983), 165-193쪽에 나오는 Franz Hinkelammert, "The Economic Roots of Idolatry: Entrepreneurial Metaphysic."

6. Kenneth Blanchard & Norman Vincent Peale, The Power of Ethical Management(William Morrow, New York, 1988), 60쪽.

7. Christ and Culture, 104쪽.

8. 위의 책 126쪽.

9. Donald G. Jones 편 Doing Ethics in Business(Oelgeschlager, Gunn & Hain, Cambridge, MA, 1982), 187-202쪽에 나오는 Theodore V. Purcell, S. J.의 "Management Development: A practical Ethical Method and a Case."

10. Thomas F. McMahon, "The Contributions of Religious Traditions to Business Ethics," Journal of Business Ethics 4 (1985), 344쪽.

11. Robert S. Bachelder, "Ministry to Managers," The Christian Ministry 15 (1984년 9월), 14쪽.

12. Dietrich Bonhoeffer, Ethics(Macmillan, New York, 1955), 239쪽.

13. Max L. Stackhouse, Public Theology and Political Economy: Christian Stewardship in Modern Society (Eerdmans, Grand Rapids, 1987).

14 위의 책 131쪽. 이 구절에서 Stackhouse는 앞에서 논의된 주장에 새로운 빛을 던지기 위해 변증법의 언어를 사용한다. 대체로, 그의 주장은 변증법적 역사 읽기에 의존하지 않는다.

15. 그럼에도 불구하고, Niebuhr는 개인적으로 개종주의자 유형을 선호하는 듯하다. 예를 들어, Paul Ramsey, Nine Modern Moralists (Prentice-Hall, Englewood Cliffs, N.J., 1962), 149-179쪽을 보라.

읽기 자료
BEYOND INTEGRITY

사업가적 소명*

로버트 시리코(Robert Sirico)
Journal of Markets and Morality 3, no. 1 (2000년 봄): 1-21쪽.

개요

그리 멀지 않은 과거에, 선입견이 수용될 수 있는 사회적 태도였던 때가 있었다. 그러나 대개 지식에 대한 지름길 역할을 하는 고정 관념은 오늘날에는 역겹다고 여겨진다. 고정관념이 특정 그룹의 성격을 설명해 주는지 여부를 불문하고 말이다. 사람은 자신의 개인적 성품이나 특질에 대한 고려 없이, 단지 자신이 관련을 맺고 있는 곳에 의해

---

*이 논문은 원래는 Acton Institute for the Study of Religion and Liberty가 후원하는 CEO 주말 수련회 및 "Toward a Free and Virtuous Society" 컨퍼런스의 폐회 연설을 위해 작성되었다.

판단되지 말아야 한다. 정상적인 지각을 가진 사람이라면 그런 경향에 대해 반대할 것이다. 모든 형태의 선입견에 반대하는 대중문화의 건전한 태도에도 불구하고, 사업가 그룹에 대해서는 비공식적으로 마음껏 비판할 수 있는 자유가 주어져 있다. 거의 모든 곳에서 이러한 선입견에 대한 생생한 증거를 볼 수 있는데, 대중적인 소통 수단에서 특히 그렇다. 예를 들어, 고전 문학(예컨대, 디킨스[1])나 싱클레어 루이스[2]), TV 프로그램(예컨대, 댈라스나 다이너스티), 영화(예컨대, 차이나 신드롬, 월스트리트, 그리고 일부 버전의 크리스마스 캐롤), 만화(예컨대 둠스베리와 딜버트), 그리고 설교들에서조차 사업가들은 탐욕스럽고, 비도덕적이며, 잔인한 것으로 묘사된다.[3]

여론 주도자, 특히 도덕적 리더들이 이들 자본가들의 "탐욕스러운 식성"과 "외설과 과시적 소비"에 대해 비난을 삼가는 드문 경우에도, 비즈니스맨은 필요악으로 관용된다는 것이 이들에 대해 기대할 수 있는 최선이다. 대부분의 뉴스 편집인, 소설가, 영화 제작자와 성직자들은 상업이 진정한 인간의 필요를 섬기기 위해서는 넓고 복잡한 통제 네트워크를 필요로 한다고 가정한다. 심지어 자본주의의 친구들마저 빈번하게 동일한 태도를 보여준다! 종교 지도자들과 시장의 비판자들은 종종 경제적 사고와 도덕적 사고를 혼동한다. 이는 그들이 사업가들에 대한 도덕적 승인을 거절하는 데에서 볼 수 있다. 따라서 일반적인 성직자들은 사업가를 아이디어가 있는 사람, 경제적 혁신가, 또는 자본 공급자로 칭찬하기보다는 비즈니스를 영위하는 사람들을 죄가 더 많은 사람들이라고 생각한다. 왜 그렇게 생각하는가? 그들이 "사회의" 부 중 불균형적으로 많은 부분을 소유, 통제, 또는 조종한다는 이유에서이다.

사업가들이 돈을 번다는 이유로 불공정하게 비판 받아서는 안 되지만, 그들이 특별한 축복을 받을 자격이 있는데 불공정하게 차별 받는 희생자라고 여겨져서도 안 된다. 그러나 그들이 선택한 직업이 그들의 신앙에 의해 정당화되어야 한다는 것도 사실이다. 일반 대중은 사업가라는 직업의 가치, 재능에 대한 현명한 청지기 직분, 그리고 사업가들의 사회에 대한 가시적 기여를 인정하기 시작해야 한다. 비즈니스 세계와 신앙 세계의 분리 결과는 양쪽 모두의 영역에서 재앙적일 수 있다. 그럴 경우, 비즈니스 세계에서는 편의, 이익 및 효용보다 높은 가치는 인정되지 않을 것이고, 피비린내 나는 자본주의 또는 야만적인 자본주의로 귀결될 것이다.[4] 이는 생산자들뿐만 아니라 소비자들에 대해서도 그들의 가치는 오로지 효용에 의해 측정된다는 불완전한 견해를 가지게 할 것이다. 그러한 태도가 사회적 규범과 시민적 규범들에 미칠 광범위한 영향을 가늠

하기에는 많은 상상력을 필요로 하지 않는다. 이와 유사하게, 종교 지도자들이 "하늘에 너무 마음이 쏠려 있어서 땅에서는 소용이 없다"는 비난을 받지 않으려면, 이들의 선입견이 도전을 받아야 한다. 기업을 사회의 전반적인 선으로 향하게 하는 초월적 준거점만이 아니라, 통찰력 또는 직관을 필요로 한다는 사실을 잊어버린 종교적 비판자들은 기업의 묵시적인 영적 측면을 무시한다.

일부 도덕주의자들[5]은 비즈니스 윤리를 모순 어법 또는 본질상 윤리적으로 훼손된 장치를 도덕적 규범에 복종시키려는 노력으로 보는 듯하다. 이런 사고방식에서는, 윤리와 비즈니스는 서로 근본적인 긴장 관계에 있다. 그러나 나는 이를 다르게 본다. 성공적인 많은 비즈니스 리더들과 함께 일한 경험, 경제학과 비즈니스 윤리 분야의 많은 독서, 그리고 상당한 묵상과 기도를 통해서 나는 탁월함의 추구가 하나님에 대한 추구의 시작이라는 결론에 도달했다. 간단히 말해서, 사람이 이를 인정하든 하지 않든, 초월에 대한 인간의 갈망이 사람들이 탁월함을 추구하게 하는 동인(動因)이다. 그렇다고 해서 우리의 최초의 충동 및 직관이 (신에 의한) 옳은 방향으로의 이끌림이 되지 못하는 것은 아니다. 지식에 대한 인간의 능력도 마찬가지이다. 다양한 철학자들 및 신학자들은 지식에 대한 인간의 갈망은 인간은 존재론적으로 진리를 지향하게 되어 있음을 드러낸다고 주장한다.[6] 인간의 마음은 원래는 진리에 대해 즉각적으로 알 수 있도록 설계되었다. 이 논문의 주요 논점은 탁월함에 대한 추구는, 원래의 마음의 상태와 마찬가지로, 인간의 가장 높고 가장 고귀한 선, 즉 하늘에 있는 하나님에 대한 완벽한 이해를 향한 인간의 존재론적 지향을 드러낸다는 것이다(고린도전서 13:12을 비교하라).

재능에 대한 청지기 직분: 종교 지도자들과 사업가들 사이의 지적 차이

종교 기관과 지도자들이 사업가를 참으로 가치 있는 직업, 신성한 소명으로 취급할 때가 되었다. 모든 일반인들은 구원의 경륜에서 특별한 역할을 담당하고 있는 바, 그들은 상호 보완적인 방식으로 자신의 재능을 사용함으로써 신앙을 증진시키는 과제를 공유한다. 하나님의 형상대로 지음 받은 모든 사람에게는 하나님이 개발되고 좋은 재능으로 여겨지기를 원하는 특정한 천부적 능력이 주어졌다. 이 재능이 우연히 비즈니스, 주식 트레이딩, 또는 투자 은행 분야에 있다 하더라도 종교계는 단지 직업 때문에 그 사람을 비난해서는 안 된다. 내가 다양한 비즈니스 저널들에 기고한 데 대한 반응으로 상당한 위치에 있는 사람들이 내게 접촉해 오고 있는데, 아래의 이야기는 전형적인 사례를 보여준다.

한번은 어떤 남성이 내게 전화를 해서 자신은 방금 내가 포브스에 쓴 글을 읽었는데, 이는 충격적이고 감동적인 경험이었다고 설명했다. 충격적이었던 것은 자신이 가톨릭계 학교에서 교육을 받고 규칙적으로 교회에 출석하는 동안 어떤 신부도 기업 운영에 내재된 책임, 긴장 및 리스크에 대해 통찰력 있게 얘기해 주지 않았기 때문이었다. 그는 자신의 삶에서 그토록 많은 부분을 차지하고 있는 곳에서 영적인 부분은 전혀 없는지 궁금했다. 이 글을 읽으면서 그는 처음으로 자신이 대부분의 시간과 노력을 쏟아붓고 있는 분야인 일터에 대해서 종교 지도자로부터 긍정을 받는다고 느꼈다. 이 사람의 이야기는 일일이 열거할 수 없을 정도로 많은 다른 사람들의 이야기를 대표한다. 그들은 비교적 성공적인 사람들로서 깊은 도덕적, 종교적 확신을 가지고 있는 경우가 매우 흔하다. 그러나 각자 도덕적 긴장을 느끼고 있는데, 이는 그들이 옳지 않은 일을 하고 있어서가 아니라 종교 지도자들이 대개 그들의 직업의 역동성을 파악하지 못하고 따라서 적절한 도덕적 지도와 긍정을 제공하지 못했기 때문이었다.

이들은 다양한 기독교 전통을 대표했으며, 모두 자신의 교회로부터 소외되고 있다는 느낌을 드러냈다. 나는 특히 한 남성을 기억하는데, 그는 자신은 보수적인 크리스천인데, 교회에서 자기 가족과 함께 가족 지정석에 앉기가 싫었고, 사실상 자기의 비즈니스 감각 때문에 책망을 받아서 교회 예배에 출석하지 않고 있다고 말했다. 소기업 소유주나 투자 은행가가 비판적인 설교를 얼마나 많이 들었으면 낙담해서 일요일에 교회에 가지 않고 집에서 잠을 자기로 결심하게 될까? 마이클 노박(Michael Novak)은 일부 성직자들이 시장 자유주의의 도덕적 잠재력을 인정하기를 불가해 할 정도로 꺼리는 것을 보여주는 다른 경험을 들려준다. 이 일은 라틴아메리카에서 온 몇 명의 신부들이 참석한 경제학 컨퍼런스에서 발생했다. 며칠 동안 계속된 이 컨퍼런스에서 자유 경제가 어떻게 시장의 생산적인 수단들을 통해 가난한 사람들을 가난에서 벗어나게 할 수 있는지에 대해 설득력 있게 설명하고 있었다. 이 신부들은 컨퍼런스 마지막 날까지 조용히 있었는데, 노박은 그 뒤에 어떤 일이 일어났는지에 대해 재미있는 설명을 들려준다.

지금까지의 유쾌했던 세미나의 마지막 세션에서 한 신부가 일어나 자기 동료들이 간밤에 모여서 자기에게 그들을 대표해서 발언하라고 요청했다고 말했다.

그는 이렇게 말했다. "우리는 이 세미나가 아주 즐거웠고, 여기에서 많은 것을 배웠습니다. 우리는 자본주의가 가장 효과적인 부의 생산 수단이고, 자본주의가 우리가 라틴아메리카에서 보는 경제 시스템보다 부를 보다 더 널리, 그리고 공정하게 배분한다는 것을 잘 압니다. 하지만, 자본주의는 여전히 비도덕적인 시스템이라고 우리는 생각합니다."[7]

왜 이런 일이 존재하는가? 왜 비즈니스맨들은 종교 지도자들로부터 "당신을 구원하는 길은 우리에게 당신의 돈을 주는 것이다"라는 류의 말밖에 듣지 못하는가? 왜 우리 세계의 도덕적 양심을 형성하는 많은 사람들이 시장의 도덕적 토대나 기본 원리들을 이해하지 못하는가?

이러한 무지에 대한 명백한 이유 중 하나는 놀랍게도 거의 모든 신학교들에서 경제학 교육이 전혀 이루어지지 않기 때문이다. 근본적인 경제 원리, 주식 트레이딩이라는 복잡한 세계, 또는 미시 경제의 역학을 설명하는 어떤 과목도 발견하기 어렵다. 신학교들은 대부분의 사회 윤리 과목에서 선진국들이 후진국들을 착취해서 이들을 영구적으로 가난한 상태로 유지한다고 믿는 해방 신학 옹호자들의 공허한 구호를 듣는 데 익숙해져 있다.[8] 일반적으로 이러한 주장들은 경제학에 대해 별로 이해하지 못하는 신학자들에 의해 제기된다.

종교 지도자들과 사업가들 사이의 실제적 차이

지적 또는 학문적 차이 이외에도, 시장의 작동에 대한 종교 지도자들과 사업가들의 이해에도 차이가 있다. 이는 이 두 그룹의 사람들이 서로 다른 세계관을 가지고 살고 있고, 일상의 삶에서 서로 다른 모델을 채택하고 있기 때문이다. 이러한 차이가 어떻게 전형적으로 나타나는지 주목해 보라. 일요일 아침에 대부분의 교회에서 모금함이 돌려진다. 월요일에 대금들이 지급되고, 구호금이 지급되며, 교단 본부에 부담금이 납부된다. 그러나 모금액이 정규적으로 지급해야 할 금액에 미치지 못할 때에는, 대부분의 성직자들이 청지기 직분의 책임에 관한 설교를 할 것이다.

많은 성직자들의 마음속에는, 경제적 의사 결정은 하나의 파이를 똑같은 크기로 나누는 것과 비슷하다. 이 견해에서는, 부(富)는 정태적인 실체이다. 즉, 어떤 사람이 파이에서 자기 몫을 늘리려면 불가피하게 다른 누군가의 몫이 작아져야 한다. 이 경제적 모델에서 나오는 "도덕적 해법"은 로빈 훗(Robin Hood)의 도덕성이라 불릴 수 있는 부의 재분배이다.

그러나 사업가들은 돈과 부에 대해 다르게 이해하는 가운데 사업을 영위한다. 그들은 돈을 모금하는 것이 아니라 버는 것, 부의 재분배가 아니라 생산에 대해 말한다. (기부에 의존하기 않고) 자신의 필요를 평화적으로 충족시키는 유일한 길은 교환의 대가로 뭔가 가치 있는 것을 제공하는 것이기 때문에, 사업가들은 소비자들의 필요, 욕구, 그리고 욕망을 알아야 한다.

그래서 이들은 돈을 역동적인 것으로 본다. 자유 시장을 역동적이라고 말할 때, 장소 또는 물체를 말하고 있다는 인상을 가지기 쉽다. 그러나 시장은 프로세스, 또는 자신이 상품과 서비스들에 금전적 가치를 부여하며 독립적으로 행동하는 사람들에 의해 이루어지는 일련의 선택들이다. 이처럼 주관적으로 부여된 가치를 할당하는 프로세스가 18세기 애덤 스미스(Adam Smith)의 고전적인 책[9] 제목과 관련이 있지만, 실제로는 이사야서 (60:5)[10]에서 처음으로 채택된 용어인 "국가의 부"를 생산하는 데 관련이 있다. 경제에 관해 비즈니스맨들이 취하는 창의적인 관점은 성경에도 예시되어 있다.

불행하게도, 위의 논의는 종교가 그 사명에 관해 손익의 정신을 채택하도록 촉구하는 것으로 오해될 수도 있지만, 이는 커다란 왜곡이다. 나는 기독교의 관행 안에서 부와 자원을 공유할 상당한 자리가 있다는 데 동의한다. 신앙 공동체는 초월적인 비전을 가지고 일부 사안들은 경제적 교환이라는 제한된 계산 안에 놓이거나, 오로지 "돈"이라는 관점에서 평가될 수 없음을 인식하고 있다. 그러나 비즈니스 및 금융의 세계에서 신뢰성을 유지하기 위해서는, 성직자들이 먼저 시장 경제 내부의 작동에 대해 이해해야 하며, 그럴 때에만 그러한 도덕적 인도가 도움이 된다는 점도 사실이다.

그러나 종교계에서 자주 만나게 되는 자본주의에 대한 적개심에 기여하는 또 다른, 그리고 다소 오도하는 요인이 있다. 많은 종교 지도자들이 그들의 삶의 많은 부분을 개인적으로 가난의 비참함에 직면해 있는 사람들을 직면하는 데 할애한다. 가난은 우리를 슬프게 하고 화나게 하며, 우리는 이를 끝내고 싶어 한다. 이러한 감정은 매우 적절하며, 크리스천의 도덕적 의무라는 것은 말할 나위도 없다. 그러나 이러한 감정이 위에서 묘사한 경제적 무지와 결합할 때 문제가 생긴다. 이러한 일이 발생하면, 마치 부가 가난을 만들어 내기라도 한 것처럼 가난에 대한 정당한 절규가 부에 대한 부당한 분노로 바뀐다. 이러한 반응을 이해할 수는 있지만, 그럼에도 불구하고 이는 잘 모르고서 하는 행동이며, 과잉 반응으로 귀결될 수 있다. 이처럼 반응하는 사람들은 빈곤의 개선은 부의 창출과 자유 경제 보호를 통해서만 이루어질 수 있다는 사실을 인식하지 못할 것이다.

도덕적 분노의 적절성

비즈니스 활동의 엔진이 탐욕, 욕심, 이기심, 또는 교만에 의해 고무된다고 가정할 경우 성공적인 사업가의 이미지에 대한 도덕적 저항이 이해될 만도 하다. 여기서의 이슈는 일부 사업가들이 탐욕스럽거나 교만하다는 것이 아니라, 이러한 성격상의 결함이 성공적인 사업가들에게 일반적이냐는 것이다. 여기에서의 의도는 부와 성공에 관련된 심각한 유혹을 얼버무리려는 것이 아니라, 사업가들의 도덕적 특성에 대해 보다 균형 잡힌 평가를 내리고자 함이다.

여러 이유로 도덕적 비평가들은 종종, 마치 부 자체가 불공정한 것처럼, 사업가들의 개인적 이익에 초점을 맞추면서 이들이 개인적으로 많은 리스크들을 부담한다는 것을 보지 못한다. 사업가들은 그들의 아이디어나 투자가 결실을 맺기 오래 전부터 자신의 시간과 재산을 미지의 운명에 쏟아붓는다. 그들은 자신의 예측이 정확한지 알지 못하는 데도 직원들에게 급여를 지급한다. 그들은 이익을 내리라고 장담할 수 없다. 투자에서 이익을 낼 경우, (그 중 일부는 자선 단체나 종교 단체에 기부하기도 하지만) 일반적으로 이 중 많은 부분이 재투자된다. 때로는 사업가들이 판단 및 계산에서 실수를 하기도 하고, 비즈니스가 손실을 내기도 한다. 이 직업의 특성상 사업가들은 손실을 일반 대중에게 부담시키지 않고 이를 스스로 떠안을 책임이 있다. 경제 상황은 항상 변하기 때문에, 변화의 경제적 매개(agent)가 되려는 진정한 소명을 가진 사람은 항상 경계해야 한다.

종교인들은 경제적 리스크가 실패로 판명될 경우, 비난하기보다 격려하는 것이 낫지 않은지 궁금해 한다. 아니면, 자본가들이 겪은 경제적 손실은 그들의 정당한 인과응보인가? 이러한 경우를 동정심을 보이거나 목회적 돌봄의 기회로 삼는 것은 어떤가? 사업가들은 성공하든 실패하든, 그들 자신과 그들의 재산을 걺으로써 다른 사람들의 미래를 보다 안전하게 해 준다.

기업에 독특한 점은 기업을 설립하거나 유지하기 위해 제3자의 개입을 필요로 하지 않는다는 것이다. 정부의 프로그램이나 정부의 매뉴얼도 필요로 하지 않는다. 저금리 대출, 세금 상의 특별 대우 또는 공적 보조도 필요로 하지 않는다. 사업은 또한 특별한 교육이나 학위도 필요로 하지 않는다. 사업가라는 직임은 자유라는 자연적 질서의 맥락에 자리 잡고 있는 인간의 지성으로부터 유기적으로 개발된다. 경제적 창의성에 대한 재능, 소명 그리고 적성을 가진 사람들은 상품과 서비스를 생산하고 일자리를 제공할 목적으로 사업이라는 직업으로 들어가게 된다.

참으로, 사업가들이 사회 일반에 제공하는 선물은 그들이나 다른 사람들이 충분히 이해할 수 있는 범위를 넘어선다. 사업가들은 일반적으로 인식되는 것보다 더 많은 사회적, 영적 선의 원천이다. 그러나, 그렇다고 해서 영적 지도(도덕적 실패에 대한 강력한 훈계 포함)를 제공하고, 지나치게 많은 일을 통해 우선순위를 잘못 정하거나 가족 또는 영적 개발을 소홀히 할 경우 상담을 제공하는 목회자의 적절한 기능을 과소평가하는 것은 아니다. 성직자는 모든 사람에게 죄의 심각성에 대해 환기시키고 미덕을 실천하도록 요구해야 하는 바, 이는 사업가들이 잘못된 길로 빠져들 때 그들에게 도전해야 함을 의미한다. 이러한 영적 지도가 실제적이기 위해서는, 도덕 신학으로 위장된 '정치적으로' 또는 "신학적으로 올바른" 경제 이데올로기가 아니라, 유대교와 기독교가 전통적으로 죄라고 이해한 것이 무엇인지에 대한 이해에 근거해야 한다.

특히 경제적 생산성을 이해하는 그들의 전통적인 도덕적 틀은 자본주의가 탄생하기 전에 형성되었다는 사실에 비추어 볼 때, 많은 종교 지도자들에게는 이러한 전환이 어려울 것이다. 현대 이전의 기독교의 사회적 가르침을 농업 시대가 지나고, 산업 시대도 지나고, 이제 공산주의도 지난 현대 세계의 역동적인 환경에 적용하기는 큰 고역이다. 인간의 본성은 변하지 않지만, 인류가 그 안에서 살아가는 사회—경제적 맥락은 도덕 신학의 원리들이 처음에 개발되었던 문화와 사회와는 전혀 다르기 때문에 이 일이 특히 더 어렵다.[11]

사업가와 경제학자: 가족간의 말다툼인가 형제간의 경쟁인가?

경제 이론은 오랫동안 사업가라는 직임의 특성을 받아들이지 못했는데, 이는 아마도 사업가라는 직임이 경제를 하나의 커다란 기계로 묘사하는 계량경제학의 등식 및 그래프에 잘 들어맞지 않기 때문일 것이다. 사업가라는 직임은 너무 인간적이어서 과학만으로는 이해할 수 없다. 이 지점에서 종교가 그런 사람들을 신앙의 삶으로 화해시키는 데 도움이 될 수 있다. 종교 지도자들은 실업가들을 이해하고 그들의 재능을 신앙의 맥락 안에서 사용하도록 격려해야 한다. 물론, 부에는 책임이 따르며, 교황 바오로 2세는 투자 결정에도 불가피한 도덕적 측면이 있다고 주장한다.[12] 그러나 사업가들은 리스크를 무릅쓰고, 대중에 서비스를 제공하며, 모든 사람을 위한 경제적 파이를 늘림으로써 교회에서 가장 위대한 신앙인으로 여겨질 수 있다.

반(反)자본가적 자본가

자본가들 스스로에게서 발견되는 편견은 성직자들 사이에서의 반자본가적 편견보다 더 이해하기 어렵다. 자기 회사에서 더 높은 수준의 "사회적 책임"을 달성하려는 엉뚱한 의도에서, 일부 비즈니스 리더들은 시장의 잘못된 견해에 굴복했다. 그들은 성공적인 비즈니스를 통해 사회에 부를 창출하면서도, 경제 성장, 자유 기업 그리고 인간의 자유에 반대되는 대의명분을 지원한다. 왜 "기업의 사회적 책임"이라는 말이 반자본가적 편견을 가진 것으로 보이는가? 1990년 중반에, 그렇지 않았더라면 성공적이었을 CEO들이 자신의 회사를 기업의 사회적 책임이라는 미명 하에 정부 간섭주의자들의 대의명분에 자금을 지원하는 수단으로 사용하였다. 이는 특히 파타고니아 사, 벤 엔 제리스 아이스크림, 그리고 바디샵 화장품 체인에서 두드러졌다.

이븐 쉬너드(Yvon Chouinard)는 성공적인 기능성 아웃 도어 스포츠 의류 생산자인 파타고니아 사의 설립자이다. 쉬너드는 로스 앤젤레스 타임즈에 자신은 "어느 회사의 사장과 언제 어디서 만나 이야기하더라도, 그에게 성장은 악이라는 점을 납득시킬 수 있다"고 말했다. 그는 실로 말과 행동이 일치했다. 1991년에 이 회사는 딜러들에게 서한을 보내 도덕적, 경제적 이유로 "국내의 성장을 감축"시키겠다고 발표했다. 이 선언에는 "우리는 환경을 보호하기 위해 보다 합리적인 소비를 지지합니다"라고 쓰여 있었다. 그러나 로스 앤젤레스 타임즈의 케네스 보덴스테인(Kenneth Bodenstein) 기자가 이야기하는 바와 같이 1991년의 상황은 쉬너드의 공식 발표와는 상당히 달랐다. 파타고니아가 높은 기준의 사회적 책임을 유지하기 위해 "국내의 성장을 감축"시킨 것이 아니었다. "이 회사는 실제로 30%의 직원을 해고했는데, 그 이유는 회사가 재정상 큰 어려움을 겪고 있었기 때문이 아니라, 이븐 쉬너드의 개인적 부가 위협을 받았기 때문이었다." 흥미롭게도,

보덴스테인의 평가에서는, 파타고니아의 상황은 쉬너드가 "너무도 경험이 없는 매니저들로 자신을 둘러쌓은" 것과 같은 잘못된 경제적 의사 결정에서 비롯되었다.[13]

파타고니아는 실로 이례적인 회사이다. 쉬너드는 벌목 기계 파괴와 사유 재산권 침해로 악명이 높은 조직인 어스 퍼스트(Earth First!) 등의 환경 단체에 파타고니아 총 매출액의 1%를 기부한다. 파타고니아는 또한 인구 증가는 미래의 복지에 위협을 가한다는 근거에서 낙태 조달업자 플랜드 페어런트후드(Planned Parenthood)를 지원한다. 쉬너드는 자기 회사가 기업 세계에 빛나는 도덕적 모범이 되기를 원한다. 그는 "만일 우리가 급진적인 입장을 취해서 이것이 통한다는 사실을 보여줄 수 있다면, 보다 보수적인 회사들도 이를 따라 하게 될 것입니다. 그리고 언젠가는 그것이 좋은 비즈니스가 될 것입니다"라고 말한다.

벤 엔 제리스의 아이스크림 사업가 벤 코헨(Ben Cohen)과 제리 그린필드(Jerry Greenfield)는 사업가로서 매우 성공적이지만, 부담이 되는 환경상의 통제를 증진하며 복지 수혜자들에게 더 많은 권리를 주는 것을 옹호한다. 코헨과 그린필드는 암소에게 주입하면 우유 생산을 15%까지 늘릴 수 있는 약품인 소의 성장 호르몬 생산 제한 운동의 리더들이었다. 그들은 소규모 낙농가들에 위협을 가한다고 믿기 때문에, 경제적 근거에서 이 약품에 반대한다. 그러나 1997년 4월에 FDA에서 승인된 이 약품은 우유 가격을 낮출 것이고, 이는 아이스크림 생산자들에게는 그렇지 않을지 몰라도 가난한 가정에는 확실히 도움이 될 것이다.

자연주의자 취향의 화장품 체인 바디샵은 동물의 권리와 기타 좌파의 주장에 대한 열렬한 지원자였다. 이 회사의 설립자이자 집행 이사인 애니타 로딕(Anita Roddick)은 기업 세계에 대한 설교자를 자임하면서 "자기 몫을 하지" 않는 비즈니스맨들을 책망한다. 그녀는 애리조나 리퍼블릭(Arizona Republic)에 대해 이렇게 말했다. "나는 어렵게 먹고 사는 사람들에 관해 말하고 있는 것이 아닙니다… 나는 아주 막대한 이익을 내는 사람들에 대해 말하고 있습니다. 아시다시피 이 CEO들 중에는 어떤 아프리카 국가들의 GNP보다 큰 보상 패키지를 가지고 있는 사람도 있습니다."[14]

자신의 비즈니스의 성공과 젊었을 때의 가치를 조화시키려는 1960년대식의 급진주의자들에 의해 영위되는 많은 회사들이 있다. 비즈니스맨을 포함한 모든 사람은 특정한 대의명분을 옹호할 권리가 있으며, 모든 소비자들은 그들의 상품을 사지 않음으로써 그 대의명분에 자금을 지원하지 않을 권리가 있다. 그러나 이 사업가들의 패턴은 내적 일관성이 없으며, 실상은 죄가 아닌 자본가들의 "죄"에 대해 속죄하려는 시도임을 암시한다.

이처럼 참회하는 자본가들은 사회에 충분히 반환하지 않는 기업들을 혹평한다. 잘못 놓여진 죄책감이 그들의 비즈니스 자체가 사회적 행동주의와 별개로 어떻게 사회에 유익을 주는지에 대한 이해를 흐리게 했다. 파타고니아는 고품질의 스포츠 용품을 생산한다. 벤 엔 제리스는 최상급 아이스크림을 제공한다. 바디샵은 비싸지 않은 자연화장품을 판매한다. 이 회사들은 일자리와 투자 기회뿐 아니라 소비자들에게 좋은 상품도 제공함으로써 수백만 명의 사람들에게 만족을 주고 있다. 그들의 시장에서의 성공은 시장에 반하는 대의명분에 대한 지원에 의해 정당화될 필요가 없으며, 그래서도 안 된다.

냉소주의자들은 그러한 자세가 마케팅 꼼수에 지나지 않는다고 말할 것이다. 쉬너드, 코헨, 그린필드, 로딕과 같이 사회적 인식이 있는 CEO들은 이익을 위해서 1960년대의 이상주의를 포장해서 판매한다. 벤 엔 제리스의 레인 포레스트 크런치 아이스크림 한 컵을 사면 "정글"이라 불렸던 것을 구하는 데 도움을 주었다는 생각이 들어 기분이 좋아질 수 있다. 바디샵 프랜차이즈들을 장식하는 좌파의 정치적 구호들은 젊은 층과 "사회적 인식"이 있는 사람들이 이 화장품에 대해 가지고 있는 이미지의 한 부분이다. 베네통(Benetton)의 다채로운 콘돔 광고들은 보수적인 가디건과 함께 섹스의 자유라는 대의명분을 판다. 파타고니아 사, 벤 엔 제리스, 바디샵과 같은 회사들은 도덕적 우월성이라는 뒤섞인 느낌을 판다. 비즈니스맨들은 정치적으로 올바른 광고 슬로건들을 사용해서, 그들의 물질적 성공에도 불구하고 자신이 세상에 뭔가를 돌려주고 있다고 믿을 수 있다. 그러나 그들의 "사회적 책임" 캠페인은 종종 경제적 폐허로 가는 무책임한 처방이 된다.

이 회사들 및 이들과 유사한 회사들은 확실히 좌파의 명분과 관련을 맺음으로써 이익을 본다. 한편, 그들은 엄격한 환경상의 통제, FDA의 승인을 받은 호르몬 사용 제한, 그리고 환경보호와 새로운 규제와 복지 프로그램에 필요한 세금을 납부할 납세자들의 수가 줄어들게 할 성적(性的) 행동(낙태를 의미함 · 역자 주)에 대해 허용적 태도를 옹호하는 바, 이러한 행동은 미래의 사업가들에게 방해가 된다. 우리는 기업이 사람들을 가난에서 끌어울리는 자선단체에 후원하거나, 보존하기 위해 땅을 매입하거나, 질병 치료약을 개발하면 이들을 칭찬할 수 있다. 적법한 명분들은 시장에 방해가 되거나, 사회 문제를 해결하기 위해 잘못 고안된 정부의 조치를 더 많이 취하라고 압박하지도 않는다. 그러나 자본주의는 돈을 번다는 이유로 자신과 다른 사람들을 공개적으로 채찍질하는, 죄책감에 사로잡힌 좌파들을 더 많이 필요로 하지 않는다. 오히려 자본주의는 자신의 가장 큰 기여는 이익을 내고, 일자리를 확대하며, 투자를 늘리고, 번영을 증가시키되, 이를 건전하고, 안정적이며 도덕적인 문화를 증진하는 방식으로 수행하는 데 있음을 인식하는 비즈니스맨들을 더 많이 필요로 한다. 자본가의 성공에 대한 적절한 도덕적 반응은 모든 사람을 위한 선물로 물질세계를 공급해 준 창조주를 찬양하고, 번성할 수 있도록 허용해 주는 경제 시스템을 지지하는 것이다. 쉬너드, 코헨, 그린필드, 그리고 로딕과 같은 사업가들은 불필요한 속죄를 하기보다는, (건전한 도덕 신학은 말할 것도 없고) 기본적인 경제학을 배워야 한다.

• • •

사업가라는 직임(職任)에 대한 성경의 지지

사업가라는 직업을 필요악으로 보고, 투자 자본 및 이익에 대해 공개적으로 적의를 드러내는 사람들은 성경이 사업 활동에 광범한 지지를 보낸다는 점을 깨달아야 한다. 성경은 우리에게 영원한 진리를 가르쳐주지만 세상사에 대해 놀라울 정도로 실제적인 교훈도 제공한다. 마태복음 25장 14-30절에서, 예수의 달란트 비유를 발견할 수 있다. 모든 비유들과 마찬가지로, 이 비유의 의미는 다층적이다. 이 비유의 영원한 의미는 하나님의 은혜의 선물을 어떻게 사용할 지와 관련이 있다. 물질세계와 관련해서는, 이 비유는 자본, 투자, 사업가의 직임, 그리고 경제 자원의 적절한 사용이다. 이 비유는 비즈니스의 성공과 크리스천의 삶은 모순된다는 주장에 대한 직접적인 반박이다. 아래에 나오는 이야기는 달란트 비유의 텍스트와 이 비유에서 추출한 원리를 사업가라는 직업에 적용한 주석이다.

이는 마치 여행을 떠나는 어떤 사람이 그의 종들을 불러서 그들에게 자기 재산을 맡김과 같다. 그는 각 사람의 능력에 따라 어떤 종에게는 금 다섯 달란트를, 다른 종에게는 두 달란트를, 그리고 또 다른 종에게는 한 달란트를 주고서 길을 떠났다. 다섯 달란트 받은 자는 바로 가서 그것으로 장사하여 또 다섯 달란트를 벌었다. 같은 방식으로, 두 달란트 받은 사람도 또 두 달란트를 벌었다. 그러나 한 달란트를 받은 사람은 가서 땅에 구덩이를 파고 자기 주인의 돈을 감추어 두었다. 오래 뒤에 이 종들의 주인이 돌아와서 그들과 계산했다. 그때 다섯 달란트를 받았던 종은 다섯 달란트를 더 가지고 와서 이렇게 말했다. "주인님, 주인님께서 제게 다섯 달란트를 맡기셨는데, 보십시오. 제가 다섯 달란트를 벌었습니다." 그의 주인이 그에게 이렇게 말했다. "잘했다, 착하고 믿음직한 종이여, 너는 몇 가지 일들에서 믿음직했으니 내가 네게 많은 일들을 맡기겠다. 네 주인의 즐거움에 들어오너라." 그리고 두 달란트를 받았던 종도 와서 이렇게 말했다. "주인님, 주인님께서 제게 두 달란트를 맡기셨는데, 보십시오. 제가 두 달란트를 벌었습니다." 그의 주인이 그에게 이렇게 말했다. "잘했다, 착하고 믿음직한 종이여, 너는 몇 가지 일들에서 믿음직했으니 내가 네게 많은 일들을 맡기겠다. 네 주인의 즐거움에 들어오너라." 그때 한 달란트를 받았던 종이 와서 이렇게 말했다. "주인님, 저는 주인님이 엄격한 분으로서, 씨를 뿌리지 않은 곳에서 수확하고 씨를 흩뜨리지 않은 곳에서 모으는 것을 알아서 두려웠습니다. 그래서 나가서 주인님의 달란트를 땅에 감추어 두었습니다. 주인님의 달란트가 여기 있습니다." 그러나 그의 주인은 이렇게 대답했다. "이 악하고 게으른 종아! 네가 나는 씨를 뿌리지 않은 곳에서 수확하고 씨를 흩뜨리지 않은 곳에서 모으는 것을 알았느냐? 그렇다면 너는 내 돈을 은행에 투자했어야 했다. 그랬더라면 내가 돌아와서 내 원금과 이자를 받았을 것이다. 그러니 이 자에게서 그 달란트를 빼앗아서 열 달란트를 가진 자에게 주어라. 왜냐하면 가지고 있는 모든 사람들에게는 더 많은 것이 주어져서 그들은 풍부하게 가지게 될 것이기 때문이다. 그러나 아무것도 없는 자에게서는 그가 가지고 있는 것조차 빼앗기게 될 것이다. 이 쓸모없는 종 녀석은 바깥 어두운 데로 내던져라. 그곳에서 울며 이를 갈 것이다."

많은 종교지도자들은 이 이야기를 실생활에 잘 적용하지 않는다. 예수의 비유에 대해 생각할 때, 달란트 비유는 대개 가장 먼저 생각나는 비유가 아니다. 이는 아마도 종교지도자들이 이익에 대해 미심쩍게 생각하고 사업가 직분에 눈살을 찌푸리는 윤리를 고수하고 있기 때문일 것이다. 그럼에도 불구하고 이 이야기는 명백한 윤리적 의미는 말할 것도 없고, 경제적 책임감과 적절한 청지기 직분에 대한 이해를 위한 보다 깊은 교훈들도 전달한다.

이 우화에 나오는 달란트라는 단어에는 두 가지 의미가 있다. 첫째, 이는 화폐단위인데, 아마도 예수시대의 가장 큰 단위였을 것이다. 뉴 바이블 코멘터리(New Bible Commentary)의 편집자들은 한 달란트는 매우 큰돈이었으며, 현대에서는 수천 달러에 맞먹을 거라는 데 동의한다.[15] 따라서 우리는 각각의 종들에게 주어진 금액이 상당히 많은 금액이었다는 것을 안다. 둘째, 보다 넓게 해석될 경우, 달란트는 하나님이 우리에게 발전시키고 증가시키라고 주신 다양한 재능들을 일컫는다. 이 정의는 우리의 자연적인 능력 및 자원뿐만 아니라 건강, 교육, 소유, 돈, 그리고 기회들도 포함한다.

나는 이 비유로부터 자본주의를 위한 전체윤리를 구축하고자 하지는 않는다. 그렇게 하면 해방신학 및 주권신학에 의해 저질러지는 것과 유사한, 엄청난 성경 해석적 및 역사적 오류를 저지르게 될 것이다. 그러나 이 비유에서 배울 수 있는 가장 단순한 교훈 중 하나는 하나님이 주신 능력과 자원을 어떻게 사용할지와 관련이 있다. 나는 이 교훈이 시장에서의 경제활동과 의사 결정의 일부여야 한다고 주장한다. 한편으로는, 이 비유의 주인이 그의 종들에게서 생산적인 활동을 기대했던 것과 마찬가지로, 하나님은 우리가 우리의 재능을 건설적인 목적을 위해 사용하기 원한다. 이 주인은 여행을 떠나면서 그의 종들에게 최선의 투자에 관해 결정하도록 허용한다. 이 점에서 종들은 전적으로 자유로웠다. 실상, 이 주인은 그들에게 이익이 나도록 투자하라고 명령하지도 않았다. 대신에, 그는 종들의 선의로 그의 재산에 대해 신경을 쓸 것이라고 가정할 뿐이다. 이 암묵적인 신뢰에 비추어 볼 때, 이 주인이 궁극적으로 무익한 종에 대해 보이는 혐오를 더 쉽게 이해할 수 있다. 이 주인을 화나게 한 것은 생산성 결여가 아니라, 주인 및 주인의 재산에 대해 종이 보여준 태도였다. 이 종이 다음과 같이 추론했으리라고 생각할 수 있다. "나는 이 일을 회피할 것이다. 이 달란트를 처리하고, 모니터하고, 이에 대해 책임을 지지 않기 위해 이것을 보이지 않는 곳에 둘 것이다." 레오폴드 폰크(Leopold Fonck)는 이렇게 설명한다. "하나님이 보기에는 재능을 받은 사람이 이를 잘못 사용한 것만 잘못이 아니라, 이를 사용하지 않는 것도 잘못이다."[16] 이 주인은 부지런한 종들이 생산적임을 보여준 뒤에 이 종들에게 자신의 즐거움에 참여하도록 초대했다. 그들은 큰 보상을 받았다. 실로, 이 주인은 게으른 종의 한 달란트를 빼앗아 열 달란트를 가진 종에게 주었다.

192

그러나 이 달란트 비유는 돈에 대한 적절한 청지기 직분이라는 현지의 이해를 전제로 한다. 랍비의 율법에 의하면, 땅에 묻는 것은 도난에 대비한 가장 안전한 방법으로 여겨졌다. 돈의 보관을 맡은 사람이 받자마자 땅에 묻으면, 그는 어떤 일이 일어나도 이에 대해 책임이 없었다. 그렇지만, 옷에 묶어 둔 경우에는 그렇지 않았다. 이 경우에는 손해가 발생한 경우 무책임한 보관방법으로 인해 발생한 손해에 대해 책임을 졌다.[17] 그러나 달란트 비유에서 주인은 합리적인 리스크 취하기를 격려했다. 그는 달란트를 묻어 두는 것 (그래서 원금만 보존하는 것)을 어리석다고 여겼는데, 왜냐하면 자본은 합리적인 수익을 내야 하기 때문이다. 이렇게 이해할 때에는, 시간이 돈이다(이는 이자에 대해 말하는 또 하나의 방법이다).

이 비유에서 배울 두 번째 중요한 교훈은 이것이다. 즉, 우리의 자원, 기지, 노동으로부터 이익을 내는 것은 비도덕적이지 않다. 완전히 다른 대상들에게 그리고 완전히 다른 맥락에서 쓰기는 했지만, 오스트리아의 경제학자 이스라엘 키즈너(Israel Kirzner)는 사업가적 기민함이라는 개념을 사용해서 개인의 자연적 능력, 시간과 자원을 개발하는 일의 중요성을 보여준다. 루트비히 폰 미제스(Ludwig von Mises)의 연구에 기초해서, 키즈너는 사업가들은 새로운 기회를 모색하고 목표지향적 활동에 관여함으로써 "목표와 수단이 명확히 정해지고 나면 목표를 효율적으로 추구할 뿐만 아니라, 어떤 목표를 추구할지 그리고 어떤 수단들을 이용할 수 있는지를 파악하는 데 필요한 동인과 기민함을 가지고 이를 추구한다."[18]는 점을 인정한다. 키즈너의 개념과 달란트 비유의 유사성을 지나치게 강조하지 않더라도, 사업가적 기회발견과 마태복음 25장에 나오는 주인(주님)이 자기 재산을 맡은 사람들에게 자기의 수익에 대해 주의하라는 훈계 사이에는 자연스러운 연관관계가 있는 것 같다. 따라서 이익에 대한 유일한 대안은 손실인데, 세 번째 종의 경우는 청지기 직분을 잘못 수행했다.[19] 그러나 자선이나 (특정 종교 종파에서 취해지는 전통적인 가난의 서약에서와 같은)[20] 보다 급진적 형태인 재산 소유 포기와 같은 자발적인 부의 양도는 경제적 손실과 혼동되어서는 안 된다. 자발적 양도의 경우 적법한 재화가 어떤 사람의 독특한 소명과 교환되어 포기된다. 경제적 손실의 경우, 경제활동에서 고의 또는 태만의 결과로 실패하는 것은 하나님의 선물과 청지기로서의 책임에 대한 무례를 보여주는 것이다.

그럼에도 불구하고, 우리는 경제적으로 창의적이고 생산적인 도덕적 의무와 자신의 재능 및 자원을 신중하고 고상하게 채용할 도덕적 의무를 적절히 구분해야 한다. 달란트 비유와 창세기 1장의 문화 명령에 대한 논의에서 볼 때, 땅을 정복함에 있어서 사람들은 변화, 발전과 투자의 가능성에 주의를 기울일 필요가 있다는 점이 명백하다. 더욱이, 하나님의 형상대로 창조된 인간에게는 이성과 자유의지가 주어졌기 때문에, 인간의 행동에는 필연적으로 창의적인 측면이 있다. 따라서 한 달란트를 땅에 묻어 둔 세 번째 종의 경우, 미래의 가능성에 대해 주의할 수 있는 능력을 사용하지 않은 것(이로 인해 주인의 돈이 생산적으로 이용되지 못하게 되었다)이 그가 호된 질책을 받게 된 이유이다. 모든 사람들을 위해 재능과 자원을 신중하게 사용하는 데 대해 중세 시토 수도회(Cistercian)의 수도승들보다 좋은 예는 없을 것이다. 각 수도승들의 하루일과를 기도, 명상, 예배, 그리고 노동으로 나누는 종교규약에 의해 다스려지는 수도원에서는 생산적인 활동에 사용될 수 있는 시간의 양은 빠듯하게 규제되었다. 에켈운드 등에 의하면, 자족에 대한 수도원의 강조와 더불어 이러한 제약이 보다 효율적인 농업기술을 개발할 동기를 부여했고, 이에 따라 기술발전을 사용할 자연적인 인센티브를 제공했다. 시토 수도회의 수도승들은 초기부터 제분기를 빈번하게 사용했을 뿐만 아니라, 식물, 토양 및 가축들에 대해 실험도 해서 이들은 하나님이 부여한 창의력을 현명하고 생산적으로 사용해서 수도원에서 쓸 돈과 다른 사람들을 도울 돈을 모을 수 있었다.[21]

경제학은 장기 자본수익률(이익)은 이자율과 동일할 것임을 보여준다. 이자율은 미래의 소비를 위해 현재의 소비를 연기하는 데 대한 대가이다(때로는 시간선호율이라 불린다). 예수의 비유에서 주인에게는, 그 달란트의 원금을 회수하는 것만으로는 충분하지 않았다. 그는 종이 경제활동 참여를 통해 가치를 늘릴 것으로 기대했다. 이자가 발생하는 계좌에 예금을 하는 것과 같은 최소 수준의 참여만 해도 주인의 원금에 대해 조금이라도 이익을 남겼을 것이다. 땅에 원금을 묻어두는 것은 그 자그마한 이익마저 희생하는 것이며, 이것이 바로 그 주인이 종의 게으름에 대해 화를 낸 이유였다.

창세기에서 우리는 하나님이 땅과 땅의 모든 자원들을 아담과 이브에게 주었다는 기사를 읽을 수 있다. 아담은 창조의 원재료에 자신의 노동을 섞어서 자기 가족이 사용할 수 있는 물건들을 생산해야 했다.[22] 이와 유사하게, 달란트 비유에서 주인은 종들이 자원을 마음대로 이용해서 자기 소유의 가치를 늘리기를 기대했다. 두 명의 충직한 종들은 수동적으로 자기에게 주어진 것들을 보존하기만 한 것이 아니라 그 돈을 투자했다.

그러나 주인은 한 달란트를 받았던 종의 소심함에 대해 화를 냈다. 이 비유를 통해서, 하나님은 우리의 재능을 생산적으로 사용하라고 명령한다. 나는 이 비유의 주된 강조점은 노동 및 창의성의 필요와 게으름에 대한 거부라고 믿는다.

결론

역사적으로 사람들은 실패한 종이 주인의 돈에 대해 취했던 자세와 마찬가지로, 안전을 확보하고 리스크를 최소화하기 위한 제도를 만들기 위해 노력해 왔다. 그러한 노력들은 그리스–로마의 복지국가에서부터 1960년대의 러다이트(Luddite) 커뮨, 완전한 소비에트 전체주의에까지 이른다. 이러한 노력들은 때로는 미래의 불안에 대한 "기독교적 해법"으로 받아들여졌다. 그러나 불확실성은 회피되어야 할 위험에 불과한 것이 아니다. 이는 재능의 현명한 사용을 통해 하나님께 영광을 돌릴 수 있는 기회일 수도 있다. 달란트 비유에서, 첫 번째 종의 경우 미지의 미래에 직면한 용기가 후하게 보상되었으며, 그에게 가장 많은 것이 맡겨졌다. 그는 다섯 달란트를 사용해서 다섯 달란트를 늘렸다. 그는 이를 은행에 맡겼다가 명목 이자율을 받을 수도 있었다. 합리적인 리스크를 취하고 사업가적인 기민함을 보임으로써, 그는 원래 할당된 원금과 이익을 유지하도록 허용되었다. 더욱이, 그는 주인과 함께 즐거워하자는 초대까지 받았다. 게으른 종은 보다 사업가적인 이니셔티브를 보였더라면 그의 암울한 운명을 피할 수도 있었다. 만일 그가 자기 주인의 재산을 늘리기 위해 노력했다가 실패했더라면 그처럼 호되게 심판받지 않았을 수도 있다.

달란트 비유는 불확실성에 사업가적인 방식으로 대면해야 한다는 도덕적 교훈을 시사한다. 이에 대해 사업가보다 더 적합한 예는 없다. 사업가는 미래를 용기 있게, 그리고 기회의 측면에서 본다. 그들은 새로운 사업을 개척할 때, 임금을 받고 기술을 개발시키는 것에 대한 새로운 대안을 연다. 그러나 지금까지 언급된 내용들은, 사업가들은 사회에 대한 중요성 때문에 영적인 책임으로부터 면제됨을 시사하는 것으로 여겨져서는 안 된다. 죄 있는 인간들의 다른 어떤 그룹에서와 마찬가지로, 사업가들에게서도 비도덕적인 행동이 발견될 수 있다. 그러나 죄에 대한 성경의 범주는 다른 그룹에 대해서보다 사업가 그룹에 보다 더 엄격하게 적용되지 않는다는 사실, 특히 비즈니스맨들이 순전히 탐욕에 의해 동기가 부여된다고 여겨져서는 안 된다는 사실을 기억할 필요가 있다.

토론 문제

1. 시리코는 사업가 직분을 신성한 소명이라고 부른다. 그가 이러한 견해를 보이는 이유는 무엇인가? 당신은 사업가 직분에 대한 그의 견해에 동의하는가?

2. 당신은 종교 지도자들이 사업가들에 대해 적대심과 의심을 보이고 있다는 시리코의 말에 동의하는가? 그 이유는 무엇인가?

3. 시리코에 의하면, 사업가 직분에 대해 성경이 지지하는 근거는 무엇인가? 당신은 이와 같은 그의 성경 이해에 대해 동의하는가?

Notes

1. Charles Dickens, Hard Time for These Times (London: Oxford University Press, 1955 [1854]): Dealing with the Firm of Dombey and Son, Wholesale, Retail and for Exportation (London: Oxford University Press, 1964 [1847-1848])

2. Sinclair Lewis, Babbitt (New York: Hatcourt, Brace and Company, 1922).

3. 비즈니스맨이 문학에서 어떻게 묘사되는지에 대한 보다 자세한 묘사는 Michael J. McTague, The Businessman in Literature: Dante to Melville(New York: Philosophical Library, 1979)을 보라.

4. 위의 책 63-71쪽.

5. 전형적으로 이러한 입장을 대변하는 사람은 Bernard Mandeville인데, 그는 경제적 번영은 자기 이익을 추구하며 도덕 관념이 없는 개인들의 행동의 결과라고 생각했다. 그는 경제적 성공을 달성하기 위해서는, 사람들이 전통적인 도덕성으로부터 해방되어야 한다고 주장했다. 이 견해는 비즈니스 윤리의 처방들을 질서를 유지하고 예측할 수 있는 결과를 확보하기 위해 만들어진 유용한 허구의 지위로 격하시켰다. The Fable of the Bees, vol. 1, ed. E. B. Kaye (London: Oxford University Press, 1924 [1705]), 46쪽. Mandeville과 그의 추종자들에 대한 비판은 Norman P. Barry, Anglo-American Capitalism and the Ethics of Business(Wellington, New Zealand: New Zealand Business Roundtable. 1999), 8-16쪽을 보라. 또한 The Morality of Business Enterprise (Aberdeen: Aberdeen University Press, 1991), 3-6쪽을 비교하라.

6. John Paul II, Crossing the Threshold of Hope, ed. Vittorio Messori (New York: Alfred A. Knopf, 1994), nos. 4-5, 27쪽.

7. Michael Novak, This Hemisphere of Liberty: The Philosophy of Americas (Washington, D.C.: The AEI Press, 1990), 38쪽.

8. 당시 Toronto 대학교의 St. Michael's College 신학 및 종교 연구 교수였던 Gregory Baum에 의하면, "…라틴아메리카 국가들이 북대서양 연안 국가들, 특히 미국에 중심을 둔 회사 자본주의 시스템에 경제적으로 의존하는 것은 도시 및 시골의 대중들의 가난으로 이어졌을 뿐만 아니라, 문화적 기관과 교육 기관 및 이들을 통해 일반 대중의 양심에도 영향을 주었다." The Social Imperative: Essay on the Critical Issues That Confronts the Christian Churches (New York: Paulist Press, 1979), 10쪽. Northwestern 대학교 교수 Rosemary Luether는 다음과 같이 썼다. "…진정한 해방 신학이 쓰여질 수 있는 곳은 라틴아메리카뿐이다. 이에 반해 억압적인 힘의 수혜자라는 지위에 포위되어 있는 유럽 사람들과 북미 사람들은 이 신학에 대해 외부에서 논평할 수 있을 뿐이다." Liberation Theology: Human Hope Confronts Christian History and American Power (New York: New York: Paulist Press, 1972), 182쪽. 이러한 접근법들에 대한 설득력이 있는 비판에 대해서는 Michel Novak, Will It Liberate? Question about Liberation Theology(New York: Paulist Press, 1986)를 보라.

9. Adam Smith, An Inquiry into the Nature and the Course of Wealth of Nations, ed. R. H. Campell and S. A. Skinner (Oxford: Oxford University Press, 1976[1776]).

10. 이 구절의 텍스트는 다음과 같다.
그 때 너는 보고 빛이 날 것이다.
네 마음은 흥분되고 즐거워할 것이다.
왜냐하면 바다의 풍부함이

네게로 오게 되고

나라들의 부가 네게로 오게 될 것이기 때문이다.

11. 로마 가톨릭 교회에 받아들여지기 전 2년 동안(1843-1845)에, John Henry Cardinal Newman은 현재는 유명한 그의 책 An Essay on the Development of Christian Doctrine(London: J. Toovey, 1845)을 집필했다. 불행하게도, 당시에는 현재와 마찬가지로, 선한 의도의 신실한 가톨릭교도들이 크리스천들의 점증하는 자기 이해와 교리 및 도덕 분야에서의 성숙을 상대주의자들의 세계관과 결부시켰다. 일부 신학자들이 상대주의에 빠지게 될 위험이 있는 것은 사실이지만, 일부에서 주장하듯이 교리의 수정은 상대주의로 이어질 것이라는 주장은 옳지 않다. Newman 추기경의 경우, 그는 일련의 교리적 추가로 인해 초기 교회의 가르침이 변질되었기 때문에 로마 교회로부터의 분리가 정당화된다는 프로테스탄트들에 대응하도록 부름 받았다. 그래서 이 논문의 주요 과제는 교리적 변질과 교리적 발전 사이의 주요 차이점을 조사하는 것이었다. 그는 시간이 지남에 따라 진리의 새로운 국면을 만나거나 새로운 오류들과 충돌할 경우, 활기차고 동력력이 있는 에너지를 통해 실질적인 변화를 겪지 않으면서도 참되고 풍부한 아이디어가 부여된다고 주장했다. 따라서 Newman 추기경은 유기체의 비유를 채용해서 교회의 새로운 경험, 발견, 계시를 통해 시간이 지남에 따라 교리적 아이디어가 어떻게 발전되는지 묘사한다. 그는 자신의 주장을 강화하기 위해, 진정한 발전을 변질로부터 구분하기 위한 일련의 테스트들을 제공하는데, 그 중 주된 테스트는 원리의 유형 및 연속성의 보존이다. 따라서 (초기 및 후기 형태 모두의) 교리의 정수(精髓)는 그리스도와 사도들에 의해 교회에 주어졌고 교권(敎權; Magisterium)에 의해 보증된 원래의 계시에 포함되어 있다.

12. John Paul II, Encyclical Letter Centesimus Annus (1991년 5월 1일), nos. 29, 32.

13. Kenneth Bodenstein, "Pure Profit: For Small Companies That Stress Social Values as Much as the Bottom Line, Growing Up Hasn't Been an Easy Task," Los Angeles Times Magazine (1995년 2월 5일), 4면.

14. Jude Snyder, "Social Awareness: Corporate America Cultivates Conscience," Arizona Republic (1994년 5월 12일), 6면.

15. G. J. Wenham, J. A. Motyer, D. A. Carson, 그리고 R. T. FRANCE, 편, New Bible Commentary, 21st Century Edition (Downers Grove, IL.: InterVarsity Press, 1997), 938쪽.

16. Leopold Fonck, The Parables of the Gospel: An Exegetical and Practical Explanation, 3판, George O'Neill 편, E. Leahy 역(New York: F. Pustet, 1914[1902]), 542쪽.

17. 랍비 Gemara의 가르침에 따르면, "사무엘은 돈은 땅에 묻어둘 때에만 지켜질 수 있다고 말했다. 그러나 사무엘은 안식일 전날 저녁에는 랍비들이 사람들에게 그러한 수고를 부과하지 않음을 인정한다. 그러나 안식일이 지나고 돈을 묻을 충분한 시간이 지났음에도 땅에 묻지 않고 꾸물거리다가 돈을 잃어버리면 이에 대해 책임이 있다." The Babylonian Talmud (Seder Nazikin), Baba Metzia, vol. 1, H. Friedman 역 (New York: The Rebecca Benner Publication Inc., 1959), 250-251쪽. 또한 관리인, 개인, 또는 제3자에 돈을 맡겼을 때의 책임에 관한 상세한 논의는 바로 뒤 섹션(154-259쪽)을 비교하라.

18. Israel M. Kirzner, Competition and Entrepreneurship (Chicago: University of Chicago Press, 1973), 33쪽.

19. Kirzner는 정보의 변화에 대한 사업가의 반응은 계산 프로세스로 이해되어서는 안 된다고 지적한다. 그보다는, 사업가적 측면은 "그 맥락 안에서 의사 결정이 이루어져야 하는 현실(현재 및 미래)에 대한 약삭빠르고 현명한 평가"와 관련된 의사 결정의 요소와 관련이 있다. Discovery and the Capitalist Process (Chicago: University of Chicago Press, 1985), 17쪽. Samuel Gregg은 Kirzner의 말에 대해 다음과 같이 예리하게 논평한다. "'평가'가 여기서의 핵심 단어이다. 이 단어는 각 사람의 지식이 제한되어 있으며, 따라서 각 사람의 행동은 불확실성 가운데 일어나며 또 이에 기여한다는 것을 강조한다. 왜냐하면, 불확실성이 없을 경우, 의사 결정은 사실들과 대안들에 대한 정확한 계산만을 요구하게 될 것이고, 그럴 경우에는 인간은 로봇보다 나을 것이 없을 것이다. 그러나 현실은 인간의 계산이 아무리 정확하다 해도, 사업가적-투기적 요소에서 판단이 잘못될 경우 잘못된 의사 결정이 내려질 것이다." Christianity and Entrepreneurship: Protestant and Catholic Thoughts(Australia(The center for Independent Studies, 1999), 65쪽에 나오는 "The Rediscovery of Entrepreneurship: Developments in the Catholic Tradition."

20. 수도원은 원래는 세속의 일들로부터의 도피처이자 영적인 일들이 일상생활을 지배하는 곳으로 고안되었다. 중세 수도원들은 규약이나 일련의 규칙들에 의해 규제되었는데, 이 규칙들은 수도승들에게 순결, 가난 및 순종을 서약하도록 요구했다. 가장 널리 사용된 규약 중 하나는 St. Benedict 규칙이었는데, 이 규칙은 Benedict 파와 시토 파에 사용되었다. 이 규칙은 수도원의 조직 및 운영을 통제하는 구체적인 가이드라인을 정했으며, 수도승들의 일상 활동을 규제했다. 뛰어난 소개 및 설명 주석들을 갖춘 최근의 번역서는 The Rule of St. Benedict, Anthony C. Meisel과 M. L. del Mastro 역 (Garden City, N. Y.: Image Books, 1975)을 보라.

21. Robert B. Ekelund, Jr., Robert F. Hebert, Robert D. Tollison, Gary M. Anderson, 그리고 Audrey B. Davison, Sacred

Trust: The Medieval Church as an Economic Firm (New York: Oxford University Press, 1996), 53-54쪽.
22. 일반인들의 사도직에 관한 제 2회 바티칸 공회의 선언(1965년 11월 18일)은 아래의 긴 인용에서와 같이 이 논의를 확대한다.
"사람들은 조화롭게 일하면서, 현세의 질서를 새롭게 하고 보다 더 완벽하게 해야 한다. 이것이 세상을 향한 하나님의 계획이다. 현세의 질서를 구성하는 모든 것, 즉 개인 및 가족의 가치, 문화, 경제적 이해관계, 상거래 및 직업, 정치 공동체의 기관들, 국제 관계 등과 이들의 점진적인 발전들은 모두 사람의 최종 목적을 도와줄 뿐만 아니라, 개별적으로 간주되건 현세 구조의 일부로 간주되건, 하나님에 의해 그들에 놓인 자체의 가치를 지니고 있다. '그리고 하나님이 자기가 지은 모든 것을 보니 하나님이 보기에 매우 좋았다'(창세기 1:31). 이들의 자연적인 선함은 사람과의 관계에서 사람이 사용하도록 만들어진 이들에게 추가적인 존엄성을 부여해 준다. 그리고 하나님은 또한 '만물 안에서 그리스도가 최고의 위치를 차지하도록' 모든 자연적인 존재, 초월적인 존재를 그리스도 안에서 하나로 모이게 했다(골로새서 1:18). 자체의 특수한 목적, 자체의 법 및 자원, 또는 인간의 복지에 대한 중요성을 지닌 이 현세의 질서의 디자인은 그 자율성을 빼앗는 것이 아니라, 그 에너지와 탁월성을 증가시키고 이를 이 땅에서의 인간의 필수적인 소명의 수준에까지 끌어 올린다"(no. 7).

거친 비즈니스: 깊고 빠른 물속에서

읽기 자료

BEYOND INTEGRITY

스티브 브린(Steve Brinn)
Vocatio 2. No. 2 (1999년 7월): 3-6쪽. 저작권ⓒ 1999.

"거친 비즈니스(tough business)"는 우리에게 "처음 4가지 해법은 악취가 나기 때문에 다섯 번째 해법이 필요하다"고 말하게 하는 일이다. 또는 이 일은 우리에게 "하나님, 저는 올바른 대답을 정말 모르겠어요. 여러 가지 대안이 있지만, 그 어느 대안도 옳은 일이라는 위안을 주지 못해요"라고 말하게 하는 일이다. 또 다른 말로 얘기하자면, 거친 비즈니스는 우리의 최선의 노력에도 불구하고 다른 크리스천들이 "그러고도 자기가 크리스천이라고 생각한단 말이야?"라고 말하게 하는 일이다.

거친 비즈니스는 가기 힘든 길이다. 그러나 그리스도는 많은 제자들에게 이 길을 가라고 요구한다. 이 길을 가고 있는 보다 많은 순례자들이 두려움과 실패를 포함한 우리의 경험에 대해 정직하게 이야기해야 한다. 이를 위해서, 나는 세 가지 "거친 비즈니스" 질문을 다루고자 한다.

거친 비즈니스는 왜 안 되는가?

첫 번째 질문은 "왜 크리스천은 어려운 일에 깊이 관여하면 안 되는가, 우리가 이를 회피하는 이유들의 대부분은 천박하거나 잘못된 것이 아닌가?"이다.

내가 22년 전에 비즈니스계에 발을 들여 놓은 이후부터는 그리스도가 내 모델이었다. 이곳은 커다란 갈등과 문제가 될 가능성을 포함한, 의문시되는 사람들과 복잡한 이슈들이 있는 인생의 위험 지대였다. 비즈니스 상황에서 자신을 본받으라는 그리스도의 초대는 나를 안전한 항구에서 넓은 바다로 이끌었다. 우리 크리스천들은 종종 젖을 수밖에 없는 곳에 속해 있는가?

나는 스컬(scull; 조정 경기용 경보트) 배를 몬다. 초보자들은 대개 강가에 달라붙는다. 강가는 수심이 얕고 물살도 덜 세다. 관행에 따라서, 조정을 하는 사람들은 충돌 가능성을 줄이기 위해 한 쪽은 상류 쪽으로 배를 몰고 다른 쪽은 하류 쪽으로 몬다. 강가에서 배를 몰면 잘못해서 배에서 떨어지더라도 헤엄을 쳐서 강가로 나가기가 쉽다. 강가 쪽이 강 중앙보다 위험이 훨씬 적기 때문에 모두 그곳에서 시작한다.

이들이 기술이 늘어 가면, 보다 깊은 물로 가라는 도전을 받는다. 왜냐하면 물살이 더 빠른 강 한가운데가 보다 단거리이고 빨리 가는 길이기 때문이다. 배를 모는 사람들은 양 방향으로 가기 때문에 충돌할 가능성이 더 크며(특히 스컬을 타는 사람들이 뒤쪽으로 노를 저을 경우), 헤엄을 치더라도 안전한 강가에서 훨씬 더 먼 곳에 있다.

만일 예수가 배를 탄다면, 기술이 늘어감에 따라 더 깊은 물로 옮겨갈 것이다. 만일 예수가 비즈니스맨이라면, 땅에 발을 디디고 기본을 배울 것이다. 그 다음에 믿음으로 행동을 취할 것이다. 그러나 그리스도인들이 이같이 하는가? 나는 사람들이 너무도 흔히 교회에 와서 안전한 항구를 경험하고는 믿음으로 밖으로 나가는 대신, 그곳에 머무르기만 한다고 믿는다. 도처에서 이런 현상이 벌어지고 있다. 그리고 이는 시장에 있는 크리스천들의 경우에도 해당하는 것 같다.

왜 그런가? 나는 그 이유가 교회에 오는 사람들만큼이나 다양하다고 생각한다. 그러나 많은 믿음의 사람들에게는 비즈니스에 발을 들여 놓는 것은 바빌론에 발을 들여 놓은 것이며, 그런 일은 "적을수록 좋기" 때문이라는 점이 확실한 것 같다. 이런 자세에서, 크리스천들은 그들의 고용의 선택이나 팀원들에 대한 그들의 반응에 의해 큰 이해관계, 빠른 속도의 거래 상황, 논쟁, 또는 이러한 상황에 대한 노출로부터 벗어날 수도 있다.

내가 경험한 이러한 난국의 예를 들어 보겠다. 몇 년 전에, 내가 현재 시니어 임원으로 일하고 있는 회사에 합류한 직후에, 나는 우리 동료 중 한 사람이 우리 회사의 선상(船上) 재산 및 선박과 관련된 선상 도박을 제안하고 있음을 알게 되었다. 나는 경악했고 어떻게 해야 할지 몰랐다. 나는 도박이 죄에 해당한다고 믿지는 않지만, 간접적으로라도 도박 사업에 참여하는 것은 결코 하고 싶지 않은 일이었다.

거친 비즈니스 상황이었다. 나는 (1) 사직해야 하는가? (2) 이 제안이 채택될 경우 사직하겠다고 협박해야 하는가? (3) 내 자리를 지키면서 내 도덕적 확신과 비즈니스 감각을 사용해서 이에 대한 강력한 유보 입장을 밝히고 일이 실제로 어떻게 진행되는지 지켜봐야 하는가?

나는 세 번째 대안을 선택했다. 다른 크리스천 임원은 "악한 것을 듣지 않기" 위해, 그리고 아마도 직접적으로 악에 참여하는 것을 피하기 위해 즉각적으로 CFO직과 이사회에서 사임했다.

몇 개월간 일이 진행되는 동안 나는 내숭을 떤다는 놀림을 받았고, 위선자라는 말을 들었으며, 내 평판을 염려한다는 비난을 받았다. 그러나 나는 내 자리를 지키며 이 사업의 지속 가능성, 비즈니스에 미치는 영향, 그리고 사행 산업에의 관여가 우리 회사의 핵심 원칙에 어떻게 부합하는지에 관해 까다로운 질문을 하였다. 결국 이 건은 시들해졌고, 이를 옹호한 사람은 회사를 떠났다.

이 이야기의 교훈은 끝까지 배를 포기하지 않으면 나쁜 일이 일어나지 않을 거라는 점이 아니다. (나는 끝까지 포기하지 않았지만 내가 싫어하는 일이 일어난 적이 있다.) 그러나 이 사례는 어떻게 내 동료는 자기 입장을 포기한 반면 나는 내 입장을 유지할 수 있었는지, 그리고 우리가 반대 의견을 공유하자 내 동료가 이를 강하게 반박하기가 얼마나 더 어려웠는지를 보여준다.

나는 그 토론에서 그리스도가 내가 목소리를 내기 원했다고 생각한다. 또한 나는 그리스도는 우리가 결코 이상적이지 않고 잘해 봐야 나쁜 결과보다는 상대적으로 나은 결과만을 가져올 수 있는 "거친 비즈니스" 상황에서 우리의 목소리를 내기 원한다고 생각한다. 그러나 크리스천들은 날마다 의식적, 무의식적으로 이런 상황에서 물러선다. 그들은 이 역할을 포기하면서 실패나 죄의 가능성을 피한다고 생각한다. 나는 시련의 장소인 이 세상에서 살지만, 이 세상에 속하지는 않은 우리가 이를 피할 수 없다는 것을 알게 되었다. 우리는 모두 여러 역할들을 수행하면서 이에 직면하게 될 것이다. 그리고 우리가 이를 적절하게 수행했는지에 대한 판단은 하나님의 영역에 속해 있다.

우리는 이 세상에서 살고 있지만 이 세상에 속하지는 않았다는 사실이 중요하다. 20년 동안 나는 하늘을 향한 내 마음과 직업 세계의 실제, 그리고 그 기회들과 결과들을 조화시키기 위해 애써왔다. 그런데 나는 결코 이들을 조화시킬 수 없었다! 나는 결코 이 긴장에 대한 해결을 경험하지 못했고, 그래서 내가 잘못된 자리에 있다고 생각했으며, 직업 변경, 새로운 전술, 다른 의사 결정 전략, 그리고 아예 시장을 떠나는 것을 고려하게 되었다. 그러다 최종적으로 이런 생각이 들었다. 우리는 우리 아버지에게 적대적인 세상에서 살아가는 하나님의 자녀들이며, 우리 생애에서는 결코 하나님의 왕국과 이 땅의 권세들 사이의 갈등에 대한 해결을 경험하지 못할 것이다. 즉, 이곳은 천국이 아니지만, 우리는 잘못된 자리에 있는 것이 아니다.

예수는 이 진리를 구체적으로 보여주었다. 그가 가는 곳마다, 하늘의 뜻과 이 세상의 뜻이 충돌하여 온갖 종류의 분란과 폭풍을 일으켰다. 우리의 삶은 부분적으로는 그 분의 걸음을 닮을 것이다. 거친 비즈니스는, 우리가 차지하고 있는 다른 곳들과 마찬가지로, 하늘과 땅이 만나서 다투는 곳이다. 우리 중 일부는 그곳에서, 영광 중에만 해결될 긴장 속에서 일하라고 부름 받았다.

하나님에 의해 그 역할을 하라고 부름 받았다면 우리의 평판에 대한 우려로 거친 비즈니스를 피하는 것은 경건하지 않은 처사이다. 하나님의 뜻과 이 세상을 통치하는 권세들 사이에 있는 우리의 존재에 기본적인 긴장을 피하기 위해 이 역할을 포기한다면 이는 그릇된 해결책이다.(진정으로 이를 피할 곳은 없다!) 마지막으로, 교회에서 거친 비즈니스에 대한 지지나 이해가 별로 없기는 하지만, 교회가 이 영역에서 실패했다 해서 하나님의 부름을 피할 변명은 되지 않는다. 크리스천들은 한 분이신 참 하나님을 따르는 사람들로서 거친 비즈니스의 한가운데 있어야 한다. 아무런 좋은 결과도 없는데 크리스천이 아니라면 누가 어려운 결정을 하겠는가?

하나님은 어디에 계시는가

생각해 볼 가치가 있는 두 번째 질문은 "하나님은 그곳에서 우리를 만나 줄 것인가?"이다. 이미 말한 바에 비추어 볼 때 이에 대한 대답은 확실히 "예!"이다. 하나님은 많은 크리스천들을 이 상황 안으로 부른다. 예수의 제자들은 문제를 갈망하지는 않지만, 더 깊은 물에 노를 저어가면 고통, 실망, 그리고 타협과 관련되는 상황으로 들어가게 될 것이다. 다른 신자들이 "그 사람이 그러고도 크리스천이냐!"고 말할 수도 있다.

교회의 관행에 비추어 판단하자면, 자기의 소명이 거친 비즈니스라고 알고 있는 예수의 제자들에게 줄 수 있는 은혜가 별로 없다. 교회에서는 결혼과 가족, 건강, 노화 및 가난의 어려움에 대해 많이 얘기하고 있으며, 이러한 일들에 대해서는 은혜를 말해줄 언어들과 상징들이 풍부하다. 그러나 벌목의 악영향을 중단시키는 것이 아니라 감소시키기, 회사 구조조정에서 정리 해고된 100명에게 1주 분이 아니라 2주 분의 퇴직금 지급하기에 대해서는 어떤가? 이러한 이슈들이 합심 기도의 제목이 되고 있기라도 하는가? 설교들은 시장에 있는 사람들이 직면하는 우리 모두의 타협을 충분히 인식하는가? 이를 인식할 경우, 우리의 일이 의미가 있으며, 우리가 실패할 경우 은혜를 받을 수 있다는 확신을 제공하는가? 슬프게도, 교회들에는 시장의 크리스천들을 위한 이러한 지원이 결여되어 있다.

이상하게도 우리는 약삭빠르지만 거듭났다고 알려진 카지노 매니저보다는 회개하는 암살자에 대한 하나님의 자비를 더 확신할 수도 있다. 그러나 큰 죄를 눈처럼 희게 씻을 수 있는 하나님은 계약 위반으로 제3자에게 손해를 끼친 회사와 관련된 비즈니스맨도 충분히 용서할 수 있다. 그리고 오늘날 북미 교회들의 비즈니스에 대한 거리낌에도 불구하고, 비즈니스를 영위하는 교회 출석자들은 제한된 대안, 그릇된 정보와 오해, 그리고 경쟁적 경제에서 끝없이 전개되는 희소한 자원 및 제로섬 게임이라는 고통스러운 현실과 씨름할 때 하나님의 인도와 용서를 받을 수 있다. 하나님은 크리스천들이 거친 비즈니스라는 도가니에서 믿음으로 그 분을 따를 때마다 그들을 만나줄 것이다.

> 하나님은 크리스천들이 거친 비즈니스라는 도가니에서
> 믿음으로 그 분을 따를 때마다 그들을 만나줄 것이다.

미국의 전 의무감 C. 에버렛 코프(C. Everett Koop)는 신앙인으로서 온 마음으로 최선을 다하려 노력하면서 겪은 가장 큰 상처는 크리스천인 비판자들의 신랄한 모욕이었다고 말한 적이 있다. 언제나 깊은 물로 들어가는 우리 예수의 제자들은 시장이나 정부에서 어려운 직업을 가지고 분투하고 있는 믿음의 사람들을 보게 되면 하나님에게 감사드려야 한다. 그리고 우리는 최악을 생각하고 개처럼 공격할 것이 아니라, 그들의 용기, 지혜 그리고 인내를 바라야 한다. 우리에게는 갈 길이 멀다. 하나님은 이미 그 곳에서 우리를 기다리고 계신다.

> 시장이나 정부에서 어려운 직업을 가지고 분투하고 있는
> 믿음의 사람들을 보게 되면 하나님에게 감사드려야 한다.
> 그리고 우리는 최악을 생각하고 개처럼 공격할 것이 아니라
> 그들의 용기, 지혜, 그리고 인내를 바라야 한다.

팁 및 도구들

거친 비즈니스에서 직면하는 문제들에 대한 처방을 내리는 것은 위험하다. 그러나 우리가 배운 교훈이 다른 순례자들에게 도움이 될 수도 있다. 그래서 내 경험 중 일부를 독자들에게 제공한다.

- 우리는 아침마다 비유적으로 물구나무를 서서, 너무도 많은 것을 과학과 효율성에 입각하고 있는 20세기의 비즈니스 영역으로 들어가기 전에 이 세상의 모든 신비들을 기억해야 한다. 실상, 출근길의 이러한 일상의 불경한 성례는 우리를 하늘로 향하게 해서, 하루의 나머지가 아무리 세속적이고 하늘로부터 떨어져 있다 해도 우리가 하늘을 지향하게 해 준다.
- 동화를 읽어라. 이는 물구나무서기를 보완해 준다. 동화는 한계를 거부한다. 위가 갑자기 아래를 만날 수 있다. 동물들이 말할 수 있다. 그리고 모든 규칙을 능가하는 하늘의 능력에 대한 믿음을 회복한다면, 우리는 일들이 되어지는 방식에서 눈을 돌려 참으로 "이 세상에 있지만, 이 세상에 속하지는 않은" 사람으로 일하기 시작할 것이다. 그러면 일들이 최소한 부분적으로라도 자비에 의해 형성될 것이다. 희망이

없이 더럽혀져 있다는 전망을 개선하려는 희망이 포기되지 않고 다시 점화될 것이다. 믿음의 눈으로 보면 아무것도 완전히 끝나지는 않는다. 동화는 비즈니스맨들에게서도 아이같은 마음을 회복하도록 도와준다.

• 실패의 현장에서 도망치지 말라. 우리는 이 생에서는 달성할 수 없는 결과로 부름 받았다고 느끼기 때문에, 크리스천인 비즈니스맨들은 다른 사람들만큼, 그리고 그 이상 실패를 싫어한다. 우리의 시야에서 실패를 지워버리고 다음 도전으로 돌진하려는 유혹을 받기 쉽다. 그러나 약점을 인정하고 이에 대한 용서를 경험함으로써, 우리는 거친 비즈니스 속에서 하나님과의 관계를 발견한다. 그리고 그 분은 우리에게 새로운 비전을 줄 터인데, 이 비전은 흔히 우리의 실패라는 잿더미 속에서 성장한다.

• 자신에게 시간을 주라. 무엇이 진정한 소명인지를 발견하고 요령을 배우는 데에는 시간이 걸린다. 이는 수십 년이 걸릴지도 모른다. 나는 현재 46세인데, 이제서야 내가 받은 재능과 이를 어디에 쓸지에 대해 보다 명확하게 인식하기 시작했다.

• 같은 부류 사람들과만 교류하는 것을 주의하라. 우리 사회의 다른 "그룹"의 사람들과 마찬가지로 사업가들은 너무 자기들끼리만 어울리는 경향이 있다. 거친 비즈니스로 부름을 받지 않은 친구들을 사귀고, 당신의 세계가 그들의 세계와 겹치게 하라. 그러면 모두에게 유익이 있을 것이다.

• 어느 시점에서는 혁명적인 운동에 합류하라. 비즈니스는 조만간 안정되게 되어 있다. 무언가 당신의 친구들에게 충격을 줄 신선한 일을 하고 당신의 울타리를 시험해 보라.

• 중요한 일을 결코 포기하지 마라. 하나님이 포기하지 않는데 왜 우리가 포기해야 하는가?

• 마지막으로, 징표를 가지고 다녀라. 이 징표는 시장에서 당신이 전혀 기대하지 않은 순간에 하나님에 대한 기억을 되살려 줄 것이다.

토론 문제

1. 브린이 말하는 "거친 비즈니스"의 의미는 무엇인가?

2. 당신의 회사가 선상 도박과 관련된 재산 거래를 고려하고 있고 당신에게 다소의 의사 결정 권한이 있을 경우, 당신은 어떻게 하겠는가?

사례 3.1:
임무 부여

사라는 졸업하자마자 기업 고객들에게 웹디자인과 관리 서비스를 제공하는 (직원 수가 20명인) 작은 회사에 취직했다. 사라는 웹디자이너라는 일과 자기 회사 모두를 좋아한다. 이 회사의 소유주들은 그녀에게 잘해 주고 있으며 동료들은 동등한 권한이 있고 어울리기에 재미있는 사람들이다.

9개월 뒤에, 회사의 모든 사람들이 "유력자"라고 부르는 새로운 고객을 위한 프로젝트에서 선임 역을 할 기회가 사라에게 주어졌다. 이 고객이 첫 번째 프로젝트의 일에 좋은 인상을 받으면 회사에 더 많은 일을 맡길 수도 있으므로 이 역할을 맡는 것은 영광스러운 일이다.

사라는 회사의 고위 임원들이 자기를 좋게 보고 있다는 사실과 이 프로젝트에서 디자인 팀을 이끌도록 요청된 데서 오는 경력상의 기회를 잘 알고 있다. 그러나 고객사 비즈니스의 성격과 이 회사의 몇 가지 과거의 마케팅 캠페인들이 그녀를 골치 아프게 하고 있다.

이 회사는 선도적인 의류 제조/소매업체로서 다소 반항적인 이미지를 추구한다. 기숙사에 붙인 포스터와 대학 신문 전면 광고를 사용한 한 캠페인에서는 "음주 시합"과 "파티 음주"를 섞어서 사용해서 일부 활동주의자들은 이 회사가 미성년 음주를 조장한다고 비난했다. 이 회사는 처음에는 부정적인 여론을 우려했지만, 실제 의류 판매는 증가했다.

최초의 디자인 개념 설정 회의에서, 사라는 이 고객 회사의 마케팅 임원을 만났는데, 이 임원은 "우리 브랜드의 정체성과 우리가 열심히 일해서 성공적으로 만들어 낸 이미지를 이용해서 많은 사람들이 찾는" 웹사이트를 원한다고 말했다.

이 회의 뒤에 사라는 린이라는 자기 회사의 임원을 만났다. 린은 광고업계의 노련한 베테랑으로 사라의 비공식 멘토 역할을 하고 있는 중이다. 사라는 린에게 몇 년 전에 미성년 음주와 관련된 자동차 사고로 자기 사촌이 사망해서 이 일이 특히 더 힘들다는 고충을 털어놓았다.

린은 이렇게 대답한다. "사라 양의 입장을 이해하겠는데, 이 캠페인이 사라 양에게 줄 긍정적인 영향을 생각해 보세요. 누군가는 이 웹디자인 작업을 이끌 거예요. 그렇다면 누군가 양심적인 사람이 하는 게 나을 거예요. 나는 여러 해 동안 담배 회사 광고 캠페인 일을 해 오면서 아이들에게 영향을 줄 수도 있는 '확산 효과'를 다소 억제하는 데 도움을 줄 수 있었어요. 사라 양이 이 일을 맡아 보세요."

토론 문제

1. 이번 장에서 전개된 개념들에 비추어 볼 때, 사라는 이 일을 받아들여야 하는가? 왜 그런가?
3. 당신은 사라가 이 일을 맡지 않으면 양심이 더 무딘 누군가가 이 일을 맡게 되리라는 사라의 상사의 말에 동의하는가?

사례 연구
BEYOND INTEGRITY

사례 3.2: 배드 보이 사의 임원

데릭 퍼거슨은 뉴욕 시에 본사를 둔 배드 보이 월드와이드 엔터테인먼트(Bad Boy Worldwide Entertainment)에서 CFO로 재직하고 있는 하버드 경영 대학원 출신 연예 산업 임원이다. 연예인 신 콤스(Sean Combs)가 설립하여 이끌고 있는 배드 보이는 고(故) 노터리어스 B. I. G.(Notorious B. I. G.), 고릴라 조우(Gorilla Zoe), 그리고 조던 맥코이(Jordan McCoy)와 같은 사람들의 음반을 제작한다. 이 회사는 또한 신 존(Sean John) 의류 라인을 판매하며 2개의 레스토랑을 운영한다. 야후 파이낸스에 의하면, 배드 보이는 "태도와 이미지"를 판다.[3]

콤스, 이 회사가 제작하는 일부 음반, 그리고 랩/힙합 뮤직 장르(노골적이고, 여성 혐오적이며 때

---

3) Yahoo! Finance: Bad Boy Entertainment, Inc. Company Profile, http://biz.yahoo.com/ic/53/53318.html. (2011년 1월 20일 검색)

로는 폭력적인 가사)의 논란이 되는 성격에 비추어, 퍼거슨이 많은 도시 개발 사업에 관여하고 있는 독실한 크리스천이라는 사실을 알고 나서 놀라는 사람들이 있다. 그는 심지어 배드 보이의 직원들을 위한 주간 성경 공부도 인도하고 있다. 그는 일부 힙합 메시지가 마음에 들지 않지만, 이렇게 말한다. "나는 우리가 논쟁적인 상황에서 도망치라고 부름 받았다고 생각하지 않습니다. 우리는 이에 맞서서 변화를 만들어 내도록 노력하라고 부름 받았습니다." 그는 계속해서 이렇게 말한다. "회사에 있으면서도 일 가운데에서 선함과 의로움을 구현할 수 있습니다… 결국, 진정으로 중요한 것은 자신의 재능을 유익이 오래 지속되도록 사용하는 것입니다."[4]

토론 문제

1. 퍼거슨이 일하고 있는 업계와 회사는 비즈니스를 영위하기에 적절한 통로인가? 퍼거슨이 변화를 만들어 내기 위해 노력하는 와중에 자신의 신념을 타협하고 해로운 상품 생산에 기여해야 할 가능성이 있다고 말하는 사람이 있을 수 있다. 타락한 세상에서는 모든 산업, 회사와 또는 일에 뭔가 잘못된 것이 있으므로 퍼거슨이 하고 있는 일은 도덕적인 면에서 이례적인 것이 전혀 아니며, "어두운" 곳(성경의 느헤미야, 요셉 및 다니엘이 떠오른다)보다 빛을 발하기에 더 좋은 장소가 어디 있겠느냐고 말하는 사람도 있을 것이다.

2. 퍼거슨이 자기의 기독교 신앙과 일부 음악이 만들어 내는 가사 사이의 균형을 유지하려고 노력하는 방식에 대해 어떻게 생각하는가? 퍼거슨의 비즈니스에 대한 그의 생각에 동의하는가? 아니면 당신이 오랫동안 머물기에는 어려운 종류의 비즈니스인가? 당신의 견해에 대해 설명하라.

---

4) Julia Hanna, "Derek Ferguson: Bad Boy's Good Man," Harvard Business School Bulletin 80, no. 1(2004년 3월). 또한 "Derek Ferguson, CFO, Bad Boy Worldwide Entertainment," Bain & Co. Global Alumni Newsletter, http://www.bain.com/alumni/newsletter/May2010/alumni_features.htm#Ferguson을 보라.

기독교적 사고는 전통적으로 비즈니스에 충심으로 참여하는 것에 거부감을 보이는 듯하다. 이 장의 개요에서 인용한 어거스틴 및 터툴리안과 같은 사람들의 논평들은 상업을 "세속적"이며 거룩하지 않은 것으로 묘사한다. 이러한 부정적인 정서들의 많은 부분들은 현대 이전의 경제라는 맥락 안에서 쓰여졌기 때문에 이해할 만도 하다.

그러나 오늘날에도 크리스천의 비즈니스 영위는 회의적으로 비쳐진다. 기껏해야, 비즈니스는 흔히 교회의 "진짜" 일을 지원하는 수단으로 여겨진다. 이는 많은 크리스천 비즈니스맨들이 복음 전도의 기회를 인용하거나 자원 봉사, 기부, 문제를 안고 있는 동료나 직원들에 대한 도움 등 자신들의 정규적인 업무상 책임(또는 "본업")의 범위 바깥에서 하고 있는 일을 인용함으로써 자신이 비즈니스를 영위하는 것을 정당화하려고 한다는 사실에 반영되어 있다. 이에 비해, 비즈니스 활동 자체가 어떻게 적절한 "왕국"의 일이 될 수 있는지를 설명하기는 상당히 어렵다. 현재의 (기업 비리 관련) 머리기사들과 기업에 대한 부정적인 묘사는 비즈니스가 영적으로 수상쩍다는 혐의에 기여할 뿐이다.

상업적 시장은 흔히 전통적 기독교 윤리와 충돌하는 가치와 활동들로 가득 차 있는 영역으로 간주된다. 상품의 부정적 측면 감추기, 무자비하게 경쟁자를 공격하기, 그리고 고용이 필요한 사람들의 일자리를 없애기와 같이 성공에 필수적인 관행들은 정직, 교양과 동정과 같은 가치들과 조화하기가 상당히 어렵다. 시장에 대한 그러한 부정적인 묘사는 기독교 윤리의 인도 아래 살고자 하는 사람들을 괴롭힌다.

이처럼 곤혹스러운 이슈에 비추어 볼 때, 우리는 비즈니스에 대해 어떤 자세를 취해야 하는가? 비즈니스로부터 우리 자신을 단절시켜야 하는가, 이를 충심으로 포용해야 하는가, 두 개의 다른 가치들을 가지고 살아야 하는가, 이를 변혁시키기 위해 노력해야 하는가, 아니면 위의 몇 가지를 결합해야 하는가? 크리스천의 비즈니스 영위 문제는 크리스천들이 (비즈니스가 그 일부인) 현대 문화와 어떻게 상호 작용해야 하는지에 관한 보다 넓고 오래된 신학적 논의의 일부로 볼 수 있다.

반 웬스빈 시커가 (H. 리처드 니버의 고전 『그리스도와 문화』에 기초해서) 설명한 바와 같이, 기독교와 문화의 관계에 대해 신학적 전통마다 다른 견해를 보이고 있다. 니버에게 있어서 "문화"는 "언어, 습관, 아이디어, 신념, 관습, 사회 조직, 물려받은 인공물, 기술적 프로세스와 가치관으로 구성되어 있다."[5]

일부 전통들은 기독교 가치와 주변 문화의 가치 사이의 차이를 강조하며, 이들의 상호 관계에 있어서 분리주의자적인 경향을 보인다. 그리스도의 가치와 문화의 가치가 조화를 이룬다고 보고 이들 사이에 공통적인 도덕적 기초를 강조하는 경향이 있는 그룹도 있다. 또 다른 그룹들은 이 둘 사이의 중간에 위치하는데 각각 문화의 타락한 측면, "은혜를 입은" 측면, 또는 "구속되어야 할" 측면을 강조하면서 이러한 입장에 따라 문화에 참여한다.

문화(및 비즈니스)에 대한 입장에 영향을 줄 수도 있는 한 가지 중요한 이슈는 그리스도의 요구와 문화/비즈니스의 요구 사이의 차이에 대해 어떻게 가정하느냐이다. 그 차이가 크고 비즈니스는 고칠 수 없을 정도로 망가졌다면, 분리, 역설 안에서의 이원주의 입장에 일리가 있다. 그러나 그 간극이 좁다면, 종합 또는 고양(高揚)이 보다 적절한 것 같다. 또는, 차이가 클 경우에도, 변혁의 자세는 이에 관여하는 또 다른 방법이 될 수 있다.

그렇다면, 비즈니스는 어느 정도로 망가졌는가? 부서, 조직, 그리고 전체 산업 내에 차이가 있기 때문에, 2장에서 말한 바와 같이 일반화하기를 주의해야 한다. 회사의 행동에 관한 부정적인 일화들과 최근의 머리기사들이 이야기의 전부라면, 비즈니스 영위를 합당한 소명으로 보는 입장을 취하기 어려울 것이다. 그러나 비즈니스가 묘사되고 있는 것처럼 어둡고 "타락했다"고 할지라도, 이것만으로는 크리스천이 있을 곳이 못 된다며 이를 포기할 충분한 이유가 되지 못한다. "거친 비즈니스: 깊고 빠른 물속에서"에서 브린은 (니버의 4번째와 5번째 유형을 반영하여) 크리스천들은 도덕적 긴장이 존재하기 때문에 (그리고 그 사실에도 불구하고가 아니라) 비즈니스의 전면에 나서야 함을 통찰력 있게 지적한다.

비즈니스에 대한 비관주의적 설명은 비록 흔하기는 하지만, 종합적인 또는 진실한 그림을 보여주지 못할 수도 있다. 로버트 시리코가 "사업가적 소명"에서 (니버의 3번째 유형을 반영하여) 웅변적으로 말하는 바와 같이, "그리스도는 자신이 창조한 세상에 대해 이방인이 아니다." 비즈니스 세계는 어느 정도는 그 창조주의 선함의 흔적을 지니고 있다. 예를 들어, 건전한 비즈니스 윤리는 예외라기보다는 규칙에 더 가까울 것이다. 머리기사를 장식하는 스캔들들(이들은 더 큰 흥밋거리가 된다)의 아래에서는, 보이지는 않지만 굳건한 도덕적 기초 위에 효율적인 경제가 자리 잡고 있다. 대체로 이 점이 당연하게 받아들여지기

---

5) H. Richard Niebuhr, *Christ and Culture* (New York, Harper & Row, 1951), 32쪽.

때문에, 이 기초가 훼손될 때 이를 쉽게 알아차리는 것이다. 실로, 회사의 회계 분식으로 영속화된 최근의 주식 시장 침체는 효율적인 경제를 떠받치기 위해 필요한 신뢰가 존재하기는 하지만 취약하다는 점을 상기시켜 준다.

더욱이, 좋은 윤리는 더러는 장기적인 재무성과에 긍정적인 영향을 주기도 한다. 정직성에 대한 평판은 윤리적 행동에 대한 보증이나 적절한 동기는 아니지만, 전략적 자산이 될 수 있다. 기독교적 가치와 가장 보편적인 비즈니스 관행들이 정렬을 이루는 것(Niebuhr의 그리스도와 문화에서의 "유형 2"의 경향)은 전혀 아니지만, 둘 사이에는 다소 겹치는 부분이 있다.

만일, 이러한 보다 낙관적인 설명들이 옳고 기독교적 가치들이 어느 정도는 비즈니스의 구성 요소가 된다면, 비즈니스에 열심히 참여하는 것이 전혀 문제가 되지 않을 것이다. 그러나 비즈니스(및 문화)에의 관여에 대한 적절한 신학은 단지 악/죄의 회피를 넘어, 경제 활동이 어떻게 이 세상에서의 하나님의 사역에 직접적으로 참여하는 "소명"이 될 수 있는지에 대한 보다 깊이 인식해야 한다.

모든 크리스천들의 일차적인 또는 일반적인 소명은 경건한 삶을 사는 것이다. 또한 크리스천들은 직업들에 대한 구체적인 소명을 지닐 수 있는데, 많은 직업들은 본질상 "세속적"이다. 중세 시대에 사제와 수도승들만 소명을 받은 것으로 여겨졌던 일반적인 견해와는 달리, 프로테스탄트 개혁자들(및 이후의 많은 학자들)은 모든 피조물이 하나님의 영광을 위한 극장이기 때문에, 성경에 일치하는 모든 일들이 합당한 소명이 될 수 있음을 지적해 왔다.

어떤 근거에서 비즈니스가 특별한 소명으로 간주되는가? 첫째, 비즈니스 활동은 창세기 1장 26-28절에서 주어진 창조 명령 이행에 도움을 줄 수 있다. 공동체의 배열과 하나님과의 공동의 창의성이 이 명령의 핵심 요소에 포함된다. R. 폴 스티븐스(R. Paul Stevens)와 같은 많은 신학자들은 창조 명령이 비극적으로 지상 명령과 분리되어서 복음 전도만 중요하다는 잘못된 결론에 이르게 했다고 지적한다.[6] 둘째, 비즈니스는 하나님이 이를 통해 자기 백성들을 공급하는 하나의 수단이다. 2장에서 언급한 바와 같이, 비즈니스는 상품과 서비스를 제공하며, 고용 기회를 창출하고, 새로운 부를 만들어낼 수 있는 시장 자본주의의 독특한 능력을 통해 (적절히 수행될 경우) 세계의 가난을 완화시키는 가

---

6) R. Paul Stevens, "The Marketplace: Mission Field or Mission" Crux 57, no. 3 (2001년 9월): 11쪽.

장 좋은 수단이 될 수도 있다.

셋째, 비즈니스에서의 일은 관련이 있고 중요하지만 덜 강조되고 있는 2개의 신학적 개념들을 반영한다. 신학자 미로슬라브 볼프(Miroslav Volf)는 사람의 소명은 영적 은사의 외적 발현이며(성령론), 새로운 세상을 위해 준비하기 위해 이 세상을 변혁시키는 하나님의 사역에 적극적으로 참여하는 수단(종말론)이라고 강력하게 주장한다.[7] "그리스도와 비즈니스"라는 논문에 제시된 각각의 "유형들"이 중요한 통찰력을 제공하기는 하지만, 크리스천의 비즈니스 영위를 하나의 소명으로 이해한다는 관점에서는 유형 5("비즈니스의 변혁자인 그리스도")가 가장 도움이 된다. 이 견해는 비즈니스와 그 기관들의 타락한 성격을 인식하지만, 자신이 창조한 세상을 변혁하고 구속하는 하나님의 사역도 인식한다. 그렇다면 크리스천들은 이 변혁 작업에 기여하기 위해 비즈니스(및 문화의 다른 부분들)에 참여할 막중한 책임이 있다.[8]

여러 측면이 있는 소명

특히 비즈니스는 우리의 문화에서 매우 영향력이 있는 부분이기 때문에, 비즈니스는 크리스천에게 합당한 부름의 장소로 여겨져야 한다. 브린 ("거친 비즈니스")이 얘기하는 바와 같이, 크리스천들(그들이 윤리적으로 행동한다고 가정할 경우)이 문화의 타락한 부분이라고 인식되는 것으로부터 벗어나기만 한다면, 추가적인 악화가 불가피할 것이다(이번 장의 사례 연구에서 그럴 가능성이 있었다). 철수나 분리 전략은 참여할 수 있는 "순수한" 곳이 없다는 사실도 무시하는 것이다. 이 세상 전체가 타락의 오염을 안고 있다. 더욱이, 현실적으로 도덕적 또는 영적 순수성을 위해 "비즈니스"에서 완전히 발을 뺄 수 있는 방법도 없다. 모든 사람이 소비자나 투자자로 비즈니스와 상호작용하고 있다. 이번 장의 사례 연구를 보면, 힙합 음악에 대한 하나의 대안은 "기독교" 음악이다. 비즈니스에 대한 하나의 대안은 교회 사역이다. 물론, 그 사이에 많은 대안들이 있지만, 모든 장르의 예술, 모든 산업, 모든 하

---

7) Miroslav Volf, Work in the Spirit: Toward a Theology of Work (New York: Oxford University Press, 1991).
8) 이 아이디어에 대한 보다 자세한 논의는 Bob Goudzwaard, Globalization and the Kingdom of God(Grand Rapids: Baker 2001)에 수록된 James Skillen의 "Conclusion"을 보라. 문화에의 관여에 대한 보다 최근의 연구는 James Davidson Hunter, To Change the World: The Irony, Tragedy and Possibility of Christianity in the Late Modern World(New York: Oxford University Press,2010)를 보라. 또한 Andy Crouch, Culture Making: Recovering Our Creative Calling (Downers Grove, IL.: interVasity, 2008)을 보라.

위 문화는 그 자체의 타락의 표지를 지니고 있다. "기독교" 음악이나 영화 또는 교회에서 일하는 것은 그곳에 부름을 받은 사람들에게는 적절한 자리이지만, "세상"과 분리되기로 하는 선택은 그 자체로 적법한 신학적 문제를 제기한다.

확실히, 비즈니스의 모든 부분이 변혁될 필요가 있는 것은 아니다. 이미 기독교적 가치를 반영하고 있는 상거래 관행과 영역들에 대해서는, 이의 유지 및 증진이 과제이다. 크리스천들이 비즈니스의 모든 측면에 관여할 수 있다거나 관여해야 한다고 말하는 것도 옳지 않다. 확실히 일부 가치나 관행들 그리고 일부 산업 전체는 철수 또는 다른 사고방식과 행동 방식의 본이 되는 것과 같은 외부의 "예언자적" 수단들을 통해 보다 더 적절하게 관여되고 변화될 수 있다.

적절한 목표와 동기를 가지고 참여한다면, 비즈니스 활동은 영적 가치 면에서 2류로 여겨져서는 안 된다. 실상, 비즈니스는 합당하고 중요한 소명이며, 자신의 재능을 발휘하고 무엇보다도 이 땅에 하나님의 왕국을 진전시키는 적절한 통로로 여겨져야 한다.[9]

확실히, 유형 5에도 리스크가 없지는 않다. 이 세상의 구조를 변화시키는 일에 관여한다는 것은 손을 너무 더럽힌다는 것을 의미할 수도 있으며, 주변 문화의 방법들을 너무도 많이 사용하며 그 의제들에 의해 사로잡히게 될 수도 있다. 그리고 이번 장의 사례 연구들에 나오는 일부 인사들과 마찬가지로, 당신이 친구와 동료들에게 의심을 받을 수도 있다(그렇다고 당신이 잘못된 곳에 있음을 암시하지는 않지만 말이다).

9) 이 중요한 사항에 대한 보다 자세한 논의는 Kenman L. Wong과 Scott B. Rae, Business for the Common Good (Downers Grove, IL.: IVP Academic, 2011), 1장, "당신의 일은 제단이다"를 보라.

BEYOND INTEGRITY

Part 2
윤리, 회사, 그리고 글로벌 경제

A Judeo-Christian Approach to Business Ethics

Beyond Integrity

Chapter 4

기업의 사회적 책임

개요

회사에 대한 대중의 기대가 급속히 바뀌고 있다. 포춘 지(誌)의 "가장 존경 받는 기업"에 오른 직후에(2004년에), 월마트(Walmart)는 강력한 비판과 불매운동 행동주의의 목표가 되었다. 이 회사의 혁신적인 관행들로 흔히 인용되는 예들은 무자비한 비용 감소(공급가 쥐어짜기, 직원들에 대한 저임금, 그리고 많은 직원들에게 의료 혜택 미 제공) 추구와 지역의 소매업자들에게 피해를 준다고 알려진 경쟁 방법이었다. 창업자 샘 월튼(Sam Walton)의 여러 상속자들이 "가장 부유한 미국인" 명단의 상위에 오른 사실도 불에 기름을 끼얹었다.

경영학자 R. 에드워드 프리맨(R. Edward Freeman)에 의하면, 주주의 부만이 문제시되던 "과거의" 비즈니스 수행 방식에 머물렀던 것이 월마트가 가장 존경 받는 회사에서 가장 사악한 회사로 추락한 데 기여했다.[1] 회사 임원들은 재무 목표를 달성할 수 있었지만, 다른 많은 "이해관계자들"(즉, 직원, 공급자, 그리고 공동체)의 복리를 어떻게 증진했는지 설명할 수

---

1) R. Edward Freeman, "The Wal-Mart Effect and Business, Ethics, and Society," Academy of Management Perspective 20. No 3. (2006): 38-40쪽.

없었다. 확실히, 월마트에는 열렬한 지지자들도 있는데, 이에는 기업은 이익 극대화에 초점을 맞춰야 한다고 주장하는 사람들과 이 회사가 소비자들의 돈을 절약해 주며 전반적인 인플레이션을 낮춘다는 점을 지적하는 사람들이 있다.

이에 반해, 또 다른 소매업자 코스트코(Costco)는 "새로운" 비즈니스 수행 방식에 따라 잘 운영되고 있는 회사의 예로 거론되어 왔다. 이 새로운 방식 하에서는, 회사가 재무적으로 성공적이어야 하지만 직원들에게 후한 보수를 주고 공급자들을 공정하게 대우하면서 성공해야 한다. 물론, 모든 사람들이 이를 받아들이는 것은 아니다. 코스트코가 메인 스트리트의 총아(寵兒)이기는 했지만, 월 스트리트의 애널리스트들은 이 회사의 관행은 주주들의 희생 하에 직원들과 고객들에게 너무 관대하다고 비판해 왔다.

공정하든 아니든(월마트는 그 이후 회사의 평판 및 관행을 바꾸기 위해 많은 노력을 해 왔으며, 코스트코도 겉으로 알려진 바와 다를 수도 있다), 위의 비교는 CSR(Corporate Social Responsibility)이라 불리는 기업의 사회적 책임에 대한 기대가 바뀌고 있음을 보여준다. CSR은 아래와 같은 질문들과 관련된다. 주주들이 소유하는 회사가 어떤 목적과 누구의 이익에 봉사해야 하는가? 기업은 주로 주주들의 이익 극대화를 추구해야 하는가(월마트의 관행이라고 주장됨), 아니면 다른 구성원들의 이익 추구가 주주들의 재무적 이익을 감소시킬 경우에도 보다 더 직접적으로 이에 봉사해야 하는가(코스트코의 관행이라고 알려짐)?

이런 질문들은 오래 전부터 있어 왔지만, 기업의 사회적 책임은 과거 20년 동안 점점 더 확산되어서 모든 비즈니스에 퍼지게 되었다. CSR은 한 때는 벤 엔 제리스와 스타벅스 같은 소수의 진보적인 회사들의 영역이었으나, 현재는 (쉘, 스타벅스, 팀버랜드, 포드 자동차 등을 포함한) 많은 회사들이 사회적 성과와 환경상의 성과를 설명하기 위한 CSR 보고서를 발간할 정도로 회사 운영 시 CSR에 대한 관심을 기울인다고 주장한다. 이 보고서들이 단지 PR 수단에 지나지 않도록 보장하기 위해 측정 가능성과 책임성을 확보하고자 하는 노력이 진행 중이다.[2] 서비스 정신이 진정한 동기이든, 우호적인 여론을 얻을 필요성이 동기이든, 아니면 이 두 가지가 섞여 있든 간에, 많은 회사들의 수사(修辭)와 관행은 철학적 논쟁이 끝났으며 이해관계자 지향적 자본주의(새로운 비즈니스 수행 방식)가 승리자로 선언되었음을 나타낸다. 사실, 하버드 대학교 교수이자 비즈니스/인권 담당 UN 사무총

---

2) The Global Reporting Initiative, http://www.globalreporting.org를 보라.

장 특사인 존 러기(John Ruggie)는 회사가 CSR에 관여해야 되는지에 대한 "신학적 질문"은 (이해관계자 자본주의에 유리한 방향으로) 종결되었다고 주장한다.[3] 기업에 "사회적 책임"이 있는지 여부에 대한 수사학적 논쟁은 소멸되었을지라도, 이익 극대화가 회사의 유일한 근본 목표라는 신념이 아직도 경영 대학원의 커리큘럼을 지배한다.[4] 그리고 보다 중요하게는, 이러한 책임이 무엇인가 및 비즈니스 관행과 의사 결정에서 이러한 책임이 어떻게 적용되어야 하는지에 관한 질문에 대해서는 아직도 치열한 논쟁이 벌어지고 있다.[5] 예를 들어, 이익이 나고 합법적이지만 해롭다고 주장되는 제품이나 제조 기법을 사용하는 회사는 이 제품 생산을 중지하거나 비용이 더 소요되더라도 제조 프로세스를 수정해야 하는가? 마찬가지로, 경쟁자들은 그렇게 하지 않고 있으며 고객들이 급여 차이를 보충해 주기 위해 높은 가격을 지불하지 않을 것이 뻔한 상황에서 회사가 생계비만 지급해야 하는가, 아니면 직원들의 사기나 PR 가치를 넘어서는 의료 혜택까지 제공해야 하는가? 아니면 이 회사들이 소유자들의 이익을 극대화고, 소유자들이 이를 소비하든 지(이를 통해 경제 성장에 기여함), 퇴직이나 교육 자금을 위해 저축하든지 자선 단체에 기부하든지 간에 자신이 합당하다고 여기는 곳에 사용함으로써 더 많은 사회적 선을 달성할 수 있는가?

자선의 영역으로 더 깊이 들어가서, 제약회사는 (부유한 국가 및 가난한 국가 모두에서)의료 혜택을 더 받을 수 있도록 약품 가격을 대폭 인하해야 (그래서 회사의 이익을 낮춰야) 하는가?

회사의 목적과 의무에 관한 질문들, 그리고 이에 따른 회사의 "사회적 책임"의 내용은 중요한 탐구 주제이다. 이에 대한 대답이 비즈니스 수행 방식의 내용을 정하고 무엇이 윤리적 행동으로 간주되고 무엇이 비윤리적 행동으로 간주되는지를 알려준다. 예를 들어, 비즈니스의 가장 중요한 명제가 부의 창출이라면, 의사 결정은 이 목표에 비추어서 평가될 것이다. 이에 반해, 중심 목적이 다른 것이라면, 동일한 결정이 매우 다르게 보일 것이다.

---

3) "The New Question: Does CSR Work?" The Economist, 2008년 1월 17일.

4) Aspen Institute Initiative for Social Innovation through Business, "Where will They Lead? MBA Student Attitude toward Business & Society," 2002.

5) 예컨대, "Just Good Business," The Economist, 2008을 보라. 또한 Aneel Karnani, "The Case Against Corporate Social Responsibility," Wall Street Journal, 2010년 8월 23일과 Michal Jensen, "Value Maximization, Stakeholder Theory, and the Corporate Objective Function," Business Ethics Quarterly 12 (2002):236-256쪽을 보라.

이번 장의 첫 번째 읽기 자료인 "기업의 사회적 책임에 대한 재고"는 회사의 중심 목적에 대한 활발한 (그리고 때로는 자극적인) 논쟁이다. 고전적인 기고문 "기업의 사회적 책임은 이익을 늘리는 것이다"의 저자인 노벨상 수상자 밀튼 프리드먼(Milton Friedman)은 상장 회사의 매니저들의 주된 의무는 주주들의 부를 늘리는 것이라고 주장한다. 매니저들이 사실상 이익을 줄이게 될 "사회적으로 책임 있는" 방식으로 행동하면, 그들은 기업의 소유자들에 대한 수임인 의무(fiduciary duty)를 위반하는 것이다. 프리드먼의 관점은 기업의 사회적 책임에 대한 "주주의 부" 또는 "재무" 모델로 알려지게 되었다. 사이프레스 반도체(Cypress Semiconductors)의 CEO T. J. 로저스(T. J. Rodgers)는 프리드먼의 견해를 지지하며 이해관계자 이론의 타당성에 대해 신랄하게 비판한다.

존 맥케이(John Mackey, 홀 푸드의 창립자이자 CEO)는 "이해관계자" 접근법(보다 정확하게는 접근법들)으로 알려진 대안적 철학 모델을 제공하는데, 이 모델은 최근에 학자들 및 회사 임원들에게 훨씬 더 많이 받아들여지고 있다.[6] 이 모델의 옹호자들은 주주들의 이익만 고려하는 것은 도덕적으로 충분하지 않다고 주장한다. 대신에, 회사들은 보다 넓은 "이해관계자" 집단에 대한 의무들을 고려해야 한다. 그러나 맥케이는 다른 많은 이해관계자 이론가들과는 달리, 자유주의자적인 관점에서 (이익에 도움이 되는 목적이 아닌) 이해관계자들의 이익에 대한 고려는 의무적이라기보다는 자발적이어야 한다고 주장한다. 다른 경영 이론가들은 다른 철학들(즉, 실용주의, 공산주의)을 "핵심 규범"으로 사용하며, 따라서 다른 방식으로 자기 나름의 이해관계자 이론을 전개한다.

드보라 도앤(Deborah Doane)의 기고문 "기업의 사회적 책임이라는 신화"는 매우 다른 시각에서 이러한 노력들에 대해 비판한다. 그녀는 CSR의 도덕적 합법성이 주주들의 재산권 침해 이슈냐는 질문을 제기하지는 않지만, 회사들이 CSR의 옹호자들이 바라는 변화를 만들어 낼 수 있는지에 대해 깊은 우려를 나타낸다. 그녀는 대규모의 변화를 허용하기에는 시장과 현재의 소유 구조가 너무도 강력하며 CSR이 대중이 그릇된 안도감을 가지도록 꾀는 PR에 지나지 않을 수도 있다고 주장한다.

---

6) R. Edward Freeman은 회사들은 여러 "핵심 규범들" 중에서 일부를 선택해서 다양한 이해관계자 그룹의 요구의 균형을 유지하는 프로세스를 인도할 수 있기 때문에 이해 관계자 "이론들"이라고 말하는 것이 보다 더 정확할 수 있다고 한다. T. Donaldson, P. Werhane, 그리고 M. Cording, Ethical Issues in Business: A Philosophical Approach, 7판 (Englewood Cliffs, N. J.: Prentice Hall, 2002)에 수록된 R. E. Freeman, "Stakeholder Theory of the Modern Corporation"을 보라.

이 장의 세 번째 기고문 "단기적인 세상에서 장기적인 비즈니스 관점"은 코스트코의 CEO 짐 시네갈(Jim Sinegal)과의 대화이다. 면담자 앨버트 에리스먼(Albert Erisman)과 데이비드 길(David Gill)은 윤리와 회사의 책임이 리테일 비즈니스에서 어떻게 적용될 수 있는지에 대한 사려 깊은 질문을 한다. 시네갈은 주주들을 포함한 넓은 이해관계자 집단을 이롭게 하는 지속 가능한 기업을 건설함에 있어서 기업 가치가 중심 역할을 한다고 설명한다.

이 논쟁의 많은 부분이 세속 철학과 경제 선상을 따라 수행되지만, 존 러기는 이를 흥미롭게도 "신학적 문제"라고 제시한다. 이 장의 논평 부분에서, 기독교 윤리가 이 이슈를 다룰 수 있는 방향을 살펴볼 것이다.

읽기 자료

BEYOND INTEGRITY

기업의 사회적 책임에 대한 재고(再考)

밀튼 프리드먼(Milton Friedman), 존 맥케이(John Mackey), T. J. 로저스(T. J. Rodgers)
Reason(2005년 10월): 3-10쪽.

35년 전에, 밀튼 프리드먼은 뉴욕 타임즈에 이 기고문의 주요 요점을 적절히 요약한 "기업의 사회적 책임은 이익을 늘리는 것이다"라는 제목의 유명한 기고문을 썼다. 이 미래의 노벨 경제학상 수상자는 "기업은 '단지' 이익에만 관심을 기울이는 것이 아니라 바람직한 '사회적' 목적 증진에도 관심을 기울인다. 그리고 기업에는 '사회적 양심'이 있으며, 고용 제공, 차별 철폐, 오염 회피 및 당대 개혁가들의 요구에 대한 책임을 진지하게 받아들인다"고 주장하는 자본주의자들을 참을 수 없었다.

현재 후버 인스티튜트(Hoover Institute)의 시니어 리서치 펠로우이자 시카고 대학교 경제학과의 Paul Snowden Russell Distinguished Service 명예 교수인 프리드먼은 그런 사람들은 "완전한 공산주의를 설교하고 있다. 이런 식으로 말하는 비즈니스맨들은 부지 중에 과거 수십 년 동안 자유 사회의 기초를 훼손해 온 지적(知的) 세력들의 꼭두각시 노릇을 하고 있다"고 썼다. 홀 푸드의 설립자이자 CEO인 맥케이는 프리드먼에게 동의하지 않는 비즈니스맨 중 한 명이다. 자칭 열렬한 자유주의자인 그는 루트비히 폰 미제스와 에이브러햄 매슬로우(Abraham Maslow), 그리고 오스트리아의 경제학과 점성술을 언급한다. 맥케이는 프리드먼의 견해는 자신과 다른 많은 비즈니스맨들의 활동에 대해 너무 좁게 묘사한다고 믿는다. 그는 프리드먼의 견해는 자본주의의 인간적 측면을 터무니없이 과소평가한다고 주장한다.

이어지는 논의에서 맥케이는 기업의 사회적 책임에 대한 그의 개인적 비전을 보여준다. 프리드먼은 사이프레스 반도체의 설립자이자 CEO이며 자유방임주의의 엄한 사랑 학파의 주요 대변인인 로저스와 같은 방식으로 대응한다. 포춘 지에 의해 "미국의 가장 엄한 상사 중 한 명"으로 불리는 로저스는 회사들은 시간과 돈을 자선에 기부하는 것보다 "장기 주주 가치"를 극대화함으로써 사회에 훨씬 더 많이 기여한다고 주장한다.

투자자보다 고객을 앞에 두기

존 맥케이(John Mackey)

1970년에 밀튼 프리드먼은 "기업에게는 단 하나의 사회적 책임이 있는데, 그것은 그 자원과 에너지를 게임의 규칙 안에서 이익을 늘리기 위한 활동을 영위하는 것, 즉 속임수나 사기를 쓰지 않고 개방적이고 자유로운 경쟁을 벌이는 것"이라고 썼다. 법률을 준수하는 기업의 유일한 사회적 책임은 주주들의 이익을 극대화하는 것이라는 이 견해가 자유 시장 경제에서 정통적인 견해이다.

나는 이에 강하게 반대한다. 나는 비즈니스맨이고 자유 시장주의자이지만, 의식이 깨인 회사들은 모든 구성원들을 위해 가치를 창출하도록 노력해야 한다고 믿는다. 투자자들의 관점에서 볼 때, 비즈니스의 목적은 이익 극대화이다. 그러나 이는 소비자, 직원, 공급자와 공동체 등 다른 이해관계자들의 목적은 아니다. 이 집단들은 각각 자신의 필요와 바람이라는 관점에서 비즈니스의 목적을 정의할 것인 바, 이 각각의 관점들이 타당하며 합당하다.

내 주장이 이익에 대한 적대심으로 오해되어서는 안 된다. 나는 자신이 주주 가치 창출에 대해 뭔가를 안다고 믿는다. 내가 27년 전에 홀 푸드를 공동으로 창업했을 때, 4만 5천 달러의 자본으로 시작했고 첫해 매출은 25만 달러에 지나지 않았다. 지난해에 우리의 매출은 46억 달러가 넘었고 순이익은 1억 6천만 달러가 넘었으며, 시가 총액은 80

억 달러가 넘었다.

그러나 우리는 주주 가치를 우리 비즈니스의 주된 목표로 삼음으로써 막대한 주주 가치를 증대한 것이 아니다. 내 결혼 생활에서 내 아내의 행복은 그 자체가 목표이지 내 행복을 위한 수단이 아니다. 나는 사랑으로 내 아내의 행복을 가장 앞에 두지만 그럼으로써 나 자신도 더 행복해진다. 이와 유사하게, 대부분의 기업은 고객을 투자자보다 앞에 둔다. 이익 중심의 기업에서는 고객의 행복은 이익 극대화라는 목적을 위한 수단에 지나지 않는다.

고객 중심의 기업에서는, 고객의 행복은 그 자체가 목적이며, 이익 중심의 기업이 할 수 있는 것보다 더 큰 관심과 열정과 공감을 가지고 추구된다. 그렇다고 우리가 고객들에게만 관심을 가진다는 것은 아니다. 홀 푸드에서는, 우리의 가장 중요한 6개 이해관계자 집단인 고객, 팀원(직원), 투자자, 벤더, 공동체, 그리고 환경에 대해 얼마나 많은 가치를 창출했느냐에 의해 성공을 측정한다.

물론 각각의 이해관계자들이 회사로부터 어느 정도의 가치를 받아야 하는지에 대한 마술과 같은 공식은 없다. 이는 경쟁적인 시장과 함께 전개되는 역동적인 프로세스이다. 어떤 이해관계자도 오랫동안 만족한 상태로 머물러 있지 않는다. 계속적으로 공동선을 만들어 내는 해법을 개발해내는 것이 회사 리더의 역할이다.

생각이 있는 많은 사람들은 고객과 직원들을 보살피는 것이 좋은 비즈니스라는 내 주장을 쉽게 받아들일 것이다. 그러나 그들은 회사가 공동체와 환경에 대해 책임이 있다는 데에는 선을 그을지도 모른다. 그들은 시간과 돈을 자선 활동에 할애하는 것은 투자자로부터 훔치는 것이라고 주장할 것이다. 결국, 회사의 자산은 법적으로 투자자들의 소유가 아닌가? 경영진은 주주 가치를 극대화할 수임인 책임이 있으며, 따라서 주주 가치를 극대화하지 않는 활동은 이 의무의 위반이다. 다른 사람을 향한 이타심을 느낀다면, 당신에게 속하지 않은 회사 자산으로 하지 말고 당신의 돈으로 하라.

이러한 입장은 합리적으로 들린다. 회사의 자산은 확실히 투자자들에게 속해 있으며, 경영진은 이 자산을 책임 있게 관리할 의무가 있다. 내 견해로는 이러한 주장은 틀렸다기보다는 너무 협소하다.

먼저, 회사의 어느 정도의 자선 활동은 좋은 비즈니스이며 투자자들에게 장기적으로 이익이 된다는 데에 별 의문이 없다. 예를 들어 보자. 홀 푸드 점포들이 해마다 실시하고 있는 수천 달러의 소액의 기부 외에, 우리는 일 년에 다섯 번의 5%날을 개최한다. 이 날들에는, 우리는 비영리 기관에 점포 총 매출액의 5%를 기부한다. 우리의 점포들은 가치 있는 기관들을 지원하고 있지만, 또한 자신의 회원들에게 접촉해서 이 기관을 후원하기 위해 그 날에 우리 점포에서 물건을 사도록 장려하는 기관들에 초점을 맞추는 경향이 있다. 이를 통해 수백 명의 신규 고객 또는 우리를 찾지 않고 있던 고객들이 우리 점포에 오는데, 그 중 많은 사람들이 우리의 단골 고객이 된다. 따라서 5%날은 우리가 가치 있는 명분을 지원할 수 있게 해줄 뿐만 아니라, 즉각적으로 홀 푸드의 투자자들을 이롭게 하는 훌륭한 마케팅 전략이기도 하다.

이렇게 말은 했지만, 나는 그런 프로그램들이 아무런 이익이나 PR 효과를 내지 못한다 해도 완전히 정당화될 수 있다고 믿는다. 왜냐하면 나는 회사 주식의 현재 소유주들이 아니라 사업가들에게 회사의 목적을 정할 권리와 책임이 있다고 믿기 때문이다. 회사를 창설하고, 생산 요소들을 모아서 생존할 수 있는 비즈니스가 되도록 조정하는 사람은 사업가들이다. 회사의 전략을 정하고, 투자자들을 포함하여 자발적으로 협력하는 모든 이해관계자들과의 거래 조건을 협상하는 사람은 사업가들이다. 투자자들이 우리를 고용하는 것이 아니다.

우리는 1985년에 사명 선언서를 기안할 때 회사 순이익의 5%를 자선 사업에 기부하겠다고 선언했다. 이 정책은 그 이후 20년이 넘게 지속되어 오고 있으며, 이는 우리 회사가 상장되기 7년 전부터 시작되었다. 우리가 이 정책을 입안하던 당시의 7명의 개인 투자자들은 모두 이사회 위원으로 재직하면서 이에 찬성했다. 우리가 1989년에 벤처 캐피탈 자금을 조달했을 때, 어떤 벤처 회사도 이 정책에 반대하지 않았다. 또한 상장한 지 거의 14년이 되는 지금까지 거의 어떤 투자자들도 이 정책에 이의를 제기하지 않았다. 이 회사의 원래 소유자들이 만장일치로 이 정책을 승인했고, 이후의 모든 투자자들은 이 정책이 시행되고 있고, 잘 알려진 뒤에 투자를 했는데 홀 푸드의 자선이 어떻게 현재 투자자들로부터의 "절도"가 될 수 있는가?

상장회사의 주주들은 자발적으로 주식을 소유하고 있다. 고객들과 직원들이 거래 조건이 마음에 들지 않으면 그 회사와 관계를 끊을 수 있듯이, 투자자들이 해당 기업의 철학에 대해 동의하지 않으면 언제나 그들이 투자한 주식을 팔 수 있다. 그것을 받아들일 수 없으면, 정기 주주 총회에서 자선 철학을 변경하라는 결의안을 제출할 수 있다. 우리 회사의 많은 정책들은 성공적인 주주 결의를 통해 바뀌어 왔다.

어디에 선을 그을 것인가가 홀 푸드의 자선에 대한 또 다른 반대이다. 이익의 5%가 좋다면, 10%는 더 좋지 않겠는가? 왜 더 나은 사회 건설을 위해 우리 이익의 100%를 기부하지 않는가? 그러나 홀 푸드가 공동체에 책임이 있다는 사실이 우리의 투자자들에게 아무런 책임도 없다는 것을 뜻하지는 않는다. 이는 적절한 균형을 찾고 우리의 모든 이해관계자들을 위한 가치를 창출하기 위해 노력하는 문제이다. 5%가 공동체에 기부할 "올바른 금액"인가? 나는 0%는 너무 적다는 이외에는 이 질문에 올바른 대답이 없다고 생각한다. 이는 이 회사의 공동 창립자들이 합리적이라고 생각하고 우리가 이 결정을 할 당시의 소유자들에 의해 승인된 임의의 비율이었다. 기업의 자선은 좋은 일이지만, 투자자의 승인이라는 적법성을 필요로 한다. 내 경험으로는, 대부분의 투자자들은 그것이 회사 및 더 넓은 사회 모두에 이익이 될 수 있다는 점을 이해한다.

위의 설명은 왜 우리의 돈을 공동체라는 이해관계자에게 주는가라는 질문에 대답하지 않는다. 이를 위해서는 자유 시장 경제의 아버지들 중 한 명인 애덤 스미스의 말을 들어보아야 한다. 『국부론』(The Wealth of Nations)은 대단한 업적이지만, 경제학자들이 스미스(Smith)의 또 다른 위대한 책인 『도덕 감정 이론』(The Theory of Moral Sentiment)이라는 책을 읽어보면 큰 도움이 될 것이다. 이 책에서 그는 인간의 본성은 단지 자기 이익에 관한 것만이 아니라고 설명한다. 인간의 본성은 또한 동정심, 공감, 우정, 사랑과 사회적 인정에 대한 욕구도 포함하는데, 이러한 것들은 최소한 자기 이익만큼은 중요하다. 이러한 요소들이 자기 이익보다 중요한 사람들도 많다.

우리는 어린아이일 때에는 자기중심적이며, 자신의 필요와 욕구에만 관심을 가진다. 대부분의 사람들은 성장해감에 따라 이 자기중심주의를 벗어나서 가족, 친구, 공동체, 국가 등 다른 사람들에 관심을 가지기 시작한다. 사랑할 수 있는 능력을 인종, 종교, 국가가 다른 사람들에게까지 확장될 수 있으며, 모든 사람들과 심지어 지각이 있는 다른 피조물들에 대한 무한한 사랑으로까지 확장될 수 있다. 우리 인간에게는 모든 곳의 사람들의 번성에서 기쁨을 누릴 수 있는 잠재력이 있다.

홀 푸드가 채택한 비즈니스 모델은 사회를 위해 긍정적인 결과를 창출하기 위해 "보이지 않는 손"에만 전적으로 의존하기보다는 공동의 선을 위해 보다 의식적으로 일하는 새로운 형태의 자본주의를 대표할 수 있을 것이다. 자본주의라는 "브랜드"는 전세계적으로 끔찍한 모습을 띠고 있으며 회사들은 이기적이고, 탐욕스러우며, 무정하다고 여겨지고 있다. 이는 불행하고 불필요한 일이며, 기업들과 경제학자들이 내가 여기에서 대략적으로 설명한 비즈니스 모델을 널리 채택할 경우 바뀔 수 있다.

우리의 사랑과 관심을 협소한 자기 이익 너머로 확장하는 것은 인간의 본성이나 재무적 성공에 반하는 것이 아니다. 오히려, 이것이 우리에게 양자 모두를 더 잘 달성할 수 있게 해 준다. 비즈니스 및 경제학 이론에서 왜 이를 격려하지 않는가? 왜 우리의 이론을 인간 본성에 대한 그처럼 비관적이고 괴팍한 견해로 제한하는가? 무엇이 두려운가?

터무니없는 근거에서 나오는 자선

밀튼 프리드먼(Milton Friedman)

[개인은] 실제로 사회의 이익 증진을 의도할 때보다 자신의 이익을 추구함으로써 보다 효율적으로 사회의 이익을 증진하는 경우가 흔하다. 나는 공중의 선을 도모하려는 사람들에 의해 많은 선이 행해진 것을 알지 못한다.

– 애덤 스미스, 국부론

기업의 사회적 책임에 관한 맥케이와 나의 차이는 대부분 수사적이다. 위장막을 벗겨내면, 우리는 본질적으로 같은 입장이다. 더욱이, 그의 회사 홀 푸드는 내가 1970년에 뉴욕 타임즈에 쓴 글에서 밝힌 원칙에 합치하게 행동한다. 그의 회사는 달리 행동할 수 없다. 이 회사는 경쟁이 치열한 산업에서 잘 해 오고 있다. 이 회사가 회사 자원의 상당한 부분을 순이익과 관련이 없는 사회적 책임 수행에 할애했더라면, 이 회사는 지금쯤이면 망했거나 인수되었을 것이다.

맥케이는 자기 회사의 활동을 다음과 같이 묘사한다.

1. "가장 성공적인 회사는 투자자들이 아니라 고객을 맨 앞에 둔다"(이는 확실히 투자자들을 맨 앞에 둠을 의미한다).
2. "회사의 어느 정도의 자선 활동은 좋은 비즈니스이며 투자자들에게 장기적으로 이익이 된다."

이 말을 내가 1970년에 쓴 말과 비교해 보라.

물론, 실제로는 사회적 책임이라는 원칙은 이러한 행동들에 대한 이유라기보다는 다른 근거에서 정당화되는 행동들에 대한 은폐물인 경우가 흔하다.
예를 들어, 작은 공동체에서 주요 고용주인 회사가 해당 공동체의 편의 시설 제공이나 지방 정부의 개선에 자원을 할애하는 것은 충분히 이 회사의 장기적 이익이 될 수 있다⋯
이들 각자의 경우에⋯ 이러한 행동들을 "사회적 책임의 행사"로 합리화하려는 강한 유혹이 있다. "자본주의", "이익", "영혼 없는 회사" 등에 대한 혐오가 널리 퍼져 있는 현재의 여론 풍토에서, 이는 회사가 자기 이익에서 충분히 정당화될 수 있는 비용 지출의 부산물로서 선의를 창출해 낼 수 있는 하나의 방법이다.
내가 회사의 임원들에게 이는 자유 사회의 기초를 해치기 때문에 이러한 위선적인 분식을 삼가라고 요구한다면, 일관성이 없는 처신일 것이다. 이는 그들에게 "사회적 책임"을 이행하라는 요구가 될 것이다! 만일 우리의 기관들과 대중의 태도가 그들의 행동을 이런 식으로 가리는 것을 자기 이익에 부합한다고 본다면, 나는 화를 내며 이를 비난할 수 없다.

나는 "회사의 자선이 좋은 일이다"는 맥케이의 말이 완전히 틀렸다고 생각한다. 순이익의 5%를 자선활동에 기부하겠다는 홀 푸드 창업자들의 결정을 고려해 보자. 그렇게 하는 것은 확실히 그들의 권한 범위 안에 있었다. 그들은 회사 세법 규정 덕에 자신들의 부의 일부의 5%를 사용해서 별도의 정관이나 수익자 결정을 위한 규정이 없이도 501c(3)에 상응하는 자선기금을 설립할 수 있었다. 그러나 이런 식의 이익 분배가 이 이익을 회사 자체에 투자하거나 배당금을 지급해서 주주들이 이를 처분하도록 하는 것보다 사회에 더 큰 유익을 끼치리라고 가정할 무슨 이유가 있는가? 이 관행은 터무니없는 우리의 세법 때문에, 세후 순이익의 일정액을 기부한다고 가정할 때 회사가 주주들을 대신해서 기부를 할 경우 주주가 직접 기부하는 것보다 더 많은 액수를 기부할 수 있기 때문에 일리가 있을 뿐이다(이 이슈는 배당에 대한 이중과세 문제로 알려져 있다. 회사의 기부는 비용으로 인정되어 과세대상 소득이 줄어들므로 납부할 세금이 줄어들게 된다. 반면, 회사가 기부하지 않고 배당할 경우, 일단 해당 이익에 대해 법인세를 납부하고 나서, 주주의 배당 소득에 소득세가 부과되니 세금을 이중으로 납부하게 되는 셈이다. 역자 주). 이는 법인세 폐지나 회사 기부의 소득 공제 인정 폐지에 대한 좋은 이유는 될지언정, 회사의 자선에 대한 정당화는 아니다.

홀 푸드의 사회에 대한 공헌(한 사람의 고객으로서 나는 이것이 중요하다고 증언할 수 있다)은 음식 쇼핑의 즐거움을 개선하는 것이다. 홀 푸드는 자선이 어떻게 분배되어야 하는지를 결정할 특별한 역량이 없다. 자선에 소요된 자금이 음식 쇼핑을 더 개선하는 일에 사용되었더라면 사회에 더 많이 기여했을 것이다.

마지막으로, 왜 "기업의 사회적 책임은 그 이익을 늘리는 것이다"라는 내 말과 "깨어 있는 회사들은 모든 구성원들을 위한 가치를 창출하기 위해 노력해야 한다"라는 맥케이의 말이 동등한지에 대해 설명하고자 한다.

먼저, 내가 재무, 회계, 또는 법적 책임이 아니라 사회적 책임을 일컫는 것에 주목하기 바란다. 맥케이가 언급하는 구성원들을 고려하는 것이 바로 사회적인 것이다. 이익 극대화는 개인의 입장에서 보면 목적이고, 사회적 입장에서 보면 수단이다. 사유 재산권과 자유 시장에 기초한 시스템은 사람들이 강요 없이 경제활동에서 협력할 수 있게 해 주는 정교한 수단이다. 이 시스템은 각각의 자원이 가장 가치 있게 사용되고, 가장 효율적으로 다른 자원들과 결합될 것이라고 확신할 수 있게 해 준다.

물론, 이는 추상적이고 이상적이다. 이 세상은 이상적이지 않다. 이 세상은 완전한 시장과는 많은 괴리가 있는데, 나는 그 중 대부분은 아닐지라도, 많은 부분이 정부의 간섭 때문이라고 생각한다. 그러나 많은 결점에도 불구하고 내게는 현재의 대체로 자유로운 시장, 사유 재산 시스템이 자원의 많은 부분이 501c(3) 및 이에 해당하는 회사의 활동에 의해 분배되는 세계보다 훨씬 더 좋다.

이익을 맨 앞에 두기

T. J. 로저스(T. J. Rodgers)

회사의 이익 극대화를 공격하는 맥케이의 글은 "자유 시장주의자"라고 주장하는 사람에 의해 쓰여질 수 없다. 실로, 그가 인용하는 사례가 자신을 저자로 표시하지 않았더라면, 이 글이 랠프 네이더(Ralph Nadar)에 의해 쓰여졌다고 생각되기 십상이었을 것이다. 그의 글의 보다 정확한 제목은 "비즈니스와 이익 극대화가 어떻게 내 이타주의 철학에 합치하는가"이다.

맥케이는 자기 회사가 원래의 투자자들을 고용했지 그 반대가 아니라는 헛소리를 해 댄다. 만일 홀 푸드가 지속적으로 어려움을 겪는다면(아마도 이 러다이트들이 쓰레기 과학과 두려움을 이용해서 유전자 음식 혁명을 저지하는 일을 더 이상 하지 못하게 될 경우), 투자자들이 그를 해고할 것이기 때문에 그는 누가 누구를 고용했는지 알게 될 것이다.

맥케이는 자유 시장 자본주의와 부합하지만, 이를 지지하지는 않는 말을 한다. 그는 주주들이 자발적으로 주식을 소유한다는 것을 안다. 주주가 자기 회사의 정책들을 좋아하지 않으면, 주주 총회에서 이 정책들을 변경하도록 투표할 수 있고, 그 주식을 팔고 자기의 목표와 보다 더 정렬을 이루는 회사의 주식을 살 수도 있다. 그래서 그는 자기 회사의 주주들에게 회사의 목표를 알려 주고 그들에게 어느 주식을 살지 결정하게 한다. 여기까지는 좋다.

회사가 고객들의 비위를 맞추고, 직원들을 연수시키며, 공급자들과 장기적이고 긍정적인 관계를 형성하고, 다소의 자선 활동 수행을 포함하여 공동체에서 좋은 기업 시민이 되는 것도 좋은 비즈니스이다. 밀튼 프리드먼이 회사가 "게임의 규칙 안에" 머물러야 하고 "속임수나 사기"가 없이 운영되어야 한다고 말할 때, 그는 회사가 장기적인 주주 가치 극대화를 위해서는 다양한 구성원들에게 적절하게 대해야 함을 의미한 것이다. 그는 장기적인 결과를 감안하지 않고 분기마다 단 한 푼이라도 더 남겨야 함을 의미한 것이 아니다.

내가 경영하고 있는 사이프레스 반도체는 실리콘 밸리에서 직원당 가장 많은 음식을 기부한 것으로 13년 연속 Second Harvest Food Bank 트로피를 받았다(2004년에는 1백만 파운드의 음식을 기부했다). 이 콘테스트는 우리 회사의 부문들 간에 경쟁을 일으켰고, 직원들의 참여, 회사의 음식 드라이브, 음식 기부자만 입장이 허용되는 자체 사회 행사 등으로 이어졌다. 이는 직원들에게 큰 사기 진작 요인으로 새로운 직원을 모집하는 하나의 방법이며, 회사의 좋은 PR 수단이고, 공동체에 상당한 유익을 준다. 이 모든 것이 사이프레스가 일하기와 투자하기에 더 좋은 곳으로 만들어 준다. 사실, 맥케이가 자랑스럽게 생각하는 사례인 홀 푸드의 공동체 공헌 프로그램도 이익을 남겼다.

그러나 맥케이가 비즈니스맨으로서의 자신의 직업을 박애주의라는 이상에 굴복시키는 것은 "자기 이익"을 "단기 이익 증가로 좁게 정의함으로써" 경험적으로 증명된 자기 이익의 사회적 효용을 부인하려 한다고 비쳐진다. 왜 홀 푸드가 가치 있는 명분에 돈을 내 주는 것은 높은 도덕적 목표에 기여하는 것인 반면, (자신의 퇴직 자금이나 자녀의 대학 교육 자금을 마련하기 위해 펀드에 투자하고 있는) 소액 투자자에게 좋은 수익을 제공하는 회사들은 이기적이라는 말인가? 여기서 반대하는 것은 특정 행동이 아니라 그 철학이다. 맥케이가 기업과 자선 단체의 하이브리드를 운영하면서 주주들에게 그 사명을 충분히 알리고 주주들이 이 사명을 지지하기 원한다면 그렇게 하게 하라. 그러나 나는 회사의 "이해관계자"(불합리한 요구를 정당화하기 위해 집단주의자들에 의해 흔히 사용되는 용어)에게 주주들의 재산을 통제하도록 허용되어야 한다는 주장에 반대한다. 맥케이의 철학은 칼 마르크스(Karl Marx)의 다음과 같은 말에 더 정확히 묘사되어 있다. "각자로부터 능력에 따라" 받아서 (주주들이 돈과 자산을 내놓는다) "각자에게 필요에 따라 준다(자선단체, 사회적 이익 집단 및 환경주의자들은 그들이 원하는 것을 받는다). 이는 자유 시장 자본주의가 아니다.

다음에, 모든 회사들이 홀 푸드에 의해 정의된 보다 고상한 회사 생활 형태를 본받는 다면 이 세상이 더 나아질 거라는 거만한 주장이 있다. 결국, 맥케이는 회사들이 "이기적이고, 탐욕스러우며, 무정한" 것으로 비쳐진다고 말한다. 나는 홀 푸드에 의해 실천되는 박애주의를 주입하지 않아도 자유 시장 자본주의가 고상한 소명이라고 생각한다.

엔론의 와해를 둘러싼 선정적인 저널리즘을 벗어나면, 단지 10개에서 20개의 상장 기업들만이 비난 받아 마땅한 심각한 잘못을 저지르고 있음을 알 수 있다. 이는 미국의 17,500개 상장 기업의 약 0.1%이다. 이는 기업을 비하하기에는 너무 낮은 비율이 아닌 가? (뉴욕 타임즈의 허위 기사 스캔들을 고려해 보라.) 하야 당했거나 거의 하야 당할 뻔 했던 미국 대통령 의 비율은 몇 %인가? (이는 기업의 실패율의 10배이다.) 의회 의원들의 몇 %가 감옥에 갔다 왔는 가? 사실은 몇 가지 잘 알려진 실패들에도 불구하고, 대부분의 기업들은 최고의 윤리 기준에 따라 운영되고 있으며 일반 대중들도 이를 알고 있다. 존경도에 대한 여론 조사 에서 비즈니스맨이 통상적으로 언론인이나 정치가들보다 높은 순위를 차지한다는 사실은 이 점을 보여주고 있다. 나는 반도체 업체가 가격을 냉혹하게 깎아서 1960년에 3 달러였던 트랜지스터 가격이 오늘날에는 1백만 분의 3달러에 지나지 않는데 대해 자부 심을 느낀다. 반도체 산업이 존재하지 않았더라면 맥케이는 수많은 회계사들을 고용해 서 종이 장부에 회사의 기록을 유지해야 했을 것이다. 반도체 업계가 냉혹하게 이익 증 가에 초점을 맞추고 그 과정에서 비용을 감축하지 않았더라면, 맥케이는 그의 가장 가 난한 고객들에게 그들의 식품 가격을 더 받았을 것이고, 귀중한 직원들에게 급여를 덜 젰을 것이며, 자선 프로그램을 감축했을 것이다. 물론 미국의 반도체 산업이 자체의 자선 활동 때문에 가격 경쟁력이 떨어진다며 식품 업계는 일본산이나 한국산 실리콘 칩으로 만들어진 보다 싼 값의 컴퓨터들을 샀을 것이다. 노동조합이 없는 반도체 업계의 정리 해고는 실제로 노동조합이 있는 홀 푸드의 식료품점 직원들에게는 좋은 소식이었다. 실직한 반도체 노동자들이 이를 필요로 할 때 맥케이의 박애주의 정신은 어디에 있었는가? 물론, 그는 자기의 이익을 극대화하기 위해 기록 유지 비용을 냉혹하게 감소시킴으로써 올바른 일을 했기 때문에, 이런 수사적인 질문은 어리석다.

나는 자유 시장 자본주의자라는 사실이 자랑스럽다. 그리고 나는 맥케이의 철학이, 그들의 주장이 아무리 그럴듯할지라도, 사실은 그토록 많은 인간의 불행을 야기했던 전체주의와 박애주의 철학을 포용하는 도덕적 근거를 내가 거절했다는 이유로 나를 자기중심적인 아이로 폄하한다는 사실에 대해 분개한다.

이익은 목적이 아니라 수단이다

존 맥케이(John Mackey)

밀튼 프리드먼에게 대응하기에 앞서 그는 내 개인적 영웅 중 한 명이라는 점을 밝히고자 한다. 경제적 사고와 자유를 위한 싸움에 대한 그의 기여는 비견할 데가 없는 바, 그가 내 기고문에 대해 비평한 것은 영광스러운 일이다.

프리드먼은 "기업의 사회적 책임에 대한 나와 맥케이의 차이는 대부분 수사적이다"라고 말한다. 그러나 우리가 본질적으로 동의하는가? 나는 그렇게 생각하지 않는다. 우리는 비즈니스를 본질적으로 다른 방식으로 생각하고 있다.

프리드먼은 오로지 투자자들을 위한 이익 극대화 관점에서만 생각하고 있다. 고객을 우선시하는 것이 투자자들을 위한 이익 극대화에 도움이 되면, 이를 받아들일 수 있다. 회사의 다소의 자선 활동이 선의를 만들어 내고 회사가 이익 극대화라는 자기 이익 목적을 "가리도록" 도움을 준다면 이는 수용할 수 있다(프리드먼은 이것도 "위선적"이라고 믿지만 말이다). 프리드먼과 달리, 나는 투자자들을 위한 이익 극대화가 모든 기업 활동들에 대해 유일하게 받아들일 수 있는 정당성을 갖는다고 생각하지 않는다. 투자자들만 중요한 것은 아니다. 단순히 이익을 극대화하기 위한 목적이 아니더라도 기업이 존재할 수 있다.

228

특정 기업의 목적을 누가 결정하는가에 관해, 나는 프리드먼이 다루지 않는 중요한 주장을 했다. "나는 회사 주식에 대한 현재의 투자자들이 아니라 사업가들에게 회사의 목적을 정할 권리와 책임이 있다고 믿는다." 홀 푸드는 투자자들을 위한 이익 극대화를 위해 만들어진 것이 아니라, 모든 이해관계자들을 위해 가치를 창출하기 위해 만들어 졌다. 나는 (예컨대, 메드트로닉, REI, 그리고 스타벅스 등) 홀 푸드와 같이 이익 극대화를 넘어서는 목적을 가진 사업가들에 의해 만들어졌으며, 이러한 목적들이 "위선적"이지도 않고 "은폐 수단"도 아니며, 내재된 비즈니스의 목적인 수천 개의 다른 회사들이 있다고 믿는다. 나는 로저스의 사이프레스 반도체와 같은 많은 회사들은 투자자들을 위한 이익 극대화를 유일한 목적으로 하는 사업가들에 의해 설립되었음을 인정한다. 따라서 사이프레스가 사회의 규칙을 따를 경우 이 회사에 이익 극대화 이외의 어떠한 사회적 책임이 있는가? 아니다. 로저스는 명백히 이익 극대화를 위해 이 회사를 설립했으며, 기업의 사회적 책임에 관한 프리드먼의 모든 주장이 완전히 타당하게 된다. 기업의 사회적 책임은 강제되어서는 안 된다. 이는 모든 회사의 사업가적 리더들이 스스로 내려야 하는 자발적 결정이다. 이익을 내는 것은 본질적으로 사회에 가치가 있다는 프리드먼의 주장은 옳지만, 나는 그가 모든 기업이 주주들의 이익 극대화만을 목적으로 한다고 오해했다고 생각한다.

프리드먼은 고객, 직원, 그리고 기업의 자선 활동에 주의를 기울이는 것은 투자자들의 이익 증대라는 목적을 위한 수단이라고 믿지만, 나는 그와 정반대의 견해를 취한다. 높은 이익을 내는 것은 홀 푸드의 핵심 비즈니스 사명을 완수한다는 목적에 대한 수단이다. 우리는 보다 양질의 식품과 더 나은 영양으로 지상의 모든 사람들의 건강과 복지를 개선하기 원하는 바, 우리의 수익성이 매우 높지 않으면 이를 완수할 수 없다. 미국과 전 세계에서 우리의 성장을 촉진하기 위해서는 높은 이익이 필요하다. 사람이 먹지 않고는 살 수 없듯이, 기업도 이익이 없이는 존재할 수 없다. 그러나 대부분의 사람은 먹기 위해 살지는 않으며, 기업도 단지 이익을 내기 위해 존재해서는 안 된다.

그의 비평 말미에서, 프리드먼은 "기업의 사회적 책임은 이익을 증가시키는 것이다"는 그의 말과 "깨어 있는 회사들은 모든 구성원들을 위한 가치를 창출하도록 노력해야 한다"는 내 말이 "동등하다"고 말한다. 그는 이익 극대화가 사유 재산권과 자유 시장에 기초한 사회를 지원하기 때문에 이익 극대화는 사적 목적이 사회적 수단을 통해 달성된 것이라고 주장한다. 우리의 말들이 동등하다면, 우리가 진정으로 같은 것을 의미한다면, 나는 누구의 말에 더 나은 "마케팅 능력"이 있는지 안다. 내 말에 더 큰 마케팅 능력이 있다.

사회적 책임에 관한 프리드먼의 말 때문에 자본주의와 회사들은 전 세계적으로 오해와 불신, 그리고 혐오의 대상이 되고 있다. 자본주의의 적들이 그의 논평을 사용해서 자본주의는 탐욕스럽고, 이기적이며 무정하다고 주장한다. 이는 윌리엄 반드빌트(William Vanderbilt)의 "대중은 저주를 받을지어다"와 GM의 전 의장 찰리 윌슨(Charlie Wilson)이 "국가에 좋은 것이 제너럴 모터스(General Motors)에 좋은 것이고, 제너럴 모터스에 좋은 것이 국가에 좋은 것이다"라고 말한 선상에 있다. 우리가 진정으로 자본주의의 전 세계적인 확산에 관심이 있다면(나는 확실히 관심이 있다), 이의 마케팅을 더 잘할 필요가 있다. 나는 경제학자들과 비즈니스맨들이 일관되게 "깨어 있는 회사들은 모든 구성원들을 위한 가치를 창출하도록 노력해야 한다"는 내 메시지를 전하고 이에 따라 행동한다면, 자본주의에 대한 대부분의 저항은 사라질 것이라고 믿는다.

프리드먼은 또한 홀 푸드가 단지 우리의 투자자들을 위한 이익 극대화 이외에도 사회에 대해 "음식 쇼핑에 대한 즐거움을 향상시키는" 중요한 기여를 하고 있음을 이해하고 있다. 이것이 바로 우리가 우리의 비즈니스 목적에 대해 얘기할 때마다 "고객의 만족과 기쁨"을 핵심 가치로 두는 이유이다. 왜 프리드먼과 다른 경제학자들은 이 아이디어를 일관되게 가르치지 않는가? 그들은 왜 기업들이 고객, 직원, 그리고 공동체를 위한 가치 창출에서 행하는 모든 귀중한 기여들에 대해 더 많이 말하지 않는가? 왜 투자자들을 위한 이익 극대화에 대해서만 말하는가? 그렇게 하는 것은 자본주의라는 브랜드에 해를 끼치는 짓이다.

홀 푸드의 자선 활동에 관해서는, 누가 이 분야에 "특별한 역량"을 가지고 있는가? 정부가 역량을 가지고 있는가? 개인들이 가지고 있는가? 자유주의자들은 일반적으로 사회 문제들에 대한 관료주의적인 정부의 해법들은 득보다는 실이 많으며, 정부의 도움이 정답인 경우는 극히 드물다는 점에 동의할 것이다. 자선에는 개인들도 특별한 역량을 가지고 있지 않다. 프리드먼의 논리에 의하면, 개인들은 다른 사람들을 돕기 위해 기부할 것이 아니라, 모든 돈을 더 많은 사회적 가치를 창출할 수 있는 기업에 투자해야 할 것이다.

실상은 기업에 투자된 돈과 사회 문제 해결을 돕기 위해 투자된 돈 중 어느 쪽이 더 많은 가치를 창출하는지 계산할 수 있는 방법이 없다. 기업들은 실제의 공동체 안에 있으며 좋건 나쁘건 공동체에 실제적인 영향을 준다. 공동체 안에서 살고 있는 개인들과 마찬가지로, 기업은 상품과 서비스 그리고 고용을 제공함으로써 귀중한 사회적 공헌을 한다. 그러나 개인들이 자신이 살고 있는 공동체를 위해 다소의 자선 활동을 지원할 책임을 느낄 수 있는 것과 마찬가지로, 기업도 그렇게 할 수 있다. 공동체에 대한 기업의 책임이 무한한 것은 아니지만, 그럴 책임이 전혀 없는 것도 아니다. 깨어 있는 모든 기업들은 고객, 직원, 투자자, 공급자, 그리고 공동체를 포함한 모든 구성원들 사이의 적절한 균형을 발견해야 한다.

나는 밀튼 프리드먼의 사려 깊은 반응을 존중하지만, 로저스의 비평에 대해서는 그렇게 생각하지 않는다. 내게는 로저스가 내 글을 주의 깊게 읽거나, 내 주장에 대해 깊이 생각했거나, 지적인 대응을 하기 위해 노력하지 않았음이 분명해 보인다. 대신, 그는 나와 내 회사, 그리고 우리의 고객들에게 다양한 인신공격을 가한다. 로저스에 의하면, 내 비즈니스 철학은 랠프 네이더 및 칼 마르크스의 철학과 유사하다. 홀 푸드와 우리의 고객들은 쓰레기 과학과 공포 조장에 관여하는 일단의 러다이트들(Luddites)이다. 그리고 노동조합에 가입하고 있는 우리의 식료품점 직원들은 로저스의 반도체 업계 노동자들의 정리 해고에 대해 신경을 쓰지 않는 사람들이다.

기록을 위해 말해 두자면, 나는 랠프 네이더나 칼 마르크스의 철학에 동의하지 않는다. 홀 푸드는 쓰레기 과학이나 공포 조장에 관여하지 않으며, 우리 고객들이나 벤더들의 99%도 이에 관여하지 않는다. 홀 푸드의 36,000명의 직원 중 노동조합에 가입한 사람은 한 명도 없으며, 우리는 실상 반도체 업계의 정리 해고에 대해 딱하게 생각한다. 로저스가 인신공격을 하는 것이 아니라면, 그는 자기 자신의 마음에는 존재하지만, 내 글에는 나타나지 않는 좌익, 사회주의자, 그리고 집단주의자의 관점에 대해 반대 주장을 펴는 것 같다. 로저스의 주장과는 반대로, 홀 푸드는 "하이브리드 비즈니스/자선단체"를 운영하는 것이 아니라 막대한 주주가치를 창출한, 수익성이 매우 좋은 기업을 운영하고 있다.

포춘 500에 속한 모든 식품 소매업자(월마트 포함)들 중에서, 우리 회사가 가장 높은 매출액 이익률, 투자 자본 수익률, 단위 면적당 매출액, 동일 매장당 매출액, 그리고 성장률을 보이고 있다. 우리는 현재 3.5년마다 규모가 두 배로 증가하고 있다. 요점은 홀 푸드의 이해관계자 비즈니스 철학이 통하고 있으며, 투자자들을 포함한 우리의 모든 이해관계자들을 위해 막대한 가치를 낳았다는 점이다.

이에 반해, 사이프레스 반도체는 현재 몇 년째 이익을 내기 위해 분투하고 있으며, 이 회사의 대차대조표는 4억 8백만 달러가 넘는 누적 결손을 보이고 있다. 이는 사이프레스는 23년의 역사 동안 투자자들을 위해 돈을 벌어준 것보다 훨씬 많은 돈을 잃었다는 것을 의미한다. 내 회사를 마르크스주의자라고 부르는 대신, 지금은 로저스 자신의 회사에 대해 다시 생각해 보아야 할 시점일 것이다.

로저스는 열정적으로 "나는 반도체 업체가 가격을 냉혹하게 깎아서 1960년에 3달러였던 트랜지스터 가격이 오늘날에는 1백만 분의 3달러에 지나지 않는데 대해 자부심을 느낀다"라고 말한다. 로저스는 자부심을 느낄 만한 자격이 있다. 이는 참으로 멋진 성취이며, 반도체 산업은 우리 모두의 삶을 나아지게 했다. 그렇다면 왜 언제나 이익 극대화 및 주주 가치에 대해서만 말하는 대신 이 메시지를 일관성 있게 소통하지 않는가? 의료, 법률, 교육과 마찬가지로 비즈니스는 고객의 삶을 개선하는 상품과 서비스를 제공하고, 직원들에게 일자리와 의미 있는 일을 제공하며, 투자자들을 위해 부와 번영을 창출하며, 책임이 있고 배려하는 시민이 된다는 고상한 목적을 가지고 있다. 홀 푸드와 같은 기업에는 여러 이해관계자들이 있으며, 따라서 여러 책임이 있다. 그러나 로저스가 두려워하는 바와는 달리, 우리가 투자자들 외에 이해관계자들에게도 책임이 있다 해서 다른 이해관계자들에게 회사의 "재산권"을 주는 것은 아니다. 투자자들은 여전히 기업을 소유하고 있고, 잔여 이익을 받을 자격이 있으며, 그들이 원하면 경영진을 해고할 수도 있다. 의사에게는 자기의 환자를 치료할 윤리적 책임이 있지만, 그렇다고 해서 이 환자가 의사의 영업에서 나오는 이익에 대한 몫을 받을 권리가 있음을 의미하는 것은 아니다.

로저스는 아마 절대로 내 비즈니스 철학에 동의하지 않을 테지만, 그것은 사실 중요하지 않다. 내가 분명히 밝히고 있는 비즈니스 모델이 이익 극대화라는 경쟁 모델보다 더 견고한 비즈니스 모델이 되어 있는데, 이는 이 모델이 자기 이익만 강조하는 모델보다 비즈니스를 더 격려하고 비즈니스에 더 강력한 동기를 부여하기 때문이다. 시간이 지남에 따라 이러한 아이디어들이 승리할 것인 바, 이는 논쟁을 통해 지성인들과 경제학자들을 설득해서가 아니라 시장의 경쟁이라는 테스트에서 승리해서 이루어질 것이다. 언젠가는 비즈니스의 목적에 대해 보다 깊이 있는 이해관계자 모델을 고수하는 홀푸드와 같은 기업들이 경제 지형을 지배할 테니, 두고 보라.

토론 문제

1. 위에 제시된 프리드먼, 맥케이, 그리고 로저스 3명의 견해 중 당신은 누구의 견해가 가장 설득력이 있다고 생각하는가? 그 이유는 무엇인가?
2. "기업의 사회적 책임은 이익을 늘리는 것이다"라는 프리드먼의 견해에 대해 어떻게 생각하는가?
3. 맥케이는 회사의 책임에 대한 이해관계자 관점을 어떻게 방어하는가?

읽기 자료

BEYOND INTEGRITY

기업의 사회적 책임이라는 신화

드보라 도앤(Deborah Doane)
Stanford Social Innovation Review (2005년 가을): 3-9쪽.

기업의 사회적 책임(CSR) 운동은 바디샵과 벤 엔 제리스와 같은 일부 진지한 회사들의 부수 활동이었던 데에서 나이키나 맥도널드와 같이 전통적인 회사 리더들이 높은 우선순위를 두기에 이르기까지 성장하였다. 글락소스미스클라인(GlaxoSmithKleine)이 아프리카에 항레트로 바이러스 의약품 기부, 휴렛 패커드의 회사 자원봉사 프로그램, 스타벅스의 대량의 Fair Trade(공정 무역) 커피 구매 등과 같은 기업들의 선한 행동에 관한 기사가 흔해졌다. 사실, CSR이 하도 맹위를 떨치자 이코노미스트는 금년 초에 이를 맹렬히 비난하는 특별호를 발행하기도 했다.

CSR을 자선과 이름만 다른 것으로 보는 사람들도 있지만, 이를 기업이 이해관계자들의 필요와 이익을 낼 필요 사이의 균형을 이루기 위해 법적 의무를 초과하여 기울이는 노력이라고 넓게 정의할 수 있다. 현대 CSR의 기원을 1970년대의 사회적 감사 운동

(social auditing movement)으로까지 거슬러 올라갈 수 있지만, CSR은 최근에 와서야 이코노미스트의 반격을 받기에 충분한 모멘텀을 얻게 되었다. CSR에 대한 미국의 동인과 유럽의 동인은 약간 달랐지만, 1996년의 북해에서의 쉘의 브렌트 스파(Brent Spar)석유 굴착 장치 침몰, 그리고 나이키 등의 "노동 착취" 고발과 같은 주요한 사건들로 인해 대기업들이 자신들에 대한 봉기에 대해 진지하게 대응하게 되었다.

나오미 클라인(Naomi Klein)의 유명한 책 『No Logo』[1]는 대기업들이 세상을 장악해서 사람들과 환경에 해를 끼치고 있다고 생각하는 세대에 힘을 실어 주고 있는 바, 이 세대는 1999년에 시애틀에서 반 세계화 시위를 연 이후 기업의 힘에 대항하는 세력을 성공적으로 동원하고 있다. 기업들은 이 전투에서 물러서기보다는, 부분적으로 애초에 기업의 힘의 문제들을 강조했던 바로 그 운동에 의해 도움을 받아서 CSR이 자본주의의 친화적인 얼굴이라며 이를 내세우며 나타났다. 자유 시장 경제가 우월적인 정치적 주문이 되어 버려서 정부가 회사의 행동을 규제할 정치적 의지가 별로 없음을 간파한 NGO들은 적과 제휴함으로써 더 많은 모멘텀을 얻을 수 있음을 깨달았다. 그들은 소비자의 힘을 이용한 시장 메커니즘을 이용하여 보다 즉각적인 변화를 가져올 수 있는 기회가 있음을 알게 되었다.

그래서, 미국의 공정 상표 협회(Fair Label Association), 영국의 윤리적 거래 이니셔티브(Ethical Trading Initiative)와 같이 공급 사슬에서의 사회적 기준을 다루는 조직들이 번창해졌다. UN은 기업들과 제휴해서 글로벌 컴팩트(Global Compact)를 정했는데, 글로벌 컴팩트는 인권 및 환경과 관련된 9개 원칙을 제공하고 있으며 미래를 위한 윤리적 로드맵으로 인정되고 있다. 일부 영역에서 사회적으로 책임 있는 투자가 오랫동안 잘 알려져 있기는 했지만, 종국에는 주류 투자 업계도 CSR에 애착을 가지게 되어 1999년에 다우 존스(Dow Jones)가 다우 존스 지속 가능성 지수를 만들었으며, FTSE4Good이 뒤를 바짝 따랐다.

이 모든 조치들은 회사들이 동시에 "잘하고" "착한 일도 할" 수 있다, 즉 세계도 구하고 적절한 이익도 낼 수 있다는 주장에 근거하고 있다.

CSR의 유례없는 성장으로 시장 메커니즘의 힘이 사회 및 환경의 변화를 이루어 낼 것이라는 낙관적인 견해를 가지게 되는 사람도 있을 것이다. 그러나 시장이 실패하는 경우가 흔한데, 공공재 산출에는 특히 그렇다. 그러므로 사회적 책임 활동이 애초에 이 운동을 자극했던 시장의 한계에 종속된다는 점에 주의를 기울여야 한다.

시장이 효과를 발휘하게 한다?

표면상으로는 시장은 기업의 행동에 측정할 수 있는 변화를 가져올 수 있는 참으로 강력한 힘을 가지고 있다. 대부분의 대기업들은 이제 정규적인 연례 재무 보고서와 함께 사회적, 환경적 책임에 관한 보고서도 자발적으로 발표하고 있다. 한편 사회적으로 책임 있는 투자(socially responsible investment; SRI)에 투입되는 자금도 해마다 기하급수적으로 증가하고 있다. 공정 무역(Fair Trade)과 같은 사회적으로 연결된 일부 브랜드들이 매우 빠르게 성장하고 있다. 협동조합 은행(Co-operative Bank)의 보고서에 의하면, 영국에서 윤리적 소비자 운동이 2004년에 거의 250억 파운드에 달했다.[2]

이코노미스트의 글은 회사가 유일하게 해야 하는 사회적 책임 활동은 돈을 버는 것이며 CSR 프로그램 채택은 잘해봐야 잘못 인도된 것이라고 주장한다. 그러나 회사들이 CSR에 편승하게 하는 몇 가지 강력한 비즈니스상의 인센티브들이 있다. 예를 들어, 1990년대의 나이키처럼 불매 운동 위협에 직면했던 회사들, 맥도널드처럼 비만 문제로 거액의 소송 위협을 받고 있는 회사들은 CSR을 대중에게 친화적인 얼굴을 보여주는 전략으로 볼 수도 있다.

일단 시작되고 나면, CSR 이니셔티브는 일부 회사들 내부의 기본적인 관행들에 변화를 야기할 수도 있다. 나이키는 현재 많은 사람들에게 개발도상국 공장의 노동 기준 개선 분야 글로벌 리더로 여겨지고 있다. 이 회사는 현재 투명성 분야도 선도하고 있다. 나이키는 노동 착취 문제로 소송 위협에 직면했을 때, 이에 정면으로 맞서기로 작정했으며, 올해에 모든 공장의 리스트와 감사를 받은 사회적 책임 보고서를 자사의 웹사이트에 올려놓았다. 나이키만이 아니다. 다른 많은 브랜드들이 활동주의자들에 대응하기 위한 독특한 전략을 개발했는데, 그 성공 정도는 각기 다르다. 그러나 어느 누구도 이런 유형의 변화가 지금까지 우리가 알고 있던 자본주의에 완전한 변화를 가져왔다고 주장할 수 없으며, 조만간 그럴 것이라고 얘기할 수도 없다.

시장의 실패

여기서 한 가지 문제는 개념으로서의 CSR이 다소 복잡한 문제를 단순화하며, 궁극적으로 회사의 재무적 건강과 윤리적 결과 사이에서 선택해야 하며, 선택이 이루어질 경우에는 틀림없이 이익이 원칙을 이긴다는 것을 인식하지 못한다는 점이다.

특정 상황에서는 CSR 전략이 효과를 발휘할 수 있지만, 이 전략은 불완전한 정보, 외부 효과 및 무임승차 등의 시장 실패에 매우 취약하다. 가장 중요한 점으로는, 흔히 회사의 유익과 사회 전체의 유익 사이에는 큰 간극이 있다. 이에 대한 이유는 내가 CSR의 네 가지 주요 신화라고 부르는 것으로 요약될 수 있다.

신화 1: 시장은 단기 재무 실적과 장기 사회적 이익 모두를 가져올 수 있다.

CSR 이면의 한 가지 가정은 비즈니스 결과와 사회적 목표가 어느 정도는 정렬을 이룰 수 있다는 것이다. 이 가정의 근거는 좀처럼 표현되지는 않지만, 사람들은 자기 이익 극대화라는 동기를 가지고 있는 합리적인 행위자라는 자유 시장의 기본 가정으로 되돌아간다.

부, 사회 안정, 건강한 환경은 모두 개인의 자기 이익에 부합하기 때문에, 개인들은 궁극적으로 이익도 내고 사회적으로 책임 있게 행동하는 회사들에 투자하고, 그들의 제품을 소비하고, 그러한 회사들을 세울 것이다. 즉, 시장은 궁극적으로 스스로 균형을 이룰 것이다.

그러나 시장이 이런 식으로 행동한다는 경험적 증거는 거의 없다. 실상, 자연 자산 보호, 미래를 위한 교육받은 노동력 확보, 또는 지역 공동체에 대한 자발적인 기부 등이 실제로 회사의 순이익 증가에 도움이 된다는 점을 증명하기 어려울 것이다. 미래를 위한 노동력 풀 개발에 헌신하는 시스코의 네트워킹 아카데미(Networking Academies)와 같이 비즈니스 동인들이 사회적 목표와 정렬을 이루는 성공 사례들이 다소 있기는 하지만, 그들은 공공의 이익 증진에 대한 잡동사니 접근법을 제공할 뿐이다.

아무튼, 그러한 투자들이 상장 회사들이 주식 시장을 통해서 요구하는 것으로 보이는 2년~4년이라는 기간 내에 이익을 낼 것 같지는 않다.

모두 알다시피, 회사가 "이익에 대한 경고"를 낼 때마다 시장은 그 회사 주가를 끌어내린다. 따라서 환경이나 사회적 명분에 대한 투자는 사정이 악화되면 사치가 되고 삭감 대상에 오르게 되는 경우가 흔하다.

한편, 우리는 보건 안전 시스템과 같이 장기적으로 유익이 될 수도 있는 곳에 투자하지 않는 회사들을 봐 왔다. 예를 들어, BP의 최고 경영자 존 브라운(John Browne) 경은 자신을 CSR의 옹호자로 자처하고 있었고 이 회사는 CSR 프로그램으로 다양한 상을 받고 있었지만, 2004년에 보건 안전 조항 위반으로 142만 달러라는 사상 최대의 벌금에 처해졌다.

동시에 세계 최대이자 가장 성공적인 회사인 월마트는 비용, 따라서 가격을 낮춘 대가로 투자자들에게 보상을 받고 있지만, 취약한 노동 관행에 대해 집단 소송이 제기될지도 모른다.

시장은 아주 솔직하게 월마트를 숭배한다. 한편 직원들에게 건강 보험과 기타 복지 혜택을 제공하는 경쟁 할인점 코스트코에 대해서는 주주들이 월마트와 보다 잘 경쟁하기 위해 이 혜택들을 삭감하라고 압력을 가한다.[3]

주식 시장의 단기적 요구가 CSR을 저해할 경우, 이를 추구하기가 매우 어려워진다.

주주의 이익이 회사를 지배할 경우, 회사의 실적이 공공의 이익과 정렬을 이루기가 훨씬 더 어려워질 것이다. 마조리 켈리(Marjorie Kelly)가 자신의 저서 『자본의 신적 권리』(The Divine Right Of Capital)에서 "주주들을 투자자들이라고 말하면 정확하지 않다. 왜냐하면 그들은 돈을 빨아내는 사람들이기 때문이다"라고 말한 바와 같이 말이다.[4]

신화 2: 윤리적인 소비자가 변화를 주도할 것이다.

윤리적 기업을 선제적으로 보상해 주는 작은 시장이 있기는 하지만, 대부분의 소비자들에게 윤리는 상대적인 요소이다. 사실, 대부분의 조사들은 소비자들은 윤리보다 가격, 맛, 유통기한 등과 같은 요소들에 더 관심을 기울인다는 것을 보여준다.[5] 월마트의 성공은 확실히 이에 해당한다.

영국에서 윤리적 소비자 운동 데이터는 대부분의 소비자들이 환경 또는 사회적 이슈들에 관심이 있지만, 83%는 이따금 윤리적으로 행동할 의향이 있다고 응답하였고, 18%만이 간헐적으로 윤리적으로 행동할 의향이 있다고 한 반면, 일관적으로 윤리적, 녹색 구매 행동을 보이는 소비자는 5%도 안 된다는 것을 보여준다.[6]

로퍼 ASW(Roper ASW)는 미국에서 1990년 이후 소비자들의 환경에 대한 태도 및 환경을 지향하는 제품 구매 성향을 추적 관찰하고 소비자들을 진한 녹색, 지폐 색 녹색, 새싹, 불평분자, 기본 갈색의 5개 "녹색 그늘" 그룹으로 분류했다. 진한 녹색은 "가장 녹색"인 소비자들로 "환경에 대해 말한 것을 실천할 가능성이 가장 높은 사람들"로서, 인구의 약 9%를 차지했다. 환경에 대해 가장 관심이 없는 사람들인 "기본 갈색"은 "(그린 제품 구매나 재활용 같은) 개인의 행동은 차이를 만들어 낼 수 없다"고 믿는 사람들로서 인구의

33%를 차지했다.[7]

1990년대 초부터 윤리적 소비자 운동에 관한 데이터를 추적해 온 『녹색 소비자 가이드』(Green Consumer Guide)의 공동 저자 조엘 머코워(Joel Makower)는 과대 선전된 주장에도 불구하고, 로퍼 ASW의 데이터가 보여주는 바와 같이 수년 동안 윤리적 소비자들의 행동에 별 변화가 없다고 말한다. 그는 "사실은 환경에 대한 인식과 환경 소비자 운동 사이의 갭이 매우 크다"고 말한다.[8]

연료를 많이 소모하는 스포츠-유틸리티 차량을 예로 들어 보자. 가파른 유가 인상에도 불구하고, 2004년에 SUV 매출이 거의 8%나 증가한 것처럼 소비자들은 여전히 이 차량을 좋아한다. 이는 우리 자신의 세대보다는 미래 세대에 영향을 주게 될 기후 변화의 위협은 소비자들이 자신의 행동을 변화시킬 하등의 인센티브가 아니라는 점을 보여준다.[9]

신화 3: 기업들 사이에 윤리에서 "최고가 되려는 경쟁"이 있을 것이다.

CSR에 대해 기업 윤리 상이나 포춘의 연례 "일하기 좋은 회사" 경쟁과 같은 좋은 회사에 대한 시상 프로그램 증가가 보여주는 바와 같이 회사들 사이의 경쟁 압력이 더 많은 회사들에게 윤리에 관해 경쟁하도록 압력을 가할 것이라는 또 다른 신화가 있다.

회사들은 CSR이 좋은 PR 수단이 되기 때문에 자연히 CSR 기법과 정렬을 이루려 한다. 그러나 기업들이 반드시 자신의 행동을 바꾸지 않고서도, 예컨대 UN 글로벌 컴팩트에 서명함으로써 선의의 노력들을 이용할 수 있는 경우가 있다.

미국에 본부를 둔 ㈜ 워치는 회사들이 "환경 세탁"을 하는 사례들을 발견했으며, 다양한 회사들이, 예컨대, 자기 회사의 CEO가 코피 아난(Kofi Annan) 사무총장과 같이 찍은 사진을 게시하여 UN을 PR 목적으로 활용하고 있음을 발견했다.[10]

한편, 회사들은 다우 존스 지속 가능성 지수와 같은 사회적 책임 지수에서 좋은 평가를 받기 위해 노력한다. 그러나 좋은 회사의 관행들에 보상하려는 그러한 모든 장치들은 "최고가 되려는 경쟁"을 촉진함으로써 "악한들 중에서 최고"를 보상하는 경향이라는 새로운 리스크를 맞이하게 한다. 예를 들어 브리티시 아메리칸 타바코(British American Tobacco)는 2004년에 연례 사회 보고서로 UNEP/지속성 보고 상을 수상했다.[11] 그럼에도 불구하고, 회의론자는 담배가 끼치는 막대한 해악에 비추어 볼 때, 왜 담배 회사가 다른 사회적으로 책임 있는 행동으로 상을 받아야 하느냐고 질문할 수 있다.

회사들이 외부 세계에는 사회적으로 책임 있는 회사로 보이도록 경쟁하고 있지만, 그들은 또한 로비 활동이나 세금 회피 수단들과 같이 사회적으로 무책임한 행동들을 효과적으로 감춘다. 미국에서 법인세는 1960년에 GDP의 4.1퍼센트였는데, 2001년에는 GDP의 겨우 1.5퍼센트로 떨어졌다.[12] 사실상, 이로 인해 정부가 교육 등과 같은 공적 서비스를 제공할 능력이 제한을 받는다. 물론, 결국은 이는 기업이 이용할 수 있는 일종의 PR 기회에 지나지 않는다.

학교 인수나 학교에 대한 기부는 현재 시스코 시스템이나 유럽의 슈퍼마켓 체인 테스코와 같은 선도적 회사들에 의한 보편적인 CSR 활동이다.

신화 4: 글로벌 경제에서, 국가들은 최상의 윤리적 관행들을 갖추기 위해 경쟁할 것이다.

개발도상국들에 대한 의존도가 커짐에 따라 CSR의 인지도가 높아졌다. 일반적으로 이들 국가들의 시장 자유화가 진척되면 압제적인 정권들이 글로벌 경제에 보다 더 통합되고 CSR 프로그램 및 정책들을 적극적으로 시행하고 있는 다국적 기업들이 감시의 눈을 기울임에 따라 인권과 환경 상의 권리가 더 잘 보호될 것이라고 가정된다.

그럼에도 불구하고, 개발도상국가들에서는 회사들이 흔히 자발적인 행동 기준을 준수하지 않고 있는 바, 그들은 자신들이 운영되고 있는 국가의 법률의 테두리 안에서 영위된다고 주장한다. 실상, 개발도상국들 사이의 해외 투자 유치 경쟁으로 인해 일부 국가의 정부들은 투자를 유치하기 위해 인권이나 환경 기준들에 대한 엄격한 준수를 고수하지 않고 있다. 예를 들어, 스리랑카에서는 인접한 중국의 경쟁 압력이 커지자, 섬유 및 의류 제조업자들이 정부에 노동 시간 증가를 위해 로비활동을 했다. 결국, 대부분의 회사들은 개발도상국들에서 전반적인 임금 수준을 낮게 유지하는 보다 넓은 세력들을 통제할 수 있는 일정한 힘을 보유하게 된다. 그럼에도 불구하고, 많은 사람들에게는 다국적 기업 공장의 일자리가 의사나 교사가 되는 것보다 더 선호되는데, 이는 다국적 기업 공장의 급여가 더 높고 노동자들의 권리도 더 잘 보호되는 것 같기 때문이다.

CSR에 대한 대안들은 무엇인가?

CSR 옹호자들은 사회적 책임과 비즈니스의 정렬을 이루기 위한 시도에서 새로운 기준, 제휴 사업, 그리고 시상 프로그램 개발에 상당한 노력을 기울이고서도 전반적인 지형을 바꾸지 못할 수도 있다. 흔히 좋은 행동의 의도하지 않은 결과가 이차적인 부정적 영향으로 이어지기도 한다. 비만 문제를 다루기 위한 맥도널드의 사과 판매는, 이 회사가 자기들이 사려는 사과 유형의 단일성과 지속성을 고수했기 때문에 사과 생산의 생물 다양성 상실로 이어졌는데, 이는 지속 가능성에 긍정적인 결과일 수가 없다.[13]

어느 시점엔가는, 우리가 근본적인 문제들을 다루기보다는 비즈니스를 여느 때와 같이 수행하도록 할 가능성이 더 큰 전략을 증진하기 위해 노력을 기울이고 있지는 않은지 물어봐야 한다. 회사의 행동에 대한 직접적인 규제부터 회사라는 기관의 보다 급진적인 전면 개조에 이르기까지의 다른 전략들이 우리가 추구하는 결과를 가져올 가능성이 더 크다.

전통적인 규제 모델들은 회사들이 사회적으로 책임 있는 방식으로 행동하도록 담보하기 위해 회사에 강제적인 규칙을 부과할 것이다. 규제의 장점은 예측 가능성과, 많은 경우에 혁신을 가져온다는 것이다.

기업들은 이에 대해 강력하게 반대하지만, 표 1의 몇 가지 예들이 보여주는 바와 같이, 시장에만 맡겨 두는 경우보다 직접 규제를 통해 더 쉽게 사회적 개선들이 이루어질 수도 있다.

다른 규제 부과 전략들이 CRS 노력들보다 소비자의 행동을 더 많이 바꾸었다. 예를 들어, 사회적 상표 부착은 유럽의 소비자 행동을 매우 효과적으로 변화시켰다. 모든 가전제품들은 에너지 효율 등급을 표시해야 하는데 현재 에너지 효율 등급이 가장 높은 가전제품들이 시장의 50퍼센트를 넘게 차지하고 있다. 그리고 리서치와 입법의 결합을 통해 등급 기준도 계속적으로 개선되고 있다.[14]

아마도 이 점은 보다 심원할 텐데, 유럽과 미국의 운동가들과 법률학자들은 회사의 법적 구조를 살펴보기 시작했다. 현재 서구의 법률 시스템에서는 회사들에는 일차적으로 주주들에 대한 주의 의무가 있으며, 회사측에서의 사회적 행동들이 금지되어 있지는 않지만, 이익 창출 활동이 일반적인 규범이다. 따라서 회사들은 사실상 사회적 이익보다는 재무적 이익을 선택한다.[15] 공정 무역 회사들과 같은 일부 사회적 기업들이 다른 길을 만들기는 했지만, 이들이 시장을 압도하지는 못한다. 그러나 보다 넓은 이해관계자들이 소유하는 회사라는 새로운 기관 모델을 만들기 위해 그들의 성공을 통해 배훈 교훈들이 채택되고 있다.

규제(Red Tape)의 실상

규제	예측	실상
최저 임금	2년 내에 1백만 개 이상의 일자리가 없어질 것이다.	2십만 명의 실업자가 감소함
EEC의 촉매 변환 장치 도입	연료 소비에 대한 최고의 벌칙 감안 시 이 기술에 대한 비용은 차량 당 400~600파운드가 소요될 것이다.	변환기당 실제 비용은 30~50파운드였음. 기술 혁신으로 보다 소형 자동차들이 생산됨.
미국 대기 오염 방지법	연간 510억 달러에서 910억 달러의 비용이 발생하고, 2만에서 400만의 일자리 상실이 초래될 것이다.	기업들에 연간 220억 파운드의 비용이 소요되었지만, 영향 받은 분야의 고용이 22% 증가했으며, 이로 인한 이익은 1,200억에서 1,930억 파운드 사이였음.
몬트리올 의정서	기업들이 경제적 관점에서 반대했지만, 수치를 예상하지는 않았음.	영향 없음: 후속 연구를 해 보면 대체 기술이 비용을 절감했을 수도 있음.

D. Doane, "From Red Tape to Road Signs: Redefining Regulation and Its Purposes" (London CORE Coalition, 2004)

영국에서는 130개 NGO들의 연합체가 기업 책임 연합(Corporate Responsibility Coalition; CORE)의 후원 하에, 회사의 이사들이 주주들과 다른 이해관계자들(공동체, 직원과 환경 포함)에 대해 주의 의무를 지게 하는 접근법을 지지하는 법안을 의회에 제출했다. 그들이 제출한 법안에 따르면, 회사들은 다른 이해관계자들에게 부정적인 영향을 미치게 될 사안이 있을 경우 이를 고려하고, 조치를 취하고, 경감하며, 보고하도록 요구된다.[16]

대서양 저편에서는, 비즈니스 에딕스(Business Ethics)와 텔러스 인스티튜트(Tellus Institute)가 운영하는 코퍼레이션 20/20가 사회적 책임을, 하면 좋은 부가물이 아니라 회사의 설립 시부터 소중히 여기게 하는 일련의 새로운 원칙들을 제안했다. 이 원칙들은 법률학자, 사회 활동가, 기업인, 노동계와 언론계 등 다양한 집단이 노력한 결과물로서 아직 논의 단계에 있지만, 궁극적으로 법률로 제정되어 회사들이 빈곤이나 기후 변화 또는 생물 다양성 같은 사안들에 더 잘 대응하도록 자극하게 될 수도 있다. 사회적 기업 섹터의 대들보인 형평 및 민주주의와 같은 가치들이 순수한 이익 추구보다 우선순위를 가지게 되며, 회사는 사적 영역에서 계속 이익을 내는 기관으로 존속하지만 사회에 비용을 부과하면서 그렇게 할 수는 없을 것이다.

물론, 이 아이디어들이 대규모로 채택되기까지는 갈 길이 먼데, 특히 CSR 운동이 정부 및 일반 대중들과의 PR 게임에서 이겨서 우리를 그릇된 안도감에 빠지게 하는 한 이 아이디어들은 절대로 채택되지 않을 것이다. 시장이 CSR을 통해 다소의 변화를 이뤄낼 여지는 있지만, 시장만으로는 CSR의 옹호자들이 원하는 만큼의 발전적인 결과를 가져오지 않을 것이다. (CSR이 PR 수단에 지나지 않는다는) 이코노미스트의 주장은 절반은 맞지만, 이 주장은 회사라는 기관 자체가 문제의 중심임을 인식하지 못했다. CSR은 결국 하나의 위약(僞藥; placebo)으로서 세계화의 물결 속에서 머지않은 장래에 커다란 도전 과제들을 안겨줄 것이다.

토론 문제

1. 당신은 기업이 단기적인 재무적 이익과 장기적인 사회적 유익을 동시에 제공할 수 있다고 생각하는가? 왜 그렇게 생각하는가?

2. 기업의 사회적 책임에 관한 코퍼레이션 20/20 원칙 초안에 대해 어떻게 생각하는가?

3. 당신은 도앤이 윤리적 소비자들이 회사의 변화를 견인할 수 있는 능력에 대해 너무 회의적이라고 생각하는가, 아니면 그것은 신화라는 그녀의 말이 옳다고 생각하는가? 당신의 대답에 대해 설명하라.

Notes ─────

1. N. Kleine, No Logo: Taking Aim at the Branding Bullies (United Kingdom: HarperCollins, 2001).
2. Co-operative Bank, 2004 Ethical Purchasing Index, http://www.co-operative-bank.co.uk/servlet/Satellite?cid= 1077610044424&pagename=CoopBank%2FPage%2FtplPageStandard&c=Page.
3. A. Zimmerman, "Costco's Dilemma: Be Kind to Its Workers, or Wall Street," Wall Street Journal, 2004년 3월 26일.
4. M. Kelly, The Divine Right of Capital: Dethroning the Corporate Aristocracy (San Francisco: Berrett-Koehler, 2003).
5. U. K. Institute of Grocery Distributors, 2003.
6. "Who Are the Ethical Consumers?" Co-operative Bank, 2000.
7. Edwin Stafford가 설명한 Green Gauge Report 2002, Roper ASW.
8. http://makowet.typepad.com/joel_makower/2005/06/ideal_bite_keep.html.
9. http://money.cnn.com/2004/05/17/pf/autos/suvs_gas/.
10. "Greenwash + 10: The U.N.'s Global Compact, Corporate Accountability, and the Johannesburg Earth Summit," Corporate Watch, 2002년 1월.
11. "The Global Reporters 2004 Survey of Corporate Sustainability Reporting," SustainAbility, UNEP, 그리고 Standard & Poor's.
12. J. Miller, "Double Taxation, Double Speak: Why Repealing Tax Dividends Is Unfair," Dollars & Sense, 2003년 3/4월.
13. G. Younge, "McDonald's Grabs a Piece of the Apple Pie: 'Healthy' Menu Changes Threaten the Health of Biodiversity in Apples," The Guardian, 2005년 4월 7일.
14. Ethical Purchasing Index, 2004.
15. E. Elhauge, "Sacrificing Corporate Profits in the Public Interest," New York University Law Review 80, 2005.
16. http://www.corporate.responsibility.org.

단기적 세상에서 장기적 비즈니스 관점: 제임스 시네갈(James Sinegal)과의 대화

앨버트 에리스먼(Albert Erisman)과 데이비드 길(David Gill)
Ethix 9 (2003년 3-4) 6-9, 16쪽. Copyright© 2003.

제임스 D. 시네갈(James D. Sinegal)은 워싱턴 주 이사쿼에 본사를 둔 미국 최고의 창고형 소매업자 코스트코 홀세일 코퍼레이션(Costco Wholesale Corporation)의 CEO이자 이사이다. 코스트코는 400개가 넘는 점포를 운영하고 있고, 10만 명이 넘는 사람을 고용하고 있으며, 2002 회계연도에 2천 3백만 명이 넘는 회원들에게 380억 달러의 매출을 올려서 7억 달러를 벌었다. 시네갈은 1983년에 코스트코를 창립한 CEO로서(의장직을 수행하고 있는 제프리 브로트먼과 공동 창업), 1993년의 프라이스 컴퍼니(Price Company) 합병을 포함한 코스트코의 변화와 성장기 내내 이 회사를 이끌었다. 시네갈은 1954년부터 1977년까지 샌디아고 기반의 할인 소매 체인 페드-마트(Fed-Mart)에서 물건을 담아주는 사람에서 시작하여 집행 부사장까지 승진했다. 그는 페드-마트 근무 초기에 승진 후 샌디아고 주립 대학교를 자퇴했다. 비즈니스 위크는 2002년 9월 23일자 잡지에서 "좋은 CEO"라는 커버스토리에 다른 다섯 명의 이야기와 함께 시네갈의 이야기를 다루었다.

$$\bullet \quad \bullet \quad \bullet$$

낮은 가격과 높은 임금의 이유는 무엇인가?

에딕스: 코스트코는 어떤 품목에 대해서도 납품가 대비 14%가 넘는 판매가를 책정하지 않는 매우 독특한 정책(납품가 대비 평균 판매 단가 이윤 폭은 겨우 10%임)을 시행하고 있습니다. 귀사는 품목들의 도매가가 내리면 해당 품목의 판매가를 내리는 것으로 알려져 있습니다. 시장 경쟁이나 고객들이 이를 요구하지 않더라도, 그리고 이 품목들을 도매가가 인하되기 전에 비싼 가격으로 구매한 경우에도 말입니다. 코스트코는 또한 회사의 직원 급여와 복지 혜택이 해당 업계를 선도하겠다고 결정했습니다. 비즈니스 위크는 코스트코에서 현금 출납 담당으로 4년을 일한 직원은 연봉이 4만 달러를 넘고 이와 더불어 모든 복지 혜택을 받을 수 있다고 보도했습니다. 이런 정책은 어디에서 나옵니까? 귀사는 어떻게 이런 식으로 회사를 경영하겠다고 결심했습니까?

짐 시네갈: 그 중 일부는 단지 건전한 비즈니스 사고(思考)입니다. 좋은 사람들을 발견해서 그들에게 좋은 일을 주고 좋은 임금을 주면 좋은 일이 일어나리라는 건 놀랄 일이 아닙니다.

이유의 일부는 우리가 영위하는 비즈니스와 관련이 있습니다. 우리가 시애틀 시내에 첫 번째 창고형 할인점을 열었을 때, 지게차들이 타이어, 전자제품, 식품과 마요네즈 그리고 크랜베리 주스 더미 속을 지나다니자 사람들은 자연히 '이 친구들은 어떻게 이런 가격에 팔 수 있나? 이 친구들 도대체 뭐 하려는 거지?' 라는 질문을 했습니다.

우리는 '낮은 가격에 팔기 위해 직원들을 불공정하게 대우하고 있나 보다' 와 같은, 고객들이 우리에 대해 가질 수도 있는 반대나 의문들을 없애기로 결정했습니다. 우리는 또한 우리가 판 모든 제품에 대해 다른 회사들이 제공하는 보증 수준을 뛰어넘어 더 강하고 더 나은 "만족 보장"을 확립하기로 결정했습니다.

우리는 우리의 공급자 및 우리의 비즈니스와 접촉하는 다른 모든 사람들에게도 같은 태도를 보입니다. 우리는 철학적으로 이렇게 해야 된다고 믿기 때문에 이런 식으로 경영하지만, 우리의 비즈니스의 성격 때문에도 이렇게 합니다. 사람들은 항상 이렇게 물어볼 것입니다. "함정이 뭐냐?" 우리는 아무런 함정도 없음을 분명히 하기를 원했습니다.

에딕스: 투자자들은 임금을 깎고 시장이 가격을 인상하도록 지시하거나 이를 허용할 경우 가격을 올려서 주주 가치를 올리라고 압력을 가하지 않습니까? 귀사와 귀사의 이사회는 이에 대해 어떻게 저항하나요?

짐 시네갈: 우리는 날마다 그런 압력을 받습니다. 그것은 돈을 버는 사업을 하는 사람들에게는 불합리한 요구가 아닙니다. 낮은 가격에 사서 높은 가격에 파는 것이 사업가들의 일입니다. 그러나 그것은 우리의 일은 아닙니다. 우리의 일은, 바라기로는 지금부터 50년을 존속할 회사를 세우는 것입니다. 바람이 다른 방향으로 불때마다 바꾸어서는 그렇게 하지 못합니다.

우리가 하는 일은 우리의 비즈니스와 회사에 기본적이고 본질적입니다. 가격에 대한 우리의 평판이 하나의 예입니다. 우리는 이를 쌓기 위해 몇 년을 고생했습니다. 그런데 왜 단지 한 분기 실적 목표를 맞추기 위해 이를 희생해야 합니까? 모든 것을 희생하고, 우리의 명성을 위험에 빠뜨리는 것은 말이 안 됩니다. 우리는 우리의 전략이 장기적으로 주주 가치를 극대화할 것이라고 믿습니다.

> 우리에게는 가격에 대한 평판이 있다.
> 그런데 왜 단지 한 분기 실적 목표를 맞추기 위해 이를 희생해야 하는가?

에딕스: 코스트코에서 고객들은 가격과 품질이라는 유인이 있고, 직원들은 급여와 만족이라는 유인이 있습니다. 투자자들에게는 어떤 유인이 있습니까? 그들이 언제나 귀사의 장기적 견해를 공유해야 합니까?

짐 시네갈: 실적이 우리가 장기적으로 성공적이라는 것을 명확히 보여 줍니다. 제가 정확한 숫자는 기억하지 못하지만, 우리의 5년, 10년, 15년 수익을 보십시오. 우리의 사명은 법을 지키고, 우리 고객들을 보살피며, 우리 직원들을 보살피며, 우리 공급자들을 존중하는 4가지입니다. 이 4가지 일을 하고, 이를 일관성 있게 하면, 우리는 이익을 내며 우리 주주들에게 보상하는 사업체로 성공할 것입니다.

단기적으로는 이것들을 무시하고 주주들에게 보상하는 것이 가능하겠지만, 장기적으로는 그렇지 않습니다. 우리는 공동체가 우리가 계속 존재할 것이라는 것을 믿을 수 있고, 공급자들이 우리가 계속 존재할 것이라는 것을 믿을 수 있고, 직원들이 일자리의 안전성을 믿을 수 있고, 우리에게서 물건을 사는 고객들이 우리를 믿을 수 있다는 것을 아는 기업을 건설할 의무가 있다고 느낍니다. 고객들이 세탁기나 텔레비전을 살 경우, 우리는 앞으로 몇 년 동안 계속 그곳에 있을 것입니다.

에딕스: 이것들은 모두 명백해 보이는데, 많은 기업들은 이런 식으로 사업을 영위하지 않습니다. 그 이유는 무엇입니까?

짐 시네갈: 과거에는 대중의 관심이 "비즈니스계의 사기꾼"과 어떻게 하면 이들을 막을 수 있는지에 집중되었습니다. 그 결과 많은 법률과 규칙들이 생겨났습니다. 사기꾼들은 계속 "사기"를 칠 것입니다. 그러나 나는 대부분의 기업들은 대체로 우리와 유사한 토대에서 운영되고 있다고 믿습니다.

좋은 CEO

에딕스: 비즈니스 위크는 당신을 좋은 CEO로 선정했습니다. 좋은 CEO는 어떤 특징을 갖춰야 한다고 생각하십니까? 언젠가 코스트코에서 후계자를 정하게 될 때, 어떤 특징이 가장 중요합니까?

짐 시네갈: 물론 저는 비즈니스 위크가 저를 그 그룹에 포함시켜준 데 대해 영광스럽게 생각합니다. 특징이요? 좋은 리더들은 회사를 어떻게 운영할지에 대해 결정하고, 회사 내의 모든 사람이 이를 이해할 수 있도록 소통해야 합니다. 정직과 옳은 일을 하는 것은 경영진만의 책임일 수 없습니다. 회사의 전 임직원이 규칙이 어떠한지 이해해야 하며, 회사와 임직원들이 해야 할 일을 하지 않을 경우 모든 직원들이 이에 대해 굴욕감을 느껴야 합니다. "이곳에서는 이런 일을 하지 않는다. 이상!"이라는 태도가 조직 전체에 퍼져 있어야 합니다.

에딕스: 그래서 먼저 성품과 윤리를 본다는 말씀인가요?

짐 시네갈: 많은 것을 봅니다. 지능, 근면성, 올곧음, 총알보다 빠른 사람—매니저에게서는 이 모든 것들을 요구합니다. 올곧음, 즉 재무적 올곧음과 지적 올곧음에서부터 시작한다면, 좋은 토대에서 시작하는 것입니다.

전 임직원 사이의 가치와 올곧음

에딕스: 어떻게 올곧음과 회사의 가치들이 지게차 운전수와 우편 배달원에게까지 이르

는 회사 문화의 일부가 되게 할 수 있습니까?

짐 시네갈: 조직으로서 일관성이 있어야 합니다. 어떻게 기업을 경영할 것인지에 대한 간단한 가이드라인을 정하고 이를 따라야 합니다.

코스트코에서 우리가 따르고 있는 가이드라인 중 하나는, 우리 회사에서 2년 이상 일한 직원들은 회사 고위 책임자의 승인 없이는 해고할 수 없다는 것입니다. 우리는 회사에서 2년간 일한 직원에게는 그럴 자격이 있다고 생각합니다. 어떤 매니저도 자기가 기분 나쁘다고 직원을 해고할 수 없습니다. 직원 해고에 대해서는 검토 프로세스가 있습니다. 물론 이 프로세스가 완벽하지는 않습니다. 우리도 실수할 수 있습니다. 그러나 이 절차는 우리가 직원들에 대한 존중을 보여주는 것들 중 하나입니다.

또 다른 예는 우리의 오픈도어(open-door) 정책입니다. 사람들에게 불평을 토로하고 이 문제가 다루어지게 할 수 있는 길이 있습니다. (그리고 싶어 할 때도 있겠지만) 10만 명의 직원들 모두가 제게 달려 올 수는 없지만, 일부는 제가 직접 처리합니다. 제가 직원들로부터 한두 통의 전화도 받지 않는 날은 거의 없습니다. 그렇지만 이것을 생각해 보십시오. 창고 관리자들이 자신의 상사가 오픈도어 정책을 가지고 모든 부하 직원들의 이슈에 대해 말할 것이라는 사실을 알면, 그들 자신이 문제를 겪고 있는 직원들에게 보다 빨리 말하기 시작할 것입니다. 그들은 문제가 자기 상사들로부터 자신에게 되돌아오기를 원하지 않습니다. 그들은 자기 수준에서 문제를 다루는 것이 자신의 책임이라는 것을 충분히 잘 압니다.

에딕스: 당신은 10만 명의 직원을 모두 알 수 없고, 모든 점포를 자주 가 볼 수 없습니다. 문화와 가치에서의 일관성을 유지하기 위해 초기와 다르게 운영하고 있는 사항이 있습니까?

짐 시네갈: 초창기보다 훨씬 어려운 것은 틀림없는 사실입니다. 2년된 직원의 해임 검토는 제 파트너인 제프 브로트먼(Jeff Brotman)과 제가 담당했었습니다. 회사가 너무 커지자, 이 검토는 시니어 책임자 중 한 명이 하게 되었습니다. 저는 10월에서 12월 사이에 우리 회사의 모든 점포를 방문했었는데, 지금은 그렇게 할 수 없습니다. 어떤 장소는 그곳에 가는 데에만 이틀이 걸립니다. 저는 아직도 모든 점포에 일 년에 한 번은 가 보려하고 있습니다. 왜냐고요? 그것이 내 일이기 때문입니다. 나는 이 비즈니스를 사랑하고 이 일을 하는 것을 즐깁니다. 경영진이 현장에 나가서 비즈니스가 어떻게 돼 가는지 이해하는 것이 중요합니다. 그렇게 하지 않으면 비즈니스가 망가질 것입니다.

코스트코의 테크놀로지

에딕스: 정보 기술이 귀사의 소통 유지에 도움이 되나요?

짐 시네갈: 테크놀로지는 우리의 생산성을 훨씬 높여 주었습니다. 컴퓨터, 팩스기, 휴대 전화를 통해서 우리는 하루 종일 시간을 보다 생산적으로 사용할 수 있고 보다 즉각적으로 상황에 대응할 수 있습니다.

에딕스: 테크놀로지와 소매업의 관계를 생각할 때, 비즈니스 일선에서 테크놀로지를 사용하는 아마존(Amazon)과 후선에서 사용하는 월마트를 생각하게 됩니다. 아마존이나 월마트의 경우와 비교할 때 코스트코에서 테크놀로지의 역할은 어떻습니까?

짐 시네갈: 우리는 비교적 정교한 컴퓨터 시스템과 많은 테크놀로지들을 가지고 있습니다. 우리는 무선으로 구매 내역을 기록하고 있으며, 어느 점포에서든 특정 품목이 하루 동안 얼마나 팔리고 있는지 점검할 수 있습니다. 우리는 때로는 처리하지 못할 정도로 많은 정보를 가지고 있습니다. 우리의 웹사이트와 전자 상거래 비즈니스도 비용을 완전히 할당하고 나서도 이익을 내고 있는데, 이는 상당히 중요한 이정표입니다.

테크놀로지는 우리가 보다 효율적이고 생산적이 되도록 도움을 주지만, 우리의 비즈니스에는 여전히 엄격한 과학보다는 예술적인 부분이 훨씬 더 많습니다. 닷컴 회사들이 성공하지 못했던 이유는 그들이 과학 분야에서는 탁월했지만, 상품을 사고파는 것에 대해서는 전혀 이해하지 못했기 때문입니다. 그들은 이것은 쉬운 부분이라고 생각했지만, 실상은 이것이 가장 어려운 부분이었던 것입니다. Amazon.com이 이익을 낼지는 시간이 말해 줄 것입니다. 저는 그들이 성공할 것이라고 생각합니다. 그들은 물정을 아는 사람들이며, 다른 회사들은 망하는 반면 그들은 생존한 데에는 이유가 있습니다. 그러나 상품을 사고파는 것이 비즈니스입니다. 다른 것들이 비즈니스 운영을 확대해 주기는 하지만, 이것들이 원동력은 아닙니다. 올바른 상품을 올바른 때에, 올바른 장소에 두지 않으면, 다른 것들은 모두 잊어버려도 됩니다. 이 세계의 모든 위성을 동원해도 도움이 되지 않습니다.

> 닷컴 회사들이 성공하지 못했던 이유는 그들이 과학 분야에서는 탁월했지만,
> 상품을 사고파는 것에 대해서는 전혀 이해하지 못했기 때문이다.

미래의 소매업

에딕스: 30년 후의 소매업이 어떻게 되리라고 생각하십니까? 극적인 변화가 있을까요?

짐 시네갈: 저는 거대한 하이퍼마켓 비즈니스가 있으리라고 생각합니다. 사람들은 수천 년 동안 집에서 쓸 물건을 보충하기 위해서뿐만 아니라, 시장의 사회적 중요성 때문에 시장에 가고 있습니다.

에딕스: 모두 온라인으로 거래하지는 않을까요?

짐 시네갈: 저는 그렇게 생각하지 않습니다. 사람들은 여전히 밖에 나가 사교 활동을 하고 싶어 합니다. 저는 더 많은 하이퍼마켓이 있을 거라고 생각합니다. 저는 시간이 갈수록 20만 평방 피트 규모의 점포에 모든 것을 한 곳에 두고 파는 월마트 스타일의 수퍼스토어들이 대세가 될 것이라고 생각합니다. 우리는 쇼핑몰들이 수퍼스토어 안으로 들어가서 하나의 계산대를 쓰는 수퍼스토어 안에 독립적인 매장을 가지고 있는 것을 볼 수 있었습니다. 수퍼스토어 안에 각자의 전문성을 가진 작은 가게들과 부티크들이 들어서게 될 것입니다.

에딕스: 실제로 매장에 가는 이유의 하나는 사람들이 사교를 원한다는 것이죠. 또 다른 이유는 사람들이 물건을 실제로 보고 만져보기 원한다는 것입니다. 거실에 홀로그램으로 무언가를 보여준다고 해도 매장에 나가서 실제로 물건을 보고 만져보는 것만큼의 만족을 주리라고는 생각하지 않습니다.

짐 시네갈: 그에 대한 좋은 사례 중 하나가 우리의 서적 매출의 90%는 계획되지 않았던 것이라는 점입니다. 고객은 책장 옆을 지나가다가 어느 한 책을 집어 들고 표지를 본 뒤 "이 책 재미있겠네"라고 말하며 그 책을 삽니다.

에딕스: 귀사가 들어서는 곳마다 지역 상인들이 동일한 모양의 거대한 전국적 프랜차이즈로 대체됨에 따라 무언가 상실되는 것이 있다고 생각하십니까? 모든 지역마다 홈 디포(Home Depot), 스포트마트(SportMart), 오피스 맥스(Office Max), 그리고 코스트코가 들어섬으로써 확실히 규모의 경제에 의한 효율성은 있지만, 보다 작은 골목 가게들이 생존할 수 있을까요? 이들의 상실을 애석해 해야 하나요?

짐 시네갈: 그것은 각각의 상품의 품질 문제로 귀착됩니다. 효율적으로 사업을 영위하는 사람들은 생존할 것입니다. 그러나 우리는 20만 평방 피트의 월마트 수퍼스토어와 동일한 상품을 판매하는 가게들이 들어선 20만 평방 피트의 쇼핑센터 사이에 어떤 차이가 있는지도 물어봐야 합니다.

에딕스: 대부분의 시내 쇼핑 구역은, 특히 시골 지역에서는, 전형적인 월마트나 코스트코보다 작았을 것입니다.

짐 시네갈: 이들 중 일부 쇼핑센터에는 약국, 슈퍼마켓, 스포츠 용품점, 커피숍, 의류상

및 레스토랑들이 있습니다. 이들을 모두 합하면 상당한 면적이 됩니다.

코스트코와 소기업들

에딕스: 귀사는 소기업에 대한 공급을 얼마나 많이 강조하고 있습니까? 코스트코가 실제로는 소기업들을 완전히 대체하기보다는 그들에게 공급하고 (그리고 보존하고) 있을지도 모릅니다.

짐 시네갈: 기업 고객이 우리가 봉사하는 주요 고객입니다. 우리는 또한 교회, 학교, 스포츠 팀 등 많은 비영리 기관들에게도 공급합니다. 우리 비즈니스의 60퍼센트는 기업 고객과 이루어집니다.

에딕스: 홈 디포가 들어서는 곳마다 지역의 가게들이 사라집니다. 그러나 코스트코가 들어서는 곳에서는 일부 가게들은 대체되지만, 코스트코가 그들의 공급자가 됨으로써 그들이 생존하도록 도와주기도 한다는 말로 들립니다.

짐 시네갈: 우리의 비즈니스는 소기업들이 우리에게 와서 한 지붕 아래서 그들이 필요로 하는 모든 것을 살 수 있도록 설립되었습니다. 카페 소유자들은 그들의 식품, 음료, 담배와 캔디, 청소 도구, 그릇과 팬, 화장지, 수건, 패드, 연필 등을 모두 살 수 있습니다. 그들은 또한 집이나 매장에서 쓸 TV 세트도 살 수 있습니다.

에딕스: 그들이 파는 물건을 배달하는 데 사용할 픽업 트럭도 파시겠습니까?

짐 시네갈: 우리는 실제로 소개를 받아서 연간 약 10만 대의 자동차를 판다고 생각합니다. 그것은 상당한 규모입니다.

에딕스: 귀사가 발행하는 『The Costco Connection』 2002년 12월호에서 비즈니스 윤리에 관한 기사를 보았습니다. 그것은 소기업들이 그들의 운영 구조를 개선하도록 도와주기 위한 것입니까? 그것은 귀사가 소기업과 협력하는 일환입니까?

짐 시네갈: 그렇습니다. 소기업들은 우리의 주요 고객들입니다. 그리고 우리는 대부분의 경우, 비즈니스에 관한 기사들을 다룹니다. 비즈니스 운영 방법, 직원을 구하는 방법, 컨설턴트를 고용하는 방법 등에 관한 조언 말이죠.

세계화의 도전

에딕스: 코스트코는 공급 사슬과 판매망 양 측면에서 세계화되었습니다. 미국 회사에서 글로벌 회사로 옮겨감에 따라 어떤 도전이 있었습니까?

짐 시네갈: 나라마다 다 다른데, 변하지 않는 한 가지는 가치입니다. 어떻게 효과를 발휘하게 할지는 나라마다 다르지만, 어디에 가든 가치는 인정받습니다.

우리는 시애틀에서 비즈니스를 시작한 뒤에, 캐나다에 진출할 기회를 얻었습니다. 우리는 "캐나다는 140마일 밖에 떨어져 있지 않은데, 달라 봐야 얼마나 다르겠어?"라고 생각했습니다. 그런데 그게 아니었습니다. 그들은 다른 도량형, 통화 시스템, 법률과 언어를 가지고 있었습니다. 모든 것이 2개의 언어로 인쇄되어야 했습니다. 우리는 140마일 밖에 떨어져 있지 않다 해도, 다른 나라에서 사업을 하려면 할 일이 많다는 것을 아주 빨리 알게 되었습니다.

이 경험이 우리가 캐나다보다 훨씬 더 어려운 국가에서 비즈니스를 하도록 준비시켜 주었습니다. 현재 우리는 캐나다에 61개의 코스트코 매장이 있고, 영국에 15개의 매장이 있습니다. 그리고 멕시코에 21개, 일본에 3개, 한국에 5개, 대만에 3개의 매장이 있습니다. 우리는 다양한 국가에 국제적으로 진출해 있으며, 앞으로도 국제적으로, 특히 일본, 영국, 멕시코에서 매장을 계속 넓혀갈 계획입니다.

국제적으로 비즈니스를 수행하는 열쇠는 현지 국가의 규칙과 법률을 이해하고, 고객들이 무엇을 사기 원하는지 이해하고, 직원들에게 신경을 쓰는 것입니다. 영국에 있건, 멕시코에 있건, 캐나다에 있건, 우리는 다른 소매업자들에 비해 더 높은 급여를 지급할 것입니다. 과도한 직원 교체는 비용이 너무 많이 소요되기 때문에 우리는 우리의 재고가 직원들보다 더 빨리 회전되게 하려고 합니다.

새로운 상품 영역으로의 확장

에딕스: 귀사는 판매하는 제품 중 빵 제품과 같은 일부 품목을 직접 만듭니다. 무엇을 만들지 어떻게 결정합니까? 예를 들어, 책을 직접 출판하는 것에 대해 생각해 보셨습니까? 조직 내의 누가 아이디어를 제안하면 그것이 비용 면에서 효율적인지 여부에 대해서만 결정하는 프로세스를 따릅니까?

짐 시네갈: 일반적으로 그렇게 시작합니다.

에딕스: 적극적으로 자체의 제조업을 육성할 전략을 가지고 있습니까?

짐 시네갈: 우리는 항상 우리 매장에서 미용이나 의료 등의 부대 비즈니스와 온갖 종류의 거래를 하기 원하는 사람들로부터 전화를 받고 있습니다. 우리는 그것은 우리의 비즈니스가 아니고 귀중한 주차 공간만 차지할 것으로 생각합니다. 우리는 지속적으로 고객들에게 새로운 상품과 새로운 서비스를 제공하기 위해 노력한다는 전략을 가지고

있습니다. 우리가 그것을 잘할 수 있고 고객들에게 가치를 제공해 줄 수 있느냐가 문제입니다. 그럴 수 있다고 생각한다면, 우리는 이를 시도해 볼 준비가 되어 있습니다.

윤리적 상품 점검

에딕스: 돈을 벌 수 있지만, 윤리적 이유로 팔지 않는 상품들이 있습니까? 예를 들어, 음란물을 팔지에 대해 어떻게 결정합니까? 이런 문제에 대한 정책을 표명했습니까?

짐 시네갈: 네. 우리는 음란물을 다루지 않기로 결정했습니다. 우리는 또한 폭력 비디오 게임도 다루지 않습니다. 이러한 결정은 회사를 경영하는 사람들이 내립니다.

에딕스: 그렇지만 코스트코에서 담배는 팔던데요.

짐 시네갈: 우리는 담배를 팝니다. 확실히 그것은 오늘날 딜레마 중 하나입니다. 그러나 그것은 우리가 도매 고객들을 돌보기 시작한 데 있어서 큰 부분이었습니다. 우리의 많은 도매 고객들이 그들의 가게, 카페, 자판기, 그리고 런치 트럭에서 담배를 팝니다.

> 올바른 상품을 올바른 때에, 올바른 장소에 두지 않으면,
> 다른 것들은 모두 잊어버려도 된다.
> 이 세계의 모든 위성을 동원해도 도움이 되지 않는다.

에딕스: 귀사의 구매자들에게 제품이 어떻게 제조되는지, 즉 아동 노동이나 노예 노동이 없는지 조사할 수 있게 하는 정책이 있습니까? 귀사는 이를 어떻게 집행합니까?

짐 시네갈: 미국 및 다른 나라들에는 많은 법률들이 있습니다. 우리에게는 또한 우리의 공급자들이 자국의 법률을 지키고, 올바른 임금을 지급하며, 아동, 노예 또는 죄수 노동을 사용하지 않을 것 등을 요구하는 윤리 강령이 있습니다.

에딕스: 뇌물에 대해서는 어떻습니까?

짐 시네갈: 뇌물은 확실히 가장 나쁩니다. 미국 회사인 우리는 해외 부패 방지법(Foreign Corrupt Practices Act) 때문에 뇌물 수수 행위에 관여할 수 없습니다. 우리는 공급자들에 대한 윤리 강령을 가지고 있습니다. 우리는 정규적으로 공급자들의 공장을 방문해서 그들이 우리의 기준과 가치를 준수하게 합니다.

미국의 기업들에 무엇이 잘못되었는가?

에딕스: 지난 몇 년 동안의 기업 스캔들들을 회고해 볼 때, 미국의 기업들에 무엇이 잘못

되었다고 말씀하시겠습니까? 무엇이 문제이며 그에 대한 해법은 무엇입니까?

짐 시네갈: 저는 문이 너무 넓게 열려 있고, (스캔들을 일으킬) 기회가 너무 많다고 생각합니다. 확실히 이에 대해 뭔가를 해야 합니다. 그러나 어떤 규제와 규칙을 정하건, 아무리 많은 위원회를 설치하건, 나쁜 인간들은 뭔가 나쁜 일을 할 방법을 찾아낼 것입니다. 위안이 되는 점은 나쁜 인간들은 그리 많지 않다는 것입니다. 대부분의 비즈니스 리더들은 자기 기업을 윤리적으로 운영하기 위해 노력합니다. 저는 기업에 문제를 일으키는 가장 큰 문제는 단기적 견해라고 생각합니다. 우리는 이에 집착하게 되는데, 그것이 나쁜 결정을 강제합니다.

에딕스: 그러나 이를 규제할 수는 없잖습니까?

짐 시네갈: 그것은 하나의 프로세스입니다. 그것이 우리의 시스템이 작동하는 방식입니다. 이 시스템은 매우 좋은 시스템입니다. 저는 그 시스템과 충돌하지 않습니다. 애널리스트들과 월 스트리트로부터의 압력은 우리가 비즈니스에 대해 주의 깊게 생각하도록 강제하기 때문에 좋은 것입니다. 다른 관점에서 반추하고 사고하는 것은 전혀 나쁜 일이 아닙니다.

생각할 시간 가지기

에딕스: 인생의 속도, 정보의 양, 그리고 경쟁 압력 속에서 어떻게 생각할 시간을 냅니까?

짐 시네갈: 이에 대한 일정 계획을 수립해야 합니다. 자기의 비즈니스와 하려고 하는 계획에 대해 생각할 기회를 가지도록 계획을 세워야 합니다. 그렇지 않으면 그저 다람쥐 쳇바퀴 돌리기가 되고 죽도 밥도 아니게 될 것입니다. 이에 대한 일정 계획을 세워야 합니다. 전략 계획 수립은 기업 경영의 중요한 부분인데, 여러 주와 국가에서 영업하는 기업에게는 더욱더 그렇습니다.

에딕스: 코스트코는 앞으로 중동, 아프리카, 남아메리카 또는 멕시코나 일본 또는 영국보다는 어려운 기타 지역에 진출할 예정이십니까?

짐 시네갈: 아주 심각한 문제가 없는 곳으로서 우리가 갈 곳은 많지만, 보다 도전이 큰 지역에 대해서는 시간을 두고 생각해 보려 합니다.

에딕스: 이 회사를 누군가에게 넘겨주기 전에 이 회사에서 하고 싶은 원대한 비전이 있습니까?

짐 시네갈: 우리는 가미가제 비행사들이 아닙니다. 우리는 일들을 합리적으로 하기 원합니다. 우리가 우리 경영진들을 앞지르지 않고 질 좋은 제품들을 공급하면서 성장 속도

를 높일 수 있다면, 그렇게 할 것입니다. 품질 이슈와 합리적인 방식으로 성장하고 싶다는 바람 이외에는, 예컨대 2015년까지는 라틴아메리카에 진출한다든지, 아니면 10년 안에 1,000개의 코스트코 매장을 가진다는 계획은 없습니다.

토론 문제

1. 당신은 짐 시네갈이 좋은 비즈니스 관행과 좋은 기업 시민이 되는 것을 얼마나 잘 통합시켰다고 생각하는가?

2. 당신은 코스트코가 음란물, 총기, 그리고 폭력 비디오 게임과 같이 돈을 벌 수 있는 상품들을 다루지 않기로 한 결정에 대해 어떻게 생각하는가? 이 결정은 그들이 담배를 팔기로 한 결정과 일관성이 있는가? 왜 그렇게 생각하는가?

사례 연구
//////////////
BEYOND INTEGRITY

사례 4.1 : 폭력 비디오 게임

"밀고자들의 무릎을 총으로 쏴 버리거나, 아니면 단 한 방으로 머리를 쏴서 그들이 피 흘리는 모습을 보라."

비디오 게임 킹핀의 표지에서

컴퓨터 게임들이 시각적으로 보다 더 현실적으로 되어 감에 따라, 그 주제와 내용도 점점 더 폭력적이 되어 가고 있어서 이에 대한 논쟁이 커지고 있다. 캘리포니아 주에서 발의되었던 법(이 법은 2011년에 미국 대법원에서 위헌 판결을 받았다)이 제정되었더라면 미성년자에 대한 폭력 게임 판매가 금지되었을 것이다.

인기 게임 시리즈 중 하나인 Grand Theft Auto는 게임 참가자들이 살인, 차량 절도와 마약 거래에 의해 점수를 얻게 한다. 게임을 하는 사람들은 창녀들과 성적 접촉을 함으로써 새로운 생명을 받는다. 십대 이용 가능 등급을 받은 게임 워가슴(Wargasm)의 광고에 이런 문구가 등장한다. "죄책감 가지지 말고 네 친구를 죽여라."

물론 모든 비디오 게임들이 의문시되는 내용들을 가지고 있는 것은 아니다. 몇몇 베스트셀러들을 포함한 많은 게임들이 교육적이거나 비폭력적인 주제들을 가지고 있다.

그러나 고상함과 도덕의 한계를 초월하는 폭력을 주제로 하는 많은 게임들이 잘 팔리고 있으며, 이 게임 제조업체에 견고한 이익을 제공해 주고 있다.

수천 건의 연구들이 TV에서 폭력을 시청한 어린이들에게서 난폭한 행동이 발견된다고 얘기하고 있다. 컴퓨터 모의 폭력이 실제 세계의 폭력에 미치는 영향을 조사하는 리서치는 초기 단계에 있지만(공격성에 관해 긍정적인 관계가 있다는 연구가 있는 반면 아무 관계가 없다는 연구도 있다), 일부 연구자들은 컴퓨터 게임에서는 플레이어들이 등장인물들 중 하나의 역할을 함으로서 게임에 관여하게 되므로 컴퓨터 게임은 다른 형태의 미디어보다 훨씬 더 강력하다고 말한다. 포모나 칼리지(Pomona College) 교수 브라이언 스톤힐(Brian Stonehill)은 이는 "구경꾼의 역할에서 벗어나 살인자의 역할을 하게 하기 때문에"[7] 다른 형태의 구경꾼 폭력물에서 크게 변화한 것이라고 주장한다. 일부 전자 게임 산업 임원들은 그들의 제품이 너무 심각하게 받아들여지지 않아야 한다고 반응한다. 소니 컴퓨터 엔터테인먼트(Sony Computer Entertainment)의 전 사장 스티브 레이스(Steve Race)는 어느 기자에게 이렇게 말했다. "나는 게임을 팔 뿐입니다. 내게 미국의 풍습이나 가치에 대해 책임을 지게 하려 한다면, 나는 그럴 의향이 없습니다."[8] 다른 업계 대변자들은 보다 더 폭력적인 성인 등급 게임들은 판타지와 현실의 차이를 분명히 아는 19세에서 22세의 남성들을 겨냥한 것이라고 말한다.

이 업계는 또한 부모들이 연령에 적합한 게임을 선택하도록 도움을 주기 위해 자체적으로 부과한 등급 시스템을 채택했다(www.esrb.com). 업계의 옹호자들은 자녀를 위해 게임을 사는 사람들은 부모들이므로, 등급 시스템이 있음에도 게임들이 잘못된 손에 들어가게 된다면 이는 부모의 잘못이라고 말한다.

이런 유형의 게임에 대한 비판자들은 등급 시스템의 집행은 허점투성이라고 지적한다. 더욱이, 게임이 마케팅되는 데에서 보여지듯이, 이 업계는 실제로는 진지하게 부모들과 협력하지 않는다. 폭력적인 십대 등급 게임 광고들이 『Sports Illustrated For Kids』에 실리고 있다. 그리고 전 연령 등급을 받은 게임들이 흔히 성인물 등급을 받은 게임 바로 옆에서 팔리고 있다.[9]

---

7) Amy Harmon, "Fun, Games, Gore," Los Angeles Times, 1995년 5월 12일, A28면.
8) 위의 글
9) Susan Nielsen, "A Beginner's Guide to Becoming a Video Game Prude," Seattle Times, 1999년 2월 21일.

토론 문제

1. 이 게임들에 대한 높은 수요와 이들이 만들어 내는 높은 이익에도 불구하고, 이 회사들은 사회적으로 무책임한가?

2. 이 게임들을 만드는 회사들은 다른 이해관계자들에게 책임이 있는가, 아니면 주주들만을 위해 이익을 극대화해야 하는가?

3. 게임을 청소년의 손에 닿지 않게 할 책임은 대체로 부모와 소매업자들에게 있는가, 아니면 제조업자들도 이 영역에 책임이 있는가?

사례 연구

BEYOND INTEGRITY

사례 4.2: 자선이냐 절도냐?

당신은 전 세계에 생산 설비가 있지만, 본사는 뉴욕에 둔 중간 규모의 상장 가구 회사 사장이다. 아이티에 대규모 지진이 발생한(2010년) 직후에 당신은 적십자에 접촉해서 구조 작업을 돕기 위해 50만 달러의 회사 자금 기부를 제의한다. 많은 회사들 및 개인들과 마찬가지로 당신은 그날 기부 행렬에 동참했다. 당신은 이 재앙으로 회사의 많은 고객들과 그 가족들이 피해를 입었기 때문에 이 기부가 긴급하다고 생각했다.

당신은 지금은 비상 상황이며, 월례 정기 이사회에서 승인을 받는 것이 좋겠지만 지금은 통상적인 시기가 아니라고 생각한다. 적십자는 차기 이사회가 열리는 한 달 뒤가 아니라 오늘 이 돈이 필요하다. 당신의 회사가 거액의 기부를 하기로 한 사실이 미디어에 알려져, 당신은 CNN과 다른 미디어 매체들의 출연 요청을 받고 있고 이 비극에 대한 당신 회사의 관대함과 민감한 반응에 대해 칭찬을 받고 있다.

이튿날 이사회 의장이 당신을 호출해서 경기 침체로 회사 이익이 줄어들고 있는데 당신이 이사회 승인을 받지 않고 기부를 해서 화가 난다고 말했다(50만 달러는 세후 순이익의 3%에 달한다). 당신은 의장의 불만에 대해 불쾌해지고 화가 나서, 그에게 당신이 회사 긴급사태 시에 2백만 달러까지 임의로 처리할 수 있음을 상기시킨다. 당신은 대응할 긴급사태가 있다면, 지금이 바로 그 긴급사태라고 주장한다.

의장은 주주들의 돈을 회사 이익을 직접적으로 증가시키지 않는 일에 사용하는 것은 올바르지 않고 당신의 수임인 책임을 적절히 수행하는 것도 아니라고 대꾸한다. 그는 "이익 창출 이외의 활동을 하는 것은 금고에서 훔치는 것이다"라고 말한다. 의장은 주주들이 적십자에 기부하기 원할 경우 자기 돈으로 해야 하며, 이는 회사의 경영진에게도 해당한다, 즉 경영진이 기부를 원하면 회사 돈이 아니라 자기 돈으로 기부해야 한다고 말한다. 그는 또한 당신에게 작년에 비용을 줄이기 위해 "우리가 15%의 직원을 정리해고해야 했는데, 그만한 액수의 기부를 하는 것은 정리해고해야 했던 직원들과 그 가족들에 대한 모욕"임을 상기시킨다.

당신은 이 의장이 어떤 관점에서 이렇게 말하는지 이해하지만, 언제나 공동체에 관여하는 것이 회사의 중요한 초석 중 하나였다. 그리고 당신은 주주들이 당신의 기부 결정에 동의하지 않으리라고 믿기 어렵다.

토론 문제

1. 당신은 이사회 의장과 사장 중 누가 옳다고 생각하는가? 그렇게 생각하는 근거는 무엇인가?

2. 이 장의 앞부분에 나오는 밀튼 프리드먼, 맥케이, 그리고 로저스의 논쟁을 상기하라. 프리드먼은 누구를 지지할 것이라고 생각하는가? 맥케이는 누구를 지지할 것 같은가? 당신의 대답에 대해 설명하라.

사례 연구

BEYOND INTEGRITY

사례 4.3: 중국에서의 구글

구글은 사실 설명이 필요 없는 회사이다. 이 회사의 이름은 거의 인터넷 검색의 시조이며, 이 회사의 제품은 사용자들을 기쁘게 해서 급속도로 경쟁자들에게서 시장 점유를 빼앗았으며, 이 회사는 규칙적으로 "가장 일하기 좋은 회사"와 같은 류의 명단에 오른다. 이 회사는 1996년에 두 명의 스탠포드 대학교 졸업생 래리 페이지(Larry Page)와 서지 브린(Sergey Brin)에 의해 시작되었다. 이들은 잘 알려진 운영 철학인 "악하게 되지 말라"를 포함해서, 이 회사를 시작할 때부터 다른 종류의 회사로 만들기로 했다.

그러나 중국에서의 사업은 매우 도전적이었다. 미래에 가장 크게 성장할 수도 있는 시장에 들어가기 위해, 구글의 임원들은 엄격한 정부의 규칙들을 감안하여 회사가 어떻게 운영되어야 할지 숙고해야 했다. 다른 많은 나라들과 달리, 중국 정부는 인터넷으로 가능해진 정보의 자유로운 흐름을 환영하지 않는다. 중국 정부는 "만리장성"에 의존해서 민주주의를 증진하거나 중국 안에서의 인권 침해를 알리거나, 음란물과 같이 반대할 만한 내용을 제공하는 웹사이트들에 대한 접근을 정규적으로 차단한다. 중국 정부는 국민들이 방문한 사이트들을 추적 관리하며, 인터넷 공급자들에 의한 자체 필터링에 의존하고 있고, 법률을 집행하기 위해 수천 명의 "인터넷 경찰"을 고용한다.[10] 구글과 같이 중국에서 사업을 하려는 회사는 인가를 받고, 검색 결과를 필터링하며 요구받을 경우 정치적 반대자들에 관한 정보를 정부에 넘겨줘야 할 수도 있다.

2005년의 첫 번째 시도에서, 구글은 중국 밖에 호스트를 둔 중국어 버전 웹사이트를 만들어 중국 법을 따를 필요가 없게 했다(필터링은 중국 정부에 맡겨질 터였다). 그러나 시작한 지 얼마 지나지 않아 이 사이트는 (일부에서 중국 정부가 배후에 있다고 의심하는 2주간의 폐쇄를 포함한) 심각한 기술적 문제들을 경험하기 시작했다. 시간이 지나도, 구글은 중국 최대의 검색 엔진 바이두(Baidu)에서 충분한 주목을 끌지 못했다.

심사숙고 끝에 세심한 계획을 세우고 몇 명의 핵심 리더들을 고용한 뒤에, 구글은 2006년에 중국에 기반을 둔 서버에 호스트를 둔 검색 사이트 Google.cn을 열기로 결정했다. 이 새로운 기업은 중국의 인터넷 정책들을 준수하도록 요구할 터였지만, 이 회사의 임원들은 그렇게 하면 그들의 엔진이 보다 빠르고 신뢰할 수 있게 되어서 중국에 교두보를 마련할 가능성이 커질 것으로 믿었다. 구글은 사용자들의 프라이버시를 보호하기 위해 Gmail과 같은 일부 기능들을 중국 바깥에 유지하기로 결정했지만, 그 결정

---

10) 중국의 법률과 기술적 필터링 능력에 대해서는 Kristen E. Martin, "Google Inc. in China," Business Institute for Corporate Ethics, 2006, http://www.darden.virginia.edu/corporate-ethics/pdf/Case_BRI-1005_Google_in_China_condensed.pdf를 보라.

은 여전히 논란을 야기했다. 비판자들은 이 회사가 "악한 일을 하지 말라"는 회사의 가치를 팔아버렸으며, 구글이 중국과 협력하게 될 것이고 이를 통해 이익을 위해서 중국 국민들의 인권을 부인하는 데 공모하게 될 것이라고 공격하였다.

Google.cn은 시작부터 힘이 들었다. 정부 관리들과 끊임없는 오해가 있었고, 회사 후선 부서의 암호가 해킹당하고 미국 정부 관리들의 Gmail 계정과 중국의 정치활동가들이 겨냥된 몇 차례의 심각한 해킹 사례가 있었다(최소 1건은 중국이 근원지였다). 2010년에 구글의 책임자들은 중국에서의 필터링 활동을 중지하고 사실상 중국 기반 사이트를 폐쇄할 가능성이 있다고 발표했다.

최근의 이 결정도 논란을 야기했다. 인권을 우려하는 사람들은 확실히 이를 반겼지만, 주주들은 향후 중국에서의 노력이 훨씬 더 어려워질 것을 두려워해서, 회사가 지금까지 노력한 것을 버린 데 대해 분개했다. 중국의 거대한 시장 성장 가능성을 바라본 한 기자는 이렇게 주장한다. "구글은 사실상 중국의 고객들과 파트너들을 버린 것이고, 이 과정에서 미국의 주주들에게 피해를 입한 것이다. 이는 내게는 나쁜 기업 윤리이다. 내게는, 그것은 악을 자행하는 것이다. 나는 그들이 일단 약속을 했으면, 그 약속을 지켜야 한다고 생각한다."[11]

토론 문제

1. 구글의 결정들(중국의 검색 시장에 진출하기로 한 결정 및 그 이후의 철수 결정)이 "책임 있는" 결정이었는가? 애초에 이 회사가 Google.cn을 설립해야 했는가?

2. 구글의 임원들은 회사의 핵심 운영 철학을 주주들에 대한 재무적 의무와 어떻게 비교할 수 있는가?

출처:
"Google in China: Timeline," The Telegraph, 2011년 6월 7일. http://telegraph.co.uk/technlogy/google/8551639/Google-in-China-timeline.html.
Steven Levy, "Google and Its Ordeal in China," Fortune, 2011년 5월 2일, 95-100쪽.

---

11) Steve Tobak, "Google in China Should Corporate Ethics Trump Profits?", BNET. 2010년 3월 25일, http://www.bnet.com/blog/ceo/google-in-china-should-corporate-ethics-trump-profits/4215.

Kristen E. Martin, "Google. Inc. in China," Business Institute for Corporate Ethics, 2006. http://www.darden.virginia.edu/corporate-ethics/pdf/Case_BRJ-1005_Google_in_China_condensed.pdf.

J. P. Raphel, "Google in China: How it Came to This," PC World, 2010년 1월 10일. http://www.pcworld.com/article/187426/the_googlechina_challenge_how_it_came_to_this.html.

Clive Thompson, "Google's China Problem (and China's Google Problem), New York Times, 2006년 4월 23일. http://www.nytimes.com/2006/04/23/magazine/23google.html.

논평

기업의 사회적 책임에 관한 논쟁의 중심 질문 중 하나는 상장 회사의 주요 목적과 의무에 관한 것이다. 미시간 주 대법원이 Dodge v. Ford(1919) 사건에서 "비즈니스 조직은 주로 주주들의 이익을 위해 조직되고 운영된다"는 유명한 판시를 내렸지만, 기업에 대한 사회적 기대가 바뀌고 있음은 명백하다. 잘못을 저지르지 않고, 직접 야기한 피해를 시정하고, 부당하게 이용해 온 것들을 해소하는 외에도, 기업들은 전향적으로 자신이 야기하지 않은 사회적 문제들도 해결하기 위해 그들의 재무 자원, 전문성과 유통 네트워크를 사용하도록 요구되고 있다.[12]

회사의 매니저들이 다른 이해관계자들을 위해 주주들의 이익을 위험에 빠뜨릴 수도 있는 (윤리적 측면을 가지고 있거나 사회사업을 벌일지 여부에 관한) 의사 결정에 직면할 때, 그들은 이익을 극대화하는 조치를 취해야 하는가, 다른 목표들을 추구하는 결정을 해야 하는가, 아니면 (가능한 해법이 발견될 경우) 이의 균형을 이루도록 노력해야 하는가? 대체로, 이에 대한 대답은 회사의 합당한 목적과 의무가 어떻게 인식되느냐에 의존한다. 이 인식이 회사의 사명, 정체성, 목표, 소비자 구매와 고용 결정, 그리고 비즈니스가 그 안에서 운영되는 법규상의 맥락과 같은 요소들의 형성에 중요한 역할을 하기 때문에, 매니저들이 일상의 의사 결정에서 가지는 도덕상의 재량은 이 인식에 큰 영향을 받는다.

(밀튼 프리드먼과 로저스에 의해 취해진) 한 가지 접근법은 회사의 적절한 단 하나의 목적("사회적 책임")은 (법률 및 "윤리적 관습"의 테두리 안에서의) 이익 극대화라고 인식하는 것이다. 그렇다고 해서, 이 관점의 지지자들이 단기적 탐욕을 추구하려는 것(즉, 로저스가 말하는 바와 같이 "한 푼이라도 분기 이익을 쥐어짜

---

12) Joshua, Margolis 그리고 James P. Walsh의 "Misery Loves Companies: Rethinking Social Initiatives by Business," Administrative Science Quarterly 48 (2003): 208-305쪽을 보라. 또한 Michael Porter와 Mark Kramer, "Creating Shared Value," Harvard Business Review, 2011년 1-2월, 1-17쪽을 보라.

는 것")은 아니다. 그들이 이해관계자들이 간과되어야 한다고 주장하는 것도 아니다. 재무적으로 성공적인 매니저들은 이해관계자들과 협력해야 한다. 물론 주된 ("유일한") 목표는 이익 극대화이며 이해관계자들의 이익은 "도구적인" (목적을 위한 수단) 관점에서만 고려된다.[13]

자선 기부, 자원 봉사, CSR을 닮은 다른 많은 활동들에 관여하는 것이 비즈니스에 도움이 될 수는 있지만, (프리드먼 및 로저스와 같은) 재무 모델 지지자들은 주주 가치를 감소시키는 CSR 활동의 적법성에 도전한다. 법률과 "윤리적 관습"에 의해 정해진 기준을 넘어서 회사 이익을 사회적 대의명분에 직접 사용하는 것은 일종의 자원 유용 또는 "대표 없는 과세"가 된다.[14]

과거 25년 동안에 출현한 또 다른 접근법은 이해관계자 이론, 보다 정확하게는 이론들이다. 이 이론들의 중심에는 회사들은 회사에 "이해관계"가 있는 (대개 상호적인 관계에 의해 특징됨) 다수 집단들(고객, 직원, 주주, 공급자 및 지역 사회)의 이익을 증진할 수 있고, 증진해야 한다는 믿음이 있다. 맥케이가 이해관계자 이론이 자유주의자의 신념 체계에 의해 견인될 경우 어떤 모습을 띨지 보여주지만, 이해관계자 이론과 관행은 흔히 보다 공산주의적인 철학에 의해 형성된다. 공산주의자들은 재산권에 대한 개인주의적 개념을 덜 강조하고, 사회적 선을 이루기 위한 더 나은 경로로서 (법률에서 요구하는 수준을 뛰어넘어) 다양한 이해관계자 그룹을 이롭게 하려는 보다 의도적이고 직접적인 노력을 강조한다. 보다 넓은 공동체의 일원으로서, 그리고 "도덕적 공동체" 자체로서, 기업들은 착한 시민의 관행에 구속되는데, 이는 최소한 해를 끼치지 않는 것을 의미하며, 때로는 다른 사람의 이익을 위해 자신의 자원을 사용하는 것을 의미할 수도 있다.

그 자체로는 별개의 CSR 이론은 아니지만, 겹치는 부분을 찾음으로써 주주-이해관계자 역설을 피하고자 하는 시도(우리는 이를 논의의 편의상 수렴 접근법이라 부를 것이다)가 점점 더 많이 논의되고 있다. 예를 들어, 마이클 포터(Michael Porter)와 마크 그래머(Mark Kramer)는 이 관계를 제로섬 게임으로 보는 관점에서 벗어나 "기회, 혁신 및 경쟁 우위의 원천"으로 보도

---

13) Michael Jensen, "Value Maximization, Stakeholder Theory and the Corporate Objective Function," Business Ethics Quarterly 12 (2001): 235-256쪽.
14) Milton Friedman, "The Social Responsibility of Business Is to Increase Its Profits," New York Times Magazine, 1090년 9월 13일, 122-126쪽,

록 권장한다.[15] 이 선상을 따라서, CSR이 "비즈니스에 도움이 되는" 사례를 찾아내고 이를 통해 주주의 이익과 이해관계자들의 이익 사이의 긴장을 완화하려는 연구가 점점 더 많이 수행되고 있다. 지난 30여년 동안 100편이 넘는 연구들이 기업의 사회적 실적과 기업의 재무적 실적 사이의 연결 관계를 알아보려 했다.[16] 그리고 최근의 많은 연구들이 CSR 활동이 순이익에 미치는 영향을 조사했다.[17]

기독교 윤리와 CSR

이 논쟁은 대체로 세속적 토대에서 전개되었지만, 존 러기는 이를 올바르게 "신학적 질문"이라고 부른다.[18] 그렇다면, 기독교 신학/윤리가 기업의 목적과 의무에 대해 어떤 빛을 비춰 줄 수 있는가? 기업의 목적에 대해 신학에 기반한 모델을 개발하는 것은 확실히 어려운 과제이다. 성경은 경제의 주요 토대가 농부, 기능공, 작은 공예품 제조자들로 구성된 시기에 쓰여졌다. 현대의 주주 소유 회사는 그 당시뿐 아니라 교회 역사의 많은 시기 동안에도 존재하지 않았다. 따라서, 개인 대 집단을 위한 맥락상의 이슈들 및 윤리 지침, 고대 히브리 공동체 또는 기독교 공동체 대 세속 공동체/조직을 위한 원리와 명령들을 정리하는 것은 이 과제를 더욱더 어렵게 한다. 그러나 이 문제들에 대해 비판적이고 건설적으로 고찰할 수 있게 해 주는 성경의 자원들(즉, 정의, 청지기 직분, 다른 사람에 대한 의무 등과 같은 주제들에 대해 법률, 명령 및 원칙의 형태로 개인들과 공동체에게 주어진 도덕적 지시들)이 있다.

재무 모델

기업의 재무 모델을 조사함에 있어서, 몇 가지를 명확히 할 필요가 있다. 이 모델이 단기적 탐욕을 증진하기 위한 근사한 방법이라고 믿는 것은 잘못이다. 이 모델은 무엇이 좋은 사회인지에 관한 철학적 견해의 연장으로 보아야 한다. 이 견해(아마도 "시장 자유주의"라고 표현하는 것이 가장 적절할 것이다)는 사유 재산권과 "보이지 않는 손"에 의해 규제되는 자유 시

---

15) Michael Porter와 Mark Kramer, "Strategy and Society: The Link between Competitive Advantage and Corporate Social Responsibility," Harvard Business Review, 2006년 11-12월.

16) Margolis와 Walsh, "Misery Loves Companies." 를 보라.

17) 예컨대, Remi Trudel과 June Cotte, "Does It Pay to Be Good?" Sloan Management Review, 2009년 겨울, 61-68쪽.

18) John Ruggie. 하버드 대학교 교수 겸 UN 인권, 다국적 기업 및 기타 기업 특임 대표. "The Next Question: Does CSR Work?" The Economist, 2008년 1월 17일을 보라.

장의 중요성을 강조한다. 기업이 가장 잘할 수 있는 것(부의 창출)을 함으로서 "기업을 기업이 되게" 허용하고, 이 부를 주주들에게 넘겨줘서 그들이 이 부를 통해 무엇을 할지 결정하게 하는 것이 사회적 선을 극대화하는 것이다.

이 모델은 또한 단기 주가에 집착하도록 장려하고 이를 통해 사기적인 활동으로 이어지게 함으로써 최근의 많은 스캔들들을 발생시켰다고 비난 받아 왔다. 재무 모델을 잘못 적용한 것에 부분적인 책임은 있겠지만, 진정한 범인은 경영자 자본주의(managerial capitalism, 회사를 내부자들의 이익을 위해 경영하는 것)인 듯하다. 엔론과 같은 회사들의 임원들이 실제로 주주들의 이익을 생각했더라면, 결과가 달라졌을 수도 있다.

이러한 점들을 유념하면서 이 모델 자체에 대해 조사할 필요가 있다. 주주의 부 증대라는 목표는 그 자체로는 문제가 없다. 많은 사회적 유익이 회사의 이익 활동, 즉 일자리 창출, 공공 서비스 비용 지출에 사용할 세금 기반 확충과 주주의 부 창출을 통해서 나온다. 이를 좀 더 설명하자면, "대공황" 기간 중에 주주 가치 파괴에 의해 야기되었던 부정적 영향을 고려해 보라. 이익을 증가시킴으로써 다른 많은 이차적 이익도 따라온다. 투자자들은 은퇴, 대학 교육, 그리고 기부를 위한 자금을 저축한다. 자선단체들도 회사의 주식을 소유하고 있으며, 많은 비영리 기관들의 기금(즉 대학교들)들도 회사들의 주주의 부 증대에 의존한다.

재산권에 대한 강조는 또한 성경과도 일맥상통한다. 확실히 절도를 금지하는 명령에 현세의 소유권이 내포되어 있다. 오늘날의 "재산"은 성경 시대의 재산과는 상당히 다르지만(종종 물리적 유형 자산이라기보다는, 소유권을 나타내는 종이 형태를 띤다), 그 개념은 여전히 적용될 수 있다. 액면 그대로, 주주들은 회사의 성공을 위해 (위험을 무릅쓰고) 자본을 제공하는, 법률적으로 인정되는 소유자들이다. 그들의 경제적 이익은 계약의 공정성 문제로서 존중되어야 한다. 달리 명시되어 있지 않는 한, 주주 가치 증대는 경영 목표 항목 리스트 중 (유일하지는 않지만) 높은 우선순위를 지니는 항목이 되어야 한다.

이익은 또한 다른 이유에서 회사의 중요한 목적 중 하나이다. 뻔한 얘기이기는 하지만, 주로 (주주들이 아닌) 다른 이해관계자 집단의 이익을 위해 일하는 조직들도 지속 가능한 수준의 이익을 낼 필요가 있다. "이익이 없으면, 사명도 없다"라는 옛말처럼 말이다. 재무 실적이 신통치 않으면, 회사의 차입 비용이 상승하고, 투자 자본 유치, 최고 수준의 직원 채용과 유지, 그리고 설비 개선, 리서치와 연구 개발 투자 능력이 위험에 처해질 수도 있다.

그러나 재무 모델에는 심각한 한계가 있다. 제프 반 두저(Jeff Van Duzer)는 성경은 이익을 기업의 최종 목표로 보는 견해를 지지할 수 없다고 주장한다.[19] 이익 추구가 다른 이해 관계자 집단들을 해치고, (경제적이 아닌)다른 형태의 인간의 복지와 상충하거나 불공정을 이용하는 경우 부의 극대화의 한계가 분명하게 드러난다. 성경은 "사유" 재산이라는 아이디어를 인정하고 이를 합법화하지만, 이는 제한된 "권리"이다.[20] 소유권에는 특권과 더불어 보다 넓은 공동체에 대한 특별한 의무 또는 "사회적 책임"이 따른다.

구약 성경에서, 토지 소유자들은 일꾼들을 착취함으로써 해를 입히지 말고, 주변 공동체의 가난한 사람들을 위해 공급함으로써 공동의 선을 증진시키라는 지시를 받았다. 성경은 또한 하나님은 "사유" 재산에 대한 "초월적 권리"를 보유한다는 점도 명확히 한다. "땅은 영원히 팔면 안 된다, **이는 땅은 내 것이기 때문이다**"(레위기 25:23. 강조는 저자가 덧붙임). 인간은 단지 청지기들일 뿐이며, 이는 재산 사용을 오로지 개인적, 사적 사안으로만 볼 자유를 크게 감소시킨다. 성경의 전통을 따르면, 소유권은 영적, 도덕적 사안이다. 재산은 주로 하나님을 위해, 다른 사람들의 이익을 위해 사용되어야 한다. 성경의 가르침(특히 율법과 명령)들은 현대 경제에 직접적으로 적용될 수는 없지만, 전형적인 도덕 지침은 여전히 강력한 시사점을 줄 수 있다. 오늘날의 맥락에서, 한 가지 시사하는 바는 주주들은 남을 해치면서 소유자로서의 "권리"를 행사하거나 회사의 매니저들이 이익을 내기를 기대할 수 없다는 점일 것이다.

재무 모델은 소유권/재산권을 너무 높이는 외에도, 다른 약점들도 안고 있다. 예를 들어, 프리드먼은 주주들이 이익 극대화에만 관심이 있다고 가정함으로써, 주주들의 경제적 "합리성"에 관해 대담한 가정을 하고 있다. 이는 인간의 본성이 타락했고 이기적이지만 여전히 하나님의 형상을 지니고 있고 다른 동기를 추구할 수 있다는 기독교적 이해에 반한다.

일부 주주들은 어떤 대가를 치르더라도 이익을 늘리는 것을 선호하겠지만, 그들에게 직접적으로 질문한다면 대부분은 보다 완화된 접근법을 지지한다. 흔히 자기 이익 추

---

19) Jeff Van Duzer, Why Business Matters to God: (And What Still Needs to Be Fixed) (Downers Grove, IL: IVP Academic, 2010)을 보라.
20) 확실히 해 두자면, 현대의 대화에서 사용하는 "권리"는 성경의 전통이라기보다는 계몽 시대의 산물이다.

구에 도덕에 대한 관심이 따르는 경우가 있는데 이는 인간의 본성에 대한 기독교의 이해와 일치한다. 그 중에는 다른 사람의 복지를 향한 정서가 있다. 인간의 동기와 행동을 협소한 경제적 자기 이익으로 축소시키는 모든 이론은 기독교적 가치에 부합하지 않는다.[21] 실상, 투표 행태에 관한 몇 개의 리서치들은 주주들은 사회적 대의에 대한 기여를 재무적 이익보다 가치 있게 생각한다는 점을 확인한다. 그들은 종종 이익의 희생 하에 사회적 이익을 가져오게 될 행동에 대해 찬성표를 던진다.[22] 사회적으로 책임 있는 뮤추얼 펀드, 투자자들이 자금을 댄 사회적 기업, 그리고 "의식적인" 소비자 운동의 성장은 인간은 오로지 경제적 관심에 의해서만 동기 부여되지는 않는다는 데 대한 증거를 제공해 준다.

흔히 간과되는 또 다른 사항은 주주들이 부의 극대화에 의해서만 동기 부여된다고 할지라도, 그들이 그렇게 할 권리가 있느냐는 점이다. 회사의 정관 및 사명 선언문은 대개 부의 극대화를 유일한 목표로 제시하지 않는다. 대부분은 "합리적 또는 건강한 이익에 대한 대가로 양질의 상품/서비스를 제공하고 지역 시민이 된다"와 같은 식으로 말한다. 그러므로 투자자들은, 맥케이가 강조하는 바와 같이, 회사가 이익 극대화가 아닌 목표들을 위해 경영된다 해서 화를 낼 아무런 (법적 또는 도덕적) 권리가 없을 수도 있다.[23]

이해관계자 모델들

재무 모델은 기독교 윤리에 미치지 못하는 반면, 이해관계자 접근법, 특히 지배적인 (“새로운 비즈니스 수행 방식”) 모델로 떠오르고 있는 접근법은 기독교 윤리의 영역에 보다 더 부합하는가? 이해관계자 이론은 이를 견인하는 "핵심 규범" 또는 중심 철학에 따라 많은 형태를 띤다는 사실에 비추어 볼 때, 이해관계자 이론에 대한 단일한 평가에는 한계가 있

---

21) 경제적 축소주의에 대한 사려 깊은 비판에 대해서는 Robert H. Nelson, "Economic Religion versus Christian Values," Markets & Morality 1, no. 2(1998년 10월)를 보라.

22) Pietra Rinoli, "Ethical Aspects of Investor Behavior," Journal of Business Ethics 14 (1995): 265-277쪽을 보라. 복잡한 인간의 동기 및 행태에 관한 보다 자세한 논의는 David Messick과 Ann Tenbrunsel, Codes of Conduct: Behavioral Research into Business Ethics (New York: Russell Sage Foundation, 1996), 86-103쪽에 나오는 Robert Frank, "Can a Socially Responsible Firm Survive in a Competitive Environment?"를 보라.

23) Charles Handy, "What's a Business For?" Harvard Business Review, 2002년 11-12월, 49-55쪽을 보라. Handy는 소유에 관해 아무런 전통적 책임도 지지 않는 사실에 비추어 볼 때, 회사의 소유주들은 투자자들 또는 심지어 도박꾼들을 더 닮았다고 한다. 유사한 주장으로는 Marjorie Kelly, The Divine Right of Capital(San Francisco: Berrett-Koehler, 2009)을 보라.

을 수밖에 없다. (프리드먼과 로저스는 맥케이의 버전이 자유주의 철학과 일치한다는 데 대해 동의하지 않지만, 맥케이는 자신이 자유주의에 기초를 두고 있다고 설명하는 버전을 제시한다.) 이해관계자 이론은 예를 들어 실용주의나 환경보호주의 또는 다른 많은 철학들에 의해 견인될 수 있다. 초기 단계는 많이 지났지만, 이해관계자 이론은 발전 및 정교화 면에서 아직 갈 길이 멀다.[24]

이 이론이 하는 일은 직접적이고 의도적으로 보다 넓은 이해관계자들에게 이익이 되는 결정을 내리기 위해 필요한 공간을 만들어 주는 것이다. 이 이론은 매니저들이 의사 결정을 주주의 부 극대화라는 하나의 목표에 종속시키지 않고 보다 넓은 집단의 이익을 존중하도록 허용해 준다. 기독교의 많은 교파들은 정부, 학교, 그리고 가족과 같은 사회적 기관들을 하나님이 이 세상에서 자기의 목적을 증진하기 위해 정한 조직이라고 생각한다. 기업들은 이러한 조직들 중 하나로 분류될 수 있다. 그러므로 이익은 그 자체가 목적이 아니라, 인간의 복지와 번영과 같은 다른 목적을 증진하기 위한 수단으로 여겨져야 한다. 따라서 "핵심 규범"으로 채택된 중심적인 지도 철학에 따라서는, 이해관계자 이론이 이론상으로, 그리고 실제적으로 기독교적 가치관에 보다 더 부합할 수 있다.

이해관계자 이론이 윤리적/사회적 고려의 여지를 더 많이 남겨 두기는 하지만, 이 이론에도 몇 가지 한계가 있다. 무엇보다도, 재무 모델에서 회사의 목표는 이익 극대화라는 공식처럼 단순한 반면, 이해관계자 이론에서의 경영 의사 결정을 위한 목표들은 덜 명확할 수 있다. 특히, 이해관계자 접근법은 너무 많은 여지를 남겨 두어서 경영진이 이해관계자 집단들의 경합하는 요구들 사이에서 어떻게 균형을 유지해야 하는지에 대해 별 지침을 주지 않는다는 비판이 제기되어 왔다.

예를 들어, 목재 산업은 미국 북서부 태평양 연안 지역에서 계속적인 논쟁거리가 되고 있다. 벌목은 일부 작은 도시들에 경제적 활력을 제공해 주지만, 일부 이익 집단들은 벌목이 환경에 해로운 영향을 주기 때문에 이를 없애려 한다. 매니저들은 적절한 균형 달성 측면에서의 명확한 지침을 받지 못한다. 그 결과 경합하는 이익들 사이에서 어느 정도의 의견 일치가 이루어지는 선에서 의사 결정이 이뤄질 가능성이 있다. 이런 결론은 그 자체로는 문제될 것이 없지만, 도달한 합의가 회사의 가치를 반영하지 못할 수도 있고 공동의 선이라는 보다 넓은 관점에서 윤리적으로 방어되지 못할 수도 있다.[25]

---

24) Bradly Agle 외, "Dialogue Toward Better Stakeholder Theory," Business Ethics Quarterly 18:2 (2008), 153-190쪽을 보라.

이해관계자 이론은 사회가 회사의 소유자들에게 할 수 있는 요구에 관해 아무런 한계를 제공하지 않는다고 우려하는 이들도 있다. 특히 어려운 사례는 회사가 특정한 사회적 해악을 야기하지도 않았고 이를 통해 이익을 보는 것도 아닌데 이를 해결한 전문성과 자원을 보유하고 있는 경우이다. 예를 들어, AIDS, 기아, 또는 의료 결여와 같은 인간의 고통들을 다루기 위해 회사들이 해야 하는 의무는 무엇인가? 이해관계자 이론이 이에 대한 대응을 정당화해 줄 공간을 만들어 주기는 하지만, 이 이론은 회사가 실제로 이에 대응할 의무가 있는지, 그리고 이 목표에 어느 정도의 자원을 할애해야 하는지에 대한 지침은 거의 제공해 주지 않는다.

이해관계자 이론은 경영진에게 사회적 관심사를 다룰 수 있는 보다 많은 "공간"을 제공해 주므로 필요하기는 하지만 충분하지는 않다. 매니저들은 좋은 결정을 내리기 위한 다른 원천의 도덕적 지침을 필요로 한다. 이렇게 말은 했지만, 완벽한 대답이 없는 경우도 있을 수 있으며, 이익과 다른 사회적 선들 사이의 적절한 균형이 도덕적으로 방어될 수 있는 여러 대안들이 있을 수 있다.

이해관계자 이론은 약점들에도 불구하고 기업의 책임이라는 개념을 옳은 방향으로 향하게 한다. 하나의 목표로서의 이익을 덜 강조하고 보다 넓은 범위의 구성원들에게 도덕적 의무의 범위를 넓히는 회사의 철학이 성경의 전통, 특히 땅에서의 인간의 번성에 대해 관심을 가지는 하나님의 의제에 더 부합한다.[26] 확실히 주주들이 중요하게 고려되어야 하지만, 다른 이해관계자들도, 특히 그들에게 피해가 귀속될 경우에는, 고려될 자격이 있다. 회사들에게 이처럼 보다 넓은 고려를 허용하는 법적 기준들이 나타나고 있다.[27]

수렴 접근법

이번 장의 개요에서 언급한 바와 같이, 합류 지점을 발견함으로써 주주의 이익과 이

---

25) 이해 관계자 접근법의 이러한 단점들과 기타 단점들에 대한 사려 깊은 논의에 대해서는 Helen Alford와 Michael Naughton, Managing as If Faith Mattered(Notre Dame, Ind.: University of Notre Dome Press, 2001)를 보라.

26) 비즈니스와 인간의 번성의 연결 관계에 대한 보다 자세한 설명은 Kenman Wong과 Scott Rae, Business for the Common Good(Downers Grove, IL.: IVP Academic, 201)을 보라. 또한, Van Duzer, Why Business Matters to God을 보라.

27) Richard Marens와 Andrew Wicks, "Getting Real: Stakeholder Theory, Managerial Practice and the General Irrelevance of Fiduciary Duties Owned to Shareholders," Business Ethics Quarterly 9, no. 2(1999년 4월): 273-293쪽을 보라.

해관계자의 이익 사이의 긴장을 완화하려는 새로운 CSR 접근법이 출현하고 있다. 이는 데이터를 사용해서 기업의 재무적 실적과 사회적 실적 사이의 연결 관계를 보여주거나, 소비자의 행동을 연구하여 소비자들이 "사회적으로 책임 있는" 제품들에 프리미엄을 지불할 용의가 있는지 조사하거나, 주주들과 이해관계자들에게 동시에 이익이 되는 "안성맞춤" 활동들(예컨대, 에너지 효율 등급이 높은 배달 차량 사용)을 찾아내는 형태로 다가온다.

(100편이 넘는) 대부분의 연구들은 실제로 사회적 실적과 재무적 실적 사이에 긍정적인 관계가 있음을 발견했다.[28] 따라서 주주들은 궁극적으로 형편이 더 나아질 수 있으며, 회사 자원이 잘못 사용된다는 불안이 완화될 수 있다. 재무적 실적과 사회적 실적 사이에 확립된 관계가 없을 경우 사회적으로 책임 있는 행동을 향한 대규모 운동이 일어날 수 있을지 상상해 보면 이러한 유형의 연구들이 도움이 된다. 오래 가고 지속 가능한 CSR 노력들이 재무적으로 보상을 받거나 최소한 그리 큰 희생을 요구하지 않을 수도 있다. 그러나 모든 연구에 문제가 있기 때문에, 연구자들은 이에 대한 결론을 내릴 때 주의를 기울여야 한다.

수렴 접근법에도 몇 가지 주목할 만한 우려가 있다. 첫째, 이 접근법은 비의도적으로 이 이해관계들이 언제나 조화될 수 있다고 암시할 수도 있다("좋은 윤리가 좋은 비즈니스가 된다"). 매니저들은 실제로는 이해관계들이 경합하는 상황에서 아무런 지침도 없이 남겨지게 되어 시장의 단기적 요구에 굴복하게 될 수도 있다.

사회적 실적과 재무적 실적의 연관 관계 연구들은 사회적으로 책임이 있는 행동이 타당성이 있으려면 이 행동이 주주들의 부를 증가시켜야 한다고 암시하기 때문에, 이 접근법은 회사의 목적에 관한 재무모델의 철학적 가정들을 은연중에 확인하는 효과가 있다.[29] 마지막으로, 동기라는 질문이 제기된다. 참된 CSR은 어느 정도의 희생을 필요로 하지 않는가? 수익성과 수렴하는 "사회적으로 책임 있는" 행동이 진정한 CSR인가, 아니면, 회사의 수익 전략이 사회적 관심으로 제시된 것에 지나지 않는가?

---

28) Joshua Margolis와 James P. Walsh, People, and Profit?: The Search for a Link between a Company's Social and Financial Performance(Mahwah, N. J.: Erlbaum, 2001).

29) Margolis와 Walsh, "Misery Loves Companies," 278쪽.

경쟁 시장이라는 "실제 세계"에서의 사회적 책임

이해관계인 지향적 CSR에 대한 주요 비판 중 하나는 이 이론이 순진하고 실제 세계를 나타내지 못한다는 것이다. 도앤과 같은 사람들이 주장하듯이("기업의 사회적 책임이라는 신화"), 다는 아니더라도, 대부분의 회사들은 이익을 극대화하기 위해 존재한다. 임원들에게 다른 목적이 있을 경우에도, 경쟁, 시장의 단기적 성격, 그리고 주주들의 소유권이 그들에게 이익을 가장 우선시하도록 강제한다. 이익을 극대화하지 않거나, 최소한 이에 높은 우선순위를 두지 않는 임원들은 머지않아 "사회적으로 책임 있는" 노력들에 비슷한 수준의 자원을 투입하지 않는 경쟁자들에 의해 자신들이 위임 받은 회사가 파산되는 꼴을 보게 될 것이다. 이에 반하는 수사(修辭)들은 대부분 현재 사회적으로 책임이 있게 행동하는 기업들에 대한 대중의 선호에 비추어 경쟁 우위를 추구하기 위한 분식 또는 장식이다.

동기가 순수한 경우가 드물어서 이를 열린 마음으로 읽을 수 없다. 그럼에도 불구하고, 일부의 CSR 노력들은 진실하고 희생적인 듯하다. 이러한 결정으로 인해 좋은 홍보 효과가 수반되고 장기적으로 이익이 증가할 수도 있지만, 이들 중 일부는 사전에 비용-효용에 근거한 의사 결정을 했더라면 "합리적"인 결정이 되지 못했을 경우도 있다.

그러나 도앤이 많은 CSR 활동들의 진정성에 대해 의문을 제기하는 것은 옳다. 의심할 나위 없이 일부는 (아마도 대부분은) 단지 PR 전략 또는 "환경 세탁" 전략들이다. 현재의 회사 구조와 시장의 단기 지향성이 실제로 기업들이 윈-윈 전략을 실행하기 어렵게 만든다. 이익과 사회적 선이 충돌할 경우, 주사위는 사회적 선보다는 이익 쪽으로 기울게 될 것이다.

물론, 도앤의 의심은 사회적 실적과 재무적 실적 사이의 관계에 대한 증거에 반하는 면이 있다. 더욱이, 사회적으로 책임이 있는 행동이 예기치 않게, 그리고 간접적으로 재무적 이익을 가져올 수도 있다. 예를 들어, 회사들은 자신의 가치를 공유하는 조직을 위해 일하기 원하는 유능한 직원들의 고용과 유지에 우위를 보일 수 있다. 또는 소비자들이나 비즈니스 파트너들이 유사한 이유로 해당 기업에 매력을 느낄 수도 있다.[30] 재무적 이익을 위해 이해관계자들의 이익을 고려하는 것이 이 말의 진정한 의미에서 "사회

---

30) Remi Trudel과 June Cotte, "Does It Pay to Be Good?" Sloan Management Review (2009년 겨울): 61-68쪽.

적으로 책임이 있는" 행동은 아닐지라도, 이는 경제라는 "실제 세계"가 윤리적 고려를 방지하는 일련의 철갑(鐵甲) 같이 딱딱한 법률들로만 구성되었다는 아이디어를 에누리하게 하는 다소의 증거가 된다.

또한 CSR 문헌들은 소비자들이 변화를 견인할 수 있다고 가정하는데, 도앤은 이에 대해 적절히 의문을 제기한다. 이 지점에서 의도와 실제 일관적인 구매 결정 사이에는 큰 차이가 있을 수 있다. 그러나 소비자들의 요구가 월마트에게 유기농 식품 유통업자가 되게 했다는 사실은 보다 낙관적인 쪽으로 채색되게 하는 것 같다.[31] CSR(및 CSR 보고)이 단지 PR 활동에 지나지 않으려면, CSR의 실제적인 측정 가능성과 책임성을 향한 조치를 취하는 것이 필수적이다.

코스트코는 주주들의 기대와 경쟁 시장에서의 운영에 의해 조성되는 긴장을 관리하면서도 넓은 범위의 이해관계자들의 이익을 존중하기 위해 노력하는 회사에 대한 하나의 훌륭한 예가 될 수 있을 것이다. CEO 짐 시네갈은 장기적으로 지속 가능하고 이익을 내는 조직을 건설함에 있어서 회사 가치를 강조하는 일의 중요성을 명확하게 설명한다.

미네소타 대학교의 전략 경영 및 철학 담당 명예 교수 노먼 보위(Norman Bowie)는 이익 추구에서의 아이러니의 역학을 관찰했다. 개인들이 의도적으로 행복을 추구하려고 할 때 행복해지기 어려운 것과 매우 흡사하게, 단지 이익에만 초점을 맞추는 회사들은 결코 이를 얻지 못할 수도 있다. 그보다는 행복이 아닌 다른 것들에 집중하는 개인들이 그 부산물로 행복을 발견하는 것과 같이, 자신을 위해 이해관계자들을 잘 대우하는 일에 초점을 맞추는 기업들이 이익을 더 잘 낼 수 있다. "쾌락의 역설"이라고 알려진 철학적 이상을 차용해서, 보위는 이 역학을 "이익의 역설"이라고 불렀다.[32]

보위가 관찰한 사항들은 저명한 책 『지속하도록 지어지다』(Built to Last)에 내려진 결론들에서 어느 정도의 지지를 받는데, 이 책의 저자들인 짐 콜린스와 제리 포라스는 사명과 핵심 가치를 중심으로 경영되는 회사들의 수익성이 흔히 이익 극대화를 직접적인

31) Melanie Warner, "Walmart Eyes Organic Food," New York Times, 2006년 5월 12일, http://www.nytimes.com/2006/05/12/business/12organic.html.

32) Norman E. Bowie, "New Directions in Corporate Social Responsibility," Business Horizons 34(1991년 7월-8월): 55-65쪽.

목표로 해서 운영되는 회사들보다 양호한 것을 발견했다.[33]

  기독교적 관점에서 볼 때, 기업의 사회적 책임은 경제적 이익보다 훨씬 많은 것을 포함한다. (법률 및 "윤리적 관습들"만을 한계로 인정하는) 이익 극대화를 명령하는 모든 모델들은 너무 협소하다. 이 모델을 지지하는 중심적인 철학적 가정들은 기독교적 가치에 비춰 볼 때 의문스러우며, 이 모델의 제약으로 인해 매니저들이 아주 형편없는 결정을 내릴 수밖에 없게 되는 경우가 있을 수 있다.

  (다른 모든 사회적 기관들과 마찬가지로) 회사들은 인간이 모든 측면에서 번성할 수 있게 하기 위하여 존재한다. 이익은 필요하며 조직의 지속 가능성을 위해 매우 중요한 부분이기는 하지만, 인과 관계 화살표의 방향이 바뀌어야 한다. 수단적 이유에서 이해관계자들을 잘 대우하는 것이 아니라, 이익이 삶을 풍요롭게 하는 질 좋은 상품과 서비스 생산, 도전적이고 보상을 주는 일자리 창출, 지역 사회 개선과 같은 목표들의 달성을 지원하는 수단으로 여겨져야 한다. 이익은 또한 자신들의 자본의 위험을 무릅쓴 주주들에게 봉사하는 하나의 수단으로 여겨져야지 비즈니스의 목표 자체로 여겨져서는 안 된다.

---

33) Jim Collins와 Jerry Porras, Built to Last: Successful Habits of Visionary Companies (New York: HarperCollins, 2004).

Chapter 5

세계화와 기독교 윤리

개요

당신이 과거 몇 년간 개최되었던 G8 또는 G20 국가들(산업화된 국가들)의 경제 정상 회의 중 하나에 참석했다고 가정해 보라. 정상 회의장으로 가는 길에, 당신은 세계화의 주요 측면들에 반대하는 표지판과 슬로건을 들고 항의하는 많은 사람들을 보게 된다. 당신은, 예를 들어, 아동 노동, 노동 착취, 환경 피해, 지역 사회 파괴, 부익부 빈익빈 등에 대해 반대하는 슬로건들을 보게 된다. 비록 길에서 그들을 보지는 못했지만, 당신은 세계화의 옹호자들도 있다는 사실을 알고 있다. 그들은 글로벌 경제에 참여하는 것만이 가난한 사람들이 빈곤에서 벗어날 수 있는 희망이며 무역 거래는 국가들 사이의 평화로운 관계를 증진한다고 주장한다. 그들은 또한 경쟁이 효율성을 향상시켰으며, 많은 상품들이 전 세계적으로 보다 효율적이고 저렴하게 생산되어 저물가에 기여했음을 지적할 수도 있다.[1]

세계화는 보다 강한 경제적, 정치적, 사회적 통합/협력 프로세스를 일컫는다. 이는 아이디어, 상품, 서비스, 투자와 노동의 보다 자유로운 교류를 수반하며, 인터넷과 같은 많은 기술적 진보에 의해 가능해졌다. 예를 들어, 전자 통신이 편만해짐에 따라 회사

272

들은 전 세계에서 사람들을 고용할 수 있으며, 사람들이 사는 곳이 별로 중요하지 않게 되었다. 전자 기술과 데이터 기술은 또한 투자 자본이 거의 즉각적으로 전 세계를 돌아다닐 수 있게 하였다. 무역 장벽이 낮아졌고, 세계 경제가 과거 어느 때보다 더 많이 통합되었다. 제조업체들의 글로벌 공급 체인이 보편화되었다. 제품들이 순차적으로 조립되는 경우, 각각의 부분들이 다른 나라에서 조립되는 경우가 흔하다. 기업 활동은 이제 전 세계에 초점을 맞추고 있으며, 상품, 서비스, 자본 모두가 세계적으로 효율적으로 배분될 수 있고, 이를 통해 가격을 낮추고 더 많은 사람들에게 더 많은 상품과 서비스가 제공될 수 있게 해 준다. 이는 지금껏 상대적으로 침체되었던 지역들에도 경제 성장이 확산되는 혜택을 가져다주었다. 세계화의 비판자들은 세계화가 가난한 사람들을 훨씬 더 뒤쳐지게 했고, 이미 이익을 내고 있는 강력한 대기업들의 이익만 늘려 주었다고 주장한다. 글로벌 금융 시스템의 와해 여파로, 세계화로 경제의 상호 의존성에 따른 취약성이 상당히 증가했다는 우려도 제기되었다.[2]

이번 장과 다음 장은 세계화라는 복잡한 문제를 다룬다. 이 장에서는 기독교 윤리와 경제학이라는 보다 넓은 이슈들에 중점을 둔다. 다음 장에서는 아동 노동, 뇌물 등과 같이 글로벌 맥락에서 비즈니스를 수행함에 따라 발생하는 특정 윤리적 이슈들을 다룰 것이다. 이번 장의 읽기 자료들은 세계화에 관한 보다 넓은 경제적 논의들을 다룬다. 브라이언 그리피스(Brian Griffiths)는 "세계화, 가난, 그리고 국제적 발전"이라는 글에서 유럽인과 크리스천의 입장에서 이 주제에 관한 시각을 보여준다. 그리피스는 마가렛 대처(Margaret Thatcher) 수상과 골드만 삭스의 전 고문이었고, 영란 은행의 전 이사였다. 그리피스는 세계화에 대해 보다 긍정적인 평가를 내리는데, 이는 세계화의 옹호자들이 보이는 특징이다.[3] 그리피스는 영향력이 있는 교황 요한 바오로 2세의 회칙 "Centesimus

---

1) 세계화라는 주제에 대한 개론은 Manfred Steger, Globalization: A Very Short Introduction(Oxford: Oxford University Press, 2003; 2판, 2009); George Ritzer. Globalization: A Basic Text(Malden, Mass.: John Wiley and Sons, 2009)를 보라. 기독교적 틀을 지닌 세계화에 관한 자료는 Peter Heslam 편, Globalization and the Good (Grand Rapids: Eerdmans, 2004); Steven Rundle 편, Economic Justice in a Flat World: Christian Perspectives on Globalization(Colorado Springs: Paternoster, 2009)을 보라.

2) 예컨대, Colin Read, Global Financial Meltdown: How We Can Avoid the Next Economic Crisis (New York: Palgrave Macmillan, 2009), 특히 144-148Whr, "When America Sneezes, the World Catches a Cold"를 보라.

3) 세계화의 옹호자들로는 Jagdish N. Bhagwati, In Defense of Globalization (New York: Oxford University Press, 2007); John Norberg, In Defense of Global Capitalism(Washington D. C. : Cato Institute, 2008); Martin Wolf, Why Globalization Works, 2판(New Haven, Conn.: Yale University Press, 2005)이 있다.

Annus"(백주년)에 크게 의존한다. 두 번째 읽기 자료 "세계화와 가난한 사람들: 크리스천 경제학자의 견해"에서, 샌프란시스코 대학교의 경제학자 브루스 위딕(Bruce Wydick)은 세계화에 대한 몇 가지 우려를 표명한다. 그리피스와 마찬가지로 그는 자신의 기독교 세계관으로부터 이 주제에 접근하지만, 그는 불공정한 무역 관행들과 세계화가 가난한 사람들 중에서도 가장 가난한 사람들에게 주는 영향들에 대해 우려를 표명한다.[4] 이 장의 세 번째 읽기 자료는 스티븐 런들(Steven Rundle)의 글인데, 그는 본질적으로 세계화가 계속될 것이라는 점을 받아들이면서 글로벌 경제 안에서 새로운 버전의 사회적 책임에 대해 설명한다. 그의 글 "세계화되는 경제와 기업의 사회적 책임: 크리스천 임원은 무엇을 해야 하는가?"는 세계화의 현실을 인정하고, 가능한 한 세상을 보다 건설적이고 긍정적으로 만드는 데 중점을 두는 입장을 대표한다.[5] 런들의 글은 또한 경쟁적인 글로벌 경제 한가운데서 어떻게 사회적 책임을 수행할 수 있는지에 대해 구체적으로 설명한다는 점에서 앞의 두 장들을 연결해 준다.

경제학 개론

이번 장의 읽기 자료에 들어가기 전에, 경제 시스템을 정의하는 주요 개념들을 소개하면 도움이 될 것이다. 어느 저자는 그의 경제학 개론 책을 창의적으로 "선지자들을 위한 경제학"이라고 불렀다.[6] 오늘날 세계의 모든 경제 시스템은 일종의 혼합된 시스템이라는 점을 명심하라. 1980년대 후반에 사회주의가 붕괴한 이후, 공공연히 사회주의 경제 체제를 유지하고 있는 곳은 극소수(북한, 쿠바)에 불과하므로 자본주의와 사회주의 경제 체제간의 우월성을 둘러싼 논쟁은 별로 없다. 현재 논쟁이 되고 있는 주제는 자유 시장 제도의 세계적 확산이 모든 것을 고려할 때, 특히 가난한 사람들과 개발도상국들에 해로운지 또는 이익이 되는지에 관한 것이다. 보다 구체적으로는, 현재의 논쟁은 경제

---

4) 세계화에 대한 전반적인 비판 자료는 Amy Chua, World on Fire: How Exporting Free Market Democracy Breeds Ethnic Hatred and Global Instability(New York: Anchor, 2003)를 보라. 세계화에 대해 보다 방어적인 비평에 대해서는 Joseph E. Stiglitz, Globalization and Its Discontents(New York: W. W. Norton, 2003)를 보라.

5) 이러한 유형의 세계화에 대한 문헌은 John H. Dunning 편, Making Globalization Good(New York: Oxford University Press, 2004)을 보라.

6) Walter L. Owensby, Economics for Prophets: A Primer on Concepts, Realities, and Values in Our Economic System(Grand Rapids: Eerdmans, 1988). 또한, Samuel Gregg, Economic Thinking for the Theologically Minded(Lanham, Md.: 2001); Victor V. Claar와 Robin J. Klay, Economics in Christian Perspective: Theory, Policy and Life Choices(Downers Grove, IL.: InterVarsity, 2007)를 보라.

문제와 사회 문제들이(일부는 세계화에 의해 발생했음) 시장에 의존해 해결될 수 있는지, 아니면 보다 많은 정부의 시장 개입이 해법인지에 관한 것이다.[7] 토마스 프리더먼(Thomas Friedman)이 "세계 경제의 '수평화'("flattening" of the world's economy)"[8]라 부르는 과거 20년 동안의 급격한 경제의 세계화에 비추어 보면 이 질문들은 훨씬 더 복잡하다.

어느 경제 시스템이든 몇 가지 기본적인 질문들을 다뤄야 한다. 가장 기본적인 질문들은 사회의 재화들이 어떻게, 그리고 어떤 근거에서 배분될지에 관련된다. 즉, 절도가 불법인 한, 상품과 서비스의 시장 거래가 이들 상품과 서비스에 대한 가장 효율적인 분배 수단이다. 다른 주요한 질문들은 재산의 소유권, 어떤 상품과 서비스가 생산되고 이들에 어떤 가격을 책정할 것인가, 임금을 어느 수준으로 할 것인가, 상품과 서비스의 품질을 어떻게 확보할 것인가, 부가 어떻게 분배될 것인가, 어느 정도의 실업이 용인될 것인가, 그리고 경쟁을 어떻게 볼 것인가에 대한 결정과 관련이 있다. 순수 시장 경제 시스템에서는, 재산, 특히 생산 수단과 기업들은 모두 사적으로 보유된다. 사회주의로 특징되는 순수 명령 경제 시스템에서는, 대부분의 기업들을 국가가 소유한다. 대부분의 시스템에는 어느 정도의 사유 재산권이 있는 바, 시스템 사이의 차이는 얼마나 많은 부분이 국가에 의해 소유 및 통제되고, 얼마나 많은 부분이 민간에 의해 소유되는지에 관련이 있다. 정부가 자산의 상당한 부분을 소유하거나 특정 시장을 통제하는 경제는 보다 명령 지향적이다. 예를 들어, 의료 분야를 국유화한 국가들은 정부가 의사들의 고용주이자 의료 서비스의 공급자이므로 그 분야에서는 명령 지향적이다. 일부 유럽 국가들에서는, 정부가 많은 부분을 소유하고 있으며, 에너지와 항공 산업 전부를 소유하고 있는 경우도 있다. 중국과 같은 일부 국가들에서는 다소 혼합형 경제 시스템을 채택하는 경향이 있는데, 이러한 국가들에서는 시장 메커니즘에 대한 강조와 많은 산업의 국가 소유를 결합한다. 이를 "국가 소유 시장 경제"라고 부를 수 있을 것이다. 미국에서는 기업들이 훨씬 더 민간에 의해 소유되는 경향이 있으며, 2007-2009년의 금융 기관 와해 이후 정부가 제너럴 모터스, 크라이슬러 및 일부 금융 기관들의 주주가 되기는 하였지만, 정부는 미국 기업들의 주주가 되지 않는 경향이 있다.

---

7) Rebecca M.과 William McGurn, Is the Market Moral? A Dialogue on Religion, Economics and Justice(Washington D.C.: Brookings Institution, 2004)를 보라.
8) Thomas I. Friedman, The World is Flat (New York: Farrat, Straus, and Giroux, 2005), 또한 같은 저자의 Hot, Flat and Crowded(New York: Picador, 2009)를 보라.

시장 지향적 시스템에서는 공급과 수요의 힘이 어떤 상품과 서비스가 생산될지, 얼마의 가격을 받을지, 그리고 노동자들에게 어느 정도를 지급할지를 결정한다. 즉, 시장이 이 요소들을 결정한다. 순수한 명령 경제 시스템에서는, 국가 또는 중앙의 경제 계획을 책임지는 당국이 생산될 품목과 가격 수준 그리고 노동자들에 대한 임금 수준을 결정한다. 가격 및 임금에 관해서도 대부분의 경제 시스템들은 시장 시스템과 명령 시스템의 혼합물이다. 예를 들어, 대부분의 선진국들에서는 정부에 의해 정해진 최저 임금 법률로 인해 임금이 전적으로 시장의 힘에 의해 결정되지는 않는다. 공식적인 가격 통제는 드물지만, 외부의 경쟁자들로부터 국내 시장을 보호하기 위해 통상적으로 관세(수입에 대한 세금)가 부과되는데, 이는 사실상 어떤 상품을 어떤 가격에 생산할지를 결정하는 데 도움을 준다.

순수한 시장 시스템에서는 경쟁이 상품의 안전 및 품질을 확보하는데, 이는 소비자들이 조잡하거나 안전하지 않은 제품을 만드는 제조업체들로부터 구매를 하지 않고, 그들이 시장의 기준을 충족시키지 못할 경우 궁극적으로 사업을 지속하지 못하게 할 것이다. 명령 시스템에서는 국가 및 규제기관이 안전을 확보할 책임을 진다. 시장 시스템이 지배적인 미국에서는, 안전 확보 측면은 매우 명령 지향적이다. 유럽과 일본에서는 더욱더 그렇다. 시장이 소비자의 안전을 보장하리라는 확신이 별로 없다. 사회가 경쟁이 제품의 안전을 가져다주리라고 믿는 시장 시스템에서조차 정보의 시차가 존재하는 바, 그 기간 동안에는 소비자들이 보호받지 못한다. 즉, 어느 회사가 안전하지 않은 제품을 만든다는 평판이 시장에 널리 확산되기까지는 시간이 소요되는 바, 그 기간 동안에 소비자들은 위험한 상품이라는 사실을 모르고서 그러한 상품을 사게 된다. 에너지 생산 및 은행업과 같은 산업들은 규제가 심하다. 사실, 통화 공급과 이자율은 시장의 힘에 의해 정해지는 것이 아니라 주로 중앙은행(미국에서는 연방 준비 은행)에 의해 통제된다고 할 수 있다.

순수한 시장 경제 시스템에서는 부는 화폐에 의해 측정된 가치, 즉 소득과 순 자산에 따라 분배된다. 그 결과 이 시스템에서는 부가 보다 소수의 손에 편중되는 경향이 있다. 순수한 명령 지향 시스템에서는, 부가 보다 동등하게 분배되는데, 개인의 필요에 따라 분배되거나, 경우에 따라서는 과거 공산주의 국가들에서 올림픽 선수들에게 보상을 해준 것과 같은 방식으로 사회에 대한 개인의 공헌에 따라 분배되기도 한다. 그러나 대부분의 국가에서는 분배 방식도 혼합 시스템이다. 서구 선진국들에서는 누진세 시스템을 통해 부가 재분배되며, 누가 특정 자원을 가지게 될지를 결정할 때 필요가 중요한 역할을 한다. "회사 복지" 및 농업 보조금이 시사하는 바와 같이 필요뿐 아니라 정치가 부의 분배에 영향을 준다. 일부에서는 더 많은 부가 공적이 아닌 요소에 의해 분배될 경우 사업이 성공적일수록 소득의 많은 부분을 세금으로 내야 하기 때문에 사람들이 사업을 시작하거나 확장하는 리스크를 감수할 인센티브가 줄어든다고 주장한다.

시장 시스템에서는 경쟁은 품질과 혁신을 장려하며 따라서 소비자들에게 값싸고 좋은 상품과 서비스에 접할 수 있게 해 주는, 긍정적인 주요 요소의 하나로 여겨진다. 때로는 경쟁이 치열해져서 교양 및 심지어 법률의 한계를 넘어서게 될 수도 있지만, 시장 시스템의 옹호자들은 경쟁에 기초한 경제 체제의 효익이 그 비용을 능가한다고 주장할 것이다. 이것이 바로 경제학자 조셉 슘페터(Joseph Schumpeter)의 "창조적 파괴"가 뜻하는 바이다.[9] 이는 경쟁과 혁신이 일부 상품과 서비스들은 말할 것도 없고 전체 산업이 시대에 뒤쳐지게 함을 일컫는다. 예를 들어, 자동차의 발명은 전체 말과 마차 산업을 파괴하였다. 이에 따른 실업은 전체적으로 이익이 되므로 수용할 수 있는 자동차 혁신 비용으로 간주되었다.

시장의 비판자들은 경쟁에는, 예를 들어, 일자리가 해외로 수출되어 인적 비용과 사회적 혼란을 수반하는 것과 같은 파괴적인 요소들이 많다고 반박한다. 여기에서도 대부분의 시스템들은 혼합된 시스템이며 각국의 정부들은 빈번하게 경쟁을 제한하거나 경쟁의 해로운 영향을 최소화한다. 국내 산업을 보호하기 위해 무역이 제한되는 경우가 흔하다. 정부들은 핵심 비즈니스라고 생각하는 곳에 보조금을 지급하며, 농업에 대한 지원과 같은 일부의 경우, 정부 보조금이 사람들에게 실제로 생산을 하지 않을 인센티브를 제공하기도 않다. 정부들은 또한 시장의 힘에 의해 상처를 입은 회사들을 "구제"하기 위해 개입하기도 한다. 예를 들어, 금융 시장 와해의 여파로 (미국의 자동차 제조업체들은 말할 것도 없고) 전 세계의 가장 큰 은행과 보험회사들은 "파산시키기에는 너무 큰" 것으로 간주되어 그들의 정부로부터 구제되었다.[10]

---

9) 이 말은 Joseph Schumpeter, Capitalism, Socialism and Democracy(New York: Harper & Row, 1942), 82-85쪽에서 만들어졌다.
10) 이러한 구제들에 대한 보다 자세한 정보는 Andrew Ross Sorkin, Too Big to Fail: The Inside Story of How Wall Street and Washington Fought to Save the Financial System - and Themselves(NEW YORK: Viking, 2009)를 보라.

세계화와
세계의 빈곤

브라이언 그리피스(Brian Griffiths)
세계화, 가난, 그리고 국제적 발전(Grand Rapids: Action Institute, 2007).

세계화와 세계의 빈곤이라는 주제가 제기될 때, 세계화는 불가피한 논쟁거리가 된다. 이의 지지자들은 세계화의 혜택을 보는 사람들이고, 이의 비판자들은 사하라 사막 이남의 많은 아프리카 국가들처럼 세계화로부터 외면당한 국가들이나 미국 및 유럽 연합의 서비스 노동자들과 농민들과 같은 세계화의 패자들인 경향이 있다. 이념적 도끼라는 공격무기를 가지고 이 논쟁에 참여하는 사람들이 있는 반면, 명백하게 기득권을 방어하려는 사람들도 있다. 그러나 이성적인 토론이 되려면, 사실에 관한 공통적인 기반을 닦아둘 필요가 있다.

세계화의 기본적인 아이디어는 비교적 단순하지만 세계화의 정의는 모호한 경향이 있다는 사실에 의해 이 논쟁이 복잡해진다. 세계화는 무역, 투자 및 노동의 이동 증가를 통해 국가들의 통합 또는 연결 정도를 증가시키는 것이다. 세계화의 이해에 경제적 측면이 매우 중요하기는 하지만, 세계화 프로세스는 경제적 영역에 국한되지 않는다. 사회 과학에서 세계화는 보편적으로 문화적, 정치적, 군사적, 사회적, 환경적 측면에 걸친 다차원적인 것으로 간주된다. 동시에, 세계화는 세계적으로 빈곤 및 질병 근절, 환경 보존, 그리고 평화 유지에 관한 운동들의 성장에 관련된 인식을 일깨웠다.

또한 세계화가 새로운 현상이 아니라는 점도 기억해야 한다. 콜럼버스(Columbus)와 비스코 다 가마(Vasco da Gama)의 항해 시대 이후 16세기 및 17세기의 무역의 성장과, 나폴레옹 전쟁 이후 철도, 증기, 전보의 성장과 관련된 세계 경제의 성장은 모두 세계화의 사례들이다. 아마도 세계화의 아름다운 시절은 1차 세계대전 전 25년간이었을 것이다. 1918년 이후 20년간 보호주의, 경제적 고립 및 포퓰리즘의 재등장과 성장은 세계화는 불가피한 것이 아님을 상기시켜 준다.

세계화의 속도

과거 15년 동안의 경제 통합 속도는 믿기 어려울 정도였다. 국내 총생산 대비 글로벌 상품 수출 비중은 1913년에는 8%였고 1990년까지도 15%를 밑돌았지만, 최근에는 20%를 웃돌고 있다. 생산 프로세스들은 점점 더 세분되고 있다. 기업들은 제품을 한 장소에서 생산하지 않고, 생산 과정을 세분화해서 비용 면에서 가장 효과적인 곳에서 이를 생산하거나 구매한다. 바비(Barbie) 인형 생산을 예로 들어 보자.

이 인형은 캘리포니아 주 엘 세군도에 소재한 마르텔(Martel) 본사에서 디자인된다. 대만에서 원유가 에틸렌으로 정제되고 인형의 몸통을 생산하는 플라스틱 알갱이로 변환된다. 나일론 머리칼은 일본에서 만들어지고, 의복에 사용될 면직물은 중국에서 만들어진다. 인형 주조 틀과 인형 장식에 사용될 페인트 안료, 그리고 포장용 판지는 미국에서 만들어진다. 조립은 인도네시아와 말레이시아에서 이루어진다. 마지막으로, 이 인형들은 캘리포니아에서 품질이 테스트되고 그곳에서 전 세계로 마케팅된다.[1]

상품뿐만 아니라 서비스 분야에서도 교역이 증가했다. 종전에는 거래될 수 없는 것으로 생각되었던 많은 분야에서(특히 인도로의) 외주가 극적으로 성장하였다. 뱅갈로에서 설립된 회사들이 금융 기관과 철도 시간표 문의 콜센터, 국제 회계와 법무 법인들의 백오피스, 컴퓨터 지원 및 소프트웨어 개발 원천, 그리고 병원의 X-레이, 세금 소득 신고, 그리고 주식 시장 행태 분석 장소가 되었다. 같은 기간에 정교한 금융 신상품들이 개발되어 국제 금융 자금 흐름이 무역 거래보다 급속히 확대되었다. 이에 대해 한 비평가는 중국, 인도 및 과거 공산권 국가들의 세계 경제 진입 결정으로 과거 소비에트 권에서 2억 6천만 명, 인도에서 4억 4천만 명, 그리고 중국에서 7억 6천만 명의 노동력이 더해짐에 따라 과거 25년 동안 세계 노동력이 두 배로 늘어나게 되었다고 논평하였다.

경제 자유화, 자본 증가, 신기술

세계화의 원동력은 경제적 자유화, 자본 흐름 증가, 그리고 신기술이라는 요소들의 결합이었다. 과거 25년 동안 정부들은 규제 완화, 민영화, 자유화를 통해 자국의 경제를 강화하기 위해 신중한 조치를 취했다. 이러한 조치들은 정부의 소유권과 통제를 축소시켰고 시장의 범위를 확대했다. 민영화는 1980년에야 시작되었지만, 오늘날 대부분의 국가들은 자국의 회사들과 큰 섹터들을 민영화했다. 동시에, 기업가들과 회사들은 보다 높은 수익을 찾아서 신흥시장에 대한 투자를 늘렸다. 헤지 펀드와 사모 주식 투자 펀드라는 각기 1조에서 2조 달러 규모의 거대한 신규 자본 풀(pool)이 성장했다. 헤지 펀드는 연기금이나 뮤추얼 펀드와 같은 전통적 기관 투자자들에게는 열려 있지 않았던 전략들 및 투자 수단들을 사용하여 투자할 수 있다. 구조조정을 통해 회사들의 소유가 바뀌고 효율성을 제고함에 따라 사모 펀드, 즉 미공개 기업에 대한 투자가 경제의 변혁에서 중요한 역할을 하고 있다. 과거에는 외국인 투자는 국가 기반 시설 프로젝트나 정부 결손 자금 조달을 위한 용도인 경향이 있었다. 그러나 오늘날에는 헤지 펀드와 사모 펀드의 성장으로 외국인 투자 자금이 광범위한 섹터 및 주식, 채권 및 파생 상품 등 다양한 금융 상품에 투자될 수 있게 되었다.

마이크로 전자 공학의 발전과 컴퓨터, 통신 및 정보 기술의 융합과 관련된 새로운 기술이 없었더라면 이러한 발전들은 불가능했을 것이다. 새로운 기술은 새로운 아이디어에 기초한다. 토마스 프리더먼은 『세계는 평평하다』(The World is Flat)라는 자신의 저서에서 새로운 아이디어의 힘이 어떻게 인터넷, 소프트웨어 개발 및 검색 엔진을 낳고, 디지털 통신, 이동 통신, 개인 통신 및 가상 통신의 발전으로 이어졌는지를 보여준다.[2] 이들은 나아가 국가들 사이에 훨씬 공평한 경쟁의 장을 만들었으며, 아웃 소싱, 새로운 공급 사슬, 그리고 새로운 재고 통제 방법을 가져왔고, 이는 전 세계적으로 극적인 비용 감소로 이어졌다.

새로운 기술은 나아가 변화의 속도를 높였다. 몇 가지 구체적인 예를 들어 보면 아래와 같다.

- 해외여행을 하는 사람들의 수는 1980년에는 2억 6천만 명이었는데 1996년에는 6억 명으로 배가되었는 바, 이는 세계 인구의 대략 10%에 해당하는 숫자이다.
- 1990년에서 1996년 사이에 해외 통화 시간은 230억 분에서 700억 분으로 늘어났다.
- 런던에서 뉴욕까지 3분 동안의 통화 요금은 1960년에는 50달러, 1990년에는 3달러, 1996년에는 35 센트로 떨어졌다.[3]

글로벌 빈곤 퇴치 운동

세계화의 규모와 영향은 동시에 많은 국가들, 특히 사하라 사막 이남의 아프리카 국가들의 고질적인 빈곤을 조명하였다. 글로벌 빈곤은 제2차 세계대전 이후의 재건 이래 국제 사회의 관심사였으며, 국제 사회는 국제 부흥 개발 은행(세계은행: IBRD), 국제 통화 기금(IMF), 국제 무역 기구(WTO)의 전신인 관세 및 무역에 관한 일반 협정(GATT)을 설립하였다. 해외 원조는 1948년에 트루먼 대통령의 마샬 플랜에 의해 시작되었다.

1990년대까지 해외 원조는 꾸준히 성장했으며, 세계은행의 영향력과 자산 규모도 성장하였다. 그러나 해외 원조는 점점 큰 비난을 받기 시작하였다. 원조가 개발도상국들의 빈곤을 감소시키지 못했을 뿐만 아니라, 경제생활의 정치화와 부패 증가를 조장했다. 1980년에서 2004년 중 데이터 입수가 가능한 기간 중에 47개의 사하라 이남 아프리카 국가들의 1인당 평균 GDP는 제로 또는 마이너스 성장을 보였다. 이러한 문제들에 대한 대응으로 1990년대에 기부 국가들의 해외 원조가 GDP에서 차지하는 비중이 낮아졌다.

21세기가 도래하자 많은 사람들이 이 문제 및 관련 이슈들을 다루기 시작하였다. 2000년을 앞둔 몇 년 동안, 희년(Jubilee) 캠페인이 G8 국가들에게 많은 국가들의 부채를 구조조정하거나 면제하라고 압박했다. 2000년의 UN 밀레니엄 정상 회의에서 147명의 국가수반들과 189개국이 2015년까지 세계의 빈곤을 감소시키기로 공동으로 서약하는 밀레니엄 선언에 서명했다. 이 선언은 기아(飢餓)와 빈곤 축소, 보편적 기초 교육 제공, 질병 처리 및 깨끗한 물 공급을 서약하는 일련의 목표를 세웠다. HIV/AIDS, 결핵 및 말라리아와 싸우고 초등 교육을 제공하기 위한 기금이 설치되었다. 미국은 또한 밀레니엄 챌린지 계좌(Millennium Challenge Account)를 설치했다. 모든 G8 국가들 또한 개발도상국들을 지원하기 위해 무역 장벽 완화를 겨냥한 무역 자유화에 관한 도하 개발 라운드에 대한 지지를 표명했다.

밀레니엄 개발 목표(Millennium Development Goals) 충족의 진전은 일부 국가들, 특히 사하라 이남 아프리카 국가들에서는 극히 미미해서 이들 목표가 향후 수년 내에 달성될 것으로 보이지 않는다. 이에 대응하여, 당시 영국 재무장관 고든 브라운(Gordon Brown)은 국제 금융 기구(International Finance Facility)를 제안했으며, 전 영국 수상 토니 블레어(Tony Blaire)는 고든 브라운에 합세하여 2004년에 아프리카 위원회(Commission for Africa)를 설립하였다. 2005년에는, G8 의장국이 된 영국이 아프리카를 2개의 G8 주요 의제 중 하나가 되게 했다. 이 이슈는 또한 보노(Bono)와 밥 겔도프(Bob Geldof)가 주도한 "빈곤 퇴치 운동" 캠페인의 이유였고, 2005년의 일련의 Live Aid 콘서트가 다른 어느 대륙들보다 아프리카에 중점을 둔 이유였다. 2006년에는, 세계의 비즈니스 리더들이 아프리카의 경제 발전과 HIV/AIDS 퇴치를 위한 클린턴 대통령의 조치를 지지하며 2억 달러가 넘는 금액을 기부하기로 했다.

세계의 가난에 대해 지금 조치를 취하자는 운동은 모든 대륙, 정치적 취향, 인종, 사회 계급 및 세대에 속한 사람들의 열망을 표현한다. 부시 대통령은 2005년 7월의 글레니글스(Gleneagles) 정상회의 직전의 인터뷰에서 모든 부유한 국가들을 대표하여 이렇게 말했다. "많은 것이 주어진 자에게 많은 것이 요구됩니다."

세계화에 대한 비판

세계화는 큰 논쟁거리가 되어 왔으며 많은 비판을 받아 왔다. 이에는 제노아, 구텐베르크, 그리고 워싱턴에서 발생한 IMF 및 세계은행 회의에 반발한 폭력적인 가두 시위에서 런던 경제 대학교의 데이비드 헬드(David Held)와 노벨 경제학상 수상자이자 전 세계은행 수석 경제학자 조셉 스티글리츠(Joseph Stiglitz)와 같은 사람들의 보다 이성적인 주장까지 다양한 입장이 있다. 스티글리츠는 거리낌 없이 세계화를 비판해 왔다. 그는 세계화 자체에 반대하는 것은 아니지만 세계화가 일어나고 있는 방식에 대해 비판적이다.

세계의 여러 지역에서, 지금까지 진행된 세계화는 악마와의 계약처럼 보인다. 이들 국가에서 더 부유해진 사람은 소수에 지나지 않는다. GDP는 나아졌지만, 삶의 방식과 기본적인 가치들이 위협당하고 있다. 일부 지역에서는 세계화의 이익은 미미한 반면 그 비용은 뚜렷이 느낄 수 있다. 세계 경제 안으로의 밀접한 통합이 변동성과 불안, 그리고 불평등을 키웠다. 세계화는 근본적인 가치마저 위협하고 있다.[4]

이러한 비판들은 세계화의 사회적 측면들에 관한 세계 위원회(World Commission on the Social Dimension of Globalization)에 의해 표명된 견해와 다르지 않다.

세계화는 국제적 및 국내적으로 소득 불균등을 낳고 있다. 부가 창출되고 있기는 하지만 너무 많은 국가들과 사람들이 이의 이익을 공유하지 못하고 있다. 그들은 이 과정의 모습을 정하는 데 아무런 목소리도 내지 못하거나 목소리를 거의 내지 못한다… 이러한 세계적 불균형은 도덕적으로 받아들여 질 수 없으며 정치적으로 지속될 수 없다.[5]

Centesimus Annus(백주년)를 발표한 12년 뒤에, 교황 요한 바오로 2세는 세계화라는 주제로 되돌아왔다. 그는 "세계화 자체가 문제는 아니다"라는 점을 인정하면서도, 세계화가 "가난한 사람들의 상황을 악화시키고, 기아와 가난, 그리고 사회적 불평등 상황 해결에 충분히 기여하지 못하며, 자연환경을 보호하지 못한다"고 주장한다. 그는 세계화를 적절히 지도할 거버넌스 메커니즘이 없기 때문에 이러한 어려움들이 일어난다고 제시한다.[6] 세계화에 대한 보다 보편적인 비판들은 다음과 같다.

- 세계화를 규율하는 게임의 규칙은 부유한 국가들에게 유리하고 가난한 국가들에게 불리한 쪽으로 기울어져 있다.
- 세계화는 주요 영역에서 개발도상국들의 주권을 훼손했기 때문에 민주주의를 약화시켰다.
- 세계화는 명백한 환경 위기를 촉진하고 있다.
- 세계화는 개발도상국 정부들에게 부적절하고 해로울 수 있는 민영화, 자유화 및 자본 통제 제거와 같은 정책을 시행하도록 강요했다.
- 세계화는 부유한 국가들에게 개발도상국들의 수출을 막는 보호주의 정책을 제거하도록 강제하지 못했다.
- 세계화는 2003년의 이라크 침공에서 보여주듯이, 제2차 세계대전 이후 UN의 설립으로 확립된 국제 질서를 위협한다.

이러한 비판이 어느 정도 타당한지와는 별도로, 세계화는 확실히 문화에 영향을 주었다.

기술의 변화는 종종 업무 관행과 라이프스타일을 전통과는 현저히 다르게 변화시켰다. 영어가 세계화의 지배적인 언어로 떠올랐지만, 영어 사용 증가는 소수 민족 언어에 대한 도전을 부여한다. 세계화는 국가, 인종 및 문화가 다른 사람들에게 전례 없는 빈번한 접근을 허용했다. 위성 및 케이블 TV로 인해 세계의 어느 곳에서나 세계의 뉴스들에 실시간으로 접근할 수 있게 되었다.

교황 요한 바오로 2세는 세계화가 문화에 미치는 영향에 관한 교회의 특별한 우려를 아래와 같이 표명했다.

교환 메커니즘으로서의 시장은 새로운 문화의 매개체가 되었다. 많은 관찰자들이 시장 논리의 간섭적이고 침략적인 성격을 지적하는데, 이는 모든 수준에서 인간 공동체에서의 자원 봉사 및 공적인 행동이 자리 잡을 여지를 점점 더 축소시킨다. 시장은 자신의 사고방식과 행동 방식을 부과하며, 행동에 자신의 가치 척도를 날인한다. 시장에 종속하는 사람들은 종종 세계화가 자신들을 보호해 왔던 사회 규범 및 자신에게 삶의 방향을 주었던 문화적 기준점을 위협하는 파괴적인 홍수라고 본다.[7]

그는 계속해서 세계화로 기술 변화가 초래되어, 문화가 대응할 수 없을 정도로 급속하게 관계가 변하고 있다고 주장한다. "개인과 중개자 집단이 중심을 유지하려면 사회적, 법률적, 문화적 안전장치(공동의 선을 방어하기 위한 사람들의 노력의 결과물)가 필수적이다." 그러나 세계화는 새로운 노동 방식과 생활방식을 도입하기 때문에, 이러한 안전장치들을 파괴할 위험이 있다.

세계화는 경제면에서 성공적이었는가?

Centesimus Annus는 세계화가 "보다 큰 번영에 대한 이례적인 기회들"을 만들었다는 점을 인정한다. 이 회칙은 한 때는 가난한 국가들이 자신을 세계 시장으로부터 고립시킴으로써 발전할 것이라고 보았으나, "이 견해가 틀린 것으로 밝혀졌다"고 밝힌다(CA 58). 이 회칙은 "최근의 경험은 고립된 국가들은 정체와 후퇴를 겪었으나, 발전을 경험한 국가들은 국제 차원에서 일반적으로 상호 관련된 경제 활동들에 참여하는 데 성공한 국가들이었음을 보여준다"고 첨언한다(CA 55). 이 판단은 2003년 5월에 세계화 자체가 문제는 아니지만, "가난한 사람들의 상황을 악화시키고, 기아, 빈곤 및 사회적 불평등 해결에 충분히 기여하지 못하며, 자연환경을 보호하지 못하는 세계화를 지켜보는 것은 심란했다"는 진술에 의해 완화되었다.[8]

세계화가 경제 성장에 기여한다는 증거가 아주 확실한 것은 아니지만, 자신 있게 상당히 강력한 진술을 할 수 있다. 현재의 세계화 시기는 1978년에 중국이, 특히 농업 부문에서, 경제 개혁을 도입하고 무역 및 투자에 대해 점진적으로 문호를 개방하기로 한 결정으로 상징되는 1970년대에 시작되었다. 그 이후 다른 나라들도 중국의 뒤를 따랐으며, 두 가지 추세가 명백해졌다. 하나는 무역 및 투자에 대해 문호를 개방하기로 한 국가들은 대체로 높은 경제 성장률의 혜택을 누렸다. 다른 하나는 가난을 감소시킨 주요 요소는 해당 국가의 경제 성장률이었다는 점이다. 즉, 한 국가의 경제 성장률이 높을 수록, 가난이 보다 급속히 감소했다.

무역 자유화와 성장 증가가 연결되어 있다는 증거는 세 개의 원천에서 나온다. 하나는 개별 국가들의 경험이다. 모택동 주석 영도 하의 중국은 사회주의 경제의 모델이었다. 이 경제 체제는 회사들의 공적 소유, 농업 및 토지의 대규모 공영화, 중앙 국가 계획, 가격 및 임금 통제, 무역 및 해외 투자 장벽, 그리고 중국을 세계의 다른 부분들로 단절시키는 보다 내향적 외교 정책으로 특징지어졌다. 등소평이 농업 부문의 대대적 개혁 도입과 대외 무역 및 투자 자유화를 통해 이 정책을 바꾸기로 결정한 이후, 중국 경제는 괄목할 만하게 성장했다. 1978년 이후, 중국의 평균 1인당 실질 GDP 성장률은 연 9.6%였다. 수출은 훨씬 더 빠르게 성장했다. 오늘날 중국으로의 해외 투자는 연 500억 달러에 달하는데, 이 액수는 대략 부유한 국가들이 보다 가난한 국가들에 제공하는 해외 원조 총액에 맞먹는 금액이다. 중국의 경험에 비해 그리 극적이지는 않지만, 인도의 경험도 이와 다르지 않다. 1991년 전의 인도의 정책은 페이비언 사회주의(Fabian socialism)에 크게 영향을 받았다. 이 정책은 경제생활의 거의 모든 국면에 대한 전면 통제에 기반하였다. 수출, 수입 및 생산에 인가가 필요했다. 1960년대에는 경제 성장률이 연 1.4%에 지나지 않았고, 1970년대에는 이보다 훨씬 나빠져서 연 0.3%의 후퇴를 경험했다. 인도 정부는 1991년에 대부분의 인가 폐지, 관세 축소, 성공적인 회사들에 대한 확장 허용 등 광범위한 개혁을 도입하기로 결정했다. 인도의 연 평균 실질 GDP 성장률은 1990년대에는 약 4%로 상승하였으며, 2000년 이후에는 6%를 넘고 있다. 인도와 중국은 문호 개방으로 이익을 본 국가들에 대한 가장 최근의 극적인 예다. 최근의 다른 예로는 멕시코, 베트남, 그리고 우간다를 들 수 있다. 1950년대 및 1960년대에 홍콩, 싱가포르, 남한과 대만이 이들에 앞서 문호를 개방하였다. 이들 국가의 경험이 등소평이 광범위한 개혁을 도입하기로 결심하는 데 중요한 역할을 했다.

무역 개방과 성장 증가가 연결되어 있다는 증거의 두 번째 원천은 국가간 통계적 분석이다. 수출과 수입을 현저하게 증가시킨 국가들은 성장률이 가속화하는 것을 경험했다. 137개국에 대한 분석에서, 세계은행 경제학자 데이비드 달러(David Dollar)와 아트 크라이(Aart Kraay)는 교역 증가와 보다 급속한 성장이 연결되어 있으며, 가난한 사람들이 소득 증가를 공유하고 있음을 발견했다.[9]

마지막 정보는 개별 회사들에 대한 연구에서 나온다. 많은 개발도상국 회사들의 한

가지 특징은 특정 산업에 속한 회사들의 생산성 수준이 매우 다르다는 것이다. 매우 효율적인 회사들도 있고 그렇지 않은 회사들도 있는데, 그 이유는 회사들 사이의 경쟁이 제한되는 경향이 있기 때문이다. 무역 자유화가 도입되면, 회사들이 해당 산업에 들어오기가 훨씬 쉬워져서 고비용의 비효율적 생산자들을 밀어낸다. 민영화 및 규제 완화가 수반된 무역 자유화는 대개 더 많은 경쟁을 만들어 내고, 혁신에 대한 자극제 역할을 한다. 그 결과 보다 급속한 경제 성장이 이루어진다.

경험적 연구에서 알 수 있는 두 번째 전반적인 추세는 세계화를 통해 얻어진 성장 증가가 빈곤 감소에 큰 영향을 준 방식이다. 데이비드 달러는 1977-1978년에는 인도와 중국에 하루에 1달러 미만으로 사는 사람들이 대략 10억 명이었다고 추정한다. 1997-1998년에는 이 숫자가 대략 6억 5천만 명으로 줄어들었다. 더 놀라운 점은 동일한 기간 동안 이 두 국가들의 인구가 7억 명이 증가했다는 사실이다. 이 점을 달리 표현하자면, 하루에 1달러 미만으로 사는 사람의 인구 비중은 1977-1978년에는 62%였는데 1997-1998년에는 29%로 떨어졌다. 스티글리츠와 같이 세계화에 대해 비판적인 사람들도 세계화에 기인한 중국의 빈곤 감소에 대해 얘기한다.

> 중국의 빈곤 감소는 정말 주목할 만하다. 하루 1달러라는 기준에 따른 빈곤 계층의 수는 6억 3천 4백만 명에서 2억 1천 2백만 명으로 줄어들었다. 유럽이나 아메리카 대륙 전체의 인구보다 많은 사람들이 절대 빈곤에서 벗어났다.[10]

달러와 크라이도 세계화가 80개 국가의 가장 가난한 5분위 계층에 미친 영향을 연구해서 세계화가 많은 빈곤 계층의 형편을 개선했음을 발견했다. 그들은 평균 소득이 올라갈수록, 보통의 가난한 사람들의 소득도 이에 비례하여 올라간다. 즉 성장은 가난한 사람들에게 직접적인 혜택을 준다는 것을 발견했다. 그들은 또한 국가가 무역 및 투자를 더 많이 개방할수록, 가난한 사람들에 대한 혜택도 커지는 경향이 있음도 발견했다.

> 이것은 먼저 부유한 사람들이 더 부유해지고 궁극적으로 혜택이 가난한 사람들에게도 돌아감을 시사하는 "낙수" 프로세스가 아니다. 이와 반대로 사유 재산권, 안정 및 개방은 직접적이고 동시적으로 가난한 가계들에 좋은 환경을 만들어 주고 그들의 생산성 및 소득을 올려 준다는 증거가 있다.[11]

세계화: 기독교적 분석

세계화의 성장 및 가속화, 그리고 빈곤 퇴치에 대한 의견 일치의 출현은 확실히 Centesimus Annus(백주년)가 발표된 이후에 전개된 두 가지 새로운 방향이었다. 이 새로운 전개에 대해 다섯 가지의 뚜렷한 기독교적 시각을 제안하고자 한다.

1. 세계화는 도덕적 합법성을 가지고 있으며, 이것이 세계화가 성공한 토대이다.

Centesimus Annus는 공산주의의 패배 원인 중 하나는 공산주의의 사회주의 경제 시스템의 비효율성 때문이라고 올바르게 인식한다. 이 회칙은 "개별 국가 차원 및 국제 관계 차원에서, 자유 시장이 자원 활용 및 필요에 효과적으로 대응함에 있어서 가장 효율적인 도구"임을 인정한다(CA 34). 이 회칙은 이를 다음과 같이 설명한다. "시장 메커니즘은 몇 가지 장점을 제공한다. 즉, 자원을 보다 잘 이용하도록 도와주고, 상품의 교환을 증진한다. 무엇보다도 시장 메커니즘은 개인의 욕구들과 선호들이 계약 안에서 다른 사람의 욕구와 선호들을 충족시켜 주는 중심지를 제공해 준다"(CA 40). 이 회칙은 나아가 시장 경제[12] 확립이 종전의 소비에트권 국가들뿐만 아니라 제3세계 국가들의 목표도 되어야 하는지에 관한 질문을 제기한다. 이에 대한 대답은 명확하지만 복잡하다.

> "자본주의"가 경제 섹터에서 자유로운 인간의 창의성뿐만 아니라 기업, 시장 및 사유 재산의 근본적이고 긍정적인 역할과 이에 따르는 생산 수단의 책임을 인식하는 경제 시스템을 의미한다면, 이에 대한 대답은 확실히 긍정적이다…. 그러나 "자본주의"가 경제 부문에서의 자유는 전체로서의 인간의 자유에 봉사해야 하며, 윤리와 종교를 핵심으로 하는 자유의 특별한 측면임을 아는 강력한 법적 틀 안에서 제한되지 않는 시스템을 의미한다면, 이에 대한 대답은 확실히 부정적이다(CA42).

이 진술은 단지 경제적 관찰만이 아니라, 신학적-인류학적 통찰력에 기반을 두고 있다. 시장 경제가 성공적으로 부를 만들어 내는 이유는, 시장 경제가 인간의 존엄과 자유, 재산권의 중요성, 사람의 창의력과 기업가 정신, 그리고 노동의 의무와 존엄을 존중하기 때문이다. 경제생활에 대한 이 모든 성경의 원칙들은 가톨릭 교회의 사회적 가르침에 있어서 중심 위치를 차지한다. 20세기 후반에 유럽에서 시장 경제가 성공한 이유는 유럽 국가들이 이 원칙을 구현했기 때문이며, 같은 기간 동안 공산주의 경제가 실패한 이유는 그들이 이 원칙들을 거부했기 때문이다.

세계화는 시장 경제를 국가들 사이의 경제 관계에 자연스럽게 확장한 것이다. 1978년 이후의 중국과 1990년대 초반 이후의 인도에서의 세계화 성공과, 이들 국가에서의 그 이전의 사회주의의 실패 이유는 Centestmus Annus(백주년)가 20세기 유럽에서의 시장 경제의 성공과 사회주의의 몰락 원인으로 파악한 것과 정확히 일치한다. 중국 및 인도뿐만 아니라, 세계화를 포용함으로써 성공적으로 빈곤을 감소시켰던 제3세계 국가들은 자국 경제의 민간 부문 확대, 사유 재산권 강화, 무역 및 투자 개방 그리고 기업가들에게 자신의 노동 및 리스크 감수에 대한 보상을 수확할 인센티브 제공을 통해 이를 이뤄냈다.

물론, 시장은 그 자체로는 충분하지 않다. 시장은 각 사람의 존엄을 존중하고, 사회 정의 규범을 구현하며, 그 핵심에 레오 8세가 "우정"이라고 명명했고, 피우스 6세가 "사회적 자선"이라 명명했으며, 바오로 6세가 "사랑의 문명"이라 불렀고, 교황 요한 바오로 2세가 "연대"라 부른 지배적인 기풍을 가지고 있는 도덕적인 문화 안에 구현될 필요가 있다. 그러나 이러한 원칙들을 염두에 둘지라도, Centesimus Annus의 자본주의와 공산주의 분석이 시사하는 바는 확실히 세계화를 환영하며, 세계화와 시장 경제가 동일한 토대 위에 기초를 두고 있기 때문에 세계화의 도덕적 합법성은 시장 경제의 합법성에 직접적으로 비교될 수 있음을 인정한다는 점을 주목해야 한다. 세계화에도 단점은 있지만, 세계화의 도덕적 합법성 인정이 세계화에 대한 평가의 출발점이 되어야 한다.

2. 자유 시장 철학은 인간의 존엄을 충분히 반영하는 도덕적 및 문화적 토대를 제공해 주지 못하기 때문에 세계화의 적절한 토대가 아니다.[13]

Centesimus Annus는 전체 경제생활은 기독교 계시와 올바른 이성에 기반한 도덕 질서의 일부라고 주장한다. 이에 반해, "자유 시장 철학"이라 해도 무방한 견해는 기본적으로 많은 점에서 기독교적 관점과 충돌하는 세속적 세계관이다. 시장이 순전히 물질적이고, 경제적 자유가 자율적이고, 전혀 관련이 없으며 신앙 및 이성을 통해 알 수 있는 객관적 도덕 질서에 붙어 있지 않는 윤리적/문화적 시스템 안에 구현될 경우, 그 결과 경제적 불공평과 인간 소외가 초래될 것이다. 세계화가 완전히 물질적이고, 인간을 분배적 정의에는 별로 관심을 기울이지 않는 자유주의적 시각 안에 구현될 경우, 세계화에는 결함이 있게 될 것이다.

내가 염두에 두고 있는 시나리오는 시장이 어떠한 외부의 기준들의 간섭도 받지 않고, 효용을 극대화하는 개인들이 구매자와 판매자로서 어떠한 도덕적 요구도 받음이 없이 자신의 선택을 하는 것으로 간주되는 사회 안에 존재하는 경우이다. 아마도 이러한 입장에 대한 최근의 가장 명확한 설명 및 방어는 오스트리아의 철학자이자 경제학자인 프리드리히 하이에크(Friedrich Hayek)의 저작들일 것이다. 비록 밀턴 프리드먼이 이 입장을 대중화시켰지만, 이 입장의 가장 예리한 철학자는 하이에크이다. 경제생활의 기원은 시간의 안개 속에 가려져 있지만, 하이에크는 자본주의의 성장(그는 이 용어를 경제적 생활만이 아니라 그 기반이 되는 도덕적 시스템과 제도들도 의미하는 것으로 사용한다)을 전체적인 계획이나 이에 대한 디자인이 없이 발생한 자생적 질서로 본다. 경제 영역에서의 이 자생적 질서는 사회 영역에서의 언어, 화폐 및 법률의 성장 또는 물질세계에서 수정(水晶)이나 유기체의 성장, 그리고 생물학적 종의 진화에 비교할 만하다.

가장 중요한 점은 하이에크는 이 자생적 질서에 어떤 궁극적 목적이 있다고 믿지 않는다는 것이다. 이 질서는 추구할 목적을 가지고 있지 않다. 이 질서는 단지 자신의 특정 목표들을 추구하는 수많은 개인들의 소망을 표현할 뿐이다. 그 결과 자생적 질서의 산출물 즉, 생산 및 소비 그리고 그에 따른 소득과 부의 분배는 효용의 견지에서 또는 "진보"에 호소하여 정당성을 발견한다. 하이에크는 자유에 대한 자신의 믿음은 "특정 상황들에서 예견할 수 있는 결과들에 근거하는 것이 아니라 자유가 대체로 나쁜 쪽보다는 좋은 쪽으로 더 많은 힘을 행사할 것이라는 믿음에 근거한다"라고 했다.[14] 따라서 그가 강제 최소화를 정당화하는 것은 다소 실용주의적이다. 자유가 진보를 위해 필수적이라는 하이에크의 방어에 대한 실용주의적 근거의 타당성은 차치하더라도, 하이에크는 진보의 내용에 대해서는 놀라울 정도로 거의 아무 말도 하지 않는다. 그는 심지어 "자연에 대한 지식 및 지배력의 누적된 성장이라는 면에서의 진보라는 말은, 새로운 상태가 우리에게 과거보다 더 많은 행복을 줄 것인지에 대해서는 거의 아무 말도 해 주지 않는 용어이다"라고 인정한다.[15]

그러나 하이에크에게는 이것이 문제되지 않는다. 더 중요한 것은 "각각의 순간에 달성할 수 있는 것으로 보이는 것을 위한 성공적인 노력" 또는 "움직임을 위한 움직임"이다.[16]

이는 몇 가지 매우 중요한 문제들에 대해 답변하지 않은 채로 남겨둔다. 사람들은 어디로 가는가? 그들은 그 과정에서 무엇이 되는가? 더욱이, 이 틀 안에서는 세계화가 이성(크리스천은 이에 신의 계시를 추가한다)을 통해 알 수 있는 도덕과는 무관한 순전히 자연적이고 자생적인 프로세스로 이해된다. 따라서 세계화는 그 자체에 맡겨지게 된다.

하이에크가 경제 발전의 복잡성을 지적한 점은 옳다. 인간의 운명을 개선하려는 정치인들의 선의의 시도로부터 종종 의도하지 않은 재앙적인 결과가 초래된다는 그의 관찰도 주의 깊게 읽어볼 가치가 있다. 그러나 시장의 자율성에 관한 하이에크의 기본 주제는 기독교의 가르침과 조화하기 어렵다. 효용 및 진보, 그리고 때로는 관습에 호소하는 외에는, 하이에크는 그것에 의해 경제활동들이 판단되어야 하는 외부의 도덕적 기준을 거부한다는 점을 명백히 밝힌다. 하이에크에게는 도덕적 삶의 요구들은 이 시스템 "외부에서" 결정되는 "영원불변한" 것이 아니다. 그보다는 이 요구들은 변화하는 상황들에 대한 적응 과정과 거의 다원적인 사회적 선택 과정의 산출이다.

세계화와 이에 의해 촉진된 문화가 오로지 인간, 인간의 본성, 인간의 운명에 대한 이와 같은 관점 안에만 뿌리를 둘 경우, 세계화는 다음과 같은 형태를 띠게 될 것이다. 첫째, 세계화는 옳고 그름, 공정과 불공정, 도덕과 부도덕에 관해 판단할 외부의 기준을 가지지 않을 것이다. 둘째, 외부의 개입이 없이는 세계화가 온화한 과정이 되리라는 보장이 없을 것이다. 이 과정은 거의 도덕과는 관계없이 그저 "변화하는" 것으로 간주될 것이다. 셋째, 신앙과 이성에 의해 부여된 도덕적 및 문화적 진리를 빼앗긴 자유로운 세계에서, 세계화가 시장 질서에 필요한 가치들을 생성해낼 도덕적 신념의 발전을 이끌어 내리라고 믿을 수 없다.

하이에크는 인간의 본질에 대해 인간은 생물학적 및 문화적 진화의 산물이라는 말 외에는 별다른 말을 하지 않는다. 그의 마지막 저술인 『치명적 자부심』(The Fatal Conceit)이라는 예외를 제외하면, 하이에크의 저술들은 무엇이 인간을 다른 종(種)들과 구별되게 하며, 인간을 지상의 다른 모든 생물들보다 본질적으로 위대하게 해 주는 존엄성을 부여하는지에 관한 강력한 통찰력을 담고 있는 일련의 종교적 및 세속적 전통들에 별로 관심을 기울이지 않는다. 그러나 사람에게 초월성의 능력이 없거나, 세계화된 세계에서의 노동이 막스 웨버(Max Weber)가 "현대 자본주의의 철장"이라고 부른 세계 안에서 수행되거나, 세계화가 궁극적으로 소비자 운동이 지배하는 문화의 발전으로 귀결된다면, 세계화가 경제적 관점에서는 아무리 성공적이라 할지라도 삶에서 비경제적, 비물질적 의미가 빼앗기게 될 것이고, 인간이 인간을 참으로 인간되게 하는 도덕적, 영적, 문화적 측면들로부터 소외되게 할 것이다. 요한 바오로 2세는 Centesimus Annus에서 이렇게 말했다.

> 경제적 자유는 인간의 자유의 한 요소일 뿐이다. 자유가 자치적이 되고, 인간이 살기 위해 생산하고 소비하는 주체가 아니라 상품의 생산자나 소비자로 여겨지면, 경제적 자유는 인간에게 필요한 관계를 상실하고 인간을 소외시키고 압제하게 된다. (CA 30)

3. 세계화의 성장은 글로벌 거버넌스 개선이 필요함을 시사한다.

Centesimus Annus는 세계화가 보다 크게 번성할 수 있는 이례적인 기회를 제공함을 인정한다. 그러나 이 회칙은 다음과 같이 덧붙인다. "경제의 국제화가 진전됨에 따라, 경제가 공동의 유익이 되도록 감시하고 지도할 효과적인 국제기구가 있어야 한다고 생각하는 사람들이 늘어나고 있다(CA 58). 개별 국가는 이 기능을 수행할 위치에 있지 않다. 요한 바오로 2세가 착상한 유형의 거버넌스가 갖춰지려면, 세 가지 변화가 필요하다.

1. 강대국들 사이의 조정이 늘어나야 한다.
2. 국제기구의 거버넌스에 가난한 국가들이 적절히 대변되어야 한다.
3. 가난한 국가들이 국제 시장에서 차지하는 비중이 작은 경우에도 국제기구들은 의사 결정 시 가난한 사람들의 필요를 충분히 고려해야 한다.

교황 요한 바오로 2세는 십 년 뒤에 이 주제를 재차 언급했다. 그는 우리가 살고 있는 세계화된 세상에서 "시장 경제는 거의 모든 세계를 정복한 듯하다"는 것을 발견하고 "이 세상은 시장 및 그 논리의 승리를 숭배한다"고 말했다. 그는 뒤에 이렇게 덧붙였다.

> 세계화 자체는 문제가 아니지만, 세계화에 적절한 방향을 제시할 효과적인 메커니즘 결여로 어려움이 발생한다. 세계화는 모든 인간의 진정한 진보를 추구하는 정치적, 문화적 프로그램의 보다 큰 맥락 안으로 삽입되어질 필요가 있다.[17]

거버넌스 개선 요구는 국가 정부, 국제 위원회, 중앙은행, 학계, 연구소, 언론인, NGO등 다양한 원천으로부터 나왔다. 가장 급진적인 요구는 데이비드 헬드와 같은 사회 민주주의자로부터 나왔는데,[18] 그는 개발된 국가들과 덜 개발된 국가들 사이에 새로운 "글로벌 사회 계약"과 새로운 글로벌 "서약"을 위한 거대한 계획을 제안했다. 이 계획에는 기존 글로벌 기구들의 민주적 개혁과 환경, 이민, 안전 및 UN 자체의 개혁을 다루기 위한 새로운 국제기구들의 창설이 포함되어 있다.

이 계획에는 정의라는 아이디어가 밀접히 연결되어 있다. 크리스천들에 있어서, 정의는 게임의 규칙을 공평하게 하는 것 이상을 의미한다. 정의는 또한 결과에 관한 것이기도 하다. 이는 게임을 할 자격이 없는 사람들에게 무슨 일이 일어나는지에 관한 것이다. 이는 또한 게임을 하지만 상처를 받는 사람들에 관한 것이다. 정의는 성공적인 사람들을 위한 보상만이 아니라, 모든 사람의 공동 선에 관한 것이다. 세계화가 정의로우려면 가난한 사람들의 입장을 들어주는 것만으로는 충분하지 않고, 가난한 사람들에게 힘이 부여되어야 한다. 하나님의 형상대로 창조된 각 사람은 책임이 있는 인간으로 창조되었다. "네 이웃을 너 자신과 같이 사랑하라"는 명령은 책임의 토대로서 합법적인 자기애(自己愛)를 가정한다. 책임은 각 개인으로부터 먼저 가족에 확대되고, 다음에는 지역 공동체, 국가, 그리고 궁극적으로 세계로 확대된다.

4. 우리의 양심의 상처인 세계의 빈곤 스캔들은 긴급하게 다루어져야 한다.

세계의 빈곤은 우리 양심의 상처로 남아 있다. 가난한 사람들과 소외된 사람들에 대한 크리스천들의 책임("가난한 사람들을 위한 특별 대우")은 "해방 신학" 및 이와 관련된 마르크스주의 조직에서 비롯되지 않았다. 오히려 이는 Centesimus Annus, 2천년의 기독교 전통 및 관행의 반복적인 주제이며, 예수 자신의 가르침을 충실하게 반영한다. 예수는 공적 사역을 시작할 때 자신이 자라났던 나사렛에 돌아와서 안식일에 구약 성경의 이사야의 예언에 기초해서 다음과 같이 선언했다.

주의 성령이 내게 임하셨으니
이는 내게 기름을 부으사
가난한 사람들에게 복음을 전하게 하기 위함이다.
그가 나를 보내어 갇힌 자들에게 자유를
눈 먼 자들에게 시력의 회복을 선포하고
압제 받는 자들을 풀어 주고
주의 은혜의 해를 선포하게 하셨다.

(누가복음 4:18-19)

새로운 천년에 자극을 받아서, 대부분의 국가들은 밀레니엄 개발 목표(Millennium Development Goals)에 서약하는 반응을 보였다. 특히 사하라 이남 아프리카 국가들에서 이 목표들에 크게 미달할 것 같다는 사실에 비추어 볼 때, 무엇을 할 수 있는가?

경제 발전은 본국에서 시작된다

Centesimus Annus은 경제 발전은 본국에서 시작됨을 명백히 한다. 교황 요한 바오로는 이렇게 말했다.

> 경제 활동, 특히 시장 경제 활동은 제도적, 사법적, 또는 정치적 진공 상태에서 수행될 수 없다. 오히려, 경제 활동은 안정적인 통화 및 효율적인 공공 서비스뿐만 아니라 개인의 자유 및 사유 재산에 대한 보증을 전제한다. 따라서 국가의 주요 임무는 이 안전을 보장해서 일하고 생산하는 사람들이 수고의 결실을 향유하고, 일을 효율적이고 정직하게 하도록 격려하는 것이다. 안정성의 부재, 공무원들의 부패 및 부적절한 원천으로부터 부유해지고 불법적이거나 순전히 투기적인 활동들로부터 손쉽게 이익을 내는 사람들의 확산은 발전과 경제 질서에 대한 주요 장애물들이다(CA 48).

이는 개발도상국들 자체에 대해 많은 우선순위들을 시사한다. 그 중 하나는 비즈니스 영위 비용을 줄일 필요가 있다는 점이다. 세계은행은 해마다 대부분의 국가들의 비즈니스 영위 비용 지수를 발표하고 이들을 1(최저 비용)에서 155(최고 비용)까지 순위를 매긴다. 이 지수는 정부 규제 및 재산권 보호를 측정하는 바, 창업 비용, 인가 취득, 인력 고용 및 해고, 재산 등록, 신용에 대한 접근, 투자자 보호, 세금 납부, 국제 무역, 계약 집행, 그리고 폐업 등 10가지 주요 특성들에 기초한다. 2005년에 1위를 차지한 국가는 뉴질랜드였으며, 싱가포르, 미국, 캐나다, 노르웨이, 호주, 홍콩, 덴마크, 영국, 그리고 일본이 그 뒤를 이었다.

최초로 등재된 아프리카 국가는 보츠와나(40)였으며, 잠비아(67), 케냐(68), 우간다(82), 그리고 나이지리아(94)가 뒤따랐다. 하위 20개국 중에서 14개국이 아프리카 국가들이었는데 그 중 하나를 제외하면 모두 사하라 이남의 아프리카 국가들이었다. 나이지리아는 재산 등록에서 거의 최악이고, 탄자니아는 인가 취득, 고용 및 해고, 재산 등록이 매우 나쁜 반면, 부르키나 파소와 콩고 민주 공화국은 거의 모든 것이 나빴다. 세계은행의 경제학자들은 이 정보를 사용해서 비즈니스 환경이 나은 나라들이 더 빨리 성장한다고 추정했다. 그들은 어느 국가가 조사 대상 모든 국가들 중 하위 25퍼센트 그룹에서 상위 25퍼센트 그룹으로 옮겨갈 경우, 연 성장률이 2.3퍼센트 포인트 상승할 것으로 추정한다. 그러므로 이 연구의 결론은, 국가들이 보다 빠르게 성장하고 가난을 제거하기 원한다면, 사업 영위 비용을 대폭적으로 줄여야 한다는 것이다. 교회는 부채 탕감, 무역 장벽 제거, 그리고 해외 원조 증가를 위한 캠페인을 성공적으로 수행해 왔다. 현재 시점에서 교회는 시급히 개발도상국들에서 사업 영위 비용을 감소시키는 캠페인에 나설 필요가 있다.

두 번째 우선순위는 부패를 다루는 것이다. 부패는 시장을 갉아먹고 경제 성장을 해치는 효과가 있다. 세계은행 총재 폴 월포위츠(Paul Wolfowitz)가 2006년에 부패 근절을 세계은행의 우선순위로 삼은 용기를 보인 것은 칭찬받아야 한다.[19]

세계은행에 따르면 해마다 1조 달러가 뇌물로 수수되고 있으며, 세계은행은 1991년 이후 이 은행의 프로젝트들과 관련하여 2천 건의 사기, 부패 및 기타 비리 혐의를 적발하였으며, 330개(명)가 넘는 회사들과 개인들을 처벌했다. 폴 월포위츠는 세계은행은 이 이슈를 심각하게 받아들이지 않는 국가들에게 자금을 대주지 않아야 한다고 제안했다. 그 결과 세계은행은 케냐, 인도, 방글라데시, 카메룬과 기타 국가들의 프로젝트들에 대한 대출을 중지했다.

월포위츠의 제안을 공개적으로 비판했던 영국 정부 및 유럽 연합의 반응은 특이했다. 그들은 부패의 폐해를 알았음에도 불구하고, 납세자들의 돈을 부패한 정부들에 대출해야 한다고 주장했다. 그러한 정책들은 믿음을 무색하게 하는 바, 교회는 이러한 정책에 대해 분명한 반대의 목소리를 내야 한다. 교회는 현재까지는 대체로 이 문제에 대해 침묵해 왔다.

세 번째 우선순위는 개발도상국들에게 적시에 통계 자료를 산출하고, 인가 및 재산 등록 이슈를 효율적으로 다루며, 회사 법, 거버넌스 및 투자자 보호에 대한 명확한 기준을 세우고, 계약 집행을 위한 효과적인 법률 시스템과 은행 감독을 확보할, 작지만 효율적인 행정부를 세우는 일이다. 이는 독립적인 사법부, 자유 언론 그리고 활발한 시민 사회에 의해 보완되어야 한다.

무역과 원조

G8 국가들은 개발도상국들이 필요한 개혁을 수행하도록 도울 책임이 있다. 무역 자유화와 해외 원조는 특히 행동을 취할 필요가 있는 두 영역이다. 무역 자유화의 잠재적 효용은 두 가지 이유에서 해외 원조의 효용을 능가한다. 첫째, 무역을 통한 이익의 규모는 원조를 배로 늘리는 데서 오는 이익보다 훨씬 크다. 글로벌 자유 무역의 이익은 연 3,500억 달러임에 비해 원조를 두 배로 늘릴 때의 이익은 연 500억 달러에 지나지 않는다. 둘째, 무역 자유화는 영구적인 일자리를 만들어 내고, 해외 투자, 따라서 신기술과 혁신을 끌어들인다.

주의를 요하는 또 다른 사안은 해외 원조이다. 해외 원조를 극적으로 늘리자는 여러 제안들이 있었다. UN 사무총장이 2002년에 의뢰한 UN Millennium Project는 "지금부터 2015년까지 행정, 인적 자본, 그리고 핵심 인프라스트럭처에 대한 대대적인 투자"를 옹호했다.[20] 밀레니엄 개발 목표(Millennium Development Goals)를 충족하기 위해, 제프리 삭스(Jeffrey Sachs)는 『빈곤의 종료』(The End of Poverty)에서 2005년에서 2015년까지 매년 1,000억~1,800억 달러의 원조를 제안했다.[21]

그러나 해외 원조를 다루는 세계은행 연구들은 해외 원조가 자유 시장, 재정 규율 및 법의 지배와 같은 좋은 경제 정책들을 가지고 있는 나라들에서는 성장을 강화했지만, 경제 정책이 빈약한 국가들에서는 원조의 양에 불구하고 경제 성장을 경험하지 못했음을 발견했다.[22] 다른 연구는 원조는 일시적으로, 그리고 특정 상황에서만 성장에 도움이 될 수 있음을 보여준다. 더욱이, 국가들이 법의 지배 강화, 부패와의 전쟁, 그리고 심한 국가 개입 제거를 하지 않으면 해외 원조는 도움이 되지 않을 것이다. 일부 연구들은 원조가 성장을 개선시킬 수 있다는 증거가 있는지에 대해서조차 의문을 제기한다.[23]

크리스천들에게는, "가난한 사람들에게 유리한 대안"과 따라서 가난한 사람들에게 도움의 손길을 펼 필요와, 원조가 경제 성장 증진에 효과적이지 않다는 리서치의 증거들을 어떻게 조화시킬 것인가가 문제가 된다. 하나님은 모든 인류의 혜택을 위해 지구를 주셨다는 사실, 또는 가톨릭 교회가 "물질의 우주적 운명"이라 부르는 것에 대한 일반적인 동의가 있어야 한다. G7 국가들이 자국 국민들의 재능에 의해 적법하게 부를 창출했다고 인정한다 해도, 인간의 고통의 규모에 비추어 볼 때 부유한 국가들로부터 가난한 국가들에게 어느 정도의 자원을 이전하는 것에 찬성할 도덕적 명분이 있다. 그러나 공식 개발 원조(Official Development Assistance), 즉 한 국가의 정부에서 다른 국가의 정부에게 주어진 자금은 그러한 자금 이전을 실행하는 한 가지 통로일 뿐이다. 원조가 주어지려면, 창의적이고, 급진적이고, 보다 엄격한 방식으로 주어져야 한다. 이는 대출이 아닌 공여, 조건부 공여의 중요성, 서비스 제공 시 민간 부문 및 기독교 NGO들의 사용, 다자간 기부가 아닌 양자간 기부를 통한 더 큰 책임성 확보를 필요로 한다. 모든 원조 프로그램들이 독립적인 외부의 조사를 받고 그 결과를 대중에게 공개하는 것과 같이, 보다 투명한 방식으로 원조가 주어져야 한다. 이러한 특성들의 일부를 구현하는 해외 원조 프로그램(고든 브라운 재무 장관이 후원함)으로 국제 면역 금융 기구(IFFIm; International Finance Facility for Immunization)가 있다. IFFIm은 세계 백신 면역 연합(GAVI; Global Alliances for Vaccines and Immunization)의 면역 프로그램을 위한 자금 공급을 목적으로 하는 새로운 다국적 개발 기구이다. GAVI는 세계에서 가장 가난한 72개국을 커버한다. 영국, 이탈리아, 노르웨이, 스페인, 스웨덴 그리고 프랑스에서 향후 20년 간 자금을 대기로 한 확약을 근거로 자본시장에서 자금이 조달된다. 2000년에 세워진 GAVI는 WHO, 세계은행, UNICEF, 빌 게이츠 재단 등이 협력하는 공공-민간 파트너십이다. 향후 10년간 5백만 명의 아동과 5백만 명의 성인의 사망 방지를 목표로 5억 명이 넘는 사람들에게 예방 접종을 할 수 있도록 하기 위해 2006년에서 2015년 사이에 40억 달러를 조달하는 것이 IFFIm의 목표이다.

5. 교회에는 정부와 국제기구들이 할 수 없는 방식으로 세계의 가난을 다루고 세계화의 문화를 바꿀 수 있는 잠재력이 있다.

세계화 및 국제적 발전이라는 도전 과제를 다룸에 있어서, 세속적인 용어로 세속적인 토론을 하고 기독교 신앙은 별로 관련이 없는 듯이 보이고 한쪽으로 밀려나기 쉽다. 그러나 예수가 "나는 (바로 그) 길이요, (바로 그) 진리요, (바로 그) 생명이다"라고 선언했을 때, 그는 환상을 가지고 있지 않았다. 성경은 그리스도의 왕국은 이 세상에서의 우리의 삶의 모든 측면에 관련이 있다는 점을 명백히 한다. 교회는 이 왕국의 증인이며, 따라서 이 세상을 보다 좋게 만드는 데 영향을 줄 수 있는 잠재력을 가지고 있다.

이 말이 무엇을 뜻할 수 있는지에 대해 아프리카의 교회와 비즈니스 리더십이라는 두 가지 구체적인 예를 들어 보겠다. 사하라 이남 아프리카를 돕기 위해 G8 국가들이 제안한 (부채, 원조, 무역 등을 다루는) 모든 사업들은 "하향식" 사업들이다. 2005년에 글레니글스 회의에서 이루어진 결정들은 모두 "하향식" 제안들이었다. 아프리카 위원회의 보고서는 80개의 제안을 했는데, 이 중 78개는 아프리카 정부들, 기부 국가 정부들, 또는 이들의 혼합에 의해서만 다루어졌다. 그러한 하향식 사업들이 아프리카의 마을들과 작은 도시들에 사는 일반인들의 삶에 영향을 주는 어떤 가시적인 결과로 이어질 수 있는지에 관한 질문을 할 필요가 있다. 슬프게도, 가시적인 결과로 이어지지 않고 있다고 인식되고 있다.

이 점에서 교회가 높은 점수를 받고 있다. 사하라 이남 아프리카를 예로 들어 보면, 1960년경에 크리스천은 약 6천만 명이었다. 오늘날 이 숫자는 3억 5천만 명에서 4억 명 사이이다. 아프리카의 교회는 어느 기관들보다 가난한 사람들(하루에 1달러 미만으로 생활하는 사람들)과 더 가깝게 접촉하고 있다. 더욱이 교회는 교구를 통해 안정적인 행정 관리 인프라스트럭처를 갖추고 있는데, 이에 필적할 만한 조직이 없으며, 이는 종종 정부의 실패하는 인프라스트럭처와도 대비된다. 교회에는 (아프리카의 정치 집단과는 달리) 매우 존경을 받는 리더들이 있으며, 이들은 훈련되어 있고, 경험이 있으며, 그들이 봉사하는 공동체에서 영구히 거주하고 있다. 이는 국제기구들의 원조 노동자들 및 관리들과 좋은 대조가 된다. 교회들은 학교, 병원, 클리닉, 약국 그리고 보다 최근에는 미소(微小) 금융 사업 제공을 통해 가난한 사람들을 돕는 일에 효과적임을 입증했다.

이에 대해 놀라서는 안 된다. 교황 베네딕트 16세는 Deus Caritas Est(하나님은 사랑이십니다: DCE)에서 다음과 같이 말했다.

> 교회에게는, 자선은 다른 사람들에게 맡겨질 수 있는 일종의 복지 활동이 아니라 교회의 본성의 일부로서, 교회의 존재 자체의 필수적인 표현이다.(DCE 25)

아프리카의 교회는 거대한 잠재력이 있는, 잠자는 거인이다. 아프리카의 교회들이 효과적으로 사람들을 섬기도록 우리가 어떻게 아프리카 교회들을 섬길 것인가가 부유한 국가의 크리스천들이 직면한 도전 과제이다.

거대한 잠재적 영향력을 가지고 있는 또 다른 영역은 비즈니스 리더십이다. 우리는 개발도상국가들에 활발한 민간 부분을 만드는 것이 경제 발전의 필수 조건이라고 주장해 왔다. 성공적인 민간 부문 회사들은 일자리, 훈련, 수출, 그리고 공동체에의 참여를 제공한다. 크리스천들은 회사들이 사람을 개발하고 탁월함을 추구하게 하는 일에 헌신해야 한다. G7 국가들에는, 특히 세계화의 중심에 있는 회사들에서 비즈니스 리더십 역할을 맡고 있는 수천 명의 크리스천들이 있다. 다른 종교 신자들, 또는 종교가 없는 사람들도 회사에 관해 크리스천들과 동등하게 높은 이상을 가지고 있을 수 있다. 다시한 번 말하거니와, 나는 교회가 그 구성원들을 동원해서 책임과 리더십을 취할 독특한 지위에 있다고 믿는다. 베네딕트 16세를 다시 한 번 인용한다.

> 오늘날의 복잡한 상황에서는, 특히 세계적 경제 성장 때문에, 교회의 사회적 교리는 교회의 울타리 밖에서도 타당한 접근법을 제공하는 일련의 근본적인 가이드라인이 되었다.(DCE 27)

결론

이 논의를 정리하기 위해, 내 생각을 아래와 같이 요약한다.

1. 세계화와 세계의 빈곤 문제는 Centesimus Annus 발표 이후 가장 중요한 두 개의 "새로운" 글로벌 의제들이다.

2. 세계화는 경제적으로는 성공적이었다. 세계화는 중국, 인도, 멕시코, 브라질, 러시아, 그리고 우간다와 같은 나라들에서 빈곤을 감소시키고 1인당 소득을 증가시켰다.

3. 세계화는 개인의 존엄, 개인의 창의성 및 사업가 정신, 일할 책임, 그리고 평등 및 정의, 사유 재산권과 부를 창출할 필요와 같은 원칙들에 토대를 두기에 도덕적으로 적법하다.

4. 궁극적으로 "선택의 자유"라는 구호로 축소될 수 있는 협소한 자유주의 철학은 외부의 준거 기준이 없기 때문에 세계화의 토대로는 부적절하다. 이 철학에는 절대적 도덕 기준과 진리 개념이 없으며, 결함이 있는 인간관을 조장한다.

5. 세계화는 강력한 기득권 때문에 교착 상태에 빠질 위험이 있다. 교회는 세계화 자체에 반대하지 않는다는 점을 분명히 밝혀 왔다. 세계화에 대해서는 다음과 같은 비판이 있다. (a) 세계화가 적절히 관리되지 않았다. (b) 세계화가 "자유주의자적인" 소비자주의 문화의 도구가 될 수 있다.

6. 세계화가 멈추어지지 않을 거라면, 부의 창출을 도덕적 명령으로 삼는 것이 아니

라 가난한 나라들이 이익을 얻고 환경이 보호되는 방식을 증진하는 도덕적 틀의 관점에서의 합법성을 절실히 필요로 한다.

7. 국제기구들의 구조 및 거버넌스는 세계화와 보조를 맞추지 못했다. G8 그룹은 확대될 필요가 있고, IMF는 보다 협소한 원래의 임무로 돌아올 필요가 있다. 세계은 행은 대출을 공여로 바꾸고 기술 지원에 관심을 집중할 필요가 있다. 국제기구들 은 보다 투명해지고, 보다 책임을 지게 되고, 이 기구들의 거버넌스에 개발도상국 정부들을 더 많이 참여시킬 필요가 있다.

8. 세계적 빈곤은 국제적 스캔들이며 이의 제거는 기독교 교회의 우선순위 중 하나 가 되어야 한다. 빈곤과의 전쟁은 개발도상국들 스스로 독립적인 사법부, 자유 언 론, 무역 및 해외 투자가 개방된 활발한 시장 경제를 확립함으로써 시작해야 한 다. 부패는 가난한 나라들이 직면하고 있는 주요 문제이며 성장과 번영의 주요 제 약 요인이다. 기독교 교회는 지금껏 해 왔던 것보다 더 가열차게 부패와의 전쟁을 치를 수 있으며, 또 그렇게 해야 한다.

9. G8 국가들은 세계화가 모든 나라에 받아들여지도록 정치적 의지를 보여야 한다. 원조에도 일정한 역할은 있지만, 무역 자유화가 우선이다. 도하 라운드는 개발도 상국들이 수출을 늘리고 국제 시장에 접근하도록 도와주는 일이 소생하고 완성되 게 해야 한다. 현재 해외 원조가 주어지는 방식은 근본적으로 바뀌어야 한다. 원 조는 대출이 아니라 공여로, 그리고 주로 민간 섹터를 통해 조건부로 주어져야 한 다. 정부간 원조는 크게 줄어들어야 한다.

10. 교회는 복음의 선포를 통해, 그리고 빈곤, 질병, 기아, 무지 및 전쟁에 대항해 싸 울 수 있는 신앙에 기반한 기관들의 설립을 통해 세계화의 모습을 형성할 수 있 는 많은 기회를 가지고 있다.

토론 문제

1. 당신은 세계화가 경제적으로 성공적이었다는 그리피스의 의견에 동의하는가? 그 렇게 생각하는 이유는 무엇인가?

2. 그리피스는 세계화가 가난한 사람들을 더 잘 살게 했으며, 부유한 국가와 가난한 국가들 사이의 불균형도 더 심화시켰다고 한다. 당신은 이 불균형이 문제라고 생

각하는가, 아니면 가난한 사람들이 전보다 잘 살게 되는 한 받아들일 수 있다고 생각하는가?

3. 그리피스는 "세계화는 도덕적으로 적법하다"고 단언한다. 그는 어떤 근거에서 그런 말을 하는가? 당신은 그의 견해에 동의하는가?

4. 그리피스는 세계화가 특정 국가에 유익이 되려면 자유 언론, 사유 재산권 보호, 그리고 법의 지배를 지원하는 독립적 사법 기관과 같은 민주주의적 기관들이 필수적이라고 제안한다. 당신은 그리피스의 말에 동의하는가? 권위주의적인 정치 구조를 유지하면서도 괄목할 만한 경제 성장을 이룬 중국의 예에 대해 어떻게 생각하는가?

Notes

1. 전형적인 "미국" 자동차 생산을 설명하는 또 다른 예가 세계 무역 기구(WTO)의 1998년 연례 보고서에 묘사되어 있다. "자동차 가치의 30%는 한국의 조립에 돌아가고, 17.5%는 일본의 부품 및 고급 기술에 돌아가며, 7.5%는 독일의 디자인에, 4%는 대만과 싱가포르의 경미한 부품에, 2.5%는 영국의 광고 및 마케팅 서비스에 돌아가고, 1.5%는 아일랜드와 바르바도의 데이터 프로세싱에 돌아간다." 이는 전형적인 미국 자동차의 63%는 미국 바깥의 8개국에서 만들어짐을 의미한다.

2. Thomas I. Friedman, The World is Flat: A Brief History of the Twenty-First Century (New York: Farrar, Straus, 그리고 Giroux, 2005).

3. 1990년 물가.

4. Joseph E. Stiglitz, Making Globalization Work(London: Allen Lane, 2006), 292쪽.

5. World Commission on the Social Dimension of Globalization, "A Fair Globalization: Creating Opportunities for All" (2004), http://www.ilo.org/public/english/wcsdg/docs/report.pdf.

6. John Paul II, 교황 사회 과학 아카데미 회원들에 대한 연설 (2003년 5월 2일). http://www.vatican.va/holy_father/john_paul_ii/speeches/2003/may/documents/hf_jp-ii_spe_20030502_pont-acad-sciences_en.html.

7. John Paul II, 교황 사회 과학 아카데미 회원들에 대한 연설 (2001년 4월 27일). http://www.vatican.va/holy_father/john_paul_ii/speeches/2001/documents/hf_jp-ii_spe_20030427_pc-social-sciences_en.html.

8. John Paul II, 교황 사회 과학 아카데미 회원들에 대한 연설 (2003년 5월 2일).

9. David Dollar와 Aart Kraay, "Growth is Good for the Poor." World Bank Policy Research Working Paper 2587 (Washington, D.C., 2001).

10. Stiglitz, Making Globalization Work, 294쪽.

11. Doallar와 Kraay, "Growth is Good for the Poor," 26쪽.

12. 나는 자본주의라는 말 대신 "시장 경제" "비즈니스 경제" 또는 "자유 경제"라는 말을 사용하라는 Centesimus Annus의 권고를 강력하게 지지한다. 자본주의라는 말은 많은 국가들에서 지나치게 부정적인 색조를 띠고 있으며, 마르크스주의자의 용어이다.

13. 이 섹션은 Making Globalization Good, J. H. Dunning 편(London: Oxford University Press,2003)에 나오는 저자의 에세이 "The Challenge of Global Capitalism? A Christian Perspective"에서 많은 부분을 따왔다.

14. Friedrich Hayek, The Constitution of Liberty (London: Routledge & Kegan Paul, 1960), 31쪽.

15. 위의 책 41쪽.

16. 위의 글.

17. John Paul II, 교황 사회 과학 아카데미 회원들에 대한 연설 (2003년 5월 2일).

18. David Held, Global Covenant: The Social Democratic Alternative to the Washington Consensus (Cambridge: Polity Press, 2004)를 보라.

19. "Paul Wolfowitz's Corruption Agenda," Washington Post, 2006년 2월 20일을 보라.

20. United Nations Millennium Project Overview Report (New York: United Nations, 2005), 19쪽.

21. Jeffrey Sachs, The End of Poverty (New York: Penguin Press, 2005).

22. 예를 들어, Craig Burnside와 David Dollar, "Aid, Policies & Growth" (World Bank Policy Research Department, 1997년 6월)를 보라

23. 예를 들어, William Easterly, "Can Foreign Aid Buy Growth?" Journal of Economic Perspective 17, no3(2003): 23-48쪽을 보라.

읽기 자료
BEYOND INTEGRITY

세계화와 가난한 사람들: 크리스천 경제학자의 견해

브루스 위딕(Bruce Wydick)
Prism 32(2007): 8-12, 15쪽

세계화는 국가들 사이에 사상 유례없는 경제적 접촉을 가져왔다. 지난 20년 동안에 국제 무역은 거의 4배 증가했으며, 해외 직접 투자는 거의 10배 증가했다. 이로 인해 부유한 국가들과 가난한 국가들 사이의 관계가 복잡하고 논쟁적인 문제가 되었다. 크리스천은 경제적 세계화를 둘러싼 어려운 이슈들에 대해 어떻게 생각해야 하는가?

나는 크리스천들이 세계화에 대해 보다 명확하게 그리고 비판적으로 생각하고, 세계화 과정에서 우리의 역할에 대해 고려하도록 도와주는 것을 목표로, 성경을 관통하는 세 가지 주요 원칙의 관점에서 경제적 세계화를 고찰하고자 한다.

첫 번째 성경 원리는 하나님은 명백히 가난한 사람들과 이들에 대한 부자들의 반응에 관심을 가지고 있다는 것이다. 신명기 15장 4절, 시편 82편 3절, 아모스 2장 7절, 사도행전 10장 4절 등 성경 전체 및 그리고 마태복음 19장 21절, 야고보서 2장 3절과 같은 복음서 및 서신서의 수많은 구절들에서 이 점을 분명하게 볼 수 있다. 시편 82편은 "약자들과 고아들의 대의명분을 보호하고, 가난한 자들과 압제 받는 자들의 권리를 유지하라"는 권고로 이러한 텍스트들을 잘 요약한다. 이 구절들이 시사하는 바는 명확하다. 크리스천들은 시스템적으로 가난한 자들의 품위를 떨어뜨리고 그들을 가난의 구렁

텅이 속에 머무르게 하는 사회 경제 구조를 지지할 수 없다.

두 번째 성경 원리는 사람들 사이의 상호 의존은 공동체의 이상이라는 점이다. 성경 전체에서, 하나님은 사람들이 자신의 특별한 기술을 공동체의 유익을 위해 제공하는 것을 일관성 있게 지지한다. 이는 영적 은사(로마서 12:6 및 고린도전서 12:4)는 말할 것도 없고, 건축(출애굽기 35:10), 금속 공예(열왕기상 7:14), 벌목(전도서 10:10), 시(시편 45:1) 또는 음악(시편 150:3)을 가리지 않는다.

하나님은 교회가 자율적인 복제 생물들의 집합이 아니라 각자 보다 넓은 공동체에 제공할 다양한 재능들을 가진 개인들로서 기능하도록 기대한다. 사도 바울은 이에 대해 "각 사람은 하나님으로부터 각자의 은사를 받았으니 이 사람에게는 이 은사가 있고, 저 사람에게는 저 은사가 있다"(고린도전서 7:7)고 기록했다. 공동체의 모든 사람들이 이 은사들의 교환을 통해 유익을 얻는다는 가정 하에서 이 은사들이 제공되고 교환된다.

세 번째 성경 원리는 하나님은 애국자가 아니라는 사실이다. 하나님은 모든 나라 사람들을 사랑하고 돌본다. "유대인이나 그리스인의 구별이 없다… 그리스도 예수 안에서는 모두 하나이기 때문이다"(갈라디아서 3:28); "모든 민족을 제자 삼으라"(마태복음 28:19); "모든 민족들 중에서 어린 양 앞에 서서"(계시록 7:9). 이 원칙들이 시사하는 바 또한 명백하다. 크리스천들은 자기 나라 국민들에게만 불균형적인 유익을 제공하는 사회 경제 구조를 선호할 수 없다. 하나님에게는 이 세상 모든 사람들이 똑 같이 귀하고 중요하다. 이는 경제 정책 및 외교 정책을 "미국의 이익"에 기반을 두려는 많은 사람들에게는 어려운 일이다. (나는 "하나님은 미국을 사랑하신다"라는 자동차 스티커에 대해 "하나님은 모든 사람을 사랑하신다. 이에는 예외가 없다"라는 스티커로 대응하고 싶다.)

성경에는 다른 중요한 원칙들도 나와 있지만, 이를 통해 경제적 세계화를 비판적으로 분석할 수 있는 렌즈로서는 내가 말한 원칙들을 능가할 다른 원칙이 없다고 말할 수 있다. 그리고 이 세 개의 원칙들로부터, 나는 무역 및 교환은 (대부분의 경우) 본질적으로 이 세상 사람들을 향한 하나님의 관심을 공유하는 크리스천들의 지지를 받아야 하는 좋은 일이라고 제안하고 싶다. 오랫동안 교환은 모든 공동체의 복리에 기본적인 조립 단위(building block)로 이해되어 왔기 때문에, 우리는 여기서 신앙과 이성이 분명하게 만나는 것을 보게 된다. 흥미롭게도, 최초의 위대한 경제학자 애덤 스미스는 특정 상품 생산에 있어서 두 당사자가 다른 상대방에 대해 서로 절대 우위를 가지고 있을 때에만 교환이 서로에게 유익할 것이라고 믿었다. 이는 가장 재능이 뛰어난 당사자가 두 번째로 재능이 뛰어난 당사자와 교환할 때, 두 번째 당사자가 첫 번째 당사자보다 무언가를 더 솜씨 있게 만들 경우에도 특화와 교환은 가장 재능이 있는 당사자에게만 이익이 된다는 것을 함축한다. 이러한 사고방식에 따르면, 가난한 사람은 아무것도 얻을 수 없게 될 수 있다. 기술 수준이 낮은 한 개인 또는 국가가 한 가지 물건 생산에 대해서조차 어느 누구에 대해서도 절대 우위를 가지지 못하면 어떻게 되겠는가?

다행스럽게도, 19세기 경제학자 데이비드 리카르도(David Ricardo)는 애덤 스미스가 틀렸다는 것을 보여주었다. 그는 절대 우위가 아니라 상대우위가 교환으로부터 서로에게 이익을 가져다준다는 것을 보여주었다(그리고 이 이론은 오늘날에도 설득력이 있다). 이는 한 개인 또는 국가의 상대적 기술 수준이 아무리 낮더라도, 이 사람 또는 국가가 공동체에 뭔가를 제공할 수 있음을 의미하기 때문에, 가난한 사람들에게 좋은 소식이다. 이는 또한 성경 원리 #1에 기초한 교역에도 좋은 소식이다. 이는 기술상의 재능은 (재능이 교환이 이루어지고 난 뒤의 소득 수준 결정에 도움이 되기는 하지만) 교환 파트너로서의 매력과는 무관하다. 즉, 가난한 사람들도 교역 및 교환에서 동등하게 중요한 역할을 하며, 가난한 사람들이 부유한 사람들과 교환함으로써 이익을 얻을 수 있고, 부유한 사람들도 자기들끼리 교환함으로써 뿐만 아니라 가난한 사람들과 교환함으로써 이익을 볼 수 있다.

그 결과, 훈련을 받은 경제학자로서 성경 원리 #2에 근본적으로 동의하지 않을 사람을 발견하기 어렵다. 기독교 좌파를 포함한 일부 좌파는 부유한 국가들과 가난한 국가들 사이의 무역은 본질적으로 착취적이라고 주장해 왔다. 그러나 사실은 국제 무역의 토대는 개인들 사이의 특화 및 교역의 토대와 조금도 다르지 않다. 근본적으로, 어느 물건이나 서비스를 구매할 때 당신은 돈과 다른 사람의 시간을 교환하는 것이고, 그 거래 상대방은 자기의 시간을 당신의 돈과 바꾸는 것으로 생각할 수 있다.

그렇다면 교환의 토대는 다양한 경제 활동들 사이에서 사람들의 생산성의 상대적 차이를 이용하는 데에 놓여 있다. 예를 들어, 당신이 훌륭한 컴퓨터 프로그래머이면서 동시에 잔디를 잘 깎는 사람이라고 가정해 보자. 당신은 웹 페이지 구축 시 시간당 20달러를 벌 수 있다. 대신에, 당신은 집의 잔디를 깎을 수도 있는데, 잔디 깎기에 1시간이 소요된다. 내 시간당 임금은 5달러(예컨대 내가 아기를 돌볼 때 받는 급여)에 지나지 않지만, 내가 당신 집의 잔디를 깎는다면 2시간이 소요된다고 가정하자. 그렇지만, 내 기술 수준이 낮고 나는 웹 페이지를 구축할 줄 몰라서 나는 죽었다 깨어나도 웹 페이지를 디자인할 수 없다.

위의 예에 근거하면, 당신은 두 가지 활동 모두에서 나보다 생산성이 높지만, 당신이 내가 잔디를 깎을 때의 기회비용 10달러와 당신의 시간의 기회비용인 20달러 사이에서 나를 고용해서 잔디를 깎게 하면, 우리 둘 모두에게 이익이 될 것이다. 사실 당신이나 나와 같은 사람들이 많이 있다는 점에 비추어 볼 때, 잔디 깎기에 대한 시장 가격은 이 범위의 어딘가에 속할 것이고, 그 사이의 어느 가격에 결정되건 당신과 나는 이익을 얻을 것이다. 즉, 당신은 당신의 시간의 기회비용보다 덜 지불할 것이고, 나는 내 시간의 기회비용보다 더 많이 벌 것이다. 이 단순한 유형의 거래들이 상호 의존적인 사회(이는 성경 원칙 #2의 기준에 비추어 볼 때 좋은 일이다)의 기본이 되는 조립 단위(building block) 중 하나를 구성한다.

국제 무역은 이 예를 보다 복잡하게 확장한 데 불과하기 때문에, 이 비유를 부유한 나라들과 가난한 나라들 사이의 무역에 적용하기는 손쉬운 일이다. 국제 무역은 국가들 사이의 상대적 생산성의 차이를 이용하여 교환이 없을 경우에 비해, 교환 후에 양측 모두에게 더 나은 결과를 만들어 낸다. 그러나 무역 이후의 각국의 소득 수준은 해당국가의 노동자들의 생산성의 함수가 될 것이다. 생산성은 교육, 사람들이 사용할 자본 및 기술의 양, 그리고 한 국가의 자본 및 기술 대비 노동력의 상대적 희소성에 의해 결정된다.

무역에 관해 말할 때 "공정성" 및 "착취"와 같은 말들에는 문제가 있으며, 이 말들을 사용할 때에는 일반적으로 사용할 때에 비해 더욱더 주의를 기울여야 한다. 위에서 언급한 우리의 예에서, 거래 뒤에 내가 당신처럼 20달러의 임금을 받지 않는 한 우리의 교환이 공정하지 않다고 말할 수도 있을 것이다. 다른 한편, 당신의 교육 수준이 더 높기 때문에 내게 당신의 급여와 동일한 급여를 지급하는 것은 공정하지 않다고 말할 수도 있다. 잔디 깎기에 대한 임금이 교환을 통해 얻어지는 잉여를 똑같이 나눌 수 있는 15달러로 정해지지 않는 한 우리의 교환은 공정하지 않다고도 말할 수 있다. 당신이 내게, 편안함에 대한 당신의 정의나 내 정의에 따를 때, 내가 편안하게 살 수 있는 임금을 지급하지 않는 한 우리의 교환이 공정하지 않다고 말할 수도 있고, 이 조건들 중 어느 것이라도 충족되지 않는 한 당신이 나를 착취하고 있다고 말할 수도 있으며, 그 기준이 초과되었다면 내가 당신을 착취하고 있다고 말할 수도 있다.

무역 및 세계화에 관한 대부분의 토론에서 가려진 진정한 이슈는 인식상의 편견과 관련이 있다. 우리는 흔히 개발도상국들과 접촉하기 전에는 그들의 가난의 정도를 인식하지 못하는데, 경제적 세계화를 통해서 이들과 보다 빈번하게 접촉하고 있다. 실제로는 교역이 우리에게 개발도상국들의 가난을 노출시켰을 뿐인데, 우리는 무역이 가난을 야기했다고 생각한다. 몇 년 전에 과테말라로 선교 여행을 갔을 때, 우리는 하던 일을 잠시 쉬고 5마일 거리의 가파른 화산에 올라갔다. 정상 가까이 올라갔을 때, 우리는 요리와 난방용 땔감을 등에 지고 마을로 내려가는 마야 부족 농부 가족을 만났다. 그들은 등에 나무를 지고 있었다. 아버지는 아마도 100파운드를 지고 있었고, 어머니는 75파운드, 그리고 아이들은 각각 30-50파운드의 나무를 지고 있었는데, 몇 마일 아래의 마을까지 가는 이 힘든 여행은 어떤 마사지사도 움츠러들게 할 만한 노역이었다. 시골 농부들의 처절한 가난은 대개 가려져 있다. 우리가 신는 신발을 만들기 위한 섬유 공장의 시간 당 50센트의 임금(즉 "노예 노동")은 덜 가려져 있다.

그러나 낮은 공장 노동 임금은 시골의 가난을 반영한다. 개발도상국들의 대부분의 사람들은 극도로 가난하다. 국제 무역이 그들을 더 가난하게 만드는 것이 아니라 대개 그들을 더 부유하게 만들지만, 비극적으로 낮은 상태에서 시작하는 것이다. 나는 결코 개발도상국들의 전형적인 수출 주도형 섬유 공장이 유쾌한 작업 환경이라고 말하려는 것이 아니다. 나는 많은 해외의 제조 공정들을 보았지만, 그 어느 공장에서도 내가 개발도상국들의 시골 지역에서 보았던 것보다 더 힘들고 비참하게 일하는 것을 본 적이 없다. 슬프게도, 그래서 그런 일자리들을 구하려고 안달하는 것이다.

그러나 국제 무역이 그처럼 많은 개선을 제공한다면, 왜 이에 반대하는 듯한 사람들이 그렇게 많은가? 그 이유는 무역이 교역국의 전반적인 사회적 복지를 향상시키기는 하지만, 국가 내에 무역으로 인한 승자들과 패자들이 있기 때문이다.

오늘날의 경제적 세계화의 전형적인 유형에서의 승자들은 다음과 같다. (1) 부국과 빈국 양쪽의 소비자들, (2) 예컨대 미국의 항공기 노동자, 멕시코의 자동차 노동자, 그리고 아시아의 의류 노동자들과 같이 특정 국가의 실제 또는 잠재적 수출과 관련된 기술을 보유하고 있는 노동자들.

오늘날의 경제적 세계화의 전형적인 유형에서의 패자들은 특정 국가의 실제적 또는 잠재적 수입과 관련된 기술을 보유하고 있는 노동자 그룹이다. 이들의 예로는 미국의 의류 노동자, 멕시코의 옥수수 농부, 그리고 프랑스의 채소 재배자 등을 들 수 있다. 위의 사례들에서 세계의 다른 곳들에 비해 임금 대비 생산성이 너무 낮아서, 무역을 하게 되면 이들 산업이 축소되고 종종 이 분야의 노동자들이 고통스럽게 타 산업으로 옮겨 가게 된다.

무역에서 비롯되는 상대적으로 작은 패자 그룹의 고통은 보다 큰 그룹의 승자들의 이익보다 더 실감나게 느껴진다. 그 결과 패자들의 목소리가 무역 정책 수립 시 불균형적으로 고려된다. 다시 말하지만, 이 이슈의 일부는 국제 무역의 효용 및 비용에 대한 인식상의 편견이다. 국제 경쟁의 압력으로 공장이 폐쇄되면 이 사실은 신문의 머리기사가 된다. 국제적인 기회의 확대로 기존 회사의 수천 개의 일자리에 몇 개의 일자리가 추가되거나, 새로운 회사가 설립되어 몇 개의 일자리가 생길 경우에는, 전체적으로 효용이 비용을 능가할 경우에도 아무도 그다지 주목하지 않는다.

오늘날 무역이 전 세계의 가난한 사람들에게 영향을 주는 방식은 다음과 같다. 무역은 대개 미국과 같이 부유한 국가들의 임금에 하락 압력을 가함으로써 가난한 노동자들에게 피해를 주고, 개발도상국들의 임금에 상승 압력을 가함으로써 가난한 노동자들에게 도움을 준다. 그렇다면 이는 성경 원칙 #1에 근거한 무역의 효과에 대해서는 윤리적으로 모호한 결과를 낳는 것으로 보일 수도 있지만, 이 지점에서 성경 원칙 #3이 역할을 담당한다. 크리스천으로서, 우리는 다른 나라의 노동자들에 비해 자국 노동자들의 복지를 앞세워서 경제적 세계화를 반대해서는 안 된다.

그렇기 때문에, "미국 상품 구매" 캠페인은 정의에 대한 성경의 견해와 일치하지 않는다. 오히려, 다른 나라의 노동자들이 미국에서 이직한 노동자들 중 가장 가난한 사람들보다 더 가난하기 때문에, 우리는 강력한 사회 안전망과 미국의 실직 노동자들을 위한 관대한 유지 및 교육 프로그램을 지지하는 한편, 개발도상국들의 노동자들에게 떠오르고 있는 새로운 기회를 환영해야 한다. 우리는 또한 정치적 압력과 현명한 구매를 통해 모든 곳의 노동자들에 대한 인간적인 처우를 옹호해야 한다. 개발도상국들의 저임금이 반드시 인간의 품위 저하와 같은 것은 아니다.

경제적 세계화가 모든 나라의 가난한 사람들을 향한 하나님의 관심에 부합하는 방식으로 진행되도록 함에 있어서 크리스천들은 위에 설명한 외에 어떤 역할을 할 수 있는가? 크리스천들이 취할 수 있는 분명한 한 가지 조치는 세계 무역 회담의 도하 라운드에서 개발도상국들의 이익을 지지하는 것이다. 도하 라운드는 가장 가난한 나라들을 자유롭고 공정한 국제 무역 시스템 안으로 통합시키고, 1994년 봄에 종결된 이전의 우루과이 라운드에서 소홀히 다루어졌던 이슈들을 다루기 위해 2001년 말에 시작되었다.

도하 라운드가 시작되었을 때, 세계은행은 빈국들의 부국 시장 접근이 나아지면 2015년까지 세계의 소득이 5,200억 달러 증가하고 1억 4천 4백만 명이 빈곤 상태에서 벗어날 것으로 추정했다. 그러나 미국과 유럽 연합 국가들은 일관적으로 자국의 소비자들 및 개발도상국들의 가난한 농부들의 복지보다는 자국의 생산자들의 이익에 입각한 정책들을 수립했다. 그런 정책들은 내가 말했던 성경의 세 가지 원칙들, 즉 가난한 사람들에 대한 하나님의 관심, 독립성보다는 상호 의존성 선호, 그리고 하나님은 애국자가 아니라는 사실 모두를 위반한다.

무역 협상에서 경제 정의에 대한 지지는 국내의 이익, 특히 부자들의 이익을 선호하는 무역 정책에 대한 강력한 반대 입장을 취하는 것을 함축한다. 이에 대한 분명한 하나의 예는 부국들의 농업 분야 보조금, 관세, 그리고 비관세 장벽 시스템이다. 많은 경우에, 농업은 빈국들이 비교 우위를 보이는 분야이다. 부자 나라 정부들이 납세자들의 비용으로 보조금과 수입을 말살하는 관세를 통해 그들의 (때로는 기업형) 농부들을 보호하면, 그렇지 않았더라면 곡물에서 비교 우위를 누렸을 개발도상국들의 소작농들을 황폐화시킨다.

미국과 유럽 연합에서 농업에 대한 무역 보호에 지출되는 금액은 연 3천억 달러에 이르는데, 이 금액은 이들 국가들이 해외 원조에 쓰는 금액의 약 6배에 달한다. 실상 일부 아프리카 국가 지도자들은 부자 나라들이 농업 생산품에 대한 압제적인 무역 장벽을 제거하기만 한다면 이들의 해외 원조를 전액 삭감해도 좋다는 말까지 했다.

미국은 이 3천억 달러 중 큰 비중을 차지한다. 이의 적지 않은 부분은 부시 행정부에서 후원한 2002년의 농업 법안에서 보리, 옥수수, 면화, 쌀, 밀과 같은 농산품의 보조 및 보호를 위한 지출을 80% 증액시킨 데 기인한다. 농업을 기반으로 하는 인구가 적은 주 출신의 상원 의원들이 무역 정책에 불균형적으로 큰 영향을 행사하고, 이들은 영농 법인들로부터 활발한 로비를 받고 있기 때문에 농업 보조금이 미국 전체의 복지에 터무니없는 결과를 가져오고 있으며 개발도상국의 농부들에게 파괴적인 대가를 부과하고 있다.

이보다 더 경악할 만한 예는 3십억 달러 가치의 면화를 재배하기 위해 25,000명의 미국 농부들이 수령하는 4십억 달러의 농업 보조금이다. 국제 컨설팅 조직인 국제 면화 자문 위원회에 의하면, 미국의 면화 보조금이 세계 면화 가격을 26% 하락하게 했다. 이 막대한 면화 보조금은 베닌, 샤드, 말리, 그리고 버키나 파소 등 서부 아프리카의 가장 가난한 국가들에서 1,500만 명이 넘는 면화 농부들이 가난의 수렁에서 빠져 나오지 못하게 하는 데 일조했다. 이들 국가들에서의 면화 농부들의 영농 비용이 예컨대 수익의 절반이라면, 미국의 면화 보조금이 이들 농촌 가족의 수입의 절반 이상을 삭감한다는 것을 의미한다. 그러한 정책들은 성경의 원리 #1과 #2에 명백히 위배되지만, 역설적으로 중서부의 "바이블 벨트" 주들에 의해 지지된다.

관심이 있는 크리스천들은 개발도상국들, 특히 서부 아프리카의 가난한 농부들의 유익을 위해 보조금 제거를 강제하려는 WTO의 노력을 지지해야 하며, 투표에서 미국의 농업 보호를 지지하는 사람들을 상원 및 하원에서 몰아내야 한다.

크리스천들이 할 수 있는 또 다른 중요한 역할은 개발도상국의 가난한 사람들에게 경제적 기회를 제공하는 정책 및 프로그램을 일관성 있게 지지하는 것이다. 가난에 대한 처방은 국제 무역을 단념시키는 것이 아니라, 도움이 될 수 있는 다른 많은 접근법들과 함께, 개발도상국들에게 교육 투자, 보건 향상, 적절한 기술 이전 강화, 미소금융을 통한 가난한 사업가들 지원, 그리고 지역의 경제 활동을 증진하는 안정적이고 정의로운 거버넌스 구조 조성을 도와줌으로써 개발도상국들의 임금과 생활수준을 높이는 것이다. 내수산업에서 가난한 사람들에게 힘을 주고, 경제적으로 보다 생산성이 높아지게 하는 모든 노력들은 수출 산업의 임금과 근로 조건 향상 압력으로 작용할 것이다.

가난한 사람들에 대해 관심을 기울이는 크리스천들은 세계화에 대해 현명하게 생각할 필요가 있다. 우리는 개발도상국들의 가난한 사람들에게 우리의 시장에 접근할 수 있게 해 주고 그들이 생산성 수준과 경제적 기회를 향상시키는 환경 속에서 번성할 수 있도록 허용하는 정책을 증진함으로써 그들과 협력하기를 배울 필요가 있다.

세계화 시대에서 크리스천들을 위한 행동 조치들

1. PEOPLink.org와 같은 온라인 웹사이트를 통해 개발도상국들의 장인들로부터 직접 물품을 구입함으로써 세계화가 직접적으로 가난한 사람들에게 이익을 주게 한다. 개발도상국의 토착 장인들과 예술적 창의성을 격려한다.

2. 크리스천들은 경제 발전 및 세계화 과정에서 환경을 보호하려는 노력을 지지해야 한다. EarthCare, Floresta(숲의 재건을 증진하는 기독교 NGO), 복음적 환경 네트워크, 옥스퍼드 크리스천 환경 그룹, Sage 등과 같이 개발도상국들의 환경을 보호하기 위해 상시적으로 일하는 조직들과 장기적인 관계를 발전시킨다.

3. 미소금융을 통하여 개발도상국들의 사업가들에게 힘을 부여하려는 노력을 지원한다. Kiva.org를 통해 개발도상국의 사업가에게 직접적으로 소액 대출을 제공한다.

4. 컴패션 인터내셔널, 월드 비전, 또는 Proyecto Fe와 같은 기독교 NGO들을 통해 한 아동을 후원하고 그 아동을 방문한다. 이것이 차이를 만들어 내는 가장 기본적인 방법이다. 개발도상국에서 양질의 교육을 받는 아동들은 세계화되고 있는 세상에서 긍정적인 이익을 거둘 수 있게 해 주는 기술을 획득할 가능성이 높다.

5. 당신의 지역구의 상원 의원과 하원 의원들에게 편지를 써서 미국의 국내 농업 보조금에 반대하도록 촉구한다. 당신이 거주하는 지역의 신문 편집인에게 편지를 써서 당신은 개발도상국의 가난한 농부들을 차별하는 유럽, 일본, 미국의 농업 관세, 수입 쿼터 및 보조금을 제거하려는 WTO 무역 회담의 도하 라운드를 지지함을 밝힌다.

6. 이 세상 모든 사람들에 대한 하나님의 사랑에 관한 성경의 가르침을 묵상한다. 다른 나라의 가난한 사람들의 이익에 비해 국내의 이익을 선호하는 애국심을 피한다.

7. 가난한 사람들의 동등한 시장 접근을 가져오고, 세계의 환경을 보호하며, 소수의 이익보다는 공동의 이익을 증진하는 세계화를 위해 기도한다.

토론 문제

1. 위딕이 세계화를 평가하기 위해 사용하는 세 가지 주요 원리는 무엇인가?
2. 당신은 "하나님은 애국자가 아니다"라는 주장에 대해 어떻게 생각하는가?
3. 위딕은 오늘날 국제 무역이 가난한 사람들에게 어떤 영향을 준다고 보는가?
4. 당신은 "미국 상품 구매" 캠페인이 정의에 관한 성경의 관점에 부합하지 않는다는 위딕의 말에 동의하는가?

세계화되는 경제와 기업의 사회적 책임: 크리스천 임원은 무엇을 해야 하는가?

스티븐 런들(Steven Rundle)
Business and Professional Ethics Journal 23,
no.4 (2004): 171-183쪽.

개요

몇 년 전에 존 후크(John Houck)와 올리버 윌리엄스(Oliver Williams, 1996)는 『착한 회사는 죽었는가?』(Is the Good Corporation Dead?)라는 책을 발간했다. 이 책은 세계화가 현대의 기업의 사회적 책임(CSR) 의식을 변화시키거나 제거하는 것은 아닌가라는 질문에 의해 자극되었다. 여러 저자들의 글을 모아 편찬한 책에서는 종종 그렇듯이, CSR의 정의가 무엇인지, 그리고 이를 구하기 위해 무엇을 해야 하는지에 관해 다양한 의견들이 표명되었다. 그러나 공통 주제가 있다면, 그것은 "착한" 회사가 죽지는 않았지만, 착한 회사는 확실히 세계화로 인해 새로운 도전에 직면하고 있다는 것이었다. 나는 여기에 CSR에 대한 새로운 기회들도 떠오르고 있다고 덧붙이고 싶다. 세계화는 가장 작은 기업들의 진출 영역도 넓히고 있으며, 이를 통해 피해를 주거나 선을 행할 수 있는 능력도 커지게 된다. CSR 논쟁은 흔히 해악을 더 강조하지만, 이 글에서는 유익에 더 중점을 둘 것이다.

CSR 논쟁에 대해 익숙한 사람이라면 누구나 오늘날 제기되고 있는 관심사들(직원 및 기타 이해관계자들에 대한 회사의 의무, 아웃소싱, 다운사이징의 윤리 등)과 과거에 제기되었던 관심사들의 진정한 차이는 오늘날의 시장의 세계적 성격뿐임을 알고 있다. 예컨대, 한 때는 사우스캐롤라이나 주나 미시시피 주와 같이 임금이 낮은 주로 생산 과정의 특정 단계를 아웃소싱하는 것의 윤리성에 논쟁이 집중되었지만, 현재는 해외로의 외주에 가장 날카로운 비판이 가해지고 있다.

크리스천들에게 특히 관심거리가 되는 한 가지 차이가 더 있다. 현재 해외 무역과 투자를 개방하고 있는 나라들은 기독교 선교 노력에 가장 벅찬 지역들이었다. 이들 국가의 크리스천들은 흔히 소수이고, 박해를 받고 있으며, 해당 국가들 자체가 사회적 및 경제적 저개발에서 비롯되는 문제들을 안고 있다. 세계화 때문에, 교회가 변혁적 소명을 추구할 수 있는 새로운 길이 열리고 있다.

특히, 크리스천 비즈니스맨들은 한 때는 선교사들의 독점적인 영역이었던 일들을 하고 있다. 즉, 그들은 이 세상에서 가장 가난하고 가장 고립된 곳에 물질적, 사회적, 그리고 심지어 영적 영향까지 주고 있다. 이 글은 어떻게 이런 일이 일어나고 있는지, 그리고 회사의 임원들이 어떻게 주주들에 대한 도덕적 및 법적 책임을 충실히 이행하는 동시에 이 사명을 추구할 수 있는지를 보다 자세히 다루게 될 것이다.

이에 앞서, 나는 기독교 신앙의 규범과 CSR에 대한 소위 "고전적" 견해 사이에 (한 가지 주의 사항을 제외하면) 본질적인 모순이 없다고 말하고 싶다. 이 견해는 회사의 임원들은 주주들에게 일차적이고 가장 큰 책임을 진다는 입장을 유지한다. 이 나라의 회사법은 이 점에 대해 모호하지 않을 뿐만 아니라, 그러한 입장은 청지기 직분과 소유자 및 매니저, 또는 본인과 대리인의 적절한 역할에 대한 성경의 가르침과도 전적으로 일치한다.[1] 레이와 웡(1996)이 올바로 관찰한 바와 같이, 때로는 법률의 최소 기준만을 준수하는 것은 정의 및 올곧음(integrity)에 대한 성경의 기준과 상충됨에도 불구하고 고전적 견해가 그러한 입장을 정당화하는 것으로 여겨진다는 점을 주의해야 한다. 확실히 "옳은 일을 하는 것"과 "가장 이익이 되는 일을 하는 것"이 상충하는 경우가 있는 바, 법률이 모호하거나 존재하지 않는 경우 보다 엄격한 도덕법을 준수해야 한다.

종종 도덕적 기준 자체가 정의하기 어렵기 때문에, 신앙인들은 "보다 높은 기준"에 대해 논의하기도 한다. CSR에 대한 논쟁을 예로 들어 보자. 회사가 단지 "아무 피해도 입히지 않는다"면, 그들은 사회 구성원으로서의 책임을 완수한 것인가? 아니면 사회적 책임은 (자선, 평균을 넘는 직원 복지, 또는 "정리 해고를 하지 않는" 정책 등과 같이) 회사의 순이익에 가시적으로 부정적인 영향을 주는 무언가 희생적인 일을 요구하는가? 결국, CSR의 정의는 포르노와 마찬가지로 보는 사람에 달렸다. 합리적인 사람들도 때로는 위의 정의에 강력히 반대할 수 있다. 그래서 나는 "책임"이라는 말 대신에 "의미(significance)"라는 말을 선호한다. 의미의 부재는 무의미인데, 크리스천이 무의미에 만족하리라고 믿기는 어렵다. 의미가 있다는 것은 사람들에게 오래 지속되는 긍정적 영향을 주는 것이다. 그러나 일부 기업들은, 최소주의자들의 정의에 따를 경우 법률적 및 사회적으로 책임이 있게 행동하지만, 거의 아무런 의미도 부가하지 않는다. 실상은 기업들이 사람들에게 부정적인 영향을 끼칠 수도 있다. 그러므로 의미는 다른 사람들의 필요에 어느 정도 전향적으로 개입함을 함축하기 때문에 더 높은 기준이 될 수 있다.

보다 높은 기준에 대한 논의는 이 세상에서의 우리의 목적에 대한 성경의 가르침과도 일치한다. 특히, 성경은 우리는 선한 일을 위하여 창조되었으니 우리의 자원, 기회, 심지어 우리의 권한이 있는 지위까지도 다른 사람들의 유익을 위해 사용해야 한다고 말한다.[2] 선행이 우리를 천국에 가게 해 주지는 않지만, 일단 하나님과 올바른 관계를 맺고 나면, 선행은 우리 삶의 목적의 중심이 된다. 크리스천이, 특히 성경의 가르침에 무관심한 회사에서 일하는 크리스천이 선한 일을 할 책임과 주주들에 대한 법적, 도덕적 책임을 어떻게 조화시키는가?

이는 자기 이익은 성경의 가르침과도 일치한다는 인식에서부터 시작한다. 예를 들어, 우리는 신약 성경에서 자신의 이익뿐만 아니라 다른 사람의 이익도 돌보라는 말을 듣는다.[3] 참으로, 성경은 자주 우리의 자기 이익에 호소하거나, 개인적으로나 전체적으로 우리 자신을 돌보라고 권장한다. 비즈니스에서는, 이는 우리가 일하는 회사가 수익성을 유지하게 함을 의미한다. 그렇다고 어떤 대가를 치르더라도 이익을 내야 한다는 것을 의미해서는 안 되며, 비즈니스를 잘하는 것과 비즈니스를 이익이 나도록 하는 것은 다른 사람을 섬기는 삶을 사는 것과 모순되지 않는다.

나는 대부분의 크리스천 임원들은 어느 정도는 이를 이해하고 있으며 주주들에 대한 봉사와 다른 사람들, 특히 운이 덜 좋은 사람들에게 선을 행하는 이중의 사명을 충실하게 수행하려 한다고 확신한다. 두 개의 책임을 하나의 비즈니스 전략 안으로 통합시키는 적절한 방법을 찾아내는 것이 도전 과제이다. 회사들에게 "세계로 나가라"는 압력이 점증하고 있는 점에 비추어 볼 때, 이는 해외 아웃소싱 및 해외 직접 투자와 같은 글로벌 비즈니스 전략들이 어떻게 회사의 유익을 위해서뿐만 아니라, 세계의 운이 덜 좋은 사람들의 물질적 및 영적 유익을 위해 사용될 수 있는지 이해함을 의미한다. 따라서, 이 글은 왜 비교적 작은 기업들까지 "세계로 나가고" 있는지를 간략히 살펴보고, 이어서 어떻게 글로벌 비즈니스 전략이, 기독교의 동기 부여나 영향이 없이도, 한 국가의 경제 및 사회 발전에 기여하는지에 대해 논의한다. 그 다음에 한 회사가 글로벌 비즈니스 전략을 추구하면서도 다른 사람들에게 유익을 줄 수 있는 구체적인 방법들을 살펴본다.

세계화와 생산 과정의 분해

세계 경제의 점진적 통합은 역설적으로 생산 과정의 점진적 분해를 가져왔다(Feenstra, 1998). 제조업에 대한 소위 "포드주의" 접근법의 특징이었던 수직적으로 통합된 거대한 회사들은 보다 작고, 보다 모험심이 있는 회사들의 글로벌 네트워크에 길을 내줬다. 이러한 추세의 배후에는 몇 가지 요인이 있다. 후그벨트(Hoogvelt, 1997)가 멋지게 설명하는 한 가지 요인은 "포드주의" 자체에 내재한 경직성이다. 이 방식의 가격 우위는 동일한 상품을 오래 만들어 낼 수 있는 능력에 결정적으로 의존했으며, 성장은 "시장 수요의 지속적이고 중단 없는 확대"에 의존했다(93쪽). 이 시스템은 차츰 비즈니스 사이클 상의 부침과 급속한 소비자 기호 변화에 취약함이 판명되었다. 이는 과잉 생산, 고정 설비 이용률 저하, 정리 해고, 손실, 그리고 궁극적으로는 공장 폐쇄라는 악순환으로 이어졌다. 일본 기업들이 대량 생산의 비용 절감 효과를 누리는 맞춤 상품 생산을 시작하자 포드주의에 치명타가 가해졌다.

두 번째이자 아마도 보다 명백한 생산 과정 분해 원인은 특히 개발도상국들의 경제적 자유화이다. 식민지 상태에서 독립한 이후 많은 국가들의 보호주의, 내수 지향적 발전 전략이라는 실험의 결함들은 잘 알려져 있다.

해외 투자 및 해외 생산 물건들의 유입을 제한했던 이런 전략들은 경제적 번영을 가져오지 못했을 뿐만 아니라, 궁극적으로 평균적인 시민의 전반적인 삶의 질 저하로 이어졌다. 오늘날에는 가장 독재적인 정부들을 제외한 모든 정부들이 세계의 다른 부분들을 따라 잡는 수단의 하나로 공격적으로 해외 투자 유치를 모색하고 있다. 실로, UN 무역 개발 회의(UNCTAD, 2004)에 의하면, 1991년에서 2003년 사이에 해외 투자 분야에서 전 세계적으로 거의 1,900건의 규제 변경이 이루어졌다. 이러한 변화들 중에서 94%가 자국 경제가 외국 회사들에게 보다 더 매력적이게 하는 것을 겨냥했다.

오늘날의 소비자들이 점점 더 똑똑해지는 것이 생산 과정이 보다 더 세계화되고 분해되는 세 번째 이유이다. 이제 기업들이 거의 어느 곳에서나 경쟁할 수 있는 자유와 효율적으로 고객의 요구에 맞출 수 있는 능력을 가지고 있다는 사실은 소비자들이 과거 어느 때보다 더 많은 선택권과 정보를 가지고 있음을 의미한다. 소비자들은 그들의 향상된 협상력을 이용하여 보다 높은 품질, 보다 많은 다양성, 보다 나은 서비스, 그리고 보다 낮은 가격을 요구한다. 회사들이 경쟁력을 유지하기 위해서는 고객들의 특화된 필요에 세심한 주의를 기울이는 것 외에는 별다른 도리가 없다. 변화는 특히 해외에서 현저하다. 과거에는 다국적 기업들이 개발도상국들을 프라할라드(Prahalad)와 리버트할 (Lieberthal, 1998)이 "제국주의적 자세"라고 묘사한 바와 같이 진부한 상품으로 새로운 이익을 짜낼 수 있는 곳으로 보았었다.

지금은 이러한 자세는 해외 고객들의 특화된 필요에 무관심해서는 더 이상 시장 점유를 넓힐 수 없다는 인식에 길을 내주고 있다. 대신에, 회사들은 비즈니스를 하고 싶어 하는 곳의 현지 공동체와 신뢰받는 파트너가 되어야 하는 바, 이는 각 시장에 서비스, 마케팅, 그리고 연구 개발 역량의 형태로 상당한 투자를 요구한다.

이러한 요인들이 누적된 결과 본국 및 해외 모두에서 경쟁이 현격하게 증가했다. 서비스 혁신 및 개선 압력은 무시무시하다. 전에는 경쟁에 대한 방어 역할을 했던 지리적 거리는 이제 더 이상 방어 역할을 하지 못한다. 인디아나 주의 소규모 제조업체는 다른 중서부 주의 회사들과 경쟁할 뿐만 아니라, 세계의 다른 지역들과도 경쟁한다. 세계화의 이러한 도전은 잘 알려져 있다. 그러나 세계화에 대해 분노할 때, 해외의 회사들이 우리의 텃밭에서 경쟁하고 있을 뿐만 아니라, 미국의 회사들도 해외 시장에서 (종종 성공적으로) 경쟁하고 있다는 사실이 흔히 간과되고 있다. 경제적 자유화에는 양날의 칼이 있는 바, 모든 규모의 회사들은 자신이 생존하려면 경쟁 및 공급자 면에서 보다 세계적으로 생각하도록 요구된다는 사실을 발견하고 있다. 간단히 말해서 "세계 시장 진출"은 과거처럼 위험하지 않다. 오히려 오늘날에는 세계화 회피가 더 큰 위험을 안게 되는 경우가 흔하다.

개발도상국들에서 다국적 기업들은 글로벌 경제에 대한 즉각적인 신뢰성과 접근을 의미한다. 그럼에도 불구하고 대중 매체들의 영역에서는(윤리와 신학 문헌에서는 말할 것도 없고), 다국적 기업들은 흔히 본질적으로 착취적이고 사회에 해로우며, 노동자들의 권리, 환경에 대한 관심, 그리고 이익 극대화에 방해가 되는 다른 모든 요소들에 대해 무관심한 것으로 묘사된다. 확실히 이러한 견해를 지지하는 악명 높은 사례들도 있었으며, 활동주의자들과 미디어의 불굴의 감시 활동으로 이러한 행태가 견제된 사례들도 있었다. 그러나 다국적 기업들을 전반적으로 그렇게 묘사하는 것은 명백히 불공정할 뿐만 아니라, 이러한 견해가 회사들이 힘들고 위험한 지역에 투자하는 것을 단념하게 할 경우에는 부당하기도 하다. 신학자 노박(1981)은 다음과 같이 이와 유사한 지적을 했다. "다국적 기업들의 활동보다 해외로부터의 투자 부재가 전통 사회에 도덕적으로 더 위험할 수도 있다."

착한 회사들은 행실이 바른 아이들처럼 좀처럼 나쁜 회사들과 같은 정도의 주의를 받지 못한다. 회사의 비리는 훨씬 더 자극적하며, 솔직히 더 재미있다. 따라서, 언론에서의 불균형은 별로 놀랄 일이 아니지만, 이는 회사가 사회에 줄 수 있는 긍정적인 영향에 대해 정확히 묘사하는 것도 아니다. 따라서, 크리스천의 구체적인 역할을 묘사하기 전에, 먼저 다국적 기업들이 일반적으로 어떻게 한 국가의 경제적 및 사회적 목적에 기여할 수 있는지 보여 줄 필요가 있다.

세계화를 통해 선을 행하기

다국적 기업들에 의한 해외 투자는 한 국가의 사회적 및 경제적 복지에 여러 모로 기여한다. 가장 명백하고 즉각적인 유익 한 가지는, 경제 성장에 필수적이지만 많은 개발 도상국들에서는 희소한 자원인 자본의 유입이다. 적절히 동기 부여되고 구조화될 경우, 신설 또는 확장된 기업은 유치국 정부의 개발 목표에 공헌할 뿐만 아니라, 자본 유입이 해당 국가의 국제 수지를 떠받쳐서 이 나라가 국제 통화 기금 및 세계은행과 같은 국제적 대출 기관들로부터 신용 리스크가 낮아졌다는 평가를 받는 데 도움을 줄 수 있다.

다국적 기업들은 또한 자신들의 투입물에 현지의 공급자들을 연결시킴으로써 경제 성장과 사회 변혁을 촉진한다. 사실 다국적 기업들이 (심지어는 그들과 기술을 공유하기까지 할 정도로) 이러한 공급자들과 긴밀히 협력하여 공급자들의 생산성을 높이고 그들의 제품을 국제 기준들에 맞출 수 있게 하는 경우가 흔하다(OECD, 2002; Moran, 2002). 이러한 소위 "후방 연결"은 해당 국가의 전역에서 현지 회사들의 전반적인 역량과 효율성 수준을 점진적으로 높이게 되고, 그들이 본국 및 해외 모두에서 보다 효과적으로 경쟁할 수 있도록 도와준다. 사업가 정신이 있는 직원들이 자신의 회사를 시작하는 일이 드물지 않은 바, 이 프로세스는 궁극적으로 더 많은 일자리와 보다 큰 효율을 가져온다(린, 2003).

또 다른 유익은 현지 노동 시장에서 볼 수 있다. 연구자들은 완구와 같이 기술 수준과 마진이 낮은 산업을 제외하면, 다국적 기업과 현지 공급자들의 연결은 대개 현지 노동자들의 근무 조건, 급여 및 훈련의 개선으로 이어짐을 발견한다(Moran, 2002; OECD, 2002; Santoro, 2000). 흥미롭게도 이러한 추세에 대해 주어지는 설명들은 이타주의보다는 회사의 자기 이익에 더 관련이 있다. 예를 들어, 스파(Spar, 1998)는 서구 다국적 기업의 자회사들이 서구와 가까운 기준을 준수하는 경향이 있는 이유는 냉혹하고 가차 없는 "대중의 조사"가 중요한 요인의 하나라는 입장을 보인다.

베트남, 파키스탄 또는 온두라스의 현지 생산자들이 그들의 노동자들을 착취한다 해도, 그 제품들이 서구 시장에 수출되지 않는다면 이 소식을 듣게 되는 서구인들은 별로 없을 것이다. 그러나 이 생산자들이 리복, 레비 스트라우스 또는 월트 디즈니의 공급자들이 될 경우, 그들의 행동은 미국에서 머리기사가 될 것이다. 그들의 행동을 바꾸는 것은 점점 더 리복, 레비 스트라우스 및 월트 디즈니의 순이익 문제가 되고 있다(12쪽).

다른 연구자들은 보이지 않는 손을 언급하면서, 회사의 자기 이익을 위해서는 점점 경쟁이 거세지고 기술이 주도하는 환경에서 잘 훈련된 노동자들을 유치 및 유지할 필요가 있음을 지적한다(린, 2003; OECD, 2002; Moran, 2002). 즉, 이러한 연구들은 대부분의 산업에서 근무 조건이 개선되고 있으며, 대중의 면밀한 조사 없이도 계속 개선될 가능성이 있음을 보여준다.

서구의 다국적 기업들이 주는 가장 미묘하고 논쟁이 되는 영향은 아마도 문화 분야에 대한 영향일 것이다. 예를 들어, 산토로(2000)는 10년에 걸친 중국에서의 다국적 기업들에 관한 연구에서 다국적 기업들이 중국에서는 상당히 급진적인 아이디어들과 가치들을 주입하고 있음을 발견했다. 보다 구체적으로는, 서구에서는 당연하게 여겨지는 민주주의적인 이상들이 우리의 회사 문화에 확고하게 내면화되어 있으며, 때로는 모르는 사이에 이 이상들이 전이된다. 산토르 및 다른 연구자들은 이러한 아이디어 및 가치의 전파는 궁극적으로 부패 감소와 더 높은 수준의 회사 및 정부의 투명성 등 더 넓은 사회적 개혁으로 이어질 것이라고 주장한다(또한 프리드먼, 2000; Moran, 2002; OOEC, 2002를 보라). 비판자들은 이를 문화적 제국주의로 보려 할 수도 있다. 그러나 그러한 개혁이 없이는, 개발도상국들이 해외 투자를 유치하려 할 때 뚜렷하게 불리한 입장에 놓이게 될 것이다. 따라서 우리는, 토마스 프리더먼(2000)이 그의 책 『렉서스와 올리브 나무』(The Lexus and the Olive Tree)에서 지적하듯이, 왜 "개발도상국의 리더들이 성공하기 위해 필요로 하는 것은… 단지 신흥 시장만이 아니라… 신흥 사회인지를 점점 더 인식하고" 있는지 알 수 있다(162쪽). 경제 변화뿐 아니라 사회 변화도 필요하다는 이러한 인식은 회사 임원 일반 및 특히 크리스천 임원들에게 중요한 시사점이 있다.

노예 노동 및 기타 착취적인 비즈니스 관행이 존재한다는 데에는 의문이 없다. 그러 므로 "대중이 두 눈을 부릅뜨고 지켜보는 것"은 필요하고 좋은 일이다. 그러나 우리가 운이 덜 좋은 사람들의 삶을 개선하기 위해 노력할 때, 대부분의 다국적 기업들은 착한 기업 시민이 되기를 진정으로 원하고 있으며 법률을 준수하고 존경을 받는 공동체의 일원이 되기 위해 열심히 노력한다는 점을 명심해야 한다. 그들이 그렇게 하는 데 다른 이유가 없다면, 이는 그것이 자신들에게 이익이 되기 때문이다. 일부 크리스천들은 여 기서 한 걸음 더 나아간다. 즉, 그들은 자신을 위해 책임 있는 기업 시민으로 처신할 뿐 만 아니라, 그들의 대외 구매, 투자 및 자선 활동 결정을 통해 인도주의적 영향 및 영적 영향을 줄 수 있는 방법들을 찾아냈다.

글로벌 소싱

임원들은 공급 사슬을 통해 주주들을 만족시키면서도 다른 사람들의 이익을 돌볼 수 있다. 흔히 비용 절감 및 서비스 개선을 찾아 개발도상국으로 나간다는 사실은 비밀이 아니다. 그러나 해외 공급자들과 비즈니스를 할 때, 근로 조건, 임금 등과 같은 요인들 을 비교하는 것은 흔하지만, 이러한 일을 할 위치에 있는 크리스천들은 그들의 아웃소 싱 결정이 현지 교회 지원에 줄 수 있는 영향에 대해서는 전혀 고려하지 않는다. 실로, 서구인들에게는 개발도상국들에 세계 수준의 다국적 기업을 소유하거나 관리하는 크 리스천들이 있다는 사실이 종종 충격으로 다가오기도 한다. 예를 들어, 8천 명이 넘는 직원을 고용하고 있는 상하이 기반의 반도체 주물 업체 반도체 제조 국제 공사(SMIC)를 생각해 보라. SMIC는 자체 집적 회로(IC) 제품을 개발하는 외에, 일부 소비자 전자 제품 분야에서 선도적인 회사들에 IC 주물 서비스를 제공한다. 회사 설립자이자 의장인 리 차드 R. 창(Richard R. Chang)은 자신이 회사를 설립한 두 가지 목적을 명확하게 밝히는데, 이 는 중국 최대의 반도체 제조사가 되고 그리스도의 사랑을 나누는 것이다. 그는 직원들 에게 주거 및 교육을 지원하고, (중국 정부의 허락 하에) 현지 및 해외 크리스천들을 위해 교회를 설립(현재 300명의 예배자들이 있다)하는 것과 같은 다양한 방식으로 그리스도의 사랑을 나누는 일 을 수행하고 있다.

트랜스크립션 서비스 사는 해외 공급자들과의 제휴가 어떻게 개발도상국의 크리스천 들에게 유익이 될 수 있는지에 대한 또 다른 예이다.[4] 작지만 빠르게 성장하고 있는 이 미국 회사(연 매출액 약 3백만 달러)는 2000년에 회사의 의료 보고서 처리 용량 확장 및 처리 속도를 늘리기 위해 애쓰고 있었다. 따라서 업무의 일부를 인도로 보낸 것은 비용 절감보다는 고객에게 서비스를 더 잘 제공하는 것과 관련된 생존 전략이었다. 인도의 여러 파트너 후보들을 고려할 때 품질 관리가 회사의 주요 관심사였지만, 결정 요인은 궁극적으로는 이 관계가 인도의 크리스천들에게 줄 유익에 근거했다. 오늘날 이 회사의 업무의 거의 4분의 1은 자신의 비즈니스 커리어와 "사역"을 구분하지 않는 여성 크리스천이 관리하는 회사에 의해 수행된다. 이 회사는 거의 100명의 직원들을 목사가 자기 "양들"에게 대하듯이 대하는 외에도, 순이익의 상당 부분을 현지 기독교 사역에 사용한다.

사회 및 경제적 발전 증진 문제에 있어서, 서구 크리스천들은 매출액 수백만 달러, 또는 수십억 달러의 회사들보다는 NGO나 영세 기업을 생각하는 경향이 있다. 이것이 바로 회사의 임원들이 이 문제에 대해 별로 생각하지 않는 이유일 수도 있다. 영세 기업이 현실적으로 델이나 모토로라 또는 제너럴 모터스에 제공할 수 있는 것이 무엇이 있겠는가? 그러나 실상은 세계화 때문에 아시아, 라틴아메리카, 아프리카, 그리고 이전에 소비에트 연방이었던 많은 지역 등 거의 모든 곳에서 안정적이고 번영하는 사회 증진과 기독교 사역 지원에 대한 관심을 공유하는 크리스천이 소유한 세계 수준의 기업들이 생겨나고 있다. 이는 비록 특정한 경우에는 타협이 적절할 수도 있지만, 기독교 임원들이 다른 크리스천들과 비즈니스를 하기 위해 타협해야 한다고 제안하려는 것이 아니다. 그러나 때로는 별로 노력하지 않고서도, 그리고 가격 및 품질 면에서 타협하지 않으면서도 기독교 임원들이 통상적인 소싱 결정을 "사역의 지렛대"로 활용할 수 있다.

해외 직접 투자

크리스천 임원들이 다른 사람들의 이익을 돌보면서도 주주들에 대한 의무를 이행할 수 있는 또 다른 방법은 해외 직접 투자, 즉 다른 나라에 회사의 자산을 건설하거나 매입하는 것이다. UNCTAD는 현재 9십만 개가 넘는 해외 기업들이 전 세계적으로 약 61,000개의 모기업들과 소유 관계가 연결되어 있다고 추정하는데, 이 수치는 10년도 안 되는 기간에 3배가 넘게 증가했다. 이 수치에는 프랜차이즈 계약, 경영 계약, 파트너십 등과 같이 지분을 통하지 않고 연결된 많은 회사들은 포함되지 않았다(UNCTAD, 2004).

크리스천들 중 해외 직접 투자가 개발도상국들의 크리스천들에게 어떻게 유익이 될 수 있는지에 대해 생각하는 사람은 별로 없다. 서구의 다국적 기업들이 중국에서 세계 수준의 제조업을 영위하도록 도움을 주는 회사인 퍼시픽 리소시스 인터네셔널(PRI)의 설립자 드와이트 노드스트롬(Dwight Nordstrom)은 이에 대한 예외이다. 그는 수십 개의 공장을 세우도록 도움을 주었는데, 이 공장들은 현재 전체적으로 2만 명이 넘는 사람들을 고용하고 있고 연간 2억 달러가 넘는 매출을 올리고 있다. 일자리 및 부의 창출은 확실히, 그 자체로도 중대한 기여이다. 그러나 PRI는 크리스천들이 직무 및 고용 과정에서 공정한 대우를 받게 하기 위한 조치들도 취한다. 여기에서도, 주주에 대한 책임을 타협해야 한다고 제안하려는 것이 아니다. 그러나 해외 투자 결정 시 동등하게 매력적인 두 장소, 동등한 자격을 갖춘 두 명의 공장 매니저 등 사이에서 선택해야 하는 경우가 있을 수 있다. 주의를 기울이는 임원들은 현지의 크리스천들을 도와줄 기회가 있는 선택을 내릴 수 있다.

회사의 선행

크리스천 임원이 회사의 이익을 증진하면서도 다른 사람들의 이익을 보살필 수 있는 세 번째 방법은 회사의 선행을 통하는 것이다. 많은 회사들이 현지 지역 사회에서 잘 알려진 자선 활동 투자를 할 수 있는 방법을 진지하게 모색하고 있으며, 일부 국가의 정부는 승인 조건으로 그렇게 하도록 요구하기도 한다(offsetting(상쇄) 관행으로 알려져 있음). 자발적이건 아니건, 이 "자선" 행위들 중 많은 부분이 자기 이익이라는 동기와 관련이 있음은 부인할 수 없다. 그럼에도 불구하고, 이런 기회들은 크리스천들이 회사에서의 자신의 지위를 활용하여 현지의 크리스천들 및 공동체 전체 모두에 유익한 활동들을 추구하도록 영향을 줄 수 있게 해 준다.

이 분야에서는 상상할 수 있는 모든 것을 할 수 있다. 중국 북부에 있는 한국인 소유 회사인 S&K 인터네셔널과 같은 회사들은 직원들에게 컴퓨터 연수, 외국어 연수 등과 같은 무료 자기 개발 교실을 제공한다. 인도의 올리브 테크놀로지스(Olive Technologies)와 같은 회사들은 커뮤니티 센터, 고아원, 학교 등과 같은 현지의 자선 단체들을 지원한다. 말레이시아의 한 회사는 직원들에게 현지 자선단체들을 후원하기 위한 기금을 공동 관리하도록 허용한다. 크리스천이 소유한 이러한 회사의 많은 직원들에게는, 이것이 자신의 공동체의 필요에 대해 진지하게 바라본 최초의 경험이다. 이러한 이례적인 활동들은 크리스천들이 보다 불운한 지역에 진출하려는 동기를 설명할 수 있는 기회를 만들어주기도 한다.

위의 예들은 크리스천이 소유한 회사들과 관련이 있지만, 약간의 창의력만 있다면 공동체와 좋은 관계를 유지하려는 회사들이 적은 비용으로 사회에 유익을 줄 수 있는 유사한 프로그램을 운영하지 못할 이유가 없다.

보다 넓은 사회적 목적을 지닌 회사 설립

마지막으로, 비즈니스에 대한 열정과 사회적 관심을 결합하는 가장 도전적이지만 가장 큰 보상을 가져다줄 수 있는 방법은 특정한 사회적 또는 영적 필요를 채우는 것을 목적으로 하는 회사를 설립하는 것이다. 이 주제에 관해 "사회적 기업"이라는 제목 하에 많은 서례 연구들과 책들이 나오고 있기 때문에, 나는 두 개의 예만 들어 보겠다.[5] 첫 번째는 런들과 스테펜(Rundle and Steffen, 2003)에서 더 자세히 설명되고 있는 회사인 푸라 비다 커피(Pura Vida Coffee)이다. 이 젊고 빠르게 성장하고 있는 미국 회사는 코스타리카와 기타 커피 재배국가 아동들의 육체적, 감정적, 그리고 영적 필요를 채워주는 기독교 사역을 후원한다는 명백한 목적을 가지고 설립되었다. 이 회사의 사회적 목적은 공정 무역 커피 거래, 가난한 아이들에 순이익의 100% 기부, 월드 릴리프(World Relief), 소저너스(Sojourners), 그리고 해비타드(Habitat for Humanity)와 같이 유사한 정신을 가지고 있는 자선 단체들과의 제휴 등을 통해 명백히 드러난다.

두 번째 예는, 중국의 메이시아 아트(Meixia Arts)인데, 이 회사는 세계에서 가장 가난한 지역 중 하나에서 차이를 만들어 내기 원했던 한 미국인에 의해 시작된 상감 유리 제조 회사이다. 그가 이 일을 하는 여러 방법 중 하나는 현지의 장애인, 노숙자, 또는 거지(때로는 한 사람이 세 가지에 모두 해당되기도 함)를 고용하는 것이다. 일을 통해 사람들의 삶에서 존엄을 회복하려는 소유주의 노력이 인정을 받아서 그는 시장으로부터 여러 해 동안 연속해서 가장 존경 받는 기업 시민상을 받았다. 그러나 이 이야기에서 가장 중요한 점은, 도움을 받았던 사람들 중 일부는 음식, 주거 및 의미 있는 일자리를 제공함으로써 그들 스스로 자기 지역 사회의 짓밟힌 사람들에게 도움의 손길을 내밀기 시작했다는 것이다. 이 회사의 설립자는 이러한 "2세대 활동"을 지속 가능한 사회적 변화를 향한 매우 중요한 단계로 본다.

결론

세계화가 모든 규모의 회사들에게 경쟁, 시장, 공급자 및 전략에 대해 보다 세계적인 관점을 지니도록 강제한다는 데에는 의문의 여지가 없다. 이를 견인하는 근저의 세력들은 회사들이 세계 어느 곳에서나 상당한 피해를 주거나 상당한 유익을 끼칠 수 있게 하고 있다. 따라서 기업의 사회적 책임에 대한 논의도 그 범위가 보다 세계화되고 있다. 나는 회사의 임원들이 충실한 청지기가 되어야 한다는 도덕적 및 법적 책임이 달라지지 않았다고 말했다. 오늘날 달라진 점은 좋은 청지기 직분은 종종 잘 고안된 글로벌 비즈니스 전략을 요구한다는 것이다. 이러한 환경은 확실히 한 때는 정치적, 지리적 장애물로부터 혜택을 입었던 사람들에게는 문젯거리가 되고 있지만, 회사가 칭찬할 만한 행동을 할 수 있는 기회도 만들어 내고 있다. 이러한 많은 기회들이 구매, 투자, 그리고 회사의 순이익 개선을 의도한 자선 의사 결정 등과 같은 놀라운 곳에서 발견될 수 있다. 회사의 임원들, 특히 크리스천 임원들은 이익을 내는 비즈니스 전략들을 세계에서 가장 가난한 나라 사람들의 사회적 및 영적 복지에 기여할 수 있는 기회로 활용할 수 있도록 유념해야 한다.

토론 문제

1. 런들에 의하면, 어떤 요인들이 생산이 보다 세계화되게 하는 데 기여하는가?
2. 런들은 어떻게 회사들이 세계로 진출함으로써 선을 행할 수 있다고 믿는가? 그가 인용하는 몇 가지 예를 들어 보라. 당신은 세계로 진출함으로써 선을 행하고 있는 다른 회사의 예를 알고 있는가?

참고 자료

Binckerhoff, P. C. 2000, Social entrepreneurship: The art of mission-based venture development. New York, NY: John Wiley & Sons.

Bomstein, D. 2003, How to change the world: Social entrepreneurs and the power of new ideas. New York, NY: Oxford University Press.

Dees, J. G., J. Emerson, and P. Economy, 2001. Enterprising nonprofits: A tool kit for social entrepreneurs. New York: NY: John Wiley & Sons.

Feenstra, R. C. 1998. "Integration of trade and disintegration of production in the gloval economy," Journal of Economic Perspectives (가을), 31-50쪽.

Friedman, T. 2000. The Lexus and the olive tree: Understanding globalization. New York, NY: Anchor Books.

Hoogvelt, A. 1997. Globalization and the post-clolnial world: The new political economy of development. Baltimore, MD: Johns Hopkins University Press.

Houck, J. W. & O. F. WIlliams(편). 1996. Is the good corporation dead? Social Responsibility in a glboal economy. Lanham, MD: Rowman and LittleField Publishers.

Lynn, S. R. 2002. Economic Development: Theory and practice for a divided world. Upper Saddler River, NJ: Prentice Hall.

Moran, T. 2002. Betond sweatshops: Foreign direct investment and globalization in developing countries. Washongton, DC: Brookings Institution Press.

Novak, M. 1981. Toward a theology of the corporation. Washington, DC: American Enterprise Institue for Public Policy Resaerch.

OECD. 2002. Foreign direct investment for development: Maximising benefits, minimising costs.

Prahalad, C. K. & K. Lieberthal. 1998. "The end of corporate imperialism." Harvard Business Review (7월/8월), 69-79쪽.

Rae, Scott & K. Wong(편). 1996. Betond Integrity: A Jedeo-Christian approach to business ethics. Grand Rapids, MI: Zondervan.

Rundle, Steve, and T. Steffen. 2003. Great commission companies: The enlarging role of business ethics. Downers Grove, IL: InterVarsity Press.

Santoro, M. 2000. Profits and principles: Global capitalism and human rights in China, New York, NY: Cornell University Press.

Spar, D. L. 1998. "The spotlight and the bottom line: How multinationals export human rights." Foreign Affairs (3월/3월), 7-12쪽.

UNCTAD. 2004. World investment report. Washington, DC.

Notes

1. 2002년의 사베인-옥슬리법은 이 책임을 강조했을 뿐이다.
2. 예를 들어 잠언 3:27, 갈라디아서 6:10, 에베소서 2:10과 5:16, 골로새서 4:5, 그리고 디도서 2:14을 보라.
3. 빌립보서 2:4.
4. 인도의 크리스천들에 대한 간헐적인 폭력 때문에, 이 회사의 설립자는 익명을 유지하도록 요청했다.
5. 예를 들어, Brinckenhoff(2000), Bomstein(2003), Dees, Emerson 그리고 Economy(2000), Rundlerhk Steffen(2003)을 보라.

사례 연구
BEYOND
INTEGRITY

사례 5.1: 월마트와 세계화

2004년에 PBS의 프런트라인(Frontline) 다큐멘터리는 월마트가 글로벌 거인으로 부상한 연대기를 다뤘다(http://www.pbs.org/wgbh/pages/frontline/shows/Walmart/에서 볼 수 있다). 지난 수십 년 동안에, 월마트는 샘 월튼의 "5&10" 가게들에서 글로벌 경제에서 영업하는 회사들의 모델로 성장했다. 듀크 대학교 경영학 교수 개리 제레피(Gary Gereffi)는 이렇게 말했다. "월마트는 미국 경제의 구매력의 많은 부분을 통제하기 때문에 글로벌 아웃소싱(미국의 일자리를 외국으로 내보내는 것)을 촉진한 핵심 세력 중 하나이다." 월마트의 부상(浮上)은 세계 경제에서 힘의 균형이 제조업자들로부터 글로벌 소매업자로 바뀌게 했다. 월마트의 옹호자들은 가능한 한 비용을 낮게 유지하게 하고 가격을 낮게 유지할 수 있게 해 주는 그들의 유례 없는 효율성 및 생산성은 그들에게 경쟁 우위를 가져다줄 뿐만 아니라, 가급적이면 돈을 아껴 써야 하는 가난한 사람들에게도 좋다고 주장한다. 1979년에는 10억 달러였던 월마트의 매출은 2005년에는 대략 250억 달러로 성장했는데, 그들은 이는 세계 경제에 좋은 것으로 밖에는 달리 생각될 수 없다고 주장한다.

그러나 월마트의 비판자들 및 그들과 유사한 다른 가게들은 소비자들에 대한 이러한 유익은 월마트뿐만 아니라 그들의 많은 공급자들의 노동자들의 희생 하에 오는 것이라고 주장한다. 그들의 임금은 업무의 표준보다 낮으며(실상, 그들의 급여 및 복지 수준이 하도 낮다 보니, 점포 매니저들은 모든 공공 지원 단체들을 쉽게 찾아볼 수 있도록 자신들의 전화 번호 목록에 올려 두고 있다), 비판자들에 의하면, 사실상 연금이나 퇴직 급여를 지급하지 않고 있고, 의료 혜택도 형편없고, 그들의 상품의 많은 부분을 중국의 저비용 생산자들로부터 구매한다. 비판자들은 그들이 우월한 힘을 이용해서 공급자들을 쥐어짜는 바람에 미국의 제조업체들이 비용을 낮추기 위해 생산 기지를 해외로 옮기도록 강요된다고 주장한다. 또한 월마트는 중국과의 무역 적자에 주된 책임이 있다는 비난을 받는다. 비판자들은 전체적으로 볼 때 월마트는 미국에 좋지 않다고 주장한다.

토론 문제

1. 프런트라인 프로그램을 보고 난 뒤에, 당신은 월마트가 미국에 좋다고 생각하는가? 왜 그렇게 생각하는가? 이번 장에서 논의한 내용들을 고려할 때, "미국에 좋은가"가 올바른 질문인가? 왜 그런가?

2. 당신은 월마트가 미국의 일자리를 보존할 의무가 있다고 생각하는가? 의무가 있을 경우, 어떤 근거에서 그런가?

3. 소비자들에게는 월마트가 가격을 낮게 유지하는 것이 좋다면, 당신은 월마트가

가난한 사람들에게 주는 혜택을 고려할 때, 노동자들에 대한 영향을 수용할 수 있다고 생각하는가? 왜 그렇게 생각하는가?

사례 5.2: 외주 생산

당신은 직원들을 정리해고하고 그들의 일자리를 본국보다 임금이 훨씬 싼 해외로 이전하려는 결정에 직면해 있는 회사 임원진의 일원이다. 당신의 회사는 소프트웨어 디자인 및 실행 비즈니스를 영위하고 있는데, 당신은 디자인 작업의 일부를 미국보다 훨씬 낮은 비용으로 작업을 하는 인도의 소프트웨어 엔지니어들에게 외주를 주는 것이 효율적이라는 것을 알게 되었다. 당신의 회사는 현재 양호한 수익성을 보이고 있으며, 향후 전망도 밝다. 인터넷 및 전자 통신의 효율성으로 인해, 오늘날에는 회사의 소프트웨어 개발자들이 한 사무실 안의 가까운 자리에서 일할 필요가 없게 되었다. 당신은 많은 회사들이 콜센터 운영 및 제조 작업과 같은 비숙련 노동을 해외로 내보내고 있다는 말을 듣고 있다. 당신은 전에는 "그것은 단지 비즈니스일 뿐"이고 "우리는 경쟁력을 유지해야" 하기 때문에 그들의 일자리가 해외로 빠져나가는 것을 동정하지 않았었다. 또한, 당신은 자신이 고용될 수 있도록 새로운 기술을 개발할 책임은 기술 수준이 낮은 사람들에게 있다고 생각했다.

당신 회사의 임원진이 해외로 내보내는 방안에 관해 생각하고 있는 일들은 전통적으로 해외로 보내졌던 낮은 기술의 일들이 아니다. 이들은 좋은 교육을 받았으며 특정 기술을 요하는 일을 열심히 하고 있는 소프트웨어 개발자들이다. 당신은 이들 중 많은 사람을 개인적으로 알고 있는데, 그들에게는 가족과 주택 구입 자금 대출이 있으며, 정리해고될 경우 심각한 영향을 받게 될 것이다. 그들 중 일부는 다소 나이가 많아서 다른 일을 찾기가 더 어려울 것이다. 그러나 당신은 또한 당신의 회사가 경쟁력을 유지하려면 정규적으로 비용을 절감해야만 한다는 사실도 알고 있다. 당신은 또한 인도에서 이 일을 얻게 될 사람들에 대한 유익도 알고 있다. 그들은 이 일을 얻게 되면 가난에서 벗어나게 되고 큰 유익을 얻게 될 것이다. 그러나 당신은 국내의 노동자들에 대한 의무에 대해 의문이 있으며, 국내에서의 일자리 유지가 추구할 가치가 있는지 궁금해 하고 있다.

토론 문제

1. 당신 회사의 소프트웨어 엔지니어 정리 해고와 그들의 일을 인도로 보내는 일에 관한 임원회의 투표에서 당신은 어떻게 투표하겠는가? 당신의 투표에 대한 근거를 설명하라.
2. 당신은 회사가 국내에서 일자리를 유지할 의무가 있다고 생각하는가? 왜 그렇게 생각하는가?
3. 당신의 회사가 현재 많은 이익을 내고 있다는 사실이 이 결정에서 중요한 변수인가? 회사가 현재 이익을 내고 있고 회사의 생존이 위협받지 않고 있다는 사실로 인해 국내 고용 의무가 더 커지는가? 왜 그런가?

논평

세계화에 대한 도덕적 평가는 경제학, 정치 철학, 윤리, 그리고 크리스천들에게는 신학과 관련된 복잡한 문제이다. 세계화에 대한 비난 중 일부는 전혀 새로운 것이 아니고 경제 시스템으로서의 자본주의에 대한 오래된 비판인데, 오늘날 글로벌 차원에서 비즈니스가 영위됨에 따라 더 예리해지고 집요해진 것들이다. 이러한 주장들 중 일부는 세계화의 일부 측면들은 하나님은 가난한 자들을 돌본다는 중요한 성경의 원칙에 위배된다는 위딕의 비난과 같이 특별히 신학적인 토대를 가지고 있다. 이에 반해 그리피스는 세계화의 도덕적 적법성에 대한 근거를 "세계화는 인간의 존엄 및 자유, 사유 재산권, 사람의 창의성 및 사업가 정신 그리고 노동의 의무와 존엄을 존중한다"는 그의 신학에 둔다. 이는 자본주의를 일반적으로 도덕적이라고 옹호하는 그의 이전 연구의 연장이다.[11]

---

11) Brian Griffths, The Creation of Wealth: A Christian' s Case for Capitalism(Downers Grove, LLL.: InterVarsity 1985)을 보라.

성경 및 고대 세계의 경제학

그러나 성경 및 신학적 원리들을 오늘날의 비즈니스에 적용하기 전에 부 및 장사에 관한 성경의 가르침은 오늘날의 시스템과는 아주 다른 고대의 시스템에 배경을 두고 있다는 점을 인식할 필요가 있다. 그렇다고 성경이 오늘날에는 관련이 없다는 뜻은 아니고, 경제생활에 관한 성경의 일반 원리들을 오늘에 적용함에 있어서 주의를 기울여야 함을 뜻한다. 오늘날에는 비즈니스에 관한 성경의 많은 명령들을 직접 적용하기가 불가능한데, 이는 이러한 명령들이 다루어진 시스템이 크게 바뀌었기 때문이다. 50년마다 모든 땅을 원래의 소유주들에게 돌려주는 희년을 지키라는 명령을 예로 들어 보자. 정보 시대인 오늘날의 배경에서 이 명령이 어떻게 실행될 수 있을지를 상상하기는 불가능하다. 그보다 우리는 성경으로부터 경제생활을 다스리는 보다 일반적인 원리 또는 규범을 찾아낸다. 1장에서 언급한 바와 같이, 이 규범들은 근본적으로 자기 백성, 특히 가장 불리한 처지에 있는 사람들에 대한 하나님의 관심이라는 전반적인 성경의 서사에 토대를 두고 있다.

경제생활에 관한 성경의 "큰 그림"의 중요한 부분 중 하나는 부와 소유에 관한 인식과 관련이 있다. 성경이 공동체의 경제 생활에 관해 상당히 많이 얘기하고는 있지만, 흔히 돈에 대한 개인의 견해가 성경의 가르침을 이해하는 출발점으로 여겨진다. 얼핏 보기에 성경은 부의 축적을 비난하는 것처럼 보인다. "낙타가 바늘귀에 들어가는 것이 부자가 하나님의 나라에 들어가는 것보다 쉽다"(누가복음 18:25, "너희 가난한 자들은 복이 있다"(누가복음 6:20)) 와 같은 예수의 고전적인 가르침들은 부의 소유는 수상쩍고 가난이 미덕임을 암시한다. 물론 이러한 텍스트들은 부를 다른 시각으로 제시하는 다른 텍스트들에 의해 균형이 잡혀져야 한다. 이러한 텍스트들에는 부를 하나님의 축복으로서 즐겨야 할 대상(전도서 5:18-20)이며, 개인의 근면의 결과(잠언 10:4-5)로 보는 구약의 지혜 문학의 구절들이 포함된다. 마찬가지로, 신약에서도 바울은 디모데에게 부에 대해 적절한 인식을 지니도록 조언한다(디모데전서 6:6-19). 바울은 하나님은 자기 백성들이 누리도록 후하게 준다는 사실을 인정한다(17절). 그러나 이는 교만의 유혹과 부의 불확실성(또한 전도서 5:8-6:12를 보라) 때문에 자신의 부를 신뢰하지 말고 자신의 경제적 상황에 만족하라는 권고에 의해 균형이 잡혀진다. 성경은 부의 소유와 부의 사랑을 구분한다. 부의 사랑만이 비난을 받는다(디모데전서 6:10). 부에 대한 사랑과 부유해지려는 욕망은 다양한 유혹을 가져오며, 사람의 영적 삶을 파멸시킬 잠재력이 있다(디모데전서 6:9). 그러나 초대 교회와 예수를 따랐던 군중들은 매우 가난한 사람들부터 부유한 사람들에 이르기까지 사회 경제적으로 넓은 계층에 걸쳐 있었다. 성경에서는 부의 소유 자체가 문제인 것 같지는 않으며, 가난한 사람들로 둘러싸여 있음에도 부를 축적하는 것은 이기심과 탐욕의 표지이다.

성경 전체를 통해서, 부자들은 가난한 사람들의 필요에 냉담하다는 이유로 비난을 받는다(아모스 4:1-4; 야고보 2:1-7). 교회의 초창기는 초대 교회의 대다수를 차지했던 불운한 사람들을 향한 이례적인 관대함으로 특징지어졌다(사도행전 2:45). 초대 교회의 패턴은 아마도 재산의 공동 소유라는 사회적 스타일과 관련되지는 않았지만, 경제적으로 취약한 사람들에 대한 민감성이 매우 높았다.[12] 성경이 사유 재산권을 확인해 주기는 하지만, 사유 재산권이 절대적인 것은 아니다. 이는 부를 공동체의 가난한 사람들의 필요를 충족하기 위해 사용하여야 할 책임에 의해 완화된다. 이는 우리는 하나님의 재산의 수탁인 또는 청지기로서 하나님이 우리에게 우리의 필요 및 즐거움을 위해서, 그리고 하나님의 목적을 위해서 우리에게 재산을 맡겼다는 주장에 의해서 더욱더 완화된다.

고대 세계에서 부의 추구는 잠재적인 문제들로 가득 찼는데, 이로 인해 부를 소유한 사람들을 도덕적 및 영적 회의주의의 시각으로 보기가 쉬웠다. 오늘날 부의 추구가 직면하는 유혹을 얕보지 않도록 주의해야 하지만, 현대와 고대의 경제 시스템에는 부에 대한 강력한 경고에 대해 부분적으로 설명해 줄 수 있는 몇 가지 중요한 차이가 있다. 예를 들어 고대 세계에서는, 일반적으로 사람들은 오늘날의 시장 시스템에서와는 다른 방법으로 부유하게 되었다. 고대의 경제 시스템은 주로 자급 농업 위주였으며 약간의 상업과 교환이 있었다. 부동산이 압도적인 생산 자산이었다. 고대 경제는 "제로섬" 게임이라는 말로 가장 잘 설명될 수 있다. 즉, 경제 자원 풀이 상대적으로 고정되어 있어서, 한 사람이 부유해지면, 그것은 대개 다른 사람의 희생 하에 그렇게 되는 것이었다. 이를 달리 표현하자면, 경제적 파이가 고정되어 있어서 누군가가 더 큰 조각을 받게 되면, 누군가 다른 사람이 더 작은 조각을 받아야 함을 의미했다. 이는 절도, 과세 또는 착취 등 누군가의 희생 하에 부유해질 수 있는 많은 기회들을 만들어 냈다. 고대 세계에서 이렇게 하는 가장 보편적인 방법 하나는 자원이 있는 사람들이 가난한 사람들에게 (흔히 그들의 기본적

---

12) 초대 교회가 공동으로 소유한 데 대한 보다 자세한 내용은 Justo L. Gonzalez, Faith and Wealth: A History of Early CHristian Ideas on the Origin, Significance and Use of Money(San Francisco: Harper & Row,1990)를 보라.

인 필요를 충족하기 위해) 그들이 소유한 얼마 되지 않는 땅을 담보로 잡고 그들이 갚을 수 없는 조건으로 돈을 빌려주는 것이었다. 그러고 나서 돈을 꾼 사람이 이를 갚지 못하면 빌려준 사람이 담보로 잡은 땅을 차지해서 그의 부를 늘리고 채무자는 소작농이나 노예가 되거나 자선에 의지해 살아가는 처지로 전락하게 되었다. 이처럼 가난한 사람들을 착취하는 관행이 고대 세계에서 빈번하게 발생했는데, 성경이 가난한 사람들을 착취하는 것을 자주 비난하는 것은 바로 이런 이유에서이다. 이런 경우에는, 부자들은 가난한 사람들의 희생 하에 말 그대로 더 부자가 되고, 누군가가 부유하다면, 그는 뭔가 비도덕적인 방법으로 부자가 되었을 가능성이 컸던 것이다. 따라서 부자들은 의심의 눈초리를 받게 되고, 고대 세계에서는 도덕적으로 적법하게 부자가 될 수 있는 방법이 별로 없었기 때문에 부자가 되는 것에 대한 잠재적 유혹에 대해 그토록 강조한 것이다.[13]

가난한 사람들이 계속 착취될 것이라는 점은 확실하지만, 세계의 일부 경제 시스템은 고대 세계의 시스템을 닮았지만, 발달된 시장 경제 시스템에서는 반드시 승자와 패자가 연결되는 제로섬 게임 식의 경제 제도가 더 이상 존재하지 않는다. 세계 도처의 시장 시스템의 발달 단계가 다양하지만, 보다 성숙한 시스템에서는 경제가 결코 제로섬 게임이 아니다. 현대의 정보 경제 시대에는 경제 성장으로 재무적 파이가 계속 증가한다. 부는 단지 이전되기만 하는 것이 아니라, 그 자체가 창출된다. 실상, 대부분의 경우, 회사가 이익을 내면 부가 창출되고 파이가 커진다. 그래서 사람들이 번창해지는 동시에 가난한 사람들도 더 잘 살게 되는 것이다. 그래서 비율은 다르지만 운이 덜 좋은 사람들의 부도 증가하는 동시에 부자들의 부도 축적될 수 있는 것이다. 그러나 단지 빌 게이츠나 워렌 버핏과 같은 사람들이 막대한 부를 소유하고 있다는 이유로 가난한 사람들이 더 가난해지는 것은 아니다. 이 원리는 개인들뿐 아니라 국가들 사이에도 적용된다. 현대 시장 경제에서는 부가 계속적으로 창출되며, 따라서 성경이 경고하는 유혹에 굴복하지 않고서도 번창해질 수 있다. 오늘날의 시장 경제에서는 도덕적이면서도 부유해지기가 고대 세계에서보다 훨씬 쉽다. 물론 궁핍한 처지에 있는 사람들에게 관대하

---

13) 성경 시대의 경제 생활에 대한 추가 자료는 Craig A. Evans와 Stanley E. Porter, 편, Dictionary of New Testament Background(Downers Grove, IL.: InterVarsity, 2000), 304-308쪽의 Douglas E. Oakman, "Economics of Palestine"을 보라. 또한 Scott B. Rae, "Views of Wealth in the Bible and the Ancient World," Religion and Liberty 12, no. 4(2002년 11-12월), 20쪽(no.3-4(2010년 여름-가을):10-11쪽에 재수록됨)을 보라.

게 나눠 주라는 권고와 마찬가지로, 부의 추구에 수반되는 유혹에 굴복하지 말라는 권고가 오늘날에도 적용된다. 관대함 및 부에 대한 사람의 태도는 근본적으로 마음의 상태인데, 이는 고대 때로부터 변하지 않았다. 지닌 재산의 크기에 관계없이, 사람은 돈이 아니라 하나님에게 소망을 두고, 가난한 사람들을 향한 하나님의 마음을 공유하고, 결핍한 사람들에게 관대하도록 기대된다.

경제생활을 위한 성경적 패러다임

성경은 구체적인 경제적 관행도 다루고, 시간과 문화를 초월하는 보다 넓은 경제생활을 위한 도덕적 규범도 제시한다. 이 규범들은 인간을 위한 하나님의 공급과 관대함이라는 성경 이야기에 근거를 두고 있으며, 어떤 문화나 시대에도 관련이 있는 경제 제도를 인도하는 기본 원리를 형성한다. 기본적으로 농업 사회였던 시대의 관행들은 산업 경제 또는 정보 경제의 관행과 판이하지만, 성경의 규범들은 새로운 관행에 적용될 수 있으며, 모든 시대의 모든 경제 시스템의 경제 제도를 평가하는 데 사용될 수 있다.

경제적 정의의 맥락이 되는 성경 이야기는 창세기 1–2장에서 시작된다. 하나님의 무(無)로부터의 세상 창조와 세상이 "좋다"는 그의 선언은 창조된 세계는 본질적으로 좋다는 것을 가르쳐준다. 창세기 3장은 창조된 세계 역시 죄의 침입에 종속되었고, 타락했으며, 신약 성경이 묘사한 바와 같이, 그 구속을 간절히 기다리고 있음(로마서 8:19-23)을 지적한다. 인간이 죄의 영향으로부터 해방될 뿐만 아니라, 피조물들도 그렇게 될 것이다. 성경 이야기의 시작에서부터 인간은 피조물의 일부이지만, 이를 관리할 청지기이기도 하다. 성경은 하나님이 모든 땅을 소유하고 있고 인간은 단지 이의 수탁자일 뿐임을 명백히 한다. 그래서 구약 성경에서는 부동산은 영원히 사거나 팔 수 없었다(레위기 25:23-24). 하나님이 소유자이고, 인간은 그의 청지기로서 피조물을 다스릴 책임을 부여받았다. 피조물을 다스리라는 명령에는 피조물을 공동의 선을 위해, 특히 인간의 유익을 위해 사용할 기회 및 책임이 포함되어 있다. 모든 인간에게는 피조물에 대한 지배를 확립하고 피조물을 통제 하에 두며 그 잠재력을 이용할 수 있도록 도와주기 위한 하나님의 일반 은총이 열려 있다. 이 책임은 피조물을 인간의 유익을 위해 활용할 책임에 있어서 자유, 주도권, 그리고 창의성과 같은 특질에 높은 지위를 부여한다. 그리피스가 지적하는 바와 같이, 책임 있는 부의 창출은 다스리라는 명령의 일부이며, 우리가 하나님

에게 영광을 돌리는 하나의 방법이다.[14]

인간은 자유를 지닌 존재로서, 그리고 공동체에 대한 근본적인 필요를 지닌 존재로서 창조되었는바, 위딕은 공동체의 측면을 올바르게 강조한다. 하나님의 형상대로 만들어진 인간은 단지 물질적 존재에 그치는 것이 아니고, 시장에서의 경제 주체에 그치는 것이 아니다. 자유와 주도권을 부인하는 경제 시스템은 공동체의 희생 하에 개인의 자유를 고양시키는 시스템만큼이나 문제가 있다. 인간의 상호 의존성은 공동체의 이상을 반영한다는 위딕의 원리 #2 또한 공동체가 지배, 또는 부의 창출에 관여한다는 창세기의 설명에서 나온다.

성경에서의 노동은 죄가 이 세상에 들어오기 전에 제정되었다. 아담과 이브는 동산을 돌보고 그 유익을 실현시키기 위해 일하라는 명령을 받았다(창세기 2:15). 따라서 일은 죄로 타락한 결과가 아니며, 타락 이전에 명령되었기 때문에 본질적으로 좋은 것이고 저주가 아니다. 타락 이후에 노동이 더 힘들어지고 고생스러워졌지만, 노동의 근본적인 선함은 파괴되지 않았다. 노동은 인간의 번성에 매우 중요한 바, 이는 경제 시스템은 가급적 많은 사람들에게 생산적인 노동의 기회를 제공해 줘야 함을 시사한다.[15] 죄로 인해 모든 노동에 결함이 있는 바, 이는 어떤 경제 시스템에서도 소외가 발생할 수 있음을 시사한다.

성경 전체에서 인간은 자신과 자신의 가족 부양에 필요한 노동에 종사할 책임이 있다고 전제되고 있다. 구약 성경 및 신약 성경에서 공동체 정신이 매우 강하기는 하지만, 인간은 자신을 부양할 수 없게 되지 않는 한 공동체의 자원에 대해 요구할 권리가 없다. 일할 능력이 있는 사람들에게 "일하기 싫어하는 자는 먹지도 말게 하라"는 바울의 권고(데살로니가후서 3:10)는 일하기 싫은 사람은 공동체의 자원에 대해 어떠한 요구도 할 수 없음을 강력히 시사한다.

그러나 성경은 가난한 사람들, 자신을 부양할 수 없는 사람들, 그리고 경제적으로 취약한 사람들을 위해 관대한 규정을 둔다. 선지자들은 규칙적으로 사람의 영적 성숙도 및 성장을 가난한 사람에 대한 가시적인 돌봄과 연결시킨다. 예를 들어 이사야 58장

---

14) Griffiths, Creation of Wealth, 25-31쪽.

15) David P. Gushee 편, Toward a Just and Caring Society: Christian Responses to Poverty in America(Grand Rapids: Baker, 1999), 15-45쪽에 나오는 Stephen Mott와 Ronald J. Sider, "Economic Justice: A Biblical Paradigm"

6-7절에서, 하나님에게 수용될 만한 종교 예배의 유형은 금식이나 기타 의식(儀式)이 아니라, 가난한 사람에 대한 섬김이다. 마찬가지로, 이사야는 가난한 사람들에게 복음이 선포되고 취약 계층이 구조된다는 사실을 하나님의 나라가 다가온다는 표지와 동일시했다(이사야 61:1-2; 누가복음 4:18-19). 예레미야에 의하면 가난한 사람에 대한 섬김은 하나님을 안다는 것이 무엇을 의미하는지를 반영하며(예레미야 22:16), 지혜 문학은 하나님을 향한 인간의 마음을 가난한 사람에 대한 섬김과 연결시킨다. 잠언 14장 31절은 이를 뚜렷하게 묘사한다. "가난한 사람을 압제하는 자는 그를 지으신 자를 멸시하는 것이고, 궁핍한 사람들에게 친절한 자는 하나님께 영광을 돌리는 것이다." 이와 유사하게, 잠언 19장 17절은 "가난한 사람들에게 친절한 자는 주께 꾸어 주는 것이며, 주께서는 그가 한 일에 대해 보상해 줄 것이다"라고 주장한다.

모세 율법에는 희년(레위기 25:8-18), 환매법(레위기 25:35-43), 가난한 사람들이 공동체의 밭에서 수확할 수 있게 해 주는 이삭을 주울 권리(레위기 23:22), 대출에 대해 이자를 징수하지 않고 대출 원금 자체도 희년에 면제될 수 있게 하는 제도(출애굽기 22:25), 7년마다 노예를 풀어 주되 그들이 스스로 부양할 수 있도록 충분한 자본을 주어서 내보내기(신명기 15:12-14), 십일조의 일부를 제사장 및 레위인들 뿐만 아니라 가난한 사람들에게 주기(신명기 14:28-29) 등 가난한 사람들을 지원하는 많은 규정들이 있다. 십일조는 "이전(移轉) 소득"의 형태로 일할 능력이 없어서 다른 사람들에게 의존해 살아가는 가난한 사람들에게 주어졌고, 대출은 일할 능력이 있는 가난한 사람들에게 주어졌다. 스테픈 모트(Stephen Mott)와 로날드 J. 사이더(Ronald J. Sider)는 땅에 관한 이 율법들로부터 취한 경제적 정의 개념을 다음과 같이 통찰력 있게 요약한다. "정의는 모든 사람 또는 가족이 물질적인 필요를 충분히 채울 수 있고 공동체에 존엄하게 참여하는 구성원이 될 수 있도록 생산 자원(토지, 노동, 지식)에 접근할 것을 요구한다."[16] 경제적 정의는 일부에서 제안하는 바와 같이 결과의 동등성을 의미하는 것이 아니라, 공동체 생활에 완전히, 그리고 존엄하게 참여할 수 있도록 충분한 생계비를 벌 수 있는 동등한 기회를 가지는 것을 의미한다. 즉, 경제적 정의는 모든 사람이 동등한 수준의 번영을 달성하는 것을 가정하는 것이 아니라, 모든 사람이 번영해질 수 있는 동등한 기회를 가지게 하는 것을 전제한다. 분배적 정의의 관점에서

---

16) 위의 글 34쪽.

볼 때에 성경은 사회의 재화를 분배하는 기준으로 필요와 공적을 모두 사용하는 듯하다. 일할 수 있는 사람들은 그들의 주도권, 창의성 및 근면한 노동으로 구성된 공적에 기초하여 자신의 몫을 번다. 자기를 부양할 수 없는 사람들에게는 그들의 필요에 따라 사회의 재화를 공유할 권리가 주어진다.

경제생활을 다스리는 기본적인 도덕 원리들을 아래와 같이 요약할 수 있다.

1. 죄로 인해 손상되기는 했지만, 피조 세계는 하나님이 선하게 창조했기 때문에 본질적으로 선하다.
2. 하나님은 모든 생산 자원의 궁극적인 소유자이다.
3. 인간은 이 생산 자원을 책임감 있고 생산적으로 이용할 책임이 부여된 청지기이다.
4. 책임감 있는 부의 창출은 지배 명령과 하나님께 영광을 돌리는 일의 일부이다.
5. 인간은 자유와 공동체에 대한 필요를 지닌 존재로 창조되었으며, 이로 인해 인간은 자율적인 경제 주체 이상의 존재이다.
6. 노동은 죄에 의해 손상되기는 했지만, 본질적으로 좋은 것이다.
7. 일할 수 있는 인간은 자신 및 자신의 가족을 부양할 책임이 있다.
8. 공동체는 가난한 사람들, 즉 자신을 부양할 수 없는 사람들을 돌볼 책임이 있다.
9. 인간은 경제적 취약 계층을 착취할 것이 아니라, 그들을 돌봐야 한다.
10. 경제적 정의는 스스로를 부양하기 위해 필요한 생산 자원에의 접근을 제공해 주는 것이다.
11. 성경에서의 분배적 정의는 공적과 필요의 결합에 기반을 두고 있다.
12. 하나님은 글로벌 경제가 사다리의 꼭대기가 아니라 밑바닥에 어떻게 영향을 주는지에 대해 더 관심을 기울인다.

글로벌 자본주의에 대한 도덕적, 신학적 비평

오랫동안 경제 시스템으로서의 자본주의에 대해 다양한 비판이 가해졌는데, 이는 특히 소수의 사회주의 체제를 제외하면, 자본주의가 유일한 경제 체제였기 때문이다. 시장 자본주의에 대한 가장 보편적인 비판들은 세계화로 인해 더욱 예리해졌다. 경제의 세계화의 결과, 한 국가에서 일어난 일이 세계의 나머지 국가들에 즉각적이고 재앙적인 영향을 줄 수 있다. 세계 경제의 상호 의존성은 2007-2009년의 금융 위기(그리고 과거 수

^{십 년의 몇 가지 다른 사건들)}의 주요 교훈들 중 하나였다. 지난 몇 년 동안 경제 세계가 제조 경제에서 보다 세계화되고 지식에 기반을 둔 경제로 극적인 변화를 겪었지만, 시장 시스템에 대한 근본적인 비판은 그대로 남아 있다.

글로벌 자본주의에 대한 가장 보편적인 비판은 그 근본적인 동기, 즉 탐욕에 관련된다.[17] 자본주의는 흔히 탐욕, 또는 애덤 스미스가 자기 이익이라는 보이지 않는 손이라고 부른 것에 기초를 둔 시스템이라고 알려져 있다. 이 시스템의 옹호자들은 다국적 기업들은 자기 이익, 즉 이익 극대화를 추구하는 사람들에 의해 운영된다고 주장하는데, 그들은 성공하기 위해서는 유익한 상품을 만들거나 유익한 서비스를 제공해야 하며, 그렇게 하는 과정에서 공동의 선에 기여한다고 가정한다. 그러나 비판자들은 탐욕 및 탐욕스러운 자기 이익이 공동의 선에 기여하는 것이 아니라 이를 훼손한다고 본다. 예를 들어, 그들은 소득 분배에 엄청난 격차를 만들어 냈으며, 전 세계의 가난한 대다수의 희생 하에 비교적 소수의 손에 부를 편중시켰다. 비판자들은 글로벌 자본주의는 거대기업들이 공동체를 근절하고, 일을 전 세계적으로 아웃소싱하며, 환경을 망치는데, 이모두가 자신들의 이익을 증가시킨다는 명목 하에 이루어진다고 비난한다. 자본주의의 비판자들은 성경이 명확하게 죄악이라고 지목한 특성들에 의해 가동되는 시스템은 기독교 윤리에 부합할 수 없다고 주장한다. 회사의 이익 및 힘의 확대, 소비자 사회의 부상(浮上), 과소비는 모두 탐욕이 이 경제 시스템에 연료를 공급한다는 것을 가정한다.

두 번째 비판은 자본주의는 불공정한 부의 편중과 자원 사용에 있어서의 세계적 불평등으로 이어진다는 것이다.[18] 세계화의 비판자들은 글로벌 경제가 이 불평등을 악화시켰다고 주장한다. 예를 들어, 개발도상국의 인구는 훨씬 많은데 세계의 자원은 훨씬 적다. 비판자들은 흔히 가난한 자들의 희생 하에 불균형적으로 거대한 부와 힘을 축적하고 그들의 "제국"을 유지하기 위해 이를 불공정하게 사용하는 소수의 다국적 기업들의 손에 경제적 및 정치적 힘이 점점 더 편중된다고 주장한다. 이는 글로벌 자본주의에 대한 세 번째 주요 비판, 즉 선진국들이 개발도상국들의 빈곤에 대해 책임이 있다는 주

---

17) 이 비판은 마이클 무어의 2009년 영화 Capitalism: A Love Story에 가장 명백하게 나타나 있다. 또한 Jim Wallis, God's Politics(San Francisco: HarperCollins, 2005), 259-269쪽을 보라.

18) Wallis, God's Politics 265쪽. 또한, Wallis, Rediscovering Values: On Wall Street, Main Street, and Your Street(New York: Howard, 2010), 81-92쪽을 보라.

장으로 이어진다.[19] 비판자들은 글로벌 자본주의에 의해서 부의 분배의 불평등이 완화되는 것이 아니라 악화된다고 주장한다. 그리피스는 가난한 사람들의 형편이 나아졌을 지라도, 부자와 가난한 자 사이의 차이가 극적으로 벌어졌음을 지적한다. 위딕은 글로벌 경제에 확실한 승자들도 있지만, 수많은 패자들도 있다고 제안한다. 그는 승자는 한 국가가 수출하는 상품 및 서비스에서의 기술을 지닌 사람이고, 패자는 한 국가가 수입하는 상품 및 서비스에서의 기술을 지닌 사람들이며, 승자와 패자 사이의 간격이 더 벌어지고 있음을 통찰력 있게 지적한다. 그리피스와 위딕은 모두 선진국 시장에서 개발도상국들을 폐쇄하는 보호주의 무역 정책이 불평등 심화 문제의 중요한 부분이라고 주장한다. 위딕은 실제로 "국산품 애용" 캠페인은 성경의 정의관과 일치하지 않으며, 가난한 사람들의 소비자 시장 접근을 훼손한다고 단언한다.

네 번째 비판은 글로벌 자본주의가 물질주의를 강화하고 과소비를 부추긴다는 것이다.[20] 세계화의 비판자들은 선진국들이 개발도상국들에게 수출하는 주요 항목은 중산층 물질주의라고 주장한다. 시장 시스템에서는 수요가 있는 곳에 공급이 따라간다는 이유만으로 사회적으로 유익한 가치가 없어 보이는 상품들이 생산 및 소비된다. 어떤 물건에 대한 시장이 있다면, 그 물건의 사회적 가치 여하를 불문하고 누군가는 그것을 만들 것이다. 특정 상품에서 중요시되는 유일한 가치는 시장에 의해 측정되는 경제적 가치이다. 예를 들어, 미국에서 연간 수십억 달러가 거래되는 음란물과 해마다 수천 명을 죽이고 의료비로 수십억 달러를 쓰게 하는 담배와 같은 상품들은 의심할 나위 없이 이 상품들이 없으면 사회가 더 좋아질 것임에도 불구하고, 단지 시장이 이를 요구한다는 이유만으로 대량으로 생산되고 있다. 비판자들은 이러한 종류의 소비자주의는 개인과 사회를 영적으로 빈곤해지게 한다고 비난한다.

글로벌 자본주의의 옹호자들은 이러한 비난들에 대해 이를 비난하는 사람들은 자본주의 시스템을 오해했거나 성경을 잘못 해석했다고 대답한다.[21] 첫째, 그들은 탐욕과

---

19) 예컨대, Richard Gillett, The New Globalization (Cleveland Pilgrim, 2005), 11쪽을 보라. 또한 Wallis, God's Politics 270-295쪽을 보라.

20) opednews.com에서 Nafeez Mosadeq Ahmed, "Capitalism, Consumerism and Materialism: The Values Crisis," OpEd News(2008년 2월 28일)를 보라. 또한 Jim Wallis, Rediscovering Values, 53-79쪽을 보라.

21) 글로벌 자본주의에 대한 비판에 대한 보다 자세한 대응은 Austin Hill과 Scott B. Rae, The Virtues of Capitalism(Chicago: Northfield, 2010), 56-74쪽과 Jay W. Richards, Money, Greed, and God: Why Capitalism Is the Solution and Not the Problem(New York: HarperCollins, 2009)을 보라.

자기 이익은 같은 것이 아니라고 주장한다. 애덤 스미스가 자기 이익이 자본주의를 증진한다고 썼을 때, 그는 "탐욕은 좋은 것이다"와 같은 생각을 염두에 두지 않았다. 그는 계몽된 자기 이익, 즉 유대–기독교 도덕과 그 안에서 모든 사람이 유익을 얻는 공동선에 대한 관심에 의해 제약된 자기 이익을 옹호했다.[22] 스티븐 런들이 지적하는 바와 같이, 세계화는 회사들에게 해외 공급자들과의 파트너십, 해외 투자, 그리고 전 세계의 가난한 사람들을 돕는 보다 넓은 사회적 목적을 지닌 회사를 설립하는 등 세계화를 통해 선을 행할 수 있는 새로운 많은 방법을 제공했다. 글로벌 자본주의는 결코 그 참여자들의 미덕과 동떨어져 작동하도록 의도되지 않았다. 그러나 자본주의의 비판자들은 애덤 스미스가 자본주의를 착상했던 상황은 자본주의가 자기 이익이 적절히 제한되는 도덕적 시스템이 될 수 없는 오늘날의 상황과는 다르다고 응수한다.[23] 이 말이 사실인지 여부는 논란의 여지가 있지만, 여기서의 핵심 요점은 탐욕은 자기 이익과 같은 것이 아니며 미덕에 의해 규제될 경우 개인들이 자기 이익을 추구하는 것은 잘못이 아니라는 점이다. 또한 탐욕은 마음의 문제이지 어느 경제 시스템에 국한되는 것이 아니다. 탐욕은 어떤 경제 시스템 하에서도 번성할 수 있다.

자본주의에 고유한 경제적 힘의 편중이 제3세계의 가난에 책임이 있다는 두 번째와 세 번째 비판은 세계의 상품 공급은 "제로섬 게임"이라고 가정한다.[24] 즉, 모든 사람에게 돌아갈 파이의 크기는 일정하게 정해져 있으므로 누군가가 이익을 보면 다른 누군가는 불가피하게 손해를 본다는 것이다. 따라서 비판자들에 의하면, 누군가가 경제적 파이의 보다 큰 조각을 가지게 되면, 다른 누군가는 불가피하게 더 작은 조각을 가지게 된다. 글로벌 자본주의의 옹호자들은 세상이 반드시 이런 식으로 돌아가는 것은 아니라고 대답한다. 사실, 글로벌 자본주의는 모든 사람에게 돌아갈 파이를 더 크게 만들 수 있으며, 특히 개발도상국들이 글로벌 경제 시스템 안으로 통합됨에 따라 그들을 가난에서 끌어 올릴 수 있다. 글로벌 자본주의를 정직하게 평가하면, 승자와 패자로 분류할 수 있는 상황이 있다는 것을 인정해야 한다. 예를 들어, 채권이나 파생상품과 같은 금융상품 거래는 이 유형에 들어맞는 듯하다. 또한 개발도상국들에서의 일부 경제 시스템

---

22) Adam Smith에 관한 보다 자세한 내용은 Patricia H. Werhane, Adam Smith and His Legacy for Modern Capitalism(New York: Oxford University Press, 1991)을 보라.

23) 이는 마이클 무어가 그의 영화 Capitalism: A Love Story에서 제시하는 주요 비판이다.

24) Richards, Money, Greed, and God, 59-82쪽.

들은 제로섬 상황과 유사하며, 시장 시스템은 아직 이들 안에서 완전히 시행되지 않고 있다. 글로벌 자본주의의 장점은 오직 이 시스템만이 계속적으로 부를 창출할 수 있는 듯하다는 것인 바, 그리피스가 지적한 바와 같이 이 시스템은 수백만 명을 가난에서 빠져나오게 한 경제적 성공을 거두고 있다.

그러나 그리피스와 위딕 모두 선진국들이 자국 시장을 경쟁으로부터 보호하기 위해 취하는 보호 무역 조치들을 올바르게 비난한다. 글로벌 경제에서의 무역은 완전한 자유 무역과는 거리가 멀다. 그리피스는 무역 자유화는 개발도상국들이 글로벌 경제에 완전히 통합되는 데 필수적이며, 가난한 사람들을 돕는 데 있어서 재정상의 지원보다 훨씬 효과적인 방법이라고 주장한다. 위딕은 미국 및 유럽의 농업 무역 보호는 "그렇지 않았더라면 곡물 수출에 있어서의 비교 우위를 누렸을 개발도상국들의 소작농들에게 파괴적"이라고 주장한다. 위딕은 국내의 이익을 개발도상국들의 이익보다 우선시하는 무역 정책은 정당화될 수 없으며, 크리스천들에게 가난한 사람들에게 경제적으로 힘을 실어 주고 자유 무역을 통해 그들에게 경제적 기회에 접근하게 해 주는 정책 및 프로그램을 지지하라고 촉구한다. "국산품 애용"이 성경의 정의관에 어긋나는지 여부에 대해서는 위딕이 주장하는 바와 같이 논란의 여지가 있지만, 그가 개발도상국의 시장 경쟁을 지지하면서 동시에 보호 무역 정책을 시행하는 것은 위선이라고 지적한 것은 옳은 말이다.

그리피스는 수십 년 동안의 실제 데이터를 사용해서 글로벌 경제에의 참여가 가난한 사람들을 빈곤에서 끌어올리는 가장 좋은 방법임을 보여준다. 그는 환태평양 지역의 경제 발전 기적과, 인도 및 중국에서 가난을 벗어나 중산층이 된 사람들의 수를 인용한다. 싱가포르, 남한, 대만 및 일본과 같은 나라들은 경제 건설에 사용할 천연 자원이 별로 없다. 그러나 그들은 모두 주도권과 창의력이 번성하도록 허용하고, 이를 재산권과 법의 지배를 존중하는 정치 시스템으로 보호하는 시스템 덕분에 번영을 누렸다. 남한의 번영과 북한의 계속되는 빈곤의 대조는 또 하나의 생생한 사례이다.[25] 양국은 대략 동일한 천연 자원을 가지고 있지만, 남한에서는 자본주의 시스템이 사람들을 번성하게 해 주었고, 1인당 소득이 월등히 높다.

---

25) 또한 Michael Novak, The Spirit of Democratic Capitalism, 개정판 (New York: Madison, 1990), 16-18쪽을 보라.

과소비라는 네 번째 비판에 대해서는, 글로벌 자본주의의 옹호자들은 자유 시장이 사회적으로 유익한 가치가 없는 많은 상품 및 서비스를 생산하도록 허용한다는 점을 인정한다. 시장 시스템에 대한 크리스천 옹호자들은 확실히 일부 상품들이 없으면 사회가 확실히 나아질 것이라는 점에 동의할 것이다. 그러나 그들은 그러한 상품 및 서비스의 존재는 하나님의 형상대로 만들어진 인간과 부합하는 경제 자유라는 훨씬 더 큰 선을 위해 지급해야 할 대가로서 수용할 만하다고 주장한다. 그러나 과소비는 도덕적으로 중립적인 것이 아니라, 사람의 성품에 대한 진정한 비난거리이다. 성경은 책임감 있는 자원 사용에 대해 명확히 얘기하지만, 이것은 마음의 문제이지 경제 시스템 자체의 문제는 아니다. 글로벌 자본주의가 더 많은 상품들 및 서비스들을 만들고 있으며, 회사들은 성장을 지속하기 위해 많은 소비자들을 필요로 하며, 따라서 과소비의 유혹을 증가시킨다는 것은 사실이다. 그러나 인간의 죄 및 이기심으로 인해 물질주의는 어떤 경제 시스템에서도 발생할 수 있다.

과소비와 글로벌 중산층의 부상(浮上)은 확실히 세계화의 비판자들이 지적하는 바와 같이 환경에 영향을 준다.[26] 수백만 명의 사람들을 글로벌 경제의 문화로 들어오게 하는 것은 기후 변화에서 쓰레기 처리에 이르기까지 심각한 환경상의 이슈들을 제기한다. 기후 변화 경고를 울리는 것에 대해서는 회의적이라 할지라도, 소비자 사회에 가담하는 중산층의 증가에 기인하는 기타 환경상의 이슈들 또한 절박해 보인다. 가난한 많은 사람들을 극심한 빈곤에서 건져 내는 동시에 지속 가능한 경제로 옮겨가는 것이 세계화의 옹호자들이 직면해 있는 가장 큰 도전 중 하나이다. 그리피스가 주장하는 바와 같이, 세계적 경제 성장이 가난한 사람들에 대한 최선의 희망이라면, 그러한 성장이 환경적으로 지속 가능하게 하는 것이 필수적이다. 이 지속 가능성 개념에 대해서는 10장에서 보다 자세히 다룰 것이다.

결론

경제에 대해서는 성경이 중립적이라는 입장을 유지하기 어렵다. 선지자들은 이스라엘과 이웃 나라들에 대해 경제적 부정의, 가난한 사람들 방치, 그리고 경제적 취약 계층

---

26) 예컨대 Bill McKibben의 연구, Earth: Making a Life on a Tough New Planet(New York: Times, 2010); Deep Economy: The Wealth of Communities and the Durable Future(New York: Times, 2007)를 보라.

에 대한 착취에 대해 준엄한 비판의 목소리를 높였다. 그러나 하나님의 창조 명령은 인간에게 부를 창출하고 이를 통해 피조물을 더 잘 다스릴 수 있는 기회를 제공했다. 개인의 주도권, 창의성, 그리고 경제적 자유에 대한 강조는 피조물을 책임감 있게 다스리라는 명령과 인간은 하나님의 형상대로 만들어졌다는 개념에 뿌리를 두고 있다.

그러나 성경의 가치와 글로벌 자본주의의 충돌에 의해 몇 가지 우려가 제기된다. 한 가지 적절한 우려는 막대한 부를 창출하는 경제 시스템에 의해 조장되는 과소비와 물질주의이다. 성경은 물질주의의 유혹에 굴복한 사람들을 명백히 비난한다. 또한, 특히 자국 시장을 경쟁으로부터 보호하기 위해 마련된 보호 무역 정책에 비추어 볼 때 글로벌 자본주의가 사회의 재화를 공정하게 분배할 능력이 있는지에 대한 우려도 있다. 부의 분배에 있어서의 격차가 커지는 현상, 특히 한 사람이 필요로 하거나 베풀 의향이 있는 수준을 훨씬 넘어서는 부의 축적은 문젯거리이다. 마지막으로, 글로벌 자본주의가 남용될 가능성이 있으므로, 사회 일반과 특히 종교 지도자들이 자기 이익에 대해 자체적으로 제약을 제공하기 위한 미덕과 성품을 개발하도록 격려하고, 공동선을 위해 자기 이익을 누그러뜨리도록 촉구할 필요가 있다.

글로벌 비즈니스 관행

개요

세계화된 경제 안에서 일하는 것은 비즈니스맨들에게 복잡한 윤리적 딜레마들을 제기할 수 있다. 이러한 이슈들에 초점을 맞추기 위해, 당신이 아래의 상황에 있다면 어떻게 할 것인지 생각해 보라.

1. 당신의 회사는 신발 수선 및 신발 제조에 사용되는 접착제를 만들고 있다. 당신의 회사는 이를 세계 각지로 수출한다. 미국에서는 아동의 접착제 흡입을 방지하기 위해 매우 효과적인 저지 물질을 첨가하도록 법률로 요구된다. 당신의 회사가 수출하는 대부분의 나라들에서는 이 첨가물을 요구하지 않는다. 이 첨가물을 넣으면 당신 회사의 제품이 시장에서 밀려나게 할 수도 있다. 당신은 이 첨가물을 넣지 않은 접착제를 전 세계에 계속 팔겠는가?

2. 당신은 뇌물 및 부패가 흔한 국가에서 사업하고 있다. 당신은 종종 그 나라에 당신의 상품을 제조하기 위한 설비를 들여오게 하기 위해서는 공무원들에게 뇌물을 지급하라는 요구를 받는다. 뇌물 수수 행위는 기술적으로 불법이지만, 일반적으로 비즈니

스를 수행하는 대가로 여겨지고 있다. 당신은 뇌물을 요구 받을 때 이를 지급하는가? 또한, 때로는 특정 계약을 따기 위해서는 뇌물을 지급해야 한다. 당신은 뇌물을 지급하겠는가?

3. 당신은 주요 의류 소매업자의 구매자인데, 당신이 구매하는 의류의 많은 부분은 다른 나라의 흔히 "노동 착취 공장"이라 불리는 곳에서 만들어졌다. 그곳의 임금은 낮고, 근로 조건은 미국의 OSHA(노동 안전 위생국)의 기준에 훨씬 못 미치며, 일상적으로 아동들이 고용되어 하루에 12시간씩 일한다. 당신은 그 공장에 가 본 적이 있는데, 그곳 사람들은 그곳에서 일을 하는 것에 대해 기쁘게 생각하는 것 같지만, 당신은 그 공장의 근로 조건과 아이들이 학교에 가지 않고 일한다는 사실에 대해 마음이 편하지 않다. 당신의 회사가 이 공장을 소유하고 있지는 않지만, 당신은 근로 조건에 대해 제한적이나마 영향력을 행사할 수 있다. 당신은 이들 노동 착취 공장들과 계속 비즈니스를 수행하겠는가?

4. 당신은 모닝 커피를 한 잔 마시기 위해 동네 커피 가게에 들어가다가 이 가게가 "공정 무역" 커피를 후원한다고 광고하는 표지를 보았다. 공정 무역 커피는 개발도상국들의 소규모 커피 재배자들이 가족을 부양할 수 있게 해 주기 위해 시장 가격보다 높은 가격을 줘서, 농민들에게 여러 세대 동안 자기 가족의 삶의 터전이었던 곳을 떠나게 하는 세계화의 파괴적인 피해를 완화시키려는 노력과 관련이 있다. 당신의 친구들 중에는 당신이 공정 무역 커피를 사지 않는다고 비난하는 사람이 있다. 공정 무역 커피는 다른 커피보다 가격이 비싸고, 당신은 공정 무역 커피가 당신이 일반적으로 사는 커피와 동일한 품질을 보이는지 확신하지 못하지만, 당신은 할 수 있다면 이러한 커피 재배자들을 도와줘야 한다는 의무감을 느낀다. 당신은 공정 무역 커피를 사야 하는가?

5장에서 우리는 비즈니스의 세계화가 제기하는 몇 가지 우려와 이의 긍정적인 요소들을 대략적으로 살펴보았다. 이 장에서는 글로벌 비즈니스 관행들에 의해 제기되는 윤리적 이슈들에 대해 보다 구체적으로 살펴보고자 한다. 먼저, 우리는 "노동 착취 공장"과 관련된 논쟁적 이슈를 검토할 것이다. 노동 착취 공장들은 착취, 즉 저임금, 열악한 근로 조건 및 아동 노동으로 인해 널리 비판 받아 왔다.[1] 그러나 노동 착취 공장에는

---

1) 노동 착취 공장과 착취 사이의 연결에 대한 보다 자세한 내용은 Jeremy Snyder, "Exploitation and Sweatshop Labor: Perspectives and Issues," Business Ethics Quarterly 20, no. 2(2010년 4월): 187-213쪽을 보라. 노동 착취 공장에 대한 보편적인 비판에 대해서는 Denis G. Arnold와 Norman E. Bowie, "Sweatshops and Respect for Persons," Business Ethics Quarterly 13, no 2.(2003년 4월): 221-242쪽을 보라.

때로는 간과되고 잘 알려지지 않은 측면이 있는데, 그것은 직원들이 감사하게 생각하고 있으며 극심한 가난에서 벗어나는 첫걸음이 되는 일자리를 이 공장들이 제공해 준다는 사실이다. 샌디에이고 대학교의 철학자 매트 조월린스키(Matt Zwolinski)는 "노동 착취 공장: 정의, 역사, 그리고 도덕성"에서 노동 착취 공장을 옹호한다. 그는 직원들이 자발적으로 이곳에서 일하기로 결정했으며, 그들에게 고용에 대한 선택권이 제한되어 있기는 하지만, 어쨌든 그곳에서 일하기로 한 것은 그들의 선택이었다고 주장한다. 그는 노동 착취 공장을 폐쇄하거나 엄격히 규제하려는 정부와 활동주의자들의 노력은 활동주의자들이 도와주려고 하는 바로 그 사람들을 해치는 결과로 귀결된다고 주장한다.

전 세계적으로 당면하고 있는 두 번째 보편적인 윤리적 이슈는 뇌물과 관련이 있다. 뇌물은 종종 선물, 팁, 웃돈 또는 심지어 강요에 의한 지급을 의미할 수 있는 폭넓은 용어이다. 버나드 아데니는 "윤리 이론과 뇌물"에서 문화 및 성경의 관점에서 뇌물을 분석한다. 아데니는 인도네시아에서의 오랜 선교사 경험을 토대로 문화적 전통과 뇌물의 비도덕성에 대한 성경의 주장 사이의 유용한 균형을 제공한다.

세 번째 이슈는 비즈니스를 이용하여 개발도상국들의 가난한 사람들을 도와주려는 시도들과 관련이 있다. 5장에서 스티븐 런들은 회사들이 전 세계적으로 그들의 사회적 책임을 어떻게 행사할 수 있는지에 관한 몇 가지 방법을 다루었다. 일련의 대조되는 글들에서, 우리는 특히 커피 생산 및 소규모 커피 재배자 지원과 관련된 공정 무역 운동을 다룬다. 기독교 기반의 공정 무역 조직 트라이어드크레프트의 CEO 폴 샌들러(Paul Chandler)는 "공정 무역 의제를 진척시키기"에서 이 운동은 개발도상국들의 가난한 사람들을 돕고 있으며, 가난한 사람들에게도 좋고 하나님에게도 영광을 돌리는 일련의 목표들을 가지고 있다고 주장한다. 그는 공정 무역 운동은 원래 신앙에 기초를 두었으며, 글로벌 경제로의 움직임이 소규모 농민들에게 전통적 생활방식을 포기하도록 강제하는 심각한 결과를 다소나마 완화하기 위해 고안되었다고 말한다. 이와 대조적으로, 경제학자 빅터 클라아(Victor Claar)는 그의 책 『공정 무역? 가난에 대한 해결책으로서의 공정 무역의 전망』에서 발췌한 글에서 공정 무역 관행은 시장 인센티브를 왜곡시키고, 가난한 사람들이 보다 생산적이고 수익성이 좋은 경제 부문으로 옮겨가지 못하도록 막는 일련의 "황금 수갑"을 만들어 냄으로써 실제로는 가난한 사람들을 해친다는 입장을 취한다. 그 또한 이 이슈를 기독교적 시각에서 바라본다.

노동 착취 공장
– 정의, 역사, 그리고 도덕성

매트 조월린스키(Matt Zwolinski)
James Ciment, Social Issues in America:
An Encyclopedia (Armonk, N.Y.: M. E. Sharpe, 2006)에서 발췌함.

개요

"노동 착취 공장"이라는 용어는 감정적, 역사적, 그리고 도덕적 중요성으로 가득 차 있다. 이 말은 여성과 아동들이 비좁고 쥐가 우글거리는 곳에서 장시간 일하면서 감독 자들에게 학대 당하고, 다음날에도 일할 수 있도록 겨우 생존할 수 있는 수준의 저임금 을 받는 이미지가 떠오르게 한다. 어떤 사람들은 이 말에서 여성 의류 노동자들이 현지 의 감독자들로부터 성희롱을 당하고 노동조합을 결성하려고 할 경우 심한 처벌을 받는 멕시코의 마킬라도라(maquiladora)의 공포를 떠올릴 것이다.

아마도 가장 놀라운 점은, 이 용어가 이러한 상황에 대한 책임이 평균적인 소비자들 에게 있다고 시사한다는 것이다. 이 주장은 단순히 자기가 입을 옷을 사거나 아이들이 신을 신발을 사는 행동을 통해서, 위에서 묘사된 것과 같은 압제로 인도되는 시스템에 경제적 지원을 제공한다는 식으로 이어진다. 노동 착취 공장의 제품을 사는 소비자와 그 공장을 운영하는 감독자 사이의 유일한 차이는 물리적으로 가까이 있는지 여부일 뿐, 우리 모두 잘못이 있다는 것이다.

그러나 정확히 무슨 잘못이 있다는 말인가? "노동 착취 공장"이라는 용어는 의심할 여 지없이 무언가 불쾌한 것을 함축한다. 그러나 정확히 어떤 조건이 충족되어야 이 용어 사 용이 적절한가? 무엇이 "노동 착취 공장"을 노동 착취 공장으로 만드는가?

정의

불행하게도, 노동 착취 공장 및 이의 경제적 맥락을 둘러싼 이슈들은 논쟁이 심해서 그 정의조차 논쟁이 되고 있다. 다음 섹션에서 살펴보는 바와 같이, 이 용어는 역사적으 로 1900년대 초반의 의류 산업에 특유한 생산 방식에서 따온 것이다. 그러나 우리는 오 늘날, 다른 산업의 맥락에서 노동 착취 공장이 존재할 가능성을 배제하기를 원하지 않는다. "노동 착취 공장"이라는 용어를 특정 시기의 특정 산업에 고정시키는 것은 이 용어가 환기하려고 의도한 보다 넓은 사회적 비판에 너무 엄격한 제한을 가하는 것이다.

이 용어는 또한 법률적 의미를 지니고 있다. 미국 회계 감사원(GAO)은 노동 착취 공장을 "최소 임금과 시간외 근무, 아동 노동, 산업의 과제, 직업상의 안전 및 건강, 노동자 보상, 또는 업계 규정을 규율하는 연방법 또는 주법의 하나 이상을 위반하는 고용주"라고 정의한다. 이 정의의 장점은 미국 내에서의 노동 착취 공장의 상태를 평가할 명확하고 측정 가능한 기준과 이에 대해 법적 조치를 취할 수 있는 토대를 제공해 준다는 것이다.

특정 상황에서는 이 정의가 매우 적절할 수 있다. 이의 단점은 위에서 논의한 역사적 정의에서 발견되는 것과 너무도 동일하다는 것이다. 이 정의는 일반적인 정의로는 너무 협소해 보인다. 미국의 역사상, 회계 감사원의 정의에서 언급된 노동자 보호 법률들이 제정되기 전에도 많은 노동 착취 공장들이 있었다. 그렇다고 그들이 노동 착취 공장이 아니었는가? 이와 유사하게, 오늘날의 많은 노동 착취 공장들은 노동자에 대한 법적 보호가 미미한 미국 이외의 나라들에 존재한다. 이 회사들은 자국 법률을 전혀 위반하지 않은 채 운영되는 경우가 흔하다. 이들을 "노동 착취 공장"이라고 비난하기에는 법률적 정의가 부적절하다.

그렇다면 궁극적으로, "노동 착취 공장"의 정확한 의미는 맥락에 따라 달라질 것이다. 역사적 및 법적 정의도 나름대로의 역할이 있겠지만, 일반적으로 우리가 특정 절차를 노동 착취라고 묘사할 때에는 도덕적 판단을 반영할 것이다. 달리 말하자면 그 절차가 직원들을 비인간적으로 다루고 있거나, 기본 인권 또는 소박한 품위 기준을 어기고 있다는 판단을 반영할 것이다. 이 정의는 고용주가 피고용인들에게 어떤 도덕적 의무를 부담하는가, 또는 공정한 일당은 얼마인가와 같은 복잡한 많은 도덕적 문제를 제기하기 때문에 이 정의에도 문제가 없지 않다. 더욱이, 정의에 도덕적 잘못을 들여 옴으로써, 이 접근법은 애초에 노동 착취 공장이 도덕적으로 허용될 수 있는가라는 질문을 배제한다. 그럼에도 불구하고 "노동 착취 공장"을 도덕적 용어로 정의하는 것이 이에 대한 사회적 비판의 맥락에서 이 용어가 사용되는 방식에 가장 잘 들어맞는 듯하다.

의류 산업과 노동 착취 공장의 기원

미국의 노동 착취 공장은 수백만 명의 유럽 이민자들이 자신과 가족들의 보다 나은 삶을 찾아 미국으로 흘러 들어왔던 19세기의 산업화의 부상(浮上)으로 거슬러 올라 갈 수 있다. 이들 이민자 중 많은 사람들이 중앙화되고 계층화된 관리 시스템 하에서 분화된 노동의 일부를 수행하는 대형 공장에서 일했다. 그러나 일할 곳이 이러한 공장만 있는 것은 아니었으며, 공장 노동이 요구하는 신체적 힘이 없는 여성과 아동들은 의류 산업에서 일자리를 구했다.

의류 산업에서 우리가 현재 "노동 착취 공장"이라고 생각하는 형태가 최초로 자리를 잡았다. 공장 시스템과 달리, 의류 생산은 상대적으로 중앙에 집중되지 않는 경향이 있었다. 이는 공장에서 일어나는 제조와 달리, 의류 제조는 값비싼 대형 설비를 그다지 필요로 하지 않았기 때문이다. 의류 제조는 과거에나 현재에나 본질적으로 낮은 기술의 노동 집약적 프로세스이다. 임차료와 공과금을 제외하면 유일한 창업 비용은 간단한 재봉틀이 전부였다. 그래서 제조업자들은 미리 만들어진 원단을 그러한 일에 특화된 작은 회사들에게 도급을 주거나, 그들의 노동자들에게 직접 할당했다. "재택 노동"이라 불리는 후자의 경우에, 노동자들은 필요한 도구와 장비(때로는 재료 자체까지)를 사거나 임차해서 자신의 집에서 이 일을 수행했다.

패션 의류 시장에 내재된 변동성으로 인해 제조업자들에게는 이 재택 노동 시스템이 경제적으로 매우 효율적이었다. 날씨, 계절, 그리고 무엇보다도 취향의 변화는 소비자들에게 요구되는 의류의 종류에 커다란 영향을 줄 수 있다. 한 달 동안 수백 달러에 팔릴 수 있는 최신 유행의 옷이 다음 몇 달 동안에는 쉽사리 50%가 넘는 가치를 잃을 수 있다. 의류 소매업자는 더 이상 소비자가 찾지 않는 제품들에 대한 많은 재고를 떠안을 리스크가 있다. 충분히 예상할 수 있는 바와 같이, 소매업자들은 그 비용을 구매 사이클의 다른 곳에 전가함으로써 이 리스크에 대응한다. 단기간 내에 팔 수 있을 것으로 합리적으로 예상하는 만큼의 옷만 주문함으로써, 소매업자들은 이 리스크를 제조업자들에게 밀어 낸다. 소매업자들이 자신이 팔 수 없는 옷들을 떠안을 가능성에 직면하는 대신, 제조업자들이 그들의 생산 프로세스를 빠르게 변하는 소매업자들의 수요에 적응시켜야 하며, 이로 인해 매출을 예측할 수 없는 환경 하에서 비즈니스를 영위해야 한다. 따라서 제조업자들은 그들의 생산을 소위 "숏–런(short-run)"으로 제한하고, 한 번에 비교적 적은 수량의 옷만을 만든다. 의류가 소량으로 그리고 수요가 비교적 확보되어 있을 때에만 의류를 생산하는 이 생산 시스템은 대부분의 의류 생산이 기계화되지 않은 또 다른 이유이다. 패션 의류 생산에 필요한 숏-런들로 인해 값비싼 장비에 대한 자본 투자가 정당화되지 않는다.

따라서 리스크가 소매업자로부터 제조업자에게 전가되고, 마찬가지로 제조업자에게서 도급업자 및 하도급업자에게로 떠넘겨지며, 그리고 궁극적으로 개별 노동자들이 이 리스크를 부담한다. 재택 노동 시스템에서는 노동자 자신들이 비즈니스 영위의 많은 비용(임차료, 난방비 등)을 책임진다. 이 비용들이 그들의 임금에 어느 정도는 반영되겠지만, 이 시스템은 제조업자들에게 필요로 하지 않는 노동력 풀의 비용을 부담하지 않을 수 있게 해 준다. 수요가 적은 시기에는 제조업자들은 재택 노동자들에게 주문을 주지 않는데, 그러면 그들은 달리 생계비를 벌 방법을 모색해야 한다. 노동자들에게 월급이나 시급이 아니라 생산하는 양에 따라 급여를 지급하는 시스템 배후에도 유사한 동기가 숨어 있다. 제조업자들이 소매업자들로부터 꾸준한 주문을 받을 것이라고 확신하지 못할 경우, 왜 그들이 필요로 하지 않을 수도 있는 노동자들에게 급여를 지급하겠는가?

초기의 개혁

노동 착취 공장에 의해 고용된 사람들은 경제적으로 나아질 다른 대안이 거의 없는 사람들, 즉 대부분 여성, 아동 및 이민자들인 경향이 있기 때문에 종업원들은 저임금, 비좁고 비위생적인 근로 조건 및 불안정한 고용에 대해 별로 항의하지 않고 이를 기꺼이 감수했다. 그렇다고 해서 이 시스템 외부의 상황이 좋았던 것은 아니었다. 1900년에 뉴욕 주 인가 감독관 다니엘 올리리(Daniel O' Leary)는 "8살짜리 아동들과 여성 노동자들이 디비전 스트리트의 어둡고, 축축하며 숨 막히는 지하실에서 고생하는데, 건강이 극도로 악화되고, 이 지옥의 소굴 같은 곳에서 그들의 생명이 소진되어 가는" 현실에 충격을 받아 노동조합에 도움과 조언을 요청했다고 한다. 그러나 노동조합들은 상당 기간 동안 별 도움이 되지 않았다.

개혁을 향한 첫 번째 움직임은 노동자 자신들에게서 나왔다. 1909년에 전국적으로 2만 명의 셔츠 제조 노동자들이 뉴욕의 트라이앵글 셔츠웨이스트 팩토리(Triangle Shirtwaist Factory)의 동맹 파업을 지지하여 파업을 벌였다. 공동체의 리더들이 피켓 시위 라인에 가세하고 파업을 지지하여 모금을 하자 "2만 명의 봉기"(蜂起)로 부르는 이 사건은 전국적 대의명분이 되었다.

이 봉기 이후에, 노동계의 리더들과 제조업자들이 만나서 최초의 단체 협약의 원형인 "평화 규약(Protocol of Peace)"을 만들었다. 주로 법관 겸 파업 중재자 브랜다이스에 의해 만들어진 이 합의는 제조업자들에게 노동조합과 유니언 숍을 인정하고, 불만 처리 절차를 수립하며, 직장 내 건강을 감독할 위원회를 설치하도록 요구했다. 이 합의는 널리 칭송을 받았으며 향후의 개혁을 위한 모델로 여겨졌으나, 개혁은 신속하게 이루어지지 않았다.

1911년에 바로 그 트라이앵글 공장의 화재로 146명의 의류 제조 노동자들이 숨졌다. 공장에서의 안전하지 않은 상황에 의해 악화된 이 화재는 위의 규약에 의해 고취된 희망의 좌절로 여겨졌다. 그럼에도 불구하고 진보가 이루어지고 있었다. 점점 더 많은 노동자들이 국제 여성 의류 노동자 노조(ILGWU; International Ladies' Garment Workers' Union)와 의류 및 섬유 노동자 연합 노조(ACTWU; Amalgamated Clothing and Textile Workers Union)로 조직화되었다. 노동 운동 역사가 앨런 호워드(Alan Howard)에 의하면, 이 노조들의 회원 수는 1931년에는 4만 명이었는데, 1933년에는 30만 명을 넘게 되었다. 이처럼 노동조합 회원 수의 급격한 증가와 노동자 친화적인 뉴딜 입법이 결합하여, 노동 착취 공장은 미국의 의류 생산에서 주류의 지위를 상실하게 되었다. 노동 착취 공장은 1970년대 중반까지 의류 산업의 가장자리에 남아 있었다.

노동 착취 공장의 재등장

노동 착취 공장의 귀환은 대개 세계화의 부산물로 여겨진다. 다국적 기업의 부상, 많은 개발도상국들의 수출을 위한 제조, 무역 장벽 제거, 그리고 이주의 자유 증가들은 모두 기업들의 인건비 감소에 도움이 되었다. 아마도 가장 중요한 변화는 외국의 노동력 풀에 대한 접근이 점점 쉬워져서 기업들이 비즈니스 비용을 낮출 수 있는 이점을 활용하기 위해 해외로 생산을 이전할 수 있게 되었다는 점일 것이다. 국내의 제조업자들이 효과적으로 경쟁하기 위해 그들의 비용을 낮출 방안을 모색하기 때문에, 해외 노동 시장에 대한 이러한 접근은 미국의 노동 시장에도 직접적인 영향을 준다. 그들은 정치적 행동이나 엄격한 협상에 의해 "공공연하게" 비용 절감을 추구하거나, 생산을 불법적이고, 규제를 받지 않으며, 노동조합이 조직되지 않은 노동 착취 공장으로 옮김으로써 "은밀하게" 추구한다.

이러한 세계화 프로세스는 극적인 결과를 가져왔다. 뉴욕 대학교 미국학과 교수 앤드류 로스(Andrew Ross)에 의하면, 현재 미국에서 판매되고 있는 의류의 60%가 수입품인데, 그 대부분은 아시아 국가들로부터 수입된다. 1997년에 의류 수입액은 420억 달러에 달했는데, 이 수치는 1990년에는 219억 달러, 1980년에는 55억 달러, 그리고 1970년에는 11억 달러였다.

어떻게 이런 상태에 이르게 되었는가?

미국의 의류 제조업자들은 오랫동안 다양한 보호주의 조치들의 혜택을 입었다. 그러한 혜택들 중 하나는 GATT(관세 및 무역에 관한 일반 협정)와 같은 일련의 다양한 자유 무역 협정의 면제였다. 1947년에 설립된 GATT는 무역 차별, 수입 제한, 그리고 관세 보호를 금하는 다양한 규칙들을 고안했다. 자유 무역이 일반적으로 모든 당사자들에게 이익이 되며, 따라서 자유 무역에 대한 구속은 제한되어야 한다는 신념이 이의 동기였다. 1947년부터 1994년에 우루과이 라운드로 대체될 때까지, 섬유 및 의류에 대해서는 이러한 제한의 많은 부분들이 완화되었다. 예를 들어 1974년의 다자간 섬유 협정(MFA)은 정교한 쿼터 시스템을 통해 의류 및 섬유의 국제 무역을 규제해서 국내 생산자들이 보다 싸게 생산된 수입품들에 의해 밀려 나지 않도록 보호해줬다.

노동 착취 공장의 재등장은 일반적으로 이러한 보호주의 조치들의 쇠퇴와 병행했다. 1963년에 미국 관세 스케줄의 특별 규정(807조)은 제조업자들에게 원단을 절단해서 해외의 봉제업자에게 수출하고, 완성된 의류를 미국에 재수입할 때 봉제 과정에서 의류에 부가된 (비교적 작은) 가치의 일부에 대해서만 관세를 납부하도록 허용했다. 1983년에 카리브 지역 이니셔티브(Caribbean Basin Initiative; CBI)는 대부분의 상품에 대해 무관세 접근을 22개 국가(나중에 27개 국가로 확대됨)로 확대했다. 이 조치는 처음에는 의류 산업에 적용되지 않았지만, 1986년에 807A("수퍼 807조") 규정이 미국에서 만들어지고, 재단되어 카리브 해 국가들에서 봉제된 상품들에게 이 혜택을 확대했다. 아마도 서구의 의류 제조에서 가장 중요한 변화는 2004년까지 미국, 캐나다, 그리고 멕시코 사이에서 거래되는 제조업 제품들에 대한 모든 관세를 제거하기 위해 1994년 1월에 시행된 NAFTA(북미자유무역협정)일 것이다. 2005년까지는 의류 무역에 모든 쿼터를 없앤다는 목표로 MFA도 단계적으로 폐지되고 있다.

위에서 본 바와 같이 이러한 전개는 부분적으로는 자유 무역이 모든 관련 당사자들에게 이익이 된다는 신념에 의해 동기가 부여되었다. 많은 사람들에게 있어서 이러한 결론은 18세기-19세기 경제학자 데이비드 리카르도가 "비교 우위 원칙"이라고 불렀던 기본적인 경제 원칙을 적용한 결과였다. 이 원칙은 특정 국가는 자신이 절대 우위를 가지고 있지 않을 지라도 상대적으로 보다 효율적인 분야에 생산력을 집중할 때 무역에서 가장 큰 혜택을 본다고 주장한다. 예를 들어 어떤 국가가 자동차를 만드는 것보다는 전자 장치를 더 잘 만든다면, 이 나라는 자원을 전자 장치를 만드는 데 집중하고, 이의 수익으로 자동차 수입 대금을 지불해야 한다. 그 나라가 세계에서 자동차를 가장 잘 만드는 경우에도 이 원칙이 성립한다. (빌 게이츠는 그의 비서보다 타이핑을 더 잘할 수도 있지만, 그럼에도 불구하고 그가 마이크로소프트사를 경영하기 위해 비서에게 자기를 위해 타이핑을 시키는 것이 일리가 있다.) 그럴 경우 상대적으로 덜 발달된 국가들도 일부 영역에서는 비교 우위를 지니게 될 것이다. 자유 무역은 국가들에게 특정 분야에 특화하고 이를 통해 생성된 효과성의 혜택을 누릴 수 있게 해 준다.

자유 시장 제도는 "유연성"이라는 장점도 가지고 있다고 믿어졌다. 상품의 대량 생산에 종사하는 대형 공장들은 막대한 자본 투자를 필요로 하며, 때로는 기술 발전이나 소비자 요구의 새로운 전개에 대응하기 어렵다. 새로운 생산 시스템은 특정 과업이 이를 가장 효율적으로 생산할 수 있는 곳에 도급을 줄 수 있는, 보다 분산된 모델에 기반을 두었다. 이 시스템은 장기적으로 비용을 낮추고, 제조업자들이 소비자들의 요구를 보다 잘 충족시키게 해 주며, 심지어 노동자들을 포드주의 조립 라인의 반복적인 부담에서 벗어나게 해줌으로써 그들을 해방시켜 줄 것이라고 주장되었다.

비판자들은 실제 결과는 그다지 장밋빛이 아니었다고 주장한다. 무역 자유화 정책이 노동자들을 공장의 단조로움에서 해방시켜 주기는커녕, 직업의 불안정을 증가시키고, 노동자들을 보다 파트타임 및 임시직으로 옮겨 가게 했으며 노동자들의 노동조합 결성을 더 어려워지게 했다. 비판자들은 계속해서 CBI가 개발도상국들의 경제를 강화하는 대신 거의 모든 국가들에 재앙이었다고 주장한다. 이 조치는 개발도상국들의 경제의 초점을 내수에서 수출로 옮겼지만, 리카르도 경제학파에 의해 약속된 무역의 이익을 가져다주지는 않았다. 그 대신에 이 조치는 정치적 주권과 지속 가능한 발전에 대한 희망을 훼손했으며, 다각화되지 않은 경제가 미국의 가벼운 침체에도 취약해지게 했다. 한편, 미국 회사들은 자국 정부가 부과한 환경, 노동자 안전 및 노동조합 규제의 방해를 받지 않는 생산 프로세스의 혜택을 누릴 수 있었다. 한 때는 "재택 노동"에 할당되었던 생산 작업의 많은 부분이 현재는 외국 회사들에게 도급되고 있다.

노동 착취 반대 운동

대부분의 미국인들이 노동 착취 공장을 사회적 이슈로 인식하기 시작한 것은 캐시 리 지포드(Kathie Lee Gifford)가 TV에 출연해서 눈물을 흘린 것이 계기가 되었다. 1996년 4월 29일에, 전국 NLC(전국 노동 위원회) 이사 찰리 커나핸(Charlie Kernaghan)은 월마트에서 판매하기 위해 캐시 리의 이름이 새겨진 스포츠 의류가 생산되고 있는 글로벌 패션의 온두라스 공장 상태에 대해 의회 위원회에서 증언했다. 커나핸은 이 공장에서 고용되는 대부분의 여성들은 십대이며 그 중 10%는 겨우 13세에서 15세 사이라고 증언했다. 이 소녀들은 대개 아침 7시 30분부터 밤 9시까지 아주 오랫동안 일했다. 주당 75시간 노동도 드물지 않았다. 화장실에 가는 것은 하루에 두 번으로 제한되었고, 학대하는 감독자들에 의해 일과 관련되지 않는 대화 금지가 말뿐만 아니라 물리적으로 강제되었다. 흔히 초과 근무 수당은 받기 어려웠다. 정규 임금은 시간 당 31센트였다.

처음에는 지포드 여사는 뉘우치지 않는 듯 했다. 커나핸의 증언 이틀 뒤에, 지포드는 TV에 출연해서 그의 "악의적인 공격"을 비난하면서 눈물을 흘렸다. 그러나 결국은 대중의 분노가 하도 강력해져서 그녀가 저항할 수 없게 되었다. 여전히 하도급업자가 자신이나 월마트는 알지 못하는 사이에 그런 행동을 했다는 입장을 유지하면서도, 지포드는 노동 착취를 반대하는 캠페인을 벌이고, 독립적인 모니터 요원들이 자신들의 모든 공장을 방문하도록 허용하겠다고 약속했다.

지포드 여사가 노동 착취 공장 이슈로 난처해진 것은 아마도 1990년대 후반의 노동 착취 반대 운동의 가장 가시적인 결과일 테지만, 이는 새롭게 활력을 얻은 캠페인이 시작된 하나의 요소에 지나지 않았다. 1994년 9월에, 미국 노동부 장관 로버트 라이히(Robert Reich)는 공정 노동 기준법(FLSA)의 Hot Goods 규정 하에서 노동 착취를 금지하는 법적 조치를 취하기 시작했다. 이 규정은 노동부에게 FLSA를 위반한 공장에서 만들어진 것을 알면서 그 제품들을 파는 제조업자와 소매업자들에게 벌금을 부과하고 그 제품들을 몰수할 수 있도록 허용했다. 그러나 전국의 2만 개가 넘는 재단 및 봉제 일자리에 대해 겨우 8백 명의 연방 검사관들밖에 없어서, 이러한 직접적인 법적 조치는 대체로 비효과적인 것으로 여겨졌다. 1995년에 라이히는 여론의 힘을 통해 노동 착취 문제를 해결하는 전략으로 선회했다. 법무부는 노동 착취에 대한 전쟁에서 탁월한 노력을 보여준 소매업자들과 제조업자들의 명단을 소비자들에게 제공하기 위해 소위 "패션 추세 결정자 리스트"를 발표하기 시작했다. 1996년 5월에 노동부는 "노력하지 않는 의류업자 단속 보고서(No Sweat Garment Enforcement Report)"라는 제목의 간행물에 국내 의류 산업의 건강 및 안전 규정 위반 보고서를 발표하기 시작했다. 이 리스트에 포함되더라도 그 책임자에게 법적 조치가 취해지지는 않았지만, 이 보고서는 그들에게 공개적으로 망신을 주어서 그들의 행동을 고치도록 의도되었다.

노동 착취 공장 반대 학생 연합(USAS; United Students Against Sweatshops)이라 불리는 단체의 운동을 통해, 노동 착취 이슈에 대해 대중을 교육하기 위한 유사한 종류의 캠페인들이 미국의 대학 캠퍼스들에서 열리게 되었다. 이 단체의 학생들은 나이키와 같이 대학교의 인가를 받은 제조업체들이 노동자 착취를 금지하는 윤리 강령을 준수하게 하는 일에 그들의 노력을 집중했다. 특별히 나이키가 중점 감시 대상으로 선정된 이유는 이 회사의 지명도 및 스포츠 의류 제조 분야에서의 주도적 위치, 그리고 이 회사의 거의 모든 생산이 외주가 주어지며, 가장 지독한 노동자 학대에 대한 보고들의 일부는 이 회사의 하청업체들에서 나온다는 사실 때문이었다. 예를 들어, 인도네시아 자카르타에 있는 나이키의 한 하청업체는 생계비에 미치지 못하는 임금을 지급하고 있다는 비난을 받고 있다(적절한 의식주를 구매하기 위해서는 하루에 4달러가 필요한데, 이 업체는 하루에 2달러를 지급하고 있다). 이보다 더 우려스러운 것은 베트남 호치민 시 외곽의 태광 비나(Tae Kwang Vina) 공장의 감사 결과이다. 나이키의 위임을 받아 Ernst & Young에 의해 수행된(그러나 ㈜ 워치에 의해 누설되고 나서야 발표됨) 이 감사에서 이 공장의 노동자들은 베트남 정부에 의해 허용된 수준의 6배에서 177배에 달하는 유해 화학 물질인 톨루엔에 노출되어 있는 것을 발견했다.

1998년에 설립된 USAS는 학생들과 노동 행동주의의 연합체의 지원에 의존했다. 이 단체는 주로 국제 여성 의류 노동자 노조(ILGWU)와 의류 및 섬유 노동자 연합 노조(ACTWU)가 합쳐져서 만들어진 의류 섬유 노동조합(UNITE)을 통한 노동계로부터 지원을 받았다. 이 단체의 설립 후 가장 중요한 투쟁은 대학의 인가를 받은 의류를 만드는 회사들에서의 근로 조건을 모니터하기 위한 효과적인 방법을 찾아내는 것이었다. 이 이슈에 대한 학생들의 압력에 대한 최초의 반응은 대학교 상표의 사용을 통제하고 대학교들과 의류 제조업체들 사이의 법적 중개인 역할을 하는 회사인 CLC(Collegiate Licensing Company)가 1999

년 1월에 윤리 강령을 제정한 것이었다. CLC가 대리하는 150개 대학 및 대학교들에 의해 채택된 이 윤리 강령은 다음과 같은 이유로 USAS의 비판을 받았다. (1) 이 강령은 발견 사항들에 대한 완전한 공개 규정이 없었다. (2) 노동자들이 생계 임금을 보장받게 하는 규정이 결여되었다. (3) 여성의 권리를 보장하는 규정이 결여되었다. 대학교들이 진정한 이슈는 피하면서 여론을 만족시키려 한다고 판단한 듀크 대학교 등의 USAS 회원들은 대학 총장실 앞에서 연좌 농성을 벌였다. 듀크 대학교에서는 이 연좌 농성으로 완전한 공개 약속을 받아냈다.

회사의 자발적 모니터링을 통해 노동 착취 공장 문제를 다루려 했던 일군의 의류 회사들과 NGO들로 구성된 클린턴 행정부의 공정 노동 협회(FLS; Fair Labor Association)의 시도에 대해서도 유사한 싸움이 벌어졌다. 이번에는 노스캐롤라이나 대학교(Chapel Hill)와 애리조나 대학교를 시발로 더 많은 압력과 연좌 농성들이 뒤따랐는데, 학생들은 업계가 후원하는 자발적인 모니터링은 노동 착취 공장에서의 학대를 막을 수 없다고 항의했다. USAS는 대학교들이 진정으로 독립적인 모니터링 기관이 되기 위해 최고 의사 결정 위원회에 업계의 참여를 배제시키는 기관인 노동자 권리 컨소시엄(WRC; Worker Rights Consortium)에 등록하라고 촉구했다.

간헐적으로 내부 갈등을 겪기도 했지만, USAS는 매우 성공적이었다. 2003년 1월까지, 176개 학교들이 FLA에 등록했으며, 112개 학교들이 WRC에 등록했다. 많은 학교들이 양쪽에 모두 등록했다.

도덕적 질문들

노동 착취를 둘러싼 모든 논쟁들에 대해, 노동 착취 공장들의 근로 조건은 끔찍하다는 것 한 가지는 명백하다. 근로 조건들이 얼마나 끔찍한가, 임금은 적절한 영양을 유지하기에 충분한가, 특정 공장에서 신체적 학대가 벌어지고 있는가, 제조업자들이 법률 및 계약상의 합의 사항을 준수하는가 등에 대해서는 논쟁이 있을 수 있다. 그러나 이러한 논쟁들이 얼마나 중요하건 간에, 품위에 관한 선진국의 기준으로 보면 노동 착취 공장의 근로 조건은 매우 끔찍하다는 점은 명백하다.

그러나 품위에 대한 선진국의 기준이 제3세계 국가들의 산업에 적용하기에 적절한가? 노동 착취 공장들의 상황이 끔찍하다는 데 동의한다 해도, 해결된 도덕적 결론에 도달하려면 두 가지 중요한 질문들에 답해야 한다. 첫째, 노동 착취 공장과 계약을 맺는 회사들이 잘못을 저지르고 있는 것인가? 둘째, 그들이 잘못하고 있건 아니건, 노동 착취 공장의 상황에 대해 우리는 무엇을 해야 하는가?

먼저 첫 번째 질문에 대해 고려해 보자. 특정 개인들, 특히 경제학자들은 노동 착취 공장들이 개발도상국에서 살고 있는 사람들이 구할 수 있는 최상의 대안이라는 근거에서 이 공장들을 옹호한다. 그들은 자카르타에 있는 나이키의 공장들이 미국의 기준에 의하면 낮은 것으로 보일 수 있지만, 현지의 기준에 의하면 상당히 높다고 지적한다. 사람들은 그곳에서 일하면 다른 곳보다 돈을 더 많이 벌기 때문에 자발적으로 그곳에서 일하기를 선택한다.

나이키가 그곳의 공장을 폐쇄하고 미국에서만 생산을 시작할 경우, 그 공장이 정리 해고해야 할 노동자들의 상황은 개선되기보다는 악화될 것이다. 그들은 다른 곳에서 합법적으로 돈을 보다 적게 벌든지, 매춘이나 절도와 같은 불법적인 방법으로 돈을 벌려 할 것이다.

이러한 주장은 개인들이 노동 착취 공장에서 일하기로 선택한다는 주장에 의해 지원을 받는다. 더 나은 대안이 있다면, 그들은 그 대안을 선택할 것이다. 물론 이 주장은 노동자들이 특정 공장에서 일하도록 물리적으로 강제되지 않을 경우에만 성립한다. 무장 경비원들을 고용해서 노동자들이 그곳을 떠나지 못하게 하는 노동 착취 공장들도 있지만, 그런 경우는 드물다. 이들은 고용을 강제하지 않는 다른 곳에서는, 직원들이 노동 착취 공장들에서 일하기로 선택했다는 사실은 그들이 이를 최선의 고용 기회로 간주하고 있음을 보여준다고 주장한다. 노동 착취 공장을 폐쇄하도록 강제함으로써 그들에게서 선택권을 빼앗아 가는 것은 노동 착취 반대 운동가들이 도와주려고 하는 바로 그 사람들을 해친다는 것이다.

이 주장은 나아가, 공장 폐쇄는 그 결과 일자리를 잃게 될 개인들을 해칠 뿐만 아니라 그 나라 전체의 경제 발전을 늦출 것이고, 따라서 미래 세대들을 위한 더 나은 대안들의 발전을 막을 것이라고 한다. 경제학자들은 노동 착취 공장들이 그다지 오래 존재하지 않는다고 지적한다. 노동 착취 공장들은 오랜 경제 발전 경로에서의 첫걸음으로서, 그곳에서 새로운 국내 경제 발전의 토대 역할을 할 수 있는 자본 및 경영 관리 훈련을 주입하는 경우가 흔하다. 예컨대, 한국과 대만에서 나이키는 더 이상 제조업을 유지할 수 없는데, 이는 어느 취재원이 다음과 같이 말한 바와 같이 "빠르게 성장하고 있는 이들 국가의 노동자들은 임금이 낮은 신발이나 섬유 공장에서 일하는 데 관심이 없기" 때문이다. 이러한 주장에 의하면, 노동 착취 공장들은 가난의 원인이 아니라 가난의 증상이다. 그러나 이 공장들은 궁극적으로 가난을 끝장 낼 경제 발전의 시작을 나타내기 때문에 희망적인 증상이다.

이러한 주장들은 강력하며 노동 착취 공장에 반대하는 사람들에게 그들이 옹호하는 정책의 결과들에 대해 주의 깊게 생각하라고 주의를 준다. 그러나 그것이 결정적인지는 확실하지 않다. 우리는 이 섹션을 두 개의 질문으로 시작했는데, 위에서 묘사한 것과 같은 논의는 우리가 첫 번째 질문에 대한 답에 도달했다고 생각할 이유를 제시한다. 회사들이 더 나은 대안 없는 개발도상국의 사람들에게 일자리를 제공하는 노동 착취 공장들과 계약을 할 경우, 그들은 잘못을 저지르고 있지 않거나, 최소한 어떤 사람들이 생각하고 있는 것만큼의 잘못을 저지르고 있지는 않을 것이다.

그러나 이는 우리가 노동 착취 공장에 대해 어떻게 해야 하는가라는 두 번째 질문에는 답하지 않는다. 위의 논의는 이 질문에 대해서는 대체로 다루지 않는 듯하다. 결국, 대체로 노동 착취반대 운동가들은 미국의 회사들에게 제3세계 국가들에서 완전히 철수하라고 요구하지 않는다. 그들은 노동 착취 공장들이 폐쇄되기를 바라지 않는다. 그들은 이 공장들이 개선되기를 바란다. 윤리 강령을 기획하는 학생들은 미국의 회사들이 그들의 도급업자들에게 생계 임금을 지불하고, 직원들에게 안전하고 위생적인 근무 환경을 제공하며, 노동자들의 기본적인 인권을 존중하기를 원한다. 세련된 노동 착취 반대 운동가들은 회사들이 사람들에게 일자리를 제공함으로써 직원들을 나아지게 한다는 것을 인정한다. 그들은 단지 이 일자리들이 몇 가지 기본적인 윤리 가이드라인을 충족시키는 방식으로 제공되어야 한다고 요구한다.

그러나 회사, 소비자, 또는 국제기구들이 노동 착취 공장들에게 어떤 가이드라인을 부과해야 하는지는 복잡한 문제이다. 노동 착취 공장들을 규제하려는 많은 제안들은 이들을 폐쇄하려는 제안들과 같은 종류의 문제들을 안고 있다. 예컨대, 1992년에 미국 의회는 아동 노동 금지법을 고려했는데, 이 법안은 제조업이나 광산에서 15세 미만의 아동들에 의해 전부 또는 일부가 만들어진 상품의 수입을 금지하려 했었다. 이러한 제안은 개발도상국들에서는 아동 노동이 매우 중요한 역할을 할 수도 있음을 인식하지 못하는 듯하다. 그런 상황에서 사는 가족들에게는 거의 모든 소득이 의식주와 의료 등 기본적인 생필품에 소요된다. 부모들이 너무 늙었거나 병들어 일할 수 없을 경우, 아동들이 흔히 가정의 주수입원이 된다. 아동노동으로 만들어진 상품에 대한 수입을 금지하면 이 아동들이 일자리를 잃게 될 것이다. 개발도상국들은 일반적으로 가족들이 기댈 사회복지 프로그램이 형편없어서, 아동들이 일자리를 잃으면 참혹한 결과를 초래할 수 있다.

그렇다면, 노동 착취 공장을 다룸에 있어서 좋은 의도만으로는 충분하지 않다. 노동자들에게 생계비, 또는 건강이나 모성 보호 혜택을 제공하기 위해 선한 의도로 이루어진 제안들은 회사들이 각각의 노동자에게 지출해야 하는 금액을 높이고 이를 통해 가장 필수적인 인원을 제외한 다른 사람들을 해고하도록 강제할 수도 있다. 그러나 이러한 고려들이 노동 착취 공장에 유리한 방향으로 문제를 해결하는 것은 아니고, 단지 결론을 내리기 전에 면밀한 연구가 필요하다는 주의를 줄 뿐이다.

예컨대, 노동 착취 공장 비판자 에드나 보나키치(Edna Bonacich)와 리처드 아펠바움(Richard Appelbaum)은 미국에서 제조되어 판매되는 전형적인 100달러짜리 옷 중 구입 가격의 6%만이 실제로 그 옷을 만든 사람에게 돌아간다고 지적한다. 25%는 제조업자의 이익 및 간접비이고, 50%는 소매업자에게 가며, 나머지는 원재료 비용이다. 전국 노동 위원회는 유사한 논리를 사용해서 1996년에 디즈니사의 의장 마이클 아이스너(Michael Eisner)에게 아이티에 있는 클래식 어페럴 노동자들의 임금을 시간당 35센트에서 시간당 58센트로 올리더라도, 11.99달러짜리 의복의 가격이 3센트밖에 오르지 않을 것이라고 지적했다. 이런 경제학자들의 말이 옳다면, 많은 경우에 임금이 인상되더라도 전체 비용이 낮아질 수도 있으며, 최소한 부정적인 영향을 주지 않을 것이다. 자신의 영양상의 필요를 충분히 공급할 수 있을 정도의 임금을 받지 못하는 노동자들은 꾸준하고 믿을 만한 식사를 할 여유가 있는 노동자들만큼의 생산성을 유지하지 못할 것이다.

그렇다면 노동 착취 공장이 잘못되었다든지, 규제당국이나 소비자들이 주도하는 대안이 바람직한지에 대해 일반적으로 적용할 수 있는 결론을 내리기 어렵다. 일반 원칙으로서, 우리는 합리적인 정책이라면 노동 착취 공장에 대한 대안적 입장들이 그들이 도와주려고 하는 사람들에게 실제로 어떤 영향을 미치는지에 대한 세심한 주의를 기울일 필요가 있다고 말할 수 있을 뿐이다. 무엇이 도움이 되고, 무엇이 도움이 되지 않는지를 결정하는 것은 미리 정해진 이념(자유 시장 또는 노동 착취 반대)을 적용하는 문제라기보다는 특정 노동 착취 공장의 독특한 현지 사정 및 그들의 정치적, 경제적 맥락에 대한 주의 깊은 연구를 하는 것과 관련된 일이다.

토론문제

1. 이 글에서 언급된 국가들에서 아동 노동을 허용하거나 심지어 장려하기까지 하는 것에 대해 당신은 어떻게 생각하는가?

2. 당신은 수입에 대한 가족의 필요와 교육에 대한 아동의 필요를 어떻게 조화시키 겠는가? 당신은 어린 나이에 일하는 아동들은 교육 기회를 침해당하고 있다고 생각하는가?

3. 당신은 노동 착취 공장들에서 만들어진 상품 구매를 거절하는 것은 실제로는 개발도상국의 가난한 사람들을 해친다는 주장을 어떻게 생각하는가?

참고 자료: 인쇄물

Arnold, Dennis. "Exploitation and the Sweatshop Quandary," Business Ethics Quarterly 13:2(2003년 4월).

Arnold, Dennis와 Norman Bowie. "Sweatshop and Respect for Persons," Business Ethics Quarterly 13:2(2003년 4월).

Becker, Gary S. "Is There Any Way to Stop Child Labor Abuses?" Business Week, 1997년 5월 12일.

Bliss, C.J. & N. H. Stern. "Productivity, Wages, and Nutrition, 2: Some Observations." Journal of Development Economics 5 (1978): 363-398쪽.

Bonacich, Edna & Richard P. Appelbaum. Behind the Label: Inequity in the Los Angels Apparel Industry. Berkeley: University of California Press, 2000.

Boukhari, Sophie. "Child Labor: A Less Evil?" The Unesco Courier, 1999년 5월.

Donaldson, Thomas. "Multinational Decision Making: Reconciling International Values," The Ethics of International Business, Oxford University Press, 1989년.

Featherstone, Liza & United Students Against Sweatshops. Students Against Sweatshops. New York: Verso, 2002년.

Hayek, Friedrich. Capitalism and the Historians. Chicago University of Chicago Press, 1954년.

Khoury, Jean-Claude. "The Re-Emergence of Sweatshops." Business Ethics 7:1 (1998년 1월): 59-62쪽.

Kristol, Nicholas & Sheryl WuDunn. "Two Cheers for Sweatshops." The New York Times Magazine, 2000년 9월 24일.

Lopez, Luis F. "Child Labor: Myths, Theories and Facts," Journal of International Affairs, 55:1 (2001년 가을).

Tom L. Beauchamp & Norman E. Bowie, Ethical Theory and Business, 6판(Englewood Cliffs: Prentice Hall, 2000), 595쪽에 재수록된 Maitland, Ian. "The Great Non-Debate over International Sweatshops." British Academy of Management Conference Proceedings (1997년 9월), 240-265쪽에 최초로 수록됨.

Moran, Theodore H. Beyond Sweatshops: Foreign Direct Investment and Globalization in Developing Countries. Washington, D. C.: Brookings Institution Press, 2002년.

Nardenelli, Clark. Child Labor and the Industrial Revolution. Bloomington: Indiana University Press, 1990.

Rosen, Ellen Israel. Making Sweatshops: The Globalization of the U.S. Apparel Industry. Berkeley: University of California Press, 2002.

Ross, Andrew. No Sweat: Fashion Free Trade, and the Rights of Garment Workers. New York: Verso, 1997.

Santoro, Michael A. Profits and Principles: Global Capitalism and Human Rights in China (Ithaca: Cornell University Press, 2000).

Stei, Leon. Out of the Sweatshop. New York: Quadrangle/New York Times Book Co., 1997.

Varley, Pamela 편. The Sweatshop Quandary: Corporate Responsibility on the Global Frontier. Washington, D.C.: Investor Responsibility and Research Center, 1998.

Williams, Mary E. Child Labor and Sweatshops. San Diego: Greenhaven Press, 1999.

참고 자료: 전자 문서

American History Sweatshop Exhibition: http://americanhistory.si.edu/sweatshops/.

Clean Clothes Campaign: http://www.cleanclothes.org/.

Collegiate Licensing Company: http://www.clc.dom.

CorpWatch: http://www.corpwatch.org.

Fair Labor Association: http://fairlabor.org.

Maquila Solidarity Network: http://maquilasolidarity.org/.

National Labor Committee: http://www.nlcnet.org.

"Nike Is Right" - Nike의 노동 착취 공장 사용을 옹호하는 William Stepp의 글: http://www.mises.org/ fullstory. asp?control=628.

No Sweat: http://www.nosweat.org.uk/.

Battling Sweatshops에 관한 PBS 방송: http://www.pbs.org/newshour/bb/business/jan-june97/sweatshops_4-14.jtml.

Stop Sweatshops!:http://uniteunion.org/sweatshops/sweatshop.html.

Sweatshop Watch: http://www.sweatshopwatch.org.

Triangle 공장 화재(온라인 exhibit): http://ilr.cornell.edu/trianglefire/.

United Students Against Sweatshops: http://usasnet.org.

카리브해 지역 이니셔티브에 관한 미국 상무부 정보: http://www.mac.doc.gov/CBI/webmain/intro.htm.

의류업에 대한 미국 노동부 정보: http://www.dol.gov/csa/garment/index.htm.

Worker Rights Consortium: http://www.wokerrights.org.

읽기 자료

BEYOND INTEGRITY

윤리 이론과 뇌물

버나드 아데니(Bernard Adeney)
이상한 미덕: 다문화 세계에서의 윤리
(Downers Grove, IL: IVP. 1955), 142-162쪽에 수록된 글.

　　"제3세계"에서 일하는 전 세계 크리스천들과의 인터뷰에서 가장 흔하게 인용되는 도덕적 문제는 부패 또는 뇌물이다. 이번 장은 도덕적 선택이라는 서구의 윤리 이론이 어떻게 이 까다로운 이슈와 관련된 도덕적 현실의 성격에 대해 더 잘 이해할 수 있도록 기여하는지를 살펴본다. 나는 사례 연구를 통해서 고전적 윤리 범주들과 보다 최근의 개념들이 이문화간의(cross-cultural) 특정 문제들에 무엇이 걸려 있는지에 대한 이해에 어떻게 기여하는지를 살펴볼 것이다. 이는 뇌물에 대한 심도 있는 윤리적 분석과 이문화간의 난제를 평가하기 위한 윤리적 접근 방법에 대한 개요를 제공할 것이다.

개별 사안으로서는, 아래의 이야기에 제시된 상황은 비교적 사소하다. 그러나 그 배후에는 관계 및 심지어 생존마저 선물 수수를 통해 구조화되는 관료적이고, 후원 기반의 사회 구조 속에서 어떻게 "잘 행동해야" 하는가라는 보다 큰 문제가 놓여 있다.

사례 연구: 알기 어려운 정의

빌은 짜증을 내며 경찰관을 바라보았다. 경찰관은 그의 면허증을 돌려주는 대가로 20만 루피를 요구했다. 빌은 면허증을 압수당한 뒤 이번에 12주째 경찰서에 찾아오고 있는데, 불확실성과 불쾌한 가운데 1주일을 더 자동차를 사용할 수 없게 될지도 모른다는 생각에 화가 치밀었다. 그는 이 문제를 해결하기 위해 자신의 원칙을 포기해야 하는가?

이 문제는 빌이 교외의 선교 임무에서 돌아왔을 때 시작되었다. 그는 이틀 전에 이용했던 바로 그 고속도로를 통해 치르본(Cirebon)에서 고속도로를 따라 서부 자바의 밴덩으로 오고 있었다. 인구밀도가 높은 이 지역은 교통 혼잡이 일상화되었다. 동물들, 3륜차들, 그리고 사람들이 도시의 시장으로 엉금엉금 기어가는 자동차 사이에 섞여 있었다. 빌은 상당한 시간을 천천히 운행하는, 승객이 밀집한 버스 뒤를 따라 갔는데, 승객의 승하차를 위해 버스가 정차할 때에도 빌은 그 버스를 추월할 수 없었다.

갑자기 뭔가가 자동차 옆구리를 들이받아서 빌은 깜짝 놀랐다. 무슨 일이 일어났는지 알아보기도 전에, 그는 한 경찰관이 주먹을 휘두르며 자기 차에 다가오는 것을 보았다. 경찰관이 경찰봉을 들어 올릴 때쯤에는, 빌은 차에서 내려 최악의 상황을 맞을 준비를 하고 있었다. 동료 선교사들은 그에게 절대로 경찰과 상대하지 말라고 경고했었다. 사실, 선교사들은 집에 도둑이 들어도 경찰에 신고하지 않는 정책을 따르고 있었다. 경험에 의하면 그냥 절도 피해를 감수하는 편이 관료주의의 짜증과 지문 검사를 위해 경찰서에 가져가는 다른 물건들의 손실보다 저렴했다.

빌은 오래지 않아 자기가 무엇을 잘못했는지 알게 되었다. 시장 지역에 접근하는 몇백 야드에 대해 그 고속도로는 일방통행로가 되어 있었다. 버스와 기타 공용 차량들은 양방향 모두 사용하도록 허용되었지만, 민간 차량들은 뒷길을 우회해서 시장에서 몇 블록 떨어진 곳에서 고속도로에 합류해야 했다. 빌은 교통 표지판을 보지 못했고 단지 버스를 따라 갔다고 사정했다. 경찰관은 빌을 20야드 떨어진 곳으로 데려 가서 흙탕물이 튀고 주차해 놓은 트럭에 가려져 잘 보이지 않는 작은 표지판을 보여주었다. 그 경찰관은 이런 상황들을 전혀 고려하지 않는 듯했다. 법률과 표지판이 있고, 빌은 이를 위반한 것이다.

경찰관 소모조는 빌을 시장에 있는 파출소로 데려갔다. 다섯 명의 다른 경찰관이 나타났고, 소모조는 자기가 외국인을 기소하게 되어 매우 당황하고 있으며 빌이 자신을 이처럼 어려운 입장에 처하게 해서 매우 유감이라고 말했다. 잠시 후에, 소모조는 빌이 그 자리에서 2천 루피(1.20달러)의 벌금을 내면 더 이상의 소란이 없이 모든 것이 조용히 해결될 것이라고 제안했다. 빌은 그런 요청을 받을 것이라고 예상하고 있었다. 빌은 그것이 영수증을 받을 수 있는 공식적이고 합법적인 벌금인지 묻지도 않고서, 자신이 기술적으로 법규를 위반하기는 했지만 인도네시아 법에는 그런 문제를 해결할 수 있는 사법 시스템과 법원이 있다고 항의했다. 그는 적절한 경로를 통해서 이 문제를 해결할 수 있게 해 달라고 요청했다. 그 경찰관은 얼굴을 찌푸리며 빌에게 이 문제가 해결될 때까지 운전면허증을 보류해야겠다고 말했다. 그는 빌이 다음 주에 경찰서에 와서 면허증을 찾아갈 수 있을 것이라고 했다. 면허증에 대한 영수증을 받지 못했기 때문에, 빌은 속으로 면허증을 결코 되찾지 못하게 되지나 않을까 염려했다.

빌은 다음 주에 해당 경찰서에 찾아 갔지만, 면허증이 그 도시의 다른 지역에 있는 다른 부서로 보내졌다는 말을 들었다. 빌은 삼륜차를 타고서 느리게 이동해서 마침내 다른 경찰서에 도착했다. 담당 경찰관은 빌의 교통 위반 기록을 가지고 있었는데, 빌에게 경찰서장에게 가서 말하면 아마도 4천 루피에 이 문제를 해결해 줄 거라고 말했다. 빌은 부정이 의심스러워 공식적인 영수증을 달라고 요청했다. 그 경찰관은 그저 웃기만 했다. 빌은 그 경찰관에게 자기는 인도네시아에 효율성, 정의 및 높은 도덕 기준을 세우기 위해 왔다고 말했다. 그러면서 자신은 공식 경로를 택하겠다고 말했다. 그러자, 그는 일주일 뒤에 다시 오라는 말을 들었다. 오고 가는데 몇 시간이 소요되고 경찰서에서 기다리는 데에는 그보다 많은 시간이 소요되면서 몇 주가 그렇게 지루하게 지나갔다. 매번 해결을 위해 요구되는 금액은 높아만 갔다.

빌은 어떻게 해야 할지 걱정되었다. 그는 문제를 일으키는 사람이 되기를 원하지는 않았지만, 선교사로서 정직이라는 기준을 취해야 했다. 그의 기독교 증거는 정직성에 의존했다. 그는 복음주의 목사의 아들로서 정직한 사람이 되도록 교육받았고, 이전에 이민 담당 공무원들 및 우체국 직원들과 접했을 때에는 그럭저럭 이 기준을 유지할 수 있었다. 그러나 그는 옳은 일을 했다고 생각하면서도, 공무원들은 급여가 너무 낮아서 가족들에게 의식주를 제공하려면 최소한 공식적인 급여의 2배를 벌어야 한다는 것을 잘 알기에 마음이 편하지 않았다. 전체 시스템이 정의롭지 않았는데, 그는 여기에 걸려든 것이다. 빌은 다른 선교사들에게 말해 보았다. 그들은 그저 웃으며 이렇게 말할 뿐이었다 "선교사님이 어떻게 했는지 나중에 알려 주세요."

현재 12주째인데, 그는 아직도 면허증을 찾지 못하고 있다. 더구나, 요구되는 금액도 20만 루피(120달러)로 올라갔다. 그는 경찰관에게 그 돈을 주고 이 사건을 끝내야 하는가? 아니면 정의롭게 해결될 것을 기대하면서 이 문제를 보다 상급의 경찰관에게 가져가야 하는가? 빌은 경찰관을 바라보면서 이렇게 말했다. "……"

사례 연구에 대한 반응

내가 이 사례를 다양한 국가의 크리스천들에게 제시했을 때, 대부분은 "빌"이 애초에 그 뇌물 또는 벌금을 지불했어야 한다고 생각했다. 인도네시아인, 필리핀인, 그리고 북미인들을 포함한 다른 사람들은 빌이 확고하게 원칙을 지켜야 한다고 생각했다.

빌이 뇌물 지불을 거절해야 한다고 말한 소수파들 중에서, 미국인들은 "뇌물은 언제나 잘못이다"라는 도덕 원칙에 호소했다. 필리핀인들은 크리스천들이 아무리 사소한 상황에서라도 그런 문제에 있어서 타협하지 않는 사람들이라고 알려지는 것이 그들이 부패의 고리를 벗어날 수 있는 유일한 길이라고 설명했다. 일부 인도네시아인들은 빌이 서구인 선교사이기 때문에 지불하면 안 된다고 얘기했다. 물론 인도네시아인인 크리스천들은 지불해야만 할 것이다. 그들에게는 달리 대안이 없다.

출신국을 불문하고 대다수는 이 상황에서는 애초에 그 돈을 지불해야 했다고 생각했다. 이를 정당화하는 논거로는 아래와 같은 다양한 이유들이 제시되었다. (1) 이 상황은 가치의 충돌과 관련되는데, 지불해서 얻을 수 있는 가치가 타협해서 잃을 수 있는 가치보다 크다. (2) 경찰의 급여가 너무 낮기 때문에, 그 지불액은 뇌물이라기보다는 서비스 제공에 대한 팁으로 생각되어야 한다. (3) 이 맥락에서는 뇌물이 인정된 법적 거래 방식이다. 소액의 뇌물이 거의 관습법의 지위를 지니고 있는 상황에서는 서구인들이 자신들의 법적 규범을 부과할 권리가 없다. (4) 부패에 대해 싸워야 하지만, 적을 선택해야 한다. 그런 사소한 차원에서 지불하기를 거절할 경우, 시스템의 희생자들과 싸우느라 시간을 다 써버려서 진정한 악당, 즉 그러한 시스템의 구조 및 고위직급에서 이를 강제하는 사람들을 다룰 시간이 없게 될 것이다. (5) 빌에게 고위직 친구가 없는 한, 그는 선택권이 없다. 그는 지불할 수밖에 없으며, 범법자가 아니라 소액 착취의 희생자로 여겨져야 한다.

윤리 이론에서 도덕적 의사 결정의 원천

서구의 윤리 이론은 이와 같이 다양한 의견들에 진술된 논거들에 어떻게 상응하는가? 사람들이 생각하는 방식이 왜 다른지에 대해 명확히 하는 것이 이 장의 관심사이다. 아래에서 도덕적 사고방식에 대한 이론들을 간략히 설명한다. 나는 도덕적 의사 결정에 대한 두 가지의 전통적, 철학적 접근 방법을 사용해서 사람들의 의견이 왜 다른지에 대해 이해하게 해 줄 것이다. 보다 최근의 윤리 이론은 특정 전통 및 사회 구조 안에서의 사람(들)의 도덕적 특질에 초점을 맞춤으로써 "의사 결정"을 뛰어넘고자 한다.

의무론적 윤리: 절대적인 옳고 그름 첫 번째 전통적인 접근법은 "의무론적(deontological)" 윤리인데, 이 용어는 "그 자체로 존재하는 것"을 의미하는 그리스어 온토스(ontos)에서 나왔다. 윤리에 대한 의무론적 접근법은 선이나 악은 특정 행위 또는 행위자에 내재되어 있다고 주장한다. 특정 행동 및 태도는 사회에 어떤 영향을 미치는가와 무관하게 그 자체로 옳거나 그르다. 일부 크리스천들은 문화와 무관하게 어떤 일들을 하거나 하지 말고 그 결과를 하나님의 손에 맡겨야 한다고 주장한다.

예를 들어, 크리스천 평화주의자는 다른 사람을 죽이는 것은 항상 잘못이라고 주장할 수 있을 것이다. 한 사람을 죽임으로써 열 명의 생명을 구하게 된다 해도, 살인은 여전히 잘못이다. 거짓말에 대해서도 같은 말을 하는 사람들이 있을 것이다. 조지 맥도널드는 이렇게 말했다. "나는 온 세상을 지옥에서 꺼낸다 해도 허구에 찬성하지 않을 것이다. 거짓말이 어떤 사람을 그곳으로부터 꺼내려고 하는 지옥이야말로 그 사람이 가야 할 가장 좋은 장소이다. 세상을 구하는 것은…… 진실이다."

이 인용문에서, 거짓말은 의무론적으로 잘못이다. 의무론적 접근법은 특정 지점에

선을 긋고서는, 당신의 행동이 이 선을 넘어서면 동기와 결과 여하를 불문하고 그것은 잘못이라고 제안한다.

간소화된 기독교 윤리에 대한 의무론적 접근법을 때로는 "도덕주의"라 부른다. 성경, 이성, 또는 사회로부터 도출된 명확한 도덕 규칙들이 있다. 거짓말하지 마라, 뇌물을 주지 마라, 살인하지 마라, 술 마시지 마라, 다른 뺨을 돌려 대라 등은 어떤 상황에서도 위반되어서는 안 되는 절대적 도덕 기준들이다. 이 접근법의 가치는 이 접근법이 명확하고, 타협하지 않으며, 객관적이고, 합리화를 방지한다는 것이다. "뇌물은 언제나 잘못"이라고 주장했던 일부 학생들은 이 접근법을 보여준다.

도덕주의의 가장 큰 문제는 특정 개인의 도덕 규칙 선택은 문화와 깊이 관련되어 있을 가능성이 있다는 점이다. 아무도 성경의 모든 규칙들을 따르지는 않기에, 무엇이 절대적인지를 결정하려면 선택이 필요하다. 내가 속한 사회에서는 뇌물이 불법이고 "얄팍한" 것으로 간주되기 때문에 내게는 뇌물이 잘못이라고 생각될 수 있다. 그러나 다른 지역 출신에게는 소액의 뇌물은 전혀 문제가 없는 것으로 보일 수도 있다. 제3세계 출신의 어느 목사는 사소한 위반으로 자신을 불러 세운 경찰관에게 소액의 뇌물을 주고 나서 커다란 안도와 평화를 느꼈다고 말했다. 그는 하나님이 매우 위험할 수도 있는 상황에서 자신을 구해 주었다고 생각했다!

도덕주의는 때로는 도덕 규칙들이 서로 또는 보다 넓은 도덕적 원칙들과 충돌한다는 사실을 무시한다. 도덕주의는 율법주의적 자기 의와, 보다 넓지만 정의하기 어려운 이슈들의 희생 하에 사소한 규칙들에 대한 집중으로 이어질 수 있다. 율법주의자들에게는 모든 도덕이 평평해지고, 모든 규칙들이 동등하게 중요하다. 소규모의 문제들을 무시하고 보다 높은 차원의 부패에 대해 싸워야 한다는 입장을 취하는 네 번째 그룹은 이 문제를 피하려 한다. 이와 유사하게, 서구인들은 저항할 여유가 있지만 자국인들은 그럴 수 없다고 생각한 사람들은 사람들이 지니고 있는 힘에 따라 다른 규칙을 적용한 것이다. 지불하지 않는 것이 더 좋지만, 그것은 어떤 사람들에게는 너무도 비싼 대가이다.

도덕주의는 현실의 복잡성을 충분히 인식하지 못하는 의무론적 접근법의 천박한 예이다. 율법주의의 편협한 엄격함은 의무론의 본질적인 위험이다.

목적론적 윤리: 선은 결과에 의해 결정된다 두 번째 철학 조류는 "목적론적(teleological)" 윤리인데, 이 용어는 목적, 결과 또는 목표를 의미하는 그리스어 텔로스(telos)에서 나왔

다. 목적론적 윤리는 선은 특정 행위나 행위자에게 놓여 있는 것이 아니라 그 행위가 실제 세상에 실제로 미치는 영향에 놓여 있는 것이라고 주장한다. 사람들과 행동들의 선이나 악은 어떤 내적 특질들에 의해서가 아니라 그들의 행동이 인류 역사에 미치는 결과들에 의해 판단된다. 예수도 "그들의 열매로 사람을 알 것이다"라고 말했다(마태복음 7:20).

예를 들어, 일부 크리스천들은 살인하지 말라거나 거짓말하지 말라는 계명들을 절대적으로 해석하는 데 반대할 것이다. 무죄한 사람들을 구하기 위해 살인하거나 거짓말하는 것이 선으로 여겨질 수도 있다. 물론 특정 행동의 결과들이나 "열매"는 단기적으로만 측정될 수는 없고 장기적 결과도 고려되어야 한다. 목적론에서 하나님의 심판이 고려될 경우, 의무론과의 거리가 좁아진다. 하나님의 주권적인 최후의 심판이 선한 행동은 선한 결과를 낳고 죄는 사망에 이르게 된다는 궁극적 보장이다.

상황 윤리는 도덕주의의 위험을 피하려는 대중적인 시도이다. 조셉 플레처(Joseph Fletcher)는 크리스천들은 "율법 아래" 있지 않기 때문에, 도덕 규칙은 없고 사랑의 법만 있다고 주장했다. 모든 상황은 이 상황에서 무엇이 가장 사랑하는 행동인가라는 사랑의 토대에서 독특하게 판단되어야 한다. 한편으로 선은 이 행동이 사랑에서 비롯되었는가라는 동기에 의해 결정된다. 다른 한편으로 선은 어떤 행동이 관련된 사람들에게 가장 효과적으로 사랑을 보여줄 것인가라는 현실적 계산에 근거한다. 상황 윤리는 사랑이 우선순위를 차지한다는 사실과 각 개인의 상황이 독특하다는 사실을 인정한다. 위의 사례 연구와 관련해서, 경찰의 낮은 급여와 "선물 수수" 시스템을 인정하는 관습을 고려했던 사람들은 도덕주의적 접근보다는 상황론적 접근법을 보여준다.

상황 윤리에는 많은 문제들이 있다. 우선, 주관적 합리화라는 명백한 위험이 있다. 거의 모든 것이 사랑에 호소하여 정당화될 수 있다. 스탠리 하워스가 관찰한 바와 같이 "사랑의 윤리는 근본적으로 윤리적 상대주의의 주장에 대한 위장에 지나지 않는 경우가 있다. 이는 도덕의 일차적 결정인자로서의 선과 옳음을 사랑으로 대체함으로써 도덕적 합의의 붕괴에 대처하려는 시도이다…. 사랑은 우리 자신의 임의적인 욕망과 선호에 대한 정당화가 된다." 특정 행동의 장단기 효과는 정확하게 예측하기 어렵다. 진정한 상황 윤리주의자는 어떤 행동이 가장 사랑하는 결과를 가져올지 계산함으로써 선을 선택한다. 계산에 의한 도덕은 특정 행동의 도덕적 결과를 알 수 있다고 가정한다. 그러나 행동의 도덕적 결과는 사후에도 알 수 없는 경우가 흔하다. 뒤돌아봐도 잘 알 수 없는 것들을 미리 알기는 매우 어렵다. 상황들은 따로 떨어져 존재하는 것이 아니라, 보다 큰 역사적, 사회 문화적 및 경제적 맥락의 일부인데, 이들을 완벽하게 이해하기란 불가능하다.

어느 인도네시아 교수는 빌의 이야기에 대한 응답으로 그 경찰관이 가족들의 물질적 필요를 충족하기 위해 얼마나 어렵게 사는지에 관한 가상의 이야기를 썼다. 그의 결론은 빌이 사랑의 동기에서 그 경찰관에게 지불하고 그를 존중해야 했다는 것이었다. 그러나 그가 상상으로 그려낸 상황은 의사 결정을 해야 하는 시점에서 알 수 있는 것이 아니다.

상황 윤리는 규칙의 절대주의를 개인적 양심의 절대주의로 바꾸는 개별적 접근법을 조장한다. 그렇게 함으로써, 상황 윤리는 도덕 규칙들이 옳고 그름에 대한 사회나 기독교 공동체의 판단에 유용하다는 점을 무시한다. 상황 윤리는 사랑 이외의 모든 원칙들의 가치를 평가 절하하며, 도덕의 관계적 의미를 지나치게 단순화한다. 사랑이 최고의 규범이 될 수는 있지만, 유일한 규범은 아니다. 뇌물의 경우, 정의, 정직, 관대함, 국가에 대한 복종 등과 같은 다른 원칙들이 무시될 수 없다.

마지막으로, 상황 윤리는 너무 시간이 많이 소요된다. 규칙의 이점을 활용하지 않고 모든 상황을 새롭게 판단하는 것은 불가능한데, 이는 데이터에 의해 압도되지 않으려면 현실을 범주화해야 하기 때문이다. 확실히, 감정주의적 상황론은 쉽고 빠르다. 그러나 상황론자가 가장 사랑하는 행동에 대해 진지하다면, 각각의 결정은 시간이 많이 소요되고 복잡할 수 있다.

위의 사례에 대해 모든 뇌물을 거절해야 한다는 원칙을 고수한 응답자들은 상황론적 접근법의 위험을 인식하였다. 그들은 원칙에 따른 접근만이 공동체가 부패의 노예가 되기를 거부하는 유일한 길이라고 보았다. 일부는 공무원들이 기독교 공동체로부터 뇌물을 받으려 해봐야 소용없음을 알기 때문에 기독교 공동체로부터는 더 이상 받으려 하지 않는다고 하면서 이 방법이 효과를 발휘하고 있다고까지 주장하였다.

다른 한편, 빌은 지불을 거절해야 했지만 인도네시아인들은 지불할 수밖에 없었을 것이라고 말한 사람들은 상황론자가 아니다. 그들의 결론은 사랑의 계명에 근거한 것이 아니라, 해당 상황에서의 힘에 대한 평가에 근거했다. 즉, 서구인들은 뇌물을 지불하지 않고서도 그 상황을 벗어날 수 있지만, 자국인들은 그렇지 않다는 것이다. 또한, 그들은 빌이 그 상황에 예상하지 않았던 가치를 가져오리라고 기대되는 서구인 선교사이기 때문에 뇌물 지불 거절에서 오는 온갖 소동을 감수하는 것이 적절하다고 생각했다.

최소한, 그들은 빌이 값비싼 입장을 취한 데 대해 비판하려 하지 않았다.

상황 윤리는 법률 및 공동체의 제약이 없이도 사랑하는 결과를 계산하여 이를 가져올 수 있는 개인의 능력을 과대평가하는 목적론적 접근법의 천박한 예이다.

뇌물의 구별, 종합 및 문제들

의무론적 윤리와 목적론적 윤리는 흔히 상호배타적인 것으로 취급된다. 수단과 목적의 양극화, 원칙과 결과의 대조는 서구의 이분법적 사고의 특징적인 약점 중 하나이다. 이러한 사고는 절대주의자와 상대주의자 사이의 전쟁으로 이어진다. 절대주의자들은 너무 편협하고 엄격하다고 생각된다. 상대주의자들은 너무 흐리멍덩하다고 생각된다.

실제로는, 의무론과 목적론 사이의 구별은 도덕적 선택에 있어서 필요하면서 대조되는 두 개의 요소들을 보여주는 데 도움이 될 수 있다. 이들은 모순되는 것이 아니라 보완적이다. 이들이 부합하는 방식은 추상적인 철학 원칙에 의해 결정될 수 없다. 도덕적 선택이 구현되는 구체적인 상황들이 그 안에서 원칙과 결과가 어떻게 만나는지 보여준다.

절대적 도덕 원칙　나는 크리스천으로서 하나님의 성품을 반영하는 절대적인 도덕 원칙 및 규칙이 있다고 믿는다. 이 도덕 원칙들은 인간은 도덕적인 우주에서 살고 있다는 사실에 입각하며, 인간의 모든 행동의 근본이 된다. 인간은 하나님의 형상대로 창조되었고, 내재적인 가치를 가지고 있다. 웨스트민스터 신앙 고백의 표현을 빌자면, 우리는 "하나님에게 영광을 돌리고 하나님을 영원히 즐기기 위해" 창조되었다. 이러한 의무론적 절대 가치들은 때와 장소에 따라 다르게 표현되고 다르게 강조되지만, 이러한 가치들은 확실히 모든 문화의 크리스천들에게 인정을 받는다.

이러한 기독교의 확신에서 나오는 중심적인 도덕적 절대 가치는 다음과 같다. "주 하나님, 주는 한 분이다. 너희는 마음과 뜻과 정성과 힘을 다하여 주 너희 하나님을 사랑하라. 너희 이웃을 너희 자신과 같이 사랑하라. 이 계명들보다 큰 계명이 없다"(마가복음 12:29-31).

하나님과 이웃에 대한 사랑으로부터 우상과 탐심에 대한 목적론적 금지가 나온다. 이웃 사랑과 (창조에 기원을 두고 구속에 의해 확인된) 인간의 본질적 존엄으로부터 선행(자선 또는 친절의 특질), 정의, 사랑 및 자비를 추구하라는 명령의 절대가치가 나온다. 대부분은 하나님의 형상대로 지음 받은 인간을 결코 고문하거나 존엄을 훼손하지 않아야 한다는 추가적인 함의(숨意)도 받아들일 것이다.

364

일부 크리스천들은 뇌물을 이러한 절대 가치의 하나로 본다. 뇌물은 부자들에게 특혜를 주는 일종의 부정직, 속임수로 여겨진다. 그들은 어떠한 타협도 거부하며, 어떠한 대가를 치르더라도 돈으로 그들의 길을 부드럽게 하라는 압력에 저항하고자 한다. 중동 지역에서 사업을 하는 어느 미국인은 내게 자신이 뇌물 문제에 대해 어떠한 타협도 절대적으로 거절한 놀라운 이야기들을 들려주었다. 그는 사업상 막대한 난관에 부딪혔지만, 언제나 자신의 우선순위를 굳게 지켰다. 그는 자신이 그곳에 간 주 목적이 돈을 버는 것이 아니라 하나님을 섬기는 것이라는 사실을 알고 있었다.

뇌물의 정의에 도덕적 비난이 포함될 경우, 일반적인 개념으로서의 뇌물은 이러한 절대적 범주에 부합할 수도 있을 것이다. 뇌물이 공무원을 부패하게 해서 그에게 불공정하게 행동하게 할 의도로 주어지는 선물로 정의될 경우, 그러한 뇌물은 언제나 잘못이어야 한다. 일부에서는 뇌물을 불법적인 특혜를 받기 위해 주어지는 선물로만 엄격히 정의하려 해 왔다. 이 정의에서는, 공정하거나 합법적인 서비스를 받기 위한 선물들은 팁으로 불릴 수 있을 것이다.

그러나 이는 현대 세계에서 가장 보편적인 형태의 뇌물을 외면하면서 뇌물에 대한 반대를 절대 가치로 간주하기 때문에, 복잡한 딜레마에 대한 좋은 해법이 아니다. 이 정의에 의하면, 개인 또는 기업이 특별 대우를 받기 위해 거액을 지급하더라도 그 특별대우가 불법이 아니라면 아무것도 잘못된 것이 없다.

확실히 선물들, 특히 기본적인 서비스를 받기 위해 주어지는 거액의 선물들은 손쉽게 억압의 수단이 될 수 있다. 그러한 선물의 결과, 이를 지급할 수 없거나 지급하지 않으려 하는 사람들에게는 최소한의 정의도 거절될 수 있다. 이와 유사하게, 계약을 따내기 위해 외국의 대기업들에 의해 지불되는 선물들이 일상적으로 그런 선물을 지불할 여유가 없는 현지의 기업들을 배제시킨다. 존 누난(John Noonan)이 관찰한 바와 같이, 지불 금액의 크기는 지불이 팁인지 뇌물인지에 대한 중요한 단서의 하나이다.

그러나 소액의 지불은 어떠한가? 가난에 찌든 공무원에게 산더미 같은 위반 딱지를 눈감아 달라고 주어지는 (적법한) 소액의 선물에 잘못된 것이 있는가? 그러한 선물이 뇌물로 간주되는지 팁으로 간주되는지는 정의의 문제일 수 있다. 뇌물이라는 말에는 강력한 도덕적 함의가 있다. 특정 거래를 선물, 팁 또는 뇌물로 규정하느냐는 큰 차이를 가져온다. 대개 우리의 전통, 문화, 그리고 경험에 내면화된 가정들이 특정 활동을 어떻게 묘사하는지를 결정한다.

　일부 크리스천들은 서구인들이 뇌물이라고 부르는 것이 가난한 나라들에서는 부를 공유하기 위해 필요한 장치일수도 있다고 믿기 때문에 뇌물에 대한 절대 금지를 거부한다. 기독교적 정직성에 대해 의문을 제기할 수 없는 어느 저명한 과학자는 내게 만일 소비에트에서 뇌물을 주는 것이 참으로 개인의 급여로 인정되는 부분인 경우에는 이를 허용할 수 있다고 제안했다. 급여가 낮은 곳에서는, 모든 사람이 그가 생존하기 위해 선물을 요구할 수밖에 없다는 것을 안다. 이때 주어지는 돈은 부패를 의도하는 것이 아니라, 굼뜬 프로세스를 촉진하기 위함이다. 더 나은 서비스를 받기 위해 소액의 선물이 자발적으로 주어지고 위협이 개입되지 않았다면, 그것을 팁으로 간주할 수도 있다. 이를 지급하지 않아도 해당 서비스가 제공되기야 하겠지만, 아마도 시간이 더 걸릴 것이다. 팁이 이 프로세스를 신속하게 하며, 양쪽 모두를 이롭게 한다. 이 서비스를 필요로 하지 않거나 시간을 조금 더 들여서 서비스를 받을 수 있는 가난한 사람들에게는 거의 또는 전혀 아무런 피해도 가해지지 않는다.

　다른 한편, 두려움 또는 강제가 관여하거나 예상되는 서비스 제공 지연이 극단적일 경우, 선물 또는 팁의 특징인 자유는 제거된다. 선물이나 팁은 결코 강제사항이 아니다.

　선물이 강제적이지는 않지만, 강하게 기대될 수도 있다. 내 이웃이 바나나 나무에서 바나나 한 송이를 따다 주면, 그들은 내가 조만간 내 밭에서 자라는 파파야를 그들과 나누리라고 기대한다. 그러나 나는 그들에게 뇌물을 의심하지 않는다! 앤서니 기틴스 (Anthony Gittins)가 지적한 바와 같이, 선물을 주는 것은 규칙에 의해 지배되는 활동인데 그곳에서는 의무가 상수이다. 그러나 그 의무는 대개 선물을 주는 사람에게 그대로 갚는 방식으로 되돌려주라는 요구로 간주되지 않는다. 그보다는, 여기에서의 의무는 선물에 의해 상징되는 관계를 계속하는 것이다. "선물 교환은 명확한 도덕적 가치를 구현하는 정형화된 행동으로 여겨진다. 선물 교환은 단순한 사인(私人)들 사이에서뿐만 아니라 집단들 사이 및 '도덕적인 사람들'이나 '지위가 높은 사람들' 사이에서도 인간관계를 만들어 내고 유지시켜 준다."

　이는 뇌물 제공자가 불법적인 선물을 통해 뇌물 수령자로부터 특별한 서비스를 매입하거나 뇌물 수령자가 공정한 대우를 거절함으로써 불법적인 지불을 강제하는 경우에서와 같은 뇌물과는 거리가 멀다. 선물은 도덕적 관계를 만들거나 유지시켜 주지만, 뇌물은 이를 해친다.

가난한 공무원들에게 지급되는 소액의 선물들은 선물, 팁, 뇌물 사이의 회색 지대를 점하기 때문에 모호한 측면이 있다. 대개 소액 선물이 강제 사항은 아니지만, 자유로운 것도 아니다. 소액 선물이 신뢰와 상호 도움을 주는 관계를 형성해 줄 수도 있지만, 형편없는 서비스와 시간 지체의 위협을 보여주는 것일 수도 있다. 확실히 소액 선물은 확고한 관계 형성의 일부이지만, 때로는 법률의 바깥에서 발생하는 순수한 경제적 거래이기도 하다.

내가 만나 본 많은 크리스천들에게서도 이러한 모호성이 발견되었다. 예컨대, 도미니카 공화국에서 일하는 어느 크리스천은 서양에서 가정하는 명확한 정의들은 특정 국가들에서는 적용되지 않는다고 제안했다. 그는 이렇게 말했다. "미국에서는 뇌물과 뇌물이 아닌 것 사이에 명확한 선이 있습니다. 그러나 많은 나라들에서는 그것은 연속선상에 있습니다. 미국에서는 30%의 커미션을 받을 수 있지만, 제3세계에 있는 그의 거래 상대방은 5%의 커미션만 받는 대신 뇌물을 기대할 수도 있습니다. 때로는 뇌물을 지급하고 있다는 사실조차 모릅니다. 125%의 수입 관세 청구서를 받았는데, 그 중 25%는 뇌물일 수도 있습니다. 관세 담당 공무원에게 팁을 주지 않는 것과 웨이트리스에게 팁을 주지 않는 것은 동일하지 않습니다. 그의 급여가 너무도 낮기 때문에, 그는 그의 서비스에 대한 대가로 팁을 받을 자격이 있습니다."

선물을 주는 것의 의미와 가치의 복잡성이 잠언에 반영되어 있는데, 잠언에는 뇌물에 대해 3개의 부정적인 묘사와 3개의 긍정적인 묘사가 있다(잠언 15:27; 17:23; 17:8; 18:16; 21:14, 22:16). 누난은 뇌물에 대한 방대한 역사적 연구에서 구약 성경이 이중의 기준을 가지고 있다고 비난한다. 그는 구약 성경에서 뇌물 강요는 대체로 비난을 받는 반면, 뇌물(또는 관리들에 대한 선물)을 주는 것은 비난 받지 않는다고 주장한다. 구약 성경에서의 그러한 이중성은 부당한 대우를 피하기 위해 선물을 주는 가난한 사람과 자기 힘을 이용해서 가난한 사람을 착취하는 부자들 사이의 힘의 차이를 반영하는 듯하다. 힘 있는 사람들과 무력한 사람들이 동일한 추상적 절대 가치에 의해 판단되는 것이 아니라, 그들의 관계와 의도에 의해 판단된다. 따라서 가난한 사람들의 부르짖음에 귀를 닫으면, 자신이 부르짖을 때 들어 줄 사람이 없게 될 것이다. 몰래 주는 선물은 화를 피하게 하고, 품 안에 숨겨진 뇌물은 강한 분노를 피하게 한다. 정의가 시행되면, 의로운 사람에게는 즐거움이지만, 악을 행하는 사람에게는 당황스럽다(잠언 21:13-15). 도덕적 행동이 묘사되는 방식은 서사(narrative) 구조의 일부이다. 경험된 서사가 잠재적인 압제자에게 문화적으로 적절한 선물을 줌으로써 부당한 대우를 피한 가난한 사람의 이야기라면, 이 이야기에서 묘사된 현실은 경찰이 거액의 선물을 주지 않으면 고문하겠다고 위협하는 서사와는 다르다. 무슨 일이 벌어지고 있는가에 대한 정의는 "의무론" 또는 "목적론"과 같은 철학적 범주에서 나오는 것이 아니라, 보다 넓은 전통과 경험의 서술(敍述)에서 비롯된다. 성경에서 뇌물에 대해 긍정적으로 언급하는 것은 정의를 받을 다른 방법이 없는 사람들을 위한 공리주의자적 접근법을 반영하는 듯하다. 그러나 잠언은 잘못을 저지르기 위해 뇌물을 받는 것을 명확하게 비난한다. "사악한 자는 정의를 왜곡하기 위해 은밀히 뇌물을 받는다"(잠언 17:23). 잠언은 또한 뇌물을 주더라도 항상 통하는 것은 아니라고 경고한다. "부자에게 주는 것은 손실로 귀결될 뿐이다"(잠언 22:16). 잠언의 구절들은 다른 시기에 다른 맥락에서 다른 사람들을 위해 쓰여졌기 때문에, 성경에서 뇌물에 대한 하나의 관점을 강제할 수 없다.

확실히 뇌물에 관한 구약 성경의 대부분의 구절들은 뇌물을 부정적으로 본다. 성경의 하나님은 sohad(뇌물)를 받지 않고 공정하게 판단하는 존재이다. 우리는 하나님과 같이 의를 사랑하라고 요구된다. 그럼에도 불구하고 성경에는 뇌물 금지를 절대 가치로 하는 것을 충분히 주저하게 할 정도로 모호한 점이 있다.

"액면상의" 옳고 그름　목적론의 상대주의와 의무론의 절대주의 사이의 유용한 중간적 범주가 로마 가톨릭 신학에 의해 발전되었다. 외관상의(prima facie)의 도덕 규칙 및 원칙 개념은 우리는 때로는 마땅히 해야 할 일을 하기가 불가능한, 타락하고 죄가 있는 세상에서 살고 있다는 사실에 대한 인식에서 발견된다. 외관상이라는 말은 "액면상" 또는 "첫눈에 보기에"라는 의미이다. 외관상의 규칙은 모든 문화 및 모든 시대에 절대 가치여야 한다. 모든 상황이 동일하다면, 액면상으로는 언제나 이 규칙들을 지켜야 한다.

액면상의 계명 또는 원칙을 어길 경우, 악을 행하는 것을 피할 수 없다. 그럼에도 불구하고, 죄로 인해 가치들이 충돌하고, 보다 높은 가치를 지키기 위해서는 다른 계명이 희생될 수밖에 없는 비극적인 상황이 있을 수 있다. 그러한 행동은, 정당화된다 해도, 이에 대해 유감스럽게 생각해야 한다. 그러한 위반에는 사회 구조를 훼손하는 비극적인 결과가 있기 때문에, 진정한 의미에서는, 그러한 행동은 잘못된 것이다. 도덕적으로 정당화될 수는 있다 해도, 그러한 행동에 악이 붙어 있는 것이다.

윌리엄 프랑케나(William Frankena)는 특정 행동이 액면상 옳지 않다면, 그 행동은 "본질적으로" 옳지 않다고 제안한다. 달리 말해서, 그러한 행동은 다른 도덕적 근거에서 정당화되지 않을 경우, 언제나 실제로 옳지 않다. 그러한 행동들은 그 자체로서 사소한 것이 아니다. 그러한 행동들은 특정 상황에서는 정당화될 수 있겠지만, 언제나 정당화될 필요가 있으며, 정당화되는 경우에도 도덕적으로 이에 대해 비난할 수 있는 점이 남게 된다.

자주 인용되는 액면상의 규칙에는 살인, 거짓말, 안식일에 일하는 것, 그리고 이혼 금지 등이 있다. 정신병자가 착란을 일으키는 것을 막기 위해 그를 죽이거나, 무고한 사람을 구하기 위해 그를 집에 숨겨 주고서 거짓말을 하거나, 긴급한 마감 시한을 맞추기 위해 안식일에 초과 근무를 하거나, 신체적 및 정신적 학대 상황을 끝내기 위해 이혼하는 경우, 각각의 경우에 그 행동이 필요하고 도덕적으로 정당화될 수도 있다. 그러나 그 행동이 선한 것은 아니다. 그것은 필요악이다. 이 행동들에 비극적인 결과가 따를 것이다. 동료 인간이 죽게 되고, 진실과 인간에 대한 신뢰가 훼손되며, 내적 조화 및 예배의 질이 위협받게 되고, 하나님이 결합시켜 준 사람들이 서로에게서 떨어지게 될 것이다.

이러한 모든 경우에 행해진 "필요" 악들은 그 행위자, 직접 관련된 사람들, 그리고 사회에 영향을 줄 것이다. 그 영향은 개인적이기만 한 것이 아니라 사회적이기도 하다. 그래서 이 액면상의 규칙들이 결코 위반되지 않아야 하는 것이다.

일부 크리스천들은 이런 범주를 부인하고 위와 같은 예들을 결코 어겨서는 안 되는 절대 가치로 취급한다. 그러나 액면상의 범주는 율법의 선한 의도를 좌절시키려는 악의 힘을 사소하게 보지 않으면서 도덕 규칙을 진지하게 대하는 장점이 있다. 액면상의 원칙들은 보다 큰 악을 피하기 위해서만 어길 수 있다. 상황 윤리에서와는 달리, 액면상의 규칙 및 원칙들은 도덕적 계산에 의해 무효화되지 않는다. 이 규칙 및 원칙들은 우리가 비극적으로 이를 어기는 경우에도 인정되어야 하는 강력한 행동 기준으로 남게 된다.

언제 액면상의 도덕법이 더 높은 가치를 위해 배제되어야 하는지 어떻게 결정할 수 있는가? 일부 윤리학자들은 크리스천이 불가피한 악에 직면할 수도 있다는 사실이 시사하는 바를 거부한다. 그들은 액면상의 도덕 원칙 대신, 가치들의 고정된 위계 질서를 정해 두고, 낮은 가치 대신 높은 가치를 선택하는 것은 더 작은 악이 아니라 더 큰 선이라고 제안한다. 예컨대, 무고한 사람을 구하기 위해 거짓말을 하는 것은 결코 잘못이 아니고, 그 상황에서 가능한 최고의 선이다. 다른 사람들은 액면상의 범주에 함축된 비극을 인정하지만, 은밀하게 스며드는 상대주의를 막기 위해 가치들의 고정된 위계도 제안한다.

불행하게도, 성경, 이성, 또는 경험으로부터 가치들의 고정된 위계를 보여줄 수 없다. 어디에 죽음이 속임수보다 나쁘다고 쓰여져 있는가? 이혼이 거짓말보다 나쁜가? 가족의 필요를 소홀히 하는 것이 절망 상태에 빠져 있는 친구를 소홀히 하는 것보다 나쁜가? 자동차를 훔치는 것이 범인이 도주하도록 허용하는 것보다 명예로운가? 이러한 행동이 구현된 구체적인 상황을 모르고서는, 이러한 질문들에 추상적으로 답변할 수 없다. 가치들의 고정된 위계가 없다는 사실이 그러한 가치들이 상대적이고, 주관적이며, 변할 수 있음을 함축하는 것은 아니다. 위의 모든 행동들은 본질적으로 옳지 않다. 그러나 이 행동들의 상대적 심각성은 도덕 원칙 자체에는 드러나지 않는 많은 요인들에 의존한다. 때로는 소심함이 살인보다 나쁠 수도 있다.

한 가지는 확실히 알 수 있다. 그중의 사랑의 계명은 예외를 인정하지 않는다. 어거스틴은 하나님의 다른 모든 계명은 하나님 사랑과 이웃 사랑이라는 렌즈를 통해 걸러져야 한다고 제안했다. "이 두 계명 위에 모든 율법과 선지자들이 걸려 있다"(마태복음 22:40). 사랑의 계명은 다른 계명들을 배척하는 것이 아니라, 구체적인 상황에서 그 계명들의 진정한 의미를 해석한다. 상황 윤리에서와는 달리, 사랑은 중요한 모든 것이 아니라, 중요한 모든 것의 일부이다. 모든 도덕적 상황들은 하나님 사랑 및 이웃 사랑과 관련하여 그들의 진정한 중요성을 부여 받는다.

뇌물에 관해 생각할 때 액면상의 규칙 범주가 유용하다. 뇌물이 불법적으로 특권이나 서비스를 받거나, 서비스가 공평하게 집행되게 하기 위한 대가로 주어지는 선물로 정의된다면, 뇌물은 액면상의 악이다. 각각의 경우에서 뇌물은 가난한 사람들이 공정한 대우를 받는 것을 어렵게 함으로써 사회에서 정의라는 대의명분을 해친다. 뇌물은 거의 모든 나라에서 공식적으로 불법이다. 다른 한편으로는, 뇌물을 주기를 거절함으로써 더 큰 피해가 입혀지는 상황을 생각할 수도 있다. 빌의 사례에서, 1,500루피(1.5달러)와 가난한 경찰에게 비공식적인 선물을 주지 않는다는 원칙이 몇 주 혹은 몇 달간의 좌절과 영구적인 운전면허 상실 가능성을 무릅쓸 가치가 있는가? 빌은 다른 싸움을 싸워야 하는 것이 아닌가?

이에 대해 어떻게 대답하든, 그 영향은 간단하지 않다. 요구되는 금액이 점점 커진다는 것은 빌과 당국 사이의 관계가 점점 더 소원(疏遠)해짐을 상징한다. 이 사례가 압제에 대한 정의의 수호인가 아니면 어리석은 신 제국주의자인 외국인이 주재국의 규칙에 따르기를 저항하는 경우인가? 어느 경우이든, 빌은 정의가 시행되게 할 수 없다. 지불할 경우, 빌은 자신의 양심을 어기고, 돈이 있는 사람들을 돈이 없는 사람들보다 우대하는 사회의 구조적 불의를 강화할 수 있다. 지불하지 않을 경우, 그는 가난한 공무원에게 2달러도 안 되는 돈을 주는 문제로 언쟁을 벌이느라 자동차 없이 지내게 될 수 있다.

우리의 개별적인 행동들이 상황의 구조적 부분인 악을 항상 극복할 수 있는 것은 아니다. 많은 크리스천들이 내게 자신이 훨씬 더 큰 악으로 이해하고 있는 것을 피하기 위해 소액의 뇌물을 준 사례를 들려주었다. 그들이 그렇게 함에 있어서 죄가 없었는가? 아마도 그렇지 않을 것이다. 액면상의 범주는 법률 위반자가 유죄가 아니라고 얘기하지 않는다. 이 이론은 죄 있는 세상에 직면해 있는 우리의 약점을 인식하게 해 줄 뿐이다. 우리는 때로는 모호한 상황에서 잘 행동할 만큼 충분히 지혜롭거나 충분히 강하지 못하다. 때로는 어떻게 해야 할지 모를 수 있다. 때로는 위반하는 법이 우리가 처해 있는 막중한 상황에 비해 사소해 보일 수 있다. 그렇다 해도, 우리는 감히 죄가 없다고 주장하지 않는다. 우리의 행동을 취소하거나 비난하지도 않는다. 그것은 우리를 하나님의 자비에 의존하게 한다.

상대적 도덕 상황 많은 도덕적 상황들은 절대적 원칙이나 액면상의 계명들에 의해 결정되지 않는다. 많은 결정들이 특정 상황에 따라 달라지는 것을 본다 해서 상대주의자가 될 필요는 없다. 그 "뇌물"은 관습법의 지위를 지닌 팁이라고 주장한 사람들은, 서양의 법적 맥락에서는 뇌물인 것이 인도네시아의 상황에서는 팁으로 보는 것이 가장 좋다고 제안한 것이다. 그 경우 빌은 외국에서 자신이 처한 상황을 오해한 것이다. 그가 지불하기를 거절한 것은 잘못이라기보다는 현명하지 않은 처사였다.

빌의 사례의 경우, 이러한 주장은 지나치게 단순할 수도 있지만, 특정 개인, 시간, 또는 장소에 따라 독특한 도덕적 결정을 할 수 있다. 그러한 상대적인 상황들은 사소하지 않다. 그러한 상황들은 커다란 도덕적 영향을 줄 수 있다. 그러나 이 상황들은 추상적인 정의에 따르지 않는다. 이러한 상황들은 맥락과 행위 주체의 역할에 대한 깊은 이해를 필요로 한다. 이는 어떤 행동이 특정한 맥락에서 최선을 가져오고 최악을 막을 수 있는지에 대한 계산을 필요로 한다. 이는 가장 중요한 것에 관심을 둘 역량과 헌신을 필요로 하며, 선을 선택할 수 있도록 성령의 지혜를 필요로 한다.

도덕적으로 상대적인 결정을 내림에 있어서 문화가 중요한 역할을 한다. 시간을 어떻게 취급하는가? 어떻게 살고 어떤 사회 경제적 수준에서 살지를 어떻게 결정하는가? 얼마나 직접적이고 강력하게 소통하는가? 의사 결정에 있어서 얼마나 개인주의적이거나 집단주의적인가? 얼마나 경쟁적인가? 돈을 어떻게 쓰는가? 곤궁한 사람들에게 언제 기부하는가? 가족과 얼마나 많은 시간을 보내는가? 부모를 어떻게 공경하는가? 비상사태에 어떻게 대비하는가? 아랫사람들에게 얼마나 권위적인가? 감옥에 있는 사람들에게 찾아가는가? 사회 정의를 위해 어떻게 일하는가? 복음을 어떻게 궁핍한 처지에 있는 사람들과 공유하는가?

이러한 질문들 및 이와 같은 다른 많은 질문들은 우리 삶의 가장 중요한 도덕적 질문들일 수 있다. 그러나 이 질문들에 대해 절대적 또는 액면상의 계명에 직접적으로 기초한 간단한 대답은 없다.

어느 미국인 복음주의자가 한 강연에서 부유한 청중에게 크리스천은 호화로운 BMW 세단을 운전할 수 없다고 말한 적이 있다. 그런 말은 절대적이거나 액면상의 도덕 계명은 아니지만, 상대적인 도덕적 의사 결정에 무엇이 걸려 있는지를 도발적일 정도로 극적으로 표현했다. 우리의 상대적인 도덕적 결정이 우리가 하나님과 이웃을 사랑한다고 주장할 때 무엇을 의미하는지를 보여준다.

어떤 경우에는 뇌물의 정의와 특정 선물의 의미는 문화적 의도 및 관련인들의 기대에 따라 상대적일 수 있다. 중동에서는 서비스나 사물의 가치가 종종 감정적인 협상을 통하여 결정된다. 통상적인 전화 설치 수수료는 고정된 것이 아니라 변동할 수 있다. 관계, 필요, 지불 능력 기타 주관적 요인들에 대한 호소는 모든 상품 및 서비스의 가치를 정의함에 있어서 중요한 부분이다. 결국, 왜 어떤 사물(전화와 같은)이 이 거래에 관련된 사람들의 관계 외부의 객관적인 가치를 가지고 있다고 생각해야 하는가?

UN에서의 협상 스타일에 관한 E. 글렌(E. Glen), D. 위스메이어(D. Witmeyer), 그리고 K. 스티븐슨의 연구는 아랍인들은 직관적-감정적 스타일로 강력한 감정에 호소해서 그들의 입장을 표현함을 보여주었다. 타협은 종종 "개인적 우정 및 중재자에 대한 존중에 대한 강력한 표현에 의해 시사되었다."

관계가 협상의 열쇠라면, 서비스의 가치가 상황에 따라 달리 결정될 수 있음을 어렵지 않게 이해할 수 있다. 관계를 효율성보다 중요시하는 사람들이 많다. 예컨대, 감정이 괜찮다면 매도인이 기꺼이 손해를 볼 수도 있다. 경제적 측면에서는 손해이지만, 감정적 측면에서는 빚진 관계가 형성된다는 이익이 있다. 최소한 고객이 다시 올 수도 있고, 자기 친구에게 그곳을 소개시켜 줄 수도 있다. 다른 한편, 관계에 대한 감정이 잘못되면, 매도인이 물건 값을 올려 받을 수도 있다. 경제적 이익이 무례하고 거만하다고 인식된 누군가를 다룰 때의 문화적 소원함을 능가하지 못할 수도 있다.

서구인들이 뇌물 또는 속임수로 보는 것들이 어떤 나라들에서는 올바른 관계 유지 또는 형성 수단으로 이해될 수도 있다. 현대 자본주의의 시장 조건이 반드시 두 사람 사이의 협상 관계보다 도덕적인 가격 책정 방법인 것은 아니다.

때로는 누군가와 올바른 관계가 형성되고 나면, 화폐적 교환의 필요가 사라지는 경우가 있다. 올바른 말이나 눈 맞춤(또는 겸손한 눈 맞춤 회피!)이 관계를 확립하는 일종의 존중 또는 "같은 그룹에 속해 있음"에 대한 신호를 보낼 수 있다.

우리의 사례 연구에서, 빌은 갈등 상황을 완전히 피할 수도 있었다. 경찰관에게 진정한 사랑을 보여 줌으로써, 보다 더 존중하는 태도를 표현함으로써, 진정한 겸손을 보여 줌으로써, 현명하게 신뢰를 사용함으로써, 적절한 초대나 비화폐성 선물을 사용함으로써, 유순한 권위를 가지고 말함으로써 빌(또는 예수)은 커다란 필요를 가지고 있는 경찰관의 입장에서 그에게 다가갈 수도 있었을 것이다. 그는 뇌물 요구를 피하고 친구 관계를 시작할 수도 있었을 것이다.

양자택일의 도덕적 딜레마로 보이는 많은 상황들에는 그 안에 숨겨진 제3의 길이 있을 수 있다. 어느 경건한 인도네시아 목사가 자신이 겪은 놀라운 경험을 들려주었는데, 그는 교통위반으로 경찰서에 갔는데, 참으로 겸손하게 잘못을 사과했더니 범칙금도 물리지 않고 풀어주더라고 했다. 올바른 사람이, 올바른 말을 올바른 시간에 올바르게 하면 다른 사람과의 간극을 이어줄 수도 있다.

대부분의 사람들의 성품에는 선을 행할 강력한 힘이 없다. 대부분은 갈등으로 인도하는 사회의 깊은 분열을 극복할 지혜가 없다. 때로는 인간의 악이나 구조적 불의가 선에 의해 극복될 수 없는 경우도 있다. 때로는 인간의 최선이 십자가 위에서 끝날 수도 있다. 한 사람에게 최상의 행동이 다른 사람에게는 재앙이 될 수도 있다.

우리가 내리는 상대적인 도덕적 결정들은 궁극적으로 우리의 삶을 인도하는 절대적 핵심 가치들에 근거한다. 이러한 가치들은 습관적 연습, 맥락에 대한 지식(또는 무지), 공동체와의 관계, 그리고 하나님의 지혜와 인도라는 선물로부터 자라난다.

뇌물과 사회 구조   왜 어떤 사회에서는 뇌물이 일상화되어 있고 다른 사회에서는 그렇지 아니한가? 어떤 국가들은 다른 국가들보다 덜 정직한가? 가난이 사람들을 부패하게 하는가? 가난한 국가들에서의 부패의 만연은 이를 "제3세계"의 후진성 또는 도덕적 열등성의 한 증거로 보는 일부 서구인들의 가족주의 또는 심지어 인종주의에 기여할 수도 있다.

어느 영국인은 인도에서는 뇌물이 아무런 도덕적 절대 가치가 없는 힌두 문화에서 나왔다고 제안했다. 종교가 확실히 영향을 주기는 하지만, 힌두교에 책임이 있다면, 왜 많은 가톨릭 국가나 무슬림 사회에 수뢰가 그토록 많은가? 확실히 도덕적 상대주의는 가톨릭이나 이슬람교의 일부가 아니다. 일부 국가들은 사회 구조 때문에 다른 나라들에서보다 선물 수수가 훨씬 더 광범한 관행이 된다는 것이 더 나은 설명이다. 인도네시아에서는 선물이 없이는 좀처럼 방문하지 않는다. 북아프리카에서는 상호간에 신세를 짐으로써 관계가 확립된다. 이집트에서는 팁 없이는 아무것도 안 된다. 라틴아메리카에서는 선물에 의해 신뢰가 확보된다. 중국에서는 선물을 통해 연결 관계가 형성된다. 선물 제공은 뇌물이 아니다. 그러나 선물이 중요한 사회적 기능을 위한 강제적 장치가 될 때에는 명백히 부패의 가능성이 있다.

많은 국가들에서는, 선물 수수가 역사적으로 후원과 관료주의 구조의 결합에 의해 형성된다. 선물 수수는 가부장적 사회의 필수적인 부분이다. 높은 지위에 있는 사람들은 선물을 줌으로써 자기 밑에 있는 사람들을 돌볼 것으로 기대된다. 선물은 충성 및 서비스를 사는 수단이다. 마닐라의 마르코스의 궁전에는 선물로 주기 위한 물건들로 가득 찬 방들이 있었다. 선물은 불공정하고 가혹한 사회 시스템을 완화시켜 준다. 사람들은 후원자나 보호자가 있다는 사실을 영광스럽게 생각한다. 어떤 사람이 "아버지"에게 착취를 당할 수도 있지만, 그 사람에게서 보호도 받는다.

"후원자(patron)"라는 말은 원래는 로마에서 나왔다. 그러나 가부장제에 따르는 책임 개념은 역사가 동틀 때로 거슬러 간다. 후원 시스템에 관료주의가 합쳐지면, 두 시스템 모두 수정되지만 계속 작동한다. 현대의 뇌물은 양자의 결합과 관련이 있다. 라틴아메리카에서는 반(半) 봉건적인 대족장 시스템이 프랑스에서 비롯된 관료주의와 접목되었다. 인도네시아에서는 봉건적인 자바국(國)이 의식적으로 네덜란드의 식민지 관료주의와 결합되었다. 그러는 과정에서 양쪽 모두 바뀌었다.

관료주의는 대족장 시스템이나 자바인들의 신적인 왕과는 다르지만, 선물은 아직도 충성이나 침묵 또는 서비스를 사는 장치로 받아들여진다. 선물은 사회적으로 높은 지위에 있는 사람들에게서만 아니라, 관료의 "충성" 또는 서비스를 필요로 하는 모든 사람들에게서도 기대된다.

전통적인 사회에서는 엄격한 위계질서를 따라 서비스가 제공되고 보호가 주어졌다. 선물은 단지 기존 관계를 강화하고 일을 잘한 데 대해 보상하는 수단이었다. 현대 관료주의에서는, 명확한 사회 질서의 이점이 없이 관계가 확립되어야 한다. 국가가 매우 가난하고, 실업률이 높으며, 급여 수준이 낮은 거대한 관료 조직을 가지고 있을 경우, 공무원들은 실질적으로 돈보다는 힘과 특권으로 지급받는다. 그들은 이 힘을 사용하여 선물을 받아야 가족을 부양할 수 있다. "후원자"는 선물을 통해 자신이 서비스를 받을 가치가 있음을 입증해야 한다. 물론, 이는 부패에 노출되어 있다. 그러나 이에는 서구에서의 뇌물 이상의 의미가 있다. 이는 또한 부를 나누고 관계를 명확히 하는 사회적 기능을 수행한다. 어느 에티오피아 교회 지도자는 이렇게 말했다. "아프리카에서는 미국에서와 같이 잘 정의된 세계가 없습니다. 우리는 다른 이슈들을 중요하게 생각합니다. 뇌물이 괜찮다는 얘기가 아니라, 뇌물이 그렇게까지 중요하지는 않다는 얘기입니다. 미국에서는 다른 규칙에 의해 돈이 손을 바꿉니다. 사람들은 자기 손을 거쳐 가는 돈의 일부를 가지지만, 그것은 보다 잘 정의된 규칙에 의해 이루어집니다. 아프리카에서는 그것이 보다 짜증나는 방식으로 될 수 있습니다."

빌이 경찰관에게 소액의 지급을 거절했을 때, 그는 또한 그 사람의 지위 및 힘을 인정하는 것도 거부한 셈이다. 미국에서는 경찰관은 이상적으로는 사람들의 하인이고 법의 대리인이다. 그러나 인도네시아에서는 경찰관은 (비록 매우 가난하기는 하지만) 그의 위엄이 존중되어야 하는 중요하고 강력한 사람이다.

가난한 국가에서가 아니라면, 후원과 관료주의의 연결은 도덕적으로 중립적이라고 간주될 수도 있을 것이다. 관료주의에 의해 비교적 부유한 사람들뿐만 아니라 가난한 사람들도 봉사를 받는다. 어느 인도네시아 교수는 내게 네덜란드식 이상은 관료들이 국민들에게 봉사하도록 의도되었다고 말했다. 그러나 이곳에서는 관료들이 국민들에게 봉사하는 것이 아니라 국가에 봉사한다. 보다 정확하게는 관료들은 자신의 상사에게 봉사한다. 이것은 아무것도 없는 가난한 사람들에게는 매우 압제적으로 될 수 있다.

한 달에 50달러를 버는 사람이 뇌물을 줄 돈을 모으는 것은 커다란 희생을 필요로 하거나, 불가능할 수 있다. 물론, 가난한 사람들은 부유한 사람들만큼 지급하리라고 기대되지 않는다. 법의 지배에 익숙한 사람에게는 이 역시 정의롭지 않다. 그런데 실제로는 관료주의가 시스템의 불의를 누그러뜨린다.

뇌물 시스템을 깨뜨릴 수 있는 능력은 지니고 있는 힘, 위험의 수준, 그리고 걸려 있는 가치에 의존한다. 관료의 서비스 없이도 살 수 있는 사람, 기다릴 여유가 있는 사람, 보다 고위직에 항의할 수 있는 힘과 교육을 지닌 사람, 국가에서 필요로 하는 서비스를 제공하는 사람 또는 해당 국가에서 강력한 엘리트와 연결되어 있는 사람은 이 시스템을 깨뜨릴 수 있다. 그런 사람들은 또한 비록 간접적인 방식을 통하기는 하지만, 그들이 받는 서비스도 "얻는다."

결론 모든 사회에서 도덕적 선택은 한 개인의 문화적 성품 및 그의 세계관에 근거한다. 우리는 선과 악, 중요한 것과 사소한 것을 구분하는 서사에 의해 우리의 삶을 이해하는 문화적 존재이다. 우리가 주의를 기울이는 것이 우리의 선택 능력을 형성한다. 이 장은 상대주의나 절대주의 그 어느 것도 도덕적 선택에 대한 적절한 접근법이 아니라고 제안한다. 사회 구조는 선이 주입되어 있을 뿐만 아니라 타락했고 악이 편만해 있다. 악을 드러내는 한편 선과 협력하는 것은 성품, 감수성 및 지식을 필요로 한다.

무엇보다도, 우리는 우리의 핵심적인 절대 가치들을 알아야 한다. 이 가치들은 다른 방식으로 표현될 수는 있지만, 절대로 타협될 수 없다. 특정 유형의 뇌물들은 절대적으로 옳지 않다. 정의를 파괴하거나 우리 자신의 악을 감추기 위해 돈을 주는 것은 명백히 옳지 않다. 선물의 크기가 중요하다. 무료 서비스에 대한 대가로 주어지거나 요구되는 거액의 선물은 심각한 불의의 신호일 수 있다. 불법적인 서비스를 받기 위한 선물도 옳지 않다는 것은 말할 필요도 없다.

둘째, 우리는 가치 충돌 상황을 피해야 한다. 우리가 통제할 수 없는 비극적인 상황에 직면할 경우, 보다 낮은 가치에 비해 더 높은 가치를 선택할 수 있는 방법을 알 필요가 있다. 특정 형태의 뇌물은 절대적으로 잘못인 반면, 어떤 경우에는 잘못이기는 하지만 불가피할 수도 있다. 그들은 액면상으로 옳지 않지만, 이의 지불을 거절할 경우 잃게 될 다른 가치들에 비하면 덜 중요하다. 어떤 사람들은 다른 사람들보다 뇌물 시스템을 끊을 수 있는 힘을 더 많이 가지고 있다. 따라서 무엇이 "더 작은 악"인지에 대해 다른 결정을 내리는 사람들을 판단하지 않는 것이 중요하다. 그럼에도 불구하고, 액면상의 범주의 가장 큰 위험은 이 접근법이 우리가 옳지 않다고 알고 있는 것에 대한 정당화 수단이 될 수 있다는 점이다. 우리가 뇌물이라고 부르는 것의 대부분은 악하며, 다른 사람들을 해치는 결과를 가져오게 된다. 더 높은 대의를 위해 뇌물을 주거나, 살인하거나, 거짓말을 할 경우, 심판이 앞에 놓여 있기 때문에 회개가 권장된다.

셋째, 우리는 무엇이 특정 맥락에서 우리의 특정한 역할에 부합하는가라는 근거에서 우리의 우선순위 및 결정을 끊임없이 평가해야 한다. 서구인의 눈에는 뇌물로 보이는 것들 중 일부는 주어진 사회 구조 안에서 긍정적인 역할을 하는 적절한 팁이나 선물일 수 있다. 모호한 경우, 서구인은 현지인으로부터 조언을 듣는 것이 좋을 것이다. 빌은 다른 선교사들보다는 인도네시아인에게서 조언을 듣는 것이 좋았을 것이다. 그러나, 그렇게 하려면 해당 상황에서 교사가 아니라 배우는 자의 겸손함을 지녀야 했을 것이다.

반대로, 서구인들에게는 완전히 적법하게 보이는 지급이 다른 사람들에게는 뇌물로 보이는 경우도 있을 것이다. 어떤 아시아 여성은 대규모 기독교 선교 단체가 재능이 있는 인재들을 빼내가서 그들이 현지인들이 통제하는 긴급히 필요한 일을 하지 못하게 한다고 불평했다. 그들이 상대적으로 고임금을 제시하여 인재들이 현지의 조직들을 버리고 기독교 다국적 기업들에게 간다는 것이다. 현지 지도자들은 자국의 젊은 인재들이 외국 기관에 복종하게 되는데 대해 낙담하게 될 수도 있다. 따라서 돈의 힘이 다른 형태의 제국주의를 영속화할 수 있다.

확실히, 이런 이슈들에는 정해진 규칙이 없다. 어떤 상황에서 옳을 수 있는 것이 다른 상황에서는 옳지 않을 수 있다. 선물은 힘을 부여할 수도 있고 노예가 되게 할 수도 있다. 어떤 가치가 상대적이라 해서 모든 가치가 상대적인 것은 아니다. 사람이 잘못을 저지르지 않고 피할 수 없는 구조악의 상황들이 있다 해서, 우리가 긴장을 느낄 때마다 포기해야 함을 시사하지는 않는다.

현대 사회에서 뇌물은 심각한 악이다. 부패의 모래밭을 성공적으로 헤쳐 나가는 사람들은 올바르게 살아가는 사람일 가능성이 있다. 결정을 해야 하는 순간에서는, 우리는 의무론, 결과론, 또는 액면상의 규칙이 더 적절한지를 반영하지 않을 것이다. 우리가 어떤 종류의 사람인가, 우리가 하나님과 이웃, 그리고 우리 자신의 이익에 대해 어떤 자세를 취하는가가 결정을 내릴 것이다.

욥의 하나님과 예수의 하나님은 뇌물을 받지 않는다. 뇌물은 진정한 선물의 반대이다. 뇌물은 지배와 통제를 추구한다. 뇌물은 가난한 사람들에게 정의를 시행하지 않는다. 선물은 값없이 주어지며 상호 관계를 형성한다. 선물은 사랑의 표시이다. 선물은 복음의 중심에 있다. 하나님을 사랑하는 사람들은 이웃에게 뇌물이 아니라, 선물을 가져온다.

토론 문제

1. 아데니는 뇌물을 어떻게 보는가? 그는 선물과 뇌물을 어떻게 구분하는가? 당신은 이 구분에 동의하는가, 아니면 이 나라들에서 발생하고 있는 상황을 묘사하기 위해 사용할 다른 범주들이 있는가?

2. 당신이 이 글에 나오는 선교사 빌이라면, 뇌물 요구에 대해 어떻게 대응했겠는가?

3. 비즈니스 거래에서의 뇌물과 선교사 빌에게 강요된 뇌물 사이에 차이가 있다고 생각하는가?

읽기 자료
BEYOND INTEGRITY

공정 무역 의제 진척시키기

폴 샌들러(Paul Chandler)
Ridley Hall Cambridge, 2005.[1]

지금 공정 무역 운동을 하는 사람들은 매우 흥분되어 있다. 공정 무역 제품들이 일반 대중에게 이처럼 인기 있고 이처럼 쉽게 구해질 수 있는 때가 없었다. 슈퍼마켓들 및 기타 기관들이 공정 무역 기관들이 만든 제품을 들여놓을 뿐만 아니라, 점점 더 자체 공정 무역 브랜드들을 개발하고 있다. 정치인들은 정기적으로 우리가 하는 일에 대해 좋은 말을 하고 있으며, 아시아의 쓰나미 와중에서 세계의 가난을 긴급하게 다루어야 할 필요가 인식되었다.

그러나 이러한 성공은 공정 무역에 일련의 도전을 가져왔다. 상업적으로 보다 중요해지자, 공정 무역은 보다 깐깐한 조사를 받고 있고, 일련의 기득권층에서 공정 무역 섹터의 모멘텀을 훼손하기 위해 반격에 착수했다. 동시에, 빈곤 퇴치 운동(Make Poverty History) 캠페인이 보다 넓은 무역 정의 이슈에 대한 대중의 인식을 높이고 있지만, 이 이슈는 자유 시장 신조에 대한 도전들에 의해 위협을 받는다고 느끼거나, 여러 이유로 무역 정의 논의가 근거가 박약하다고 여기는 경제학자 및 기업 등으로부터 도전도 받고 있다. 양측의 주장들은 종종 지나치게 단순화되고 지나치게 양극화되어서, 보다 중립적인 관찰자들은 어디에 서야 할지에 대해 어려움을 느끼고 있다.

이러한 배경 하에서, 크리스천들이 이러한 주장들을 이해하고 이 이슈들에 기독교적 관점을 반영하여 이 논쟁에 기여하는 것이 중요하다. 이 프로세스에 조금이나마 기여하기 위해서, 나는 지난 25년 동안 공정 무역을 선도적으로 실천해 온 트라이어드크레프트(Triadcraft)에 의해 발전된 공정 무역 및 무역 정의에 대한 설명하고자 한다. 나는 이어서 공정 무역 운동이 향후 5년 내지 10년간 직면하게 될 몇 가지 보다 큰 도전들을 살펴보고, 이 운동이 계속 진행되어 나갈 필요가 있는 몇 가지 방법들을 제안하고자 한다. 마지막으로, 나는 공정 무역 및 무역 정의를 위한 싸움에서 교회와 개별 크리스천들이 어떤 역할을 할 수 있는지 살펴볼 것이다.

배경

먼저 나 자신의 배경과 트라이어드크레프트에 관해 간략히 소개하고자 한다. 나는 성공회의 선교 단체이자, 출판업자 겸 서적 판매업자인 SPCK의 사무총장으로 9년 동안 일한 뒤에 2001년 중반에 CEO로 트라이어드크레프트에 합류했다. 그전에는 바클레이즈(Barclays) 사에서 9년간 일했는데, 대졸 신입 직원으로 시작해서 MBA 학위를 취득한 뒤에는 런던의 한 지점 매니저, 그룹 장기 전략 수립 담당 매니저, 그리고 최종적으로는 지점 네트워크 변경 및 런던 남서부 지역의 개인 고객들에 대한 판매 담당 이사보로 일했다. 그래서 나는 다국적 자본주의 시스템에서도 일해 봤고(나는 그 일을 즐겼다), 생존 및 성장을 위한 충분한 이익을 낼 필요와 기독교와 "제3세계"의 강력한 연결을 결합한 두 곳의 선교 목적 기업에서도 일해 봤다. 나는 이론가라기보다는 실천가이며, 신학자라기보다는 비즈니스맨이다.

트라이어드크레프트는 1979년에 설립된 이후 "무역을 통한 빈곤과의 싸움"에 헌신하는, 빈곤에 대한 기독교적 대응의 하나이다. 이 조직은 영국의 선도적 공정 무역 기관으로 가장 잘 알려져 있지만, 사실은 단지 "공정 무역" 영역에서만 운영되는 것이 아니고, 보다 넓은 무역 정의 및 기업의 사회적 책임 이슈들에 대한 선도적인 옹호자이다. 트라이어드크레프트는 전 세계에서 가난한 사람들을 위한 무역과 관련된 많은 프로젝트들을 진행하고 있다.

트라이어드크레프트는 상장 회사(Triadcraft plc)와 개발 자선 단체(Triadcraft Exchange)가 결합했다는 점에서 이례적인 조직이다. 이 두 조직은 고위 경영진을 공유하고 있고, 이사진의 일부가 겹치고 있으며, 무엇보다도, 무역을 통해, 남반구에서의 지원 활동들을 통해, 그리고 정부, 기업 및 일반 대중들에 대한 영향을 통해 가난과 싸우는 사명을 공유한다. 기업과 자선 단체의 결합은 매우 유익한 것으로 판명되었는데, 각자 다른 곳에서 일어나고 있는 일과 그곳의 사고방식을 알 수 있어서, 트라이어드크레프트가 빈곤 및 무역에 관한 다양한 주장들에 대한 비즈니스 및 개발 기관의 시각을 이해하고 독특한 목소리를 낼 수 있다. Triadcraft plc는 이 그룹의 무역 부문으로서 트라이어드크레프트의 가장 잘 알려진 부분이다. 이 회사는 생산자들이 이익을 내게 하고 그들에게 국내 및 수출 시장에서 번성할 수 있는 지속 가능한 기업을 세울 역량을 개발하는 데 도움을 주기 위해, 약 30개 국가의 약 100여개의 생산자들로부터 공정하게 거래되는 식품, 선물 및 종이들을 구매한다. 2004/5 회계연도에 우리의 매출액은 1600만 파운드였는데, 이 수치는 2000/1 회계연도 매출에서 두 배로 증가한 것이다. 지난 3년 동안 트라이어드크레프트는 영국 업체들에 통상적인 수준의 건강한 이익을 발생시키기 시작했는데, 이는 미래의 성장을 지속함에 있어서 및 공정 무역이 (자선 모델이 아니라) 상업적 모델로서 생존할 수 있음을 보여주는 데 있어서 매우 중요하다.

Tridacraft Exchange는 일반 대중 및 기관 기부자들로부터 자금을 모아서 특히 동부 및 남부 아프리카, 인도, 방글라데시 및 동남아시아에서 무역 발전 프로젝트들을 지원한다. 이 기관은 Triadcraft plc에 공급하지 않는 생산자들, NGO들 및 기업들에게 우리의 전문성을 활용할 수 있게 해 주는 연수 및 컨설팅 부문을 가지고 있다. 런던에 본부를 둔 정책 팀은 국제 공정 무역 운동의 선도적 두뇌 집단인 바, 이 팀은 무역 규칙 및 기업의 윤리적 행동에 대한 보다 공정한 접근법에 대한 옹호로 영국과 브뤼셀에서 존경을 받고 있다.

주로 영국의 기독교 공동체(그러나 이에 국한되지는 않음)로부터의 주주, 공정 무역업체, 기부자 및 운동가들의 막강한 후원자 공동체가 트라이어드크레프트의 양 부문을 떠받치고 있다. 초교파적 기독교 단체로서, 모든 고위급 직원들 및 이사회 위원들은 교회에 출석하는 크리스천들이어야 하지만, 트라이어드크레프트는 모든 종교적 배경을 지닌 사람들과 함께, 그리고 그들을 통하여 일하고자 하며, 복음 전도를 목적으로 하지 않는다. 우리는 그보다는 가난한 사람들과 소외된 사람들에게 크리스천의 사랑과 관심을 실제적으로 표현하고자 한다.

공정 무역이란 무엇인가?

공정 무역이 무엇을 의미하는지에 대해 이해하는 바가 달라서 이에 관한 많은 논의들이 혼란에 빠지게 된다. 최소한 보편적으로 사용되는 3개의 정의가 있는 바, 논의가 혼란스럽고 비생산적이 되지 않게 하려면 어떤 정의를 말하는지 주의해서 파악할 필요가 있다.

"자유롭고 공정한 무역"은 무역 자유화 의제를 지지하는 정치인들과 비즈니스 리더들에 의해 점점 더 많이 사용되고 있는 말이다. 이 맥락에서의 공정성은 주로 보호주의 관세 및 보조금을 제거해서 국가 간 및 기업 간에 "공정한 경쟁의 장(level playing field)"을 확립하는 것을 일컫는다(Faith in Business Quarterly Journal, Volume 9, No. 2, 2005년 여름, 27쪽).

"자유 무역이 아닌 공정 무역"은 무역 정의(Trade Justice)와 빈곤 퇴치 운동(Make Poverty History)의 연합체 내부에서 이 운동을 하는 사람들이 많이 사용하는 구호이다. 여기에서는, 보다 약한 국가들에게 선진국 시장에 보다 많이 접근할 수 있게 해 주는 한편, 이들이 다국적 기업들에게 지배되거나 선진국의 (종종 보조금을 받는) 보다 싼 상품들로 범람되는 것을 막기 위해 다른 정도의 보호 장치를 사용하도록 허용하는 것을 의미한다. 이는 약자와 강자 간의 균형을 바로 잡고자 하기 때문에 "공정하다."

"공정 무역"(또는 이 라벨 기준을 준수하는 제품에 대해서는 "Fair Trade")은 생산자들의 존중 받는 생활수준을 확보하기 위해 필요할 경우 시장 가격보다 높은 웃돈을 지불하는, 가난한 사람들을 위한 무역의 특수한 형태를 일컫는다. 여기에는 역량 구축에 대한 자원 투자, 공정 무역 생산자 그룹 내에서의 좋은 근무 조건 및 노동자 권리 확보, 공급자들과 북반구의 공정 무역 회사들 사이의 장기적인 관계 추구에 대한 헌신이 포함된다. 많은 플랜테이션 및 민간 부문 모델들도 등장하고는 있지만, 공정 무역은 특히 소농(小農), 협동조합 및 시골의 공예 노동자들과의 거래와 관련이 있다.

트라이어드크레프트는 이러한 정의들이 함축하는 다양한 이슈들에 대해 어떤 입장에 서 있는가?

세계의 빈곤을 다룸에 있어서 지속 가능성이 가장 큰 방법은 무역이며, 원조 및 부채 탕감과 같은 다른 조치들이 좋은 효과를 내기 위해서도 무역이 필수적이라는 점을 인식하는 것이 우리의 출발점이다. 보다 극단적인 일부 "공정 무역" 옹호자들은 반 세계화 운동과 반 자본주의 운동의 요소들과 결합하지만, 트라이어드크레프트는 비즈니스는 해를 입힐 가능성을 가지고는 있지만, 오래 지속되는 선을 행할 상당한 가능성도 지니고 있으며, 실로 가난과 효과적으로 싸우는 모든 프로그램의 가장 중요한 부분이라고 믿는다. 무역 자유화 이슈에 대해서는 어느 서구 국가도 발전 초기 단계에 보호 무역을 사용하지 않고서 발달하지 않았으며, 충분히 발달한 국가들은 개방된 시장으로부터 큰 이익을 얻지만, 초기 단계에서의 부적절한 자유화는 덜 발달된 국가들에게 보다 변동이 심하고 마진이 적은 상품 생산 및 저부가가치 활동들을 떠넘기리라는 것을 인식한다. 오늘날의 세상에 존재하는 커다란 힘의 불균형에 비추어 볼 때, 자유 시장은 환상의 이론적 개념이며, 어느 선진국도 자유 무역을 진정으로 신봉하지 않는다. 모든 국가들이 관세 및 비관세 장벽과 보조금 프로그램으로 자신의 취약한 그룹과 산업들을 보호한다.

이 용어의 가장 구체적인 용례를 보면, "공정 무역"은 여러 모로 "편향된 무역"으로 불리는 것이 보다 정확할 것이다. 이는 발전을 목적으로 하는 가난한 사람들을 위한 무역을 나타낸다. 트라이어드크레프트가 무역이 어떻게 가난하고 소외된 사람들에게 이익이 될 수 있는지 보여주기 위한 황금 기준을 확립하고, 공정 무역 상품을 공급하는 그룹들에 직접적인 도움을 제공하기도 하지만, 우리는 주로 그 공급자들이 주류 시장에서 생존하기 위한 전문성과 자원을 확보할 때까지 인큐베이터가 되어서 추가 자원들이 가장 궁핍한 그룹들에게 투입될 수 있게 해야 한다(그렇게 함으로써 공정 무역 회사들이 다른 생산자 그룹들에게로 관심을 돌릴 수 있게 해야 한다)고 믿는다. 따라서 공정 무역 생산자들이 강력한 수출 및 내수 시장과 다각화된 상품들 및 고객 기반을 지닌, 지속 가능한 비즈니스로 발전되게 하는 것이 필수적이다. 공정 무역은 운 좋은 소수의 생산자들과 헌신된 소규모의 윤리적 소비자들 사이의 안락한 틈새시장을 만드는 데 그쳐서는 안 된다.

생산자들이 발전하도록 돕는 외에도, 공정 무역은 북반구의 태도 변화를 위한 효과적인 도구로 여겨져야 한다. 선반 및 교회에 놓여진 공정 무역 상품들은 세계의 가난에 대한 대중의 인식을 제고한다. 이는 소비자들에게 도덕적 선택을 제공함으로써, 그들에게 그들의 마음이 있는 곳에 돈을 쓸 수 있게 해 주고, 회사와 정치인들에게 윤리적 비즈니스와 무역 관행의 중요성에 대한 강력한 신호를 보낼 수 있게 해 준다. 최근에 테스코, 세인즈버리 및 아스다가 공정 무역 상품을 판매하기로 한 것은 그들의 이사회의 도덕적 개종을 반영하는 것이 아니라, 윤리적으로 조달된 상품에 대한 소비자들의 수요 증가를 인식한 데 기인한 것이었다. 공정 무역은 또한 모든 기업들이 윤리적 측면을 진지하게 고려할 여유가 있다는 사실, 즉 "착한 기업"이 사업적으로도 일리가 있으며 점증하는 소비자들의 압력에 대응하지 않으면 재무적 어려움에 처하게 될 것이라는 점을 보여준다.

공정 무역과 무역 정의에 관한 기독교적 관점

위의 모든 논의는 트라이어드크래프트의 과거 25년의 사업 경험이라는 순전히 실제적인 견지에서 볼 때 일리가 있다. 그러나 보다 명시적으로 기독교적이고 신학적인 관점에서 보면 어떤가?

구약 성경과 신약 성경에서 반복되는 정의에 대한 성경의 요구가 우리의 출발점이 되어야 한다. 하나님은 가난한 사람들과 소외된 사람들, 즉 과부, 고아 및 이방인들을 불쌍히 여기는 바, 우리는 크리스천으로서 이들을 도울 방법을 모색해야 한다. 미가, 아모스, 그리고 야고보서에서 부유한 압제자들 및 가난한 자들에 대한 파렴치한 착취에 대해 명백하게 경고한다. 경제 정의는 성경의 명령이며, 따라서 공정 무역과 무역 정의를 위한 싸움은 모든 사람을 위한 사랑과 정의의 기독교 메시지의 핵심으로 여겨져야 한다. 나는 이것이 우리 크리스천 제자들에게 필요한 부분이라고 믿는다.

크리스천으로서 우리는 소득 및 소비에만 초점을 맞추는 가난 개념 이상을 바라보아야 한다. 인간은 단순한 경제적 존재에 그치는 것이 아니다. 그리스도 자신이 가르치는 바와 같이, 인간은 빵만으로 사는 것이 아니다. 따라서 적정한 의식주 및 기본적인 수준의 교육과 의료 제공(이 모든 것이 필수적이다)에 대한 우리의 관심과 함께, 우리는 가난의 보이지 않는 부분을 다루는 일에 대해서도 강조해야 한다. 존엄, 자존감, 의사 결정에의 참여, 그리고 하나님이 각자에게 준 잠재력을 개발할 기회를 갖도록 증진하는 것 모두가 진정으로 기독교적인 공정 무역 모델의 측면들이다. 경제 발전 모델들은 무엇이 진정한 인간의 복지에 기여하는지에 대한 보다 깊은 이해를 필요로 한다.

하나님의 눈으로 볼 때 각 개인이 어떤 가치가 있는가에 대한 인식이 기독교적 관점의 중심이 된다. 우리 각자는 하나님의 형상대로 창조되었으며, 하나님은 우리 각자를 돌본다. 경제 발전에 관한 논의에서 우리는 시장 효율성의 관점에서는 사람들이 한 활동에서 보다 생산적인 분야로 옮겨 가도록 강제되기 때문에 일시적인 구조 조정의 고통이 있기 마련이라는 말을 너무도 자주 듣는다. 이 고통은 궁극적으로 더 많은 부를 창출해서 전반적인 가난 감소에 기여할 것이기 때문에 감수할 가치가 있다고 주장된다. 그러나 극도로 가난한 상황에서는 사람들이 자신의 노력을 새로운 생산 분야로 재할당할 자원, 기술 또는 기회를 가지고 있지 않은 경우가 흔하다. 중립적으로 들리는 "구조 조정"은 특정 가족 및 공동체에게는 극도의 궁핍과 심지어 기아(飢餓)를 의미할 수도 있다. 기독교의 관점에서 볼 때, 이를 방관하고 보다 큰 장기적 효율성을 위한 필요악으로 받아들여서는 안 된다. 인간의 생명이 관련되어 있을 때에는 목적이 수단을 정당화해서는 안 된다.

트라이어드크레프트는 비즈니스와 시장은 부의 창출을 통한 커다란 잠재력을 가지고 있음을 인식한다. 교회와 선진국에서는 너무도 자주 비즈니스를 미심쩍게 바라보고 이익은 언제나 누군가의 희생 하에 취해진다는 시각이 내재되어 있다. 우리는 기업은 하나님이 준 인간의 창의성의 한 측면이며, 우리가 세상의 자원에 대한 선한 청지기가 될 수 있는 방법 중 하나라고 믿는다. 우리는 기업과 비즈니스의 혜택이 없이는 세계의 가난을 감소시킬 부를 창출할 수 없다고 믿는다. 그러나 인간의 다른 모든 활동과 마찬가지로, 사업 또한 선한 결과뿐 아니라 악한 결과도 가져올 수 있다. 이는 반드시 가난한 사람들을 착취하거나 이들에게 피해를 주려는 의식적인 결정으로 행해지는 것은 아니고, 예기치 않았거나 의도하지 않은 결과일 수도 있다.

그러므로 크리스천들은 우리가 다른 사람들에게 좋지 않은 영향을 줄 수 있는 경제 시스템에 연루되어 있음을 인식할 필요가 있다. 우리는 아무 생각 없이 가장 싸고 가장 매력적으로 보이는 상품을 구매하기보다는, 우리가 사는 상품들의 배후에 있는 사람들을 생각할 필요가 있다. 돈을 어떻게 사용하는지는 중요한 도덕적 이슈 중 하나인 바,

크리스천들은 자신이 소비를 어떻게 할애하는지 알고 이에 대해 생각할 필요가 있다. 크리스천들은 기업의 긍정적인 측면을 환영하는 한편, 기업 활동의 보다 부정적인 측면 경감에 도움이 되는 구조를 만들고 지원할 필요가 있음을 인식할 필요가 있다. 기업의 책임을 증진하고 모든 기업들이 자신의 공급 사슬이 가난한 사람들에게 주는 영향을 알도록 격려하는 조치들에 대한 지원은 우리의 증거의 중요한 부분이다.

교회는 모든 것들을 재무적 가치에 의해 판단하는 현대 사회의 경향에 대해 선지자적으로 반대의 목소리를 낼 필요가 있다. 부의 창출, 효율성 및 가격 대비 효용은 정치 및 비즈니스 영역에서의 지도자들의 끊임없는 주문이 되었다. 그러나 이는 너무도 자주 공동체 및 인간의 복지의 가치라는 보다 넓은 인간의 가치와 기독교적 가치를 무시하는데, 이러한 가치들에 대해서는 부의 증가가 적절한 척도일 수 없다. 우리 사회는 물신(物神)에게 너무도 깊이 빠져들어 있는가? 교회 지도자들이 경제 정의에 대해 말하면, 그들은 자신이 잘 알지 못하는 영역에 대해 간섭하지 말라는 말을 듣는다. 우리는 그들만이 어떻게 부를 극대화하는지에 대해 아는 경제학자들의 말을 들어야 한다는 것이다. 그러나 우리는 이 논쟁의 전면에 나서서 사회가 돈보다 더 넓은 가치들에 초점을 맞추게 해야 한다. 이것이 바로 우리 사회를 위한 핵심적인 선지자적 메시지이다.

공정 무역의 향후 도전 과제들

그렇다면 공정 무역에 관여하는 우리의 미래는 어떠하며, 특히 특히 교회와 크리스천들이 어떤 역할을 해야 하는가? 나는 이 글의 서두에서 헌신된 공정 무역 조직들에 대한 경쟁이 증가하고 있으며 우리가 하는 모든 일에 대해 더 면밀한 조사가 이루어지고 있기는 하지만, 공정 무역이 주류 비즈니스로 완전히 자리 잡고, 점점 더 많은 기업들이 이에 관여하고 있어서 많은 기회가 떠오르고 있다고 말했다.

이러한 환경 가운데에서 트라이어드크레프트는 계속해서 공정 무역에서의 모범 실무 관행을 옹호할 필요가 있다. 다국적 기업들이 공정 무역 관행에 점점 더 많은 압력을 가함에 따라 기준이 약화되거나 뭔가를 생략하지 않도록 할 필요가 있다. 우리는 장대를 높이도록, 즉 기준을 높이고 새로운 공급 사슬에 공정 무역을 확장하도록 압박할 필요가 있다. 우리는 전면에 서서 개척자 및 혁신가로서의 역할을 수행할 것이다.

계속 살아남아서 이 역할을 해낼 수 있으려면, 트라이어드크레프트는 시장을 상업적 동맹군들과 연결시키고, 다른 사람들에게 재료 공급 전문성 및 생산자 지원 서비스를 제공하는 등의 새로운 상업적 전략들을 개발할 필요가 있다. 이 모든 영역들에 참으로 많은 기회들이 있다. 예를 들어, 트라이어드크레프트는 최근에 한 파트너에게 자사의 성공적인 지오바 브랜드 라이선스를 주기로 결정했다. 이 파트너는 이와 관련된 상품 및 리스크를 보유하고 있어서 트라이어드크레프트의 자본을 다른 곳에 활용할 수 있게 해 주면서도 이 거래의 이익으로부터 우리에게 꾸준한 이익 흐름을 제공해 주었다. 그러나 그들은 또한 훨씬 큰 판매 인력을 지니고 있어서 우리의 공정 무역 공급자들에게 거래 규모를 확대해 줄 성장의 여지도 제공해 준다. 우리의 파트너의 신상품 개발팀은 공정 무역 재료를 사용하면서도 슈퍼마켓이 요구하는 가격을 맞출 수 있는 제안도 하고 있다. 이는 우리의 원료 생산자들에게 규모를 확대할 수 있는 추가적인 여지를 제공하는데, 트라이어드크레프트 혼자서 이를 달성하려면 상당히 애써야 했을 것이다.

동시에 우리는 상업적 공정 무역 공급자들의 제품과 우리의 제품을 차별화시켜서, 공정 무역 표시가 보장하는 최소 기준을 뛰어넘고, 생산자들을 위해 관계, 역량 구축 및 기타 다른 혜택에 더 많이 투자한다는 점을 명확히 할 필요가 있다. 특히 우리 트라이어드크레프트는 우리가 독특하게 기독교적인 방식으로 시장에 접근하고 있다는 점을 인식하고, 우리가 선지자적으로 말할 수 있도록 우리 제품을 사 주며 또 기타 다른 방식으로 지원해 줄 크리스천 소비자들을 필요로 한다.

트라이어드크레프트는 또한 사회적 회계 및 비즈니스에 대한 윤리적 접근 분야에서의 선도적 기업이라는 강력한 평판 위에서 기업의 사회적 책임의 보다 넓은 영역에서 일할 것이다. 그러나 우리가 이 수준에서 수행할 수 있는 옹호자 역할은 소비자의 압력에 의해 뒷받침될 필요가 있는 바, 이는 기업들이 그러한 사안을 진지하게 고려하게 하는 것은 궁극적으로는 소비자들의 요구뿐이기 때문이다.

교회 및 크리스천들의 역할
그렇다면 교회와 크리스천들은 이 모든 것들에 어떤 기여를 할 수 있는가?

첫째, 우리는 계속해서 세계 무역 구조에 대한 도덕적 선택은 오로지 가장 효과적인 부의 창출 수단이라는 견지에서만이 아니라 사람들에게 주는 영향이라는 토대에서 평가되어야 한다고 주장함으로써, 우리 삶에서 돈의 지배에 대한 선지자적 도전을 선언해야 한다.

둘째, 교인들에게 이 이슈들에 대해 진지하게 생각하고, 공정 무역 및 무역 정의에 적극적인 관심을 가지도록 격려함으로써, 교회는 대중의 여론을 환기시키는 데 중요한 역할을 할 수 있다. 교회 지도자들은 희년 2000 캠페인의 중요한 성공 요인 중 하나였던 바, 우리는 무역 정의를 위한 싸움은 이러한 리더의 역할의 자연스러운 확장이라고 믿는다.

셋째, 우리의 대의에 대해 확신하는 교회들과 크리스천들은 공정 무역 상품들을 사서 이용하고 남들도 그렇게 하라고 격려함으로써, 자신들이 특별한 방식으로 가난한 사람들의 필요를 채워주고 있음을 보여줄 수 있다. 각각의 구매들이 그 자체로는 중요하지 않게 보일지라도, 전체적으로는 그러한 구매들이 비즈니스 세계에 강력한 신호를 보낼 수 있으며, 끊임없는 기도로 뒷받침된다면 더욱더 효과적일 수 있다.

성공할 희망을 제공하기에는 도전이 너무 거대한가? 그렇지 않다. 노예 폐지 운동도 오늘날의 무역에 대한 논쟁에서와 유사한 많은 주장들을 직면했지만, 불굴의 노력들을 통해서 노예 시스템이 폐지되었다. 우리가 복음의 가치를 살아내려면, 글로벌 경제 불의에 대한 싸움은 우리 세대가 시작할 필요가 있는 도덕적 십자군이다. 하나님의 도움으로 우리는 차이를 만들어 낼 수 있다.

토론 문제

1. 트라이어드크레프트의 사명 및 공정 무역을 사용해서 전 세계의 가난한 사람들을 돕는 것에 대해 어떻게 생각하는가?
2. 공정 무역에 참여하면 가난한 사람들을 돕는 방식으로 소비하는 것이라는 샌들러의 주장에 대해 어떻게 생각하는가?
3. 가난한 사람들이 최소 생활수준을 확보하게 하기 위해서 시장 가격보다 높게 지급하는 트라이어드크레프트의 관행에 대해 어떻게 평가하는가?

Notes ————
1. http://www.ridley.cam.ac.uk/documents/fib/2005/agenda.html(2011년 1월 5일에 접속함).

공정 무역? 가난에 대한 해결책으로서의 공정 무역의 전망

빅터 클라아(Victor Claar)
출처: 공정하고 자유로운 무역
(Grand Rapids: Action Institute, 2010), 49-59쪽.

예수가 베다니에서 기름 부음을 받았을 때, 그는 우리에게 신명기 15장 11절에 기록된 내용을 상기시켜 주었다. "이 땅에는 언제나 가난한 사람들이 있을 것이다. 그러므로 나는 너희에게 너희 형제와 그 땅에서 가난하고 궁핍한 자들에게 너희 손을 벌리라고 명령한다."[1] 마태복음 25장 40절에서, 예수는 우리가 가난한 사람들을 섬기면, 자신을 섬기는 것이라고 말한다. 말과 행동 모두를 통해서, 그리스도는 우리에게 가난한 사람들을 돌보고, 주께 환대하듯이 그들에게 환대하라고 요구한다.

오늘날의 가난의 정도 및 일부 국가들에서의 비참함의 깊이에 비추어 볼 때, 우리는 참으로 그들을 위한 변화의 매개체가 되라고 요구된다. 우리가 경제적 환경에 의해 가장 큰 압박을 받는 사람들을 다 알지는 못해도, 우리는 가난한 사람들을 섬겨야 한다. 우리는 우리 주를 직접 섬길 수는 없지만, 우리가 다른 사람들을 도와줄 때 주를 섬기는 것이다.

우리의 반응은 사려 깊고, 주의 깊고, 기도하는 자세여야 한다. 확실히 우리는 우리 주를 아무렇게나 마구잡이식으로 섬기고 싶지 않을 것이다. 이 시급한 필요에 대한 대응은 신속하게, 그리고 무엇이 가장 필요한지에 대한 이해를 바탕으로 이루어질 필요가 있다. 우리는 너무도 자주, 먼저 무엇이 가장 필요하며 어떻게 가장 효과적으로 섬길 수 있는지 알아보기보다는, 문제에 대한 해결책들을 쏟아낸다.

필요가 일시적이 아니고 지속적이라면, 우리가 관심을 가지는 대상의 장기 개선 전망이라는 희망에 초점을 맞춰야 한다. 우리는 다른 사람들을 우리 주께 하듯이 대해야 하는 바, 때로는 우리가 이미 알고 있고 돌보고 있는 사람들이 유사한 상황에 있다면 우리가 무엇을 해야 하는지를 물어보는 것이 도움이 된다. 현대의 공정 무역 운동은 놀라운 의도를 지니고 있다.

저자에게는 동등한 교환(Equal Exchange)의 커피와 초콜릿을 구매하고 교회 예배 시간 사이에 동등한 교환 커피를 판매하게 함으로써 세계를 구하고 있다고 믿는 헌신된 믿음의 형제자매들이 있다. 그들은 기쁨과 사랑, 좋은 기분, 그리고 "이 가장 작은 자들"을 위해 행동하는 변화의 매개체라는 믿음으로 이 의무들을 수행하고 있다.

그러나 공정 무역 운동은, 모든 선한 의도에도 불구하고, 이 운동이 약속하는 결과를 가져올 수 없다. 간단히 말해서, 커피 재배자들은 커피가 너무 많기 때문에 가난하다. 공정 무역은 이 근본적인 현실을 다루지 않는다. 사실, 공정 무역은 커피 재배자들에게 세계의 커피 가격보다 높은 가격을 보장함으로써, 그렇지 않았을 경우에 비해 커피 공급이 훨씬 많아지게 한다. 우리가 이미 보고 있는 바와 같이, 커피 가격이 인상될 때마다 다른 커피 재배자들이 계속 생겨날 것이다.

공정 무역 운동으로부터 이익을 얻는 사람들이 일부 있다는 데에는 의문의 여지가 없다. 커피 가게에 공급하는 동등한 교환이나 기타 공정 무역 커피 회사들처럼 당신 주위의 커피 가게들이 이익을 본다. 트랜스페어 USA(Transfair USA)는 가입을 희망하는 협동 조합들로부터 가입비를 받음으로써, 그리고 트랜스페어 USA의 주 수입원인 동등한 교환과 같은 회사들로부터 공정 무역 표시 사용 대가를 받음으로써 이익을 본다. 공급 사슬 과정 전체에서 한 자루의 커피에 대해 추가로 지불하는 1~2달러 중 적어도 적은 부분은 당신이 섬기고자 하는 가난한 커피 재배자에게 돌아간다.[2] 최소한 우리도 그러기를 바란다. 케이트 버드(Kate Bird)와 데이비드 휴스(David Hughes)는 "…데이터가 부족하고 공정 무역 마케팅 시스템을 사용하여 수출되는 커피의 양이 적기 때문에, 공정 무역과 생산자 복지 증진 사이의 인과 관계를 입증할 수 없다"고 말한다.[3]

또한, 우리가 공정 무역을 통해 도우려 하는 사람들(실제 개인들의 얼굴과 이름)에 관해 아는 것이 별로 없기 때문에, 우리 각자가 과거에 저지른 잘못을 고치고 있는지, 또는 과거에 입힌 피해를 시정하고 있는지 알기란 거의 불가능하다. 우리는 각국의 최선의 장기 발전 전략이 무엇인지에 대해 거의 알 수 없다. 공정 무역의 실상에 대한 최상의 설명은 맬고자라 쿠란스카(Malgorzara Kurjanska)와 매디어스 리시(Mathias Risse)의 다음과 같은 말일 것이다. "…소비자들이 공정 무역 제품을 사야 하는 상황과 사지 말아야 하는 상황을 구분할 수 없을 때 문제가 발생한다. 그렇다면, 어떻게 해야 하는가?… 1인칭의 입장에서 보면, 우리는 공정 무역의 시장 점유가 크지 않다는 사실을 주목함으로써 이 문제를 해결할 수 있다… 따라서, 특정 생산자들을 지원하는 것이 좋은 개발 전략이 아니더라도, 잠재적 피해는 미미하다… 누군가에게 즉각적인 도움을 주는 반면, 피해는 거의 입히지 않는다… 공정 무역 상품을 사도록 허용할 수 있는지는 보다 타당한 발전 전략을 방해할 가능성이 없는지에 의존한다. 이는 공정 무역의 방어자들이 희망하는 것보다는 힘이 약할지 모르지만, 그들의 주장을 이보다 더 강하게 설득할 수 있는 방법을 찾기는 어렵다."[4]

자유 무역의 약속

다른 커피들에 비해 가격이 비싼 공정 무역 커피들을 선택하는 소비자들의 선의의 금전적 기부 및 좋은 의도에도 불구하고, 공정 무역은 결코 가난한 사람들을 장기적으로 부유하게 해 주지 못할 것이다. 대신에, 공정 무역은 가난한 사람들이 결코 현재보다 더 많이 지급할 수 없는 일에 계속 종사할 인센티브를 제공할 것이다. 커피 가격이 낮게 유지되는 한, 커피 재배는 (공정 무역 커피라 해도) 큰돈을 벌지 못할 것이다. 커피 가격이 낮게 유지되는 이유는 커피가 너무 많기 때문이다. 공정 무역 운동은 더 가난한 사람들이 더 많은 커피를 재배하도록 권장함으로써 가난한 사람들에게 도움을 주지 못하는 바, 바로 이 시장 가격보다 높은 커피 가격으로 인해 FLO(Fairtrade Labelling Organizations)는 더 이상의 협동조합들을 받아들이지 않으려 하고 있다.

낮은 커피 가격은 다른 모든 상품들의 낮은 가격과 마찬가지로, 일반적으로 생산자들에게 이를 덜 생산하고 대신 다른 것을 더 생산하라는 신호일 수 있다. 그러나 공정 무역은 이 신호를 무력화시키고 불행한 결과를 가져온다. 첫째, 공정 무역은 훨씬 많은 커피 생산을 장려한다. 둘째, 인위적으로 높은 가격에 의해 베트남과 같은 곳에서 새로운 커피 재배자들이 시장에 들어오게 됨에 따라 공정 무역을 하지 않는 커피 가격이 하락하기 때문에, 공정 무역은 공정 무역 기구에 납품하지 않는 커피 재배자들을 더 가난하게 한다.[5] 새로운 재배자들의 진입은 공급을 증가시키는 바, 어떤 상품이든 공급이 증가하면 가격이 떨어지게 된다.

공정 무역의 의도하지 않은 또 다른 결과는 공정 무역이 커피 재배자들이 품질 개선을 통해 자신의 원두의 시장 매력을 높이거나 기술 개선을 통해 생산 비용을 낮출 인센티브를 약화시킨다는 것이다. 품질에 초점을 맞춤으로써 자국 커피에 대한 수요를 늘린 콜롬비아와는 달리, 공정 무역 재배자들은 그렇게 할 인센티브가 별로 없다.[6] 공정 무역에 관한 모든 시장 연구자들은, 거의 모든 곳에서 소비자들이 높은 가격을 지불하는 이유는 (위에 묘사한 공정 무역을 사랑하는 사람들 사이에서조차) 공정 무역보다는 커피의 품질 때문이라는 데 동의하고 있기 때문에,[7] 이는 특히 우려할 만한 현상이다. 일반적으로 말해서, 커피를 마시는 사람들은 무엇보다도 품질을 보고 산다.[8]

따라서, 공정 무역 합의는 공정 무역 협동조합들 및 그들의 회원 재배자들의 손목을 묶는 황금 수갑과 같은 역할을 한다. 공정 무역은 회원 재배자들에게 그들이 공정 무역 가격의 안전장치를 가지고 있지 않았더라면 시도했을 다른 새로운 일을 시도하지 못하게 한다.[9] 존 윌킨슨(John Wilkinson)이 "북반구와 남반구의 공정 무역은… 결코 그 자체로는 농촌의 발전을 위한 충분한 전략일 수 없다"고 말하며, 공정 무역 커피는 공정 무역 협동조합들에 의해 판매되는 모든 커피의 20%에 지나지 않음을 상기시켜준다. 더욱이, 전 세계적으로 49개 국가에 500개의 공정 무역 협동조합이 있지만, 이는 공정 무역 협동조합이 한 국가당 평균적으로 10개에 불과함을 시사한다.[10]

공정 무역 운동의 도덕적 단점은 공정 무역이 비록 생산적이기는 하지만, 결코 대규모로, 또는 심지어 보다 작은 규모라도 가난을 축소시키지는 못할 활동들에 묶어둔다는 것이다. 또한, 공정 무역 제품 구매가 실제로는 장기적인 가난 감축을 저지한다면, 공정 무역 제품 구매가 해를 끼치는 것으로 보아도 무방할 것이다.[11]

비교를 위한 사례로서, 맬고자라 쿠란스카와 매디어스 리시는 코스타리카를 지적한다. 코스타리카는 바나나 커피와 같은 전통적인 공정 무역 상품 생산을 버리고 새로운 수출품 및 생태 관광으로 옮겨 갔다. 그 결과 1982년에 38.6퍼센트였던 코스타리카의 비전통적 상품 수출 비중이 2003년에는 87.0퍼센트로 높아졌다. 공정무역을 사랑하는 북반구의 소비자들은, 좋은 의도에도 불구하고, 그러한 생산의 이동에 저항한 셈이다. 그러나, 그러한 이동은 장기적으로 공정 무역만으로는 이루지 못했을 더 나은 상황을 가져왔다.[12]

커피와 같이 어떤 물건의 값이 낮으면, 대개는 시장의 힘이 그것을 덜 생산하게 하고 뭔가 다른 분야로 옮겨 가게 하지만, 공정 무역은 가격이 일반적으로 제공하는 신호에 간섭한다. 따라서 공정 무역은 결코 지속할 수 있는 장기 발전 전략이 될 수 없다. 전 세계은행 발전 리서치 이사 폴 콜리에르(Paul Collier)는 그의 베스트셀러 『밑바닥의 십억 명』(The Bottom Billion)에서 이렇게 표현했다.

공정 무역 상품에서의 프리미엄 가격은 일종의 자선 기부인 셈인데, 이에는 그 자체로는 명백히 아무런 피해도 없다. 그러나 사람들에게 다른 방법으로 자선을 베풀 때와 비교했을 때, 이의 문제는 공정 무역은 그 수혜자에게 자신들이 하고 있는 것, 즉 커피 생산을 계속하도록 장려한다는 것이다. 밑바닥 십억 명의 핵심적인 경제 문제는 생산 자들이 좁은 범위의 생산품들을 벗어나지 못하고 있다는 것이다. 그들의 가격을 올리 면 (공정 무역이 수요에서 차지하는 부분이 매우 적기 때문에 비록 아주 조금밖에 인상시키지 못하기는 하지만), 사람들이 다른 활동으로 옮겨가는 것을 더 어려워지게 한다. 그들은 자신을 가난에 가둬 둔 작 물 생산을 계속하는 한 자선 기부를 받는 것이다.[13]

팀 하포드(Tim Harford)는 콜리에르와 마찬가지로, 커피 농민들은 다른 사람들이 아주 적 어질 때까지는, 즉, 커피 재배가 충분히 적어져서 보다 높은 가격을 받을 수 있게 되기 전에는 결코 부유해지지 않을 것이라는 점을 발견했다. 공정 무역이 더 많은 커피를 만 들어 내기 때문에, 커피는 절대로 좋은 가격을 받지 못할 것이다. 따라서, 오직 장기적 인 성장과 발전만이 가난한 사람들이 부유해지도록 도와줄 것이다.[14]

그렇다면, 무엇이 가난한 사람들에게 실제적이고 지속되는 경제적 이익을 가져다줄 것인가? 다행히도, 이 질문에 대해 상당히 많은 정보가 있으며, 경제학이 제공하는 답 변을 확인해 주는 많은 증거들이 있다. 가격이 방해 받지 않고서 사람들에게 무엇을 더 만들지 또는 덜 만들지를 보여주는 신호를 보내는 역할을 하면, 가난한 사람들이 번성 해지기 시작할 수 있다. 예를 들어, 국가 안에서의 소득 불균등은 계속 존재하지만, 지 난 25년 동안 국가 간의 불균등은 감소해 왔다. 보다 중요한 사항으로, 극단적인 빈곤 율이 감소했다. 콜롬비아 대학교의 크사비르 살라이-마틴(Xavier Salai-Martin)은 1976년과 1998년 사이에, 하루에 1달러 이하로 사는 사람의 수는 2억 3천 5백만 명이 감소했다 고 추정한다. 또한 하루에 2달러 이하로 사는 사람의 수는 4억 5천만 명이 줄었다.[15] 이 는 기뻐할 가치가 있는 개선이다.

이 일이 어떻게 일어나는가? 왜 우리가 아프리카에 그처럼 막대한 금액의 해외 원조 를 주었음에도 불구하고 아프리카의 많은 국가들은 같은 기간 동안 다소 더 가난해진 반면에, 중국과 인도에서는 그처럼 빨리 이런 일이 일어났는가? 간단히 말해서, 시장이 자유롭게 작동하는 곳에서는 가격이 우리 모두에게 벌이가 좋지 않은 것은 중단하고 벌이가 좋은 것은 시작하라는 신호 역할을 하기 시작한다. 커피 시장의 경우, 커피가 계 속 싼 이유는 가격 신호를 무시해서 커피를 너무 많이 재배하기 때문이다.

동화나 마법의 가루보다 나을 것이 별로 없는 공정 무역에 무모하게 희망을 두는 대신, 시장이 가난한 사람들의 삶에 변화를 가져올 수 있는 강력한 힘이 될 수 있다고 조금이라도 믿는다 해서, 가난한 사람들에 대한 관심을 포기하는 것은 아니다. 우리가 중력이 우리를 바닥에 단단히 고정되도록 붙들어 주리라고 믿고, 분자 물리학이 우리가 앉아 있는 의자에서 바닥으로 미끄러지지 않게 해 주리라고 우리를 확신시켜 주는 것과 마찬가지로, 시장은 우리가 합리적으로 잘 이해할 수 있는 방식으로 보이지 않게 일한다. 나는 물리학자가 아니지만, 물리학자가 내게 이 물질세계에서 할 수 있는 것과 할 수 없는 것에 대해 설명해 주는 것을 믿는다. 그러한 물리력을 쉽게 관찰할 수 없지만 말이다. 우리는 그러한 힘들의 효과를 볼 수 있을 뿐이다.

물리 법칙은 하나님의 섭리의 일부분이다. 경제법칙도 그렇다. 사실, 많은 크리스천 경제학자들은 애덤 스미스의 유명한 시장의 보이지 않는 손에서 하나님의 섭리를 보았다. 두 개의 인용문이 이를 놀랍고도 아름답게 묘사한다. 먼저 미시건 주 홀란드에 있는 호프 칼리지의 두 경제학 교수 로빈 클레이(Robin Klay)와 존 런(John Lunn)의 말을 들어 보자.

> 하나님이 주신 땅과 인간의 노동 및 창의성이 결합한 생산성이 풍성한 수확으로 사회를 축복하듯이, 재능 있는 인간의 생산성은 시장을 통해 모든 인간을 축복한다. 이를 인도하는 사람이 없이도 시장이 이를 달성하는 다소 신비한 방식은 하나님의 섭리의 손이 작용하고 있음을 시사한다.[16]

보다 최근에는, 시장에 관한 존 캘빈의 생각을 반영하여, 데이비드 홀과 매튜 버턴이 다음과 같이 썼다.

> 모든 사건들에 하나님의 섭리가 있다. 우리는 모든 것에서 작용하는 하나님의 "보이지 않는 손"을 보는 법을 배울 필요가 있다. 그 분은 참으로 모든 역사의 주권자이다. 이를 의심하는 것은 하나님의 주권을 거부하는 것이다. 그러한 거부는 단지 정보의 부재에 기초할 뿐만 아니라, 자신의 창조주에 대한 마음의 반역이기도 한다. 모든 삶에서 하나님의 손을 보는 법을 배운 사람은 행복한 사람이다.[17]

그렇다면, 이에 관심이 있는 크리스천들의 핵심적인 역할은 시장의 힘이 가난한 사람들에게서 가난의 무거운 짐을 들어 올리도록 허용하고, 이를 격려하는 것이다. 이미 가난한 커피 및 대두(大豆) 재배자들의 삶에 차이를 가져오고 있는 한 가지 고무적인 도구는 인터넷과 이동 전화에 대한 접근이다. 오랫동안, 도처의 커피 판매자들과 인도의 대두 재배자들은 현지의 중간상들 외에는 잠재 구매자들에 접근할 수 없었고, 자신들이 재배한 작물의 시장 가격에 관한 정확한 정보가 없어서 시장 가격 이하로 가격을 정하는 탐욕스러운 중간상들에게 희생당해 왔다.

아파라지타 고얄(Aparajita Goyal)은 새로운 리서치에서 인도의 마드하야 프라데시(Madhya Pradesh) 주에 인터넷 매장을 도입하자 대두 농민들은 전에는 이용할 수 없었던 대체 시장 채널에 접근할 수 있게 되었고, 또한 대두 가격의 움직임에 관한 정보를 알 수 있게 되었다는 중요한 증거를 제시한다. 인터넷 매점의 존재로 다른 잠재적 설명 요인들을 통제하고 나서도 대두 가격이 유의미하게 인상되었다.[18] 이 사례에서, 인터넷 매점이 가격 시스템이 의도된 대로 작동하도록 허용해 주었기 때문에, 매점의 존재는 가난한 대두 농민들에게 어느 공정 무역 프로그램도 할 수 없었던 일을 해 준 것으로 보인다. 판매자들은 신뢰할 수 있는 가격 정보를 입수했고 그에 따라 거래했다. 필립 부스(Philip Booth)는 가톨릭 타임즈 기고에서 이동 전화가 유사한 역할을 할 것으로 예측한다. "[공정 무역 외에도] 시장에는 유사한 목표들을 달성할 수 있는 다른 수단들이 많이 있다. 한 가지 예만 들어보면, 아마도 이동 전화가 오늘날 아프리카에서 농업 생산자들이 받을 수 있는 최상의 가격에 관한 정보를 공정 무역 운동보다 더 잘 확산시켜 줄 것이다. 그 영향은 막대하다."[19]

보다 일반적으로는 가난한 국가들이 부유해질 때, 얼마나 많은 인구를 먹여 살려야 하는지와 천연 자원이 얼마나 많은지는 거의 관계가 없다. 그보다는 전 세계적으로, 규모, 기후 및 부존자원에 무관하게 가난한 나라들은 두 가지 핵심 요인들이 증가함에 따라 성장하기 시작한다. 첫째, 국가들은 인적 자본이 향상될 때 성장한다. 인적 자본은 경제학자들이 한 국가의 국민이 축적된 경험 및 교육을 통해 소유하고 있는 가치를 묘사하기 위해 사용하는 말이다. 예를 들어, 최근 인도의 폭발적인 성장은 주로 국민들의 교육(영어 지식 포함)에 기인한다는 데 의문이 별로 없다. 둘째, 국가는 물적 자본, 즉, 기계, 기구, 인프라스트럭쳐, 육체노동 시간 당 생산을 보다 가치 있게 해 주는 기타 장비들에 투자하고 이를 축적할 때 성장한다.

인적 자본과 물적 자본의 공통점은 이들 모두 한 사람의 노동 시간의 결과를 보다 가치 있게 변환시켜 준다는 것이다. 한 시간의 노동의 가치가 올라감에 따라, 고용주들은 그렇게 할 때 순이익이 올라간다는 것을 알기 때문에 기쁘게 시간당 임금을 올려준다. 가난한 사람들을 도와주는 일에 있어서 효과적인 매개체가 되기 원한다면, 시간당 노동의 가치를 향상시키는 방향으로 노력을 집중해야 한다. 즉, 시장 및 시장 가격이 어느 곳에 우리의 노력을 기울여야 최대의 영향을 줄 수 있는지에 관해 가장 좋은 신호를 보내 준다는 점을 명심하면서, 가난한 국가들이 현명하게 그들의 인적 및 물적 자본 총량을 늘리도록 도와줘야 한다. 키바와 같은 혁신적인 미소금융 사업의 성공은 세계의 가난한 사람들에 의한 물적 자본의 축적에 효과적으로 투자할 수 있는 길을 보여주는 데 도움이 될 수 있다. 컴패션 인터네셔널은 전 세계의 가난한 아동들의 교육(인적 자본)을 진척시키기 위해 일하는 조직으로서, 이 조직의 재무적 책임성은 나무랄 데가 없다.

나아가, 시장은 경제 시스템이 인간의 존엄을 유지할 때 가장 잘 작동한다. 첫째, 인간은 자신에게 상당한 경제적 자유를 허용하는 시스템에서 성장 및 발전한다(그리고 인적 및 물적 자본을 축적한다). 경제적 자유는 사람들이 개인적인 선택을 할 수 있고, 재산이 보호되며, 시장에서 자발적으로 사고 팔 수 있음을 의미한다. 그러나 경제적 자유는 사유 재산의 보호를 필요로 한다. 재산권이 명확히 정의되고 보호될 때, 사람들은 더 열심히 일해서 생산하고 저축한다. 자신의 노동의 결실을 독단적으로 또는 강제로 빼앗아갈 수 없음을 확신할 때, 사람들은 자신의 노동이 자신과 가족의 삶을 더 나아지게 할 것이라는 더 큰 확신을 가지게 된다. 사람들의 기본권 인권을 위해 일하는 NGO들은 이와 관련하여 중요한 역할을 한다. 마지막으로, 우리는 미국과 같이 부유한 나라들이 농업 분야에서 보호주의 농업 정책을 펴는 데 대해 분노해야 한다.

농업 분야의 로비로 미국의 상하원으로부터 달콤한 거래를 얻도록 허용하면, 무역 규칙이 다른 나라들에 불리하게 기울어져 있어서 다른 나라의 가난한 사람들이 미국의 작물 재배자들과 경쟁할 수 없다. 예를 들어, 국제 사탕 가격은 미국에서 연방 법으로 강제되는 가격보다 낮음에도 불구하고, 미국에서 사탕을 사는 사람들이 미국 밖에서 재배된 사탕을 사는 것은 불법이다. 이는 미국의 사탕무우 재배자들에게는 좋은 일이다. 이는 그들에게 연방법에 의해 인위적으로 가격이 높게 책정된 사탕을 사야 하는 구매자들이 계속 공급됨을 의미한다. 미국이 자기 중심적인 정책을 포기할 경우, 세계 각국의 사탕 재배자들이 미국 시장에 접근할 수 있게 될 것이고, 따라서 우리 모두는 설탕 가격이 인하되는 덕을 보게 될 것이다. 또한 미국의 과자와 청량음료 제조업자들은 보다 낮은 비용으로 그들의 제품을 만들 수 있게 될 것이고, 이를 통해 일자리의 안전을 확보하게 될 것이다. 잘 알려진 2002년의 한 사례에서, 베아트리체(Beatrice)는 미시간 주 홀란드에 있는 라이프 세이버스(Life-Savers) 공장이 35년이 넘게 운영되었고 600명 가량의 미국인을 고용하고 있었지만, 이 공장을 폐쇄하고 캐나다로 이전하였다. 캐나다에서는 라이프 세이버스가 이 소득을 가장 필요로 하는 사람들로부터 사탕수수를 살 수 있었기 때문에, 그들은 미국-캐나다 국경의 북쪽으로 옮겨 감으로써 원료 비용을 크게 절감할 수 있었다.

미국의 가난한 농민들을 도와주려는 노력으로 저가의 농산품들을 배제하기 위해 현재 우리가 보호하고 있는 시장은 사탕만이 아니다. 우리는 유사한 장벽들을 세워서 면(綿), 땅콩 및 기타 미국에서 재배할 수 있는 작물들에 대하여 세계적으로 가난한 사람들의 곤경을 외면하고 있다. 이제 당신은 왜 커피 가격이 낮은지에 대한 또 다른 이유를 알 수 있을 것이다. 커피는 오하이오나 프랑스에서 재배될 수 없기 때문에, 부유한 북반구 사람들은 외국인들이 재배하는 커피를 배제하기 위한 보호주의 장벽을 설치하지 않았다.

진정으로 세계의 가난한 사람들에게 관심을 가진다면, 글로벌 공동체에 있는 모든 사람들에게 무역이 보다 자유로워지고 모든 사람에게 공정한 경쟁의 장이 마련되게 해야 한다. 이는 세계적으로 가난한 사람들이 오래 지속되는 이익을 낼 수 있는 곳에서 일하지 못하게 하기 위해 우리가 사용하는 모든 장벽들을 허무는 것을 의미한다.

토론문제

1. 클라아는 공정 무역 운동에 대해 어떻게 비판하는가? 당신은 그의 평가에 동의하는가? 왜 그런가?

2. 클라아에 의하면, 낮은 커피 가격은 어떤 신호를 보내는가? 그는 커피 재배자들이 이처럼 낮은 가격에 대응해서 어떻게 해야 한다고 제안하는가? 당신은 그의 제안에 동의하는가?

3. 클라아는 사탕에 적용된 것과 같은 보호주의 정책을 어떻게 보는가?

Notes ─────

1. 모든 성경 구절은 New International Version에서 따왔음(역자는 이를 독자적으로 번역했음).

2. Jeremy Weber, "Fair Trade Coffee Enthusiasts Should Confront Reality," Cato Journal 27 (2007): 109쪽.

3. Kate Bird와 David R. Hughes, "Ethical Consumerism: The Case of 'Fair-Traded' Coffee," Business Ethics: A

European Review 6(1997): 166쪽.

4. Malgorzara Kurjanska와 Mathias Risse, "Fairness in Trade II: Export Subsidies and the Fair Trade Movement," Politics, Philosophy, & Economics 7 (2008), 49쪽.

5. Economist, "Voting with Your Trolley" (2006년 12월 7일).

6. 위의 글.

7. Margaret Levi와 April Linton, "Fair Trade: A Cup at a Time?" Politics & Society 31 (2003): 420쪽.

8. Brink Lindsey, "Grounds for Complaint? Understanding the 'Coffee Crisis'" Trade Briefing Paper No. 16 (Washington, D.C.: Cato Institute, 2003), 6쪽.

9. Economist, "Voting with Your Trolley"

10. John Wilkinson, "Fair Trade Dynamic and Dilemmas of a Market Oriented Global Social Movement," Journal of Consumer Policy 20 (2007): 233쪽.

11. Kurjanska & Risse, "Fairness in Trade II," 47쪽.

12 위의 글 46쪽.

13. Collier, The Bottom Billion: Why the Poorest Countries Are Failing and What Can Be Done about It (Oxford, U.K.: Oxford University Press, 2007), 163쪽.

14. Tim Harford, The Undercover Economist(Oxford, U.K.: Oxford University Press, 2006), 229쪽.

15. Robin Bade & Michael Parkin, Foundations of Microeconomics, 4판. (Boston: Addison-Wesley, 2009), 55쪽.

16. Robin Klay & John Lunn, "The Relationship of God's Providence to Market Economies and Economic Theory," Journal of Markets & Morality 6 (2003): 559쪽.

17. David W. Hall & Matthew D. Burton, Calvin and Commerce: The Transforming Power of Calvinism in Market Economics (Phillipsburg: P&R, 2009), 158쪽.

18. Aparajita Goyal, "Information, Direct Access to Farmers, and Rural Market Performance in Central India," American Economic Journal: Applied Economics (근간)

19. Philip Booth, "Fair Trade Proponents Should Have More Humility," Catholic Times(2008년 1월 28일), http://www.ica.org.uk/record.jsp?type=pressArticle&ID=350.

사례 연구
BEYOND
INTEGRITY

사례 6.1:
노동 착취 공장들

당신은 운동복과 운동화를 만드는 대규모 국제적 회사의 인사부서에 근무하고 있다. 과거 몇 년 동안, 이 회사는 10여 개의 미국 공장을 폐쇄했다. 대부분의 제조 및 봉제 공정은 개발도상국가 소재 하청업체 소유의 해외 공장들로 옮겨졌다. 제3세계에서는 미국에 비해 임금이 훨씬 저렴하고 노동자 안전 및 공장 상태에 대한 규제도 덜 엄격하다.

최근에 당신의 회사는 세계화에 반대하는 그룹들의 공격 대상이 되었다. 이 그룹들의 회원들은 주요 언론 기사들을 인용하며 당신의 회사가 해외로 일자리를 옮겨 가서 미국의 노동 시장을 "팔고 있다"고 비난하는 웹사이트를 개설했다. 그들은 또한 당신의 회사가 저임금을 지급하고, 노동자들을 위험한 작업 상황에 노출시키며, 일부 공장들에서 어린 아동들을 고용함으로써 노동 착취 공장을 운영하고 가난한 노동자들을 착취한다고 비난한다. 당신은 회사 임원들로부터 인사 부서 직원들을 대동하고 이들 공장 몇 곳을 둘러보고 회사가 취할 조치에 관한 의견을 제시하는 보고서를 작성해 달라는 요청을 받았다.

다섯 개의 공장들을 방문한 뒤에, 당신은 주 6일 평균 55시간 근무에 대한 평균 임금은 미화 30달러임을 발견했다(미국에서는 유사한 일을 하는 사람들이 시간당 약 17달러를 번다). 이 급여는 현지 법률에서 정해진 최저 임금 수준을 준수한다. 많은 노동자들은 젊은 여성들(16세에서 22세)로서, 이들은 열악한 조건에서 살고 있으며, 많은 돈을 저축하거나 미국에서는 필수품이라고 여겨질 많은 물건들을 살 여유가 없다. 그러나 당신이 면담한 노동자들은 자신이 받는 임금과 일하는 시간에 대해 만족한다고 말한다. 아침마다 일자리를 찾는 사람들이 공장 문 앞에 길게 줄을 서서 기다리고 있는 것으로 볼 때, 공장에서의 일자리에 대한 수요가 많다는 사실도 알 수 있다.

당신은 또한 근무 조건도 미국에서와는 아주 다르다는 것을 알게 된다. 한 공장에서는 환기 시설이 적절하지 않고, 깨끗한 마실 물이 없었다. 공장 안에 들어가 보니 온도가 화씨 98도(섭씨 36.7도)에 달했고, 매우 눅눅했다. 또 다른 공장에서는 많은 노동자들이 마스크나 장갑이 없이 화학 물질을 다루는 것을 보았는데, 이는 현지의 법률에 위반되는 것은 아니지만, 당신 회사의 윤리 강령에 위반된다. 이 공장에서 당신이 면담한 100명의 노동자들 중 약 25%가 공장에 게시되게 되어 있는 당신 회사의 윤리 강령에 대해 전혀 모르고 있었다. 실상은, 일부 노동자들은 당신 회사에 대해 들어 본 적도 없었다.

당신은 출장 중에 어려 보이는 몇 명의 직원들과도 얘기했는데, 그들은 당신에게 자기들이 13세라고 말했다. 현지 법률에서는 이 나이가 되면 일할 수 있도록 허용하고 있으며, 그들의 가족은 이들이 버는 수입을 필요로 함이 명백했다. 항의자들은 특히 14세 미만의 아동들을 고용하는 회사들에 대해 목소리를 높이고 있다.

토론 문제

1. 당신은 회사의 어떤 관행을 양심에 거리낌 없이 방어할 수 있겠는가?
2. 어떤 관행이 수정을 필요로 하는가?

3. 근무 조건에 어떤 변화도 이루어지지 않을 경우, 당신은 이 특정 공장과의 거래를 계속 하겠는가?

사례 6.2: 로마에서는 로마법을 따르라?

당신은 졸업하자마자 개발도상국들에 인터넷과 커피 가게들을 개설하는 조직에 들어갔다. 당신이 처음으로 배정받은 일은 동남아시아에서 1개월 간 종합 대학교 캠퍼스 부근에 커피 가게들을 개설하는 것을 도와주는 것이었다.

첫째 주 동안에, 당신의 상사(당신이 파견되어 있는 국가의 시민)는 당신에게 가게들에 전기와 전화를 설치하는 것을 처리해 달라고 요청했다. 오랫동안 줄을 서서 기다린 끝에 만난 현지 지방 관리는 당신에게 그러한 서비스는 6개월에서 9개월이 소요될 수도 있다고 말해 주었는데, 그렇게 되면 신학기가 시작될 때까지 가게들을 열기가 불가능해질 터였다. 대기 기간에 대해 보고받은 상사는 당신에게 보다 빠른 서비스를 받기 위해서는 그 관리에게 선물(약 미화 1천 달러 상당)을 줌으로써 그의 지위와 권위를 인정하는 것이 적절한 절차라고 알려준다.

당신은 이 제안을 듣고서, 이러한 종류의 지급은 미국에서는 법적으로 인정될 수 없으며 부패에 기여하는 듯이 보이기 때문에 그러한 지급이 뇌물이 아닌가라는 의문을 제기한다. 더구나, 그러한 지급은 문제의 금액을 지급할 수 없는 현지 시민들에 비해 당신의 회사에 불공정한 특혜를 주는 것으로 보일 수도 있다.

당신의 상사는 농담하듯이 "이곳에서는 일들이 이런 식으로 되어지니 자네는 색안경을 벗어야 한다네"라고 대답한다. 그는 보다 진지하게 이렇게 말한다. "게다가, 신속한 서비스를 확보하기 위해 지급하는 '선물' 또는 '팁'과 진정한 뇌물 사이에는 큰 차이가 있다네. 이곳에서는, 특히 금액이 크지 않은 점을 고려할 때, 선물은 합법적이라네. 선물은 단지 프로세스를 촉진시킬 뿐이거든."

그는 "그것은 자네의 나라에서 일류의 서비스를 받기 위해 더 많이 지급하는 것과 비숫하다네."라고 말한다. 그는 "우리는 아무도 부패시키지 않아. 그것은 알려져 있고 보편적인 관행이지. 실상, 선물은 급여가 낮은 공무원들에게 대한 보상의 일부분으로 간주된다네. 자네는 이를 일종의 자선으로 볼 수 있지."라고 말을 맺는다. 그의 대답은 합리적으로 들리지만, 당신은 아직도 혼란스럽다.

토론 문제

1. 읽기 자료에 근거할 때, 윤리적 관점에서 당신은 어떤 관행을 지지할 수 있는가? 왜 그런가?

2. 다른 나라의 관행이 우리의 관행과 다를 때, 어떤 토대에서 옳고 그름에 대한 결정을 내려야 하는가?

3. 당신은 위 사례에서의 지급이 뇌물이라고 생각하는가? 아니면 이를 선물, 팁 또는 프리미엄 등 뭔가 다른 것으로 부르겠는가?

사례 연구

///////////////////

BEYOND
INTEGRITY

사례 6.3: 스타벅스와 공정 무역 커피

트랜스페어 USA와 같은 운동가 조직들로부터 공개적인 압력을 받은 뒤에, 스타벅스의 책임자들은 2000년 4월에 자사가 모든 소매 매장에서 공정 무역 커피를 팔기 시작할 것이라고 발표했다. 특히, 이 회사는 자사가 공정 무역 연맹에 의해 인증된 커피를 파운드 단위로 팔 예정이며, 매월 20일에는 이를 "오늘의 커피"로 올려놓을 것이라고 발표했다.

스타벅스는 자사가 "사회적으로 책임이 있는" 회사라고 자부하는 회사이다. 이 회사는 공동체에 대한 봉사와 자선 활동에 깊이 관여하고 있으며, 자체 자선 재단인 스타벅스 재단도 보유하고 있다.

공정 무역 배후의 아이디어는 1980년대에 유럽에서 신앙에 기반한 활동으로 시작되었다. 그 목표는 단지 가난한 국가들의 상품 공급자들 및 재배자들이 그들의 상품에 대해 공정한 가격을 받게 하는 것이었다.

공정 무역 커피 원두는 라틴아메리카의 농민들이 소유하고 있는 협동조합들로부터 직접 구입된다. 사실상, 흔히 "코요테"들이라고 불리는 수출 중간상에 의한 이익 채가기가 크게 줄어들고, 재배자들은 원두 판매로부터 훨씬 많은 이익을 가져가도록 허용된다. 예를 들어, 전통적인 거래 방식에서는 커피는 세계 시장의 가격이 변동되는 대로 팔린다(최근에는 파운드당 50에서 60센트이다). 중앙아메리카의 농민들은 파운드당 25에서 40센트를 받는데, (로스팅과 포장을 마친 뒤에) 미국의 소매점에서는 9달러에서 10달러에 팔린다.

반면에, 공정 무역 매입 약정 하에서는 커피 원두가 보장되고 미리 계약된 가격(최근에는 파운드당 1.26에서 1.62달러)에 팔린다. 커피 재배자들은 전통적인 방식에서 받을 수 있는 금액보다 파운드당 50에서 60센트를 더 받아서, 많은 농민 가족들이 가난을 탈출할 수 있게 된다.

공정 무역 커피 옹호자들은 이 제품의 또 다른 중요한 이익 중 하나는 이 커피의 많은 부분이 지속 가능하고 토양 친화적인 농사 방법에 의해 재배되는 것이라고 주장한다.

스타벅스의 발표는 처음에는 선도적인 자세로 여겨졌다. 그러나 일부 비판자들은 공정 무역 커피의 비중은 전체 매출의 일부에 지나지 않기 때문에, 이 회사가 여전히 라틴아메리카의 커피 농민들을 "착취"한다고 믿는다. 이 비판자들은 스타벅스(및 다른 커피 소매업자들)에게 더 많은 공정 무역 커피를 사용하라고 압력을 가하고 있다.

스타벅스와 같은 커피 소매상들이 더 많은 공정 무역 커피의 취급을 꺼리는 이유는 부분적으로는 소비자들의 더 많이 지급할 의향에 의해 설명될 수 있다. 공정 무역 커피 원두 구입 가격이 더 비싸기 때문에, 그 비용 중 일부(대부분)는 대개 소비자에게 전가되어 소비자 가격이 높아진다. 예를 들어 1파운드의 "하우스 블렌드"는 스타벅스 점포에서 약 10달러에 판매된다. 공정 무역 블렌드는 약 11.45달러이다. 이 회사가 공정 무역 커피를 더 많이 사용할 수도 있지만, 그렇게 하려면 가격을 인상해야 할 것이고, 가격에 민감한 소비자들은 경쟁 소매업자들에게서 구입할 것이다. 대신 스타벅스가 보다 높아진 비용의 일부를 "흡수"해서 이익 감소를 감수할 수도 있을 것이다.

공정 무역 커피에 대한 비판자들은 이 관행에 다소 일관성이 없다고 주장한다. 예컨대, 일부 협동조합들은 이 프로그램에 가입할 자격을 위해서는 규모의 제한(즉, 12에이커)을 둔다. 이보다 땅을 많이 보유하고 있는 농민들은 농장 노동자들에게 공정하게 지급하고 다른 모든 면에서는 자격이 있을지라도 일부 공정 무역 프로그램을 이용할 자격이 없다.

또한, 일부 비판자들은 농민들에게 돌아가는 추가적인 돈은 장기간 지속될 수 없는 인위적인 "임금 보조"이며, 농민들에게 세계 시장에서 어떻게 경쟁할지를 가르치기보다는 건강하지 않은 의존성을 만들어 낸다고 주장한다.

마지막으로, 공정 무역 커피는 흔히 테스트에서 맛이 떨어지는 것으로 나타나는데, 이는 대부분의 공정 무역 커피 구입자들은 품질이나 가격보다는 사회적 유익을 위해 이 커피를 사는 것을 의미할 수 있다. 비판자들은 미리 협상된 높은 가격이 사실상 품질을 개선할 유인을 없앨 수도 있다고 주장한다.

토론 문제

1. 당신은 스타벅스의 공정 무역 커피 사용 노력을 지지하는가? 그 이유는 무엇인가?

2. 당신은 빅터 클라아가 공정 무역에 대한 강조를 어떻게 보리라고 생각하는가?

3. 당신은 공정 무역 커피를 사겠는가? 그 이유는 무엇인가?

참고자료

Transfair 웹사이트: http://www.transfair.org

Bradley Meacham, "How Fair Is Fair Coffee?" Seattle Times, 2002년 9월 11일.

사례 연구
//////////////
BEYOND
INTEGRITY

사례 6.4: 홍콩 디즈니랜드에서의 문화적 감수성*

///

디즈니 사가 홍콩 테마 파크를 개장하려고 했을 때, 환경운동 그룹들은 이 회사에 대해 격렬히 항의하며 불매운동을 벌였다. 이 테마 파크 개장 전에 발표한 음식 메뉴에 이 파크에서 열리는 결혼 피로연의 옵션으로 삭스핀 수프가 포함된 것이 이 논쟁에 불을 붙였다. 그린피스 및 세계 야생 생물 기금(World Wildlife Fund)과 같은 단체들의 대변인들은 이 수프를 만들기 위해 상어를 잡을 때의 환경상 영향에 대해 깊은 우려를 표명했다. 그들은 세계의 수요를 맞추기 위해 해마다 많은 상어들(뉴욕 타임즈에 따르면 해마다 7천 3백만 마리)[2]이 죽임

---

* 우리는 이 사례에 대해 알려 주고 유용한 배경 정보를 제공해 준 Albert Chan에게 빚을 지고 있다.

2) Patricia Leigh Brown, "Soup without Fins? Some Californians Simmer," New York Times, 2011년 3월 5일. http://www.nytimes.com/2011/03/06/us/06fin.html?_r=3&hp

을 당하고 있으며, 일부 종은 멸종 위기에 처하게 되었다고 말한다. 상어의 지느러미를 자르고 나머지는 바다에 던져서 상어가 죽게 하는 관행인 "지느러미 자르기"도 흔하게 발생하고 있다. 바다 목자 보존 협회(The Sea Shepherd Conservation Society)는 미키 마우스와 도널드 덕과 같은 디즈니의 캐릭터들이 지느러미가 제거되어 피를 흘리고 있는 상어들에게 나이프를 휘두르고 있는 그림을 보여주는 티셔츠를 만들기까지 했다.[3]

문화에 대한 둔감성이 유럽(파리)의 테마 파크의 입장객 목표 미달에 기여했던 전철을 피하기 위해서, 디즈니는 홍콩 현지의 문화적 관습에 자신을 맞추는 모험을 감수했다. 삭스핀 수프는 수백 년 동안 중국의 연회, 특히 결혼 피로연에서 제공되어 왔다. 이 수프는 약효가 좋다고 알려져 있으며, 힘과 부를 상징한다. 이 요리를 제공하는 것은 또한 하객에 대한 존중과 명예도 보여준다. 홍콩 디즈니랜드의 대변인 아이린 챈(Irene Chan)은 "홍콩 디즈니랜드는 환경상의 청지기 직분을 매우 진지하게 생각하며, 현지 문화에 대해서도 동등한 관심을 기울인다. 삭스핀 수프는 중국 연회의 필수적인 부분으로 여겨지기 때문에 홍콩에서는 중국 식당 및 5성급 호텔들에서 이 요리를 제공하는 것이 관례이다."고 말했다.[4] 일부 디즈니 지지자들은 특별한 연회를 주최하는 하객들에게 삭스핀 수프를 대접하지 않는 것은 수치라고 말한다. 홍콩 식당 및 관련 사업 연합 회장 데이비드 응(David Ng)은 "이는 중국인들의 전통 문화이며, 당신은 이를 옳다 그르다 말할 수 없다"고 말했다.[5] 또 다른 식당 주인은 서양인들이 논쟁을 선동한다고 비난했다. 그는 "이는 문화적 차이이다. 그들은 이 수프를 먹지 않기 때문에 다르게 보는 것이다"라고 말했다.[6]

디즈니는 처음에는 이 수프를 제공하기로 한 결정을 고수했다. 그러나 얼마 지나지 않아서 임원들은 상어 지느러미를 지속 가능한 방법으로 조달할 수 없다고 하면서 이 수프를 제공하지 않을 것이라고 발표했다.[7]

3) Keith Bradsher, "Disneyland in China Offers a Soup But Lands in a Stew," New York Times 2005년 6월 17일. http://www.nytimes.com/2005/06/17/business/worldbusiness/17/shark.html
4) "Environmentalists Fume over Disney Decision to Serve Fins," Taipei Times, 2005년 5월 24일. http://www.taipeitimes.com/News/world/archives/2005/05/24/2003256404
5) "Disney Hong Kong insists on shark's fin-soup meals,"Taipei Times, 2005년 5월 24일. http://www.taipeitimes.com/News/biz/archives/2005/05/29/2003257104
6) Bradsher, "Disneyland in China Offers a Soup But Lands in a Stew."
7) Keith Bradsher, "Shark Fin Soup Is Off the Menu at Hong Kong Disneyland," New York Times, 2005년 6월 25일. http://www.nytimes.com/2005/06/25/business/media/25disney.html

토론 문제

1. 디즈니의 임원들이 연회 메뉴에서 삭스핀 수프 메뉴를 없애기로 한 것은 옳은 결정이었는가? 그렇게 생각하는 이유는 무엇인가?

2. 당신이 디즈니의 임원이나 유사한 상황에 직면한 사람이라면, 비즈니스 결정에 문화적 차이를 어떻게 구현하겠는가?

논평

기업들이 국경을 넘어 확장해 가자 문화 간의 윤리적 기준 충돌에 대한 인식이 증가했다. 그저 현지 문화를 채택하고 "로마에서는 로마법을 따르는 것"이 순전히 실제적인 관점에서는 일리가 있겠지만, 많은 사람들이 익숙한 도덕 기준을 벗어나지만 다른 문화에서 성공적으로 운영하기 위해서는 필요할 수도 있는 관행들에 관여하기를 꺼림칙하게 생각한다.

확실히 문화적 감수성이 중요하기는 하지만, 단순히 자국을 포함한 해당 국가의 일반적인 관습을 따르는 것은 옳지 않다. 그러나 윤리의 충돌로 보이지만 실상은 외견상으로만 그럴 뿐인 경우가 많다. 보다 자세히 조사해 보면, 도덕적 충돌과 유사하지만, 실상은 사실 관계, 절차 또는, 버나드 아데니가 지적하듯이, 근저의 윤리적 원칙이 아니라 문화적으로 덧입혀진 해석에 관한 논쟁일 수도 있다. 이 경우 진정한 도덕 기준을 위배하지 않고서도 현지의 관행에 순응할 수 있다.

"로마에서는 로마인처럼 행동해야 한다"는 입장을 취하는 많은 사람들은 문화 상대주의라고 알려진 도덕 철학에 기반하고 있다. 도덕 상대주의는 1900년대 초반의 인류학자들의 여러 문화들에 대한 관찰 결과 문화마다 도덕 법규와 옳고 그름에 대한 개념이 크게 다르다는 발견에 따라 유행하게 되었다.[8] 그들은 다른 문화들을 연구해 보니 옳고 그름에 대한 하나의 개념이 없다는 사실에 충격을 받았다. 예를 들어, 어떤 문화에서는 중혼(重婚)을 시행하고 있는 반면, 다른 문화에서는 일부일처제를 시행했다. 어떤 곳에서는 자기 자녀 중 한 명을 자녀가 없는 부부에게 주는 것을 도덕적 의무로 여긴

---

8) 이 분야의 주요 연구들은 다음과 같다. William Graham Sumner, Folkways (New York: Ginn and Co., 1906); Ruth Benedict, Patterns of Culture (New York: New American Library, 1934); Melville Herskovits, Cultural Relativism (New York: Random House, 1972); John Ladd, 편, Ethical Relativism (Belmont, Calif.: Wadsworth, 1973).

다. 에스키모의 일부 부족들과 같은 일부 문화에서는 다른 문화에서는 무시무시하고 비도덕적이라고 여겨질 수 있는 방식으로 안락사와 유아 살해가 시행된다. 엄격한 성적 금기가 있는가 하면, 광범한 성적 자유를 누리는 곳도 있다. 뉴기니의 사위(Sawi) 부족들은 배반을 최고의 덕목으로 여기고 있었는데, 선교사들이 사위 부족에게 복음을 전했을 때 예수가 아니라 유다가 복음의 영웅으로 받아들여지는 것을 보고 깜짝 놀랐다.[9] 위의 사례들은 도덕이 어떻게 다양한 방식으로 인식되고 실천되는지에 대한 일부 예일 뿐이다.

이러한 관찰들의 결과, 도덕의 본질에 관한 새로운 결론이 도출되었다. 그러한 다양성에 비추어 볼 때, 문화에 관계없이 적용될 수 있는 보편적 가치에 대한 믿음은 유지될 수 없다고 제안되었다. 그러한 문화 다양성은 보편적으로 적용될 수 있는 절대 불변의 원칙으로 여겨지는 시스템에 의문을 제기했다. 사람이 처해 있는 문화에 따라 상대적으로 보는 것이 옳고 그름에 대한 보다 "개화된" 관점이라고 여겨졌다. 도덕은 문화적 합의에 따라 상대적이고 윤리 기준은 단지 문화적 관습일 뿐이라고 여겨졌다. 최근에는 다문화주의에 대한 강조와 글로벌 경제가 세상을 좁아지게 한 영향으로 윤리에 대한 이러한 관점이 더 인기를 얻게 되었다.

아데니가 지적하는 바와 같이, 일부의 문화적 가치는 시대의 사회 상황에 대한 반응이나 이에 대한 긍정의 결과로 형성된다. 불행하게도, 이들은 실상은 도덕적 언어로 포장된 특정 (종종 지배적인) 문화의 편견에 지나지 않음에도 절대적/상대적 기준이 되어 왔고, 그렇게 오해되어 왔다.

남북 전쟁 이전의 노예 제도는 이러한 역학이 작동하는 좋은 사례이다. 인간이 다른 인간을 소유하고, 많은 경우에 그들을 짐승처럼 대하는 것이 명백히 비도덕적이었지만, 많은 남부 사람들은 때로는 성경의 근거를 이용해서 노예 제도를 정당화하려 했다. 남부의 농업 상황에 의해 만들어진 노예 제도는 도덕적인 것으로 다루어졌고, 노예를 소유할 수 있는 권리는 절대적인 권리로 여겨졌다. 물론, 그것은 전혀 타당하지 않은데도, 절대적인 것과 문화에 따라 상대적인 것을 오해하고서 문화적으로 만들어진 노예 제도가 절대적이라고 간주되었다.

---

9) 이 사실은 Don Richardson, Peace Child: An Unforgettable Story of Primitive Jungle Treachery in the 20th Century, 4판(Ventura, Calif.: Regal, 2005)에 기록되어 있다.

흔히 상대주의와 그 극단적 반대편인 절대주의는 유일한 대안들인 것처럼 제시된다. 절대주의자는 절대적 도덕 원칙들을 엄격하게 고수하며, 상황 여하에 관계없이 어떠한 예외도 허용하지 않는다. 아데니가 지적하는 바와 같이, 이 입장은 모든 도덕을 지나치게 단순할 정도로 "단조롭게" 하며, 한 사람의 도덕 규칙 선택은 종종 문화와 큰 관련이 있다는 사실을 경시한다. 이는 확실히 매력적이거나 현실적인 입장이 아니며, 상대주의가 이러한 절대주의에 대한 유일한 대안으로 제시될 경우 사람들이 상대주의를 선호하는 것을 어렵지 않게 이해할 수 있다.

그러나 도덕이 절대주의와 상대주의의 극단 사이의 연속선상 위에 있는 것으로 보는 것이 낫다. 객관적인 도덕 원칙을 취하면서 절대주의자가 되지 않을 수 있다. 즉, 일반 원칙들이 더 중요한 도덕적 가치들과 충돌할 경우 간헐적으로 원칙에 예외를 허용하는 액면상의 절대주의자, 또는 "표면상의" 절대주의자가 될 수 있다.[10] 예를 들어, 누군가가 총을 들고 당신의 집에 들어와서 당신의 배우자가 어디에 있느냐고 물어볼 경우, 당신은 그 사람에게 진실을 말해 줄 의무가 없다.

호소력이 있고 널리 받아들여지고 있기는 하지만, 상대주의에는 몇 가지 보편적인 결함이 있다.[11] 첫째, 도덕적 다양성에 대한 많은 관찰 내용은 실제로는 도덕적 관행의 차이였다. 즉, 보편적인 도덕적 절대 가치를 고수하면서도, 그 적용에 있어서는 문화적 유연성을 허용할 수 있다. 예를 들어, 어떤 곳에서는 세금이 정확한 수치에 근거하여 계산되는 반면, 다른 곳에서는 세금이 협상에 의해 결정되는 바, 소득 신고는 그 과정의 첫 단계로 간주되기도 한다. 전체적인 원칙은 세금 부담의 공정성이지만, 이 목표에 도달하는 절차는 문화에 따라 매우 다양하다. 관행의 차이가 반드시 **근원적 가치 또는 원칙**의 차이의 다양성과 동일한 것은 아니다.

둘째, 논리상의 비약이 있다. 윤리적 상대성은 문화 간의 도덕적 다양성에 대한 경험 데이터에 따른 것이 아니다. 문화마다 도덕 기준이 다르다는 이유만으로는, 문화를 초월하는 절대적 가치 따위는 없다고 말할 수 없다. 예를 들어, 뇌물 수수가 보편적으로 시행되고 있다고 한들, 그래서 어떻다는 말인가? (~하다"는 서술적 관찰로부터 "~해야 한다"는)**규범적**

---

10) 이는 William K. Frankena, Ethics, 2판(New York: Prentice Hall, 1988)에서 보다 자세하게 설명된다.
11) 보다 자세한 상대주의에 대한 비판은 Francis J. Beckwith와 Gregory Koukl, Relativism: Feet Firmly Planted in Mid-Air(Grand Rapids: Baker, 1998)를 보라.

406

인 결론을 도출하는 것은 자연주의적 오류(naturalistic fallacy)로 알려진 실수이다.

셋째, 상대주의는 경합하는 문화적 가치의 주장들을 중재할 방법이 없다. 기업들이 국경을 넘어서 확장하려 하고 있고, 국가들이 무역 협정을 체결하려고 하고 있기 때문에 이 점이 매우 중요하다. 예컨대, 초월적인 규범이 없다면, 미국은 중국이 컴퓨터 소프트웨어와 같은 지적 재산에 대한 해적 행위를 단호하게 단속하지 않는다고 비난할 수 없다.

넷째, 상대주의는 명백히 압제적인 문화, 특히 명백한 독재가 문화적 합의를 반영할 경우 이를 도덕적으로 평가할 수 없다. 절대적 가치가 없이는, 아무도 **국제적** 인권이 존재한다고 주장할 수 없다. 상대주의 하에서는 도덕이 문화적 맥락에 의존하기 때문에, 여성을 2류 시민으로 격하시키는 문화를 평가할 수 없다. 이와 유사하게, 상대주의자에게는 판단의 근거로 호소할, 문화를 초월하는 도덕적 절대 가치가 없기 때문에, 상대주의자는 다수파의 승인은 아니더라도 묵인 하에 소수파를 압제했던 히틀러와 같은 사람을 판단할 수 없다.

상대주의에 대한 이러한 이의는 추상적인 것처럼 보이지만, 국제 비즈니스 배경에서 발생하는 특별한 상황을 고려할 때 이들은 매우 중요하다. 확실히 "로마에서는 로마 사람들처럼 하는" 몇 가지 사례는 도덕적 행동을 위한 보편적 규범을 위반할 수 있다. 예컨대, 일부 정부들은 자국 국민의 이익에 대한 명백한 고려 없이 거액을 받는 대가로 선진국의 유해 화학 물질을 받아들여서 이를 안전하지 않은 방식으로 폐기할 수 있다. 한 회사가 관련된 리스크와 그 돈이 아마도 소수 정부 관리들의 호주머니로 들어가게 되리라는 것을 알면서 그런 방식으로 "죽음을 수출"하는 것은 무책임하며 비도덕적이다.

임금과 기술 수준이 낮은 개발도상국들의 공장들(노동 착취 공장들)은 국제 비즈니스에서 윤리적으로 행동하는 일의 복잡한 성격에 다소의 통찰력을 제공한다. 많은 공장 노동자들은 대개 열악한 조건에서 수행되는 자신들의 노동의 대가로 저임금을 받아들이는 외에는 다른 대안이 없다. 일부 여성 노동자들이 사용할 수 있는 대안은 실업, 농업 또는 매춘이다. 조월린스키가 그의 글에서 지적하듯이, 이처럼 보다 넓은 맥락에서는 노동 착취 공장에서의 일자리가 "기회"로 여겨진다. 그는 이런 공장을 폐쇄하려는 노력들은 "노동 착취 반대자들이 도우려고 하는 바로 그 사람들을 해치는" 결과로 귀결될 것이라고 주장한다. 또한, 그는 노동 착취 공장들이 가난을 야기하는 것이 아니라, 이 공장들은 경제 성장과 가난으로부터의 탈출 조짐, 즉 경제에 유익한 신호라고 주장한다.

그는 "노동 착취 공장들은 경제 발전이라는 긴 여정의 첫걸음이다"고 주장한다.[12]

이러한 많은 국가에는 활용할 수 있는 잉여 노동력이 존재하고 있어서, 이런 종업원들은 사직하고 다른 곳으로 옮겨갈 수 없다. 어떤 경우에는, 노동조합을 결성하려고 하는 노동자들이 즉시 해고되기도 한다. 따라서 이런 노동자들에게 박하게 대우하고 가능한 최저로 지급하는 것은 힘을 가진 자가 다른 사람들에게 자신들의 규칙을 따르게 강요하는 착취의 교과서적 정의에 들어맞는다.

그러나 임금에 있어서는, 시장에서 정해진 가격보다 훨씬 더 많이 지급하기란 실제적이기 않기 때문에, 이 이슈는 매우 복잡하다. 그렇게 하면 개발도상국에서 사람들을 고용하려는 인센티브가 약해지게 될 것이고 훨씬 높은 임금 지급에 의해 야기된 경제 파탄이 상당할 것이다. 또한, 교사와 같은 일부 전문직 종사자들이 사직하고 보다 임금이 높은 공장에 들어가려고 할 위험도 있다.

지리적 위치에 근거해서 노동자들에게 낮은 임금을 지급하는 것이 반드시 비도덕적인 것은 아니다. 미국에서도 종종 생계비 차이에 근거해서 유사한 업무의 임금 격차가 큰 경우가 있다. 그러나 최소한의 필요한 생활수준을 제공하는 지급 수준, 말하자면 "도덕적 임금"이 목표여야 한다. 확실히 한계는 있지만, **최소한**이라는 용어는 특정 장소의 문화 및 경제 발전 단계에 따라 다소 유연하게 정의될 수 있다.

그러나 안전한 근무 조건과 직원들이 어떻게 취급되는가라는 이슈는 훨씬 덜 유연하다. 이 이슈들에 대해서는, 윤리가 그들이 어느 곳에서 살고 어느 곳에서 일하든 인간의 건강과 복지가 보편적인 기준 역할을 해야 한다고 요구한다. 조월린스키는 대부분의 노동 착취 반대 운동가들은 이 공장들이 폐쇄되는 것을 원하는 것이 아니라, 기본적인 인간의 존엄에 일치하도록 근무 조건들이 개선되기를 요구한다는 것을 인식한다. 이러한 공장들을 운영하는 회사들은 작업장이 안전하고, 위생적이며, 물리적 및 성적 괴롭힘이 없게 해야 할 책임이 있다는 점이 명백해 보인다.

남아 있는 논쟁거리는 아동 노동이다. 조월린스키는 아동들이 버는 돈이 그 가족의 생존에 필수적이기 때문에, 아동 고용 규제는 그들이 돕고자 하는 가족들에게 피해를 준다고 주장한다. 아동 노동 금지가 아동의 무엇을 보호하려는지 명확하지 않다. 그것

---

12) 노동 착취 공장의 고용 기회에 대한 추가적인 논의는 Matt Zwolinski, "Sweatshops, Choice and Exploitation," Business Ethics Quarterly 17, no. 4(2007년 10월): 697-698쪽을 보라.

이 교육일 수도 있지만, 많은 개발도상국들에서는 교육이 널리 이용될 수 없거나, 많은 가족들이 경제적으로 감당할 수 없는 사립학교에만 존재한다. 아동의 천진성에 관한 무언가를 보호하려 한다면, 아동들은 인류 문명의 대부분의 기간 동안 어릴 때부터 일해 왔기 때문에, 이는 문화적으로 도출된 보다 부유한 서구의 이상일 뿐이다. 우리는 일부 국가들에서는 가족의 경제적 생존을 위해 아동이 일하는 것이 필요하다는 점을 인정하며, 아동 노동을 줄이려는 시도는 그들의 가족을 해친다고 본다. 다른 한편, 우리는 아동은 학대에 보다 취약하며, 아동 노동이 교육 기회에 대한 희생 하에 자행된다면 문제가 있다고 생각한다.

뇌물에 있어서는, 기독교 윤리 및 미국의 법률의 한계 내에 머무르면서도 현지의 행동 기준을 채택하려고 노력하는 것은 확실히 도전적인 일이다. 그러나 우리는 앞에서 국제 비즈니스라는 배경에서 일관되게 유대-기독교 도덕을 지키면서도 성공할 수 있다고 말했다. 어떤 회사들은 실제로 뇌물을 주거나 요구하지 않을 것이라고 공개적으로 밝히고 있으며, 그러한 자세가 잘 알려져 있다. 예를 들어, 글로벌 엔지니어링 회사인 플라워(Flour)는 모든 계약서에 "반부패 언어"라 불리는 조항이 있는데, 그들은 이 조항에서 어떤 상황에서도 뇌물을 지급하지 않을 것이라고 명백히 밝힌다.[13]

또한 위에서 설명한 상대주의의 두 번째 결점이 지적하는 바와 같이, 윤리적 충돌인 듯이 보이는 많은 사례들이 실상은 근원적인 원칙이라기보다는 사실 관계 및 그 해석에 대한 견해 차이일 수도 있다. 공무원에 대한 소액의 지급이라는 보편적인 상황이 좋은 사례이다. 표면적으로는, 이 상황은 기준들이 서로 대립하는 것으로 보인다. 그러나 면밀하게 조사해 보면, 이는 근원적인 원칙상의 갈등이라기보다는 정의 또는 문화의 충돌일 수도 있다. 이러한 유형의 갈등이 생길 경우, 즉시 진정한 근원적 도덕 원칙들 사이의 충돌이 발생했는가라는 질문을 해야 한다. 아데니가 지적하는 바와 같이, 이러한 유형의 지급은 선물,팁, 뇌물 또는 이 모든 것들 사이의 중간이 될 수 있다. 우리는 뇌물이라는 용어가 이 모든 것들을 포함하는 용어로 사용되고 있지만, 이들을 모두 도덕적으로 문제가 있다고 하는 것은 정확하지 않다고 제안한다. 아데니가 경찰관에게 지급되는 것으로 설명한 지급은, 경찰관이 힘이 있는 지위를 이용하여 운전자로부터

---

13) Gall Dutton, "Do Strong Ethics Hurt U. S. Global Competitiveness?" World Trade 21, no. 3 (2008년 3월): 36-41쪽. 이 글은 때로는 경쟁력이 약화되지만, 반부패에 대한 합의가 형성되고 있다는 결론을 내린다.

이익(재정적 이익)을 취하기 때문에 강탈이라고 부르는 것이 보다 정확할 것이다. 일반적으로 강탈적 지급을 요구하는 것은 옳지 않지만, 보석금을 지급하는 것과 유사한 이러한 지급이 옳지 않은지는 분명하지 않다. 이 상황에서는 어떤 사람이 희생물이 되어 있는데, 돈을 사용해서 더 이상의 희생으로부터 자신을 구하는 것이다.

우리가 흔히 뇌물이라고 부르는 것은 한 쪽 끝에는 선물이 위치해 있고 다른 끝에는 강탈이 있으며, 그 중간 어디쯤에 팁, 프리미엄 및 뇌물이 위치해 있는 연속선 상에 있다고 보는 것이 가장 좋을 것이다. 선물은 어떠한 기대도 하지 않고, 그리고 끈도 달지 않고, 즉 무조건적으로 주는 것이다. "신속한 서비스를 확보하기 위한(to insure prompt services)"이라는 팁(tips)의 원래의 두문자는 이 지급은 서비스 후가 아니라 전에 지급됨을 시사하기는 하지만, 팁은 일반적으로 좋은 서비스에 대한 보답으로 여겨진다. 프리미엄은 신속한 서비스를 확보하기 위한 지급이다. 아데니의 예에서 몇 달이 아니라 몇 일 안에 전기 및 전화를 개설하도록 보장하기 위해 서비스 기술자에게 지급되는 금액은 프리미엄이라고 부르는 것이 가장 좋을 것이다. 뇌물은 계약에서 특정인에게 경쟁상의 특혜를 주게 하는 지급이다. 뇌물은 근본적으로 다른 경쟁자들을 배제하고 누군가에게 비즈니스를 따낼 수 있는 "내부자 집단"이 되게 해 준다.[14] 뇌물은 공정한 경쟁을 해치기 때문에 비윤리적이다. 다른 나라에서는 뇌물 방지법 집행이 어려울 수도 있지만, 미국에서는 뇌물이 불법이다.

많은 주요 윤리적 이슈들이 회사들 및 그들의 글로벌 공급 사슬과 관련이 있지만, 보다 직접적으로 소비자들과 관련을 맺으려는 몇 가지 노력들이 시행되고 있다. 공정 무역 운동은 이러한 예들 중 하나이다. 공정 무역은 세계 경제의 냉엄하고 파괴적인 결과들을 누그러뜨리기 위한 신앙 운동으로 시작되었다. 1989년에 국제 커피 협약이 붕괴한 뒤에 국제 커피 가격이 폭락하자, 많은 커피 농가들이 여러 세대 동안 자기 가족이 일해 왔던 땅에서 떠날 수밖에 없었다. 폴 샌들러는 개발도상국가의 가난한 사람들에 대한 우리의 관심 때문에, 선진국은 공정 무역 조직을 통해 현지 재배자들을 지원해야 한다고 주장한다. 공정 무역 커피는 개발도상국들의 생산자들이 생활 임금을 받도록 지원하기 위해 소비자들이 시장 가격보다 약간 높은 가격을 지불할 수 있는 상품들(예컨

---

14) 사업상의 뇌물에 대한 보다 자세한 내용은 "Bribery: Not Only Wrong, but Costly Too?", Academy of Management Perspectives 21, no. 3(2007년 8월): 86-87쪽을 보라.

대, 초콜릿, 의류, 꽃, 축구공 등) 중 하나에 지나지 않는다. 샌들러는 공정 무역 상품들이 "안락한 틈새시장"이 되지 않는 한, 이들에 대한 지원은 다른 기술이 별로 없고 직업 변경이 불가능하지는 않다 해도 상당히 어려울 재배자들에게 도움이 된다고 주장한다.

이에 반해, 빅터 클라아는 커피 가격이 생활 임금을 주지 못할 정도로 너무 낮은 이유는 수급 상태와 관련이 있다고 주장한다. 즉, 시장에 커피가 너무 많다는 것이다. 클라아는 공정 무역 운동이 실제로는 가격에 의해 설정되는 시장 인센티브를 왜곡해서 가난한 사람들을 해친다는 입장을 취한다. 그는 현재의 시장 가격은 생산자들에게, 그가 코스타리카가 생태 관광으로 옮겨간 것과 같은 라틴아메리카의 사례에서 제안하는 바와 같이, 보다 생산적인 분야로 옮겨 가라는 신호 역할을 해야 한다고 주장한다. 그는 시장이 아닌 힘에 의해 왜곡됨이 없이 생산자들에게 신호를 보내기 위해 자유 무역 및 시장 인센티브가 허용되어야 한다고 주장한다.

샌들러와 클라아 모두 개발도상국의 가난한 사람들을 돕는다는 도덕적 목적에는 동의하지만, 이 목적을 달성할 보다 효과적인 수단에는 동의하지 않는다. 우리는 농민들과 기술이 적은 노동자들이 보다 생산적인 다른 직업으로 옮겨가기가 어렵다는 데에 대해 깊이 우려하지만, 가급적 시장이 자유롭게 기능하도록 허용되어야 한다는 입장을 옹호한다. 이러한 많은 농민들과 생산자들에게는 또한 보다 부유한 국가들이 누리고 있는 "안전망"도 없다.

장기적으로는, 우리는 시장의 힘을 왜곡하는 것은 일반적으로 현명하지 않고 비생산적이라는 입장을 취하지만, 농민들과 그들의 가족들이 직업을 바꿔야 할 경우 단기적으로 상당한 혼란이 발생할 수 있음을 인식한다. 또한, 공정 무역은 정부에서 정한 가격 하한선이 아니고, 소비자들의 선호에 의존하기 때문에 사실은 시장에 기반을 두고 있다. 따라서 샌들러가 제안하는 바와 같이 공정 무역과 같은 유형의 "인큐베이터" 사용이 정당화될 수 있고 유용한 적용 방안이 될 수도 있다. 그러나 우리는 공정 무역 브랜드가 샌들러가 경고하는 안락한 제도로 발전했다는 많은 비판(너무도 많은 협소한 요건들 및 비싼 인증 비용)을 받고 있다는 점을 주목해야 한다. (스타벅스를 포함한) 일부 커피 소매업자들은 공정 무역 브랜드 없이도 커피에 대해 "공정한" 가격을 지불하기 위한 자체 프로그램을 개발했다. 따라서 공정 무역 브랜드 없이도 "공정하게 거래"할 수 있게 되었다.

문화의 충돌에 의해 윤리적 딜레마 상황이 발생할 경우, 윤리적 결정을 내리는 데 도움을 주고, 본국의 기준을 따를지 아니면 주재국의 기준을 따를지 결정하기 위한 기준을 가지고 있는 것이 중요하다. 예컨대, 비즈니스 윤리 교수 토마스 도널드슨(Thomas Donaldson)은 문화를 초월하며, 비즈니스를 수행하고 있는 곳의 문화와 무관하게 따라야 할 윤리적 규범이 있다고 제안한다. 그는 이러한 규범을 언제나 따라야 하는 핵심 인간 가치라고 부르는데, 이에는 인간의 존엄에 대한 존중, 기본 인권 존중 및 착한 기업 시민이 포함된다.[15] 우리는 타당성에 대한 문화적 수용에 의존하지 않는, 문화를 초월하는 도덕적 가치가 있다는 의견에 동의한다. 우리는 도널드슨의 가치에 "피해를 주지 마라," 공정성, 차별하지 않기 및 정의와 같은 가치들을 덧붙이고자 한다. 이는 완벽한 리스트는 아니지만, 우리는 문화를 초월하고, 문화들이 충돌할 때 결정을 내리는 기준을 형성하는 도덕 원칙들이 있음을 인정한다. 우리는 문화적 관습이 이들 핵심적인 도덕 원칙들을 명백히 위반할 때에는 이를 따르지 않고 핵심 도덕 원칙을 따라야 한다고 제안한다. 예컨대, 노동 착취 공장에서의 불안전한 작업 조건은 '피해를 주지 마라'는 원칙을 위반한다. 뇌물은 공정 경쟁 원칙과 법률을 따를 의무(미국 회사들의 경우)를 위반한다. 그러나 우리의 견해로는 아동 노동은 반드시 핵심적인 도덕 가치들을 위반하는 것은 아니다.

결론

"로마에서는 비즈니스를 로마인들처럼 하라"는 다른 문화에서 기업을 경영할 때의 도덕적 행동에 대한 적절한 가이드가 아니다. 이론으로서의 문화적 상대주의에는 몇 가지 중대한 결함이 있으며, 단순히 주재국의 규범에 순응하는 것은 심각한 윤리적 문제로 이어질 수도 있다. 그러나 협소한 "절대주의"도 정답은 아니다. 실제로 윤리 원칙들이 충돌하는 것이 아니라 단지 그렇게 보이기만 하는 상황들이 있는 바, 이러한 상황은 우리의 문화적 가정들을 포함한 사실들을 보다 자세히 조사함으로써 (비록 쉽지는 않겠지만) 해결될 수 있다. 따라서 열린 마음과 유연한 태도를 가질 필요가 있기는 하지만, 윤리 기준을 지키면서도 국제 비즈니스를 성공적으로 수행하는 것이 가능하다.

15) Thomas Donaldson, "Values in Tension: Ethics Away from Home," Harvard Business Review 74, no. 5(1996년 9-10월): 48-62쪽; 그리고 Thomas Donaldson과 Thomas Dunfee, "When Ethics Travel: The Promise and Peril of Global Business Ethics," California Management Review 41, no. 4(1999년 여름): 45-63쪽.

BEYOND INTEGRITY

Part 3
현대 비즈니스의
윤리적 이슈

A Judeo-Christian Approach to Business Ethics

Beyond Integrity

Chapter 7

윤리와 재능 관리

개요

조직의 "재능" 또는 "인적 자본"을 구성하는 사람들을 성공적으로 동원하여 조직의 사명과 목표를 달성하는 것은 비즈니스의 매우 중요하고도 도전적인 부분이다. 사실, 관리라는 말은 흔히 "조직의 목표를 효과적으로 달성할 목적으로 조직의 인적 자원 및 기타 자원을 계획, 조직화, 인도 및 통제하는 프로세스"로 정의된다.[1]

이 정의는 가치중립적인 듯하지만, 실상은 많은 잠복된 가치들이 가정되고 있다. 영향력이 있는 경영 이론가이자 저자인 피터 드러커(Peter Drucker)는 이렇게 말했다. "관리는 인간의 본성, 선과 악 등 영적인 사안들과 깊이 관련되어 있다.[2] 또한, 조직의 목표 달성에 도움이 될 수 있는 것과 인간으로서의 직원의 최상의 이익이 되는 것 사이에 갈등

---

1) Bruno Dick & Mitchell Neuert, Management: Current Practices and New Directions (Boston: Houghton Mifflin Harcourt, 2010), 7쪽. (Management라는 영어 단어는 우리말에서는 관리, 또는 경영, 경영진으로 번역되는 바, 역자는 문맥에 따라 관리, 경영, 또는 경영 관리, 경영진을 자유롭게 사용할 것이다. 역자 주)
2) Joseph A. Maciariello에 의해 개정되고 업데이트된 Peter Drucker, Management(Harper & Row, 1974; repr., New York: HarperCollins, 2008)에 나오는 Peter Drucker, "Management as a Social Function and Liberal Art."

이 발생하기도 한다. 예를 들어, 오랜 근무 시간 또는 전기 통신 장치를 통한 상시 연결은 (최소한 단기적으로는) 조직의 재무적 이익에 기여할 수도 있지만, 직원들의 생활 향상에는 기여하지 않을 수도 있다. 채용 및 승진, 재무적 보상 분배, 의사 결정 시 직원 의견 반영, 근무 조건, 직무 설계, 그리고 성과 측정과 같은 다른 많은 "인간 관리" 의사 결정들은 유사한 질문 및 갈등을 부과한다. 이러한 사안들에 대한 조직의 정책 및 실무 관행은 조직의 목적과 우선순위, 인간의 존엄성, 인간의 본성, 공정성, 그리고 정의 등과 같은 사안에 대한 철학적, 신학적 가정들과 가치들을 반영한다.

현대 노동의 역사의 대부분의 기간 동안, 고용주와 피고용인 사이의 일반적인 "사회 계약"의 신조는 "정당한 하루 노동에 대한 정당한 하루 임금"이었다. 피고용인들, 특히 경영 관리층이 아닌 사람들은 노동력으로 간주되었고, 그래서 헨리 포드(Henry Ford)가 말했다는 "내가 정말로 원하는 것은 단지 사람의 손들 뿐인데, 왜 항상 사람들의 온 몸을 고용해야 하는가?"와 같은 지독한 절규를 조장하게 되었다.[3]

오늘날에는 많은 것이 변했다. 많은 피고용인들, 특히 선진국의 피고용인들은 점점 더 (그들의 생각을 키보드 위에 타이핑할 때를 제외하고는) 대개 손쓰는 일을 별로 요구하지 않는, 창의적인 지식 기반의 일에 종사하고 있으며, 포드가 헐뜯은 "전인(全人)"이 훨씬 더 많이 관여하고 있다. 현대의 일의 성격은 이제 더 이상 쉽게 "사무실에 남겨 둘" 수 있는 것이 아니다. 급여에 대한 대가로 오랜 시간을 보내는 것 외에도, 일은 정체성, 목적, 그리고 의미의 원천이 되었다. 이러한 현실을 반영하고 조직의 인적 자본을 적절히 관리할 책임을 이행하기 위해서는 "사회 계약"의 개념 재정립과 경영 관리 및 리더십에 대한 새로운 접근법이 필요하다.

피고용인과 그들이 어떤 대우를 받아야 하는지에 대한 초점이 기독교 윤리의 중심 주제 중 하나인 것도 놀랄 일이 아니다. 가족, 이웃, 그리고 낯선 사람에 대한 의무 외에도, 성경은 피고용인들이 어떤 대우를 받아야 하는지에 대한 직접적인 지침을 제공한다. 예를 들어, 고용주들은 그날의 일당을 그날에 지급해야 했으며, 노동자들의 희생 하에 이자를 받지 않아야 했다. 신약에서는 땅을 소유한 고용주들이 여러 비유의 대상이 된다. 예를 들어, 예수는 들의 하인들을 학대한 농부들을 비난했다(마가복음 12:1-12). 그는

---

3) 흔히 Henry Ford가 말한 것으로 알려진 경구. C. William Pollard, "Mission as an Organizing Principles," Leader to Leader 16(2000): 3쪽(이 장에 수록되어 있음)을 보라.

또한 하루 품삯의 정의를 "나중에 온 자가 맨 먼저가 되는" 예로 사용했다 (마태복음 20:1–16). 성경에는 구체적인 원칙 이외에도, 오늘날의 복잡한 시장에 적용할 수 있는 패러다임 차원의 지침 형태의 많은 원리들이 있다.

이 장은 기독교 윤리의 인간 관리에 대한 함의에 초점을 맞춘다. 여기에서 논의되는 주제들은 흔히 "인적 자원 관리"로 분류된다. 그러나 다양한 기능 및 직급의 매니저들이 이러한 유형의 의사 결정에 의견을 제시한다. 따라서 우리는 공식적인 인적 자원 또는 재능 관리 부서만이 아니라 조직 전체에 폭넓게 적용될 수 있는 이슈들을 탐구하고자 한다.

(위에서 가능한 갈등들에 대해 간략히 열거한 바와 같이) 이 장에서 다루어질 수 있는 많은 이슈들 중에서, 우리는 경영 이론 및 실무에 영향을 주는 몇 가지 가정들과 가치들을 표면에 끄집어 낼 수 있는 소수의 핵심 이슈들에 중점을 두기로 했다. 이 이슈들에 집중하면 인간 관리의 전반적인 서사(narrative) 또는 보다 넓은 윤리 개발에 도움이 될 것이다. 그리고 다른 이슈들이 발생할 때 이를 적용할 수 있을 것이다.

저명한 저자이자 전직 서비스매스터(ServiceMaster) CEO 빌 폴라드(Bill Pollard)가 쓴 이 장의 첫 번째 읽기 자료 "조직화 원리로서의 사명"은 직원들의 마음 깊은 곳에 있는 비물질적 필요(즉, 목적과 의미) 및 이를 충족시켜줄 리더들의 역할과 책임을 밝힘으로써 기조를 설정한다. 특히, 폴라드는 인재 개발은 자신이 수년 간 이끌었던 조직의 "최종 목적"이었던 반면에, 수익은 단지 "수단적 목적"이었다고 말한다.

이에 이은 리처드 비튼(Richard Beaton)과 린다 바그너(Linda Wagener), (Fuller Seminary의 전직 교수진들이었고, 현재는 컨설턴트들임)의 글 "사람들이 그 안에서 번성할 수 있는 건강한 조직 만들기"는 기독교 신학(및 윤리)이 어떻게 조직 정책이 인간의 복지를 극대화하도록 정해질 수 있음을 알려 줄 수 있는지에 대해 사려 깊게 탐구한다. 저자들은 성경을 탐구해서, 일이 어떻게 조직과 종업원 모두가 상생하는 방식으로 설계되고 관리될 수 있는지에 대하여 신학적 통찰력을 발전시킨다.

앨버트 에리스먼(보잉의 전직 컴퓨팅 및 수학 담당 연구 개발 이사이자, 현 시애틀 퍼시픽 대학교 상근 임원)의 세 번째 글 "테크놀로지와 경영진의 새로운 도전 과제"는 테크놀로지의 출현에 의해 제기된 도전의 와중에서 조직 및 인간 관리에 통찰력을 제공한다. 에리스먼은 조직의 소통, 행동 평가 및 통제, 업무 성과 측정, 그리고 "테크놀로지 원주민"이라는 신세대 관리의 도전 과제들을 살펴본다.

네 번째 글은 미국 최대의 비상장 사과 농장 중 하나인 퍼스트 프루츠(First Fruits)의 공동 창업자 셰릴 브로에테(Cheryl Broetje)와의 인터뷰이다(에리스먼과 윙에 의해 수행됨). 이 회사의 주요 목표 중 하나는 인재 개발인데, 그들은 특히 취약 계층에 관심을 기울이고 있다. 브로에테 부부가 섬김의 리더십 접근법으로 전체 운영(연인원 약 1천 명의 종업원이 있음)을 관리하고 있으며, 직원 개발 및 복지에 실질적이고 혁신적인 투자를 해 왔다.

리처드 히긴슨(Richard Higginson, 케임브리지 대학교 비즈니스 신앙 담당 이사)과 데이비드 크라우(David Clough)의 마지막 글 "임원 보수의 윤리: 기독교적 관점"은 지난 몇 년 동안 많은 관심을 받았던 이슈인 과도한 임원 보수를 다룬다. 보수의 분배는 가치중립적(시장 기반)인 것처럼 보이지만, 저자들은 보수의 분배가 어떻게 가치들에 의해 견인되는지, 그리고 성경의 공정성 및 정의 개념과 어떻게 직접적으로 접촉하는지를 통찰력 있게 지적한다.

조직화 원리로서의 사명

C. 윌리엄 폴라드(C. William Pollard)
Leader to Leader 16(2000년 봄).

개요

오늘날의 리더들은 급격하고 계속적인 변화를 시작하는 법을 배워야 한다는 점은 명백하다. 문제는 조직 구성원들은 이러한 변화가 체질에 맞지 않는다는 것이다. 변화를 초월하며, 사람들에 대한 돌봄과 양육을 포함하는, 의미 있는 사명과 목적 없이는 급격한 변화가 단절, 혼란, 그리고 사기저하를 가져올 수 있다.

사람들은 변화 너머의 희망을 필요로 한다. 사람들은 변하지 않고 자신의 삶과 일에 의미를 제공해 주는 닻, 즉 목적을 필요로 한다.

의미에 대한 이러한 필요에 대응함에 있어서 우리 조직의 역할은 무엇인가? 21세기로 접어들고 있는 현 시점에서 고용주와 피고용인 사이의 사회적 계약은 어떻게 될 것인가? 우리 조직의 사명에 이를 성취하는 사람들에게 목적과 의미를 가져오는 것이 포함되어 있는가? 우리 조직이 효과적인지 어떻게 측정하는가? 우리 조직은 구성원들이 그들의 인품과 행동 형성에 도움을 주는 도덕적인 공동체가 될 수 있는가? 우리의 사명이 조직화 원리가 될 수 있는가?

리더들의 첫 번째 일은 그런 질문들을 하고 이에 답하는 것이다. 그러나 리더의 궁극적인 일은 회사의 사명을 후원해야 하고, 보다 중요하게는, 이 사명대로 사는 것이어야 한다. 또한 그 과정에서 리더의 가치와 성품이 테스트된다는 점을 인식해야 한다.

나는 이 근본적인 질문을 철학자나 교육자로가 아니라, 내 동료들과 함께 빠르게 성장하고 있는 역동적인 서비스 회사를 이끌고자 하는 비즈니스맨으로서 하고 있다. 서비스매스터는 급속한 성장을 이루면서 지난 25년 동안 3년 반마다 규모가 두 배로 증가해 왔고, 현재 60억 달러가 넘는 총 매출을 올리고 있다. 물론, 우리는 많은 변화를 겪었다. 10년 전에는 현행 비즈니스 라인의 75% 이상이 존재하지 않았다. 그리고 우리는 모든 상장회사와 동일한 압력에 직면해 있다. 분기마다 매출과 이익을 보고해야 한다. 우리가 그 앞에서 책임을 지는 주주들은 우리의 리더십에 대해 매일 투표를 한다. 즉, 그들은 우리의 주식을 사거나, 보유하거나 팔 수 있다.

그러나 비즈니스 리더의 성공은 이익 또는 자본 수익률 계산에만 국한될 수는 없다. 내 성공은 나와 함께 일하고 있는 24만 명의 사람들, 즉 날마다 고객들과 주주들에게 가치를 배달해 주는 사람들에 의해 측정되어야 한다.

우리의 비즈니스의 많은 부분은 일상적이고 평범해 보일 수 있다. 우리는 화장실과 바닥 청소, 보일러와 온도 조절 장치 수리, 음식 공급, 살충, 잔디와 조경 관리, 그리고 가전제품 수리를 수행한다. 리더들의 과제는 직원들이 자신의 업무를 보다 더 효과적으로 수행하고, 나아가 더 나은 사람이 되도록 그들을 훈련 및 동기 부여시키는 것이다. 그러나 어떻게 그토록 많은 사람들, 특히 우리의 1천만 고객들 가운데 흩어져 있는 사람들에게 동기를 부여할 수 있는가? 우리가 연수 프로그램 및 경영 관리 시스템 개발을 위해 열심히 일하고 있기는 하지만, 아무리 많은 연수나 경영진도 다른 사람들을 효과적으로 동기 부여할 수 없다. 직원들의 가치와 회사의 사명을 정렬시키지 않는 한, 그리고 그 과정에서 계속적으로 사람들을 개발하고 돌보지 않는 한, 동기를 부여하지 못할 것이다.

존재 이유
일리노이 주 다우너스 그로브에 있는 우리의 본사를 방문하면, 커다란 2층짜리 로비에 들어오게 되는데, 로비 오른쪽에는 길이 90피트, 높이 18피트의 긴 곡면 대리석 벽이 있다. 벽의 돌에는 다음과 같은 4개의 사명 선언문이 새겨져 있다. '우리가 하는 모든 일에서 하나님에게 영광을 돌린다, 사람들이 발전하도록 도와준다, 탁월함을 추구한다, 그리고 이익을 내며 성장한다.' 이는 쉽게 기억할 수 있고, 계속적인 대화를 필요로 할 만큼 논쟁적이고, 오래 지속될 수 있을 만큼 심원한 선언이다.

처음의 두 목표들이 최종 목적이다. 다른 두 목표들은 수단적 목적들이다. 이 모든 사명들은 사람들이 옳은 것을 추구하고, 옳지 않은 것을 피함에 있어서 기준점을 제공해 준다. 우리의 목적들은 우리에게 모든 사람이 존엄과 가치와 큰 잠재력을 가지고 창조되었음을 상기시켜 준다. 이 목적들은 또한 우리의 핵심 원칙들은 대리석 벽과 마찬가지로 변하지 않음을 상기시켜 준다.

어떤 이들은 다원적 사회에서 우리의 첫 번째 목표가 상장 회사에게 적절한 목적인지 물어볼 수도 있다. 그러나 우리는 이 목적을 배제의 근거로 사용하지 않는다. 우리는 사람들이 어떤 방식으로 하나님에게 예배하든(그리고 예배 하든 안 하든), 다양한 사람들이 하나님의 피조물의 일부임을 인식하기 때문에, 그 목표는 실상은 우리가 다양성을 증진하는 근거이다.

우리가 신앙을 가지고 있다 해서 비즈니스에서 모든 것이 올바르게 되리라는 것을 의미하지는 않는다. 우리는 우리 측의 실수들을 경험한다. 그러나 우리가 발표한 기준 및 그 기준들에 대한 이유 때문에, 우리는 우리의 실수를 감출 수 없다. 우리는 교정과, 때로는 용서를 위해서 우리의 실수들을 드러낸다.

새로운 일의 세계

50년 전에, 전문가들은 2000년이 되면 모든 사람이 주 30시간 노동을 향유할 것이라고 예측했다. 나머지 시간은 휴식과 여가에 사용될 것이라고 예측되었다. 그러나 지금 우리 대부분은 더 열심히 일하는 듯하다. 어떤 사람들은 이제 더 이상 자기의 일이 필요하지 않기 때문에 조기에 은퇴하거나 직업을 바꾸고 있다. 우리는 다운사이징(downsizing)이나 라이트사이징(rightsizing)이라는 말을 사용해서 사람들이 성과가 아닌 다른 이유로 실직하는 것을 묘사한다. 사실, 우리는 현재 포스트 잡(post-job) 세상에 살고 있다고 제안되었다.

> 사람들은 단지 생계비를 벌기만 하는 것이 아니라 대의(cause)에 기여하기 원한다.

이처럼 새로운 일의 세계에서 우리는 사람들이 단지 생계비를 벌기만 하는 것이 아니라, 대의에 기여하기 원한다는 것을 발견했다. 회사의 사명과 사람들의 대의를 정렬시킨다면, 그들의 창의력을 해방시켜서 고객에 대한 양질의 서비스와 이 일을 하는 사람들의 성장과 발전을 가져오게 되고, 사명이 효과적인 조직화 원리가 된다.

우리에게는 기여할 새로운 방법을 찾는 숙달된 사람들도 있지만, 공식적인 훈련이나 사교술 또는 예의의 기준에 대한 이해가 거의 없는 상태에서 우리에게 오는 사람들도 많이 있다. 그 결과 직장은 점점 더 연수 및 교육의 장소, 즉 직업 대학교가 되어 가고 있다 (또는 그렇게 돼가야 한다). 인생의 어느 시기에 학교에 가고, 어느 시기에 일하느냐의 구분은 더 이상 의미가 없다. 모든 사람들에게 있어서, 학교와 일의 경계가 모호해지고 있다.

우리는 전인(whole people)을 다루는 것의 중요성을 인식하고 있기 때문에, 업무 성과와 인재 개발을 연결하고 그 과정에서 그 사람에게 일어나는 일에 대한 책임을 지고자 한다. 우리의 직원들은 직장에서 어떤 사람이 되어 가고 있는가? 정의된 직무, 지정된 도구, 제공된 연수가 직원과 직원의 일에 기여하는가, 아니면 다른 곳으로 힘을 빼앗아 가는가? 개인적으로나 직업상으로 발전할 기회가 있는가? 이 질문들은 우리가 스스로 힘을 공급하고, 스스로 수정하는 지속적인 프로세스를 취하게 하는 데, 우리는 이를 어떻게 고객을 섬길지에 관한 계속적인 개선의 토대로 삼는다.

물론, 어떤 일이든 고역으로 볼 수도 있고, 자아의 표현으로 볼 수도 있다. 주어진 일은 아무리 평범하다 해도 결정적인 것이 아니다. 차이는 그 일을 하는 사람의 내부, 즉 우리의 존재에서 삶과 일의 의미를 추구하는 부분에서 찾을 수 있다. 그것은 뭔가 중요한 일을 성취하고자 하는 욕구이다. 맡겨진 일 너머의 보상이 되는 목적과 진정한 기회를 보는 사람은 어떤 일에든 창의력, 생산성, 품질, 그리고 가치를 가져올 수 있다. 그렇다면 조직의 사명이 개인의 성장 및 발전과 정렬을 이루게 하는 것이 리더가 해야 할 일이다.

일에 의미 가져오기

250개의 병상이 있는 지역 병원의 청소부인 셜리 넬슨(Shirley Nelson)은 왜 15년이 지난 지금에도 자기의 일에 대해 흥분하고 있는가? 그녀는 확실히 몇 가지 변화들을 보아 왔다. 그녀는 실제로 5년 전보다 지금 더 많은 방들을 청소한다. 화학물질, 걸레, 청소 수 레들 등 모든 것이 개선되었다. 그러나 욕실들과 화장실들은 동일하다. 먼지들도 변하지 않았고, 환자들의 예기치 않은 오물 흘리기나 일부 의사들의 거만함도 변하지 않았다. 그런데 무엇이 셜리에게 동기를 부여하는가?

셜리는 자신의 일을 환자 복리의 확장이며, 환자들을 낫게 해 주는 팀의 필수적인 부분이라고 생각한다. 그녀는 다른 사람들의 건강과 복리에 관여한다는 대의를 가지고 있다. 셜리가 처음에 일을 시작했을 때, 그녀는 의심할 여지없이 그저 일자리를 찾고 있었다. 그러나 그녀는 자기의 일에 구속되지 않은 잠재력과 무언가 중요한 일을 하겠다는 욕구를 가져왔다. 그녀는 자신의 일에 관해 나와 얘기하면서 이렇게 말했다. "우리가 청소를 잘하지 않으면, 의사와 간호사 선생님들이 일을 할 수 없습니다. 우리는 환자들을 섬길 수 없어요. 우리가 병원 청소를 하지 않으면 이곳은 문을 닫을 거예요." 셜리는 우리의 사명의 실제를 확인하고 있었다. 그녀는 자신의 일, 자기 자신, 그리고 우리의 사업 중 자신이 맡은 작은 부분을 통제하고 있었다. 그리고 매우 실제적인 의미에서, 그녀는 자신의 일, 고객, 그리고 우리의 공유된 사명에서 자신의 역할에 대해 말함으로써 나를 이끌고 있었다.

전인을 이끌기

사람들은 단지 경제적 동물이나 생산 단위가 아니다. 모든 사람은 인격과 잠재력 그리고 기여하고자 하는 욕구라는 지문을 가지고 있다. 사람을 오로지 경제적 관점에서만 정의하면, 동기 부여 및 인센티브 제도가 기계적이고 조작적으로 되는 경향이 있다. 우리는 쉽게 다룰 수 있고, 나아가 사람을 바보같이 느끼게 할 수 있는 시스템을 만들려고 한다. 포춘 지는 최근에 "내가 정말로 원하는 것은 단지 사람들의 손들 뿐인데, 왜 항상 사람들의 온 몸을 고용해야 하는가?"라는 헨리 포드의 인용문을 대표적인 사례로 예시하면서, 영혼이 없는 회사는 내부의 적으로부터 고통을 당한다고 설명했다.

연수 범위가 올바른 도구를 사용하는 방법이나 부여된 일을 정해진 기간 안에 마치는 방법을 가르치는 것에 국한되어서는 안 된다. 사람들이 일 및 자기 자신에 대해 어떻게 생각하는지, 직장 또는 가정에서 어떻게 다른 사람들과 관련을 맺는지도 연수에 포함되어야 한다.

따라서 내가 리더십 프로세스에 관여한다면, 내 연수의 일부로서 나는 내가 관리할 사람들의 일을 직접 해 보고 그들이 어떻게 느낄지를 경험해보고 싶다. 이것이 바로 왜 서비스매스터의 모든 경영진이 자신이 궁극적으로 관리하게 될 일을 실제로 수행하는 데 시간을 보내는 이유이다.

> 사람을 오로지 경제적 관점에서만 정의하면,
> 동기 부여 및 인센티브 제도가 기계적이고 조작적으로 된다.

20년도 더 지난 과거에, 내가 이 회사의 법률 및 재무 담당 시니어 부사장으로 근무하기 시작했을 때, 나는 내 연수의 처음 3개월을 병원, 공장과 가정의 청소와 수리 업무를 하며 보냈다. 이는 내가 우리 회사의 서비스 노동자들의 필요와 관심 사항에 동일화할 수 있게 도와준 학습 및 섬김의 경험이었다. 그것은 섬김의 리더십과 회사의 사명을 실행함에 있어서 리더의 역할에 대한 커다란 교훈이었다. 그것은 내가 항상 섬길 준비가 되어 있어야 하며, 나 스스로 하고 싶지 않은 일을 다른 사람들에게 하라고 요구하지 않아야 한다는 것을 끊임없이 상기시켜 주었다. 그런 환경에서의 리더로서, 나는 항상 사람들의 잠재력에 의해 놀랄 준비가 되어 있어야 했다.

한 동료가 내게 이 점에 대해 상기시켜 주는 경험을 들려주었다. 우리 회사에는 장기 근속을 인정해서 서비스 핀을 수여하는 관습이 있다. 내 친구가 한 행사에 참석했을 때, 이 핀을 받은 사람들 중 한 직원의 반응에 깜짝 놀랐다.

그 젊은 직원은 상자를 열어서 순은(純銀) 핀을 집어 들더니, 자랑스럽게 활짝 웃으면서 그 핀을 옷깃이 아닌 귓불에 끼웠다.

> 결코 겉모습으로 잠재력을 너무 빨리 판단해서는 안 된다.

사람들은 서로 다르기 때문에 우리는 결코 겉모습이나 생활양식으로 그 사람의 잠재력을 너무 빨리 판단해서는 안 된다. 기조를 세우고, 사람들의 차이를 받아들이는 법을 배우고, 서로 다른 사람들이 전체의 일부로서 기여하고 다양성 가운데 단합을 이룰 수 있는 환경을 강화하는 것이 바로 리더의 책임이다.

일(work)이 단지 하나의 직무(job)이기만 할 때

여러 해 전에, 나는 당시에는 소비에트 연방이었던 지역을 방문했다. 나는 서비스 비즈니스와 우리 회사의 목표에 대해 몇 차례 강연해 달라는 부탁을 받았다. 현재에는 페테스부르크로 불리지만 당시에는 레닌그라드였던 도시에서 나는 올가를 만났다. 그녀는 당시 대부분의 서양 사람들이 투숙하고 있던 어느 큰 호텔의 바닥 청소 일을 하고 있었다. 나는 그녀와 그녀의 일에 관심을 가지게 되었다. 나는 통역사를 통해서 그녀와 대화를 나눴는데, 그녀가 일을 하기 위해 사용하는 도구들을 주목했다. 올가에게는 T걸레틀과 더러운 걸레 천, 그리고 더러운 물통이 주어졌다. 그녀는 실상은 바닥을 청소하고 있는 것이 아니라 단지 먼지를 이곳에서 저곳으로 옮기고 있었다. 올가의 일의 실상은 하루가 끝날 때까지 최대의 시간 동안 최소로 움직이는 것이었다. 올가는 자기가 하는 일에 자부심을 느끼지 못했다. 그녀의 일에는 아무런 존엄이 없었다. 그녀는 그 일의 결과에 대해 전혀 책임을 지지 않았다.

나는 그녀와의 짧은 대화를 통해서 올가에게는 커다란 잠재력이 있음을 알게 되었다. 그녀의 방 두 개짜리 아파트에서는 바닥에 떨어진 음식을 주워 먹을 수도 있었는데, 직장에서는 전혀 딴판이었다. 아무도 올가에게 시간을 내서 가르치거나 지도해 주지 않았다. 그녀는 직원들에게 신경을 쓰지 않는 시스템 안에 버려졌다. 일은 단지 수행해야 할 하나의 직무에 지나지 않았다. 그녀는 일의 대상이었지, 주체가 아니었다.

그렇지만 셜리의 경우를 돌아보라. 무엇이 그녀의 일이 올가의 일과 달라지게 했는가? 물론, 한 사람은 모스크바에서 태어났고, 다른 한 사람은 시카고에서 태어났으며, 문화, 언어 그리고 국적이 달랐다. 그러나 그들의 기본적인 과제는 같았다. 둘 다 생계를 위해 일했다. 둘 다 재정 자원이 한정되었다. 그런데 한 사람은 자기 일을 자랑스러워했다. 그녀의 일은 자신과 다른 사람들에 대한 그녀의 견해에 영향을 주었다. 다른 한 사람은 그렇지 않아서, 그녀는 자신의 잠재력과 가치에 대해 그다지 높게 생각하지 않았다.

나는 이 차이는 그들이 직장에서 어떻게 대우받고, 사랑받고, 돌봄을 받는지와 다소 관련이 있다고 생각한다. 한 사례에서는 회사의 사명이 직원을 개발하고, 그들의 존엄과 가치를 인정하게 했다. 다른 사례에서는 활동을 제공하는 것이 목표였고, 그것을 일이라고 불렀다.

오늘날에는 어느 곳에서나 자유가 더 많아졌고 우리의 삶에서 더 많은 선택을 할 수 있게 되었다. 그러나 혼란과 불확실성도 더 많아졌다. 회사의 사명은 만병통치약으로 여겨질 수 없고, 수학 공식처럼 적용될 수도 없다. 그러나 회사의 사명은 토대, 행동의 기준점을 제공해 줄 수 있다. 이 사명은 우리의 직장 생활에서 어려움과 모순들에 맞설 수 있게 해 주는 일련의 살아 있는 원칙들을 제공한다. 사명이 조직화 원리가 될 때, 조직은 사람들이 서로 및 조직이 섬기는 다른 사람들을 돌보는 공동체가 된다. 이 사명을 계속적으로 정의하고 정교화하며 이의 달성을 이끌고자 할 때, 이를 실제로 수행하는 사람들을 잊지 말자. 그들은 우리 조직의 영혼이다.

토론문제

1. 당신은 어떤 사람의 일이 그 사람에게 의미를 제공할 필요가 있다는 폴라드의 말에 동의하는가? 아니면 그 말은 직장에 요구하기에는 너무 과한가? 당신의 대답에 대해 설명해 보라.

2. 당신은 경쟁력과 효율성을 갖출 필요와 폴라드가 제안하는 바와 같이 직원들에게 스스로를 개발할 수 있는 기회를 줄 필요 사이의 균형을 어떻게 유지하겠는가?

사람들이 그 안에서 번성할 수 있는 건강한 조직 만들기

리처드 비튼(Richard Beaton)과 린다 M. 바그너(Linda M. Wagener)
Theology News and Notes 57, no. 1(2010년 봄): 1-4쪽.

개요

이 글에서 바그너와 비튼은 인간의 번성이라는 아이디어는 개인들로부터 그들의 대부분의 시간과 창의성을 요구하는 조직에게로 확대되어야 한다고 제안한다. 저자들은 조직 생활에서의 신학에 관한 자원 부족을 한탄하면서, 그 안에서 사람들이 번성할 수 있는 조직(기업, 교회, 정부 및 클럽 등)을 만드는 것은 유대-기독교 신학적 상상력에 잘 들어맞는다고 제안한다.

· · · ·

최근의 설문 조사에서 60%가 넘는 사람들이 전직(轉職)에 관심이 있으며 15%만이 현재의 위치에 충실하게 머무르겠다고 하는 놀라운 결과가 나왔다. 이는 60%가 경험했던 경제 및 직원에 대한 처우, 그리고 근무 조건 저하에 기인한다(아래의 박스를 보라). 거의 모든 섹터와 조직 형태들에서 정리해고가 발생한 방식은 기업 가치를 생생하게 보여주었다. 당신의 동료들이 대우받은 방식대로 당신도 대우받을 가능성이 있다. 우리 모두는 다양한 형태의 조직들에게 우리 삶의 많은 부분을 주며, 조직에 있을 때 더 많은 것을 바란다.

일에 관한 설문 조사 결과

2009년에 Salary.com에 의해 수행된 네 번째 연례 직무 만족도 조사 결과 이 조사에 응답한 직원들 중 65%가 다른 직장을 알아보고 있음이 드러났다(17% 이상 증가한 수치임). 60%는 현 경제 상황에도 불구하고 더 열심히 일자리를 찾아보겠다고 응답했다. 65%는 "다소 만족한다"고 응답했지만, 15%만이 매우 만족한다고 대답했다. 온라인 공개 회원 조직인 컨퍼런스 보드는 2010년 1월의 보고서에서 미국에서의 직무 만족도는 자신들의 조사가 시작된 이후 20년 동안 가장 낮은 수준이라고 말했다.

조직이 대부분의 사람들의 삶에서 중요한 역할을 하기 때문에 이는 놀랄 일이 아니다. 조직은 우리 삶의 많은 부분을 투자하는 장소이다. 우리는 일하고, 관계를 발전시키며, 우리의 기술과 역량을 사용하며, 심지어 우리의 가족과 미래를 희생하기도 한다. 그 대가로 급여, 정체성, 의미, 그리고 바라기로는 의미 있고 창의적인 일을 할 장소를 제공받는다. 직장, 교회, 비영리기관, 정부, 학교 운영 위원회, 클럽 등의 참여는 우리의 삶과 사회의 경험을 형성할 뿐만 아니라, 우리 개인의 성장 및 발전에도 영향을 준다.

최근의 현상은 아니지만, 현대의 조직들은 많이 변해서 전략, 사명 및 효율성에 보다 더 초점을 맞추게 되었다. 그러나 실상은 조직들은 사람들로 구성된다. 조직 안에서 일을 하고, 조직을 운영하고, 조직을 형성하는 것은 사람들이다. 리더/경영진에게는 이러한 인적 자본과 이 자원을 관리할 막중한 책임이 있다. 많은 사람들이 리더십에 관한 책을 쓰는데, 조직 생활의 신학에 관해서는 어떤 책도 없고 글들도 아주 적다는 것은 놀라운 일이다. 우리는 건강한 조직 운영에 관심을 가지기보다는, 리더들 및 그들의 성장과 역량에 사로잡혀 있다. 조직 생활 안에서 우리의 가치, 신념, 그리고 관행들이 보다 생생하게 표현되어지기에 이러한 단절은 이상한 일이다.

오늘날의 조직은 다양하고 다원적인 세상 안에서 기능하고 있는 바, 이러한 복잡한 맥락은 이 세상 안에서 우리의 신앙에 따라 사는 것이 무엇을 의미하는지에 대해 보다 사려 깊게 심사숙고하도록 요구한다. 그 결과 일에 대한 이해 및 교회, 신자, 사회의 관계에 대한 우리의 이해도 유동적이다. 마지막으로, 우리는 (마치 직업과 일은 덜 중요한 일인 것처럼) 소명은 목사, 선교사나 그런 종류의 일을 하는 사람들에게만 주어졌다는 주장에서 벗어나 선한 일을 하는 직업 안에서 하나님에게 영광을 돌릴 수 있다는 보다 총체적인 생각으로 옮겨가고 있다. 이 견해는 우리를 인생, 일, 신앙, 그리고 실천에 대해 보다 총체적으로 이해하게 해 주기 때문에 이는 중요한 변화이다. 이는 또한 우리에게 조직 생활과 어떻게 조직에 참여하고 이를 세우고, 관리하며, 이끌지에 대한 신학적 관점에 대해 생각하기 시작하게 한다. 이를 위해서는 맥스 드프리(Max DePree)가 "사람의 개념"이라고 부르는, 보다 탄탄한 인간성의 신학이 필요하다.

유대-기독교의 신학적 상상력은 사람들이 그 안에서 번성할 수 있는 조직을 만드는데 대해 생각할 수 있는 몇 가지 방법을 제공한다. 성경 문헌들은 우리에게 큰 도움을 주지만, 많은 사람들이 생각하는 방식으로 도움을 주지는 않을 것이다. 조직이 근본적으로 사명을 달성하기 위한 사람들의 협력에 관한 것이라면, 우리가 관심을 가지는 맥락은 인간에 관한 이슈와 관련된다. 조직의 맥락에서 책임을 맡게 되는 매니저나 리더는 전략, 조직화, 문제 해결/의사 결정, 위임, 자기 관리, 보고, 또는 예산 수립 등의 일로 갈피를 잡지 못할 수도 있지만, 어쨌건 일은 사람에 의해, 그리고 사람을 통해 수행되어야 한다. 따라서 리더/매니저는 인간에 대해 잘 연구해야 하며, 인간이 최적의 기능을 수행하도록 증진하는 관계 기반 모델을 만들 수 있어야 한다.

인간에 대한 이해에 대해 생각할 때, 창세기 1장 26-29절은 중요한 구절이다. 이 구절에서 풍부한 신학적 지형을 끌어 낼 수 있다. 우리는 이 구절에서 인간은 남성과 여성 모두 하나님의 형상대로 창조되어 존엄과 가치를 지니고 있음을 배운다. 마찬가지로 우리는 창조 질서 안에서 이를 관리할 심원한 책임을 부여 받았음을 배우는데, 이 질서는 그 안에서 발견되는 인간 사회와 기관들을 포함한다고 가정한다. 따라서 그 안에서 인간이 번성할 수 있는 건강한 시스템을 만드는 것이 우리에게 부여된 임무의 일부이다. 새로운 창조에 대한 바울의 이해도 이와 유사하다. 그의 종말론은 교회가 미래의 가치들을 현재 세상에서 살아내야 한다고 제안한다. 우리가 새로운 피조물이고 옛 것은 지나가고 모든 것이 새로워졌다면, 어떤 면에서는 미래가 현재 속으로 들어 온 것이다. 확실히 이는 이러한 믿음, 가치 및 실천들을 반영하는 조직을 만드는 것을 포함한다.

창세기 3장은 동산으로부터의 추방에서 절정을 이루는, 하나님으로부터 인간의 분리를 다룬다. 바울은 이 구절에 기초해서 모든 인간이 타락했고, 부서졌으며, 하나님으로부터 분리되었다는 로마서 1-3장의 주장을 도출한다. 때로는 마치 피조물에 어떠한 선함이나 아름다움도 남아 있지 않거나 거의 남아 있지 않은 것처럼 이 상황이 너무 부정적으로 해석되어 왔다. 그러나 이러한 생각과는 달리, 인간은 하나님의 형상대로 만들어진 존엄성을 유지하고 있으며, 놀라운 방식으로 발전시킬 수 있다. 아름다운 음악, 예술 작품, 그리고 충분히 살아있고 번성하는 사람들 안에서 하나님이 원래의 창조에서 선포한 선을 어렴풋이 볼 수 있다. 특히 하나님의 구원, 정의, 자비 그리고 선함을 생각할 때, 이 사실만으로도 우리는 이 세상에서 다른 존재가 되어야 함을 시사한다. 사람의 능력이 완전히 개발되고 기능을 발휘할 때 인간의 창조주가 영광을 받기 때문에, 이레내우스(Irenaeus)는 인간과의 관계에서 이를 포착해서 완전하게 살아 있는 인간이 하나님에게 영광을 돌린다고 말했다. 조직, 리더, 그리고 관리자 모두 이와 관련하여 수행할 역할이 있다.

인간에 대한 성경의 이해는 인간에게는 선과 악 모두를 행할 수 있는 큰 능력이 있음을 가르쳐준다. 성경은 또한 사람은 가르칠 필요가 있으며, 우리는 책임성을 필요로 하고, 성장하기 위해서는 도전과 역경이 필요함을 시사한다. 이러한 이해는 사람에 대한 우리의 기대와 조직의 관리 및 구성 방식을 변화시킨다. 그러나 인간에 대한 우리의 이러한 이해를 다원적이고 다양한 사회에서 어떻게 대중이 알게 하는가?

오늘날 우리가 서구에서 경험하고 있는 문화적 이동은 신앙과 종교, 가치와 신념이라는 광장과 이슈를 더 복잡하게 한다. 초기 모더니즘에서는 공사(公私)에 명확한 경계가 있었다. 예를 들어, 종교는 사적 영역에 속했다. 그리고 그 결과 일하러 집을 나설 때 다소 혼란스러워할 수 있었다. 그들의 가족의 가치와 신앙이 직장에도 함께 가는 것인가? 아니면 직장에서는 다소 다른 사람이 되는 것인가? 이 새로운 시대에서는, 사람들이 보다 총체적으로 살고 사적 세계와 공적 세계를 통합하려 한다. 그 결과, 개인적 신념 체계와 가치들이 점점 더 조직 생활에 들어오고 있다. 사람들은 자신의 전인(全人)을 가지고 일하러 가기 때문에, 이러한 변화는 일리가 있다. 일부 조직들도 이와 궤를 같이해서, 인간의 능력/성과를 극대화하고, 건강하고 생산적인 일터를 만들고자 한다. 경영 연구도 이 추세를 따른다. 『Harvard Business Review』 최근호는 암묵적으로 이 주제를 탐구한다.[1]

조직들은 특히 혁신적이고, 창의적이며, 효율적이고, 생산적이고, 이익을 내면서도, 이러한 생산성과 창의성을 만들어 내는 인간의 역량과 복지를 강화하는 학습 공동체를 만들고자 하기 때문에, 개인의 사적 영역과 공적 영역이 만나는 중요한 장소이다. 여기에서 주는 메시지는 인간은 두 가지를 모두 할 수 있고, 해야 한다는 것이다. 또한, 조직들은 진공 상태에서 존재하는 것이 아니라, 사회에 의존하기도 하고 기여하기도 하는 복잡한 방식으로 사회에 연결되어 있다. 이러한 사회 계약에 대해서는 저항이 있어 왔지만, 시스템 이론가들의 연구는 우리가 이러한 문제들에 대해 생각하는 방식을 변화시켰다. 그 결과 새로운 경영 및 조직 모델들은 인간이 된다는 것은 무엇을 의미하는가와 인간이 생산적이고, 건강하며, 의미 있게 살려면 무엇을 필요로 하는가에 대해 보다 정교하게 이해할 필요가 있다. 이러한 점이 경영, 조직, 그리고 리더십에 대한 논의의 전면과 중심에 놓여져야 한다.

이 점에서 신학과 종교가 많은 기여를 할 수 있다. 그러나 그것은 하나의 도전과제이다. 인간의 번성에 대한 신학적 구성이 두 세계 사이에 중요한 다리를 제공하고, 지속 가능한 환경 친화적 모델을 구축하기 시작하도록 도움을 제공할 수도 있다.

광장에서의 종교

우리는 그 안에 많은 신앙, 신념 체계, 가치, 그리고 문화가 있는 다양하고 다원적인 사회에서 살고 있다. 조직들은 일반적으로 이러한 다양성을 반영해서, 그 안에서 일하고 인도할 수 있는 복잡한 환경을 만들어 낸다. 우리의 신념 체계를 어떻게 공개적으로 표현할지 생각하는 것이 매우 중요해진다. 경건이나 영혼의 내적 여행, 복음 전도 등에 초점을 맞출 경우, 이러한 표현들이 다른 신념 체계 및 행동들과 경쟁하기 때문에, 조직에 긴장을 조성할 것이다. 그래서 일반적으로 상장 회사들은 종교를 두려워한다. 우리는 참으로 이러한 전통적인 방법과는 다른 방식으로 현실을 볼 필요가 있다. 이러한 필요에서 조직의 사명이 어떻게 보다 심화될 수 있으며 인적 자본이 개발될 수 있는지에 대해 보다 실제적으로 논의하게 된다. 심원한 신학적 토론은 필요하고 재미도 있지만, 큰 도움이 되지 않았다. 리더십, 소명, 그리고 그런 유에 대한 일반적인 철학에 관한 책이나 대화도 도움이 되지 않았다. 사람들은 정확히 어떻게 살고, 일하고 자신의 신앙을 공개적으로 실천할 수 있는지 알 필요가 있다.

사람이 일과 신앙, 그리고 신앙의 내용을 어떻게 이해하는지가 매우 중요하다. 인기 있는 기독교 문헌에서는 신앙과 일이 종종 반목한다. 그리고 이 둘 사이에 다리를 놓으려 하는 사람들 사이에서도 아직도 일요일과, 월요일에서 금요일까지가 분리되고 토요일은 그 사이에 빠져서 없어져 버린다는 얘기가 있다. 이러한 생각은 일은 저주의 일부이며, 우리가 영원히 하나님과 함께 있게 될 때에는 없어질 것임을 함축한다. 이러한 분투에는 물질세계와의 긴장이 포함된다. 우리는 다양한 영역에 대해 목사의 사역에 대한 소명과 흡사한 소명이라는 이름을 붙여왔다. 공적인 영역을 이처럼 다시 신성시하는 것은, 때로는 불행하게도 사역에 대한 부름을 받지 못한 사람들의 일상의 평범한 존재에 의미를 가져오려는 시도로 보였다. 모든 일은 신성하며 창조에서의 하나님의 설계의 일부이며, 따라서 높건 낮건 소명이라고 지정할 필요가 없다고 주장하는 것이 더 쉬울 수도 있을 것이다. 노동은 우리의 이 땅에서의 체류의 일부로서, 노동이 우리의 역량을 활용할 때 큰 의미가 있을 수 있다. 플로우 리서치와 굿 워크(Good Work) 프로젝트는 탁월하고, 사회적으로 책임이 있게 행동하며, 매혹적일 때 일이 의미 있을 수 있다는 증거를 제공한다.[2] 개인으로서 번성하기 위해서는, 인적 자본을 극대화하고자 할 경우 이러한 자원들 및 조직들을 활용해야 한다.

현재 많은 사람들이 서구 기독교는 신체적, 물질적 세계의 희생 하에 영적 세계를 강조한다는 의미에서 근본적으로 영지주의 또는 신 플라톤주의자가 되었다고 제안한다. 많은 설교나 유행하는 말들이 헌신, 경건주의, 세상에서 떨어져 살기를 강조한다. 그러나 우리는 몸을 가지고 있고, 물질 세계에서 일하며, 일, 소득 등을 위해서 문화와 사회에 참여한다. 구조로서의 인간의 번성은 이들을 보다 총체적으로 다루고자 한다. 여러 보수주의적 복음주의 저자/설교자들이 인간의 번성에 대한 새로운 강조는 복음과 교회에 대한 "인본주의"의 맹공격이 다시 살아난 것에 지나지 않는다는 의견을 표명하는 바와 같이, 이 둘 사이의 긴장은 명백하다. 이 도전은 그들이 인식하고 있는 것보다 더 많은 것을 드러내 준다. 이 입장은 보다 넓은 문화에 대한 그들의 반감 및 방어적인 투쟁,

영적인 것과 물질적인 것의 분리, 그리고 인간에 대한 부정적인 견해를 보여준다.

인간의 번성을 현실을 구성하는 하나의 방식으로 받아들일 경우, 인간이 무엇인지 및 의미 있는 삶의 기본 사항에 관한 신학을 명백히 할 필요가 있다. 이 짧은 글에서 이에 대해 상세히 논할 여유는 없지만, 우리는 사람들이 보다 더 통합되면 자신의 일과 놀이, 그리고 신앙을 자신의 개인적 개발과 성장, 관계, 그리고 기여의 중요한 부분인 한 덩어리로 이해할 것으로 생각한다. 사람들은 세상의 한가운데서 하나님의 영광을 위해 살아간다. 그리고 그 결과, 교육, 경험 및 다른 사람들과의 교류를 통해 점점 더 자아를 인식하고, 성장하며 발전하게 된다.

공개적인 대화에서는 공통적인 영역을 발견하고 사회의 건설을 지원하는 관습에 기여하는 것이 중요하다. 인간의 본성이나 기원에 관해서는 동의하지 않더라도, 우리는 사람들이 그 안에서 완전한 역량에 도달하고 이를 표현할 수 있는 좋은 사회를 만들기 위해 기여하자는 데 동의할 수 있다. 창세기 1장 26–27절 및 새로운 창조에 대한 바울의 이해는 모두 이 방향을 가리킨다. 그러나 이를 위해서는, 메시지와 실천 사이에 일관성을 유지할 필요가 있다. 회사 및 개인의 행동으로 귀결되는 조직 문화와 가치는 핵심 신념 및 가치에 대해 강력한 진술을 한다. 이것이 어떻게 실제적으로 작동하는지는 다음 섹션에서 논의할 것이다.

인간의 번성과 조직

일의 맥락은 인간이 번성할 수 있는 용량(capacity)의 핵심 요소이다. 매주 직장에서 많은 시간을 보낸다는 단순한 사실을 넘어서, 인간으로서의 우리의 정체성의 많은 부분이 우리가 하는 일의 성격에 연결되어 있다. 일의 세 가지 요소가 특히 번성과 관련이 있는 듯하다. 즉, 사람들에게 높은 기준을 달성할 수 있게 해 주고, 모든 역량과 자원을 요구하며, 사회적으로 책임 있게 행동하는 일은 의미 있는 삶의 구성과 연결되어 있다. 자기 팀의 생산성과 복리에 관심이 있는 매니저들은 이 세 가지 측면을 강조할 때 상생한다는 점을 인식할 것이다. 그렇다면, 사람들이 어떻게 탁월함, 윤리, 그리고 참여라는 영역에서 개선되도록 개발시켜 줄 수 있는가?

인간의 의미에 관한 신학이 일의 영역에 관련이 있다고 주장했으니, 이제 실제적인 실행상의 이슈들에 주의를 돌려 보자. 이 글의 나머지 부분에서는, 특히 다섯 가지 영역에서 조직의 형성 및 운영에 우리의 인간됨이 어떻게 구현되어야 하는지에 관해 탐구할 것이다. 이에는 알려지기, 소통, 발판이 되어 주기, 자율과 책임, 그리고 엔트로피 문제가 포함된다. 직장에서의 이러한 측면들에 주의를 기울이면, 조직들이 인적 자본을 보다 의도적으로 개발하고 궁극적으로 번성할 수 있는 역량을 강화하게 될 것이다.

알려지기: 친밀함

우리는 너무도 자주 조직 구성원들을 그들이 하는 일에 어떻게 부합하는가라는 면에서 보게 된다. 우리는 필요 및 기능에 입각해서 사람들을 채용하거나 조직 안으로 통합한다. 설사 의학 박사 학위를 가지고 있더라도, 복사를 위해 고용되었다면 그들에게 기대되는 일은 복사뿐이다. 조직에 속한 사람들이 배우들처럼 틀에 박혀 있고 절실한 창의성 및 혁신에 기여할 기회가 제한되어 있으면, 인적 자본이 제대로 활용되지 못하는 결과가 초래될 것이다. 신학적으로는, 에덴 동산에서 주어진 피조물을 돌보라는 도전 과제에는 조직 생활이 포함된다. 리더/경영진은 하나님 앞에서 조직들뿐만이 아니라 그들의 영역 안에 있는 다양한 사람들에 대해서도 책임이 있다. 사람이 조직 안에서 번성하려면, 팀원 각자의 잠재력에 대해 알고 이해할 수 있는 체계적인 방법을 만들 필요가 있다. 그리고 사람들이 발전되고 승진될 수 있는 구조, 체계 및 프로세스를 제공하는 것도 필수적이다. 재능이 뛰어난 직원이라 할지라도 지원과 훈련 없이 너무 많은 책임을 부여하면 위험하다.

리더와 경영진이 자기 조직 안에 있는 사람들을 돌보기 위해서는 일련의 추가적인 감성과 기술을 필요로 한다. 기술 및 다양한 글로벌 시장의 급속한 변화는 직접적이고, 도구적이며, 관계적인 일련의 리더십 기술을 필요로 한다.[3] X세대 및 2000년대 세대의 젊은 노동자들은 수직적 구조보다는 수평적 구조를 기대하며, 그 안에서 번성한다. 드러커는 이를 이해하고서, 노동자들은 이끌어야지 관리해서는 안 된다고 주장했다. 조직에 최대로 기여하기 위해서는, 리더들이 직원들을 전보다 훨씬 더 잘 알 필요가 있다. 그들의 인적 자본, 즉, 역량, 성격 및 능력을 이해하지 못하면 조직의 재정 자본을 알지 못하는 만큼이나 위험하다. 그러면 조직의 사명이 위험해진다. 조직의 인적 측면을 이해하려면, 조직의 사명에 관련된 특화된 역량 외에도 높은 정서적 및 사회적 지능도 필요로 한다.[4]

소통

조직의 인적 자본을 보호하고 개발하기 위해서는, 성과 검토, 감독, 연수, 그리고 책임의 위임에 관한 명시적인 프로세스, 정책 및 전략이 있어야 한다. 이 정책들은 조직 전체에서 정확하게 이해되어야 한다. 이 모든 프로세스들의 성공 여부는 효과적인 소통에 의존한다. 명확성, 투명성, 그리고 구두상의 진술과 문서상의 진술이 일치하는 관행에 의해 공사의 경계가 보호된다. 직무 기술, 보상, 승진 정책, 그리고 성과에 대한 기대들은 직접적이고 명확하게 소통되어야 한다. 조직 구성원의 해고, 승진 또는 보상이 놀라운 일이 아니어야 한다.

사람 및 문화의 모습 형성에 있어서 소통의 비언어적 측면도 언어적 측면 못지않게 중요하다. 의식적이건 무의식적이건, 조직의 관행과 진술된 가치 사이의 일관성이 매우 중요하다. 구두상의 소통이 실제 관행, 정책 및 가치들과 충돌할 경우, 조직은 불신과 부정직이 판치는 장소가 될 수 있다. 가십(gossip)과 같은 소극적-공격적 소통은 위험 신호이다. 때로는, 이들 간접적 형태의 소통이 긍정적으로 보이는 가치들로부터 나올 수도 있다. 예컨대, 사람들은 친절을 베풀기 위해, 또는 감정을 상하지 않기 위해 문제가 있는 행동을 직접적으로 소통하지 않을 수도 있다.

이 점에 대해, 우리는 주로 조직의 계약적 측면에 대해 논의해 왔다. 그러나 소통에는 인간의 존엄에 대한 신학적 이해로부터 나오는 언약적 측면도 있다. 하나님의 형상을 따라 창조된 모든 인간은 하나님 앞에서 평등하며, 정의와 존중을 실천할 의무가 있다. 사람들은 또한 보복에 대한 두려움이 없이 정직하고 올곧게 말할 기회를 살려야 한다.

양호한 소통, 인간의 존엄에 대한 긍정, 인재 개발, 건강한 조직 문화 조성, 그리고 하나님의 백성의 가치는 서로 연결되어 있다. 크리스천들만이 이러한 가치를 공유하는 것은 아니지만, 이러한 가치들은 기독교 신앙 체계에 매우 중요하다. 좋은 사회를 만드는 것이 하나님의 백성의 보다 넓은 목표의 일부가 되어야 한다. 공정하고, 평화로운 세계는 모든 사람에게 좋은 것이며, 복음과도 일치한다.

발판이 되어 주기: 사람들을 어떻게 개발할 것인가

매니저들은 감독, 성과 검토, 그리고 다른 사람들에 대한 권한 위임을 포함하는 멘토링 프로세스에 대한 공식적인 훈련을 별로 받지 않는다. 이 모든 일상 관리 업무들은 팀원들의 재능 및 역량을 개발함으로써 조직의 인적 자원을 증가시킬 수 있는 기회들이다.

배경 지식으로서, 보다 경험이 있는 사람이 다른 사람을 특정 영역에서 발전하도록 도와주는 역할을 하는 좋은 멘토링 관계의 구성 요소들에 대해 생각해 보면 도움이 될 것이다. 가장 중요한 점은 멘토의 뛰어난 역량이다. 뛰어난 멘토들은 다른 사람들에게 서는 아직 완전히 성숙하지 않은 지식, 기술 및 태도를 가지고 있다. 그들은 또한 자신이 격려하고 있는 사람들의 실력 수준에 대해 충분히 알아야 한다. 마지막으로, 그들은 자신의 성과 수준과 후배 직원의 성과 수준 사이의 다리를 형성할 수 있어야 한다. 발판이 되어 주기라는 개념은 보다 경험이 있는 사람들이 다른 사람들에게 보다 많은 책임을 부여받기 위해 필요한 기술을 습득하도록 일시적으로 지원하는 것을 묘사하는 유용한 비유이다. 발판이 되어 주기는 기술이 습득되어짐에 따라 점점 사라지는 일시적 지원 구조라는 점을 주목하라. 습득 단계에서 충분한 지원을 제공함으로써, 보다 경험이 적은 팀원이 성공을 경험할 가능성이 높아지고, 심각한 실수를 저지를 가능성은 낮아진다.

자기 개발에 투자하는 사람들에게는, 멘토링을 받는다는 것은 우리 인간의 경험에 다차원성을 더하는 독특한 관계적 경험이다. 멘토링 관계들을 강화하는 태도와 행동들이 있다. 이에는 우리 자신에 대해 알려주기, 피드백에 대한 개방성, 필요한 것에 대한 적극적인 추구, 그리고 우리에게 멘토링이라는 선물을 제공해 주는 사람들에 대한 감사 표시 등이 포함된다.[5]

자율과 책임

조직에서 사람들에게 자율성을 행사할 공간을 주는 것과 적절한 감독 및 책임을 제공하는 것 사이에는 섬세한 균형이 있다. 탁월성 및 윤리 모두에 있어서, 균형점이 발견되면 좋은 결과가 따라 오게 된다. 실수를 용납하는 정도에 있어서, 조직에 따라 조직 문화가 다르다. 매우 창의적이고 혁신적인 문화는 필연적으로 어디로 튈지 모르는 특성에 대처할 수 있어야 한다. 다른 한편, 조립 라인 생산은 프로세스 각 단계에서의 정밀성과 정확한 복제에 의존한다. 책임성은 개인 및 조직 모두를 실수로부터 보호해 주지만, 보다 긍정적으로 말하면, 그들에게 계속 발전하고 개선할 수 있게 해 준다.

엔트로피

사람에게는 한계와 (넓게 정의된) 죄를 지을 수 있는 가능성이 있음을 받아들인다면, 탁월함이 아니라 평범함을 추구하는 것이 인간의 성과의 자연적인 패턴이다. 우리는 일반적으로 도전, 역경, 그리고 고난을 추구하지는 않지만, 이들은 건강한 성장에 필수적이다. 엔트로피는 저지하기 어렵다.

번성하는 조직을 유지하기 위해서는, 리더들은 인간적 요인들을 충분히 알 필요가 있다. 사업가적 열쇠, 리더십 모델과 같은 것들을 성경에서 찾을 것이 아니라, 신학적 상상력을 알려 주고 건강한 조직과 그 시스템, 프로세스, 실무 관행의 건설, 그리고 궁극적으로 좋은 사회에 건설적으로 참여할 수 있게 해 주는 책을 읽는 것이 필요하다. 이 모델이 보다 도전적이라는 점은 인정하지만, 궁극적으로는 보다 만족스러운 모델이다. 청지기 직분은 돈과 아이디어보다 더 많은 것들에 관련된다. 그것은 모든 조직의 일부인 거대한 인적 자본과도 관련된다.

토론 문제

1. 인간에 대한 어떤 기본적인 견해가 조직들은 인간의 번성에 기여해야 한다는 비튼과 바그너의 아이디어의 토대를 이루는가?

2. 당신은 조직들에게는 직원들이 그 안에서 번성할 수 있는 환경을 제공할 책임이 있다는 데 동의하는가, 아니면 조직에게는 일이 효율적으로 되게 할 책임만이 있다고 생각하는가? 당신의 답변에 대해 설명하라.

3. 비튼과 바그너는 직원들은 단순한 관리가 아니라 리더십을 원한다고 주장한다. 당신은 직원들이 일을 잘하도록 하기 위한 자율성의 필요와, 일을 비용 효율적으로 하도록 담보하기 위한 책임성 사이에 어떻게 균형을 유지하겠는가?

Notes ───────────

1. Harvard Business Review, http://www.hbr.org.

2. M. Csikszentmihalyi, Flow, The Psychology of Optimal Experience (New York: Harpers, 1990); H. Gardener, M. Csikszentmihalyi, and W. Damon, Good Work: When Excellence and Ethics Meet(New York: Basic Books, 2001).

3. J. Lipman-Blumen, Connective Leadership: Managing in a Changing World (Oxford: Oxford University Press, 2000).

4. D. Goleman, Emotional Intelligence: Why It Can Matter More Than IQ (New York: Bantam, 2002).

5. Keyes & H. Haidt의 Flourishing: Positive Psychology and the Life Well-Lived(Washington, DC: American Psychological Association, 2003), 83-104쪽에 나오는 J. Nakamura와 M. Csikszentmihalyi, "The Construction of Meaning through Vital Engagement."

읽기 자료
BEYOND
INTEGRITY

테크놀로지와 경영진의 새로운 도전 과제

앨버트 에리스먼(Albert Erisman)
미발표 자료

1960년 영화 The Apartment(아파트)에 옛날식 학교 관리의 특징이 되는 장면 하나가 나온다. 보스는 유리 칸막이 뒤에 앉아 있고 그의 부하들은 탁 트인 넓은 해안에 배치해 놓은 책상 앞에 앉아 있다. 사람 관리는 모든 행동을 볼 수 있는 곳에서 대면으로 이루어졌다. 매니저는 대부분의 직원들의 일을 직접 하고도 남았다. 책상 앞에 앉아서 보낸 시간은 중요한 생산성 척도 중 하나였다.

오늘날의 매니저는 전 세계의 직원들로 구성된 팀을 관리할 수도 있다. 그들 중 일부는 집에서 일하고, 일부는 멀리 떨어진 사무실에서 일하고, 또 다른 일부는 일시적으로 스타벅스와 같은 곳에 들러서 그곳에서 일한다. 일의 많은 부분이 개인이나 팀의 창의적 기여로 구성되어 있고, "책상에서 보내는 시간"은 점점 더 무의미해지고 있다. 오늘날에는 수행되는 많은 일들이 매니저에 의해 완수되지 못하며, 매니저는 상세한 내용에 대해 알지 못할 수도 있다.

전기 통신 및 정보 기술의 발달에 의해 가능해진 이 새로운 구조로 인해 일에 대한 분석이 매우 복잡해진다. 이러한 변화는 신기술의 시대로 간주될 수 있는 시기의 사람 관리에 있어서 중요한 질문을 제기한다. 예컨대, 직원들의 존엄성을 존중 및 인정하고 하나님이 그들에게 의도하는 모든 것을 개발하도록 허용하면서도, 테크놀로지를 어떻게 활용할 수 있는가? 두 가지 도전적인 현실들로 인해 이 질문들에 대해 답하기가 더 어려워진다. 첫째, 테크놀로지는 계속 발전하고 일터를 변혁시킬 것이다. 오늘날의 리더들은 하나의 새로운 업무 방식에 안주할 수 없고, 끊임없이 변화를 받아들이고 또다시 내일의 도전적인 질문을 할 준비가 되어 있어야 한다. 둘째, 많은 비즈니스 리더들은 테크놀로지 전문가도 아니고, 그러기를 원하지도 않는다. 따라서 매니저들은 벗어나기를 원할 수도 있는 변화의 한가운데에서 효과적으로 운영할 도전을 받는다.

30년이 넘는 기간 동안 보잉(Boeing)에서 대규모 리서치 및 테크놀로지 조직을 관리한 뒤 지난 10년 동안 학계에서 일한 경험이 있는 나는, 윤리와 비즈니스의 접점에 큰 관심을 가지고 있는 크리스천으로서 이런 종류의 질문을 하고 그들의 통찰력을 얻기 위해 고위 임원들을 면담하는 데 많은 시간을 보냈다.[1] 나는 이 글에서 내 생각과 이러한 면담들에서 발견한 사항들의 일부를 공유해 달라는 부탁을 받았다.

이 글에서 나는 경영진이 직면한 4가지 특별한 도전 과제들에 초점을 맞출 것이다.

1. 소통
2. 행동 측정 및 통제
3. 업무 산출물 측정 및 이의 활용
4. 효율적 신세대 "테크놀로지 원주민" 관리

나는 소통에 대한 팀 성과 모델(Team Performance Model)을 사용하여 첫 번째 이슈를 다루는 데 도움을 줄 것이다. 다음 3개의 도전 과제들을 고찰함에 있어서는, 테크놀로지가 비즈니스 자체에 영향을 주는 다른 방식들을 살펴보는 5단계 모델을 제안할 것이다. 나는 이 모델로부터 이 새로운 환경 속에서 사람들을 관리하기 위한 지침을 개발할 것이다.

이 도전 과제들을 다룸에 있어서, 나는 테크놀로지에 양면적 특성이 있다는 견해를 유지할 것이다. 테크놀로지는 소통, 동기 부여, 측정 및 직원 개발 향상에 대한 막대한 기회를 제공한다. 그러나 모든 기회에는 당면 과업을 침해하는 어두운 측면이 있을 수 있다.

소통

통신 기술은 매니저에게 완전히 새로운 도구들을 가져다준다. 이메일에서 SNS, 트위터, 메신저에 이르기까지, 매니저들은 접촉을 유지하고 응답을 받을 수 있는 새롭고도 신속한 방법들을 가지고 있다. 실로, 이러한 테크놀로지들이 없이는, 전 세계에 흩어져 있는 인력을 관리하는 일은 할 수가 없을 것이다. 이 모든 말은 좋게 들리는데, 거기에 부정적인 측면이 있는가?

인 디 에어(Up in the Air)라는 영화는 테크놀로지의 시대에 기업의 소통에 관한 재미있는 사례 연구를 제공해 준다. 라이언 빙햄(조지 클루니 분)은 많은 회사들이 스스로 하기를 원하지 않는 일들을 하는 대기업에 근무한다. 특히, 이 회사는 고객 회사에 가서 그들을 대신해 정리 해고를 단행한다. 라이언은 일 년에 300일이 넘게 출장을 다니면서 단골 비행사 마일리지를 쌓으며 여행 가방을 달고 살아간다.

그러던 어느 날, 회사에서는 MBA를 갓 졸업한 젊은 직원을 고용했는데, 이 직원은 효율성을 강조한다. 그녀는 화상 컨퍼런스 테크놀로지를 사용해서 정리 해고를 하러 회사에 출장을 갈 필요 없이 이 일을 할 수 있게 함으로써 수백만 달러의 출장비용을 아끼자고 제안한다. 라이언은 개인적으로는 이 새로운 세계에 매료되었지만, 테크놀로지면에서 효율적인 솔루션은 관련 조직에 위험도 가져다준다는 것이 밝혀졌다. 직원들이 생계 수단을 잃게 될 뿐만 아니라, 그들의 삶에 있어서 의미와 목적, 그리고 공동체를 제공해 주는 주된 장소도 잃게 된다는 점에 비추어 볼 때, 화상 회의가 진정으로 정리 해고를 통보하는 최선의 방법인가? 이 테크놀로지상의 전환에서 뭔가를 잃고 있는 것은 아닌가?

더 싸고 더 빠르기는 하지만, 전자 소통은 대면 소통과는 다르다. 팀 성과 모델은 이러한 새로운 도구들을 어떻게 소통이라는 보다 큰 그림에 들어맞게 할 수 있는지 이해하도록 도와주는 모델이다.

1990년대에 미래 연구소(Institute for the Future)는 테크놀로지를 통한 효과적인 소통을 명확히 하는 데 도움을 주기 위한 지도 모델을 개발했다. 나는 이 모델이 새로운 커뮤니케이션 테크놀로지의 사용에 관해 물어볼 필요가 있는 질문들의 유형에 대해 생각하는 데 도움이 된다는 것을 발견했다.[2] 팀 성과 모델 설계자들은 우리는 직장에서 3가지 종류의 대화를 하며, 이 대화들(그리고 이를 가능하게 해 주는 테크놀로지들)은 "같은 시간, 같은 장소," "같은 시간, 다른 장소," 그리고 "다른 시간, 다른 장소"의 3개의 그룹으로 나누어진다고 주장한다. 이들 각자의 그룹에는 전반적인 소통에 기여하는 각자의 속성이 있다.

대면 소통은 (시간 및 출장 면에서) 가장 비싸지만 다른 환경에서는 얻을 수 없는 풍부함을 제공한다. 두 사람이 직접 관계를 맺을 때에는 뉘앙스를 쉽게 포착할 수 있다. 대화가 즉각적인 과제에서 벗어나, 보다 깊은 다른 다리를 만들 수 있다. 저자들은 신뢰가 여기에서 발전되는 핵심 속성이라고 주장한다. 사람들이 회의에서 직접 대면할 때에는 회의가 끝난 뒤에 커피를 마시면서 관계를 더 발전시킬 수 있다. 사람들이 출장을 갈 때에는 함께 식사한다. 회의의 구조는 대화의 끝이 아니라 시작이다.

두 번째 유형의 소통은 "같은 시간, 다른 장소"에서 일어난다. 여기에서는 두 당사자가 주고받기 식으로 특정 아이디어에 대해 상호 작용할 수 있는데, 이는 어려운 이슈에 대한 해법 도출에 도움이 된다. 화상 컨퍼런스에서와 같이 이미지가 포함될 경우, 소통에 뉘앙스와 몸짓 언어들이 포함될 수 있다. 저자들은 이러한 유형의 소통은 특정 과제를 어떻게 수행할 지에 관한 방향 설정 및 동의 획득에 매우 효과적일 수 있다고 주장한다. 그리고 대면 관계가 확립된 뒤에 이 세션이 수행되면, 신뢰의 토대 때문에 보다 빠르게, 그리고 보다 잘 수행될 수 있다.

"동시적" 접근법을 통해 이해와 방향이 달성되고 나면, 이메일, 게시판, 또는 기타 유형의 다른 시간대의 메시지 전달 기법을 사용하여 일을 수행할 수 있다. 이러한 도구들은 다른 사람들이 하고 있는 일을 간섭하거나 방해하지 않는다는 장점이 있다. 이메일과 같은 "다른 시간, 다른 장소" 도구를 사용하여 어려운 이슈를 해결하려 할 때, 특히 대면 접촉에서 오는 신뢰 수준이 적절히 개발되지 않은 경우, 이 방법의 약점이 노출될 수 있다.

EMC 코퍼레이션의 사장 겸 COO이자 전 인텔 집행 부사장 펫 겔싱어(Pat Gelsinger)는 이 이슈에 관해 이렇게 말했다.

우리는 (우리의 가상 팀들을 위해) 모든 것을 온라인 데이터베이스에 들어가게 해서 진정으로 공유된 일터가 될 수 있게 하려고 합니다. 그리고 나서 우리는 정규 대면 접촉에 초점을 맞춥니다. 잘 아는 사람에게 전자 메시지를 보내는 것은 매우 강력한 소통의 형태입니다. 관계가 없는 사람에게 6마디의 전자 메시지를 보내는 것은 매우 부적절한 소통 형태입니다. 전자 메시지와 보다 테크놀로지를 지향하는 기타 소통 수단들은 좋은 팀들과 좋은 관계들 위에 구축될 때에만 효율적입니다.

제게는 개인적인 규칙이 있습니다. 만일 누군가와 동일한 주제에 대해 4~5 차례 이상 이메일을 주고받으면, 저는 더 이상 이메일을 사용하지 않습니다. 우리는 전화로 얘기하거나 직접 만납니다. 저는 뭔가를 신속하게 해결하지 않을 경우, 두 사람이 만날 때쯤이면 한 사람이 다른 사람에게 매우 화가 나 있게 된다는 것을 배웠습니다. 당신은 그들이 당신이 설명하고 있는 가장 간단한 것도 이해할 수 없으니 무능하다고 생각합

니다. 그러나 이는 매체 때문이며, 이를 감안할 필요가 있습니다.[3]

소통이 언제나 대면 형태에서 시작하여 보다 비직접적인 형태로 하나의 직선 방향으로 움직이는 것은 아니다. 때로는 어떤 사람이 팀에 합류하여 "다른 시간, 다른 장소"의 소통 방법을 통해 이슈들에 대해 듣게 된다. 내 경험으로는, 대면 관계에서 개발된 신뢰에 뿌리를 둔 팀들은 보다 빠르고 효과적으로 움직일 수 있다.

리더들이 사람들과의 소통을 위해 사용할 수 있는 다양한 테크놀로지 도구들이 있다. 그러나 그것은 단지 매니저에게 가장 편안한 도구를 선택하는 문제는 아니다. 그보다는 올바른 과업에 올바른 도구들을 사용할 수 있도록, 소통과 도구들의 유형의 성격을 이해할 필요가 있다.

기타 이슈들

테크놀로지를 통한 관리의 세 가지 문제들을 다루기 위해서는 테크놀로지가 어떻게 일 자체에 영향을 주는지 이해할 필요가 있다. 나는 테크놀로지가 21세기의 비즈니스에 영향을 주는 다양한 방식을 더 잘 이해하도록 도와주는 모델을 제안한다.

5. 테크놀로지에 의해 변화된 사람들
4. 테크놀로지를 통한 상품 및 프로세스 변혁
3. 테크놀로지 인프라스트럭쳐 관리
2. 테크놀로지 상품 개발
1. 기반 테크놀로지 개발

나는 아래에서 각각의 층들의 의미에 대해 살펴보고 나서 이를 바탕으로 3가지 관리상의 이슈들을 다룰 것이다.

첫 번째 단계에서는 정보 기술이 1960년대 초부터 무어의 법칙(Moore's Law)이라고 알려진 법칙을 따르고 있다. 인텔의 설립자 고든 무어(Gordon Moore)의 이름을 따 명명된 이 법칙은 물리 또는 법률 법칙이 아니라 혁신의 법칙이다. 무어의 법칙은 IT로부터 나오는 용량은 비용/성과 면에서 18개월마다 두 배로 늘어난다고 말한다. 테크놀로지 회사들은 계속해서 이 법칙에 비추어 자신의 상품 개발(마이크로칩의 기본 용량)을 관리해야 하기 때문에, 이 법칙을 알 필요가 있다. 일반 비즈니스 매니저는 새로운 용량이 계속해서 나오게 될 것이고 이는 중단되거나 사라지지 않으리라는 것을 알 필요가 있다. 계속되는 변화에 대한 준비가 요구된다.

두 번째 단계는 이처럼 급속히 발전하는 테크놀로지로부터 나오는 도구들의 집합을 나타낸다. 이 도구들은 회사가 비즈니스를 수행하는 방식을 바꿀 수도 있고, 또는 시간과 돈의 낭비에 지나지 않을 수도 있다. 일반적으로 조직에서 아무에게도 요구되지 않는 이러한 도구들을 효과적으로 평가하고 이들에 관한 결정을 내려야 하는 압박감은 이루 말할 수 없다.

세 번째 단계, 즉 이 시스템들을 신뢰할 수 있고, 안전하고, 비용 면에서 효과적으로 작동되게 하는 일은 흔히 IT 부서의 영역이라고 간주된다. 그러나 이곳에서 되어지는 일들이 기업의 모든 사람들에게 영향을 준다. 이러한 의사 결정의 예로는 정보 보호, 직원의 컴퓨터 사용 모니터링, 누가 어느 정보에 접할 필요가 있는지에 대한 파악, 그리고 회사 컴퓨터 자원의 개인적 사용 등이 있다.

네 번째 단계는 비즈니스가 재형성되는 곳이다. 회사의 상품 및 프로세스들은 테크놀로지를 통해 변형되고, 인프라스트럭쳐에 의해 지원되며, 2번째 단계로부터 탐구된 새로운 아이디어에 의해 계몽된다. 이 모델의 두 번째(및 세 번째) 단계의 작업의 고도의 기술적 성격으로 인해, 일의 품질 및 새롭고 편안하지 않은 방식으로 수행되는 일에서 비롯되는 리스크를 평가할 방법을 찾아야 한다.

다섯 번째 단계는 테크놀로지가 사회에 영향을 주는 방식이다. 우리가 고용하는 사람들과 기업의 고객들은 흔히 테크놀로지에 의해 변한다. 예컨대, 사람들이 주의를 기울이는 기간이 짧아졌고, 책을 덜 읽으며, 동시에 두 가지 일을 하려 한다는 것이 잘 알려져 있다. (이러한 변화의) 한 가지 결과는 테크놀로지의 영향으로 직원들이 매니저와 문화적으로 다를 수 있다는 점이다. 매니저와 직원들 사이에 세대 차이(디지털 이민자 대 디지털 원주민)가 있을 경우 그런 경우가 흔하다(항상 그런 것은 아니다).[4] "구식" 매니저가 일의 가치가 기구 생산 수량이 아니라 창출된 아이디어로부터 나오는 지식 노동을 감독할 때 또 다른 긴장이 발생한다.

이 모델을 염두에 두고서, 나머지 세 가지 문제에 주의를 돌려 보기로 하자.

행동 평가 및 통제

구식 매니저는 행동 평가에 활용할 수 있는 많은 도구들을 가지고 있었다. 상사가 노동자들을 지켜보게 하는 것은 놀거나, 시간을 낭비하거나, 커피를 마시러 가는 것에 대한 자연스러운 방지책이었다. 타임카드는 중요한 모든 출석을 확인했다. 표준화된 일은 노동자들의 평가 및 비교를 가능하게 했다. 시간당 체결된 표준 계약 수로 측정되는 사무실에서의 일은 공장에서의 일과 크게 다르지 않았다. 게다가, "회사 일"과 "개인 일"은 뚜렷이 구분되어서 기업들은 흔히 노동자들이 회사 설비(전화, 복사기, 그 뒤에는 팩스기, 또 더 뒤에는 PC 및 인터넷 접속)를 개인 용도로 사용하지 않게 하는 정책을 가지고 있었다.

여러 지역에 흩어져서 본질상 창의적인 일을 하는 사람들을 관리하는 매니저에게는 육안 관찰과 타임카드가 도움이 되지 않는다. 그렇다고 관리 업무에 전통적인 과제가 남아 있지 않다는 말은 아니다.

업무 중 더 많은 부분이 "지식 기반"이 되어 감에 따라 달성된 양을 측정하기도 더 어려워진다. 전에 보잉에서 리서치 조직을 관리할 때, 나는 이 일에 관한 책을 읽었었다. 그 책의 제목이나 저자의 이름은 오래 전에 잊어버렸지만, 그 중 한 가지 상황은 기억한다. 상사가 연구원의 방에 들어가서 그 직원이 의자를 뒤로 젖히고 발을 책상 위에 올려놓은 것을 보았다. 그 상사는 "자네, 뭐하고 있나?"라고 물었다. 연구원은 "생각하고 있는데요"라고 대답했다. 잠시 후에 그 상사는 "생각은 개인 시간에 하고 지금 당장은 일에 복귀하게!"라고 대답했다. 실로, 이전의 척도는 통하지 않는다.

테크놀로지에 의해 업무 시간과 개인 시간의 경계조차도 흐려졌다. 많은 기업들은 직원들이 이메일이나 다른 테크놀로지를 통한 소통 수단을 통해 고객 및 상사에게 대응할 수 있다고 기대하는 연중무휴 업무 환경이 만들어졌다. 회사 장비의 개인적 사용에 관해서도 많은 것이 변했다. (토너는 말할 것도 없고) 실제 종이 자원을 사용하는 복사기(과거에 가장 흔하게 남용되었던 장비 중 하나임)와 달리, PC는 마모되기 전에 노후화될 가능성이 높다.

회사 소유 테크놀로지의 개인적 사용에 관해 어떤 종류의 정책들이 수립되어야 하는가(일반적으로 우리의 모델의 세 번째 단계에 해당함)? 1990년대 초반에, 휴렛 패커드는 이 테크놀로지는 새로운 정책들을 필요로 한다고 결정했다. 임원들은 직원들에게 몇 가지 제약 하에서(창업용으로 사용해서는 안 되며, 회사 시간에 사용해서도 안 된다) 회사의 테크놀로지를 개인 용도로 사용하라고 장려했다. 직원이 스프레드시트에 개인 예산을 관리하더라도 스프레드시트가 닳아 없어지지는 않을 테지만, 이는 직원들에게 스프레드시트에 대해 더 많이 배우려는 유인을 제공할 것이다. 나중에 보잉은 직원들이 새 집 계약서에 서명하기 위해 반일 휴가를 써야 할 수도 있는데, 회사 팩스기를 사용하도록 허용한다면 이 일 중 일부를 한 시간 안에 끝내서 더 많은 일을 할 수 있게 되리라는 점을 인식했다. 그곳의 임원들은 다른 많은 회사들에서와 마찬가지로 이 분야에서의 정책도 변경했다. 공식 조사를 해 보지는 않았지만, 비공식으로 문의해 보니 회사마다 이 문제를 다루는 방식이 달랐다.

최근에 위키리크스(WikiLeaks)가 사적 외교 대화를 폭로하는 당황스럽고 아마도 해로운 정보를 발간하자 개인 정보 관리 및 보호라는 도전적인 일이 전면에 부각되었다. 과거에는 정보를 훔치려면 서류들로 가득 찬 커다란 파일 캐비닛들을 옮겨야 했다. 오늘날에는 한 직원이 여러 개의 캐비닛에 가득 채울 분량의 정보를 저장 매체에 담아서 이를 호주머니에 숨겨 회사 밖으로 유출할 수 있다.

직원의 행동을 감독할 수 있는 도구 면에서 테크놀로지가 빼앗아 간 것들을 테크놀로지가 돌려주고 있다. 테크놀로지를 사용해서 직원들이 어디에 있는지, 그리고 컴퓨터에서 무엇을 하고 있는지 추적할 수 있다.

1990년대 중반에, 제록스 파크(당시 제록스의 리서치 센터)는 사람들을 추적 관리하는 초기 솔루션을 개발했다. 그들은 직원들이 찰 "스마트 배지"를 개발했다. 직원들이 건물의 어느 곳에 있든지, 건물 전역에 설치된 커뮤니케이션 설비를 통해 그들을 추적할 수 있었다. 존이 어디 있는지 궁금해서 컴퓨터에 그의 이름을 입력하면 그가 회의실, 커피 룸, 또는 화장실에 있다고 알려 주는 식으로 말이다. 효율적인가? 그렇다. 그러나 보잉은 시험 사용을 통해 직원들이 배지를 책상 위에 두고 다닌다는 사실을 발견했다. 직원들은 추적되기를 원하지 않았다.

내가 보잉에 근무할 당시, 보잉은 직원이 자신의 컴퓨터로 방문한 모든 웹사이트를 추적할 수 있게 해 주는 소프트웨어를 가지고 있었다. 어떤 직원은 회사가 음란 사이트 접근을 봉쇄했다는 사실을 모른 채 사무실에서 하루에 1,500번 이상 음란 사이트에 접속하려 했다. 그는 회사 시간을 낭비했다는 사유로 해고되었다.

어느 기업이든 모든 직원이 일과 중 컴퓨터에서 사용하는 모든 키 입력 내용을 추적하는 소프트웨어를 설치할 수 있다. 그리고 법률은 컴퓨터는 회사 재산이기 때문에 회사가 이렇게 하고 있다는 것을 직원에게 알려 줄 필요가 없다고 말한다. 예전에는, 사람들을 바라보는 것만으로 그들이 일하고 있는지 파악하기에 충분했다. 그러나 오늘날에는 바꿀 수 있는 창들과 "보스 버튼들"(이 버튼을 누르면 업무 화면처럼 보이는 허위의 스프레드시트가 뜨게 해 줌)로 인해 멀리서 봐서는 직원들이 무엇을 하고 있는지 알기 어렵기 때문에, 이 추적 능력이 이상적인 솔루션을 제공해 주는 듯하다.

이 모든 추적 도구들에 대한 도전 과제는 이들이 신뢰의 환경에 주는 영향이다. 창의적인 일을 하고 있는 직원이 "전자 상사"가 자기 어깨 너머로 자신을 바라보고 있다고 느낄 때에도 효과적일 수 있는가? 로버트 레버링(Robert Levering)과 그의 연구원들의 리서치에 의하면, 가장 일하기 좋은 직장은 신뢰하는 환경을 지닌 곳이다(이러한 직장이 반드시 가장 많은 휴가 시간을 주거나 애완동물을 직장에 데려 오도록 허용하는 곳은 아니다). 마찬가지로, 가장 혁신적인 회사들은 자유가 혁신을 강화하는 것 같기에, 직원들에게 많은 자유를 준다. 오늘날 구글이 어떻게 하고 있는지, 그리고 3M이 직원들에게 휴식 시간에 무엇이든지 하고 싶은 일을 하도록 허용했던 것을 생각해 보라. 테크놀로지를 이용한 직원 행동 추적과 모니터링은 자유로운 환경과 충돌한다. 그럼에도 불구하고 자유를 남용하려는 사람을 파악하고 그들을 이해할 필요가 있다. 기독교 신학은 사람들은 선하기도 하고 악하기도 하므로(아이러니하게도 테크놀로지와 매우 흡사하다), 자유와 책임을 필요로 한다고 말해 준다.

나는 매니저가 수행된 일의 가치(다음 섹션에서 다룬다)와 사람이 근무 환경에 어떤 방식으로 영향을 주는지에 대해 잘 평가할 필요가 있다고 생각한다. 일의 성격(뭔가 새로운 것을 만드는 소프트웨어 개발자 또는 전화를 받는 사람)에 따라 실제로 해당 과제에 보내는 시간 및 자리를 지키고 있을 필요가 있는지가 크게 달라진다. 이 점이 그러한 모니터링 도구 사용이 적절한지를 결정하는 주요인이 될 것이다. 예컨대, 테크놀로지 실험을 고려해 보자. 트위터와 페이스북은 우리의 모델의 2단계에서 불쑥 나타난 많은 상품들 중 두 가지이다. 명백히 비즈니스에 관련되지 않는다면, 이들은 직장에서는 출입금지 영역이어야 할 것으로 보일 것이다. 확실히 이들은 사람들의 장난감이며 일로부터 벗어나게 하는 요인들이다. 그렇지 않은가?

코카콜라의 시니어 부사장 보니 부르즈바허(Bonnie Wurzbacher)는 이를 다르게 본다.

이 도구들은 우리에게 큰 영향을 줍니다. 어떤 면에서는 긍정적인 영향을 주고, 어떤 면에서는 부정적인 영향을 줍니다. 먼저 부정적인 면을 보면, 그곳에는 사실에 근거하지 않고, 누군가가 방금 올리기 시작한 온갖 종류의 소문이 무성합니다. 우리는 그곳에서 어떻게 사실을 얻어낼 수 있는지 알아내야 했습니다. 우리는 또한 우리 직원들에게 사실을 이해하도록 도와줘서 그들이 회사의 행동, 조치, 우리 상품의 원료 등에 대해 자신감을 느낄 수 있게 해 주었습니다.

긍정적인 측면에서는, 이들은 믿을 수 없을 정도로 효과적인 마케팅 수단입니다. 오늘날에는 TV보다도 이들이 더 효과적인 마케팅 수단입니다. 우리는 실제로 회사에 소셜미디어 부서장을 두고 있는데 이 사람의 일은 이러한 테크놀로지를 사용해서 일어나는 풀 뿌리 마케팅을 진정으로 활용하고 이를 이용하도록 하는 것입니다. 우리는 정확한 정보를 공유하기 위해서뿐만 아니라, 보다 전통적인 방법으로는 할 수 없었던 방식으로 소비자들에게 다가가기 위해서도 이들을 효과적으로 사용하려 하고 있습니다.[5]

테크놀로지로부터 나오는 신상품을 보고(또는 잠재적으로 유용한 상품을 알아차리고) 비즈니스에서의 승자를 가려낼 예지력을 가진 매니저는 별로 없다. 그러나 창의적인 사람들은 새로운 것을 추적 관리하고 실험해 봐서 경쟁력이 있는 새로운 테크놀로지를 발견해 낼 수 있다.

업무 산출물 평가

경영진이 완전히 이해하지 못하는 일을 적절히 평가하고 관리하는 것은 또 하나의 커다란 도전 과제이다. 이 일은 우리가 제안한 모델의 세 번째와 네 번째에서 일어난다. 우리는 이를 각각 따로 살펴볼 것이다(4단계는 다음 섹션에서 살펴본다).

3단계에서 테크놀로지 인프라스트럭쳐 관리가 일어난다. 이곳에서 테크놀로지 비용, 보안 문제 처리, 이동식 저장 매체나 노트북 컴퓨터와 같은 휴대 가능한 장치 사용의 통제 등을 포함하는 테크놀로지 관리상의 많은 의사 결정들이 이루어진다. 다른 기업들이 테크놀로지에 대해 어떻게 생각하는지 보여주는 사례로서, 최고 테크놀로지 책임자가 최고 재무 책임자에게 보고하는 경우가 흔한데, 이는 테크놀로지가 주로 통제될 필요가 있는 비용으로 간주됨을 시사한다.

3단계에서 회사들은 운신의 폭이 좁다. 그들은 비용을 통제하면서도, 인터넷을 통해 회사 상품을 팔고, 공급자들과 소통하며, 내부적으로 관리할 수 있기를 원한다. 그들은 고객들은 손쉽게 자기 회사에 접근하는 반면 해커들이 이를 파괴하기는 어렵게 하기를 원한다. 이에 관한 선택은 매우 기술적인 경우가 흔하며 세부 사항들이 문제가 된다. 나는 최근에 아일랜드에 있는 한 회사로부터 프레젠테이션 요청을 받았는데, 그들은 내게 회사 정책이라며 발표 자료를 이동식 매체에서 다운로드 받을 수 없다고 했다. 따라서 그들은 내게 발표 자료를 이메일로 보내 달라고 했다. 불행하게도 그들의 방화벽이 내 이메일을 수신하도록 허용하지 않았다. 그들은 보호 측면에서는 매우 엄격했는데, 너무도 엄격한 나머지 비즈니스 수행에 있어서 테크놀로지의 이점을 활용할 수 없었다.

3단계에서 일하는 테크놀로지 전문가들은 흔히 다른 영역으로 옮겨온 사람들로서, 그들이 무엇을 할 수 있으며 왜 하는지를 이해하는 것은 중요한 경영 관리상의 도전 과제 중 하나이다. 『IT 리더의 모험』(Adventures of an IT Leader)은 이러한 긴장의 본질을 잘 포착하는 매우 좋은 책이다. 고위 경영진은 기가 바이트, 네트워크 프로토콜, 그리고 웹 2.0에 대해서는 거의 아는 것이 없는 경우가 흔하다. 너무 많이 지출하면 당기 순이익에 영향을 주고, 너무 적게 지출하면 신뢰성이 결여되고 때로는 비즈니스를 할 수 없게 될 수도 있다. 보잉에 근무할 당시에, 나는 우리 회사의 CEO와 함께 테크놀로지 업계의 어느 리더와 만나고 있었는데, 그 리더가 우리 회사의 CEO에게 다음과 같이 말했다(그는 존 워너메이커가 말했다고 알려져 있는 광고 문구에서 이 말을 도출했을 가능성이 있다). "대표님은 테크놀로지에 지출할 필요가 있는 금액의 2배를 지출하고 있을지도 모릅니다. 문제는 대표님이 어느 절반을 삭감해야 할지 모른다는 거죠."

아이러니하게도, 이 모든 복잡성이 감춰져 있을 때에도 인프라스트럭쳐 리더는 이 일을 아주 잘하며, 사용자들은 전문가가 아니더라도 테크놀로지에 관한 일을 매끄럽게 할 수 있다. 그러나 그 일의 어려움이 이해되지 않는 것으로 볼 때 그 일이 그리 쉬울 리가 없다!

비즈니스의 이 부분에서 사람들을 관리할 때 2개의 주요 기회들이 있다. 하나는 영향을 받는 매니저들과 회사의 공동의 목표를 가지고 일할 수 있는 테크놀로지 인력으로 구성된 위원회를 설치하는 것이다. 이 위원회에 기술 인력이 포함되고 그들이 발언권을 가지게 하는 것이 매우 중요하다.

둘째, 회사의 비즈니스 부문과 테크놀로지 부문 사이의 이 불균등한 "결혼"에서, 다른 부문이 하고 있는 일에 대해 많이 배우는 것이 중요하다. 비즈니스 측면에서는, 사람들이 충분히 좋은 질문을 할 수 있을 정도로 테크놀로지에 대해 알 필요가 있다. 그리고 테크놀로지 인력은 단순히 요구에 대응하는 것이 아니라 진정한 필요를 충족할 수 있는 테크놀로지 솔루션을 만들기 위해 비즈니스를 충분히 깊이 이해할 필요가 있다. 이러한 협력이야말로 테크놀로지 시대에 사람들을 관리하는 중요한 부분인데, 이는 잘못되기가 쉽다.

비즈니스 변혁 상황에서의 일

테크놀로지는 회사에 인프라스트럭처 차원(3단계)에서만 영향을 주는 것이 아니라, 회사가 상품을 정의하고 전달하는 방식(4단계)에도 영향을 준다. GE의 전 CEO이자 의장 잭 웰치(Jack Welch)는 이를 "모든 것의 디지털화"라고 불렀다. 테크놀로지는 회사가 가치를 전달하는 방식이나, 상품 자체에 포함된 가치 면에서 경쟁자에 비해 일시적인 우위를 얻을 수 있게 해 준다. 그러나 상당한 양의 테크놀로지가 사용되고 있기 때문에, (3단계에서와 같은) 동일한 문제가 다른 형태로 매니저를 직면한다. 즉, 매니저는 상품의 상세 내용, 그것이 무엇을 할 수 있는지, 그리고 이와 관련된 리스크가 무엇인지에 대해 이해해야 한다. 내가 이 이슈에 대해 2009년에 에딕스(Ethix)에 쓴 글을 인용하고자 한다.[6]

최근의 매우 유명한 두 가지 사례는 경영진이 자사 상품의 특성이나 이와 관련된 리스크를 이해하지 못할 때 어떤 일이 일어날 수 있는지 보여준다. 첫 번째 사례는 서브프라임 대출 파생상품, CDO(collateralized debt obligation; 부채 담보 채무)의 창출, 패키징 및 판매이다. 두 번째 사례는 심해 석유 시추와 관련된 리스크에 관한 것이다. 첫 번째 사례는 세계적 금융 위기의 중심이었고, 두 번째 사례는 멕시코 만에서의 심해 유정 시추로부터의 주요 석유 유출에서 중요한 역할을 했다. 여기에 단기 이익을 위해 다소의 리스크를 취한 측면이 있을 수도 있지만, 두 경우 모두에 있어서 경영진이 자사의 상품 또는 이것을 만든 사람들에 대해 실제로 이해하지 못했다는 강력한 증거가 있다.

경제 영역에서는, 복잡한 파생 상품에 대한 임원의 이해에 관해 로저 로웬스타인(Roger Lowenstein)의 책 『월가의 종말』(The End of Wall Street)에 다음과 같이 묘사하고 있다.

[AIG에서] 공격적이고 변덕스러운 AIG 스왑 부문의 대가 조셉 카사노(Joseph Cassano)는… 수뇌부에게… AIG는 최상위 등급의 "수퍼 시니어"급 CDO들에 대해서만 보험

을 받아줬다고 확신시켰다… 카사노는 이사회에 자주 참석했는데, 그는 자기 회사에서 매력 있고 품위 있는 인물이었다. 그는 이사회에게 CDO의 시장 가치에 무슨 일이 일어나더라도 이 상품들은 안전하며, 재앙적인 침체가 없다면 계속 그럴 것이라고 강조했다. 카사노에게 들은 내용 외에는 CDO에 대해 거의 이해하지 못했던 이사회는 안심했다.(112, 113쪽)

씨티그룹의 임원진 그룹의 의장이자 전 미국 재무부 장관 로버트 루빈(Robert Rubin)은 **"부도 발생 가능성에 의해 설득되었다.** 일부 고위 임원들과는 달리, 그는 CDO가 뭔지 알았지만, 그의 우려를 자아낼 정도의 세부 사항은 몰랐다. 이처럼 절반만 아는 것은 치명적일 수 있었다. 그는 학문적으로 훈련을 받은 금융가들의 두뇌와 수학적 정교함에 매혹되었다."

심해 시추 문제에 관해, 나는 어느 대형 석유 회사의 전 CEO에게 멕시코만 원유 유출의 원인 및 치유책에 관한 그의 고견을 구했다. 그는 이렇게 대답했다. "제 경험으로는 이 사고를 이해할 수 없습니다. 심해와 복잡한 해저 테크놀로지는 도전을 받아야 합니다. 업계 전체가 BP가 신속한 해법을 찾기를 바랄 것이고, 우리 모두 기름띠가 해안의 해양 환경에 영원한 피해를 끼치지 않고 사라지기를 기도해야 할 것입니다."

위의 두 상황에서, 기술 부문의 인력이 리스크를 보다 잘 포착할 수 있어야 했다고 결론을 내리기 쉬울 것이다. 그러나 두 사례 모두에 있어서 그들은 리스크를 이해했으나, 경영진이 이를 귀담아 듣지 않거나 이해하지 못했다는 증거가 있다. 또한 기술 부문 인력들은 자신이 수행하고 있는 일의 맥락을 이해하지 못했다는 증거도 있다. 어느 애널리스트가 모기지 담보 파생상품을 만드는 데 관여하고 있는 사람에게 이렇게 질문했다. "집값이 떨어지면 당신의 모델은 어떻게 되나요?" 이에 대한 대답은 인상적이었다. "그런 일은 일어날 수 없습니다." 모든 모델에는 숨겨진 가정이 있는 바, 이를 파악하는 것은 경영진의 과제의 매우 중요한 부분이다.

놀라운 사실은 테크놀로지는 우리가 향하고 있던 방향으로 더 멀리 데려가서, 보다 더 단기적 결과를 추구하고, 매우 복잡한 상황으로부터 돈을 벌 수 있는 새로운 방법을 알려주며, 사람 및 도구들의 역량과 이들을 사용하는 사람의 통찰력 사이의 간극을 더 벌어지게 할 수도 있다는 점이다.

자신이 관리하는 사람들을 이해할 테크놀로지 역량이 없는데 그러한 결정을 내릴 때 매니저들은 어떻게 해야 하는가?

테크놀로지 위원회를 구성하는 것이 출발점이다. 그러나 여기에도 몇 가지 중대한 함정이 있다. 내가 관찰한 바에 의하면, 매니저들은 자기가 이해할 수 있는 기술 인력들에게 끌리는 경향이 있다. 그리고 이 경향은 종종 매니저들이 그들의 의견에 동의한다는 것을 의미한다. 효과적인 테크놀로지 위원회는 반대 견해를 가지고 있고, 반대 견해를 "정치적으로 올바른" 방식으로 표현하지 않을 수도 있는 사람들로 구성될 것이다. 따라서 나는 경영진이 아닌 다른 기술자가 추천한 사람을 위원으로 위촉하라고 제안한다. 세상을 당신과는 다르게 보는 사람들과 효과적으로 일하는 방법을 배우기 시작하는 것은 훌륭한 리더라는 표지(標識)이다. 이 사례들에서는 엄밀히 정보 기술 인력에 대해서만 말하는 것이 아니라, 석유 엔지니어(시추 사례)와 금융 엔지니어(모기지 파생상품)에 대해서도 말하는 것이다. 이러한 기술 인력들이 비즈니스 목표에 대해 충분한 정보를 제공받고, 리스크에 대해 자유롭고 공개적으로 말할 수 있어야 한다는 것이 매우 중요하다.[7]

21세기의 기업에서 경쟁하려면 이러한 고도의 기술 인력이 절대적으로 필요하다. 그러나 경영진의 자리는 마음이 약한 사람들을 위한 자리가 아니다. 그리고 기술자들에게 기술 부문을 맡게 하고 경영진은 비즈니스를 맡는 것은 적절하지 않다. 이 둘은 서로 엮여 있기 때문에 높은 수준의 협력이 있어야 한다.

테크놀로지가 사회에 주는 영향

우리 모델의 5단계는 테크놀로지가 사람을 관리하는 방식에 매우 다른 방식으로 영향을 줄 수도 있음을 시사한다. 테크놀로지가 사회와 비즈니스 수행 방식에 영향을 주는 방식에 관한 많은 저술들이 있다. 예컨대, 단기적 사고 독려, 연중무휴 서비스에 대한 기대, 그리고 여러 과제(multitask)를 효과적으로 수행할 수 있을 것이라는 기대 등이 이에 속한다.[8]

사람을 관리하는 일에 관여하는 사람들은 두 가지의 직접적인 영향을 받는다. 첫째, 비즈니스 환경이 더 도전적으로 된다. 둘째, 인적 자원 관리 시 이해되어야 할 새로운 종류의 문화적 간극이 있다.

테크놀로지는 단기적인 비즈니스 환경을 영속화시켰다. 이메일이나 메신저 메시지, 또는 이동 전화로 걸려온 전화를 받으면, 이들은 즉각적인 답변을 필요로 함을 함축한다. 보고서가 분기나 연 단위로 작성되지 않고 일 또는 주 단위로 작성되면, 경영진은 보다 신속하게 반응하라는 압력을 받는다.

예컨대 2006년에 400명의 CEO들에 대한 조사 결과에 대한 논평에서 조너선 웰럼(Jonathan Wellum)은 "80%는 단기 목표를 달성하기 위해 장기 과제에 보내는 시간을 줄이겠다고 말했다"고 했다. 그는 이어서 이렇게 덧붙였다. "50%는 그것이 장기 가치 창출의 희생으로 이어지더라도 분기 실적 목표를 맞추기 위해 신규 프로젝트를 연기할 것이라고 말했다."[9]

전 SEC 위원장 윌리엄 도널드슨(William Donaldson)은 2008년 9월 17일의 연설에서 관련된 우려를 제기했다. "나는 너무도 많은 회사들이 분기 실적 예측에 대한 정규적인 지침을 제공하라는 요구에 동의하는 관행에 의해 가열되는, 단기 실적 달성에 과도하게 초점을 맞추는 것이 오늘날 우리가 당면하고 있는 몇 가지 문제들의 근본 원인이라고 믿습니다."[10]

주의 깊은 통찰력이 없이 테크놀로지를 통해 효율성을 추구하면 회사 안팎에 재앙적인 결과를 가져올 수 있다. 이는 앞에서 언급한 모기지 파생상품 시장 및 심해 시추 이슈들에서 중요한 요인 중 하나였다. 그리고 그것은 제조업과 같은 오래된 산업에도 영향을 주었다. 도요타(Toyota)가 자사의 프리우스(Prius) 종의 가속기 안전 이슈 및 그들을 괴롭힌 기타 품질 문제들에 직면했을 때, 고위 임원들은 다음과 같은 결론에 도달했다.

도요타는 자사 제품의 안전 관련 대규모 리콜의 와중에서 보다 철저한 품질 점검을 위해 신차 개발 소요 기간을 4주 연장하겠다고 수요일에 한 고위 임원이 말했다. 집행 부사장 다케시 우치야마다(Takeshi Uchiyamada)는 도요타가 전 세계적으로 850만 대가 넘는 자동차 리콜을 통해, 신차 개발 속도를 늦출 필요가 있다는 사실을 포함한 많은 것을 배웠다고 말했다.[11]

디지털 원주민 관리

디지털 시대에 자란 대부분의 젊은이들은 자신이 효과적으로 동시에 여러 일을 할수 있다고 가정한다. 이에는 운전 중에 메시지를 보내는 것이 포함되지만, 일이 어떻게 수행되는지도 포함된다. 그러나 뇌과학자 존 메디나(John Medina)는 인간의 뇌는 주의를 요하는 두 가지 일을 동시에 할 수 없다고 주장한다(Brain Rules, 2009).[12]

2010년 2월에 라비 나가란잔(Ravi Nagaranjan)과 한 인터뷰에 의하면 "구글의 CEO 에릭 슈미트는 현대 테크놀로지의 많은 측면들이 기준을 높였으며 구글에서 채용되는 젊은 사람들의 자질을 개선시켰음을 지적한다. 그러나 그는 또한 미디어는 훨씬 작은 부분으로 소비되기 때문에 긴 글을 읽는 것이 쇠퇴하지 않을까 우려한다. 이는 인터넷이 다방면에 걸쳐서 알지만 깊이는 매우 천박한 세대를 만들어 낼 것인가라는 중요한 질문을 제기한다."

세계적으로 비즈니스를 수행하는 회사들은 이제 매니저들이 전 세계의 사람들과 교류할 때 직면하게 될 다른 문화와의 접촉에 대해 준비시키고 있다. 매니저들이 디지털 원주민들과 함께 일하는 법에 대해 준비시키는 것도 이와 못지않게 중요하다. 나는 두 가지를 제안하고자 한다.

첫째, 이런 사람들과 함께 일하라. 그들을 알라. GE의 전 CEO 잭 웰치는 자신이 테크놀로지에 대해 더 잘 이해해야겠다고 결심했다. 그래서 그는 테크놀로지에 대해 자신을 도와 줄 26살의 "아이"를 데려왔다. 잭은 그 아이가 자신의 멘토가 되었다고 들려줬다. 그들은 일 년간 한 달에 하루를 함께 보냈으며, 그러고 난 다음에 GE는 모든 것을 디지털화하는 프로그램에 착수했다. 앞에서 언급했던 『IT 리더의 모험』이라는 책은 테크놀로지를 이해하기 위해 이렇게 한 리더의 좋은 예를 제공한다.

둘째, 기업들은 점점 더 세계화되어 가는 세상에서 자사의 임원들이 문화가 다른 곳에서 일할 수 있도록 준비시키기 위한 리더십 훈련을 필요로 한다. 또한 이에 못지않게 중요한 사항으로서, 기업들은 자사의 인력들이 디지털 원주민과 함께 일하고, 자신이 이해하지 못하는 일을 관리하며, 장비 사용 시간에 의해 측정될 수 없는 지식 노동을 관리하도록 준비시키기 위한 리더십 훈련을 필요로 한다. 내가 언급한 몇 권의 책들은 이 훈련의 일부가 될 수도 있을 것이다. 이는 새로운 영역이며 새로운 접근법을 필요로 한다.

우리의 모델에서의 1단계 때문에, 나는 20년 뒤에는 디지털 원주민인 현재의 신세대도 당대의 테크놀로지에 능숙한 당대의 사람들에게는 낯선 사람들이 되어 있을 것이라고 예상한다. 이 일은 계속될 것이다.

결론

테크놀로지는 기업과 이에 속한 사람들을 완전히 바꿔 놓았다. 21세기의 기업에서 효과적이려면, 매니저들은 테크놀로지에 어느 정도 정통해 있어야 한다. 테크놀로지는 기업의 전략, 상품, 프로세스 및 사람들에게 영향을 준다. 최소한 가까운 장래에는, 이 변화에서 벗어나는 장소는 없을 것이다.

이 변화는 우리를 가보지 않았던 곳, 공유된 지혜를 가지고 있지 않은 상황으로 데려가기 때문에, 이 이슈들은 윤리적 리더십에 대해 중요한 우려를 제기한다. 그리고 테크놀로지의 위협 요인들 때문에, 많은 매니저들은 이 분야는 자신들이 효과적으로 다룰 수 있는 일이 아니라는 결론을 내린다. 두 가지 이유로 이는 옳지 않다. 첫째, 테크놀로지 전문가가 되어야만 올바른 질문을 할 수 있는 것은 아니다. 둘째, 매니저가 의사 결정 시 기술상의 통찰력을 가져올 핵심 인물을 찾아내는 것이 중요하다.

테크놀로지에는 커다란 기회와 리스크가 공존한다. 21세기의 모든 매니저들에게 있어서 소통과 비즈니스 실무에 있어서 테크놀로지의 효과적 활용이 필수적이다.

토론 문제

1. 에리스먼은 테크놀로지 진보가 경영 관리에 어떤 영향을 주었다고 생각하는가? 당신은 그의 의견에 동의하는가? 그 이유는 무엇인가?
2. 에리스먼은 어떻게 직장에서의 프라이버시와 행동 관리 사이의 균형을 유지하는가? 당신은 이에 대한 그의 견해에 동의하는가?
3. 에리스먼은 테크놀로지가 우리의 일의 결과물에 어떤 영향을 준다고 보는가?

Notes ──────────

1. 이 인터뷰들의 원고는 http://ethix.org를 보라.
2. 나는 이에 대해 "가상 팀 구축에 있어서 테크놀로지의 역할," http://ethix.org/1999.12/01/the-role-of-technologies-in-building-virtual-teams에서 및 보다 최근의 업데이트 "트위터와 재택근무," http://ethix.org/2009/08/01/twitter-and-telecommuting에서 이에 대해 보다 자세히 논의한다.
3. Albert Erisman, "Pat Gelsinger: Faster Chips, More Opportunity?" Ethix 57, 2008년 2월.
4. On the Horizon (MCB University Press) 9, no. 5 (2001년 10월)에 나오는 Marc Prensky, "Digital Native, Digital Immigrants."
5. Albert Erisman & Denise Daniels, "Bonnie Wurzbacher: Bring Meaning to Work," Ethix 67, 2009년 10월.

6. Albert Erisman, "Oil, Economics and Technology: The Surprising Connection between Two Disasters," Ethix 70, 2010년 7월. http://ethix.org/2010/07/15/the-surprising-connection-between-two-disasters.

7. 위의 글.

8. 이 주제에 관한 책으로는 The Future of Success, Robert Reich(2000); Growing Up Digital, Don Tapscott(1999); and Dancing with Digital Natives, Michelle Manafy & Heidi Gautschi(2011) 등이 있다.

9. Jonathan Wellum, "Managing Beyond Our Time," Comment, 2006. http://www.cardus.ca/comment/article/346/.

10. William Donaldson이 Committee for Economic Development Symposium "Operating and Investing for the Long Term"에서 행한 key note 연설. 뉴욕, 2008년 9월 17일. http://www.ced.org/news-events/corporate-governance/161-ced-co-hosts-best-practices-in-earnings-guidance-and-communications-symposium.

11. "Toyota Adding More Time to New Vehicle Development," Associated Press, 2010년 7월 7일. http://www.cleveland.com/business/index/ssf/2010/07/toyota_adding_more_time_to_neww.html.

12. John Medina, Brain Rules (Seattle: Pear Press, 2008).

읽기 자료

BEYOND
INTEGRITY

셰릴 브로에테:
결실이 지속되는 과수원

앨버트 M. 에리스먼(Albert M. Erisman)과 켄만 웡(Kenman Wong)
Ethix, 2005년 11월 1일, 1-5쪽.

셰릴 브로에테와 그녀의 남편 랠프(Ralph)는 1980년부터 워싱턴 주 동남부의 스네이크 강을 따라 위치하고 있는 브로에테 과수원을 소유 및 운영하고 있다. 그녀와 랠프는 아홉 명의 자녀를 두고 있는데, 그들은 18-35세이고 그 중 여섯 명은 동인도 계이다. 그들에게는 여섯 명의 손주가 있다.

브로에테 부부는 자신들의 비즈니스를 이용하여 공동선에 기여함을 목표로 하고 있다. 그 결과 현재는 그들의 농장에서 살고 있는 약 650명의 라틴계 이민자 공동체를 섬기기 위해 비스타 헤르모사(Vista Hermosa)가 세워졌다. 비스타 헤르모사는 이를 통해 다양한 사회적 및 교육적 기회들이 제공되는 유치원, 초등학교, 체육관, 예배당, 식료품 가게, 그리고 동전으로 작동되는 세탁기를 갖추고 있다. 10년 전에, 그들은 어려움에 처한 10대 소년들을 위해 희년 청소년 목장이라고 알려진 입주자 프로그램(residential program)을 시작했다. 그곳에는 현재 약 50명의 소년들이 있다.

브로에테 여사는 이 기간 동안 주로 비즈니스의 비영리 (또는 "공동체의 이익") 측면에서 일해 왔다. 그녀는 1986년에 여러 비영리 신앙 조직 중 첫 번째인 나눔센터를 설립했다.

이 센터를 통해서 그녀는 소외 계층의 사람들을 섬기는 한편, 주로 사람들에게 빈부 간에 삶을 나누는 공동체를 배양하는 삶을 살 수 있도록 준비시켜 주는 일을 열정적으로 하고 있다. 그녀는 미국에서 가난하고 소외된 계층을 위해 주거 제공, 의료 클리닉, 방문 및 입주자 청소년 프로그램, 그리고 교육 프로그램 등 25개 프로그램의 산파 역할을 했다.

그녀는 이 역할을 하면서 세계 여러 나라에 출장을 다녀왔다. 가장 최근의 역할은 국제적으로 일어났다. 멕시코 남부에서 젊은 성인들을 위한 섬김의 리더십 하우스가 준공 직전에 있으며, 브로에테 여사의 팀은 2005년에 케냐의 나이로비에서 케냐, 우간다 그리고 탄자니아의 목사들을 대상으로 하는 5주 간의 섬김의 리더십 세미나에서 가르쳤다.

• • •

에리스먼: 과수원을 운영한다는 것은 매우 힘들 것 같습니다. 날씨, 국제적 판매 및 경쟁, 그리고 상당한 이민 노동으로부터 상당한 도전을 받으실 것 같은데요.

브로에테: 내 딸과 우리 회사의 총무부장이 최근에 내게 중국에서는 노동자의 일당이 1달러인데, 우리는 60달러라고 말해줬습니다. 10년 전에는 중국은 사과 시장에 참여하지 않았지만, 지금은 중국이 세계 사과 생산량의 절반을 생산합니다. 게다가 중국은 사과 수입에 30%의 관세를 물리고 있고, 멕시코는 우리 사과 수입에 47%의 관세를 물립니다. 도저히 경쟁할 수 없는 조건이죠.

에리스먼: 과수원을 운영함에 있어 매일 해야 할 일 중 가장 어려운 일은 무엇이라고 생각하십니까?

브로에테: 하나는 우리 직원들 이슈입니다. 우리는 직원들 중 절반 이상이 불법 체류자들이라고 추정하고 있습니다. 우리가 적법한 신분증을 요구하면 그들이 신분증을 제출하지만, 우리는 어느 신분증이 진짜인지를 결정하는 수사관들이 될 수는 없습니다. 물론 정부가 우리에게 전화를 하거나 문서를 보내서 이 사람들의 서류에 뭔가 문제가 있다고 말하면, 우리는 "정밀 조사(due diligence)"를 합니다. 우리는 법률에 의해 요구되는 모든 것을 합니다.

우리의 노동자들이 3년 안에 적법한 지위를 얻을 수 있게 해 줄 수 있는 농업직업법(Agricultural Jobs Bill)이 얼마 전에 부결되었습니다. 이제 우리는 국토안전부에 대해 우려하고 있습니다. 어떤 이유에서건, 우리 직원들에 대한 정부의 처리에 의해 우리는 사업을 접어야 될 수도 있습니다.

몇 년 전에는 연어 이슈가 있었습니다. 그들은 스네이크 강에 있는 모든 댐들을 철거하는 것에 대해 얘기했었습니다. 그렇게 되면 13개의 과수원이 존속할 수 없게 되었을 것입니다. 우리는 2, 3년 전에 연어 풍어를 기록해서 매우 반가웠지만, 이 이슈도 아직 끝나지 않았습니다.

출범

윙: 어떻게 과수원 비즈니스에 들어오게 되셨습니까? 이 분야에서 경험을 쌓으셨나요?

브로에테: 제 남편 랠프와 저는 십대 때 교통 법정에서 만났습니다. 남편은 붉은색 코르벳을 너무 천천히 몬다고 기소되었고, 저는 제 부모님의 흰색 포드 스테이션 왜건을 과속한다고 기소되었죠. 우리는 서로에게 약간의 균형을 찾아 줄 수 있겠다고 생각했습니다. 그러나 그는 우리가 결혼한 지 몇 달 뒤에 과수원을 운영하겠다는 꿈을 말해서 저를 놀라게 했습니다.

우리는 대학 교육을 받지 않았고 남편의 붉은색 코르벳을 판 돈이 우리가 가진 돈의 전부였습니다. 그러나 시아버지의 도움으로 우리는 체리 과수원을 살 돈을 대출 받을 수 있었습니다. 과수원 매매 계약서에 서명한 2주 뒤에 일찍 찾아 온 서리가 나무의 싹을 모두 얼려 버렸습니다. 다음 해에는 비로 농사를 망쳤죠. 그 다음 해에는 체리 파리가 들끓었습니다.

우리는 한 작물에 4년이나 기다릴 만한 돈이 없었지만, 하나님을 신뢰했습니다. 우리 부모님, 은행 또는 과수원의 이전 주인을 포함해서 아무도 우리를 포기하지 않았습니다. 마침내 우리는 수확할 수 있었는데, 다음 해에도, 그리고 그 다음 해에도 수확했죠. 우리는 빚을 다 갚고 밖을 향해 돈을 쓰기 시작했습니다. 우리가 성장함에 따라서 다양한 품종의 사과를 심었기 때문에 체리의 비중은 작아졌습니다.

기업의 가치

윙: 과수원을 운영할 기업 가치를 어떻게 정하셨습니까?

브로에테: 우리 인생의 초기 리더들은 특히 취약 계층에 주목하고서 다른 사람들을 섬기는 일에 대한 헌신, 자원 공유, 상호 존중 및 공동체 등 그들이 믿었던 가치를 따라 살았습니다.

우리 부부는 한계 상황에서 시작했는데, 이것이 우리가 이러한 입장에 있는 사람들을 존중하고 그들을 가치 있게 여기도록 도움을 주었습니다. 초창기에 우리의 인부들은 수확을 따라 텍사스에서 시작해서 캘리포니아로 갔다가 다시 워싱턴 해안으로 온 백인 이동 노동자들이었습니다. 거의 하룻밤 사이에 이들 그룹이 오지 않았고, 스페인어를 쓰는 갈색 얼굴의 젊은 남성들이 이 자리를 대체했습니다.

"취약 계층에 특히 주목"하는 것은 농업 비즈니스에 매우 실제적인데, 우리는 이러한 가치들이 우리가 운영하는 방식이어야 함을 재빠르게 배웠습니다. 이 비즈니스는 중노동이라서 달리 돈을 벌 수 있는 사람들은 이 분야로 오지 않습니다. 어느 백인이든 이곳을 찾아오면 우리는 그를 고용하고 그를 위한 자리를 만들어 줍니다. 그런 사람들은 일 년에 두세 명쯤 됩니다.

우리는 섬기는 일을 중요하게 강조합니다. 이곳에서 일하려면, 조직의 상부에서부터 맨 아래 계층까지 모두가 섬겨야 합니다. 그리고 우리는 단순한 일터가 아니라 공동체입니다. 이로 인해 때로는 다소 혼란이 생기기도 합니다.

에리스먼: 어떻게 이런 생각을 하게 되었습니까?

브로에테: 우리의 새로운 노동자들에 대해 더 배울 필요가 있어서, 1982년에 우리 가족은 멕시코 사정을 알아보기 위해 그곳에 크리스마스 여행을 갔습니다. 그곳에서 우리는 알지 못했던 현실에 대해 처음으로 조금이나마 보게 되었습니다. 쓰레기 더미에서 사는 가족들도 있었고, 자기 땅을 조금이라도 얻기를 기다리며 세탁기나 건조기 크기의 상자에서 사는 가족들도 있었고, 도처의 산허리 위에 서 있는, 무너지기 쉬운 곳에서 북적거리며 사는 가족들도 있었습니다. 우리 가족들은 멕시코 국경에서 활동하는 단체에 자원 봉사활동을 하고 있었습니다. 우리가 어떤 집에 도착했을 때 한 엄마가 와서 옆집 아이가 방금 전에 죽었다고 말했습니다. 그녀는 우리에게 밥 한 그릇을 내밀면서 자기 아이에게 먹여 달라고 부탁했습니다. 우리가 가보니 눈과 귀가 없는 한 젊은 성년 여성이 상자에 묶인 채 먹기를 기다리고 있었습니다.

내 친구는 그녀에게 먹여주기 시작했고, 나는 그녀의 어깨 위에 손을 얹고서 그녀 옆에 앉아 있었습니다. 그런데 이 젊은 여성은 내 얼굴을 만지기 시작했습니다. 머지않아서 그녀는 음식에 관심이 없어진 듯 했습니다. 대신에 그녀는 내 어깨에 손을 얹고 나를 껴안았습니다. 이 작은 사건이 내 삶을 바꿔 놓았습니다. 그때 내 마음의 눈에서 분홍색 네온사인이 비추고 예수님의 말씀이 깜빡이기 시작했습니다. "누군가 간과되거나 무시되는 사람에게 먹여 줄 때마다, 나를 먹여 주는 것이다."

이런 경험을 하고 나서, 우리는 우리 과수원에 찾아오는 사람들은 경제적 망명자라고 믿게 되었습니다. 물론 이곳에 있는 사람들에게 합법적인 서류가 없기는 하지만, 그들은 더 나은 미래를 위해 필사적으로 일합니다. 1967년에 발표한 목회서신에서 교황 바오로 6세는 이렇게 말했습니다. "가족을 먹여 살릴 인간의 권리는 국가들이 국경을 정하고 자국으로의 입국과 자국으로부터의 출국을 통제할 권리를 뛰어넘습니다." 멕시코 영사 세뇨르 메드라조(Senor Medrazo)는 미국에 있는 멕시코 노동자들을 영웅이라고 부릅니다. 그들은 멕시코에 있는 가족들을 부양하기 위해 작년에 총 160억 달러를 보냈는데, 이는 멕시코의 가장 큰 수입원입니다.

우리는 하나님이 우리에게 사과를 재배할 뿐만 아니라, 이 일을 통해서 간과되거나 무시되는 사람들이 그 안에서 성장할 수 있게 하라고 우리를 부르셨다고 믿게 되었습니다.

1987년에 우리는 창고를 지었고, 브로에테 과수원은 재배, 포장 및 선적 조직이 되었습니다. 우리는 이 창고에서 일할 150명의 여성을 고용하였으며, 이 이민자들의 가족 이야기를 듣기 시작했습니다. 부모들은 일하러 가는 동안 아이들을 아파트에 가둬 두었습니다. 어떤 아이들은 동생들을 돌보기 위해 학교를 그만둬야 했습니다. 심각한 건강상의 이슈들도 있었습니다.

그래서 우리는 탁아 및 유치원을 세웠습니다. 한 가족이 우리에게 주거에 관해 묻기 시작했습니다. 그들의 아들이 밤에 잘 때 쥐들에게 물어뜯기고 있었습니다. 바로 이 나라에서 말입니다! 우리는 뭔가를 더 해야 한다는 것을 알았습니다. 우리 직원들은 품위 있고 여유 있는 주거를 필요로 했습니다.

1990년까지는 우리 과수원은 작황이 좋았고 우리는 550만 달러의 은행 잔고를 보유하고 있었습니다. 우리는 "아메리칸 드림"을 이루었습니다. 그러나 우리 직원들은 그렇지 못했습니다. 그래서 우리는 창고 옆에 몇 채의 집을 짓기로 했습니다. 우리는 재무 파트너를 구하려 했지만, 여의치 않았습니다. 그래서 우리는 저축한 돈을 모두 빼내서 방 2개, 3개, 4개짜리 집 100채와 체육관, 예배당, 가게, 그리고 세탁실을 지었습니다. 최초의 입주자들이 이름을 공모해서 이 새로운 공동체를 비스타 헤르모사(아름다운 전망)라고 불렀습니다.

첫 번째 입주자들 중 약 3분의 1은 전에 갱단에 관련된 아이들이었습니다. 우리는 사과 재배자일 뿐만 아니라 사회 운동가가 될 필요도 있다는 것을 깨달았습니다, 그렇지 않으면 새로운 슬럼가에서 살 수도 있게 될 판이었습니다. 여러 해에 걸쳐서, 우리 직원들의 필요에 대응하여 우리 과수원 내에 두 언어를 쓰는 도서관, 기독교 초등학교,

위험에 처한 십대 소년들을 위한 입주자 프로그램(희년 청소년 목장), 방과 후 학습지도, 대학교 장학금, ESL, 육아 및 직업 훈련 등의 많은 프로그램들이 태어났습니다. 우리는 다루어지지 않으면 우리 가족들의 건강, 안정성 그리고 발전에 장애가 될 새로운 필요들을 계속 발견하고 있습니다.

에리스먼: 900명의 정규직 직원과 900명의 임시직 직원이 있는 것으로 알고 있는데요.

브로에테: 비슷합니다. 그러나 우리는 "임시직"이라는 말을 쓰지 않습니다.

에리스먼: 그러면 올바른 단어는 무엇인가요?

브로에테: "이주"라는 말이 법적 용어일 것입니다. 그러나 해마다 우리 노동자들의 약 80%가 다시 우리 농장에 일하러 옵니다. 현재 1,000명의 사람들이 전일제로 일하고 있고, 약 125가정이 우리 농장에서 영주하고 있습니다. 이들을 4년간의 이주자로 분류할 수 있을 뿐입니다. 우리도 이 과수원에 처음 왔을 때 4년도 안 되는 기간 동안 3번이나 이사를 했기 때문에 우리도 이주자였습니다. 그러니 브로에테 가문은 이주자 가족입니다. 그러나 정착하고 나면 이주자 지위를 잃습니다. 그러니 우리 농장에서 살고 있는 사람들은 이제 더 이상 진정한 이주자들이 아닙니다. 그들은 정착자들입니다.

일의 균형 유지하기

웡: 그런데 전일제로 일하는 사람들은 사과를 따지 않을 때에는 무엇을 하나요?

브로에테: 제 남편 랠프는 이 점에서 영리합니다. 그것은 그가 개발한 상품 및 시장 전략에 들어맞습니다. 우리는 붉은 사과를 재배했었고 사람들은 그것을 샀습니다. 지금은 소비자들이 특정한 맛, 특정 포장 또는 귀엽고 작은 품종을 원합니다. 사람들은 이러한 상품들에 열광합니다. 그런데 오늘 좋다고 해서 내년에도 좋다는 것은 아닙니다. 사과 시장은 점점 더 세계적이고, 소비자가 견인하는 시장이 되어 가고 있습니다.

남편은 어떤 품종이 인기가 있을지 예측하는 능력이 있습니다. 해마다 나무를 다시 심고서 수확을 기대할 수는 없으니, 미리 생각해야 합니다. 그렇게 하는 과정에서 남편은 품종들의 출하 시기가 엇갈리게 해서 영농 시즌을 가급적 최대로 늘리는 전략을 세웠습니다. 체리는 7월에 익으니 우리는 11월에 눈이 올 때가지 뭔가를 계속 따게 됩니다. 사과를 다 따고 나면, 그들은 즉시 가지치기를 시작하는데, 이 일에 몇 달이 소요됩니다. 우리에게는 약 백만 그루의 나무들이 있거든요. 초봄에는 일이 가장 적은 시기이지만, 페인팅 작업도 해야 하고, 새로운 품종도 심어야 합니다. 남편의 전략으로 우리는 약간의 예외를 제외하면 연중 계속해서 일을 하게 할 수 있습니다.

웡: 사회적 서비스, 교육 또는 행정 관리 일을 하는 직원은 몇 명이나 됩니까?

브로에테: 교사, 사회 사업, 상점 매니저, 그리고 입주자 프로그램 종사자들을 포함해서 약 150명이 있습니다.

웡: 저녁 프로그램에 대해 말씀해 주십시오.

브로에테: 첫 번째 입주자들이 들어오고 난 뒤 얼마 지나지 않아서, SRH 이사 에바 마드리갈(Eva Madrigal)이 이 아이들 중의 약 3분의 1이 반사회적 태도를 보인 전력이 있다고 보고했습니다. 그 아이들은 전통적인 공동체에서 근거를 잃고, 이리저리 이사 다니며, 지원해 주는 공동체 없이 가난하게 살고 있었습니다. 많은 아이들이 분노를 표출했습니다. 그 아이들은 자기 의사로 이곳에 온 것이 아니었습니다. 그 아이들은 사회적으로 배척당했고 거절당했습니다. 그 아이들은 올바른 규칙에 따라 행동하는 법을 배웠습니다. 이곳에 서류가 없이 사는 한 그 아이들은 이미 낙오자라는 사실을 말입니다. 그래서 그 아이들은 분노로 가득 찼습니다.

그래서 1990년대 초에는 소속감 조성이 이 공동체의 즉각적인 중점 과제가 되었습니다. 공동체 건설 초기에는 우리는 토요일 저녁마다 예배를 드렸습니다. 그리고 나서 모두 함께 체육관으로 가서 하나의 공동체로서 오락을 하거나 저녁 식사를 하거나 게임을 하거나, 얘기를 나누거나, 업무를 처리했습니다. 점차 이러한 활동들은 체력 단련장, 컴퓨터 랩, 농구 팀, 또는 피트니스 프로그램 등으로 발전했는데, 몇 사람이 관심을 표하기만 하면 어느 것이나 할 수 있었습니다.

우리는 또한 그들의 영적, 정신적, 감정적, 신체적 건강을 유지하고, 제한된 시간 내에 그들의 관심을 충족시키고 능력을 키워줄 자녀 양육 프로그램, ESL 그리고 기타 자원들을 제공합니다. 우리 가족들은 열심히 일하고 있고, 하루가 끝나면 피곤해집니다.

에리스먼: 비용 이슈는 어떻게 다루나요?

브로에테: 주간 돌봄 비용은 아동 당 하루에 약 25달러이지만 최대 7달러까지만 받습니다. 우리는 직원들이 자녀를 데려 올 수 있도록 유치원 학비의 약 3분의 2를 보조해 줍니다. 이는 단순히 아이들을 봐 주기만 하는 곳이 아니라, 이 아이들이 미국의 학교에 들어가고 다른 학생들과 어깨를 나란히 할 수 있도록 준비시켜 줍니다.

비스타 헤르모사에 사는 가족들은 그들의 소득에 기초해서 시장 가격의 40에서 50퍼센트의 임차료를 지불합니다. 어떻게 생활할 수 있는 임금을 줄 것인가가 우리의 이슈이기도 합니다. 많은 직원들이 시간당 약 7.5달러를 버는데, 이는 그리 많은 액수가 아닙니다. 그래서 우리는 유사한 재화 및 서비스로 이 간극을 상쇄하려 합니다. 그리고 우리는 어떻게 그들의 자산을 늘릴 수 있을지에 대해 계속 생각합니다.

우리는 외부에서 ESL반 강사를 데려오는데, 1년 강의에 10달러를 받습니다. 개방형 체육관, 컴퓨터 랩 그리고 대학교 장학금 등의 다른 기본 서비스는 우리의 기부 프로그램의 일환으로 무료로 제공됩니다. 여름 캠프는 초등학교 아이들에게 최소한의 요금으로 날마다 하루 종일 갈 수 있는 장소를 제공합니다. 이 캠프에서 아이들은 수업과 수영 강습을 받고 소풍을 갑니다. 직원 자녀들은 모두 대학교 장학금을 받을 자격이 있습니다. 농업 분야에서, 그리고 글로벌 경쟁 속에서 어떻게 우리가 섬기는 사람들과 우리가 그 일부인 공동체에 충실할 수 있는가? 이것이 우리의 도전 과제입니다.

윕: 이 프로그램들에 대한 보조금 총액에 대해 말씀해 주실 수 있나요?

브로에테: 우리는 이를 그런 식으로 보지 않아서 얼마가 들어가는지 모르겠습니다. 우리는 사람의 가치를 보고, 해마다 우리가 할 수 있는 것을 합니다. 우리는 이익이 많이 나면, 수익의 많은 부분을 씁니다. 우리는 "얼마면 충분한가"라는 질문에 답하고, 나머지는 다른 사람들을 위해 사용하기로 했습니다.

에리스먼: 이 일을 "졸업"하고 다른 일자리로 옮겨 가는 사람들도 있습니까?

브로에테: 네. 그러나 우리는 더 많은 사람들이 그렇게 되기를 바랍니다. 2세대에서는 이런 사람들이 더 많이 나오고 있습니다. 대부분의 부모들은 자녀들을 위해서 최선을 다해 열심히 일합니다. 그들의 자녀들의 미래는 다를 것입니다. 비스타 헤르모사를 떠난 사람들의 약 40%가 처음으로 자기 집을 가지고 있는데, 이는 우리에게 아주 신나는 일입니다. 그들은 이곳에서 공동체 생활을 했기 때문에 현재 자신을 위해 자산을 축적하고 있고, 그들이 이주해 온 이 나라에서 좋은 시민이 되어 가고 있습니다.

테크놀로지와 사람

에리스먼: 테크놀로지가 당신의 기업과 같은 기업을 운영하는 데 어떻게 부합합니까?

브로에테: 우리는 이 질문을 염두에 두고서 첫 번째 포장 라인을 건설했습니다. "어떻게 해야 이 사람들을 가장 잘 섬길 수 있는가?"라고 묻는 것이 우리의 사명이었습니다. 우리에게 첫 단계는 안정적인 일자리 창출에 관한 것이었습니다. 이것도 남편의 공인데, 그는 이에 대해 정말로 오래, 그리고 열심히 생각했습니다. 우리는 완전히 자동화하고 많은 일자리를 없앨 수도 있었습니다.

그러나 우리는 다른 질문을 했습니다. 우리가 경쟁할 수 있는 충분한 생산성을 올리면서도 이곳에서 최대로 유지할 수 있는 일자리는 얼마나 되는가? 그리고 제가 말한 바와 같이, 우리에게는 이 일을 하고 있는 훌륭한 사람들이 있습니다. 우리의 포장 라인은 아름답습니다. 하지만 이 라인은 경쟁력을 유지하면서도 일할 사람을 투입하는 것의 균형을 이루도록 설계되었습니다. 우리는 사람들이 성장(grow)할 수 있게 하기 위해서 사과를 재배(grow)합니다.

에리스먼: 살충제 사용은 어떻습니까? 농업과 관련된 환경 이슈에 대해서는 어떻게 생각하십니까?

브로에테: 우리는 여러 해 동안 99.9퍼센트 유해 물질을 사용하지 않은 데 대해 자랑스럽게 생각합니다. 시간이 지나면 대중이 이를 알게 될 것입니다. 가끔 불법적인 살충제를 사용하는 사람들도 있지만, 우리에게는 오랫동안 그런 일이 발생하지 않고 있습니다.

웡: 당신 회사의 사과를 어디에서 살 수 있나요?

브로에테: 코스트코, 앨버트슨즈, 세이프웨이에서 살 수 있습니다. 이번 주에는 누가 사 가느냐에 따라 달라집니다.

에리스먼: 그 제품들에 당신 회사의 스티커가 붙여지나요?

브로에테: 사과를 들고 있는 작은 손을 보여주는 우리의 "퍼스트 프루츠" 상표 스티커가 붙어 있어야 합니다. 이 손은 캘커타 출신의 우리 아들 트레버의 손입니다. 오래 전에 우리에게 로고가 필요했을 때, 우리는 약 2살 된 우리 아들의 손에 사과를 쥐어 주고 사진을 찍었습니다. 불행하게도 현재 자체 상표를 부착하는 구매자들이 우리 사과를 점점 더 많이 사 가고 있어서, 우리 상표인 이 손을 보기가 어렵습니다.

에리스먼: 우려하는 주주들이 있다면 현재 방식으로 사업체를 운영하기가 어렵지 않을까요?

브로에테: 예, 그럴 겁니다. 그러나 사람을 존중하면서 사업체를 운영한다는 아이디어의 대부분은 다른 기업들에도 적용될 수 있습니다. 다른 주주들이 없다 보니, 우리에게는 다른 문제들도 있습니다. 남편과 제가 법적으로 브로에테 과수원의 모든 자산을 소유하고 있는데, 이는 두 사람에게 너무 많은 힘이 쏠려 있는 것입니다. 1990년에, 우리는 작은 식료품 가게를 지었습니다. 우리는 우리 공동체의 많은 사람들이 술로 망가지고 있는 것을 보았습니다. 알코올 남용은 직장뿐만 아니라 가정에도 끔찍한 결과를 가져왔습니다. 그래서 우리는 이 가게를 짓고, 이 가게에서는 술과 담배를 팔지 않겠다고 말했습니다. 그러자 벤더들이 전화로 우리가 자신들의 상품들을 팔지 않으면 큰 손해를 볼 것이라고 말했습니다. 그러나 그것은 우리의 결정 사항이었습니다. 그 결정은 우리가 믿는 가치들을 지키게 해 주었고, 우리는 우리의 공동체가 지금은 더 건강하고 더

460

행복하다고 믿습니다. 우리가 떠나고 난 뒤에도 이 공동체를 지탱할 생명을 주는 가치에 대한 이해와 헌신을 넓히는 일이 현재 우리의 진정한 과제입니다.

책임감 유지하기

에리스먼: 당신은 많은 권한과 돈을 가지고 있는데, 무엇이 당신을 책임 있게 행동하도록 지켜줍니까? 저는 이상적으로 시작했다가 나중에 그 이상을 잃어버린 사람들을 봐 왔습니다. 아마도 조금씩 이상에서 멀어졌겠지요. 당신은 어떻습니까?

브로에테: 내게도 뾰족한 대답은 없습니다. 나도, 남편도 대학을 나오지 않았습니다. 우리는 모두 독서를 많이 하지만, 성경이 가치에 관한 주요 교과서입니다. 우리는 성경에서 현명한 리더십에 관한 많은 이야기들을 발견합니다. 그리고 많은 이야기들이 농업을 배경으로 하고 있기 때문에, 그 이야기들이 문자적으로 적용됩니다!

그리고 우리는 허심탄회하게 말하는 정책을 가지고 있습니다. 누구든 와서 자신이나 동료들에게 개인적으로나 전체적으로 영향을 줄 수 있는 이슈들이나 결정들에 대해 말할 수 있습니다.

에리스먼: 직원회의가 당신이 책임 있게 행동하도록 지켜 주는 것 같습니다.

브로에테: 네, 그래요. 직원 대표 회의 외에도, 우리의 리더들이 매일 오전 6시에 모입니다. 그들은 신앙 공동체에서 하는 것처럼 누가 아프다거나 누가 어제 죽었는데 시신을 멕시코로 보낼 돈을 모금할 필요가 있다. 또는 돌볼 아이가 4명이나 되는 유가족을 도와야 한다는 등의 기쁨과 우려 등을 나눕니다. 이 모임은 특별합니다. 또한 이곳에서 작업 스케줄을 검토하고, 농장이나 우리 직원들에게 영향을 줄 수 있는 중요한 정보를 공유하며, 각자 자신의 팀을 이끌 준비가 되어 있는지 서로를 점검합니다.

많은 사람들이 공식적인 교육을 받지는 않았지만, 그들은 올곧은 마음과 통찰력, 그리고 섬기려는 의지를 가지고 있습니다. 제가 말할 수 있는 건 이 정신이 오래 지속될 과실을 맺는 나무를 낳는다는 것입니다.

토론 문제

1. 브로에테 부부는 불법 이민자인 직원들을 어떻게 대하는가? 당신은 그들이 이 문제를 다루는 방식에 동의하는가?

2. 당신은 브로에테 부부가 주택 및 직장 내 탁아/유치원 프로그램을 제공하는 것을

어떻게 생각하는가? 그들은 이를 자기 직원들에 대한 의무의 일부로 간주한다. 이런 것들을 제공하는 것이 회사의 의무라고 생각하는가?

3. 이 회사가 상장 기업이고 주주들의 이익을 고려해야 했다면, 직원들에 대한 처우가 어떻게 달라졌을 것이라고 생각하는가?

임원 보수의 윤리: 기독교적 관점

리처드 히긴슨(Richard Higginson)과 데이비드 클라우(David Clough)
(Cambridge: Grove Books Limited, 2010)

임원 보수: 현재 상황

최근, 특히 2008년의 세계 금융 위기 및 그 이후의 경기 침체 이후 높은 임원 보상 수준이 대중의 큰 관심을 끄는 주제 중 하나가 되었다. 그 수치들은 절대적 의미(고위 임원들에게 얼마가 지불되고 있는가) 및 상대적 의미(평균 노동자들의 임금에 비해 임원들이 얼마를 받는가) 모두에서 놀라울 지경이다.

2009년 9월에, 가디언의 연례 이사 보수 조사에서 FTSE 100 지수에 포함되는 기업 CEO들의 거의 4분의 1이 총 5백만 파운드가 넘는 급여, 보너스와 주식 패키지를 받은 것으로 밝혀졌다. 13명의 이사들은 1천만 파운드가 넘게 받았고, 3명은 2천만 달러가 넘는 보수를 받았다.[1] 가장 많이 번 사람은 레킷 벤키저(Reckitt Benckiser)의 CEO 베르트 베히트(Bert Becht)로서 3,670만 파운드를 벌었다. FTSE 100대 기업 CEO들의 평균 보수 패키지는 (경기 침체에도 불구하고) 2005년의 250만 파운드에서 약간 증가한 310만 파운드였다. 그러한 수입을 영국의 평균 노동자들의 수입과 비교하면 어떠한가? FTSE 100대 기업에서 전일제로 일하는 직원들은 평균적으로 26,000파운드를 벌었다. 이는 그런 회사에서 CEO들과 평균 노동자들의 보수 격차가 100 대 1이 넘는다는 것을 의미한다. 1970년에는 그 격차가 대략 10.1배였다. FTSE 전체(상위 250개 사)로는 2009년에 그 비율이 70.1배였다.

이러한 평균 격차는 회사들 간에 큰 차이가 있음을 은폐한다. 테스코에서 CEO 테리 레이히(Terry Leahy) 경의 총 급여 패키지는 9백만 파운드를 약간 넘는다. 이를 직원 평균 급여 12,000파운드와 비교하면, 놀랍게도 격차 비율이 750.1:1에 달한다. 존 루이스(John Lewis, 동등하게 성공적인 소매 사업자이지만 회사 구조 및 정서가 다른 회사)에 관한 BBC 프로그램에 따르면, 이 회사의 CEO 앤디 스트리트(Andy Street)는 일 년에 50만 파운드 밖에 벌지 못한다. 평균 임금은 11,000파운드이지만, 이사들뿐만 아니라 평직원들도 이익을 많이 낼 때에는 보너스를 받아서 수입이 높아진다. 존 루이스는 실제로 급여 격차에 제한을 두었다. 급여를 가장 많이 받는 사람은 가장 적게 받는 사람의 75배까지만 받도록 허용된다.[2] 글로벌 자금 브로커 ICAP에서는, CEO 마이클 스펜서(Michael Spencer)가 총 673만 파운드를 받아서 가장 소득이 많은 사람들 명단에 이름을 올리고 있지만, 직원 평균 급여가 20만 파운드를 약간 상회하다보니 이 격차는 33.1배에 지나지 않는다. 보상이 상당히 고르게 분배되는 다른 고임금 조직에는 런던 주식 거래소, 맨그룹, 그리고 3i 등이 있다.

3i는 사모 주식 투자자이면서 상장 회사이기도 하다. 그러나 많은 헤지 펀드, 미공개 회사 및 도시 투자 은행들은 미공개 회사이거나 영국이 아니라 미국에서 호가(呼價)된다. 따라서 이 조직들은 가디언 데이터에서 누락된다. 그러나 이런 미공개 기업들 중 많은 기업의 수입이 이미 인용한 상장 기업들의 수입을 능가한다는 것은 비밀이 아니다. 유럽의 또 다른 선도적 헤지 펀드인 마셜 웨이스(Marshall Wace)는 개별 브로커들에게 수수료로 연간 2억 5천만 달러를 지불하는 것으로 알려져 있다.[3] 3분의 2는 일반 대중이 소유하고 있고 3분의 1은 파트너들이 소유하고 있는 투자 은행 골드만 삭스는 2009년 7월까지도 212명의 직원들에게 3백만 달러의 보너스를 지급했다.[4]

골드만 삭스는 영국에 강력한 기반을 두고 있는 미국 회사이다. 이는 영국 임원들의 보수는 (절대 규모 및 직원 평균 급여와의 비교 차원 모두에서) 우려를 낳고 있지만, 미국 회사들의 수치는 훨씬 더 극단적이라는 관측에 이르게 한다. 전형적인 미국의 상위 200대 회사들의 CEO는 2008년에 885만 달러를 벌었다. 이는 평균적인 노동자들의 급여 37,500달러에 비해 약 250배에 달한다.[5]

영국의 보수 패키지와 격차는 미국에서보다는 현저히 작지만, 대서양 건너 미국에서 일어난 일이 영국의 추세에도 큰 영향을 주었다. 영국은 임원 보수에 있어서는 세계에서 두 번째로 관대한 나라로 여겨지고 있다. 프랑스와 독일에서의 임원 보수도 지난 10

년 동안 크게 올랐지만, 스웨덴과 같이 사회적 평등주의 정서가 강한 일부 선진국에서는 이러한 패턴이 덜 두드러진다.[6]

걱정거리

왜 높은 임원 보수 수준이 그런 관심을 끄는가? 그것이 왜 걱정거리가 되었는가? 위에서 묘사한 추세에 대해 대중이 반대한 두 개의 물결을 파악할 수 있다. 첫 번째 물결은 금융 위기 전에도 (상당히 부드럽게) 이미 밀려오고 있었다. 두 번째 물결은 금융 위기가 계기가 되었으며, 이 위기를 촉발한 것으로 보이는 행동과도 관련이 있다.

일반적인 윤리적 반대

첫 번째 반대의 물결은 높은 보수 일반의 윤리에 관련된다. 커다란 보수 패키지와 큰 임금 격차는 '불공정하다'고 묘사되기 쉽다. 이 이슈는 분배적 정의의 하나로 여겨진다.[7] 비판자들은 고위 임원들이 다른 직원들보다 많이 받아야 한다는 데에는 거의 이의를 제기하지 않는다. 그들은 고위 임원들이 책임 정도가 높고, 더 높은 기술이 요구되며, 회사의 운이 하강하기라도 하면 (평판에 대한 최소한의 리스크가 아니라) 상당한 리스크를 수반하는 복잡한 이슈들을 다룬다는 점을 인정한다. 그러나 '과도한' 보수에 대한 비판자들은 현재의 보수 패키지는 고위 임원의 기여를 과대평가하고, 조직의 다른 직급 직원들의 기여를 과소평가한다고 생각한다. 조직의 성공은 최고위층에서 가장 낮은 계층에 이르기까지 모든 사람이 자기의 의무를 이행하고, 자기의 역할을 다하며 뛰어난 고객 서비스를 제공하는 것에 의존한다. 각 사람(안내원, 회계 담당 사원, 마케팅 매니저 등)이 중요한 역할을 하며, 각 역할마다 자체의 도전 과제와 기회들이 있다. 최근에 고위 임원들은 더 높은 생산성 및 수익성과 별로 관련이 없이 이익을 챙기는 듯하다. 특정인에게 그가 기여한 것보다 과도하게 보상하고 일반 직원들이 기여한 가치는 너무 적게 인정하는 보수 구조는 자연적 정의에 반한다. 이는 또한 물가 상승에 기여하는데, 왜냐하면 기업 비용이 증가하고 장기적인 주주 가치가 감소하기 때문이다.

임원들의 높은 보수를 지지하는 사람들은 기업 세계에서 정의는 추상적인 개념이며, 시장이 고위 임원들에게 얼마를 지급할지 결정한다는 반박 논리를 편다. 수요 공급 법칙이 작용하는데, 임원감은 매우 적기 때문에 ('보통' 노동자들보다는 훨씬 적다) 가장 재능이 있는 임원을 영입하려면 높은 임금이 필요하다는 것이다. 경제학자들은 이를 도덕과는 관련이 없는 프로세스로 본다. 회사가 시장에서 통용되는 급여를 주지 않으면, 원하는 임원을 영입하지 못할 것이다. 현재의 상황을 옹호하는 사람들은 이것이 엄연한 현실이라고 말한다.

이런 주장에는 다소 옳은 측면이 있다. 개인들이 기대하고 요구하는 액수는 확실히 유사한 능력을 가지고 있으면서 비슷한 지위에 있는 사람들이 받는 급여에 영향을 받는다. 그리고 우리는 점점 더 이동성이 커지고 있어서 다른 나라와 다른 비즈니스 섹터에서 인재를 영입할 수 있는 세상에서 살고 있다. 그러나 임원 시장은 이상적인 경쟁 시장과는 거리가 멀다. 상임 이사들의 보수를 정하는 비상임 이사들은 높은 보수를 받는 바로 그 임원들이 속한 집단에서 뽑기 때문에 그들의 판단의 독립성에 의문이 제기된다.

임원 보수 패키지에 대한 국민의 태도

시장은 나라들마다, 심지어 경제 상황이 비슷한 나라들 사이에도 크게 다르다는 점을 주목할 필요가 있다. 시장은 보편적으로 작동하는 객관적인 힘이 아니라는 결론을 피하기 어렵다. 시장은 오히려 미묘하게, 그리고 실질적으로 회사들이 운영되고 있는 문화에 의해 형성된다. 미국에서조차 대중의 태도가 바뀌고 있다는 증거가 있기는 하지만, 일부 국가에서는 고액 연봉은 받을 수만 있다면 공정한 게임이라고 여겨진다. 스웨덴과 같은 다른 나라에서는, 고액 연봉은 탐욕스럽고 사회 분열을 야기하는 것으로 여겨진다. 사람들의 태도가 자신들이 어떻게 생각하는지를 결정한다. 시장이 결정한다는 자명한 이치 뒤로 숨는 데에는 다소 자기 기만적인 면이 있다. 궁극적으로, 대부분의 임원 보수 패키지는 이사회 내 보수 결정 위원회에 의해 결정된다. 그들이 회사의 고위 임원들에게 얼마를 지급할지에 관한 실질적인 결정권을 가지고 있다. 임원들에게 자신이 받아들이기로 하는 패키지에 관해 결정할 권한이 있듯이 말이다.

『자본주의의 일곱 가지 문화』(The Seven Cultures of Capitalism)라는 매력적인 책에서, 찰스 햄프덴-터너(Charles Hampden-Turner)와 폰즈 트롬페나스(Fons Trompenaars)는 자본주의는 이음매가 없는 하나의 옷이 아니라, 국가의 역사 및 문화에 뿌리를 둔 수많은 변종들을 가지고 있다고 주장했다. 이 책은 1933년에 쓰여졌고 세계화가 이러한 차이들을 다소 좁히기는 했지만, 그들의 근본적인 논점은 여전히 유효하다. 그들은 특히 임원 보수 이슈에 주목하고 나라들 간의 급여를 비교했는데, (그 당시에조차) '미국의 최고 임금은 유럽이나 아시아의 최고 임금에 비하면 천문학적' 임을 발견했다.[8] 그들은 이를 깊이 자리 잡은 미국의 개인주의 문화에 의해 설명한다. 그들은 선정된 국가들을 개인주의–전체주의 선상에 표시하고, 공동체 중심적인 사회일수록, 용인되는 급여 차이가 작음을 보여주었다.

일부 국가들에서는, 임원들의 높은 급여 수준이 사회를 해치는 것으로 여겨진다. 룩셈부르크 수상 장 클로드 융커(Jean-Claude Junker)는 거액의 보수 패키지와 커다란 격차에 의해 사람들 사이에 균열이 생기기 때문에 임원의 높은 보수는 '사회악' 이라고 묘사했다.[9] 임원들의 높은 보수는 국가 및 회사의 사기에 영향을 주고, 사회 분열을 악화시킨다. 하위 계층은 사기가 저하되고 저평가되었다고 느낀다. 상위 계층은 시기와 분노의 대상이 된다. 이것이 사회에 미치는 부정적인 결과들이 윌킨슨과 피켓의 『정신 수준』(The Spirit Level)에 광범위하게 기록되었다. 그는 국제 연합, 세계은행 그리고 세계 보건 기구와 같은 명망이 있는 출처로부터 약 200개의 다른 데이터를 이용하여 결론을 도출한다. 그들은 삶의 질, 행복 또는 궁핍의 거의 모든 지수에 대해서 한 국가의 사회적 불평등과 그 국가의 사회적 관계 사이에 강한 상관 관계가 있음을 보여준다. 영국이나 미국과 같이 극단적인 불평등을 보이는 나라들은 스웨덴 및 일본과 같이 보다 평등주의자적인 국가들에 비해 정신 건강, 비만, 범죄 및 수명과 같은 지수들에서 낮은 점수를 받는다. 호주와 미국과 같이 경제적으로 중간에 위치한 국가들은 사회적으로 중간 위치를 차지한다.[10]

개인의 동기 부여

최고의 인재를 끌어들이기 위해 높은 급여를 줄 필요가 있다는 주장은 개인의 동기 부여에 관해서도 중요한 질문을 제기한다. 시장은 도덕과 관계없이 작동한다는 경제학자의 견해는 다음과 같은 적어도 세 가지의 의문스러운 가정을 하고 있다. 즉, 사람들은 자기 이익에 의해 동기가 부여되며, 자기 이익은 도덕에 관한 문제가 아니고, 자기 이익은 본질적으로 재정상의 효용 계산으로 구성된다는 것이다. 확실히 돈의 유혹은 많은 사람들에게 강력한 동기 부여 요인이다. 그러나 이러한 경제적 동물이 설득력 있는 보편적 묘사가 되기에는 인간은 너무도 다양하고, 너무도 흥미로우며, 다른 사람들에 대한 관심이 너무도 깊이 배어 있다.

고위 임원들은 자기 존중, 직무 만족, 지적 자극, 타고난 창의성, 리더십 드라이브, 팀워크에서의 즐거움, 안락한 근무 환경, 도전 달성 및 탁월함 추구 등 다양한 이유로 열심히 일하고 회사를 잘 돌볼 유인을 가질 수 있다.

높은 보수를 받는 임원들의 경우, 매우 부유하기 때문에 그들의 보수 패키지에 50만 달러가 추가되거나 감해진다 해서 삶의 스타일에 큰 차이를 가져오지 않을 것이다. 일의 양도 마찬가지이다. 많은 고위 임원들은 전 로열 더치 셸(Royal Dutch Sell) 최고 경영자 예룬 판 더 비어(Jeroen van der Veer)의 다음과 같은 말에 동의할 것이다. "이 점을 깨달아야 합니다. 내게 50%를 더 주었다 해도, 나는 이 일을 더 잘하지는 않았을 것입니다. 내게 50%를 덜 주었다 해도, 이 일을 더 못하지 않았을 것입니다."[11]

동기 부여에 대한 평가는 보수 패키지는 패키지이며 연봉만으로 측정되지 않는다는 사실에 의해서도 복잡해진다. 보상은 기본 연봉 외에도, 단기 보너스, 장기 인센티브 플랜, 주식 옵션, 회사 자동차 및 임원 전용 제트기에서 컨트리클럽 회원권과 보험에 이르는 보상제도 및 복리 후생으로 구성되어 있다. 이들 추가사항들은 손쉽게 기본 연봉의 두세 배가 될 수 있다. 그리고 집에 가져가는 급여는 납부 세액에 의해서도 영향을 받을 것이다. 납부 세액은 세율, 패키지의 성격 및 임원의 컨설턴트로부터 받은 조언에 따라 나라마다 다르며, 같은 국가 안에서도 달라질 것이다. 이같은 복잡성으로 인해 보수 패키지의 총액 및 어떻게 이에 도달했는가라는 또 하나의 이의가 제기된다. 그래서 임원 보상은 더 많은 투명성 및 공시 요구 대상이 되고 있다. 보수 패키지가 복잡해질수록, 외부인이 임원들이 받고 있는 총 보수의 가치를 확인하기 어려워진다.

• • •

신학적 고려

크리스천은 이에 대해 어떤 입장을 취해야 하는가? 일반 대중이 임원 보수에 대해 느끼는 우려들을 우리도 공유해야 하는가? 특히, 이 이슈에 관해 정의 및 부에 대한 성경의 가르침이 함의하는 바는 무엇인가?

분배적 정의

성경 저자들은 정의에 대해 많이 말한다. 정의에 관한 네 개의 단어들(tsedaqah와 mishpat라는 두 개의 히브리어와 dikaiosune와 krisis라는 두 개의 그리스어)이 1,000번이 넘게 나온다. 이 단어들이 때로는 '의로움(righteousness)'으로 번역되고, 때로는 '심판(judgement)'으로 번역되기 때문에 이것이 항상 명백한 것은 아니지만, 각각의 경우에 정의가 핵심적인 의미이다. '의로움'은 깨어진 관계와 피해를 입은 공동체를 회복하고자 하는 정의에 대한 관심을 표현한다. '심판'은 정의에 대한 하나님의 결정을 실행하거나 효력을 발생하게 하는 행동이다.

권위 있는 책 『왕국의 윤리』(Kingdom Ethics)에서, 글렌 스타센(Glen Stassen)과 데이비드 구쉬(David Gushee)는 정의에 대해 많이 말하는 성경책인 이사야서에 대해 특별한 주의를 기울이며, 몇 개의 핵심 구절들이 복음서에서 어떻게 예수에 대해 또는 예수에 의해 적용되었는지 보여준다.[12] 이에는 다음과 같은 구절들이 포함된다.

- 이사야 9장 1-7절 – 어두움에서 빛이 비춘다는 이 구절의 언어는 세례 요한과 관련된 스가랴에서 따온 말이다(누가복음 1:67-79). 이사야 9장 7절에서 정의와 의로움의 확립에 대해 언급하는 것을 주목하라.

- 이사야 42장 1-9절 – 마태가 마태복음 12장 15-21절에서 예수에게 적용한 종에 관한 최초의 구절. 종이 '나라들에게 정의를 가져올 것이고'(이사야 42:1) '이 땅에 정의를 확립하기로' 정해졌다(이사야 42:4).

- 이사야 56장 1-8절 – 추방된 자들과 외국인들이 환영 받는 열린 공동체에 대한 놀라운 비전. 이사야 56장 7절은 예수가 성전을 깨끗하게 할 때 예수에 의해 인용되었다(마가복음 11:17). 그는 이방인들을 위해 마련된 뜰이 거래 장소가 되는 것을 반대했다.

- 이사야 61장 – 이 장의 처음 몇 구절들은 예수의 사역 초기에 나사렛의 회당에서 예수에 의해 인용되었다. 이 구절을 인용하고 나서 그는 '오늘 이 성경이 너희가 듣는 가운데 이루어졌다'(누가복음 4:16-30)고 말해서 경악을 자아냈다. 이사야 61장의 '의의 나무'(3절)와 '나 여호와는 정의를 사랑한다'(8절)는 말을 주목하라.

예수가 서기관과 바리새인들을 비난하는 유명한 장면에서, 자신을 핵심 원리로 간주하는데 그들은 이를 소홀히 한다고 느낀 정의를 '율법의 보다 중요한 문제'로 파악했다(마태복음 23:23). 이 모든 구절들을 감안할 때, 정의에 관한 성경의 자료들은 공평무사, 제

몫을 주기, 비례성, 그리고 표준성이다.[13]

이들은 모두 임금의 맥락에 관련이 있다. 공평무사는 사람들을 동등하게 대우함을 함축한다. 원수를 사랑하라는 예수의 명령은 실제로 하나님이 사람을 평등하게 대우하는 것을 모델로 했다. '그는 악인과 선인 모두에게 해가 뜨게 하고, 의로운 자와 불의한 자에게 비를 보낸다'(마태복음 5:45). 토라는 정의의 시행에서 공평무사를 명령한다. '너는 가난한 자의 편을 들지 말며, 힘 있는 자를 두둔하지 말고, 정의로 네 이웃을 판단하라'(레위기 19:15). 어떤 신학자들은 하나님이 가난한 사람들에게 편향되어 있다고 말하지만, 이것이 가난한 사람들의 잘못을 면제해 주는 의미로 해석된다면 이는 성경의 지지를 받을 수 없다.[14] 그러나 우리가 정의의 시행에 대한 선지자들의 불평과 안내인들이 교회 예배에서 사람들을 안내하는 것에 관한 야고보의 경고에서 볼 수 있는 바와 같이(야고보서 2:1-7), 사회에서 보다 자주 발생하는 유혹은 부자들의 편을 드는 것이다.[15]

일반적인 동등 대우의 맥락 안에서는, 성경 저자들은 특정 종류의 대우가 정당화되는 다른 그룹의 사람들을 명시한다. 플라톤의 'suum cuique', 즉 '각자에게 제 몫을 주기'라는 개념이 묵시적으로 드러나 있다.[16] 바울은 남편들은 아내들에게, 부모들은 자녀들에게, 그리고 상전들은 종들에게 특별한 방식으로 대할 의무가 있다고 믿었다(에베소서 5:21-6:9; 골로새서 3:18-4:1). '유사한 사례에 유사한 대우'는 한편에서는 과부로부터 다른 한편으로는 종교 공동체의 이방인에 이르는 다양한 그룹에 관한 성경 구절들의 기초를 이룬다(신명기 24:17-22와 디모데전서 5:3-16을 보라). 이는 각 사람이 받을 가치가 있는 존엄에 합치하는 방식으로 대우할 수 있는 방법이 있다는 아이디어를 담고 있다. 모세 율법에서는 일당 노동자들이 어떻게 임금을 지불 받아야 하는가에 주의가 주어진다. 그러한 노동자들은 아마도 자기 땅을 잃어 버려서 다른 사람을 위해 일할 필요가 있을 테지만, 그럼에도 불구하고 존중되어야 한다. 레위기 19장 13절은 이렇게 말한다. '너는 일군의 품삯을 아침까지 주지 않고 네게 두지 말라.' 이 지시는 핵심 계명인 '속이지 말라'와 '훔치지 말라' 뒤에 나오는데, 이는 아마도 임금 체불은 이 두 계명 중의 하나 또는 둘 모두로 여겨진 듯하다. 신명기 24장 14-15절은 품삯 지불을 해가 지고 난 뒤까지 미루는 것에 관해 유사한 금지를 한다. 품꾼에게 늦게 지불하는 것은 지불하지 않는 것보다 못하다. 예레미야 22장 13절은 이렇게 선언한다. '불의로 자기 집을 짓고, 부정으로 다락방을 지으며, 이웃에게 공짜로 일을 시키고 그의 품삯을 주지 않는 자들에게 화가 있으리라.' 이는 요시아 왕의 아들 살룸에 대한 탄핵이다. 선지자들은 왕이라 해도 사람들이 공짜로 일하리라고 기대하면 안 된다는 점을 분명히 했다. 또한, 정의는 노동과 보상 사이의 비례성을 요구한다. 성경에는 사람들에게 품삯을 지불해야 한다는 원칙과 품삯이 지불되어야 하는 조건에 대한 많은 구절들이 있지만, 얼마나 많이 지불해야 하는가에 대한 지침은 많지 않다. 급여의 차이에 대한 구절은 빈약한 것이다! 그러나 제공된 보상의 정도가 일을 잘하는 것과 연결되는 구절들이 있는데, 특히 뒤에서 보게 될 예수의 비유들이 이 점에 있어서 주목할 만하다. '잘 다스리는 장로들, 특히 설교와 가르치는 일을 하는 사람들은 배나 존경을 받게 하라'는 디모데전서 5장 17절의 예에서, 우리는 보상에 있어서 비례성의 대한 주목할 만한 예를 발견한다. 이 구절의 해석에는 논란이 있어왔다. 바울은 그런 장로들은 잘 다스리지 않거나 설교 및 가르침에 관여하지 않는 장로들에 비해 두 배의 보수를 받아야 한다고 말하고 있는가? 그것은 바울을 조잡한 물질주의자적으로 이해하는 것이 될 터이지만, 18절은 '…성경은 "소가 곡식을 밟아 떨고 있는 동안 입에 재갈을 물리지 말라"고 말하고 있고 "일군은 그 삯을 받을 자격이 있다"고 말하기 때문이다'고 이어지기 때문에, 존경 개념은 재정적 보상을 포함할 가능성이 있다. 따라서 이 구절은 오늘날 비즈니스계에서 만연하고 있는 임금 격차에 비하면 임금 격차가 아주 작은 교회의 일군들이라는 맥락에서 나오고 있다는 점이 아이러니이기는 하지만, 보수 차이를 묵시적으로 지지하는 듯하다.

일한 시간에 관계없이 품꾼들이 모두 같은 품삯을 받는 유명한 구절로는 포도원의 품꾼에 관한 예수의 비유(마태복음 20:1-16)가 있다. 포도원 주인은 9시간, 6시간, 3시간, 그리고 1시간 일한 사람들 모두에게 한 데나리온을 준다. 예수가 이를 지각이 있는 상업적 관행으로 명령했을 가능성은 없다. 그보다는 예수는 인생의 말년에 회개하는 사람을 용서하고 받아 주는 하나님의 은혜를 강조하기 위해 일부러 이례적인 관행을 인용하고 있다. 달리 말하자면 은혜는 위대한 평형 장치이다. 구원에 관해서는 모두 하나님의 호의에 의존한다. 이럼에도 불구하고, 이 비유를 읽는 많은 사람들이 흔히 하루 종일 일한 사람들의 불평을 강조한다. '가장 나중에 온 이 사람들은 한 시간 밖에 일하지 않았는데, 당신은 종일 수고하며 더위를 견딘 우리와 동일하게 지불했습니다.' 주인은 이렇게 대답한다. '친구여, 나는 그대에게 잘못한 것이 없네. 자네는 나와 통상적인 일당에 합의한 게 아니던가?'(마태복음 20:13). 제롬과 어거스틴 같은 라틴 교부들은 이 비유를 주해할 때, 이 점을 힘써서 강조한다. 그들은 모두 포도원 주인이 합의한 금액보다 덜 지불한 것이 아니기 때문에 불의하다는 주장을 기각한다. 일꾼들은 자유 의사로 주인과 협상을 했으며, 그들의 상호 거래에서 주인은 자기의 약속을 지켰다. 이는 제롬과 어거스틴이 자유로운 협상을 공정한 임금을 분별하는 수단으로 옹호하게 했다.[17]

중세 스콜라 신학자들이 그들의 정당한 임금 개념을 개발했을 때, 그들은 이러한 교부의 성서 해석 전통에 근거했다.[18] 전체적으로, 스콜라 학자들은 일을 시작하기 전에 고용주와 노동자들 사이에 어떤 합의가 이루어졌든 시장 가격을 공정한 가격으로 받아들이는 데 만족했다. 그러나 그들은 속임수나 강압에 의해 이 프로세스가 왜곡될 수 있음을 인식했다. 한 쪽 당사자가 속임을 당하거나 자기의 의사에 반하는 조건을 받아들여지도록 강제된다면 임금은 불공정한 것으로 간주되었다. 정의에 관한 성경의 이해의 마지막 요소인 규범성은, 정의는 궁극적으로 하나님의 도덕법의 규범에 근거한다는 진리를 표현한다. 이는 하나님의 뜻과 성품에서 도출된다. 진정한 정의는 하나님의 정의이다. 시편 72편의 첫 구절들은 인간의 정의(이 경우 정의는 이스라엘의 왕들에 의해 시행된다)가 바로 왕들이 하나님의 정의, 의로움 그리고 가난한 사람들에 대한 관심을 행사하도록 구하는 기도이다(시편 72:1-4).

· · ·

대리인 문제

기업 거버넌스에 대한 워커 리뷰는 최근에 많은 은행들과 기타 금융기관들이 운영되는 방식에 대해 비판한다. 데이비드 워커(David Walker) 경은 회사의 임원들이 비상임 이사들 및 주주들에게 충분히 책임을 추궁 당하지 않는다고 생각한다. 비상임 이사들 및 주주들은 장기 실적 개선을 지원한다는 목표를 가지고 그들이 투자한 회사에 보다 건설적으로 관여할 필요가 있다. 현재 주주들은 종종 적절한 청지기 직분(stewardship)을 수행하지 못하고 있어서, 회사의 소유자들과 매니저들 사이에 간극을 만들고 있다.[19] 크리스천들은 이 대리인 문제를 잘 알고 있어야 하는데, 왜냐하면 이는 하나님과 인간의 관계를 반영하기 때문이다.

패트릭 제랄드(Patrick Gerard)는 예수가 대리인 문제에 대해 광범위하게 언급했다고 지적한다. 이 문제는 적어도 그의 4개의 비유에 나온다.[20] 각각의 경우에 하인, 종, 매니저,

청지기 또는 소작인 등으로 다양하게 묘사되는 대리인들은 그들에게 주인/소유자 관계가 있는 사람들로부터 책임을 부여받는다.

충실한 하인과 충실하지 않은 하인의 비유에서(누가복음 12:42-48; 마태복음 24:45-51), 예수는 두 가지 가능한 시나리오를 제시한다. 재미있게도, 하인은 누가복음 12장 42절에서는 청지기(oikonomos)로 묘사되고 있고 12장 45절에서는 종(doulos)으로 묘사되고 있는데, 이는 그의 관계의 이중적 성격, 즉 다른 종들에 대해서는 권위를 행사하며 자신을 고용하고 있고 아마도 소유하고 있을 사람에 대해서는 그의 권위 아래에 있다는 점을 반영한다. 주인이 멀리 떠나 있는 동안 이 하인에게 집안일을 돌보라고 맡겼다. 주인이 돌아와서 집안사람들이 적절한 때에 음식을 제공받는 등 집이 잘 관리되고 있으면, 이 하인은 칭찬받고 승진되어 주인의 모든 소유를 관리할 책임을 맡게 될 것이다. 그러나 주인이 돌아와서 이 하인이 다른 사람들을 학대하며 탐욕스럽게 먹고 마시는 것을 발견하면, 이 하인은 그의 지위를 잃게 되고 벌을 받을 것이다. 이 비유는 신뢰(주인은 오랫동안 집을 비울 수도 있다. 두 번째 하인은 '주인이 오는 것이 지체되고 있다'고 말한다), 책임 및 보상에 대해 강조하는데, 보상은 대리인의 성과에 따라 긍정적일 수도 있고 부정적일 수도 있다. 이 비유 끝의 논평에서 (12:48), 예수는 보여준 신뢰의 정도가 클수록, 기대 수준이 높다는 점을 분명히 한다.

보다 잘 알려진 달란트 비유(마태복음 25:14-30; 누가복음 19:11-27)는 유사한 주제를 다룬다. 여기에서는 제럴드가 지적하는 바와 같이, 주인이 하인들의 태도를 묻지 않고 그들이 이룬 재정상의 수익에만 근거해서 그들을 판단한다.[21] 3명의 하인들은 '각자의 능력에 따라' 각각 다섯 달란트, 두 달란트, 그리고 한 달란트를 배정받는다(마태복음 25:15). 처음의 두 하인들은 (장사를 통해) 받은 달란트를 두 배로 늘렸지만, 세 번째 하인은 땅에 구덩이를 파고 받은 달란트를 감춰 두기만 했을 뿐 수익성이 있는 일은 전혀 하지 않은 걸로 보았을 때 이 주인의 평가는 통찰력이 있었던 것 같다. '오랜 시간'이 지난 뒤에 주인이 돌아왔을 때, 첫 번째와 두 번째 하인들은 다음과 같이 동일한 말로 따뜻한 칭찬을 받았다. '잘 했다, 착하고 충실한 하인이여. 네가 몇 가지 일에 충실했으니, 많은 일들을 맡기겠다. 네 주인의 즐거움에 참여하거라'(마태복음 25:21, 23). 세 번째 하인은 자기 주인이 가혹한 사람이라는 근거에서 자기가 행동을 취하지 않은 것을 방어하려 했지만, 그의 주인은 이를 받아들이지 않았고, 그를 꾸짖었으며 그에게 벌을 주고 그가 가지고 있던 한 달란트를 가장 생산적인 하인에게 재할당했다. 여기에서도 어떻게 다루어지는가에 따라 매우 다른 결과를 가져오는 이슈들에서 막중한 책임이 있음을 보게 된다.

이 이야기들에서 예수가 의도한 것 이상의 의미를 찾아내는 것, 즉 하나님과 인간의 관계를 묘사하는 비유적인 방식과 현대 기업 거버넌스에 관한 직접적인 비교를 끌어내려는 시도를 조심해야 한다. 그럼에도 불구하고 이 비유들에는 몇 가지 매우 의미심장한 내용들이 있다.

- 하인들은 장기간에 걸친 성과에 의해 판단 받는다 – 그것은 특별한, 단기 평가가 아니다.
- 판단 결과는 단호하다 – 어떤 경우에는 승진되고, 어떤 경우에는 해고된다. 지속되는 장기성과는 보상을 받지만, 지속적인 실패에는 관용이 없다.
- 판단은 재무적 성과(마태복음 25장의 비유에서)와 대인간의 행동(누가복음 12장의 비유에서) 모두를 커버한다. 장기적이고, 성과와 관련이 있으며, 단호하고, 관계적이라는 이 모든 내용들은 임원의 보수 패키지 결정에 있어서 나름의 역할을 할 수 있는 기준들이다.

흥미롭게도, 보상 정책에 관한 FSA의 보고서는 재무 성과 척도 외에 비재무 성과 척도에 충분한 가중치가 주어지지 않았다고 주장한다. 그들은 비재무 성과 척도에 리스크 및 컴플라이언스가 포함된다고 명시한다. 그들은 직원들에 대한 회사 가치 및 목표의 소통과, 직원들이 변동 보상으로부터 혜택을 입으려면 그들에게 무엇이 요구되는지에 관한 높은 투명성이 효과적인 리스크 관리의 핵심 요소 중 하나라고 말한다. 그러나 이 보고서의 주요 메시지는 고위 직원들과 리스크를 취하는 사람들의 보상 구조가 효과적인 리스크 관리와 일관성이 있고 이를 증진해야 한다는 것이다. 워커 리뷰와 마찬가지로, FSA는 리스크 관리에 관한 이사회와 주주들의 인식 및 관여 제고에 관심을 두고 있다. 따라서 보상 위원회는 '위원회의 결정이 회사의 재무 상황 및 미래의 전망에 대한 합리적인 평가와 부합함을 보일 수 있어야' 한다.[22] 그리고 주주들은 '많은 회사들에서 지분 자본 제공자들에 대한 리스크 조정 수익을 분배하기 전에 보너스 풀을 계상하는 현행 관행을 재고해야 한다.'[23]

결론

워커 리뷰 및 FSA 보고서 모두 합리적인 방향으로 움직이고 있는 듯하다. 그들은 최근에 금융 산업에서 회사의 이사들이 리스크로 가득 찬 전략을 안고서 지나치게 단기 재무 실적에 기초하여 자신들에게 거액의 연봉과 보너스를 지급하는 회사 관행을 줄이려 한다. 그들은 비상임 이사들 및 기관 투자자인 주주들에게 회사의 활동에 있어서 보다 도전적이고 분별 있는 역할을 하고, 임원들이 자신의 행동에 대해 보다 더 책임을 지게 하라고 장려하고자 한다. 그들의 권고가 강제될 수 있는 정책으로 채택된다면, 첫 번째 섹션에서 상술한 과도한 보수 패키지를 다소나마 줄이는 데 도움이 될 수 있을 것이다. 그러나 이런 변화가 일어나는 데 방해가 될 수 있는 강력한 기득권을 과소평가해서는 안 된다.

아래의 질문이 남는다. 기독교 관점에서 볼 때, 적절한 임원 보수 수준은 어느 정도인가? 지금쯤이면 이에 대한 대답이 쉽지 않다는 점이 명백할 것이다. 과도한 보수라는 것은 매우 주관적인 의견이며, 끊임없이 변하는 대상이다. 임원의 보수 패키지 구성 요소는 복잡하므로 오로지 연봉에 의해 판단하는 것은 적절하지 않다. 상장 회사에 대해 교회 투자자들이 영향력을 행사할 수 있는 곳의 보수 패키지는 미공개 기업의 보수보다 상당히 낮은 바, 한 쪽 영역에서 보수 수준을 제한하려 하면 다른 영역과의 격차가 커질 위험이 있다.

그럼에도 불구하고, 우리는 많은 FTSE 100 소속 회사들에서 현재 지급되고 있는 임원 보수 수준에 대해 우려할 정당한 이유가 있다고 믿을 견고한 근거가 확립되었다고 믿는다. 성경적 및 신학적 고려도 일반 대중에 의해 표현되는 외침에 무게를 더해 준다.

우리는 앞의 분석으로부터 이 분야에서 크리스천의 사고를 인도해 줄 4가지 신학적 가치들을 제공한다.

가난한 사람들에 대한 관심

성경의 자료에 대해 연구해 보면 경제적 정의의 중심적인 관심사는 가장 궁핍한 사람들에 대한 적정한 공급이라는 점을 시사한다. 이는 교회 투자자들은 가난한 사람들을 돕는 것에 대해 부유한 사람들을 억제하는 것만큼이나 관심을 가져야 한다는 점을 시사한다. 또는 가난한 사람들을 돕는 일에 더 관심을 가져야 한다고도 주장할 수 있을 것이다. 물론, 이 둘은 연결되어 있을 수도 있다. 최고 경영자에게 천문학적으로 높은 보수를 지급하면, (많은 액수는 아니겠지만) 가장 적게 받는 사람에 대한 보수에 영향을 줄 수도 있다. 그리고 가장 보수가 작은 사람들이 가치를 인정받지 못한다고 생각하여 회사 사기에 영향을 줄 가능성이 있을 것이다. 중요한 점은 최상부만이 아니라 최하층의 보수 수준에 대해서도 주의를 기울여야 한다는 것이다.

공정한 급여

무제한적인 보수 정책을 찬성하는 시장의 주장 자체에도 약점이 있다. 시장은 결코 진공 상태에서 작동되지 않으며, 최적의 보수 수준 결정에 시장을 의존할 수 없다. 정의에 대한 성경의 시각은 공정한 보상 정책은 공평 무사해야 하며, 각자에게 각자의 몫을 주어야 하고, 기여에 비례해야 하며, 하나님의 정의라는 규범적 판단에 기초해야 한다고 제안한다. 이는 급여의 차이라는 이슈가 보수 자체의 수준보다 더 중요하다는 관찰로 이어진다. 연봉이 5백만 파운드가 넘는다는 말을 들으면 경악하겠지만, 예컨대, 테스코와 존 루이스의 보수에 큰 차이가 있다는 것을 알고 나면 더 거북해진다. 물론, 회사의 수치들을 항상 직접 비교하기는 어렵다. 일부 비즈니스 섹터들은 그 성격상 저급기술의 인력들을 더 많이 사용한다. 그러나 그러한 변수들이 고려된다 해도, 어떤 회사들은 다른 회사들보다 더 공정하게 급여를 지급하는 듯하다. 즉, 인간의 근본적인 지위의 평등 및 모든 종류의 노동자들의 독특한 기여에 대한 존중을 더 많이 보여주는 보수 구조를 지닌 듯하다.

기독교 신학에 근거해서 임원 보수와 가장 적게 받는 직원의 보수 사이의 최대 비율을 정확히 특정하기는 어렵다. 여기서 우리는 이상과 타락한 세상 안에서의 특정 문화의 현실 사이의 긴장에 대해 인식한다. 일부 주석자(은행원 존 피어폰트 모건 및 관계 재단 등)들은 20:1을 제안했다.[24] 우리는 보다 야망적인 수치로서 이에 대해 다소 공감하지만, 기독교 투자자들에 대한 우리의 가이드는 교회 기구들이 투자할 회사의 임금 격차 상한을 보다 온건한 75:1로 제안한다. 우리는 이 영역에서의 변화는 점진적으로만 일어날 가능성이 있고, 교회 투자자 그룹이 훨씬 낮은 격차 상한을 채택할 경우 교회들이 투자한 많은 FTSE 회사들의 주식을 처분해서, 교회가 이 회사들에 영향력을 행사할 수 있는 능력이 줄어들 것이라는 점을 인식하고 이처럼 온건한 비율을 제시했다.

존 루이스가 75:1이라는 상한선에 따라 운영하고 있다는 사실은 우리의 보고서가 발표된 이후에야 조명을 받게 되었다. 그러나 그들이 칭찬할 만한 직원 정책을 가지고 있고 그들의 기업 사기가 높다는 사실은 우리의 제안이 올바른 방향을 가리키고 있다는 격려가 된다.

부의 위험

성경의 텍스트들은 부가 어떻게 탐욕과 하나님의 길에 대한 거부로 이어질 수 있는지에 대해 명백하다. 거액의 보수를 받는 것은 실제로 개인들에게 나쁠 수 있다. 거액의 보수는 이기심을 조장하고, 도덕적으로 부패시키는 효과가 있으며, 하나님과 그 사람의 관계에 장애물을 만들 가능성이 있다. 부풀려진 보수 패키지를 통한 임원 유치는 임원들이 회사 및 주주들의 장기 이익보다는 자신의 재정적 이익 증진에 불균형적으로 초점을 맞출 가능성이 있다는 것을 의미한다. 보수가 그리 많지 않은 사람들이 회사를 더 잘 섬길 가능성이 있다. 그러므로 부에 대한 성경의 경고는 개인뿐만 아니라 회사에도 적용된다. 경쟁자들보다 자신의 임원들에게 더 많이 지급함으로써 그들의 위신을 세우려는 회사들은 임원 급여 상승에 기름을 끼얹을 뿐이다.

선한 청지기 직분

다른 사람들의 자원에 대한 청지기 직분은 중요한 성경의 주제 중 하나이다. 우리의 조사는 임원들이 성과에 대해 책임을 지게 하는 일의 중요성을 확인해 준다. 우리는 성과 평가 대상기간이 합리적으로 장기간이어야 하고(직원들에게 자신의 가치를 입증할 시간을 줌), 주주들에 대한 재무적 가치만이 아니라 모든 이해관계자들에 대한 효용을 커버해야 한다고 강조한다. 성과 연동 보수는 공평하게 시행하기가 결코 쉽지 않은 일이기는 하지만, 원리상으로는 건전하다. 공정 경쟁 시장에서(적절히 다루어진) 보너스는 나름의 의미가 있다. 그러나 상당한 보너스가 지급되려면, 기본 연봉을 낮추는 것이 타당하다. 이례적인 성과에 대한 추가 지급에 대한 추론으로서, 회사의 실패에 대해 주된 책임이 있는 사람은 무사히 벗어나도록 허용되지 않아야 한다고 말할 수 있다. 교회 투자자들은 '황금 낙하산'과 기타 부적절하게 안락한 퇴직 급여에 관해 보상 위원회에 어려운 질문을 던져야 한다. 잘못된 것으로 증명된 관대한 보상을 회수할 회복 장치가 고려되어야 한다. 또한 보수 패키지는 보다 단순화되고 보다 투명해질 필요가 있다.

최근의 금융 위기는 금융 섹터에서 일부 회사들에 의해 취해진 고위험 전략을 드러내 주었다. 보수 패키지는 개별 회사뿐만 아니라 영향을 받는 다른 회사들에도 심각한 결과로 이어지게 할 수 있는 위험한 행태를 장려하지 않아야 한다. 확실히, 비즈니스로부터 리스크를 제거할 수도 없거니와, 그것이 바람직하지도 않다. 그러나 최근의 기업 풍토는 고전적인 신중함의 미덕을 무시할 정도로까지 리스크를 취하는 미덕을 과장했다. 점진적인 성장을 겨냥한 견실한 전략을 추구하는 임원들에게 보상하는 보수 패키지가 장려된다.

토론문제

1. 당신은 임원 보수에 대한 히긴슨과 크라우의 견해에 대해 어떻게 생각하는가? 오늘날의 경쟁적인 환경에서 그들의 견해가 현실적인가?

2. 가난한 사람들에 대한 그들의 관심이 임원 보상 구조에 어떻게 관련되는가? 임원 보수 결정 시 가난한 사람들에 대한 관심이 고려되어야 한다는 그들의 견해에 동의하는가?

3. 전적으로 시장에서 결정되지만은 않는 공정한 보수 수준이 있다는 데 동의하는가? 왜 그렇게 생각하는가?

Notes ────────

1. 이 수치 및 뒤에 나오는 수치들은 New Statesmen('Executive pay not linked to performance, says survey,' 2010년 7월 5일, http://goo.gl/uBKf)와 The Guardia('Pay gap widens between executives and their staff,' 2010년 9월 16일, http://goo.gle/baeD)의 기사들로부터 조합한 것이다.

2. M. Pagano, "Why John Lewis' s Andy is streets ahead," The Independent, 2010년 3월 14일, http://goo.gl/YL6c.

3. http://en.wikipedia.org/wiki/Marshall_Wace.

4. 'Tarp banks award billions in bonuses,' NOW Truth, 2009년 7월 30일, http://nwotruth.com/?p=11354.

5. A Clark, 'Guardian pay survey: US executives enjoy solid pay rises despite crunch,' The Guardian, 2008년 9월 12일, http://goo.gl/ma13.

6. D Gow, 'European anger at "scourge" of Anglo-American pay practices,' The Guardian, 2008년 9월 13일, {http://goo.gl/wLdu}; 'Swedish CEOs make peanuts in Euro study,' The Local, 2009년 9월 15일, http://goo.gl/OygX.

7. R W Kolb(편), The Ethics of Executive Compensation (Oxford: Blackwell, 2006)을 보라.

8. C Hampden-Turner & Tyrompenaars, The Seven Cultures of Capitalism (London: Piatkus, 1933) 57쪽.

9. A Horin, 'Let' s show those far cats who' s really the boss,' The Wall Street Journal, 2008년 8월 16일, http://goo.gl/S7UC

10. R Wilkinson & K Pickett, The Spirit Level: Why More Equal Societies Almost Always Do Better (London: Allen Lane,2009).

11. C Hoyos & M Steen, 'Shell chief calls for pay reforms,' Financial Times, 2009년 6월 8일, http://goo.gl/X2dl. Van der Veer는 2008년에 급여로 1,030만 유로를 받았다.

12. G H Stassen & D P Gushee, Kingdom Ethics: Following Jesus in Contemporary Context (Nottingham: IVP, 2003) 1 장과 2장.

13. H Schlossberg, V Samuel and R Sider (편), Christianity and Economics in thePost-Cold War Era: The Oxford Declaration and Beyond (Grand Rapids: Eerdmans, 1994) 57-80쪽에 나오는 E C Beisner가 'Justice and Poverty: Two Views Contrasted' 를 보라. 또한 R Higginson, Dilemmas (London: Hodder and Stoughton, 1987) 172-177쪽을 보라.

14. 특히 David Sheppard의 책 Bias to the Poor(london: Hodder and Stoughton, 1983)와 많은 라틴 아메리카의 해방 신학자들. 28쪽.

15. 예를 들어 '뇌물을 받고 죄 있는 자를 눈감아 주고, 무죄한 자에게서 그들의 권리를 빼앗는 자들' 에 대해 언급하는 이사야 5:23을 보라.

16. Plato, The Republic, Book I (London: Penguin, 2007).

17. E S Noell, 'Bargaining, Consent and the Just Wage in the Sources of Scholastic Economic Thought,' Journal of the History of Economic Thought, 1998년 4월 20일, 476쪽.

18. 그들은 이에 관해 공정한 가격과 연결하여서 썼다. 실제로 임금은 종종 노동의 가격으로 묘사된다. O Langholm, The Legacy of Scholasticism in Economic Thought (Cambridge University Press, 1988)는 이 분야에서 권위가 있는 책이다.

19. Walker Review, 60쪽.

20. P Gerald, 'Executive Pay and Corporate Governance,' Faith in Business Quarterly11.2, 23-28쪽을 보라. 이와 더불어 그의 보다 자세한 글 Performance and Reward: Managing Executive Pay to Deliver Shareholder Value(Leicester: Troubadour Publishing, 2006)eh 보라.

21. 'Executive Pay and Corporate Governance,' 25쪽.

22. Reforming remuneration practices in financial services, 4.12.

23. 위의 보고서 1.24.

24. A Seager & J Finch, 'Pay gap widens between executives and their staff,' The Guardian, 2009년 9월 16일, http://goo.gl/baeD; Jubilee Center, 'Ethics of Executive Pay,' http://goo.gl/0r1N

사례 연구

////////////////////
BEYOND
INTEGRITY

사례 7.1: 3월의 광란

NCAA 농구 토너먼트는 농구 팬들에게는 신나는 시간이다. 그러나 이 기간 동안 직원들이 업무 시간에 회사의 컴퓨터로 직접 야구 경기를 보게 되니 고용주들로서는 그리 즐거운 시간이 아닐 수도 있다. 야구 경기를 보는 사람들이 상사들에게 들키지 않도록 도와주기 위해서, 어느 스트리밍 웹사이트는 이 키를 누르면 화면을 가짜 스프레드시트로 바꾸는 "보스 키"를 제공하기까지 한다. 직원들은 휴대 전화로 야구 경기를 볼 수도 있지만, 이는 너무 명백해 보일 것이다. 일부 연구들은 토너먼트 게임의 첫 주 동안 수십억 달러의 생산성이 상실될 수도 있다고 주장한다. 정책이나 테크놀로지 면에서 공식 조치를 취하는 회사는 적지만, 비디오 스트리밍과 다양한 형태의 소셜 미디어

(즉, 페이스북)의 개인적 사용이 직장에서 심각한 문제가 되고 있다는 점은 명백하다.

물리적으로 걸어 다니면서 직원들이 무엇을 하고 있는지 검사하는 상사들이 없는 상황에서, 고용주들이 그러한 행동을 구속하기 원할 경우, 그들은 노동자들이 딴짓을 못하도록 몇 가지 조치들을 취할 수 있다. 알려진 스트리밍 사이트에 대한 접근을 제한하거나, 스트리밍 비디오를 봉쇄하거나, 방문한 모든 사이트를 기록하는 소프트웨어를 사용할 수도 있다(그리고 사후에 처벌할 수 있다). 대신에 휴게실에 TV를 설치하거나 달리 경기 결과를 업데이트해 줘서 직원들이 야구 경기를 보는 데 완전히 몰두하지 않게 할 수도 있다. 또는 직원의 생산성을 관리할 수 있는 기존의 성과 척도를 사용할 수 있다면(또는 더 나은 척도를 개발할 수 있다면), 일의 질(예컨대, 고객과의 대면 접촉)이 떨어지지 않는다는 전제 하에서, 일이 실제로 어떻게 그리고 언제 수행되는지에 대해서는 그리 염려하지 않아도 될 수 있을 것이다.

토론 문제

1. 당신이 소프트웨어 개발 팀의 감독자인데 많은 직원들이 업무 시간 중 상당 시간을 게임을 하고 있다고 의심한다고 가정하자. 당신은 이에 대해 어떻게 대응하겠는가? 돌아다니며 감독하겠는가, 직원들의 프라이버시를 침해하고 그들의 존엄을 빼앗는 테크놀로지 도구들을 사용하겠는가, 아니면 해로운 방식으로 불신을 소통하겠는가?

2. 당신은 어떻게 생선성과 직원에 대한 존중 및 신뢰의 필요 사이의 균형을 유지하겠는가?

사례 7.2: 차기 CEO 보수 결정

당신은 소비자용 전자 제품 산업에 속한 상장 대기업의 이사회 위원이다. 당신은 지난 3년 동안 (임원 보수를 결정하는) 보상 위원회에 봉직하고 있다. 얼마 전에 CEO가 10년 동안의 성공적인 임기를 마치고 나서 은퇴를 선언했다. 당신은 차기 CEO에게 제시될 보상 범위 및 패키지를 논의할 태스크포스에서 보상 위원회를 대표하고 있다. 이 태스크포스는 당신과 선임 위원회 위원 1인, 당신의 회사에서 고용한 외부 임원 소개 회사의 대표 1인, 그리고 저명한 복지 및 보상 자문 회사의 컨설턴트 1인으로 구성되어 있다.

첫 번째 회의에서, 태스크포스의 다른 위원들은 기본적으로 과거의 CEO 보상 정책, 즉 높은 "시장 기반" 연봉(1천만 ~1천 2백만 달러)과 주로 주가로 측정된 "성과"에 연동된 주식 옵션에 기반한 인센티브를 계속 이어가기를 원한다는 점이 분명해졌다. 이 공식에 따라서, 최근에 은퇴한 CEO는 종종 연간 2천만 달러에서 2천 5백만 달러를 벌었다. 보상 컨설턴트는 "좋은 사람을 원한다면(그리고 좋은 임원들에 대한 수요가 많습니다), 시장에서 통용되는 보수를 지급해야 합니다. 그것이 게임의 방식입니다"고 말한다.

당신은 이런 방식을 계속 유지하는 데에 대해 별로 확신하지 못한다. 당신은 한 때는 태스크포스의 다른 위원들에 의해 옹호되는 정책에 대한 충실한 지지자였지만, CEO 보수에 대한 대중의 항의의 와중에서 입장을 재고하게 되었다. 최근의 주주총회에서 어느 발언권이 센 그룹이 지난 10년 동안 회사가 CEO에게 너무 많이 지급해 왔는데, 이는 불공정할 뿐만 아니라 회사의 장기 발전에 좋지 않다는 우려를 제기했다.

그들은 회사가 CEO를 "록스타"로 대우하면서 회사의 성공에 대한 다른 직원들의 기여는 무시했다고 비난했다. 자신들의 주장을 지지하기 위해서 그들은 과거 10년간 CEO의 보수와 가장 적게 받는 직원들의 보수의 격차가 급격히 벌어지고 있음을 보여주는 차트들을 가져왔다(1:15에서 1:1000으로 확대되었다). 그들은 또한 국가 간 비교에서, 세계의 다른 나라들에 비해 미국에서의 보수 격차가 훨씬 더 큼을 보여주었다. 그들은 그러한 격차 확대가 전반적인 사기와 유대감에 미치는 영향에 대해서도 의문을 제기했다.

그들은 또한 최근에 인센티브에 기반한 보수가 악용될 수도 있음을 지적했다(회사의 장기 건강을 도모하기보다 단기 주가 이익을 위해 관리함). 또한, 그들은 (일반 경제 상황, 월가의 기대 및 조직 내 많은 직원들의 성과 등) 여러 요인들이 주가에 영향을 줄 수 있기 때문에 CEO 보수와 주가를 연계시키는 것은 "말도 안 된다"고 주장했다. 마지막으로, 그들은 "시장에 기반한" 보상 모델은 주로 돈을 위해 "그 자리에 있는" 사람을 유치하는 데 이바지할 뿐이며, 좋은 회사는 "건전한 목적 의식"을 가지고 조직을 이끌어 가는 데 관심이 있는 사람을 영입할 수 있어야 한다고 주장했다.

토론 문제

1. 당신은 어느 편을 지지하겠는가? 당신은 태스크포스의 다른 위원들의 의견에 동의하는가, 아니면 우려를 제기하고 다른 접근법을 원하는 주주들을 지지하는가?

2. 기독교 윤리가 임원 보수에 대한 논의에 어떻게 기여할 수 있는가? 이 경우 기독교 윤리가 어떤 고려 사항을 제기할 수 있는가?

사례 연구

BEYOND
INTEGRITY

사례 7.3:
감시인가 관리인가?

로라는 텍사스 주 오스틴에서 고급 맞춤용 주방 조리대(대리석, 표면대) 설치에 특화된 작은 홈 리모델링 비즈니스를 하고 있다. 그녀는 현재 전 시내 일원을 돌아다니며 (대개 각자) 다양한 일을 하는 다섯 개의 2인조(반장과 조수) 팀을 두고 있다. 그녀는 대부분의 시간을 회사 운영과 비즈니스 개발(건축가, 원청업자, 집주인들과의 회의 및 경쟁 입찰서 작성)에 사용하고 있다. 그녀의 직원들은 시간제로 보수를 받고 있지만, 그들에게는 그녀의 직접적인 감독을 받지 않고 일을 마칠 수 있는 많은 자유가 주어져 있다. 대부분의 경우, 반장이나 다른 당사자(원청업자, 건축가 또는 집주인)로부터 소환 받지 않는 한, 그녀는 설치 시작과 종료 시점에 개별 작업 현장에 들른다.

어느 날 오전 늦게 새로운 일에 대해 입찰서류를 제출하기 위해 건축가 및 집주인과 회의를 하던 도중에, 그녀는 창밖으로 자기 회사의 트럭 한 대가 지나가는 것을 보았다. 이상하게 생각한 그녀는 회의를 마친 뒤에 노트북 컴퓨터를 꺼내서 그 노동자가 (그녀는 누구인지 보지 못했다) 근처에서 일하고 있는지 찾아보았다. 분통 터지게도, 가장 가까운 현장은 7마일도 더 떨어져 있었다. 며칠 뒤에 그녀는 해당 도시의 번화가에 들렀는데, 어느 비디오 게임 가게 주차장에 자기 회사의 트럭 한 대가 주차되어 있는 것을 보았다.

자기 회사 직원이 근무 시간에 개인 용무를 보고 있다고 의심한 그녀는 직원들이 무슨 일을 하고 있는지 알아봐야겠다고 결심하고 모든 직원들에게 새 휴대전화기를 사주었다. 이 전화기들에는 GPS 장비가 갖춰져 있어서 전화기가 켜져 있는 동안에는 직원들이 어디에 있는지 알 수 있게 해 줬는데, 이 사실은 직원들에게 알려주지 않았다. 직원들의 소재를 파악해 보니, 직원들은 업무와 관련된 용무(추가적인 도구나 재료 구입)를 보고 있는 경우도 있었지만, 일부 직원들은 (근무 시간 중이나, 또는 회사의 차량을 이용하여) 일과 전혀 관련이 없는 장소에 가 있는 경우도 있었다.

그녀는 곧 회의를 소집해서 그녀가 파악한 정보를 가지고 근무 규칙을 위반한 직원들을 추궁했다. 대부분의 직원들은 이에 대해 사과했다. 그러나 오랫동안 근무했던 직원 한 명은 그녀가 자신을 신뢰하지 않는 것을 믿을 수 없으며 자신의 프라이버시가 침해 당해 당황스럽다고 말했다. 그는 "사장님은 우리가 무엇을 하고 있었는지 물어 봤을 수도 있습니다. 제가 몇 번 개인 용무를 본 건 맞습니다. 그리고 먼저 양해를 구하지 않은 것은 미안합니다. 하지만 저는 잔업을 많이 해서, 제가 가야만 하는 일부 장소는 퇴근한 뒤에 가면 문을 닫습니다. 제 일의 질과 적시성에 대해 문제가 됐던 적이 한 번이라도 있었습니까? 제임스 본드와 같은 첩보 활동은 필요가 없었습니다!"

토론 문제

1. 로라가 GPS 테크놀로지를 이런 식으로 사용한 것은 도구의 현명한 사용인가? 왜 그렇게 생각하는가? 직원들을 직접 추궁하지 않을 수 있는 보다 중간적인 방법이 있는가? 직원들의 신뢰와 사기를 진작시키기 위해 그녀가 취할 수 있는 "해법"은 무엇인가?

2. 자신의 프라이버시가 침해되었다는 직원의 말은 옳은가? 그는 회사에서 그런 기대를 할 권리가 있는가? 왜 그렇게 생각하는가?

논평

사람 관리는 가치 중립적인 일과는 거리가 멀다. 기독교적 (또는 다른 유형의) 가치에 일치할 수도 있고 일치하지 않을 수도 있는 철학적 및 신학적 관점들은, 직원들에게 동기를 부여하고 그들을 이끌며 직원들의 업무를 측정하는 데 사용되는 도구들 배후의 이론들을 알려준다. 이 이론들(및 그 배후의 가정들)이 정책과 관행으로 발전되면 갈등이 보다 분명해진다.

인간의 개발 및 복지는 경제적 경쟁과 긴장하는 가운데 존재할 수도 있기에, 사람을 관리하는 과정에 도전적인 질문들이 떠오른다. 진정으로 직원들을 인간으로 존중하고, 그들의 필요와 개발에 우선순위를 두며, 업무의 건강한 경계를 존중하고자 하는 매니저 또는 조직이 빠른 속도로 움직이며, 급격히 변화하는 연중무휴의 글로벌 시장에서 성공적으로 경쟁할 수 있는가?

직장에 쏟아붓는 시간과 에너지의 양, 이로부터 나오는 일체감을 감안할 때, 소명(하나님 및 이웃에 대한 섬김)이 행사될 수 있는 장소/맥락을 조성하는 것이 경영의 핵심 목표 중 하나가 되어야 한다. 폴라드가 통찰력 있게 보여주는 바와 같이, 직원들은 목적과 의미 외에도 신뢰, 존중, 도전을 필요로 한다. 비튼과 바그너가 지적하는 바와 같이, "사람들에게 높은 기준의 성과를 낼 수 있게 해 주고, 그들의 모든 역량과 자원을 요구하며, 사회적으로 책임 있게 행동하는" 일은 인간의 번성과 직접적으로 관련이 있다. 인적 자본에 대해 책임이 있게 관리하려면, 리더들은 이 "선한 일"의 표식을 직원들이 매일 하는 일 속에 구현해야 한다(그리고 이 문제에 대해 직원들이 의견을 제시할 수 있도록 허용하고 이를 장려해야 한다). 물론 상호 관계가 존재한다. 직원들은 가치를 부가하기 위해 최선을 다하고, 그들에게 주어진 신뢰를 받을 가치가 있게 처신하며, 조직의 목표 달성을 진척시켜야 한다.

정의는 경영에 적용될 수 있는 기독교 윤리의 또 하나의 핵심 개념이다. 정의와 관련하여, 성경은 하나님은 특히 상처받기 쉽고, 학대 받으며, 발언권이 없는 사람들의 곤경에 관심이 있다고 말한다. 많은 명령, 율법 및 원칙들이 보다 넓은 사회에 살고 있던 경제적으로 가난한 사람, 과부와 고아들에게 적용되었지만, 유사한 개념들이 한 조직에 적용될 수 없다고 생각할 이유가 없다. 조직이 가장 낮은 직급의 직원을 얼마나 잘 대우하는가는 조직의 가치, 특히 조직의 정의감에 대한 좋은 테스트이다. 많은 경우에, 최하위 계층의 직원들은 특히 목소리를 내지 못하며, 가장 쉽게 소모될 수 있는 것으로 여겨진다(거의 언제나 경기 침체 시 가장 우선적인 감원 대상이 된다). 소득이 절실히 필요하다 보니, 그들은 협상력이 없고 고용주에 의해 부과된 가혹한 근무 조건을 받아들여야만 한다. 커다란 임금 격차에서 보여지는 바와 같이, 이러한 직원들의 기여는 적절한 인정을 받지 못한다.

도덕적인 이유 외에도, 최근의 연구 또한 실제적 이유와 경쟁상의 이유에서 하위 직

---

4) Jody Heymann과 Magda Barrera, Profit at the Bottom of the Ladder. Creating Value by Investing in Your Work Force (Boston: Harvard Buisiness Press, 2010).

급 직원들의 중요성을 확인해 준다.[4] 정의는 실제로 정책이 바뀌는 형태로 와야 한다. 'Undercover Boss'(회장님은 위장 취업 중)라는 쇼가 좋은 개념이기는 하지만, 직원들의 곤경을 이해하게 된 CEO들에 의해 행해진 일부 "좋은 행동들"은 지속적인 변화라기보다는 일회성 호의의 형태로 온다. 브로에테 과수원은 이러한 가치들을 마음에 새기고 조직이 설계 및 관리되는 방식을 통해 이 가치들을 적용한 비즈니스 리더의 훌륭한 예이다.

기독교 윤리는 또한 왜 사람들이 존중 받고 존엄한 존재로 대우받아야 하는지에 대한 배후의 동기를 알려준다. 이는 사람들이 생산 요소이기 때문이 아니라, 하나님이 그들을 가치 있게 여기기 때문이다. 이와 대조적으로, 대부분의 경영 이론들은 철저하게 회사의 재무 모델(또는 주주 자본주의)에 기반을 두고 있다. 회사의 가장 중요한 목표는 이익 극대화이기 때문에, 직원들은 이에 따라 대우될 것이다. 이는 물론, 직원들이 박하게 대우된다는 뜻은 아니다. 직원들을 잘 대우하면 이익이 더 커지는 경우도 있기 때문에, 계몽된 자기 이익에 기반하여 직원들을 후하게 대할 동기가 있을 수 있다("우리가 직원들을 잘 대우해 주면 그들은 우리가 진정으로 자기들을 위해 준다고 생각할 것이다"). 그러나 (이익에 의해 측정된) 조직에 가장 좋은 것과 직원에 가장 좋은 것 사이에 긴장이 존재하는 "수렴 지대" 바깥에서는, 재무 모델하에서는 언제나 자본이 우선할 것이다. 흔히 가장 아래의 직원들이 가장 소모할 수 있고 가장 쉽게 대체될 수 있다고 여겨지기 때문에, 그들이 가장 큰 영향을 받을 것이다. 따라서 조직의 재무적 이익과 직원들의 인간적 이익의 수렴 지대는 작을 것이다. 재무적 고려가 우선시되더라도 합당한 경우가 있을 수는 있지만, 자동으로 인간의 복지보다 금전적 이익을 우선시하는 것은 기독교 윤리에서 지지될 수 없는 입장이다. 이익은 사람들을 개발하기 위한 최종 목적을 위한 수단이라는 폴라드의 이해는 기독교적 가치를 다른 방식들보다 훨씬 잘 대변한다.

기독교 윤리는 인간의 본성에 대한 관점도 제공해 주는데, 이는 물질적 보상에 주어지는 강조와 필요한 신뢰 및 책임성과 같은 실제적인 문제들에 영향을 준다. 대부분의 기독교 분파는 사람은 "혼합된" 본성을 가지고 있다는 데 동의한다. 즉, 우리는 하나님의 형상대로 만들어졌고 선을 행할 수 있지만, 동시에, 우리는 타락해서 이기적인 경향이 있으며, 우리의 의도와 동기가 순수한 경우는 거의 없다.

점점 더 많은 학자들에 의해 지적되고 있는 바와 같이, 대부분의 경영 이론들은 우리의 동기를 경제적 자기 이익 추구로 축소시킴으로써 인간의 본성에 관해 최악의 가정을 하는 경향이 있다.[5] 다른 연구자들은 "주류 경영"의 물질적 보상에 대한 강조는 (개인주의에 초점을 맞추는 것과 결합하여) 효율성과 생산성을 향상시킬 수는 있지만, 다른 형태의 인간의 복지(사회적, 심리적 및 환경적 복지)를 해친다고 믿는다. 이 학자들은 인간의 번성에 관한 성경의 아이디어와 부합하는 "다원(multi-stream) 경영"을 옹호한다.[6]

일부 조직들은 (폴라드에 의해 부분적으로 논의된 바와 같이) 이러한 다양한 가치들과 가정들을 반영하여 훨씬 인간 중심적인 방식으로 운영한다. 인간의 필요에는 직업상의 성장과 발전, 자율성, 그리고 목적 의식/뭔가 가치 있는 일에 대해 기여하고 있다는 느낌이 포함된다. 사실, 이러한 고려들은 직원 유지, 채용 및 개발 면에서 장기적으로 이익이 될 수 있다.[7]

인간을 혼합된 본성을 지닌 존재로 보는 것은 신뢰와 책임성이 조직 운영에 실제적이고도 필요한 요소임을 의미한다. 일하기 좋은 직장 연구소(Best Places to Work Institute)의 연구원들은 좋은 성과를 내는 조직들은 높은 신뢰 또는 적어도 높은 신뢰의 외양으로 특징지어진다는 사실을 발견했다. 이는 충분히 일리가 있으나, 직원들은 어느 정도의 책임성도 필요로 하는 바, 특히 신뢰가 깨어진 경우 더욱 그렇다.

모범적인 여러 기독교 임원들(허먼 밀러의 맥스 드프리, 플로우 모터스의 돈 플로우, 서비스매스터의 빌 폴라드)은 유사한 개념을 사용하여 자기 조직의 경영에 이를 적용했다. 그들의 접근법은 "언약적 경영(covenantal management)"이라 불리기도 한다. "언약적"이라는 말은 명백히 성경상의 언어일 뿐만 아니라, 직원 관계에 대한 보다 계약적인(contractual) 틀과 대조될 수도 있다. 언약에는 조건적 의무를 정하는 계약에서보다 일방적 의무, 은혜, 그리고 주고 받기에 대한 여지가 더 많다. 결혼은 왜 언약적 접근법이 계약적 접근법보다 매력적일 수 있는지에 대한 좋은 비유이다.

이 가치들(인간의 번성, 소명, 정의, 언약)을 취해서 이 가치들이 물질적 보상의 분배와 같은 구

---

5) 예컨대, Fabrizio Ferraro, Jeffery Pfeffer, and Robert I. Sutton, "Economics Language and Assumptions: How Theories Can Become Self-Fulfilling," Academy of Management Review 30 (2005): 8-24쪽을 보라.

6) Bruno Dyck & David Schroeder, "Management, Theology and Moral Points of View: Towards an Alternative to the Conventional Materialist-Individualist Ideal-Type of Management," Journal of Management Studies 42 (2005): 705-735쪽. 또한 Dyck과 Neubert, Management를 보라.

7) Amy Wrzesniewski 등, "Jobs, Careers, and Callings: People's Relations to Their Work," Journal of Research in Personality 31 (1997): 21-33쪽; 그리고 Kim Cameron, Jane Dutton과 Robert Quinn 편 Positive Organizational Scholarship: Foundations of a New Discipline(San Francisco: Barrett-Kohler, 1003)에 나오는 Amy Wrzesniewski, "Finding Positive Meaning in Work"를 보라.

체적인 이슈들에 어떤 지침을 제공할 수 있는지 살펴보자. 부분적으로는 경제학에 의해 주도되지만, 보수 실무 관행은 가치를 반영한다. 히긴슨과 크라우가 언급한 바와 같이, "시장"은 문화적 가치들을 표현한다. 대부분의 조직에서 임원들은 "일반" 직원들이 버는 돈의 수십 배에 해당하는 천문학적인 금액을 받는다. 역량 있는 임원들은 적고, 무거운 리더십 부담을 지며, 많은 사람과 자원에 대해 책임을 지므로 보수에 있어서 어느 정도의 차이는 도덕적으로 정당화될 수 있다. 그러나 막대한 금액 차이와 임원 보수 결정 프로세스는 중요한 질문을 제기한다. 보수 상의 차이는 모든 직원들의 기여를 공정하게 인식하는가? 아니면 임원들이 다른 사람들의 희생 하에 "록스타" 대우를 받는가? 임원 보수가 전반적인 조직 성과(주가는 여러 요인들에 의해 영향을 받기 때문에 복수의 척도들을 사용)에 밀접하게 연계되는가? 일부의 보상(즉, 주식 옵션 형태)이 보상 시스템에 대해 단기적인 게임을 통해 얻어지는가, 아니면 조직의 주주들에 대한 진정한 가치 창출을 통해 이루어지는가? 한 단계 뒤로 돌아가서, "보수"가 유일한 동기 부여 요인으로 사용되어서 직원들을 경제적으로 합리적인 기계들로 축소시키는가, 아니면 일을 의미 있는 맥락 안으로 들여 놓기 위해 보다 넓은 목적들(즉, 서비스, 개발)이 강조되는가?

기독교 윤리를 보수 철학과 실무에 적용할 때, 비물질적인 동기 부여 요인들(공유된 목적, 팀워크, 개인의 개발로부터의 만족)도 강조되어야 한다. 보수가 실제로 어떻게 분배되는지에 정의에 대한 관심이 표현되어야 한다. 조직에서 가장 낮은 지위에 있는 직원들이 공정하게 대우받고 있는가? 그들의 일이 적절히 인정받고 있으며, 그들에게 개발 기회가 있는가? 이 주제들과 합치하도록, 일부 조직들에서는 임원 보수를 가장 낮은 직급 직원 보수 또는 직원 평균 보수의 일정 배수로 제한한다. 실적이 좋은 시기에 보너스를 보다 공평하게 배분하고 어려운 시기에 (급여 삭감 및 기타 희생 공유 조치들을 통해)짐을 나누기 위해 의도적인 조치들을 취하는 조직들도 있다.

직원들의 성과 또는 회사 정책 준수 여부를 측정하기 위한 직원 모니터링은 테크놀로지상의 문제일 뿐만 아니라, 기독교 윤리가 지침을 줄 수 있는 가치의 문제이기도 하다. 테크놀로지의 급격한 발달로 정보 수집이 보다 쉽고 정확해졌다. 전화 또는 고객의 수, 기록된 컴퓨터 코드 분량, 완료된 판매 건수 등과 같은 성과 척도와 함께 컴퓨터 또는 GPS 모니터링이 널리 사용된다.

일부 성과 척도들은 순전히 데이터가 수집될 수 있기 때문에 사용된다. 이는 실상은 조직에 더 중요할 수 있지만 쉽게 측정되지 못할 수도 있는 다른 행동들을 소홀하게 할 수도 있다. 다른 척도들(예컨대, 많은 세일즈 커미션 시스템들)은 직원들이 이 시스템으로 장난을 치거나 다른 동료들과 건강하지 않은 방식으로 경쟁하도록 장려할 수도 있다. 또한 간섭적이고, 직원들에게서 사람으로서의 존엄성을 빼앗아 가며, (에리스먼이 자기실현적 예언이 될 수도 있다고 말하는 바와 같이) 신뢰의 결여를 보여주는 방식으로 데이터가 수집될 수도 있다.

정의는 전자 방식에 의한 모니터링에서 드러나는 또 하나의 관심사항이다. 흔히 가장 낮은 직급의 직원들이 가장 주의 깊게 조사된다. 이 노동자들은 일이 싫으면 그만 둘 수도 있다고 말할 수도 있겠지만, 그들은 훨씬 취약한 입장에 있으며 제시된 근무 조건을 받아들여야만 한다. 보다 취약한 입장에 있는 사람을 다룰 때에는, 협상이 일정 범위를 넘으면 착취가 된다.

때로는 직원들에 대한 모니터링은 선택사항이 아닐 때가 있다. 직원이 회사 차량을 운전하다 교통사고를 낸 경우나 보고된 성희롱을 중단시키지 않은 경우 이러한 직원을 고용한 조직이 간접 책임을 지게 될 수 있다. 계약상의 의무(예컨대, 보안 목적상)로 일부 데이터 수집이 요구될 수도 있다. 다른 경우에는 합법적인 목적으로 정보가 수집되지만(예컨대, 배달 서비스의 GPS 추적, 대중교통상의 안전), 언제, 어떤 상황에서(즉, 정당한 명분), 그리고 누가 이 정보를 검토하는지에 대한 정책이 없으면 남용 가능성이 커 보일 수도 있다. 다른 테크놀로지들의 경우에서와 마찬가지로, 우리가 그렇게 "할 수 있는가"와 더불어 그렇게 "해야 하는가"라는 질문을 해야 한다. 그리고 "해야 하는가"라는 질문은 직원들이 하나님의 형상대로 만들어졌다는 사실을 반영하는 방식에 의해 평가되어야 한다.

이러한 개념들을 취해서 이를 직무 설계에 적용하는 것은 효율성에 의해 주도되는 모델과는 판이(判異)하다. 프레드릭, 메슬로우, 테일러 등에 의해 개발된 과학적 관리는 잘 알려져 있고, 아직도 영향력이 있는 경영 이론의 일례이다. 이 접근법 하에서는 노동자들은 오직 돈을 버는 것에만 관심이 있다고 가정된다. 업무 과제들(당시에는 주로 공장 노동)은 최대의 효율성을 내도록 설계되었다. 테일러는 공장 노동자들의 움직임을 철저하게 연구하고 그들의 일을 (일부의 경우 정해진 라인에 따라) 재조직해서, 특정 공장에서 필요한 노동자 수를 (600명에서 140명으로)크게 줄였다.[8]

---

8) Taylor의 철학 및 연구에 대한 사려 깊은 설명 및 비판에 대해서는 Lee Hardy, The Fabric of This World (Grand Rapids: Eerdmans, 1990), 128-140쪽을 보라.

그러나 결근이 증가하는 등, 인간적 비용이 엄청나게 소요되어서 이로 인한 이익은 단기간에 그쳤다. 테일러는 노동자들의 독특한 인간적 요소를 무시했으며, 노동자들이 오랫동안 기계와 같은 방식으로 반응하지 않으리라는 것을 깨닫지 못했다. 테일러의 이론들은 초기 공장들(예컨대 포드의 모델 T)의 설계에 지대한 영향을 주었으며 오늘날에도 여전히 영향력을 행사하고 있다. 최근 들어 테크놀로지를 통한 "리엔지니어링" 및 "눈에 불을 켠" 효율성 성과 척도들에 대한 과거 및 현재의 강조는 과학적 관리의 유물이다.

무슨 일을 할지와 어떻게 할지에 대해서도 직원들의 의견이 반영되어야 한다. 물론, 충분한 성과를 내는 것(효율성)이 심각한 고려 사항이기는 하지만, 목적, 다양성, 창의성 그리고 책임이라는 점에서 인간에게 독특한 것들을 극대화하도록 설계되어야 한다.

물론, 조직이 유지되려면 과업들이 달성될 필요가 있지만, 사람들은 돈 이상의 것을 필요로 하는 바, 업무 및 특정 과제들이 어떻게 설계될 수 있는지에 이러한 필요가 반영된다. 일이 전인 발달을 존중하고 사람들을 번성하게 하는(탁월하고, 사회적으로 책임 있게 행동하며, 비튼과 바그너가 요약한 바와 같이 관여하게 하는) 방식으로 설계되는가?

관리자들과 그들이 사용하는 실무 관행들은 좋은 방향으로든 나쁜 방향으로든 사람들의 삶에 영향을 준다. 도전적이고, 보상을 해 주며, 경계가 정해진 일에 대한 직원들의 깊은 필요를 고려하고, 공정하고 정의롭게 운영하는 조직들(및 매니저들)은 생명을 주는 일의 경험을 만들어 낼 가능성이 보다 클 것이다. 이와 대조적으로, 주로 물질적 보상, 효율성 및 생산성을 강조하거나 암묵적으로 이러한 사항들이 다른 모든 사항들보다 우선시되도록 허용하는 조직들(및 매니저들)은 사람들을 해치기 쉬우며, 장기적으로 그들이 의도하는 바를 달성할 능력을 훼손할 수도 있다.

회계와 금융

개요

2007-2009년의 세계 금융 시스템 와해 위기는 전 세계적으로 금융과 회계 분야의 심각한 윤리적 이슈들을 신문의 전면에 재등장시켰다. 다수의 세계 최대 은행들과 보험회사들에 대한 전례 없는 정부의 구제는 전 세계 미디어의 머리기사가 되었으며, 정부가 이들 중 몇 곳의 주주가 되게 했다. 주식 시장은 1년도 안 되어서 가치의 대략 절반을 잃었으며, 수백만 명의 은퇴 계좌의 가치가 급락하여 은퇴 계획을 세웠던 많은 사람들이 이제 끝없이 일할 필요가 있게 되었다. 이 모든 사태는 1920년대 및 1930년대의 대공황 이후 최악의 경기침체를 초래했다. 이를 글로벌 자본주의의 실패로 묘사하는 것은 정확하지 않겠지만, 이 사태가 글로벌 **금융** 시스템의 실패였다는 점은 확실하다. 월가에 본사를 둔 은행들뿐 아니라 모기지 회사 및 정부에 의해 완전히 인수된 패니매(Fannie Mae) 및 프레디 맥(Freddie Mac)과 같은 정부 후원 기관들(GSEs)도 비난을 받아야 하지만, 월가의 회사들이 더 큰 비판을 받는 것은 정당하다.

글로벌 금융 와해의 이유들이 많은 책의 주제가 되어 왔지만, 몇 가지 주요 원인에 대해서는 합의가 이루어진 듯하다.[1] 1970년대 말과 1980년대에 정부가 은행과 모기지 회사에게 역사적으로 소외되었던 공동체에 주택 소유를 늘려 주도록 압력을 강화한 것이 위기의 근원이다. 여기에 1990년대 말의 주식 시장 붕괴와 2001년의 9/11 사태에 기인한 1990년대 말과 2000년대의 전례 없는 저금리가 결합되었다. 이로써 사실상 누구든지 쉽게 돈을 빌릴 수 있게 되었고, 개인과 기관 모두 부채 부담을 크게 증가시켰다. 게다가, 1999년에 클린턴 행정부는 글래스—스티걸(Glass-Steagall) 법을 폐지함으로써 월가의 투자은행들이 예금을 받는 상업 은행이 되도록 허용했다.

보다 구체적으로는, 금융 위기는 서브 프라임 모기지에 대한 보험 증가로 시작되었는데, 서브 프라임 모기지는 대출 자격의 한계선상에 있어서 리스크가 매우 높으며, 이를 보충하기 위해 높은 이자를 받는 대출이다. 이런 대출들은 모기지 생성자(originator)들에 의해 실행되었는데, 그들은 대출을 성사시킬 때마다 커미션을 받았다. 이러한 모기지들은 은행, 월가, 그리고 패니 매 및 프레디 맥과 같은 금융기관들에게 매각되었으며, 금융기관들은 이러한 대출들을 투자 증권으로 전환시켰다. 이런 증권들은 수천 건씩 꾸러미로 묶여졌고, 이러한 모기지 패키지들이 전 세계의 투자자들에게 팔렸으며, 흔히 이 은행들의 투자 수단으로서 자신의 장부에 유지되기도 했다. 이 증권들은 **파생상품**으로 알려진 점점 더 복잡한 상품이 되었으며, 무디스(Moody's)와 스탠더드 앤드 푸어스(Standard and Poor's)와 같은 신용 평가 기관들은 일반적으로 이 증권들에 AAA 등급을 부여했다. 시장 금리가 매우 낮았고, 과거 10년 동안 주식 시장이 변동성이 매우 컸기 때문에, 더 나은 수익 및 더 안전한 투자를 찾는 투자자들은 모기지 담보 증권과 파생상품들을 사려고 했다.

이 모기지들을 만들어 냈던 시스템이 곧 변질되었으며, 이 시스템의 모든 단계에 윤리적 실패가 있었다. 모기지 생성자들은 대개 1, 2년 뒤에 이자율을 보다 높은 이율로 재설정할 때 상환하지 못할 수도 있는 사람들에게 변동 금리 대출을 해 주기 시작했다. 차주의 신용도는 점점 더 무관하게 되었으며, 전통적인 수입 입증 서류도 마찬가지였다. 서브 프라임 대출은 업계에서 "거짓말쟁이 대출" 또는 "수입, 직업 또는 자산이 없

---

1) 보다 자세한 금융 위기 분석에 대해서는 Mark Zandi, Financial Shock: Global Bailouts (Upper Saddle River, N.J.: Pearson Education, 2009)를 보라. 또한 Bethany McLean과 Joe Nocera, All the Devils Are Here: The Hidden History of the Financial Crisis(New York: Portfolio, 2010)도 보라.

음(no income, no job or assets)"의 약자인 NINJA 대출로 알려지게 되었다. 모기지 생성자들은 대출 계약 종결 후 몇 달 안에 이 대출들을 은행들에게 매각했기 때문에 차주의 상환 능력에 대해서는 그다지 신경을 쓰지 않았다. 이 대출들을 증권으로 전환하기 위해 매입했던 은행들(패니 매와 및 프레디 맥 포함)은 일부 차주들이 부도를 내더라도 모기지 패키지에 워낙 많은 대출들이 포함되어 있으니 이 부도들은 제때 상환하는 많은 대출들에 의해 상쇄될 것이라고 가정했다. 그들은 주택 가격이 계속 상승해서 부도율이 높아진다 해도 해당 주택에 모기지 잔액을 커버할 충분한 지분(equity. 주택 가격에서 저당이 설정된 대출 잔액을 차감한 금액. 역자 주)이 있을 것이라고 가정했다. 그래서 신용 평가 기관들은 이들 증권에 최고 등급을 부여했다. 투자자들은 이 증권들을 충분히 살 수 없었고, 모기지 회사들은 수요를 만족시킬 만큼 충분히 신속하게 대출 계약을 종결지을 수 없었다.

그러나 그때 생각할 수 없는 일이 일어났다. 처음에 저리로 시작했던 변동 금리 대출을 고율로 재설정하자 놀라우리만큼 많은 주택 소유자들이 부도를 내기 시작했다. 더욱이 주택 가격이 실제로 하락하기 시작했는데, 캘리포니아, 애리조나 그리고 네바다와 같은 일부 지역에서는 대폭 하락했다. 그래서 많은 주택 소유자들이 모기지에 "침수"되었는데, 이는 그들의 집값보다 갚아야 할 빚이 더 많음을 의미했다. 부도가 계속됨에 따라 이 모기지들에 기초했던 증권들의 가치가 크게 하락했으며, 이 증권들을 투자자들에게 팔려고 했거나 자신의 장부에 보유하고 있던 은행들은 급격한 손실에 직면하여 파산의 위협에 내몰렸다. 또한, 이 증권들의 부도 발생 시 지급을 보장했던 보험회사들은 그들이 지급하지 못할 수도 있는 거액의 보험금을 청구 받아서, AIG와 같은 회사들이 부도를 낼 가능성마저 발생하게 되었다. 주요 은행들 중 다수가 지급불능 위험을 받게 되었고, 선도적인 투자은행들 중 일부가 파산하거나(리먼 브러더스), "헐값"에 다른 은행들에 흡수되었다(베어 스턴스, 메릴 린치). 월가에 의해 생성되고 투자자들에게 팔렸던 많은 파생상품 증권들은 너무도 복잡해서 어느 정도의 가치가 있는지 알 수 없었다. 이 모기지 와해의 결과, 은행들은 잠재 손실을 커버하기 위해 할 수 있는 한 많은 자본을 보유해야 했으며, 이로 인해 신용 시장이 사실상 얼어붙었다. 은행들은 대출을 중단했고, 생존을 위해 대출에 의존했던 기업들은 재무적 생명줄이 사라지는 것을 속수무책으로 지켜보았다. 이것이 2007년–2009년의 경기 침체의 주요 원인인 바, 주식 시장은 다소 회복되었고 은행들도 다시 대출을 하고 있지만, 이 사태가 세계 금융 시스템에 보냈던 충격파는 세계 금융 시스템을 붕괴시킬 뻔했다. 모기지 담보 증권 대출 기관 및 신용 평가 기관 모두의 **기준 완화**, 주택 시장의 **영원한 가치 상승**이라는 가정, 그리고 파생 상품 및 기타 투자 상품들의 **복잡성 수용** 모두가 금융 시스템이 붕괴 직전까지 간 사태에 기여했다.

이 시스템의 모든 단계에서 윤리적 실패가 있었다. 모기지 생성자들은 자신이 대출을 부도낼 것이라고 알고 있는 사람들에게 대출을 해 주었다. 아무튼 자신들은 대출 자금을 회수할 것이고, 그 대출들은 사후 관리할 누군가에게 팔릴 것이기 때문에, 그들은 신경 쓰지 않았다. 월가 및 프레디 맥과 패니 매를 포함한 은행들은 이 모기지 풀(pool)들을 "유동화"하여 (모기지 풀을 증권으로 전환하여) 투자자들에게 팔았다. 그 과정에서 그들은 상당한 수수료를 챙겼으며, 종국에는 자신들이 가치가 없다고 의심하던 증권들을 의심하지 않는 투자자들에게 밀어냈다. 월가는 기업들에 자본을 조달해 준다는 투자 은행의 원래의 사명을 망각하고, 자기 계정으로 매우 위험하고 레버리지가 높은 파생상품 트레이딩에 몰두했다는 비판을 받았다. 신용평가기관들은 이 증권들이 이를 발행한 은행들에 의해 지급되고 있음에도 불구하고, 이 증권들에 AAA 등급을 부여했다(모기지 대출을 받은 사람들이 지급해야 하는데, 그들이 지급하지 못하자 모기지를 증권으로 만들어 판 은행들이 대신 지급하고 있었다는 뜻. 역자 주). 평가 기관들은 거대한 유동화 규모로 인해 막대한 이익을 올리고 있었고, 그들에게 지불하는 증권 발행자들과 사이가 틀어지기를 원하지 않았다. 이 과정에서 "모두가 자기 이익을 추구"했으며, 정부도 일익을 담당했다. 증권 거래 위원회(SEC)는 특히 파생상품에 대한 감독을 소홀히 했다는 비판을 받았으며, 패니 매와 프레디 맥에 대한 의회의 감독도 많은 비판을 받았다. 근시안적인 공공 정책이 별다른 제약 없이 탐욕이 난무하고 재앙적인 결과를 가져온 환경에 기여했다.

1990년대 후반 이후, 유명한 회계 스캔들들의 결과로 회계 윤리 역시 큰 뉴스 거리가 되었다. 이와 관련해 가장 잘 알려진 사건은 몇 년 동안의 손실을 감췄던 회계 사기에 따른 2001년의 엔론의 몰락일 것이다.[2] 엔론에 관해서는 쉐론 왓킨스(Sherron Watkins)와의 인터뷰에서 이 회계 문제가 발생하게 했던 조직상의 문제들을 살펴보는 11장에서보다 더 많은 내용을 접하게 될 것이다. 많은 회사들에서 책임자들이 감옥에 가게 되었

---

2) Enron의 멸망에 관한 많은 설명 중 하나로는, Bethany McLean과 Peter Elkind, The Smartest Guys in the Room: The Amazing Rite and Scandalous Fall of Enron(New York: Portfolio, 2003)을 보라.

던 다른 유명한 회계 스캔들에는 전화회사 월드컴,[3] 케이블 TV의 거물 아델피아, 타이코, 선빔, 웨이스트 매니지먼트, 의료계의 거물 콜럼비아/HCA, 그리고 글로벌 크로싱의 사례들이 포함된다. 회계 거물 아서 앤더슨이 이 실패한 감사들 중 일부에 연루되었는 바, 그들은 엔론과의 연루 여파로 몰락했다.[4] 이 회계 실패들은 회계 업계의 무결성(integrity)을 흔들어서, 2002년에 사베인-옥슬리법이 제정되었다. 엔론이 몰락한 뒤에 비즈니스 위크는 근본적인 윤리 이슈가 관여되어 있음을 포착하고서 상장 회사들의 회계에서 신뢰 저하 문제에 관한 커버 스토리를 실었다.[5]

"장부를 조작"해서 회사를 실제보다 낮게 보이게 하려는 유혹이 실제로 일정 기간 존재해 왔다. 주식 시장 및 상장 회사들의 활동을 규제하는 SEC와 같은 기관들과 회사들에 대해 정규적으로 회계 감사를 실시하는 회계 법인들은 투자 대중들에게 자신이 투자하는 회사들이 발행하는 재무제표가 신뢰할 수 있다는 점을 확신시키기 위해 만들어졌다. 명백한 사기 사례들이 머리기사를 차지하기는 하지만, 이는 예외적인 경우이다.

회계 기준들은 일반 회계 원칙(generally accepted accounting principles)을 뜻하는 GAPP라는 약어로 알려져 있다. 이 기준들은 내부 회계 및 감사에서 회계 실무 관행을 규율하는 규칙들을 반영한다. 때로는 새로운 비즈니스 수행 방식으로 새로운 회계 원칙들을 개발하거나 기존 원칙들을 채용할 필요가 생긴다. 과거에 회사들이 처음으로 인터넷 상에서 비즈니스를 수행하기 시작했을 때, 의료 회사들이 새로운 수익 회계 처리 방법으로 씨름했을 때, 또는 금융 기관들이 점점 복잡해지는 상품들에 대해 회계 처리를 했을 때에도 그랬다. 이 과정에서 중요한 한 가지 역학은 새로운 비즈니스 수행 방식에 의해 현재의 규칙에 대한 해석이 도전을 받을 경우, 대개 상당한 기간이 지나서야 회계 전문가들이 이에 대응해서 새로운 비즈니스 수행 방식에 규칙들이 어떻게 적용되거나 채택되어야 하는지에 대해 명확히 규정한다는 것이다. 최종 기준은 특정 거래에 대한 회계 처리를 위한 적절한 방법에 관해 출현하는 합의를 반영한다. "모든 사람이 이렇게 하고 있

3) Cynthia Cooper, Extraordinary Circumstance: The Journey pf a Corporate Whistleblower (Hoboken, N.J.: John Wiley and Sons, 2008).
4) Arthur Andersen의 역할에 관한 보다 자세한 내용은 Barbary Ley Toffler와 Jeniffer Reingold, Final Accounting: Ambition, Greed, and the Fall of Arthur Andersen(New York: Broadway, 2003)을 보라.
5) John Byrne, "Restoring Trust in Corporate America," Business Week, 2002년 6월 24일, 31-44쪽. 또한 Joseph Nocera, "System Failure," Fortune, 2002년 6월 24일을 보라.

다”는 사실은 실상은 비윤리적 행동에 대한 합리화라기보다는 새로운 합의에 대한 하나의 징후일 수도 있다.

경영진 특히 회사 재무 담당 책임자들에 대해 가해지는 압력을 이해하기 위해, 상장 기업들을 보다 넓은 맥락 안에 넣어 보자. 네 그룹의 개인/기관들 및 각각의 그룹이 투자 과정 및 재무적 책무에 어떻게 관여하는지 생각해 보자. 첫 번째 그룹은 **투자 대중**으로, 이에는 (1) 주식 직매입 또는 뮤추얼 펀드를 통한 개인 투자자들 (2) 연금 매니저 및 뮤추얼 펀드 매니저와 같은 기관 투자자들, 그리고 (3) 주식 브로커와 재무 설계자 등의 투자 자문이 포함된다. 두 번째 그룹에 대해서는 **시장 메이커**(market maker)라고 부르게 될 것이다. 여기에는 증권회사, 은행, 그리고 주식 애널리스트들이 포함된다. 이 그룹의 회사들은 흔히 “월가”로 알려져 있는데, 이는 대부분의 주요 시장 메이커들이 월가나 뉴욕 시내에서 월가와 가까운 곳에 위치하고 있기 때문이다. 시장 메이커들은 주식 시장의 방향에 큰 영향력을 행사하고 있으며, 주식 애널리스트들의 의견은 그들이 내는 의견에 따라 시장을 위, 아래로 움직이게 할 수 있다. 세 번째 그룹은 상장 회사들의 **집행 임원**들로서 이에는 최고 경영자들이 포함되며 이들은 이사회에 책임을 진다. 이사회 위원들은 전통적으로 집행 임원들과는 구분되지만, 경영진의 성과에 대해 궁극적인 책임을 진다. 경영진의 성과가 투자자들이나 애널리스트들의 기대에 미치지 못하면, 투자자들은 해당 회사의 주식을 팔 수 있고 종종 실제로 팔기도 하며, 때로는 회사의 주가를 끌어내려 회사의 시장 가치를 감소시킨다. 따라서 경영진은 이러한 기대를 충족시키라는 큰 압력을 느끼는 바, 이 압력은 이 프로세스에 관여하는 네 번째이자 마지막 그룹으로서 회사의 재무제표 작성 책임이 있는 **회계 담당자들과 최고 재무 책임자들**에게 전해진다. 그들은 기본적인 회계 관행 및 일반 회계 원칙에 의해 인도되며, 대중에게 재무제표가 정확하고 신뢰할 수 있다는 확신을 주기 위해 외부 감사인들에게 재무제표를 점검하게 한다.

과거 몇 년 동안의 회계 및 재무의 윤리에 대한 “스토리”를 이해하기 위해서는, 이를 네 그룹의 중요한 당사자들 모두의 맥락에서 살펴볼 필요가 있다. 재무 및 회계 윤리 논의에서 흔히 회계 담당자/CFO 및 집행 임원들의 역할에 초점이 맞춰지고 있다. 이 논의의 중요한 측면 중 하나가 투자 대중 및 시장 메이커들이 회사들에게 이익을 가능한 긍정적으로 보이게 하고, 그것도 분기별로 그렇게 하라고 가하는 압력이다. 바로 이 압력이 과거 수년 동안 비즈니스 면 머리기사를 장식했던 많은 윤리적 딜레마와 회계 사기를 견인했다. 재무 담당자들에 대한 압력은 자사의 CEO 및 이사회로부터만 오는 것이 아니라, 그 압력의 궁극적인 원천은 투자 대중 및 그들에게 봉사하는 시장 메이커라는 점을 인식해야 한다.

회계/재무 윤리 분야는 매우 넓으며, 특정 회계 실무 관행의 기술적인 사항들에 빠져들기 쉽다. 회계 및 재무 담당자들이 직면한 다양한 윤리적 이슈들과 올곧은 일반 회계 원칙들을 개괄하는 것이 이번 장의 목표이다. 일부 사례들은 당신을 회사의 이익을 회사 재무제표에 어떻게 표시해야 할지에 관해 윤리적 결정을 해야 하는 CFO의 자리에 둘 것이다. 다른 사례들은 당신을 외부 감사인의 입장에 둘 것인 바, 이 사례에서 당신은 회계 감사를 수행하고 있는 회사로부터 대가를 받지만 일반 대중에 대한 책임도 지고 있다는 지위에서부터 오는 윤리적 압력과 씨름할 것이다. 추가적으로 재무 담당자들에 대한 공적 정책 영역과 법률의 오랜 관심사였던 내부자 거래 등과 같은 영역에서 다른 종류의 이슈들이 나오고 있다.

이번 장의 읽기 자료들은 회계 및 재무와 관련된 이슈들을 소개해 줄 것이다. 이안 스튜어트(Ian Stewart)는 회계의 이중 기장 방법에 관해 언어 유희를 하는 "회계와 책임성: 복식 부기, 이중의 성격, 이중의 정체성"이라는 제목의 글에서 회계 담당자 자신의 올곧음과 회사에 대한 자신의 의무 사이의 상충은 말할 것도 없고, 회계 담당자, 특히 감사인이 고객 및 투자 대중 양쪽 모두에게 지는 이중의 책임을 강조한다. 그는 회계가 단순한 거래의 기록(이는 장부 유지 기능에 더 가깝다)이라기보다는 **해석의 예술**이라는 점을 올바르게 설명한다.

조지 스타우버스(George Staubus)는 "회사 재무 보고에 있어서의 윤리적 실패들"이라는 글에서 스튜어트의 분석을 확장해서 회사 회계 담당자 및 감사인들 모두에 의한 회계 실패에 특히 초점을 맞춘다. 그는 감사인이 자기 회사에 회계 감사 수수료를 지급하는 고객에게 대해서와, 감사의 신뢰성에 의존하는 투자 대중에 대해 상충하는 의무를 부담하고 있음을 보여준다. 그는 서비스에 대해 대가를 지불하는 쪽을 "고객"이라고 부르는 것은 투자 대중의 이익을 고객의 이익에 종속시키기 때문에 문제가 있다고 지적한다. 그는 투자 대중의 이익의 희생 하에 고객을 편드는 "감사인의 편향"에 대해 한탄한다.

회계에서 벗어나 재무로 들어가서, 존 테릴(John Terrill)은 "투자 은행의 도덕적 의무"에서 투자 은행을 도덕적인 사업으로 본다. 이는 월가를 투자 대중이나 비즈니스 공동체가 아니라 은행들의 이익에 봉사하는, 평균적인 투자자들을 속이는 게임으로 보는 일반의 인식과 완전히 대조된다. 테릴은 투자 은행의 사명은 기업이 쓸 수 있는 자본을 만들어 주고, 이를 통해 기업이 기능을 발휘하기 위해 필요로 하는 유동성을 확보해 주는 것이라고 주장한다. 그는 부분적으로는 연방 정부의 구제 덕분에 월가가 금융 위기로부터 회복된 맥락에서 자신의 주장을 펼친다. 이는 전통적인 투자 은행 업무가 아니라, 자체 계정의 트레이딩에서 나오는 월가의 수입이 불균형적으로 높다는 비판과 대조된다.[6]

읽기 자료

BEYOND
INTEGRITY

회계와 책임성: 복식 부기, 이중의 성격, 이중의 정체성

I.C. 스튜어트(I.C. Stewart)
Crux 26, no. 2 (1990년 6월): 13-20쪽.

개요

회계(accounting)의 기본 활동은 "설명(account)"을 해 주는 것이다. 회계사의 주요 기능은 설명자(매니저)로부터 미공개 또는 준 미공개 정보를 구해서 이를 설명을 받을 사람들에게 보다 공개적인 방식으로 요약하는 것이다.[1] 설명을 받는 사람은 이제 더 이상 소유자나 채권자들이 아니라, 오늘날에는 공급자, 직원, 투자 자문, 다양한 유형의 비즈니스 파트너, 정부, 그리고 일반 대중들도 이에 포함된다.[2] 설명을 하는 사람으로부터 설명을 받는 사람에게로의 이러한 정보의 흐름이 진실한지를 식별할 필요가 있어서 (회계) 감사 직무가 생겨났다. 책임 관계 면에서 보면, 감사인은 설명자와 설명을 받는 자 사이에 서서 해당 정보의 무결성과 신뢰성을 확보하고자 한다.

---

6) 이러한 비판에 대한 보다 자세한 내용은 Kevin Phillips, Bad Money: Reckless Finance, Failed Politics, and the Global Crisis of American Capitalism(New York: Viking, 2008), 29-68쪽을 보라.

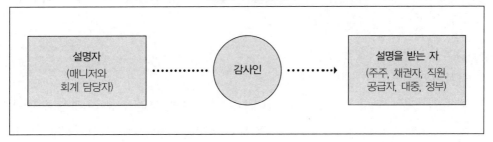

그림 1: 책임 관계

설명자
(매니저와
회계 담당자)

········· 감사인 ·········►

설명을 받는 자
(주주, 채권자, 직원,
공급자, 대중, 정부)

물론, 특별히 우려된 사항은 설명자가 허세를 부릴 수도 있다는 점이다. 의도적으로 기만적인 메시지를 받게 되면, 설명을 받는 자들은 그렇지 않았을 경우와 달리 행동할 수 없게 된다.[3] 에드먼턴(Edmonton) 기반의 금융 제국 프린시펄 그룹(Principal Group)의 붕괴에 관한 보고서에서, 법원이 임명한 조사관은 투자자들을 끌어 모으기 위해 작성된 회사의 문서들은 어려움을 겪고 있는 제국에 대한 진정한 재무 상황을 보여주지 않았다는 결론을 내렸다. 이 조사관은 프린시펄 그룹의 의장 도널드 코미(Donald Cormie)에 대해 이렇게 말한다. "그는 자신이 고의적으로 그들의 진정한 재무 상태를 가리기 위한 조치들을 취하는 동안 회사가 계속 영업을 수행하도록 허용했다."[4] 조사관은 회계감사를 받은 재무제표에는 프린시펄 그룹이 1985년에 2,570만 달러의 손실을 냈음을 보여주고 있는데, 그럴싸해 보이는 1985년도 연례 보고서는 당해 연도에 607,000달러의 이익을 냈다는 의장의 진술을 담고 있다고 보고했다. 12억 달러의 금융 제국은 2년 뒤인 1987년에 붕괴되었다. 한편 대부분의 사람들이 이 그룹이 제시한 그릇된 정보로 평생에 걸쳐 모은 돈을 잃었다.

이 사례는 일반 회계 원칙의 신축성을 극명하게 보여준다. 오늘날에는 과거에 비해 회계사의 판단이 보다 더 구속되기는 하지만, 회계 실무가 해석의 예술이라고 묘사되기에 충분할 정도의 상당한 재량이 남아 있다. 이 논문의 첫 번째 섹션의 목적은 회계사를 "텍스트" 생산자로 봄으로써 회계 해석학을 간단히 살펴보는 것이다.[5] 회계의 복식 부기 구조가 아니라 설명하는 일의 해석의 예술에 강조가 주어진다.

이 논문의 두 번째 섹션은 설명하는 일의 해석적 예술의 근저에 깔린 인간의 본성에 대한 가정들을 조사한다. 세 번째 섹션은 책임성(accountability)의 개념을 사용해서, 윌리엄 슈웨이커(William Schweiker)의 분석을 따라 책임성은 우리의 도덕적 정체성에 매우 중요한 이중성을 만든다고 제안한다. 마지막 섹션에서는 이 책임성을 해석하는 회계 실무 관행에 대한 몇 가지 함의를 요약한다.

복식 부기 언어

회계 텍스트는 영어(British Columbia에서 사용하는 언어), 복식 부기, 그리고 수학이라는 세 가지 언어를 사용한다. 뒤의 두 가지는 회계사들이 하는 일을 가장 잘 특징짓는다. 회계 실무는 전반적인 계산 능력의 비유에 의해 틀이 짜여진다. 이중적 구조와 수학적 정확성을 지닌 숫자들의 열(column)은 회계사들의 일은 객관적이며, 회계사들은 객관적이고 가치에서 자유로운 숫자들의 사용을 통해 실상을 "있는 그대로" 표현하고 있다는 추정을 만들어 낸다. 예를 들어, 손익은 회계사의 관점, 가치 또는 기술에 의존하는 "단순한" 해석상의 문제로 생각되지 않는다. 회계사는 단지 회사의 손익 상태에 관한 자신의 견해를 제공하라고 돈을 받는 것이 아니라 객관적인 사실들을 표명하라고 돈을 받는 것이다.[6]

사실 회계사의 적정성은 이를 수행하는 사람의 상황과는 무관하게 결정될 수 있는 단순한 계산상의 정확성 문제가 아니다. 돈 라보이에(Don Lavoie)가 지적하는 바와 같이, 회계는 언어, 즉 양방향, 대인간 소통 프로세스로 이해되어야 한다.[7] 라보이에는 언어는 "단순한 말이 아니라, 우리가 진정한 세계를 보는 방식이다"라고 말한다.[8] 그래서 현대의 회계는 세상에 대해 기술하는 하나의 방식이다. 가렛 모건(Gareth Morgan)은 숫자로 보는 견해는 조직의 실상에 관해 계량화될 수 있고 회계 틀 안으로 들어 올 수 있는 측면(예컨대, 비용 흐름, 수익, 그리고 기타 수치들)을 강조하지만, 조직의 실상에 관해 이런 식으로 계량화할 수 없는 측면을 무시한다고 말한다. 모건은 이런 식으로 예를 든다. "어제저녁 식사에 대해 1~10의 척도에 따라 등급을 매길 때 '9'를 부여하면 매우 훌륭한 식사였음을 나타내는 것과 마찬가지로, 회계사의 숫자적 양식 또는 표현은 매우 '얇고' 제한된 특징을 제공한다. 그것은 식사의 품질 및 전반적인 경험에 대해 많은 것을 설명해 주지 못한다. '그것은 9등급이다'는 비유는 많은 것들에 대해 침묵한다."[9] 그래서 모건은 "회계사들은 항상 복잡한 실상에 대해 부분적으로, 그리고 채택될 특정 회계 제도를 통해 자신이 **측정할 수 있고**, 측정하기로 **선택한** 사항들에 가중치를 두고서 **해석**하는 일에 관여한다"고 강조함으로써 결론을 내린다.[10]

해석의 예술

회계사는 회계 업무 수행 시 어떤 해석을 하는가? 첫 번째는 어떤 항목 또는 사건이 재무제표에 표시될 자격이 있는가에 대한 질문과 관련된다. 예컨대, 대차대조표에서 어떤 자산이나 부채를 포함시킬지 또는 제외시킬지는 해당 항목이 얼마나 형체가 없는가, 불확실한가, 강제할 수 없는가, 특정할 수 없는가, 분리할 수 없는가에 따라 조직의 장부에 기록되지 않는다.[11] 예를 들어, 일부 뉴욕 은행들은 현재 고객의 대차대조표를 분식하기 위해 새로운 금융상품을 만들어 내는 일을 하는 "금융 엔지니어들"로 알려진 사람들을 두고 있다.

특정 항목을 재무제표상에 인식하기로 하는 결정이 이루어지고 나면, 다음 단계는 이 항목들이 어떻게 측정될지를 결정하는 것이다. 역사적 원가, 현행 원가, 순 실현 가능가치, 그리고 현재 가치 등 여러 속성들이 선택될 수 있다. 이들 인식 및 측정 문제들에 대한 답변이 조직의 규모, 건강, 구조 및 실적, 즉 조직의 실상을 정의할 것이다.

피터 밀러(Peter Miller)와 테드 올리리(Ted O' Leary)[12]는 최근에 숫자적 견해가 어떻게 조직의 내부 회계 시스템의 일상적인 운영을 통해 조직의 실제를 형성할 수 있는지, 예를 들어, 사람, 학생, 환자 및 업무 팀들이 수익 및 비용을 발생시키는 이익 센터가 되는지 보여 주었다. 재무적 고려가 주요 이슈가 되는 곳에서는, 생성된 데이터가 회계사의 실제 구축(재무제표 작성을 의미. 역자 주)에 결정적인 영향을 줄 수 있다.

밀러와 올리리는 회계사가 어떻게 표준 원가 및 예산을 사용해서 특정 분야에 가시성을 가져오는지를 관찰했다. 회계사는 기업의 특정 기능의 중요한 측면들을 볼 수 있게 해 준다. 표준 원가는 공장 노동자를 효율성 계산에 빠지게 했고, 나중에는 예산에 의해 임원들에게도 똑 같은 일을 했다. 이를 통해서 비효율성과 낭비가 보여지게 하는 규범 및 기준들로 개인들을 둘러쌈으로써, 전 범위의 계산 프로그램 및 기법들이 개인의 삶을 지배하게 되며, 회계는 조직 생활의 구조 자체 안에 내장된 권력 관계 네트워크의 일부가 된다.[13]

따라서 회계사의 역할을 단지 기술적인 것으로 보아서는 안 된다. 회계사는 이미 존재하고 있는 실제, 사실의 영역, 측정 가능한 효율성의 영역을 밝혀 주는 논쟁의 여지가 없는 인물이 아니다.

회계는 사진에 보다 가깝다. 특정 각도에서, 특정한 렌즈를 가지고, 특정 시간에, 특정 목적으로 사진을 찍는다. 어떤 면에서 회계사는 실제를 반영한다. 예컨대 은행 예금은 은행에 의해 보유되고 있는 화폐 단위의 숫자에 상응한다. 그러나 회계에는 사람들이 그려지는 그림의 토대 위에서 행동하도록 결정해 주는 측면도 있다.

그러나 회계사들에 의해 이루어지는 전문가적 판단 사이에는 흔히 밀접한 유사성이 있다는 점을 강조할 필요가 있다. 더욱이, 회계는 다양한 회계사들의 주관적 변덕의 표현에 그치는 것이 아니다. 일반 회계 원칙 같은 것이 있다. 현재의 맥락에서 강조될 점은 회계사들은 (계기의) 바늘을 읽는 과학이라는 의미에서 객관주의자가 아니라는 것이다. 예를 들어, 회계가 기압계, 또는 속도계와 같다고 주장하는 것은 회계의 성격을 심하게 오해하는 것이다.

그렇다면 매니저들이 회계에 그리도 관심이 있는 이유는 회계 수치의 유연함 때문인바, 이 유연함으로 인해 매니저들이 숫자를 조작할 유인이 있는 경우 이를 조작할 수 있기 때문이다.

매니저의 회계 절차 선택

매니저의 회계 절차 선택을 설명하는 이론으로 가장 널리 받아들여지고 있는 것은 회사의 경제학 이론에 근거하고 있다. 이 이론은 계약에 의해 확립된 권리에 대한 강조 때문에 재산권에 대한 문헌을 차용한다. 이 견해 하에서 회사는 분리된 계약이라기보다는, 특정 재산을 위해 법적 실체와 계약한 개인들로 구성되어 있다. 그리고 자신들의 효용을 극대화하기 위한 목표를 지니고 있는 것은 바로 이러한 개인들이다. 회사는 자신의 복지가 자기 회사가 다른 회사들과의 경쟁에서 성공하는 것에 의존한다는 점을 인식하고 있는, 자기 이익을 추구하는 개인들로 구성된 팀으로 간주된다. 회사를 구성하는 각각의 개인들은 회사의 생산 과정에 일정한 요소(원재료, 자본, 경영 관리 기술, 노동)를 기여한다. 이러한 개인들은 자신의 투자에 대한 수익률을 올릴 것이라는 기대를 공급한다. 각자는 다른 개인들이 자신의 효용을 극대화하기 위한 조치를 취해서 이해의 충돌이 발생하게 되어 있다는 것을 알고 있다. 개인들은 이러한 충돌을 줄이기 위해, 예컨대, 파산의 경우 현금 흐름이 어떻게 분배될지 정하는 등 다양한 상황 하에서 회사의 산출물에 대한 개인들의 특정한 권리를 정하는 계약들을 체결한다.

회계는 계약 조건들의 결정 및 이러한 조건들의 모니터링 모두에 있어서 이들 계약들의 중요한 부분이다. 회사가 계약이 위반되었는지를 결정할 수 없다면, 계약들이 갈등의 비용을 줄이지 못할 것이다.

실증 연구[14]에 의하면 매니저의 회계 절차 선택에 두 개의 재무 계약들이 특히 중요하다고 한다. 이 계약들은 경영진 보수 계약과 부채 계약이다.

경영진 보수 계약은 매니저들의 이해가 주주들의 이해와 정렬을 이루게 하는 하나의 수단이다. 대개, 매니저들에게는 순이익에 의해 결정되는 보너스가 주어진다.

이 경우 매니저들에게는 이익을 늘리는 회계 절차를 선호할 강력한 유인이 있다. 매니저들이 순이익 계산을 통제한다면, 인센티브 목적을 위한 보너스 플랜은 존재하지 않을 것이다. 매니저들의 낙관주의를 상쇄하기 위해, 보수 계약에 보수적 회계 절차가 명시된다.

부채 계약들은 매니저들이 빌린 돈을 자신들의 목적을 위해 사용해서 채권자들에게는 껍데기만 남기는 사태로부터 채권자들을 보호하기 위해 마련된 약정 조항들(covenants)을 포함하고 있다. 일반적으로, 약정 조항들은 부채가 자산의 일정 비율을 초과하지 못한다거나, 순이익이 부채에 대한 이자 지급액의 몇 배를 초과해야 한다고 명시한다. 여기에서도, 이 제약 조건들에 가까워지고 있는 매니저들에게는 이익을 증가시키는 회계 절차를 채택할 강력한 유인을 가진다. 부채 약정 조항을 위반하면 값비싼 재협상에 돌입해서 이자율이 높아질 수 있고, 이로 인해 순이익이 감소되어 매니저의 보너스 지급액과 주식 옵션의 가치가 줄어들 수 있기 때문이다.

리서치에 의하면 매니저의 회계 절차 선택에서 다른 한 가지 핵심 변수가 있는 바, 이는 정치적 비용이다. 이 이론은 정치 프로세스가 부의 이전을 위한 경쟁으로 여겨지는 경우에 있어서의 정치 프로세스에 대한 경제 이론에 근거하고 있다. 회사가 정치 프로세스(주로 세금 및 다양한 종류의 규제)를 통한 부의 이전 가능성에 종속되는 한, 매니저들은 이전의 규모를 줄이는 회계 절차를 채택한다는 가설을 세운다. 예를 들어, 대형 석유 회사들의 매니저들은 그들이 폭리를 취하고 있다는 주장을 완화시키기 위해 순이익을 감소시키는 회계 절차를 사용한다.

매니저의 회계 절차 선택 이론이 세운 가설에 대한 실증 테스트는 이러한 가설을 지지한다.[15] 오늘날에는 매니저들이 자기 회사의 운영 및 재무 상태에 대해 진실하고 공정한 견해를 제시하는 것과는 거리가 멀고, 자신의 이익을 극대화하는 회계 절차를 선택한다는 이론이 널리 받아들여지는 것 같다. 그리고 감사인들은 대중의 이익이 되는 방향으로 균형을 맞추기보다는, 거의 어느 방향으로든 매니저들이 원하는 대로 표시하는 쪽으로 심하게 기울어진듯하다. 넬슨이 말한 바와 같이 "회계사들은 자신들의 서비스가 정당한 방향으로 가게 하는 명예감이 없이, 고용에 목을 메고 있다."[16]

사회 생물학과 행동 이론

모든 행위자는 오직 자기 이익에 의해서만 행동한다는 회계 및 경제학 문헌의 견해는 사회 생물학 및 행동 이론과도 일치한다.[17] 다윈의 진화 생물학의 현대적 화신은 사회 생물학으로 알려져 있다. 진화 생물학의 중심 교리는 중요한 특성들이 유전자를 통해 부모로부터 자손에게 전해진다는 것이다. 모든 유기체가 생존하고 재생산하는 것은 아니며, 모든 유전자들이 똑같이 한 세대로부터 다음 세대로 전해지지는 않을 것이다. 생존하는 유전자들은 성공적인 유기체를 만드는 유전자일 것이다. 그 결과, 오직 유기체에서 성공적으로 자기 이익을 추구하는 유전자들만 생존할 것이다. 이러한 사고 선상이 함의하는 바는 이기심, 즉 한결 같은 유전적 자기 이익 추구는 삶의 생물학적 사실이고 자연적인 필수품이라는 것이다. 사회 생물학은 경제적 자기 이익 개념을 경제학자들에게서 제외되었던 삶의 영역, 즉 특정 그룹 내에서의 사회적 관계, 부모와 자녀 사이의 관계, 그리고 배우자들 사이의 관계를 포함하는 영역에까지 확장시켰다. 인간의 이기심은 확실히 개미, 새, 물고기, 그리고 기타 생물체들의 이기심과 같은 종류이기 때문에 자연 법칙의 반영으로 여겨진다.

행동 이론(이 또한 다원주의의 영역에 속한다)에서는 유기체들은 본질적으로 무작위로 행동한다. 그러한 행동들 중 일부는 양호한 결과를 가져온다. 이런 행동은 해당 유기체가 원하는 환경의 상태를 가져오고, 이를 강화한다. 강화시키는 결과를 가져오는 행동만이 계속된다. 덜 성공적인 다른 행동들은 배제된다. 효과가 있는 행동의 강화에 의한 이러한 자연 선택 때문에, 지금 보이는 유기체들은 자신들이 원하거나 필요로 하는 결과를 낳는 올바른 일을 하는 법을 배웠다. 그래서 재생산적인 성공의 극대화가 종의 진화를 견인하듯이, 강화 또는 자기 이익의 극대화가 개인들의 발전을 견인한다.

유기체를 강화 극대화 추구자로 보는 이 견해는 합리적인 경제적 인간이라는 모델에 부합한다. 배리 슈와츠(Barry Schwartz)가 다음과 같이 결론을 내리는 바와 같이 말이다. "이 세 개의 학문을 합치면, 이들은 참으로 무서우리만치 이기적이고 탐욕스러운 인간 본성에 대한 그림으로 수렴한다."[18] 지금 경제학자들은 사람들은 본성상 탐욕스러운 경제적 인간이며, 이제 사회 생물학과 행동 이론으로 이에 대해 변호할 수 있다고 말한다. 사회 생물학자는 새들과 물고기는 인위적으로 만들어진 자유 시장 사회에서 살지 않지만, 그럼에도 불구하고 자기 이익을 추구한다고 주장한다. 행동 이론가들은 인간의 유연성과 다양성은 그 자체가 자기 이익 극대화 원칙에 의해 지배된다는 증거를 가지고 있다.

이후의 섹션들에서는 사람이 어떻게 "나"의 자아실현에 중점을 두는 합리적 행위 주체라고 생각하면서도 이 개념을 뛰어넘는가라는 문제가 다루어진다.

이중적 성격

애초에 결정론적, 자연주의적 접근법은 과학적 탐구에 필요한 자세이며, 존 맥머레이(John Macmurray)[19]가 말한 바와 같이, 방법론 결정에서뿐만이 아니라 이 방법의 대상이 되는 개인의 행동을 분리하는 데에도 도움이 된다. 이는 여기에서 묘사된 회계, 경제학, 사회 생물학 그리고 행동 이론에 이르는 모든 리서치에 해당한다. "이 방법은 변하지 않고 되풀이되는 행동 유형을 찾아내서, 이들을 일반적으로 적용할 수 있는 '법칙들'로 만들어 내는 것이다."[20] 그 결과는 다른 사람들의 객관적 지식, (개인과 관련이 없는) 일반적 지식이다.

개인적인 것(personal)은 개인이 맺고 있는 관계로 구성되어 있음을 밝힌 사람은 맥머레이이다. 개인적인 것의 단위는 "나"가 아니라 너와 나의 공동체이다. 이 공동체는 단지 사실의 문제(모든 과학적 지식이 여기에 기초를 둔다)이기만 한 것이 아니라, 의도의 문제이기도 하다. 맥머레이는 개인적 지식과 일반적 지식을 이렇게 대조한다. "한 사람은 인간은 자유로운 행위의 주체이고, 자신의 행동에 대해 책임을 지며, 옳고 그름의 구분에 비추어 자신의 행동을 선택한다고 가정한다. 다른 사람은 모든 인간의 행동은 결정된 유형을 따르며, 우리가 순종하는 법칙은 모든 자연물들을 다스리는 법칙들과 마찬가지로 조사라는 과학적 방법에 의해 발견될 수 있다고 가정한다. 개인적 지식과 일반적 지식이라는 이러한 이중성은 자유와 결정론의 이율배반에 대한 구체적인 진술이다."[21]

이는 인간의 이중적인 요소에 상응한다. 인간을 결정론적, 자연주의적으로 보는 견해에서는 인간이 피조물이라는 사실이 강조되며, 인간을 결정적인 행위 주체로 보는 견해에서는 인간의 자유가 강조된다. 맥머레이는 이렇게 결론을 내린다. "문제는 인간을 자유로운 행위 주체로 보는 개인적 개념이 옳으냐 아니면 인간을 결정된 존재로 보는 과학적 개념이 옳으냐가 아니다. 둘 다 옳다."[22] 맥머레이는 계속해서 개인적 개념과 과학적 개념이 같은 영역을 일컫는 것이 아니기 때문에 이것이 가능하다고 설명한다. 과학은 일반화된 인간의 지식을 개선하고 확장하기 위한 의도적인 시도이다. "과학의 참조 영역은 호모 사피엔스 종, 즉 사실에 관한 특징들을 지님으로써 이 종류에 할당되는 존재로서 관찰에 의해 파악될 수 있는 존재의 종류이다."[23] 맥머레이는 이에 반해 개인적 존재라는 개념은 배타적 개념이 아니라고 주장한다. 이 개념은 주로 우리가 그 안에서 사람들과 서로 관계를 맺으면서 알고 있는 영역이다. 이 개념은 서로에 대한 객관적인 지식을 포함하지만, 과학적 설명이 완전한(상대적이 아니라 절대적인) 설명이어서 개인적 개념과 이 개념이 함의하는 자유에 대한 거절을 수반하는 것으로 여기지 않는다.[24] 회계사, 경제학자, 사회 생물학자, 그리고 행동주의자들이 인간 존재를 하나의 표지, 즉 자연적 표지 아래에만 두려는 시도를 반대해야 한다. 과학적 리서치가 인간의 본성을 언제나 그리고 오로지 이기적이라고 못 박고, 이를 영원히 논의의 대상 밖에 두는 것에 동의할 수 없다. 그러나 기독교인들은 한편으로는 죄를 주어진 것으로 간주하는 도덕을 받아들일 수 없으며, 다른 한편으로는 마치 인간의 합리적, 도덕적, 그리고 창의적 능력이 인간의 자아를 실현시킬 수 있는 것처럼 개인적인 행위 주체를 자기 결정의 원천으로 볼 수도 없다. V. A. 드먼트(V. A. Demant)는 이에 대해 이렇게 말한다. "죄와 자아실현을 하지 못하는 것의 뿌리는 인간의 유한성에 있는 것이 아니라, 창조주에 의해 정해진 법칙에 대한 인간의 불순종에 있다."[25]

드먼트가 말한 바와 같이, 이 극단들은 인간의 이중적 성격 중 하나의 측면을 부정한다. 역사는 한 쪽의 왜곡과 다른 쪽의 과장 사이를 오가는 것 같다. 세속주의는 이 이중성 배후의 합치점을 발견할 수 없다. 성령에 의해 주어진 기독교인의 자유에는 도덕 질서에 대한 존중이 수반되어야 한다고 이해될 때에만 자유와 의존성 사이에 합치점이 존재할 수 있다.

경제적 힘들이 도덕적으로 책임이 있게 행사되려면, 인간은 행위 주체이며, 개인적 존재는 인간관계에 의해 구성된다는 맥머레이의 통찰력이 출발점으로 강조되어야 한다. 왜냐하면, 도덕적 행위 주체가 없다면, 프란시스(Francis)와 애링턴(Arrington)이 관찰한 바와 같이, 책임 문제 전체가 사라져 버린다…. '자연'으로부터 비자발적으로 물려받은 것에 근거해서 행동하는 주체는 달리 행동할 수 있는 능력이 없기 때문에, 이러한 행동들에 대해 책임을 질 수 없다."[26] 그리고, 이것이 사실이라면, 인류는 자신이 만든 것들의 노예가 되고, 이 땅은 효율성이라는 미명 하에 끝없는 착취를 당하게 된다.[27]

책임성

맥머레이가 정의하는 바와 같이, 자유로운 행위 주체(free agency)는 의도적인 행동이며, 행동은 의도에 의해 정의된다.[28] 알라스데어 매킨타이어는 이를 이런 식으로 묘사한다. "어떤 사건을 행동으로 파악한다는 것은…. 이 사건을 인간 주체의 의도, 동기, 감정 및 목적으로부터 지각할 수 있게 흘러나오는 것으로 볼 수 있게 해 주는 유형의 설명 하에서 파악하는 것이다. 따라서 그것은 행동은 누군가가 설명할 수 있는 것이며, 그에 관해 행위 주체에게 이해할 수 있는 설명을 요구하는 것이 언제나 적절하다고 이해하는 것이다."[29] 비슷한 맥락에서, 윌리엄 슈웨이커는 이를 이렇게 표현했다. "설명을 하는 것은 성격 및 행동에 대해 이유를 제공하는 것이며, 자신을 다른 사람에게 이해할 수 있게 하고 이로써 삶이 이해 가능하고 의미 있게 해 주는 것이다."[30]

슈웨이커는 설명을 하는 것이 도덕적 삶에 매우 중요하다고 주장한다. "자유롭게 의도적인 행동을 하고, 행동들 및 관계들을 경험, 해석, 평가하고, 칭찬과 비난을 판단하며, 이 모든 활동들을 설명할 수 있는 능력이 행위 주체를 구성한다.[31]

이중의 정체성

매킨타이어의 말을 사용하자면, "행위 주체에게 이해할 수 있는 설명을 요구하는 것이 적절하기 위해서는, 사람이 그 행위 주체와 공유하는 일정한 규범, 가치와 신념이 있어야 한다. 즉, 행위 주체를 그러한 요청에 응답할 위치에 두려고 하는 시도를 정당화하는 사전적 이해가 있어야 한다."[32] 이는 설명하는 것을 본질적으로 사회적 행동이 되게 한다. 설명할 책임이 있다는 것은 우선, 맥머레이가 말하는 바와 같이, 관계를 맺고 있는 사람, 또는 공동체 안의 개인이 된다는 것이다.

슈웨이커가 지적한 바와 같이, 이것이 바로 "내가 나 자신에 관해 무엇인가를 말할 때, 단순히 '나'의 정체성을 설명하기만 하는 것이 아닌 이유이다. 행위자로서의 나 자신과 다른 사람들 사이에 미리 확립된 관계가 있게 마련이다. 이러한 정체성의 이중성에 대한 이해가 우리가 누구이며 무엇을 하고 있는가에 대한 자아 인식의 충격, 이해, 자존감, 완전한 부인, 수치 또는 회피를 야기할 수 있다는 것은 놀랄 일이 아니다."[33]

슈웨이커는 개인의 정체성에서 발견되는 이 타자성(他者性)이 회사에도 존재한다고 주장한다. 그것은 회사와 회계사 사이의 수임인(fiduciary) 관계에 내재되어 있다. 그것은 회계사가 보다 큰 설명자들(회사들을 의미. 역자 주)의 공동체에 대비한 관계를 묘사할 때 재현된다. 슈웨이커는 개인과 회사는 다르며 그것도 근본적으로 다르다는 점을 인정하지만, 회계 활동은 도덕적 정체성에 매우 중요한 이중성을 재현한다고 주장한다. 이는 이중성이 미리 주어진 타인들과의 관계, 무엇이 옳고 그른지에 대한 주장들에 종속하는 관계에 대한 다소의 인식을 환기하기 때문이다.[34]

둘째로, 슈웨이커는 그렇게 만들어진 정체성은 사회적인 면이 매우 강하기 때문에, 책임을 진다는 동기는 결코 노골적인 자기 이익일 수 없다고 말한다.[35] 그것은 단순히 계약적인 관계를 뛰어넘는 다른 사람들과의 구성적인 관계이다. 이는 사람들이 어떤 일을 하는 이유는 매우 복잡함을 의미한다. 인간은 하나님, 교회 공동체, 가족, 환경, 동료 등에게 책임을 진다. 행동은 의도에 의해 정의되는 바, 책임성의 목적은 단순히 자기 이익이라는 하나의 동기를 전제하는 것이 아니라, 행위 주체의 의도, 감정, 동기 및 목적을 밝히는 것이다.

마지막으로, 슈웨이커는 책임성에 대한 이러한 해석은 책임의 한도와 그 범위에 대해 뭔가를 말해 준다고 주장한다.[36] 그는 행위 주체들은 일반적으로 자신이 의도한 행동과 직접 또는 다른 사람의 도움을 통해서 한 행동에 대해서만 책임이 있다고 제안한다. 그러나 그는 책임의 한도는 그 범위 안에 놓여야 한다고 주장한다. 설명을 하는 것이 삶의 사회적, 시간적 구조를 표현하는 것인 한, 그 범위는 참으로 넓을 수 있다. 그것은 잠재적으로 공동체의 무제한적인 경계에까지 열릴 수도 있다. 책임을 지게 하는 구조는 누구에게 책임이 있으며 누구의 필요가 고려되어야 하는가라는 질문들을 제기한다.

회계에 대한 함의는 무엇인가?

슈웨이커는 회계사들이 직면하는 두 종류의 충돌에 주의를 기울이며 이들 사이의 조정에 관해 몇 가지 지침을 제공한다.[37] 첫 번째는 신뢰 또는 충성의 충돌이다.[38] 회사의 도덕적 정체성이 설명을 통해 재현되는 한, 신뢰에 토대를 둔 올곧음 또는 진실성이 회계 종사자의 하나의 규범이다. 따라서 회계사는 자신의 도덕적 올곧음에 대한 충성과 그들에 대한 고객 회사의 요구에 대한 충성 사이의 충돌에 직면한다. 회계사들의 딜레마는 어떤 신뢰 관계가 다른 관계를 뒤엎어야 하는지 결정하는 것이다. 회계사는 회사의 충실한 행위 주체인가? 예컨대, 경영진이 회계사에게 이익을 늘리기 위해 회계 절차를 변경하라고 요청할 경우, 회계사는 이에 따라야 하는가? 아니면 회계사는 회사 및 자신의 진정한 정체성을 표현할 수임인(fiduciary)의 의무를 지는가?

그렇다면 설명을 하는 것은 어떤 규범을 둘러싼 도덕적 정체성을 이해할 뿐만 아니라, 회계사는 어떤 이익 그리고 누구의 이익에 봉사하는가라는 질문도 다룬다. 확실히 회계사는 행위 주체(설명하는 사람)의 이익과 이 행위 주체가 책임을 지는 사람들(설명을 듣는 사람)의 이익에 봉사한다. 달리 말하자면, 매니저들의 자기 이익은 언제나 다른 필요 및 이익을 만나고 이들에 의해 테스트된다. 슈웨이커는 이러한 만남은 "행위 주체의 정체성을 묘사함에 있어서 그들이 책임을 지게 되는 다른 사람들과의 상호 의존성을 명시하는 회계사들의 활동을 통해 명확해진다"고 주장한다.[39] 따라서 설명할 책임이라는 과제를 수행하는 회계사는(회계사는 영어로 accountant라 하는 바, 이는 account, 즉 설명하는 사람이라는 어원을 통한 언어유희에 해당한다. 역자 주) 업무 수행 시 사회적 책임과 공동선에 대한 관심을 보여야 한다.

신뢰의 충돌이 있는 것과 마찬가지로 이익의 충돌도 있다. 설명을 듣는 사람 중의 누구의 이익이 추구되어야 하는가? 예를 들어, 직원은 종종 회사를 위해 건강을 희생한다. 회사는 종종 자기 이익을 위해, 예컨대 공장 폐쇄, 오염 및 폐기물 배출 등 공동선을 희생한다. 회계사는 이러한 충돌을 어떻게 재결(裁決)할 수 있는가? 슈웨이커[40]는 책임이 있는 당사자가 다른 사람들로 구성되어 있고 잠재적으로 모든 시간과 공동체에 열려 있을 경우, 이는 아래와 같은 점을 함축한다고 주장한다.

1. 이러한 다른 사람들이 책임이 있는 주체 구성에 도움이 되기 때문에, 행동을 결정할 때 다른 사람들의 필요를 고려해야 한다.

2. 충돌이 발생하는 상황에서는 공동선과 다른 사람들의 필요에 우선권이 있다는 전제가 있다. 따라서 사적인 이익은 공적인 이익을 뒤엎지 못한다.

설명을 한다는 것은 경제적 세력들이 자신의 정체성이나 동기의 단일성을 무효화시키는 것 없이 보다 넓은 인간적 및 환경상의 목적을 섬기게 해 준다. 이것이 바로 회계 종사자들이 경제적 세력들이 도덕적 목적을 위한 힘으로 배열되도록 도와 줄 수 있는 방법이다. 그것은 또한 회계사들은 궁극적으로 시간과 공동체의 전 영역에서 수임인 관계에 있는 행위 주체이기 때문에 회사의 의도 및 가치를 맹종하게 할 수 없음을 의미한다. 그렇다면 회계사는 내부적 및 외부적 비판자이다. 회계사는 수임인 관계를 통해 회사 및 회사와의 대화에 묶여 있기 때문에 내부적이며, 회계사의 관점은 회사의 의도를 넘어서기 때문에 외부적이다.

에필로그

슈웨이커의 책임성 설명은 다른 사람의 필요를 자신의 이익보다 우선시할 필요가 있다는 성경 윤리에서 발견되는 강조점과 일치하는 것으로 보인다. 그러나 그의 개념은 보다 더 급진적일 필요가 있다. 성경 윤리학자들은 행위 주체로서의 그들은 하나님 앞에서 살고 행동하며 존재한다고 주장하기를 원할 것이다. 기독교인의 삶은 공동체 안에서의 삶이기 때문에, 그들의 결정은 자연 세상 및 서로를 위해 하나님에게 책임을 진다는 느낌을 가지고 내려져야 한다. 이 맥락에서 설명을 한다는 것은, 자신의 실패를 고백하고 하나님의 신실함에 대한 감사를 고백한 어거스틴과 같이, 종종 하나님과 서로에 대한 고백의 형태를 띤다.

요약하자면, 회계는 해석의 예술이다. 전문가적 판단을 행사할 영역은 과거에 비해 보다 더 제약을 받고 있지만, 매니저들과 그들의 회계사들은 세상을 바르게 함에 있어서 회계 절차의 선택에 대해 책임을 지는 자유로운 행위자들이다. 그러나 회계에 있어서 과학적 리서치는 매니저들과 그들의 회계사들은 결정된 패턴, 즉 자신의 이익에 의해 좌우되는 패턴을 따른다고 가정한다. 경제학, 사회 생물학, 그리고 행동 이론 분야의 과학자들에게서도 유사한 행동 유형이 관찰되었다. 이러한 리서치 프로그램들에 의해 제시된 도전들은 그들은 도덕적 행위 주체로서의 인간 개념에 대해 고려하지 않는다는 것이다. 여기에 인용된 저자들에 의해 보여진 바와 같이, 도덕적 정체성은 사람들의 관계에 의해 결정된다. 설명을 함에 있어서 회사의 도덕적 정체성이 회계사에 의해 해석되는 한에 있어서는, 회계 실무는 신뢰라는 내부적 윤리에 의해 결정된다. 이는 회계사들이 이 과제를 지탱하기에 충분한 품성의 개발을 요구했다. 책임을 지는 주체가 다른 사람들(설명을 듣는 사람들의 보다 넓은 공동체)로 구성되는 한에 있어서는, 사회적 책임과 공동선에 대한 관심이 회계사의 업무의 일부가 되어야 한다. 그러나 이보다 더 나아가 어디에서 살고 무슨 일을 하든, 모든 사람들의 활동은 자연 세상을 위해, 서로를 위해, 그리고 자신을 위해 하나님에게 책임을 진다는 생각을 하면서 취해져야 한다.

토론문제

1. 스튜어트는 회계를 "해석의 예술"이라고 묘사한다. 그의 평가에 동의하는가? 회계를 이런 식으로 보면 남용될 수 있다고 생각하는가?

2. 스튜어트에 의하면 이중의 정체성 문제는 무엇이며, 이것이 회계에 어떻게 적용되는가?

3. 스튜어트는 회계사는 신뢰의 충돌 및 이익의 충돌이라는 두 가지 주요 충돌에 직면한다고 제안한다. 그는 이들 각각의 충돌이 무엇을 의미한다고 설명하는가, 그리고 그는 이 충돌들이 어떻게 해결되어야 한다고 주장하는가?

Notes

1. C. T. Devine, Essays in Accounting Theory, Vol. V (Sarasota: American Accounting Association, 1985), 67쪽.
2. Accounting Standard Steering Committee, The Corporate Report (London: Institute of Chartered Accountants in England and Wales, 1975).
3. J. C. Gaa, "User Primacy in Corporate Financial Reporting: A Social Contract Approach," The Accounting Review (1986년 7월), 443쪽.
4. Vancouver Sun, 1989년 7월 19일 A1면에 보도됨.
5. 회계 해석학에 대한 유용한 소개를 D. Lavoie, "The Accounting of Interpretations and the Interpretation of Accounts : The Communicative Function of 'The Language of Business,'" Accounting, Organizations and Society, Vol.12, No.g(1987), 579-604쪽에서 발견할 수 있다.
6. 위의 책 580쪽.
7. 위의 책.
8. 위의 글
9. G. Morgan, "Accounting as Reality Construction: Towards a New Epistemology for Accounting Practice," Accounting, Organizations and Society, Vol.13, No. 5 (1988), 480쪽.

10. 위의 책 480쪽. 강조는 원문대로임.

11. R. D. Hines, "Financial Accounting: In Communicating Reality We Construct Reality," Accounting, Organizations and Society, Vol. 12, No. 3 (1988), 251-261쪽.

12. P. Miller와 T. O' Leary, "Accounting and the Construction of the Governable Person," Accounting, Organizations and Society, Vol. 13, No. 3 (1988),251-261쪽.

13. Hoskin & Macve는 효율성에 대한 훈련 시스템의 일부로서의 회계는 1810년-1830년에 비롯되었으며, 교육 분야에서 비롯되었다고 한다. 저자들은 그것은 학문적으로 기념비적인 발명이었으며, 행태에 관한 그의 짝 공적/과실 시스템은 개별 노동자(매니저)를 "계산할 수 있는 사람"으로 만드는 청사진을 제공했다고 주장한다. K. W. Hoskin과 R. H. Macve, "Accounting and the Examination: A Geneology of Disciplinary Power," Accounting, Organizations and Society Vol. 13, No. 1 (1988), 37-73쪽을 보라.

14. R. L. Watts와 J. L. Zimmerman, Positive Accounting Theory (Englewood Cliffs: Prentice-Hall, 1986).

15. 위의 글.

16. J. Nelson, "Account and Acknowledge or Represent and Control? On Postmodern Policies and Economics of Collective Responsibility" (미발표 원고, Department of Political Science, The University of Iowa, 1989), 6쪽.

17. B. Schwartz, The Battle for Human Nature (New York: W. W. Norton & Company, 1986).

18. 위의 책 316쪽.

19. J. Macmurray, Persons in Relation (London: Faber & Faber Limited, 1961), 39쪽. 내게 이 책을 소개해 준 Houston 박사에게 감사드린다.

20. 위의 책.

21. 위의 책 30-31쪽.

22. 위의 책 37쪽.

23. 위의 책 38쪽.

24. 위의 책.

25. V. A. Demant, Religion and the Decline of Capitalism (London: Faber & Faber Limited, 1952), 114쪽.

26. C. F. Arrington & J. R. Francis, "Accounting and The Labour of Text Production: Some Thoughts on the Hermeneutics of Paul Ricoeur" (미발표 논문, Department of Accounting, The University of Iowa, 1989), 36쪽.

27. W. Schweiker, "Accounting for Ourselves: Accounting and the Discourse of Ethics" (미발표 논문, Divinity School, The University of Chicago, 1989), 1쪽.

28. J. Macmurray, Persons in Relation (London: Faber & Faber Limited, 1961), 64쪽.

29. A. MacIntyre, After Virtue (Notre Dame: University of Notre Dame Press, 1984), 209쪽.

30. W. Scheiker, "Accounting for Ourselves: Accounting and the Discourse of Ethics" (미발표 논문, Divinity School, The University of Chicago, 1989), 3쪽.

31. 위의 글 3쪽.

32. C. E. Arrington과 J. R. Francis, "Accounting and The Labour of Text Production: Some Thoughts on the Hermeneutics of Paul Ricoeur" (미발표 논문, Department of Accounting, The University of Iowa, 1989), 40쪽.

33. 위의 책 20쪽. 따라서 그 사람이 누구인가와 그 사람이 무엇을 하고 있는가 사이, 사람의 성품과 행동 사이에 중요한 연결 관계가 있다. Stanley Hauerwas는 다음과 같이 주장한다. "기독교 윤리는 우리가 무엇을 하는가 보다 우리가 누구인가에 더 관심을 가진다. 이는 우리의 행동, 결정 및 선택들이 중요하지 않다는 말이 아니라, 교회는 우리의 행동은 우리의 성품의 반영일 수밖에 없다는 식으로 우리의 존재와 행동을 함께 보는 데에 이해관계가 있다고 제안하는 것이다.." The Peaceable Kingdom (Notre Dame Press, 1983), 33-34쪽. 내게 Hauerwas의 책을 소개해 준 Houston 박사에게 감사드린다.

34. 위의 책 20쪽.

35. 위의 책 29쪽.

36. 위의 책 30쪽 이하.

37. 위의 책 34쪽 이하.

38. L. Westra, "Whose Loyal Agent? Toward an Ethic of Accounting," Journal of Business Ethics (1986년 4월), 119-128쪽.

39. 위의 책 36쪽.

40. 위의 책 38-39쪽.

회사 재무 보고에서의 윤리적 실패들

조지 J. 스타우버스(George J. Staubus)
Journal of Business Ethics 57(2005): 5-15쪽.

개요

이 논문은 기업의 회계 담당자들 및 감사인들이 투자자들에 대한 재무 보고 책임을 이행하지 못하도록 기여한 윤리적 해이에 초점을 맞춘다. 21세기 민주 시민들의 이익과 열망에 봉사하리라고 널리 믿어지는 분권화된 경제의 맥락에서는, 투자자(자본가)들의 역할이 중요하다. 계속적으로 자본이 투자되고 자본 시장이 이러한 시민들의 복지에 도움이 되게 하는 데 있어서 경영에 참여하지 않는 투자자들의 성공이 매우 중요하다. 기업의 성공 여부에 관한 정보는 자본 공급자(가계 저축자)와 이 자본을 조달하는 기업 사이의 핵심 연결 고리이다. 회계 담당자들(감사인들 포함)이 투자자들의 자본 배분 결정에 관련된 신뢰할 만한 정보를 제공하지 못하면, 투자자들 및 경제 시스템의 성공에 이해관계가 걸려 있는 모든 시민들이 고통을 겪는다.

회계 실패는 개인들이 수임인의 의무를 이행하고, 책임을 완수하며, 윤리적으로 행동하지 못하는 것이다. 기업의 회계 담당자, 재무 담당 책임자, 그리고 최고위 매니저들은 투자자들이 경영진의 성과 평가 등 자신의 의사 결정에 사용할 수 있도록 회사의 재무적 측면을 보고할 책임을 받아들인다. 감사인들은 회사의 인력들에 의해 작성된 재무제표를 검사해서 재무제표가 회계 기준에 일치하는지 확인할 책임을 수용한다. 회계 학계는 그러한 재무 보고 기준에 대한 근거를 제공할 지식 체계에 기여하고 이를 가르칠 책임을 받아들인다. 기준 수립자들은 이러한 기준이 투자자들과 사회에 봉사할 적절한 재무보고 가이드가 되게 할 책임을 받아들인다. 이 모든 그룹들의 일부가 최근에 자신의 책임을 다하지 못했다. 이들 실패의 일부는 스캔들로 인식될 정도로 커다란 주목을 받았으며, 종종 사기와 연관되기도 하였다. 보고의 오류를 수정하기 위해 재무제표를 재작성한 경우도 있었다. 이 논문의 가설은 사기로 인식되지 않고 재무제표 재작성에 이르지 않은 다른 많은 실패들도 재무제표 사용자들에게 재무제표의 가치를 떨어뜨린다는 것이다.

받아들일 수 있는 행동과 비윤리적인 행동 사이의 구분이 언제나 명확한 것은 아니다. 사람마다 이를 다른 각도에서 본다. 우리 모두는 개인들은 자신과 가족에게 책임이 있다는 것을 안다. 이는 적법할 뿐만 아니라 건강한 것이다. 우리는 "자기 보존"의 법칙을 폐기할 생각이 없다.

우리 모두는 저소득보다는 고소득을 선호하며, 이에 따라 행동하리라 기대된다. 일정한 한계 내에서 말이다. 다른 한편, 우리 모두는 윤리 및 법의 테두리에 의해 행동에 제약을 받지만, 이러한 제약들이 모든 사람을 똑같이 구속하는 것은 아니다. 비판적인 분위기에서는, 많은 사람들에게 종교적 맥락이 있는 구식의 전문가의 의무감을 그리워할 수도 있다. 어떤 이들은(West, 2003) 전문가들은 그들에게 수반되는 특권, 독립성, 그리고 소득에 대한 대가로 자신의 소득만을 중시하지 않고 고객, 환자 및 일반 대중에게 봉사할 책임이 있다고 믿는다. 이 맥락에서 감사인의 일차적 책임이 고객으로서의 회사 경영진들에 대한 책임인지, 아니면 재무 보고에 의존하는 투자 대중에 대한 책임인지라는 문제가 떠오른다.

이 논문에는 비판적인 색채가 농후하다. 나는 많은 비판 거리를 발견한다. 내 비판은 개인들을 악하다고 보기보다는, 개인들이 그 안에서 행동하는 환경의 특징들을 겨냥한다. 범죄를 저지를 의향이 있는 사람들은 언제나 우리 곁에 있을 것이다. 나는 모든 사람들을 선하게 만들자고 제안하지 않는다. 회계 실패의 빈도를 줄이기 위한 내 몇 가지 아이디어들은 기업의 회계 담당자와 매니저들, 감사인들, 기준 수립자들과 학계가 그 안에서 일하고 있는 제도의 변화와 관련이 있다.

회사 회계 담당자 및 매니저들의 윤리 실패

최근 일부 회사 매니저들의 윤리 실패가 널리 알려졌지만, 이들은 그 재무적 영향의 크기로 인해 뉴스거리가 될 뿐이다. 확실히 이보다 규모가 작은 다른 많은 실패들도 일어나고 있다. 재무 보고에 대한 일차적 책임, 즉 감사인, 학계, 또는 회계 기준 수립자들보다 직접적인 책임이 있기 때문에 경영진의 책임이 먼저 언급된다. 그들이 주된 위반자들이고, 다른 사람들은 이를 촉진하거나 영향을 주는 사람들이다.

이 맥락에서는 기업의 회계 담당자들과 매니저들을 구분할 수 없다. 재무 관리 담당

512

자들은 경영 관리 활동과 회계 의사 결정에 참여한다. 회사의 고위 경영진은 자신이 회계 의사 결정에 영향을 주는 한에서는 회계 의사 결정에 참여한다. 결국은, 최고 경영자가 외부 감사인에 의해 부과된 제약조건 하에서 재무 보고에 대한 결정 권한과 책임을 지니는 선장이다. 재무 보고 실패는 회사 매니저들에 의한 실패이다. 우리는 재무 보고 분야에서 경영진이 실패할 동기를 잘 알고 있다. 노골적인 사기, 이익 평활화, 또는 정직한 편향 등 경영진의 실패 형태가 무엇이든, 기업 거버넌스 시스템은 경영진에게 자신의 성과에 대해 보고하도록 요구하는 바, 경영진이 재무 정보를 좋게 보이려는 동기가 이 시스템 안에 내장된다. 미국의 대기업들에서 작동되고 있는 기업 거버넌스 시스템에서는 최고 경영자가 이사회 위원들을 지명하고, 자신이 지명한 후보들이 확실히 선출되게 하는 위임권 제도를 통제하며, 2002년 전에는 감사인들과 밀접하게 협력하고 원하면 그들을 해고하는 것이 보편적이었다. 경영진이 우호적인 감사인 및 이사회 위원들이 향유하는 값진 보수 및 특권을 주거나 빼앗을 권한을 가지고 있을 경우, 이들은 경영진으로부터 완전히 독립적이지 않다. 대신에, 경영진이 그들을 어느 정도 통제한다. 따라서 재무 보고 실패 발각 시 제재에 대한 감사인과 경영진의 두려움을 제외하면, 자신의 성과에 대한 경영진의 보고에 독립적인 통제가 없다. 이로 인해 회사의 보고가 실패할 상당한 가능성이 생긴다.

성공에 대한 강력한 동기는 자연스럽고 윤리적일 뿐만 아니라 소유자들의 이익이라는 관점에서 바람직하기도 한 매니저의 특성이다. 이 동기를 상당히 약화시키는 것을 목표로 할 수 없다. 그러나 최고 경영자의 권한이 통제되지 않으면 바람직하지 않은 결과를 낳을 수 있다. 이사회와 감사인들에게 그러한 통제에 대한 책임이 있지만, 그들은 종종 독립성 결여로 경영진을 통제하지 못한다. 경영진이 전혀 관여하지 않고 주주들이 이사회 위원들을 지명 및 선출하도록 요구하는 것이 이에 대한 공공 정책의 대응이다. 다행히, 사베인-옥슬리법 제정 및 증권거래 위원회, 뉴욕 주식 거래소 규정 개정 그리고 유럽 위원회에서 신설된 규칙들과 같이, 지난 2년 동안 일부 국가들에서 이런 방향으로 상당한 진전이 있었다. 그러나 완전한 주주 통제 원칙은 아직 받아들여지지 않고 있다.

감사인들의 윤리 실패

이 주제에 대해 논의할 때, 먼저 감사인들은 일반적으로 다른 전문가들보다 덜 윤리적이지 않다는 점을 인식해야 한다. 내 경험으로 봤을 때 감사인들은 다른 여러 전문 직종 종사자들보다 상당히 더 윤리적이다. 감사인들이 명확히 비윤리적인 행동을 보이기 전에 "나쁜 사과들"을 가려낼 수 있다는 아이디어에 기초를 둔 감사인들의 윤리적 실패 교정 방안들은 어느 것도 성공하지 못할 것이다. 미국과 같은 나라에 존재하는 기업 거버넌스 시스템이 평균적인 윤리적 기준을 가진 사람들이 때때로 실패할 동기를 제공한다. 미국에서 이 시스템의 실제 운영에 대해 설명하는 아래의 단락들에서 이 주장이 지지된다. 그러나 나는 먼저, 관련 당사자들의 입장에서 이를 가장 좋게 볼 수 있는 방식으로 이 시스템을 묘사하고자 한다.

현행 거버넌스/감사 시스템에 대한 참여자들의 견해

세 종류의 참여자들의 견해를 이곳에서 묘사한다.

경영진의 견해

미국 정부 기관인 증권거래위원회(SEC)는 공개 시장에서 자사가 발행한 유가증권이 거래되는 회사들을 "감사를 받은" 정기 재무 보고서를 이 위원회 및 회사의 주주들에게 제출하도록 요구한다. 뉴욕 주식 거래소와 같은 주식 거래소들도 그러한 보고서를 요구한다. 회사 매니저들은 재무제표가 일반적으로 인정된 회계 원칙에 따라 공정하게 작성되었는지 여부에 관한 의견 표명에서 정점을 이루는 연례 감사를 수행시키기 위해, 수수료를 지급하고 회계 감사 법인을 선정함으로써 그러한 요건을 준수한다. 매니저들의 회계 감사 법인 선정 기준은 공개될 필요가 없다. 그들의 주요 관심사는 감사인들이 자사의 재무제표에 신뢰성을 부여하도록 우호적인 의견을 내주는 것이다. 둘째로는, 매니저들은 다른 회사 비용을 최소화하려 하는 것과 마찬가지로 감사 비용을 최소화할 책임이 있다고 느낀다. 매니저들은 감사팀의 멤버들이 회사의 운영 및 회계의 기초가 되는 논거를 이해하도록 도와주기 위해 감사 과정에 있어서 및 연중 내내 이들과 협력한다. 전형적인 감사 대상 회사는 여러 해 동안 동일한 회계 감사 법인을 고용하는데, 감사를 수행하는 감사인들은 대개 여러 해 동안 해당 회사의 감사를 맡으며, 종종 더 큰 역할을 맡기도 한다. 감사에서 전형적인 "감사 수행 파트너"는 여러 해 동안 해당 고객을 감사한 경험이 있다. 이는 감사인들이 고객의 비즈니스를 이해하게 해 주며, 나아가 효과적이고 경제적인 감사에 도움이 된다. 감사인들이 때로는 이해하지 못하거나 정확하지 않다고 생각하는 회계 절차들을 접하게 된다는 점을 고려할 때, 분쟁 발생시 이의 평화적이고 적절한 해결에 감사인과 고객사 직원과의 업무 관계가 매우 중요하다. 그러한 관계가 없다면, 감사 비용이 더 많이 소요되고, 회계 감사 업무가 양 당사자 모두에게 더 불쾌해지며, 오류 리스크도 아마 더 커질 것이다. 전체적으로, 감사인들이 비판적인 눈을 가지고 고객 회사의 직원들이 수행한 회계 작업을 검토할 필요가 있다는 점에 비추어 볼 때, 이 시스템은 기대한 바대로 잘 작동하고 있다.

감사인들의 견해

회계 감사는 현재 경쟁이 매우 치열해서 감사인들은 싼 가격을 제시하며 경쟁 입찰을 벌이고 있다. 첫 번째 고려 사항은 감사인들은 고객으로부터 절대적으로 독립되어 있으므로, 회계 감사 법인의 직원들과 고객 회사 사이의 주식 지분 소유나 기타 재무적 관계는 금지된다는 것이다. 최초로 회계 감사 법인이 되려는 경쟁이 매우 치열해서, 감사 업계의 경기는 여러 해 동안의 지속적인 관계 및 감사 고객에 보다 수익성이 좋은 다른 서비스를 제공하는 데 크게 의존한다. 이 두 요소들은 감사인이 인사 정책, 리서치, 제조, 유통 및 재무 정책 등과 같은 회사의 모든 운영 측면들을 보다 잘 이해하게 해 줌으로써 감사의 품질을 개선하는 경향도 있다. 최초의 회계 감사에서는 감사 리스크가 더 높다. 회계 법인의 동창이 고객 회사의 회계 및 재무 관리 업무를 맡고 있을 때에는 고객 사에 대한 감사인의 이해와 신뢰가 더 향상되는데, 이는 감사의 품질을 개선하고 경제에 기여한다. 대체로 고객 회사와의 관계가 밀접할수록, 제공되는 서비스가 나아진다. 최근 업계의 저녁 식사 모임에서 내 오른쪽에 앉았던 은퇴한 감사인이 자기가 근무하던 당시 자기 회사와 어떤 대기업 고객과의 관계를 이렇게 묘사했다. "그것은 결혼과 비슷했다." 이러한 관행들 중 일부는 독립성을 위험에 빠뜨린다고 비판 받지만, 이런 관행들에 의해서 감사인의 독립성이 손상된 것으로 입증된 사례는 없었다. 독립성이 감사인들의 평판 및 재무적 성공에 매우 중요하기 때문에, 감사인들은 언제나 이를 손상시킬 수 있는 행동들을 피하기 위해 조심한다.

투자자들의 견해

회계 감사와 감사인들의 확인은 회사와 직접 접촉이 거의 없는 투자자들이 의존하는 정보 시스템의 중요한 부분이다. 그들의 역할은 투자자들이 기업에 자금을 투자할 때 이를 신뢰하고 의존하도록 재무 보고에 신뢰성을 주는 것이다. 재무제표가 오도하거나 실제로 사기적이라는 우려가 있으면 즉각적으로 그 신뢰가 무너진다. 감사 실패는 투자자들이 용인할 수 없는 심각한 문제이다. 다행히도, 감사 실패는 드물다. 대체로 미국의 재무 보고 시스템은 다른 나라의 감사 시스템들과 동등하거나 더 낫다.

대안적 견해

미국의 회계 감사인들에게 직면하는 윤리적 도전은 3자간 관계에 대한 인식이 없이는 이해될 수 없다. 관례적으로, 경영진은 감사인을 고용/해고하고 그들에게 보수를 지급한다. 경영진의 목표는 SEC의 요건을 충족하고 투자자들의 신뢰를 얻고 이를 유지하며, 자신들의 청지기 직분에 대해 우호적인 보고서를 제공하는 것이다. 감사인의 목표는 좋은 수입을 올리고(이는 고객의 기분을 맞춰 주고 그들을 유지하며, 감사 업무가 아닌 서비스를 "교차 판매"하는 데 의존한다), 심각한 문제를 피하는 것(이는 규칙을 따르고 감사 실패를 피하도록 요구한다)이다. 투자자의 목표는 투자 결정에 유익한 정보를 입수하는 것이다. 감사인들이 투자자들에게서 보수를 지급받지 않으며, 투자자들의 목표를 충족하도록 동기를 부여 받지 않는다는 점이 명백하다. 회계 감사인들의 관습적인 용어에 이 관계에서의 문제가 예시되고 있다. 그들은 회계 감사 대상 기업 또는 그 회사의 최고 경영진을 "고객"이라고 부른다. 그러나 이 시스템이 이 논문의 앞 섹션에서 묘사된 미국의 경제 시스템에 봉사하려면, 회계 감사는 투자 대중에 봉사하고 그들을 고객으로 취급해야 한다. 그러나 실상은, 감사/거버넌스 시스템은 그러한 서비스를 제공하도록 고안되지 않았다.

3자간 경제 관계는 언제나 보다 엄격한 규제 및 당사자들의 엄청난 노력이 결합되어야만 극복될 수 있는 기본적인 결함을 지니고 있다. 보다 보편적인 경제 관계에서는, 한 당사자가 재화를 공급하고, 이 재화의 효용을 받아 누리는 두 번째 당사자로부터 이에 대한 대가를 받는다. 이 제도는 각 당사자에게 자신의 비용 및 효용을 비교할 수 있도록 허용하며, 이를 통해 그들이 만족스러운 비용/효용 관계를 실현시킬 가능성을 극대화한다. 이에 비해, 3자 관계에서는 A가 C에게 재화(신뢰할 수 있는 정보)를 제공하라고 B를 고용하고 그에게 보수를 지급한다. A는 일차적으로 의도된 서비스로부터 이익을 얻지 못하지만, 이 비용에 대해 일부의 책임을 지며, 궁극적으로는 이 비용이 C에 의해 부담된다. A는 또한 서비스 제공자를 선택한다. 서비스 수령자(C)에게는 비용과 효용을 비교할 기회가 없다. 따라서, 아무도 정보 서비스의 가치를 그 효용과 비교해 보지 않는다. 간단히 말해서, 경영진은 소유주들의 돈으로 감사인을 고용해서 소유주들에 대한 경영진 자신의 성과 보고에 승인 스탬프를 찍게 한다. 그러한 제도가 만족스럽게 사회 일반 또는 특히 투자 대중에 봉사하리라고 기대할 근거가 없다.

회계 감사인은 난처한 입장에 있다. 그는 경영진을 즐겁게 해 줌으로써 돈을 벌지만, 그의 사회적 정당성은 투자자들에게 봉사하도록 요구한다. 이에 따르는 긴장으로 윤리적 해이가 만들어진다고 예상되어야 한다. 전문직 수행은 전통적으로 전문인이 선택된 고객, 환자, 또는 기타 수익자들에게 봉사하고, 그 봉사를 받는 사람들에게서 보상을 받는 양 당사자 관계와 관련이 있었다. 변호사는 자기 고객을 대변한다. 의사나 치과 의사는 환자에게 봉사한다. 성직자는 신도들에게 사역한다. 베런슨(Berenson)은 미국보다 영국의 회계 감사가 훨씬 더 발달했고, 영국의 회계 감사인들이 미국 회사들의 장부를 검사하던 시기의 그런 제도에 대해 이렇게 묘사했다.

이들 19세기의 회계사들은 (….) 경영진이 아니라 투자자들에게 충성할 의무가 있다는 점에 대해 명확했는데, 이에 대해 그 당시처럼 명확한 적은 없었다. 그 이유는 간단하다. 미국은 영국에 많은 자본을 의존했으며, 최초의 미국 회계사들 중 많은 이들은 자신의 투자를 보호하기 원했던 은행과 보험회사들에 의해 파견된 영국인들이었다. 그들은 자신이 감사했던 미국 회사들이 아니라, 그들의 자국민들에서 보수를 받았고 그들의 질문에 대답했다(베런슨, 2003, 25쪽).

감사인의 그러한 충성은 미국의 최고 법원에서도 인정되었다.

미국 대법원은 1984년의 미국 vs. 아서 영(Arthur Young) 사건 결정에서, 감사인의 "궁극적인 충성"은 "투자 대중뿐만 아니라 회사의 채권자들 및 주주들"에게 있다고 판시함으로써 감사인의 감시인 기능을 확인했다(Levitt, 2003, 118쪽).

불행하게도, 실무에 종사하는 회계 감사인들은 투자 대중을 자신의 고객으로 보지 않는다. 회사의 매니저들은 투자자들을 다른 구성원들과 유사하게 취급한다. 그리고 이후의 섹션에서 설명되는 바와 같이, 회계 감독자들조차 투자자들이 바라는 것보다는 회사 매니저들이 바라는 것에 동의하도록 설득되기도 한다.

> 일반 투자자들은 돈을 내는 그룹으로 조직화되지 않았기 때문에, 좀처럼 그들의 의견을 들어 주지 않으며, 그들은 정치적 힘을 행사하지 못한다. 그들은 이 나라에서 가장 지원을 받지 못하고 가장 대변되지 못하는 구성원들이다(Levitt, 2002년 244쪽).

실제 감사 세계에서 운영되는 세 개의 요소들은 감사인들이 대개 감사 기준이 요구하는 "독립적인 정신 자세"를 가지지 못함을 시사한다. 첫째는 감사인들과 고객 회사 직원들 사이의 무제한적인 사교 접촉이다. 양쪽 모두 스포츠 경기나 공연 관람 등과 같은 여가 활동을 함께 하는 등의 우호 관계를 맺고 이를 유지할 유인이 있다. 그들은 감사인들이 고객 회사에 영구적인 사무 공간을 할당 받고, 함께 술 마시고 식사를 하며, 각각의 중요한 가족 행사에 참석할 정도로 가깝게 지낸다. 종종 이런 말을 들을 수 있다. "감사인들/고객들은 내 가장 친한 친구들이다." 그리고 그들은 선물을 교환한다.

> 이는 참으로 역설적이다. 미국 국방부의 계약 담당 관리는 방위 계약자의 엔지니어에게 공짜로 햄 샌드위치 하나도 얻어먹을 수 없다. 환경보호청의 규제 담당자는 공장에 방문할 때 커피 한잔을 마시려면 50센트를 내야 한다. 그리고 회사의 구매 담당자조차 좀처럼 공급자로부터 공연 관람권을 받도록 허용되지 않는다. 그런데 회계 법인의 파트너는 고객 회사의 CFO에게 올림픽 관람을 시켜 주거나, US 오픈 테니스 경기의 중앙석 관람권을 제공하거나, 5성급 호텔에 투숙시켜 주거나, 그와 함께 술을 곁들인 식사를 할 수도 있다. 이러한 행동들은 우정, 개인적 관계, 또는 협력을 시사한다. 그러나 회사와 회계 감사 법인과의 관계는 이런 관계들이 아니다. 대중에 대한 감사인의 의무에 영향을 줄 수 있는 가능성이 있는 어떠한 행동도 회피되어야 한다. 그것은 별로 재미가 없는 일이지만, 스캔들로 얼룩지고 난 이상, 감사인은 시저의 부인과 마찬가지로 의심에서 벗어나야 한다(토플러, 2003, 251쪽).

독립성 결여의 두 번째 이유는 감사 고객 상실에 대한 감사인의 두려움이다. 이는 감사인은 회계 상의 분쟁으로 인해 고객을 불쾌하게 하지 않기 위해 거의 아무 일이라도 하려 함을 의미한다. 그 결과 고객 회사의 직원들과 감사인들이 협력해서 고객이 경영진의 성과 보고 목표를 달성할 수 있게 해 주면서도 감사인은 관련 회계 규정의 문자를 준수했다고 주장할 수 있는 식으로 분쟁을 해결한다. 그런 상황에서는 투자 대중에 대한 서비스는 그들의 마음에서 멀리 사라진다.

마지막으로, 감사가 아닌 서비스들은 회계 감사 업무에서 치열한 가격 경쟁을 벌이고 있는 회계 감사 법인의 재무적 성공에 매우 중요하다. 감사 이외의 서비스가 매우 수익성이 좋을 경우 감사의 수익성은 요구되지 않는다. 따라서 고객 상실에 따른 재무적 비용은 흔히 감사 수수료만이 아니라 해당 고객에 대한 총 청구액으로 측정된다. 그것이 바로 감사 이외의 서비스 비용 청구액이 감사 이외의 서비스의 성격보다 감사인의 독립성을 더 해치는 이유이다. 물론, 고객에 대한 옹호를 수반하는 감사 이외의 서비스는 회계 감사 법인 직원들의 독립적인 태도에 특히 해롭다. 최근의 스캔들과 이러한 서비스들 중 일부에 대한 제한에 따라 회계 법인들의 수익이 잠식당할 것이라는 예상에도 불구하고 감사 이외의 서비스 수익이 계속 증가하고 있음을 주목하라(이코노미스트, 2003).

문제의 중심은 감사인들은 투자 대중에 봉사하기보다 경영진의 비위를 맞추려는 강력한 유인이 있다는 것인데, 이는 투자 대중의 이익과 경영진의 이익 사이의 충돌로 인해 투자자들에게 재앙이 될 수 있다. 투자자들은 편향되지 않은 정보를 원하지만, 경영진은 자신의 성과에 대해 편향된 보고서를 작성할 강력한 동기가 있다. 자신의 고객은 감사 대상 회사와 그 경영진이라는 감사인들 사이의 일반적인 인식 등 이곳에서 간략히 설명한 행동과 상황 하에서, 우리는 현재의 제도 하에서 계속 번성할 수 있는 감사인과 그 고객회사의 직원들만이 감사인의 편향이 문제가 아니라고 믿을 수 있다는 결론을 내릴 수밖에 없다. 편향된 사람은 자신의 편향을 인식하기 어렵다.

감사인의 편향의 결과

경영진–감사인의 유착은 감사인의 전문가 정신에 심각한 결과를 초래한다. 전문가를 특화된 지식 분야에서의 자신의 전문성을 사용하여 대중에 봉사하는 "고상한 직업상의 권위자"(West, 2003, 40쪽)로 본다면, 위에 묘사된 감사인의 행동은 그들의 전문가 정신에 의문을 제기한다. 한 가지 측면은 회계 감사 법인 직원들의 성과 평가 시 세일즈 수

완에 대해 강조하는 것이다. 고객을 유치하고 이들을 유지하는 능력이 기업의 감사 업무를 수행하는 파트너로 받아들이는 데 있어서 점점 더 중요한 기준이 되고 있음이 일반적으로 인정되고 있다. 기술상의 전문성에서의 약점은 본사의 기술 전문가에 대한 잦은 문의로 극복될 수 있다. 따라서 "특화된 지식 분야에서의 전문성"은 마케팅 기술만큼 중요하지 않으며, 이에 따라 감사가 전문직인지 보다 전형적인 비즈니스인지에 대한 의문이 제기된다.

"독립적"인 대형 회계/감사 법인에서 또 하나의 특징적인 행태는 고객을 강력히 옹호하는 것이다. 이에는 고객의 편에 서서 재무 보고 기준을 개선하려는 기준 수립자의 제안에 반대하는 것이 포함된다. 감사인들이 고객을 위해 의회와 규제 당국에 로비를 하고, 고객이 선호하는 후보의 선거 유세 시에 후원금을 기부함으로써 정치에 참여하는 것은 그들이 고객으로 인식하고 있는 기업에 유리한 방향으로 편향되었음을 더 잘 보여주고 있다.

지난 번 선거 유세 기간 동안에 아서 앤더슨은 자신의 PAC(정치활동 위원회)를 통해 W. 부시에게 5대 기업 기부자들 중 하나가 될 정도로 거액을 기부했다. 라이벌 회사인 Ernst & Young도 상위 5대 기업 기부자에 들었다. Center for Responsible Politics에 따르면, 앤더슨은 1989년에서 2002년 사이에 100명의 상원 의원 후보 중 94명과 하원 의원의 절반 이상에게 기부했다. 이 회사는 엔론보다 훨씬 많은 금액을 기부했으며, 다른 Big 5 회사들의 기부액도 앤더슨의 기부액처럼 엄청난 금액이었다. 그러한 기부는 정부에 영향을 줄 수 있는 사람에 대한 접근 욕구와 정치인들이 자신들에게 이익이 되는 정책을 채택하리라는 희망을 시사한다. 공인 회계사가 독립적이고 대중에 책임을 지려면, 모든 면에서의 정치 프로세스에서 완전히 손을 떼야 한다(Toffler, 2003, 251쪽).

이 점을 더 강조하자면, 어떤 정치 이슈들이 (고객들을 위한 "옹호자"로서의 역할이 아니라) 회계사 자신들의 이익에 그리도 중요하기에, 그들이 정치인들의 영향력을 얻기 위해 수백만 달러를 지불하려 하는지 의아할 것이다. 또한 가장 많은 금액은 SEC와 FASB(Financial Accounting Standards Board; 재무 회계 기준 위원회)가 제안한 "회계 개혁(회사 경영진들이 반대하고 투자자들에게 이익이 된다고 여겨지는 개혁들)에 반대하는" 것으로 알려진 정치인들에게 기부되었음을 주목하라.

위에서 묘사된 바와 같은, 감사인들의 이익과 고객 회사 경영진들의 이익의 일치는 감사인들의 전문가 정신에 다른 방식으로 서서히 영향을 주었다. 전문가의 권위, 책임, 그리고 독립성 사이의 관계가 심각하게 훼손되었다. 이 견해에 의하면, 미국의 CPA들에게는 상장회사의 회계 감사를 수행할 독점적인 권한이 주어져 있다. 이러한 감사는 재무제표가 투자자들에게 유용한 정보로 신뢰할 만하다는 신뢰성을 부여함으로써 투자 대중에 봉사하려는 의도로 수행된다.

불행하게도, 감사인들의 편향은 이 시스템에 크나큰 압박을 주어서, 규제 당국이 감사인들이 원칙에서 떠나라는 경영진의 요청과 감사인들의 경영진 친구를 도우려는 성향에 보다 더 강력하게 저항하도록 강제하기 위한 많은 세부 규칙들을 공표하게 했다. 이러한 회계 및 감사 규칙들의 "상세 설명서들"은 점차 감사인들이 자신의 전문가적 판단에 덜 의존하게 했으며, 그들에게 규칙들을 전문가적 판단에 대한 책임 수용의 대체물로 삼아 이 규칙들을 피난처로 삼도록 장려했다. 경영진 친구로부터의 압력, 위법 행위 책임의 위험, 그리고 비난할 다른 대상을 찾으려는 자연스러운 의사를 결합하면, 감사인들이 그들이 적용하도록 강제되는 규칙들의 늪에서 피난처를 찾아 "책임으로부터 도망가는" 것이 놀랄 일이 아니다(West, 2003, 171쪽). 그것이 바로 인간의 반응이다. 감사가 이제는 진정으로 전문가적 판단의 적용이라기보다는 일련의 규칙들의 준수 과정이라는 점은 감사인들의 잘못이 아니다. 투자 대중에 대한 봉사? 얼마나 케케묵은 개념인가! 도덕적 해이? 거의 불가피하다!

규칙 설명집들의 성장의 또 다른 효과는 "기준 회피" 비즈니스의 성장이었다. 감사인들과 고객 회사의 매니저들은 서로 협력해서 경영진이 "자기가 하고 싶은 말을 하면서"도 여전히 회계 규칙의 문자를 준수할 수 있는 방법을 찾아 모든 구멍들을 활용한다. 세금을 최소화하기 위한 세금 자문역들의 일이 감사인들의 일과 매우 유사하다. 감사인들이 경영진에 대한 서비스를 포기하는 대신 투자자들을 위해 일할 경우, 그들이 얼마나 많은 청구 가능 시간을 잃겠는가? 감사인들이 이 시스템에 대한 변화에 저항하는 것도 이해할 만하다.

감사인의 편향: 가능한 경감 수단들

현재의 3자간 협정 관계에서 감사인들이 처해 있는 불편한 입장으로 인해 투자 대중의 이익보다 고객 회사 경영진의 이익을 우선시함으로써 비윤리적으로 행동하고, 이에 따라 비교적 자유로운 자본 시장에 의존하는 사회에 매우 중요한 재무 보고 시스템의 무결성과 효과성을 훼손할 유혹을 제공한다. 경제적 자유가 사람들에게 자신의 목표를 달성하게 할 수 있느냐는 모든 참여자들이 자신의 노력(비용)을 이에 따라 자신에게 돌아오는 이익과 비교할 수 있는 기회를 가지는 데 크게 의존한다. 모든 사람에 의한 그러한 비교에 "외부 효과"로 새어나가는 것이 최소화될 때, 사회가 혜택을 입는다. 불행하게도, 감사에 대한 3자간 협정은 그러한 묘사에 들어맞지 않는다. 감사인들은 자신이 사회에 제공하는 효용(또는 손실)을 취하지 않으므로, 그들은 이러한 요소를 자신의 비용/효용 분석에 고려하지 않는다.

감사인들과 투자 대중의 이익을 보다 더 잘 일치시키는 것, 즉 감사인들이 유익한 정보를 주는 재무 보고로부터 투자자들에게 주어지는 효용을 느끼게 해 줄 제도가 바람직할 것이다. 감사인들은 투자자들과 보다 더 빈번하게 접촉하고 투자자들의 필요에 대해 더 잘 이해할 필요가 있으며, 매니저들과는 덜 접촉하고 그들과의 공감을 줄일 필요가 있다. 물론, 감사인들은 고객 회사의 직원들과 협력해야 하므로 이러한 접촉을 통한 영향을 전혀 받지 않는 것은 불가능하다. 그러나 아래와 같은 수단들을 통해 그러한 영향을 감소시킬 수도 있을 것이다. (a) 감사 수행, 보상, 또는 감사인 해고에 관한 사안과 관련하여 감사 법인과 고객 회사 경영진의 접촉 금지 (b) 감사인과 고객 회사 직원들 사이의 선물 수수 금지 (c) 로비 및 공직 후보자에 대한 정치 자금 기부를 통한 감사인들의 정치 활동 참여 금지 (또는 헌법상 불가능할 경우 그러한 활동을 공시하도록 요구) (d) 감사 고객에 대한 감사인들의 감사 이외의 서비스 제공 금지 (e) 독립적 이사 또는 주주들의 특별 위원회가 감사인들과의 모든 계약에서 회사를 대표하도록 요구 (f) 적절한 주기 예컨대 3년마다 감사 법인을 교체하도록 요구. 감사 위원회가 감사인에게 회계 감사의 일부로서 회사의 재무 보고가 투자자들에게 보다 유용하게 될 수 있는 가능성에 관해 보고서를 작성하도록 요구하는 것도 또 다른 바람직한 관행일 것이다. 감사인들에 대한 그러한 요구는 그들이 회계 감사를 수행할 때 투자자들에 대한 서비스에 유념하게 할 것이다. 미국에서의 이러한 개혁은 AICPA(미국 공인 회계사 협회), SEC, 그리고 주식 시장에 의해 이루어질 수도 있을 것이다. 주(州) 회사법들의 변화도 도움이 되겠지만, 설립 주들이 누리는 세금 및 납부금이 정치인들에게 매력적이기 때문에, 주들을 "꼴찌가 되려는 경쟁"에 참여하게 하는 유혹이 그러한 변화를 방지할 것으로 예상할 수 있다. (미국에서는 대개 프로모터들이 최초의 설립 주를 선택하고, 경영진이 종종 자신의 이익에 맞는 주, 예컨대, 경영진에 우호적인 인수 합병 금지법이 있는 주로 옮겨 간다.)

위에 나열된 변화 제안이 가혹하다면, 감사인과 고객 회사 직원들 사이의 물리적 근접성이 어느 정도의 우정 및 이해를 만들어 내게 되어 있다는 점을 고려하라. 이에 따르는 편향을 제한하려면 다른 영역에서의 강력한 조치들이 요구된다. 감사인들은 자신이 가지고 있는 귀중한 프랜차이즈에 대한 대가로 그러한 제약을 기꺼이 감수할 것이다. 또 다른 우려는 위에 제안된 개혁이 주로 감사 수수료를 통해 투자자들에게 부과될 비용의 증가이다. 이 비용들은 그러한 개혁이 제공된 정보에 가져올 개선과 비교되어야 한다. 오직 투자자들만이 그러한 비용/효용 비교를 할 수 있는 입장에 있지만, 그러한 개혁 제안에 대한 고객 회사 매니저들과 감사인들의 비명이 투자자들의 분산된 이익을 몰아낼 가능성이 크므로 그러한 개혁이 곧 일어나리라고 기대해서는 안 된다.

회계 기준 수립자들의 윤리적 실패

재무 보고 실패에 대한 비난이 분산되고 있는 와중에, 기준 수립자들을 소홀히 취급해서는 안 된다. 대부분의 국가에서, 재무 보고에 대해 지도할 책임은 여러 기관들에게 나눠져 있다. 미국에서는 증권 거래 위원회(SEC), 재무 회계 기준 위원회(FASB), 미국 공인 회계사 협회(AICPA), 그리고 뉴욕 주식 거래소(NYSE)가 이러한 기관에 포함된다. 이 섹션에서는 FASB에 대해서만 언급할 것이다.

일곱 명의 FASB 위원들은 FASB가 하는 모든 일에 대한 법적 권한을 가지고 있는 SEC의 위임에 의해 일반 대중에 대한 수임인으로의 책임을 받아들였다. 이 위원회가 대중에 대한 책임을 다하지 못한 한, 이 위원회는 책임을 다하지 못한 것이며, 따라서 윤리적 실패에 대해 비난을 받는다. 이들에 대해서는 세 가지의 비판을 할 수 있다.

첫째, 이 위원회와 강력한 이해를 가지고 있지 않은 대부분의 관찰자들은 투자자들(기업의 소유자 및 자금 공급자, 그리고 신용으로 상품 및 서비스를 제공한 자 등 모두를 포함하는 넓은 의미의 투자자들)이 기업의 재무 보고서를 사용하는 주된 그룹이라는 점을 알고 있다. 사용자들이 논의될 때 투자자들 외에 "일반 대중"만 언급하면 될 정도로 이러한 사용자 그룹은 매우 중요하다.

그럼에도 불구하고, FASB의 정관은 다른 그룹들에게 기준 수립 과정에 대한 의견 제공자라는 큰 역할을 부여한다. 실상, 회사 경영진 그룹과 AICPA와 미국의 의회에서의 그들의 연합군들이 큰 영향력을 행사한다. 아마도 이들의 영향력이 다른 모든 그룹들의 영향력을 합친 것보다 클 것이다. 재무 회계 기준 위원회가 그러한 영향을 받아들이고 이에 반응하는 데에 대해 비판하는 것이 합리적이라고 생각할 수 있을 것이다. 투자자들의 이익에 훨씬 큰 가중치를 주는 것이 이 위원회의 수임인으로서의 의무이다. 의회에 의한 간섭은 투자자들이 아니라 회사 경영진의 로비에 의해 자극되며, 이 논문의 앞 섹션에서 언급된 바와 같이, 감사인들은 투자자들의 고통에 대해서는 경영진의 고통에 대해 느끼는 것만큼 실감하지 않는다는 점을 주목하라. 회사 경영진들로부터의 압력에 대한 재무 회계 기준 위원회의 굴복은 감사인들에게도 좋지 않은 예가 된다는 점도 관찰할 수 있을 것이다.

두 번째로 언급할 불만은 이 위원회가 원칙보다는 상세한 규칙들로 구성된 기준들을 공포함으로써, 매니저들의 보고 목표를 달성하기 위해 수용할 수 있고 수용할 수 없는 회계 원칙들 사이에 "명확한 선"을 그어 달라는 경영진과 감사인의 요구에 반응해 왔다는 점이다. 웨스트(2003)는 너무 많은 규칙들의 심각한 역효과를 명확하게 보여줬다. 이러한 역효과에는 회계 감사 법인과 회사의 회계 부서에 규칙 준수를 지향하는 문화가 조성되어, 재무제표 사용자들의 이익에 주어졌던 미미한 가중치마저 더 축소시킨다는 점이 포함된다. 현재, 주요 국가 표준 설정 기구와 국제 회계 기준 위원회(International Accounting Standards Board; IASB)가 규칙집에 따른 회계 경향을 되돌리기 위해 협력하고 있지만, 강력한 이해관계를 지닌 그룹들로부터의 압력이 약화되기까지는, 그 전망은 밝지 않다. 그러나 원칙 기반 기준으로의 이동은 투자자 지향적 감사 스타일에 잘 들어맞는 듯하다. 이 맥락에서, FASB가 (측정의 선호에 관한) 논리적 결론에 그 개념적 틀을 들여오지 못한 것은 원칙에 대한 타격이자 특수한 이해관계자 그룹의 승리였다.

FASB의 또 하나의 윤리적 실패는 유의미하다. 이 위원회의 원래의 정관은 수용될 수 있는 대안적 회계 원칙들 사이에 차이가 있는 분야를 좁힌다는 목표를 세웠었다. 회계에 차이가 있는 중요한 분야들의 예로는 (주식) 재고와 공장 및 설비의 감가상각 회계가 있다. 양쪽 모두에 대해서, 특정 상황하에서 아주 다른 대안적 실무 관행들이 수용 가능하다. 30년 동안이나 이 차이들을 좁히지 못한 점은 이 위원회의 일차적인 수혜자들인 투자자들의 입장에서 볼 때 FASB의 과실이다.

결론

이 논문의 주제는 재무 보고 실패와 결함의 주된 책임은 회사 경영진과 회계 담당 인력에게 있지만, 감사인, 회계 학자, 그리고 기준 수립 기구들도 비난을 공유해야 한다는 것이다. 이 모든 당사자들에게는 수임인 책임이 있으므로, 이러한 책임을 다하지 못하는 것은 윤리적 실패이다. 가장 효과적인 개혁은 감사인들을 "고객"의 경영진들로부터 단절시키고, 기업의 소유자들과 보다 밀접한 관련을 맺게 하는 것이다.

이상적으로는 소유자들의 봉사자여야 할 매니저들에게 과도한 권한을 주는 기업 거버넌스 시스템 상의 결함으로 인해 분권화된 시스템의 사회에 대한 봉사 가능성이 방해를 받는다. 이 매니저들이 "독립적인" 감사인들과 이사회의 위원들과 활동들을 통제하면, 이 시스템은 사회에 대해 봉사할 수 있는 잠재력을 충분히 발휘하지 못한다. 영국의 1845년 회사법의 기업 거버넌스 모델, 즉 주주들이 이사회와 감사인을 통제하고, 이사회가 고용된 매니저들을 통제하는 모델이 더 나아 보인다. 기업 거버넌스에 근본적인 변화가 있기까지는, 기업 재무 보고에 있어서 윤리 실패, 재무 스캔들, 부적절하게 동기 부여된 매니저들과 감사인들의 행동을 통제하기 위한 규칙들, 그리고 윤리적 실패에 대한 글들이 더 많이 있을 것이라고 예상할 수 있다.

토론 문제

1. 스타우버스의 "3자간 협정"이 감사인들이 직면하는 윤리적 도전에 어떻게 기여하는가?
2. 스타우버스는 어떤 요인들이 감사인의 독립성을 훼손한다고 제안하는가?
3. 회계 기준을 수립하는 FASB에 대한 스타우버스의 비판은 무엇인가?

참고 자료

Ball, R.과 P. Brown: 1968, "An Empirical Evaluation of Accounting Income Numbers," Journal of Accounting Research, 가을, 159-178쪽.

Berenson, A.: 2003, The Number (Random House, New York). Economist: 2003, "Unresolved Conflicts," Economist 369 (8346), 10월 18일, 14쪽.

Levitt, A.: 2003, Take on the Street (Pantheon Books, New York).

Toffler, B.: 2003, Final Accounting (Broadway Books, New York). West, B.: 2003, Professionalism and Accounting Rules (Routledge, London and New York).

투자 은행의 도덕적 책무

존 테릴(John Terrill)
Cardus Comment, 2010년 2월 26일,
http://www.cardus.ca/comment/article/1523/(2011년 1월 5일에 접근함).
저작권ⓒ 1974-2010 Cardus. 모든 권리를 유보함)

2008-2009년의 금융 위기 때 아래와 같은 농담이 돌아다녔다.

비둘기와 투자 은행가의 차이가 무엇인가?

비둘기는 아직도 BMW에 걸터앉을 수 있다.

지난 1년 반 사이에, 확실히 시대가 달라졌다. 투자 은행가들은 다시 현금이 두둑해졌다. 이 업계의 최근의 혼란과 구제 금융에 비추어 볼 때, 오늘날의 후한 보너스를 이해하기 어렵다. 유서 깊은 투자 은행 베어 스턴스가 붕괴되었고, 그와 대등했던 라이벌 리먼 브러더스는 파산을 선언했다. 빈사 상태의 메릴 린치는 뱅크 오브 아메리카에 매각되었으며, 웰스 파고는 비틀거리는 와코비아를 인수했다. 이러한 혼란을 다루기 위해서 미국 재무부는 7천억 달러까지 부실 자산을 매입하거나 보험을 들어 줄 부실 자산 구조 프로그램(Troubled Asset Relief Program; TARP)을 만들었다.

막대한 연말 보너스를 받으며 오만한 태도를 보이는 것으로 인식된 투자 은행가들에 대한 분노는 그럴 만하다고 보인다. 골드만 삭스의 의장 겸 CEO 로이드 블랭크페인(Lloyd Blankfein)은 최근에 타임즈 온라인에 자신을 "신의 일을 하는 은행가 중 한 명일 뿐"이라고 묘사했다. 그의 발언에 대해 일반 대중과 언론이 맹렬히 비난한 것은 놀랄 일이 아니다. 그러나 블랭크페인만 그런 실수를 하는 것이 아니다. 다른 은행의 수장들은 훨씬 더 바보 같은 행동들로 맹공격을 받아왔다. 메릴 린치의 전 최고 경영자 존 테인(John Thain)은 자기 회사가 자멸하고 있는 동안 개인 집무실에 깔 87,000달러의 양탄자를 사서 비난을 받았다.

HSBC 의장 스테픈 그린(Stephen Green)은 타임즈 온라인 기사에서 겸손히 다음과 같이 인정했다. "은행계는 최소한 최근에는 영광으로 덮이지 않았습니다." 롤링 스톤(Rolling

Stone)은 한층 더 나아가 작년에 "미국의 거대한 거품 공장 내부"라는 제목의 기사에서 가장 존경 받는 투자 은행 골드만을 "돈 비슷한 냄새가 나는 것은 무엇이든지 무자비하게 자기의 피 빨대 안으로 밀어 넣는, 인간의 얼굴을 한 거대한 흡혈 오징어"라고 묘사한다. 이러한 정서에 비추어 볼 때, Bloomberg.com이 최근에 골드만 삭스의 임원들이 자기 방어 목적의 권총 소지 허가를 신청했다고 보도한 것도 놀랄 일이 아니다.

그러나 은행 업계에 지혜, 현실에 뿌리박음, 그리고 회개의 정신이 없는 듯이 보이지만, 로이드 블랭크페인의 기본적인 주장이 옳을지도 모른다. 투자 은행은 신의 일이 될 수 있다.

글로벌 경제 침체에 대해 전적으로 투자 은행 또는 상업 은행만 비난할 수는 없음을 인장할 필요가 있다. 은행들이 이에 기여하기는 했지만, 그들이 우리가 현재 빠져 있는 혼란의 유일한 원인은 아니다. JP 모건 채스(JP Morgan Chase)의 의장 겸 CEO 제이미 다이몬(Jamie Dimon)은 주주들에게 보낸 2008년의 서한에서 여러 근본 원인들을 간략히 설명했다. 은행들이 (확실히 주택 거품에) 기여했지만, 특히 모기지 산업과 패니 매 및 및 프레디 맥에 대한 규제 상의 태만이 있었다. 다이몬에 따르면, 대손충당금 및 시가 평가 회계와 같은 "경기 순응적(pro-cyclical)" 정책들도 일익을 담당했으며, 이에 수반한 신용 및 금융 시장 경색도 역할을 했다. 소비자들에게도 책임이 있다. 그들은 인위적인 저금리에 현혹되어서 지속할 수 없는 수준으로 돈을 빌리고 소비했다. 연방 준비 은행에 따르면 2008년 10월에 미국의 신용 카드 빚은 1조 달러에 달했는데, 이는 불과 5년 만에 25%가 증가한 것이다.

더구나 투자 은행가들의 일은 복잡하고 기술적이며, 많은 상품 및 서비스들이 명확하지 않아서, 이에 대한 의구심을 높인다. 일반적으로 투자 은행가들은 자본 시장에서 고객들에게 주식 및 채권 발행, 유가증권 트레이딩, 기업 인수 합병(M&A) 파악 및 협상, 그리고 다수의 기타 금융 자문 서비스를 지원하는 등의 도움을 준다. 그들은 몸의 순환 시스템과 같이, 자본과 기타 자산들을 가장 필요로 하고 이를 가장 잘 사용할 수 있는 곳으로 흐르도록 촉진시켜 준다.

다비타 사(DaVita Inc.)의 기업 거래 부문 아론 웨스트룬드(Aaron Westlund) 이사는 투자 은행업을 "자본 중매"로 묘사한다. JP 모건 채스&Co.의 프라이빗 뱅커 마크 덴톤(Mark Denton)도 이에 동의한다. 그는 투자 은행은 "좋은 아이디어를 가지고 있는 사람들이 우리 모두에게 이익을 줄 수 있는 개념을 발전시킬 수 있는 자본을 발견하도록" 해 주기 위해 존재한다고 말한다. 골드만 삭스의 부의장 브라이언 그리피스 경은 에딕스 지(誌)와 실시한 최근 인터뷰에서 이 아이디어를 한층 더 진전시켜서 이 직업이 공동선에 중대한 기여를 한다고 주장한다. "국제 은행들이 글로벌 자본 시장을 통해 중국과 인도가 발전하도록 어떻게 도와줬는지 생각해 보라. 그들은 참으로 놀라운 발전을 이루었다. 수억 명의 사람들이 하루에 1달러 이하로 사는 빈곤을 벗어났다. 그것은 내게는 사회적 선인바, 그것은 부분적으로는 금융 시장이 도움을 준 결과이다."

그러나 "사회적 선"을 만들어 낼 수 있는 커다란 잠재력을 지니고 있음에도 불구하고, 많은 투자은행들이 이 잠재력에 훨씬 미달하는 듯하다. 업계 안팎의 많은 리더들이 오랫동안 잘못 인도된 경제 이론에 의해 살찌워진 도덕적 위기에 봉착했다고 지적한다.

대중적인 경제 이론과는 달리 인간은 기계적이고 완벽하게 합리적인 존재가 아니며, 인간이 그 안에서 행동하는 시장도 그렇다. 조지 아커로프(George Akerlof)와 로버트 실러(Robert Shiller)는 그들의 최근 베스트셀러 『동물 정신』(Animal Spirit)에서 이 아이디어를 탐구한다. 저자들은 번성하는 경제 시스템을 만들기 위해서는 사람들의 감정과 행동에 활기를 불어 넣는 "동물 정신"을 무시할 수 없다고 주장한다.

UBS 투자 은행의 전 부의장 켄 코스타(Ken Costa)는 2009년 6월의 11차 연례 윌버포스 연설에서 인간 행동의 "합리적이지 않은" 측면에 동의하면서도, "인간은 단지 동물이기만 한 것은 아니다. 우리는 도덕적이고 영적인 존재이며, (우리가 합리적인 로보트라고 가정하거나, 단지 동물 정신에 지나지 않는다고 가정함으로써) 이 사실을 인식하지 못한다면 우리의 인간성을 저하시키는 것이다"라고 주장한다.

교황 베네딕트 16세도 이에 동의하며, 그의 최근 회칙 Caritas in Veritae(진리 안의 사랑)에서 기업과 정부의 리더들에게 과거의 실수 반복을 줄일 새로운 틀을 개발하라고 촉구한다. "시장이 부정적인 힘이 될 수 있음을 인정합니다. 그러나 이는 시장의 속성 때문이 아니라, 특정 이데올로기가 시장을 그렇게 만들 수 있기 때문입니다. 시장은 순수한 상태에서 존재하지 않는다는 것을 기억해야 합니다. 시장은 시장을 정의하고 시장에 방향을 주는 문화적 배열(configuration)에 의해 형성됩니다."

비극적이게도 경제학은 대체로 삶의 도덕적, 영적 측면과 분리되어 있다. 그러나 그래서는 안 된다. 현재 대세를 이루고 있는 경제학은 도전을 받아야 한다. 경제학을 도덕적 의무에서 분리시키면, 우리의 일을 천한 수준으로 격하시키고, 이웃을 섬기고 인간의 번성에 기여하려는 우리의 헌신을 감소시키게 된다. Caritas in Veritae(진리 안의 사랑)는 이 중요한 아이디어에 대해 직접적으로 말한다. "경제는 자율적이어야 하고 도덕적 성격의 영향으로부터 보호를 받아야 한다는 확신 때문에 많은 사람들이 경제 프로세스를 완전히 파괴적인 방식으로 악용했습니다."

여러 차원에서 개혁이 이루어져야 하는 바, 특히 이 직종의 "심장"이 변할 수 있는 곳에서 개혁이 이루어져야 한다. 전 세계적으로 경제적으로 가난한 사람들의 토지 소유를 도와주는 NGO 아그로스 인터네셔널뿐 아니라, 시애틀 기반의 엘리스, Li & McKinstry PLLC의 창시자인 차이두(Chi-Doo) "스킵" 라이(Li)는 최근에 시애틀 퍼시픽 대학교 경영경제 대학원이 주최한 조찬 모임에서 다음과 같은 점을 관찰했다. "투자 은행가들은 현실감각, 지혜, 그리고 수치심이 없었다…. 거만이 범죄라면, 장기 징역형을 받는 사람을 많이 보게 될 것이다." 스킵은 자신의 영적 취약성을 반성하고 나서, 진정한 관계, 실패로부터 배우기, 그리고 의도적으로 가난한 사람들과 가까이 하기가 자신의 직업상의 여정에서 이루어 낸 구속적인 영향에 대해 말했다.

그러한 습관들은 기본을 돌아보게 하며, 전인에 관련된다. 이 습관들은 자신을 남들 위에 높이려는 충동을 억제한다. 힘, 특권, 부의 전당에 들어가는 사람들에게는, 이 세상에서 고통과 불의를 당하고 있는 사람들과 지속적으로 연결되는 것이 매우 중요하다. 이기적 야망을 위해 살면 단기 이익을 얻을 수는 있겠지만, 장기적으로는 고립되고 우리의 인간성이 약화된다. 예수가 다음과 같이 가르쳤듯이 말이다. "내가 진실로 진실로 네게 말한다. 한 알의 밀알이 땅에 떨어져 죽지 않으면 한 알 그대로 남지만, 죽으면 훨씬 많은 열매를 맺는다"(요한복음 12:24).

하나님이 우리에게 맡긴 화해시키는 일을 수행함에 있어서(고린도후서 5:18), 투자은행 업계에 종사하는 기독교인들은 (그리고 이 문제에 있어서는 비즈니스에 종사하는 모든 기독교인들은) 임마누엘 카통골(Emmanuel Katongole)과 크리스 라이스(Chris Rice)가 『만물을 화해시키기: 정의, 평화, 그리고 치유를 위한 기독교적 비전』(Reconciling All Things: A Christian Vision for Justice, Peace, and Healing)에서 "탄식의 훈육"이라고 언급한 것을 연습하는 것이 현명할 것이다. 저자들은 이렇게 말한다. "탄식은… 이 세상의 깊은 상처와 평화 추구 비용에 대한 진실을 보는 사람들의 하나님을 향한 절규이다. 탄식은 현상에 참으로 마음이 상하는 사람들의 기도이다."

이런 습관은 자연적으로 또는 쉽게 오지 않는다. 라이스와 카통골은 성경을 조사해서 이를 배양할 수 있는 세 가지 방법으로 순례, 재배치, 그리고 공개적 고백의 세 가지 방법을 제시한다. **순례**는 우리에게 "속도를 버리고" 우리 주변의 "절규를 들을" 수 있을 만큼 충분히 오랫동안 늦추도록 도와준다. **재배치**는 "거리를 버리고" 우리를 어려운 곳에 들어가 "충분히 오랫동안 어려움을 겪도록" 도와준다. 그리고 **고백**은 "죄가 없다는 생각을 버리고" 하나님의 목적에 자신을 재정렬시킬 책임과 헌신을 촉구하도록 도와준다. 빠르게 움직이는 은행 및 비즈니스 세계에서, 우리가 충분히 오랫동안 속도를 늦추고, 충분히 가까이 다가가고, 남에게 고통을 야기한 잘못이 있음을 정규적으로 인정할 때, 우리는 하나님의 성령이 우리 안에서 및 우리가 속해 있는 공동체 안에 참으로 건설적인 일을 할 수 있도록 초대하는 것이다.

그러므로 투자 은행업의 개혁은 "영혼"의 변화에 의존한다. 사람들이 선하고 올바른 일들을 추구할 때 개인, 조직, 그리고 산업 차원의 기류가 변하기 시작한다. 도덕적 의무 위에 세워진 견고한 정책들과 실무 관행들은 건강한 개혁 및 사명의 선순환을 만들어 낸다.

매우 존경 받는 이자율 및 통화 헤지 자문 회사인 채텀 파이넨셜(Chatham Financial)의 설립자이자 사장인 J. 마이클 본트레거(J. Michael Bontrager)는 "생명을 부여하는" 문화 조성의 중요성을 강조한다. 그는 자기 회사의 역할을 "우리가 사는 세상의 작은 한 구석을 관계가 더 중요하고, 사람들이 맡고 있는 역할이나 지위에 관계없이 존중받는, 보다 올곧고 투명한 장소로 회복시키는 것"으로 본다.

켄 코스타는 현재 업계에 편만해 있는 조류를 반영하는 기업 거버넌스에 대한 아이디어를 제공한다. "교사, 자원 봉사 센터 임원, 군인, 학자, 의료 전문가, 언론인, 비평가 그리고 소위 아웃사이더를 우리의 이사회에 포함시키자. 그들은 우리가 금융인들만의 시각의 재앙적인 결과들을 다소나마 피하도록 도움을 줄 것이다."

존 스타인벡(John Steinbeck)의 고전 소설 『분노의 포도』는 조드 일가의 서부 이주를 묘사한다. 이 소설에 나오는 도전과 기회가 오늘날의 우리에게 제시되고 있다. "은행은 사람들과 다르단 말야. 그건 괴물이야. 사람이 은행을 만들었지만, 그걸 통제하지는 못한다고." 이 산업의 도덕적 및 경제적 측면들이 재결합될 수 있다. 재통합이 일어날 수 있지만, 우리는 시장과 그 참여자들이 도덕과 관련이 없다고 가정하기를 멈춰야 한다.

은행업의 리더들은 자신들이 누구이며 이 산업이 무엇이 될지를 정할 수 있다. 투자 은행업은 하나님의 빛나는 작품의 예가 될 수 있으며, 투자 은행가들은 자본을 사람, 회사, 공동체, 그리고 전체 국가를 번성하게 하고 그들에게 힘을 부여하는 방식으로 배분하는 하나님의 청지기가 될 수 있다.

토론 문제

1. 테릴은 투자 은행업에서 어떤 사회적 선을 발견하는가?

2. 테릴은 2007-2009년의 금융 시스템 실패에 대한 비난을 어디로 돌리는가?

3. 테릴에 의하면, 투자 은행업이 의도된 대로 기능을 발휘하려면 무엇이 요구되는가?

사례 연구
BEYOND
INTEGRITY

사례 8.1 :
회계 감사 조정

당신은 다국적 회계 법인의 감사 부문에서 일하는 CPA이다. 당신은 당신 회사의 중요한 고객 중 하나인 대기업의 작은 자회사인 어느 제조업체의 연례 감사의 시니어 감사인이다. 상당한 연례 감사 수수료 외에도, 이 회사의 모기업은 해마다 당신의 회사에 세금 상담 및 세금 신고서 작성, 그리고 기타 경영 컨설팅 서비스 대가를 지급하고 있다. 당신은 이 감사에서도 많은 모기업-자회사 관계에서와 마찬가지로 자회사 경영진은 당해 연도 추정 매출 목표를 달성하라는 엄청난 압력을 받고 있다는 것을 알고 있다. 이로 인해 당신이 연말 재무제표에 대한 연례 감사를 시작했을 때 이 자회사에는 긴장된 분위기가 조성되었다.

감사를 하는 과정에서, 당신은 연말의 모든 매출 거래들이 적절한 시기에 기록되는지 확인하기 위해 매출 컷 오프 테스트를 실시한다. 회사의 상품들이 고객에게 선적되었을 때 소유권이 넘어가므로, 매출이 적절하게 기록되기 위해서는 선적이 필요하다. 따라서 연말 전에 기록된 매출을 관련 선적 기록과 대조하고, 이와 유사하게 선적 기록으로부터의 정보가 매출 원장에 기록되었는지 추적하는 것이 표준 감사 절차이다. 매출 컷 오프 테스트 결과, 회사의 회계연도가 지난 뒤에 선적이 이루어진 많은 매출들이 연말 전에 이루어진 것으로 기록되어서, 감사 대상 기간의 매출을 상당히 증가시켰다는 사실을 알게 되었다.

당신은 자신이 고객 회사, 그리고 투자자 및 채권자들과 같이 회사의 재무제표에 근거해서 결정을 내릴 수도 있는 사람들에게 독립적인 감사인으로서의 책임을 지고 있음을 알고 있다. 당신이 매출 컷 오프 테스트의 결과를 자회사의 재무 컨트롤러에게 알리고 연간 매출 및 이익 조정이 필요할 것 같다고 말하자, 그는 이 사안을 자회사의 사장에게 보고한다. 재무 컨트롤러 및 사장과의 후속 회의에서 사장은 아래와 같은 논리로 당신이 제안한 조정을 재고하게 하려 한다.

1. 당신이 조정하려 하는 금액이 모기업의 재무제표에 중대하지 않다.
2. 자회사의 경쟁사들은 모두 연말이 지나고 난 뒤의 선적을 연말 이전의 매출로 기록하는 회계 관행을 따르고 있다.
3. 이 매출이 금년도에서 내년도로 넘어가면 내년도의 매출 및 이익이 더 커질 것이기 때문에, 장기적으로는 문제가 되지 않는다.

회의가 끝난 뒤에, 사장은 자기 회사는 당신 회사의 중요한 고객 중 하나임을 상기시켜 준다. 당신 회사에서 이 감사에 대해 책임을 맡고 있는 파트너에게 전화를 걸어서 조언을 구하니, 그는 '당신이 이 상황을 알아서 처리하라'고 한다.

토론 문제

1. 매출에 대한 조정을 하지 않겠다는 자회사 사장의 각각의 논거를 평가하라. 그의 말에 당신이 결정을 내리는 데 참고할 만한 가치가 있는 점이 있는가?
2. 매년 당신의 회사에 지급되는 수수료 면에서 이 회사가 당신 회사의 중요한 고객이라는 사실이 당신의 결정에 영향을 줘야 하는가?
3. 당신은 모든 요소들을 고려한 뒤에도 이 회사의 재무제표를 조정해야 한다고 생각하는데, 이 감사의 파트너(당신의 상사)가 고객과 뒤로 만나고 나서 이 고객에게 동의하고 당신에게 조정을 하지 말라고 말한다. 당신은 어떻게 대응해야 하는가?

사례 8.2 : 새로운 내부자들

당신은 전자 상거래를 위한 고속의 장치를 만드는 테크컴(TechCom)의 연구 개발 담당 부사장인 바, 당신의 회사는 이 장치가 네트워킹 어플리케이션에 혁명적 변화를 가져오기를 바라고 있다. 이 기술은 인터넷 매출로 전통적인 매출을 늘리는 기존 회사들과 웹 상에서만 비즈니스를 하는 회사들 모두 사용할 수 있다. 테크컴은 최근에 상장되었으며, 이 회사의 기술이 곧 완성돼서 널리 사용되리라는 추측 덕분에 주가가 큰 폭으로 상승했다. 당신도 이 회사의 상품이 네트워킹 어플리케이션에 큰 영향을 주리라는 점에 대해서는 낙관적이지만, 주식 시장과 테크컴과 같은 회사들이 현재와 같은 수명 주기에서 어떻게 평가되는지에 대해 당신이 이해하고 있는 한, 회사가 일반 대중에게 회사의 현재 상태 및 다양한 연구 개발의 미래에 대해 주의 깊게 공시했음에도 불구하고 당신 회사가 공정하게 평가되고 있는지에 대해서는 덜 낙관적이다.

당신은 회사의 주식을 소유하고 있는 10명의 핵심 임원 중 한 사람이며, 현재의 시가보다 상당히 낮은 가격에 추가로 주식을 획득할 수 있는 주식 옵션을 가지고 있다. 단지 테크컴의 주가가 극적으로 상승했다는 사실 때문에 납부해야 할 세금을 공제하고 난 뒤에도 당신이 보유하고 있는 주식 및 주식 옵션의 공정 시장 가치는 당신의 주택과 다른 모든 투자를 포함한 당신 가족의 총 순재산의 95%에 달한다. 친구들과 가족들은 순재산의 너무 많은 부분을 하나의 투자에 연계시키는 것과 관련된 리스크를 제한하기 위해 최소한 주식의 일부라도 팔라고 부추긴다. 이는 분산 투자를 해야 한다는 당신의 본능과도 일치한다. 다른 한편, 4년 전에 당신을 고용했고 이 회사 배후의 견인차였던 CEO 잭 스미스(Jack Smith)는 회사의 내부자들인 임원들이 주식을 팔면 시장에 경영진이 회사의 미래에 대한 자신이 없다는 "잘못된 신호"를 보내게 될 거라며, 노골적으로 회사 임원 중 누구라도 주식을 팔면 자신을 실망시킬 거라는 암시를 주고 있다. 그리고 그는 테크컴의 주식이 미래에는 훨씬 더 가치가 있게 될 것이기 때문에 지금 파는 것은 어리석은 짓이라고 주장한다.

1. 주식을 팔라는 친구들과 가족들의 촉구와 팔지 말고 보유하라는 잭 스미스의 촉구 사이에서, 당신은 혹시 주식을 팔게 되면 얼마나 팔지를 결정할 때 어떤 요인들을 고려하겠는가?

2. 당신이 지금 주식을 조금도 팔지 않는다면, 언제 팔겠는가?

추가적 사실

주말에 배우자와 이 문제에 대해 상의한 뒤에, 당신은 주말 동안의 리서치 활동에 대해 보고를 받는 월요일 오전의 테크컴 리서치 직원회의 뒤에 당신이 보유하고 있는 회사 주식의 일정 비율을 팔기로 결정한다. 그러나 회의 도중에 당신은 회사의 핵심 리서치 프로그램들 중 일부의 생존 자체에 의문이 제기될 만큼 중대한 기술적 문제들에 대해 보고를 받는다. 회의 뒤에 당신은 주식 브로커에게 전화를 걸어 예정대로 테크컴의 주식을 팔도록 했지만, 회의에서 보고받은 내용에 근거해서 당신은 전날 당신의 배우자와 합의한 수량에 비해 3배를 팔도록 지시하기로 한다.

토론 문제

3. 당신은 기술 업데이트 회의에서 발견한 지식에 근거해 원래 계획했던 수량보다 많은 수량의 주식을 팔기로 한 결정에서 비윤리적으로 행동했는가? 왜 그런가?

추가적 사실

월요일 오전에 받은 보고는 당신의 회사 기술에 문제가 있는 것이 아니라 중대한 기술상의 발견을 해서 이제 회사의 제품이 전에 생각했던 것보다 더욱더 혁명적이라고 생각될 것이라는 점을 제외하면, 사실 관계는 앞에서 논의된 바와 동일하다. 이러한 진전이 주식 시장에 알려지면, 테크컴의 미래는 현재보다 훨씬 더 밝게 여겨질 것이다. 이 보고 모임 뒤에, 당신은 당신의 배우자와 팔기로 합의했던 주식을 팔라는 주문을 내지 않기로 결정한다.

4. 당신은 기술 업데이트 회의에서 좋은 소식을 듣기 전에 팔기로 계획한 주식을 팔지 않기로 결정함에 있어서 비윤리적으로 행동했는가? 왜 그런가?

사례 8.3 :
진실을 말하기인가 동정인가?

사례 연구

BEYOND INTEGRITY

당신은 자동차, 레저용 차량(RV), 그리고 해양 스포츠 보트 딜러에게 리테일 판매를 위한 재고 보유 목적의 크레딧 라인을 제공해 주는 주요 은행에서 일하고 있다. 딜러에 의해 구입되는 재고는 크레딧 라인을 통해 자금이 조달되며 대출의 담보로 제공된다. 재고가 판매되면 대출이 즉각 상환되어 추가 주문을 위한 크레딧 라인 여유가 생긴다. 이런 종류의 크레딧 라인은 딜러의 생명줄로서 이 라인이 없으면 기업 도산이 거의 확실하다.

당신은 주로 중서부에 기반을 둔 딜러들을 대상으로 하는 대출 포트폴리오를 관리하고 인수(underwrite)한다. 당신의 일은 각 계좌의 리스크 및 경감 요소들을 평가해서 크레딧 라인 지속, 종료, 또는 조건 변경에 대한 추천 의견을 작성하는 것이다. 이 추천서는 당신 은행에서 당신보다 최소 2직급이 높은 책임자들에 의해 승인된다. 당신은 대부분의 딜러들과 여러 차례 접촉하는데, 때로는 그들을 매일 보기도 한다.

최근에 작은 RV 딜러에 대해 크레딧 라인을 지속할 것인지와 끝낼지를 결정하기 위한 표준 연례 검토 기한이 되었다. 이 딜러는 2008년(많은 RV 딜러들은 2009년에도 마찬가지였음)의 경기 침체로 심하게 영향을 받은 많은 RV 딜러들 중 하나였다.

이 딜러는 작년에 손실을 보았으며, 이로 인해 재무 상태가 악화되었다. 그 딜러와의 대화에서 그는 당신에게 자신은 사업 자금을 조달하기 위해 개인 신용 카드를 쓰고 있었는데 크레딧 뷰로 보고서가 자신이 사업 자금을 대기 위해 6만 달러의 신용 카드 빚을 지고 있음을 보여준 뒤로 지난 6개월 동안은 신용 카드 잔고를 대폭 줄였다고 털어놓았다. 2, 3분기 동안 손실이 계속될 경우 이 딜러는 지급불능에 빠지게 될 테고 담보로 잡은 재고를 경매 처분해서 손실을 입을 수도 있는 상황이다.

경기 침체에도 불구하고, 이 딜러는 상황을 바로잡기 위해 올바른 조치를 취했으며, 그 조치가 올해에 효과를 발휘하기 시작해서 수치가 훨씬 좋아지고 있는 중이다. 이 딜러는 추가 정리 해고와 자신의 급여를 최소 수준으로 삭감하는 등 비용을 절감하기 위한 많은 조치들을 취했다. 그러나 가장 고무적인 경감 요인은 이 딜러가 사무실 인근에 부동산을 하나 보유하고 있는데, 이 부동산이 수년 동안 비어 있다가 최근에 2년간 월 2천 달러에 임대되었다는 점이다.

모든 요인들을 평가한 뒤에, 당신은 이 딜러가 어려운 시기를 헤쳐 나갈 수 있을 것이고 은행은 손해를 입지 않을 것이라는 확신을 가질 수 있다는 결론을 내린다. 더구나 당신은 아만다를 제외하면 대다수의 고위 경영진은 당신의 의견에 동의할 것이라고 믿는다. 그런데 아만다는 가장 높은 승인 권한을 가지고 있으며, 소유자가 사업 자금을 조달하기 위해 개인 신용 카드를 사용했다는 이유만으로 자동적으로 이 계좌를 종료하리라고 예상된다.

당신은 이 소유자의 신용 카드 부채를 당신의 추천 및 보고서에서 생략할지 여부를 고민하고 있다. 모든 세부 사항을 기록하고 모든 리스크를 나열하는 것이 표준 실무 관행이지만, 당신은 또한 아만다는 한 시즌 동안 사업 자금의 일부가 개인 신용 카드로 조달되었다는 사실을 알게 되면 모든 객관성과 합리성을 상실할 가능성이 있다는 것을 안다. 은행이 손실을 입으면 은행의 자본과 당신의 일자리가 위험해질 수 있다. 이 소유자는 은행이 요구한 모든 것을 했으며, 이미 회복세에 접어들었다. 또한 크레딧 라인을 폐쇄하기로 결정하면 이 딜러는 사업을 할 수 없게 될 것이다.

토론 문제

1. 이 딜러가 사업체로서 생존할 수 있게 하기 위해서 소유자의 신용 카드 부채에 관한 정보를 생략하는 것이 윤리적으로 적절한가? 구할 수 있는 일자리 수가 이 정보를 생략할 가치가 있게 하는가?

2. 당신이 고용주가 내릴 것으로 예상되는 결정에 동의하지 않을 때 그들에 대한 당신의 의무는 얼마나 강한가? 당신은 어떻게 이 딜러에 대한 동정과 당신의 고용주에 대한 계약상의 의무 사이의 균형을 유지할 것인가?

　회계와 재무의 세계는 복잡하며, 생각해 볼 가치가 있는 다양한 윤리적 이슈들을 가지고 있다. 이들 중 첫 번째 이슈는 회사의 회계사들 및 재무 매니저들과 관련이 있다. 이들은 회사가 자신의 재무제표에서 자신을 어떻게 보여주느냐와 관련이 있는데, 이는 회계사나 최고 재무 책임자와 관련된 전통적인 이슈들이다. 이 제목 하에서 우리는 올곧은 회계 원칙에 대해 논의하고, 윤리 이슈들을 제기하는 몇 가지 구체적인 회계 기법들을 살펴본다. 나아가 감사인의 독립성 및 객관성이라는 보다 넓은 이슈도 다룬다. 두 번째 그룹의 이슈는 회사의 재무제표와 관련이 있는 것이 아니라 금융 시장의 무결성(integrity)에 관한 보다 넓은 문제들과 관련이 있다. 이에는 내부자 거래 및 투자은행의 역할이 포함된다.

신뢰와 수임인 관계

　회계사나 재무 매니저는 일반 대중이 가지지 못한 높은 수준의 기술적 전문성을 지닌 전문가들이다. 그러다 보니 그들은 그들의 정보에 의존하는 고객과 다른 사람들을 오도할 수 있는 위치에 서게 된다. 그렇다고 개인 투자자나 은행 대출 책임자가 자신의 투자나 대출의 리스크를 이해할 책임이 없다고 말하려는 것은 아니다. 투자자나 책임자의 보고서 및 의견에 의존하는 사람들은 그 사람의 전문성 및 올곧음에 높은 신뢰를 보인다. 윤리가 필요한 것은 바로 금융 산업이 신뢰 위에 세워지기 때문이다. 월가의 윤리에 대한 회의가 퍼져 있고 일부에서는 월가가 부정하게 소액 투자자들을 착취한다고 생각하지만,[7] 자본 시장에서 수백만 건의 거래들이 원활하게 처리되고 있는 바, 이는 부분적으로는 당사자들 사이에 신뢰가 전제되고 있기 때문이다. 높은 수준의 신뢰가 없다면, 사람들은 다양한 상품에 자기 돈을 투자하는 위험을 무릅쓰려 하지 않을 것이다. 그렇다고 해서 개인들이 자기의 투자에 대한 책임에서 면제된다는 뜻은 아니지만 말이다. 이러한 신뢰는 보다 넓은 맥락에서도 필요하다. 예를 들어, 대형 기관 투자자들은 법의 지배를 존중하지 않는 국가들이 자신들의 투자를 적절히 다루리라고 신뢰할 수 없기 때문에 그런 나라들에는 자신이 관리하는 자본을 투자하려 하지 않을 것이다.

---

7) 예컨대, Roger Lowenstein, The End of Wall Street(New York: Penguin, 2010)에 나오는 비판을 보라.

나아가, 뇌물과 같은 비윤리적인 관행이 일상화되면 가장 좋은 상품이 가장 경쟁력이 있을 것이라고 신뢰할 수 없다.

금융 산업의 다양한 분야에서 윤리 및 올곧음의 필요성에 대해 생각해 보라. 당신이 금융 자문이나 주식 브로커에 돈을 투자할 때, 당신은 그가 당신의 돈을 적절히 투자하고, 믿을 수 있는 자문을 해 주며, 당신의 최상의 재무적 이익이 되도록 신경을 써 줄 것이라고 믿는다. 당신은 자문자의 의견이 자신의 개인적 이익에 의해 덧칠해지지 않으리라고 신뢰한다. 또는 은행원이 어떤 회사에 대한 대출을 고려하면서 그 회사의 재무제표를 읽고 있다고 가정해 보라. 이 은행원은 재무제표가 제시된 대로 믿을 수 있다고 신뢰한다. 이 재무제표가 외부 회계 감사인에 의해 검토된 경우에는 특히 그렇다. 이 경우, 대출이나 투자에 관한 결정을 위해 재무제표를 사용하는 대중은 감사인들이 재무제표에 서명할 경우, 감사인들이 회사의 재무 상태에 대해 진실을 말하고 이 회사에 관한 중요한 사실을 숨기지 않으리라고 믿는다. 윤리가 없이는, 자본 시장에서의 신뢰가 약화되고, 그 결과 자기 돈을 위험한 곳에 투자하려는 사람들이 줄어들 것이며, 따라서 회사들에게서 절실히 필요로 하는 투자 자본을 빼앗아 갈 것이다. 여기에서도, 대중이 투자 결정을 하기 전에 잘 알아보고 적절한 주의를 행사할 책임에서 면제되는 것은 아니다.

회계와 금융의 세계는 "수임인" 관계의 예이다. 이것이 의미하는 바는 회계/금융 전문가들은 고객에 대해 특별한 의무, 즉 고객의 최상의 이익을 추구하는 것이 자신의 개인적 이익과 충돌하더라도 고객의 이익을 추구할 의무를 지고 있다는 뜻이다. 이를 달리 표현하자면, 전문가의 자기 이익을 고객의 이익보다 앞세우면 안 된다. 수임인은 고객에게 피해를 주면서 자신의 이익을 증진시키는 관행에 관여해서는 안 된다. 의사, 변호사, 그리고 정신 건강 전문가들도, 이러한 신뢰 관계가 효과적으로 기능을 발휘하기 위해서는 윤리가 매우 중요한, 수임인 의무를 지고 있다.

법률은 금융 산업이 적절하게 운영되기 위해 필요한 신뢰의 모든 측면을 충분히 규제하지 않는다는 점이 널리 인정되고 있다. 일부 비즈니스계에서는 "합법적이라면 도덕적이다"라는 말이 전통적인 지혜로 여겨진다. 많은 경우에 이 말이 실제로 의미하는 바는 붙잡히지만 않는다면 특정 관행을 받아들일 수 있다는 뜻이다. 우리는 법률은 도덕의 최소한이며, 시민 불복종의 극히 예외적인 경우를 제외하면, 법률을 위반하는 것은 비윤리적이라고 제안한다. 그러나 윤리는 단순히 법률을 준수하는 것 이상이다. 기소를 피하는 것은 가치 있는 목표이지만, 확실히 윤리는 그보다 많은 것을 요구한다. 어떠한 법률도 가능한 모든 위반 행위들을 커버할 만큼 구체적으로 만들어질 수 없다. 또한 법률이 구체적일수록, 잠재적 구멍이 더 많아진다. 인간의 본성을 볼 때, 이 분야의 전문가들이 부지런히 이러한 구멍들을 찾아내서 법률의 문자는 지키면서도 법률의 정신은 놓치게 될 수 있다.

올곧은 회계 원칙

투자자들이 공표된 재무제표에 의존해서 투자 결정을 내리기 때문에 올곧은 회계는 상장 회사에 특히 중요하다. 회계 교수 마크 세퍼스(Mark Cheffers)와 마이클 파카룩(Michael Pakaluk)은 "회계의 임무는 **현대 시장 경제에 신뢰의 조건을 제공하는 것이다**"라고 주장한다.[8] 그들은 회계를 "시장을 위한 감시인"으로 보며, 따라서 회계 전문가들은 이해 상충 및 윤리적/법적 기준을 타협하라는 유혹에 저항할 수 있어야 한다.[9] 오늘날의 디지털 시대에는 자본이 매우 빠르게 움직이므로, 상장 회사들은 분기마다 그들의 재무제표에 "가장 좋은 음식을 앞에 두라"는 압력을 받고 있으며, 그렇지 않으면 주가 하락에 직면할 가능성이 있다.

회계 기준을 수립하고 SEC와 협력해서 이를 집행하는 미국 공인 회계사 협회(AICPA)는 내부 회계사와 외부 감사인을 규율하는 직업 윤리 강령을 가지고 있다.[10] GAAP 원칙들은 다양한 거래들의 회계 처리를 위한 구체적인 가이드라인들이다. 몇 가지 핵심적인 윤리적 가치들이 AICPA 규칙들과 GAPP 기준들의 근저를 이루고 있다. 이 원칙들을 검토하고 실무 작업을 수행할 때 회계 처리의 세부 사항들에 빠져들어 큰 그림을 놓치기 쉽다는 것을 명심하라. 올곧은 회계를 규율하는 전반적인 윤리적 원칙들을 아래에 제시한다.

첫째, AICPA의 윤리 강령은 근본적으로 진실을 말하기 및 투명성의 원칙에 기초한

---

8) Mark Cheffers와 Michael Pakaluk, Understanding Accounting Ethics, 2판(Sutton, Mass.: Allen David, 2007), 39쪽. 원문에는 이태리 체가 없음.

9) 위의 책, 41-44쪽.

10) AICPA의 직업 윤리 강령은 www.aicpa.org/Research/Standards/CodeofConduct/Pages/default.aspx에서 구할 수 있다.

사기 방지에 관한 것이다. 이 도덕 원칙들은 궁극적으로 십계명 중 거짓 증언을 금지하는 아홉 번째 계명에 기초한다. 이 계명의 원래의 배경은 증인이 진실을 말하겠다고 선서하는 법정이었다. 누군가의 삶이 증인의 진정성에 의존하는 경우가 많다. 일반적으로 CPA들은 법정에서의 공식 증인이 아니지만, 그들은 대중에게 책임을 지는 회사 재무제표의 수호자 역할로 인해 법정의 공식 증인과 유사한 지위에 처해지는 바, 이는 아홉 번째 계명의 법정 증언이라는 배경과 유사하다. 상장 회사의 CFO나 이의 회계 감사를 수행하는 CPA는 회사의 재무 상태에 관해 진실을 증언하라는 의무에 구속된다. 의도적인 허위 표시는 증인석에서의 위증에 필적한다. 진실을 말하기라는 이 일반 원칙은 종교 여하에 관계없이 거의 모든 문화에서 타당한 것으로 인정되며, 확실히 거의 모든 도덕 전통의 일부이다.

따라서, 금융 전문가는 진실을 말하기라는 윤리 규범에 구속된다. 이는 똑바르고 정확한 재무 회계, 일반 회계 원칙 준수와 관련된다. 세퍼스와 파카룩은 회계사들은 "진실을 향한 내적 지향"을 지녀야 한다고 주장하며, 좋은 회계는 차변/대변의 기술적 측면과 단순한 규칙 준수 이상이라고 제안한다.[11] 아마도 회사 재무제표의 무결성에 대한 가장 좋은 척도는 투자자의 인식으로부터 나올 것이다. 이 점에서 "회사 재무제표 작성자가 투자자라면, 그는 재무제표가 작성된 방식 및 수치들이 제시된 방식에 의해 오도된다고 생각하겠는가?"라는 핵심 질문을 해봐야 한다. 재무제표가 어떻게 작성되었는지를 고려할 때 이 핵심 질문을 보다 직설적으로 표현하자면, "회사의 재무적 건강 상태에 대해 투자자들을 오도할 의도가 있는가?"라고 물어볼 수 있다. 이를 또 달리 표현하자면, "당신이 투자자라면 재무제표 대상 기간의 회사 실적을 이해하기 위해 필요한 모든 정보를 받게 될 것인가?"라는 질문이 될 것이다.[12] 동일한 질문이 감사인들에게도 적용될 수 있다. 만일 그 감사인이 투자자라면, 그는 검토 대상 재무제표에 의해 오도된다고 느끼겠는가? 그는 회사의 실적을 정확하게 평가하기 위해 필요한 모든 중요 정보를 가지게 되겠는가? 투자 대중은 재무제표 및 감사에서의 올곧음과 정확성을 기대한다. 재무 공시에 있어서는 과대 선전이나 허세의 여지가 없다. 그러나 특정 수익과 비용

---

11) Cheffers와 Pakaluk, Understanding Accounting Ethics, 41쪽.
12) 이들은 전설적인 투자자 Warren Buffet이 회사의 이사회들에게 회계 감사인들이 그들의 진정한 의견을 말하게 강제하라고 제안들이다. "Put Bite into Audit Committees," Fortune, 1990년 8월 2일, 90쪽에서 인용함.

을 어떻게 감안할 것인가라는 이슈들 중 일부는 어려우며, 선의의 전문가들이라도 동의하지 않을 수 있는 적법한 회색 지대들과 관련이 있다. 일반적으로 회계 전문가들이 새로운 도전과 새로운 비즈니스 수행 방식에 대해 씨름해서 GAPP 원칙들이 어떻게 명확화될 수 있을지 주의 깊게 살펴보는 데에는 상당한 시간이 소요된다.

AICPA 윤리 강령의 기초가 되는 두 번째 원칙은 자신이 분석하고 있는 회사로부터의 객관성과 독립성을 훼손할 수 있는 이해 상충을 피하라는 것이다.[13] 이 원칙이 적용되는 한 가지 경우로서, 명백한 이해 상충 소지를 피하기 위해 감사인들은 일정 기간 동안 그들이 회계 감사를 수행했던 회사의 주식 보유가 금지된다. 또 다른 이해 상충으로는 감사인이 소속된 법인이 감사 대상 회사에 컨설팅과 같은 비-감사 비즈니스 관계를 맺고 있어서, 해당 감사인이 수익성이 좋은 컨설팅 고객과의 관계가 서먹해지지 않게 하려는 유혹에 빠지게 되는 경우가 있다. 신뢰에 의존하는 수임인 관계에서는 객관성이 매우 중요하다. 수임인 관계는 정의상 이러한 종류의 이해 상충 소지에 의해 물들지 않아야 한다. 이는 금융 서비스 및 회계 분야의 올곧음을 위한 매우 중요한 원칙이다.

윤리 강령에 특별히 포함되지는 않았지만 매우 중요한 세 번째 원칙은 기준 정의하기와 관련된다. 어떤 회계 실무 관행이 업계의 표준이라는 이유만으로 그것이 반드시 도덕적으로 옳은 것은 아니다. 특정 업계가 자신을 위해 기준을 정의하는 문화를 의미하는 "문화적 상대주의"를 주의해야 한다. 확실히, GAPP와 AICPA 규칙들은 회계 전문가들 사이에서 일반적으로 받아들여진다. 그러나 종종 그런 실무 관행이 업계에 보편적이라는 이유로 GAPP에 대한 특이하고 새로울 수도 있는 해석이 정당화된다. 이러한 해석의 준수에는 아무런 규범적 가치가 없다. 단지 받아들여진 관행이라는 이유만으로 그것이 꼭 그래야 함을 의미하지는 않는다. 예를 들어, 이익을 관리해서 실적이 초라한 분기를 위해 실적이 좋은 분기에 이익의 일부를 따로 떼 놓는 것이 인정된 관행일 경우, 이는 이 관행의 도덕적 평가와는 무관하다. "모두 그렇게 하고 있는가?"가 아니라, "그것이 오도하는 관행인가?"가 물어야 할 질문이다. 듀크 대학교 회계 교수 캐서린 시퍼(Katherine Schipper)는 수용할 수 있는 것과 적절한 것 사이에는 차이가 있다고 주장

---

13) 이는 AICPA 강령, 섹션 100, "independence, Integrity, and Objectivity"에서 강조된다.

한다.[14] 사람들은 회계사들이 허용 범위를 넓힌 것을 업계의 표준으로 삼으려는 사람들을 용납할 것이 아니라 엄격한 기준을 지키리라고 기대한다.[15] 그러나 대부분의 GAPP 개정 사항들은 회계 전문가들이 새로운 회계 방법을 요구하는 새로운 비즈니스 수행 방식과 씨름함에 따라 점진적으로 발생했음을 인식해야 한다. 이 새로운 기준들, 또는 기존 기준에 대한 변화들은 일반적으로 이 기준들이 새로운 유형의 거래들을 어떻게 처리할지에 관해 업계에서 이루어진 합의를 반영한다. 어떤 일을 모두 특정 방식으로 하고 있다는 이유만으로 그것이 반드시 옳은 일이라 할 수 없다는 것은 사실이지만, 이처럼 부상하는 합의가 바로 GAPP가 업데이트되는 방식이다.

이익 평활화(smoothing earnings)

회사가 실제보다 수익성이 좋은 것처럼 보이게 하기 위해 여러 가지 회계 기법들이 사용될 수 있다. 이들 중 대부분은 불법이 아니며 대체로 GAPP의 가이드라인 범위 안에 속한다. 그러나 회사들에게 이익 예상치를 충족시키라는 압력이 점점 더 커짐에 따라, 회사의 이익을 주의 깊게 관리할 필요가 커졌다. 이러한 많은 관행들이 널리 사용되고 있는 바, 특히 신흥국의 회사들에서 그렇다. 그들은 부적절한 일을 하고 있는 것이 아니라, 새로운 비즈니스 수행 방식이 새로운 회계 규칙 또는 일반 회계 원칙의 새로운 해석을 필요로 한다고 주장한다.

회사의 이익을 관리하는 가장 보편적인 방법 중 하나는 흔히 이익 "평활화(smoothing)"로 불린다. 회사가 분기마다 큰 폭의 이익 변동을 보이면 회사의 주가에 재앙이 될 수 있으며 회사의 시가 총액, 즉 회사의 투자자본의 가치 총액이 급감할 수 있다. 평활화는 한 분기에 회사 이익의 일정 부분을 따로 떼서 "비 오는 날"에 대비해 이를 비축해 두는 관행이다.[16] 달리 말하자면, 회사는 특히 실적이 좋은 분기에 이익을 모두 보고하지 않고, 이를 기대에 미치지 못하는 분기를 위해 "과자 통"에 유보해 둔다. 연간 기준으로 본 장기적 그림은 변하지 않을 것이다. 즉, 연간 이익은 이익이 이런 방식으로 관리되지

---

14) Richard Melcher, "Where Are the Accountants?",Businessweek, 1998년 10월 5일, 146쪽에서 인용함.

15) 위의 책 146쪽.

16) 지금까지 가장 잘 알려진 회사의 이익 관리에 대한 SEC 기소는 화학 회사 W.R. Grace 사건으로서, 이 사건은 1998년에 Grace가 어떠한 잘못도 인정하지 않고 해결되었다. "SEC Files First Suit in Its Accounting Fraud Battle," Los Angeles Times, 1998년 12월 23일 C3면에서 인용함.

않은 것과 동일하게 보일 수도 있다. 그러나 분기별로는 해로운 변동을 피하기 위해 회사 이익이 평활하게 관리되고 있다. 이 또한 포춘 500 기업들의 보편적 관행이다. 회사들이 이런 식으로 이익을 관리하라는 조언을 받는 것이 일반적이다.[17] 이익들이 단지 서로 다른 분기들에 재할당되기 때문에 장기적인 그림에는 아무런 차이가 없다. 그러나 그렇게 함으로써, 투자자들은 회사가 실적이 좋지 않은 분기에 완충제를 깔고(일부에서는 이를 "신호 줄이기"라 부른다) 긍정적인 분기의 실적을 과소 보고한다는 사실을 오도당할 수 있다. 이에 대해 종종 분기 보고 요구 자체가 오도하는 것이며, 회사의 재무 상태는 장기적으로는 분기와 다를 수 있는 바 이익 관리는 단지 회사의 장기적인 이익을 가장 정확하게 나타내는 방법일 뿐이라는 반박 논리를 펴기도 한다. 또한, 회사는 주가 변동으로부터 투자자들을 보호하기 위한 행동을 하고 있는 것이며, 따라서 이익 관리는 실제로 주주들의 이익에 합치한다고 주장할 수도 있다.

감사인의 독립성

회사의 재무제표를 감사하는 CPA들은 고객 회사와 대중에 대한 책임을 동시에 이행해야 한다. 고객 회사가 감사, 즉 회사 장부의 정확성에 대한 연례 점검을 하도록 그들을 고용한다. 그러나 회사가 상장되어 있을 경우, 감사인들은 투자 대중들에게 회사의 재무제표가 회사의 재무 상태를 정확하게 나타내고 있음을 확인해 줄 또 다른 책임을 진다. 이번 장의 읽기 자료에서, 이안 스튜어트는 이것이 회계 윤리에 대한 그의 견해의 중심인 신뢰의 충돌, 즉 "이중의 정체성 문제"라고 주장한다. 이는 감사 결과가 회사에 관해 뭔가 부정적인 내용을 드러낼 경우 감사인을 잠재적으로 불안정한 지위에 놓이게 한다. 이에 내재된 고유한 이해 상충을 주의해서 관리해야 한다. 고객 회사는 감사인에게 후한 수수료를 지급하며 감사 결과가 회사에 만족스럽지 않으면 손쉽게 해당 감사인을 해고하고 다른 감사인을 고용할 수 있다. 조지 스타우버스는 그의 논문에서 경영진과 감사인 사이의 가까운 관계는 문제가 될 소지가 있다고 주장한다. 그는 회계 감사의 공공적 측면을 반영해서 감사인과 투자자들 사이의 관계가 더 가까워져야 한다고

---

17) 어느 주식 애널리스트는 회사들은 "장래에 사용하기 위해 이익을 감추는 것"을 고려해야 하며, "이 게임을 하지 않으면 다치게 될 것"이라고 제안했다. Carol J. Loomis, "Lies, Damned Lies and Managed Earnings," Fortune, 1999년 8월 2일 92쪽에서 인용함.

주장한다. 감사인은 이러한 문제의 소지를 인식해야 하며, 고객 회사에 대한 향후의 감사 비즈니스를 잃을까 봐 감사의 정확성을 타협해서는 안 된다. 세퍼스와 파카룩은 이는 상장 회사 회계의 구조적 문제이며, 이 구조적 문제가 계속 갈등을 만들어 낸다고 주장한다. 그들은 대놓고 "감사인들은 자신들이 대변해야 할 사람들(투자 대중)에게서 보수를 지급받지 않는다"고 말한다.[18] 스타우버스는 상장 회사 회계의 역할은 대중을 고객으로 섬기는 것이지만, "감사/거버넌스 시스템이 이 서비스를 제공하도록 설계되지 않았다"고 제안한다. 우리는 기업 내부의 회계사가 자기 회사로부터 보수를 받는 것처럼 자신이 이익을 대변하기로 되어 있는 당사자로부터 보수를 받을 경우에도, 이 회계사가 일자리를 잃거나 회사의 덜 바람직한 부서로 옮겨질 가능성에 의해 압력을 받을 수 있기 때문에, 자체의 갈등 소지를 만들어 낸다고 제안한다. 이에 대한 위험도 큰 데, 이는 이러한 갈등으로 감사가 훼손되어 회사가 재무제표를 재작성해서 이익을 수정 발표하면, 투자자의 신뢰가 흔들리고 주가가 하락해서 투자자들이 상당한 금액을 잃을 수 있기 때문이다.[19] 이 상황은 실제로 투자자들이 자신의 손실을 회복하기 위해 감사인들에 대해 소송을 제기할 가능성을 열어둔다.

다른 요인에 의해 감사인의 이해 상충 소지가 복잡해진다. 회계 법인들은 일반적으로 감사 대상 회사에 대해 세금 상담, 보상 시스템, 재무 정보 시스템 등 감사 이외의 다양한 서비스를 제공한다. 회계 법인에 대한 리스크는 회계 감사 서비스가 유지되기 못할 경우 단지 회계 감사 비즈니스의 상실만이 아니라 감사 이외의 비즈니스 라인 수입도 상실된다는 것이다. 보다 공식적인 컨설팅 관계 중 많은 부분이 단절되었으며, 일부 회계 법인들은 컨설팅과 회계 감사 사이에 보다 강력한 차단벽을 설치하기 위해 컨설팅 사업 부문을 분사(分社)했다. 가까운 장래에는 회계 감사 및 회계 감사 이외의 서비스가 공존할 가능성이 있는 바, 이로 인해 존재하는 이해 상충 소지가 반드시 감사를 훼손

---

18) Cheffers와 Pakaluk, Understanding Accounting Ethics, 23-26쪽. 또한 이에 대한 논의는 Ronald F. Duska와 Brenda Shay Duska, Accounting Ethics(Malden, Mass.: Blackwell, 2003): 79-87쪽을 보라.

19) 예컨대, Arthur Andersen이 Waste Management가 10억 달러가 넘는 이익을 과대 표시하도록 도와주었다는 SEC의 기소를 보라. Andersen은 SEC의 기소를 해결하기 위해 벌금으로 7백만 달러를 납부했다. 또한 PricewaterhouseCoopers는 MicroStrategy 주주들이 제기한 집단 소송을 해결하기 위해 5천 5백만 달러를 납부했다. Marianne Lavelle, "Auditors Exposed! Cozy Deals Alleged!" US News and World Report, 2001년 7월 23일, 40-42쪽에서 인용함. 다른 예로는 Tony Tinker, Paper Prophets: Fraudulent Accounting and Failed Audits(New York: Beard, 2004)를 보라.

하는 것은 아니지만 이의 관리에 주의를 기울여야 한다.

감사의 독립성을 확보할 전반적인 책임은 회계 감사 법인과 감사 고객 자신 양쪽 모두에게 있다. 예를 들어, 회사의 이사회 산하 감사 위원회는 감사에 도장 찍어주는 기능만을 수행할 것이 아니라, 감사 보고서가 이해 상충에 의해 훼손되지 않도록 실질적인 감독을 행사해야 한다. 엔론 사태의 여파로 사베인-옥슬리법이 제정됨에 따라, CEO들과 이사회 위원들은 재무제표의 정확성에 보다 많은 책임을 지게 되었다. 워렌 버핏의 충고를 따라서, 감사 위원회는 감사인들에게 잠재적 이해 상충 관리에 도움을 주는 아래의 질문들을 해야 한다.[20]

1. 감사인이 투자자라면, 감사인이 회사의 재무 상태 이해에 필수적인 정보를 정확하게 받은 셈이었겠는가?
2. 감사인이 회사의 재무제표 작성에 전적인 책임이 있다면, 감사인이 이를 다르게 처리했겠는가?

이런 질문들은 본질적으로 윤리에 관한 것이며 진실을 말하기, 즉 회사 재무 상태에 대한 정확한 견해를 제시하기라는 원칙에 닿아 있다.

금융 시장에서의 올곧음

회계사들과 CFO들에 대한 이슈들이 뉴스에 자주 등장하고 있지만, 재무 분야에서의 올곧음에 관한 이슈는 이에 국한되지 않는다. 특별히 회계에 관련되는 것은 아니지만, 회사들이 성장 및 번성에 필요한 자본을 조달하는 통로인 주식 시장과 투자 은행업의 구조 및 올곧음에 중요한 다른 이슈들이 있다.

내부자 거래

이 개념이 기술적으로 복잡하게 들리기는 하지만, "내부자 거래" 관행은 비교적 이해하기 쉽다. 큰돈이 걸려 있다 보니, 회사의 활동에 관한 작은 미공개 정보라도 매우 귀중할 수 있다. 회사에서 일어나는 중요한 사항을 일반 대중에 공개하기 직전에 알아

---

20) Warren Bufeet, "Put Bite into Audit Committee," 90쪽에서 인용함.

내서 주식을 사거나 "공매도"[21] 하기만 하면 즉시 큰돈을 벌 수 있다. 다른 "내부자들"은 팁을 훔치거나, 팔거나, 친구 또는 친척들에게 알려 주거나, 자기의 이익을 위해 이에 기초해 거래해 왔다. 1980년대 후반의 이반 보에스키(Ivan Boesky)와 마이클 밀켄(Michael Milken)의 불법적인 행동을 통해, 그리고 보다 최근에는 마사 스튜어트와 같은 저명인사들이 내부 정보를 통한 트레이딩으로 이익을 본 혐의로 기소된 것을 계기로 대중의 주의를 끌게 되었다. 가장 최근에 내부자 거래로 기소된 사례로는 네트워킹 회사들이 헤지펀드들의 투자 포트폴리오 관리에 필요한 중요 정보를 제공해 줄 수 있는 전문가들에게 헤지 펀드를 연결시켜 준 것을 들 수 있다. SEC는 이 회사들의 일부가 전략적으로 배치한 내부자들로부터 내부 정보를 사서 이를 자사의 고객들에게 판 혐의로 기소했다.[22]

　내부자 거래는 회사에 관해 공개되지 않은 중요한 사실을 증권 거래에 사용하는 것으로 정의된다. 내부자 거래가 불법적인 이유는 두 가지이다. 첫 번째 이유는 내부자 거래는 회사의 재산권을 침해하는 바, 비밀 정보는 회사 재산의 주요 예이다. 따라서 미공개 정보는 회사의 다른 자산들과 마찬가지로 다루어져야 한다. 회사가 이 정보를 "소유"하고 있으므로, 이 정보를 이용해 트레이딩을 하거나 허가없이 이를 유포하는 직원은 회사 재산을 훔치는 것이다. 그러나 회사가 자사의 직원들에게 그런 정보에 기초해서 트레이딩을 하도록 허용하면, 재산 절도는 발생하지 않는다. 그리고 이 정보가 주주들과 일반 대중에게 공개되면, 어떻게 그러한 행동에 의해 누군가가 속을 수 있는지 상상하기 어렵다. 더구나, 회사로부터 떨어진 정보 수령자 또는 기타 "외부자"들은 의도적이거나 악의적으로, 또는 일부의 경우에는 미공개 내부 정보라는 사실을 알면서 내부 정보를 입수한 것이 아니다. 따라서 그들은 누구의 재산도 훔친 것이 아니고, 회사나 주주들에 대한 수임인 의무를 위반한 것도 아니다.

　두 번째 근거는 증권 시장의 공정성 및 형평성이라는 훨씬 넓은 목표에 기반한다. 이 틀에서는 증권 시장에서 트레이드하는 모든 투자자들이 정보에 대한 접근 면에서 "공정한 경쟁의 장"에서 겨루게 하기 위해 내부자 거래가 금지된다. 이 관점에서는 내

---

21) "공매도"는 주가가 오르는 것이 아니라 내린다는 쪽에 거는 주식 거래 관행을 일컫는다. 고객은 주식을 빌려서 매도한 뒤에, 내린 가격으로 주식을 도로 사서 갚고 차액을 남긴다.
22) Stuart Pfeifer와 Jessica Guynn, "Silicon Valley Firm at Center of Insider Trading Crackdown," Los Angeles Times, 2011년 1월 27일, C1, 3.

부 정보를 어떻게 입수했건 이런 종류의 정보에 기초해 트레이드하는 것은 옳지 않다고 보여질 것이다. 공정성이라는 두 번째 근거가 일관되게 적용될 경우, 미공개 정보에 기해 트레이드하는 것은 "불공정"하기 때문에, 이 정보를 어떻게 입수했건 간에 미공개 정보에 기해 트레이드하는 사람은 형사 책임을 져야 한다고 볼 수 있을 것이다. 따라서 어떤 할머니가 기차역에서 두 임원들의 대화를 듣고 자신의 퇴직 계좌의 손실을 피하기 위해 그 회사 주식을 팔 경우에도 공정성 위반에 대해 유죄가 될 수도 있다.

또한, 공정한 경쟁이 없으면 많은 투자자들이 아예 시장에서 물러날 터이기에 공정한 경쟁의 장이 중요하기는 하지만, 완벽한 공정성은 비현실적인 목표이다. 노련한 일부 투자자들은 항상 다른 사람들이 찾아내지 못하는 정보를 발견할 것이다. 예컨대, 뮤추얼 펀드 매니저나 애널리스트 등 대부분의 시장 전문가들은 주주들에 대한 자신의 책임의 일환으로서 끊임없이 회사들에 관한 새로운 정보를 찾는다. 그들은 공개되지 않은 임박한 인수 또는 신상품 출시일과 같은 "내부" 정보를 사용할 법적 권한이 없지만, 그들은 전형적인 소액 투자자들보다 적시에 보다 정확한 정보에 접근한다. 많은 경우에 시장 전문가들과 기타 대규모 개인 투자자들은 자신들이 투자할 관심이 있는 회사들의 고위 임직원들을 만날 수 있다. 그러나 내부 정보와 부지런한 노력 사이에는 차이가 있는 바, 이는 내부자들은 다른 부유한 투자자들이나 애널리스트들이, 누군가에게 뇌물을 주거나 달리 이를 훔치지 않는 한, 아무리 열심히 노력해도 알 수 없는 정보를 알고 있기 때문이다.

그러나 내부자 정보와 훌륭한 분석 사이의 선은 사람들이 생각하는 것보다 명확하지 않을 수 있다.[23] 진정으로 공정성이 목표라면, 내부 정보에 기해 트레이딩하는 사람들은, 이를 어떻게 입수했건 형사 책임을 져야 한다. 그러나 우리 모두가 생각할 수 있는 관련 시나리오들에서는, 회사 외부의 일부 정보 수령자들은 그들의 행동에 대해 형사 책임을 지지 않아야 한다는 것이 명백해 보인다. "불공정"하기는 하지만, 위의 예에서 임원들이 하는 얘기를 듣고서 자신의 퇴직 포트폴리오의 손실을 피하기 위해 이 정보에 기해 트레이드한 가상의 할머니가 악의로 행동했다고 생각하기는 어려울 것이다.

내부자 거래 법률 집행의 어려움은 작위(commission)와 부작위(omission)의 구분과 관련이

---

23) John C. Coffee Jr., "Outsider Trading, That New Crime," Wall Street Journal, 1990년 11월 14일

있다. 당신이 상당 수량의 당신 회사 주식을 보유하고 있는데, 당신의 투자 포트폴리오를 분산하기 위해 분기마다 주식의 5%를 팔아서 재투자한다고 가정하자. 주식 일부를 팔려고 한 당일에, 당신은 출근해서 잠재적 신상품이 실패로 끝났다는 리서치 부서의 보고서를 읽고 나서, 이 소식이 투자자들에게 알려지면 회사의 주가가 떨어질 것으로 예상한다. 그날 당신은 일반적으로 팔아왔던 5%가 아니라 20%를 팔기로 결정한다. 이 경우 당신은 법률상 내부자 거래에 대해 유죄라는 점에 의문이 없으며, 당신의 주식 매도를 회사 신상품에 관한 나쁜 소식과 연결시키기가 어렵지 않을 것이다.

그러나 같은 날, 당신이 주식 5%를 팔아야 한다고 자신에게 상기시키면서 출근한다고 가정하자. 그런데 이번에는 리서치 부서로부터 이 신상품에 대해 매우 긍정적인 소식을 듣게 된다. 당신은 이 상품이 업계를 바꿀 것이라고 확신한다. 당신이 이 정보에 기초해서 추가로 주식을 사기로 한다면, 내부자 거래로 쉽게 발각될 수 있을 것이다. 그러나 당신이 단지 주식을 팔기로 한 마음을 바꾸었다고 가정하자. 법률상으로는 이 또한 내부자 거래일 것이다. 부작위 행위이기는 하지만 그럼에도 불구하고 내부자 정보에 기초한 거래임이 명백하다. 그러나 당신이 누군가에게 이 결정에 대해 말하지 않는 한, 이러한 내부자 거래 사례는 발견할 수 없다. 내부자 거래를 합법화해야 한다는 옹호자들은 이 같은 사례를 보고서, 내부자 거래를 금지하는 현행법은 일관성 있게 적용하기 어렵다는 결론을 내린다.

내부자 거래에 대한 일부 옹호자들은 내부자 거래는 본질적으로 "피해자 없는 범죄"이며, 사실은 많은 외부자들이 내부자들의 움직임으로부터 이익을 볼 것이라고 주장해왔다.[24] 그러나 우리 모두는 내부자가 아닌 사람들이 피해를 보는 상황을 쉽게 생각할 수 있다. 예를 들어, 내부자들이 회사에 대한 부정적인 사법 판단이 임박한 것을 알고서 이 사실이 공표되기 전에 주식을 처분할 경우, 이 주식을 샀던 투자자들은 이 거래에 의해 재무적 피해를 당할 것이다. 반대로, 회사에 관한 좋은 뉴스로 여겨지는 내부 정보에 근거해 트레이딩하는 투자자들은 과소평가된 주식을 매입하게 될 것이다.

그러나 내부자 거래가 합법화되고 모든 투자자들이 이에 대해 알고 있다면, 모든 참

---

24) 예컨대, Robert McGee, "Applying Ethics to Insider Trading," Journal of Business Ethics 77, no. 2 (2008년 1월): 205-217쪽, 그리고 John Allen Paulos, "Is Insider Trading So Bad?" Forbes 171, no. 10 (2003년 5월 12일): 50쪽을 보라.

가자들이 이 규칙에 대해 아는데, 앞에서와 같은 사례들에서 사람들이 어떻게 사기를 당할 수 있는지 상상하기 어려울 것이다. 그러나 내부자 거래의 반대자들은 내부자 거래에는 단순히 투자자들 사이에서 일어나는 것보다 더 큰 그림이 관련되어 있다고 주장한다. 그들은 내부자 거래 허용은 경제의 활력에 필수적인 자본 시장의 신뢰(confidence)에 매우 중요한 믿음(trust)을 잠식할 것이라고 주장한다. 다른 사람들이 당신이 입수할 수 없는 중대한 정보를 가지고 있다는 것을 알면서 사는 것은 CARFAX 상에 있는 정보(수리 기록, 연료 효율성, 또는 재판매 가격)를 발견할 능력이 없이 자동차를 사는 것과 유사할 것이다. 내부자들이나 이들로부터 귀띔 받는 사람들만 중요 정보를 가지게 되면, 공정한 경쟁에 대한 기반 전체가 방해를 받는다. 뇌물이 관습으로 인정되는 곳에서와 마찬가지로, 공정한 경쟁 대신 지위나 정보의 대가를 지불할 수 있는 능력이 성공의 결정 요인이 될 것이다. 특히, 투자로부터 이익을 내는 것은 소액 투자자들도 이용할 수 있는 전통적 도구인 리서치 및 분석과는 거의 아무 관계도 없게 될 것이다. 정보의 판매가 합법화되면 정보가 가장 높은 금액을 제시한 사람에게 가게 될 것이기 때문에, 시장에서의 성공은 중요한 조직에서의 지위 및 정보에 대해 거액을 지불할 수 있는 능력에 기초하게 될 것이다. 궁극적으로 신뢰가 잠식되어 회사의 발전과 혁신을 위한 중요한 자금 공급원인 증권 산업에 소수의 투자자들만 돈을 투자하려 할 것이다.

또한, 회사들이 직원들에게 내부자 거래를 허용할 경우 중대한 수임인 관계가 위험에 빠질 수도 있다. 내부자 거래가 허용될 경우, 매니저와 임원들은 이해 상충이 커지기만 하는 입장에 놓이게 될 것이다.[25]

요약하자면, 내부자 거래 법률을 명확히 해야 하기는 하지만, 이러한 활동들은 불법으로 유지되어야 한다고 할 수 있을 것이다. 이러한 관행을 허용하면 경제의 성장 및 번성에 매우 중요한 신뢰의 토대 자체를 훼손할 것이다. 시스템의 기본적 공정성이라는 신뢰가 없이는, 투자자들이 시장에 돈을 투자하려 하지 않을 것이고, 이에 따라 회사들에게서 성장과 경쟁력을 위해 필요한 자본을 빼앗아 갈 것이다.

---

25) Jennifer Moore, "What Is Really Unethical about Insider Trading?" Journal of Business Ethics (1990년 9월): 171-182쪽.

투자 은행

흔히 "월가"의 동의어로 지칭되는 투자 은행업은 2007년-2009년에 금융 시장이 붕괴할 뻔 했던 사건에서 그들이 담당했던 역할에 대해 강하게 비판을 받게 되었다.

이 장의 개요에서 논의한 바와 같이, 확실히 월가가 일정한 역할을 했지만, 모기지 위기에 대한 모든 책임을 금융기관들에게 돌리는 것은 모기지 산업, 개인 주택 소유자, 기관 투자자, 그리고 정부 등과 같은 다른 경제 주체들이 받아 마땅한 비난을 무시하는 처사이다. 1990년대 말에 투자 은행들이 예금을 받을 수 있도록 허용한 (따라서 사실상 상업 은행과 투자 은행의 차이를 제거한) 글래스-스티걸법 폐지로 투자 은행의 목적에 관한 질문들이 떠오르기 시작했다. 이 장의 읽기 자료인 존 테릴의 "투자 은행의 도덕적 책무"는 투자 은행의 진정한 목적에 대해 시의적절하게 상기시켜 준다.

테릴은 투자 은행업의 목적이 "좋은 아이디어를 가지고 있는 사람들이 우리 모두에게 이익을 주는 개념을 성장시킬 자본을 구할 수 있다"는 것이라고 정의하는 한 투자 은행가를 인용한다. 그는 이를 다음과 같이 몸의 순환 시스템과 비교한다. "자본 및 다른 자산을, 이를 가장 필요로 하고 가장 잘 사용할 수 있는 기관들에게 흐르도록 촉진한다." 테릴은 전 세계적으로 수억 명의 가난한 사람들을 빈곤에서 벗어나게 한 것이 부분적으로는 투자 은행업의 공이라고 제안하는 브라이언 그리피스 경을 인용한다. 테릴은 이런 식으로 볼 때, 투자 은행업은 실제로 하나님의 일이 될 수 있다고 제안한다.

그러나 투자 은행업은 또한 2000년대의 처음 10년 동안에 길을 잃은 것이 확실해 보인다. 자금조달이라는 최초의 사명은 레버리지가 높고 위험한, 복잡한 파생 금융 상품 트레이딩에 길을 내 주었는 바, 이에 대해 이해하는 투자자들이 적었고, 이를 이해하는 은행 임원들은 더 적었다. 역사가이자 비평가인 케빈 필립스(Kevin Phillips)는 경제에서 금융 섹터가 커지는 데 대한 우려를 표명하며, 금융 섹터가 "너무 부주의하고 너무 성급하게 커졌다"고 주장한다.[26] 필립스 등은 투자 은행업의 전통적인 기능이 베팅 및 트레이딩의 제로섬 게임을 닮아가게 되었다고 주장한다. 그는 이렇게 말한다. "신용 시장이 경제 활동 촉진에 덜 쓰이고 있고, 자산 가격 변화에 대한 베팅에 레버리지를 일으키는

---

26) Kevin Phillips, Bad Money: Reckless Finance, Failed Politics, and the Global Crisis of American Capitalism (New York: Penguin, 2008), 32쪽.
27) 위의 책, 49쪽.

데 더 많이 쓰이고 있다."[27] 그는 정치 지형이 변한 결과로 "자유롭게 더 큰 리스크를 취하고 성품 혁신, 대규모의 차입과 레버리지 증대를 통한 성장 및 수익성을 극대화하는" 금융 섹터가 만들어졌다고 설명한다.[28] 그는 부분적으로는 테릴이 투자 은행업의 사명이라고 부르는 활동에서 트레이딩으로 옮겨간 것이 2007년-2009년의 금융 위기의 한 원인이라고 제안한다.

테릴은 오늘날의 금융이 생산적인 경제 활동으로 자본이 이동하도록 촉진시키는 역할을 회복함에 있어서 유용한 관점을 제시한다. 투자 은행업에서의 일은 참으로 세상에서의 하나님의 일에 대한 소명일 수 있으며, 테릴이 묘사하는 바와 같이 "투자 은행가들은 사람, 회사, 공동체, 그리고 국가 전체를 번성하게 하고 이들에 힘을 주는 방식으로 자본을 할당하는 하나님의 청지기가 될 수 있다."

결론: 금융시장에서 신뢰 회복하기

경제 시스템의 기능 발휘, 특히 금융 시장의 운영을 위해서는 신뢰가 필수적이다. 투자자들이 시장의 공정 경쟁 규칙들을 더 이상 신뢰하지 않으면, 그들은 금융시장에서 자본을 빼내서 이 기준들을 확신할 수 있는 곳에 투자할 것이다. 투자자들이 시장에 대한 신뢰를 회복하려면, 그들이 회사의 이익 보고서, 주식 애널리스트의 추천, 감사인의 확인, 투자 은행가들의 수임인 의무, 이사회의 감독에 대해 신뢰할 수 있어야 한다.

궁극적으로, 신뢰 회복은 더 많은 규제와 불이행 시 보다 엄격한 처벌과 같은 외부적인 동기에 관한 사안이 아니다. 이들도 중요하지만, SEC는 이미 많은 규칙들과 지침들을 가지고 있으며 추가적인 규칙/가이드라인들이 준비되고 있다. 규칙들은 모든 가능성을 커버할 수 없으며, 법률에는 항상 구멍이 있을 것이기 때문에 규칙만으로는 충분하지 않다. 이 분야는 윤리가 왜 중요한지에 대한 좋은 예이다. 알렉산더 솔제니친(Alexander Solzhenitsyn)은 이를 이렇게 표현했다. "법률 이외에는 다른 척도가 없는 사회는 인간에게 별 가치가 없다… 법의 문자는 너무 차갑고 공식적이며, 도덕적 평범함의 분위기를 가져와 인간의 보다 고상한 충동들을 마비시킨다."[29] 이 책의 뒤에서 보게 되겠지만, 이것

---

28) 위의 책, 60쪽.

29) Alexander Solzhenitsyn, 1978년 6월 8일 하버드 대학교 개회사, http://www.americanrhetoric.com/speechs/alexandersolzhenitsynharvard.htm.

이 바로 회사들에게 단순히 컴플라이언스 프로그램이 아니라 윤리 프로그램이 필요한 이유이다. 윤리는 우리의 보다 고상한 충동들에 힘을 부여해 주며, 리더십에 성품이 매우 중요하다. 신뢰는 단지 규칙 및 규정에 대한 복종에 의해서가 아니라 성품에 의해 회복된다. 투자 대중은 점점 더 이 신뢰가 회복되기를 요구하고 있으며, 회사의 리더들은 경제 시스템이 건강하게 작동하려면 신뢰 회복이 필수적임을 깨닫고 있다.

Chapter 9

마케팅과 광고

개요

마케팅은 흔히 가장 논쟁적인 비즈니스 실무 분야의 하나로 인식되고 있다. 마케팅(또는 광고와 같은 마케팅의 하위 분야)을 전공하거나 강조하는 학생들은 종종, 마케팅이 종사하기에 도덕적으로 적절한 직업인가라는 질문에 대해 방어적 입장에 서곤 한다. 종교와 관련된 대학들에서는 이 논쟁의 강도가 훨씬 더 강할 수도 있다. 예컨대, 우리 학교에는 아래와 같은 질문을 받았다고 말하는 학생들이 있다. "어떻게 독실한 크리스천이라고 자처하는 사람이 물질주의를 조장하고 (기껏해야) 사람들에게 정말로 필요하지 않은 물건들을 사도록 확신시키는 직업을 가질 수 있는가?"

의심할 나위 없이, 다른 직업들(예컨대, 법률, 패션 디자인, 그리고 보다 최근에는 은행업/월가 등이 떠오른다)도 유사한 질문을 받는 대상이지만, 이러한 질문들이 표면화하는 빈도와 강도 면에서 마케팅은 아마도 최고 또는 그 근처의 순위를 차지할 것이다. 마케팅의 과시적 소비 증진 외에도, 특히 상업 광고에 사용되는 실무 기법들 중 일부는 윤리적으로 파렴치한 것으로 간주되고 있다. 간단히 말하자면, 마케팅은 속임수, 소비자들을 조종하려는 시도,

존재/편재(Presence/ubiquity)의 지속적인 확대, 그리고 파괴적인 메시지 사용 혐의로 부정적으로 보여지고 있다.

마케팅 분야를 기독교 윤리에 비추어 조사하는 것이 이 장의 목적이다. 마케팅의 내장된 가치들이 기독교 윤리에 얼마나 잘 부합하는가? 마케팅이 기독교 가치, 특히 소명 개념(하나님과 다른 사람들을 섬기는 장소)을 존중하는 방식으로 실행될 수 있는가? 마케팅이 경제적으로 생존 가능하고 동시에 건강한 상호 관계를 증진함으로써 인간의 복지를 증진할 수 있는 방식으로 실행될 수 있는가? 기독교 윤리는 책임 있는 마케팅 실무에 대해 어떤 가이드라인을 제공할 수 있는가?

이 장의 첫 번째 읽기 자료, 『소비자 만들기』에서 저자 로드니 클랩(Rodney Clapp)은 역사적으로 볼 때 소비자들은 소비자로 "태어나는" 것이 아니라는 점을 보여준다. 사람들은 자연적인 삶의 방식으로 소비하는 것이 아니다. 오히려, 시간을 조금 거슬러 올라가 보면, 사람들은 20세기 초의 광고로부터 소비하도록 가르침받아야 했음을 시사한다. 클랩은, 광고는 단지 존재하는 필요에 대응하기만 하는 것이 아니라 새로운 필요를 만들어 내며, 우리의 현대 신학이 된 소비 풍조에 기여한다고 주장한다.

두 번째 글은 광고의 해로운 메시지 지적 전문가인 저명 저자이자 대학 강사 장 킬본(Jean Kilbourne)에 의해 쓰여졌다.[1] 『예수는 바지 브랜드이다』에서, 킬본은 상업 광고의 내용을 조사해서 상업 광고가 인간의 정신 및 영혼에 파괴적인 메시지들로 가득 찬 것을 발견했다. 그녀는 광고가 사람을 이용하고 물건을 사랑하도록 장려하는 바, 이는 우리 주변의 세상에 대해 우리가 보고 반응해야 하는 방식에 정반대의 태도라고 말한다.

세 번째 글, 『광고에 대한 진실』은 저자 데이비드 하겐부흐(David Hagenbuch)가 마케팅 교수로 재직하고 있는 메시아 대학에서 킬본이 행한 강의에 대한 대응으로 쓴 글이다. 이 글에서 그는 킬본의 몇 가지 핵심적인 비판을 반박하며, 광고가 우리의 삶에 보다 긍정적인 기여를 할 수 있는 사례를 제시한다.

『크리스천의 소명으로서의 마케팅』은 네 번째 글의 제목이다(이 또한 데이비드 하겐부흐에 의해 쓰

---

1) Jean Kilbourne과 Mary Pipher, Can't Buy My Love: How Advertising Changes the Way We Think and Feel (New York: Free Press, 2000); 같은 저자, Deadly Persuasion: Why Women and Girls Must Fight the Addictive Power of Advertising (New York: Free Press, 1999). 또한 Kilbourne의 인기 영화 시리즈 Killing Us Softly를 보라(Media Education Foundation, www.mediaed.org에서 구할 수 있다).

여겼다). 이 글에서 그는 마케팅은 적합하지 않은 소명이라는 주장을 반박하려 한다. 하겐부흐는 마케팅이 "규범적 정의"(마땅히 그래야 되는 것)에 따라 행해질 경우 화해(reconciliation)에 기여할 수 있는 "소명"으로 여겨질 수 있다고 주장한다. 그는 비판자들이 주장하는 많은 내용들이 옳지 않으며, 미국 마케팅 협회의 정의에 해당하지 않는다고 주장한다.

읽기 자료

BEYOND INTEGRITY

소비자 만들기

로드니 클랩(Rodney Clapp)
출처: "Why the Devil Takes VISA: A Christian Response to the Triumph of Consumerism(악마는 왜 VISA를 받는가: 소비주의의 승리에 대한 기독교인의 반응)," Christianity Today, 1996년 10월 7일.

소비주의가 크리스천들에게 미친 영향 이해에 있어서, 프로테스탄티즘의 영향이 중대하기는 하지만 프로테스탄티즘만이 소비자 자본주의를 만들어 내고 유지한 것처럼 행동한다면 이는 커다란 왜곡이다. 소비주의의 탄생 및 성장에 매우 중요했던 다른 역사적 요인들을 살펴볼 필요가 있다. 매일의 경제의 밀고 당김이라는 면에서, 역사학자들은 자본주의 자체가 매우 성공적이었기 때문에 생산자 중심의 자본주의가 소비자 중심 자본주의로 바뀌게 되었다는 데 동의한다.

20세기까지는 대부분의 미국인 가정들은 소비뿐 아니라 생산의 장소였다. 1850년대 후반까지도, 10명 중 여섯 명은 농장에서 일했다. 그들은 대부분의 도구들을 스스로 만들었다. 그들은 집과 헛간을 지었고, 가구를 만들었으며, 옷을 만들었고, 작물을 재배하고 가축을 키웠으며, 음식과 음료수를 생산했다. 그들은 땔 나무를 자르고 불을 켤 양초를 만들었다. 예컨대, 19세기의 메사추세츠 주 농부는 자신이 필요한 것들을 하도 많이 생산하다 보니 1년에 10달러도 소비하지 않았다.

산업 혁명은 이 모든 것들을 아주 빠르게 변화시켰다. 공장 시스템과 대량 생산이 주도적인 시대가 되자, 이전에는 집에서 만들어졌던 상품들을 값싸게 생산함으로써 가정 생산을 대체했고, 수백만 명의 사람들이 목화 산업에서 밀려나 임금 노동자들이 되게 했다. 1859년에서 1899년까지, 미국에서 제조된 재화의 가치는 19억 달러에서 130억 달러로 늘어났다. 공장의 숫자는 14만 개에서 51만 2천 개로 늘어났다.

다소 갑작스럽게, 이 경제 시스템은 기존 인구가 지금까지의 습관과 재물로는 살 여유가 없고 모두 소비할 수 없을 만큼 많은 물건들을 생산해냈다. 예를 들어, 제임스 뷰캐넌 듀크는 단지 두 대의 밴색 담배 제조 기계를 구입한 즉시 하루에 24만 개의 담배를 생산할 수 있었는데, 이는 미국 전체 시장이 소비할 수 있는 것보다 많은 양이었다. 이러한 과잉 생산은 모든 경제 영역에서 예외가 아니라 법칙이었다. 밀가루 제조업자에서부터 난로 제조업자에 이르기까지, 구할 수 있는 물건의 양이 이 물건들의 구매자들의 수보다 훨씬 많다는 통렬한 인식이 널리 퍼져 있었다. 또한 아직 시장이 없는 새로운 상품들도 출현했다. 예를 들어, 퀘이커 오트(Quaker Oats)의 헨리 P. 크로웰(Henry P. Crowell, Moody Bible Institute의 후원자로서 이 기관의 건물 하나가 그의 이름을 따서 지어졌음)이 1882년에 자동화된 제분소를 지었을 때, 대부분의 미국인들은 아침 식사로 시리얼이 아닌 고기와 감자를 먹고 있었다.

간단히 말해서, 생산량과 소비량 사이에 커다란 차이가 있었다. 이를 어떻게 메꿀 것인가? 산업의 생산 모멘텀이 이미 세워졌기에 생산을 줄일 수는 없었다. 제조업자들은 대신에 공급을 맞출 수 있도록 소비를 부추겨 수요를 확대하기로 했다. 그러나 그들은 소비는 가르치고 배워야 하는 삶의 방식임을 깨달았다. 사람들은 엄격한 검약의 습관에서 벗어나 쉽게 소비하는 습관으로 옮겨가야 했다. 적절한 소비자가 되기 위해서는 사람들이 전통 기술에 대한 의존, 가족 및 농부 그리고 지역의 상인들에 의한 생산에 대한 의존에서 벗어나야 했다. 그들은 완전히 낯선 사람들로부터 먼 곳에서 생산되고 판매되는 많은 상품들 및 서비스들을 신뢰하고 이에 의존하는 법을 배워야 했다.

시행착오에 의해서, 제조업자들은 사람들의 경제적 습관을 재형성하는 방법에 도달했다. 그들은 환불 보증과 외상 판매를 만들어 냈다. 그들은 대량 생산된 재화들에 매력적인 "인격"을 부여하기 위해 브랜드 네임 및 마스코트들을 만들어 냈다. 그들은 우편 주문을 도입했으며, 시어스의 사례에서와 같이 글을 잘 쓸 줄 모르는 소비자들에게 우편으로 주문하는 법을 지도하고 이를 납득시켰다("잘 쓰건 못 쓰건 어느 나라 말로든 당신의 방식대로 당신이 원하는 것을 말해 주세요. 그러면 물건이 즉시 당신에게 보내질 것입니다"). 그리고 그들은 물론 광고도 했다.

소비자들의 양성

소비주의의 부상에 중요한 다른 많은 요인들이 있지만, 광고가 진전된 소비의 가장 끈질기고 공공연한 얼굴이기 때문에, 광고에 대해 특히 주의할 가치가 있다.

광고는 19세기 후반까지 주로 정보를 알려 주는 차원이었다. 18세기 신문들의 광고 페이지들은 오늘날의 신문들의 안내 광고와 비슷했다. 그림들이 없었고, 신문 기사들처럼, 광고들은 캐롤라이나로부터 쌀이 언제 도착하는지에 대한 발표와 같은 것들이었다. 그러나 대량 시장과 과잉 생산의 위기에 직면한 제조업자들은 19세기 말쯤에는 광고의 혁명을 시작했다. 새로운 광고는 순수한 정보의 영역을 떠나서, 이미지들과 많은 설득 전술들을 구현했다. 그것은 사람들에게 어떻게 소비자들이 되는지를 가르치는 주된 도구였으며, 지금도 주된 도구로 남아 있다.

예컨대, 20세기 초에 콜게이트는 광고를 사용해서 치약에 대해 한 번도 들어보지 않은 사람들에게 날마다 이를 닦아야 한다고 가르쳤다. 일회용 면도기의 발명자 킹 질레트(King Gillette)는 남성들에게 날마다 면도를 하되, 이발소에 가지 말고 스스로 면도하라고 꼬드겼다. 그래서 그의 광고는 "앵글 스트로크(Angle Stroke)를 보시오"와 같은 면도하는 법을 포함하고 있었다. 코닥의 광고는 대중들에게 휴대용 카메라를 그들의 "가족 역사가"로 삼으라고 가르쳤다. 방부제와 원거리 유통 네트워크에 의해 새로운 힘을 얻은 도미노 골드 시럽은 1919년에 사람들에게 시럽은 겨울철의 팬케이크만을 위한 것이 아님을 명시적으로 "교육"시키려 했다. 이 회사의 세일즈 매니저는 이렇게 말했다. "우리는 연중 계속 시럽 시즌이며 사람들은 이를 사실로 믿도록 교육을 받아야 한다고 믿습니다."

특정 상품 판매에 있어서 광고가 효과적인지는 여전히 논쟁거리이다. 그러나 초기의 광고가 다양한 상품 및 서비스들을 성공적으로 도입했으며, 전통적으로 가정에서 생산되던 물건들을 가게에서 산 상품들로 대체함에 있어서 핵심적인 역할을 했다는 점에는 의문이 없다. 더구나, 광고 및 관련 미디어들은 획득 및 소비를 통해 좋은 삶을 살 수 있다는 생각을 형성하고 사람들에게 끊임없이 새로운 상품과 새로운 경험을 원하게 하는 역할을 해 왔다.

참으로, 광고하는 사람들은 머지않아 이미 존재하는 필요에만 호소해서는 안 되고 새로운 필요를 만들어 내야 한다는 것을 깨달았다. 퀘이커 오트의 크로웰이 다음과 같이 말한 것처럼 말이다. "[광고에서 내 목표는] 전혀 존재하지 않았던, 시리얼에 대한 관심을 깨우고 수요를 만들어 내도록 교육적이고 건설적인 일을 하는 것이었습니다." 그리고 1901년에 『광고에 관한 톰슨 레드 북』은 이를 보다 일반적으로 설명한다. "광고 는 사람들에게 그들이 전에는 인식하지 않았던 욕구가 있음과, 그러한 욕구가 어디에 서 가장 잘 공급될 수 있는지 가르쳐주는 것이다." 따라서 1897년의 한 신문 독자는 그 리 멀지 않은 과거에는 사람들이 "뭔가 필요한 것이 있을 경우가 아니면 [광고를] 건너 뛰었지만, 요즘에는 우리가 정말로 원하는 것이 무엇인지 발견하기 위해 광고를 읽는 다"고 말했다.

광고주들만 소비자 교육에 나선 것이 아니었다. 정부는 20세기 초에 새롭게 출현한 회사들의 힘을 결집시키고 이를 부양하기 시작했는데, 이 제휴는 1920년대에 허버트 후버(Herbert Hoover)의 상무부 확장으로 마무리되었다. 학교들도 의식적으로 회사들과 협 력하여 젊은 소비자들을 만들어 냈다.

예를 들어, 1952년의 월풀 단편 영화는 3명의 10대 소녀들이 주방 식탁에서 여성의 해방에 관한 리포트를 쓰고 있는 모습을 그렸다. 해방이 투표권을 얻는 것과 동일한가? 재산권 및 기타 법적 권리를 가지는 것인가? 주인이 식탁에서 일어나 반짝이는 세탁기 앞으로 걸어 갈 때 소녀들은 아니라고 결정한다. 진정한 해방은 여성들을 빨랫줄과 "어 두운 지하실"에서 해방시킨 세탁기와 건조기를 통해 허드렛일에서 풀려났을 때 찾아 왔다. 비즈니스 스크린은 리뷰에서 이 영화의 사용법에 대해 명확히 지시했다. "이 30 분 동안 몇 건의 완벽한 판매가 일어난다…. 이 영화는 10대 이상의 모든 유형의 그룹 여성들과 가정주부들에게 특별한 호소력이 있다."

간단히 말해서, 소비자들은 만들어지는 것이지, 타고 나는 것이 아니다.

불만의 신격화

19세기까지는 광고 및 소비는 정보 자체와 기본적인 필요를 지향했다. 19세기 말과 20세기에 들어와서야 소비자 자본주의가 성숙해짐에 따라 끝없는 욕망을 향한 배양을 향한 이동이 이루어졌다. 우리가 현재 알고 있는 소비로서의 후기 현대 사회의 소비는 근본적으로 물질주의나 물리적 재화 소비에 관한 것이 아니라는 점을 깨닫기 위해서는 이 점을 이해해야 한다. 풍요와 소비자 지향 자본주의는 우리를 냉장고와 실내 배관이 라는 부정할 수 없는 효율성 및 효용 이상의 세계로 이동시켜 주었다. 대신에 계속해서 발생하는 욕구와 채워질 수 없는 욕망의 세계에서는, 소비는 가장 심오하게 쾌락의 배양, 신기함의 추구, 그리고 상품과 관련된 환상적인 경험을 쫓는 것을 수반한다.

성적 매력은 치약부터 자동차까지 모든 것을 판다. (최근에는 기독교 잡지 뒷면의 암 검사 광고에 이런 제목이 달렸다. "이 광고를 읽기 전에, 옷을 벗으세요." 그러고 나서, 이 광고는 잘 보이는 활자체로 자기 몸을 검사하는 법을 알려 주었다.) 종종, 담배와 술 광고는 그들의 상품이 소비되고 있다는 사실조차 묘사하지 않으며, 대신 우리에게 건장한 카우보이들 및 멋진 산의 경치를 자신들과 연관시키도록 주입시킨다. 1989년에, 미국 광고 에이전시 협회는 소비자의 인식이 "크기, 형태, 색상, 냄새, 디자인 또는 원재료와 마찬가지로 해당 상품 제조의 근본적인 부분이다"라고 명시적으로 말했다.

1909년에, 구식 학파를 대표하는 윈턴 자동차의 광고 담당 매니저는 이렇게 선언했다. "사람이 자동차를 살 때, 그는 무쇠, 강철, 청동, 구리, 가죽, 나무, 말갈기들이 특수한 형태와 방식으로 함께 모아져서 만들어진 특정한 존재를 사는 것이다…. 왜 이런 것들이 아닌 뭔가 다른 것으로 그 사람의 주의를 끄는가? 자동차 자체가 그 사람의 주의를 끌 충분한 가치를 가지고 있지 않은가? 왜 그가 살 수 없는 '분위기'를 제안하는가?"

그러나 1925년의 "분위기"는 이제 더 이상 시장이 도달할 수 없는 것으로 여겨지지 않게 되었다. 그 해에 광고 카피라이터 존 스타 휴잇(John Starr Hewitt)는 이렇게 썼다. "어느 누구도 단지 상품 그 자체를 사지는 않는다. 그가 사는 것은 신체적 필요의 만족, 어떤 종류의 자기 꿈의 충족이다.

같은 해에, 칼킨스 앤드 홀덴 광고사의 공동 창업자 엘모 칼킨스(Elmo Calkins)는 이렇게 말했다. "나는 내 삶의 많은 기간을 사업가들에게 아름다움은 금전적 가치를 가지고 있다고 가르치는 데 보내왔는데, 이는 나는 상업 시대에는 그렇게 함으로써만 그것이 생산될 수 있다고 생각했기 때문이다." 그의 말에 따르면, 칼킨스는 "모더니즘은 표현할 수 없는 것을 표현하고, 자동차보다는 스피드를, 가운보다는 스타일을, 그리고 화장품보다는 아름다움을 제안할 수 있는 기회를 제공했다"는 것을 인식했다. 물론 모든 것에 금전적 가치가 붙었다.

이렇게 해서 스피드, 스타일, 아름다움, 섹스, 사랑, 영성은 모두 현대의 소비자들이 다양한 상품, 서비스, 그리고 상품화된 경험들로부터 선택함으로써 마음대로 환기하고 표본을 삼을 수 있게 되었다. 콜린 캠벨(Colin Campbell)은 현대의 여행을 주된 예로 든다. 산업 및 상품으로서의 여행의 생존은 "바라볼 영원히 새로운 것"에 대한 물리지 않는 동경에 의존한다. 쇼핑, 스포츠 관람, 콘서트, 영화 관람, 그리고 기타 전형적인 "소비자" 활동들도 마찬가지이다. "현대의 소비자들은 익숙한 상품보다는 새로운 상품을 바라는데, 이는 이 상품을 구해서 사용하면 그들에게 지금까지는 존재하지 않았던 경험을 공급해 주리라고 믿을 수 있게 해 주기 때문이다." 또한, 현재 사이버 공간에 빠져 있는 많은 사람들이 확인해 주는 바와 같이, 현실이 가상의 실제보다 확실히 더 불편하고 재미가 덜할 수도 있다.

1627년에, 프란시스 베이컨(Francis Bacon)의 『뉴 아틀란티스』는 기술이 재배 시즌을 조정하고 자연적인 과일들보다 더 맛있고 좋아 보이는 인공 과일을 만들 수 있는 유토피아를 꿈꾸었다. 우리의 문화에서는, 아틀란티스가 그럭저럭 실현되었으며, 이에는 외관상으로 향상된 과일, 인공 감미료, 알코올이 없는 맥주, 무지방 정크 푸드 등 많은 상품들이 있다.

캠벨이 상기시켜 주는 바와 같이, 실제 소비는 "실제 상품은 상상력에 의해 즐기는 경험에 수반되는 것과 같은 완벽한 쾌락을 제공할 수 없기 때문에, 문자적으로 환상에서 깨어나게 하는 경험이 될 가능성이 있다." 따라서 우리 현대 소비자들은 영원히 불만족하게 된다. 성취와 지속적인 만족은 영원히 도달할 수 없다. 그리고 우리가 사이버 공간을 완전히 벗어날 수 없다면, 우리는 일시적인 쾌락을 제공하는 상품 또는 상품화된 경험을 계속해서 찾아다니고 이를 붙잡게 된다.

우리는 근본적으로 날마다 수천 번씩 가르침을 받고 확인을 받는다. 미국인들은 하루 평균 3천 건이 넘는 세일즈 메시지에 노출되어 있음을 기억하라. 신학자 미로슬라브 볼프가 "현대성에 독특한" 것이라고 묘사하는 바와 같은 탐욕(insatiability)에 말이다. 탐욕 자체는 인간성만큼 또는 인간의 타락만큼이나 오래 되었다. 현대 소비주의에 독특한 점은 탐욕의 이상화와 끊임없는 장려, 즉 불만족의 신격화이다.

경제학과 경제학이 봉사하는 소비주의는 경제학자 로버트 넬슨(Robert Nelson)이 솔직히 인정하는 바와 같이, "우리의 현대 신학이다." 현대성은 끝없는 진보가 인간성의 실제적인 문제뿐만 아니라 도덕적, 영적 문제들도 제거해 줄 것이라고 믿어왔던 시대이다. 이에 따라 고전적인 기독교의 주요 관심사 및 관행들도 경제 선상을 따라 재정의되었다. 물질의 희소성과 이에 따른 귀중한 자원을 둘러싼 충돌은 인간의 죄성의 원천으로 여겨졌다. 그래서 경제적 진보 및 소비자 사회 건설은 "이 땅에 새로운 하늘이 도래하게 하는 구원의 길을 대표했다." 많은 사람들에게 있어서 경제적 효율성이 하나님의 섭리를 대체했다.

크리스천 선교사들은 복음을 전파하기 위해 여행했다. 경제 신학은 평화 봉사단 및 기타 국제 개발 기구들과 같은 선교사들을 통해서 "경제적 진보, 합리적 지식, 그리고 인간 구원"의 복음을 전했다. 기독교는 그리스도의 강림을 역사의 최고의 계시적 순간으로 본다. 경제 신학, 또는 소비의 신학은 현대 과학 및 기술을 최고의 계시의 순간으로 본다. 그리고 20세기의 종교 전쟁은 더 이상 로마 가톨릭과 다양한 개신교들 사이의 싸움이 아니라, "마르크스주의자, 파시스트, 자본주의자, 그리고 기타 경제적 구원의 메시지를 가지고 있는 사람들 사이의 전쟁이다"(넬슨).

성품의 중요성

역사가 윌리엄 리치(William Leach)는 이렇게 썼다. "좋은 삶에 대한 비전을 제안하고 이를 널리 퍼지게 할 수 있는 힘을 가진 사람은 가장 결정적인 힘을 가지고 있는 셈이다. 상품들을 계속적으로 보다 많이, 그리고 보다 높은 이익을 내면서 생산 및 판매하려는 추구에 있어서, 미국 기업들은 1890년 이후에 그런 힘을 획득해서 계속 유지하고 있다."

(오늘날에는 미국에서만이 아니라 전 세계적인) 소비자 자본주의는 좋은 삶에 대한 자신의 버전을 매우 효과적으로 조장하고 있으며, 소비자들은 태어나기보다는 만들어지기 때문에, 기독교의 대응은 성품에 대한 고려를 필요로 한다.

모든 문화 또는 삶의 방식은 그 문화가 알고 있는 좋은 삶을 유지하고 발전시키기 위해서는 특정 종류의 사람, 즉 적합한 태도, 기술 및 동기를 지니고 있는 "성품"을 요구한다. 그래서 스파르타는 자신의 시민들이 전사(戰士)의 성품을 갖추게 하는 데 관심을 기울였다. 아리스토텔레스는 귀족을 만들 국가를 원했다. 20세기의 미국은 공립학교들에게 학생들에게 미국적인 생활방식을 주입하는 일을 맡겼다.

1955년의 전후 붐 시대에, 리테일 애널리스트 빅터 리보우(Victor Lebow)는 전대의 광고주들을 따라서 이렇게 선언했다. "우리의 매우 생산적인 경제는… 소비를 우리의 삶의 방식으로 삼고, 물건의 구매 및 사용을 제의(祭儀)로 전환시키고, 소비에서 우리의 영적 만족과 자아의 만족을 추구하도록 요구한다…. 우리는 물건들이 계속해서 점점 더 많이 소비되고, 불태워지고, 마모되고, 대체되고, 버려지는 것을 필요로 한다."

우리가 현재 리보우가 예언했고 원했던 세상에서 살고 있다는 점에 조금이라도 의문이 있는가? 쇼핑이 우리의 사회 윤리를 심오하게 나타내는 뚜렷한 제의가 되었다는 점은, 동독인들이 서독으로 자유로이 여행할 수 있도록 허용된 직후에 베를린 벽에 휘갈겨진 "나는 쇼핑한다, 고로 존재한다"나 "그들은 왔노라, 보았노라, 약간의 쇼핑을 했노라"와 같은 슬로건에 익살스럽게, 그러나 뚜렷하게 드러났다.

모두 20세기에 등장한 계획된 노후화, 할부 구입, 그리고 신용카드는 소비를 삶의 방식으로 만드는 핵심 수단들이었다. 몇 년 전에 부시 대통령이 그랬던 것처럼, 현재 공무원들이 크리스마스 시즌을 시작하기 위해 양말을 사는 장면이 저녁 뉴스에 충실하게 등장하고 있다.

우리의 언어는 소비가 삶의 방식이라는 중요한 표지 중 하나이다. 우리는 우리의 활동들을 점점 더 소비의 관점에서 보고, 해석한다. 마케터들의 언어에서는 영화 보러 가는 사람들은 "관객"이 아니라 "소비자"들이며, 학교에 가는 사람들은 더 이상 "학생"이 아니라 "교육 소비자"들이다. 의사에게 가는 사람들은 더 이상 "환자"가 아니고, 교회에 가는 사람들은 더 이상 "예배자"가 아니며, 도서관과 서점에 가는 사람들은 더 이상 "독자"가 아니고, 식당에 가는 사람들은 더 이상 "식사하는 사람"이 아니다. 이들 모두가 흔히 "고객들"로 일컬어진다.

교회는 정확히 이 점에서 소비주의를 조사하고 이에 도전해야 한다. 소비자 자본주의는 우리가 어떤 종류의 사람이 되기를 원하는가? 탁월한 소비자의 핵심적인 특징은 무엇인가? 이 특성들이 어떻게 크리스천의 성품의 기준 및 목표에 견줄만 한가?

토론 문제

1. 미국의 소비자 문화에 대한 클랩의 평가에 대해 어떻게 생각하는가? 당신은 그가 옳다고 생각하는가, 아니면 과장했다고 생각하는가? 당신의 답변에 대해 설명하라.

2. 당신은 왜 우리의 돈으로 무엇을 하는지에 대한 토론이 금기시되고 있다고 생각하는가?

3. 당신은 크리스천으로서 소비자 문화에 저항할 필요가 있다고 생각하는가? 그렇다면, 시작할 수 있는 몇 가지 실제적인 방법으로서 무엇을 제안하겠는가?

예수는
바지 브랜드이다

장 킬본(Jean Kilbourne)
New Inernationalist 393 (2006년 9월): 1-9쪽.

최근의 툴레 카레스 시스템 광고에 한 아이가 좌석 벨트를 매고 뒷좌석에 앉아 있는 모습이 나온다. 이 아이의 옆에는 구색을 갖춘 스포츠 기어가 아이의 좌석에 조심스럽게 묶여 있다. 광고의 헤드라인은 이렇게 말한다. '우리는 무엇이 당신에게 중요한지 압니다.' 무슨 뜻인지 모르는 사람이 있을까 봐, 이 광고는 더 나아가 이렇게 계속한다. '당신의 기어가 가장 중요합니다.'

또 다른 광고에서는 침상 위에 매력적인 젊은 부부가 등장한다. 아마도 섹스를 하려는 듯 남자가 여자 위에 올라가 있다. 그러나 그녀의 얼굴은 2면짜리 자동차 사진이 나오는 면이 펼쳐진 잡지로 완전히 가려져 있다. 남자는 이 자동차를 열정적으로 바라보고 있다. 광고 카피는 이렇게 말한다. '궁극적인 매력.'

이 광고들은 재미있으라고 만들어졌다. 개별적으로 보았을 때, 나는 이 광고들이 재미있거나, 아니면 밋밋하게 보일 수 있다고 생각한다. 그러나 오랫동안 광고를 연구해 온 사람으로서, 나는 이들을 어떤 패턴의 일부라고 본다. 즉, 이들은 상품이 사람보다 더 중요하다고 말하거나 암시하는 많은 광고들 중 두 개의 사례에 지나지 않는다. 광고들은 '이것을 사면 당신은 사랑을 받을 것이다' 라며 오랫동안 우리에게 상품을 통한 더 나은 관계를 약속해 왔다. 상품은 목적을 위한 수단이 아니라, 목적 그 자체가 되었다.

결국, 사람을 사랑하기보다 상품을 사랑하기가 더 쉽다. 사람과의 관계는 혼란스럽고, 예측불가능하며, 때로는 위험하다. 어느 구두 광고는 이렇게 묻는다. '인간관계에서 이처럼 편안함을 마지막으로 느껴보신 적이 언제인가요?' 구두는 결코 우리에게 설거지하라고 부탁하거나, 우리가 뚱뚱해지고 있다고 말하지 않는다. 보다 중요한 점으로는, 상품은 배반하지 않는다. 어느 자동차 광고는 이렇게 선전한다. "이 차를 사랑해도 상심하게 되는 일이 없을 거예요." 상처받지 않는 사랑이란 불가능하기 때문에 사람을 사랑하는 일에서는 확실히 그런 말을 할 수 없다.

우리는 우리의 가장 깊은 감정들을 상품들에 연결시키고 사람들을 객체화시키며 우리의 가장 진정어린 순간들과 관계들을 사소하게 만드는 수천 건의 메시지들에 의해 둘러싸여 있다. 우리에게 무엇인가를 팔기 위해 모든 감정들이 이용된다. 아이를 보호하기 바라는 마음을 이용해서 비싼 자동차를 사게 만든다. 오랫동안의 결혼 생활은 다이아몬드 목걸이를 판매할 계기를 마련해 준다. 아버지와 소원해졌던 딸의 고통스러운 재결합을 극적으로 꾸며서 전화기를 파는 데 이용한다. 세상의 모든 것들, 즉 자연, 동물, 사람은 그저 우리에게 뭔가를 팔기 위해 소모되거나 이용될 대상일 뿐이다.

광고의 문제는 광고가 인위적인 필요를 만들어 낸다는 것이 아니라, 우리의 진정한 욕구와 인간적인 욕구를 악용한다는 것이다. 광고는 파산된 관계 개념을 조장한다. 우리들 대부분은 오래 지속될 헌신된 관계를 동경한다. 우리는 어리석지 않다. 우리는 특정 종류의 시리얼을 산다 해서 그 목표에 1인치라도 더 가까워지지 않는다는 것을 안다. 그러나 우리는 우리의 필요를 상품에 결부시키고, 물건들이 사실은 결코 가져다줄 수 없는 것들을 가져다줄 것이라고 약속하는 광고들에 둘러싸여 있다. 광고의 세계에서는 연인들이 물건들이고, 물건들이 연인들이다.

궁극적인 목적이 상품을 파는 것일 때 관계를 묘사하는 다른 방법이 없을 수도 있다.

그러나 이처럼 명백한 끝없는 소비주의는 세계의 자원을 고갈시킬 뿐만 아니라, 우리 내부의 자원도 고갈시킨다. 소비주의는 불가피하게 자기도취와 유아론(唯我論)에 이르게 한다. 이를 관련시키는 방식이 객체화하지 않고 착취적이 아니라는 점을 상상하기 어렵다.

파장이 맞춰지다

대부분의 사람들은 광고는 심각하게 받아들일 것이 아니라고 생각한다. 폭력 영화, 시시한 토크 쇼, 뉴스 삭제 등 미디어의 다른 측면들은 심각하지만, 광고는 그렇지 않다고 생각한다. 최근에는 전보다 광고의 문화적 영향에 대해 더 많은 주의가 기울여지고 있지만, 거의 모든 사람들이 여전히 개인적으로는 광고의 영향에서 벗어나 있다고 생각한다. 나는 강의에서 이런 말을 가장 많이 듣는다. "저는 광고에 주의를 기울이지 않습니다…. 저는 광고를 떨쳐 버려요(tune out)… 광고는 제게 아무런 영향도 주지 않습니다." 나는 대개 로고가 장식된 옷을 입고 있는 사람들로부터 이런 말을 듣는다. 사실은 우리 모두 영향을 받고 있다. 특히 광고가 "떨쳐 버리는" 과정을 뚫고 들어갈 수 있도록 디자인될 경우, 이처럼 많은 정보를 떨쳐낼 방법이 없다. 광고 비평가 수트 자알리(Sut Jhally)는 이를 다음과 같이 말한다. "광고에 의해 영향을 받지 않는다는 것은 문화를 벗어나 산다는 것을 의미할 것이다. 어떤 인간도 문화를 벗어나 살 수 없다."

광고의 힘의 많은 부분은 광고가 우리에게 영향을 주지 않는다는 이 믿음에서 나온다. 요제프 괴벨스(Joseph Goebbels)가 이렇게 말한 것과 같이 말이다. "이것이 선전의 비밀이다. 선전에 의해 설득되어야 할 사람들이 선전에 잠겨 있다는 것을 알아차리지 못하는 가운데 선전의 아이디어에 완전히 잠기게 되어야 한다." 광고가 별 일 아니라고 생각하기 때문에, 그렇지 않을 경우에 비해 광고에 대해 덜 경계하게 되고, 덜 비판적이게 된다.

개별적으로 보면, 광고들은 어처구니 없고, 때로는 우스우며, 걱정할 것이 없다. 그러나 광고들 전체적으로는 인간관계에 해로운 냉소주의 풍토를 조성한다. 연이은 광고들은 우리의 실생활을 재미없고 평범한 것으로 묘사하며, 인간에 대한 헌신을 피해야 할 것으로 묘사한다. 이러한 종류의 메시지들이 편만해 있기 때문에, 우리는 어릴 때부터 사람보다는 상품에 헌신하는 것이 훨씬 안전하며 브랜드에 충성하는 것이 훨씬 더 쉽다고 배운다. 그 결과 다른 사람들에 대해서는 매우 냉소적이면서도 물질적인 객체에 대해서는 로맨틱하게 느끼는 사람들이 많다.

부자연스러운 열정

우리는 이제 광고가 종종 사람을 객체로 바꾼다는 것을 알게 되었다. 껌에서 샴페인, 샴푸에 이르기까지 모든 것을 팔기 위해 여성의 몸이 분해되고 포장되어서 사용된다(요즘에는 남성의 몸도 그렇다). 부분적으로는 여성들의 몸은 객체이며 그것도 불완전한 객체라는 메시지를 피할 수 없기 때문에, 여자 아이들이 청소년기에 이르면 그들의 자존감이 추락한다. 남자 아이들은 남자다움은 일종의 무자비함, 심지어 잔인함을 요구한다고 배운다.

광고는 우리에게 서로를 객체화하라고 할 뿐만 아니라 우리의 파트너보다는 상품에 열정을 느끼라고 부추기기도 한다. 중독은 사람들이 그 물질과 관계를 맺고 있다고 느끼게 하기 때문에 상품에 중독성이 있을 때에는 특히 위험하다. 나는 어느 알코올 중독자가 잭 대니얼스(Jack Daniels) 위스키가 자기의 가장 지속적인 애인이라고 농담하는 말을 들었다. 내가 담배를 피우던 당시에, 나는 담배가 내 친구처럼 느껴졌었다. 광고는 이런 신념을 강화한다. 그러니 우리는 광고에 의하거나 물질 자체에 의해서 이중으로 유혹당한다.

중독은 이상적인 소비자이다. 음주자들의 10%가 판매되는 모든 술들의 60%를 소비한다. 그들 중 대부분은 알코올 중독자들이거나 치명적인 문제를 안고 있는 사람들이지만, 그들은 주류 산업의 최고의 고객들이기도 하다. 광고주들은 심리학 연구에 엄청난 돈을 쓰고 있으며 중독을 잘 이해하고 있다. 그들은 이 지식을 이용해서 아동들을 겨냥하고(어릴 때 코를 꿰면 평생 고객이 되기 때문이다), 때로는 우리 모두에게 위험한 결과를 가져 옴에도 불구하고 모든 사람들에게 더 많이 소비하라고 부추기며, 그 안에서 모든 종류의 중독이 번성하는 부인의 풍토를 조성한다. 최근에 공개된 담배 회사들의 "비밀 문서"에서 명확히 볼 수 있는 바와 같이, 그들은 완전히 고의로 이렇게 한다.

소비자 문화는 더 많이 사라고 격려할 뿐만 아니라, 우리가 사는 것을 통해 정체성과 자아실현을 추구하고, 우리의 상품 '선택'을 통해 개성을 표현하라고 부추긴다. 광고는 관계를 변질시키며, 상품을 우리 모두가 갈망하고 필요로 하는 위안과 친밀한 인간관계의 대체물로 제시한다.

광고의 세계에서는, 연인들이 냉담해지고, 부부들은 늙어가며, 자녀들은 성장해서 곁을 떠나가지만, 소유는 우리 곁에 머무르며 결코 변하지 않는다. 상품을 통해 건강한 관계가 가져다주는 결과를 추구하는 것은 통할 수 없다. 때로는 상품이 우리를 중독으로 이끈다. 그러나 소유는 결코 약속한 상품을 가져다줄 수 없다. 소유가 행복하게 해 주거나, 사랑 받게 해 주거나, 덜 외롭게 해 주거나 안전하게 해 줄 수 없다. 소유가 그렇게 해 줄 수 있다고 믿는다면, 실망하게 되어 있다. 우리가 소유를 얼마나 사랑하든, 소유는 결코 그 사랑을 돌려주지 않을 것이다. 광고는 단지 사회적 가치들을 반영할 뿐 이에 영향을 주지는 않는다고 주장하는 사람들이 있다. 그러나 광고는 결코 수동적으로 사회를 반영하는 거울이 아니라, 영향을 주고 설득하는 매체이다. 광고의 영향은 누적적이며, 흔히 미묘하고 대개 이를 의식하지 못한다. 북미의 선도적인 광고 출판물 『Advertising Age』의 전 편집장이 이런 말을 했다. "광고의 8%만이 의식에 의해 받아들여진다. 나머지는 뇌의 깊은 구석 속에서 계속해서 작용한다."

566

산업 사회에서의 광고는 고대 사회에 신화가 했던 역할을 수행한다. 광고는 사회의 주도적인 가치, 즉 이에 의해 대부분의 사람들의 행동을 규율하는 사회 규범을 만들고 이를 영속화시키는 주체이다. 최소한, 광고는 그 안에서 어떤 가치들은 번성하고 다른 가치들은 전혀 반영되지 않는 풍토를 조성한다.

광고는 우리의 물리적 환경일 뿐만 아니라, 점점 우리의 영적 환경도 되어 가고 있다. 그러나 정의상, 광고는 오직 물질적 가치에만 관심을 둔다. 광고에 영적 가치가 보여진다면, 이는 오직 우리에게 뭔가를 팔기 위해서이다. Eternity(영원)는 캘빈클라인의 향수이다. Infiniti(무한성)는 자동차이고, Hydra Zen(히드라는 헤라클레스 신화에 나오는 머리가 아홉 개 달린 괴물 뱀이다. 역자 주)은 수분 크림이다. 예수(Jesus)는 바지 브랜드이다.

때로는 후광에 둘러싸인 병을 보여주는 수많은 술 광고들에서와 같이, 암시가 보다 교묘한 경우도 있다. 점포의 유리창 안에서 빛나고 있는 보석들과 같은 상품들은 종종 마치 이 상품들이 신성한 물체인 것처럼 진열된다. 광고는 즉각적인 감각 반응을 불러 일으키기 위해 우리의 신성한 상징들을 끌어들인다. 미디어 비평가 닐 포스트먼(Neil Postman)은 이를 "문화적 강간"이라 부른다.

소비주의가 우리 시대의 종교가 되었다(그리고 광고는 그 경전이다)는 것을 흔하게 관찰할 수 있지만, 비판은 대개 이들의 비교의 중심에 무엇이 있는지를 보지 못하고 피상적 수준에 그친다. 광고와 종교 둘 다 변혁을 믿지만, 대부분의 종교는 변혁은 희생을 필요로 한다고 믿는다. 광고의 세계에서는 물질적 재화를 구입함으로써 즉각적인 개화(開化)가 달성된다. 어느 시계 광고는 이렇게 말한다. "당신의 핸드백이 아닙니다. 당신의 이웃이 아닙니다. 당신의 남자친구도 아닙니다. 당신이 누구인지 가장 많이 말해 주는 건 바로 당신의 시계입니다." 물론, 이는 진정한 영성과 초월성을 싸구려로 만든다. 이러한 영혼의 정크 푸드는 우리를 배고프고, 공허하고, 영양실조에 걸리게 한다.

이야기들의 대체물

인간은 대량 생산되고 시장에 의해 주도되는 이야기들에 의해서가 아니라, 주로 우리의 특별한 부족이나 공동체의 이야기들에 의해 영향을 받았었다. 세계적으로 가장 존경 받는 미디어의 영향 연구자 중 한 명인 조지 거버너(George Gerbner)는 이렇게 말했다. "인류 역사상 처음으로, 사람, 삶, 그리고 가치에 관한 대부분의 이야기들은 부모, 학교, 교회, 또는 공동체에서 뭔가 말할 것이 있는 사람들에게서 듣는 것이 아니라, 뭔가 팔 것이 있는 원격지의 거대 기업 집단에게서 듣게 되었다."

광고가 문화에 미치는 영향을 측정하기란 사실상 불가능하지만, 최근에서야 광고에 노출된 문화들을 살펴봄으로써 뭔가를 배울 수 있다. 알래스카의 그위친 부족은 1980년에 최초로 TV를 가지게 되었고, 따라서 대량의 광고에 접하게 되었다. 위성 방송, 비디오 게임 및 VCR들도 곧 그 뒤를 따랐다. 그위친 부족은 그 전에는 조상들이 대대로 살아오던 방식대로 살았다. 10년도 채 안되어서, 이 부족의 젊은이들은 TV에 너무 심취되어서 더 이상 전통적인 사냥 방법, 부모의 언어 또는 그들의 구전 역사를 배울 시간이 없었다. 모닥불을 피워놓고 들려주는 전설들은 "버버리 힐스 90210"과 경쟁할 수 없었다. 전통적인 모카신 신발은 나이키 스니커에 밀려났고, '툰드라 차'는 폴저스의 인스턴트 커피에 길을 내줬다.

다국적 체인들이 현지의 상권을 대체함에 따라, 전 세계의 모든 사람들이 갭과 스타벅스화되어 가고 있다. 쇼핑몰들은 활기가 넘치던 현지의 중심가를 죽이고 국제적으로 획일화된 세상을 만든다. 존 메이너드 케인즈(John Maynard Keynes)의 말을 빌자면, 우리는 카지노의 가치에 의해 지배되는 세상에서 살게 되었다. 이처럼 깊은 차원에서, 만연하는 상업주의가 우리의 신체적 및 영적 건강, 우리의 환경 및 시민 생활을 망치고 해로운 사회를 만들어 낸다.

광고는 냉소주의, 불만족, 그리고 갈망에 기초한 세계관을 만들어 낸다. 그들은 단지 그들의 일, 즉 상품을 파는 일을 하고 있을 뿐이다. 그러나 그 결과들은, 대개는 의도하지 않았겠지만 흔히 파괴적이다. 역사상, 지난 50년 동안의 광고에 견줄 만한 선전 노력을 기울였던 적이 없었다. 사회의식을 변화시키기 위한 어떤 캠페인보다 광고에 더 많은 생각과 노력과 돈이 들어간다. 광고가 우리에게 말하는 이야기는 행복해지는 방법, 만족을 찾는 방법, 그리고 정치적 자유에 이르는 길은 물질의 소비를 통해서라는 것이다. 그리고 오늘날 전 세계적으로 사회 변화의 주요 동력은 행복은 시장으로부터 온다는 믿음이다.

토론 문제

1. 킬본이 제기하는 광고에 대한 주요 비판은 무엇인가? 당신은 이러한 비판에 동의

하는가?

2. 킬본은 광고는 상품이 사람보다 중요하다는 메시지를 조장한다고 주장한다. 당신은 이 말에 동의하는가? 왜 그렇게 생각하는가?

3. 당신은 "광고는 우리의 진정하고 인간적인 욕구를 활용한다"고 믿는가? 그럴 경우, 당신은 그것이 나쁘다고 믿는가? 당신의 답변에 대해 설명하라.

읽기 자료
BEYOND INTEGRITY

광고에 관한 진실: 킬본의 강의에 대한 대응

데이비드 J. 하겐부흐(David J. Hagenbuch)
2004년 3월 10일, Messiah College 강연에 대해

나는 인문학 학교가 전국적으로 저명한 강사이자 저자이며 소비자 보호자인 장 킬본 박사를 우리 캠퍼스에 모신 데 대해 감사하게 생각한다. 킬본 박사는 특정 유형의 광고의 부정적인 영향과 관련된 몇 가지 중요한 사회적 우려들을 적절히 지적했다. 예를 들어, 일부 광고는 여성을 물체를 다루듯이 묘사한다. 또한, 담배 및 술 등과 같이 우리들 대부분이 그다지 원하지 않을 상품에 대한 광고도 많이 있다. 그리고 이러한 광고들은 종종 예컨대, 건강한 사람들이 담배를 피운다는 식으로 노골적으로 그릇된 주장을 하기도 한다.

그러나 불행하게도 킬본 박사의 광고 묘사는 너무 한쪽에 치우쳤다. 나는 광고의 긍정적인 예를 보여주는 슬라이드는 한 장도 없었다고 기억하며, 광고의 보충적인 측면에 대해 한 마디도 없었다고 기억한다. 그 결과, 이 강의로부터 모든 광고는 사회에 해롭다는 추론을 쉽게 끌어낼 수 있다. 이 강의에 대해 나만 그렇게 해석하는 것이 아니라, 내가 말해 본 다른 사람들도 그렇게 생각한다. 사실은, 이 강연에 참석했던 내 지도 학생 중 한 명이 더 이상 마케팅을 전공하지 않아야겠다고 말한 것이 내가 이 글을 쓰게 된 계기가 되었다.

먼저 킬본 박사가 일부 광고주들에게 책임이 있는 몇 가지 심각한 문제들을 효과적이고 정확하게 지적했다는 사실을 반복하고자 한다. 또한 나와 얘기를 나눈 많은 사람들이 킬본 박사의 발표의 많은 측면들에 공감을 표시했다는 점도 덧붙인다. 그러나 궁극적으로 나는 그녀의 강의는 모든 광고에 대해 부정적인 묘사로 일관하였으며, 이는 개혁의 가능성을 해친다고 생각한다. 나는 균형 잡힌 시각을 위해 그녀의 발표 중 특별히 우려되는 부분에 집중하고자 한다.

나는 내 수업 시간에 킬본 박사가 사용한 아래의 방법들 중 몇 가지에 대해 논의했는데, 일반적으로 연구하는 사람들과 강의하는 사람들은 이 방법들을 피하려 한다. 첫째, 거의 어떤 입장에 대해서도 이를 지지하는 문헌이나 기타 증거들을 쉽게 찾을 수 있으므로, 객관적으로 묘사하고 정보를 선택적으로 고르지 않도록 노력해야 한다. 킬본 박사의 강의에 대한 이 비판을 지지하는 몇 가지가 위에서 논의되었던 바, 추가적인 사항을 뒤에 논의할 것이다. 또한, 별개의 이슈들을 혼합할 경우 논점을 흐리고 청중들을 오도하게 되므로, 이들을 명확히 분리하고 혼합하지 않아야 한다. 킬본 박사는 강연 내내 문제의 소지가 있는 광고 방법들(예컨대 성적 매력 사용)과 파괴적인 상품들(예컨대, 술) 사이를 계속해서 넘나들었다. 일부 광고주들이 사용하는 방법과 일부 광고들이 묘사하는 상품들은 별개의 이슈들이다. 그러나 스웨터 광고가 말보로 담배와 앱솔루트 보드카 광고 사이에 들어가 있으면 이 스웨터 광고에 사용된 방법이 문제가 있는 것처럼 보이기 쉽다. 마지막으로, 연구자들은 발견 사항을 일반화하는 데 조심하도록 훈련을 받는다. 표본에서의 발견사항을 모집단에 적용하려면 표본에 대표성이 있어야 한다. 나는 마케팅(광고보다 넓은 분야)을 공부했다. 그리고 광고 분야에서 약 10년간 일해 왔다. 또한, 나는 다른 대부분의 소비자들과 같이 매일 수 없는 판촉 메시지들을 접하고 있다. 나는 이처럼 의도적으로 또는 우연히 많은 광고에 접하고 있지만, 킬본 박사가 보여주었던 광고들은 몇 개밖에 보지 못했다. 그녀는 이처럼 소수의 광고로부터 모든 광고에 대해 일반화할 수 있다고 추론한다. 그러나 그녀의 표본 광고들이 광고 전체 모집단을 대표하지 않는다는 증거가 있다.

그러나 몇 가지 의심스러운 방법론 외에도, 킬본 박사의 발표에 대한 가장 중요한 비판은 편향(偏向)된 것으로 보이는 내용들로부터 나온다. 나는 세 가지의 부정확성에 대해 초점을 맞출 것이다. 첫째, 킬본 박사는 광고에 대해 이례적으로 좁은 견해를 제시했다. 대부분의 광고의 외관(화려한 총 천연색)과 그녀의 논평에 근거할 때, 그녀가 보여준 광고들의 대다수는 전국적 잡지에서 취한 듯하며, 대부분은 영리회사들의 광고인 듯하다. 이러한 유형의 광고들이 모든 광고들 중에서 상당한 비중을 차지하기는 하지만, 내가 읽어본 어느 통계 수치에 따르더라도 이런 유형의 광고들이 광고의 절대 다수를 차지하지 않는다. 나는 킬본 박사가 이처럼 좁은 관점을 취하고서, 이 발표의 주요 소재인 광고에 대한 정의나 완전한 설명을 제공하지 않았다고 생각한다(어떤 강의에서도 주요 용어에 대해 공식적으로 정의하는 것이 좋다).

광고는 대개 특정 스폰서에 의해 대가가 지불되는 모든 형태의 대량의 커뮤니케이션으로 정의된다. 그러므로 광고는 전국적인 판촉뿐 아니라 지역의 판촉도 포함한다. 또한 광고는 라디오, TV, 신문, 게시판 및 기타 정보 체계, 인터넷, 브로셔, 전단지 및 우편물을 포함한다. 그리고 광고는 대학, 병원, 정부, 사회단체 및 교회를 포함한 모든 유형의 조직들에 의해 사용된다. 이처럼 모든 유형으로 행해지고 모든 형태의 조직들에 의해 행해지는 광고들이 킬본 박사의 견해가 주장하는 바와 같이 한결같이 불쾌하다고 생각하기 어렵다.

두 번째 주요 결함은 마케팅 개념을 잘못 표현한 것과 관련이 있다. 마케팅은 이를 통해 판매자가 구매자에게 서로에게 유익한 상품, 서비스 또는 아이디어의 교환에 참여하도록 격려하는 프로세스이다. 이 마케팅 개념은 마케팅 믹스의 구성 요소들을 전략적으로 알려줌으로써(이들은 흔히 상품, 장소, 프로모션, 그리고 가격을 기재한다) 구매자의 욕구와 필요를 만족시켜 주려는 판매자의 소망을 일컫는다. 프로모션은 판매자가 구매자와 소통하는 방법과 관련이 있다. 광고는 이러한 소통 수단들 중 하나이다. 킬본 박사는 잠재적 광고주들을 특정 목표 시장에 노출시켜 주는 업계의 간행물에 나오는 광고를 보여주면서 마케팅의 개념을 부정확하게 전달했다. 확실히 이 광고들이 사용한 일부 비유들은 역겨운 것이 사실이다(예컨대, 눈알로 가득 찬 가방을 보여주기). 다른 한편, 광고가 우리의 일상 커뮤니케이션에서 사용되는 대화의 유순한 유머 및 특성들과 동일한 용어들을 사용하는지에 대해 면밀히 조사해야 하는지 의문이다. 예를 들어, 나는 종종 사람들이 점심이나 회의를 위해 "머리 수(headcount)"를 센다고 말하는 것을 듣는데, 아무도 이 소름 끼치는 얘기에 대해 반대하지 않는다. 업계에서 "목표 시장에 노출시켜 주기"는 마케팅 업계에 종사하지 않는 사람들에게는 비인격적으로 들릴지 모르지만, 적절히 해석될 경우 이 문구는 마케팅 개념에 부합하고 소비자들의 최상의 이익이 되는 전략을 반영한다. 회사는 자사의 상품으로부터 가장 큰 혜택을 보게 될 특정 그룹을 찾아냄으로써(즉 목표 시장 선정), 그리고 상품 및 관련 요소들을 이들의 독특한 필요에 맞춤으로써 소비자들의 필요를 충족시키고 상생하는 결과를 만들어 낼 가능성을 크게 향상시킨다.

그러므로, 잘 쓰여지고 적절한 대상을 겨냥한 광고는 종종 자신이 필요로 하는 정보를 받아서 그렇지 않았더라면 알지 못했을 상품을 구입하고 이의 혜택을 본 데 대해 고맙게 생각하는 소비자들로부터 따뜻한 환영을 받는다. 이것이 바로 진정한 마케팅 개념을 제대로 표현하는 것이다. 나는 개인적으로 작년에 TV 광고를 보지 않았더라면 구입을 고려하지 않았을 자동차 광고를 보게 된 데 대해 고맙게 생각한다. 나는 그 차를 구입했는데, 지금까지 만족하고 있다. 나는 조종당했다고 생각하지 않으며 내 돈을 돌려받고 싶지도 않다. 나는 그 차량의 광고주가 이 광고로부터 혜택을 보았다고 생각한다. 나도 혜택을 보았다. 나는 많은 소비자들이 광고에 대해 그러한 긍정적인 경험이 있을 것이라고 생각한다.

마지막으로, 킬본 박사는 광고가 몇 가지 사회 악에 대해 책임이 있다고 했다. 앞에서 논의한 바와 같이, 먼저 특정 유형의 해로운 광고들(특히 의문의 여지가 있는 전술을 채택하는 광고들이나 해로운 상품들을 장려하는 광고들)과 나머지 광고들을 주의해서 구분해야 한다. 또한, 어떤 리서치에서도, 인과 관계를 돌리는 것에 주의해야 한다. 확실히 식사의 불균형은 우리 모두 없애고 싶어 하는 사회적 문제 중 하나일 것이다. 그러나 비정상적으로 마른 모델들을 보여주는 광고들이 실제로 식사의 불균형을 야기하는가? 나는 본능적으로 어떤 광고들은 확실히 이 상황에 도움이 되지 않는다는 것을 안다. 그러나 미국인들의 고열량 식품 선호, 규칙적인 운동 기피 및 외모에 대한 집착 등과 같이 영향력이 있는 다른 요소들을 간과해서는 안 된다. 비록 나는 그렇게 하고 싶지 않지만, 이 인과 관계를 뒤집어 날씬함에 대한 미국인들의 집착이 소비자들의 필요와 기대를 충족시키려는 광고주들에게 마른 모델들을 써서 그들의 상품을 선전하게 한다고 하는, 보다 극단적인 주장을 펼 수도 있을 것이다.

이 논리를 계속해서, 많은 사람들이 광고가 사회의 가치들을 만드는 것이 아니라 광고는 사회의 가치에 대한 거울에 보다 더 가깝다고 주장해 왔다(예컨대, Lantos, 1987; Pollay, 1986). 또한 왜 광고주들이 공모해서 마른 소비자들의 사회를 만들려고 하겠는가라는 질문을 하는 것이 공정할 것이다. 보다 크고 뚱뚱한 소비자들은 더 많은 상품 또는 큰 상품들을 원할 테니 광고주들은 반대의 규범을 만들어 내려 할 것이라고 생각할 수 있다. 다시 한 번 말하지만, 나는 광고주들에게 식사의 불균형이나 킬본 박사가 말한 다른 사회적 문제들과 관련된 책임이 전혀 없다고는 말하지 않겠다. 그러나 광고가 이 문제들의 주요 원인이라고 부정확하고 성급하게 결론을 내리면, 보다 큰 영향이 있을 수도 있는 다른 요인들에 대한 연구를 단념시키게 될 수도 있다. 광고 산업에는 다른 많은 분야들과 마찬가지로 개혁을 요구하는 일부 관행들이 있다. 그러나 내 생각으로는, 전체적으로 보았을 때 광고는 광고를 하는 조직들과 책임 있게 광고되는 상품, 서비스 및 아이디어들로부터 유익을 얻는 소비자들 모두에게 유용한 목적을 수행한다는 데에 의문의 여지가 없다. 대가를 지불하는 대량 커뮤니케이션인 광고 그 자체에 잘못은 없다. 그러나 객관성과 균형을 잃고 사업 전체와 한 무리의 사람들을 모조리 부정적으로 묘사하는 것은 잘못이다. 그처럼 일방적인 접근은 의미 있는 대화에 장벽을 만들고 제안된 개혁을 실현시킬 힘이 있는 광고업계 종사자들을 소원(疏遠)해지게 할 수도 있다. 나는 일부 광고 관행들이 바뀌기를 바란다. 나는 또한 광고에 대해 균형 잡힌 관점이 퍼져서 내가 지도하는 학생들과 다른 올곧은 사람들이 이 분야를 떠나는 것이 아니라, 이 분야에 들어오고, 그렇게 함으로써 필요한 곳에 구체적인 개혁을 가져오기를 소망한다.

토론문제

1. 당신은 하겐부흐가 광고에 대한 킬본의 견해를 효과적으로 비판한다고 생각하는가? 왜 그렇게 생각하는가?
2. 당신은 "광고는 광고를 하는 조직들과 이로 인해 유익을 얻는 소비자들 모두에게 유익한 목적을 수행한다"는 하겐부흐의 말에 동의하는가? 당신의 답변에 대해 설명하라.

크리스천의 소명으로서의 마케팅

데이비드 J. 하겐부흐(David J. Hagenbuch)
Christian Scholar's Review, Vol. 48(2002년 가을), 83-96쪽.

이 논문에 "크리스천의 소명으로서의 마케팅"이라는 제목을 달다가 나는 다른 많은 분야에서는 이 단어의 선택에 논란이 훨씬 적을 것이라는 생각에 충격을 받았다. 예를 들어, "크리스천의 소명으로서의 사회사업" 또는 "크리스천의 소명으로서의 간호"라는 제목이 붙은 글에 대해 사람들이 회의적으로 생각하겠는가? 이 질문은 이 분야들이 재미가 없다거나 크리스천의 섬김에 부적합하다고 제안하려는 것이 아니다. 실은, 이 질문이 시사하는 바는 정확히 그 반대이다. 대체로, 사람들은 이 분야 및 다른 많은 분야들을 사람들이 하나님에게 영광을 돌릴 수 있는 일을 할 수 있는 분야로 받아들이는 것 같다. 그러나 마케팅에 대해서는 좀처럼 긍정적으로 생각하지 않는다.

실제로 마케팅과 크리스천의 소명을 연관시키는 것은 역설과 신성 모독의 중간쯤에 해당하며, "크리스천의 소명으로서의 자금 세탁" 또는 "예수님을 위한 소프트웨어 해적"에 유사하다고 생각하는 사람들도 있다. 예를 들어, 내 동료 교수 중 한 명이 내게 이렇게 농담한 적이 있다. "자네의 수업이 마케팅 원칙 과정이라고? 그거 모순 어법 아닌가?" 또한, 내가 몇 년 전에 들었던 설교에서 설교자는 "광고는 거짓말이다"고 말했다. 어느 마케팅 교과서의 서문에서조차, 한 사례 연구에서는 자동차 세일즈맨들은 "가장 믿을 수 없는 사람들"이라고 간단하게 언급한다. 이러한 논평들을 개별적으로 보면 크게 문제되지 않지만 마케팅에 대한 부정적인 인식을 드러내는 많은 연구들과 함께 보면,[1] 그 총체적 함의는 고등 교육을 받고 있는 크리스천들에게 우려를 자아낼 수밖에 없다. 많은 크리스천 대학생들이 마케팅을 전공하고 있지만, 학생들은 종종 마케팅은 하나님을 섬기는 일로서는 받아들일 수 없는 분야라는 상충되는 메시지를 받고 있는 듯하다.

우리가 살고 있는 세상은 마케팅의 신학적 기초에 충실하고 기독교 신앙의 중심 교의와 일치하는 방식으로 마케팅을 수행하는 사람들을 절실히 필요로 한다는 점에서 이러한 오해는 비극이라 할 수 있다. 이 논문의 주요 목적은 기독교와 마케팅이 근본적으로 양립할 수 있음을 밝혀서, 마케팅이 크리스천의 소명의 한 부분으로 적합함을 지지하는 것이다. 마케팅과 관련된 윤리적 문제들에 대한 피상적인 크리스천들의 반응을 다룬 다른 연구들과는 달리, 이 논문은 화해와 교환이라는 밀접하게 관련된 두 개념들을 상세히 설명함으로써 마케팅과 기독교의 두 개의 신념 체계의 핵심을 보다 깊이 탐구한다. 그 과정에서, 이 논문은 크리스천의 소명과 마케팅 사이의 중요한 연결관계를 아래와 같이 발전시킨다. 크리스천의 소명의 주 목적은 화해다. 교환은 마케팅이 향하는 근저의 사회적 행동이다. 따라서 적절한 마케팅 수행은 상호 유익한 교환을 촉진하는 바, 이는 화해를 강화하며, 이를 통해 크리스천의 소명을 지지한다. 또한, 이 논문은 크리스천들이 마케팅 실무 관행을 마케팅의 규범적 이론 및 적절한 사회적 기대와 화해시키도록 도와줄 수 있는 실제적인 방법들을 제안한다. 이 의제에 비추어 볼 때, 이 논문의 핵심 용어들인 소명, 화해, 마케팅, 그리고 교환에 대한 논의부터 시작하는 것이 중요하다. 이제 처음의 두 개념들인 소명과 화해를 다루고, 이들이 어떻게 밀접히 관련되어 있는지를 뒷받침할 것이다.

화해: 소명의 주된 목적

소명에 대한 저술들이 많이 나와 있는 바, 이 문헌들의 넓이와 깊이를 검토하는 것이 내 의도는 아니지만, 나는 이 개념에 대한 나 자신의 이해를 제시할 필요가 있다고 생각한다. 다른 많은 사람들과 마찬가지로, 나는 소명을 사람의 모든 사람을 향한 하나님의 부름으로 본다. 소명(vocation)은 라틴어 vocare(부르다)에서 나왔으며, 성경적 관점에서는 부르는 이가 하나님이다.[2] 성(聖)과 속(俗) 사이에 구분이 없기 때문에, 이 부름은 삶의 모든 측면에 적용된다는 것을 주목할 필요가 있다.[3] 예컨대, 어느 개인의 소명에는 부모, 배우자, 자녀, 집사, 스카우트 리더, 소프트볼 선수, 그리고 합창단원 등이 포함될 수 있다. 따라서, 소명은 독특하고, 개인적인 부름이며, 종종 쉽게 발견되지 않으며, 특별한 재능을 요구하고, 진정한 즐김을 제공하고, 뭔가 가치 있는 것을 달성한다.[4]

물론, 직업은 소명의 일부이다. 나는 소명을 이해함에 있어서 거의 모든 직업이 크리스천의 소명의 일부일 수 있다[5]고 제안하는 루터 신학의 영향을 받았다. 모든 일이 하나님을 섬길 수 있는 잠재력을 지니고 있다.[6] 이 논문의 주제가 "크리스천의 소명으로서의 마케팅"이기 때문에, 이 논문은 소명의 직업적 요소에 중점을 둔다.

그러나 마케팅이 오로지 직업으로서만 수행되는 것은 아니라는 점을 인식할 필요가 있다. 마케팅은 다른 소명의 일부일 수도 있다. 소명에 대한 위의 설명에 비추어 볼 때, 모든 사람의 소명이 다르다는 결론을 내릴 수 있다. 하나님의 부름은 언제나 독특하다. 그럼에도 불구하고, 어떤 의미에서는 모든 크리스천의 소명들은 공통의 목적에 의해 합쳐진다. 많은 사람들이 소명을 단합시켜주는 목표를 하나님 사랑과 자신의 이웃 사랑이라고 본다.[7] 나는 예수의 지상 명령에 건전하게 기초를 둔 이 주장에 전적으로 동의한다.[8] 자기의 구체적인 소명이 무엇이든, 모든 크리스천은 하나님을 사랑하고 다른 사람들을 사랑하도록 부름 받았다. 그러나 나는 또한 이 사랑의 바람직한 결과는 화해라는 하나의 개념에 적절히 요약될 수 있다고 제안한다. 내게 있어 소명의 중심 목적은 화해다. 성경 자체뿐 아니라 여러 크리스천 학자들의 저술들은 크리스천의 소명은 근본적으로 화해를 위한 삶에 관한 것이라는 이 믿음을 지지한다.

대부분의 크리스천들은 화해가 복음의 가장 근본적인 요소는 아닐지라도, 매우 중요한 요소라는 데 동의할 것이다.[9] 그러나 화해가 소명에 매우 중요한 이유는 무엇인가? 다양한 학자들의 저술은 화해와 소명의 중요한 연결 관계를 밝히는 데 도움이 된다. 헨리 바네트(Henlee Barnette)는 모든 크리스천들은 그리스도를 통해 화해되었기 때문에, 화해의 대리인이 되도록 부름 받았다고 주장한다. 그녀는 이렇게 덧붙인다. "하나님은 거룩한 부름과 분명한 목적으로 크리스천을 부른다(로마서 8:28; 9–11장; 에베소서 1:11; 디모데후서 1:9). 인류를 향한 그의 목표는 구속과 화해다."[10] 더글라스 슈어먼(Douglass Schuurman)은 "하나님의 부름의 목적은 하나님의 사람들이 하나님을 예배하게 하고 세상을 향한 하나님의 창의적이고 구속적인 목적에 참여시키는 것이다"[11]는 입장을 유지함으로써, 소명에 있어서 화해의 중요성을 지지한다. 게리 배드콕(Garry Badcock)은 "크리스천의 부름은 회개, 신앙, 그리고 순종을 통해 인간의 삶이 다시 하나님을 향하게 하는 것을 일컫는다"라고 제안한다.[12] 또한 로버트 쿠시먼(Robert Cushman)은 화해는 사적인 구속에만 한정되는 것이 아니라, 사회 구조의 회복을 포함한다고 덧붙이며, 크리스천의 소명은 "모든 피조물의 화해에 있어서 살아 계신 그리스도와 적극적으로 관련을 맺는 것"으로 보아야 한다고 주장한다.[13]

그러나 소명과 화해의 불가분성(不可分性)에 대한 가장 강력한 지지는 성경에서 나온다. 고린도후서 5장 18–19절에서 제안하는 바와 같이, 그리스도를 통해 화해된 사람들은 화해를 실천하라고 부름 받았다. "이 모든 것이 그리스도를 통해 우리를 자신에게 화해시키고 우리에게 화해의 사역을 맡긴 하나님에게서 왔다. 하나님은 자신에 대한 인간의 죄를 개의치 않고 그리스도 안에서 세상을 자신과 화해시켰다. 그리고 그는 우리에게 화해의 메시지를 맡겼다." 마찬가지로, 골로새서 1장 18-20절은 그리스도를 교회의 머리이자 그를 통해 만물이 하나님과 화해되는 존재라고 말한다. 그러므로 그리스도의 몸의 구성원들인 크리스천들이 이 화해를 지원하는 역할을 하도록 부름 받았다고 결론짓는 것이 합리적이다.

위의 논의는 내가 이해하고 있는 화해에 대해 밝히기 위해 시작했지만, 이 복잡한 구조를 좀 더 안전하게 정의하는 것이 적절하다. 내가 이 논문에서 사용하는 용어들은 주로 아래와 같은 3개의 관련된 그리스어 동사의 뜻에서 나온다.[14] diallasso: 변화시키다. 어떤 사람과의 우정을 새롭게 하다.[15] kattalasso: 변화시키다. 동등한 가치를 받고 교환하다. 사이가 나쁜 사람들에게 호의를 돌려주다. 차이를 조정하다.[16] 그리고, apokatallasso: 이전의 조화 상태로 돌려놓다.[17]

여러 크리스천 학자들의 저술들이 이 성경 용어들을 좀 더 자세히 살펴보는 데 도움이 된다. 예를 들어, 이전의 조화 상태로 돌려놓는다는 아이디어와 궤를 같이 해서, 배드콕은 이렇게 제안한다. "성경에서 화해라는 용어는 우리가 더 이상 낯선 사람이나 [하나님의] 적이 아니라, 자녀 그리고 친구라는 것을 의미한다."[18] 변화 또는 교환의 관점에서는, 크리스토퍼 슈뵈벨(Cristoph Schwöbel)이 화해는 진노 및 적대심을 사랑 및 평화와 교환하는 것과 관련이 있다고 제안한다.[19] 그리고 화해는 먼저, 그리고 무엇보다도 각자와 하나님 사이에 일어나야 하지만,[20] 신과의 이 화해는 서로 간에 화해하는 개인들과 밀접하게 연결되어 있다.[21]

바네트는 위의 지적을 확인하며 이렇게 덧붙인다. "그러나 화해 사역은 사람을 하나님에게 데려오는 데 제한되지 않으며, 사람과 사람의 화해로 확대된다. 더구나 모든 경제적, 사회적, 그리고 정치적 이념들이 그리스도를 위해 사로잡혀야 한다."[22] 그러므로, 화해는 근본적으로 강력한 관계의 회복, 세움 및 유지에 관한 것이며,[23] 그림 1에서의 모델이 보여주는 바와 같이, 가장 넓은 의미로 이해되는 크리스천의 소명은 자신과 하나님, 자신과 다른 사람들, 다른 사람들과 하나님, 그리고 다른 사람들과 다른 사람들 사이의 화해를 지원한다.

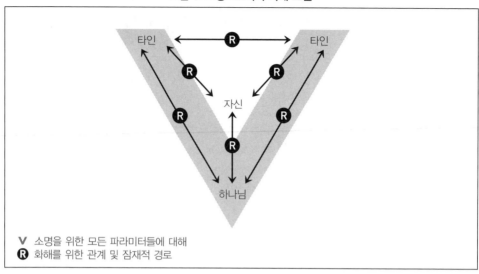

그림 1: 소명으로서의 화해 모델

나는 이 논문의 주요 요소들 중 소명과 화해에 대해 내가 이해하고 있는 바를 밝혔다. 그러나 여전히 주된 질문들이 남아 있다. 마케팅이 어떻게 크리스천의 소명으로 간주될 수 있는가? 나아가, 소명을 화해의 관점에서 정의함으로써, 나는 마케팅이 크리스천의 소명으로 간주되려면 마케팅이 화해를 지원해야 한다고 제안한다. 그러므로 한 가지 중요한 전환적 질문은 이것이다. 마케팅이 화해를 어떻게 지원하는가? 이 질문들을 다루기 위해서는, 이 논문의 세 번째이자 아마도 가장 논쟁의 대상이 되는 요소일 마케팅과 마케팅이 촉진하고자 하는 사회적 행동인 교환에 대해 설명할 필요가 있다.

교환: 마케팅의 초점

미국 마케팅 협회는 마케팅을 "고객을 위해 가치를 창출, 소통, 전달하고 조직 및 그 이해관계자들에게 이익이 되도록 고객 관계를 관리하기 위한 조직의 기능 및 일련의 프로세스"라고 설명한다.[24] 간단하지만 종합적인 마케팅에 대한 이 정의로부터, 나는 이 분야의 많은 사람들이 마케팅의 핵심적인 초점이라고 파악한 묵시적 개념인 교환을 이끌어 내고자 한다.[25] 셀비 헌트(Shelby Hunt)는 다음과 같이 말하면서 교환이 마케팅의 중심에 있다는 사실을 확인한다. "마케팅의 기본 주제는 교환 관계 또는 거래이다…. 마케팅 과학은 교환 관계를 설명하고자 하는 행동 과학이다."[26] 그림 2는 마케팅과 교환의 관계를 시각적으로 보여준다.

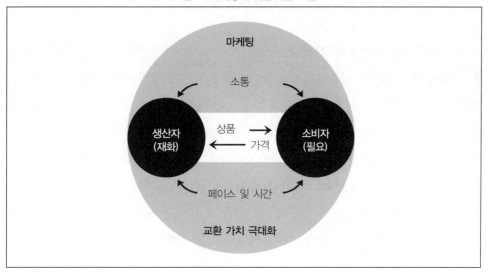

마케팅은 구매자와 판매자가 동등하게 혜택을 보는 교환을 장려하려 한다. 한 쪽이 이익을 얻으려면 다른 쪽이 손해를 봐야 하는 제로섬 게임에서와는 달리, 교환을 통해 양 당사자들이 자신의 상황을 개선시킨다.[27] 서로에게 이익이 되는 이러한 교환은 먼저 판매자가 구매자의 필요를 파악 및 포용해서[28] 이 철학을 사용하여 무엇이 교환되는지, 언제 그리고 어디에서 교환이 일어나는지, 그리고 구매자와 판매자가 교환과 관련된 정보를 어떻게 공유하는지에 관련된 선택을 지도함으로써 시작된다. 그 과정에서, 마케팅은 교환의 가치, 즉 부담한 비용 대비 받은 효용을 극대화하고자 한다.[29] 그러므로, 마케팅의 중심 목적은 가치 있는, 즉 상호 유익한 교환을 촉진하는 것이다.

그렇다면 마케팅의 중심적인 초점인 교환이 화해를 어떻게 지원하는가가 논리적으로 다음으로 물어봐야 할 질문이다. 교환은 둘 이상의 당사자들이 각자 무언가 가치 있는 것을 주고받는 것과 관련이 있는 기본적인 인간의 행동이다. 거래 당사자들은 모두 거래의 결과 형편이 나아지리라고 기대하기 때문에 자발적으로 거래에 참여한다.[30]

하나님은 교환을 창조 질서의 일부로 삼았다.[31] 타락 이전에도, 아담과 이브는 과일을 얻기 위해 에덴 동산을 돌보는 일을 했다. 하나님은 또한 사람들에게 다른 재능과 능력을 주어서, 개인 및 그룹들이 생산적인 삶을 살기 위해서는 서로 교환해야 할 필요가 있게 했다. 예를 들어, 열왕기 5장은 유다 왕 솔로몬과 두로 왕 히람이 예루살렘에 성전을 짓기 위해 어떻게 협력해서 그들 국가의 자원을 교환했는지 설명한다. 마찬가지로,

다양한 보완 기능을 수행하는 많은 지체들을 지닌 그리스도의 몸(교회를 의미함. 역자 주)도 교환하도록 고안된 실체인 듯하다.[32]

교환의 필요가 개인들과 그룹들을 긍정적인 관계 안으로 들어오게 하는 수단 역할을 하는 것과 마찬가지로, 서로에게 유익한 지속적인 교환은 강력한 대인 관계 유지와 관련이 있는 듯하다. 당사자들이 소원해지거나 화해되지 않았을 때에는 교환을 꺼리는 경향이 있다. 배우자는 사이가 나빠지면, 종종 대화와 애정을 교환하지 않게 된다. 국가들이 소원해지면, 첫 번째 반응들 중 하나는 무역 및 외교적 대화를 단절하는 것이다. 구매자와 판매자 사이에 분쟁이 생기면, 좀처럼 상품들을 팔거나 사지 않는다. "대결은 품위를 떨어뜨리고, 파괴하며, 가치를 감소시킨다. 화해는 당사자 모두에게 성장, 존엄, 그리고 상호 이익을 가져온다."[33] 화해된 국가들 간에는 상호 이익이 되는 교환이 자유롭게 이루어지는 경향이 있다.

최소한 교환 현상은 화해 개념과 일치하는 듯하다. 또한 위의 예들에 기초할 때, 교환은 화해의 핵심 요소이며, 화해는 교환을 촉진하는 것 같다. 더구나 앞에서 말한 바와 같이 그리스어 신약 성경(신약 성경의 원문은 그리스어로 쓰여졌음. 역자 주)에서 화해의 의미는 상대적으로 바람직하지 않은 것을 바람직한 것과 바꿔서 바람직한 상태를 확립하고 모든 참여자들에게 가치를 달성하는 것과 관련이 있음을 고려할 때, 화해는 교환이라고까지 말할 수 있을 것이다. 그러므로 마케팅은 상호 이익이 되는 교환을 촉진함으로써, 화해에 도움이 되지는 않는다 할지라도 이에 부합하는 행동을 지원한다. 소명의 중심 목적이 화해라고 가정할 때, 마케팅의 핵심은 크리스천의 소명 역할을 하기에 아주 적합한 것 같다. 위의 논의는 마케팅이 이상적으로 어떠해야 하는가를 묘사한다는 것을 주목해야 한다. 이 논문의 다음 섹션은 이 규범적 묘사를 실제 마케팅 관행(좋은 관행 및 나쁜 관행 모두)과 비교한다.

마케팅의 오해 풀기

마케팅과 크리스천의 사명이 본질적으로 일치한다면, 이 논문의 도입부에서 제시한 바와 같이, 왜 아직도 그렇게 많은 사람들이 마케팅이 화해가 아니라 소원함을 강화한다고 믿는가? 불행하게도, 마케팅에 대한 그러한 태도는 전혀 근거가 없는 것이 아니다. 그러나 비난 받아야 할 대상은 마케팅의 근본적인 교의가 아니라, 일부의 사람들과 조직들이 마케팅이라는 미명 하에 취하는 행동들이다. 마케터들은 날마다 구매자와 판매자 모두 이익을 보는 다양한 교환을 촉진한다. 예를 들어, 소비자들이 시리얼을 사러 미시건 주의 배틀 크릭(Battle Creek)에 갈 필요가 없고, 교회 회중들이 자기교회의 예배 예술 전시 주간이 다가온다는 것을 알고 있고, 빵 가격이 5달러가 아니라 2.5달러이며, 사람들이 시력이 나빠도 잘 볼 수 있는 것은 주로 마케팅 덕분이다.

그러나 유감스럽게도 일부 판매자들은 마케팅으로 위장하여 일방적으로 자신들에게 이익이 되는 교환을 촉진한다. 이런 유형의 교환은 화해보다는 불화를 조장한다는 결론을 내리는 것이 합리적이다. 그러나 앞에서 설명한 바와 같이 이러한 범주의 행동들은 마케팅의 핵심 목적을 정확하게 반영하지 않는다는 점을 주목할 필요가 있다.

마케팅의 외관상의 불일치를 다루기 위해서는, 부적절한 마케팅 관행과 마케팅의 적절한 개념화를 구분하는 것이 도움이 된다. 이는 적극적인 마케팅 이론(실제로 관찰된 마케팅 행태)을 마케팅에 대한 규범적 지식(마케팅 전략이 어떠해야 하는가)을 구분하는 셀비 헌트의 연구와도 일치한다. 헌트는 두 가지 유형의 규범적 지식을 보다 더 자세히 설명한다. 이성적 규범은 마케팅의 근본 교의에 기초를 두며, 윤리적 규범은 도덕 원칙에서 나온다.[34] 아래의 섹션은 마케팅에 대한 세 가지의 보편적 오해의 적극적 및 규범적 측면을 위의 틀에 비추어 분석함으로써 마케팅은 화해를 지원하며, 따라서 크리스천의 소명이 될 수 있다는 주장을 강화하고자 한다.

첫 번째 오해: 마케팅 이론은 사람들이 필요로 하지 않는 물건들을 팔도록 조장한다

마케팅 이론에 대한 가장 보편적인 비난 중 하나는 마케팅이 사람들이 필요로 하지 않는 상품들을 팔도록 지원한다는 것이다. 물론 무엇이 필요를 구성하는가라는 문제가 이 이슈의 근저에 도사리고 있다. 가장 엄격한 의미에서는 사람들이 생존에 필요한 것들은 아주 적다. 공기, 물, 음식, 의복과 주거만 있으면 된다. 그러나 요점은 마케팅이 "필요"에 대한 너무 좁은 정의에 의해 제약받지 않는다고 주장하려는 것이 아니다. 사람들은 생존의 기본 요소들을 넘어서는 물건들을 필요로 한다는 데 동의할 수 있을 것이다. 예를 들어, 이동을 위해 자동차를 필요로 할 수도 있고, 소통을 위해 전화기가 필요할 수도 있지만, 어떤 물건들은 합리적 소비의 범위를 넘어서는 것으로 보일 수도 있을 것이다. 예컨대, 최근의 카탈로그에서 장난감 소매업자 F.A.Q. 슈와츠(F.A.Q. Schwartz)는

15,000달러짜리 래크 앤 피니언 식 스티어링(rack-and-pinion steering) 아동용 메르세데스 장난감 차와 밖으로 내민 창이 달린 3만 달러짜리 장난감 집을 선보였다.

대부분의 사람들은 이 물건들에 대해 듣게 되면 그런 물건들에는 합당한 필요가 없다는 결론을 내린다. 나도 이 판단에 대체로 동의하며, 궁극적으로 그러한 교환은 화해가 아니라 소원함을 강화한다고 덧붙이고 싶다. 많은 아이들이 3만 달러짜리 장난감 집을 가지게 되면 스릴을 느끼겠지만, 부모들은 아이들과 많은 시간을 보내지 못하기 때문에 그런 극단적인 선물을 사 주는 거라고 합리화하고, 시샘하는 친구들은 자기의 수수한 장난감에 환멸을 느끼게 되며, 이런 장난감 집을 받게 되는 아이들은 돈과 소유에 대한 왜곡된 관점을 가지게 되어 불화가 발생할 가능성이 있다.

그러나 나는 합리적인 규범적 마케팅 지식 또한 이러한 상품들의 판매를 거절할 것이라고 주장하겠다. 이러한 교환이 처음에는 서로에게 유익하다고 생각될 수도 있겠지만, 실상은 그렇지 않다. 위에 묘사된 문제들 및 이와 유사한 결과들(예컨대, 아이들이 몇 주 뒤에는 이 장난감 집에 흥미를 잃기 시작한다)은 이 장난감을 사는 가정은 결코 3만 달러의 유익을 실현하지 못할 것임을 시사한다. 이 교환이 진정으로 서로에게 유익한 것이 아니라는 개념은, 설사 실제 마케팅 관행이 때로는 이와 달리 제안할 지라도 마케터가 그런 거래를 촉진하지 않도록 설득할 충분한 이유가 되어야 한다. 마케팅의 핵심 교의에 일치하는 방식으로 마케팅이 수행될 때에는, 마케팅은 절대로 소비자들이 필요로 하지 않는 물건을 팔려고 하지 않고, 판매자와 구매자에게 진정한 가치를 가져다주는 교환을 지원하려 한다. 그렇기 때문에 마케팅은 거의 무한한 수의 가치 있는 교환을 촉진하며, 고용, 오락, 음식, 우정, 교육, 존중 등 다양한 필요를 충족시키도록 도움을 줄 수 있다. 앞에서 언급한 바와 같이, 이러한 교환들은 그 자체로 화해에 일익을 담당한다. 또한 사람들은 낮은 수준의 필요가 충족되면, 더 높은 수준의 필요를 추구할 수 있게 되는 바, 이는 다른 형태의 화해라고 할 수도 있을 것이다.[35]

두 번째 오해: 마케팅 이론은 사람들에게 물건을 사도록 하기 위한 속임수를 지지한다

마케팅 이론에 대한 두 번째로 보편적인 비판은 마케팅이 속임수를 사용해서 사람들에게 상품을 사도록 설득한다는 것이다. 이 비판은 아마도 대량 소통을 위한 마케팅의 주요 형태인 광고를 겨냥했을 것이다. 먼저, 광고는 옹호이며, 광고주들은 자사의 상품들을 좋은 쪽으로 제시할 수 있는 권리가 있음을 이해할 필요가 있다.[36] 그러나 소비자들이 SUV가 비현실적으로 가파르고 위험한 산을 올라 갈 수 있다고 시사하는 TV 광고나, 사실은 광고된 치과 제품을 사용한 덕분이 아니라 사진 조작 때문에 치아가 하얗게 빛나는 모델을 보여주는 잡지 광고에 대해 비판하는 것은 정당하다. 유감스럽게도 일부의 마케팅에 속임수가 사용되고 있는 바, 이러한 관행은 확실히 화해에 도움이 되지 않는다. 오히려, 기만적인 마케팅 커뮤니케이션은 그러한 속임수가 발각될 경우 구매자들을 화나게 해서[37] 구매자들이 교환 관계를 끝내게 할 것이다. 불행하게도, 그러한 기만은 다른 관계들도 소원해지게 할 수 있다. 예를 들어, 가족 구성원들은 "그러한 구매에 대해 돈 낭비"라고 분하게 생각할 수 있으며, 마케터 일반에 대한 소비자들의 불신이 커질 수도 있다.

그러나 기만적인 커뮤니케이션 관행은 긍정적인 마케팅 실무의 대다수를 차지하지 못하며 규범적 마케팅 지식도 아닌 바, 그 이유는 앞의 섹션에서 요약한 바와 유사하다. 앞에서 추론한 바와 같이, 속았다는 것을 깨달은 소비자들은 문제의 교환에 대해 만족할 가능성이 낮으며, 가능하면 다시는 그 판매자와 관계를 맺지 않으려 할 것이고, 때로는 판매자들 전체와 관련을 맺지 않으려 할 것이다. 그러므로 기만적인 커뮤니케이션은 서로에게 유익한 교환을 촉진하고 긍정적인 장기적 관계를 형성한다는 마케팅의 목표에 반한다.

이와 대조적으로 마케팅 커뮤니케이션이 올곧게 수행될 때에는, (종종 그런 경우가 있다.) 구매자 및 판매자가 이익을 보며, 화해가 지원된다. 예를 들어, 아침 식사 시리얼 할인 판매, 신간 서적 출시, 그리고 한 부모 지원 그룹 회의 등에 관한 광고와 같이 소비자들에게 잠재적인 교환을 현실적이고 정확하게 알려 주는 수 만 건의 광고들이 있다.

그러므로 정직한 마케팅 커뮤니케이션은 다양한 당사자들 사이에 긍정적인 관계, 또는 바람직한 상태를 직간접적으로 지원한다. 그러한 마케팅은 교환 및 화해를 촉진한다.

세 번째 오해: 마케팅 이론은 특정 상품이 모든 사람에게 팔려야 한다고 제안한다

마케팅 이론에 대한 세 번째이자 마지막 오해는 마케팅 이론이 판매자들에게 모든 소비자들이 자사 제품을 수용하도록 설득하라고 권장한다는 것이다. 사실, 판매자들은 더 많은 구매자들을 이롭게 함으로써 자신의 보상을 늘릴 수 있고, 회사들은 흔히 성장 압력을 받고 있는 바, 이는 그들의 시장을 늘리고 더 많은 고객들에게 다가감을 의미할 수도 있다. 불행하게도, 판매자들이 그들의 상품을 합리적인 소비자 집단 밖으로까지 밀어내려 하는 경우들도 있다. 예를 들어, 아파트에 세들어 사는 부부가 창틀을 교체하라는 광고 메일을 받는다든지, 중년 독신 남성이 십대 여자 아이 옷 가게의 할인 행사를 알리는 우편 카드를 받는 것과 같이 많은 사람들이 완전히 잘못 행해진 광고 메일을 받고 있는 듯하다.

이런 예들은 그래도 약과라 할 수 있지만, 아무튼 이런 예들이 화해를 지원한다고 주장하기는 어려울 것이고, 보다 무례한 판촉물들은 실제로 거리가 멀어지게 할 수도 있다. 예를 들어 전국 전화 금지 (Do-Not-Call) 리스트들은 수요자들의 필요와 무관한 상품들의 전화 마케팅에 대한 소비자들의 경멸을 반영하는 것 같다. 불행하게도, 이런 유형의 예들이 어느 정도는 실제 마케팅 행동을 대변한다. 그러나 그러한 행동은 광고의 규범적 지식이나 광고 전략이 어떠해야 하는지를 대변하지는 않는다.

마케팅에서는 잠재 소비자들의 수는 소비자들의 질에 비해 2차적이어야 한다. 질이 양을 대체해야 되는 이유는 모든 구매자들이 동일한 물건들을 원하거나 필요로 하는 것은 아니며, 마케팅은 유익한 교환 창출, 즉 사람들의 필요 충족에 입각해야 하기 때문이다. 대체로, 소비자의 수요는 다양하고 이질적인 경향이 있는 바,[38] 따라서 마케터는 전체 시장을 유사한 필요를 가진[39] 보다 소규모의 동질적인 구매자들 그룹으로 세분해야 한다.[40] 또한, 마케팅 이론은 사람들 및 관계들, 그리고 마케터들에게 교환에 있어서 주의와 동정을 나타내도록 격려하는 마케팅의 초점을 가치 있게 여기기 때문에 소비자들의 질이 중요하다.[41]

이러한 시장 세분화와 타깃 마케팅 전략은 구매자 및 판매자 모두에게 이익을 준다. 첫째, 보다 소규모의 동질적 소비자 그룹을 겨냥함으로써, 조직들은 이 소비자들의 선호를 보다 정확하고 효과적으로 만족시킬 수 있다.[42] 물론, 그러한 필요의 충족은 소비자들에게 매력이 있다. 둘째, 조직들은 자신의 한정된 자원을 보다 효율적으로 사용할 수 있게 됨으로써 이익을 보는 바, 이로써 그들의 수익성이 향상된다.[43] 판매자들이 모든 잠재적 구매자들에게 팔려고 시도하는 것은 비합리적이며, 회사들이 다양한 소비자의 수요를 수렴시키려고 하는 것은 실제적이지 않다.[44]

시장 세분화 및 타깃 마케팅이 채택될 경우, 화해가 지원된다. 소비자들은 자신이 관심이 있는 항목들에 대한 판촉 메시지를 받기 때문에 마케터들에게 불만을 가지지 않게 되는 경향이 있다. 예를 들어, 『Good Housekeeping』지를 읽고 있는 30세의 엄마가 특별한 어린이 안전 특징을 지니고 있는 차량 광고를 보게 되거나, 기독교 라디오를 듣고 있는 십대가 자기가 가장 좋아하는 가수의 새 음반 CD 출시를 알리는 광고를 들을 수 있다. 그런 경우에는, 마케팅은 직접적으로 구매자와 판매자 사이의 긍정적인 관계를 배양한다. 더구나, 마케팅이 소비자들의 기본적인 필요의 일부를 충족하도록 도움을 주는 한, 마케팅은 또한 사람들에게 다른 사회적 필요를 포함해서 보다 높은 수준의 필요 충족으로 옮겨가도록 도와준다.[45] 그러한 마케팅은 교환과 화해를 촉진한다.

시사점: 마케팅을 화해시킴에 있어서 크리스천의 역할

지금까지는 마케팅이 크리스천의 소명이라는 주장이 합당함을 설명하고 뒷받침하였으니, 이제 하루하루의 마케팅 실무가 어떻게 이 분야의 규범적 이론 및 마케팅에 대한 적절한 사회적 기대 모두와 조화될 수 있는가라는 실제적인 문제가 남는다. 보다 구체적으로는, 이 글의 초점 및 『Christian Scholar's Review』의 독자층에 비추어 볼 때, 보다 더 적절한 질문은 기독교 신자들이 마케팅 기능의 구속, 또는 갱생에 있어서 담당할 수 있는 역할이 무엇인가가 될 것이다. 물론, 마케팅을 둘러싼 뿌리 깊고 고질적인 긴장을 해소할 수 있는 간단한 처방은 없다. 화해를 향해 나아가려면, 교환이 둘 이상의 당사자와 관련된 사회 현상이라는 점에 비추어 볼 때 마케터 및 소비자들 모두에게 있어서 마케팅에 대한 태도가 변할 필요가 있다. 이를 위해서 아래의 구절들은 세 그룹의 주요 크리스천 이해관계자들이 어떻게 마케팅의 화해를 고취할 수 있는지에 대해 간단히 설명한다.

기독교 고등 교육

변화에 대한 권고를 시작할 가장 명백한 장소는 아마도 비즈니스와 많은 분야의 미래의 리더들이 마케팅에 대해 오래 지속되는 태도를 개발하는 기독교 대학 및 대학교 내부일 것이다. 마케팅을 불필요하게 협소한 판촉 역할로 좌천시키는, 마케팅은 단지 광고와 판매일 뿐이라는 개념을 깨뜨리는 일에 경영학 교수들이 앞장 서야 한다. 대신에, 크리스천 경영학 교육자들은 다른 분야의 학생 및 교수들뿐만 아니라, 자신의 학생들이 마케팅의 진정한 성격, 또는 완전한 범위에 대해, 즉 마케팅은 소비자들의 필요를 가장 잘 충족시키기 위해 상품, 유통, 가격 책정 및 소통과 관련된 의사 결정을 최적화하고, 이를 통해 서로에게 유익한 교환을 만들어 내는 것에 관련이 있음을 배우도록 도와 줘야 한다. 마찬가지로, 경영학 교수들은 캠퍼스 밖의 소비자들이 마케팅 활동이 어떻게 예컨대, 음식, 의복 및 교통과 같이 모든 사람들이 일상적으로 의존하는 상품 및 서비스를 가능하게 하는지 이해하도록 도와 줘야 한다. 물론, 이 교육은 교실에서부터 시작해야 하지만, 대중 강연, 대안적 채플, 세미나, 패널 토론, 공동 연구, 그리고 서비스 프로젝트 등과 같이 다른 분야의 청중들에게 다가가는 다른 통로들로 확대해야 한다.

교회

앞에서 시사된 바와 같이, 교회는 때때로 사업가, 특히 마케팅 종사자들에게 그다지 우호적인 환경이 아니었으며, 이들은 마케팅이 성경의 가르침 및 기독교 가치를 훼손한다고 느끼게 될 수 있었다. 이러한 갈등의 일부는 위에 설명된 마케팅에 대한 좁은 개념으로부터 발생하며, 위에서와 유사한 방식으로 다루어질 수 있다. 이러한 조치 이외에, 목사들과 교회의 다른 지도자들이 자기 회중들 중의 마케터들 및 기타 크리스천 사업가들의 적법하고 유익한 역할을 확인해 주는 것이 중요하다. 예컨대, 욥(가축 거부; 욥기 1:3), 리디아(섬유 상인: 사도행전 16:14), 그리고 예수(목수/상인; 마가복음 6:3) 등과 같은 "성경의 사업가"의 전례를 인정함으로써 보다 넓은 수용을 향한 이러한 움직임이 시작될 수 있다. 성공적인 크리스천 사업가는 또한 많은 사람들이 지니고 있는 영적 은사인 "주는 은사"(고린도후서 8:7)에서 탁월하도록 격려되어야 하는 데, 이는 교회의 사역에 큰 도움이 될 수 있다. 그리고 교회는 마케터들 및 사업가들이 이들의 역량을 사용하여 교회의 사명을 증진할 수 있는 잠재력이 있음을 인식해야 한다. 예를 들어, 교회는 공동체의 필요 연구, 새로운 프로그램 이름 짓기와 독특한 프로그램 촉진에 있어서 이들의 도움을 사용할 수 있다.

비즈니스/마케팅에 종사하는 크리스천

세 번째 이해관계자 그룹은 크리스천 마케터 자신들이다. 이 사람들이 마케팅을 화해시키도록 도와줄 수 있는 주된 방법은 마케팅을 이 논문 전체에서 설명한 규범적 이론에 따라 실행하는 것이다. 서로에게 이익이 되는 교환의 긍정적인 사례 자체가 마케팅에 대해 옹호하는 어떤 말보다 더 많은 것을 말해 줄 것이다. 또한, 화해의 중심에 놓여 있는 한 가지 구체적인 성경적 가이드라인인 황금률, 즉 남에게 대접을 받고자 하는 대로 남을 대접하기, 또는 예수가 말한 바와 같이 "네 이웃을 너 자신과 같이 사랑하라" (마태복음 12:31)를 반복하는 것도 도움이 된다. 이 한 가지 원칙을 따르면, 크리스천 마케터들은 예컨대, 장기적으로 생각하기, 한 사람의 행동에 의해 영향을 받는 모든 당사자들을 고려하기, 그리고 사람을 물건보다 앞에 두기와 같은 다른 중요한 의무들을 효과적으로 이행하게 될 것이다. 궁극적으로 그러한 초점은 이 논문 전체가 추구하는 상호 이익이 되는 교환과 화해를 만들어 낼 것이다.

결론적 사고

나는 화해가 크리스천의 소명의 중심 목적이므로 직업 또는 학문이 크리스천의 소명이 되려면 화해를 지원해야 한다고 주장했다. 또한, 나는 마케팅은 상호 이익이 되는 교환을 촉진함으로써 화해에 일치하며, 화해를 지원함을 밝히고자 했다. 따라서 나는 마케팅이 크리스천의 소명이 될 수 있다는 입장을 취했다.

나는 마케팅이 크리스천의 소명이 될 수 있는지 여부에 관한 논의는 마케팅 분야에서 일하고 있거나 이 분야에서 일하려 하는 크리스천들에게만 중요한 것이 아니라, 모든 사람에게 중요하다고 덧붙이고 싶다. 이처럼 엄청난 주장의 근거는 마케팅이 모든 사람에 관련이 있고 모든 사람에게 영향을 준다는 사실이다. 마케팅이 직업인 사람은 비교적 소수이지만, 사실상 모든 사람들이 뭔가에 대한 마케터들이다. 개인들은 상업적 의미에서의 상품을 팔지는 않지만, 그들은 자신의 서비스와 아이디어를 판다. 또한 모든 사람들은 고객의 입장에서 교환에 참여한다.[46]

더구나 마케팅은 우리가 살고 있는 세상의 사회 및 경제 구조에 커다란 영향을 준다. 많은 사람들이 기업은 세상의 가장 지배적인 기관이라고 믿고 있으며,[47] 상거래의 중심에 위치하고 있는 마케팅은 비즈니스의 본질적인 부분일 수 있다. 마케팅의 힘과 영향은 거대하다. 세계 최대의 회사들은 해마다 2천억 달러가 넘는 매출을 올리고 있으며, 자사의 상품과 서비스를 교환하는 과정에서 수십만 명을 고용하고 있다. 이러한 영향력에 대해 불편해 하는 사람들도 있지만, 보다 계몽된 관점으로 보면 마케팅은 많은 사회적 재난들을 극복하는 데 도움이 될 수 있는 잠재력을 가지고 있다.[48] 크리스천의 소명의 일부로 이해되고 실천될 경우, 마케팅은 하나님으로부터 받은 교환 현상을 올바르게 인도하며, 우리 사회의 화해를 지원할 수 있는 독특한 기회가 될 수 있다. 기독교 고등 교육은 사람들이 마케팅을 신적 소명으로 알고 이에 종사하도록 격려함에 있어서 리더가 되어야 한다.

토론 문제

1. 당신은 마케팅과 크리스천의 소명이 모순이라고 생각하는가? 아니면 마케팅은 크리스천이 직장에서 효과적으로 섬길 수 있는 장소라고 생각하는가? 당신의 답변에 대해 설명하라.

2. 하겐부흐는 화해 개념과 마케팅 및 광고 실행을 어떻게 통합시키는가? 당신의 이에 대한 그의 견해에 동의하는가? 그 이유는 무엇인가?

3. 당신은 하겐부흐가 요약하는 마케팅에 대한 세 가지 오해에 대해 어떻게 생각하는가? 당신은 이들이 오해라는 데 동의하는가? 아니면 이러한 생각에는 하겐부흐가 기꺼이 인정하는 것보다 더 많은 진실이 담겨 있는가?

Notes ────────

1. Kathleen Cholewka, "Survey Says: Some Sales Exes Are Liars," Sales & Marketing Management 153 (2001년 2월): 18쪽; Richard N. Farmer, "Would You want Your Son to Marry a Marketing Lady?" Journal of Marketing 41 (1977년 1월): 15-18쪽; Ian Ryder, "Seven Key Challenges for Today's Communicators," Strategic Communication Management 7(2002년 12월/2003년 1월): 20-23쪽.

2. Gary D. Badcock, The Way of Life(Grand Rapids, MI: Eerdmans Publishing Co., 1998); Shirley J. Roels, "The Christian Calling to Business Life," Theology Today 60(2003년 10월): 357-369쪽; Max L. Stackhouse, Dennis P. McCann, and Shirley J. Roels, Preston N. Williams와 공동으로 편집 저술한 On Moral Business: Classical and Contemporary Resources for Ethics in Economic Life(Grand Rapids, MI: Eerdmans Publishing Co., 1995), 84-866쪽에 나오는 Leland Ryken, "Work as Stewardship."

3. Badcock, The Way of Life; Alexander Hill, Just Business: Christian Ethics for the Marketplace(Downers Grove, IL: InterVarsity Press, 1997); Arthur F. Holmes, The Idea of a Christian College (Grand Rapids, MI: Eerdmans Publishing Co., 1987)

4. Michael Novak, Business as a Calling: Work and the Examined Life(New York: The Free Press, 1996), 34-36쪽.

5. Badcock, The Way of Life.

6. Luther's Works: Volume 3, Lectures on Genesis 15-20장, Jaroslav Pelikan 편 (St. Louis, MO: Concordia Publishing House, 1961); Biblical Principles &Business: The Foundations, Richard C. Chewing 편 (Colorado Springs, CO: NavPress, 1989), 203-222쪽에 나오는 Robert A. Wauzzinski, "The Gospel, Business, and the State"

7. Badcock, The Way of Life; Douglas J. Schuurman, Vocation: Discerning Our Callings in Life (Grand Rapids, MI: Eerdmans Publishing Co., 2004).

8. 마태복음 22:36-40.

9. James Denney, The Christian Doctrine of Reconciliation (New York: George H. Doran Company, 1918). Charles T. Matthewes, "The Anecdotal Life as a Christian Vocation," Journal of Religion 79 (1999년 1월); 110-121쪽.

10. Henlee H. Barnette, Christian Calling and Vocation(Grand Rapids, MI: Baker Book House, 1965), 20쪽.

11. Schuurman, Vocation, 18쪽.

12. Badcock, The Way of Life, 9쪽.

13. Robert E. Cushman, Faith Seeking Understanding: Essays Theological and Critical (Durham, NC: Duke University Press, 1981), 225-226쪽.

14. James Strong, Strong's Greek & Hebrew Dictionary (Winterbourne, ON: Online Bible, 1993); William E. Vine, Vine's Expository Dictionary of Old Testament and Testament Words(Nashville, TN: Thomas Nelson, Inc., 1940).

15. 마태복음 5:24.

16. 로마서 5:10-11; 고린도전서 7:11; 고린도후서 5:18-20; 골로새서 1:21.

17. 에베소서 1:10, 2:16; 골로새서 1:20-21; 빌립보서 2:10.

18. Badcock, The Way of Life, 30쪽.

19. The Theology of Reconciliation, Colin E. Gunton 편 (London: T & T Clark Ltd., 2003), 16쪽에 나오는 Cristoph Schwobel, "Reconciliation: From Biblical Observations to Dogmatic Reconstruction"

20. Denney, The Christian Doctrine of Reconciliation.

21. Matthewes, "The Academic Life as a Christian Vocation."

22. Barnette, Christian Calling and Vocation, 20-21쪽.

23. Wayne T. Alderson & Nancy Alderson McDonnell, Theory R Management (Nashville, TN: Thomas Nelson, Inc., 1994); The Theology of Reconciliation, Colin E. Gunton 편 (London: T & T Clark Ltd., 2003), 167-174쪽에 나오는 Colin E. Gunton "Towards a Theology of Reconciliation"

24. 미국 마케팅 협회, "marketing Definitions," (2004년 8월), http://www.marketingpower.com/content4620.php (20006년 8월 9일에 접속함).

25. Wroe Alderson & Miles W. Martin, "Toward a Formal Theory of Transactions and Transvections," Journal of Marketing Research 39(1975년 10월): 32-39쪽; Philip Kotler, "A Generic Concept of Marketing," Journal of Marketing 36 (1972년 4월): 46-54쪽; Charles W. Lamb, Jr., Joseph F. Hair, Jr., and Carl D. McDaniel, Marketing 7판(Mason, OH: South-Western, 2004).

26. Shelby D. Hunt, Foundation of Marketing Theory: Toward a General Theory (Armonk, NY: M.E. Sharpe, 2002), 132쪽.

27. George S. Day, Strategic Market Planning: The Pursuit of Competitive Advantage (St. Paul, MN: West Publishing Company, 1984).

28. George S. Day, "The Capabilities of Market-Driven Organizations," Journal of Marketing 58 (1994년 10월): 37-52 쪽; Ajay K. Kohli & Bernard J. Jaworski "Market Orientation: The Construct, Research Propositions, and Managerial Implications," Journal of Marketing54 (1990년 4월): 1-18쪽; Philip Kotler & Gary Armstrong, Principles of Marketing, 8 판(upper Saddle River, NJ: Prentice-Hall, Inc., 1999); Philip Kotler & Sidney J. Levy, "Broadening the Concept of Marketing," Journal of Marketing33 (1969년 1월): 10-15쪽.

29. Lamb, Hair, and McDaniel, Marketing, 7판.

30. Philip Kotler, Marketing Management: The Millennium Edition (Upper Saddle River, NJ: Prentice-Hall, Inc., 2000).

31. Roels, "The Christian Calling to Business Life," 359쪽.

32. 고린도전서 12:12-31.

33. Alderson & McDonnell, Theory R Management, xv.

34. Hunt, Foundations of Marketing Theory: Toward a General Theory.

35. Abraham H. Maslow, "A Theory of Human Motivation," Psychological Review 50 (1943년 7월): 370-396쪽.

36. Edward D. Zinbarg, Faith, Morals, and Money: What are the World's Religions Tell Us about Ethics in the

Marketplace (New York: The Continuum International Publishing Group Inc., 2001).

37. Schuurman, Vocation.

38. Wendell R. Smith, "Product Differentiation and Market Segmentation as Alternative Marketing Strategies," Journal of Marketing 21 (1956년 7월): 3-8쪽.

39. Theodore Levitt, The Marketing Imagination (New York: The Free Press, 1986).

40. Day, Strategic Market Planning: The Pursuit of Competitive Advantage.

41. Martin Christopher, Adrian Payne, and David Ballantyne, Relationship Marketing: Bringing Quality, Customer Service, and Marketing Together (Oxford, England: Butterworth-Heinemann Ltd., 1993); Jonathan R. Copulsky와 Michael J. Wolf, "Relationship Marketing: Positioning for the Future," Journal of Business Strategy 11 (1990년 7-8월): 16-20쪽; Christian Gr?nroos, "Quo Vadis, Marketing? Toward a Relationship Marketing Paradigm," Journal of Marketing Management 10 (1994년 7월): 347-360쪽; Michael D. Johnson과 Fred Selnes, "Customer Portfolio Management: Toward a Dynamic Theory of Exchange Relationships," Journal of Marketing 68 (2004년 4월): 1-17쪽.

42. Smith, "Product Differentiation and Market Segmentation," 3-8쪽.

43. Yoram Wind, "Issues and Advances in Segmentation Research," Journal of Marketing Research 15 (1978년 8월): 317-337쪽.

44. Smith, "Product Differentiation and Market Segmentation," 3-8쪽.

45. Maslow, "A Theory of Human Motivation," 370-396쪽.

46. Biblical Principles & Business: The Foundations, Richard C. Chewning 편 (Colorado Springs, CO: NavPress, 1989), 22-34쪽에 나오는 Kenneth S. Kantzer, "God Intends His Precepts to Transform Society"

47. William H. Shaw & Vincent Barry, Moral Issues in Business, 10판 (Belmont, CA: Thomson Wadsworth, 2007); On Moral Business: Classical and Contemporary Resources for Ethics in Economic Life.

48. Novak, Business as a Calling, 37쪽; Roels, "The Christian Calling to Business Life," 357-369쪽.

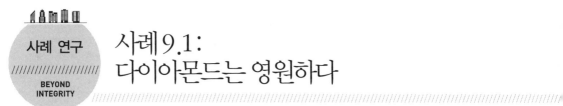

사례 연구

BEYOND INTEGRITY

사례 9.1: 다이아몬드는 영원하다

드 비어스 다이아몬드(De Beers Diamond) 사가 후원하는 유명한 약혼반지 광고는 청혼하려는 남성들에게 다음과 같은 질문을 던진다. "2개월 분 월급이 쓰기에 너무 많은 돈인가요?"

많은 청혼자들이 2개월분 월급을 예절에 대한 불문율 및 구애 시의 보석에 대해 얼마나 잘 아는가라는 가늠자로 받아들인다. 그러나 "2개월"은 잘 알려진 결혼 예절 책의 어디에도 나오지 않는다. 이는 세계 다이아몬드 시장에서 군림하고 있는 드 비어스 회사가 효과적으로 만들어 낸 말에 지나지 않는 것 같다.

결혼반지는 전통적으로 평생 동안의 헌신에 대한 서약의 상징이었으나, 오늘날에는 부를 상징하며, 어느 정도는 구혼자가 예비 신부를 얼마나 사랑하는지를 상징한다. 빛나는 반지를 주고받는 사람들은 규칙적으로 그들의 "상징"의 카렛 무게, 비용 등을 친구들과 가족들의 그것과 비교한다.

이는 다이아몬드 회사가 사회 일반의 기대에 부응하고 다른 사람들에게 인상을 주기 원하는 인간의 기본적인 필요를 악용함으로써 새로운 필요를 "창조"해서 명백하게 소비자들의 자율성을 침해한 상황으로 보인다. 일부의 구혼자들에게는, 자기의 예비 신부를 가치 있게 여기라는 사회적 압력에 직면해서 싫다고 말하기가 어렵다. 광고주들은 아마도 자신들은 단지 인간의 숨어 있는 욕망을 만들어 내는 것이 아니라 이를 "충족"할 뿐이라고 대응할 것이다. 실로, 동료들과 예비 신부들에게 인상을 주려는 "필요" 또는 욕구가 이미 존재하고 있는 듯하다.

토론 문제

1. "2개월 분 급여 규칙"의 만연은 광고주들이 인간의 불안전을 악용함으로써 필요를 만들어 내는 힘에 대한 증거인가? 왜 그런가?
2. 그렇다면, 이 현상이 소비자들의 자율성을 부당하게 침해하는 것인가?

사례 연구
BEYOND INTEGRITY

사례 9.2: 허영심 판매

마가렛(Margaret)은 약 10년 전에 가격 경쟁력이 있는 맞춤 웨딩드레스에 특화된 소매 비즈니스를 시작했다. 소비자들은 그녀의 디자인을 좋아했으며, 머지않아 입 소문만으로, 그녀는 소수의 충성 고객을 확보하였다. 그러나 이때 그녀의 사업은 여전히 약간의 이익밖에 내지 못하고 있었다.

대학에서 몇 개의 사진 강좌를 수강하고 그녀의 맞춤 드레스를 입고 있는 예비 신부들의 사진을 찍어 본 뒤에, 마가렛은 수입을 늘리기 위해 결혼 사진도 찍기로 했다. 몇 년 동안에 걸쳐서, 이 또한 그녀의 사업체에 믿을 만한 수입원이 되었다.

그러나 이제 마가렛은 웨딩드레스 디자인과 결혼사진을 찍느라 일이 분산되게 되었다. 그녀의 가족 생활이 스트레스를 받게 되고, 그녀는 종종 여기저기를 급하게 오가게 되었다. 그래서 그녀는 돈이 되는 소수의 고객에 집중함으로써 시간을 효율적으로 사용하기로 결심했다.

여러 해 동안 비즈니스를 하다 보니, 마가렛은 어느 정도의 "트릭"은 대개 고객들에게 더 고가의 구매(즉, 보다 비싼 드레스 디자인 또는 더 많은 사진 주문)를 하게 한다는 것을 알아차렸다. 웨딩 가운에 대해서는, 마가렛은 "허영심 사이즈 표시"(고객에게 실제 보다 몇 사이즈 작다고 말하기)를 하면 고객이 돈을 더 많이 쓰게 한다는 것을 알게 되었다. 사진 측면에서는, 그녀는 소프트웨어 도구를 사용해서 고객들을 보다 날씬하고 젊어 보이게 하면 그들이 더 큰 사이즈의 사진 패키지를 주문한다는 것을 발견했다.

토론 문제

1. 마가렛이 "허영심"에 호소하여 고객들에게 더 많이 파는 것은 윤리적 선을 넘은 것인가? 허영심 사이즈 표시는 패션 판매업자들에게 흔한 관행이다.
2. 그러한 전술로부터 자신을 보호하는 것은 고객들에게 달려 있다고 주장할 수 있는가?

사례 연구
BEYOND INTEGRITY

사례 9.3: 누가 누구를 속이고 있는가?

말콤 글래드웰(Malcom Gladwell)의 책 『Blink』에 마케팅에 관한 도발적인 섹션이 나온다. 이 섹션에서, 그는 루이스 체스킨(Louis Cheskin)이라는 마케팅 분야의 중추적인 인물이 발견한 사항들을 논의한다. 간단히 말해서, 체스킨은 "감각 전이"라 불리는 것을 발견했는데, 이는 고객들은 상품의 포장에 관한 느낌들을 상품 자체로 전이하는 경향이 있다는 것을 의미한다. 예를 들어, 체스킨 사의 직원들은 상품 자체는 바뀌지 않더라도 병의 모양(포도주) 및 청량음료의 색상(노란 색인지 초록색인지에 따라 레몬 맛이나 라임 맛이 더 강하다고 느낌)이 맛에 대한 인식에 얼마나 중요한 영향을 줄 수 있는지 발견했다. 체스킨 사의 사장 중 한 명인 다렐 레아(Darel Rhea)는 소비자들은 원통 모양의 용기에 담긴 아이스크림이 더 맛이 있다고 생각하고 이에 대해 더 많은 금액을 지불할 용의가 있다고 말한다. 이것이 조작적이라고 느낄 수도 있지만, 글레드웰은 이렇게 질문한다.

> 초콜릿 칩 아이스크림에 초콜릿 칩의 크기를 두 배로 늘리고 포장지에 "이제 초콜릿 칩이 더 커졌어요!"라고 말하고 5센트나 10센트를 더 받는다면, 이는 정직하고 공정한 것처럼 보인다. 그러나 아이스크림을 사각형 용기가 아닌 둥근 용기에 넣고서 5센트나 10센트를 더 받는다면, 이는 사람들의 눈을 속이는 것으로 보인다."

그러나 이에 대해 생각해 보면, 사실은 이 둘 사이에는 아무 차이가 없다. 우리는 맛이 좋은 아이스크림에는 더 많은 돈을 지불할 용의가 있는 바, 아이스크림을 둥근 용기에 넣으면 초콜릿 칩 아이스크림에 초콜릿 칩을 더 크게 할 때와 마찬가지로 아이스크림이 더 맛이 좋다고 확신하게 된다. 물론, 우리는 한 쪽의 개선은 의식하고, 다른 쪽의 개선은 의식하지 못하지만, 그 차이가 왜 중요한가? 왜 아이스크림 회사가 우리가 의식하는 개선에서만 이익을 내야 하는가? 당신은 이렇게 말할지도 모른다. "그렇지만, 그들은 우리를 속이는 것이다." 그러나 누가 우리를 속인다는 말인가? 아이스크림 회사가 속이는가, 아니면 우리의 무지가 속이는가?

토론 문제

1. 상품을 팔기 위해 감각의 전이를 사용하는 것(그리고 이에 대해 더 비싼 가격을 책정하는 것)이 공정한가? 이 관행은 조작적인가, 아니면 글레드웰이 시사하는 바와 같이 우리 스스로가 우리를 속이는 것에 더 가까운가?

사례 9.4:
파충류적 본능과 구매 의사 결정

한 때 자폐증 환자 치료를 전문적으로 다루었던 심리학자 클로테르 라파이유(Clotaire Rapaille) 교수는 지금은 (그의 회사 아키타이프 디스커버리스를 통해) 대기업의 컨설턴트로 일하고 있는데, 포춘 500대 기업에 속한 많은 회사들과 상위 100대 기업의 약 절반가량이 그의 고객 회사들이라고 한다. 프록터 앤 갬블, 네슬레, 보잉 그리고 제너럴 모터스 등이 라파이유의 고객 명단에 포함된 대기업들이다. 라파이유의 일은 문화적 "코드"를 해독하기 위해 인간 심리의 깊은 곳을 탐구해서, 기업들이 소비자들에게 감정적으로 연결되는 상품들을 만들어 팔도록 도와주는 것인데, 이 일은 상당히 수입이 좋다. "코드가 맞는" 마케팅은 상품이 시장에서 성공할 가능성을 크게 높여준다.

라파이유의 방법들은 이례적이다. 그는 소비자들이 의식 차원에서 말하는 것을 들어서는 소비자들의 동기를 이해할 수 없다고 믿기 때문에, 전통적인 마케팅 리서치의 도구들을 전혀 신뢰하지 않는다. 구매를 하게 만드는 감정적인 동기 부여 요소를 성공적으로 해독하기 위해, 라파이유는 "각인 세션(imprinting session)"이라고 부르는 이례적인 포커스 그룹을 조사한다. 30명의 참가자 그룹에게 두뇌의 깊은 무의식 차원에서 나오는 연상 내용들을 질문한다. 라파이유는 이 연상 내용들을 사용해서 문화적 "코드들"을 해석하는 열쇠를 개발하고, 나아가 이를 사용해서 상품들을 개발 및 판매한다. 소비자 행동을 이해하는 열쇠는 의미와 감정이 도사리고 있는 두뇌의 무의식적인 "각인" 또는 "파충류" 수준에 놓여 있다. 라파이유는 이렇게 말한다. "내 이론은 아주 간단합니다. 파충류가 언제나 이깁니다. 나는 당신이 지적으로 말하는 것에 관심이 없습니다. 내게 파충류을 보여주세요. 왜냐고요? 언제나 파충류가 이기기 때문입니다."[2] 예를 들어, 라파이유는 SUV의 코드("지배")와 모성의 코드("전적인 과대망상증")을 발견함으로써 마케터들이 그들의 상품을 디자인하도록 도와주었다.

라파이유는 자신의 포커스 그룹 "발견" 과정을 사용해서 네슬레가 전통적으로 차를

---

2) Clotaire Rapaille, "The Persuaders"를 위한 인터뷰, PBS Frontline, 2004년 11월, http://www.pbs.org/wghh/pages/frontline/shows/persuaders/interviews/rapaille.html.

마시는 국가인 일본에서 커피 시장을 개발하도록 도와주었다. 라파이유는 이에 대해 이렇게 말한다.

> 그들은 이 나라에서 이 상품의 의미를 부여할 필요가 있었다. 그들은 일본인들을 위한 각인을 만들 필요가 있었다. 티에 몰입해 있는 나라에 인스턴트 커피를 팔기 보다는, 그들은 커피 맛을 내지만 카페인은 없는 어린이용 식품을 만들었다. 젊은 세대들은 이 식품을 수용했다. 커피에 대한 그들의 첫 인상은 매우 긍정적이었으며, 이 인상은 그들의 평생에 걸쳐 지속될 터였다. 네슬레는 일본 시장에서 의미 있는 교두보를 확보했다…. 인상 심기 과정(및 이것이 네슬레의 마케팅 노력에 어떻게 직접적인 관련이 있는지)에 대한 이해는 그들에게 일본 시장을 열어 주었으며, 허우적대는 비즈니스에 전환을 가져왔다.[3]

라파이유는 또한 성공적인 커피 포장을 개발했으며(폴저스) PT 크루저(PT Cruiser)와 낯익은 다른 많은 상품들을 디자인하도록 도와주었다고 주장한다.

토론 문제

1. 라파이유는 우리에게 조작적으로 상품을 팔기 위해 우리의 의식 수준을 우회하려 하는가?
2. 소비자들을 파충류 본능으로 축소시키는 것이 그들의 존엄이나 가치를 존중하는 것인가? 자신을 보호하는 것은 소비자 자신들에게 달려 있는가?

논평

테크놀로지와 글로벌 경제 연결의 급속한 발전은 마케팅의 가시적인 존재를 극적으로 확대시켰다. 새로운 도구들을 갖춘 많은 비즈니스 리더들은 자신의 회사들이 새로운 시장으로의 진출을 확대할 수 있는 유례없는 기회를 맞고 있지만, 비판자들은 삶의 물리적, 심리적 및 영적 측면에 대한 침해가 늘어날 것이라고 탄식한다.

예를 들어, 광고들은 (보다 나이가 든 세대의 사람들에게는) "전통적"으로 여겨질 수 있는 미디어 형태 외에도, 인터넷 서핑 중이거나(배너 및 팝업), 영화를 보거나(영화에 특정 제품을 등장시키기), 자동

---

3) Clotaire Rapaille, The Culture Code (New York: Random House, 2006), 9쪽.

차에 연료를 주입하는 (휘발유 펌프에서의 비디오 스크린) 잠재 고객들을 직접 겨냥하기도 한다. 어떤 전문가들은 현재의 테크놀로지들이 도래하기 전에도, 미국인은 매일 3천 건의 광고 메시지들에 노출되어 있었다고 추정했다.[4]

광고는 또한 지리적, 인구적으로도 확대되었다. 개발도상국들에서 서구의 상품들을 선전하는 광고들을 일상적으로 볼 수 있는 바, 이러한 상품들의 등장은 문화의 변화에 기여한다.[5] 더구나, 어린아이들도 광고의 표적이 된다. 일부 광고주들은 아동들이 일상적인 가족의 구매에서 강력한 영향력을 가지고 있으며, 특히 아동들이 어렸을 때 "브랜드에 길들여질" 수 있을 경우 장기적인 잠재 고객이 될 수 있는 것으로 본다.[6]

클랩과 킬본이 언급한 바와 같이, 특히 광고를 통해 드러난 마케팅의 가치와 관행들은 조종 및 라이벌 세계관 또는 "신학"으로서의 소비주의의 조장에 관해 중요한 많은 문제들을 제기한다. 이러한 우려에 속임수, 간섭 및 편재성을 더하면, 마케팅이 긴 윤리적 문제 리스트에 답해야 한다는 점은 분명하다.

그러나 하겐부흐가 지적하는 바와 같이, 이야기가 그리 단순하지 않을 수도 있으므로 이러한 유형의 비판들은 진지하게 고려될 필요가 있다. 마케팅은 광고보다 훨씬 더 많은 내용을 담고 있으며, 광고조차도 사람들을 상호 유익한 교환 관계 속으로 들어오게 하는 유용한 목적에 봉사할 수 있다. 확실히 교환은 물리력이나 중앙 정부의 계획을 통한 재화와 서비스 분배보다 평화롭고 효율적인 분배 방법이다.

마케팅의 모든 활동 영역이 고려되면, 마케팅은 시장 기반 경제에서 교환의 중요한 요소인 것처럼 보인다. 마케팅이 없다면, 생산자들이 무엇을 만들어야 할 지 어떻게 알겠는가(시장 조사)? 사람들의 "진정한 필요"는 그들의 "욕구"보다 훨씬 적다고 할지라도, 사람들이 어떤 상품이나 서비스가 있는지 어떻게 알겠는가(광고/판촉)? 그리고 생산자들이나 소비자들이 교환하기 위해 어디에서 만날지, 효율적인 가격은 얼마일지를 어떻게 결정할 수 있겠는가(유통, 가격 책정)?

---

4) 텔레비전, 게시판, 인쇄 및 인터넷과 같은 전통적인 미디어 원천 이외에도, 소비자들은 입고 있는 옷이나 상품에 새겨진 "브랜드" 형태의 광고들을 보고 있다.

5) 비판자들은 개발도상국가들의 시민들이 급속하게 "좋은 삶"에 대한 물질적인 견해를 취하게 됨에 따라 문화적 갈등과 경제적 및 환경 상의 피해가 발생할 것이라고 주장한다. 이러한 비판들 및 관련 비판들에 대한 정교한 설명은 David C. Korten, When Corporations Rule the World(Bloomfield, Conn.: Kumarian, 1995)를 보라.

6) John de Graaf와 Vivia Boe, producers, Affluenza (KCTS Seattle and Oregon Public Broadcasting, 1997년).

교환에 있어서 마케팅의 역할은 또한 전반적인 경제 성장 및 발전을 자극함으로써 부의 창출에 기여한다. 경제적 부가 인간의 복지의 유일한 척도는 아니지만(아마도 가장 중요한 척도도 아닐 것이다), 건강, 교육, 양호한 거버넌스, 그리고 번성하는 삶의 다른 측면들과 같은 사회적 선을 지지하기 위해서는 경제적 부가 필요하다.

마케팅의 기능 이외에도, 때로는 마케팅이 문화적 가치를 형성하는 것이 아니라 단지 이를 반영할 뿐이라는 논리로 마케팅이 옹호되기도 한다. 이 점에서 볼 때, 광고는 소비 대중에 의해 요구되는 방식으로 포장된 "정보"이다. 사람들은 마케팅이 조종할 수 있는 신비한 힘을 가지고 있어서가 아니라, 마케팅이 그들의 잠재되어 있지만 진정한 욕구를 참으로 반영하기 때문에 특정한 호소에 반응한다. 소비자들은 상품 또는 서비스에 의해 제공된 순수한 효용 이상을 요구하는 자발적 참여자들이다. 시적인 묘사, 꿈, 그리고 화려한 포장이 구매되는 "조합"의 일부이다. 달리 말하자면, 마케팅은 우리가 원하는 것을 준다. 마케팅은 어느 정도는 문화적 가치를 반영해야 하는 듯하며, 그렇지 않을 경우 그 메시지는 즉시 무시된다.

마케팅이 명백히 유용한 사회적 기능을 발휘하고 최소한 문화적 가치를 반영하고 있지만, 마케팅이 수행되고 있는 방식(방법 및 기법)은 기독교 가치를 반영할 수도 있고 반영하지 않을 수도 있는 가치들 및 윤리적 함의들로 가득 차 있다. 예를 들어, 킬본이 지적하는 바와 같이, 일부 메시지들은 기만적이거나 파괴적인 주제들의 경계선 상에 있다(그리고 이를 넘기도 한다). 점점 더 많은 브랜딩 전략들이 영적인 영역을 침범하여 소속되고 의미를 부여할 필요에 호소한다(이러한 필요들은 과거에는 교회 및 기타 공동체 그리고 시민 단체들에 의해 충족되었었다).[7] 상품 판매를 도와주는 주요 "코드들"을 찾아 우리의 무의식적인 "파충류 본능"을 탐구하는 라파이유에 의해 사용되는 것과 같은 일부 시장 조사 기법들 또한 우리를 조종한다고 느껴진다.

게다가 클랩은 **개별적인** 광고들은 별다른 영향을 주지 못하지만, 광고의 총체적 메시지는 천박한 소비주의의 철학을 조장한다고 주장한다. "즉각적인 만족"의 정서가 삶의 다른 영역들로 퍼짐에 따라, 가족과 공동체의 유대와 같이 의미 있는 관계 유지에 필요

---

7) Douglas Arkin, "The Persuaders," Frontline, 2004년 11월 9일자 인터뷰. http://www.pbs.org/wgbh/pages/frontline/shows/persuaders/interviews/atkin.html. 또한 Naomi Klein, "The Persuaders," Frontline, 2004년 11월 9일자 인터뷰. http://www.pbs.org/wgbh/pages/frontline/shows/persuaders/interviews/klein.html을 보라.

한 영적 및 도덕적 가치들이 침식될 수 있다.

하겐부흐는 "상호 유익한 교환"에서 불공정하게 판매자들에게 유리한 쪽으로 균형이 기울어지게 하는 기법들은 "고객을 위해 가치를 창출, 소통, 전달하고 조직 및 그 이해관계자들에게 이익이 되도록 고객 관계를 관리하기 위한 조직의 기능 및 일련의 프로세스"라는 미국 마케팅 협회의 마케팅의 정의[8]에 반한다고 통찰력있게 주장한다.

이는 매우 유용한 출발점이다. 그러나 마케팅이 주로 그 규범적 영역을 벗어나는 방식으로 수행되고 있지 않은지를 물어보는 것이 합당하다. 더욱이, 이 정의는 "가치"라는 문제를 보는 사람의 눈에 맡겨둔다. 이 정의에서 언급된 대로의 가치는 완전히 사람에 따라 다르며 초월적 가치에 대한 근거가 없다.

하겐부흐가 마케팅이 (다른 모든 직업들과 마찬가지로) 소명, 즉 하나님과 이웃을 섬길 수 있는 장소가 될 수 있지만, 올바른 동기로 적절한 윤리적 경계 내에서 수행될 때에만 그렇다고 주장하는 것은 옳은 말이다. 윤리적으로 책임이 있는 마케팅에는 확실히 한계가 있다. 단지 성공적으로 겨냥될 수 있다는 이유만으로 불안, 두려움 또는 욕망과 같이 인간의 마음속 깊이 자리 잡고 있거나 무의식적인 감정들에 호소하는 것은 윤리적으로 결함이 있다. 마케팅이 불안이나 문제의 소지가 있는 사회적 가치들을 만들어 내지는 않을지라도, 확실히 마케팅이 이를 강력하게 강화할 수 있다. 따라서 마케팅이 일차적으로는 문화적 가치들을 반영한다 할지라도, 마케터들이 인간의 영혼의 보다 건강한 부분에 호소할 도덕적 책임이 없는 것은 아니다.

"합리적인 소비자" 기준[9]을 충족시키지 못하는 표적의 취약한 사람들에게 상품을 팔려고 할 때에는 윤리적 경계의 필요가 훨씬 더 명백해진다. 예를 들어, 어린아이들은 전통적인 방송 매체, 포장 및 상품 진열 등 다양한 마케팅의 계속적인 표적이 되고 있다. 충성스러운 장기 고객을 만들어 내기 위해 어린 나이의 아이들에게 "브랜드"를 각인시키려는 시도는 가장 치명적이다.[10] 이러한 시도들은 부모의 이익에 반하고, 가족간의 갈등을 유발한다. 확실히, 아이들은 시장에서 성인들에게 부여되는 책임을 부담하

---

8) 미국 마케팅 협회, "Marketing Definitions" (2004년 8월), http://www.marketingpower.com/AboutAMA/Pages/DefinitonofMarketing.aspx, 2006년 8월 9일에 접속함.

9) 광고에 관한 법적 분쟁, 특히 허위 및 오도하는 선전에 대한 고소에서 소비자들이 알았어야 할 것을 결정하려 할 때 "합리적 소비자" 기준이 널리 사용된다.

리라고 기대될 수 없다. 따라서, 거의 모든 경우에, 아이들은 상업 광고 메시지의 대상이 되면 안 된다.

윤리적 고려 또한 광고의 물리적 도달 범위에 제한을 둔다. 이제는 상업적 메시지들이 과거에는 접근 금지지역으로 여겨졌던 장소들에서도 흔하게 보여진다. 이 장의 개요에서 논의되었던 새로운 수단들 이외에도, 학령 아동들은 이제 채널 원 방송에서, 복도에서, 그리고 투시 롤과 같은 회사들에 의해 제공된, "학습" 자료들의 브랜드 형태로 광고들을 보고 있다.

테크놀로지는 계속해서 광고를 대담하게 하고 광고에 힘을 부여할 것이다. 강력한 컴퓨터 데이터베이스에서 발견되는 정보의 조합 및 결합으로, 광고주들은 과거에는 상상할 수 없었던 **개별** 소비자들에게 광고 메시지를 맞춘다는 목표에 한층 더 가깝게 다가갈 수 있게 될 것이다.

우리의 개별적 및 집단적 정체성을 해치는 효과를 줄 가능성이 있는 마케팅에 대하여, (다른 직업들과 마찬가지로) 이를 소명으로 보는 크리스천의 접근법은 필연적으로 조심스럽고 비판적이어야 한다. 사회에 대한 광고의 적법한 기여를 보존 및 강화하면서, 광고의 도덕적으로 의문스러운 요소들을 억제하는 것 사이의 실제적 긴장을 적절히 관리하는 것이 도전 과제이다. 하겐부흐가 제시한 가이드라인 외에도, 광범위하기는 하지만 도덕적으로 책임이 있는 방식으로 마케팅에 종사하기 위해 아래의 가이드라인들이 사용될 수 있을 것이다.

첫째, 마케팅은 솔직하고, 정직하며, 투명해야 한다. 우리가 알고 있는 모범적인 한 기업(자동차 판매 분야)은 고객들을 귀한 친구들로 대우하려 한다. CEO 돈 플로우는 직원들에게 집에 가서 사랑하는 사람들에게 자기가 고객들을 대우한 방식에 대해 자랑스럽게 말할 수 있을 정도로 고객들을 대우했는지 물어본다. 이 신념을 실제적인 방식으로 촉진하기 위해서, 구매가 최대로 투명하게 이루어질 수 있도록 고객들에게 많은 정보가 제공된다. 우리가 물어봐야 하는 핵심 질문은 소비자들과 입장을 바꿀 용의가 있는지 여부이다.

---

10) Affluenza라는 영화에서 카메라는 "Kid Power(아이들의 힘)" 이라는 컨퍼런스 세션을 기록한다. 이 컨퍼런스는 아이들에게 힘을 부여하는 것에 관한 내용이 아니라, 아이들에게 상품 및 서비스를 어떻게 성공적으로 팔 수 있는지에 관한 것이다. 어떤 발표자는 아이들을 가리키면서 "그들을 브랜드화하기 및 소유하기" 와 같은 용어를 사용한다.

대부분의 소비자들은 광고가 주장하는 것들을 뻔히 알 수 있기 때문에, 대부분의 광고를 기만적이라고 비난하는 것은 불공정하지만, 일부 선전들은 오도할 수 있다. 광고를 사용하는 비즈니스맨들은 청중을 오도할 수 있는 주장이나 그래픽에 민감해야 한다.

둘째, 마케팅은 인간 영혼의 보다 건강한 부분에 호소해야 한다. 성(性)과 사회적 수용과 같은 불안 심리는 우리의 본능의 일부이다. 그러나 판매를 위해 이를 악용하면 안 된다. 진정한 우정 및 신체적, 사회적 복지와 같은 건강한 가치들이 청중에 도달하기 위한 보다 적절한 수단이다. 이에 반해, 일부 선전들은 확실히 건강한 설득의 경계를 넘어선다. 예를 들어, 많은 메시지들이 적합하지 않다는 불안 심리를 이용한다. 맛 또는 지위에 관해 비교하는 진술을 통해 적극적으로 불만족을 배양하는 메시지들도 있다. 보다 명시적으로는, 일부 선전들은 노골적인 성적(性的) 힘에 호소하려 한다. 많은 광고들에서는, 상품 자체가 주된 초점이 아니다. 그보다는 도발적인 옷차림의 배우나 모델들을 사용해서 주의를 끌고, 소비자들이 그 상품을 성적인 힘 또는 느낌과 "관련시키게" 한다. 이러한 선전들의 불쾌한 측면은, 심리의 이러한 측면에 대한 호소가 불필요해 보인다는 점이다. 보다 적절한 창의성의 표현에 의존하는 많은 선전들의 예가 있다.

셋째, 마케터들은 취약층에 대해 신경을 써야 한다. 아동, 노인, 새로운 이민자, 그리고 우리가 당연하게 받아들이는 메시지들을 꿰뚫어 볼 정교함을 개발할 필요가 있는 개발도상국가의 시민들의 시각이 고려되어야 한다.

넷째, 마케팅은 가급적 가장 간섭하지 않는 방식으로 "널리 전해져야" 한다(그리고 맞춤 데이터베이스에 기반한 마케팅의 경우 "좁게 전해져야" 한다). 대개 사람의 "공간"과 언제 이 공간이 침해되는지는 문화적으로 정의되는 사안이다. 그러므로 고정된 가이드라인을 설정하면 부적절한 율법주의에 빠지기 쉽다. 보다 중요한 요점은 각각의 문화마다 "신성한" 공간이 침범될 수 있는 지점이 있다는 것이다. 건전한 도덕적 (그리고 비즈니스상의) 이유로, 광고주들은 이 경계를 존중하는 것이 좋을 것이다.

환경상의 청지기 직분

개요

몇 년 전에, 허먼 밀러 사(고급 사무 가구의 시장 리더)의 임원들은 어려운 결정에 직면했다. 오랫동안 이 회사(경건한 크리스천들에 의해 설립되어 인도되어 왔다)는 개척자적인 환경상의 관행으로 뛰어난 평판을 쌓아왔다. 그 때 임원들은 회사의 주력 상품인 임스(Eames) 의자에 사용되는 목재가 열대 우림 파괴에 기여하고 있다는 말을 들었다. 이 목재가 이 의자를 독특하게 만들어 주는 "자단(rose wood)" 마감재로 사용되고 있지 않았더라면, 손쉽게 다른 나무 종류로 원자재를 변경하는 결정을 내릴 수 있었을 것이다. 사실, 다른 재료를 사용하자는 제안을 들은 한 임원은 그럴 경우 이 의자 시장이 망가질 거라고 말했다. 당시에 이 회사가 재무적으로 어려움을 겪고 있어서 회사의 가장 잘 알려진 제품의 시장 지위를 위험에 빠뜨릴 수 있는 형편이 아니라는 점이 문제를 더 복잡하게 했다.[1]

허먼 밀러 사의 임원들이 직면한 딜레마는 기업과 자연환경 사이의 미묘한 관계를 잘

---

1) David Woodruff, "Herman Miller: How Green Is My Factory?" Businessweek, 1991년 9월 16일.

보여준다. 원료 조달, 생산, 운송, 포장 및 기타 다른 많은 일상 운영 과정에서, 기업들은 자연환경에 의존하며 이에 영향을 준다. 인간의 창의성과 파트너를 이루면, 자연 자원은 우리의 삶을 향상시키는 상품들을 위한 토대를 형성한다. 모래는 계산 장치를 위한 두뇌 역할을 하는 실리콘 칩에 필요한 물질 역할을 하고, 바람은 발전소에 이용되며, 토양에서 발견되는 복합물들로부터 의약품이 만들어진다. 그러나 BP(British Petroleum)와 관련된 최근의 걸프만 원유 유출이 매우 강력하게 상기시켜주는 바와 같이, 일이 틀어지면 자연이나 인간에게 예측할 수 없고 오래 지속되는 피해를 입힐 수 있다.

재앙적인 피해 가능성과 더불어, 세계적인 경제 개발과 기업이 촉진한 서구식 생활 방식의 모방에 의해 야기된 오염 및 기후 변화에 대한 우려도 있다. 그렇다면 환경상의 청지기 직분이 비즈니스 리더들이 직면하는 가장 긴급하고 도전적인 윤리 이슈들 중 하나가 된 것도 놀랄 일이 아니다. 환경 이슈들은 기업의 사회적 책임이라는 보다 넓은 우산 아래에 있는 중요한 관심사 중 하나가 되었다. 오늘날 환경상의 영향을 고려하지 않고서 운영되는 대기업은 거의 없을 정도이다. 법률이 정하는 요건과 "환경 친화적 상품"에 대한 시장의 경제적 요구 이외에, 기업은 자연환경의 복지에 대해 어느 정도의 책임이 있는가? 환경상의 책임을 수행하는 것이 상생적이지 않고 시장 점유 또는 일자리의 상실이라는 비용을 수반하면 어떻게 할 것인가? 이런 이슈들과 관련해서 많은 전략적 및 실제적 문제들이 고려되어야 한다. 예를 들어, "환경 친화적" 기업 운영에 경쟁 우위(즉, 신규 비즈니스 라인, 생산비 또는 운송비 절감, 지속 가능한 원자재 공급 등)가 있는가? 녹색 신임장을 강조함으로써 환경을 의식하는 소비자나 투자자를 끌어올 수 있는가? 추가 비용을 지불하려는 소비자들이 충분히 많이 있는가?

이러한 질문들 근저에 놓여 있는 자연의 상대적 가치에 대한 철학적 및 신학적 견해를 다룰 필요가 있다. 종종 의문을 제기하지 않는 가정의 형태로 오는 이러한 견해들이 환경 이슈들을 다루고 실제 "현장의" 의사 결정에 깊은 영향을 주는 "근저의 논거"를 형성한다. 이번 장의 첫 두 논문들은 이 이슈들을 다룬다. 첫 번째 글, 철학자 W. 마이클 호프먼(W. Michael Hoffman)의 "기업과 환경 윤리"는 "생물 중심주의"로 알려진 환경에 대한 "근저의 논거"와 이 입장이 비즈니스에 시사하는 바를 제시한다. 부분적으로는 환경 악화에 대한 대응으로 개발된 생물 중심주의는 지난 몇 십 년 동안 널리 받아들여지게 되었으며 기업의 의사 결정과 공공 정책 문제에 많은 정보를 제공했다. 간략히 말하자면,

생물 중심주의는 자연은 인간이 이로부터 취하거나 이에 부여하는 가치와는 별도로, 그 자체의 고유한 가치를 가지고 있다는 입장을 견지한다. 갈등이 발생할 때 자연의 이익을 인간의 이익보다 위에 놓거나 최소한 동등한 위치에 놓는 것이 이 견해의 실제적인 주요 시사점이다. 확실히, 이에는 기업의 의사 결정과 관행에 강력한 시사점이 있다.

두 번째 글, 토머스 지그 데어(Thomas Sieger Derr)의 "생물 중심주의의 도전"은 생물 중심주의에 대한 비판이다. 자칭 환경주의자인 데어는 생물 중심주의 틀의 몇 가지 핵심 가정들, 특히 극단적 입장을 취할 경우의 가정들 및 그 시사점들에 대한 철학적, 신학적 분석을 제공한다. 데어는 청지기 직분에 대한 전통적인 기독교적 이해는 피조물의 돌봄을 위한 충분하고 더 적절한 토대라고 주장한다.

이 장의 세 번째 및 네 번째 글들은 환경 윤리 및 지속 가능성에 관해 보다 더 실제적인 이슈들인 "비즈니스 사례" 확립하기 및 상품의 재설계를 다룬다. 『기후 변화 비즈니스: 어떻게 해야 하는가?』라는 글에서 저자 클리브 마더(Clive Mather)는 대규모의 환경 문제, 특히 기후 변화가 책임 공유 및 기업의 힘의 속박을 푸는 방식을 통해 어떻게 다루어져야 하는가에 대한 사례를 제시한다. 일부 독자들은 마더와 같은 배경(석유/에너지 산업에서 오랫동안 일하다 최근에 쉘 캐나다의 CEO로 은퇴한 크리스천)을 지닌 사람이 환경상의 지속 가능성에 그토록 강력한 입장을 취하는 데 대해 놀랄 수도 있다.

"물건을 만드는 방식 수정하기"는 "요람에서 요람까지" 디자인으로 알려진 새로운 패러다임에 대한 개관 및 설명이다. 화학자와 건축가인 저자들은 대부분의 환경 솔루션들이 시도하는 바는 사후 대응적으로 사태를 "덜 나쁘게" 하는 "사후 처리 기술" 역할을 할 뿐이라고 말한다. 이와 대조적으로, 요람에서 요람까지 프로세스는 "디자이너의 머리에서 시작"하며, 상품의 전체 생애 주기에 대해 철저하게 새로운 상상을 하는 것을 나타낸다. 저자들이 기독교 신학의 관점에서 글을 쓴 것은 아니지만, 그들의 아이디어의 많은 내용들은 생각을 자극하며, 기업이 환경과 상호 작용하는 방식을 변화시키기 위한 청지기 틀과 일치할 수 있다.

마지막 글인 존 테릴의 "스낵 칩과 환경에 대한 인식에서의 교훈"은 까다로운 고객들에게 환경 친화 제품들을 개발해서 성공적으로 판매하는 일의 어려움을 보여주는 몇 가지 최근의 사례들(새로운 봉투를 도입하려는 선칩의 노력 포함)을 설명한다. 테릴은 나아가 이 상품들에 대한 고객의 수용을 고취시킬 수 있는 몇 가지 방법들을 제안한다.

읽기 자료

BEYOND INTEGRITY

기업과 환경 윤리[1]

W. 마이클 호프먼(W. Michael Hoffman)

Business Ethics Quarterly 1, no. 2 (1991): 169-184쪽. 저작권ⓒ 1991.

기업은 환경에 대해 환경법 준수 이상의 책임이 있다.

내 견해로는 기업 윤리 운동이 아직도 행진을 계속하고 있다. 그리고 환경운동은 지난 20년 동안 다소 침묵을 지키다가 다시금 우리의 주의를 끌고 있는 바, 이는 1990년대의 유망한 주요 사회적 세력이다. 앞으로 몇 년 안에 이 두 운동들을 결부시키려는 글들이 많이 쓰여질 것이다. 이 글도 그러한 노력의 하나이다.

환경에 대한 우려는 새로운 현상이 아니다. 1960년대에 불타는 강, 죽어 가는 호수, 그리고 기름에 오염된 해양에 대한 경고가 나왔다. 식품에서 방사능이 검출되고, 모유에서 DDT가 나왔으며, 물에서 수은이 나왔다. 북미의 모든 공기가 오염되었다고 보고되었다. 일부에서는 우리가 성장을 제한하고 삶의 방식을 바꾸지 않는 한, 이 현상들은 지구가 보내는 환경 재앙에 대한 경고라고 말했다.

지난 몇 년 동안에 지구는 전보다 더 크게 말하기 시작했으며, 우리도 전보다 더 잘 듣기 시작했다. 이 메시지는 하나님이 노아에게 경고한 것과 다소 유사한 불길한 것이었다. 지구는 가뭄, 무더위, 산불을 통해 말했으며 대기 중의 이산화탄소 및 기타 가스 축적에 기인한 지구 온난화에 대한 두려움을 자아냈다. 지구는 해안에 밀려 오는 하수 오물과 의약품 폐기물, 파괴적인 원유 유출을 통해 경고했다. 원유 유출로 프린스 윌리엄 사운드(Prince William Sound)와 야생동물들에 가해진 막대한 피해는 우리를 울렸다. 지구는 피부암 증가와 프레온 가스 사용으로 야기된 오존층의 구멍 발견을 통해서도 얘기했다. 지구는 1초마다 축구장 하나의 비율로 원시림이 잘려지고 불태워져서 온실 가스에 대해 한층 더 취약해지고 있으며 날마다 수많은 종들이 사라져가는 것을 통해서 말했다. 또 지구는 산성비가 오고 숲이 말라가고 호수와 시냇물들이 오염되는 것을 통해 경고했다. 유해한 소각장의 재들을 버릴 장소를 찾아 바지선들이 바다를 배회하는 광경에서도 지구의 경고를 발견할 수 있었다. 이 경고의 메시지는 체르노빌과 보팔의 사고에서 정면으로 폭발했으며, 스리 마일 아일랜드(Three Mile Island)와 러브 운하의 사고를 상기시켰다.

앨버트 고어(Albert Gore) 상원 의원은 1988년에 이렇게 말했다. "우리가 유례없는 환경 위기에 직면해 있다는 사실은 이제 더 이상 논쟁할 가치가 없는 사안입니다."[2] 그는 계속해서, 문제가 있는지 여부가 아니라 그것을 어떻게 다룰 것인가가 중요하다고 말한다. 이 점은 기업과 정부라는 주요 당사자들의 충분한 참여를 필요로 하는 공공 정책의 중심적인 초점이 될 것이다. 이 논의는 다음과 같은 근본적인 질문들을 명확히 해야 한다. (1) 기업들은 환경 위기에 도움을 줄 어떤 의무가 있는가? (2) 특히 환경 위기와 같은 정도의 사회적 문제에 직면했을 때, 기업과 정부 사이의 적절한 관계는 무엇인가? (3) 환경을 보호하려는 결정을 내리고 이를 정당화할 때 어떤 논리적 근거가 사용되어야 하는가? 이 문제에 대해서는 회사들과 사회 일반이 아직 이 질문들에 대한 만족스러운 답을 내놓지 못하고 있다. 이 논문의 첫 번째 섹션에서는, 처음 두 질문에 대해 간략히 다룬다. 마지막 두 섹션들에서 세 번째 질문에 대해 몇 가지를 말할 것이다.

I.

1989년에 기업 윤리 센터의 "기업, 윤리, 그리고 환경"이라는 컨퍼런스의 기조연설에서 노먼 보위는 처음 두 질문들에 대해 약간의 답변을 제시했다.

> 기업은 법률에서 요구하는 이상으로 환경을 보호할 의무가 없습니다. 그러나 기업은 환경에 관한 법률 제정을 좌절시키거나 약화시키기 위해 정치 영역에의 개입을 피할 도덕적 의무가 있습니다."[3]

나는 두 가지 점에 대해 보위에 동의하지 않는다.

보위의 첫 번째 요점은 프리드먼의 견해와 매우 유사하다.[4] 기업의 사회적 책임은 시장의 게임의 법칙을 준수하면서 재화와 서비스를 생산하고 주주들을 위해 이익을 내는 것이다. 환경보호를 포함한 이 규칙들은 정부 및 법원에 의해 정해진다. 이 입장에 따르면, 규칙상의 요구보다 더 많은 의무를 부담하는 것은 기업에게 불공정하다. 적절한 기능을 수행하기 위해서는 모든 기업들이 시장에 반응하고 동일한 영역에서 경쟁자들이 하는 것과 같은 방식으로 운영해야 한다. 보위는 이에 대해 이렇게 말한다.

> 사회적 문제[자연 자원 고갈 및 오염 포함] 해결을 지원하라는 명령은, 실제적 차원에서 그러한 활동이 이익에 미치는 영향을 무시하기 때문에 회사들에게 불가능한 요구를 하는 것입니다.[5]

보위가 주장하는 바와 같이, 소비자들이 환경 친화적 상품과 행동들의 비용 및 사용에 대해 반응을 보이지 않는다면, 그러한 시장의 실패에 대응하거나 이를 시정하는 것은 기업의 책임이 아니다.

기업이 환경 규제를 가하려는 정부의 프로세스에 대항하는 로비 활동을 하지 말아야 한다는 보위의 두 번째 주장은 고전적인 입장과 다르다. 보위는 이렇게 말한다.

> 너무도 많은 회사들이 꿩도 먹고 알도 먹으려고 합니다. 그들은 시장의 실패를 시정하는 것은 정부의 일이라고 주장하면서도, 환경을 보존하고 보호하기 위해 고안된 규제를 무력화시키거나 완화하기 위해 그들의 영향력과 돈을 사용합니다.[6]

보위는 환경 규제의 경우에만 회사들이 로비를 하지 말도록 권고한다. 그는 언제나 재선을 염두에 두는 정치인들은, 즉각적으로 막대한 비용이 들지만 대부분의 경우 효익은 장기에 걸쳐 나타나는 환경 법안들을 통과시키기를 꺼린다는 점을 특히 우려한다. 이 점이 기업이 그러한 입법에 대한 반대를 삼가야 할 의무를 정당화한다.

나는 보위가 왜 이런 입장을 취하는지 이해할 수 있다. 그는 두 가지 극단적인 접근법에 대응하는 듯한데, 둘 다 적절하지 않다. 아래의 두 이야기를 통해 이 극단들을 보여주고자 한다.

기업 윤리 센터의 1회 전국 컨퍼런스에서, 조지 캐봇 로지(George Cabot Lodge) 하버드 경영 대학원 교수는 뉴 잉글랜드 하천의 제방 위에 제지 공장을 소유하고 있는 친구에 대해 말했다. 1970년 1회 지구의 날에, 그의 친구는 환경보호의 대의명분을 신봉하게 되었다. 그는 자기 회사가 하천을 오염시키는 것을 중단하기로 결심하고, 자기가 새로 발견한 신념을 실천하기로 했다. 나중에, 자기 친구가 파산한 것을 알게 된 로지는 이에 대해 조사하였다. 그 친구는 로지에게 자신은 환경을 보호하기 위해 수백만 달러를 썼는데, 자기처럼 하지 않는 다른 회사들과 경쟁할 수 없었노라고 윤리적 순수성을 발산하면서 말했다. 그래서 그의 회사는 파산했고, 500명이 일자리를 잃었으며, 하천은 여전히 오염된 채로 남아 있었다.

로지가 친구에게 왜 주 정부나 연방 정부에게 모든 사람들에게 더 엄격한 기준을 적용하도록 도움을 요청하지 않았느냐고 묻자, 그는 그것은 미국식 방식이 아니며, 정부는 기업 활동에 개입해서는 안 되고 민간 기업이 혼자서 이 일을 할 수 있다고 대답했다. 사실은, 그는 환경 문제를 해결하는 것은 기업의 사회적 책임이라고 생각했으며, 자신이 다른 사람들이 따를 모범을 세웠다는 점에 대해 자랑스러워했다.

두 번째 이야기는 또 다른 극단을 묘사한다. 몇 년 전에 식스티 미니츠 프로는 뉴욕의 외곽에 폐수를 방류하고 있던 화학 회사의 매니저를 인터뷰했다. 당시에, 폐수 방류를 방지하기 위한 법안이 의회에 계류 중이기는 하였지만, 폐수 방류는 위법이 아니었다. 그 매니저는 자신은 그 법안이 통과되기를 바라며, 책임 있는 시민의 한 사람으로서 이를 지지하겠다고 말했다. 그러나 그는 또한 이 법안을 패배시키려는 회사의 노력과 그 동안에 폐수를 방류하는 회사의 정책에도 동의한다고 말했다. 결국, 법의 한계 안에서 가능한 많은 이익을 내는 것이 기업의 적절한 역할이 아닌가? 법률 제정, 즉 게임의 규칙 수립은 정부의 역할이지, 기업의 역할이 아니다. 이 매니저가 회사에 근무하고 있는 한, 시민으로서의 신념에 크게 반하는 일이라 할지라도 할 일이 있는 것이다.

두 이야기 어느 쪽도 앞에서 제기한 문제에 대해 정확하지 않은 대답을 보여주었는데, 뉴 잉글랜드 하천이나 뉴욕 강 어느 쪽도 조금도 깨끗해지지 않았다는 사실이 그 증거이다. 보위의 견해는 이 두 극단을 막기 위한 것이었다. 그러나 보위처럼 이 두 극단을 피하는 것은 이 이야기들의 진정한 관리상 및 윤리적 실패를 놓치는 것이다. 제지 회사 소유주와 화학 회사 매니저는 기업의 윤리적 책임에 대해 전혀 다른 견해를 가지고 있었지만, 두 사람 모두 기업과 정부는 별개의 역할을 수행하는 것으로 보았으며, 어느 쪽도 기업은 환경 문제를 해결하기 위해 정부와 협력해야 한다고 생각하지 않았다.[7]

기업 윤리 운동이 지난 15년 동안 이뤄낸 성과가 있다면, 그것은 기업이 사회적 관심사를 다룸에 있어서 보다 적극적인 파트너가 될 윤리적 책임이 있다는 입장일 것이다. 기업은 문제의 일부가 되기보다는 해결의 일부가 될 방법을 창의적으로 찾아내야 한다. 회사들은 켄 굿페스터(Ken Goodpaster) 등이 주장해 온 바와 같이 의식을 개발할 수 있고 또 개발해야 하는바, 이에는 환경에 대한 의식이 포함된다.[8] 회사들은 환경 문제 해결에 참여하지 않으면서, 다른 사람들에게 해답을 찾도록 내버려 두고는 그들에게 어떤 것은 하지 말아야 한다고 말해서는 안 된다.

회사들은 환경 위기를 다룸에 있어서 귀중한 특수 지식, 전문성 및 자원을 보유하고 있다. 사회는 윤리적 비전과 가장 긴급한 문제들, 특히 지구의 생존 자체와 관련된 문제들을 해결하기 위한 모든 참가자들의 협력을 필요로 한다. 기업은 정부와 협력하여 적절한 해법을 찾아야 한다. 기업은 보위가 제안하는 바와 같이 입법 과정에서 스스로를 격리시키기보다는, 좋은 입법에 찬성하고 나쁜 입법에 반대하는 로비를 해야 한다. 기업은 위의 제지 회사 소유주가 그랬던 것처럼 윤리적으로 돈키호테 식으로 혼자 하려고 해서는 안 되며, 위의 화학 회사 매니저가 하려고 했던 것처럼 윤리적으로 모호한 태도를 취하며 건전한 환경 정책에 반대해서도 안 된다. 그 대신, 기업은 도덕적 리더십을 개발하고 이를 보여줘야 한다.

그렇게 하는 것이 자신의 이익을 위험에 빠뜨리는 경우에도 그러한 리더십을 보여주는 회사의 사례들이 있다. 환경상의 도덕적 리더십 분야에서는, 듀폰의 오존층에 미칠 수 있는 부정적 영향으로 인한 연 7억 5천만 달러 규모의 프레온 사업 중단과 프록터 앤 갬블의 포장을 덜 요구하는 농축 섬유 유연제와 세제 제조 사례를 예로 들 수 있을 것이다. 그러나 어떤 이들은, 보위가 주장하는 바와 같이, 환경 변화의 진정한 부담은 회사에게 있는 것이 아니라 소비자에게 있다고 주장할 것이다. 우리 소비자들이 환경 비친화적인 상품들을 선호함으로써 환경에 해를 끼치는 것을 받아들일 경우, 회사들은 환경 법률을 준수하는 한 이를 바꿀 도덕적 의무가 없다. 이들은 계속해서 기업이 그렇게 하려면 리스크를 부담하거나 이익을 희생해야 한다면 더욱더 그렇게 할 의무가 없다고 주장한다.

이 주장은 우리가 시민으로서 생각할 때와 소비자로서 생각할 때에는 흔히 다르게 행동한다는 점을 깨닫지 못한다. 우리가 경제적 해법에 지나치게 의존하는 것에 대해 우려하는 마크 사고프(Mark Sagoff)는 의사 결정에 있어서 이러한 이중성을 명확히 규정한다.[9] 소비자로서의 우리는 종종 자신을 위해 행동한다. 그러나 시민으로서의 우리는 보다 넓은 관점을 가지고 공동체에 최선의 이익이 되는 바에 따라 행동한다. 나는 종종 내가 지지하지 않는 물건들을 산다. 나는 재활용을 지지하지만 환불되지 않는 병에 담긴 상품들을 산다. 나는 이에 대해 자랑스럽게 생각하지는 않지만, 우리 중에는 그런 사람들이 그렇지 않은 사람들보다 많으리라고 생각한다. 우리의 환경상의 미래를 소비자의 지불 용의에 맡겨 두는 것은 확실히 근시안적이며, 재앙적일 수도 있다.

나는 우리가 윤리적으로 헌신된 소비 시민이 되고, 이를 위한 투자자가 되기 위해 노력하지 말아야 한다고 말하려는 것이 아니다. 나는 "소비자들은 환경 보존 및 보호에 그들이 실제로 행사하고 있는 것보다 훨씬 큰 책임이 있다"고[10] 하는 보위의 말에 동의하지만, 환경에 영향을 주는 행동들은 소비자로서의 우리가 용인하거나 받아들일 용의가 있는 것에 맡겨져서는 안 된다. 이렇게 하는 것은 사회적 공동체의 일원으로서의 윤리적 책임이라는 토대 위에서 결정되어져야 할 이슈들을 결정하기 위해 시장에 근거한 추론 방법을 사용하는 것이나 마찬가지이다.

더구나 소비자들은 환경 친화적일 수도 있고 비친화적일 수도 있는 상품을 만들거나, 서비스를 제공하거나, 법률을 제정하지 않는다. 일반 대중의 불매운동과 로비 노력들이 중요하기는 하지만, 우리는 윤리적인 환경 정책을 수립함에 있어서 기업과 정부로부터의 리더십과 상호 협력도 필요로 한다. 보위도 기업에게 대중을 교육시키고 환경적으로 책임 있는 행동을 촉진할 책임이 있음을 인정한다. 그러나 나는 기업의 도덕적 리더십은 대중 교육 캠페인을 훨씬 더 넘어서는 것이라고 제안한다. 도덕적 리더십은 도덕적 비전, 헌신과 용기를 필요로 하며, 리스크와 희생을 수반한다. 나는 기업이 그러한 도전 과제를 수행할 수 있다고 생각한다. 일부 기업들은 그러한 도전을 수행하고 있다. 확실히 기업 윤리 운동은 그러한 리더십을 격려해야 한다. 나는 그러한 리더십에 대한 도덕적 요구를 느낀다.

Ⅱ.

기업에 환경 관련 법규 준수 이상의 환경에 대한 윤리적 책임이 있다면, 어떤 기준을 사용해서 그러한 행동을 지도하고 정당화해야 하는가? 많은 회사들은 환경 친화적인 의사 결정을 함으로써 이익을 낼 수 있을 경우에는 그렇게 하고 있다. 기업들은 자신을 환경 친화적으로 포장해서 이익이 된다면 그렇게 한다. 이 논거는 또한 환경주의자들이 더 많은 기업들에게 환경에 대해 의식하도록 권장하면서 쓰는 전략이기도 하다. 1989년에 명망이 높은 월드워치 연구소는 소속 시니어 연구원 중 한 명이 쓴 "선을 행함으로써 잘되기(Doing Well by Doing Good)"라는 글을 발표했는데, 이 글은 회사들이 환경을 개선함으로써 재정 형편을 개선시킨 많은 예를 보여준다. 이 글은 다음과 같이 결론을 맺는다. "다행히도, 환경을 보존하기 위해 노력하는 기업들은 돈도 벌 수 있다."[11]

"지구를 더 이롭게"라는 최근의 PBC 다큐멘터리 프로에서, "신환경주의"라 불리는 몇 가지 노력들이 묘사되었는데, 신환경주의는 자기 이익에 호소함으로써 회사들이 환경을 위한 일을 하도록 유인한다. 환경보호 기금(Environmental Defense Fund)은 남 캘리포니아 주에서 보다 효율적으로 물을 대고 절약된 물을 로스앤젤레스에 판매함으로써 이익을 내는 고무적인 기업농을 격려하고 있다. 이는 모노 호수에 도움이 될 것이다. 환경보호 기금은 또한 배출 할당량을 밑돌고 있는 전기 회사들이 할당량을 초과하고 있는 회사들에게 "오염 권리"를 팔 수 있도록 허용하게 될 배출 트레이딩을 위해 로비 활동을 벌이고 있다. 이는 산성비를 감소시키기 위함이다. 이와 같이 신 환경주의자들은 흔히 기업들이 이익이 되거나 사실상 비용이 들지 않는 참여 방법을 찾아냄으로써 기업들이 환경 문제를 해결하도록 도움을 주는 전략을 사용한다. 그들은 대결이 아니라 타협이 지구를 구하는 유일한 길이라고 생각한다. 우리가 지금까지 성취할 수 있었던 것 이상의 성과를 내기 위해서는 상생 전략이 필요하다고 믿는 그들은 자유 기업 시스템이라는 도구를 사용해서 그러한 상생 전략을 추구한다.

나는 이러한 노력에 반대하지 않는다. 대부분의 경우에, 나는 그들이 격려를 받아야 한다고 생각한다. 의무를 이행하면서 기분 좋게 느끼는 것에 아무 잘못이 없는 것과 마찬가지로, 환경을 보호하면서 돈을 버는 데에는 확실히 아무런 잘못이 없다. 그러나 나는 기업이 좋은 환경운동이 좋은 사업이라는 견해를 채택하거나 채택하도록 격려되면, 환경 윤리 운동에 기업 윤리 운동에서와 같은 위험이 있게 된다고 생각한다.

모두 아는 바와 같이, 좋은 윤리가 좋은 사업이라는 입장이 자기 회사에 윤리를 세우는 것을 정당화하려는 회사 임원들과 새로운 고객을 얻으려는 컨설턴트들에 의해 점점 더 많이 사용되고 있다. 예컨대, 비즈니스 라운드 테이블의 기업 윤리 보고서는 이렇게 말한다.

회사 공동체는 기업 윤리 프로그램을 통해 성과를 향상시키고 변화를 관리하기 위한 노력을 다듬고 이를 새롭게 해야 한다… 기업 윤리는 글로벌 경제에서의 치열한 경쟁의 시대에서 생존 및 수익성을 위한 전략적인 열쇠이다.[12]

또한 케네스 블랜차드와 노먼 빈센트 필의 책 『윤리적 경영의 힘』(The Power of Ethical Management) 겉표지에는 붉은 글씨로 "올곧음은 수지가 맞는다! 이기기 위해 속일 필요가 없다"라고 크게 써 놓았다. 안쪽 표지의 짧은 광고는 이 책이 "이익, 수익성, 그리고 장기적 성공을 가져다주는 활기차고 실제적인 윤리적 전략들을 제시한다"고 약속한다.[13] 누가 기업 윤리가 미국 기업들을 괴롭히는 것에 대한 최신 치료제로 판매된다고 생각했겠는가?

좋은 윤리가 좋은 사업이라는 논리가 기업 윤리에 적절한 논거인가? 나는 그렇지 않다고 생각한다. 2,500년간의 윤리 연구가 우리에게 가르쳐준 것 중 하나는 윤리적이 된다는 것은 때로는 남의 이익을 내 이익보다 앞에 또는 최소한 동등하게 두도록 요구한다는 것이다. 그리고 이는 윤리적인 일, 도덕적으로 옳은 일이 우리 자신의 이익에 합치하지 않을 수도 있음을 시사한다. 옳은 일이 기업에게 최선이 아니면 어떻게 되는가?

대부분의 경우에 좋은 윤리가 좋은 사업이 될 수도 있지만, 그것이 기업을 윤리적으로 경영하는 유일한 이유 또는 주된 이유로 제시되어서는 안 된다. 위기가 닥쳐 올 경우, 윤리가 회사의 이익과 충돌할 경우, 이러한 가능성을 염두에 두지 않은 윤리 프로그램은 그 자체의 논리적 근거를 약화시킬 것이기 때문에 실패하게 되어 있다. 우리는 좋은 윤리가 좋은 사업이라서가 아니라, 우리의 모든 행위에 있어서 도덕적 관점을 채택하도록 요구되고 있고 기업도 예외가 아니기 때문에 기업 윤리를 증진해야 한다. 인간의 다른 모든 노력에서와 마찬가지로, 우리는 기업에서도 윤리적 행동의 대가를 지불할 준비가 되어 있어야 한다.

환경 친화적이 되면 기업 자신에게 이익이 된다는 근거에서 환경 친화적이 되기를 선택하거나 그렇게 하도록 부추기는 환경운동에는 위에서와 유사한 위험이 있다. 잘못된 이유로 이 운동에 참여할 리스크가 있다. 그러나 기업이 협력하는 한, 기업이 잘못된 이유로 협력한다 해서 무슨 문제가 있는가? 기업들이 환경을 의식하는 행동이 아무런 희생을 요구하지 않거나, 실제로 이익이 되는 경우에만 그렇게 할 의무가 있다고 믿거나, 그렇게 믿도록 인도될 경우에는 문제가 된다. 그런데 나는 바로 이 일이 일어나고 있다고 생각한다. 나는 환경을 의식하는 행동이 기업의 자기 이익에 합치하는 경우에만 이에 대한 기업의 협력이 필요하다면 그래도 무방하다고 생각한다. 그러나 사람들이 형체가 없는 개념인 "장기적" 자기 이익에 대해 진정으로 생각이 미치고 이에 대해 얘기하기 시작하지 않는 한, 기업의 자기 이익에 합치하지 않더라도 협력하게 할 필요가 있다. 나는 회사나 신 환경주의자들이 환경과 관련된 행동을 취하는 것이 자기 이익에 합치된다고 말할 때, 그들은 장기적 이익을 염두에 두지 않고 있다고 생각한다.

나는 윤리적인 기업이 실적도 좋다는 사실을 지적함으로써 회사들이 환경 등의 영역에서 윤리적이 되도록 유도하려는 노력을 포기해야 한다고 말하는 것이 아니다. 그리고 그러한 시도가 기업 윤리 및 환경 윤리 운동에 잘 들어맞는 곳들이 많이 있다. 그러나 우리는 이를 기업의 윤리적 책임에 대한 적절한 가이드라인으로 제시하지 않도록 주의해야 한다. 최소한 단기적으로는 많은 윤리적 행동들이 반드시 사업에 좋은 것은 아니라는 사실이 발견될 경우, 자기 이익에 근거한 논거는 윤리적으로 빈약해지고, 윤리적 운동이 기만적이고 천박하게 보여질 것이기 때문이다.

Ⅲ.

무엇이 환경에 대해 책임이 있는 기업의 행동인가? 정당화되지 않는 피해의 야기를 삼가거나 이를 예방하는 것이 최소주의자(minimalist) 원칙인 바, 왜냐하면 그렇게 하지 않으면 피해를 주지 않아야 할 어떤 도덕적 권리를 침해하기 때문이다. 물론, 권리들 간의 충돌 및 특정 효용에 의해 일부의 피해가 상쇄되는지 여부에 관한 문제들로 인해 어떤 피해가 정당화되지 않느냐에 관한 논쟁이 치열하다. 예를 들어, 보위는 피해 원칙을 사용하지만, 기업들은 환경 법을 준수하는 한 이 원칙을 위반하는 것이 아니라고 주장한다. 반면에 로버트 프레더릭(Robert Frederick)은 피해 원칙은 일반적으로 기업들이 야기하는 피해가 환경법을 위반하지 않는 경우에도 이를 방지할 방법을 찾아낼 도덕적 의무가 있다고 설득력 있게 주장한다.[14]

그러나 피해에 대한 프레더릭의 분석은 대체로 인간에게 가해진 피해와 인간의 권리 침해라는 관점에서 수행된다. 그가 어느 누구도 정당화되지 않는 피해를 입지 않아도 환경을 보호할 도덕적 의무가 있을 가능성에 대해 암시할 때에 조차도, 그는 인간으로서의 우리가 가치 있게 생각하는 것을 바라보라고 제안함으로써 그렇게 한다.[15] 이는 인간만이 내재 가치를 지니고 있기 때문에 인간만이 권리나 도덕적 지위를 지닌다고 주장하는 인본주의적 환경 윤리 입장과 궤를 같이 한다. 우리는 인간이 아닌 존재들(펭귄, 나무, 섬 등)에 관해 의무가 있을 수도 있지만, 이는 그러한 의무들이 인간에 대한 의무로부터 도출되는 경우에만 그러하다. 인간이 아닌 존재들은 인간에 의해 가치 있게 여겨질 경우에만 가치가 있다.

그러한 입장은 인간 이외의 자연은 내재 가치가 있으며, 따라서 도덕적 지위를 가지고 있다는 입장을 취하는 자연본위 환경 윤리 견해와 상반된다. 일부 자연본위 환경주의자들은 도덕적 고려를 할 가치가 있는 존재에 지각이 있는 동물들만을 포함시킨다. 살아 있거나 환경 시스템의 필수적인 부분을 모두 포함시키는 사람들도 있다. 이 마지막 견해는 모든 도덕적 주장을 인간과 인간의 이익이라는 면에서 보는 인간 중심적 견해에 비해, 생명 중심 환경 윤리로 불린다. 이 두 견해를 깊은 생태학 대 낮은 생태학으로 규정하는 사람들도 있다.

이 두 입장에 관한 문헌들은 방대하며, 논쟁이 계속되고 있다. 이들 사이의 충돌은 환경 윤리의 중심에까지 미치며, 기업을 포함한 우리의 환경 정책 수립과 환경에 대한 도덕적 의무에 대한 인식에 매우 중요하다. 나는 생명 중심 견해를 선호한다. 여기에서 이에 대해 지지하는 근거를 자세히 논할 수는 없지만, 이에 대해 잠시 설명해 보려 한다.

R. 라우틀리(R. Routley)의 "최후의 인간" 버전의 예[16]는 이런 식으로 전개될 수 있을 것이다. 핵 피폭으로 다른 모든 인간들과 지각이 있는 동물들은 다 죽고 당신이 살아 있는 최후의 인간인데, 당신도 곧 죽을 것이라고 가정하자. 그리고 또한 당신이 살아남은 모든 생명들, 아니 논의를 단순하게 하기 위해서 그냥 내버려두면 번성하고 증식할 수 있는 최후의 나무를 파괴할 힘을 가지고 있다고 가정하자. 당신이 이 나무를 파괴하지 않아도 당신은 고통을 받지 않는다. 이 경우 당신이 이 나무를 베어 내는 데 잘못이 있는가? 보다 깊은 생태적 견해는 당신이 그 자체로 가치가 있는 무언가를 파괴하면 지구를 보다 나쁜 장소로 만들 것이기 때문에, 그렇다고 말할 것이다.

나무가 우리에게 가치가 있는 이유는 인간이 일반적으로 나무들의 현재 형태가 변해서 어떤 원자나 분자로 변할 수 있기 때문이 아니라, 현재 형태대로의 나무가 실제적으로 또는 심미적으로 가치가 있다고 생각하기 때문이라고 주장할 수도 있을 것이다. 나무가 인간과 관련되어서만 가치가 있는지, 아니면 현재 형태 자체로 본질적으로 도덕적 고려를 받을 가치가 있는지가 이슈이다. 생명 중심주의는 나무를 죽이는 것이 잘못이라고 생각하는 것은 우리가 자연에 부여하는 가치가 아니라 자연 자체의 내재 가치에 반응하기 때문이라는 입장을 취한다. 이 견해는 인본주의적 환경 윤리에 반대하며 우리의 도덕적 의무를 이에 따라 이행하라고 촉구한다.

우리는 왜 환경 시스템의 본질적인 부분을 구성하는 인간이 아닌 생물체나 자연물이 내재 가치를 지니고 있다고 믿어야 하는가? 인간의 쇼비니즘의 심각한 약점 및 문제들을 지적함으로써 이 질문에 답할 수 있다.[17] 보다 완전한 반응은 인간을 보다 총체적인 가치 체계의 일부로 보는 생명 중심적 견해에 대해 논리 정연한 그림을 제공한다. 그러나 이 질문에 대한 최종 답변은 도덕적 가치를 결정함에 있어서 합리성, 지각력, 또는 보다 깊은 생명 중심적 기준 중 어느 기준을 사용할지에 달려 있다. 우리는 왜 인간에게만이 아니라 모든 생명체, 심지어 모든 자연물에 본질적인 가치가 있다고 인정하는 원칙을 채택해야 하는가? 나는 아르네 나에스(Arne Naess)가 가장 좋은 답변을 준다고 생각한다.

끊임없이 되돌아오는 "왜?"라는 질문에 직면해서, 우리는 어디에선가는 멈춰야 한다. 여기에 멈출 수도 있는 곳이 있다. 우리는 가치 자체는 뭔가 직관적으로 보여지는 것이라는 점을 인정할 것이다. 우리는 우리 자신 및 우리에게 가장 가까운 대상에 내재 가치가 있다고 생각하는데, 추가적으로 내재 가치가 있는 존재가 있는가에 대해서는 다투어질 수 있고, 많은 사람들에 의해 다투어진다. 그러나 이의 부정 역시 일련의 "왜?"를 통해 공격을 받을 수 있다. 궁극적으로 우리는 최소한 지금으로서는, 어디에서부터는 시작해야 하는 동일한 인간의 곤경에 처해 있다. 우리는 어디에서엔가는 멈춰야 하며, 그 지점을 토대로 삼아야 한다.[18]

최종 분석에서는 환경적 생명 중심주의는 이 견해가 사물에 대해 보다 깊고, 풍부하며 윤리적으로 설득력 있는 견해를 제공하는 것으로 여겨지는지에 따라 채택되거나, 채택되지 않는다.

보다 깊은 이러한 생태학적 입장이 옳다면, 환경운동에 이 입장이 반영되어야 한다. 불행하게도, 나는 대부분의 경우에 이 일이 이루어지지 않고 있다고 생각하는 바, 그렇게 하지 않는 데 대한 대가를 지불해야 한다. 또한, 나는 생명 중심적 입장을 취하는 사람들조차도 다른 방법으로는 성공할 수 없다고 생각하기 때문에, 기업들과 다른 주요 당사자들을 이 운동에 끌어들이기 위해 인간중심적인 언어와 전략을 사용하고 있다고 우려한다. 그들은 기업을 포함해서 사회의 대다수가 자연물의 내재 가치 및 권리에 관한 주장에 의해 마음이 움직여지지 않으리라고 두려워하는데, 이에는 확실히 그럴 만한 이유가 있다. 기업이 인간 및 인간의 이익에 대한 책임을 인식하고 이에 기초해 행동하도록 하는 것도 아주 어려운 일이다. 그러므로 많은 환경주의자들이 스피노자의 조언을 따른다.

우리의 목적을 달성하기 위해 노력할 때 그것이 필요하다…. 우리는 다수가 알아들을 수 있는 방식으로 말하지 않을 수 없다… 왜냐하면 다수로부터 얻을 수 있는 이익이 작지 않기 때문이다.[19]

나는 기업 윤리운동가들이 좋은 윤리가 좋은 사업이라는 논거를 사용하는 것을 이해하듯이, 환경주의자들이 인간 중심 전략을 채택하려는 유혹을 이해한다. 양쪽 다 자신들의 중요한 일이 성공하기를 바란다. 그러나 좋은 윤리가 좋은 사업이라는 전략에서와 마찬가지로, 밀실 안의 생명 중심주의자가 되는 데에도 위험이 있다. 보다 깊은 도덕적 기반은 설득하기 어렵기 때문에 기업 윤리 운동과 환경 윤리 운동 모두 더 깊은 도덕적 기반을 드러내지 않는다. 기업 윤리는 자기 이익이라는 관점에서 선전되며, 환경 윤리는 인간의 이익이라는 관점에서 선전된다.

인간이 아닌 자연은 합당한 도덕적 고려를 받지 않을 것이라는 점이 인간 중심적 관점을 사용하여 정책 및 법률을 만들 때의 주요 우려 사항이다. 그러나 대부분의 경우 인간의 이익 및 권리에 호소함으로써 자연 전체가 보호될 거라고 주장할 수도 있을 것이다. 즉, 만일 우리가 야생 생물 거주 지역에 대해 관심을 가진다면, 우리는 야생 생물의 보존이 그렇지 않으면 야생 생물과의 독특한 접촉을 빼앗기게 될 미래 세대에게 중요하다고 주장할 수 있다. 또한 야생 지대의 보존이 특정 개인들의 심미적 쾌락에 중요하며, 이곳이 파괴될 경우 다른 레크리에이션 지역이 지나치게 혼잡해질 것이라고 주장할 수도 있다. 이런 방식으로 우리는 사냥되는 부엉이나 오래된 숲의 본질적인 가치에 관한 우리의 도덕적 의무에 대해 말하지 않고서도 야생 생물 거주 지역을 구할 수 있는 기회를 가질 수 있다. 우리의 보다 깊은 생태론적 도덕적 신념을 꺼내 보이면 기업의 리더들과 정책 입안자들에 의해 우리의 노력이 무시되고, 심지어 조롱당할 위험이 있다. 또한 인간의 이익이 인간이 아닌 것들의 이익에 우선한다는 반박에 정면으로 맞닥뜨릴 수도 있다. 어느 경우에든 우리가 보호하려고 하는 야생 지역의 최상의 이익에 반할 것이다. 더욱이, 위에서 말한 인간 중심적 주장, 즉 야생 지역이 파괴되면 인간이 고통을 겪게 될 것이라는 주장은 모두 사실이다.

대부분의 경우에, 인간에게 가장 좋은 것이 다른 자연에게도 가장 좋을 수도 있다. 결국, 기업들이 윤리에 민감한 것이 자신들에게 이익이 된다는 것을 알지 못했기 때문에 큰 어려움을 만났던 것과 마찬가지로, 우리는 환경적으로 무엇이 우리에게 가장 이로운가에 대해 무지했기 때문에 현재의 환경 위기를 겪고 있다. 그러나 환경운동이 오로지 인간의 이익에 근거한 주장에만 의존할 경우, 우리의 소비자적 관점에 근거한, 그리고 지불할 용의에 근거한 즉각적인 자기 이익을 충족시키려는 강력한 성향에 기초하여 환경 관련 정책 및 법률을 입안할 위험이 있다. 언제나 우리의 단기 이익이 우리의 장기 이익 및 인류 자체의 장기 이익을 무색하게 하도록 허용하는 경향이 있다. 인간이 아닌 자연물에 대한 의무를 지는, 보다 깊은 환경 윤리에 뿌리를 두지 않으면, 우리 자신의 이익을 아주 단기적으로 보려는 유혹이 훨씬 더 조장된다. 생명 중심적 관점은 이 유혹을 막는 데 도움이 된다.

게다가, 인간에게 이익이 되는 것이 다른 자연물에 이익이 되지 않는 경우도 많이 있다. 멋진 코트를 만들기 위해 표범을 죽이거나, 골프장을 만들기 위해 삼림을 파괴하는 것이 이러한 예에 해당할 수 있다. 나는 인간중심적 주장은 설사 장기적인 인간의 이익에 근거할지라도, 그러한 자연물을 보호하는 데 있어서 큰 힘을 발휘하리라고 생각하지 않는다. 이러한 이익을 함께 고려하려는 노력이 있을 수는 있지만, 요점은 인간 중심적 관점에서는 표범 및 삼림의 이익은 고려할 도덕상의 이익이 아니라는 점이다. 인간이 아닌 자연물의 이익이 인간의 이익과 일치한다면 이는 단지 우연일 뿐이며, 우연히 가치 있게 생각되고 보호될 뿐이다. 크리스토퍼 스톤(Christopher Stone)의 글에 나오는 예를 들어 보자. 어느 기업에 의해서 하천이 오염되었다고 가정하자. 우리의 법률 시스템의 토대 역할을 하는 인간 중심적 관점에서는, 이 하천을 사용하는 인간에게 가해진 피해를 찾아냄으로써만 문제를 해결할 수 있다. 그러한 피해에 대한 교정은 오염 중단 및 하천 회복과 관련될 수도 있지만, 기업이 사람들에게 피해에 대한 배상금을 지급하기로 합의하고 하천을 계속 오염시키는 방식으로 해결될 수도 있다. 인간중심주의는 하천을 다시 회복시키는 것이 인간의 이익에 합치하지 않는 한, 그렇게 할 수단을 제공해 주지 않는다. 간단히 말해서, 인간이 하천을 팔아 먹을 수도 있다.[20]

나는 인간의 이익과 인간이 아닌 자연의 이익이 충돌할 때 인간의 이익이 우선할 수 없다고 말하려는 게 아니다. 이 문제에 대해서 인간들 사이의 이해 상충에 관해 결정할 기준이 있듯이, 인간과 자연물의 이해 상충에 관해서도 결정할 기준이 있어야 한다.[21] 그러나 이는 인간이 아닌 자연물은 아무런 이해관계도 없다거나 도덕적 고려를 받을 가치가 없다는 입장과는 다른 관점이다. 인간에게 중요한 이해관계가 관련되지 않을 경우, 그리고 심지어 인간의 이익이 관련되어 있을 경우에도 자연에 피해를 야기하는 것이 도덕적으로 정당화되지 않을 때가 있다. 그러나 인간 중심주의보다 더 깊은 생태론적 견해만이 우리에게 이를 옹호하도록 허용할 것이다.

마지막으로, 생명 중심적 환경주의자들이 이 운동을 진척시키기 위해 인간 중심적 전략을 사용할 때의 가장 큰 위험은 애초에 그들의 윤리적 관심의 근거가 되었던 통찰력 자체의 상실이다. 로렌스 트라이브(Lawrence Tribe)는 이를 잘 설명한다.

> 환경주의자들이 인식하지 못할 수도 있는 점은, 이 주장을 인간의 자기 이익이라는 관점으로 포장함으로써, 즉 환경 상의 목표를 순전히 인간의 필요와 선호라는 면에서 설명함으로써, 장기적으로 자신에게 환경보호 노력을 시작하도록 계기를 제공했던 의무감 자체를 잠식하는 방향으로 인간의 사고와 감정을 형성하는 담론 시스템을 합법화하는 데 도움을 줄 수도 있다는 것이다.[22]

기업 윤리 운동가들도 자신의 주장을 기업의 자기 이익이라는 관점으로 표현하는 유사한 리스크를 안고 있다.

환경운동은 생태 시스템의 중요한 부분인 동물과 식물 그리고 다른 자연물들의 내재 가치를 통합하고 보호할 수 있는 방법을 찾아야 한다. 이는 그러한 가치들을 계속해서 인간의 이익으로 축소시키지 않고서 수행되어야 한다. 물론, 우리의 개념적 이념 및 윤리적 설득이 너무나도 인간중심적이기 때문에 이렇게 하는 것은 어렵다. 그렇지만, 보다 깊은 생명 중심적 윤리에 헌신하려면, 이를 증진할 적절한 방법을 찾아내기 위해 노력하는 것이 매우 중요하다. 환경 영향에 대한 진술은 인간이 아닌 자연물의 가치를 명백히 언급해야 한다. 크리스토퍼 스톤이 제안하는 바를 따라서, 인간이 아닌 자연물의 법적 권리가 추구되어야 한다.[23] 그리고 기업의 활동이 생태계에 영향을 줄 경우 기업들이 따라야 할 가이드라인으로서, 홈스 롤스톤(Holmes Rolston)이 제안한 바와 같은 자연주의적 윤리 가이드라인들이 수립되어야 한다.[24]

기업 윤리 운동의 중심에는 기업은 좁은 범위의 이해관계자들, 즉 주주들에게만 책임이 있다는 잘못된 신념에 대한 대응이 있다. 인간 및 인간의 이익만이 우리가 도덕적으로 고려할 가치가 있다는 잘못된 신념에 대한 대응이 환경 윤리 운동에 매우 중요하다. 나는 이 두 운동 모두의 시작은 이들 각각의 도덕적 통찰력으로 거슬러 올라갈 수 있다고 생각한다. 확실히 이 운동들의 중요성은 이 운동들이 보다 넓고 깊은 도덕적 통찰력을 추구한다는 점에 놓여 있다. 기업 및 환경 윤리주의자들이 좋은 윤리가 좋은 사업이라는 자기 이익이나, 인간 중심주의에서와 같이 인간의 이익이라는 선전 전략에만 의존하기 시작할 경우, 그들은 자신들의 윤리적 노력의 뿌리 자체를 자를 위험에 직면한다.

토론 문제

1. 당신은 환경이 그 자체로 고유한 가치를 지니고 있다는 호프먼의 주장에 동의하는가? 왜 그렇게 생각하는가?
2. 당신은 환경에 대한 인간 중심적 견해가 호프먼이 "인간의 쇼비니즘"이라고 부르는 것을 반영한다고 믿는가? 당신의 답변에 대해 설명하라.
3. 호프먼은 환경이 인간의 필요에 우선해야 한다는 견해를 지지하는가? 당신은 인간과 환경의 상충하는 이해 사이에서 어떻게 균형을 유지하겠는가?
4. 당신은 동물들이 보호되어야 할 권리를 가지고 있다고 믿는가? 식물들은 어떤가? 무생물은 어떤가? 어떤 근거에서 권리를 가지고 있는가?

Notes

1. 이 논문은 원래 1990년 8월 10일에 San Francisco, CA에서 비즈니스 윤리 협회 회장 연설로 발표되었다.
2. Albert Gore, "What is Wrong with Us?" Time (1989년 1월 2일), 66쪽.
3. Norman Bowie, "Morality, Money, and Motor Cars," Business, Ethics and the Environment: The Public Policy Debate, W. Michael Hoffman, Robert Frederick, and Edward S. Petry, Jr. 편 (New York: Quorum Books, 1990), 89쪽.
4. Milton Friedman, "The Social Responsibility of Business Is to Increase Its Profits," The New York Times Magazine (1970년 9월 13일).
5. Bowie, 91쪽.
6. Bowie, 94쪽.
7. 기업 윤리 센터 이사보인 Robert Frederick과 나는 이러한 관점을 함께 개발했다. Frederick은 또한 내게 이 논문에 나오는 다른 관점들에 대해 귀중한 도움을 주었다.
8. Kenneth E. Goodpaster, "Can a Corporation Have an Environmental Conscience?," The Corporation, Ethics, and the Environment, W. Michael Hoffman, Robert Frederick그리고, Edward S. Petry, Jr. 편 (New York: Quorum Books, 1990).

9. Mark Sagoff, "AT the Shrine of Our Lady of Fatima, or Why Political Questions Are Not All Economic," Business Ethics: Readings and Cases in Corporate Morality, 2판, W. Michael Hoffman과 Jennifer Mills Moore (New York: McGraw Hill, 1990), 494-503쪽에 수록된 글.

10. Bowie, 94쪽.

11. Cynthia Pollock Shea, "Doing Well by Doing Good," WorldWatch (1989년 11월/12월), 30쪽.

12. Corporate Ethics: A Prime Business Asset, 비즈니스 라운드테이블 보고서, 1988년 2월, 4쪽.

13. Kenneth Blanchard와 Norman Vincent Peale, The Power of Ethical Management (New York: William Mprrow and Company, Inc., 1988).

14. Robert Frederick, "Individual Rights and Environmental Protection," 1990년 8월 10일 및 11일에 샌프란시스코에서 열린 기업윤리 센터연례 컨퍼런스에서 발표됨.

15. Frederick.

16. Richard Routley와 Val Routley, "Human Chauvinism and Environmental Ethics," Environmental Philosophy, Monograph Seres, No. 2, Don Mannison, Michael McRobbie, and Richard ROutley 편 (Australian National University, 1980), 121쪽 이하.

17. Paul W. Taylor, "The Ethics of Respect for Nature," People, Penguins, and Plastic Tress: Basic Issues in Environmental Ethics, Donald Vandeveer & Christine Pierce 편 (Belmont, CA: Wadsworth, 1986), 178-183쪽에 수록된 글을 보라. 또한 R. Routley & V. Routley, "Against the Inevitability of Human Chauvinism," Ethics and the Problems of the 21st Century, K. E. Goodpaster & K. M. Sayre (Notre Dame: University of Notre Dame Press, 1979), 36-59쪽에 수록된 글도 보라.

18. Arne Naess, "Identification as a Source of Deep Ecological Attitudes," Deep Ecology, Michael Tobias 편 (San Marcos, CA: Avant Books, 1988), 266쪽.

19. Benedict de Spinoza, "On the Improvement of the Understanding," Philosophy of Benedict de Spinoza, R .H. M. Elwes 역(New York: Tudor Publishing Co., 1935), 5쪽에 수록된 글.

20. Christopher D. Stone, "Should Trees Have Standing?" Toward Legal Rights for Natural Objects, "People, Penguins, and Plastic Trees," 86-78쪽에 수록된 글.

21. Stone, 83-96쪽.

22. Lawrence H. Tribe, "Ways Not to Think about Plastic Trees: New Foundations for Environmental Law," People, Penguins, and Plastic 257쪽에 수록된 글.

23. Stone, 83-96쪽.

24. Holmes Rolston III, Environmental Ethics (Philadelphia: Temple University Press, 1988), 301-313쪽.

읽기 자료 BEYOND INTEGRITY

생물 중심주의의 도전

토머스 지그 데어(Thomas Sieger Derr)
출처: Creation at Risk? : Religion, Science, and Environmentalism, Michael Cromartie 편 (Grand Rapids: Eeerdmans, 1995), 85-104쪽.

얼핏 보기에는 내가 환경운동에 대해 어떤 식으로든 비판적인 사람으로 보이지 않을 것이다. 한동안 시골에서 살았던 나는 대개 바람이 어느 쪽에서 부는지, 달이 어느 국면에 있는지 안다. 나는 내 소유의 작은 삼림지를 잘 돌보고 있으며, 내 개들을 사랑한다. 내 개인적 취향은 공공 정책에까지 이어진다. 나는 하천 오염 감소, 대기의 질 및 수질 향상, 삼림 보존, 야생동물 보호를 지지한다. 나는 환경운동은 어느 정도 필요하고 불가피한 운동이라고 생각한다.

그러나 현재의 기준으로는 나는 그다지 환경주의자가 아닌데, 왜냐하면 특히 나는 크리스천이기 때문에 현재의 환경 철학의 방향에 대해 매우 못마땅하기 때문이다. 내 문제는 부분적으로는 주류 환경운동이 우리가 처해 있는 모든 환경 문제들에 대해 기독교를 비난하는 데에서 발생한다. 이는 반복적으로 번성해 온 넌센스로서, 이런 주장이 발표될 때마다 사람들은 마음껏 이를 권위 있는 출처로 인용하며, 각각의 참조 사항마다 더 많은 승수 효과를 보인다.

이러한 부류의 유언비어는 확실히 하나의 원천으로 거슬러 올라 갈 수 없지만, 아마도 우리가 다가갈 수 있는 가장 가까운 원천은 걸출한 중세 역사가인 고(故) 린 화이트 주니어(Lynn White, Jr.)의 "우리의 환경 위기의 역사적 뿌리"[1]라는 논문일 것이다. 이 논문은 1967년에 사이언스에 발표된 후 사실상 명문집에서 영생을 누리고 있다. 이 논문은, 예컨대 현재 인기 있는 "깊은 생태 환경(Deep Ecology)" 운동의 주요 철학자 조지 세션(George Session)이 "환경 위기는 근본적으로 서구의 인간 중심적인 철학적 및 종교적 지향과 가치의 위기이다"[2]라고 말하는 것과 같이 다른 종교가 필요하다는 증거로 인용된다. 화이트 자신이 기독교를 비난한 것은 아니다. 그러기에는 그는 너무도 조심스러운 역사가였으며, 더욱이 그는 교회 활동을 열심히 하는 크리스천으로서 글을 썼다. 그러나 다른 사람들이 그의 논문을 사용해서 어두운 목적을 증진했다.

확실히, 화이트는 그들에게 무기를 공급해 주었다. 그는 자연에 대한 현대의 기술적 착취를 인간에게 다른 피조물에 대한 일정 형태의 우월성을 부여하는 창세기 1장 28절의 유명한 "지배" 구절로 거슬러 올라간다. 그는 기술은 현재 생태 환경적으로 "통제를 벗어났기" 때문에, 이 결과에 대해 "기독교에 큰 책임이 있다"고 해도 무방하다고 주장한다. 우리는 "자연은 인간에게 봉사하는 것을 제외하면 존재할 이유가 없다는 기독교의 명제"를 거절할 필요가 있다. 우리는 "정통 기독교의 자연에 대한 오만"을 극복해야 한다. 화이트는 심지어 대항 문화가 다른 종교를 옹호하는 것을 축복하기도 했다. "우리가 새로운 종교를 발견하거나 우리의 현재 종교에 대해 재고하기까지는, 더 많은 과학과 더 많은 기술이 우리를 현재의 환경 위기로부터 구해 주지 않을 것이다…. 히피들은… 건전한 본능을 보여 인간과 자연의 관계를 기독교적 견해와 거의 상반된 모습으로 보는 원불교와 힌두교에 대한 그들의 친밀감을 표시한다."

기독교가 진정으로 환경 문제에 대한 범인인가? 그리고 화이트가 정말로 그렇다고 말하는가? 두 질문 모두에 대한 대답은 그렇지 않다는 것이다.

많은 학자들이 기독교가 서양의 과학 및 기술 발전에 중요한 기여를 했다는 결론을 내리지만, 그것이 환경 문제에 대한 유일한 원인이라는 주장은 지나친 것이다. 확실히 창조 교리는 피조물을 하나님과 분리시켜서 피조물은 그 자체로 신이 아니라고 하며, 피조물의 작동에 대한 탐구는 창조주의 마음에 대한 경건한 연구라고 강력히 시사한다. 그러한 세계관은 확실히 과학 및 기술 문화를 부추긴다. 그러나 그것만으로는 과학 기술 문화의 출현에 충분조건이 아니다. 과학 기술 문화는 동방 기독교가 지배적인 곳에서는 발달하지 못하고 서방 기독교 지역에서만 발생했으며, 그것도 천 년이나 지난 뒤에야 발생했다. 중국, 고대 그리스, 그리고 중세 이슬람 세계에서 기독교가 없이도 과학이 번성했으므로, 기독교 세계관이 과학 기술 발달의 필요조건도 아니다. 또한 환경에 주의를 기울이지 않는 것은 주로 기독교 지역이라고 말할 수도 없다. 때로는 문명의 몰락을 야기하기에 충분했던 과도한 방목 및 환경 파괴와 같은 생태 환경 파괴는 이집트, 페르시아, 로마, 아즈텍, 인디언, 그리고 심지어 불교도들에 의해서도 저질러졌다. 이는 아마도 자신들이 별로 알지 못하는 이문화에 대해 낭만적으로 생각하는 순진한 서구인들을 제외하면 아무에게도 놀라운 사실이 아닐 것이다. 예컨대, 어느 저명한 서양 환경주의자는 자신의 문화를 경멸하고 "사람이 자연과 조화된 여유로운 삶을 살고 있는 (또는 살았던) 동양 및 온화한 태평양의 문화"를 극찬한다.[3] 그 사람들의 유감스럽고, 폭력적인 역사에 대해 아무것도 모르는 사람만이 이런 글을 쓸 수 있다.

그렇다면, 무엇이 과학 기술 사회를 만드는가? 그리고 무엇이 환경에 대한 약탈을 야기하는가? 기술에 관해서는 간단한 수공예 및 동물의 사육, 인간의 자연적인 노동 절약 장치 추구, 이러한 발전이 보다 더 진전된 다른 사회와의 교역 및 상거래, 또는 아무리 작을지라도 일단 시작된 기술 변화의 자연스러운 계기들이 초기 기술 문명의 기원이라고 추측할 수 있을 것이다. 과학 기술 사회의 다른 요인들로는 지리, 기후, 인구 증가, 도시화 및 민주주의 등이 포함될 것이다. 이러한 요소들에 고대 그리스인들로부터 물려 받았고, (A.N. 화이트헤드가 주장하는 바와 같이)[4] 하나님의 합리성에 대한 중세의 주장에 의해 강력하게 중개된, 세계는 일반 원칙에 의해 다스려지는 이해 가능한 질서라는 아이디어 또는 베이컨, 데카르트, 라이프니츠와 같이 인간의 자연 정복을 축하하는 순전히 세속적인 철학의 부상이 더해질 것이다. 과학 기술을 발달하게 한 요소들은 이처럼 상당히 많다. 이처럼 많은 후보들이 있는 점에 비추어 볼 때, 가장 큰 영향을 준 것이 무엇인지 정확히 분류하기란 불가능한 바, 화이트조차도 과학 기술 발달의 원인들은 알 수 없음을 인정했다.

환경에 대한 해악의 원인에 관해서는, 먼저 지구상에 그 어느 때보다 더 많은 사람들이 있으며, 그들은 식량과 거주할 곳을 찾기 위해 흔히 자기 주위의 세계를 공격한다는 사실을 들 수 있을 것이다. 선진국들의 공장만이 아니라, 연료를 위한 제3세계 시골 지역 사람들의 나무 사용과 그들의 가축 도살도 이 세계의 토양에 해를 주고 공기를 더럽게 한다(제3세계의 토양 및 공기는 선진국의 토양 및 공기보다 훨씬 더럽다). 물론 산업 발전이 환경 피해를 야기했지만, 이 중 많은 부분은 흔히 시정할 수 있는 무지 및 오류, 실수의 결과이다. 환경운동에서는 이 피해를 기업의 탐욕에 돌리는 목소리가 높으며, 이들 중 보다 더 나가는 이들은 보다 깊은 뿌리를 자본주의 문화에서 찾고 있는데, 그들은 자본주의가 어느 정도는 기독교 신학에 의해 태동되었다고 주장한다. 그러나 인간의 자기 이익 추구는 우리 본성에 고유한 바, 종교 여하를 불문하고 어느 문화도 이를 제거하지 못했다고 말하는 것이 더 간단하고 정확하다.

린 화이트는 실제로 우리의 환경상 어려움에 대해 기독교를 비난하지 않았다. 그는 나중에 "자연을 향한 정통 기독교의 오만"이라는 말은 자연을 향한 오만이 정통 기독교 교리임을 의미하는 것이 아니라, 자칭 정통 크리스천이 자연에 대해 오만하다는 뜻이라고 말했다. 그는 "자연은 인간에게 봉사하는 것을 제외하면 존재할 이유가 없다는 기독교 명제"는 이것이 참된 신앙의 문제라기보다는 일부 크리스천들이 이를 하나의 명제로 간주했다는 뜻이라고 주장했다.[5] 이러한 단서는 확실히 크리스천들은 자신이 크리스천이기 때문에 자연에 대해 주의를 기울이지 않았다는 "역사적 뿌리" 논문에서의 명백한 주장을 훼손한다. 그러나 비판의 폭풍을 겪고 난 뒤에 이에 대해 재고해 본 화이트는, 다른 모든 곳의 인간들과 마찬가지로 크리스천들은 자신의 이기적 목적을 위해 자신의 종교 전통의 특정 요소들을 오용할 수 있음을 발견했다고만 말하는 선으로 후퇴했다.

린 화이트의 논문에 관해 다소 길게 말했는 바, 나는 그가 자신의 논문이 주목 받은 데 대해 기뻐할 수도 있겠지만, 자신의 논문이 사용되는 방식에 대해 당혹스러울 것이라고 믿는다. 그는 내게 "환경 신학"에 대해 편지를 쓰면서 반 농담조로 "물론 내가 그 창시자죠!"라고 말했지만, 그는 확실히 많은 후손들을 부인할 것이다.

자연에 대한 기독교적 접근법

자연에 대한 진정한 정통 기독교적 태도는 무엇인가? 그것은 한 마디로 하면 청지기 직분이다. 우리는 우리의 소유가 아닌 것의 수탁자(受託者)이다. "땅과 땅에 가득 찬 모든 것이 주의 것이다. 이 세계와 세계에 거하는 것들도 주의 것이다"(시편 24:1). 이 아이디어는 환경 보호주의에 심원한 시사점을 주는 바, 나는 이 아이디어에 완전히 긍정적인 함의가 있다고 생각한다. 더글라스 존 홀(Douglas John Hall)의 『청지기, 로렌 윌킨슨』(The Steward, Loren Wilkinson)과 그의 동료들의 『90년대의 지구 보존』(Earthkeeping in the Nineties), 그리고, 20년 전의 내 책 『생태환경과 인간의 필요』(Ecology and Human Need)와 같은 많은 저자들이 다른 방식으로 이에 대해 말했다.[6]

간략한 역사적 증거는 이러한 신학적 의무에 실제적인 결과가 없지 않았음을 시사한다. 예를 들어, 유럽의 일부 크리스천들은 수 세기 동안 환경적으로 안정적인 방식으로 농사를 지어왔다. 르네 뒤보스(Rene Dubos)는 이에 대해 명백하게 말한다. "유대-기독교 신자들은 아마도 토지 관리 및 자연 윤리에 대해 대규모의 편만한 관심을 보인 최초의 사람들일 것이다."[7] 이 문제에 관해 가장 인내심이 있고 철저한 역사가들 중 한 명인 클레른스 글랙켄(Clarence Glacken)은 그의 방대한 문헌 조사로부터 다음과 같이 결론을 내린다. "나는 현대 환경 신학은… 이 세상의 복잡성은 창조주 하나님의 작품이라는 기독교 신학의 매우 뚜렷한 아이디어인 설계 주장에 그 기원을 두고 있다고 확신한다."[8] 린 화이트도 이를 알았다. 그리고 과거에는 기독교에 대한 환경론적 비판자들조차도 통상적으로 크리스천들의 문제는 그들이 자신의 교리를 충분히 진지하게 받아들이지 않는 것뿐이라고 말했었다.

오늘날의 세계에 새로운 점은, 물론 지나치게 일반화하지 않도록 조심해야 하지만, 생물중심주의로 알려진 강력하고 편만한 환경 학파에 의해 이러한 반(半) 또는 유사 평화적 견해가 거절되고, 청지기 직분에 대한 정면 공격으로 대체된 점이다. 그러나 거의 모든 생명 중심 환경주의자들은 청지기 직분이라는 아이디어는 인간이 자연을 관리함을 시사하는데, 이는 인간이 자신만이 알 수 있는 목적으로 자연을 관리함을 의미하기 때문에 이 아이디어가 역겨울 정도로 인간중심적이라고 생각한다고 해도 과언이 아니다. 리처드 실반(Richard Sylvan, 이전의 라우틀리)는 청지기 직분은 "인간이 독재자"임을 의미한다고 말한다.[9] 우리가 자신을 지구의 원예사로 생각해도 되는가? 이는 나쁜 비유이다. 원예는 자연 그대로 놔두면 그렇게 하지 않을 방식으로 지구의 다산성을 통제하는 것이다. 인간의 설계가 잘못 부과된다.

궁극적인 생명의 부여자의 설계에 의해 인간을 자연의 정점에 두는 기독교 신론에 의해 문제가 더 복잡해진다. 우리가 말하는 바와 같이 하나님의 형상대로 만들어진 우리는, 우리 인간의 이익이 나머지 피조물들의 이익보다 우위에 놓인다고 주장할 수 있는 면허를 부여한다. 피조물에 대한 청지기 직분은 주로 우리가 자연이 우리를 무한정하게 부양할 수 있도록 이를 관리해야 함을 의미한다. 우리가 하나님을 위해 만들어진 것과 마찬가지로, 자연은 우리를 위해 만들어졌다. 생물 중심주의자들은 인간의 이기심, 편협성, 쇼비니즘, "종에 대한 편견"(피터 싱어가 동물의 권리를 부인하는 사람들에 대해서 사용하는 무서운 용어), 도덕적 순진함, 자연의 남용, 스스로를 중요하게 여기기, 그리고 극단적으로 행사되는 자만심은 인간 중심주의의 폐해라고 말한다. 폴 테일러(Paul Taylor)는 인간이 다른 종들보다 더 많은 내재 가치를 가지고 있다고 간주하는 것은 귀족이 평민보다 더 많은 내재 가치를 가지고 있다고 여기는 것이나 마찬가지라고 말한다. 인간의 우월성 주장은 "깊이 자리한 편견… 완전히 독단적인 주장… 우리 자신에게 유리한 방향으로의 비합리적인 편향"이다.[10] 결국 린 화이트가 옳았다. 그것은 오만에 지나지 않는다.

자연의 권리

생물 중심주의자들은 대신에 무엇을 제안하는가? 그들의 가장 근본적인 명제는 자연 자체, 전체로서의 생명 프로세스가 가치가 있는 주요 장소라는 것이다. 이 프로세스 안에서는 모든 종들이 전체 생태 환경에서 적절한 틈새를 가지지 않으면 존재하지 않을 것이기 때문에, 그들의 현재 모습대로 본질적인 가치가 있다. 그리고 그들에게 본질적인 가치가 있다면, 우리는 그들이 우리에게 적절히 대하라고 요구할 수 있는 일종의 권리, 우리의 마음대로 처분할 수 없는 그들 자신의 무결성을 가지고 있다고 말해야 한다.

인간이 아닌 실체들에게 주장되는 권리는 그들이 합리성, 언어 또는 심지어 인지 능력과 같은 어떤 속성을 보유하는지 여부에 의존하지 않음을 주목하라. 생명주의자들은 그렇게 한다면 이는 미묘한 인간중심주의가 될 것이라고 말한다. 이는 인간의 특성을 가치의 테스트로 삼는 것과 마찬가지이며, 이는 많은 동물 권리 옹호자들이 저지르는 실수로서 그들을 생명 중심주의자들과 구별시키는 요소이다. 우리는 대신에 모든 실체들은 그 자체로 가치가 있다고 말해야 한다. 그들은 의식하든 의식하지 않든 스스로 가치 있게 여기는 자신의 목적, 또는 "선"을 가지고 있다. 그들의 가치, 그리고 이에 따르는 그들의 권리는 오로지 그들 자신이 될 본질적인 필요, 그들 자신의 "중대한 이익"에 의존한다.[11]

이는 우연히 생명 중심주의자들이 인간의 유아들이나 정신적으로 결함이 있는 인간들은 지능이나 적응력과 같은 특정 자질 면에서 동물보다 못할 수 있는데도, 우리는 (또는 우리들 대부분은) 이들 인간에게 인간으로서의 권리를 부인하지 않을 텐데 왜 동물들에게는 권리를 인정하지 않는가라는 동물 권리 주장에 대처하는 방식과 동일하다. 생명 중심주의자들은 (그리고 이 점에서는 나도 동의한다) 그 답은 권리는 집단 또는 종에 본질적인 것이지 해당 종 안의 어떤 개체가 지니고 있는 특질 보유 여부에 있는 것이 아니라고 말한다. 곧 설명하겠지만, 내 차이는 나는 권리를 인간보다 낮은 차원으로 확대시키지 않는다는 점이다.[12]

자연의 내재 가치

자연계는 우리가 존중해야 할 권리를 가지고 있다는 주장은 자연계는 내재 가치를 가지고 있다는 주장에서 시작하기 때문에, 이 전제가 되는 주장에 대해 고려해 보자. 내가 아는 한, 이 아이디어(자연은 인간과 독립적으로 또는 이 사안에 대해서는 그가 말하지는 않았지만, 하나님과 독립적으로) 가치를 가지고 있다는 아이디어를 확립하기 위해 홈스 롤스톤[13]보다 더 열심히 연구했거나 깊은 주의를 기울인 사람이 없다. 만일 그의 가장 주의 깊고 우호적으로 표현된 논의조차도 타당하지 않다면, 생명 중심주의자들의 토대는 일반적으로 허약하다고 상정할 수 있을 것이다.

롤스톤에게는 생명을 지탱할 수 있는 능력은 우리 인간이 없이도 자연이 보유하고 있는 자연스러운 선이다. 즉, "선"을 보유하기 위해 인간의 만족이라는 경험은 필요하

지 않다. 지구는 우리가 없이도 가치를 만들어 낼 수 있다. "가치 없는 것에 대한 연구
는 본질적으로 가치가 있을 수 없기 때문"에, 우리가 자연 과학을 가치 있다고 생각할
때 우리는 객관적 가치의 존재를 인정하는 것이다.[14] 유기체는 생명이 있는 존재이며
자신의 생명을 유지한다는 자체의 선을 가지고 있다. 그리고 이 선은 우리의 존중을 요
구할 수 있는 가치이다. 실상, "살아 있는 개체는… 그 자체로 본질적인 가치이다."[15]

롤스톤은 인간 참여자가 대상에 가치를 공급한다는 점을 인정한다. "어떤 가치도…
원칙적으로… 가치를 부여하는 지각이 있는 존재로부터 독립적일 수 없다… 지각이 있
는 모든 존재들이 단번에 멸절된다면, 선이나 악… 옳고 그름이 없게 될 것이다. 오직
무감각한 현상만이 남을 것이다." 그러나 "뭔가가 가치가 있다고 말하는 것은 그것이
인간 평가자가 있을 경우에만 가치 평가를 받을 수 있음을 의미한다. 그러나 그것은 인
간이… 옆에 있건 없건 그 특질을 보유한다." 그 물체에 이미 가치가 있다. 그래서 "본
질적인" 것이다. 롤스톤은 자연물의 가치를 인간의 심리에 의존하여 설명하는 것을 좋
아하지 않는다. 그는 가치가 자연으로부터 직접 나와서 우리가 이 대상을 "그 자체로
서" 가치를 평가할 수 있기를 바란다. 인간이 관심을 가지게 됨에 따라 가치가 증가할
수 있지만, 사람이 없이도 가치는 있다. 그래서 그의 이론은 "생명 중심적"이다.[16]

이에 반해, 나는 아래에 언급하는 중요한 유신론적 예외를 제외하고는 우리 인간이 가
치를 제공하며, 자연은 우리가 가치 있다고 생각하기 때문에 가치 있는 것이라고 주장한
다. 가치 평가자가 없으면 가치도 없다. 가치는 어떤 사람이나 사물을 위한 것이다. 어떤
사물이 어떤 사람에게 가치를 제공해 줄 수 있는 바, 그 점에서 그 사물은 가치, 즉 누군
가를 위해 가치를 제공할 능력을 가지고 있다. 이는 사람이 어떤 가치를 부여하든 상관없
이 그 자체 안에 있는 가치인 "내재" 가치와는 다르다. 우리가 특정 사물에 대한 연구를
가치 있게 여긴다는 사실이 그 사물을 내재적으로 가치 있게 만들지는 않는다. 이 사실은
그것을 우리를 위해 가치 있게 만든다. 누군가는 염주를 굴리는 것을 자신의 마음의 평화
에 가치가 있다고 생각할 수 있지만, 그렇다고 해서 이 염주들에 내재적인 가치를 부여해
야 하는 것은 아니다. 일부 은둔자들은 신문이 산더미처럼 높게 쌓이는 것을 가치 있게
생각하면서 여러 해 동안 신문을 모아 온 것으로 알려졌는데, 그렇다고 해서 이 오래된
신문들이 내재적으로 가치 있게 되는 것은 아니다. 모기들이나 박테리아들은 자신의 생
명을 영속화시킨다는 목표를 가지고 있을 수 있다. 그러나 그것은 의식이 있는 다른 존재

들이 인정하기를 요구하는 내재 가치를 가지고 있는 것과는 다르다.

자연의 내재 가치에 대한 인간의 인정과 인간이 이를 인정함으로써 자연에 부가하는 가치를 구분하려는 롤스톤과 다른 생명 중심주의자들(예컨대, J. 베어드 캘리콧)의 시도는 내게는 사소하기 이를 데 없다. 자연물은 그 자체로서가 아니라 우리의 상황과 결부되어서만 우리를 위해 가치를 만들어 낼 수 있다고 말하는 것이 훨씬 더 설득력이 있고 믿을만하다. 우리가 가치를 공급한다. 목표는 그 존재에 기여한다. 가치는 그 자체로 떼어서 말하기에는 부적절한 용어이다.

자연의 몰도덕성(amorality)

창조 교리를 환경 철학 또는 환경 신학의 토대로 받아들이는 유신론자라면, 가치에 대한 논의는 다른 방향을 띄게 된다. 제임스 나쉬(James Nash)처럼, 우리는 모든 피조물은 어떤 식으로든 자신의 창조주를 반영해야 하며, 그들에게 가치가 있다고 추정하는 것은 비합리적이지 않다고 말해도 무방할 것이다.[17] 이는 자연물에 내재 가치가 있다고 말하는 것이 아니다. 그들의 가치는 여전히 가치를 평가하는 존재에게 의존한다. 그러나 여기에서의 가치를 평가하는 존재는 인간이 아니다. 하나님이 가치를 부여하는 바, 그렇다 해도 이 가치는 가치를 받는 대상 자체에게 속하지 않는다.

이는 흠잡을 데 없이 잘 개발된 아이디어로서 토마스 주의의 지지를 받고 있지만, 이 아이디어는 우리의 환경 문제를 해결하지 않고, 문제를 더 어렵게 한다. "하나님이 만든 모든 것을 보니 매우 좋았다"고 말하는 것은 자연계를 존중해야 할 우리의 의무를 잘 확립한다. 물론, 이는 우리의 청지기 직분의 토대이다. 그러나 우리는 여전히 자연의 몰도덕성과 우리를 향한 빈번한 적대심에 직면하며 그것도 특히 고통스러운 형태로 대면한다. 왜냐하면 그것은 신정론이라는 고대의 문제를 제기하기 때문이다. 자연은 우리가 폭력과 추함이라고 인식하는 것들로 가득 차 있다는 사실은 논쟁의 여지가 없다. 자연은 먹이 사슬, 잔인한 투쟁과 고통스러운 죽음의 영역이다. 놀랍게도, 아무도 이를 롤스톤 자신보다 더 솔직하고 생생하게 제시한 사람이 없다.

자연은 거대한 먹이 피라미드이며, 이는 가치를 어둡고 죽음이 가득 찬 정글 안에 둔다. 지구는 도축장이고, 생명은 악취에서 나오는 독기를 품고 있다. 남을 위해서는 아무것

도 행해지지 않는다···. 맹목과 언제나 절박한 착취가 자연의 주도적인 주제이다.[18]

설상가상으로 우리의 견해로는, 자연은 빈번히 인간의 생명에 적대적이다. 단번의 갑작스럽고 거대한 폭발로 우리의 생명을 끝장낼 수 있는 우주적 가능성은 말할 것도 없고, 흉포한 폭풍에서 화산 폭발, 가뭄, 살인 바이러스에 이르기까지 자연계는 확실히 우리의 명백한 친구가 아니다.

이러한 자연의 행동으로부터 윤리를 찾아볼 수 있는가? 그럴 가능성은 없다. 최소한 어떤 크리스천이라도 한 순간이라도 참을 수 있는 윤리는 찾아볼 수 없다. 그렇다고 자연이 비도덕적(immoral)이라고 말하는 것은 아니다. 그렇게 말한다면, 인간의 가치를 자연계에 들여오는 것이 되기 때문이다. 그러나 자연은 확실히 도덕관념이 없으며(amoral), 우리는 자연의 행동으로부터 윤리 기준을 도출하려고 하지 않는다. 그럼에도 불구하고, 주로 이 도덕관념이 없는 세계에 가치를 두는 생명 중심주의자들은 그곳에서 무언가가 소중히 간직할 것, 무언가 먹이 사슬의 잔인성 위로 떠오르는 것, 무언가 추함을 상대화시키는 것을 발견한다. 어떤 이들은 명백한 혼란 뒤에 반복되는 패턴, 균형의 회복이라는 조화를 선택한다. 다른 생명 중심주의자들은 자연의 분노 속에서도 활력, 생산력, 그리고 재생력, 힘, 지속력, 그리고 역동성을 찬미한다. 부패하는 시체와 불타버린 숲으로부터 새로운 생명이 출현한다. 롤스톤은 "추함이 특정 시기에 존재하기는 하지만, 그것이 마지막 단어는 아니다··· 시간이 지나면 자연은 이 추함으로부터 아름다움을 만들어 낼 것이다."라고 말한다.[19]

그러나 이를 이런 식으로 보는 것은 선택의 문제이다. 생태 시스템에서의 조화는 외관상이고 피상적일 뿐이다. 새롭게 부상하는 승리하는 세력과 사라지는 종들이 있으며, 균형은 영원히 어지럽혀진다. 조화를 보는 것은 선택적으로 보는 것이다. 조화는 아름다움과 마찬가지로, 대개 보는 사람의 눈에 달려 있다. 우리를 매혹하는 것이 자연의 힘과 재생력이라면, 우리는 암세포의 급격한 재생산이나 토네이도의 무서운 아름다움을 사랑할 수 있을 것이다. 우리는 우리를 죽이는 것을 사랑할 수 있을 것이다. 장기적으로 볼 때, 자연은 이 세상을 파괴하려 한다. 태양의 죽음은 지구의 종말을 뜻하겠지만, 누군가가 그것을 볼 수 있는 사람이 있다면 그것은 아름다운 광경일 것이다. 우리는 자연의 사실을 우리가 선택하는 어떤 방식으로도 볼 수 있다. 다시 얘기하자면, 우리가 가치를 공급한다.

그러나 확실히 하나님은 자신이 만든 것들을 가치 있게 여겨야 한다고 대답하는 유신론자들에게 뭐라고 말할 것인가? 우리는 하나님이 자신의 피조물에 대해 무엇을 의도하는지 알 수 있는가?

자연의 악과 신정론 문제라는 고대의 유산이라는 난제(難題)에 직면해서, 하나님의 마음을 아주 잘 안다고 주장했던 수 세기 동안의 거짓 예언을 명심한다면, 나는 이 문제에 답할 때 매우 겸손해야 한다고 생각한다. 기독교 신앙에서 신-인간의 중심성에 비추어 볼 때, 그리고 인간을 향한 구속적 사건에 대한 기독교 신앙의 선포에 비추어 볼 때, 나는 우리의 초점은 인간의 생명이어야 하며, 지구에 대한 우리의 과제는 우리의 지혜와 힘이 허락하는 한 인간의 생명이 더 먼 미래에까지 지속될 수 있는 상태를 유지하는 것이라고 주장할 용의가 있다(용의가 있을 뿐만 아니라, 사실은 그렇게 주장하고 싶다). 그러나 나는 이 범위를 넘어 가고 싶지는 않으며, 지구의 용도(good)가 무엇인지, 이를 좀 더 낮게 표현하자면, 지구에 대한 하나님의 의도는 무엇인지(이는 정의상 선한 것이 될 테이다)에 대해 추측하고 싶지 않다.

권리의 계산

생명 중심주의자들은 훨씬 덜 겸손하다. 그들은 자연의 용도를 안다고 주장한다. 내가 그들의 입장에 대해 논평한다면, 나는 그들이 자연의 목적(또는 그들이 유신론자라면 자연에 대한 하나님의 목적)을 안다고 주장한다는 점에서 그들은 전통적인 크리스천들보다 훨씬 더 주제넘고, 심지어 뻔뻔하다고까지 말하겠다. 생명 중심주의자들은 자연물에 고유한 가치가 있다는 자신들의 이론에 기초해서, 우리가 자연계에 대해 할 수 있는 것에는 몇 가지 제한이 있다고 말한다. 인간의 이기심을 억제하기에 충분한 힘을 가진 강력한 논거를 추구하는 과정에서, 그들 모두는 아니지만 그들 중 많은 이들이 권리라는 언어를 채용한다. 자연은 권리를 가지고 있으며, 우리 인간이 다른 인간이 침해할 수 없는 권리를 주장하듯이 자연도 인간에 대해 권리를 주장할 수 있다.

그러나 그들은 즉각적으로 우리를 서로 경합하는 권리들의 영역 안으로 던져 넣는다. 누구의 권리가 우선하는가? 이 권리가 침해되면 어떻게 되는가? 우리는 고기를 먹어도 되는가? 실험실에서의 동물 실험은 어떤가? 농업에서 살충제 살포는 어떤가? 항생제 사용은 어떤가? 강에 댐을 건설하는 것은 어떤가? 고양이는 쥐를 죽일 수 있는가?

이러한 충돌들을 해결하고 이 전체 개념이 불합리로 전락하는 것을 구하기 위해, 이 이론의 옹호자들은 권리의 불균등, 심지어 인간에 대한 의무와 자연에 대한 의무 사이의 완전한 분리까지도 제안한다.

그러나 다양한 존재들의 다양한 권리에 대한 계산은 간단한 일이 아니다. 자신을 크리스천 생명 중심주의자라고 부르며, 그의 신학적 주의로 인해 보다 넓은 생명 중심 운동의 많은 결점들로부터 벗어나 있는 나쉬는 적절한 차이에 대한 기준으로 "가치 창출"과 "가치 경험"을 사용해서, 이 기준에서 낮게 평가되면 권리가 작아진다고 한다. 그래서 그는 "맥락에 따라 적절히 조정"함으로써 권리의 충돌을 해결하기 원한다.[20] 롤스톤도 이와 유사하게 동물들과 기타 자연물의 권리들이 "계층 발생 스펙트럼이 낮아짐에 따라 작아지게" 한다.[21] 이 시스템들은 인간의 권리에 우선권을 주고, 단지 지각이 있기만 한 생물들의 권리에는 낮은 우선권을 부여하고, 지각이 없는 존재들에게는 가장 낮은 우선권을 부여한다.

자연의 권리에 대해 보다 과격한 견해에서는 슈바이처적인 접근법을 취해서, 우리의 생명에 위협이 가해지는 경우를 제외하면 "더 작은" 형태의 생명들의 살생을 피하는데, 불가피하게 살생을 할 경우에도 이 같은 필요악에 대해 심원한 슬픔을 가지고서 살생을 한다. 우리는 생태 환경의 전형으로 여겨지는 아메리카 인디언들이 사냥감을 죽이기 전에 그들에게 사과한다는 말을 최근에 얼마나 자주 경탄하면서 들어왔던가? 아일랜드의 어느 평화주의자가 내게 냉소적으로 이렇게 말한 적이 있다. 그는 아일랜드에서는 정치적 암살이 너무 흔하다 보니 암살은 살인을 금지하는 십계명의 여섯 번째 계명 위반이라는 의식보다는 정치 프로세스의 정상적인 일부로 간주된다고 했다. 그러나 그는 이렇게 덧붙였다. "희생자들이 일반적인 살인과 정치적 암살을 구분할지는 의문스럽습니다." 심원한 사과를 받으면서 인디언 화살에 의해 죽임 당하는 순록도 마찬가지이다.

이러한 어려움에 직면해서, 심지어 생명 중심적으로 기운 사람들조차 권리라는 언어를 포기할 유혹을 받음에 틀림없다. 롤스톤은 권리가 결국은 생태 시스템에는 적용되지 않는, 단지 "문화적 발견이자 전통"에 지나지 않지만, 아무튼 이 용어를 사용하는 것이 정치적으로 유용하다고 인정하면서 무심결에 냉소적인 입장을 보였다. "권리 개념을 사용하는 것이 때로는 수사적으로 편리하지만, 원칙적으로는 이를 사용할 필요가 없다."[22] 중요한 것은 제한의 힘이며, 언어는 필요에 따라 조정될 수 있다.

권리 억제하기

생명 중심주의자의 주장이 지적으로 강력하고 기민하다는 점에 대해서는 이에 합당한 존중을 표하지만, 나는 "권리들"을 인간 사이의 문제들로만 제한함으로써 그들의 고디우스의 매듭을 잘라 버리겠다. 권리는 애초에 흔히 헌법과 같은 근본적인 문서에 규정되거나 관습법에 내장된 개념으로서 인간 사회에만 적용되는 정치적이고 사회적인 용어이다. 형이상학적 용어로서, 모든 문화에서 사용하는 용어인 "인권"은 시민권에 의해서가 아니라 인간의 특성 자체에 의해 인간에게 적용된다. 신학적으로는, 우리의 본성에 의해서도 아니고 시민권에 의해서도 아닌, 하나님의 사랑의 근본적인 동등성, "이질적인 존엄" 개념, 우리의 본성에 속하지 않고 우리에게 부여된 은혜에 의해 우리는 인권을 보증한다. 자연은 권리에서의 이러한 요소들 중 어느 것에도 참여하지 않는다.

생명 중심주의자들은 때로는 그들에게는 권리라는 아이디어의 역사에서 결함으로 보이는 것들을 교정하려 하는데, 나는 이를 확장에 의한 논리라고 부를 것이다. 그들은 "권리들"은 원래는 남성 시민들에게만 적용되었음을 지적한다. 그러나 권리들이 점진적으로 여성, 노예, 그리고 종국적으로는 다른 모든 인간에게로 확장된 것과 마찬가지로, 이러한 정치적 자유주의가 이제 권리를 인간이 아닌 존재들, 심지어 환경 시스템과 같은 존재들에게까지 확대되는 것이 논리적이다. 또는 논의의 장이 정치가 아니라 기독교 윤리라면, 이웃을 사랑하라는 명령은 이제 인간이 아닌 "이웃들", "창조에 있어서 우리의 형제들"[23]에게까지 적용되어야 한다. 즉, 우리가 가난하고 억압받는 사람들에게 부여해야 할 의무를 지고 있는 정의는 이제 억압 받는 자연에게까지 적용되어야 한다, 또는 우리에게 사랑하라고 요구되는 원수는 가장 적대적인 형태를 보일 때의 자연까지 포함할 수 있다고 주장할 수 있을 것이다.

나는 이러한 주장의 관대한 정신을 인정하지만, 이 주장은 심각한 범주의 오류를 저지르고 있다고 생각한다. 인간이 아닌 존재들은 우리 인간이 본성상 지니고 있는 도덕적 지위를 가질 수 없다. 우리의 이웃을 사랑하라는 명령이 그 원래 맥락에서 사실상 인간이 아닌 존재들에게 적용되지 않는다는 사실은 공허한 얘기가 아니다. "확장"은 이 텍스트를 상당히 오도하는 것이다. 자연계에 대한 우리의 의무는 이런 식으로 표현될 수 없다.

나쉬와 폴 샌트마이어(Paul Santmire)[24]에게 다른 방식으로 나타나는 확장 아이디어의 또 다른 용례에서는 궁극적인 구속은 인간만을 위한 것이 아니라 자연계, 그리고 실로 온 우주를 위한 것이기도 하다고 주장한다. 이러한 사고는 구속에 있어서 우리의 동료인 자연을 대하는 우리의 태도에 큰 시사점을 줄 것이다. 성육신은 우리에게뿐만 아니라 물질세계 전체에 존엄을 부여한다. 신이 인간의 몸을 입었을 뿐만 아니라 물질적 존재 일반이 되었다. 일부 신약 성경 구절들(로마서 8:18-25, 골로새서 1:15-20, 계시록: 21:1)은 이 점에서 시사하는 바가 있으며, 그리스 정교회 신학은 이러한 주장을 공식적으로 구현한다.

이는 상당한 무게가 있는 신학적 아이디어이며 심각하게 받아들일 가치가 있다. 그럼에도 불구하고 이 교리는 모호하게만 표현되어 있으며, 소망으로서의 믿음, 즉 믿음에 의해 적법해지는 소망을 표현하지만 이 소망에 대해서는 구체적인 내용이 없다. 실로, 우리가 과학적으로 정직하다면, 불과 얼음 가운데에서의 지구의 종말에 관한 세속적인 지리학적 지혜에 비추어 볼 때, 이러한 교리는 "소망에 반하는 소망(hope against hope)"이다. 종말론적 갱생의 교리는 우리가 청지기 직분의 의무로부터 이미 알고 있는 내용, 이 세상을 인간이 살기에 적합한 거주지로 보존해야 한다는 내용을 넘어서서 자연을 돌보는 것에 관해 별로 말해 주는 바가 없다. 구속된 환경으로서의 자연에 대한 상세한 부분은 우리의 이해 범위를 벗어난다. 죽음 너머의 영원한 실존에 관해 하나님을 신뢰한다 해서 현재의 바위들과 시내들, 숲들과 신당을 모신 언덕들이 보존되어야 하는 것은 아니다. 여기에서도 우리는 무지의 베일에 가려져 있다. 우리는 신이 정한 자연의 운명을 알지 못한다.

간단히 말해서, 자연이 본질적인 가치나 권리를 가지고 있지 않다고 주장하는 것이 훨씬 더 일관성이 있고, 보다 논리적이며, 개념적으로 훨씬 더 간단하다고 믿는다. 그리고 나는 우리가 세속 철학자이건 크리스천 신학자이건, 사람의 말을 하건 천사의 말을 하건 이것이 사실이라고 믿는다.

생명 중심주의가 정책에 미치는 영향

이제 이 논쟁에 실제적으로 무엇이 걸려 있는지 물어볼 때이다. 생명 중심주의자들의 입장이 어떤 정책적 함의를 지니며, 그들은 무엇을 위해 권리 또는 기타 강력한 언어

를 사용하는가? 기독교 휴머니즘적 견해에서는 허용될 것 중 이 입장에 의해서 무엇이
부정되는가?

생명 중심주의자들은 우리가 자연을 우리가 합당하다고 생각하는 바에 따라 사용하
도록 허용하지 않고, 자연이 권리 또는 적어도 우리에게 대항해서 자신의 요구를 가지
고 있다고 주장할 것이기 때문에, 자연은 가급적 그대로 놔둬야 한다는 것이 그들의 일
반적인 주장이 될 것이다. 물론 세부 사항과 예외 사항에 대해서는 일치하지 않는 부분
이 있지만, 기본 전제는 가만히 놔두는 정책을 선호하게 된다. 그것이 외관상의 규칙
(prima facie rule)이다. 자연이 자신의 행로를 택하게 하라. 왜 자연의 프로세스에 우리의 의
지를 부과하도록 허용되어야 하는지를 증명할 부담은 우리에게 있다.

이는 구체적으로는 현존하는 종들이 심미적 즐거움이나 향후의 의료적 효용 등의 형
태로 우리에게 제공해 줄 수도 있는 것 때문이 아니라, 그 종들 자체를 위해 필요한 보
호 조치를 취해야 함을 의미한다. 멸종 위기 종 보호법은 활발히 옹호되고 강제되어야
한다. 그리고 멸종 위기 종들과 인간의 욕망 사이의 충돌(점 부엉이 대 목재산업, 스네일 다터 대 테네시
강 댐 등)은 위협받는 종에게 유리한 방향으로 해결되어야 한다. 국가는 종과 토지를 보호
하기 위해 개입해야 하는데, 이는 토지 소유주의 재산 사용에 대한 제한을 의미한다. 결
국, 야생 동물들과 식물들도 자신의 자유를 지녀야 한다.

특히 인간이 토지를 농사 등 다른 용도로 사용하기 원하는 경우에도, 위기 종들이 필
요로 하는 더 넓은 서식지를 마련해 주기 위해 야생 공간을 보존 및 확대해야 하는가?
그러한 충돌이 발생할 경우 인간이 져야 한다. 깊은 생태 환경 학파(모든 자연물은 동등한 가치를
가지고 있다고 주장하는 경향이 있는 생명 중심주의의 한 형태)의 창시자인 아르네 나에스는 놀라울 정도로 솔
직하게 이렇게 말한다. "인간의 절실한 필요가 인간이 아닌 존재들의 절실한 요구와 충
돌할 경우, 인간이 양보해야 한다."[25]

또한 우리는 둥지에서 떨어진 아기 새, 숲에서 만나는 부상당한 동물, 얼음에 갇힌
고래 등 구하려는 유혹에 빠지기 쉬운 부상당한 야생 동물들을 그대로 놔둬야 한다. 자
연의 프로세스에 대한 개입은 의도가 선하든 그렇지 않든 옳지 않다. 종은 약한 개체들
이 일찍 죽음으로써 강해진다. 자연의 무결성 존중은 마음이 부드러워진 인간의 도덕
성을 자연에 부과하지 않음을 의미한다. 우리는 산불이 타올라서 야생 동물들에게 영
향을 미치도록 놔둬야 한다.

우리는 자연에 기념물을 세우지 말아야 한다. 더 이상의 러시모어 산, 안데스의 그리스도, 워싱턴 산에 오르는 철도, 그리고 황무지 상의 도로나 스키 리프트를 건설하지 말아야 한다.

농업과 축산 분야에서 유전 공학을 중단해야 하며, 우리가 인간에게 허용하지 않을 행동을 이 분야에서 허용하지 말아야 한다. 생물 교육 또는 의약을 위해 동물의 생명을 취해서는 안 되며, 특히 화장품 실험을 위해 동물을 죽여서는 안 된다. 동물원 및 식물원들의 존재는 의문이다. 그곳에 전시되는 생물들은 야생에서 살아야 한다. 애완동물을 키워서도 안 된다.

레크리에이션을 위한 사냥이나 낚시는 어떤가? 이에 눈살을 찌푸리며 이러한 활동이 우리의 식사에 불필요하다고 간주하는 생명 중심주의자들이 있는가 하면, 자연의 실상으로서 도덕적 조사 대상이 아닌 일종의 포식 관계일 뿐이라며 허용하는 이들도 있다. 그리고 같은 취지에서, 우리가 채식주의자가 되어야 할 도덕적 의무도 없다. 사실상, 그리고 어색하게, 생명 중심 이론에서는 식물들도 "자기 나름의 선"을 가지고 있는데, 이는 주의 깊게 식물들의 허용 가능한 용도를 가려내는 것으로 이어진다. 물론 식물들을 먹는 것은 괜찮은데, 이는 그것이 자연의 방식이기 때문이다. 그러나 "천박한" 이용(할로윈 호박, 크리스마스 트리 등)은 의문시된다. 화훼 정원은 모호하다고 할 수도 있는 데, 이를 언급하는 생명 중심주의 문헌은 거의 없다.

원칙상으로는 자연을 내버려두어야 하지만, 우리는 우리가 피해를 입힌 자연을 회복할 의무가 있다. 이러한 형태의 개입은 수용되는 바, 왜냐하면 인간의 개입이 없는 원래의 자연이 이상적이기 때문이다. 여기에서도 허용가능성에 대한 계산은 정교하게 조율되어야 한다. 예를 들어 원래 사막인 곳에 식물을 심는 것은 옳지 않겠지만, 인간의 활동이 이 사막 형성에 상당히 기여한 경우에는 식물을 심을 의무가 있다. 이 원칙이 극단적으로 주장될 수도 있다. 폴 세퍼드(Paul Shephard)는 미국의 모든 사람들이 해안으로 옮겨가서 그 가운데의 땅을 인간이 살기 이전의 상태로 회복하고, 그곳에서는 우리의 원시적 조상들처럼 사냥과 채집만 하자고 진지하게 제안한다. 이렇게까지 주장하는 생명 중심주의자들은 거의 없지만, 원칙상으로는 그렇게 하는 것이 옳다. 어디에 경계를 둘 것인가가 논점이다.

파악하기 어려운 경계를 활보하기

이러한 경계에 대한 내 비판은 그들의 모호성과 자의성(恣意性)이다. 그들은 종들은 자연적 "진화 시기"의 끝까지 존재하도록 허용되어야 한다고 주장한다. 그러나 그 시기가 도래했는지 여부에 대해 어떻게 알 수 있는가? 우리 인간은 우리의 "합당한 분량" 이상을 차지하거나 토지에 대한 우리의 "공정한 몫" 이상을 점유하거나, 기술 발전에서 우리의 "한계"를 넘지 않아야 한다. 그러나 이 용어들은 그 의미를 정의할 수조차 없다. 어떤 생물에 대해 무엇을 할 수 있는가는 이 생물의 신경의 복잡성 정도 또는 기타 위계적 원칙으로 향하지만, 그러한 구분은 결코 명확하지 않고 완전한 독단주의에 빠지게 되어 있다. 결국 나는 이러한 척도는 자연에 달려 있는 것이 아니라 인간에게 달려 있다고 의심한다. 객관적인 자연상의 차이에 따라서가 아니라 인간의 선호에 따라 경계선이 그어진다. 즉, 인간이 가치를 제공하는 것이다.

종이 사라지는 문제도 혼동되고 있다. 자연을 내버려둔다는 것은 자연적인 멸종을 허용함을 의미한다. 우리는 종들이 사라지도록 허용하고 인간의 활동에 의해 위협을 받은 생물만 구하기 위해 개입해야 하는가? (롤스톤은 그렇다고 말한다. 사망이 자연적인 경우에는 옛 생명으로부터 새 생명이 나오지만, 인위적 멸종은 "문제가 없지 않다.")[26] 아니면 종을 위협하는 이유가 무엇이든 우리는 가급적 많은 종들을 보존할 의무가 있는가? 가축화는 야생 동물에 대한 해로운 간섭이기는커녕 종을 보존하는 유용한 방법이 아닌가? 개를 키우는 우리 모두를 옹호해서, 나는 많은 생물들이 인간의 존재 때문에 번성해 왔다고 주장한다. 쥐들과 미국 너구리들이 그렇고, 특히 모든 애완동물 종류들 및 농업에 사용되는 생물들이 그렇다.

생명의 단순성 정도는 혼동되고 있는 또 다른 사안이다. 생명 중심주의자들 중에는 상당히 복잡한 문명화를 허용하는 이들이 있다. 생물 지역주의자들과 같은 이들은 경제의 세계화에 등을 돌리고 소박한 농업 경제로 되돌아갈지라도 자국에서 지속 가능한 방식으로 살아갈 것이다. 전체로서의 이 운동은 자연계에 대해 허용할 수 있는 인간의 영향이 무엇인지에 대한 진정한 지침을 별로 제공해 줄 수 없다. 이 운동은 우리에게 의식주를 허용하겠지만, 이 운동은 특히 우리의 생식 능력을 포함한 우리의 이례적인 재능으로 인해 우리에게 어느 정도의 자체적 한계를 요구할 것이다. 그러나 이 지침이 우리는 너무 영리하고 따라서 우리의 공간을 너무도 쉽게 뛰어넘을 수 있다는 일반적인 불만 외에 무엇을 의미할지는 알기 어렵다. 사실상 우리는 인간이 덜 영리하고 다른 생물들은 더 영리한 것처럼 가장할 필요가 있다. 그러나 어떻게 그리고 얼마나 그렇게 할 것인가는 전혀 특정할 수 없다.

이 이론에는 실제적인 문제들이 많은 바, 대체로 그 문제들은 다루기 어렵다. 그리고 이 문제들은 대부분 불필요하다. 일단 인간이 아닌 존재들의 권리가 제안되고 나면, 필연적으로 상황이 해결 불가능할 정도로 복잡해진다. 이 주장이 없다면 해법이 완전히 명확한 경우는 좀처럼 없겠지만 문제들은 훨씬 명확해진다. 우리는 여전히 실험, 시행착오, 실수와 시정 과정에 있다. 우리는 배울 것이 많은데, 대부분 과학으로부터 배운다. 그러나 인간의 복지에 초점을 맞추면, 우리의 지식을 어떻게 사용할지에 대한 합리적으로 명확한 아이디어를 가지게 될 것이고, 복잡성이 더 단순해지고, 갈등을 해결하기가 더 쉬워질 것이다.

생명 중심주의의 숙명론: 많은 생명이 죽어야 한다

생명 중심주의에는 최종적이고 심각한 문제가 하나 더 있는데, 그것은 바로 숙명론이다. 생명 중심주의자들은 현상으로부터 당위에 대한 단서를 취하며, 따라서 받아들일 수 있는 미래에 관한 견해의 토대를 우리가 자연계가 가능하면 자신의 법에 따르도록 놔둘 경우 어떤 일이 일어날지에 둔다. 어떤 유기체가 존재한다면, 생명 중심주의자들은 이 유기체가 생태상의 중요한 틈새를 가지고 있으므로 이를 놔둬야 한다고 가정한다. "자연의 종은 달리 증명되기 전에는 좋은 종이다."[27] 이 유기체가 생태 환경적으로 부적합하다면, 이 유기체는 어떤 방식으로든 자연스럽게 멸망하게 될 것이고, 우리는 이의 죽음을 유감스럽게 생각하지 말아야 한다. 죽음이 개체에게는 나쁠지 몰라도 생태 시스템에는 좋은 것이다.

이러한 생태 환경적 "지혜"(만일 이것이 합당한 단어라면)가 호모 사피엔스에게도 적용되어야 하는가? 생명 중심주의적 사고의 모든 방향이 이 문제에 대해 긍정적으로 대답하기 때문에, 그리고 그 결과는 대부분의 사람들의 감성에 너무도 무섭기 때문에 솔직하게 대답하는 사람을 발견하기 어렵다. 그들이 솔직하게 고백할 경우, 이처럼 새로운 환경상의 현실주의에 의해 계몽되지 않은 대부분의 윤리적 의견은 경악하기 쉽다. 더 많은 사람이 "자연적으로" 그리고 보다 일찍 죽을 수 있도록 의약품 사용을 중단해야 하는가? 그렇다. 배고픈 사람들에게 음식을 주지 말아서 인구가 한계를 넘지 않도록 해야 하는가?

"생명선 학파" 및 특히 퉁명스러움으로 인해 현 세대의 생명 중심주의자들을 당혹스럽게 하는 생명선 학파의 조타수 가렛 하딘(Garrett Hardin)은 그렇다고 말한다. 또는 J. 베어드 캘리콧이 윌리엄 에이켄(William Aiken)의 질문에 직설적으로 다음과 같이 말하는 것을 고려해 보라. "인간의 대규모 사망은 좋은 일이다. 우리는 이를 발생시킬 의무가 있다. 생태계 전체에 비교해 볼 때 인간의 90%를 제거하는 것이 우리 인간 종족의 의무이다."[28]

가장 인간적이고 기독교 신자인 린 화이트마저 이 도덕적 심연의 가장자리까지 다가갔다. 인간은 지구에서 우리의 "동지들"인 다른 종들을 몰아내고 있는 바, 균형이 회복될 필요가 있다. 이를 어떻게 달성할 것인가? 인간의 일부를 죽이면 다른 많은 종들을 구한다면, 전통적인 기독교 윤리에 반해서 개별적인 인간들이 희생되어야 하는가? 화이트는 자신은 우리의 생태적 위험에 대한 "비극적인 휴식 기간"이었던 14세기 유럽과 같이 우리에게 "새로운 흑사병을 달라고 요청하는 성자들 앞에 촛불을 켜기"를 주저한다고 말했다. 그는 두려운 이 대답으로부터 물러섰다. 그럼에도 그는 다소 모호하게 많은 사람이 죽어야 한다고 말했다.[29]

확실을 기하자면, 그리고 공정하게 말하자면, 많은 생명 중심주의자들이 그들의 이론이 사회적으로 함의하는 바로부터 물러선다. 모든 생명들이 똑 같은 가치를 가지는 것은 이처럼 무서운 반인간적 결론에 이끌리는 생명 중심적 평등주의자들뿐이다. 다른 이들은, 계층적 차별화 기법을 통해 인간들 사이에 도덕적 행동 수준의 차이, 인간과 자연계 사이의 차이, 그리고 자연의 몰도덕성(amorality)의 차이가 있다고 주장할 수 있게 해준다. 캘리콧은 "인본주의적 의무는 일반적으로 환경상의 의무보다 앞에 온다"고 주장한다. 롤스톤은 개체 수가 너무 많아진 야생 동물들이 죽도록 허용하겠지만 굶고 있는 인간에게 음식을 주지 않는 것은 "괴물 같다"고 한다.

그러나 화이트 및 하딘이 충분히 잘 보여주는 예에서와 같이, 자연과 문화 사이의 경계는 모호하며 반복적으로 그 경계를 넘나든다. 캘리콧은 이 갈등은 "어렵고 미묘한 질문"임을 인정한다. 나쉬는 이들을 "매우 복잡하다"고 한다. 롤스톤은 생태적 "적합성"은 자연에 대해 적용될 때에는 인간에 대해 적용될 때와 다른 내용을 시사하지만, (독자들은 이를 조심해야 한다) 두 의미들에는 유사성도 있음을 인정한다. 이들은 "상동(homologous)"이거나 "유사"하다. 존재하는 생태계는 존재하기도 해야 한다. 우리는 자연적인 것으로부터 도덕적인 것을 주장해야 한다…. 이러한 인본주의적 윤리에 더 상황이 좋지 않은 점은 이 윤리가 환경을 변화시킴에 있어서 더 이상 기능을 발휘하지도 않고 이에 적합하지도 않다는 것이다.[30] 외견상으로는, 어느 면에서는 자연으로부터 문화 안으로 윤리를 들여올 수 있다.

그런데 바로 그것이 윤리적 문제이다. 인본주의에 안전한 닻을 내리지 않고서는, 크리스천이건 아니건, 생명 중심주의는 커다란 도덕적 악의 리스크를 무릅쓴다. 극단적으로는, 생명 중심주의는 인간의 운명에 대해 실제로 무관심한 듯하다. 테일러는 생명 공동체의 일원으로서 우리 자신을 포함해서 모든 종들에 대해 편애가 없어야 하며, 우리가 멸종됨으로써 다른 종들이 도움을 받는다면 우리는 사실상 불필요한 존재들이라고 말한다. 토머스 베리(Thomas Berry)도 비슷한 생각을 가지고 있다. "인간이라는 종은 수천 년 동안 생명계의 존재에 독특하게 그리고 보편적으로 해로운 존재였음을 보여주었다."[31] 종들은 자신의 "진화 시간"이 허용되고 나서 죽어야 하기 때문에, 그리고 이 프로세스는 "좋기" 때문에, 인간이라는 종도 멸망하리라고 예상되어야 한다. 그리고 자연의 관점에서는, 그것이 정상일 것이다. 자연이 유감스럽게 생각할 수 있다 해도, 우리가 사라진다 해서 자연이 유감스럽게 생각하지는 않을 것이다. 생태 시스템은 먹이 사슬의 꼭대기에 있는 우리가 없이도 잘 또는 더 잘 살아남을 것이다. 그러나 자연은 도덕 개념이 없기 때문에, 우리는 우리의 멸종이 자연에 아무런 도덕적 중요성을 가지지 않는다고 말해야 된다.

하나님은 신경을 쓸까? 우리의 믿음의 모든 방향은 하나님은 정말로 신경을 쓸 것이라고 말하는데, 이는 생물 중심주의를 강력하게 반대해야 하며 인간의 멸종을 평온하게 예기해서는 안 됨을 시사한다. 나는 이것이 신앙의 확신임을 인정한다. 하나님이 진정으로 어떤 존재인지에 대해서 나는 감히 안다고 말하지 않겠다.

우주를 다스리는 궁극적 규칙에 대해 나보다 더 많이 아는 것처럼 보이는 생명 중심주의자에게는 이러한 겸손함이 없다. 예를 들어 캐롤 크라이스트(Carol Christ)는 이렇게 말한다.

> 우리가 우주의 생명에 꽃밭보다 더 귀중한 것은 아니다…. 우리의 목적을 형성하는 신성은 삶, 죽음 그리고 전환이라는 비인격적인 프로세스이다… 생명의 힘은 나무 옆에 집을 짓는 나방의 능력보다… 인간의 창의성과 선택에 더 많은 관심을 기울이지 않는다. 인간이라는 종은 다른 종들과 마찬가지로 시간이 지나면 다른 생명들이 살 수 있도록 죽어서 멸종하게 될 수도 있다.[32]

롤스톤은 약간만 더 희망적이다. 진화 시스템은 "무작위에 지나는 것이 아니라" "통계적으로 말하자면 일종의 안정감이 있다." 특정 종의 멸종과 새로운 종의 출현에서 "숨겨진 원칙이 작동해서 우주를 질서정연하게 조직하는 듯하다." 그러나 이러한 입장은 진화에 매우 늦게 등장했으며 "근시안적이고 거만"하게 이 모든 것들이 자신을 위한 것으로 생각하는 인간에게는 별 위안이 되지 않는다.[33] 롤스톤은 우리의 운명에 관해 상당히 운명론적이다. 우리가 지상에 출현한 것이 필요하지도 않았고 불가피하지도 않았음을 인정하면, 우리는 전반적인 진화 과정이 궁극적으로 어디로 가든지 간에, 이를 좋은 것으로 받아들일 수밖에 없을 것이다.[34]

저명한 윤리학자 제임스 구스타프손(James Gustafson)도 이와 유사하게 인간을 창조의 정점으로 여기거나 인간의 선이 인간이 아닌 자연의 선보다 나은 것으로 여겨서는 안 된다고 썼다. "모든 자연의 근원 및 힘과 질서가 반드시 생명의 다양성 및 그의 일부인 인간의 복지에 도움이 되지는 않음"을 인정하는 "신 중심적 시각"에서 보면 우리가 사라진다 해도 나쁜 것이 아니다. "신은… 인간의 모든 선의 궁극적 원천이지만, 이를 보증하지는 않는다." 그러한 묵상으로 인해 나쉬는 구스타프손의 하나님을 다음과 같이 특징지운다. "의도, 의지, 또는 인식이 없는, 의식이 없고 도덕관념이 없이 질서를 부여하는 힘…. 이 힘은 외형상으로, 그리고 무의식적으로 우주를 지탱하지만, 개인들, 인간 종족, 다른 종, 또는 전체 우주의 선을 추구하는 목적이 있고, 자비롭거나 구속적인 특질은 결여하고 있다…. 이러한 시각은 무신론이나 다신론에 가까운 것 같다."[35]

생명 중심적 숙명론으로부터 나오는 생태 윤리는 그저 지구의 생산력을 즐기고, 우리의 생명이건 아니건 모든 생명에 웃고 울며 이를 축하한다. "인간의 최고의 가능성은 생명 자체의 위대한 프로세스를 증언하고 이에 참여하는 것이다."[36] 따라서 생명 중심주의자의 신비한 자연의 프로세스와의 연애는 필연적으로 인간의 장래에 대한 무관심을 자아낸다.

물론 생명 중심주의자들이 인간은 자신의 진화상의 시기에 충실한 다른 종들과 마찬가지라고 보면서, 동시에 우리 인간은 환경에 대해 엄청난 힘을 부여받은 매우 특별한 종임을 인정한다는 것은 다소 이상한 일이다. 우리는 이 힘을 무효화할 수도 없다. 이 힘을 좋은 쪽에 사용하느냐 나쁜 쪽에 사용하느냐는 우리에게 달려 있다. 따라서 그들은 우리에게 이 힘을 나머지 환경을 보존하고 지상의 다른 생물들을 돌보는 방식으로 사용하도록 스스로를 제한하라고 촉구한다. 이 메시지는 생명 중심주의자의 메시지임에도 인본주의적임을 주목하라. 우리의 큰 힘은 우리에게 큰 책임을 부여한다. 그러나 이는 바로 지배와 청지기 직분이라는 기독교 윤리이다.

나는 인간의 이야기가 어디에서 끝날지 알지 못한다. 그러나 나는 현 세대의 위대한 저자 윌리엄 푸아울크너(William Fuaulkner)가 노벨상 수락 연설에서 "저는 인간의 종말을 받아들이기를 거부합니다"라고 말한 것과 같은 생각이다. 나는 내 노력은 인간을 영속화시키는 데 기울어져야 하며, 이 목표가 우리의 환경적 행동에 대한 가장 중요한 테스트가 되어야 한다고 생각한다. 달리 주장하는 환경운동의 큰 분파들은 길을 잘못 들었다. 기독교는 "나도 마찬가지이다"라고 앞 다퉈 말하기보다는 이러한 환경운동가들을 그들의 인본주의적 신앙의 이름으로 비판해야 한다. 창조에 대한 우리의 역사적, 전통적 관점은 건전한 생태환경에 충분한 가이드가 되고도 남는다.

토론 문제

1. 환경에 대한 데어의 견해는 호프먼의 견해와 어떻게 다른가?
2. 데어의 환경에 대한 기독교적 접근법의 요소는 무엇인가?
3. 당신은 생명 중심주의자들이 비실제적이고 위험한 극단으로 인도한다는 데어의 말에 동의하는가?
4. 환경은 권리나 고유한 가치를 가지고 있지 않다는 데어의 주장에 동의하는가? 왜 그렇게 생각하는가?

Notes

1. Lynn White, Jr., "The Historical Roots of Our Ecologic Crisis," Science, 155 (1967년 3월 10일): 1203-1207쪽.
2. George Sessions, "Introductions" (to Part II, "Deep Ecology"), Michael Zimmerman, 편, Environmental Philosophy: From Animal Rights to Radical Ecology (Englewood Cliffs, N. J. : Prentice Hall, 1993), 161쪽에 수록된 글.
3. Paul Ehrlich와 Richard L. Harriman, How to Be a Survivor (New York: Ballantine, 1971), 129쪽.
4. Alfred North Whitehead, Science and the Modern World (New York: Macmillan, 1950 [원저 1925]).
5. Lynn White, "Continuing the Conversation," Ian G. Barbour 편, Western Man and Environmental Ethics (Reading, Mass.: Addison-Wesley, 1973)에 수록된 글. 또한 사적인 대화.
6. Douglas John Hall, The Steward: A Biblical Symbol Come of Age (Grand Rapids: Eerdmans, 1990). Loren Wilkinson 등, Earthkeeping in the Nineties: Stewardship of Creation (Grand Rapids: Eerdmans, 1991). Thomas Steger Derr, Ecology and Human Need (Philadelphia: Westminster, 1973 및 1975).

7. Rene Debos, A God Within (New York: Scribner, 1972), 161쪽. White의 논문에 대한 그의 논박은 157-161쪽을 보라.

8. Clarence Glacken, Traces on the Rhodian Shore: Nature and Culture in Western Thought from Ancient Times to the End of the Eighteenth Century (Berkley: University of California, 1967), 423쪽.

9. Richard Sylvan, "Is There a Need for a New, an Environmental Ethic?" Zimmerman, Environmental Philosophy, 13-14쪽에 수록된 글.

10. Paul Taylor, "The Ethics of Respect for Nature," Zimmerman, Environmental Philosophy, 78-80쪽에 수록된 글.

11. 생명 중심주의자는 종에 우선권을 부여하며, 동물 보호주의자들은 개별 동물들을 구하는 데 초점을 둔다는 점에서 보다 더 그리고 심하게 구분된다. 야생 상태에서 고통을 당하는 것(생태 환경 시스템의 일부일 뿐으로서 이는 좋은 것이다)에 무관심한 생명 중심주의자는 종 전체가 번성할 수 있도록 보다 약한 개체가 죽도록 허용하고, 심지어 권장하기까지 할 것이다. 이 이유로 선도적인 동물 권리 옹호자인 Tom Regan은 생명 중심주의를 "생태 파시즘"이라는 말과 결부시킨다(The Case for Animal Rights [Berkeley: University of California, 1982], 262쪽). 그러나 생명 중심주의자들은 이 "인본주의 윤리"가 자연에서 잘못 자리 잡았다며 이를 거절한다. 그것은 진정한 환경 윤리가 아니다. 따라서 Mark Sagoff는 이렇게 말한다. "대자연은 자신이 낳은 자녀들에게 매우 잔인해서 Frank Perdue가 성자처럼 보이게 한다" ("Animal Liberation and Environmental Ethics: Bad Marriage, Quick Divirce," Zimmerman, Environmental Philosophy, 82-92쪽에 수록된 글).

12. 그러나 모든 생물중심주의자들이 결함이 있는 인간으로부터의 주장을 거절하는 것은 아니다. Kenneth Goodpaster는 이를 사용해서 인간은 이성이 있기 때문에 "도덕적 고려 가능성"은 인간에게만 제한되어야 한다는 주장을 부인한다. 그는 도덕적 지위를 인간을 넘어서, 동물에게로, 그리고 이를 넘어서 모든 생명체에게로 확대한다("On Being Morally Considerable", Zimmerman, Environmental Philosophy, 54, 56쪽에 수록된 글).

13. Holmes Rolston, Environmental Ethics: Duties to and Values in the Natural World (Philadelphia: Temple University Press, 1988).

14. 위의 책 9쪽.

15. 위의 책 100쪽.

16. 위의 책 112-116쪽.

17. James N. Nash, Loving Nature: Ecological Integrity and Christian Responsibility (Nashville: Abingdon, 1991), 99쪽. 또한 The Annual of the Society of Christian Ethics, 1993, 137-162쪽에 나오는 그의 논문 "Biotic Rights and Human Ecological Responsibilities"도 보라.

18. Rolston, Environmental Ethics, 218쪽.

19. 위의 책 240-241쪽.

20. Nash, Loving Nature, 176, 181쪽; "Biotic Rights," 150-151, 158-159쪽. Nash는 무생물체에 대해서는 권리를 부여하지 않고 유기체에만 인정한다. 그래서 그는 Rolston처럼 "자연의 권리"라는 말이 "수사적으로 가치 있다"는 것을 인정하면서도 이 용어의 사용을 거절한다.

21. Rolston, Environmental Ethics, 218쪽.

22. 위의 책 50-51쪽.

23. Larry Rasmussen이 이웃 사랑을 비유기체에게까지 확대해야 한다는 것을 옹호하며 사용하는 표현. Wesley Granberg-Michaelson 편, Tending the Garden: Essays on the Gospel and the Earth(Grand Rapids: Eerdmans, 1987), 199쪽. 확장 논리의 비신학적 버전에 대해서는 J. Baird Callicott이 자주 인용되는 그의 영웅 Aldo Leopold를 따라서 쓴 In Defense of the Land Ethic (Albany: State University of New York, 1989), 80-82쪽을 보라.

24. H. Paul Santmire, The Travail of Nature: The Ambiguous Ecological Promise of Christian Theology (Philadelphia: Fortress, 1985). Nash, Loving Nature, 124-133쪽.

25. Arne Naess, "The Deep Ecological Movement: Some Philosophical Aspects," Zimmerman, Environmental Philosophy, 203쪽에 나오는 글. George Sessions는 덜 심하지만, "생명 중심적 평등주의자로서" 인간에게 자연과 동등함 이상의 우선권을 주지 않는다. 인간이 아닌 존재들은 "인간들과 동일한 고유의 가치를 가지고 있다" ("Deep Ecology and Global Ecosystem Protection," Zimmerman, Environmental Philosophy, 236쪽에 나오는 글).

26. Rolston, Environmental Ethics, 155쪽. 이는 엄밀히 말하자면, 전혀 그렇지 않다. 자연은 땅이 화산에 의해 황폐해지건 핵폭탄 실험에 의해 황폐해지건 이를 복원할 방법을 가지고 있다. 인간의 생명이 나타나기 훨씬 전에도 종들의 대규모의 멸종은 자연의 방식이었으며, 언제나 그래왔다.

27. Rolston, Environmental Ethics, 103쪽.

28. Hatdin의 논문, "The Tragedy of the Commons" (Science, 1968년 12월 13일)는 여전히 자주 인용되고 있으며, 그가 다른 논문 "living on a Lifeboat" (Bioscience, 24, 1974)에서 내린 결론도 자주 인용된다. 그러나 이중 가장 엄격한 것은 Exploring New Ethics for Survival: The Voyage of the Spaceship Beagle(Baltimore: Penguin, 1973)인데, 이 주장은 오늘날에는 거의 볼 수 없다. William Aiken의 질문의 출처는 Tom Regan 편, Earthbound: New Introductory Essays in Environmental Ethics(New York: Random House, 1984), 269쪽에 나오고 Calicott, In Defense of the Land Ethic, 92쪽에 인용된 그의 논문 "Ethical Issues in Agriculture" 이다. Calitott이 변경을 가해서 그렇게 보이기는 하지만, 이는 Aiken의 입장이 아니다. 이 진술들은 Aiken의 글에서는 질문으로 되어 있는데, 이를 Paul Taylor에게 돌릴 수 있다고 제안하며 이를 극단적인 입장인 "생태 중독증" 이라고 부르면서, 자신은 보다 인본주의적인 입장을 찬성해서 이를 거부한다. 그는 272쪽에서 Nash의 가치들과 매우 유사한 상대적 가치 척도를 개괄하는 바, 이 가치 척도들은 인간을 우선시한다.

29. Lynn White, "The Future of Compassion," The Ecumenical Renew 30, no. 2 (1978년 4월): 108쪽.

30. Rolston, Environmental Ethics, 329쪽; Rolston, "Challenges in Environmental Ethics," Zimmerman, Environmental Philosophy, 136쪽에 나오는 글; Nash, "Biotic Rights," 159쪽; Callicott, In Defense of the Land Ethics, 93-94쪽.

31. Taylor, "Ethics of Respect for Nature," 71, 81쪽. Berry, Zimmerman, Environmental Philosophy, 174쪽에 나오는 글.

32. Carol Christ, "Rethinking Theology and Nature," Irene Diamond & Gloria Freman Orenstein 편, Reweaving the World: The Emergence of Ecofeminism (San Francisco: Sierra Club, 1990), 68쪽에 나오는 글.

33. Rolston, Environmental Ethics, 185-186, 195-198쪽(P. C. Davies에서 부분적으로 인용됨).

34. 위의 책 344-345쪽.

35. James Gustafson, A Sense of the Divine: The Natural Environment from a Theocentric Perspective (Cleveland: Pilgrim Press, 1994), 페이지 표시를 하지 않은 원고 1장과 3장. Nash, Loving Nature, 233-234쪽, n. 10, Gustafson의 Theocentric Ethics, vol. 1(Chicago: University of Chicago Press, 1981), 106, 183-184, 248-250, 270-273쪽에 관한 논평.

36. Michael Zimmerman, "Deep Ecology and Ecofeminism: The Emerging Dialogue," Diamond와 Orenstein 편, Reweaving the World, 140쪽에 나오는 글. Naess 및 Sessions와 마찬가지로 Zimmziman은 "생명 중심적 평등주의자이다." 따라서 "인간은 지구상의 다른 모든 존재들보다 낮지도 않고 못하지도 않다" (위의 글).

읽기 자료

BEYOND INTEGRITY

기후 변화 비즈니스: 어떻게 해야 하는가?

클리브 마더(Clive Mather)
기후 변화 협약 컨퍼런스 II, Ottawa Canada, 2007년 10월 30일에 한 연설.

기후 변화와의 싸움에 대한 현재의 진전은 느리고, 불규칙적이며, 비효과적이다. 기업의 완전한 힘을 갖출 때에만 효과적인 세계적 행동을 취할 수 있다. 테크놀로지 및 기타 장치들이 존재하지만, 현재로서는 시장으로부터의 신호는 너무도 미약하다. 앨버타주의 유사(Oil Sand)는 좋은 예로서, 운영회사는 더 많은 조치를 취할 용의가 있지만, 막대한 비용에 직면해 있다. 국제적 합의는 강력한 성공 요인이 될 것이다. 국가 및 지역(region)의 법률이 정책 틀 및 탄소 가격을 보다 시급하게 확립해야 하는 바, 그렇게 되면 투자, 혁신 및 경쟁을 자극할 것이다. 이와 병행하여, 소비자들이 받게 되는 정보가 향상되면 구매 습관을 바꾸고 기업의 참여 동기 강화에 도움이 될 것이다. 나머지는 이익 유인이 알아서 할 것이다.

기후 변화에 대한 우려는 새로운 현상이 아니다. 과학자들은 이를 거의 200년 전에 발견했지만, 20년 전에 브룬트란드 보고서[1]가 발표되고 나서야 환경운동가, 정치가, 기업 경영자, 그리고 소비자들 사이에 광범위한 관심이 생겨나게 되었다. 최근에는 기후 변화에 대한 관심이 급격히 증가했는데, 기후가 변화하고 있다는 편만한 증거 및 기후 변화의 잠재적 영향에 초점이 모아지고 있다. 지구 대기 중의 온실 가스 수준 증가에 대한 인식은 일반적으로 호모 사피엔스가 인구 증가 및 산업 활동을 통해 이 문제의 근본 원인이 되어 왔다는 사실 인정과 짝을 이루었다. 그러나 인식 및 인정에 아직 적절한 행동이 따르지 않는다는 것은 불편한 진실이다. 대기 중 이산화탄소를 안정화시키고, 다음에는 이를 감소시키기 위해 어떤 조치를 취할 필요가 있는가? 효과적이기 위해서는, 그런 조치가 세계적이어야 하고, 사회의 모든 부문을 포함해야 하며, 새로운 기술을 갖춰야 한다. 내가 상업적 기회를 열렬히 지지하는 것은 기업들만이 그러한 규모로 일을 할 수 있기 때문이다.

무엇이 기업을 견인하는가? 그것은 상업적 우위를 위한 기회를 포착하는 것이다. 회사들은 보다 나은 제공물을 개발하기 위해 혁신, 효율성, 그리고 규모를 통해 경쟁한다. 그리고 그것이 바로 사회가 우리가 아는 생존에 대한 가장 큰 위협 중 하나를 다루려고 시작할 때 필요로 하는 것이다. 이 위협은 단순히 대기 중 탄소 수준이 높기만 한 것이 아니라, 이 수준은 우리가 이제 달리 행동하기 시작한다 해도 인구 증가 및 경제 발전에 비례하여 오랫동안 멈추지 않고 증가할 것이라는 점이다. 계속적인 과학적 리서치는 문제 및 해법에 대한 이해를 높여주겠지만, 시간은 우리 편이 아니다. 그러니 우리는 증거는 이미 압도적이라는 점을 인정하고 이를 해결하기 위한 조치를 시작할 필요가 있다. 조기에 조치를 취할 때의 잠재적 단점은 거의 지적하기 어려운 반면, 이의 잠재적 효익은 막대하다.

기업이 혁신, 기술, 그리고 세계적 전파를 통해 달성할 수 있는 것이 아무리 많다 해도, 이는 단순히 비즈니스에 관한 것만은 아니라는 점을 명확히 해 두자. 이를 "일"이라 부르기 원한다면, 이는 우리 모두의 일이다. 우리(당신, 나, 대기업, 소기업, 정부, 단체들 및 환경운동가들)

모두가 이 일에 함께 한다. 정부는 정책 틀을 수립하고, 운동가들 및 학자들은 독립적인 리서치 및 검증을 제공하며, 기업들은 시판 상품을 개발하고, 소비자들은 습관을 바꿔야 한다. 우리 모두가 동일하게 그리고 시의적절하게 대응하지 않는다면, 자연이 궁극적으로 그래야 한다고 결정하는 것이 무엇이든, 우리는 그 대가를 지불하게 될 것이다. 저자이자 자연주의자인 로버트 파일리(Robert Pyle)가 "자연이 최종 타자이다"라고 상기시켜 주는 바와 같이 말이다.[2]

배경

기후 변화의 (실제 및 예측된) 영향은 잘 알려져 있다. 많은 원천으로부터의 건전한 리서치들을 구할 수 있는 바, 이들 중 기후 변화에 관한 정부간 패널[3] 보고서가 가장 많은 근거 자료를 담고 있다. 나는 행동들이 환경에 긍정적인 영향을 줄 수 있다는 사실과 지금 시작하는 비용이 나중에 시작하는 비용보다 훨씬 적을 것이라는 니콜라스 스턴(Nicholas Stern) 경의 분석[4]에 설득되었다. 그러나 이는 또한 개인적 가치에 관한 것이기도 하다. 내게는 우리가 올곧은 리더, 부모, 또는 신앙인[5]이라고 주장하려면, 지금이야말로 기후 변화의 증상과 원인을 다룰 때로 보인다. 이는 생물의 다양성 및 생활방식뿐만 아니라 인권에 관한 것이기도 하다.

우리 지구의 취약한 생태 시스템에 인간이 끼친 영향은 온실 가스에만 국한되지 않는다. 인구가 60억 명에서 100억 명으로 증가할 때의 경제적, 사회적 및 환경적 영향은 기후 변화에만 국한되지 않는다. 자연의 원본이 아니라 이자로 살기[6]는 고사하고, 우리는 대자연의 재생산 능력을 고갈시키고 있다. 탄소 배출을 신뢰할 만하게 지속적으로 감축시킨다 해도 빈곤, 노예, 물, 오염, 숲의 파괴, 에이즈 등 다뤄야 할 중요한 다른 영역들이 남아 있다. 그러나 이들은 완전히 다른 문제들이다. 문제에 집중할수록, 뭔가가 이루어질 가능성이 커진다. 나는 행동 쪽에 기울어져 있다.

기후 변화는 국제무대에서 악명 높은 문제가 되었다. 너무도 많은 중요한 나라들이 현재 형태의 교토 의정서에서 발을 뺐다. 그 모든 한계에도 불구하고, 나는 이 이슈를 건설적으로 다루는 국제적 이니셔티브에 갈채를 보낸다. 우리가 모든 나라들이 동일한 기술적 용어들과 목표들에 서명할 때까지 기다린다면, 너무도 오래 기다리게 될 것이다… 성층권이 어떻게 행동할 것인가에 관한 견해에 따라 바다는 문자적으로 끓거나 얼어붙을 수도 있다. 결국 우리는 즉각적인 자기 이익 너머를 바라보는 리더십을 필요로 한다. 인간에게 보다 큰 효용이 있다는 점은 명백하지만, 높은 생활수준을 즐기고 있는 유권자들을 설득하기란 어려운 일이다. 궁극적인 아이러니는 모든 사람이 같은 배를 타고 있다는 사실이다. 대양, 기후 패턴 및 생태 시스템은 국경을 알지 못하며, 환경이 높아진 이산화탄소 수준에 적응하게 되면 그 영향이 모든 곳에서 느껴질 것이다.

전 세계에서 국제회의들이 정규적으로 열리고 있다. 2월의 G8+5 회의 및 9월의 워싱턴 기후 변화 주간이 대표적인 회의들이지만, 균형 잡힌 환경을 위한 글로벌 입법 기구(Globe, Global Legislations Organization for a Balanced Environment) 및 기타 기관들의 후원하에 토론들이 계속 열리고 있다. 그러나 의미 있는 협약이나 세계의 미디어의 주목을 이끌어 내기는 어려운데 선거가 임박할 때에는 특히 더 어렵다. 확실히 미국의 확고한 지원이 다음 단계로 큰 걸음을 내딛는 데 매우 중요하며, 다음으로는 주로 중국과 인도의 참여가 장기적 효과성을 결정할 것이다. 캐나다와 유럽은 비즈니스 사례를 보여줌으로써 이의 달성에 핵심 역할을 할 수 있을 것이다. 권고와 삿대질로는 거의 아무것도 달성하지 못할 것이고, 역효과를 낼 수도 있다. 성공적인 비즈니스 모델을 보여줌으로써 미국, 중국과 인도의 주의와 참여를 이끌어낼 수 있다. 자기 이익은 사회적 양심보다 더 설득력이 있다. 성공적인 국가들은 기술상의 우위를 확보하고, 수출 시장을 열고, 해외 정책에 영향력을 증대시킬 것이다.

개인적 관점

기후 변화는 그 원인 및 효과에 대해 과학계 안에서 계속적인 논쟁이 되고 있는 데에서 보여지듯이 방대하고 복잡한 주제이다. 그리고 이제 강경파만 인류와의 연결성을 완강하게 부인한다고 말할 유혹을 받겠지만, 모든 측면의 과학자들은 답변되지 않은 많은 문제들과 역설들이 있음을 지적할 것이다. 그러므로 나머지 사람들에게는 우리가 시민 및 소비자로서 행사하는 역할에 관해 혼동하기 쉽다 해도 놀라운 일이 아니다.

녹아들고 있는 빙하와 사냥터를 빼앗긴 배고픈 북극곰 사진은 강력한 이미지를 제공해 주지만, 탄소 배출 및 이를 어떻게 다룰 것인가에 대한 이해는 시간 및 노력을 필요로 한다. 최종 사용 지점에서 탄소를 만들어 내지 않는 전기와, 전기를 만드는 원천에서 많은 이산화탄소를 만들어 내는 구식 석탄 화력 발전소를 연결시키는 것은 직관적으로 인식되지 않는다. 경이적인 연료라고 제시되어 온 수소의 경우는 좀 더 복잡하다. 자연의 갈라진 틈으로부터 나오는 초고온 증기가 풍부한 아이슬란드에서는 수소가 경이로운 연료일 수 있지만, 이 체인을 시작하기 위해 천연 가스가 필요할 경우에는 그렇지 않다.

우리의 개인적 성향에서는 부주의한 사람들에 대한 함정이나 행동을 하지 않는 데 대한 변명 거리가 많다. 메탄은 이산화탄소보다 더 피해가 큰 온실가스인데, 소의 위장 내에 가스가 많이 차는 것이 대기 중 메탄가스의 주요 원인이다. 그렇다면 우리 모두 채식주의자가 되어야 하는가? 때로는 자동차들이 기차보다 승객당 연료 효율이 더 좋은데, 그렇다면 대중 교통을 포기해야 하는가? 일부 가계의 재활용은 중대한 환경 상의 도전을 제기하는데, 그렇다고 재활용을 중단해야 하는가? 이러한 질문들은 수사적(修辭的)일 수도 있지만, 개인들 및 가족들에게는 자신들이 어떻게 대응해야 할지에 관한 일관성이 있는 정보가 결여되어 있다. 어느 발전소의 연기나는 굴뚝 사진에 다음과 같은 문구가 적혀 있었다. "오염자가 값을 지불해야 한다." 물론 그들은 그래야 하고, 그렇게 할 것이다. 그러나 오염자는 단지 나쁜 대기업만이 아니다. 그것은 당신과 나다. 그것은 전기를 사용하는 우리의 생활방식이며, 뭔가 효율적인 것에 지불하는 우리의 호주머니이다. 이 사실은 잘 이해되지 않고 있지만, 행동을 위한 설득력 있는 논거를 위해서는 이 사실이 잘 이해될 필요가 있다. 무지, 의심 및 무사안일을 극복하기는 어려울 것이다. 지금까지는 시장은 탄소 시그널보다는 주로 에너지 가격 시그널에 반응해 왔다. 그리고 부유한 서구에서는 이 시그널조차 소비자 행동에 별 차이를 가져오지 못했다. 이것이 바로 선진국의 많은 가정들이 자동차 제조회사 및 연료 회사들이 만든 보다 높은 연료 효율성을 버리고 크기와 힘을 선택한 이유이다. 개인의 행동과 사회적 규범을 변화시키려면 정보와 설명, 장려와 제재 등 조율된 행동을 필요로 한다. 그러나 무엇보다 소비자의 생활방식 및 예산에 직접 호소하는 상업 제품이 필요하다. 소형 형광등(CFL; compact fluorescent light)은 탄소를 상당히 절약할 뿐만 아니라 편리함과 비용 면에서의 이점을 제공하는 좋은 예이다. 그러나 녹색 생활을 한다는 것이 단지 "멋질" 뿐만 아니라 값이 싸고 실제적이기도 할 수 있도록 가정, 일터, 교통수단의 모든 측면에서 그러한 예들이 더 많이 나올 필요가 있다. 이를 위해서는 자원을 끌어들이고 결과를 내기 위해 더 강력한 비즈니스 사례를 필요로 한다.

비즈니스 사례

기후 변화는 사회 일반에 도전을 제기하는 것과 마찬가지로 기업 사회에도 도전을 제기한다. 과학 및 행동할 필요를 부정하는 사람들도 있지만, 그들은 적어지고 있으며, 공개적으로 그렇게 말하는 사람은 훨씬 적다. 양다리를 걸치고 있는 사람도 있다. 아마도 그들이 다수파일 것이며, 보상이 더 강해질 때까지는 실제적인 헌신을 피할 것이다. 그러나 TV 광고와 슈퍼마켓 매장들이 보여주듯이, 그럼에도 불구하고 많은 기업들이 녹색 옷을 입고 있다. 그들은 이것이 불확실한 미래에 대한 값싼 주의 조치라는 견해를 가지고 있는 듯한데, 환경에 의식이 있는 소비자들에게는 내용과 포장을 구별하기가 점점 더 어려워지고 있다. 그리고 마지막으로 실제적인 행동을 취하는 기업들이 있는데, 그들은 아직 숫자는 적지만 비즈니스 사례가 부상함에 따라 점점 더 많아지고 있다.

비즈니스 사례를 견인하는 것은 수사(修辭)나 추론이 아니라 돈벌이라는 비정한 현실이다. 그러니 값비싼 에너지 비용을 감소시키기 위해 에너지를 많이 쓰는 거의 모든 기업들이 에너지 효율성을 향상시키는 것은 놀랄 일이 아니다. 절연, 제어 시스템, 그리고 병합 발전에 대한 투자가 이산화탄소 배출을 줄여주기도 하지만, 매력적인 수익률을 낳기도 한다. 기후 변화에 대해 기업의 완전한 힘을 발휘하게 하기 위해서는, 모든 산업에 동일한 경제적 자극을 줄 필요가 있다. 무엇이 이 일을 해낼 수 있는가?

1. 시장으로부터의 확실한 시그널 – 소비자 또는 투자자 선호의 체계적인 이동. 점점 더 많은 공공 및 민간 계약에서 엄격한 환경 조건을 포함하고 있지만, 아직까지는 대중 시장에서 그러한 이동이 일어나고 있다는 증거는 별로 없다.
2. 공공 정책 – 예컨대 R&D, 이산화탄소 감축 및 탄소 중립적 설비에 대한 자본투자에 인센티브를 주는 세금 또는 세금 감면. EU 배출권 거래제(EU Emission Trading Scheme)는 최초의 주요 사례이지만 호주, 캐나다 및 미국에서도 유사한 조치들이 준비 중이다.
3. 평판 상의 영향 – 주요 경쟁자들이 반대 입장을 취할 경우 긍정적인 여론의 프리미엄 또는 평판 악화라는 제재. 평판은 가치가 있다. 평판은 주가, 매출 및 기업을 유지하기 위해 희소한 자원을 끌어들일 능력에 영향을 준다. 대학교 캠퍼스들은 엄격한 검사를 제공하며, 탐사, 시굴, 건설 및 운영 면허는 이제 점점 더 환경상의 평판을 반영하고 있다.

이들은 비즈니스 사례를 변혁시키고 주류 자원을 이산화탄소 배출을 다루는 방향으로 이동시킬 주요 동인들이다. 그러나 아직 전반적인 리스크/보상 등식은 그리 설득력이 없다는 점에 대해 정직하기로 하자. 소비자들에게 녹색 제품은 아주 서서히 중요해지고 있을 뿐이다. 그리고 투자자들에게 녹색 제품은 아직 입증되지 않았다. 기후 변화에 포지션을 취하는 윤리적 펀드들이 점점 많아지고 있지만, 주류에서는 애널리스트, 그리고 펀드 매니저들이 납득되지 않고 있다. 3년 동안의 내 개인적 경험은 다음과 같이 요약될 수 있다. "우리는 당신의 회사가 지속 가능한 개발에 관해 무엇을 하고 있는지에 관심이 있고 당신들의 이니셔티브를 주목하고 있지만, 당신들의 주가, 신용 등급 또는 시장 추천에 어떤 이익이 있으리라고는 기대하지 마십시오." 업계의 전문용어로 말하자면 기후 변화는 여전히 절대적인 "보유(Hold. 애널리스트가 특정 종목 주식에 대해 매수도 하지 말고 매도도 하지 말고, 그저 현재 보유하고 있는 포지션을 계속 유지하고 있으라고 추천하는 의견. 역자 주)"의견이다.

앨버타 주의 유사(오일 샌드)

기후 변화에 대해 장기적 관점을 취하는 것은 CEO들에게 단기적 도전과제가 되는데, 이는 자원, 엔지니어링 및 투입할 재정들의 규모 면에서 다른 분야들과 구분되는 유사에서는 더욱더 그렇다. 북미에서 유사를 필요성이 훨씬 더 큰 가솔린 및 디젤유로 바꾸는 과정의 추출, 업그레이드, 그리고 대부분(80%)은 교통 및 가정 난방의 최종 사용자로부터 대기 중으로 이산화탄소가 배출된다. 그러므로 어떻게 기후 변화를 더 이상 악화시키지 않으면서 이 놀라운 자원을 이용할지가 이슈이다. 원칙적으로는 이는 일반적으로 에너지 수요를 어떻게 충족할지와 다르지 않지만(석탄, 가스, 또는 전통적 석유이건), 유사의 탄소 특징 및 생산 증가는 특별한 관심을 끌었다.

유사 개발이 중단되어야 한다(또는 최소한 산업이 탄소 감축에 초점을 맞추도록 경로를 극적으로 바꿔야 한다)고 믿는 사람들이 있다. 이 입장의 "주역"들은 석유, 가스, 석탄, 석유 셰일(shale) 또는 어떤 형태의 에너지 자원도 이산화탄소 배출이 진정으로 감축되었음이 입증된 경우에만 개발되어야 한다는 입장을 유지한다. 세계의 에너지 수요 및 탄소 중립적 에너지 공급원 결여에 비추어 볼 때, 이는 장기적으로는 불가능하지 않지만 중기적으로는 실제적이지 않다. 풍력, 태양력, 생물자원, 조력(潮力)은 모두 탄소 배출을 크게 줄일 수 있지만, 가장 낙관적인 과학자들조차 이들은 향후 수십 년 안에는 세계의 에너지 필요의 매우 작은 부분만을 공급할 것이라고 예측한다.

다른 한편, "보호주의자"들은 유사의 계속적인 개발을 지지하지만, 보다 엄격한 조건 하에서 개발되어야 한다고 주장한다. 새로운 로열티 구조, 앨버타 주에서의 역청(瀝青) 업그레이드 요건, 엄격한 물 통제 및 기타 환경상 제약, 인프라스트럭처 개발 등이 제안되었다. 건전한 공적 규제가 필요하지만, 나는 탄소에 중점을 두고 얘기하겠다. 역사는 너무도 많은 거창한 개입들이 의도하지 않은 고통스러운 결과를 가져왔음을 보여준다. 1980년의 캐나다에서의 NEP(신 경제 정책)은 고전적인 사례이지만, 나라마다 자체의 사례들을 가지고 있다. 시장은 (우리의 글로벌 경제에서는 신속하게) 그 특징을 드러낼 것인 바, 투자자금이 다른 곳으로 옮겨 가 버리면 공공 정책 목표가 좌절될 것이다. 앨버타 주가 투자 및 부에 대한 권리를 가지고 있다고 생각하는 사람들은 다시 생각해 보라. 시장은 어떤 정부 당국보다도 더 단호하게 규제한다.

그리고 세 번째로, 매일 이 방대한 자원 관리라는 엄연한 현실과 씨름해야 할 주체는 운영 회사, 투자자, 연구자, 그리고 학자 등 "실무자"들이다. 시장은 생산을 늘리라는 매우 강력한 가격 신호를 보내고 있다. WTI 배럴당 60달러, 70달러, 80달러는 차치하더라도, 50달러의 가격 수준에서는 유사 개발에 대한 장려는 명확했다. 건설 용량이 극한에 이르자, 비용이 상승해서 자원을 재할당했다. 어려운 프로젝트, 치솟는 비용, 투자자들 및 로열티 리뷰의 압력으로 인해 유사 분야에서의 CEO들에 대한 압력은 끝이 없다. 그러나 내 견해로는, 그들은 운영 기준, 교정, 물 관리 또는 탄소 감축 등 무엇이든 참으로 옳은 일을 하기 원하고 있다. 한 회사는 수입된 원유보다 탄소 배출이 많지 않도록 관리하겠다는 서약까지 했다.

어떤 비즈니스 기회가 있는가?

에너지 비용이 높을 경우 에너지 효율 및 에너지 보존은 직접적인 비즈니스 기회를 제공한다. 공장 또는 통제 설비에 상당한 자본 투자를 하더라도 매력적인 수익을 올릴 수 있다. 이는 쉘 캐나다가 수년간 계속 실적이 향상된 이유의 일부였으며, 연료 가격 상승 및 신기술에 견인되어 앞으로도 계속 그럴 것이다.

배출권 트레이딩에 대한 도전과제는 규제상의 부담에서 적법한 상업적 기회로 옮기는 것이다. 나는 회의론을 이해한다. 유럽의 배출권 거래제는 주로 핵심 섹터들 및 핵심 국가들에 대해 지나치게 관대하게 양보해서 아직 빛나는 사례가 되지 못하고 있다. 그리고 앨버타 주의 업계는 동쪽의 시장 조성자들에게 공짜 비즈니스 제공을 혐오한다. 그러나 일정 형태의 트레이딩은 모든 비즈니스의 일부분인 바, 나는 탄소 시장에서도 그럴 것이라고 확신한다. 트레이딩은 모범 실무 관행을 장려하고 비효율에 불이익을 가하는 명백한 이점이 있는데, 베이 가(Bay Street, 캐나다 최대의 증권거래소가 있는 토론토 시의 금융 중심지. 역자 주)의 금융 기관들을 참여시키는 이점도 있다. 우리가 기업이 제공할 수 있는 모든 잠재력에 접하기 위해서는 트레이딩이 필수적이다.

재생 가능한 에너지 대안은 아직까지는 견고한 투자임이 입증되지 않았다. 재생 가능 에너지는 좋은 평판을 받고 있고, 귀중한 경험이기는 하지만 일반적으로 수익률은 박하다. 옥수수를 에탄올로 바꾸는 데 대한 보조금 지급은 매력적인 수익을 제공하지만, 환경상의 이익은 없다. 이에 비교해 볼 때 셀룰로스 에탄올은 탄소 배출을 훨씬 적게 하는 바, 나는 이 분야의 선도적 회사 중 하나인 오타와 주의 아이오겐 코퍼레이션에 관여하고 있다. 이의 단기적인 경제적 효과는 크지 않지만, 적절한 재정적 인센티브가 주어진다면 곧바로 시험 생산 수준에서 상업적 시판 규모의 생산으로 옮겨갈 수 있다. 이는 더 많은 이산화탄소 절약과 캐나다 기술에 대한 진정한 자극을 제공할 것이다.

어떤 규모이든 탄소 흡착은(특히 주요 기존 제조 설비에서) 값비싼 현대의 테크놀로지를 갖추기 위한 막대한 자본을 필요로 한다. 격리는 입증된 해법이자 앨버타 주의 지형에 잘 맞기는 하지만, 이 또한 인프라스트럭쳐와 주입 설비를 갖추려면 많은 자본을 필요로 한다. 유사에 관해서는, 원천에서 만들어지는 탄소를 직접 다룬다는 매력적인 논리가 있지만, 이는 경제 면에서 도전 과제이다. 그러나 유사는 캐나다가 세계에 중요한 기술을 보여 줄 수 있는 매우 중요한 기회이다.

유사가 막대한 에너지를 필요로 한다는 사실, 특히 전체 경제적 매장량의 80%를 차지하는 역청이 원 위치에 있음에 비추어, 원자력으로 발전된 전기가 심각한 경쟁자로 대두하고 있다. 원자력의 소비된 연료 이슈는 어려운 문제인 바, 이 지역의 정계는 열의를 표명하겠지만, 탄소의 이점은 명백하다. 새로운 기술은 값비싸고 탄소를 배출하는 업그레이드를 할 필요 없이, 깊은 유사 부존 층에서 직접 최종 상품을 생산할 수 있지만, 엄청나게 많은 에너지를 사용한다. 이 분야를 주목하라.

혁신에 대한 투자는 탄소 섬유 비즈니스의 성장 등도 가져올 것이다. 보잉의 787 드림라이너와 에어버스 A380은 현재의 예들이지만, 자동차 산업 및 토목 공학도 크게 뒤쳐지지 않았다. 시장이 확대됨에 따라, 생산의 자본 집약도가 떨어져, 탄소에 더 많은 영향을 줄 선순환을 가져올 것이다.

무엇이 이들을 가속시킬 것인가?

주요 이산화탄소 배출자들을 포함하는 국제 조약은 전 세계에 강력한 시그널을 보내고, 전 세계의 의회 및 이사회에서의 의사 결정자들에 대한 맥락을 극적으로 변화시킬 것이다. 이 조약은 국가의 정부들이 규제, 재정 정책, 그리고 보조금을 검토하도록 자극할 것이다. 이 조약은 비즈니스 기회에 초점을 맞추게 하고 투자 및 혁신 프로세스를 변혁시킬 것이다.

명백한 상업적 응용 가능성은 있지만 탄소 면에서의 효용은 없는 대안들과 경쟁하기 위한 R&D 투자 및 공장을 가능하게 할 현실적인 탄소 비용을 책정하라. 이는 비즈니스에 직접적으로 작용되며, 왜곡이 시장에 미치는 영향을 무효화하지 않도록 모든 부문, 모든 주(Province), 모든 참가자들에게 동일하게 적용되어야 한다. 자동차 제조업체들은 동일한데도 유럽의 자동차 엔진들이 북미의 자동차 엔진들보다 더 효율적인 것은 우연이 아니다. 이는 이탈리아와 프랑스 그리고 영국 사람들이 본래 미국이나 캐나다 사람들보다 탄소를 더 의식하기 때문이 아니다. 인프라스트럭처를 보고 자동차, 연료, 배출 그리고 엔진 효율에 대한 세금을 보라.

옥수수를 에탄올로 바꾸기 위한 북미의 농업 보조금을 재고하라. 옥수수 에탄올이 환경에 미치는 긍정적인 영향은 매우 미약하며, 이탈리아 파스타 가격을 필두로 많은 시장들에서 의도하지 않았던 달갑지 않은 결과들이 보이기 시작하고 있다. 그 돈을 탄소 흡착, 격리, 탄소 섬유, 지열 에너지, 태양열 패널 또는 재생 가능한 에너지 인프라스트럭처 등 무엇이 됐던 테크놀로지 펀드 부양과 상업적 시장 개발에 사용하라.

국제 항공 산업의 이산화탄소 배출 문제를 다루라. 보잉과 에어버스가 중량 및 에너지 효율성 면에서 보다 효율적인 차세대 점보 제트기를 만든 것은 칭찬할 만하다. 이는 항공 연료의 가격 시그널에 대한 논리적인 대응이다. 그러나 거기에는 틀림없이 탄소 배출을 반영하는 강력한 시그널도 있을 것이다. 국가들이 자국의 항로를 직선화하고 국제선의 규제를 위한 일정표를 마련하기 위한 조치들을 취할 수 있을 것이다.

탄소 배출에 관한 모범 실무 관행을 확보하기 위해 새로운 건물, 공장, 그리고 장비들이 디자인 단계에서 새로운 투자를 하도록 규제를 강화하라. 기존 가정, 병원, 사무실, 공장, 자동차, 트럭, 선박, 난방기, 냉방기 등의 수정은 잘하기도 어렵거니와 비용도 많이 소요된다. 이는 경제적으로 별 타당성이 없다. 그러나 지금부터는 우리가 이미 알고 있는 것들을 적용함으로써 큰 차이를 만들어 낼 수 있다.

그리고 이를 지원하기 위해 모든 가계들에게 그들이 할 수 있는 역할에 관한 실제적 정보를 제공하라(많은 예들이 있지만 "그린 팁"[7]은 시작하기에 좋은 예이다). 가족들 및 개인들을 참여시키면, 수요가 바뀔 것이고 이에 따라 기업의 행태도 바뀔 것이다. 그리고 학교들 및 대학교들에서, 인식 수준이 높고 가장 많은 유익을 얻게 될 젊은 사람들을 동원하자. 그들이 나이든 세대들에게 미치는 영향은 정부 정책 및 상업 제품들에 대한 중요한 지원군이 될 것이다.

"할 것인가 말 것인가?"

나는 우리가 하기로 마음먹는다면 규제 틀, 테크놀로지 및 시장의 힘 등 기후 변화를 다룰 수 있는 수단이 있다고 확신한다. 나는 또한 현실적이어서 이 일은 아마도 마땅히 그래야 하는 것 또는 그럴 필요가 있는 것보다 늦게 일어나리라고 생각한다. 우리가 비즈니스 사례를 신속하게 만들어 내지 못하는 한, 나는 변화가 필요하다고 사람들을 설득하기 위해서는 기후 변화에 대한 보다 강력한 증거 및 기부 변화의 해롭고 보다 널리 퍼진 영향들이 필요할까 봐 두렵다.

의미 있는 사회적 및 세계적 변화를 이루어 내기 위해서는 과학, 세금, 규제, 테크놀로지 및 인간의 관심의 힘을 갖출 탁월한 리더십이 필요하다. 원하는 사람들의 연합이 필요하지만, 이것만으로는 결코 충분하지 않다. 그러나 글로벌 시장이라는 형태의 도움을 받을 수 있다. 글로벌 시장은 모든 대륙에서 급격한 변화를 이루어 내는 데 매우 효과적임이 입증되었다. 물론 모든 사람들의 입맛에 맞는 것은 아니지만, 그럼에도 불구하고 인상적인 것만은 분명하다. 당근과 채찍, 인센티브와 제재, 리스크와 보상이라는 자극에 대응하여 이들 핵심적인 조력자에 초점을 맞출 필요가 있다. 주요 국가들에서 결정적인 계기를 만들기에 충분한 올바른 틀을 세우고, 나머지는 기업에 맡겨두라. 기업은 보다 높은 에너지 효율성, 탄소 회피, 탄소 흡착 및 아직 증명되지 않은 많은 혁신적인 방법들의 형태로 대답을 내놓을 것이다. 그것이 바로 기업이 하는 일이다.

이는 매우 큰 사업(deal)이다. 여기에 커다란 이해관계가 걸려 있는 바, 그래서 국가, 회사, 그리고 소비자들이 선점자가 되려고 하는 것이다. 잘못된 정책이나 투자 또는 테크놀로지에 대한 섣부른 몰입은 국가 경제나 회사의 현금 흐름 또는 가계의 예산을 심각하게 약화시킬 수 있다. 대부분의 경우, 정치인들은 국제 조약을 망설인다. 투자자들은 일반적으로 탄소 배출에 대한 주요 프로젝트들을 지켜보면서 주류의 자본 프로젝트를 고수하고 있다. 그리고 가계들은 아직 행동 및 구매를 보다 환경 친화적 의제로 돌리지 않고 있다. 그러나 모든 분야에서 변화가 일어나고 있으며 비즈니스 사례도 점점 더 강해지고 있다.

기후 변화 비즈니스는 전혀 시기상조가 아니며, 시의적절한 이슈가 되어 가고 있다.[8]

토론 문제

1. "자연이 최종 타자"라는 로버트 파일리의 말이 함축하는 바에 대해 어떻게 생각하는가?
2. 기후 변화는 엄밀히 말하자면 기업의 문제가 아니라 에너지에 의존하는 우리의 생활방식의 결과라는 마더의 견해에 대해 어떻게 생각하는가?
3. 당신은 기후 변화를 다루는 것이 비즈니스 면에서 일리가 있다고 생각하는가? 왜 그렇게 생각하는가? 또는 비즈니스 면에서 일리가 있다는 것이 중요한가? 당신의 대답을 방어하라.

저자 소개

클리브 마더는 짚과 풀들로부터 재생 가능하고 탄소 중립적 수송 연료인 셀룰로스 에탄올을 생산하는 캐나다의 바이오테크 회사 아이오겐의 의장이다. 그는 앨버타 주 Prtimier's Council for Economic Strategy 위원이며, 대서양 양쪽 대륙 모두에서 에너지 및 환경 이슈들에 대해 정부 및 NGO들을 돕고 있다. 그는 약 170억 달러를 관리하는 영국의 Shell Pension Trust Ltd. 의장이며, 세계적 빈곤과 싸우는 국제 기독교 구호 기관인 Tearfund의 의장이다. 그는 Tearfund 이사회 의장을 맡고 있을 뿐만 아니라 전 세계에서 Tearfund의 대사로도 활동하고 있다. 클리브는 쉘에서 브루나이, 가

봉, 북미, 남미, 네덜란드 및 영국에서의 근무를 포함하여 38년간 일한 뒤 2007년에 은퇴했다. 그의 마지막 지위는 Calgary에서 캐나다 전역에서 영업을 하고 있고, 캐나다 주식 거래소에 상장된 최대 회사들 중 하나인 Shell Canada Limited의 사장 겸 CEO였다. 클리브의 지도 하에, 이 회사는 석유 및 가스 탐사, 앨버타 유사 개발에서 전례 없는 성장기를 시작하였다. 그는 쉘의 자원 및 테크놀로지를 활용해서, 새로운 주요 프로젝트들 및 전략적 인수를 단행했다. 그는 지속 가능한 개발을 대표하고 운영 성과를 통해 모범 관행을 보여주는 환경 문제의 대가이다. 그는 또한 Placer Dome Inc.의 이사로 재직했으며, C. D. Howe Institute의 이사로 일했다. 2001년에는 Shell UK Ltd.의 의장 겸 Shell International의 Global Learning 대표로 임명되어 영국 쉘의 모든 활동 및 평판과 글로벌 차원에서 쉘의 리더십 개발 및 학습을 담당했다. 선행 및 기업의 사회적 책임(CSR)에서의 리더십에 대한 옹호자로서 그는, 영국에서 평등 기회 위원회 위원, 정부/산업 CSR 아카데미 의장, 그리고 윈저 리더십 신탁 부의장 등 여러 공직에 임명되었다. 클리브는 1947년에 Warwickshire에서 태어났으며, Warwick School과 Lincoln College, Oxford에서 학위를 받았다. 그는 결혼해서 3명의 자녀와 한 명의 손주를 두고 있으며, Guildford에서 아내 앤과 보더 콜리 종 애완견과 함께 살고 있다. Charted Management Institute의 후원자이며, Chartered Institute of Personnel and Development의 회원인 그는 다양한 자선 기금에서 봉사하고 있지만 시간을 내서 스포츠, 특히 테니스와 골프를 즐기기도 한다.

Notes ────

1. G. Brundtland (편), Our Common Future. 세계 환경 및 개발 위원회 보고서. Oxford University Press. 1987.
2. Pyle, Robert M.이 한 말로 알려져 있음.
3. Intergovernmental Panel on Climate Change, Working Group 1 AR4 Report. Summary for Policy Makers. WMO와 UNEP. 2007.
4. Sir Nicholas Stern Review on the Economics of Climate Change. Executive Summary. HM Treasury, 2006.
5. Nick Spencer와 Robert White. Christianity, Climate Change and Sustainable Living. SPCK. 2007.
6. Ronald Wright. A Short History of Progress. House of Anansi Press Inc. 2004.
7. Gillian Deacon (comp.) Green Tips. How to Save Money and the Planet. Green Living Enterprises. 2006.
8. 저자는 이 글이 자신의 견해를 나타낸다는 점을 분명히 하고자 한다.

물건을 만드는
방식 수정하기

윌리엄 맥도너(William McDonough) & 마이클 브라운가트(Michael Braungart)
요람에서 요람까지(New York: North Point Press, 2002).

환경 테크놀로지 및 관리 분야에서의 혁신 문화는 산업계에 중요한 변화를 가져오고 있다. 환경 친화적인 화학 및 엔지니어링의 영향이 점점 더 커지는 데에서부터 회사의 연구 개발에서 환경에 대한 관심이 출현한 데 이르기까지, 산업 활동의 거의 모든 영역에서 유망한 신규 이니셔티브들을 볼 수 있다.

그러나 이러한 많은 전개 사항들은 "환경-효율적" 틀 적용에 국한되어 있다. 널리 채택되는 비즈니스 패러다임인 환경 효율성은 본질적으로 축소적인 의제로서, 이 분야에서의 개혁은 다소 협소하게 산업의 부정적 영향 최소화를 겨냥하고 있다. 예를 들어, 단순히 효율성에만 기초한 경영 관리 도구들은 산업에 자원을 덜 사용하고 쓰레기를 덜 만들어 내며 유독 물질 배출을 최소화할 수 있게 해 줄 수는 있을지라도, 상품 또는 산업 생산의 근본적인 디자인을 바꾸지는 않는 경향이 있다. 즉, 효율적인 것만으로는 충분하지 않다. 그 결과 유망한 신기술마저도 전통적인 요람에서 무덤까지 시스템 내에서, 애초에 쓰레기와 독성 물질을 만들어 내는 체계적인 디자인상의 결함은 다툼이 없이, 에너지와 물질들을 사용하여 오염을 희석시키고 자연 자원 상실을 늦춘다.

글로벌 소싱과 날씬한 생산은 이 상태를 표준화했으며, 그 결과 점점 열악한 품질로 특징지어지는 상품들이 과잉 생산되었다. 미국에서 만들어진 유명 브랜드의 아동용 장난감의 가스 방출 다이어그램에서 돌연변이 유발 물질, 감각 마비 물질, 또는 발암 물질로 의심받거나 발암물질이라고 알려진 물질까지도 포함한 30가지 이상의 화학 물질이 인터넷 상에 언급되어 있는 것을 볼 수 있다.

이 다이어그램(http://www.scribd.com/doc/37566076/C2C-Journal-of-Cleaner-Production-2007을 보라)은 열악한 품질 기준이 매일 수백 가지의 유해 화학물질을 방출하는 결과를 가져오고 있음을 보여준다. 대개, 전기면도기, 카펫, 실내 장식품 등의 상품들은 실내에서 사용되는데, 실내에서는 방출된 화학물질들이 축적된다. 냉난방을 덜 필요로 하고 따라서 공기 순환을 덜 필요로 하는 에너지 효율적인 빌딩들은 사태를 악화시킬 수 있다. 예를 들어, 최근 독일에서의 한 연구는 함부르크 중심가의 일부 에너지 효율 등급이 높은 건물들 내부의 공기 질은 불결하고 자동차들로 붐비는 거리의 공기보다 거의 4배나 나쁘다는 것을 발견했다.

이 효과는 무시하기 어렵다. 공기 교환율이 낮은 빌딩들이 보편적인 곳에서는, 건강 문제들도 흔하다. 에너지 효율적인 건물 건축에 세금 혜택을 주는 독일에서는 알레르기가 6-7세의 학령 아동들의 42%에 영향을 주는데, 이는 주로 열악한 실내 공기의 질에 기인한다. 이것이 바로 화학 물질 괴롭힘이라 부르는 것이다. 이는 나쁜 의도의 결과가 아니라, 졸속 디자인의 결과이다.

새로운 산업 모델

요람에서 요람까지 디자인(Cradle to Cradle Design)은 명확한 대안을 제공하는데, 이는 안전하고 재생 가능한 생산이 완전히 긍정적인 인간의 디자인을 위한 모델을 제공해 주는 자연의 틀이다. 이 관점에서 일하고 있는 우리는 덜 나쁜 것을 목표로 하지 않는다. 대신, 우리의 디자인 과제는 태양에 의해 힘을 공급받는 상호 의존적인 자연과 인간의 시스템을 만드는 것인데, 그 시스템 안에서는 안전하고 건강에 유익한 재료의 흐름이 재생산 사이클 안에서 모두의 이익을 위해 우아하고 평등하게 배치된다.

이 틀 안에서는, 모든 재료들이 재생 가능 자산의 넓은 스펙트럼을 제공하기 위해 디자인된다. 건강한 상품으로서의 유용한 수명을 다하고 난 뒤에는, 재료들이 땅에 안전한 비료를 제공하거나 다음 세대 상품을 위한 고품질의 기술 자원을 공급하도록 디자인된다. 재료들 및 상품들이 이러한 폐회로 사이클(자연의 영양 사이클을 통한 생물학적 재료의 흐름과, 산업 재료가 생산자로부터 소비자를 거쳐 다시 생산자에게로 순환하는 사이클) 내에서 사용되도록 만들어질 경우, 기업은 단기적 성장과 영구적인 번영 모두를 누릴 수 있다. 또한, 우리는 산업 자체의 토대를 재설계하기 시작해서 공기, 토양 및 물을 정화하고, 현재의 태양력을 이용하여 유독 쓰레기를 만들어 내지 않으며, 안전하고 건강에 유익하며 재생력이 있는 재료만을 사용하는 시스템을 만들어 낼 수 있는 바, 그 효익은 모든 생명을 증진한다.

이처럼 긍정적인 산업 의제는 상품, 프로세스 및 설비 디자인에서 품질의 새로운 정의를 찾아낸다. 요람에서 요람까지의 관점에서 보면, 품질은 산업이 경제적 가치를 창출하면서도 자연과 문화의 복지를 향상하도록 허용하는 디자인에 내장된다. 모든 단계의 상업 활동마다 이러한 긍정적인 야망을 추구하면 비용, 성과 및 심미라는 전통적인 디자인 기준에 생태 지능, 사회적 형평 및 문화적 다양성을 첨가하게 된다. 이 다양한 기준이 좋은 디자인을 정의하면, 그리고 이 기준이 산업의 모든 단계에 적용되면, 생산성 및 이익은 환경적 및 사회적 관심사들과 반목하지 않는다. 실로, 요람에서 요람까지 디자인이 성숙함에 따라, 우리는 점점 더 생명을 지원하고, 탄식이 아니라 기쁨으로 환경상의 발자국을 남기는 상품 및 장소들을 디자인할 수 있게 된다. 이는 디자인 프로세스 전체의 맥락을 변화시킨다. "내 일의 영향을 어떻게 줄일 수 있는가?" 그리고 "현재의 환경 기준을 어떻게 충족시키는가?"라고 묻는 대신, 우리는 "어떻게 생태 환경상의 발자국을 늘리고 그 긍정적 영향을 강화할 수 있는가? 어떻게 번성해지고 내 공동체를 축복할 수 있는가? 어떻게 더 많은 거주지, 더 많은 건강, 더 많은 맑은 물, 더 많은 빛을 만들 수 있는가?"라고 묻게 된다.

요람에서 요람까지 패러다임

요람에서 요람까지 디자인은 상품 개발을 사후 처리 부담 제한을 겨냥한 프로세스에서 애초부터 안전하고, 건강에 좋은 고품질 상품을 만들도록 설계된 프로세스에 초점을 맞춘다. 산업의 세계에서 이 디자인은 재료 및 재료의 흐름에 관한 새로운 개념을 만들어 내고 있다. 요람에서 요람까지의 사고는 재료들을 여기저기에서 개입하여 요람에서 무덤까지 가는 속도를 늦추는 쓰레기 관리 문제로 보기보다는, 재료들을 영양분으로 보며 그 안에서 재료들이 흐르는 두 개의 안전한 물질대사를 인식한다.

생물학적 물질대사에서는, 물, 산소, 질소, 이산화탄소 등 땅 위의 생명을 부양하는 영양은 성장, 부패, 그리고 재탄생이라는 재생 사이클을 통해 영속적으로 흐른다. 생물학적 물질대사는 물질상의 부담을 만들어 내기보다는, 자연의 생산력을 축적한다. 쓰레기는 음식과 같다. 기술적 물질대사는 자연의 영양 사이클을 모방하도록 디자인될 수 있다. 이 사이클은 그 안에서 가치 있는 하이테크 합성 화합물들과 광물 자원들이 생산, 회수, 그리고 재생산이라는 끝없는 사이클 안에서 순환하는 폐쇄 회로 시스템이다. 이상적으로는, 기술적 물질대사를 만드는 인간의 시스템은 태양 에너지에 의해 동력을 갖춘다.

생물학적 물질대사/기술적 물질대사

안전하고 건강에 유익한 재료들을 찾아냄으로써, 기업은 이 요람에서 요람까지 사이클 안에서 재료들을 만들어 내고 사용할 수 있다. 세제, 포장재, 휘장용 섬유, 벽지 및 장식용 천과 같이 생물학적 영양분으로 디자인된 재료들은 사용한 뒤에 안전하게 생물분해되어 토양을 회복시켜서, 부정적인 영향을 덜 주는 것이 아니라 더 많은 긍정적인 영향을 주도록 디자인될 수 있다. 영원히 재활용 가능한 나일론 섬유와 같이 기술적 영양분으로 디자인된 재료들은 합성 제품을 계속해서 생산하는 고품질, 하이테크 재료들을 제공할 수 있는 바, 이 또한 가치의 수확이다.

생물학적 및 기술적 영양분들은 이미 시장에 들어와 있다. 장식용 천 Climatex Lifecycle®은 살충제 잔류물이 없는 모직과, 무독성 화학물질로 염색하고 가공한 유기적으로 재배한 모시의 혼합물이다. 이 브랜드의 모든 상품 및 프로세스에 사용하는 재료들은 생물학적 물질대사 내에서 인간과 생태환경의 안전을 위해 정의되고 선택되었다. 그 결과는 다음과 같다. 천 쪼가리들은 펠트(모직이나 털을 압축해서 만든 부드럽고 두꺼운 천)로 만들어져서 원예 농장에서 과일과 채소 재배를 위한 뿌리 덮개로 사용되어, 섬유의 생물학적 영양분을 토양에 돌려준다. 생물학적 영양분으로 디자인된 최초의 시판 상품인 Climatex Lifecycle®이 1993년에 소개된 뒤 많은 기업들이 이를 뒤따르고 있다.

한편, 허니웰은 기술적 물질대사를 위한 섬유인 Zeftron Savant®라는 고품질 카펫 방적사(紡績絲)를 판매하고 있는 바, 이 섬유는 영원히 재생할 수 있는 나일론 6 섬유로 만들어진다. 섬유인 Zeftron Savant®는 재생되고 중합시킬 수 있고(이를 구성하는 레진으로 되돌려지고), 새로운 카펫의 새로운 재료가 되도록 디자인되었다. 사실, 허니웰은 전통적인 구식 나일론 6를 수거해서 이를 Zeftron Savant®로 변화 시킬 수 있는 바, 이는 산업 재료를 아래쪽으로 재생하는 것이 아니라 위쪽으로 재생하는 방식이다. 나일론은 비물질화하는 것이 아니라 다시 물질화하여 진정한 요람에서 요람까지 상품이 된다.

이상적으로는, 기술적 영양분은 요람에서 요람까지 전략의 핵심 요소 중 하나인 서비스 상품으로 디자인된다. 서비스 상품들은 제조회사가 이를 되가져가서 다시 사용할 수 있도록 디자인된 자동차, 컴퓨터, 냉장고, 카펫 등의 내구재이다. 이 상품은 제조회사가 재료에 대한 소유권을 보유하면서 고객들에게 서비스를 제공한다. 정해진 사용 기간이 끝나면, 제조회사가 그 상품을 가져가서 그 재료들을 다른 하이테크 상품에 사용한다. 이와 같은 재료 회수 시스템이 기술적 물질대사의 토대이다. 이 개념이 넓게 실행될 경우, 서비스 상품 개념은 재사용 가능한 에너지로 동력을 갖춘 인간의 시스템이 많은 상품의 수명 주기를 통해 귀중한 재료를 재사용함으로써 생산 및 소비의 개념을 바꿀 수 있다.

요람에서 요람까지 디자인의 실무

요람에서 요람 디자인 틀은 수명 주기 개발(Life Cycle Development; LCD)이라 불리는 프로세스를 통해 자연의 물질 순환 모델을 모든 상품 및 시스템 디자인 노력 안에 구현한다. 이 틀 안에서의 상품 개발이 수명 주기 평가(Life Cycle Assessment; LCA)와는 다르지만, "수명 주기 사고"는 과학적 탐구를 위한 중요한 구조 역할을 하며, 요람에서 요람 상품 디자인 프로세스를 알려준다.

수명 주기 개발 프로세스

LCD는 상품 및 프로세스가 재설계되도록 평가하기 위한 작업, 결과 지향적 방법이다. LCD는 특정 재료 또는 최종 상품이 그 다양한 생애 주기 단계(원재료 생산, 제조, 사용, 그리고 회수/재활용)를 어떻게 흘러가는지 관찰하고 각 단계에서 인간 및 환경의 건강에 미치는 영향을 파악하는 동안에, 바람직하지 않은 물질을 차츰 없애고 이들을 더 나은 재료로 대체한다. 재설계 프로세스는 환경 및 인간의 건강에 미치는 영향 평가 동안에 (평가 후가 아니라) 일어난다. 이러한 동시 작업은 제조업자와 사용자의 비용을 절감하며, 제조업자에게 시장에서 존재감을 유지하고 상품을 개선하면서 계속 수익을 창출할 수 있게 해 준다.

LCD 프로세스는 세 단계로 구성되는데, 이는 처음에 특정 상품의 적절한 물질대사를 파악한 뒤에 이루어진다. 각 상품을 잠재적인 생물학적 영양분 또는 잠재적인 기술적 영양분으로 정의하기에 두 종류의 다른 디자인 기준이 정해지며, 상품 개발의 모든 단계에 이 내용을 알려준다. 예를 들어, 생물학적 영양분은 퇴비로 사용할 수 있어야 하며, 기술적 영양분의 회수는 화학적 재생을 요구할 수도 있다. 그러나 모든 상품들은 세 단계를 통해 평가 및 개발된다.

- 재료 흐름 물품 목록 작성
- 개별 상품들의 수명 주기에 따른 영향 평가

- 건강하고 번성하는 요람에서 요람까지 수명 주기를 낳기 위한 최적화

이 단계들은 반복적인 프로세스일 수 있으며 각 프로세스마다 여러 단계를 거칠 수 있다. 이 프로세스는 원재료(다른 상품들에 들어가는), 상품(다른 재료들로 만들어진), 또는 프로세스로부터 뿐만 아니라 아이디어로부터도 시작할 수 있다.

물품 목록 작성

LCD에서 첫 단계는 특정 상품 제조에 사용되는 모든 재료에 관한 완전한 정보를 모으기 위해 고안된 재료 물품 목록이다. 다음에 각 재료들의 화학적 구성 요소들의 목록이 작성된다. 이 물품 목록 작성 프로세스에서 CAS(chemical abstract service; 화학적 개요 서비스) 번호, 이름, 기능 및 최종 재료 또는 상품에서의 중량 비중(%)을 기록하는 구성품 리스트가 완성된다.

영향 평가

재료에 대한 평가는 상품의 투명성과 인간 및 환경의 건강에 가장 긍정적인 영향을 줄 요소의 의식적 선택을 증진한다. 특정 재료가 인간 및 환경의 건강에 미치는 영향이 5개의 범주로 평가된다.

- 직접적인 익스포져는 암, 내분비 장애, 피부 및 점막 염증, 그리고 민감화 등 이 물질에 노출될 수도 있는 유기체에 미치는 심각하고 고질적인 해로운 영향을 커버한다.
- 세대 계승은 돌연변이, 생식 및 발달 장애, 유전 공학, 지속성과 생물적 분해 등과 같은 잠재적 영향을 포함한다.
- 먹이 사슬은 생물 축적에 의해 평가된다.
- 기후 관련성은 지구 온난화 가능성 및 오존 고갈 가능성에 의해 평가된다.
- 가치 회복은 특정 재료의 생물학적 또는 기술적 영양분으로서의 잠재력을 평가한다. 가치를 회복하고 재료를 폐쇄 회로 사이클 내에 유지하기 위해서는, 재료들이 안전에게 흙으로 돌아가거나, 영구적으로 재활용할 수 있어야 한다. 특정 재료의 가치 회복 잠재력은 아래의 고려사항에 기반을 둔다.
    이 재료를 분해하거나 재활용하는 것이 기술적으로 타당성이 있는가?

이 재료에 대한 재활용이나 분해 인프라스트럭쳐가 있는가?

재활용 재료나 분해의 품질은 어떠한가?

또한, 상품들은 명확한 사용 후 전략이 있어야 하며, 재료 회수가 가능하도록 분해할 수 있게 디자인되어야 한다. 상품에서의 재료 회수 가능성 평가는 아래의 질문에 기반한다.

- 이 상품 및 재료 회수 전략은 무엇인가?
- 상이한 재료들이 쉽게 분리될 수 있는가?
- 흔하거나 쉽게 구할 수 있는 분해 도구가 사용될 수 있는가?
- 표시, 자석 등을 통해 재료의 유형이 파악될 수 있는가?

최적화

모든 재료들이 평가되고 나면, 인간 및 환경의 건강에 가장 긍정적인 영향을 주는 재료들과 가장 높은 가치 회복 잠재력을 지닌 재료들이 재설계된 상품에 포함될 재료들로 선택될 수 있다. 최적화는 반복적인 과정이다. 시간이나 재정적 제약, 또는 환경 및 인간의 건강과 가치 회복 기준을 충족하는 재료의 결여로 인해 처음에는 특정 상품 또는 재료의 완전한 최적화가 불가능할 수도 있다. 문제가 있는 모든 요소들이 대체될 수 없을 경우, 대체 우선순위를 정하고, 긍정적인 대체물이 찾아질 때까지 익스포져를 최소화하도록 제조 프로세스를 재설계할 수 있다. 궁극적으로, 최적화 단계는 상업적 생산성, 사회적 건강, 그리고 생태적 지능을 강화하도록 긍정적으로 정의된 상품을 만들어 내기 위해 고안된다.

결과를 얻기: 요람에서 요람까지 디자인의 작동 방식

LCD 프로세스는 생물학적 및 기술적 영양분 디자인을 위한 토대이다. 특정 요람에서 요람까지 상품 디자인의 세부 사항 몇 가지를 조사해 보면 이 프로세스가 어떻게 작동하는지, 그리고 이 프로세스가 어떻게 이례적인 가치를 낳는지 알 수 있게 될 것이다. 쇼 인더스트리스에서 개발된 기술적 영양분 카펫 타일을 생각해 보자. 쇼는 고객들에게 안전하고 유익한 상품을 제공하기 위해서, 자사 카펫의 섬유와 뒷면의 주요 화학물질들에 대한 철저한 과학적 평가를 수행했다. 염색제, 안료, 마감재, 보조재 등 카펫에 들어가는 모든 재료들이 요람에서 요람까지 LCD에 따라 검사되었으며, 이 회사의 엄격한 기준을 충족시키는 각각의 재료들이 선택되었다. 이 프로세스로부터 아주 안전하고, 영구적으로 재활용할 수 있으며, 가치를 만들어 내는 상품인 완전히 최적화된 카펫 타일이 탄생했다. 그리고 이는 높은 평가를 받는 제품이기도 하다. 쇼는 2003년에 대통령 녹색 화학물질 도전 상을 받았다.

상과는 별도로, 쇼의 신상품은 상업적 카펫 시장에 절실했던 대안을 가져왔다. 대개, 카펫은 두 가지 주요 요소인 앞면의 섬유와 뒷면의 재료로 만들어진다. 오늘날 대부분의 앞면 섬유는 나일론이며 대부분의 카펫 뒷면은 PVC이다. 흔히 비닐로 알려진 PVC는 건물 건축과 장난감, 의류 및 스포츠 용품 등 다양한 소비자 제품들에 널리 사용되는, 값싸고 오래 가는 물질이다. PVC를 만들기 위해 사용되는 염화 비닐 단위체는 인체에 대한 발암 물질이며, PVC 소각은 다이옥신 방출을 초래할 수 있다. 또한 내분비 호르몬 장애를 일으킨다고 알려진 화학 물질을 방출하는 가소제 등 PVC에 사용되는 많은 첨가물들이 건강에 미치는 영향에 대한 우려도 있다.

전통적인 카펫 재활용에서는 나일론 전면 섬유와 PVC 뒷면이 함께 재활용되어 가치가 덜한 합성물질을 만들어 냈다. 사실상, 이 재료들은 재활용되는 것이 아니라 저급한 용도로 활용되고 있으며, 이 물질들은 여전히 매립장이나 소각장 한쪽 방향으로만 가고 있다. 여기에서는, 재료의 PVC 부분이 재활용된 카펫은 위험한 쓰레기가 된다.

PVC에 대해 널리 확산된 과학자들 및 소비자들의 우려에 대응해서, 쇼는 PVC의 모든 성능을 보유하고 있으면서, 회사가 이를 회수해서 안전한 카펫 뒷면으로 사용할 것이라고 보증하는 안전한 폴리올레핀 기반 뒷면 시스템이라는 대안을 개발했다.

쇼의 기술적 영양분 카펫 타일의 앞면 섬유 역시 게임을 변화시킨다. 이 섬유는 쉽게 단위체(monomer)인 카프로락탐으로 분해될 수 있고, 반복적으로 고품질의 나일론 6 카펫 섬유를 만들기 위해 중합될 수 있는 나일론 6로 만들어진다. 주요 경쟁품인 전면 섬유 나일론 6.6은 재생용 재료로 쉽게 분해되지 않는다. 쇼는 가치 회복 프로토콜을 따라서, 자사의 모든 나일론 6 섬유의 회수 및 재활용 전략을 개발하고 있다.

사실상, 쇼의 새로운 카펫 타일은 쓰레기 개념을 제거한다. 이 회사는 현재 자사의 모든 나일론 6 카펫 섬유가 회수되어 나일론 6 카펫 섬유로 되돌아가고, 자사의 안전한 폴리올레핀 뒷면은 회수되어 안전한 폴리올레핀 뒷면으로 되돌아갈 것이라고 보증한다. 카펫에 들어가는 모든 재료들은 기술적 영양분 사이클 안에서 계속 순환할 것이다. 원재료는 원재료로 돌아간다. 쓰레기는 음식과 같다. 환경 효율적 재활용과는 전적으로 다른 이 요람에서 요람까지 싸이클은 재료 흐름 관리에 대한 긍정적인 접근법의 효용을 시사한다.

다른 산업들 또한 의미 있는 결과를 달성하고 있다. 신발 제조업체 나이키는 맥도너 브라운갓트 디자인 케미스트리(MBDC; McDonough Braungart Design Chemistry)와 협력 하에, 요람에서 요람까지 틀을 채택해서 자사의 스포츠화 라인 생산에 사용되는 재료들의 화학적 구성 및 환경에 대한 영향을 판단한다. 주로 글로벌 신발 운영에 초점을 두는 나이키의 재료 평가는 중국의 공장 방문으로 시작됐는데, 그곳에서 평가 팀들은 고무, 가죽, 나일론, 폴리에스터, 그리고 발포 고무의 화학적 구성에 관한 정보와 함께 이 재료들의 샘플을 수집했다.

지속적인 협력 관계 안에서, 나이키와 MBDC가 회사의 지속 가능한 디자인 기준을 충족하거나 능가하는 재료들을 찾아내면, 이들 요소들은 나이키가 자사 상품에 사용할 재료 목록(긍정적 리스트)에 추가된다. 이 요소들은 상품의 유용 수명이 다한 뒤에 자연의 생물학적 시스템에 의해 안전하게 분해되거나 반복적으로 회수되어 신상품에 재사용된다.

긍정적인 재료 목록을 개발하려는 나이키의 체계적인 노력은 PVC의 점진적인 퇴출과 같은 가시적 결과를 낳기 시작했다. 나이키는 신발과 비(非)스크린 인쇄 의류에서부터 PVC를 제거하기로 했다. 나이키는 2002년 봄에, 고객들에게 PVC를 사용하지 않겠다는 자사의 확약을 알리는 하나의 방법으로 PVC가 들어가지 않은 두 개의 상품 키스톤 클리트와 스위치 슬라이드를 강조했다.

요람에서 요람까지 디자인 전략 통합하기

많은 회사들이 요람에서 요람까지 원칙을 하나의 상품에 적용함으로써 이를 채택하기 시작했다. 그러나 궁극적으로 이 전략의 효과성은 이 전략이 상품 개발 프로세스 안으로 깊숙이 통합되느냐에 의존한다. 가구 디자이너 겸 제조업자인 허먼 밀러는 요람에서 요람까지 재료 평가, 전사적 디자인 목표 전사적 적용, 환경상의 성과 측정, 그리고 디자인 기준 실행에 자사의 공급 채널을 관여시키기를 실행하는 전 부문에 걸친 환경을 위한 디자인(Design for Environment; DFE)을 개발해서 이 방향으로 큰 진전을 이루었다.

DFE 팀은 MBDC 및 독일의 디자인 컨설팅 업체 EPEA와 긴밀히 협력해서 회사의 디자이너 및 엔지니어들에 의해 효과적으로 사용될 수 있는 화학물질 및 재료 평가 방법을 개발했다. 디자인 프로세스의 모든 과정에서, 여러 측면의 평가를 통해 재료들이 인간의 건강 및 독성 물질상에 미치는 영향, 재활용 가능성, 재활용된 내용 또는 재생 가능 자원 사용, 그리고 분해를 위한 상품 디자인이 분석된다.

DFE 팀에는 평가에서 발견한 사실들을 계속 수정되는 재료 데이터베이스에 반영하는 화학 엔지니어, 공급 체인과 허먼 밀러 구매 팀 사이의 매개자 겸 데이터 소스 역할을 하는 구매 에이전트가 포함되어 있다. 이 전략은 새로운 디자인 기준을 시행함에 있어서 디자인과 구매 두 그룹이 파트너가 되어 일관성 있게 안전한 재료들을 구매할 수 있게 해 준다. 허먼 밀러의 한 엔지니어가 이렇게 말한 것처럼 말이다. "환경의 관점에서 공급 체인 이슈를 관리하니 재료의 구성 및 우선순위 책정에도 도움이 되었습니다." 예컨대, 현재 허먼 밀러는 이 데이터베이스를 이용해서 회사가 사용, 배분 및 계산하는 원재료들의 양과 내용을 기록하는데, 전에는 이러한 내용들을 추적 관리하지 않았었다.

허먼 밀러는 DFE 팀에게 자사의 인기 상품인 에어론 사무용 의자의 보완 상품인 새로운 의자 디자인 작업을 수행하게 했다. 850개 재료들에 들어 있는 500개의 화학 물질들뿐만 아니라 생산 프로세스에 대해서도 평가하고 여기서 발견한 내용들을 전반적인 디자인 프로세스에 구현한 뒤에, 허먼 밀러는 미라 의자를 선보였다. 이 의자의 선구적인 디자인을 주목한 메트로폴리스 지(紙)는 환경적으로 건전한 고성능 미라가 "다음 번 우상"이 될 수도 있다고 예측했다. 아마도 그럴 것이다. 확실한 것은 미라의 인체공학적, 심미적, 그리고 환경적 지능으로 인해 이 의자가 매우 편안하고 조절하기 쉬울 뿐만 아니라, 영리한 재료 및 에너지 이용에 대한 빛나는 사례가 되고 있다는 것이다.

다른 어떤 특징보다도, 미라는 100% 풍력을 이용하여 조립된다. 재활용된 재료가 의자 무게의 40%를 넘고, 재료의 거의 100%가 재활용될 수 있는 이 의자는 요람에서 요람까지 상품을 향한 힘찬 발걸음이다. 이 의자는 PVC를 제거하여 환경적으로 안전하며, 전반적으로 분해하기 쉽게 디자인되었다. 이 의자는 21세기 상품 디자인으로의 대담한 이동이다.

지능적 재료 풀링(Intelligent Materials Pooling; IMP)으로 재료 흐름 관리하기

제품의 구성 요소들을 정의하고 그들 각각의 공급 체인을 관여시킴으로써 쇼, 나이키, 그리고 허먼 밀러는 모두 안전하고 수익성이 좋은 기술적 물질대사 개발을 향한 걸음을 내딛고 있다. 이는 요람에서 요람까지 전략에서 매우 중요한 걸음이다. 궁극적으로, 에너지 최적화 전략은 재생 가능한 에너지의 효과적인 사용을 향하게 되는 것과 마찬가지로, 요람에서 요람까지 재료라는 자산을 최적화하는 열쇠는 재생산 가능한 재료 흐름의 지능적인 관리에 놓여 있다.

영겁의 진화 후에, 자연은 생물학적 물질대사의 물질 흐름을 효과적으로 관리할 채비를 잘 갖추고 있다. 우리는 우리가 생물학적 영양분으로 디자인하는 물질들이 안전하게 생물 분해될 수 있으며, 이 물질들이 토양으로 돌아가게 할 회복 시스템을 설치할 필요가 있지만, 자연은 자신의 영양 사이클 운영에 우리의 도움을 필요로 하지 않는다는 점을 확신할 필요가 있다. 그러나 기술적 물질대사는 인간의 디자인에 의해서만 관리될 수 있다.

폴리머, 희귀 금속, 그리고 산업용 하이테크 재료들의 흐름을 안전하고 효과적으로 관리하기 위해, 우리는 기술적 물질대사를 위한 영양분 관리 시스템을 개발했는데, 우리는 이를 지능적 재료 풀링(IMP; Intelligent Material Pooling)라 부른다. IMP는 위험 물질을 완전히 제거하기 위해 여러 회사들이 관여하는, 완전히 새로운 협력적 재료 흐름 관리 접근법이다. IMP에서는 파트너들이 재료 정보와 수익성이 좋은 요람에서 요람까지 재료 흐름을 생성하기 위해 정보와 구매력을 모으는 지원적인 비즈니스 공동체를 구성한다.

지능적 재료 풀링의 발전은 네 단계로 이루어진다. 첫 단계는 회사들이 공유 가치 및 보완적 필요를 발견하기 위해 요람에서 요람까지 디자인에 헌신하기로 하는 공동체 건설 단계이다. 각각의 회사들이 공동의 유해 화학물 리스트를 점차 없애기 위해 협력하기로 합의함에 따라 자발적인 파트너들의 비즈니스 네트워크가 출현한다.

이처럼 공유된 다짐으로부터 독성 물질 단계적 제거와 혁신적인 대안 물질 개발을 실행할 회사들의 공동체가 나오는데, 이 공동체는 시장에서 강력한 힘을 발휘한다. 이 회사들은 제거 대상 리스트와 선호되는 화학 물질의 긍정적인 구매 리스트를 공유한다.

세 번째 단계는 파트너십 내에서의 재료 흐름 정의하기와 관련된다. 파트너들은 선호되는 재료들을 특정하고 이 재료로 디자인한다. 그들은 또한 상품 및 서비스의 정해진 사용 기간을 정하고, 개별적으로 회수 프로그램을 만든다. 이 단계에서는 기술적 영양분들이 재사용을 위해 제조업자에게 돌아가도록 디자인되는 서비스 개념을 만들어 내도록 지원하는 인프라스트럭처를 구축한다. 이는 사실상, 파트너들을 재사용 가능한 자산을 가지고 있는 재료 은행으로 전환시킨다. 그들의 재료 "풀"은 공동으로 소유되지는 않지만, 파트너들의 공유된 재료 사양, 그들의 효과적으로 관리되는 기술적 물질 대사, 그리고 결합된 구매력은 그들에게 긍정적으로 정의된 고품질 재료들을 수익성이 있게 사용할 수 있게 해 준다.

IMP의 마지막 단계는 열려 있는 바(open-ended), 이는 지속적인 지원을 통해 비즈니스 파트너십을 강화하는 것과 관련이 있기 때문이다. 이는 선호되는 비즈니스 파트너 계약 체결, 정보 공유, 공동 브랜드 전략 개발, 그리고 새로 만들어진 기술적 물질대사 메커니즘 지원과 같은 상호 유익한 활동들과 관련이 있을 수 있다.

경쟁적인 비즈니스 세계에서 자원하는 파트너를 발견하기란 상상하기 어려운 일이지만, 이는 전례가 없는 일이 아니다. 섬유 산업에서, MBDC와 디자인텍스, 그리고 빅터 이노버텍스와 로흐너 텍스틸은 환경적으로 영리한 섬유의 디자인 및 생산에서 유익하게 협력해 오고 있다. 섬유 및 의류 산업에서, 몇 개의 회사들이 깊은 "폴리에스테르 연합" 구축에 관심을 표명했다. 진정으로 재활용되는 폴리에스터 개발 기술이 나온다면, 폴리에스터 연합은 널리 사용되는 이 산업 재료의 흐름의 회로를 닫기 시작할 수 있을 것이다.

3중 톱 라인을 위한 디자인

수명 주기 개발에서부터 지능적 재료 풀링에 이르기까지, 요람에서 요람까지 전략의 다양한 측면들은 좋은 디자인을 위한 틀을 제공해 준다. 이 틀 안에서의 프로토콜들은 엄격하고 요구사항이 많을 수 있지만, 이들은 또한 기발한 창의성을 위한 공간도 제공한다. 예를 들어, 한 회사가 생물학적 또는 기술적 영양분을 개발하기로 결정하면, 재료들의 화학적 평가는 디자인 작업을 완전히 재고(再考)하기 위한 첫걸음에 지나지 않는다. 좋은 과학적 발견 및 축소적이 아닌 긍정적인 의제가 있으면, 매우 재미있는 디자인 질문들을 묻기 시작할 수 있다.

전통적인 디자인 질문들은 비용, 미적 감각, 그리고 성능 중심이었다. 이 제품으로부

666

터 이익을 낼 수 있는가? 소비자들이 이 제품에 매력을 느낄 것인가? 이 제품이 통할 것인가? 지속 가능한 발전의 옹호자들은 이 질문들을 확대해서 환경 및 사회적 관심사항들도 포함시키기 위해 노력해 왔다. 이 "3중 바텀 라인"접근법(회사의 손익계산서에서 순이익 항목이 가장 밑줄에 표시된다는 데에서 순이익 개념 대신 종종 bottom line이라는 표현을 사용하고 있음. 역자 주)이 회사들에게 경제적 목표와 "환경에 대해 더 잘하려는" 욕망의 균형을 유지하게 하는 유용한 도구를 제공해 왔지만, 이 개념은 실제적으로는 종종 경제적인 부분만 고려하고, 사회적 또는 환경적 효익은 나중에야 고려하는 것으로 보인다. 기업들은 전통적인 경제적 수익성을 계산하고 나서, 거기에 아마도 어느 정도의 환경상의 피해 감소(배출 감소, 매립장에 보내지는 재료 감소, 생산 자체에 더 적은 재료 사용 등)와 같이 자신들이 사회적 효용이라고 생각하는 것을 덧붙인다. 이들은 문제 파악을 향한 중요한 걸음이지만, 궁극적으로 부정적 효과를 관리하는 전략이다.

이 3중의 관심, 즉 경제 성장, 환경의 건강, 그리고 사회적 형평이 최종적인 회계 도구로 사용되기보다 3중의 톱 라인(top line)으로서 디자인 프로세스가 시작될 때 다루어진다면 어떻게 될까? 여기에서 마술이 시작된다. 경제, 생태, 그리고 형평 사이의 타협을 통해 마지막 줄을 맞추는 대신, 디자이너들은 그들의 역동적인 상호 작용을 사용하여 세 부문 모두에서 수익 및 가치를 창출할 수 있다. 즉, 3중의 톱 라인 성장을 이룰 수 있다. 여기에서는 부정적인 영향을 덜 끼치는 것이 아니라 긍정적인 영향을 더 많이 끼치는 것을 목표로 한다. 이 관점에서는, '어떻게 하면 더 많은 서식지를 만들어 낼 수 있는가?', '어떻게 일자리를 만들 수 있는가?'와 같은 질문들이 '비용이 얼마나 많이 들 것인가?'와 같은 질문만큼 중요해진다. 사실, 환경상 또는 사회적 관심을 공표하고 시작된 프로젝트는 순전히 경제적인 관점에서 시작했더라면 상상조차 하지 못할 정도로 재무적으로 매우 생산성이 높을 수 있는 경우가 흔하다.

차원 분열 삼각형
우리는 우리의 고객들과 협력해서 차원 분열 삼각형이라는 시각적 도구가 3중의 톱 라인 사고를 디자인 프로세스의 전 과정에 적용하는 데 도움이 됨을 발견했다. 생태에 대한 인간의 우려를 반영하는 이 차원분열 삼각형은 생태, 경제, 그리고 형평이 어떻게 여러 가치들을 고착시키며, 각각의 디자인 결정이 (여러 수준에서) 어떻게 3가지 모두에 영향을 주는지 보여준다. 어떤 상품 또는 시스템을 디자인할 때, 우리는 새로운 디자인이 차원 분열 도형을 돌아가며 각각의 범주에서 어떻게 가치를 창출할지 문의한다.

순수한 경제 섹터에서는, 이렇게 물을 수도 있다. "내 제품을 만들어서 이익을 낼 수 있는가?" 우리 모두 알고 있듯이, 효과적인 회사의 목표는 변혁하면서 계속 기업으로 존속하는 것이다. 형평 섹터는 사회적 질문을 제기한다. "우리는 인종, 성별, 국적 또는 종교를 불문하고 모든 이해관계자들을 존중하는 방법을 찾아내고 있는가?" 생태 쪽으로 옮겨 가면, 인간이 자연을 위한 도구가 될 수 있는 창의적인 방법들로 강조점이 이동한다. "우리의 디자인은 서식지를 만들어 내거나 토양에 영양을 공급하는가?"

우리가 이 삼각형을 따라 이동할 때 환경, 경제, 그리고 형평의 교차점들에서 관심사항들의 복잡한 상호작용을 나타내는 질문들이 제기된다. 예를 들어, 경제/형평 섹터에서는 우리는 수익성과 공정성 질문들을 고려한다. "직원들은 생활 임금을 버는 유망한 제품을 생산하고 있는가?" 형평/경제 문제를 계속 추구하면 우리의 초점은 공정성 쪽으로 좀 더 이동한다. 여기에서 우리는 이렇게 질문할 수 있다. "동일 노동에 대해 남녀가 동일한 임금을 받고 있는가?"

종종, 우리는 가치들이 겹치는 지대에서 일종의 마찰이 발생하는 디자인 프로세스에서 가장 알찬 통찰력을 얻는다. 생태학자는 이를 전이대(ecotone)라고 부르는데, 전이대는 풍부한 종의 다양성으로 유명한 자연 공동체들 사이의 합쳐지고, 유동적인 경계이다. 차원분열 삼각형에서는, 전이대에 풍부한 사업 기회가 있다.

차원 분열 삼각형

3중 톱 라인을 생각하는 사람은 생태, 경제, 형평에 균형을 유지하기 위해 노력함으로써 이러한 기회들을 두드리는 것이 아니라, 그곳들에서의 모든 필요들을 충족함으로써 기회를 추구한다. 무한하게 서로 연결되어 있는 세상에서, 그들은 내재적인 갈등이 아니라 풍부한 관계들을 본다. 그들의 목표는 지능적인 디자인을 통해 이 삼각형의 모든 영역에서 가치를 극대화하는 것이다. 예를 들어 제조 설비를 디자인할 때, 그들은 다음과 같은 질문을 하곤 한다. 이 프로젝트가 어떻게 땅을 보다 더 많이 회복하고 물을 더 많이 정화할 수 있는가? 얼마나 많은 사회적 교류와 즐거움을 만들어 낼 수 있는가? 어떻게 더 많은 안전과 건강을 만들어 낼 수 있는가? 얼마나 많은 번영을 누릴 수 있는가?

이러한 질문들은 우리가 제품들을 만드는 방식을 다시 생각하게 했다. 그 결과가 바로 우리의 현재 모습이다.

결과 얻기: 디자인 프로세스에서 가치를 창출하기

이미 진행 중인 (실은, 이미 완료된) 프로젝트에서 3중 톱 라인 사고는 우리 고객의 의사 결정에서 창의력의 폭발에 불을 지폈다. 예컨대, 미시간 주 디어본에 있는 포드 자동차 회사의 로그 강 공장의 회복을 생각해 보라. 1999년 5월에 포드 사는 로그 공장을 21세기 산업의 아이콘으로 전환시키기 위해 20년간 20억 달러를 투자하기로 결정했다. 우리가 포드 사와 함께 디자인 프로세스에 접근했을 때, 많은 사람들이 바텀 라인(순이익)에 초점을 맞추는 블루칩 회사가 진정으로 새롭고 영감을 주는 방향을 향하여 나아갈 수 있을지 의심했다. 영감과 이익이 공존할 수 있을 것인가?

그럴 수 있었다. 3중 톱 라인 사고와 차원분열 삼각형을 사용해서, 우리는 포드의 임원진, 엔지니어 및 디자이너들과 함께 주주 가치를 창출하는 혁신적인 방법을 탐구했다. 경제적 척도를 사용해서 환경에 대한 우려와 이익 사이의 외관상의 갈등을 조정하려 하기보다는, 이 회사는 3중 톱 라인 질문들을 하기 시작했다. 혁신은 여전히 이익에 좋을 필요가 있지만, 포드 사의 리더들은 사회적 및 생태적 가치를 극대화하는 디자인 결정에 의해 이익이 어떻게 극대화될 수 있는지 조사하기 시작했다.

환경상의 책임을 가급적 효율적으로 이행하려 노력하기보다는, 포드 사는 서식지를 창출하고, 산소를 만들어 내며, 직원들을 그들의 주변과 연결시키고, 자연의 종들을 돌아오도록 초대할 제조 설비를 선택했다. 그 결과 볕이 드는 공간과 45만 평방 피트의 지붕에 식물들이 자라는, 살아 있는 지붕을 갖춘 공장이 지어졌다. 구멍이 뚫린 포장 및 일련의 습지대가 조화된 살아 있는 지붕은 폭우를 흡수 및 여과하여 값비싼 기술적 통제 및 심지어 규제까지도 시대에 뒤지게 할 것이다. 이 모든 것들은 막대한 초기 비용 절감과 공짜의 경치를 가져왔다. 포드 사에 따르면, 자연 폭우 시스템만으로도 전통적으로 제조된 물 관리 시스템에 비해 5백만 달러의 초기 비용을 절감한 것으로 밝혀졌다. 이것이 긍정적이고 원칙이 있는 디자인의 힘이다.

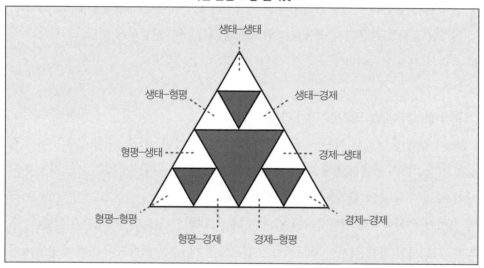

차원 분열 도형 콜아웃

요람에서 요람까지의 세계를 향해

이처럼 다양한 범위의 관심사를 칭송하는 디자인은 산업의 재진화(再進化) 프로세스를 가져온다. 우리의 상품들과 프로세스들은 그들이 살아 있는 세계와 공명할 때 가장 효과적일 수 있다. 냉혹한 화학물, 콘크리트 또는 금속 대신 자연의 메커니즘을 사용하는 기계들은 올바른 방향으로의 첫걸음이지만, 그래도 여전히 인간의 목적에 자연을 맞추는 기술을 사용하는 기계이다. 신기술 자체로는 산업 혁명을 만들어 내지 않는다. 우리가 그 기술들의 맥락을 바꾸지 않는 한, 이 기술들은 최초의 산업 혁명의 증기선(蒸氣船)을 극도로 발전시킨 극히 효율적인 엔진일 뿐이다.

자연 시스템은 환경으로부터 취하지만, 뭔가를 돌려주기도 한다. 체리 나무는 물을 순환하고 산소를 만들면서 꽃과 잎들을 떨어뜨린다. 개미 공동체는 토양을 통해 영양분을 재분배한다. 우리는 그들을 따라서 자연과 보다 영감을 주는 파트너십을 이룰 수 있다.

자연 시스템과 공명(共鳴)하고 이를 지원하는 디자인에 표현된 이 새로운 파트너십은 지속가능성(생존을 위한 최소 조건)을 너머, 살아 있는 지구와 우리의 관계를 축하하는 제품 및 기업체로 나아가게 해 줄 수 있다.

토양에 영양을 제공하고, 의복과 정원의 영양분의 원천으로서 우리에게 즐거움을 선사하는 섬유를 만들 수 있다.

공장에서 일하는 사람들에게 볕이 드는 공간, 신선한 공기, 야외의 경관, 그리고 문화적 기쁨을 주는 공장을 건설할 수 있다. 그리고 서식지를 만들어 내고, 투기(投棄), 소각, 또는 매립하는 대신 기술적 재료들을 재활용하는 재화와 서비스를 생산하는 공장도 건설할 수 있다.

자연의 에너지 및 영양분 흐름 분야에서는, 산소를 만들어 내고, 에너지를 모으며, 물을 여과하고, 인간과 다른 생물들에게 건강한 서식지를 제공하는 놀랍도록 생산적인 시스템을 디자인할 수 있다. 우리가 본 바와 같이, 이러한 디자인들은 경제적 가치도 창출한다. 이들을 안내하는 요람에서 요람까지 원칙들이 모든 산업 분야에서 널리 적용될 경우, 생산성 및 이익은 더 이상 공동의 관심사와 다투지 않을 것이다. 우리는 지구의 생산력을 없애는 사고방식과 제조 방식을 영속화하는 대신, 이를 경축하게 될 것이다. 우리는 풍부하고, 공평하며, 건강한 세계를 만들고, 지속 가능한 번성의 시대를 구가하게 될 것이다.

이는 혼자서 가야만 하는 길이 아니다. 요람에서 요람까지 사고가 널리 채택되도록 격려하기 위해 세워진 비영리 기관인 그린-블루가 현재 지능적인 디자인을 통해 산업을 변화시키는 데 필요한 이론적, 기술적, 그리고 정보에 관한 도구들을 제공하고 있다. 상업 활동을 생태학적, 사회적 재생산력으로 만드는 것이 이 조직의 사명인 바, 그들의 도구들은 디자이너들이 이 변혁에 참여할 수 있도록 힘을 실어주기 위해 고안되었다.

그래서 우리는 당신이 비극적인 결과를 낳는 디자인 전략을 버리고, 희망의 전략, 즉 태양에 의해 동력이 공급되고, 안전하며 건강에 유익한 물질들이 재생산 사이클 안에서 흘러가며, 모두의 유익을 위해 우아하고 공평하게 배치되는, 자연과 인간이 상호 의존하는 시스템을 만들 수 있도록 허용하는 전략을 채택하라고 초대한다. 그렇게 하는 것은 궁극적으로 미래를 위한 사랑의 행동, 우리에게 우리 아이들만이 아니라 모든 시대의 모든 아이들, 모든 종들을 사랑하는 방향으로 걸어가도록 허용하는 행동이다.

토론 문제

1. 지속 가능한 산업을 위한 새로운 패러다임으로서의 "요람에서 요람까지" 생애 주기 디자인 프로세스에 대해 어떻게 생각하는가?

2. 동시에 "자연의 복지도 향상시키면서 경제적 가치도 창출"하는 것이 어느 정도로 가능하다고 생각하는가? 당신의 대답을 뒷받침하라.

3. 맥도너와 브라운가트는 수명 주기 디자인 프로세스를 사용하고 있는 회사들의 몇 가지 예를 보여준다(나이키, 허먼 밀러, 쇼 인더스트리스). 생애 주기 디자인과 어울리지 않는 산업이 있다고 생각하는가? 아니면 이는 모든 산업이 따라야 할 패러다임인가?

스낵 칩과 환경에 대한 인식에서의 교훈

존 테릴(John Terrill)
Cardus Comment (2011년 1월 28일),
http://www.cardus.ca/comment/article/2483/

나는 요즘 몇 개월 동안에, 무엇보다 스낵 칩과 관련된 흥미롭고 교훈적인 드라마가 펼쳐지는 것을 보고 있다. 프리오-레이의 SunChips® 100% 분해 가능한 새 포장을 둘러싼 격렬한 논쟁이 벌어졌다. 콜버트 리포트에서 이 포장지를 조롱한 스테펜 콜버트를 포함한 많은 이야기들이 신문 지면을 장식했다.

진상은 이렇다. 프리오-레이는 SunChips®의 생물 분해가 가능한 새 포장 봉투 개발에 4년을 보냈는데, 몇 개월 동안 매출 부진과 포장지가 너무 시끄럽다는 불만에 시달리자 금년 10월에 이 봉투 사용을 중단했다. 미국인들은 칩이 시끄럽고 아삭아삭한 소리를 내는 걸 즐기지만, 포장지에 대해서는 그렇지 않은 것 같다. 그래서 마더 존스(Mother Jones)의 케이트 세이퍼(Kate Sheppard)는 이렇게 조롱했다. "진담인가? 이 회사는 소파에 앉아 포테이토 칩을 먹으며 TV를 보는 미국인들이 칩 봉투 때문에 TV 소리를 들을 수 없어서 그 봉투를 버리는 것인가?"

SunChips® 봉투가 상당히 시끄럽다는 점은 인정한다. 월 스트리트 저널에 실린 기사에서 미국 공군 조종사인 한 소비자는 이 봉투는 자기의 제트기 조종석보다 시끄럽다고 주장했다. 그의 주장이 정당화될지도 모른다. 나중에 같은 언론사에서 보도된 바와 같이, 이 포장은 95데시벨을 기록했는데, 이는 잔디 깎는 기계나 커피 가는 기계에서 나오는 소리보다 더 높은 수준이고, 유럽 연합에서는 일터에서 귀 보호 장치를 요구할 만큼 높은 수준이다.

귀청이 찢어질 듯한 딜레마를 인정한 프리오는 소비자 불만을 누그러뜨리려 했다. 이 회사는 가게에 더 큰 이익에 호소하는 창의적인 광고를 붙였다. "예, 이 봉투는 시끄럽습니다. 변화는 그런 겁니다." 그러나 이 회사의 이타적인 노력에 대해 미국인들은 귀를 닫았다. 패스트 컴퍼니에 의해 연대기 기록에 실린 데에서 볼 수 있듯이 환경에 대해 보다 인식하는 캐나다에서는, 프리오-레이는 이 봉투 사용을 중단하지 않기로 했지만, 모든 칩 봉투에 무료 귀마개를 제공함으로써 불만에 다소 재미있게 대처했다.

이 이야기는 우스울지 모르지만, 시사하는 바는 매우 심각하다. 이전의 선칩 봉투는 분해에 100년이 소요된다. 이에 반해 새로운 봉투는 활성 퇴비 파일에 놔두면 완전히 분해하는 데 14주가 걸린다. 봉투의 선택은 확실히 장기적인 영향을 준다.

환경 변화에 관해서는, 미국인들은 대응에 굼뜨기로 악명이 높다. 미국 시장에서 콤팩트 형광등, 물을 적게 쓰는 화장실 변기, 그리고 물을 적게 쓰는 샤워기 헤드에 대한 상대적 무관심만 봐도 이를 알 수 있다. 지속 가능한 미래를 위해서는 녹색 상품 및 포장이 소비자들에게 보다 더 수용되게 할 방법을 찾아내는 것이 필수적이다.

사정이 이러하니, 최근 몇 달 사이에 녹색 포장과 상품 재조합에 나섰다가 소비자들로부터 외면 받은 소비자 제품 제조 회사는 프레오-레이만이 아니다. 뉴욕 타임즈에 보도된 바와 같이, 프록터 앤 갬블(P&G)은 최근에 강과 호수에서 물고기와 식물들로부터 산소를 빼앗는 조류(藻類)의 성장을 야기하는 인산염의 양을 줄이도록 자사의 케스케이드 식기 세척제 라인을 변경했다. 미국인들은 인산염이 적은 세척제가 식기를 깨끗이 씻어주지 않는다고 화를 내는 반응을 보였다.

GreenBiz.com은 최근에 P&G가 팸퍼스 스왈더 및 크루저 기저귀를 재구성하여 부피를 20% 얇게 해서 매립지에서 이 제품의 고체 쓰레기를 12% 줄인 이야기를 게재했다. 소비자들은 새 기저귀가 두드러기를 야기했다고 주장하며 비슷한 방식으로 이 노력을 외면했다. 현재 소비자 제품 안전 위원회가 이 사안을 조사 중에 있으며, 소비자들에 의해 집단 소송이 제기되어 있다. 이 기저귀에 다소 문제가 있을 수는 있지만, 그렇다고 집단 소송이 정당화되는가? 다음에는 누가 소송 대상인가? 소음 공해로 프리스토-레이에 소송을 제기할 것인가? 환경 친화 제품에 대한 소비자의 반응을 바꿀 수 있는 방법을 찾을 때, 크게 세 가지 범주의 접근법이 출현하는 것 같다. 첫째는 소비자들이 환경 친화적 사명과 사회에 대한 보다 광범위한 헌신을 보여주는 회사들과 같은 대열에 서기를 원한다는 보다 깊은 염원 및 신념에 호소하는 것이다. 일부 소비자들은 그러한 가치에 따라 의사 결정을 하지만, 미국에서 이러한 범주에 속하는 소비자 비중은, 점점 늘어나고는 있지만, 아직 낮은 수준이다.

두 번째 접근법은 환경 친화 제품 및 포장은 환경적으로 덜 안전한 제품 및 포장에 비해 고품질과 저비용을 제공해 줄 때에만 널리 수용될 것이라고 주장한다. 에릭 펠턴(Eric Felten)은 월 스트리트 저널에서 과거 사례를 언급하며 이렇게 말한다. "시장 친화적 경제학자들은 오랫동안 석유램프, 가스램프, 그리고 그 후에는 전등의 도입이 조명용 고래 기름 사용을 끝내게 했음을 지적해 왔다." 더 싸고 더 좋은 대안이 생기고 나서야 포경업(捕鯨業)이 성행하지 않게 되었다. 펠턴은 이와 유사하게, 19세기 석탄 공장으로부터의 강물 오염은 이 배출액이 자주색 염료로 바뀌어서 시장에서 팔릴 수 있다는 사실이 발견되고 나서야 줄어들었다고 주장한다. 코울타르는 강에 내버리기에는 너무도 값진 물질이었던 것이다.

스테파니 사이먼(Stephanie Simon)은 최근의 월 스트리트 저널 보고서 "소비자들을 녹색으로 변화시키는 비밀"에서 소비자들은 동료의 압력이나 죄책감과 같은 강력한 사회적 힘에 마주칠 때 가장 쉽게 변한다고 주장하며 세 번째 접근법을 옹호한다. 이에 대한 사례가 있다. 2010년에 워싱턴 DC에서 소매업자들이 나눠주는 일회용 종이 또는 플라스틱 봉투에 50센트의 세금을 부과했다. 워싱턴 DC 세무서에 따르면, 금년도 첫 두 분기 동안에 대개 분기당 6천 8백만 개의 일회용 봉투를 사용하던 소매업자들이 이 숫자를 1분기 천 백만 개, 2분기 천 3백만 개로 줄였다. 일부 데이터는 소비자들의 행동을 바꾼

것은 여분의 비용이 아니라 공개적으로 일회용 봉투를 달라고 요청할 때의 수치였음을 보여준다.

미국, 아시아, 그리고 유럽에서의 연구들도 그런 발견을 지지하며, 사회 규범에 호소하는 것이 환경에 대한 인식을 변화시키는 데 있어서 가장 강력한 힘이 될 수 있음을 확인해 준다. 자주 인용되는 2008년의 미국의 2개의 학술 연구는 이 현상을 보여준다. 첫 번째 연구는 호텔 객실 욕실에서 투숙객들에게 수건 재사용을 장려하는 현수막의 효과를 연구했다. 하나의 현수막에는 "지구를 존중해 주세요"라고 격려하면서 "환경보호를 도와주세요"라고 말했고, 다른 현수막은 "다른 고객들처럼 환경보호를 도와주세요"라고 하면서 거의 75%의 투숙객들이 이 프로그램에 참여하고 있다고 추가했다. 그 결과는 강력했다. 두 번째 현수막을 본 고객들이 첫 번째 것을 본 고객들보다 수건을 재사용하는 비율이 25%나 높았다.

두 번째 연구는 캘리포니아 주 샌 마르코스(San Marcos)의 중산층 가정들의 도어 손잡이에 걸어 둔 공익 광고 메시지와 관련이 있었다. 광고 메시지들은 선풍기 사용이 에어컨 사용보다 환경적으로 유익이 있다며 선풍기를 칭찬하면서 선풍기를 선택할 4가지 이유를 적시했다. (1) 가계는 평균 월 54달러를 절약할 수 있다. (2) 거주자들은 한 달에 262파운드의 온실 가스 배출을 막을 수 있다. (3) 그것은 사회적으로 책임 있는 행동이다. (4) 이웃들의 77%가 이미 그렇게 하고 있다. 계량기를 확인해 보니 4번째 메시지가 에너지 소비를 줄이는 데 가장 효과적이었다.

환경에 대한 관심은 하나님에게 영광을 돌리고 주의 깊고 책임 있는 청지기 직분을 통해 피조물에 대한 지배권을 행사하라는 성경의 명령(창세기 1:26-28)을 진지하게 받아들이는 데 매우 중요하다. 이 구절은 모든 크리스천들이 창조 신학을 형성하고 이에 따라 살아가기 위한 중요한 출발점이다. 그러나 비즈니스 리더 및 정책 결정자 지위에 있는 사람들은 다른 사람들에게 긍정적인 변화를 위한 영향을 행사할 수 있는 방법을 찾을 필요가 있다.

개방성을 보여준 사회적 맥락 안에서 변화를 도입하는 것이 중요한 바, 프리오-레이는 이 원칙을 놓쳤을 수도 있다. 또한 공동선이라는 보다 깊은 의식에의 호소, 고품질 저비용의 환경 친화 제품 생산, 그리고 사회적 압력 활용은 모두 효과를 볼 수 있는 전략들이다. 이 접근법들 중 일부는 성경의 이상에 보다 부합할 수도 있지만, 회복되고 완벽한 세상이라는 우리의 신학적 이상에 비추어 보면 이들 접근법들은 각자 나름대로 타당한 면이 있다. 공유된 은총과 각 사람에게 찍혀진 하나님의 형상에 근거하면, 보다 큰 이익과 다른 사람들에 대한 서비스에 관한 대화는 깊은 의미를 가질 수 있다. 이와 유사하게, 삶을 더 편하게 만들어 주고 비용이 덜 드는 제품의 속성에 대한 호소는 인간의 자기 이익을 강화할 수도 있지만, 환경 친화적인 혁신과 비용 절감은 번성하는 사회에 기여한다. 마지막으로, 사회적으로 승인된 행동에 대한 호소는 에덴 동산에서의 우리의 기원 및 관계를 맺고 있는 삼위 일체 하나님에 의한 창조에 거슬러 올라가는, 우리에게 내장된 다른 사람들과 올바른 관계를 맺을 필요에 의지한다.

존 테릴(John Terill)은 시애틀 퍼시픽 대학교 비즈니스에서의 올곧음 센터 이사이다.

토론 문제

1. 테릴은 보다 환경 친화적인 제품에 대해 알려지를 야기한다고 불만을 제기하는 소비자들에게 매우 비판적이다. 당신은 그의 비판에 동의하는가? 왜 그렇게 생각하는가?

2. 당신은 저비용, 동료 집단의 압력, 또는 죄책감 중 어느 것이 소비자들이 환경에 민감한 제품 채택에 더 큰 차이를 가져올 것이라고 생각하는가?

사례 10.1:
나무냐 생명이냐?

NCI(국립 암 연구소)의 민간 부문 파트너로 활동하는 어느 대형 제약회사의 임원들은 NCI의 과학자들에 의해 발견된 유망한 암 치료제를 시장에 내놓기를 원한다.[2] 이 회사는

---

2) 관련된 회사는 Bristol-Myers(현재 Bristol-Myers Squibb으로 알려져 있음)였으며, 그 약품은 Taxol로 알려져 있다. Jordan Goodman과 Vivien Walsh, The Story of Taxol: Nature and Politics in Pursuit of an Anti-Cancer Drug(Cambridge: Cambridge University Press, 2001)을 보라.

이미 암 세포 성장을 억제하는 몇 가지 기존 제품들을 보유하고 있으며, 이를 통해 환자들의 고통을 완화시키고 그들의 수명을 연장시키고 있다. 이 제품들은 각자 다양한 부작용 및 불편을 낳는다. 불행하게도, 난소암과 같은 일부 암들은 매우 공격적이며 시판되는 화학 요법 물질에 저항한다.

최근에 발견된 치료제가 아직 FDA(식품의약국)의 승인(길고 비용이 많이 소요되는 과정임)을 받지는 않았지만, 초기 시험은 이 약이 기존 치료제들보다 훨씬 효과적이고 심각한 부작용도 적음을 보여준다. 의학적인 전망 외에도, 이 약은 회사에 막대한 이익을 가져다 줄 잠재력이 있다.

문제는 이 치료제를 만들기 위한 물질이 태평양 북서쪽에서 자라는 종인 주목 나무 껍질에서 나오는데, 이 종은 개벌(皆伐; clear cutting)에 희생되어 전보다 더 희귀해졌다는 데에 놓여 있다. 환경운동가들은 이 나무들을 더 베어내면 민감한 생태 시스템, 야생동물들의 서식지, 그리고 생물 다양성(숲이 변경되면 다른 경이적인 치료물질/약품은 어떻게 될 것인가와 같은 질문들을 촉발시킨다)에 부정적인 영향을 줄 것이라고 우려한다.

연구자들과 회사 임원들은 (당시에) 해마다 난소암으로 죽는 12,500명을 치료하기 위해 이 나무들을 지속 가능하게 수확할 수 있는 방법을 찾아내기 위해 노력해 왔다. 그러나 필요한 나무의 수(한 환자 처방에 충분한 양의 껍질을 생산하려면 100년 생 나무 3그루에서 6그루가 필요하다고 추정된다) 및 일단 껍질이 벗겨지면 이 나무는 죽는다는 사실을 감안하면 쉬운 해법이 나올 것 같지 않다.[3] 새로운 나무들을 심을 수 있겠지만, 이 종은 20에서 30피트, 직경 6에서 12인치까지 자라는데 성장 속도가 느리다(종종 침엽수 그늘에서 자란다).[4] 이 회사는 인공 물질을 생산하기 위한 여러 가지 노력을 기울이고 있지만(그리고 대학들에 몇 건의 연구자금을 더 지원하고 있음), 아직까지는 어느 연구도 시장에 내놓기에 충분한 가망이 없다.[5]

토론 문제

1. 이 회사가 미국 산림청으로부터 필요한 수의 나무를 벌목하도록 승인을 얻을 경

---

3) Sally Thane Christensen, "Is a Tree Worth a Life?" Newsweek, 1991년 8월 5일. 또한 "save a Tree or Save a Life," 스탠퍼드 대학교 뉴스 서비스, 1991년 9월 30일을 보라.

4) Marshall Muray, "The Tree That Fights Cancer ? Pacific Yew," American Forest, 1991년 7-8월.

5) 이 경우에 있어서, 플로리다 주립 대학교 기반의 연구자들은 침엽수들로부터 합성물을 개발해서 주목 나무들을 벌목할 필요가 없게 할 수 있었다. 그러나 향후에, 최소한 단기적으로는 자연의 이익이 인간의 이익과 경쟁하는 상황이 있을 수 있다.

우(많은 나무들이 연방 소유지에 있다), 임원들은 약품 개발을 진척시켜야 하는가? 당신은 암 환자들의 생명과 관련된 자연의 이익을 어떻게 비교하거나 균형을 유지하겠는가?

2. 이 사례는 인간 대 자연 이익의 문제인가, 아니면 장기적인 인간의 이익도 관련되어 있는가?

3. 이 사례를 평가할 때 개인의 토대/세계관이 어떤 차이를 가져오겠는가? 기독교의 청지기 직분이라는 아이디어가 이 사례에 어떤 기여를 할 수 있는가?

사례 10.2: 사자 고기

사례 연구

BEYOND INTEGRITY

논쟁의 한가운데에서, 진취적인 식당들은 이색적인 동물들의 고기를 먹는 데 대한 대중의 흥미를 활용하려고 시도한다. 1990년대 말에 캘리포니아 주 라호야에 있는 오래 된 고급 식당 더 탑 오 더 코브는 르 빅 스모크 디너라 불리는 검정 나비넥타이 차림의 화려한 연례 파티에서 사자 고기를 내놓았다. 후원자들은 이색 음식 한 접시당 100달러를 냈다. PETA(People for the Ethical Treatment of Animals; 동물을 윤리적으로 대우하는 사람들)의 항의 시위와 "PETA(People for the Eating of Tasty Animals, 맛있는 동물들을 먹기 위한 사람들)"라는 문구가 적인 셔츠를 입고 이들에 반대하는 시위 가운데에서, 이 식당의 주인은 어느 지역 신문에 "그 사자는 미국의 농장에서 사육되었다. 그것은 합법적이며, 많은 식당들이 사자 고기를 판다"[6]고 말하며 이에 대해 사과하지 않았다.

보다 최근에는(2011년 초) 이색적인 타코 속(fillings)으로 유명한 아리조나 주 더스콘에 있는 텍사스-멕시코 식당 보카 타코스 이 데낄라에서 8.75달러에 사자 고기 타코를 팔았다. 이 식당 주인 브라이언 메이존(Bryan Mazon)은 『Arizona Daily Star』 지에 FDA에 따르면 사자는 멸종 위기 동물이 아니기 때문에 사자 고기를 파는 것은 완전히 합법적이라고 말했다. 그리고, 그는 이렇게 말했다. "나는 내 이름을 알리기 위해 아프리카 사자를

---

6) "Carrot and Stick," Vegetarian Time, 1997년 6월 22일.

사용한다."[7]

TRAFFIC(최대의 국제 야생동물 거래 모니터링 프로그램의 북미 지역 사무소)의 북미 지역 이사 크로포드 앨런(Crawford Allen)에 따르면, "사자들은 위험에 처해 있지 않다. 사육된 사자 고기는 거래가 허용된다. 미국에는 사자를 사육해서 이들을 도축해 고기를 파는 특별한 프로그램이 있다." 앨런은 이 회사들이 국제 조약, 미국 식품 의약 기준, 그리고 기타 연방 규제를 준수하는 경우, 그들은 합법적으로 사자를 키우고 도축할 수 있다고 말했다.[8] 메이존은 폭력적인 위협을 받은 뒤에 사자 고기 판매를 취소하기로 결정해서, 이러한 유형의 활동의 논쟁적인 성격을 부각시켰다.

토론 문제

1. 마케팅 또는 이익 목적의 소비를 위해 사자와 같은 이색적인 고기를 판매하는 데 대해 당신은 어떻게 생각하는가?

2. 청지기 직분에 대해 적절히 이해할 때, 미국과 같은 부유한 나라들에서 다른 대안들이 많이 있음에도 불구하고 이색적인 고기를 먹는 것(그리고 판매하는 것)이 허용될 수 있는가, 또는 필요한가? 다른 한편, 이 동물들은 소비를 위해 사육되었는데, 이들을 먹는 것이 닭이나 소를 먹는 것과 무엇이 다른가?

사례 연구

BEYOND INTEGRITY

사례 10.3:
화장품 및 약품을 위한 동물 실험

인간의 소비를 위해 만들어지는 많은 제품들의 안전성 테스트를 위해 종종 동물들이 생체 실험 대상이 된다. 화장품 회사들은 자사 제품의 안전성을 조사하기 위해 흔히 동물들을 사용한다. 어떤 테스트들에서는 독성 및 조직 손상을 테스트하기 위해 토끼와

---

7) "Boca Gaining a Rep for Exotic Tacos, Plans Lion Meat Offering," *Arizona Daily Star*, 2011년 1월 22일.
8) Russell Goldman, "Arizona Restaurant to Serve Lion Meat Tacos," *ABC News Travel*, 2011년 1월 22일. http://abcnews.go.com/Travel/arizona-restaurant-boca-tacos-tequila-serve-lion-meat/story?id=12723838.

같은 동물들의 눈에 약물을 투입한다. 이런 관행의 반대자들은 이러한 고통(그리고 많은 동물들의 궁극적인 안락사)은 비인간적이고 비윤리적인 관행임을 지적한다. 예를 들어, 피터 싱어(Peter Singer)는 도덕적(공리주의의) 고려에서의 아픔과 고통에 대한 계산에서는 종에 대한 고려가 아무 역할을 하지 않아야 한다고 주장했다. 비판자들은 또한 동물 실험에서의 단점과 다른 방법들을 이용할 수 있음을 지적한다. 아본(Avon)과 메리 케이(Mary Kay)와 같은 일부 대규모 화장품 회사들은 이미 인간적인 실험 방법들을 채택하고 있다. 세계적으로 많은 국가들(예컨대, 유럽 연합)이 화장품 실험을 위한 동물 사용 관행에 법적인 한계를 설정했다. FDA가 화장품 안전을 위한 동물 실험을 요구하지는 않지만, 미국에서는 (아직까지는) 동물 실험을 금지하지 않는다.

화장품은 소비자의 기호품이기 때문에 쉽게 배척할 수 있다. 그러나 의약품과 의료 절차 테스트에도 동물들이 사용되는데, 이는 인간의 생명 유지에 매우 중요하다. 최근에 워싱턴 의과 대학에서 레지던트들에게 뇌 손상을 방지하거나/또는 미숙아의 생명을 구하기 위한 호흡관 삽입술을 훈련시키기 위해 흰 족제비를 사용한 데 대해 (비영리 단체인 책임 있는 약품을 위한 의사 위원회에 의해 제기된 불만에 기초한) 논쟁이 벌어졌다. 학교 대변인에 의하면, 활용할 수 있는 대안들(플라스틱 시뮬레이터)은 출생 시 저체중(1파운드일 수도 있음)을 보이는 아기들의 매우 좁은 기도를 복제하기에 적합하지 않다. 더구나 이 대변인에 의하면, 동물들은 마취되어서 고통을 느끼는 것 같지 않고, 좋은 대우를 받으며 회복된다.[9]

이 사례는 직접적인 상업적 적용과는 관련이 없지만(약품에는 많은 돈이 개입되어 있다), 영리 기업들에 의해 시장에 나온 많은 다른 절차들 및 약품들을 테스트하기 위해 동물들이 사용되어 왔다. 이 중 많은 절차들과 약품들이 인간의 건강 이슈를 다루는 데 성공적으로 사용되어 왔다. 동물 실험이 없을 경우, 대신 인간 실험이 사용되어야 할 것이다. 비판자들은 사람을 위한 의료 절차 개발에서 동물을 사용함에 있어서의 흠이 있는 가정들뿐만 아니라 동물들이 겪는 고통도 지적한다.

토론 문제

1. 동물 실험의 윤리에 대한 당신의 생각은 어떠한가? 동물 실험은 신실한 청지기 직

---

9) Carol Ostrom, "Group Faults UW Use of Ferrets in Medical Training," Seattle Times, 2011년 2월 9일.

분이 허용할 만한 일인가?

2. 개인의 원칙 또는 세계관(즉, 생명 중심주의, 인본주의 등)이 어떤 차이를 가져오겠는가?

3. 당신은 화장품 실험용과 약품 실험용의 동물 사용을 구분하겠는가? 그 이유는 무엇인가?

사례 연구

////////////////

BEYOND INTEGRITY

사례 10.4: 내 고장 생산품 구매하기

롭은 서부 해안의 대도시에서 운영하는 작은 슈퍼마켓 체인*의 대주주이다. 이 슈퍼마켓들은 모두 부유한 도시 지역에 위치하고 있다. 모든 가게들은 서비스 노력을 기울이고 있으며, 공동체의 정보와 활동 중심지로 간주되고 있다. 이 가게들은 신선 식품과 조리된 식품들을 제공할 뿐만 아니라, 요리 교실을 열기도 하고 종종 그 지역의 그룹들이 모임 장소로 사용할 수 있는 공간을 제공하기도 한다. 이 가게들은 또한 돌 벽난로와 매력적인 좌석을 갖춘 커피 카운터도 두고 있는데, 그곳은 흔히 대화를 나누는 사람들로 북적댄다.

롭과 그의 파트너들은 몇 년 전에 가게의 유기농 식품 섹션을 늘리고 현지에서 재배한 품목들을 더 많이 갖추기로 결정했다. 그들은 환경을 보호하고, 건강한 식사를 장려하며, 고객들의 변화하는 수요를 충족시키기 위해 더 많은 일을 하기를 바랐다. 이렇게 바꾼 뒤에 전반적인 매출과 이익이 늘어났다 그 당시에 "내 고장 상품 구매"와 건강한 식습관 캠페인 붐이 일고 있었다. 특히 도움이 된 한 가지 운동은 "100마일 식사" 운동이었는데, 이 운동은 사람들에게 자신이 살고 있는 곳으로부터 100마일 이내에서 재배된 항목들만 먹도록 장려하는 운동이었다. 그렇게 하면 다음과 같은 중요한 이익이 있다고 주장되었다. (1) 내 고장의 농부들과 사업가들을 지원한다. (2) 식사/건강에 대한 모니터링 – 우리가 먹는 식품에 무엇이 들어가는지와 그 재료들이 어떻게 생산되는지

---

* 이 슈퍼마켓들은 가공의 존재들이다. 실제 슈퍼마켓과 유사한 점이 있다면 이는 우연이다.

안다. (3) 환경상의 지속 가능성 개선 – 먼 곳에서 운송해 오는 것에 비해 연료를 덜 사용함으로써 탄소 발생을 줄인다.

시간이 지남에 따라, 롭은 현지에서 재배한 많은 품목들을 취급하는 것이 참으로 최선의 방법인지에 대해 의심하기 시작했다. 그 품목들이 이익을 내기는 했지만, 그는 최근에 신문에서 미국의 소비자들이 현지에서 재배한 식품들을 더 많이 구매함에 따라 개발도상국가의 농부들의 시장이 줄어들고 있다는 기사를 보았다(예를 들어, 많은 식료품 가게들이 포도 생산 철이 아닐 때에는 칠레에서 포도를 수입한다). 롭의 친구 한 사람(현지의 농부)도 "제철이 아닌" 꽃들과 야채들을 현지에서 재배하기 위해 사용하는 온실들은 먼 곳에서 상품들을 운송해 오지 않음으로써 얻게 되는 이익의 전부 또는 일부를 무효화시키는 정도의 탄소를 만들어 낼 수도 있다고 말했다.

토론 문제

1. 롭과 그의 파트너들은 앞으로 어떻게 해야 하는가? 그들은 어떻게 인간의 단기 이익과 장기 이익의 균형을 유지할 수 있는가?

2. 그들은 어떻게 현지 주민의 이익과 글로벌 주민의 이익의 균형을 유지할 수 있는가?

사례 연구
BEYOND INTEGRITY

사례 10.5: 환경이냐 환경 세탁이냐?

경쟁이 치열한 연하장 비즈니스를 하고 있는 어느 소기업(35명의 종업원을 두고 있음)이 도전적인 이슈에 직면해 있다. 이 회사는 예술적인 수작업 연하장을 만들어 지역의 소매점들에게 팔고 있으며, 소매점들은 이를 소비자들에게 판매한다. 소매상들의 고객 기반은 주로 지역의 슈퍼마켓이나 할인점들이 취급하지 않는, 보다 독특한 상품을 찾는 여행객들과 부유한 구매자들로 구성되어 있다. 이 회사는 대개 카드의 뒷면에 이 카드는 100% 재활용된 종이로 만들어졌다는 문구를 표시해서, 이 카드들을 환경 친화적인 제품이라고 마케팅한다. 카드들 자체도 독특한 외관과 재활용한 것 같은 촉감을 준다.

지난 몇 년간 사업이 하향 추세를 보이고 있었다. 경기 침체와 경쟁 심화로 시장 점유가 줄어들었다. 최근에 이 기업의 소유자들(부부)에게 재생 가능 에너지 크레딧(renewable energy credits; RECs)을 파는 조직의 판매원이 찾아왔다. 기업들이 자신이 만들어 내는 탄소 배출을 "상쇄"하기 위해 RECs를 구입한다. 이 크레딧은 재생 가능 에너지원(즉, 식물 심기 또는 풍력 발전소 건설)에 사용되며 따라서 생산된 배출을 무효화한다고 알려져 있다.

이 판매원은 그들이 이 크레딧을 사면, "탄소 중립적" 또는 "100% 풍력 이용"이라는 보다 강력한 환경상의 주장을 마케팅에 활용할 수 있다고 알려준다. 이 기업의 소유자들은 그들과 거래하는 대부분의 유통업자들과 고객들의 환경에 대한 견해를 알기에, 자기들의 카드와 기타 마케팅 자료들에 이 표시를 추가하면 그들에게 다소나마 경쟁상의 우위를 가져다줄 것으로 믿는다.

그들이 스탭들에게 이 크레딧을 살 예정이라고 말하자, 오랫동안 일해 왔던 한 직원이 이 관행이 "환경 세탁"에 해당하는 것이 아니냐고 묻는다. 그녀는 이렇게 말한다. "저는 이렇게 주장하는 많은 기업들을 알고 있습니다. 하지만, 우리가 실제로는 석탄 발전 전기를 쓰고 있고, 즉각적이고 실제적인 탄소 발자국을 줄이기 위해 아무런 행동도 취하고 있지 않은데, 우리 고객 중 일부가 우리의 생산에 사용하는 전기를 만들어 내는 풍력 터빈 사진을 찍으러 오지 않을까요? 사실은, 올해 우리의 매출 전망과 해외에서 개척한 신시장에 우리 제품을 보낼 때 소요되는 장거리 운송을 고려할 때, 저는 올해 우리의 탄소 배출은 10%에서 15% 증가할 것이라고 생각합니다."

토론 문제

1. 이 기업의 소유주들은 이 탄소 배출권을 구입해서 위에서 말한 주장을 해야 하는가? 동시에 회사의 환경상의 발자국을 줄이지 않으면서 그렇게 하면 "환경 세탁"에 해당하는가?

2. RECs는 탄소 중립성을 달성하는 적법한 수단인가, 아니면 환경 관련 주장을 하기 위한 꼼수인가? 이 크레딧이 진정으로 재생 가능 에너지원으로 들어가고 탄소가 상쇄된다면, 이들은 대체 에너지를 개발하기 위한 자금을 확보하기 위한 좋은 방법이 아닌가? 더구나, 기업들이 늘어나는 배출을 상쇄시키기 위해 지불해야 하므로, RECs는 기업들이 보다 녹색이 되게 하는 인센티브를 제공하지 않는가?

BP의 걸프 만 원유 유출(2010)은 비즈니스와 환경 사이에 별 관계가 없음을 비극적으로 상기시켜 주었다. 기업들은 소비자들에게 상품과 서비스를 제공함에 있어서 많은 방식으로 자연에 의존하기도 하고 자연에 영향을 주기도 한다. 이번 장의 처음 두 글들은 환경상의 책임에 관한 적절한 철학적/신학적 윤리 확립에 관한 것이었다. 두 개의 중요한 관점(인본주의, 생명 중심주의)이 파악되고 비판되었지만, 기독교 윤리가 다른 한 쪽에 비해 한쪽을 지지한다고 주장할 수 있는가? 아래에서, 우리는 성경의 가르침을 충성스럽게 해석함으로써 이 질문에 답할 것이다. 다음에 우리는 기업들이 직면하게 되는 상호 경쟁적인 이익들 한가운데에서 환경에 대해 고려할 때의 도전 과제들 몇 가지를 다룬다.

그러나 계속 진행하기 전에, 환경보호를 둘러싼 현재의 많은 논의들이 매우 정치화되었고, 지나친 단순화, 욕설, 그리고 희화화가 수반되고 있음을 주목할 가치가 있다. 정치 논쟁에 사로잡히기 쉬운데, 특히 즉각적으로 얻거나 잃을 것이 있는 경우, 그리고 성경의 가르침을 간과하거나 정치적 이념을 통해 성경을 해석하는 경우에는 더욱 그렇다. 따라서 우리는 텍스트 자체를 지향하고, 가능한 한 우리의 선입견 또는 오래 간직해 온 입장을 버리고 건전한 환경 윤리를 형성하기 위해 성경의 텍스트를 충실하게 읽도록 노력해야 한다.

기독교 윤리와 환경

데어가 언급한 바와 같이, 기독교는 종종 환경 악화의 이념적 원인이라고 비판 받아 왔다. 1967년에 발표된 린 화이트의 논문은 오랫동안 환경 윤리의 전통적 지혜라고 여겨져 왔는데, 그 글에서 화이트는 기독교가 인류의 자연 남용에 대해 책임이 있다는 입장을 취했다.[11] 화이트는 기독교가 인간의 남용의 해로운 영향에 대해 고려하지 않고서 자연계를 인간의 이익을 위해 통제할 수 있는 대상으로 격하시켰다고 비난했다. 그는

---

10) 이번 장의 논평의 일부는 전에 Kenman Wong & Scott Rae, Business for the Common Good: A Christian Vision for the Marketplace (Downers Grove, Ill.: IVP Academic, 2011)에 발표되었다.

11) Lynn White Jr., "The Historical Roots of Our Ecological Crisis," Science 155(1967년 3월 10일): 1203-1207. 여기에 Arnold Toynbee도 가세했는데, 그는 단일신 종교 전반을 환경 오용과 연결시켰다. Ecology and Religion in History, David & Eileen Spring 편(New York: Harper & Row, 1974)에 수록된 그의 논문 "The Religious Background of the Present Environmental Crisis"를 보라. 이러한 비판들에 대한 보다 상세한 대응은 Steven Bouma-Prediger, For the Beauty of the Earth: A Christian Vision for Creation Care(Grand Rapids: Baker Academic, 2001), 69-80쪽을 보라.

더 나아가 현대 과학과 테크놀로지가 탄생할 때, 기독교가 인간에게 자연에 대한 정복과 자연을 착취할 잠재력을 주는 역할을 하면서 자연계를 보호할 책임은 소홀히 했다고 비난했다. 교회가 환경 문제에 기여한 역사가 있다는 점은 사실이지만, 성경이 실제로 그러한 행동을 정당화하는가는 완전히 다른 문제이다(그리고 데어가 언급한 바와 같이 화이트 자신은 실제로 그런 구분을 했을 수도 있다).

오늘날에는 화이트가 비판하는 견해를 취하는 종교 그룹은 극히 드물다. 확실히 해두자면, 기독교 전통 내의 일부 그룹들은 보다 최근에 환경에 대한 헌신을 하기에 이른 반면, 다른 그룹들은 정치적 제휴 관계로 인해 이에 대해 의심하는 입장을 고수하고 있다. 그러나 모든 종류의 영적 전통을 관찰해 보면 기독교를 포함한 종교가 물질주의 및 소비에 대한 한계를 강조하며, 따라서 자연을 위협하는 방식의 경제 성장에 제약을 가해서 환경 문제에 긍정적으로 기여해 왔다는 점을 알 수 있다.

성경의 관점에서 보면, 환경에 대한 기독교 윤리의 발전은 태초, 즉 하나님이 만물의 주권적인 창조자로 묘사되는 창세기 1장에서부터 시작된다. 자연계는 **하나님의** 피조물이기 때문에 선하다. 피조물이 가치가 있다는 이 토대의 결과, 인본주의(환경은 오직 인간의 이익을 위해 존재한다)도 아니고 생명 중심주의(호프먼이 옹호하는 바처럼 모든 생물은 그들이 생물이기 때문에 가치가 있다)도 아닌 신 중심적 환경관이 가장 적절해 보인다.[12]

창세기를 더 읽어보면, 인간에게는 하나님이 피조물을 다스림에 있어서 그의 "주니어 파트너"에 유사한 책임과 함께 "지배권"이 주어졌다. 지배권 개념이 교회 역사에서 수백 년 동안 끔찍하게도 잘못 적용되어 왔으며, 종종 인간이 환경상의 영향에 대한 고려 없이 자신의 즉각적인 필요 및 욕구 충족을 정당화하는 역할을 해 왔다는 점을 인식할 필요가 있다. 그래서 창세기에서 **지배권을 행사하라는 요구는 피조물에 대한 청지기 직**

---

12) 생명 중심주의에 대한 추가적인 예를 Paul Taylor의 연구 Respect for Nature: A Theory of Environmental Ethics, 25th annvy. 편(Princeton: Princeton University Press)에서 찾아볼 수 있다. 생명 중심주의는 종종 인간이 아닌 유기체가 고유한 가치를 가지고 있다는 입장을 취하는 "deep ecology(깊은 생태학)"라 불리는 운동과 동일시된다. 또한 Bill Devall & George Sessions, Deep Ecology: Living as if Nature Mattered(Salt Lake City: Peregrine, 1985); Alan Drengson과 Bill Devall 편, The Ecology of Wisdom: Writings by Arne Naess(Berkeley: Counterpoint, 2008); Frederic L. Bender, The Culture of Extinction: Toward a Philosophy of Deep Ecology(Amherst, N.Y.: Humanity, 2003)도 보라. 생명 중심주의의 주요 비판 중 하나는 인간의 이익이 자연의 이익과 충돌할 때 어떤 종류의 우선순위도 정하지 못한다는 점이다. 즉, 모든 생물이 생명 중심주의적 평등을 가진다면, 경합하는 이익들이 충돌할 때 갈등을 해결하기 어렵다. 이들 비판에 대한 더 많은 논의는 Bouma-Prediger, For the Beauty of the Earth, 129-132쪽을 보라.

분을 전제한다는 점을 인정하는 것이 매우 중요하다. 지배(dominion)라는 용어가 문자적으로 "다스리다, 지배하다(rule over)"를 의미한다는 것은 사실이지만, 성경 전체의 맥락에서 지배와 봉사가 언제나 함께 간다는 점을 주목하는 것이 매우 중요하다(누가복음 22:24-27). 이 점은 아담과 이브에게 동산을 가꾸고, 그들에게 지배권이 주어진 대상을 섬기며, 그 대상을 보호하라고 한 하나님의 요구에서 강조되어 있다(창세기 2:15).[13] 그런 역할은 피조물에 대한 청지기 직에 대해 인간이 하나님에게 책임을 지게 될 것이라는 점을 시사한다. 『지구 차원에서: 환경 이슈에 대한 성경적 대응』(Earthwise: A Biblical Response to Environmental Issues)에서, 캘빈 드윗(Calvin DeWitt)은 이 점을 웅변적으로 부연 설명한다.

> 창세기 2장 15절은 놀라운 가르침을 전해 준다. 여기에서, 하나님은 아담에게 동산을 섬기고 동산을 지키라고 기대한다. 섬김에 대한 히브리 단어('abad)는 가장 최근의 영어 성경 번역에서 '경작하다, 옷을 입히다 또는 일하다'로 번역되었다. 아담과 그의 후손들은 동산이 지속되고 번성할 수 있도록 동산의 필요를 충족시키라고 기대되었다. 그러나 우리가 도대체 어떻게 피조물을 섬긴단 말인가? 피조물이 우리를 섬겨야 하지 않는가?
> 하나님은 또한 아담의 후손인 우리들에게도 동산을 지키라고 기대한다. "지키다(keep)"라는 이 단어는 때로는 "돌보다(tend, take care of), 보호하다(guard), 보살피다(look after)"로 번역된다. 이러한 번역들이 기초를 두고 있는 히브리 단어는 shamar인데 shamar는 사랑하고, 돌보며, 부양하는 종류의 지킴이다.[14]

하나님은 창조했을 뿐만 아니라, **자신의 피조물을 지속적으로 돌보며 보살핀다.** 이신론(理神論)과는 달리, 성경은 하나님을 자신의 세계와 친밀하게 관련을 맺는 것으로 묘사한다. 시편 104편은 자연계는 하나님이 자신의 피조물들에게 공급한 집이라는 점을 강조한다(시편 104:12, 17-18, 26; 그리고 욥기 39:6). 또한 하나님은 자신이 만든 피조물을 이용하여 자신이 만든 인간을 포함한 생물들의 매일의 양식을 공급한다는 점도 분명하다. 시인은 이

---

13) Bouma-Prediger, For the Beauty of the Earth, 74쪽.
14) Calvin B. DeWitt, Earthwise: A Biblical Response to Environmental Issues(Grand Rapids: CRC Publications, 1994).
15) 시편 104:20-22에서, 시인은 하나님이 동물들에게 제공해 주는 공급의 일부는 육식 동물이 먹잇감을 죽여서 이를 먹음으로써 음식을 얻는 것과 관련되어 있음을 인정한다. 사람이 채식주의자들로만 한정되어 있지 않듯이 동물들도 채식주의자들로만 한정된 것 같지는 않다.

를 이렇게 표현한다. "그는 자기 윗방들로부터 산들에 물을 댄다. 땅이 그의 작업의 결실로 만족을 얻는다. 그는 소떼를 위해 풀이 자라게 하고, 사람이 식물을 경작하게 해서 땅으로부터 음식을 낸다"(시편 104:13-14). 즉, 하나님이 동물과 인간 모두를 포함한 자신의 피조물들에게 집과 음식을 주는 데 있어서 자연계가 매우 중요하다.[15]

자신의 피조물에 대한 하나님의 관심을 동물들의 휴식을 요구하는 안식일 계명(출애굽기 20:8-11; 신명기 5:12-15)과 동물 학대를 처벌하는 율법 규정에서 명백히 볼 수 있다. 이 계명들에서는 하나님은 인간에게 하나님이 자신이 만든 피조물을 돌보는 것을 본받도록 명백히 기대한다. 안식년을 지켜서 땅에게 정기적인 휴식을 주라는 계명은 자신의 피조물에 대한 하나님의 관심을 강화하며, 그 관심을 땅에게까지 확장한다(레위기 25:1-7). 사실, 이 계명은 매우 중요해서 이 계명의 반복적인 위반은 이스라엘 국가가 포로로 잡혀가게 된 이유 중 하나였다(역대하 36:20-21).

생물에 대한 하나님의 관심도 홍수 후에 하나님이 노아와 맺은 언약에 나오는, 자주 간과되는 구절에 명백하게 나와 있다. 창세기 9장에서 하나님은 노아와 그의 가족들뿐만이 아니라 땅 위의 모든 생물들과도 언약을 맺는다. 이 언약은 다시는 홍수로 땅을 멸망시키지 않겠다는 약속과 관련이 있는 바, 이 약속의 중요성은 부분적으로는 모든 생물에 대한 하나님의 관심이 그의 약속에 어떻게 반영되었는가와 관련이 있다(9:8-16. 16절에 "하나님과 땅 위의 **모든 종류의 모든 생물들** 사이의 약속"으로 요약 · 강조는 저자가 첨부했음).

그리스도가 재림할 때 자연 세계가 구속될 것이기 때문에 피조물 역시 가치가 있는 것으로 볼 수 있다. 하나님의 구속 계획은 단지 개인적인 인간만 포함하는 것이 아니다. 이 계획은 또한 적절한 사회 질서(이사야 42:1-4)와 창조 질서의 갱신도 포함한다. 로마서 8장 19-21절은 이렇게 약속한다. "피조물이 하나님의 아들들이 나타나기를 열렬히 기대하며 기다린다. 왜냐하면 피조물은 자기 의사에 의해서가 아니라 굴복하게 한 존재의 의사에 의해 좌절에 굴복했는데, 피조물 자신도 부패의 속박에서 벗어나 하나님의 자녀들의 자유와 영광 안으로 들어가기를 소망하고 있기 때문이다." 이 텍스트는 자연계가 죄의 저주로부터 벗어나고, 따라서 하나님의 갱신 작업의 대상이라고 말한다. 이 구절은 현재의 피조물이 그리스도의 재림 시에 파괴되는 것이 아니라, 회복될 것임을 분명히 하는 것 같은데, 이는 원래의 아름다움과 예술성으로 회복될 필요가 있는 명화(名畵)에 비유할 수 있을 것이다. 따라서 피조물에 대한 현재의 돌봄은 자연계에 대한 하나님의 장기 계획과 일치하고, 이 계획에 의해 요구되며, 자신이 창조한 모든 것을 구속하는 하나님의 계획의 일부이다.

종말론을 잘못 이해한 결과, 그리스도의 재림 시에 창조 질서가 파괴될 것이기 때문에 환경에 신경 쓸 필요가 전혀 없다고 주장하는 사람들이 있다. 그러나 그런 견해는 성경에서 유지될 수 없다. 사실은, 로마서 8장에서 피조물의 갱신은 신자들의 몸의 갱신에 비유된다(23절). 미래에 몸이 부활할 테니 오늘 몸을 학대하거나 간과하는 것이 정당화된다고 주장할 수 없다. 성경에는 영혼에 대한 소망만큼이나 몸에 대한 소망이 많이 나온다. 마찬가지로, 미래의 피조물의 갱신이 오늘날의 환경 오용/간과를 정당화한다는 입장을 유지할 수 없다.

사람 대 환경?

비즈니스에 대한 함의

슬프게도, 환경에 대한 고려는 기업들에게 주로 다른 사람에 의해 부담되어야 하는 "외부 효과"나 해결해야 할 제약으로 여겨져 왔다. 성경의 가르침의 내용과 범위에 비추어 볼 때, 기독교 환경 윤리(그리고 이에 의한 인간의 복지)는 청지기 직분이 시사하는 바와 같이 자연에 대한 전향적인 돌봄을 지지한다. 오늘날에는 환경을 보호하기 위한 진지한 노력이 이루어지고 있다. 그러나 "녹색을 추구하라"는 사회적 압력(아마도 "브랜드 가치")이 너무 많다 보니 일부 회사들은 겉치레뿐인 변화 또는 자신의 환경 신임장에 대한 허위 주장에 의해 흉내만 내고 있다("환경 세탁").[16]

앞에서 설명한 성경의 지시로부터 몇 가지 시사점을 도출할 수 있다. 첫째, 동산의 자원의 책임 있는 사용은 인간의 번성 향상에 의해 견인되고, 이러한 결과를 가져오는 서비스 및 상품 생산을 지원하도록 허용될 수 있다. 그러나 보다 넓은 성경의 주제, 특히 창세기 2장 15절에 부합하려면, 그 관계는 상호적이다. 기업들도 동산을 "섬김"에 있어서 적극적인 파트너여야 한다.

동산을 보호하는 것은 첫 번째 단계이지만, 섬김은 여기에서 더 나아간다. 동산을

---

16) "Another Inconvenient Truth," Businessweek, 2007년 3월 26일; "The Fuzzy Math of Eco-Accolades," Businessweek, 2007년 10월 29일.

"보살피고" "섬기는" 것은 사태를 "덜 나쁘게" 만드는 데에서 더 나아가 사태를 다시 온전하게 만드는 영역으로 들어가는 것이 필요함을 시사한다. 이 땅 위에서는 상황이 완벽해질 수는 없지만, "동산을 섬김"은 우리의 궁극적인 목표는 "사안을 올바르게 하고" 가급적 자연을 변혁하고 조화롭게 회복시켜야 하는 것임을 시사한다. 이에 비해, 맥도너와 브라운가트가 지적한 바와 같이, 현재까지의 대부분의 환경에 관한 노력들은 불가피한 피해를 늦추거나 피해를 최소화하는 것을 겨냥한(즉, "우리의 발자국"을 감소하는) 사후의("배출구") "해법들"이다.

그렇다면, 이를 어떻게 달성할 수 있는가? 동시에 자연의 이익도 보호하면서 어떻게 인간의 이익이 증진될 수 있는가? 이들은 근본적으로 충돌하지 않는가?

우리는 다음과 같은 3가지의 필요한(여전히 불충분하지만) 변화로부터 시작한다고 믿는다. (1) 이 이슈들의 틀 재구성(reframing), (2) (브라운가트와 맥도너에 의해 주장된 바와 같은)디자인에서의 근본적인 변화, 그리고 (3) (마더가 주장한 바와 같이) 비즈니스를 의제로 올려놓기.

첫째, 전통적으로 비즈니스와 환경을 직접적으로 대립시키는 시각을 재구성할 필요가 있다. 예컨대, 위험에 처한 북부의 점 올빼미 서식처 역할을 하는 태평양 북서부 숲을 둘러 싼 논쟁은 흔히 "올빼미 대 (벌목) 일자리"로 제시되었다. 마찬가지로, 국내의 석유 탐사와 시추는 흔히 유사한 용어인 "에너지 확보 대 지구 구하기"로 틀이 짜여졌다.

이러한 구성은 물론 부분적으로는 사실에 기반을 두고 있다. 자연의 이익이 때로는 인간의 이익과 충돌하는데, 보다 중간적인 기간 동안에는 특히 더 그렇다(그렇지만, 중간적 기간 동안에 국한되지는 않는다). 경작지가 한정되다보니 옥수수 기반 연료(에탄올)를 위한 곡물 재배가 식량 가격 인상에 기여하는 환경을 만들 수도 있다. 마찬가지로 "현지 구매" 운동(부분적으로는 장거리 운송으로부터의 탄소 배출을 줄이기 위한 동기가 있음)은 농부들, 특히 수출 시장에 의존하는 세계의 3분의 2의 개발도상국 농부들을 크게 해칠 수도 있다.

그러나 세계화의 연결력으로 인해 이러한 관계에 미묘한 관계가 빠르게 더해지고 있는 듯하다. 즉, 인간의 이익과 자연의 이익이 얼마나 불가피하게 연결되어 있는지, 그리고 이들이 다소 먼 미래가 아니라 바로 지금 어떻게 밀접하게 연결되어 있는지에 대한 인식이 점증하고 있다. 토마스 프리더먼은 그의 베스트셀러 저서 『덥고, 평등하고, 혼잡한』(Hot, Flat, and Crowded)에서 이러한 우려들을 확장하고, 환경 이슈와 (여러 측면에서의) 인간의 복지를 상호적이고, 공유된 이익의 관점에서 볼 필요가 있음을 강조한다.

이 세상에도 문제가 있다. 세상은 점점 더 **덥고, 평등하고, 혼잡해져** 가고 있다. 즉, 지구 온난화, 전 세계적인 중산층의 놀라운 부상, 그리고 급속한 인구 성장이 합해져서 지구가 위험할 정도로 불안정해졌다. 특히, 덥고, 평등하고, 혼잡한 현상이 합쳐져서 에너지 공급을 빠듯하게 하고, 동식물의 멸종을 격화시키며, 에너지 결핍을 심화하고, 석유 독재를 강화하고 기후 변화를 가속화한다.[17]

프리드먼이 옳다면, 현재의 세계 경제 성장 패턴은 자연을 파괴하고, 인간의 건강을 해치며, 지정학적 혼란에 기여하며, 그 과정에서 직접적으로 인간을 해친다. 더욱이 전 세계의 경제적으로 가난해진 사람들이 기본적인 삶의 조건을 충족시키는 데 필요한 희소 자원을 두고 더 치열하게 경쟁해야 하기 때문에, 그들의 삶은 더 악화될 것이다. 클리브 마더가 언급한 바와 같이, "그것은 생물 다양성 및 라이프스타일일 뿐만 아니라, 인권에 관한 사안이기도 하다."

둘째, 경제 성장에 있어서의 패러다임을 재고할 필요가 있다. 그렇지 않으면 성장하지 않거나 성장이 뒷걸음칠 수밖에 없을지도 모른다. 물론, 경제 성장이 느려지면 가난한 사람들이 경제 활동에 참여하고 그들의 자원을 증가시킬 기회가 적어질 수 있기 때문에, 그렇게 하는 것은 하나님이 인간의 복지에 부여하는 중요성과 직접적으로 충돌할 수도 있다. 이 난제를 해결하려면 경제 활동이 보다 넓은 자연 시스템에 어떻게 들어맞는지에 관한 패러다임 전환이 필요하다. 달리 말하자면, 우리는 자연을 파괴하기보다는 보다 자연과 조화를 이루는 "지속 가능한" 성장을 필요로 한다. 다소의 수정을 가하면, "3중 바텀 라인"(때로는 "사람, 이익, 그리고 지구"로 불리는, 성공에 대한 경제적, 사회적, 그리고 환경적 척도)을 향한 최근의 이동은 기업의 책임을 정하는 좋은 출발점을 제공한다.[18]

맥도너와 브라운가트의 획기적인 책 『요람에서 요람까지』(Cradle to Cradle)에서 환경보호를 재고하는 보다 확고한 방법이 제안되었다. 우리는 그들의 "물건을 만드는 방식 수정하기"라는 글에서 아이디어를 간략하게 살펴보았다. 그들은 산업 혁명 이후의 제조는 계획되지 않고, 자연에 반하며, 직선적이고, 보다 넓은 시스템의 일부가 되도록 디자인

---

17) Thomas L. Friedman, Hot, Flat, and Crowded: Why We Need a Green Revolution - and How It Can Renew America (New York: Farrar, Straus and Giroux, 2008), 5쪽.

18) 예컨대, Andrew Savitz, with Karl Weber, The Triple Bottom Line: How Today's Best-Run Companies Are Achieving Economic, Social and Environmental Success(San Francisco: Jossey Bass, 2006)를 보라.

되지 않은 요람에서 무덤까지의 프로세스임을 지적한다. 상품들은 신속하게 소비자들의 손에 쥐어지고, 그들의 "유효 수명"이 다하면 매립장이나 소각장에 버려지도록 만들어진다. 기껏해야, 일부 제품들이 재활용된다(보다 정확하게는 "아래로 활용된다(down-cycled)"). 예를 들어 재활용된 탄산 음료수 병으로 카펫을 만들 수 있지만, 그들이 전혀 의도되지 않았던 형태를 띠도록 "그들과 씨름하는" 프로세스는 처음부터 시작하는 것과 마찬가지의 에너지를 필요로 하고, 같은 정도의 쓰레기를 만들어 내며, 더 위험한 첨가제를 넣을 수도 있다.[19]

맥도너와 브라운가트는 "지속 가능성"을 넘어서 "착한 성장"이 일어날 수 있게 해 줄 수 있는 "파트너십"으로 이동하는 패러다임 전환을 요구한다. 그들은 여러 개의 바텀 라인 대신에, 환경을 비즈니스 의사 결정에 사용되는 "톱 라인" 중 하나가 되게 하고, "파이프의 끝에서가 아니라 디자이너의 머리에서 시작하는" "요람에서 요람까지"의 방향으로 전환하도록 요구한다.[20] 그들은 이를 다음과 같이 진술한다.

> 인간이 참으로 번성하려면, 쓰레기 개념이 존재하지 않는, 자연의 매우 효과적인 요람에서 요람까지의 영양 흐름 및 대사 시스템을 모방할 필요가 있다. **쓰레기 개념 제거는 처음부터 사물들**(상품, 포장, 그리고 시스템)**을 쓰레기가 존재하지 않는다는 이해의 토대 위에서 디자인함을 의미한다**…. 상품들은 생물 분해되어 생물학적 사이클의 식량이 되는 재료들이나, 그 안에서 산업에 대한 귀중한 영양분으로 계속 순환하는 폐쇄 회로 기술적 사이클 안에 머무르는 기술적 재료들로 구성될 수 있다.[21]

이 모든 단계들을 거쳐 진보해 나가는 것은 매우 비싸고, 일부 재료들과 재생 방법은 아직 존재하지 않기 때문에, 의심할 나위 없이 이들은 매우 높은(그리고 달성 가능성이 낮은) 기준들이다. 그러나 맥도너와 브라운가트는 현 시점에서는 점진적인 변화만이 가능하다는 현실적인 입장을 취한다. 그리고 그들은 기업들이 관여하려면, "환경 면에서 효과적인" 디자인으로의 이동이 경제적으로도 일리가 있어야 함을 지적한다. "물건을 만드는 방식 수정하기"에서 언급된 바와 같이, "요람에서 요람까지" 디자인 아이디어를 채택한

---

19) William McDonough & Michael Braungart, Cradle to Cradle: Remaking the Way We Make Things (New York: North Point Press, 2002), 4쪽.
20) 위의 책 153-154, 168쪽.
21) 위의 책 103-104쪽.

기업들 중에는, 이번 장의 서두에 묘사된 딜레마에 처했던 회사인 허먼 밀러가 있다. 임스 의자 상황과 관련하여(601쪽을 보라), 이 회사는 충실하게 자신의 가치를 고수했으며, 보다 환경 친화적인 목재로 전환하는 큰 리스크를 감수했다.

오늘날, 이 회사는 요람에서 요람까지 디자인을 실천함으로써 훨씬 더 포괄적인 조치를 취했다.[22] 이 회사의 임원들은 이 회사의 전체 제품 개발 사이클에서 환경적으로 책임이 있는 총체적이고 통합된 개념을 구현하고자 노력한다. 예를 들어 이 회사의 에어론 의자와 미라 의자에서, 회사의 연구원들은 이 의자 디자인의 화학적 구성을 분석하고, 인간의 건강과 환경에 미치는 영향을 조사해서 발견 사항(및 신 재료)을 디자인 프로세스에 구현하였으며, 더 나은 재료 획득을 위해 공급자들을 관여시켰다. 회사의 제품들은 현재 궁극적인 재생을 위해 디자인되어서 "버려진" 물질들이 제품 수명 사이클에 다시 놓이게 되고 쓰레기와 환경에 대한 영향을 최소화할 수 있게 하고 있다.[23]

비즈니스 사례

세 번째 이동은 환경 친화적 경영에 대한 보다 나은 "비즈니스 사례" 확립이다. 이는 소비자에서 비즈니스 리더, 정부에 이르기까지 모든 사람들이 책임을 받아들일 것을 요구하는 바, "기업이 전력을 기울이게 하려면" 특히 그렇다. 『기후 변화 비즈니스: 어떻게 해야 하는가?』에서 마더는 기후 변화라는 보다 구체적인 이슈를 다루고 있지만, 다는 아니더라도 환경 이슈의 거의 대부분에 같은 말을 할 수 있다. 확실히, 일부 비즈니스 리더들은 실제로 비재무적 동기(환경에 대한 고려를 또 하나의 바텀 라인으로 간주함)를 가지고 있다(그리고 더 많은 리더들이 그래야 한다). 그러나 중대한 변화가 일어나려면, 환경 친화적 경영이 순이익에 도움이 되거나, 또는 최소한 과도하게 해를 끼치지 않는다는 경제적 사례를 확립하는 것이 매우 중요하다. 요점은 기업의 협소한 이익에 봉사해야 할 필요가 있다는 것이 아니라, 이미 때가 늦었고 매우 중요한 참여자인 기업을 테이블로 끌어들이려면 설득력 있는 주장을 해야 한다는 것이다. 마더는 이렇게 언급한다. "기업들만이 그만한 규모로 일을 할 수 있다." 그리고 "자기 이익은 사회적 양심보다 더 강력한 힘이 있다."

---

22) Marc Gunther, Faith and Fortune: The Quiet Revolution to Reform American Business(New York: Crown Business, 2004), 170쪽.

23) William McDonough & Michael Braungart, "The Anatomy of Transformation: Herman Miller's Journey to Sustainability," green@work, 2002년 3-4월.

어느 정도는 이미 부분적인 사례가 존재한다. 많은 기업들이 전략적 및 수익성이 좋은 "상생(win-win)" 틀에 부합하는 환경 이니셔티브를 활용할 수 있었다. 예컨대, 인기 있는 도요타 프리우스는 유사한 크기의 차량들보다 상당히 비싸게 팔린다. 휘발유 가격이 높게 유지되거나 차량 소유자가 장거리를 운전하지 않는 한, 일부 구매자들이 받았던 일회성 세금 감면액을 포함하더라도 이 차량의 프리미엄을 회수하려면 매우 장기간이 소요된다. 많은 프리우스 소유자들은 사실상 이 차량을 소유하기 위해 "사회적 프리미엄"을 지불하는 셈이다. 일부 기업들은 설비에서 에너지 효율성을 높여서 운영비용을 낮췄다. 부산물을 새로운 비즈니스 라인으로 바꾼 기업들도 있고(예컨대, 사용한 자동차 및 트럭 타이어를 운동장 쿠션 재료로, 사용한 자전거 타이어를 멋진 방수 메신저 가방으로, 낡은 청바지를 건축 절연재로 사용함), 환경 친화적인 상품(즉, 유기농 상품)을 프리미엄 가격에 판매한 기업도 있다. 다른 대기업은 자신의 제품 원료로 필요한 중요한 자원들을 유지하기 위해 환경 이슈들에 관여한다. 예를 들어, 맥도널드는 필레-오-피쉬 샌드위치의 가용성을 확보하기 위해 깨끗한 바다 운동에 적극적으로 참여한다.[24] 마찬가지로, 스타벅스는 지구 온난화가 커피 원두를 재배할 수 있는 땅의 면적을 축소시킬 수도 있다는 우려에서 기후 변화 이슈에 관여하고 있다.[25]

이러한 유형의 상생 시나리오에 비추어, 일부에서는 "동시에 '지구를 구하기'도 하고 돈도 벌 수 있다"며 환경 이니셔티브는 이익을 늘리는 입증된 통로라고 주장했다. 이 운동의 리더 중 한 명은 "그것은 단순히 공짜 점심이 아니라, 당신이 먹으라고 값이 지불된 것이다."[26]

위의 예들은 존재하고 있는 몇 가지 기회를 보여주지만, 보다 현실적이고 신중한 접근법이 필요하다. 마더가 기후 변화와 관련하여 지적하는 바와 같이, "비즈니스 사례"가 앞으로 나가고 있기는 하지만, 이는 아직 확립되지 않았다. 테릴은 지속 가능한 비즈니스 관행 채택은 특히 단기적으로는 주주들에게 부정적인 영향을 주는 상당한 비용과 리스크를 수반할 수도 있다는 사실을 보여주는 프리오-레이의 선칩 봉투와 P&G의 케스케이드 식기 세척제 사례 등의 시도를 묘사한다.

환경적으로 보다 지속 가능한 경영을 하려는 조직들은 많은 도전을 만나게 된다. 비

---

24) Marc Gunther, Faith and Fortune: The Quiet Revolution to Reform American Business(New York: Crown Business, 2004), 33쪽.
25) "Tackling Climate Change," http://www.starbucks.com/responsibility/environment/climate-change를 보라.
26) Ben Elgin, "Little Green Lies," Businessweek, 2007년 10월 29일.

환경상의 청지기 직분 693

즈니스의 리더가 자사 제품의 생산 및 유통에서 환경 친화적으로 되기를 원한다 해도, 환경 친화적 재료 사용, 재활용 프로세스, 또는 운송 대안들이 아직 존재하지 않거나, 충분히 활용 가능하지 않거나, 또는 보다 적절하게는 비용 면에서 합리적으로 효과적이지 않을 수도 있다.

시장의 압력도 매우 실제적이다. 환경적으로 건전한 많은 관행들이 비용을 감소시키지 않으며, 실제로 회수할 수 없는 비용을 더할 수도 있다. 경쟁력 면에서 볼 때, 환경 친화성을 위하여 (환경에 대한 의식이 있는 소비자들로부터 보충할 수 있는 수준을 넘어서는) 추가 비용을 부담하는 회사는 경쟁사들이 따라 오지 않으면 불리한 입장에 처해지게 될 것이다. 경영학자 이안 매이트랜드(Ian Maitland)는 이러한 도전을 "공공재" 문제를 해결하려고 할 때 발생하는 "죄수의 딜레마" 상황으로 묘사될 수 있는 것과 유사하다고 말한다. 각각의 회사들은 보다 깨끗한 환경을 원할 수도 있지만, 경쟁사들을 동등한 재무상의 부담을 지게 할 장치가 없이 그렇게 하면 불리한 입장에 놓일 수 있다.[27]

일부 대규모 이니셔티브(예컨대, 대체 에너지에의 투자)들은 매우 긴 회수기간을 요구하는데, 주주들의 단기 기대를 충족하려는 임원들은 이러한 투자로부터의 결실을 누리지 못한다. 더구나, 이러한 유형의 투자는 리스크가 매우 크고, 재생 불가능한 전통적 에너지 가격이 높은 상태로 유지되어야만 경제적으로 타당성이 있다. 휘발유 가격이 최고가에 도달한 후 하락하자, 많은 바이오 연료 생산 기업들의 고객과 투자자들이 달아나 버렸다.

한정된 가용 자본도 큰 도전 과제 중 하나이다. ROI(투자 수익률)분석을 통해 자본이 얼마나 "잘" 투입되었는지 측정하면 중대한 긴장을 조성할 수 있다. 환경 친화 사업이 이익을 낼 수 있는 것으로 드러나는 경우에도, 이 사업이 동일한 자본으로 사용할 수 있는 다른 사업들과 직접적으로 경쟁해야 할 수도 있다. 한정된 자본은 까다로운 긴장을 일으킬 수도 있다.[28]

환경적으로나 재무적으로 지속 가능한 제품을 제공하려면 시장의 리더십과 현재의 수요 사이의 까다롭고 때로는 협소한 공간을 헤쳐 나가야 할 필요가 있다. GreenBiz.com의 편집 담당 임원 조엘 머코워는 제품이 뛰어넘을 필요가 있는 높은 장애에 대해 다음과 같이 언급한다. "대부분의 소비자들은 기꺼이 보다 환경 친화 제품을 선택할 것

27) Ian Maitland, "The Limits of Business Self-Regulation," California Management Review 27, no. 3(1985 봄): 132-147쪽.
28) Elgin, "Little Green Lies."

이다. 그 제품이 조금도 더 비싸지 않고, 신뢰할 수 있는 제조사에 의해 만들어졌고, 구입이나 사용에 특별한 노력을 요구하지도 않으며, 최소한 다른 제품들만큼의 품질을 갖추고 있는 한 말이다."[29] 다소 과장이기는 하겠지만, 비즈니스 리더들은 (환경을 포함한) 모든 이해관계자들에 대한 커다란 리스크를 취한다. 그들이 소비자들이 요구하는 것보다 너무 앞서 나가면, 환경 친화 제품들보다 환경에 더 큰 피해를 주는 대체품들이 팔릴 것이다.

이는 매우 현실적인 도전이지만, 우리는 기독교 윤리에 일치하는 방식으로 비즈니스에 접근하려면, 환경에 대한 관심이 이를 통해 의사 결정이 이루어져야 하는 "프리즘" 역할을 할 필요가 있다고 확신한다. 소비자들이 당장 원하는 제품만을 제공함으로써 리스크를 피하면 편리하기도 하거니와 손쉬운 변명거리가 될 수도 있다. 그렇게 되면 단기적인 시장의 이해관계가 환경(따라서 인간의 복지)의 운명을 결정하는 최종 결정권을 행사할 것이기 때문에, 그것은 또한 무책임한 자세이다. 그러한 입장은 또한 기업에 의해 수행될 필요가 있는 리더십 역할의 포기로 이어지게 되는 바, 이는 기업이 소비자들의 행동을 형성함에 있어서 일정한 역할을 한다는 사실을 소홀히 하는 처사이다. 소비자로서, 우리는 흔히 근시안적이며, 상품 선택에 있어서 우리가 인정하고자 하는 것보다 아량이 좁다. 기업이 전적으로 비난을 받을 수는 없지만, 대부분의 제품들은 환경상의 적합성을 염두에 두고 디자인되거나 판매되지 않는다. 더구나, 기업에 의한 소비자 교육 및 "사회적 마케팅", 그리고 사회 규범에 호소하는 기타 방법들은 최종 사용자의 행동을 어느 정도 바꿀 수 있다. 포드 자동차의 창시자 헨리 포드는 한 때 이런 말을 했다. "만일 내가 고객들에게 무엇을 원하느냐고 물었더라면, 그들은 더 빨리 달리는 말을 원한다고 대답했을 것이다."[30]

확실히, 환경에 대한 성경의 가르침(신중심적/청지기 직분)은 하나의 틀과 한계를 제공하지만, 일부의, 아니 아마도 많은 결정들은 분별력에 의존하는 판단을 요구하며, 엄격한 과학적 사실들과 협력하고 다른 중요한 의무들과 균형을 이루면서 이루어질 필요가 있다. 또한 자연의 곤경에 기업들이 전적으로 책임이 있는 것도 아니다. 마더가 지적한 바

---

29) "The Good Consumer," Environment, Economist, 2008년 1월 17일.
30) Tom Kelly, The Ten Faces of Innovation(New York: Currency/Doubleday, 2005); 그리고 Friedman, Hot, Flat, and Crowded, 241쪽에서 인용함.

와 같이, 우리 모두 이 일에 책임이 있다.

최종 사용자로서, 특히 부유한 나라의 소비자들은 자신의 생활방식에 의미 있는 변화를 가해야 한다. 실로, 오염시키는 것은 단지 "대기업"만이 아니다. 우리의 돈을 단기적으로는 값싸고 편리하지만 환경과 인간의 건강에 해로운 상품 및 서비스에 소비하면서, 기업들이 무엇을 하고 있다거나 하지 않고 있다고 불평하기 쉽다. 소비자들이 무엇을 구매하느냐가 궁극적으로 무엇을 생산하고 팔지에 대해 기업들에게 "시장의 신호"를 보내는 기능을 수행한다.

좋은 정부 정책도 필요하다. 협력적인 행동을 방해하는 "죄수의 딜레마"를 무력화시키는 보다 강력한 "비즈니스 사례"를 확립하기 위해서는, 정부 정책이 장기적 관점을 취하고 인센티브와 직접 규제의 올바른 조합을 사용할 필요가 있다.

환경과 우리와 환경의 관계를 보다 조화로운 상태로 변혁하고 회복시키기 위한 노력은 참으로 도전이 되는 과제이다. 파괴된 세상에 (기독교 윤리이든 아니든) 윤리적 이상을 적용하는 것은 거의 언제나 그렇다. 피조물에 대한 청지기 직분 안에서의 전향적 리더십은 당장의 상생 관계 안에서 운영하는 것보다 훨씬 많은 것을 요구한다. 진정한 헌신적 노력은 용기와 상상력, 그리고 사고와 행동에 있어서의 극적인 변화를 요구한다.

조직의 올곧음

개요

최근의 여러 스캔들을 겪은 사람들은 흔히 기업의 윤리 문제는 결국 개인의 성격으로 귀결된다고 말한다. 예컨대, 글로벌 금융 시스템 위기의 여파 속에서, 감독 당국의 태만 및 근시안적 공공 정책에 어느 정도 비난을 가하고 난 뒤에는, 언제나 대부분의 잘못은 성품의 결함, 즉 탐욕에 놓여 있다고 말해진다.[1] 비즈니스 윤리에 대한 대부분의 논의는 주요 이슈들에 대한 논의로 끝나고 개인의 도덕적 성품과 개발에 대해서는 거의 관심을 기울이지 않는다. 그러나 윤리는 조직의 리더십, 구조, 문화뿐 아니라 개인의 성품과도 관련이 있다. 즉, 회사는 도덕적 책임이 있으며, 전통, 가치 및 보상 시스템을 갖춘 조직이라는 사실만으로도 직원들에게 영향력을 행사한다. 회사는 공식적 및 비공식적 방식으로 직원들이 자신의 도덕적 확신을 따르도록 권장하거나 이를 억제할 수

---

1) 이러한 평가의 많은 예 중 하나를 Bethany McLean과 Joe Nocera, All the Devils Are Here: The Hidden History of the Financial Crisis(New York: Portfolio, 2010)에서 발견할 수 있다. Michael Lewis, The Big Short: Inside the Doomsday Machine(New York: W. W. Norton, 2010)에도 성품에 대한 매우 재미있는 평가들이 있다.

있다.

　이번 장에서, 우리는 조직이 좋은 방향으로건 나쁜 방향으로건 도덕적 의사 결정에 영향을 줄 수 있는 방식을 조사한다. 이 장에서 제기되는 중요한 질문은 조직이 공식적 구조와 비공식적 관행에서 어떻게 윤리적 행동을 훼손하기보다는 이를 지원하는 장소가 될 수 있는지에 관한 것이다.

　이 장의 읽기 자료들은 예로 제시된 행동들이 명백히 불법적이거나 비윤리적이든지, 아니면 둘 모두임을 가정할 것이다. 이 읽기 자료들은 이러한 윤리적 실패들이 제지당하지 않도록 권한이 부여되거나, 최소한 허용되는 조직상의 요인들을 검토할 것이다. 비즈니스 윤리 교수 린다 트레비노(Linda Trevino)와 마이클 브라운(Michael Brown)은 『윤리적으로 되도록 관리하기: 5개의 비즈니스 윤리 신화 깨뜨리기』에서 비즈니스 윤리의 가장 보편적인 신화 몇 가지(예컨대, "윤리적으로 되는 것은 쉬운 일이다" "비즈니스 윤리는 단지 (가려내기만 하면 되는) 썩은 사과에 관한 것이다" "윤리는 공식적인 프로그램에 관한 것이다")를 다룬다. 그들은 조직 생활에서는 윤리적 의사 결정의 복잡성 정도가 높아짐을 지적한다. 그들은 또한 효과적인 윤리 관리를 위한 몇 가지 권고 사항도 요약한다. 아마도 가장 도움이 되는 주장은 윤리는 윤리에 도움이 되는 문화를 조성하는 리더십을 요구한다는 점일 것이다. 두 번째 읽기 자료는 조직의 부패를 사회 심리학의 관점에서 본다. 존 달리(John Darley)는 매우 통찰력이 있는 글 『조직 부패의 인지 및 사회 심리학』에서 어떻게 작은 스캔들이 반드시 연루자들이 붙잡히게 될 정도로 큰 규모가 되는지(달리는 이를 "무모한 어리석음"이라 부른다)와 같은 문제를 다룬다. 그는 더 나아가 이러한 스캔들이 자주 일어나고 있음을 지적하며, 왜 기본적으로 선한 사람들을 고용한 조직들이 부패 관행에 연루되어 종종 붙잡히게 되는지에 대한 질문을 다룬다. 조직에서의 비윤리적 행동을 이해하기 위해서는 심리적인 요소가 중요하다. 이러한 이해는 "이 일은 내게는 결코 일어나지 않을 것이다"고 생각하는 사람에게 유용한 경고가 될 것이다. 세 번째 읽기 자료는 엔론의 전 부사장이자 내부 고발자 쉐론 왓킨스와 에딕스 지의 인터뷰이다. 그녀의 인터뷰에서 쉐론은 궁극적으로 엔론의 몰락을 가져온 비윤리적 회계와 같은 관행을 가능하게 했던 조직 구조를 묘사한다. 그녀는 당시의 CEO 켄 레이가 저지르고 있던 부정에 대해 경고하기 위해 자신이 취했던 용감한 조치들에 대한 이야기를 들려준다. 그녀는 또한 윤리를 훼손하고 있음을 발견한 사람들에게 좋은 충고를 해 주며, 엔론 사태에서 배울 수 있는 중요한 교훈은 자본주의는 도덕성과 장기적인 비즈니스 관점을 요구한다는 것인데, 그녀의 견해로는 이 두 가지가 모두 무너지고 있다고 지적한다.

윤리적으로 되도록 관리하기: 5개의 비즈니스 윤리 신화 깨뜨리기

린다 K. 트레비노(Linda K. Trevino)와 마이클 E. 브라운(Michael E. Brown)
Academy of Management Executive 18, no.2 (2004년 5월): 69-81쪽.

21세기 초에 수백만 명의 직원들과 투자자들에게 피해를 입히고, 비즈니스 세계에 충격파를 보낸 회사 윤리 스캔들들이 발생했다. 이 스캔들들은 "범인들의 포토라인 앞에 서기" 및 감독 당국의 반발을 낳았으며, 비즈니스 윤리가 다시 한 번 뜨거운 주제가 되었다. 학자들과 매니저들은 이렇게 묻고 있다. 무엇이 최근의 기업 비리 범람을 가져왔으며, 어떻게 해야 향후 유사한 위반을 방지할 수 있는가? 아마도 모든 사람이 윤리 및 스캔들에 대한 개인적 반응에 관한 의견을 가지고 있기 때문에, 비즈니스 윤리 관리의 신화를 영속화시키는 많은 기계적 대답들이 유포되고 있다. 이 논문에서, 우리는 이러한 신화들 중 몇 가지를 찾아내고 리서치 및 실무에 기반을 둔 지식에 근거하여 이러한 신화들에 대응한다.

신화 1: 윤리적으로 되는 것은 쉬운 일이다

2002년에 다음과 같은 제목의 신문 기사가 실렸었다. "기업 윤리는 간단하다: 뭔가 악취가 나거든, 그 일을 하지 말라." 이 기사는 계속해서 다음과 같이 제안했다. "당신이 무엇을 하고 있는지 당신의 어머니에게 말하고 싶지 않거나… 이 일이 신문에 나는 것을 원하지 않거든, 그 일을 하지 말라."[1] 이 말이 명백하게 암시하는 것은 원하기만 한다면 비즈니스에서 윤리적이 되기는 쉬운 일이라는 것이다. 더 큰 함의는 비즈니스 윤리가 쉽다면, 이를 관리할 필요가 없다는 것이다. 그러나 이 제안은 특히 비즈니스 조직에서의 윤리적 의사 결정을 둘러싼 복잡성을 무시한다.

윤리적 의사 결정은 복잡하다

첫째, 윤리적 의사 결정은 단순하지 않다. 윤리적 의사 결정은 정의상 복잡하다. 수 세기 동안 철학자들은 올바른 윤리적 결정을 하기 위한 최선의 방법에 관해 논쟁하고 있다. 경영학을 공부하는 학생들은 가치들이 충돌하는 어려운 딜레마에 복수의 규범적 틀을 적용하도록 배운다. 이 틀에는 특정 의사 결정 또는 행동이 사회에 미치는 유익과 피해를 고려하는 결과주의적 틀, 정의 및 권리와 같은 윤리적 원칙들의 적용을 강조하는 의무론적 틀, 도덕적 행위자의 올곧음을 강조하는 미덕 윤리 등이 있다.[2] 그러나 가장 도전적인 윤리적 딜레마 상황에서는, 이러한 접근법들에 의해 제공된 해법들이 서로 충돌하며, 의사 결정자에게는 명확한 지침이 별로 없다. 예를 들어, 개발도상국에 제조 설비를 가지고 있는 다국적 기업은 고용 관행 이슈들과 씨름하고 있다. 대부분의 미국인들은 아동 고용은 해롭고 아동의 인권에 반한다고 믿는다. 그러나 많은 국가에서 아동들이 가족 수입에 기여한다. 만일 기업들이 아동들을 고용하기를 거절하거나 현재 일하고 있는 아동들을 해고할 경우, 이 아동들은 구걸에 의존하거나 매춘과 같이 더 위험한 일을 할 수도 있다. 아니면 그들과 그들의 가족들이 굶어 죽을 위험에 처할 수도 있다. 그런 상황에서 아동의 권리를 존중하는 것이 더 큰 해를 입히면 어떻게 할 것인가? 그러한 비즈니스 의사 결정들은 대부분의 미디어 기사가 제안하는 것보다 복잡하며, 가장 윤리적인 행동에 대한 결정은 전혀 간단하지 않다.

도덕 의식이 요구된다

둘째, "윤리적으로 되는 것은 쉬운 일이다"는 주장은 개인들이 자신이 윤리적 딜레마에 처해 있음을 자동적으로 알고 있으며, 그들은 단지 옳은 일을 선택하기만 하면 된다고 가정한다. 그러나 의사 결정자들이 언제나 자신이 도덕적 이슈에 직면해 있음을 인식하는 것은 아니다. 의사 결정은 좀처럼 "이봐, 나는 윤리적 이슈야. 나에 관해 도덕적 관점에서 생각해 보라고!"라며 경고 깃발을 흔들며 다가오지 않는다.[3]

데니스 지오이아(Dennis Gioia)는 1970년대 초반에 포드 자동차가 작은 충격의 차량 후미 충돌과 관련해서 차량 탑승자를 사망하게 한 위험한 화재에도 불구하고 핀토 차종을 리콜하지 않기로 결정했을 때 이 회사의 리콜 코디네이터였다. 정보가 넘쳐나는 리콜 코디네이터 역할로 인해, 지오이아는 수천 건의 사고 보고서를 보았는데, 그는 어떤 상황이 강력한 리콜 후보이고 어떤 상황이 그렇지 않은지를 결정하도록 도움을 주는 인지 상의 "대본"을 따랐다. 핀토 화재에 관해 들어오는 정보는 다른 이슈들을 표면화하기 위해 디자인된 각본에 들어맞지 않았으며, 이 리콜은 처음에는 윤리적 우려를 제기하지 않았다. 지오이아와 리콜 부서의 동료들은 이 리콜 이슈를 윤리적 이슈로 인식하지 않았다. 다른 사례를 보자면, 인터넷에서 자신이 좋아하는 음악을 내려 받는 학생들은 누군가의 저작권이 있는 작품 "절도"의 윤리적 함의에 관해 생각하지 않을 수도 있다. 또는, 상사를 위해 서류에 서명하도록 요청받은 노동자는 이를 법률 문서를 "위조"하라는 요청으로 인식하지 않을 수도 있다.

연구자들은 이 현상을 연구하기 시작했으며, 이를 도덕 의식, 윤리적 인식, 또는 윤리적 민감성이라고 부른다. 여기에서의 아이디어는 의사 결정자가 특정 이슈의 윤리적 성격을 인식하지 않는 한, 도덕적 판단 프로세스가 시작되지 않는다는 것이다. 따라서 특정 이슈를 "윤리적" 이슈로 인식해야, 도덕적 판단 프로세스가 시작되는 바, 이 최초의 단계를 이해하는 것이 윤리적 의사 결정 일반에 대한 이해의 열쇠이다.

T. M. 존스는 특정 이슈의 도덕적 강도가 도덕적 이슈의 인식에 영향을 준다고 제안했는데,[4] 이 관계는 리서치에 의해 지지되었다. 도덕적 의식에 영향을 주는 요인들에 대한 여러 연구들에서 도덕적 강도의 두 측면, 즉 결과의 크기 및 사회적 합의가 발견되었다.[5] 개인은 특정 의사 결정이나 행동이 해로운 결과를 가져올 것으로 예상되고 사회의 다른 사람들이 이를 윤리적으로 문제가 있는 것으로 볼 때 해당 이슈를 윤리적 이슈로 파악할 가능성이 더 높다. 또한, 도덕적 언어의 사용은 도덕 의식에 영향을 주는 것으로 밝혀졌다.[6] 예를 들어, 위의 예에서 음악 (내려 받기가 아니라) "절도" 또는 문서 (서명이 아니라) "위조"라는 말이 사용된다면, 그 개인은 이 이슈들을 윤리적 관점에서 생각할 가능성이 더 높다.

윤리적 의사 결정은 복잡한 다단계 프로세스이다

도덕적 의식에서 도덕적 판단(특정 행동이 도덕적으로 정당화될 수 있는지에 대한 결정), 도덕적 동기 부여(도덕적인 행동을 취하기로 하는 다짐 또는 의지), 그리고 최종적으로 도덕적 성품(도전에도 불구하고 이 행동을 취하기로 하는 집요함 또는 완수)에 이르는 복잡한 다단계 의사 결정 프로세스[7]에서 도덕 의식은 첫 단계일 뿐이다.

두 번째 단계인 도덕적 판단은 경영 관련 문헌 안팎에서 연구되었다.[8] 로렌스 콜버그

(Lawrence Kohlberg)의 잘 알려진 인식상의 도덕 발달 이론은 지난 30년 동안 이 분야에서 대부분의 경험적 연구를 인도했다.[9] 콜버그는 사람은 아동 시절부터 성인이 될 때까지 그들이 윤리적 딜레마에 대해 생각하는 방식의 특징을 결정하는 순서적이고 위계적인 일련의 인식 단계를 발달시킨다는 것을 발견했다. 인식 단계가 발달할수록 도덕적 추론 프로세스가 더 복잡해지고 정교해진다.

더 높은 단계는 더 낮은 단계에 있는 사람들은 사용할 수 없는 인식 작용에 의존하며, 더 높은 단계는 정의 및 권리라는 철학 이론들과 일치하기 때문에 "도덕적으로 더 낫다"고 생각된다. "전통 전" 단계로 칭해지는 가장 낮은 단계에서는, 개인들이 처벌 회피에 기초해서 무엇이 옳은지를 결정하며(1단계), 교환 관계에서 자신에게 공정한 거래를 한다(2단계). 다음으로, 인식상의 도덕 발달의 전통적 단계는 3단계와 4단계를 포함한다. 3단계에서는 개인이 중요한 타인들의 기대에 부합하는 것에 관심을 두며, 4단계에서는 관점을 넓혀서 사회의 규칙 및 법률을 무엇이 옳은지를 결정함에 있어서 핵심적인 영향력 중의 하나로 포함시킨다. 마지막으로, 가장 높은 "원칙에 입각한" 단계인 5단계에서는, 개인의 윤리적 의사 결정은 정의 및 권리라는 원칙에 의해 인도된다.

우리의 목적에 가장 중요한 점은 아마도 산업화 사회의 대부분의 성인들은 인식상의 도덕 발달의 "전통적" 수준에 있으며, 사고가 보다 자율적이고 원칙에 기반하는 "원칙에 입각한" 수준에 도달하는 성인은 20% 미만이라는 사실일 것이다. 실제적인 용어로 말하자면, 이는 대부분의 성인들은 윤리적 딜레마 상황에 처하게 될 때, 자신에게 중요한 타인(예컨대, 동료, 리더 등) 또는 사회의 규칙 및 법률에 지침을 구하게 됨을 의미한다. 이는 또한 윤리에 관해서는 대부분의 사람들은 인도를 받을 필요가 있음을 의미한다.

조직의 맥락은 추가적인 압력 및 복잡성을 만들어 낸다

도덕적 판단은 무엇이 옳은지에 대한 결정에 초점을 맞추는 바, 이러한 결정이 반드시 옳은 일을 하는 것과 동일하지는 않다. 사람들이 옳은 결정을 한다 해도, 근무 환경 때문에 옳은 일을 하기가 어렵다는 것을 발견할 수도 있다. 리서치에 의하면 원칙에 입각한 개인들은 자신의 도덕적 판단에 일치하는 방식으로 행동할 가능성이 더 높으며, 비윤리적으로 행동하라는 압력에 저항할 가능성이 더 높다고 한다.[10] 그러나 대부분의 사람들은 원칙에 입각한 수준에 도달하지 못한다. 따라서 윤리적으로 되기는 쉽다는 주장은 도덕적 판단 및 행동 사이의 관계에 영향을 주는 조직의 맥락도 무시한다.

아래의 윤리적 딜레마 상황을 고려해 보라. 당신은 방금 전에 주차하다 옆 차에 흠집을 냈다. 이 경우 윤리적 결정은 상대적으로 간단하다. 그것은 당신 및 당신의 행동에 관한 것이다. 다른 아무도 관련되지 않았다. 당신은 다른 사람의 재산에 피해를 입혔으며, 당신에게 책임이 있으니 당신 또는 당신의 보험회사가 수리비용을 배상해야 한다. 당신의 신원과 보험회사를 밝히는 메모를 남겨야 한다는 것이 명백하다. 확실히, 당신이 그러한 메모를 남겨 놓으면 부정적인 결과가 있을 수도 있다. 그러나 이 상황에서 옳은 일을 하는 것은 매우 간단하다.

이 상황을 비즈니스 맥락과 비교해 보자. 무슨 수를 써서라도 숫자를 만들어 내라는 상사의 요구에 "딱 잘라서 안 된다고 말하기"는 훨씬 더 어렵다. 또는 상사의 부서장을 제쳐두고 고위 경영진에게 가서 "이익 관리"가 "장부 조작"으로 변질되었다고 말하는 상황은 어떤가? 윤리적 경계를 넘는다는 우려로 인해 수백만 달러의 비즈니스 거래를 포기하는 것은 어떤가? 또는 동료에게 그가 비즈니스를 수행하고 있는 방식은 윤리적 경계를 넘은 것 같다고 말하는 것을 고려해 보라. 이러한 상황에서는, 개인은 조직의 권한 구조 및 문화의 맥락 안에서 일하고 있는 것이며, 상사의 지시에 불복하거나, 수백만 달러의 비즈니스 거래를 포기하거나, 동료나 상사에 관해 내부 고발을 할 경우의 결과에 대해 우려하게 될 것이다. 동료들은 어떻게 생각할까? 리더들은 어떻게 반응할까? 내 일자리가 위험에 처해지지는 않을까?

사람들은 흔히 남들이 자기를 너무 윤리적으로 생각하지는 않을까 염려한다는 사실이 이상해 보일 수도 있다. 그러나 우리 모두는 "밀고자들"은 운동장이나 인생에서 설자리가 거의 없으며, 내부고발자들이 자주 따돌림 당하거나 그보다 더 심한 일을 겪는다는 것을 알고 있다.[11] 내부고발자들이 따돌림 당하는 이유가 완전히 알려지지는 않았지만, 인간의 사회적 성격 및 사회적 그룹 유지의 중요성과 관련이 있을 수도 있다. 리서치 결과는 동료에게 비윤리적인 행동을 알려 주려는 사람과 같이 원칙에 입각한 자세를 취하는 사람은 매우 윤리적인 사람으로 보여지는 반면, 매우 꺼려지는 사람으로 생각될 수 있음을 시사한다.[12]

2003년 전국 비즈니스 윤리 서베이[13]는 "그들의 동료들은 자신을 사용해서 성공을 이룬 사람들에게 존경을 보임으로써 문제가 있는 윤리적 관행을 눈감아 준다"고 말했다. 또한, 응답자의 약 40%가 경영진의 보복이 두려워서 목격한 비리를 보고하지 않을 것이라고 말했다. 거의 1/3은 동료들의 보복이 두려워서 비리를 보고하지 않을 것이라고 했다.

이러한 태도가 운동장이나 공장에만 적용된다고 생각하거든, 왜 최근의 윤리 스캔들들이 발생한 뒤에 자기 동료들의 행동에 대해 경악했다고 주장하는 CEO들을 더 많이 보지 못하는지 자문해 보라. 물론 은퇴한 소수의 CEO들로부터 그런 말을 듣기는 했다. 그러나 현직 고위급 임원들로부터는 거의 듣지 못한다. 왜 그런가? 그들은 다른 사람들에 대해 윤리적 판단을 내리거나, 자신이 동료들보다 윤리적으로 나아 보이는 것을 불편해 할 수도 있다. 따라서 고위 임원을 포함하여, 사람들은 자신의 사고와 행동에 대해 다른 사람들의 인정을 구하기 때문에 사회적 맥락이 중요하다.

요약하자면, 윤리적으로 되는 것은 간단하지 않다. 윤리적 결정들은 모호하며, 윤리적 의사 결정 과정에는 복잡성과 상황적 압력으로 가득 찬 여러 단계가 있다. 개인들은 올바른 결정을 할 인식 상의 정교함을 가지고 있지 않을 수도 있다. 그리고 대부분의 사람들은 동료들과 리더들의 말과 행동, 그리고 업무 환경 속에서 자신의 행동이 가져올 결과에 대한 우려에 의해 영향을 받을 것이다.

신화 2: 비즈니스에서의 비윤리적 행동은 단지 "썩은 사과들"의 결과일 뿐이다

최근에 "회사라는 커다란 상자에서 어떻게 썩은 사과를 가려낼 것인가"라는 신문 머리기사가 실렸었다.[14] 썩은 사과 이론은 미디어에 편만해 있으며, 오랫동안 존재해 왔다. 1980년대에, PBS 텔레비전의 『McNeil Lehrer Report』의 한 세그먼트에서 사회자가 출연자들과 함께 내부자 거래 스캔들에 대해 인터뷰하고 있었다. 주요 투자 은행의 CEO와 경영 대학교 학장은 내부자 거래의 문제는 나쁜 사과들로부터 비롯되었다는 견해에 동의했다. 그들은 대학교와 기업들은 사후에 썩은 사과를 찾아내 버리는 외에는 할 수 있는 일이 거의 없다고 말했다. 그래서 조직에서의 윤리적 문제들에 대한 첫 번째 반응은 일반적으로 처벌 및 제거할 범인을 찾아내는 것이다. 조직에서 썩은 사과들을 제거하면 위반자를 청소해 냈기 때문에 모든 것이 잘될 거라는 생각에서 그렇게 한다.

확실히 다른 사람들을 해치거나, 다른 사람의 희생 하에 자신의 이익을 꾀하는 나쁜 사람들이 있다. 그리고 그런 사람들을 파악해 제거할 필요가 있다. 그러나 위에서 시사한 바와 같이, 대부분의 사람들은 자신이 처해 있는 맥락의 산물이다. 그들은 "위와 주위를 바라보는" 경향이 있으며, 주위의 다른 사람들이 하는 대로 또는 자신에게 기대하는 대로 행동하는 경향이 있다.[15] 그들은 무엇이 옳은 것인가에 관해 생각할 때 자신의 외부에서 지침을 구한다. 이것이 의미하는 바는 비즈니스에서 대부분의 비윤리적 행동은, 비윤리적 행동에 대한 직접적인 강화를 통해서건 선의의 무시를 통해서건, 이 행동이 일어나고 있는 곳의 맥락에 의해 지지를 받는다는 것이다.

얼마나 많은 사람들이 자기 주위의 사람들에 의해 영향을 받을 수 있는지가 2002년 11월의 한 신문에 보도되었다. 커네티컷 주의 뉴 브리턴 경찰은 뉴 브리턴 고등학교의 전교 여학생 드릴 팀 "커네츠"(Canettes)가 스카벤저 헌트(scavenger hunt, 정해진 몇 종류의 물건을 사지 않고 구해서 빨리 돌아오는 파티 게임)의 결과로 훔친 50피트에 달하는 항목들을 압수했다. 하트포드 쿼런트 지에 따르면, 경찰, 부모, 그리고 학교 관계자들은 일반적으로 법규를 지키는 42명의 여학생들이 하룻밤 사이에 그렇게 많은 항목들을 훔칠 수 있다는 사실에 경악했다. 그러나 그 여학생들은 자신들이 잘못했다는 것을 믿기 어려웠다. 한 여학생은 이렇게 말했다. "저는 단지 그게 관습인 줄 알았어요… 동료애 같은 거 말이에요. 그리고 언니들이 괜찮다고 하면 괜찮은 거였어요!"

2003년의 또 다른 사고에서, 시카고 교외의 고등학교 여학생들이 공격적이고 치명적인 "신고식"을 치르다 다섯 명의 여학생들이 병원에 입원했다.[16] 이들은 십대들이고, 성인들은 다르다고 말하는 사람도 있을 것이다. 그러나 이 십대들 중 많은 이들이 곧 일하기 시작할 것이고, 이러한 고등학생들과 대학을 졸업한 젊은이들은 나이 차가 몇 살밖에 되지 않는다.

대부분의 성인들도 우리가 생각하는 것보다 이러한 십대들과 더 비슷하다. 양쪽 모두의 경우에 있어서 동료들의 영향은 매우 강력하다. 왜 비윤리적인 행위에 관여했느냐고 물어 보면, 직원들은 흔히 이렇게 대답할 것이다. "어쩔 수 없었어요," 또는 "제 상사가 그렇게 하라고 지시했어요." 아마도 지금까지 수행된 가장 유명한 사회 심리학 실험인 스텐리 밀그램(Stanley Milgram)의 권위에 대한 복종 실험은, 사람들은 그렇게 할 경우 다른 사람을 해치는 경우에도 권위자에게 복종한다는 주장을 뒷받침한다.[17] 예일 대학교의 심리학자 밀그램은 하트포드 지역 사회의 일반 성인들을 대상으로 권위에 대한 복종 실험을 수행했다. 이 실험은 일반 성인들의 거의 2/3가 권위자로부터 요구될 경우 (가짜 전기 충격 실험에서 점점 더 강도가 높은 전기 충격을 가함으로써) 다른 사람을 해칠 것이라는 사실을 보여준다.

이 사람들이 썩은 사과들이었는가? 우리는 그렇게 생각하지 않는다. 그들 대부분은 자신이 요구 받은 일에 전혀 마음이 내키지 않았으며, 전기 충격 희생자의 운명에 진지한 관심을 보였다. 그러나 결국에는 그들 대부분이 실험실의 권위자가 그렇게 하라고 시켰기 때문에 전기 충격 실험 대상자에게 계속 해를 끼쳤다.

이 사실이 직장이라는 환경에 어떻게 적용되는가? 감사 팀의 부하 직원이 회사의 재무 자료 표본을 검사하다 뭔가 문제가 있는 것을 발견하고 해당 감사 팀의 상사에게 조언을 구한다고 가정하자. 감사반장이 문제가 있는 표본을 제쳐놓고 다른 표본을 선택하면, 젊은 직원은 상사가 하는 대로 따를 가능성이 있다. 감사반장은 다음과 같은 말을 추가할 수도 있다. "자네는 큰 그림을 이해하지 못하고 있다네," 또는 "염려 말게. 이건 내 책임일세." 이 감사의 예에서는 피해가 위의 전기 충격실험 사례에서보다 덜 명확하며, 하위 직급 감사인의 책임도 훨씬 덜 명확하므로 비윤리적인 행동을 수행하기도 훨씬 더 쉽고, 따라서 비윤리적 행동이 발생할 가능성도 더 높다.

여기에서의 요점은 대부분의 사람들(성인들도 마찬가지임)은 윤리에 있어서는 추종자라는 것이다. 뭔가 비윤리적인 일을 하라고 요청 또는 지시를 받을 경우, 대부분은 그렇게 할 것이다. 이는 사람들은 윤리적 행동을 하도록 인도되거나, 스스로 알아서 하도록 내버려둬야 함을 의미한다.

나쁜 행동이 항상 사람의 결점으로부터 비롯되는 것은 아니다. 오히려, 흠이 있는 행동을 장려하거나 지지하는 시스템으로부터 나쁜 행동이 비롯될 수도 있다. 썩은 사과 주장의 논리적 유추는 성인들은 자율적이며, 직장에 들어갈 때쯤이면 자신의 윤리를 완전히 형성한 도덕적 행위자이기 때문에 윤리를 가르치거나 영향을 줄 수 없다는 것이다.

그러나 그것은 사실이 아니다. 우리는 많은 경험적 연구들로부터[18] 대다수의 성인들은 윤리 문제에 있어서는 (자신의 기준이) 완전히 형성되지 않았으며, 자율적인 도덕적 행위자가 아니라는 것을 안다. 사람들은 윤리적 딜레마 상황에서는 자신의 외부에서 지침을 찾으며, 많은 부분을 자기 주위의 사람들(리더들 및 동료들)이 자신에게 기대하는 바에 근거해 행동한다. 따라서, 우리는 무엇이 기대되고 있는지에 관해 보내지고 있는 강력한 신호를 보아야 한다. 우리는 또한 도덕적 추론의 발달은 성인 시절에도 계속된다는 것을 안다. 자신의 직장에서 윤리적 딜레마들과 씨름하라고 도전을 받는 사람들은 그러한 이슈들에 대해 보다 정교하게 생각하는 방법을 개발할 것이고, 그 결과 그들의 행동이 변할 것이다.

신화 3: 윤리는 공식적인 윤리 강령 및 프로그램에 의해 관리될 수 있다

조직 구성원들이 윤리적 지침 및 구조적 지원을 필요로 할 경우, 조직이 이를 어떻게 가장 잘 공급할 수 있는가? 대규모 조직들은 이제 공식적인 윤리 또는 법률 컴플라이언스 프로그램을 가지고 있다. 1991년에 미국 양형 위원회는 연방 범죄로 기소된 조직에 대한 양형 가이드라인을 제정했다(자세한 정보는 www.ussc.gov를 보라). 이 가이드라인은 사법부의 재량을 제거하고 기소된 조직에게 배상금과 조직의 관여 여부, 당국에의 협조 여부, 그리고 7개 항의 주의 의무 및 효과성 요건을 충족하는 컴플라이언스 프로그램 설치 여부에 따른 벌금을 납부하게 했다. 이 공식적인 프로그램은 일반적으로 서면 행동 기준 제정 및 전 직원 앞 소통과 배포, 윤리 연수, 윤리 헬프 라인 및 부서, 비리에 대한 익명 보고 시스템과 같은 핵심 요소들을 포함한다. 2002년 여름에 통과된 사베인−옥슬리법은 회사들에게 직원들이 부정 및 기타 비윤리적 활동을 익명으로 보고할 수 있는 시스템을 설치하도록 요구한다. 따라서, 그러한 보고 시스템을 두지 않았던 회사들은 이를 설치하느라 분주하다.

리서치 결과에 의하면 윤리 및 컴플라이언스 프로그램은 긍정적인 영향을 줄 수 있음을 시사한다. 예컨대, 윤리 자원 센터의 전국 비즈니스 윤리 서베이[19]에서 위의 네 가지 요소(기준, 연수, 헬프 라인, 그리고 보고 시스템)를 모두 갖춘 조직에서는 직원들이 목격한 비리를 경영진에게 보고할 가능성이 높음(78%)이 밝혀졌다. 프로그램 요소들이 적을수록 비리 보고 가능성이 하락했다. 공식적인 프로그램이 없는 조직에서는 직원들의 50%만이 비리를 보고하겠다고 응답했다.

그러나 공식적인 프로그램 창설 자체가 효과적인 윤리 관리를 보증하는 것은 아니다. 엔론 사에 윤리강령이 있었지만, 이사회가 이해상충 정책을 우회하기로 결정했음을 기억하라.[20] 말보다 행동이 중요함을 시사하는 리서치 결과들은 놀라운 일이 아니다. 직원들은 공식적인 정책이 단지 포장에 지나지 않는 것이 아니라 조직의 진정한 윤리 문화를 나타낸다고 인식해야 한다. 예컨대, 전국 비즈니스 윤리 서베이는 임원과 감독자들이 윤리를 강조하고, 약속을 지키며, 윤리적 행동의 모범을 보일 때, 직원들이 "윤리에 관한 행동"이 "윤리에 관한 말"과 부합하지 않는다고 인식할 때보다 비리가 훨씬 적음을 보여준다.[21] 다른 연구[22]에서는 공식적인 프로그램 특징들은 임원과 감독자 급에서의 메시지와 같은 문화적 특성들에 비해 덜 중요함이 발견되었다. 또한 윤리 프로그램이 실행되고 있다는 인식이 중요했다.

조직은 규칙 위반자 색출, 직원들에 의해 제기된 윤리적 우려에 대한 사후 관리, 그리고 윤리 및 컴플라이언스 프로그램과 조직의 실제 관행 사이의 일관성 입증에 의해 윤리 프로그램이 실행되고 있음을 보여준다. 나아가, 윤리가 일상의 조직 활동에서 실제로 얘기되고 있고 의사 결정에 구현되고 있다는 인식이 중요했다.

공식적인 프로그램이 행동에 영향을 주기 위해서는, 프로그램이 매일의 윤리적 행동을 지원하는, 보다 넓은 기업 문화의 일부여야 한다. 윤리적 문화는 공식적인 시스템과 더불어 윤리적 행동을 지원하는 비공식적 시스템을 제공한다.[23] 예를 들어, 위에 인용된 리서치는 윤리와 관련된 결과들(예컨대, 윤리적 이슈에 대한 직원의 인식, 관찰된 비리의 양, 비리보고 의사 등)은 직원들이 조직에서 윤리적 행동이 보상되고 비윤리적 행동이 처벌된다고 인식하는 정도가 높을수록 훨씬 더 긍정적임을 발견했다. 또한, 권위에 대한 무조건적 복종을 요구하는 문화는 특히 해로운 반면, 직원들이 공정하게 대우받는다고 느끼는 문화는 특히 도움이 되었다.

아서 앤더슨의 몰락

바바라 토플러(Barbara Toffler)의 책 『재무 회계: 야망, 탐욕, 그리고 아서 앤더슨의 몰락』 (Financial Accounting: Ambition, Greed, and the Fall of Arthur Andersen)[24]은 우리가 윤리적(또는 비윤리적) 조직 문화에 대한 이 주장을 이해하도록 도움을 줄 수 있다. 앤더슨은 여러 해 동안에 걸쳐 견고한 윤리적 문화에서 매우 비윤리적인 문화로 바뀌어 갔다. 이 회사의 완전한 멸망은 그러한 변화의 잠재적인 결과에 대한 다소 극적인 사례이다.

1990년대 중반에, 아서 앤더슨에는 공식적인 윤리 부서는 없었지만, 공식적인 윤리 기준 및 윤리 연수가 있었다. 역설적이게도, 이 회사는 다른 회사들이 윤리를 관리하도록 도와주는 영업을 하는 컨설팅 그룹을 설치했다. 바바라 토플러는 하버드 경영 대학원 교수였고 이후 자신의 컨설팅 비즈니스를 수행하다 1995년에 이 그룹 책임자로 고용되었다. 토플러는 앤더슨에 합류한 뒤 머지않아 이 회사 자체의 윤리적 문화가 심각하게 미끄러지고 있음을 알게 되었는데, 이러한 악화를 위의 책에 순서대로 적어 놓았다.

이 책은 다음과 같은 말로 시작한다. "아서 앤더슨이 대중의 신뢰를 잃는 날은 우리가 망하는 날이다." 매니징 파트너 스티브 사멕(Steve Samek)은 1999년에 회사의 독립성 및 윤리 기준에 관해 CD-ROM에서 이렇게 말했다. 이 말은 예전의 아서 앤더슨을 상기시킨다. 앤더슨의 전통적인 경영 방법은 하향식 "한 회사" 개념이었다. 아서 앤더슨은 장기간에 걸쳐 모든 조각들이 전체적으로 매끄럽게 들어맞아 윤리적 행동을 지원하는 강력한 윤리적 문화를 형성했다. 아서 앤더슨의 고객들은 세계 어느 곳에서나 동일한 양질의 서비스와 올곧음을 믿을 수 있었다. 직원들은 "앤더슨 방식"에 관해 연수를 받았으며, 이로써 강력한 윤리를 포함시켰다. 세인트 찰스에 있는 훈련 설비는 성스러운 곳이었다. 이 센터는 동일한 언어를 말하고 동일한 "인조 인간" 가치를 공유하는 전문가 집단을 만들어 냈다.

창업자들이 문화를 세우는 바, 아서 앤더슨도 예외는 아니었다. 토플러는 회사의 초창기에는 윤리적 행동에 관한 위로부터의 메시지가 강력하고 명확했다고 말한다. 앤더슨 자신이 이렇게 말했다. "내 모친이 이렇게 말씀하셨다. '올바르게 생각하고, 올바르게 말하라.' 이 도전은 시련과 유혹의 시기에 누구에게나 도움이 될 것이다." '올바르게 생각하고, 올바르게 말하라'는 수십 년간 아서 앤더슨의 주문이 되었다. 파트너들은 자랑스럽게 올곧음이 수수료보다 더 중요하다고 말했다. 그리고 창업자의 윤리에 관한 이야기들은 회사의 전설이 되었다. 앤더슨은 28살이라는 젊은 나이에 자기 회사의 장부를 승인하지 않으면 거래를 끊겠다는 철도 회사 임원의 요구를 일축했다. 앤더슨은 이렇게 말했다. "시카고에 있는 돈을 다 준다 해도 내 감사 보고서를 바꾸지 않을 것입니다." 앤더슨은 이 거래를 잃었지만, 뒤에 이 철도회사는 파산을 신청했고, 아서 앤더슨은 신뢰할 수 있는 회사로 알려지게 되었다. 1930년대에 앤더슨은 일반 대중에 대한 회계사들의 특별한 책임 및 그들의 판단 및 행동의 독립성의 중요성에 대해 얘기했다. 아서 앤더슨은 1947년에 사망했지만 1950년대와 1960년대에 유사한 확신을 가지고 회사를 경영했던 리더들도 앤더슨의 뒤를 따랐으며, 윤리적인 문화는 오랫동안 계속되었다. 1980년대 후반까지도, 앤더슨은 안정적이고 명망 있는 직장으로 여겨졌다. 사람들은 부자가 되기를 기대하기보다는 "평판이 좋은 회사에서의 좋은 경력"을 바랐다.

그러나 윤리적 문화가 마침내 흐트러지기 시작했는데, 토플러는 이를 회사의 이익이 점점 더 감사 부문보다는 경영 컨설팅 부문에서 나오게 되었기 때문이라고 말한다. 회사가 점점 더 수익에만 집중하게 됨에 따라 이전 리더들의 윤리에 대한 헌신이 사라져

갔다. 감사와 컨설팅은 매우 다른 바, 감사에서 매우 잘 작동했던 문화적 기준들은 컨설팅 비즈니스 부문의 필요에는 들어맞지 않았다. 그러나 이러한 부조화가 결코 공식적으로 다루어지지 않았으며, 이에 따라 뒤섞인 신호를 보냄으로써 급격히 비윤리적 관행의 소용돌이 속으로 빠져 드는 데 일조하게 되었다. 고객을 섬긴다는 것은 고객을 기분 좋게 해서 다시 비즈니스를 따내는 것으로 정의되기 시작했다. 그리고 전통은 무슨 지시를 받든 파트너에 대한 무조건적 복종으로 바뀌게 되었다. 예를 들어, 매니저들과 파트너들은 가격을 부풀리도록 암시받았다. 컨설팅 소요 비용 추정 시 컨설턴트 투입 인원이 필요한 바, 이 인원을 합리적 추정치보다 두 배 이상으로 기록했다.

컨설팅 부문이 커짐에 따라 점점 더 외부에서 경력 직원을 영입하게 되었는데, 경력 직원 연수도 어그러지기 시작했다. 새로 직원이 들어올 때마다 회사의 문화를 주입시키도록 디자인된 3일짜리 연수에 참여하도록 요구되었지만, 새로운 컨설턴트들에게는 수익성이 좋은 고객 서비스 현장에 불참하지 말라고 말했다. 그래서 토플러는 연수를 받아 본 적이 없으며 다른 많은 컨설턴트들도 마찬가지였다.

토플러가 앤더슨에 합류할 당시, 이 회사에는 여전히 진한 갈색의 커다란 윤리 바인더가 있었지만, 아무도 귀찮게 이를 찾아보려 하지 않았다. 윤리에 대해서는 전혀 언급되지 않았다. 그리고 그녀는 이렇게 말한다. "내가 내부 윤리 문제를 제기했을 때, 그들은 나를 다른 세상에서 온 것처럼 쳐다보았다." 옛적부터 감사 부문으로부터 내려 온 가정은 "우리는 윤리적인 사람들이다. 우리는 건전한 판단과 가치를 지닌 것으로 조사된 사람들을 고용한다. 우리는 윤리에 대해 염려할 필요가 없다"는 것이었다. 그러나 우리 모두가 배운 바와 같이, 그들이 윤리에 대해 염려하지 않은 것이 이 회사를 망하게 했다.

공식적인 윤리 부서가 있었더라면 아서 앤더슨에게 도움이 되었을까? 윤리 부서가 있었더라도 이 부서가 컨설팅으로의 이동을 다루고, 컨설팅 비즈니스 부문에서 직면하는 윤리적 이슈들을 파악하고, 컨설팅 부분에 대한 윤리 가이드라인을 개발하는 등의 일을 하지 않았다면, 도움이 되지 않았을 것이다. 공식적인 윤리 부서와 그들의 프로그램들이 조직의 리더십의 전적인 지지를 받지 못하고, 보다 넓은 문화와 일치하지 않는다면 하찮은 존재로 취급 받게 될 것이다. 앤더슨에는 여전히 윤리 정책들이 있었으며, 그들은 여전히 공식적인 문서에서 윤리에 관해 말했다. 그러나 매일의 직원들의 행동을 가이드하는 문화와 함께 회사의 비즈니스가 변했지만, 윤리 관리에 관한 접근법은 이를 따라가지 못했다.

신화 4: 윤리적 리더십은 대체로 리더의 올곧음에 관한 것이다

아서 앤더슨에 대한 논의에서, 우리는 리더십이 중요하다고 제안했다. 그러나 임원의 윤리적 리더십이란 무엇을 말하는가? 윤리적 리더십의 신화는 올곧음, 정직성 및 공정성과 같은 개인의 성품과 특질이라는 좁은 범위에 초점을 맞춘다. 월 스트리트 저널은 최근에 자사의 웹사이트에 "평이한 이야기: CEO들은 회사에서 성품을 회복할 필요가 있다"라는 글을 게재했다. 이 글은 이렇게 말한다. "현재 미국 회사들의 주된 문제는 규제 환경이나 낮잠 자는 이사회가 아니라, 성품이다."[25] 그러나 아서 앤더슨이 보여주는 바와 같이, 리더들은 고상한 성품을 지닌 사람 이상이어야 한다. 그들은 다른 사람들이 윤리적으로 행동하도록 "이끌어야" 한다.

최근의 리서치는 윤리적 리더십에는 특정 성품들이 필요하지만 성품만으로는 충분하지 않음을 발견했다. 임원급에서의 그러한 리더십은 평판에 관한 현상이다. 대부분의 대기업들에서, 직원들은 좀처럼 고위 임원들과 직접 대면하지 않는다. 따라서 직원들이 리더에 대해 아는 사실들의 대부분은 멀리서 수집하게 된다. 윤리적 리더라는 평판을 개발하기 위해서는, 임원은 반드시 "도덕적인 사람"이면서 "도덕적인 매니저"라고 인식되어야 한다.[26]

"도덕적인 사람"으로 인식되는 것은 좋은 성품과 관련이 있다. 이는 리더의 특성, 행동 및 의사 결정 프로세스에 대한 직원들의 인식에 의존한다. 윤리적 리더는 정직하고 신뢰할 수 있는 것으로 생각된다. 그들은 사람에 대한 관심을 보여주며, 직원들의 의견에 열려 있다. 윤리적 리더들은 직원에 대한 신뢰, 존중 및 지원에 의해 특징지어진다.

의사 결정이라는 관점에서는, 윤리적 리더들은 공정한 것으로 인식된다. 그들은 자신의 결정이 다수의 이해관계자들에게 장기 및 단기적으로 미치는 윤리적 영향을 고려한다. 그들은 또한 윤리적 가치 및 황금률(남에게 대접받고자 하는 대로 남을 대접하라는 원칙. 역자 주)과 같은 의사 결정 규칙에 근거하여 결정을 내린다.

그러나 "도덕적인 사람"으로 인식되는 것만으로는 충분하지 않다. "도덕적인 사람"이 된다는 것은 부하들에게 리더가 하는 대로 하라고 말하지만, 리더가 그들에게 무엇을 기대하는지는 말하지 않는다. 그러므로, 윤리적인 리더라는 평판은 윤리적 측면에서 다른 사람들을 이끌고, 그들에게 무엇이 기대되는지 알려 주고, 그들에게 책임을 지게 하는 "도덕적 매니저"로 인식되는 것에 의존한다. 도덕적 리더들은 윤리적인 기준을 세우고, 윤리 메시지를 소통하며, 윤리적 행동에 대한 역할모델이 되고, 조직에서 보상과 처벌을 사용해서 윤리적 행동을 가이드한다.

"도덕적인 사람"과 "도덕적인 매니저" 차원을 결합하면 2×2 매트릭스가 만들어진다(그림 1을 보라). 양쪽 모두에 강한 리더가 윤리적인 리더로 인식된다. 아서 앤더슨을 윤리적 리더십의 전형으로 들 수 있을 것이다. 그는 확실히 윤리적인 사람이었고 자기 조직을 윤리 및 가치의 기반 위에서 이끈 사람으로 알려졌다. 윤리적 리더십에 대한 또 한 명의 예로 1980년대에 존슨 앤 존슨 사가 타이레놀 위기를 겪을 때(당시 시카고 지역에서 타이레놀에 청산가리가 투여되었다) 이 회사의 CEO였던 제임스 버크(James Burke)를 들 수 있다. 버크는 회사에 엄청난 재정적 비용을 초래한 타이레놀 전량 리콜을 실시하여 이 위기를 말끔하게 처리했다.

그림 1: 임원의 윤리적 리더십 평판 매트릭스*

	도덕적인 사람	
	약함	강함
도덕적인 매니저 강함	위선적 리더 짐 베이커 미쉘 시어스	윤리적 리더 아서 앤더슨 제임스 버크 빌 조지
약함	비윤리적 리더 알 던랩 버니 에버스?	
	↤⋯ 윤리적으로 침묵하는 리더 ⋯↦ 신디 웰?	

*이 그림은 허락을 받아 Trevino, L. K., Hartman, L. P., Brown, M. 2000. "Moral Person and Moral Manager: How Executives Develop a Reputation for Ethical Leadership." California Management Revew 42, no. 4: 128-142쪽에서 채용함.

그러나 그의 윤리적 리더십은 훨씬 전에 그가 CEO가 되었을 때 시작되었다. 그는 이 회사의 오래된 신조 및 가치에 조직의 주의를 집중했다. 그는 고위 임원들에게 신조대로 실천하든지 신조를 벽에서 떼어 내든지 양자택일하도록 요구했다. 그는 위선적인 조직을 운영하기를 원하지 않았다. 그는 또한 직원들에게 회사가 신조의 가치들 각각에 대해 어느 정도로 실천하고 있는지 조사하는 연례 신조 서베이를 시작했다. 최근에 은퇴한 메드트로닉의 CEO 빌 조지(Bill George)는 윤리적 리더에 대한 보다 최근의 예이다. 그의 책 『진정한 리더십』(Authentic Leadership)에서, 조지는 회사의 사명 및 자기 자신에 충실해지고자 했던 자신의 분투를 설명하는 한편 미국 회사들에 대해 책임 있는 윤리적 리더십을 요구한다.[27]

도덕적인 사람도 아니고 도덕적인 매니저도 아닌 리더는 비윤리적인 리더이다. 우리의 리서치에서, 알 던랩(Al Dunlap)은 자주 비윤리적인 리더로 언급된다. 『전동 쇠사슬 톱』(Chainsaw)[28]의 주제인 던랩은 기업 회생 전문가로 알려졌다. 그러나 그는 선빔 재직 시에 직원들에 대한 "감정적 학대"로도 알려지게 되었다. 무슨 수를 써서라도 숫자를 맞춰 내라고 그가 요구한 결과, 직원들은 문제가 있는 회계 및 세일즈 기법을 사용하라는 압력으로 느꼈으며, 실제로 그렇게 했다.

던랩은 또한 월가에 자기 회사가 재무 추정치를 맞출 것이라고 거짓말했다. 결국, 던랩은 유감스러운 상태를 더 이상 숨길 수 없었으며, 1998년에 이사회에 의해 해고되어 만신창이가 된 회사를 떠났다. 2002년에, 그는 금융 사기죄로 50만 달러의 벌금을 납부하고 다시는 상장 회사의 책임자나 임원이 되지 않기로 약속했다. 불행하게도 비윤리적 지도자의 현대의 사례들이 많이 있는데, 타이코의 데니스 코즈로위스키, 월드컴의 버니 에버스, 헬스사우스의 리처드 스크루쉬 등은 최근의 비즈니스 스캔들들에 덧붙여지는 임원 명부의 일부에 지나지 않는다.

강력한 윤리/가치 메시지를 소통하지만(그들은 도덕적인 매니저들이다), 자신은 윤리적이라고 인식되지 않은(그들은 도덕적인 사람이 아니다) 리더들은 위선적인 리더로 생각될 수 있다. 끊임없이 올곧음에 대해 말하지만, 스스로 비윤리적인 행동에 관여하면서 명시적 혹은 묵시적으로 남들도 그렇게 하라고 장려하는 리더들보다 사람들을 냉소적으로 만드는 것은 없다. 위선적 리더십은 모두 윤리적 가장에 관한 것이다. 문제는 이 리더가 올곧음을 강조함으로써 윤리적 이슈들에 대한 기대 및 인식을 높인다는 사실이다. 동시에, 직원들은 그 리더를 신뢰할 수 없다는 것을 깨닫게 된다.

PTL 미니스트리스(PTL Ministries)의 창립자 짐 베이커(Jim Baker)는 위선적 리더의 대표적인 예이다. 전성기에, 그의 텔레비전 사역은 2천 명의 직원이 있었으며, 1천만이 넘는 가정에서 시청했다. 베이커는 자신의 헤리티지(Heritage) USA 크리스천 테마 공원을 위한 자금을 모금하면서 주(Lord)의 일을 하는 것에 관해 설교했다. 문제는 그가 수용할 수 없을 만큼 많은 회원권을 팔았다는 것이었다. 그는 수백만 달러에 달하는 추종자들의 후원금을 자기 가족들과 PTL 고위 간부들의 막대한 급여 및 보너스를 포함한 PTL 운영 경비에 썼다. PTL은 1987년에 파산을 신청했고, 베이커는 8년을 감옥에서 보냈다.[29]

보잉사와의 구매 협상을 감독하고 있던 공군 구매 전문가에게 일자리를 제의한 혐의로 최근에 해고된 마이클 시어스(Michael Sears)는 보다 최근의 위선적 리더의 예이다. 시어스는 윤리 관련 프로그램으로 유명한 보잉 리더십 센터에서 중요한 역할을 했다. 또한 해고되기 직전에, 시어스는 『격류를 뚫고 솟아오르기』(Soaring through Turbulence)라는 신간 견본을 발표했는데, 이 책에는 높은 윤리 기준 유지하기라는 섹션이 포함되어 있었다.[30]

우리는 마지막 조합을 윤리적으로 침묵하는 리더라 부른다. 이는 강력한 윤리적 리더도 아니고 강력한 비윤리적 리더도 아닌 임원들에게 적용된다. 이들은 직원들이 윤리적으로 중립적 리더십 지대로 인식하는 부류에 속한다. 그들이 개인적으로는 윤리적인 사람일 수도 있지만, 중요한 윤리 영역에서 리더십을 제공하지 않으며, 직원들은 이 리더들의 입장이 무엇인지 또는 그들이 윤리에 신경을 쓰기라도 하는지 알 수 없다.

윤리적으로 침묵하는 리더들은 비윤리적으로 인식되는 것은 아니지만, 보완적인 윤리적 목표를 정함이 없이 오로지 이익에만 초점을 맞추는 것으로 보여진다. 위로부터 윤리적 메시지가 거의 나오지 않는다. 그러나 침묵은 중요한 메시지를 나타낸다. 경쟁이 치열한 비즈니스에서 보내지는 다른 모든 메시지들의 맥락에서는, 직원들이 최고경영자는 비즈니스 목표가 어떻게 달성되든 관심이 없고 오직 목표 달성 여부에만 신경 쓴다는 것으로 해석하고, 따라서 그 메시지에 근거해서 행동할 가능성이 높다. 비즈니스 리더들은 직원들이 자신을 윤리적으로 침묵하는 리더로 인식하는 것을 좋아하지 않는다. 그러나 현재의 냉소적인 분위기에 비추어 볼 때, 리더들이 일어나 윤리에 대해 인도할 노력을 하지 않는 한, 리더들은 그런 식으로 여겨질 가능성이 높다.

씨티그룹의 샌디 웨일(Sandy Weill)이 윤리적으로 침묵하는 리더 부류에 해당할 수도 있다. 이 회사는 스미스 바니(Smith Barney) 부문에서 주식 애널리스트들이 본질적으로 자기 그룹의 은행 비즈니스를 위해 주식 추천을 "판" 혐의로 고소당한 윤리 스캔들에 관한 추악한 기사들에 대응하여 자신을 방어하고 있다. 유능한 사람들을 고용하여 씨티그룹

714

부문들을 경영하고 그들에게 자신의 방식대로 일하게 하는 것이 웨일의 경영 스타일이다. 그 방식이 비즈니스의 다른 측면들에는 잘 통할 수 있을지 모르지만, 윤리는 조직의 최상층부 및 중앙으로부터 관리되어야 한다. 포춘 지에 의하면, 웨일은 현재 다소 늦은 감은 있지만, "갑자기 종교적 열심을 보이고 있다." 웨일은 "자신은 이제부터 자신의 가장 중요한 일은 씨티그룹이 최고의 윤리 수준과 나무랄 바 없는 올곧음으로 운영되게 하는 것이라고 생각한다고 이사회에 말했다." 본부에서 새로운 절차들과 비즈니스 기준들이 개발되고 있고 스미스 바니에 새 CEO가 임명되었다. 그러나 포춘은 웨일이 종종 윤리적 이슈들에 대해 "음치"였음을 지적하며 최근의 변화에 대한 냉소도 인용한다.[31] 그러니, 윤리적 리더라는 평판 개발은 강력한 개인의 성품 이상을 요구한다. 직원들은 품질, 경쟁력, 그리고 기대되는 다른 많은 행동들에 대해 "인도를 받는" 것과 마찬가지로, 윤리에 관해 위로부터 "인도를 받아야" 한다. 효과적인 윤리적 리더가 되려면, 임원들은 스스로가 윤리적임을 보여주고, 다른 사람들의 윤리적 행동에 대한 기대를 명백히 밝히고, 부하들의 매일의 윤리적 행동에 대해 책임을 지게 해야 한다.

신화 5: 사람들은 이전보다 덜 윤리적이다

이 논문의 서두에, 우리는 비즈니스 윤리가 다시 한 번 뜨거운 주제가 되었다고 말했다. 대중 매체들이 윤리적 스캔들에 대한 정보들을 쏟아내서, 기업 및 사회 전반의 도덕이 악화되고 있다는 인식을 심어준다.

2002년 여름에 PR 뉴스와이어에 의해 발표된 조사에서, 조사 대상의 68%가 오늘날의 고위 임원들은 10년 전의 임원들보다 덜 정직하고 덜 믿음직하다고 믿었다.[32] 그러나 비윤리적 행동은 인류가 지상에 존재하던 당시부터 있었고, 비즈니스 윤리 스캔들도 비즈니스 자체만큼이나 오래되었다. 1,500년 전의 문서인 탈무드는 유대인들의 행동과 문화를 안내하기 위해 고안된 2백만 개의 단어와 613개의 직접적인 명령들이 포함되어 있다. 이 명령들 중 100개 이상이 비즈니스 및 경제에 관한 것이다. 왜 그런가? "비즈니스 거래는 인간의 다른 어떤 행동보다 더 우리의 도덕적 패기를 테스트하고 우리의 성품을 더 드러내기" 때문이며, 또한 "일, 돈, 그리고 상거래는… 고용을 제공하고 우리의 공동체 및 세상을 번영하게 하는 것과 같은 선한 행동을 할 가장 좋은 기회를 제공"하기 때문이다.[33]

그러니, 비윤리적인 행위는 전혀 새로운 현상이 아니다. 윤리가 시간에 따라 변했다는 경험적 증거를 발견하기 어렵다. 그러나 학생들의 속임수에 대한 연구들은 이를 인정한 대학생들의 비율이 지난 30년 동안 크게 변하지 않았음을 발견했다.[34] 일부 형태의 속임수(예컨대, 시험 부정, 개인별 숙제에서의 협력)는 증가한 반면, 다른 형태의 속임수(예컨대, 표절, 다른 학생들의 과제 제출)는 감소했다. 확실히, 신기술 및 학습 방법들이 생겨남에 따라 학생들은 속이는 새로운 방법들을 발견했으며, 교수들도 새로운 방법을 따라잡고 있다. 그러나 전반적으로 속임수는 별로 늘어나지 않았다. 또한 2003년 전국 비즈니스 윤리 서베이는 직원들의 자기 조직에 대한 윤리 인식은 대체로 긍정적임을 발견했다. 흥미롭게도, 2000년에 수행된 서베이에 비해 핵심 지표들은 실제로 개선되었다.[35]

앨런 그린스펀(Alan Greenspan)은 2002년 7월 16일에 이에 대해 잘 말했다. "사람들이 몇 세대 전에 비해 더 탐욕스러워진 것이 아니라, 탐욕을 표현할 수 있는 수단들이 크게 늘어난 것이다." 그러니, 비윤리적인 행동들은 전혀 새로운 것이 아니며, 사람들도 전에 비해 덜 윤리적으로 된 것도 아닐 것이다. 그러나 환경이 매우 복잡해지고 급격하게 변하고 있어서 온갖 종류의 도전들과 탐욕을 표현할 기회들을 제공하고 있다. 윤리적 비행이 지속적인 우려라면, 조직들은 쉽게 한 때의 유행으로 치부해 폐기하거나 무시할 수 있는 단기적인 해법이 아니라, 윤리에 대한 지원을 문화 안으로 내장시키는 지속적인 해법으로 이에 대응해야 한다. 비윤리적인 행동에 대한 언론 매체들의 초점은 지나치게 단순한 해법을 제공하고 불가피하게 환멸과 폐기로 귀결되는 "일시적 유행과 같은" 대응을 초래할 위험이 있다. 일시적 유행과 같은 대응은 흔히 "무엇인가를 하라"거나 최소한 무엇인가를 하고 있는 것으로 보이게 하라는 외부의 압력에 기인한다. 스캔들에 대한 현재의 초점은 확실히 그러한 압력을 포함하고 있다.[36] 그러나 비윤리적 행동은 계속되는 조직의 문제라는 인식은 매니저들에게 언론매체들의 현재의 집중적인 조명이 끝나고 난 뒤에도 지속될 해법들을 고안해야 한다는 점을 납득시키는 데 도움이 될 것이다.

임원들은 무엇을 할 수 있는가: 효과적인 윤리 관리를 위한 가이드라인

지금까지 배운 것에 기초해서, 우리는 효과적인 윤리 관리를 위한 가이드라인을 제시한다. 강력한 윤리적 리더들에 의해 뒷받침되는 강력한 윤리적 문화를 조성하는 것이 전반적인 목표여야 한다. 왜 문화를 강조하는가? 윤리적으로 되는 것은 단순하지 않으며, 조직 구성원들은 윤리적 지침과 올바른 일을 하는데 대한 지원을 필요로 하기 때문이다. 임원들이 그러한 구조와 윤리적 지침을 제공해야 하는 바, 이에는 다수의 공식적 및 비공식적 문화 시스템을 갖추는 것이 가장 효과적이다.[37] 사람들은 자신들이 옳은 일을 하도록 도와주기 위해 만들어진 구조들에 긍정적으로 반응해야 한다. 경영진이 "우리는 당신이 옳은 일, 윤리적인 일을 하기를 원하며, 당신이 그렇게 하도록 도와주는 문화를 조성하고자 한다"고 말할 때, 직원들이 경영진이 진지하다고 믿으며 경영진의 말과 행동이 일치함을 관찰하는 한, 이 말에 대한 직원들의 반응은 매우 긍정적일 것이다.

첫째: 기존의 윤리적 문화를 이해하라

리더들은 자기 조직의 문화를 인도할 책임이 있는 바, 조직 문화의 윤리적 측면도 예외는 아니다. 쉐인에 의하면, 문화를 내면화하고 강화하는 가장 강력한 메커니즘들은 다음과 같다. (1) 리더들이 무엇에 주의를 기울이고, 측정하며, 통제하는가 (2) 중대한 사고 및 조직의 위기에 대한 리더의 대응; 리더에 의한 의도적인 역할 모델링, 가르침 및 코칭 (3) 보상 및 지위 배정 기준 (4) 채용, 선발, 승진, 퇴직 및 면직 기준.[38]

리더들이 강한 윤리적 문화를 구축하려고 희망할 경우, 첫 번째 단계는 현재 상태를 이해하는 것이다. 윤리에 대해 보내지고 있는 중요한 문화적 메시지는 무엇인가? 조직에서의 윤리적 문화를 진정으로 이해하는 임원은 드물다. 그리고 조직에서 높이 올라갈수록, 윤리적 문화에 대해 더 장밋빛으로 인식할 가능성이 높다.[39] 왜 그런가? 종종 정보가 조직의 하위 레벨에서 막히고, 특히 직원들이 조직이 "메시지를 가져온 사람을 죽인다"고 인식하는 경우, 임원들이 "나쁜 소식"으로부터 격리되기 때문이다. 임원들은 익명 서베이, 포커스 그룹, 그리고 보고 라인을 필요로 하며, 직원들이 윤리적 문화의 현재 상태를 정직하게 보고하려면, 직원들이 고위 리더들이 진정으로 알기 원한다고 믿을 필요가 있다.

서베이에서, 상사 및 임원의 리더십과 그들의 소통 및 행동에 의해 보내지는 메시지에 대해 직원들이 어떻게 인식하고 있는지 물어보라. 그리고 직원들이 말하는 바를 들어보라. 직원들에게 자신이 공정하게 대우받고 있으며, 회사가 직원, 고객 및 기타 이해관계자들에게 관심을 가지고 있는 것처럼 행동하고 있다고 느끼는지 물어보라. 보상 시스템이 어떤 메시지를 보내고 있는지 알아보라. 직원들은 윤리적인 "착한 사람"이 보상받고 비윤리적인 "나쁜 사람"이 처벌받는다고 믿는가? 직원들은 어떻게 해야 성공하고, 어떻게 하면 해고된다고 생각하는가? 윤리 보고 라인에 어떤 종류의 전화가 걸려오는지 알아보라. 직원들이 질문을 하며 문제를 보고하고 있는지 알아보라. 이 정보를 이용해서 훈련 및 기타 개입의 필요를 파악하라. 포커스 그룹에서는, 누가 조직의 영웅인지 알아보라(앞서 나가기 위해 동료들을 짓밟는 세일즈 대표인가 아니면 최고의 올곧음으로 알려진 매니저인가?). 당신의 조직에서 고참 직원이 신참 직원에게 윤리에 관해 어떤 얘기를 할 것인가 물어보라.

둘째: 윤리적 기준의 중요성을 소통하라

직원들은 윤리가 단지 포스터나 웹사이트에만 중요한 것이 아니라, 비즈니스 모델에 본질적이라는 명확하고 일관적인 메시지를 필요로 한다. 대부분의 기업들은 경쟁 및 재무 실적에 관해 수없이 많은 메시지들을 보내고 있는 바, 다른 메시지들은 이 메시지들에 익사 당하기 쉽다. 단기 순이익을 독려하는 끊임없는 북소리와 경쟁하기 위해서는, 윤리에 관한 메시지도 순이익에 대한 메시지만큼 또는 그보다 더 강력하고 빈번해야 한다. 단순히 사람들에게 옳은 일을 하라고 말하는 것만으로는 충분하지 않다. 사람들은 자신의 비즈니스 및 자신의 직위에서 일어나는 유형의 이슈들에 준비가 되어 있어야 하며, 윤리와 이익이 충돌하는 듯이 보일 경우 어떻게 해야 하는지 알아야 한다. 임원들은 자신의 경험이나 성공적인 다른 직원들의 경험으로부터의 예를 제공함으로써 윤리를 비즈니스의 장기적인 성공과 결부시켜야 한다. 임원과 상사들로부터 나오는 메시지들이 명확하고 일관성이 있도록 만전을 기하라. 직원들이 자신의 업무에서 일어날 가능성이 있는 윤리적 이슈의 종류에 대해 인식하도록 그들을 훈련시켜라. 윤리 및 가치에 대한 토론이 일상적인 비즈니스 의사 결정의 일부가 되게 하라. 중요한 의사 결정을 할 때 다음과 같은 질문을 하라. "우리는 '옳은' (즉, 윤리적인) 일을 하고 있는가? 이 결정으로 누가 피해를 입을 수 있는가? 이 결정이 이해관계자들과의 관계 및 우리의 장기적 평판에 어떤 영향을 줄 수 있는가?" 이러한 사항에 대한 논의 내용을 직원들과 공유하라. 마지막으로, 직원들이 모범적인 윤리적 행동을 알게 하라. 예컨대, 장부 변경을 거절해서 비즈니스를 상실했던 아서 앤더슨에 관한 유명한 이야기는 확실히 그 회사에서 지속적으로 반복되었으며, "올바로 생각하고, 올바로 말하라"가 이 회사에서 실제로 중요한 의미를 가지게 했다.

셋째, 보상 시스템에 초점을 맞추라

보상 시스템은 아마도 어떤 행동들이 기대되는지에 관한 메시지를 전달하는 가장 중요한 방법일 것이다. B. F. 스키너(B. F. Skinner)는 자신이 하는 말이 무슨 뜻인지 알았다. 사람들은 보상되는 일을 하고, 처벌받는 일을 피한다.[40] 먼저 긍정적인 면을 보기로 하자. 진정으로 윤리적 행동을 보상할 수 있는가? 단기적으로는 그러지 못할 수도 있다. 대부분의 경우, 윤리적 행동은 단지 기대되는 행동일 뿐이고, 사람들은 자기가 해야 할 일을 올바로 한 데 대해 보상 받기를 기대하거나 바라지 않는다.[41] 그러나 장기적으로는, 자기일을 잘하는 사람들뿐만 아니라, 고객, 동료, 부하 및 매니저들 사이에 평판을 발전시킨 사람들도 최고의 올곧음을 보인 데 대해 승진 및 보상해 줌으로써 윤리적 행동에 대해 보상할 수 있다. 직원들이 윤리적 행동에 대해 책임지게 하는 가장 좋은 방법은 이를 360도 성과 관리 시스템 안으로 통합시키고, 이에 대한 평가를 보상 및 승진 의사 결정의 명시적인 부분이 되게 하는 것이다. 여기에서의 아이디어는 이익 및 윤리적 성과 모두가 중요하다는 것이다. 사람들이 이 둘을 모두 갖추지 않는 한 조직에서 승진되지 않아야 한다.

모범적인 행동도 보상될 수 있다. 록히트 마틴에서는, 연례 이사회 의장과의 만남에서 전년에 모범적인 윤리적 행동을 보인 직원에게 "의장 상"이 수여된다. 회사의 모든 고위 리더들에게 자신의 비즈니스 부문에서 모범적인 윤리적 행동 사례를 찾아내 지명하도록 요구한다. 250명의 모든 고위 임원들이 참석하는 시상식은 윤리적인 문화를 만드는 데 도움이 되는 일종의 "제의(祭儀)"와 같은 것이다. 이야기들이 공유되고, 그들은 조직의 전설의 일부가 되며, 이야기들이 쌓여감에 따라 그 잠재적 영향도 커진다.[42]

아마도 윤리적 행동에 대한 보상보다 더 중요한 일은 비윤리적인 행동을 보상하지 않도록 주의를 기울이는 일일 것이다. 아서 앤더슨에서 수익 창출이 유일하게 보상받는 행동이 되고, 이를 어떻게 해냈는지는 중요하지 않게 되자, 이 회사에서 바로 그런 일이 일어났다. 예를 들어, 컨설턴트들은 고객사에 계속 남아 있을 이유(합법적이든 아니든)를 찾아 냄으로써 컨설팅 프로젝트가 계속되게 했다는 이유로 보상을 받았다. 토플러는 이렇게 말한다. "유명한 로치 모텔(바퀴벌레 퇴치 약. 바퀴벌레가 한 번 들어가면 모두 죽게 되므로 절대 밖으로 나오지 못한다고 광고했다 함. 역자 주)과 마찬가지로, 컨설턴트들은 한 번 들어가면 절대 나오지 말라고 배웠다." [43] 그래서, 고객들에게 과도한 비용이 청구되었고, 컨설팅 작업은 늘어졌으며, (감사 부문의) 동료들은 보상이 그러한 비윤리적인 행동을 지지했기 때문에 이러한 방식을 걱정하게 되었다.

징계는 어떤가? 비윤리적 행위가 발생하면 직급의 고하를 불문하고 신속하고 공정하게 징계되어야 한다. 징계받는 사람의 직급이 높을수록, 경영진이 윤리를 심각하게 다룬다는 메시지가 강하다. 우리가 미디어에서 목격하는 "법인들의 포토라인에 서기"이면에는 이러한 요소가 있다. 일반 대중은 미국의 임원들의 사기 행각은 용서되지 않는다는 것을 보고 싶어 한다. 이와 유사하게, 조직 안에서, 직원들은 비리가 징계를 받되 엄하게 징계를 받는 것을 보고 싶어 한다.[44] 전체적으로, 직원들은 착한 사람들은 앞서게 되고 나쁜 사람들은 그렇지 않고 처벌된다고 인식해야 한다. 그러나 종종 나쁜 사람 또는 썩은 사과를 처벌하거나 제거하는 것만으로는 충분하지 않다는 점을 명심하라. 시스템을 점검해서 현행 보상 시스템이나 기타 메시지들이 나쁜 행동에 기여했는지 확인해야 한다.

넷째: 전사적으로 윤리적 리더십을 증진하라

올곧음과 공정함으로 특징지어지는 "도덕적인 사람"은 사람들을 잘 대해 주며, 윤리적 결정이 중요한 요소가 되게 한다는 점을 기억하라. 그러나 이러한 요소들은 윤리적 리더십의 "윤리적"인 면만 다룬다. 윤리적 리더가 되려면, 임원들은 이 말의 "리더십" 부분에 대해 생각해 봐야 한다. 윤리적 "리더십"을 제공한다는 것은 윤리적 가치를 가시적이 되게 하는 것, 즉, 이익 목표(목적)만이 아니라, 그곳에 도달함에 있어서 수용될 수 있는 방법과 수용될 수 없는 방법(수단)에 대해서도 소통함을 의미한다. 윤리적 리더가 된다는 것은 또한 중요한 결정들이 이해관계자들(주주, 직원, 고객, 사회)에 어떤 영향을 줄지를 매우 공개적으로 묻고 경합하는 이해관계들의 균형을 유지하기 위한 노력을 투명하게 밝힘을 의미한다. 윤리적 리더가 된다는 것은 보상 시스템을 사용해서 무엇이 기대되고 무엇이 받아들여지는지 명확히 소통함을 의미한다. 이는 윤리적 행동을 보상하고, 규칙 위반자가 고위 직급이거나 최고의 성과를 내는 사람이라 할지라도 비윤리적 행동을 징계함을 의미한다. 비윤리적 행동이 심각하게 취급되었으며, 해당 직원이 징계되었음을 직원들이 알게 할 수 있는 방법을 모색하라.

윤리적 문화와 윤리적 리더는 함께 간다. 윤리적 문화를 세우는 일은 위임될 수 없다. CEO(Chief Executive Officer)는 자기 조직의 최고 윤리 책임자(Chief Ethics Officer)가 되어야 한다.[45] 많은 CEO들이 이 도전 과제를 누군가에게 떠넘기고 싶거나(이 일을 정말로 어떻게 해야 할지 모른다), 자기 조직의 모든 사람들이 이미 윤리적이라고 믿고 싶을 수도 있다. 그러나 윤리는 알건 모르건 그들의 조직에서 "관리"되고 있다. 순진하게 윤리적 문화를 소홀히 하면 옳건 그르건 직원들에게 자기 조직이 리더들은 윤리에 대해서는 다른 사항보다 별로 관심을 두지 않는다는 결론에 도달하게 할 뿐이다. 리더들은 이 분야에서 평판을 발전시킨다. 리더가 이 평판에 대해 별로 생각해 보지 않았거나 이에 관해 매우 적극적이지 않았다면, 조직원들이 그 리더를 윤리적으로 중립적인 리더라 부를 가능성이 높다. 이는 그 리더가 실제로 윤리적으로 중립적이거나, 의사 결정 시 윤리를 고려하지 않음을 의미하지 않는다. 이는 이익과 윤리가 자주 충돌하는 상황에서 이 리더가 어떤 입장을 취할지 사람들이 확실히 알 수 없음을 의미한다. 명시적 지침이 없으면, 사람들은 이익에 관한 메시지가 가장 중요하다고 가정한다.

위에서 말한 바와 같이, 고위 임원들은 매우 중요하다. 그들은 상부에서의 기조를 정하고, 윤리적 문화를 감독한다. 그러나 매일의 실행 측면에서 볼 때에는, 일선의 상사들이 부하직원들과 매일 상호작용을 하기 때문에, 그들도 고위 경영진만큼이나 중요하다. 윤리적 문화는 궁극적으로 상사들이 직원, 고객 및 기타 이해관계자들을 어떻게 대하며, 어떻게 의사 결정을 내리는지에 의존한다. 그들이 모든 사람을 정직하게, 공정하게, 그리고 관심을 가지고 대하는가? 상사들이 자신이 맡은 그룹이 윤리적 함의가 있는 의사 결정에 직면해 있을 때 이 점을 지적하는가? 그들이 의사 결정에 있어서 다수의 이해관계자들의 이익과 조직의 장기적인 평판을 고려하는가? 그들은 자신과 부하 직원들이 윤리적 행동에 대해 책임을 지게 하는가? 아니면 그들은 오로지 단기 이익에만 초점을 맞추는가?

윤리는 쉽지 않다

비즈니스에서의 비윤리적 행동은 비즈니스 거래가 발생된 것만큼이나 유서가 깊다. 요즘 사람들이 반드시 더 비윤리적인 것은 아니지만, 윤리적인 영역으로 들어 올 수 있는 기회가 있는 회색 지대들이 많이 있다. 비윤리적 행동의 많은 부분이 썩은 사과의 결과가 아니라, 윤리를 소홀히 하는 리더와 조직 문화가 무엇이 중요하며 무엇이 기대되는지에 대해 혼합된 메시지를 보낸 결과이다. 윤리적으로 되기란 쉬운 일이 아니다. 직원들은 직장에서의 윤리적 이슈를 인식하고, 올바른 선택을 할 수 있는 인식 상의 도구들을 개발하고, 조직 환경에 의해 이러한 선택이 뒷받침되어야 한다. 임원들은 직원들의 윤리적 행동을 다른 중요한 행동을 관리하는 것과 마찬가지로 적극적으로 관리해야한다. 그리고 경영 시스템의 복잡성은 관리되는 행동의 복잡성과 궤를 같이 해야 한다. 윤리적 행동을 관리하는 가장 좋은 방법은 여러 공식적 및 비공식적 문화 시스템이 올바른 일을 뒷받침하도록 정렬시키는 것이다. 신뢰와 다수 이해관계자들과의 장기적인 관계의 중요성에 관한 문화적 메시지는 최소한 단기 이익에 관한 메시지만큼의 주의를 끌어야 하며, 직원들은 성과 관리 및 보상 시스템을 통해 윤리적 행동에 대해 책임을 지게 해야 된다.

토론 문제

1. 트레비노의 비즈니스 윤리에 관한 다섯 가지 신화는 무엇인가? 당신은 이들 모두가 신화라는 점에 동의하는가?
2. 트레비노에 의하면, 조직이라는 배경이 윤리에 관한 의사 결정에 어떻게 영향을 주는가?
3. 트레비노는 자신이 참조하는 토플러의 책에 묘사된 아서 앤더슨에서의 어떤 점이 일관성이 없다고 지적하는가?
4. 트레비노가 얘기하는 4가지 윤리적 리더의 유형은 무엇인가?
5. 윤리적 행동을 보상하라는 트레비노의 제안에 대해 어떻게 생각하는가?

Notes ─────────

1. St. Anthony, N. Corporate ethics is simple: If something stinks, don't do it. Star Tribune (Minneapolis-Saint Paul) Newspaper of the Twin Cities. 2002년 6월 28일.
2. 이 이론들에 대한 간략한 개요는 Trevino, L. K. & Nelson, K. 2003. Managing Business Ethics: Straight talk about how to do it right. 3판, New York: Wiley를 보라.
3. Gioia, D. 1992. Pinto fires and personal ethics: A script analysis of missed opportunities, Journal of Business Ethics, 11(5,6): 379-389쪽; Trevino & Nelson의 책에 수록된 Gioia, D. A. 2003. Personal Reflections on the Pinto Fires 사례.
4. Jones, T. M. 1991. G by individuals in organizations: An issue-contingent model. Academy of Management Review, 16: 366-395쪽.
5. May, D. R., and Pauli, K. P. 2000. The role of moral intensity in ethical decision making: A review and investigation of moral recognition, evaluation, and intention. 2000년 8월에 National Academy of Management, Toronto의 회의에서 발표된 원고.
6. Butterfield, K., Trevino, L. K & Weaver. G. 2000. Moral awareness in business organizations: Influences in issue

related and social context factors. Human Relations, 53(7):981-1018쪽.

7. Rest, M. 1986. Moral development: Advances in research and theory. New Jersey: Praeger.

8. Webber, J. 1990. Manager' s moral reasoning: Assessing their responses to three moral dilemmas. Human Relations, 43: 687702; Webber, J., & Wasieleski, 2001. Investigating influences on managers' moral reasoning: The impact of context, personal, and organizational factors. Business and Society 40(1): 79-111쪽; Trevino, L. K. 1986. Ethical decision making in organizations: A person-situation interactionist model. Academy of Management Review, 11(3): 601-617쪽; Trevino, L. K. 1992. Moral reasoning and business ethics. Journal of business ethics, 11: 445-459쪽.

9. Kohlberg, L. 1969. Stage and sequence: The cognitive developmental approach to socialization. Handbook of socialization theory and research. D. A. Goslin 편. Rand McLally, 347-380쪽에 수록됨.

10. Thoma, S. J. 1994. Moral judgment and moral action. J. Rest & D. Narvaez (편). Moral development in the professions: Psychology and applied ethics. Hillsdale, NJ: Eribaum: 199-211쪽에 수록된 글.

11. Miceli, M., & Near, J. 1992.Blowing the whistle. New York: Lexington Books.

12. Trevino, L. K., & Victor, B. 2004. Peer Reporting of unethical behavior: A social context perspective. Academy of Management Journal, 353: 38-64쪽.

13. Ethics Resource Center, 2003. National Business Ethics Survey: How employees view ethics in their organizations. Washington, DC.

14. PR Newswire, How to spot bad apples in the corporate bushel. 2003년 1월 13일. Ithaca, NY.

15. Trevino & Nelson; Jackal, R. 1988.Moral Mazes: The world of corporate managers. New York: Oxford University Press.

16. Drill team benched after scavenger incident, Sleepover busted. Hartford Courant 지, 2002년 11월 15일자; Paulson, A. Hazing case highlights girl violence. Christian Science Monitor, 2003년 5월 9일.

17. Milgram, S. 1994. Obedience to authority: An experimental view, New York: Harper & Row.

18. Rest, J. S. (편) 1986. Moral development: Advances in research and theory. New York: Praeger. Rest, J. S. 외. 1999. Postconventional moral thinking: A neo-Kohlbergian approach. Mahwah, NJ: Eribaum.

19. 앞에 언급한 Ethics Resource Center, 2003.

20. Schmitt, R. B. Companies add ethics training: Will it work? Wall Street Journal(동부 판), 2002년 11월 4일: B1면.

21. 위에 언급한 Ethics Resource Center, 2003.

22. Trevino, L. K. 외. 1999. Managing ethics and legal compliance: What works and what hurts. California Management Review, 41(2): 131-151쪽.

23. Trevino & Nelson.

24. Toffler, B. L., with J. Reingold. 2003. Financial accounting: Ambition, greed, and the fall of Arthur Andersen. New York: Broadway Books. 이후의 Arthur Andersen에서의 Toffler의 경험에 관한 모든 자료의 출처는 이 책에서 나온 것이다.

25. Kansas, D. Plain Talk: CEOs need to restore character in companies. WSJ.COM. Dow Jones & Company, Inc., 2002년 7월 7일.

26. Trevino, L. K., Hartman, L. P., & Brown, M. 2000. Moral person and moral manager: How executives develop a reputation for ethical leadership. California Management Review, 42(4): 128-142쪽; Trevino, L. K., Brown, M., & Pincus-Hartman. 2003. A qualitativeinvestigation of perceived executive ethical leadership: Perceptions from inside and outside the executive suite. Human Relations, 56(1): 5-37쪽.

27. George, B. 2003. Authentic Leadership: Rediscovering the secrets to creating lasting value. San Francisco: Jossey-Bass.

28. Byrne, J. 1999. Chainsaw: The notorious career of Al Dunlap in the era of profit-ant-price. New York: Harper Business.

29. Tidwell, G. 1993. Accounting for the PTL scandal. Today' s CPA. 7/8월호: 29-32쪽.

30. Frieswick, K. Boeing. CFO Magazine, 2004년 1월 1일. www.cfo.com.

31. Trevino & Nelson; Loomis, C. Whatever it takes. Fortune, 2002년 11월 25일: 76쪽.

32. PR Newswire. 대다수는 회사의 부정을 다루기 위해 엄격한 새로운 법이 필요하다고 믿는다. 대략 과반수는 Bush 대통령이 그러한 법률을 지지할 것으로 생각한다. 2002년 7월 27일.

33. Kahaner, L. 2003. Values, prosperity and the Talmud. Business lessons from the ancient rabbis. New York. Wiley.

34. McCabe, D., & Trevino, L. K. 1996. What we know about cheating in college. Change: The Magazine of Higher Learning. 1/2월호: 28-33쪽; McCabe, D. L., Trevino, L. K., & Butterfield, K. 2001. Cheating in academic institutions: A decade of research. Ethics and Behavior, 11(3): 219-232쪽.

35. 위에 언급한 Ethics Resource Cente, 2003.

36. Abrahamson, E. 1991.Managerial fads and fashions. Academy of Management Review, 16: 586-612쪽; Carson, 1999; Gibson, J. W., & Tesone, D. V. 2001. Management fads: Emergence, evolution, and implications for managers. The Academy of Management Executive, 15: 122-133쪽.

37. Trevino & Nelson, K.

38. Schein, E. H. 1985. Organizational culture and leadership. San Francisco, CA: Jossey-Bass.

39. Trevino,. L. K., Weaver, G. A., & Brown, M. 2001. Lovely at the top. 그 해 8월에 Toronto에서 개최된 Academy of Management 회의에서 발표한 논문.

40. Skinner, B. F.1972. Beyond freedom and dignity. New York: Bantam Books.

41. Trevino, L. K., & Youngblood, S. A. 1990. Bad apples in bad barrels: A causal analysis of ethical decision making behavior. Journal of applied Psychology, 75: 376-385쪽.

42. Trevino & Nelson.

43. Toffler, 123쪽.

44. Trevino, J. K. 1992. The social implications of punishment in organizations: A justice perspective. Academy of Management Review,17: 647-676쪽; Trevino, L. K., & Ball, G. A. 1992. The implication of punishing unethical behavior: Observers' cognitive and affective reactions. Journal of Management, 18:751-768쪽.

45. Trevino, Hartman, & Brown.

조직 부패 인지 및 사회 심리학

존 M. 달리(John M. Darley)
Brooklyn Law Review 70, no. 4(2005): 1177-1194쪽.

I. 회사의 부패: 문제의 성격 및 정도

사후의 지혜에 비추어 보면, 최근의 회사 부패 사례들에 관해 서로 관련이 있는 몇 가지 사항들이 확연히 드러난다. 먼저, 그러한 스캔들들은 작게 시작할 수 있지만, 종종 매우 크고 뻔뻔스러울 정도로까지 커지기도 한다. 둘째, 그러한 스캔들들의 뻔뻔스러운 성격에 비추어 볼 때, 이 스캔들들은 아주 어리석어 보인다. 그들은 결국 발각되어서, 이에 참가한 사람들은 불명예를 피할 수 없다. 셋째, 스캔들의 나중 단계에서는, 조직에 문제를 키우는 공모에 관여하는 사람들이 많아진다. 명백히 비윤리적이고 일반적으로 어리석은 생각 및 행동들이 어떻게 생겨나는지가 이 논문에서 내가 다룰 내용이다. 요약하자면, 부패한 관행을 저지를 사람을 우리가 생각하는 것보다 더 쉽게 구할 수 있는 것 같다.

또 하나 이해하기 어려운 점은 이 문제들이 매우 빈번하게 일어난다는 점이다. 어떤 사회 과학자는 지난 몇 십 년을 회고하면서, 그가 기업 "범죄 및 폭력"이라고 부르는 36개의 주요 사례들에 관해 책의 한 장을 썼다.[1] 지난 몇 년 동안 미국의 많은 주요 회사들의 경악할 만한 규모의 부패 행위가 발각되었다.

이 논문이 제기하는 질문을 강조하자면, 부패한 관행들이 자주 발각 당한다는 것을 충분히 알 만한, 도덕적으로 선한 사람들을 고용하고 있는 조직에서 왜 이렇게 많은 사고들이 발생하고 있는 걸일까? 즉, 이러한 부패 사건들은 너무도 흔히 우리가 도덕적이고 신중한 행위자라고 생각했던 사람들에 의한 부패 행동 및 규칙 위반 행동과 관련이 있어 보인다. 이러한 난제에 대한 전통적인 답변 중 하나는 돌이켜 보니 우리가 문제의 당사자를 도덕적이고 신중한 행위자라고 생각했던 가정이 틀렸으며, 그들은 부패의 기회를 찾던 사람들이었고, 탐욕에 의해 발각 당하리라고 생각하지 못했던 사람이었다는 것이다. 독자들은 이 이러한 입장이 최근의 뮤추얼 펀드 스캔들이나 아부 그라이브(Abu Ghraib)에서의 이라크 전쟁 포로 고문으로 이끌었던 조직 부패 등과 같은 부패 행동을 설명하기 위해 인용되어 온 "소수의 썩은 사과들" 이론의 변형임을 인식할 것이다.

나는 썩은 사과 이론은 사실과 다르다고 주장하고 싶다. 실상 이 주장은 최근의 기업 비리 사건들의 보다 철저한 함의를 회피하고자 이 주장 뒤에 숨을 수 있게 하는 유용한 허구이다. 특히 이 신화를 고수하면, 기업 또는 정부 윤리의 세계는, 이 요소들만 없다면 완벽하게 작동할 것이라고 가정하는 시스템에서 발견된 나쁜 요소들을 제거하고 관련된 경미한 유지 보수를 하는 것 이상의 더 많은 주의와 더 고통스러운 재설계를 필요로 한다는 인식을 회피할 수 있게 해 준다. 왜냐하면 썩은 사과 이론 뒤로 숨는 사람들에게는, 유일한 해법은 조직의 보다 신중한 채용 및 연수로 귀결될 것이기 때문이다. 아마도 후보자들의 이력서에 대한 보다 철저한 점검과 비리를 저지른 사람에게 자신의 비리에 대해 고백하도록 하는, 현대의 "거짓말 탐지기"가 약속하는 테크놀로지 해법에 의해 이를 실현할 수 있을 것이다.

이 논문에서 나는 조직의 부패에 대해 생각하는 심리학자의 마음에 떠오르는 두 가지 질문에 대한 답변을 시도할 것이다. 첫째, 왜 조직에서 그토록 많은 "최초의 부패 행동들"이 발생하는가? 단순히 이미 부패한 사람들이 이러한 행동을 한다는 것이 이에 대한 답변일 수는 없다. 이에 대한 대답의 일부는 이 부패를 시작하는 사람들의 일부는 이러한 행동들을 윤리적 관점에서 면밀히 검토하지 않는다는 것이다. 이상하게 보일지 모르지만, 그들은 이를 비윤리적이라고 보지 않는다.

그렇다면 두 번째 질문은 "왜 조직에서 이 최초의 행동들을 증폭시키고, 확대하며, 계속해서 점점 더 부패한 결과를 낳는 행동을 하는 사람들을 구하기가 그토록 쉬운가?"이다. 무엇이 조직으로 하여금 협력하여 완전히 발달한 윤리 위반을 낳은 조직으로 바뀌게 하는가? 내가 제안하고자 하는 바를 미리 말하자면, 이 두 번째 질문에 대한 답은 3중적이다. 첫째, 이 다른 사람들은 종종 첫 번째 행동이 성격상 윤리적이었다는 정의를 받아들이기 때문에, 첫 번째 행동과 이를 증폭시키는 다음 번 행동 사이의 거리를 쉽게 인식할 수 없다. 둘째, 이러한 후속 행동들은 아마도 윤리적으로 회색 지대로 보여지고, 그룹에 대한 충성심 및 헌신에 대한 고려에서 나올 것이다. 셋째, 사회적 정체성 이론[2]은 어떤 사람이 조직에 헌신된 사람일 경우, 그 사람은 성격의 변경을 경험한다고 지적한다. 우리는 그룹의 전형적인 구성원이 "되며", 우리 주위에서는 그룹의 전형적인 구성원들이 부패 행동에 관여하고 있다는 신호(cue)를 보낸다. 그래서 우리도 그렇게 한다. 마지막으로, 우리 사회는 시민들에게 여러 정체성들을 부여하는데, 그 중 일부 정체성은 그 사람이 지닐 수 있는 다른 정체성의 관점에서는 비윤리적인 방식으로 행동할 수 있게 해 준다는 사실은 별로 알려지지 않았다.

이들 기업 및 조직 상의 부패 행동들의 "전염적인 폭발"을 보다 명백히 설명하기 위해서는, 몇 가지 정보의 원천을 고려할 필요가 있다. 첫째, 이 부패 사건에 직접 참여한 사람으로부터의 서사(narrative), 둘째, 인간의 의사 결정이 어떻게 이루어지는가에 관한 판단 및 의사 결정 리서치에 의해 제공되는 관점, 셋째 부패가 자신에게 영향을 주기 시작할 때 조직에 속한 개인들이 직면하는 선택에 대해 우리는 좀 더 면밀히 살펴볼 필요가 있다.

II. 부패사건의 시작

그릇된 방향으로 가는 프로세스를 시작하는 첫 번째 부패 행동이 어떻게 시작되는가? 먼저 서사를 살펴보자. 부패 이야기들은 때로는 매우 단순하다. 조직의 리더들이 의도적으로 자신이 이끄는 조직에 의해 부패 또는 다른 비도덕적인 행동들을 가져오도록 행동한다. 그래서, 필름 리커버리 시스템 사는 고의적으로 영어를 읽을 수 없는 노동자들을 고용해서, 그들이 사용한 사진 원판으로부터 은을 회수하는 위험한 프로세스에

사용하는 위험한 화학물 용기에 적힌 경고를 읽을 수 없도록 했다.[3]

회사가 어떻게 조직 구성원들, 이 경우 노동자들에게 지시를 내린 감독자들을 실제로 비도덕적인 행동에 참가시킬 수 있는가에 대한 가장 간단한 설명은 아마 관행을 수행하기로 결심한 상사가 이 부패 관행에 기꺼이 관여할 부하 직원을 선택한다는 설명일 것이다.

그러나 우리는 부패 관행들이 정확한 의도 없이 진행된 듯이 보이는, 보다 우려되는 이야기들의 가능성도 고려해야 한다. 이는 부패는 부패에서 시작된다는 주장, 부패 행동의 원천은 부패했으며 자기의 부하들로부터 부패를 이끌어 내는 사람들이라는 주장에 대해 도전하는 불편한 관점이다.

이 관점에서는, 궁극적으로 완전히 발달한 부패 행위로 귀결되는 다른 행동들의 연쇄 사슬을 시작하는 행동들은 종종 자체로는 부패한 행동이 아니거나, 최소한 원래의 행위자에게 부패 행위로 인식되지 않은 행동에 기원한다. 그럴 경우, 우리 자신은 부패 행동에 결코 말려들지 않을 것이라는 안도감을 상실하게 된다. 우리는 부패 행위에 관여한 행위자들이 괴로워하는 개인들, 특히 발각이 불가피하지는 않더라도 최소한 가능성이 매우 높다는 것을 매우 명확하게 알았던 사람들임을 자주 발견하게 된다는 사실에 의해 주어지는 메시지를 부인한다. 그들은 단지 진행되고 있는 집단적 프로세스의 올가미로부터 벗어날 방법을 찾을 수 없었다. 우리 자신에 대한 전통적인 사고방식에서는, 우리는 일련의 어떤 행동들을 하는 것은 도덕적으로 잘못된 일이라는 점을 미리 알 수 있으며, 이러한 깨달음은 부패 행동들이 일어나기 전에 우리가 이런 행동을 하지 못하도록 방지할 것이라고 자신한다.

이처럼 안도감을 주는 사고는 사실이 아님이 밝혀진다. 대신, 사람들은 습관적으로 자신에게 이익이 되거나, 자신이 속해 있는 조직에 과도하게 유리한 행동들을 저지른다. 편견이 없는 개인에 의해 주의 깊게 조사해 보면, 이러한 행동들은 도덕적으로 모호하거나 도덕적으로 옳지 않다고 판단될 것이다. 그러나 그런 행동들은 그렇게 정밀하게 조사되지 않는다. 이런 행동들은 종종 일련의 추가적인 부패 행동들을 시작하는 행동, 힘을 모으고 더 많은 조직 구성원들을 끌어들이는 부패의 회오리라고 생각할 수 있는 것을 시작하는 행동이 된다. 따라서 이처럼 시작하는 행동들을 부패를 발생시키는 행동이라고 부르기로 하자.

이에 대한 예를 들어 보는 것이 유용한 바, 문헌에 자주 인용되는 하나의 예가 있다. 영리 조직에서 분기마다 이익의 꾸준한 증가를 보여주라는 지속적이고 높은 압력을 받는 상황에서 이러한 행동이 비롯된다. 그러나 무엇이 특정 분기에 이익으로 잡힐 수 있는 "판매"에 해당하는가? 종종 이 질문에 대답하기 위해서는 판단이 요구되는 경우가 있다. 그러나 해당 판매가 이번 분기에 계상될 수 있고, 따라서 이익을 보다 높일 수 있을 경우, 이번 분기에 "매출을 인식"하려는 유혹이 생긴다.

아래의 예는 분기말의 담배 회사들의 관행과 관련이 있다.

> 밀어내기는 레이놀스에만 독특한 것이 아니었다. 모든 회사들이 어느 정도는 그렇게 했다. 일반적으로 반기 말에 담배 값이 최고점에 다다르기 직전에, 레이놀스는 규칙적으로 자신의 고객들(고객 및 수퍼 체인들)에게 막대한 분량을 종전 가격으로 제공했다. 고객들은 낮은 원가의 담배들을 높은 새 가격으로 팔 수 있었기 때문에 이를 좋아했다. 이러한 관행이 원하지 않는 재고를 소진하고, 공장을 콧노래 부르게 하며, 가장 중요하게는, 거액의 인공적인 분기말 이익을 만들어 냈기 때문에 레이놀스도 이를 좋아했다.[4]

이 관행에 있어서의 문제는 레이놀스가 지난 분기에 허위의 "이익"을 만들어 내고 나서 유통업자들이 팔고 남은 담배를 레이놀스에 자유롭게 반환할 수 있었다는 점이다.

Ⅲ. 자동적인 직관적 판단의 불행한 사례

앞에서 나는 추가적인 부패 관행들을 시작했던 이런 행동들의 일부는 사려 깊게 결정되지 않는다고 말한 바 있다. 이에 관해서는 설명이 필요하다. 최근에 심리학자들은 의사 결정 프로세스에 관한 많은 리서치들과 사고들을 요약했는데,[5] 이들은 우리에게 세상에 관해 알려주는 몇 가지 다소 독립적인 시스템들을 구별하도록 요구한다. 우리는 인간의 인지 시스템과 인간의 추론 시스템을 구분할 필요가 있음을 알게 되었다. 인지 시스템은 우리에게 우리가 "보는" 것을 제시한다. 우리는 수많은 사례들로부터 인지는 사실상 과거의 학습과 관련이 있고, 종종 고정 관념을 확인하며, 일반적으로 우리가 있으리라고 기대하는 것을 본다는 점에서, 의사 결정 프로세스라는 것을 안다. 그러나 부분적으로는 인지 프로세스가 과도하게 학습되기 때문에, 그리고 부분적으로는 우리가 자동적인 프로세스라고 부르는 것이기 때문에 우리는 우리의 인식의 진실에 관해 오도된다. 우리가 "보는" 것은 진실한 것이어야 하는데, 이는 일반적으로 순진한 현실주의라고 부르는 입장이다. 우리가 보는 것은 문제의 여지가 없는 진실이다. 다른 한편, 우리가 의사 결정을 위해 종종 사용하는 추론 시스템에 관여하고 있을 때에는, 추론은 제어되고 노력을 요하는 것이기 때문에 추론은 진행 중이라는 점을 알고 있다. 추론은 종종 우리가 전에 배웠던 문제 해결 규칙에 의도적으로 관여하게 된다. 그러므로 추론은 "그것이 무슨 종류의 문제인가"라는 의식적인 인식에 의해 행동하도록 지시된다.

카너먼(Kahneman)은 이 두 시스템의 요소들을 공유하면서 둘 사이에 존재하는 세 번째 인식 시스템을 구분할 가치가 있다고 권고한다.[6] 우리는 이를 직관적 시스템이라 부를 것이다. 이에 관해서는 잠시 후에 얘기하겠지만, 우선 회사의 부패에 대한 논의에서 내가 직관 시스템을 어떻게 사용하는지 말하고자 한다. 최근의 리서치들은 일련의 비윤리적인 행동 사슬들을 발생시킬 수 있는 행동들은 종종 직관적 판단 시스템의 산물인 신속한 의사 결정으로부터 비롯되는 경우가 있음을 보여준다. 그 결과 중 하나는, 이러한 행동들은 종종 행위자가 우리가 보다 의도적인 추론 시스템의 산물로 알고 있는 행동 결정에 적용되는 조사를 하지 않는다는 것이다.

이러한 깨달음에 즉각적인 가치가 있다. 이는 우리가 비윤리적인 행동을 저지르는 사람을 비윤리적인 부류의 사람이라고 생각할 때 저지르는 귀인상의 실수(attributional mistake)를 지적한다. 우리는 모든 착한 사람들, 그리고 우리 자신들이 우리가 고려하고 있는 행동들을 윤리적 관점에서 자세히 조사할 것이라고 기대한다. 그러므로 우리는 비윤리적인 행동을 하지 않는 것이다. 그리고 우리는 윤리적으로 그릇된 행동이 저질러지면, 도덕적으로 부패한 사람이 이를 저질렀다고 추론한다. 즉, 우리는 "썩은 사과" 이론으로 돌아온다. 부패에 대처하는 방법은 부패한 개인을 가려내는 것이다.

의사 결정에 관한 연구로부터 나오는 당혹스러운 메시지는 이처럼 안심시키는 생각이 진실이 아니라는 것이다. 부패 사이클을 시작하는 많은 행동들은 의식적인 고려 없이 신속하게 결론에 도달하며, 윤리적 모호성에 있어서 비의도적임을 의미하는 직관적 판단 시스템의 산물이다. 나아가, 이런 행동들은 빠른 의사 결정을 하라는 압력의 산물인 경우가 흔하다. 그리고 이런 상황에서는, 이런 행동들은 추론 시스템에 의해서 이루어지는 의사 결정에 대한 모니터링을 받지 않는다. 카너먼은 이렇게 말한다.[7] "모니터링은 대개 매우 느슨하며, 그릇된 판단을 포함한 많은 직관적 판단들이 표현되도록 허용한다." 여기서 떠오르는 시사점은 "자연스러운" 직관적 판단은 자신에게 이익이 되는 결정이 될 가능성이 있다는 것이다.

이 주제에 관해 연구자들의 말을 인용해 보자.

자기 이익은 자동적이고, 매우 강력하며, 때로는 의식되지 않는다. 이와는 대조적으로 다른 사람에 대한 자신의 윤리적 및 직업상의 의무에 대한 이해는 흔히 보다 사려 깊은 프로세스와 관련이 있다. 자기 이익의 자동적 성격이 판단에 영향을 주는 기본적인 힘을 제공하며, 사람들이 그 영향을 제거하는 것은 차치하고, 이를 이해하는 것도 어렵게 한다.[8]

추론 시스템의 보다 신중한 사고에 의해 이러한 결정이 뒤집어질 수도 있지만, 무언가가 추론 시스템이 작동하도록 할 경우에만 그렇게 된다. 요약하자면, 부패 행동들은 종종 부패하지 않은 사람들에 의해 저질러진다.

A. 자기 이익을 추구하는 직관적 판단

이를 개인적 의사 결정 수준에서 추적해 보자. 의사는 환자에게 불필요할 수도 있는 테스트를 자신이 재무상의 이해관계를 가지고 있는 실험실에 의뢰하라고 지시할 수 있다. 그는 자신이 그 결정을 내릴 때 실험실에 대한 자신의 이해관계를 "생각조차 하지 않았음"을 알기 때문에, 그는 자신이 자기에게 이익이 되는 결정을 내리지 않았음을 안다. 인사 부서 직원이 많은 후보자들로부터 자신이 속한 인종을 선발하면서, 자신은 "열린 마음으로 다른 모든 후보들의 이력서를 조사했기" 때문에 이 결정을 공정하다고 자신한다. 한 감사인이 자신의 회사가 회계 감사를 수행하는 회사의 계정을 조사하면서, '회계 기준을 공정하게 적용할 때, 회계 감사를 받고 있는 회사가 취한 다양한 결정들을 받아들일 수 있다'는 자신의 판단에 대해 자신한다. 그러나 이 모든 경우에 있어서, 실상은 이러한 종류의 의사 결정들은 빈번하게 자기 이익,[9] 내집단(ingroup) 편애,[10] 자기중심주의,[11] 또는 이해 상충에 의해 편향될 수 있다.

B. 편향된 직관과 그에 따르는 결과

여기에서, 회사 생활에서 잘 알려진 예가 유용하다. 이 예는 앞에서 언급한, 분기마다 매끄러운 이익 패턴을 낳고 싶어 하는 조직의 욕구에 의해 견인된다. 이는 "부적절한 수익 인식"이 되는 것과 관련이 있다. 이를 통해 상품 판매가 다음 분기가 아니라 금번 분기에 기록될 수 있게 한다.

이에 대해서는 쿠즈웨일 어플라이드 인텔리전스 컴퍼니와 관련된 유명한 사례가 있다.[12] 먼저, CEO가 판매원들에게 실상은 분기 마감 며칠 뒤에 이루어진 판매를 기록하도록 허용했다. 이는 그다지 해롭지 않는 관행으로 보일 수도 있지만, 텐브룬셀과 메식[13]에 의해 잘 설명된 미끄러운 경사 문제를 만들어 낸다. 이 행동을 허용함으로써, 그 CEO는 공식적으로 그 행동을 윤리적으로 허용할 수 있다고 규정했다. 그러나 분기 마감일보다 약간 뒤에 이루어진 주문을 해당 분기의 매출로 "인정할" 수 있도록 허용된다면, 허용될 수 있는 주문들보다 하루나 이틀쯤 늦게 들어온 주문을 인정하는 것이 왜 비윤리적인가?

궁극적으로, 이 회사는 다음 분기의 주문을 금 분기 매출로 인식하는 경로로 너무 내려가게 되었으며, 판매원들은 주문을 할 것이라고 생각되는 고객들로부터의 주문에 관한 서명을 위조하기 시작했다. 그리고 그 외에도 유사한 매출 조작이 자행되었다.

발생했던 두 가지 사항을 주목하라. 첫째, 윤리적으로 회색지대로부터 노골적으로 불법적인 행동으로 가는 선을 넘어섰다. 궁극적으로 감사인들이 고객들에게 판매 계약을 확인해 달라는 서신을 보냈을 때, "고객들"로부터의 허위 답변서도 위조되었다. 둘째, 궁극적으로 사기적인 종점은 최초의 회색 행동의 결과였다. 이번 분기의 매출을 부풀리기 위해 다음 분기의 매출을 이번 분기에 계상하니, 다음 분기의 매출이 더욱 부족해지게 되었다. 그래서 이 회사는 점점 더 도덕적으로 잘못된 행동에 필사적으로 매달리게 되는 상황에 내몰리게 되었다. 그러나 이러한 잘못은 최초에 다음 분기 초의 매출 일부를 금번 분기 매출로 인식했던 행위자들에게는 명백하지 않았을 것이다. 미끄러운 경사는 불가피했지만, 예기할 수 없었다. 여기서의 교훈은 최초에 도덕적으로 모호한 행동이 나중에는 회사가 점점 더 많은 행동을 저지르게 하고, 이 나중의 행동들은 첫 번째 행동이 취해졌을 때 생각했을 수도 있었던 윤리적 경계선을 점점 더 명확하게 넘어서게 하는 것으로 볼 수 있다는 점이다.

Ⅳ. 동조화

나는 의사 결정이 이루어지는 방식에 관한 심리학자들의 두 가지 다른 입장들에 대해

짧게 설명했다. 이러한 설명이 현재의 문제들에 대해 도출하는 시사점 중 하나는 사람들은 윤리적이지만, 간헐적으로만 그렇다는 것이다. 우리가 윤리적일지 여부는 과거 또는 현재의 사건들이 보다 직관적인 관점으로부터 생성되는 행동에 대해 추론 시스템이 이를 점검하는 윤리적 관점을 생성할 것인가에 의존한다. 이는 왜 그토록 많은 윤리적으로 나쁜 행동들이 비윤리적이지 않은 사람들에 의해 저질러지는가라는 문제를 해결한다.

다음으로 해결해야 할 문제는 왜 이러한 최초의 행동들이 조직에서 이 최초의 행동들 위에 계속되는 비윤리적 행동 사슬을 쌓아 올리고, 이에 부가하며, 이를 증폭시킬 다른 사람들을 모으느냐이다. 존재하지 않는 주문을 매출로 기록하는 앞의 사례가 그러한 예이다.

내가 제안하고자 하는 바에 대한 비유를 제시하고자 한다. 동조화(entrainment)는 20세기 초에 발달된 개념인데, 나는 조직의 프로세스에 이 개념을 차용하고자 한다. 원래 이 말은 인식에 관한 현상을 일컬었다. 어떤 물체가 한 방향으로 움직이고 있다. 이 물체가 정지해 있는 다른 물체들을 지나감에 따라, 다른 물체 자신들도 움직이기 시작하는데, 원래의 물체와 같은 방향으로 움직인다. 이는 어떤 부패 행동이 조직에 영향을 미치는 방식에 대한 유용한 시각적 비유인 것 같다. 이 현상은 종종 다음과 같은 의미에서 확산된다. 종종 원래의 행동들에 의해 "촉발"되어서 점점 많은 사람들이 유사한 행동을 저지르는데, 이후의 행동들은 흔히 점점 더 잘못하는 정도가 극단적으로 되어간다. 이 일이 어떻게 일어나는지에 대해서는 아래에서 설명한다.

A. 감지될 수 없는 미세한 차이

어떤 행동이 행해지고 나서 비판되거나, 처벌 받거나, 또는 잘못된 일이라고 낙인 찍히지 않으면, 그 행동은 "기준"이 된다. 조직의 많은 사람들이 그 행동이 잘못이라고 생각할지라도, 그들의 불안감 또는 조직에서의 낮은 지위로 인해 그 행동이 잘못이라고 공공연히 말하지 못하기 때문에, 그 행동에 대해 비판할 수 없다. 그러나 이 일이 일어날 때, 심리학 리서치는 "다원론적 무지"[14]라고 부르는 재미있는 프로세스를 보여준다. 침묵하는 다른 사람들이 정확히 자신과 같은 이유로 침묵한다는 점을 깨닫기보다는, 이 개인은 다른 사람들은 그 행동이 수용할 수 있을 정도로 도덕적이라고 생각하고 그 때문에 침묵을 유지한다고 결론을 내리는 경향이 있다.[15] 그러면, 그 개인이 비정상적으로 되고,

이 압력 하에서는 그 행동이 자신이 전에 생각했던 것보다는 더 정상적이고 더 윤리적이라고 생각하게 된다. 이제 그 행동이 이 조직의 상황에서 허용될 수 있는 기준이다.

그러나 그렇게 되면 약간 더 비윤리적인 행동도 가능해지고, 그러면 다음 번의 가능한 행동은 이제 기준이 된 행동으로부터 얼마가 더 멀어질 수 있느냐가 문제가 된다. 텐브룬셀과 메식은 이에 대해 "귀납적 메커니즘"이라는 유용한 용어를 사용한다.[16] "이 메커니즘은 조직의 과거 관행을 새로운 관행을 평가하기 위한 벤치마크로 사용한다. 과거의 관행들이 윤리적이고 수용할 수 있었다면, 유사하고 크게 다르지 않은 관행들도 수용할 수 있다."[17] 조직은 조금씩, 윤리적인 행동들로부터 윤리적으로 회색지대인 행동으로, 그리고 이어서 완전히 비도덕적인 행동으로 이동한다.

이처럼 조금씩 나아감으로써, 조직에 속한 그룹은 자신들이 궁극적으로 처해 있게 되는 절차의 도덕적 그릇됨을 결코 인식하지 못하게 된다. 최근의 신문 비즈니스 면들은 보험 브로커들이 어떻게 자신들이 고객을 데려다 준 보험회사들로부터 본질적으로 뇌물에 해당하는 것을 받았는지에 관한 기사들로 가득 차 있다. 이 프로세스의 마지막 단계에 대한 이야기들은 전형적인 부패 행위라서 위반자들이 이를 비윤리적이지 않은 것으로 해석했다고 믿기 어렵지만, 그들이 이를 비윤리적이라고 생각했는지는 아직 확실하지 않다. 그러나 최소한 연루자들의 일부라도 어느 시점에선가는 자신의 행동이 잘못되었음을 알지 못했다고 생각하기는 어렵다.

이 시스템이 완전히 작동하게 된 행동들의 패턴은 다음과 같다. 일부 보험 제공자들이 브로커의 고객에 대한 보험에 입찰하도록 초대되었지만, 궁극적으로 보험 계약을 따내게 될 보험사보다 다소 높은 가격에 입찰하는 속임수가 동원되었다. 이러한 위장의 목적은 고객을 위해 경쟁 입찰을 해서 가장 저렴한 가격에 보험을 제공했다는 "증거"를 제공하기 위함이었다.

이는 재미있는 프로세스였는데, 이 위장 입찰에서 높은 가격을 제시한 보험 제공자에게는 언젠가는 자신이 "최저가 입찰자"가 되어 보험을 따낼 수 있다는 인센티브가 있었다. 우리는 조직의 다른 부문을 부패 시스템 안으로 끌어들이는 메커니즘을 빈번하게 보게 되는데, 이 또한 그런 메커니즘의 하나이다.

내가 묘사한 것과 같은 이런 유형들은, 이 시스템의 마지막 단계에서 보면 명확하게 부패한 행동이라서 공모자들의 의식적인 비도덕적 행동이 아니라고 믿기 어렵다. 그러나 이 시스템 안으로 들어온 사람의 입장에서 생각할 경우, 그 사람은 이를 단지 "이 업계에서 일을 하는 방식"으로 보는 것이 가능하다. 이 주제에 대해서는 다시 언급할 것이다.

B. 손실 회피

최근의 심리 연구는 사람들이 손실을 회피하기 위해서라면 과도하게 나아갈 수 있음을 결정적으로 보여주었다.[18] 회사 조직에서의 몇 가지 관행들은 부지불식 간에 회피해야 할 "손실들"이 반드시 존재하게 했다. 이를 보여주기 위해, 우리는 이제 익숙해진 분기 이익의 예를 다시 살펴볼 것이다. 미국 회사들의 주가는 회사가 이익을 분기마다 조금씩 늘리는 데 크게 의존한다. 이는 명백하게 안정적으로 더 큰 이익을 낼 수 있는 회사, 따라서 이에 투자해야 할 회사라는 신호로 여겨진다. 그러나, 돌이켜 보면, 좋은 회사들이 왜 그러한 이익 패턴을 낳지 않는지에 대한 많은 이유들이 있다. 계절적인 매출 패턴, 특정 분기의 높은 연구 개발비 지출 등이 그러한 이유에 포함될 수 있다. 보다 표준적인 회계 관행을 채택하면 분기마다 이익이 변하게 될 경우에도, 회사들은 보다 선호되는 꾸준한 이익 증가를 낳을 수 있게 해 주는 "이익 관리"를 허용하는 회계 관행으로 이끌린다.

당신이 그런 회사의 회계 프로세스를 관리하고 있는데, 완벽하게 정당화할 수 있는 일부 비용들을 계상하면 이익이 지난 분기보다 약간 낮아질 것이라고 가정하자. 그리고 당신은 "매분기 증가하는 이익" 기준은 어리석다고 올바르게 생각한다고 가정하자. 그러나 당신은 이번 분기에 이익이 줄어든 것을 보여주면 회사의 주가가 떨어질 것이고, 리서치 리포트들은 "X회사에 대한 실망"에 관해 언급할 수도 있음을 안다. 만일 당신이 "실적급"에 따른 보너스를 받는 회사의 임원 중 한 사람일 경우, 당신은 이미 수중에 들어온 돈으로 셈하고 있던 상당한 돈을 잃을 수도 있음을 깨닫는다. 그럴 경우 당신은 회계 규칙을 무리하게 적용하여 이익이 증가한 것으로 표시하겠는가? 아마도 그렇게 하지 않을 것이다. 그러나 당신은 이전에 이익을 많이 내던 분기에 이익 일부를 "단지"[19]에 "숨겨 두고" 이번 분기에 그 단지로부터 이익을 끄집어 낼 수 있을 만큼 충분히 영리했는가? 그러한 회계 관행은, 결국 완전히 합법적이다. 당신의 회사가 본질적으로 어리석은 분기별 이익 증가에 대한 초점에 의해 야기되는 주가 변동에 대한 완충 수단을 갖추게 하면 당신이 도덕적으로 잘못하는 것인가?

이제 회사가 분기마다 "숫자를 맞춰내면" 회사의 CEO가 추가적인 인센티브를 받는다는 사실을 인식하라(그런 경우가 종종 있다). 이는 감사 그룹에 대해 감사 결과가 "이익의 꾸준한 증가"에 부합하게 하라는 상당한 압력이 있다는 것을 의미한다. 따라서 진정한 문제는 당신이 도덕적으로 정당화될 수 있다고 생각하는 숫자를 독립적으로 산출할 것인지 여부가 아니라, 당신이 회사의 상사들로부터 이익을 꾸준히 증가시키는 회계 관행을 채택하라는 압력에 저항할 수 있는지 여부이다. 그리고 이를 CFO의 입장에서 생각해 보면, 위로부터의 지시를 거절해서 막다른 상황에 내몰리거나 해고된 CFO들이 많다는 점을 깨달아야 한다.[20] 손실 회피는 다소 추상적인 개념일 수도 있지만, 일자리 상실은 보다 현실적인 두려움이다.

V. 그룹에 대한 충성 및 몰입

이제 어느 개인이, 행위자에게는 명백하지 않았던 시각에서 볼 때, 어떻게 충동적으로 도덕적으로 흠이 있는 결과를 가져온다는 점에서 그릇된 행동을 할 수 있는지에 대해 살펴보기로 하자. 궁극적으로, 이 행동은 조직이 다른 구성원들에게 알려지게 된다. 문제는 그들이 이 행동에 대해 어떻게 반응하느냐이다. 우리는 그 행동이 잘못된 행동이기도 하려니와 조직을 나쁜 길로 가게 할 가능성이 있기 때문에 조직 구성원들이 이를 거부하기를 바랄 것이다. 그러나, 이 길을 따르는 사람들에게는 한 가지 문제가 있다. 그 행동은 이미 취해졌다. 이는 다 끝난 일이다. 오염물질이 이미 강에 버려졌거나, 분기 이익이 과대 표시되었거나, 또는 내가 속해 있는 그룹의 구성원이 이미 고용되었다. 이러한 행동들의 결과를 뒤집을 수 없는 경우가 흔하다. 그리고 그러한 행동의 결과를 뒤집을 수 있는 소수의 경우에조차, 조직에 의해 취해진 행동에 관한 기록들이 남아 있을 가능성이 높다.

앞에서 우리는 외부의 관점으로는 잘못이라고 간주될 수 있는 특정 행동의 수행이 조직 내부의 사람들에게 이 행동이 저질러지는 맥락에서는 옳은 일이라고 납득시킬 수도 있는 가능성을 고려했다. 즉, 그런 행동은 우리 회사가 일을 하는 방식인 것이다. 이제 다른 갈래의 상황을 고려해 보고자 한다. 이 상황에서는 조직에서의 다른 행위자들이 이 행동이 본질적으로 나쁘든, 뒤따르게 될 결과 때문이든 이 행동은 나쁘다는 것을 깨닫는다. 이 행동은 이미 저질러졌기 때문에, 이때 내려야 할 결정은 그 행동을 사라지게 하는 것이 아니다, 이는 불가능하다. 여기서의 결정은 조직의 다른 사람들이 나쁜 행동이 취해졌음을 알게 하고 이 행동이 계속되도록 허용하거나, 이 행동을 계속하도록 부추기는 것 사이의 선택이다.

그룹에 대한 충성, 나쁜 결정을 한 사람에 대한 충성, 그리고 그 행동 경로에 대한 몰입이 취소될 수 없다는 느낌 때문에 이러한 행동을 계속하도록 허용하거나 부추길 가능성이 있다. 이에 대해 알게 된 행위자가 타협하는 듯한 행동을 취하면서, 이후의 나쁜 관행을 중지시킬 행동에 대한 가능성을 열어 둘 경우, 이는 특히 더 그렇다. 처음에 나쁜 행동을 알게 되었을 때 개입하지 않으면, 나중에 개입할 정확한 시기를 발견하기 어렵기 때문에, 이러한 행동들은 사실상 나쁜 행동 경로를 허용하는 경우가 흔하다.

한 가지 유명한 예는 굿리치 사가 작동할 수 없는 비행기 브레이크를 디자인할 때 저지른 사기 사건에서 볼 수 있다.[21] 간단히 말하자면, 엔지니어가 비행기 브레이크 설계 시 계산 상의 실수를 저질렀다. 이 설계 계획의 브레이킹 라이닝 패드는 요구되는 거리에서 비행기를 정지시키기 위한 브레이킹 마찰을 제공하기에는 너무도 작았다. "그 브레이크는 너무 작았다. 브레이크 디스크에 비행기를 정지시킬 충분한 표면적이 없어서 과도한 열을 발생하여 라이닝이 망가졌다."[22]

우리의 분석의 관점에서는 그 때 중대한 사건이 발생했다. "새로운 위협이 나타났다. LTV(주 계약자들) 엔지니어링 팀이 브레이크가 작동하는지 살펴보기 위해 공장을 방문했다. 다행스럽게도, 그들은 몇 일 동안만 체류했으며 굿리치의 엔지니어들은 별로 어렵지 않게 진상을 숨길 수 있었다."[23] 내가 제안하는 바는 외부인들의 방문으로 인해 굿리치 직원들은 브레이크 부품이 궁극적으로는 반드시 실패하리라는 것을 알고 있었음에도 불구하고 자신들의 동료 엔지니어가 이 중대한 사실을 숨기도록 지원했다는 것이다. 그렇게 함으로써, 그들 중 많은 사람들이 이 사기에 연루되어 붙잡히게 되었다. 궁극적인 결과는 같지만, 또 다른 사례는 처음에 나쁜 행동을 저질렀던 사람이 관점을 바꿔서 자신이 시작했던 나쁜 행동의 잠재적 결과를 보게 될 경우에 발생한다. 이제 그는 자신의 과거의 행동이 일리가 있도록 할 필요가 있다. 그 사람이 그 행동을 한 진정한 이유는 그 당시에는 그 행동의 잠재적인 나쁜 결과를 생각하지 않았기 때문이다. 그 결정 당시에 그가 채택했던 직관적 관점에서 볼 때에는 그것은 옳은 결정이었거나 최소한 그릇된 결정은 아니었다. 이것이 직관에 근거한 의사 결정 시스템에 관해 앞에서 논의한 내용이 주는 메시지이다. 그러나 심리학의 더 재미있는 발견 사항 중 하나는 사람들은 자신에게 이러한 자비를 베풀지 않는다는 것이다. 대신, 사후의 통찰력이 그들로 하여금 그것은 의식적인 추론 시스템에 의해 이루어진, 잘 고려된 결정이었다고 생각하게 한다. 이러한 회고적 관점이 그들에게 의사 결정을 숨기는 모드로 이끌어서 그들이 의사 결정에 관여한 사실을 부인하거나, 그 결정이 옳은 결정이었다는 이유를 생각하게 한다. 그렇게 하기 위해서는 그들은 자신을 다른 방식으로 생각해야 한다.

A. 사회적 정체성에 대한 고려

지난 20년 동안에 개발된 한 이론[24]은 매우 중요한 점을 지적하고 이를 검증했다. 한 개인이 자신이 소속한 집단의 목적에 헌신되어 있고 그 집단이 해야 할 과제가 있다는 의미에서 어느 집단의 일원일 경우, 그 개인의 과제는 먼저 해당 집단의 전형적인 일원이 되는 것이고, 그 다음에는 자신이 할 수 있는 한 최대로 그 집단의 목표 달성을 돕는 것이다. 이는 다른 무엇보다도 해당 집단의 도덕적 관점을 채택하는 것을 의미한다.[25] 우리가 앞에서 말한 내용을 상기해 보라. 다원적 무지(pluralistic ignorance. 집단 안에서 자기만 다른 사람들과 다르게 생각한다고 느끼는 현상. 역자 주) 때문에, 그는 집단 내의 다른 사람들이 최초의 행동을 비윤리적인 행동이라고 생각할 수도 있음을 알지 못할 수도 있다. 침묵이 그 사람에게 보내는 신호는 집단이 최초의 행동을 도덕적으로 적절한 행동이라고 간주한다는 부정확하지만, 설득력 있는 메시지이다. 개별 구성원의 과제는 그 결정을 받아들이고 집단이 앞으로 나아가게 하는 것이다. 이는 이전의 위반을 숨기는 행동을 취함을 의미할 수도 있지만, 나쁜 행동 경로를 계속하는 것이 될 수도 있다. 왜 내 양심이 나를 귀찮게 해야 하는가?[26]의 예에서, 계약자의 시찰 팀을 "모든 것이 잘되어 가고 있다"고 안심시킨 굿리치 직원들의 충성심에 견인된 행동이 실패할 것이 뻔한 사기를 지속하는 데 기여했다.[27] 계약자들의 시찰 팀은 최종적인 나쁜 결과의 진로를 바꿀 수도 있었던 질문을 제기하지 않았다.

B. 다른 정체성이 제공되다

추가 연구를 위해 정체성 개념을 만들 수 있다. 정체성들이 우리가 일반적으로 간직하는 도덕 코드와는 다른 도덕 코드를 만드는 역할에 일익을 담당한다. 하키와 미식 풋볼에서 고질적인 폭력이 그 예이다. 선수들은 다른 편 선수들에게 일반적으로는 받아들여질 수 없는 행동 방식으로 폭력을 행사한다. 물론, 허용될 수 있는 폭력은 규칙에 의해 제한되지만, 여기에는 주목할 두 가지 재미있는 사실이 있다. 풋볼에서의 "late hit(뒤늦은 가격)"와 하키에서의 "slashing(스틱 휘두르기)"과 같은 일부 폭력 행위들은 규칙에 어긋나지만, 이러한 규칙 위반에 대한 벌칙을 부과하기 위한 두 번째 세트의 규칙들이 있는 바, 이는 어떤 의미에서는 규칙 위반을 보다 넓은 영역의 "받아들일 수 있는 행동 규칙" 안으로 들여온다. 둘째, 스포츠를 연구하는 사람들에 의해 언급된 바와 같이, 팀원들은 종종 단체적으로 상대 팀에 받아들일 수 있고 심지어 바람직하기까지 한 피해를 입히는 것을 목표로 하는 "페르소나"를 채택한다. "가서 그들을 죽을 만큼 패주자"는 게임에서 폭력을 다소 모호한 합법성의 테두리 안으로 들여오는 명령이다. 남들에 대한 도덕적으로 모호한 행동을 합법화시키는 요소를 포함하고 있는 다른 역할들도 있다.

그리고 우리 모두는 최소한 몇 가지 역할들을 상당히 잘해 낼 수 있다. 어떤 사람이 부패를 발견하고 이를 비난하려 하는데, 이에 대해 침묵하는 대가로 어떤 역할을 제의 받고 있는 상황을 예로 들어 보자. 이를 받아들이면, 그 사람은 속임수를 수용하고 이 부패의 지속 및 확대에 있어서 일익을 담당하게 된다. 그는 높은 도덕적 정직성을 지닌 올바른 사람으로서 이 상황에 들어 온 바, 이 또한 하나의 역할이다. 그러나 그 역할이 도전을 받을 경우 그는 어떻게 행동할 것인가? 이 특정한 상황에서는 기만을 포용하는 새로운 역할을 받아들이라는 상당한 압력이 존재함을 주목하라.

마이클 루이스(Michael Lewis)에게 이러한 딜레마가 닥쳤는데, 이에 대해서는 그의 책 『거짓말쟁이의 포커』(Liar' s Poker)[28]에 묘사되어 있다. 이 책에서 그는 살로몬 브러더스에서의 연수 시 채권 트레이더로서의 자신의 경험을 요약했다. 고참 트레이더가 그에게 AT&T 채권은 고객에게 판매하기 좋은 채권이라고 조언해 주었고, 그는 자신의 고객 중 한 명에게 3백만 달러어치의 채권을 팔았다. 그 채권은 급격히 가격이 하락했으며, 트레이더는 루이스가 그 고객과 쌓아왔던 신뢰 관계에 해를 입혔다. 더 상위 직급의 세일즈맨이 루이스에게 이 채권들이 "팔기 좋은" 채권이었던 이유는 이 채권들이 살로몬 브러더스의 재고로 남아 있었는데, 이 회사가 AT&T의 채권 가격이 하락할 것이 확실하다고 믿었기 때문이라고 알려줬다. 그래서 그들은 이 채권을 털어내기 원했으며, 이를 알지 못하는 고객들에게 그렇게 했다.

루이스는 그들이 고객에게 큰 피해를 입혔으며, 고객에 대한 의무에 관한 윤리 강령을 위반하는 방식으로 행동했다고 주장하며 그 트레이더에게 항의했다. 그 트레이더는 화를 내며 이렇게 말했다. "이 봐! 자네는 고객을 위해 일하는가, 살로몬 브러더스를 위해 일하는가?" 이때 루이스는 살로몬 브러더스의 진정한 관행은 회사의 이익을 위해 고객을 우려먹는 것임을 깨달았다. 그가 살로몬 브러더스에 남아 있으려면, 기꺼이 이러한 종류의 신뢰 위반 행동을 취하는 사람인 "방해 전파기"(jammer)라는 정체성을 채택할 필요가 있었다. 그러나 그 당시에 그가 취할 수 있었던 유일한 다른 정체성은 실제 세상이 어떻게 돌아가는지 모르는 순진한 바보의 정체성이었다. 그리고 그는 가까운 트레이딩 플로어에 순진한 바보를 경멸하고 이 경멸을 공개적으로 표현하는 많은 사람들로 둘러싸여 있었다. 이것이 바로 사람들에게 특정 그룹의 다른 사람들에게 비윤리적으로 행동할 수 있게 해 주는 정체성을 채택하게 하는 상황이다.

Ⅵ. 결론

나는 두 가지 퍼즐을 풀고자 했다. 첫째, 왜 도덕적으로 나쁜 결과를 가져오는 많은 행동들이 우리가 적절한 도덕적 행위자라고 생각할 만한 사람들에 의해 시작되는가? 이에 대한 답은 그들은 우리들 대부분과 같이 간헐적으로 도덕적인 행위자라는 것이다. 그들은 추론 시스템이 관여하면 도덕적 관점을 취하지만, 그렇지 않으면 "시급한 문제를 해결"하기 위해 매우 직관적이고 자동적인 사고에 의해 주도될 수 있는 바, 그럴 경우 매우 실용적으로 변할 수 있다.

두 번째 문제는 "집단 행동" 문제라 부를 수도 있다. 왜 조직의 다른 사람들이 그리도 자주 도덕적으로 나쁜 행동 경로를 돕고, 선동하고, 진척시키는가? 내가 위에서 제시한 답변들은 보다 복잡하며, 독립적이지만 일반적으로 관련된 프로세스들과 관련이 있다. 이전의 부패 행위로 이끄는 일부 프로세스들은 "조직의 맥락"에서는 윤리적으로 적절한 것으로 인식된다. 다른 프로세스들은 이전의 부패 행위들을 대중이 보지 못하도록 감추게 하는 집단에 대한 충성 또는 헌신의 관여에 의해 작동한다. 이는 종종 이전의 행동을 "감추거나" 이를 계속하는 형태로 추가적인 부패 행동을 수반한다. 때로는 이전에는 도덕적인 방식으로 행동하기 위해 주의를 기울였던 사람이 부패한 관행들과 잘 어울리고, 심지어 부패한 관행의 독립적인 원천이 되기도 하는 페르소나를 채택하는 경우도 있다.

토론 문제

1. 달리에 의하면, 사람들은 왜 조직에서 부패 행위를 시작하는가? 당신은 사람들이 부패 행위 속으로 "발이 걸려" 넘어질 수 있다고 생각하는가? 왜 그렇게 생각하는가?

2. 달리는 왜 사람들을 부패 행위 안으로 끌어들이는 것이 아주 쉽다고 생각하는가?

3. 달리의 "동조화" 개념은 무엇을 의미하는가? 당신은 이 개념이 윤리적 행위에 도움이 되는 환경과 어떻게 관련이 된다고 생각하는가?

4. 달리에 의하면, 그룹에 대한 충성심이 어떻게 부패 강화에 도움이 되는 환경에 기여하는가? 당신은 이에 동의하는가?

Notes

1. Russell Mokhiber, "Corporate Crime and Violence: Big Business, Power and the Abuse of the Public Trust" (1988).

2. Michael A. Hogg & Elizabeth A. Hardie, "Prototypicality, Conformity and Depersonalized Attraction: A Self-Categorization Analysis of Group Cohesiveness," 3 Brit. J. Social Psychol. 41-56쪽(1992)

3. Corporate Violence, Stuart L., Hills 편(1987)에 나오는 Nancy Frank, "Murder in the Workplace"에 이 회사 및 이 회사의 비리에 대한 간략한 설명이 나와 있다.

4. Bryan Burrough & John Helyar, Barbarians at the Gate: The Fall of RJR Nabisco 58(Harper Perennial 편, HarperCollins 1991)(1990)

5. Daniel Kahneman, "A Perspective of Judgment and Choice: Mapping Bounded Rationality," 58 Am. Psychol. 697, 697-720쪽(2003).

6. 위의 글 697-699쪽.

7. 위의 글 699쪽.

8. Don A. Moore & George Loewenstein, "Self-Interest, Automaticity and the Psychology of Conflict of Interest," 17 Social Just. Res. 189, 189-202쪽(2004).

9. 위의 글

10. Nilanjana Dasgupta, "Implicit Ingroup favoritism, and Their Behavioral Manifestations," 17 Social Just. Res. 189, 189-202쪽(2004).

11. 자기 중심주의적 윤리 연구에 대한 검토는 Nicholas Epley & Eugene Caruso, "Egocentric Ethics," Social Just. Res. 171, 171-187쪽(2004)을 보라.

12. Mark Maremont, "Anatomy of a Fraud," Bus. Week, 1996년 9월 16일, 90-94쪽.

13. Ann Tenbrunsel & David Messick, "Ethical Fading, the Role of Self-Deception in Unethical Behavior," Social Just. Res. 223, 228-229쪽(2004).

14. Deborah A. Prentice & Dale T. Miller, "Pluralistic Ignorance and Alcohol Use on Campus: Some Consequences of Misperceiving the Social Norm," 64 J. Personality & Social Psychol. 243, 243-256쪽(1993).

15. Dale T. Miller & Cathy McFarland, "Pluralistic Ignorance: When Similarity Is Interpreted as Dissimilarity," 53 J. Personality & Social Psychol. 298, 298-305쪽(1987).

16. Tenbrunsel & Messick, 위의 주석 13, 228쪽.

17. 위의 글.

18. Daniel Kahneman 외, "Prospect Theory: An Analysis of Decision under Risk," 47 Econometrica 263, 263-291쪽(1979).

19. Paul Munter, "SEC Sharply Criticized 'Earnings Management,'" J. Corp. Acct. & Fin. 31, 34쪽(1999).

20. 이에 대한 논의는 Stephen Barr, "You're Fired," CFO, 2000년 4월 1일을 보라.

21. Kermit Vandivier, "Why Should My Conscience Bother Me?" Corporate Violence, Stuart L. Hills 편, 145-172쪽(1987)에 수록된 글.

22. 위의 책 148쪽.

23. 위의 책 150쪽.

24. Dominic Abrams와 Michael Hogg, Social Identity Theory: Constructive and Critical Advances(1990).

25. Henri Tajfel, "Cognitive Aspects of Prejudice," 1 J. Biosocial Sci., 173, 173-191쪽(1969).

26. 위의 주석 21의 Vandivier를 보라.

27. 위의 책을 보라.

28. Michael Lewis, Liar's Poker(1989).

읽기 자료

BEYOND
INTEGRITY

알 에리스먼: "쉐론 왓킨스: 우리는 엔론으로부터 교훈을 배웠는가?"

Ethix 53, 2007년 6월

쉐론 왓킨스는 2001년 8월에 당시의 엔론 CEO 켄 레이에게 회사 내 회계의 특이 사항을 알려주면서 엔론이 "회계 스캔들의 파도 속에서 폭발할 수도 있다"고 경고했던 엔론의 전 부사장이다. 그녀는 엔론 몰락을 조사하는 하원과 상원의 의회 위원회에서 증언했다. 타임 지는 2002년에 "자신의 일을 올바르게 함으로써 옳은 일을 한 사람"이라는 이유로 쉐론을 FBI의 콜린 로울리(Coleen Rowley), 월드컴의 신시아 쿠퍼(Cynthia Cooper)와 함께 올해의 인물로 선정했다.

현재 독립적인 강사 겸 컨설턴트인 그녀는 『실패의 힘: 엔론 붕괴의 내부 이야기』(Power of Failure: The Inside Story of the Collapse of Enron, Doubleday, 2003)의 공동 저자이기도 하다. 1993년에 엔론에 합류하기 전에, 왓킨스는 뉴욕의 상품 대여 부티크 MG 트레이드 파이낸스에서 3년간 일했으며, 아서 앤더슨의 뉴욕 및 휴스턴 사무소에서 8년간 일했다. 공인회계사이기도 한 그녀는 오스틴 소재 텍사스 대학교에서 회계학 석사와 회계 및 상도덕 분야의 경영학 학사 학위를 취득했다.

• • •

에딕스: 엔론에서 정말로 일을 즐긴 적이 있는가?

왓킨스: 1993년에서 1995년까지 엔론의 비즈니스는 성장하고 있었다. 내가 파이낸스 부문에서 일하고 있던 제디 포트폴리오는 정말 재미있었다. 우리는 다양한 석유 회사와 가스 회사에 대출과 투자를 하고 있었다. 그들이 우리의 자금 지원으로 그들의 꿈을 실현시키는 것을 보는 것은 신나는 일이었다. 그리고 우리는 이 분야에서 돈을 벌고 있었다.

엔론은 언제부터 변하기 시작했는가?

왓킨스: 1996년에 경고 신호가 있었는데, 나는 지금은 그 당시보다 이를 훨씬 심각하게 생각한다. 1996년에 나는 단지 항의만 했고, 아무 결과도 얻지 못한 채 다른 부문으로 옮겨졌다.

1996년에 제프 스킬링(Jeff Skilling)에 의해 운영되던 엔론의 자본 및 트레이딩 부문은 가스 트레이드에서 돈을 잃는 포지션을 취해서 분기 손실에 직면해 있었다. 이익 부족분을 어떻게 채울지에 관해 많은 회의가 열렸다. 그때 "공정 가치"가 만들어졌다.

엔론은 상품 계약을 시가 평가하고 있었는데, 시가 평가는 합법적이었다. 그런데, 그들은 공정 가치 회계에 관해, 이 아이디어를 새로운 차원으로 가져갔다. 그들은 상장 회사를 인수해서 이를 개조해서 5, 6년 뒤에 다시 상장할 의도로 상장을 폐지했다. 거래가 종결된 지 겨우 27일 뒤에 엔론은 피인수 회사의 가치를 50%나 높게 평가했다. 이는 일반적으로 인정된 회계 원칙에 반하는 짓이다. 공정한 시장 가치는 관련이 없는 두 당사자들 사이의 거래에서 지급될 금액이다. 불과 27일 만에 이 회사가 50%나 더 가치가 있다고 말하는 것은 자신들이 시장을 현혹시키고 있다고 말하는 셈이다. 이 회사는 석유 및 가스 개발 회사로서 이 27일 동안에 8개의 유정을 시추했는데, 그 중 7개가 성공적이었다. 시추 성공이 이 회사에 대한 재평가의 이유였다. 그러나 이 회사의 개발 방식은 얕은 시추를 활용하는 것이었다. 이런 회사들은 대개 1년에 100개의 유정을 시추하는데, 그들의 성공률이 80%에 달하기 때문에 이는 회사 가치를 올릴 근거가 되지 못한다. 기구 제조업자가 자신들이 일반적으로 생산하는 숫자만큼의 기구들을 성공적으로 만들었기 때문에 자기 회사의 가치가 더 나간다고 말할 수는 없다. 나는 그것은 선을 너무도 많이 넘은 것이라고 생각했고, 내가 알고 있던 아서 앤더슨의 일부 파트너들에게 항의했지만, 아무 소용이 없었다.

그때 앤디 패스토우(Andy Fastow, CFO)가 내게 우리의 투자자 중 한 명에게 거짓말을 해 달라고 요청했는데, 이는 끔찍하게 불편한 상황이었다. 공정 가치 회계는 내가 운영했던 제디 포트폴리오 안에서 시행되고 있었다. 나는 회계 부서에 있지는 않았지만, 그 관행에 내 이름이 연루되기를 원하지 않았다. 그래서 나는 엔론 인터네셔널로 옮겼다. 내가 엔론 인터네셔널에서 일했던 시간이 엔론에서의 가장 행복한 시기였을 것이다. 이 부문은 일반적인 회사처럼 운영되었다. 이 부문을 운영했던 레베카 마크(Rebecca Mark)와 조 서턴(Joe Sutton)은 세부 사항들에 깊숙이 관여하고 있었다. 그들은 숫자를 빠르게 처리했으며, 장밋빛 전망이 없는 프로젝트들을 일상적으로 기각했다.

그러나 1999년에 제프 스킬링이 엔론 인터네셔널을 해체하고 브로드밴드를 확대하기로 결정했을 때 일이 틀어졌다. 그래서 최악의 시간은 기본적으로 2000년부터 2001년 말까지 브로드밴드에 근무할 때까지였다고 말할 수 있을 것이다.

개인적 도전

사직에 관해 생각해 봤는가? 그냥 그 회사에서 나오면 되지 않았는가?

왓킨스: 1996년에 사직에 관해 생각해 봤지만, 나는 아직 부사장이 되지 못했었다. 그 당시에는 휴스턴에서 어느 누구도 엔론을 떠난다는 것을 믿지 못했을 것이다. 엔론은 2001년까지 인기가 있었다. 이사로 채용된 사람은 이사로 떠나지 않는다. 그러면 사람들이 쫓겨났다고 생각할 것이다.

내가 부사장이 된 후에, 개인적인 상황이 바뀌었다. 나는 결혼해서 아이를 가졌으며, 두 번째 아이를 원하고 있었다. 엔론 인터네셔널 해체 후 브로드밴드로 옮긴 뒤에, 나는 엔론의 방향에 대해 환멸을 느끼게 되었으며 개인적인 위기를 만났다. 다른 일자리를 구해야 하는가, 아니면 두 번째 아이를 낳은 뒤에 나가야 하는가? 경력을 해치지 않는 성공적인 모성 휴가는 한 회사에서 오랫동안 자리를 잡을 경우에만 가능하다. 그래서 나는 둘째 아이를 가지고 나서 회사를 떠날 계획이었다. 그런데 둘째 아이는 갖지 못했다.

엔론의 파산 요인들

엔론의 행동에 기여한 요소들은 무엇인가?

왓킨스: 엔론 몰락의 주요 요인들 중 하나는 성과 순위 책정 프로세스였다. 그것은 "순위와 해고(rank and yank)"로 알려졌으며, 매우 잔인했다. 6개월마다 표에 당신의 이름이

동료들의 이름과 함께 표시된다. 1990년대 초에는 회의 도중에 사무실로 돌아가지 못하도록 격지의 대형 호텔 컨퍼런스 룸을 빌렸다. 문자적으로, 이 회의는 아침 8시에 시작되었고, 이 회의를 떠나도록 허락되지 않았다. 나도 다음날 오전 2시까지 그곳에 있었던 적이 여러 번이었다.

우리는 행정 관리직에서부터 고위 전문가, 매니저, 그리고 이사에 이르기까지 모든 범주의 사람들을 검토했으며, 각각의 범주에 대해 순위가 책정되었는데, 처음에는 테이블에 플래카드가 걸린다. 누군가가 와서 이렇게 말하곤 했다. "이 &&&%#@는 이 위쪽에 있을 가치가 없다. 그들은 내게 X, Y, Z를 했고, 그래서 이곳 아래쪽에 있다." 이 프로세스는 애니멀 하우스 남학생 클럽의 선택 프로세스를 닮았다. 모든 직원들의 얼굴이 벽에 전자적으로 투사되었다. 그들은 버튼을 눌러서 종형 곡선(bell curve. 정규 분포를 나타내는 곡선. 이 곡선 상에 어느 한 점을 표시하면 상대적 위치를 쉽게 파악할 수 있다. 역자 주)을 보면서, 사람들을 탁월에서부터 미흡까지의 범주에 집어넣었다. 5~10%만 최고 등급에 들어갔고, 다음 등급에 10~15%가 들어가는 식이었다. 4번째 범주는 위험 등급이었고, 다섯 번째 범주는 회사에서 나가야 한다는 것을 의미했다. 사람들은 항상 자신이 최근에 엔론을 위해 무엇을 했는가, 다른 사람들이 그 테이블에서 자신에 대해 뭐라고 할까에 대해 생각했다.

GE도 유사한 프로세스를 따른다고 알려져 있지만, 그들은 올바른 것을 가치 있게 여긴다. 사람을 표의 상단에 표시되게 하는 것은 회사의 핵심 가치들과 궤를 같이 했다. 엔론에서 사람을 표의 상단에 표시되게 하는 것은 이익이었다. 이 이익을 발생시킨 수단은 문제가 되지 않았으며, 그것이 바로 엔론이 망가지기 시작한 지점이었다. 모든 사람들이 자신이 발생시키는 이익에 초점을 맞추고 있었다.

그래서 이러한 의심스러운 거래들(deals)이 행해질 때, 나는 똑똑한 사람들이 머리를 갸우뚱하기는 하지만 문제를 이해하지는 못하는 것을 목격했다. 예를 들어, 그들은 엔론 주식을 담보로 자금을 조달한 부외 회사인 랩터 구조(Raptors Structure)를 설립했다. 이는 어느 회사가 기구를 충분히 팔지 못해서, 이 기구를 구입하기 위한 회사를 세우고, 자신의 주식을 담보로 이 쉘 컴퍼니(shell company. 회사의 실체가 없이 명목상으로만 존재하는 회사. 역자 주)의 자금을 조달한 것과 마찬가지였다. 그리고 나서 원래의 회사는 쉘 컴퍼니에 기구를 팔아서 매출 목표를 맞춘다. 원래의 계획은 쉘 컴퍼니가 이 기구들을 시장에 판다는 것이었다. 그러나 쉘 컴퍼니가 기구들을 제3자에게 팔 수 없으면 쉘 컴퍼니는 원래의 회사의 주식을 담보로 자금을 조달하여 기구 값을 지불할 수 있었다. 비즈니스와 회계는 그런 식으로 수행되지 않지만, 그것은 사실상 엔론이 하던 방식이었다.

사람들은 거래들에 대해 듣기는 했지만 거래들을 이해하지는 못했다 그러나 그들은 자신의 거래 종결 및 이익에 대한 압력을 너무도 많이 받고 있어서 이렇게 말하곤 했다. "나는 아서 앤더슨이 이를 조사했고 이를 인정했음을 안다. 나는 그 거래를 이해하기 위해 집중할 시간이 없다." 똑똑한 사람들은 질문하기를 중단했다. 그들은 다음 거래에 집중해야 했기 때문에, 자신의 신경에 거슬리는 뭔가를 샅샅이 알아볼 시간이 없었다. 통제 및 리스크 부문장 릭 바이(Rick Buy) 및 빈스 카민스키(Vince Kaminski), 그리고 그의 부하 직원들과 같은 일부 직원들은 이에 대해 우려했지만, "순위와 해고"라는 쳇바퀴 때문에 그들이 원하는 만큼 이를 추궁할 수 없었다.

내부 고발

켄 레이에게 메모를 써야겠다고 결심하게 한 프로세스에 대해 좀 더 말해 주겠는가? 당신은 그 결정을 어떻게 평가하는가?

왓킨스: 어떤 프로세스도 없었다. 그것은 문자적으로 반응일 뿐이었다. 나는 2001년 여름에 다시 앤디 패스토우 밑으로 들어갔다. 나는 7월에 내 업무를 수행하던 도중에 이 랩터들을 우연히 발견했고, 그들이 엔론 주식으로 자본을 조달했음을 알게 되었다. 나는 진지하게 엔론의 경쟁자들과 인터뷰하기 시작했다. 나는 가급적 빨리 이 회사를 나오고 싶었다. 나는 가족계획을 보류하고 이곳에서 나가야 한다고 말했다. 나는 그런 사기를 저지르고 있는 회사를 위해 일할 수 없었다.

나는 다른 회사와 고용 계약을 맺었던 날, 즉 엔론에서의 마지막 날에 제프 스킬링을 만날 계획이었다. 그는 "일체 타협하지 않는" 무자비한 사람이었기 때문에 그를 만날 용기를 낸다는 것은 어려운 일이었다. 그래서 나는 다른 직업이라는 안전망을 마련하고서도 이에 대해 걱정이 되었다. 그런데, 그때 갑자기 그가 사직해서 모든 사람들을 놀라게 했다. 타이타닉 영화가 떠올랐다. 나는 물이 들어오는 것을 보고 있는 승무원이었고, 스킬링의 사임은 마지막 칸막이가 부러지는 것과 같았다. 그것은 내가 보고 있는 것이 정말 나쁜 것이었고, 그는 무슨 일이 벌어질지 알고 있다는 최종 증거였다.

그는 화요일에 사임했는데, 나는 목요일에 전 직원 회의가 개최될 것이라는 걸 알고 수요일에 익명의 편지를 써서 켄 레이에게 보냈다. 그들에게는 이런 일들을 다루는 프로세스가 있었고, 나는 단지 익명의 편지를 쓰는 선에서 그치려 했다. 켄 레이가 제프 스킬링이 사임한 진정한 이유를 알아본다면 이 문제에 대해 질문할 수도 있을 터였다. 나는 전 직원 회의에 참석했는데, 켄 레이는 우리의 가치인 존중, 올곧음, 소통 및 탁월함에 대해 말하고 있었다. 그는 엔론에서 보다 친절하고 보다 온화한 사람이었다. 그가 CEO로 복귀한다고 발표하자 커다란 기립 박수가 있었다. 그는 우리의 비전과 가치들이 미끄러졌으며, 우리는 우리의 핵심 가치들로 돌아갈 필요가 있다고 말했다. 그리고 그는 누구라도 엔론이 하고 있는 일에 대해 불편한 구석이 있으면 스티브 킨(Steve Kean), 신디 올슨(Cindy Olson, HR 부문장), 또는 자신에게 허심탄회하게 말하라고 했다. 그러나 그는 내 메모에 대해서는 아무 말도 하지 않았다.

나는 그날 오후에 신디 올슨을 만났다. 내가 그녀에게 켄 레이에게 보냈던 메모를 보여주자, 그녀는 이렇게 말했다. "켄은 좋은 소식에 마음이 끌린다. 그는 아마도 이 메모를 최고 회계 책임자인 릭 코지(Rick Causey)와 앤디에게 보여줬을 것이고, 그들은 염려할 근거가 없다고 말했을 것이다. 그래서 그는 이 메모를 버렸다. 그에게는, 이 이슈는 해결된 것이다. 하지만 그는 직접 대면하면 더 좋은 사람이다. 그를 만나 보겠는가?" 나는 내 신원을 밝히기로 동의하고 다음 주에 그와 만날 약속을 잡았다. 이것이 내 사고 프로세스의 전부이다.

켄 레이와 만나면 어떨 것이라고 예상했는가?

왓킨스: 내 견해로는 배를 버렸던 제프 스킬링과는 달리 켄 레이는 고결하고 윤리적인 사람이었다. 나는 내가 그에게 그의 배에 치명적인 구멍이 나 있다고 말하면 그가 이를 점검할 것이라고 생각했다. 그런 구멍이 있다면, 그는 일자리와 비즈니스 라인들을 구하기 위해 노력할 것이고, 위기관리 팀을 꾸릴 것이라고 생각했다.

켄 레이는 비전 앤 엘킨스(미국의 법무 법인, 역자 주) 및 다른 임원들에게 우리가 정말 가라앉지 않을 것인지 확인하기 위해 이들을 재조사하도록 요청했다. 그러나 아무도 갑판 아래로 내려가 구멍이 있는지 알아보지 않았다. 내가 그에게 제시한 것은 엔론에게 많은 빚을 지고 있는 랩터들에 관한 기본적인 질문이었다. 그들이 어떻게 5억~7억 달러의 손실을 보충할 자금을 조달할 것인가? 자금이 외부 당사자에게서 나올 것인가, 외부 투자자 또는 채권자로부터 조달될 것인가, 아니면 엔론 주식으로부터 나올 것인가? 나는 그들이 엔론 주식을 이용해 엔론에게 지불할 계획이라면, 우리는 끝장난 것이라고 말했다.

만일 그가 그 질문에 대답하려 했고 진정으로 이에 관해 다른 회계 법인을 고용하려 했다 해도, 그는 엔론이 회계 부정을 저질렀다는 사실로부터 벗어나지 못했을 것이다. 그러나 그는 결코 그 질문을 바라보지 않았다. 그는 내가 뭔가 다른 것을 가져왔는지를 바라보았다. 그는 이사회가 랩터들에 대해 알고 있고, 아서 앤더슨이 랩터들을 점검했다고 나를 안심시켰다. 그것은 참으로 이상했다. 최상부에서 가치가 침식되면, 현장에서는 그 정도가 확대되기 때문에 CEO는 흠 없는 윤리를 지녀야 한다.

나는 종종 달리 어떻게 행동했겠느냐는 질문을 받는다. 그 대답은 나를 1996년으로 데려간다. 내가 1996년에 보았던 공정 가치 회계가 사기의 시작이었는데, 나는 그때 더 과감하게 행동했어야 했다. 그렇지만, 나는 2001년에 켄 레이가 내게 보였던 반응에 대해 보다 더 주의를 기울였어야 했다. 그가 정말로 이에 대해 조사했더라면, 나는 비전 앤 엘킨스(Vinson & Elkins)와 더 많은 회의를 했을 것이다. 나는 엔론의 법률 고문과 회의를 했을 텐데, 그는 한 번도 내게 회의를 하자고 전화를 한 적이 없다.

다른 사람들의 반응

마지막 즈음에, 당신이 평지풍파를 일으키고 있는 것이 명백해졌을 때 당신의 동료들의 반응은 어떠했는가?

왓킨스: 사실, 의회가 엔론 파산 후 한참 뒤인 2002년 1월에 언론에 내 메모를 흘리기 전에는 내가 켄 레이와 만난 사실이나 회계 사기에 대한 우려를 제기했다는 사실을 아는 사람이 많지 않았다.

2001년 8월의 전 직원 회의와 나와 켄 레이의 면담 약속일 사이의 5일 동안 내가 켄 레이를 만날 준비를 하고 있었을 때, 내가 말해 주지 않거나 묻지 않으면 아무도 내가 무엇을 하고 있는지 몰랐다. 5일간의 준비 작업 기간 동안, 파이낸스, 통제 및 리스크, 그리고 회계 부서의 일부 직원들은 내게 기꺼이 정보를 제공해 주었다. 나는 직원들은 윤리적인 회사를 위해 일하기 원한다고 생각한다. 그들은 그들을 신경 쓰이게 하는 일들을 보았고, 이를 좋아하지 않았으며, 따라서 내게 기꺼이 스프레드시트, 프레젠테이션 자료 및 데이터 등을 제공했다.

돌이켜 보면, 나는 또한 몇 명의 내 동료들과 함께 켄 레이를 만나러 갔더라면 좋았을 것이라고 생각한다. 조던 민츠(Jordan Mintz)는 이에 대해 매우 우려했던 사내 변호사였다. 나는 그가 이 사안을 이미 다른 법무법인에 문의했는데 그들이 이 사안이 매우 문제가 많다고 말했다는 사실을 몰랐다. 나는 카민스키가 이러한 것들에 관해 항의했다는 사실도 알지 못했다. 만일 내가 빈스나 조던과 같이 레이에게 갔더라면, 결과가 달라졌을 지도 모른다.

그러나 회사는 파산했고 의회가 2002년 1월 중순에 내 메모를 누설하기 전까지는 아무도 내 역할에 대해 알지 못했다. 며칠 안에 뉴욕 타임즈 지가 모든 것을 기사화했다. 나는 많은 지원을 받았다. 사람들은 앤디 패스토우에게 모든 비난을 돌리고 최고위급 임원들은 빠져 나가는 것을 우려했다. 그것은 앤디 혼자만의 책임이 아니었지만, 당시에 임원들은 외부와의 접촉을 끊고 이렇게 말했다. "사기꾼은 앤디 패스토우이다." 많은 직원들은 자기 부서에서 이익에 구멍이 나면, 부서장이 이를 채우러 앤디에게 간다는 것을 알았다. 직원들은 이익의 구멍을 CFO 및 그의 이상한 구조들과의 비즈니스를 통해 메운다는 것을 불편해 했고 극도로 말을 아꼈다. 비즈니스 부문장들은 우리 모두와 마찬가지로 주식 옵션을 받고 있었는데, 이 주식 옵션이 오래 쌓이면 큰 이익이 되었다. 많은 사람들이 이를 통해 큰돈을 벌었다. 나는 엔론이 망하기 전 1~2년 사이에 회사의 임원들 및 이사회 위원들이 10억 달러가 넘는 주식 및 주식 옵션을 현금화했다고 믿는다. 만일 모든 혼란에 대한 비난을 비뚤어진 CFO 앤디 패스토우에게 돌릴 수 있다면, 그것은 앤디를 희생양 삼는 거의 완벽한 범죄일 것이다. 앤디만 평생 감옥에서 보내고, 그들은 모두 은행에 3천만 달러에서 1억 달러의 예금을 보유한 부자로 집에 돌아갈 수 있었을 것이다.

조언

당신과 비슷한 위치에 있는 다른 사람들에게 어떤 조언을 해 주겠는가?

왓킨스: 나는 대학생들에게 이렇게 말한다. "당신의 가치들이 도전을 받거든, 회사를 나가라. 왜냐하면 당신이 최상부에 있지 않는 한 비윤리적인 회사를 바꿀 수 없기 때문이다. 합리화에 주의를 기울여라." 엔론에서의 유명한 합리화는 "그 회계 규칙을 사용하지 않을 거라면, 우리가 왜 이 나라에서 회계 규칙을 가지고 있는가?"라는 것이었다. 엔론이 회계 규칙을 어떻게 오용하고 있었는지에 대해 완벽하게 묘사하는 『사무실의 가장 똑똑한 사람들』(The Smartest Guys in the Room)에 이런 이야기가 나온다. 그들은 이름을 밝히지 않은 회계 임원 중 한 명을 인터뷰했는데, 그는 엔론이 어떻게 거의 150억 달러에 달하는 부외 부채를 부채가 아니라 자산 매도로 기록했는지 설명해 줬다. 회계 규칙은 담보부 모기지 부채의 리스크 이전에 관한 규칙에 대해 매우 구체적인 바, 회사가

자산을 특수 목적 회사로 옮기고 사실상 그 리스크를 은행이나 보험회사 또는 특정 기관에게 팔면, 그 회사는 이를 자산 매각으로 기록할 수 있다. 엔론의 이 규칙 사용을 비유하자면 이렇다. 자산 매각 취급을 오리라고 부르기로 하자.

엔론이 가지고 있는 것은 부채인 개인데, 그들은 개를 오리로 취급하기 원했다. 그래서 그들은 매우 구체적이며, 오리는 어떤 특성을 가지고 있는지 묘사하는 회계 규칙을 자세히 들여다보았다. 오리는 하얀 깃털과 오렌지색 물갈퀴가 있는 발, 그리고 노란 부리가 있어야 한다. 그래서 엔론은 자기 개를 데려다가 등에 하얀 깃털을 붙이고, 개의 발에 오렌지색 고무 물갈퀴를 신기고, 개의 코에 노란색 부리를 묶고서 아서 앤더슨에게 이렇게 말했다. "내가 오리를 가지고 있지 않다고 말하지 마라. 나는 오리의 모든 조건을 갖췄고 오리를 가지고 있으니, 이를 오리로 취급하겠다." 그리고 그들은 이에 대해 매우 완강했다. 그들은 규칙을 전혀 의도되지 않은 방식으로 사용했다.

나는 사람들에게 규칙이 원칙보다 우선하는 것으로 받아들이지 말라고 조언했다. 당신도 근저의 원칙들이 무엇인지 알 것이다. 누군가가 나와 같은 불행한 입장에 있다면, 혼자 가지 말라고 말하고 싶다. 내가 몇 사람을 더 발견해서 그들과 함께 갔더라면, 그들은 나를 외톨이라고 무시할 수 없었을 것이다.

이 나라를 위대하게 하는 것은 견제와 균형 시스템인데, 이 견제와 균형 시스템이 작동하게 할 필요가 있다. 무언가 나쁜 일이 일어나지 않도록 막기 위해 개인들이 열차 앞으로 뛰어드는 것에 의존하지 않아야 한다. 내 경고는 나쁜 일이 일어나도록 막지 못했다. 이런 경고는 너무 작았고, 너무 늦었다. 엔론은 망했고, 아서 앤더슨도 망했다. 수천 명의 직원들과 주주들이 나가 떨어졌다. 아서 앤더슨이 해야 했던 회계 감사가 실패했고, 비전 앤 엘킨스가 하고 있던 법률 업무도 실패했다. 대형 은행들의 대출 관행도 실패했다.

나는 우리가 사람들이 사베인-옥슬리법을 포함한 규정에 반하도록 떠밀리는 이 거대한 풍조 속에 있다는 점이 우려된다. 행크 폴슨(Hank Paulson)에서는 존 손턴(John Thornton) 등이 포함된 위원회에서 CEO들의 책임을 제한하려고 노력하고 있다. 우리는 어떤 패턴을 반복하고 있는데, 이를 올바르게 다루고 있지 않다. 나는 우리가 참으로 중대한 기로에 서 있는데, 잘못된 길을 선택할 수도 있다고 생각한다.

내가 젊은 감사인이었을 때, 노동자 안전 및 환경에 관한 모든 규제가 시행되고 있었다. 회사들은 이 규제들이 기업을 해외로 몰아낼 것이라고 말하면서 이에 반대하고 있었다. 우리가 이러한 환경오염 기준이나 노동자 안전 기준을 준수해야 할 경우 경쟁할 수 없다는 것이었다. 그렇지만 국가는 이에 대해 확고했다. 노동자들이 눈이나 사지(四肢), 또는 손가락을 잃거나 암을 유발하는 상황에 놓인다는 데 대한 도덕적 분노가 있었다. 환경을 오염시키지 않고, 노동자들을 해로운 상황에 처하게 하지 않으면서도 사업할 수 있다. 우리는 이러한 규제 아래에서 살면서 방법을 찾아냈고, 우리의 자본주의 시스템은 이러한 규제들로 인해 더 잘 작동한다.

이제 그들은 이 책임성을 밀어내려 하고 있는데, 사베인-옥슬리법을 들여다보면, 이 법은 모범 실무 관행을 법제화한 것에 지나지 않는다. 이 법이 CEO들이 더 쉽게 감옥에 가게 하기는 하지만, 그 사유는 재무제표 조작 및 오도뿐이다. CEO들은 아무튼 그렇게 하면 안 된다. 이 법은 내부 고발자를 보호한다. 이 법은 독립적인 이사들이 경영진이 출석하지 않은 채 회의를 하도록 한다. 이러한 내용들은 모범 실무 관행들이었지만, 회사들이 이를 시행하지 않고 있었을 뿐이다.

빈틈없는 내부 통제를 필요로 하지는 않는다. 도덕적으로 문제가 있는 직원들에 대한 무관용 정책이 필요하다. 내부 통제가 모든 부정이 발생하지 않도록 방지할 수는 없는데, 이는 너무 비용이 많이 들고 이치에 맞지 않기 때문이다. 내부 통제 시스템은 윤리적으로 문제가 있는 직원을 식별하여 그를 해고할 수 있을 정도로 견고해야 한다. 불행하게도, 리더들은 쓸모없는 직원이 윤리적으로 문제를 일으키면 그를 해고할 것이다. 그러나 그러한 직원이 고객 관리를 잘하거나 많은 돈을 벌 경우, 리더들은 그에게 두 번째 기회를 준다. 씨티그룹이 이에 대한 좋은 예이다. 그들은 유로본드 시장을 조종한 런던의 트레이더들을 견책하기만 했다. 그들은 일본의 프라이빗 뱅킹의 과실에 대해서는 일부 직원들을 해고했다. 그러나 도덕적으로 문제가 있는 직원들에게 두 번째 기회를 주면, 그들은 은밀하게 자신의 목적을 추구하는 더 비열한 방법을 찾아내는 경향이 있다.

나는 책임성 문제에 대해 우리가 충분한 도덕적 분노를 보이지 않음을 우려한다. 우리가 리더들이 책임을 지게 하지 않으면, 국가의 몰락을 초래할 것이다.

엔론 사례를 읽어 보니, 스킬링, 패스토우 등은 적극적으로 사기에 관여했지만, 켄 레이는 거리를 두려 한 것으로 보인다. 그는 적극적으로 잘못을 저지르지는 않았지만, 자신의 리더 역할도 하지 않았다. 이 평가가 정확한가?

왓킨스: 대체로 맞는 말이다. 왕의 새 옷 이야기는 켄 레이를 설명하기에 매우 좋은

비유이다. 이 우화에 사기꾼들이 나오는데, 나는 스킬링과 패스토우가 사기꾼들이라고 생각한다. 왕인 켄 레이는 자기의 외모에만 집중하고 늘 멋진 새 옷을 찾으면서 왕국에는 관심을 기울이지 않았다. 그는 엔론의 대외적 모양새에만 초점을 맞췄고, 세부 사항에는 절대 관여하지 않았다.

이 우화에서, 어린 소년이 "왕이 발가벗었대요"라고 말하자, 이 왕은 찬 공기를 느끼고, 만일 옷이 있었더라면 그렇게 춥게 느끼지 않으리라는 것을 깨달았다. 그렇지만 그는 고개를 들고 계속 행진을 이어 갔다. 결국 그가 왕인 것이다. 나는 켄 레이가 이 문제를 다룰지, 아니면 계속 행진할지 결정할 수 있는 순간이 있었다고 생각한다. 그는 행진을 계속하기로 결정했다. 그러나 그 선택은 증권법 위반이었다. (말하자면) 그가 시가 행진을 계속한 것은 "지금이야말로 엔론 주식을 살 좋은 시기이다" "우리는 CFO 앤디 패스토우를 전적으로 신뢰한다" 또는 "변칙 회계는 없다"와 같은 말로 엔론 주식을 계속 칭송했음을 의미했다. 그가 투자자들에게 엔론 주식을 계속 보유하고 있거나 더 사라고 말했기 때문에, 그의 말은 모두 증권법 위반이었다.

심리에서의 증언은 어떠했는가?

왓킨스: 의회 증언은 매우 힘들었다. 2002년에, 나는 하원에서 혼자서 거의 5시간을 증언했으며, 상원에서 스킬링과 함께 5시간을 증언했다. 두 상황 모두 어려웠지만, 나는 상원에서 스킬링이 내 옆에 앉아 있었을 때가 더 힘들었다고 생각한다. 그러나 나중에는 상원 의원들이 그를 엄하게 심문해서 나는 그저 뒷전에서 바라보는 형국이었다. 나는 또한 지난 2006년에 켄 레이의 심리에서도 증언했다. 그것은 으스스한 경험이었다. 켄 레이는 놀란 듯하고 슬퍼 보였다. 그는 심리 시간 내내 속이 좋지 않은 것 같았다. 그러나 레이와 함께 심리를 받은 스킬링은…. 나는 던(미국 드라마인 마피아 2에 나오는 마피아 대부 Don Carlo. 역자 주)이 옆에 앉아서 째려보고 있는 가운데 마피아에 대해 증언하는 것이 얼마나 어려운지 알게 되었다. 그것은 신경 쓰이는 일이었다. 증언 대상과 눈을 맞추어야 하기 때문에 증인이 되는 것은 힘이 든다.

켄 레이의 사망 소식을 들었을 때 어떠했는가?

왓킨스: 나는 슬펐다. 그 일은 매우 비극적이다. 그가 큰 압박감에 일찍 죽지 않았나 생각된다. 나는 휴가 중이었기 때문에 그 모든 소동을 피할 수 있었던 것을 다행스럽게

생각한다. 그런데 휴가에서 돌아와 보니 사람들이 이에 대해 분노하는 것을 보고 깜짝 놀랐다. 사람들은 그가 정의로부터 달아났다고 화가 나 있었다. 나는 정말 의아했다. "그가 정의로부터 달아났다는 말이 무슨 뜻인가? 그는 이제 죽었는데." 그러나 재무제표 조작의 피해자였던 한 의사가 이에 대해 설명해 주었다. "나는 켄 레이가 감옥에 가는 것을 보고 싶었다. 나는 10년 후에 어느 기자가 감옥에서 그를 인터뷰해서 이 인터뷰를 모든 CEO들이 정직한 재무제표를 만들 필요가 있다는 교훈으로 삼게 하기를 원했다. 인간들이 언제나 64세에 죽는다. 거기에는 교훈이 없다." 참으로 슬픈 반응이다.

제프 스킬링으로부터의 교훈은 어떤가?

왓킨스: 그의 24년형은 장기 복역이다. 그것은 하나의 교훈이 될 것이다. 그러나 나는 CEO 컨퍼런스에서 CEO들이 자신을 스킬링과 같은 사람으로 생각하지 않는다는 것을 발견했다. 그들은 켄 레이와 관련을 시키기는 하지만, 절대로 스킬링의 입장에 있는 것으로 보지 않는다. 나는 항상 맥킨지 컨설턴트들은 결코 CEO가 되어서는 안 된다고 생각한다.

타이코, 앤더슨, 임클론 등 다른 많은 회사들이 유사한 형태의 스캔들을 저질렀다. 이 조직들에 관여한 사람들과 얘기해 보았는가? 다른 주요한 회사들의 스캔들들과 엔론에서 일어났던 일 사이에 어떤 유사점과 차이점이 있는가?

왓킨스: 엔론의 경우 은행원, 감사인, 변호사, 수백 명의 내부 회계사, 변호사, 재무 전문가 및 임원들이 관여했기 때문에, 엔론 사례가 보다 더 시스템 차원의 실패이다. 엔론의 이사회마저도 윤리 강령을 두 번이나 면제했다. 대학들도 엔론을 칭송했다. 다덴과 하버드는 엔론을 모델 회사로 사례 연구를 했다. 비즈니스 위크, 포춘, 그리고 포브스도 모두 그 회사를 칭찬했다. 월가의 애널리스트들은 그들을 좋아했다. 대부분의 리서치 애널리스트들은 스킬링이 회사를 떠난 뒤인 2001년 10월에도 엔론에 대해 강력 매수 등급을 부여했다.

재무제표를 보면, 엔론의 현금흐름에 뚜렷한 문제들이 있었는데, 이 문제들이 너무도 심했기 때문에 사람들이 이를 봤어야 했다. 내가 내 장부 작업을 하고 있을 때, 나는 엔론의 언론 보도를 보고서 10Q(미국의 분기 보고서)들을 자세히 살펴보았다. 스킬링은 리서치 애널리스트들에게 엔론 에너지 서비스가 고비를 넘겼다고 말했다. 우리는 이러저러한 계약들을 체결했으며, 비즈니스 전망이 좋다고 했다. 그러나 10Q는 파이프라인 또는 다른 사업들로부터 나오는 수입만을 보여주게 되어 있다. 10Q가 스킬링이 그들에게 한 말에 부합하지 않았지만, 애널리스트들은 스킬링의 말에 따라 이익 전망 보고서를 작성했고, 10Q에는 관심을 기울이지 않았다.

앤더슨은 단기 이익을 위해 허위 감사를 했다. 비전 앤 엘킨스는 법률 작업을 흐리멍덩하게 했다. 그러나 은행들도 그것이 자신들의 장부에는 엔론의 부채이지만 엔론의 장부에는 수입으로 계상되리라는 것을 알면서 엔론에 대출해 주었다. 씨티그룹과 체이스 모두 각각 20억 달러에 엔론 주주 소송을 해결했다. 엔론이 파산을 선언했을 때, 그들의 장부 상 장기 부채는 130억 달러였다. 그들이 2001년 12월에 채권자들과 만났을 때, 그들은 실제 장기 부채가 380억 달러라고 발표했다. 250억 달러의 부외 부채 중 최소 100억 달러에서 120억 달러는 국제적 발전소나 파이프라인과 연계된 합법적인 부채로서 엔론에 소구권(遡求權)이 없었다. 그러나 나머지 120억 달러에서 150억 달러는 CIBC, 씨티그룹, 그리고 체이스들이 실행했던, 엔론에 청구할 수 있는 이상한 부외 대출이었다.

월드컴에는 잘못된 리서치가 있었는데, 이곳에서는 씨티그룹의 리서치 애널리스트 잭 그루브먼(Jack Grubman)이 이 회사의 주식을 밀어주고 있었다. 그러나 그들의 사기는 대부분 거액을 손익계산서로부터 대차대조표로 옮긴 CFO 사무실의 여섯 명에 의해 행해졌다. 아서 앤더슨 측에도 일부 그릇된 행동이 있었다. 내부 감사인 신시아 쿠퍼가 이 문제를 처음 발견했을 때, 그녀는 아서 앤더슨의 월드컴 담당 파트너에게 이에 대해 전화를 했는데, 그 파트너는 자신은 오직 월드컴의 CFO 스콧 설리번(Scott Sullivan)만 상대한다고 대답했다. 이는 잘못된 것이다. 내부 감사부서의 장이 "문제가 있는 것 같다"고 말하면 그 사람의 말을 들어야 한다. 이 회사의 회계 감사 법인은 감사를 잘못했지만, 그들의 이사회는 올바른 결정을 내렸다. 신시아는 감사위원회 위원장에게 갈 수 있었는데, 그들은 말하자면 나쁜 씨앗을 제거했고, 올바른 일을 했다.

타이코에서는 이사회가 눈감아 줬다. 그래서 이 회사에는 이사회 요소가 있다. 아델피아에서는 이사회가 회사 설립자들에 제동을 걸지 못했다.

그들은 모두 탐욕 및 교만, 그리고 이를 저지르고서도 잡히지 않을 수 있다는 생각으로 요약될 수 있다. 엔론 사례는 이 모든 요소들을 커버한다. 나는 한 MBA 과정 교수가 이렇게 말하는 것을 들었다. "엔론 사례를 한 학기 내내 다룰 수 있다. 다른 사례들은 한두 주면 커버할 수 있다."

배운 교훈

엔론에서 회사들이 배울 수 있는 더 큰 교훈들은 무엇인가?

왓킨스: 자본주의는 도덕성과 장기적인 관점을 필요로 한다. 그런데 이것이 대체로 무너졌다. 엔론의 트레이더가 매우 약탈적이어서 캘리포니아의 주요 고객들을 파산시켰고 캘리포니아 주 자체까지도 파산할 뻔했는데, 주요 고객들을 파산시키면 장기적으로 비즈니스를 잘할 수 없기 때문에 이는 근시안적이고 어리석은 짓으로 보인다. 그러나 이 나라에서의 화폐 제도 및 지급 제도가 너무도 망가져서 장기적 견해는 더 이상 중요하지 않게 되었다. 주가를 끌어 올릴 수 있다면 에너지 트레이더들은 1년에 5백만 달러에서 8백만 달러의 보너스를 받을 수 있었다. 그들 중 한 명은 현재 관리 자산 수십억 달러에 달하는 자신의 헤지 펀드를 운영하고 있다. 그들은 충분히 돈을 벌어서 자신의 사업을 시작할 수 있기 때문에 엔론의 장기적인 이익을 추구할 필요가 없었다.
『사무실의 가장 똑똑한 사람들』에 앤디 패스토우가 하고 있던 일이 묘사되어 있다. 어떤 은행이 엔론과의 거래를 거절하려 하면, 그 은행에 곧 투자은행 비즈니스를 주겠다고 약속해서 그들을 달래곤 했다. "이 대출 거래를 해 주면, 다음 번 IB 거래 후보 리스트의 상단에 올려 주겠다." 은행원들은 수백만 달러의 보너스를 받고 있었기 때문에 자기 은행의 장기적인 건전성에 대해서는 신경을 쓰지 않았다. 그들은 현재 햄프턴에 살면서 헤지 펀드에서 일하고 있다. 이제는 전설적인 부자가 되기 위해 한 직장에서 20년씩 일할 필요가 없게 되었다. 자본주의 시스템의 기본 구조를 무너뜨리는 이상한 구조를 통해서 매우 빠르게 부자가 될 수 있다. 최상층부 아래에서도 문제가 있었다. 일부 고위 책임자들은 미리 관계를 끊거나, 보다 현저한 역할을 한 사람들의 그늘 속에 숨음으로써 기소를 피했다. 이 책임자들은 윤리적이지 않았다. 그들은 두 번째 계층의 리더들이었고 그릇된 행동을 했다. 노골적으로 비뚤어진 사람만이 아니라, 윤리적으로 문제가 있는 사람들이 승진되면, 시스템에 해가 된다.

미래에 대한 전망

이제 엔론이 무너졌으니, 미국의 기업들에게 모든 것이 잘될 것이라고 생각하는가?

왓킨스: 불행하게도 그렇지 않다. 2002년 1월경에 엔론의 전모(全貌)가 처음으로 드러났을 때, 워싱턴 포스트의 E. J. 다이온(E. J. Dionne)은 엔론에 관해 사설 반대쪽에 기사를 썼다.

그는 미국의 설립자 중 한 사람인 제임스 메디슨(James Madison)을 인용했다. 메디슨은 사람들이 천사들이라면 정부가 필요 없겠지만, 사람들은 천사가 아니니 정부가 필요하다고 말했다. 다이온은 자본주의자들이 천사들이라면 모든 규제를 완화할 수 있겠지만, 확실히 자본주의자들은 천사들이 아니라고 결론지었다.

우리는 패러다임의 변화를 겪었고 견제와 균형 시스템의 일부를 상실했다. 나는 주주들과 경영진이 전에는 보다 더 연결되었었다고 생각한다. 내가 여전히 공인 회계사로 일하고 있던 1980년대까지는, 내가 감사했던 회사들은 대규모 주주총회를 열곤 했다. 1천 명에서 5천 명의 주주들이 참석했고, 한 두 곳에서는 언제나 일종의 소란이 있었다. 회사에서 작성하는 모든 것을 읽고 주주총회에 언제나 참석하는 주주들이 있다는 것을 알았기에, 회사들은 정직할 수밖에 없었다. 1990년대에는, 모든 사람들이 뮤추얼 펀드로 옮겨갔다. 아무도 더 이상 개별 회사에 투자하지 않는다. 당신이 투자한 뮤추얼 펀드의 가치가 이웃이 투자한 가치보다 오르지 않으면, 당신은 뮤추얼 펀드를 바꾼다. 펀드 매니저들은 이 사실을 알기에 주가에 초점을 맞춘다. 뱅가드처럼 최고 중의 최고들조차도 주주 총회에서 열 번 중 아홉 번은 별 생각 없이 고무 스탬프를 찍어준다는 점을 인정한다. 그들은 투자한 회사가 너무 많아서 안건을 일일이 검토할 수 없으므로, 그저 경영진의 편을 든다. 우리는 경영진에 대한 중대한 견제와 균형을 상실했다.

급여의 규모에서 이를 볼 수 있다. 1970년대에는, CEO들은 평균적으로 평균적인 노동자들보다 26배를 벌었다. 1980년대에는 42배였고, 1990년대에는 85배였다. 1990년대에는 모두 뮤추얼 펀드로 옮겨가고 CEO와 벤치마킹 회사들 외에는 주주총회 안건을 자세히 들여다보지 않았음을 고려하면 이는 그래도 다소 합리적인 수준이다. 2000년에 이르자 CEO평균 급여는 평균 노동자들의 급여의 531배였다. 세계의 어떤 나라도 이에 근접하지 않는다. 영국은 45배이고, 캐나다는 20배이다. 브라질도 51배이고, 일본은 10배이다.

이제 전국 이사 협회와 같은 곳에서는 이처럼 과도한 급여 차이가 문제라고 말한다. 컨퍼런스 보드의 블루 리본(Blue Ribbon) 위원회도 이는 문제라고 말한다. 폴 볼커(Paul Volker)는 주식 옵션 및 주식 부여(stock grant)를 없애야 한다고 말한다. CEO들은 현금으로만 지급되어야 한다. 전문가들은 과도한 CEO 급여가 문제라고 말하지만, 아직 아무런 조치도 취해지지 않고 있다. 급여는 계속 오르기만 한다. 그래서 나는 이 현상이 미국의 이사회 시스템이 작동하지 않고 있고, 이사회 의장이 진정으로 별도의 역할을 하는 유럽식 시스템과 유사한 시스템을 필요로 함을 강조한다고 생각한다. 이러한 의장은 결코 은퇴한 CEO가 아니라, 외부의 강력한 비즈니스맨이다. 독일에는 자문 이사회와 경영 이사회가 있는데, 최소한 자문 이사회가 경영 이사회에 중추를 제공한다.

나는 종종 『민주적 자본주의의 정신』(The Spirit of Democratic Capitalism)을 쓴 노박을 인용한다. 그는 자본주의는 정치적 자유, 경제적 자유, 그리고 도덕적 책임이라는 3개의 다리가 달린 의자라고 말했다. 이 다리들 중 어느 하나가 약하면 의자가 무너진다. 도덕적 책임이라는 다리가 과거에는 아동 노동 학대, 노동자 안전, 환경오염 면에 약점이 있었는데, 우리는 현재 이러한 영역을 다루었던 법률들을 가지고 있다. 나는 사회가 아동 노동, 노동자들의 안전, 그리고 환경오염에 도덕적 분노를 보였기 때문에 이러한 법률들이 제정될 수 있었다고 생각한다.

현재의 문제는 자격 부여 문제의 하나이다. CEO들이 자신의 이익을 조직의 이익보다 앞세우는 과도한 급여는 위의 사례들에서와 같은 정도의 도덕적 분노를 받지 않고 있다. 사회로서는 불행하게도, 우리의 최초의 감정은 그 CEO가 그렇게 많은 돈을 버는 것에 대한 부러움이다. 그리고 나서 도덕적으로 분노한다. 우리가 여전히 "언젠가는 나도 그 CEO처럼 될 것이다"고 생각하고 있기 때문에, 우리는 어떤 운동을 진정으로 지지하지 않는다. 암으로 죽거나 사지를 잃은 노동자나 에리호가 불타고 있음을 지적하는 사람이 없다. 그러나 그것이 자본주의 시스템을 잠식하고 있다. 몇 십 년 후에 뒤돌아보면, 이것이 바로 우리가 뒤돌아 갈 수 없는 잘못된 길을 선택한 지점이라고 말하게 될 것이다.

향후의 리더들에 대한 전망

당신은 차세대의 리더들에 대해 희망적이라고 생각하는가?

왓킨스: 지금으로서는 그렇지 않다. 내가 차세대 리더들과 교류해 본 바에 의하면, 그들은 현재의 리더들이 받은 부를 보고 있고 자신들도 이를 원하기 때문에, 향후 10년 간 규칙이 변하는 것을 원하지 않는다.

토론 문제

1. 왓킨스에 의하면, 어떤 요인들이 엔론의 멸망에 기여했는가?
2. "순위 및 해고" 평가 시스템이 왓킨스가 묘사하는 조직의 부패에 어떻게 기여했는가?

3. 당신은 왓킨스가 왜 엔론에서의 그녀의 마지막 임기까지 내부고발을 하지 않았다고 생각하는가?

4. "당신의 가치들이 도전을 받거든, 나가라"는 그녀의 조언에 대해 어떻게 생각하는가?

사례 연구

BEYOND INTEGRITY

사례 11.1: 품성과 임원의 리더십

마크 허드(Mark Hurd)는 2005년부터 2010년 말까지 휴렛 패커드의 CEO였다. 그는 HP에서 마케팅 컨설턴트로 일했던 조디 피셔(Jodie Fisher)와의 사적인 관계를 숨기기 위해 비용 보고서를 위조한 것이 드러난 뒤에 갑자기 사임했다. 피셔는 허드가 성희롱을 했다고 비난했는데, HP의 이사회가 이에 대해 조사한 뒤 허드는 이 혐의를 벗어났다. 피셔는 허드와 성관계를 가졌다는 사실을 부인했다. 그러나 그들은 회사의 가장 중요한 고객들과 친분을 쌓고 추가 고객을 발굴하기 위해 HP 임원들이 모이는 리조트에서의 CEO 임원 수뇌 회의에 자주 동행했다. 그들은 규칙적으로 하루 회의가 끝난 뒤에 오랜 시간 동안 함께 저녁 식사를 즐겼다. 이사회는 허드가 피셔와의 관계를 숨기고 그녀를 접대하기 위해 사용한 회사 자금의 비용 보고서를 위조한 데서 기인한 판단상의 해이를 이유로 그를 해고할 것이라고 보도되었다. 허드는 위조한 비용을 갚겠다고 약속했다.

어떤 이들은 HP가 과잉 대응했다고 말한다. 오라클 CEO 래리 엘리슨(Larry Ellison)은 허드를 해고하기로 한 결정이 "수년 전 애플의 스티브 잡스 해고 결정 이후 최악의 인사 결정"이라고 했다. 엘리슨은 뒤에 허드를 오라클의 공동 사장으로 채용했다.

허드가 HP에 최초로 채용될 무렵에, 은퇴했다가 CEO를 맡기 위해 일선에 복귀한 보잉의 CEO 해리 스톤사이퍼(Harry Stonecipher)가 여성 임원과의 염문이 밝혀져 사임했다. 그 여성은 스톤사이퍼에게 직접 보고하지 않았고, 그들의 관계는 완전히 합의에 의한 것이었으며, 그 여성 임원의 경력에 어떠한 영향도 주지 않았다. 이 회사의 윤리 강령이 사내 애정 관계를 명시적으로 금지하지는 않았지만, 이사회는 그 관계가 회사의 평판 손상을 다루는 섹션을 위반했다고 말했다. 이사회는 그 애정 관계가 스톤사이퍼에 대한 평가에 나쁘게 반영되었고 "회사를 계속 이끌어갈 그의 능력을 손상할 것"이라는 입장을 취했다.

토론 문제

1. 한 사람의 사생활과 그 사람의 조직을 이끌 능력 사이에 어떤 관계가 있다고 생각하는가?

2. 당신은 마크 허드가 HP를 떠난 것이 정당화된다고 생각하는가? 왜 그렇게 생각하는가?

3. 스톤사이퍼가 회사에서 한 여성과 염문을 뿌린 것이 그의 사임을 강제하기에 충분한 이유라고 생각하는가? 당신의 대답에 대한 논거를 제시하라.

자료 출처

Sean Gregory," Corporate Scandals: Why HP Had to Oust Mark Hurd," TIME.com, 2010년 8월 10일, Http://www.time.com/time/business/article/0,8599,2009617,00.html.

Chtis Isidore, "Boeing CEO Out in Sex Scandal," CNNMoney.com, 2005년 3월 7일, http://money.cnn.com/2005/03/07/news/fortune500/boeing_ceo/.

사례 연구
////////////////////
BEYOND INTEGRITY

사례 11.2:
워싱턴 뮤추얼 모기지 스캔들

미국 상원의 조사 결과 미국 최대의 파산 은행 워싱턴 뮤추얼이 모기지 사기에 관여했음이 발각되었다. 상원 보고서는 워뮤가 (리스크가 높은 차주들에게) 서브프라임 대출을 해 주고 이러한 사기적인 대출을 리스크가 큰 모기지 담보부 증권의 형태로 투자자들에게 매각하는 데 관여함으로써 "모기지 시한 폭탄"을 만들었다는 결론을 내렸다. 대출 계약을 완료하라는 임원들로부터의 압력이 높았고, 그렇게 함으로써 막대한 돈을 벌어들였으며, 사기를 막을 수 있었음에도 경영진이 이를 눈감아주는 것이 이 회사의 분위기였다.

롱 비치 모기지 컴퍼니(Long Beach Mortgage Company, 후에 워뮤에 매각되었음)로 시작된 이 회사는 일부 도시에서는 대출 부도율이 50%에 이르러 파산했다. 롱 비치 모기지는 한 때 최대의 서브프라임 대출자들 중 하나였으며, 그들의 이야기는 아메리퀘스트, 컨트리와이드, 그리고 아젠트 모기지 등과 같은 동종 업계 회사들과 유사하다. 느슨한 대출 관행과 보다 리스크가 큰 서브프라임 시장을 추구한다는 명시적인 경영전략이 결합하여 서브프라임 시장과 은행 자체의 몰락으로 이어졌다. 매월 벅찬 할당량을 충족하는 모기지 세일즈 요원들에게는 과도한 수수료와 보너스가 지급되었다. 세일즈맨들은 회사의 영웅들이었으며 후한 보수를 받았다. 그러나 대출 검토자들은 가장 급여가 낮은 사람들에 속했으며 고위 경영진에 의해 일상적으로 쫓겨났다. 롱 비치뿐만 아니라 후에 매각된 워뮤에서는 대출 서류 파일에서 몇 쪽을 제거하기, 서류 위조, 수입 증명용 과세 자료 위조, 브로커들에게 서류 위조 방법 가르치기, 대출 원금 상환이나 수입 확인을 요구하지 않기(후자를 흔히 "거짓말쟁이 대출"이라 부른다), 문제가 있는 대출을 눈감아 주도록 대출 검토자들에게 뇌물 주기, 상환할 능력이 거의 없는 사람에게 대출해 주기, 그리고 종종 차주들에게 중요한 대출 조항에 관한 정보를 빠뜨리기 등의 관행이 일상화되었다. 이 은행은 대출을 증권으로 패키지 처리하여 투자자들에게 팔 것이었기 때문에 차주들의 신용도와 무관하게 가급적 많은 대출을 일으키도록 위로부터 엄청난 압력이 가해졌다. 경영진은 리스크가 높은 서브프라임 시장이 전통적인 모기지 대출보다 수익성이 좋았기 때문에 이 시장에 공격적으로 뛰어들기로 결정했다. 서브프라임에서 벌어들일 돈과 더불어, 이 결정이 은행의 모기지 생성 직원들에게 모기지를 가능한 최대로 팔라는 중대한 압력을 가했다.

월가에서 이러한 대출들을 기록적인 숫자로 사 가고 모기지 생성 서비스에 대한 대가로 거액의 수수료를 주었기 때문에, 워뮤는 2008-2009년에 붕괴하기 전까지 이 대출들에서 커다란 이익을 올렸다. 차주들이 기록적으로 부도를 내기 시작하고, 이 대출들에 기초한 증권의 가치가 떨어지기 전까지는 이러한 추세가 계속될 것 같았다. 모기지 담보부 증권과 서브프라임 모기지는 (차주의 위험도에 비추어) 이자율이 높았기 때문에 이 회사 자신이 이러한 증권 및 모기지를 많이 보유하고 있는 것으로 밝혀졌고, 부도가 본격적으로 시작되었을 때 이 은행은 사실상 지급불능 상태였다.

토론 문제

1. 워뮤의 파산에 대해서는 http://huffpostfund.org/stories/2009/12/-top-subprime-mortgage-lender-policies-were-invitation-fraud에서 더 자세한 내용을 구할 수 있다. 이 글을 읽고 나서, 당신은 워뮤에서 무엇이 잘못되어 은행 직원들을 그처럼 널리 퍼진 사기에 관여할 수 있게 했다고 생각하는가? 트레비노와 브라운, 그리고 달리의 읽기 자료들은 조직에서 그러한 비윤리적인 행위가 어떻게 시작하고 유지된다고 제안하는가?

2. 워뮤의 환경과 왓킨스가 묘사하는 엔론의 환경 사이에는 어떤 유사점이 있는가?

3. 당신이 워뮤의 CEO라면, 사기가 발생하지 않도록 예방하거나 중단시키기 위해 어떻게 했겠는가?

출처

David Heath, "At Top Subprime Mortgage Lender, Policies Were Invitation to Fraud," Huffington Post, 2009년 12월 21일, http://huffpostfund.org/stories/2009/12/top-subprime-mortgage-lender-policies-were-invitation-fraud.

David Heath, "WaMu Executives Knew of Rampant Mortgage Fraud and Failed to Act," Huffington Post, 2010년 4월 12일, http://huffingtonpost.com/2010/04/12/wamu-bank-executives-aware-rampant-fraud.

Jim Puzzanghera and E. Scott Reckard, "Washington Mutual Created 'Mortgage Time Bomb,' Senate Panel Says," Los Angeles Times, 2010년 4월 13일, D1면.

논평

모든 형태의 조직들은 윤리적 행동을 권장하는 정책 개발 및 시행에 그 어느 때보다 큰 이해관계가 걸려 있다. 경기 하강, 경쟁 심화, 그리고 다운사이징이라는 환경하에서 윤리를 제쳐두려는 유혹이 어느 때보다 크다. 임직원들의 비도덕적인 행동이 알려질 경우 입게 될 피해는 대중의 신뢰 및 내부의 사기에 지속적인 영향을 줄 수 있다. 또한 회사들은 직원들의 비리 조장 정책 또는 방지 정책 시행 여부에 따라 처벌 또는 관대한 처분을 받을 수 있다. 그 결과 회사들은 직장에서의 윤리적 행동을 장려하는 정책들을 시행하고 있다. 이제 회사들은 보편적으로 윤리 및 컴플라이언스 담당 임원과 그를 보좌하는 직원들을 두고 있다. 컨설턴트를 고용하여 자사의 직원들에게 윤리 의식 및 연수를 제공하는 회사들도 있다. 대부분의 회사들은 최소한 사명 선언문에 윤리를 포함하고 있으며, 직원들이 업무 수행 중 직면할 수도 있는 구체적인 상황들을 규율하는 상세한 윤리 강령을 제정했다.

이러한 노력들에 쏟아 부은 돈에도 불구하고, 일부 비판자들은 회사의 맥락에서 윤리가 진정으로 "가르쳐지고" 강화될 수 있는지에 관해 큰 의문을 제기한다.[2] 이러한 비판자들에게는 윤리는 가정에서 배우는 것이고 대체로 개인의 성품 또는 올곧음의 문제이다. 따라서, 양육 과정에서 가치를 배우지 못했다면 하루 또는 일주의 연수 기간 동안 직원들에게 윤리를 가르치려 하는 것은 너무 늦은 것이라고 주장한다. 그러나 아리스토텔레스는 윤리는 좋은 양육에서부터 시작하지만, 실제 경험과 비판적인 사고에 의해 평생 개발된다고 상기시켜 준다. 기독교 신학과 현대 사회 심리학 모두 우리는 근본적으로 사회적 존재라고 단언한다. 그 결과 개인의 도덕적 발달은 공동체 안에서 일어난다. 도덕이 형성되는 첫 번째 공동체는 가족이지만, 직장을 포함한 다른 공동체들도 개인의 성격 형성에 차이를 가져온다. "윤리는 모두 경영과 관련이 있다"라는 샤프 페인 (Sharp Paine)의 주장을 지지하지는 않을지라도, 조직이 공식적 및 비공식적 메커니즘들을 통해 그 구성원들의 신념 및 행동에 매우 실제적인 영향을 줄 수 있고, 또 영향을 준다는 점이 명백한 듯하다.[3] 좋은 윤리를 강화하는 것은 단순히 도덕적으로 올바른 사람들을 고용해서 그들의 가치가 조직의 의사 결정을 인도하게 하는 문제가 아니다. 많은 스캔들들에서, 대중들에게 흔히 그렇게 설명되기는 하지만, 대중을 속이기로 작정한 부패한 개인이나 임원들이라는 "썩은 사과"들이 문제가 아니었다. 그보다는, 비윤리적인 행동으로 이끄는 "나쁜 저장 용기" 조성에 있어서 가장 큰 역할을 하는 조직상 및 환경상의 요인들의 결합이 문제였다. 트레비노와 브라운이 회사의 비윤리적인 행동은 "썩은 사과" 이론만으로는 설명될 수 없고, 대부분의 사람들은 조직에서 윤리적 가이드라인을 얻기 위해 "상부와 주위를 바라본다"고 주장한 것은 옳은 말이다. 달리는 윤리에 유익한 환경 조성은 단순히 썩은 사과를 가려내는 것보다 훨씬 많은 사항들과 관련된

---

2) 예컨대, Andrew Bartlett과 David Preston, "Can Ethical Behavior Really Exist in Business?" Journal of Business Ethics 23(2000): 199-209쪽을 보라. 또한 Thomas R. Piper, Mary C. Gentile, 그리고 Sharon Daloz Parks, Can Ethics Be Taught? Perspectives, Challenges, and Approaches at the Harvard Business School(Cambridge, Mass.: Harvard Business School Press, 1993)도 보라.

3) Lynn Sharp Paine, "Managing for Organizational Integrity," Harvard Business Review 72, no. 2 (1994년 3-4월호): 106쪽.

다고 주장하는 데에서 트레비노 및 브라운과 궤를 같이 한다.

비즈니스 세계에서 잘 알려진 거의 모든 스캔들들에서, 교육 수준이 높고 존경받던 참여자들이 개인적으로는 하지 않았을 것으로 보이는 행동에 빠져든다. 직장 동료, 가족, 이웃, 그리고 교회 동료들은 자신들이 책임감 있는 직원, 배우자, 그리고 시민으로 알고 있던 사람이 실제로 불법적이고 비도덕적인 행동을 저지를 수 있다는 사실을 알고 나면 충격과 불신을 표현한다. 명망이 있는 조직에서 착하고 도덕적인 것으로 알려져 있던 사람이 어떻게 의심할 여지없이 자신의 양심에 어긋나고 자신의 책임을 저버리는 행동에 휘말릴 수 있다는 말인가?

이 어려운 질문에 대해 가능한 한 가지 대답은 조직의 특성 및 구조와 관련이 있다. 오랫동안, 사회학자들과 심리학자들은 조직이 구성원들의 신념 및 행동에 미치는 영향에 관해 상세한 연구를 수행했다. 그들은 집단의 구성원들은 권위에 복종하고 집단과 잘 지내기 위해 자신의 신념에 반하는 행동을 할 것이라는 점을 발견했는데, 이들이 옳다면 그들의 결론은 놀라운 것이다. 트레비노와 브라운은 "성인을 포함한 대부분의 사람들은 윤리에 있어서는 추종자들이다"고 주장한다. 그들은 조직이 사람의 도덕 형성에 도움을 줄 수 있음을, 즉, 사람은 도덕에 있어서는 완성품이 아님을 강조한다. 달리는 사람들이 "자기 이익을 취하거나 자신이 처해 있는 조직에 부당하게 유리한 행동을 저지를 때" 일련의 부패 고리가 시작된다고 제안한다. 그리고 달리가 여기서 주장하는 핵심 요점은 이러한 행동들은 자세하게 조사되지 않고, 대신 "보다 더 부패한 행동들로 진행된다"는 것이다. 트레비노와 브라운은 윤리적 이슈들이 출현할 때 언제나 이를 인식한다고 생각하는 기업 윤리의 신화가 있으며(대부분은 인식하지 못한다), 이 이슈를 묘사하기 위해 사용되는 언어가 비윤리적 행위에 대한 강력한 합리화의 일부가 될 수 있다고 제안한다. 경영학자 비카스 아난드(Vikas Anand), 블레이크 에쉬포스(Blake Ashforth), 그리고 마헨드라 조사이(Mahendra Joshi)는 달리가 부패가 뿌리를 내리는 첫 번째 단계라 부르는 것을 허용하는 다양한 "합리화 전술"이 있음을 지적한다. 이러한 합리화 전술에는 책임 부인("나는 어쩔 수 없었다"), 피해 부인("아무도 피해를 입지 않았다" 또는 "모두 그렇게 하고 있다"), 피해자 부인("그들은 당할 만하다"), 그리고 사회적 저울질("다른 사람들은 우리보다 더 나쁘다") 등이 있다.[4] 이러한 조직 역학에 기여하는 중요한 요인들 중 하나는 "집단 사고(group think)"로 알려져 있는데, 집단 사고의 정의는 다음과 같다.

사람들이 응집력이 있는 내부집단(in-group)에 깊이 관여하고 있을 경우, 구성원들의 만장일치 추구가 대안에 대해 현실적으로 평가할 동기를 뒤엎을 때의 사고방식…. 집단사고는 내집단의 압력에 기인하는 정신적 효율성, 현실성 검증, 그리고 도덕적 판단의 악화를 일컫는다.[5]

집단 사고가 발생할 경우, 그룹 내부 구성원들은 그룹의 의사 결정이나 행동의 도덕성에 의문을 제기하지 않는다. 달리는 최초의 비윤리적 행동이 어떻게 일련의 다른 행동들을 촉발하는지에 대해 "인지 현상"을 묘사하는 다음과 같은 "동조화" 비유를 통해 묘사한다. 한 물체가 한 방향으로 움직이고 있다. 이 물체가 다른 정지된 물체를 지나감에 따라, 다른 물체들도 움직이기 시작하는데, 원래의 물체와 같은 방향으로 움직인다. 집단사고는 반대 방향으로 움직이는 것으로 인식되는 사람이 있을 경우 그 사람을 따돌린다.

의심할 나위 없이, 이러한 역학들이 기업 윤리에 직접적인 관련이 있다. 지금까지 우리는 주로 윤리적 이슈 및 의사 결정에 초점을 맞춰 왔지만, 올바른 행동은 조직이라는 맥락을 떠난 진공 상태에서 논의되거나 취해지지 않는다. 대부분의 비즈니스 결정 및 거래들은 조직 및 집단의 압력이라는 맥락 안에서 이루어진다. 따라서, 우리들 대부분은 다양한 직업에서 유사한 상황에 처해 있거나 그런 상황을 직면하게 될 것이다. 그러니, 우리는 조직의 압력이 구성원들의 도덕 및 행동에 미치는 영향을 인식해야 한다. 아래의 두 사건은 직장에서의 이러한 역학들에 대한 좋은 예이다.

궁극적으로 MCI에 인수된 전화 회사 월드컴은 미국 역사상 최대의 회계 부정을 저지르고 재무제표에서 총 110억 달러를 수정하고 7억 5천만 달러의 벌금에 처해졌다. SEC 보고서는 CEO 버나드 에버스(Bernard Ebbers)에 의해 만들어진 문화를 사기적 회계 관행으로 이끄는 데 기여한 요소로 지목했다. 특히, 이 조직에서는 팀워크 및 그룹의 응집력을 매우 강조했으며, 당시의 치열한 경쟁 상황 속에서 공격적인 성장을 계속할 수 있도록 회사 이익 및 주가를 유지하라는 압력이 매우 높았다. 또한, 직원들은 그룹의 합의와 다른 의견을 표명하지 못하도록 상당한 압력을 받는다고 느꼈으며, 이로 인해 사기로 향해 나아가는 추세를 막을 수도 있었던 비판자들이 따돌림 받았다.[6] 이 사례는 이

---

4) Vikas Anand, Blake Ashforth, and Mahendra Joshi, "business as Usual: The Acceptance and Perpetuation of Corruption in Organizations," Academy of Management Executive 18, no.3(2004년 11월): 9-23쪽.

5) Irving L. Janus, Victims of Groupthink (Boston: Houghton Mifflin, 1972), 9쪽.

번 장의 읽기 자료에서 쉐론 왓킨스가 묘사하는 엔론 사태와 궤를 같이 한다. 그녀는 사람들이 그룹의 합의에서 벗어나거나 회사의 비즈니스 수행 방식에 의문을 제기하면 불이익을 받는 기업 문화를 간략히 보여준다.

두 번째 예는 우주왕복선 챌린저호 재앙에서 나온다. 이 우주 왕복선 발사 수개월 전에, 모턴 티오콜(Morton Thiokol)의 임원들과 NASA는 몇 명의 핵심 엔지니어들로부터 O-링의 고장으로 점화 직후 폭발을 일으킬 가능성이 있다는 충분한 경고와 증거를 제공받았다. 발사를 일정대로 수행하라는 압력이 엄청나게 컸으며, 그 결과 경고를 발했던 사람들의 의견은 심각하게 받아들여지지 않았고 그들의 의견은 묵살되었다. 챌린저호는 비행 73초 후에 폭발했고, 7명의 우주인이 사망했다.[7] 많은 회사들은 사회화 프로그램을 가지고 있는데, 그 목적은 직원들에게 조직의 가치를 주입하고 그들에게 회사의 비즈니스 수행 방식을 지향하도록 하는 것이다. 조직이 직원들 편에서의 충성과 헌신을 조성하고자 할 때 이러한 사회화 프로세스는 보다 비공식적으로 계속된다. 기업 문화의 이러한 많은 비공식적 관행들이 동료의 압력, 보상 및 처벌을 통해 특정 행동을 강화하는 데 이바지한다. 집단이 정한 규칙에 따라 행동하는 사람들은 칭찬, 승진 및 급여인상을 통해 명확히 보상 받는다. 팀 플레이어가 아닌 사람들은 당혹감, 좌천, 또는 해고의 위협을 통해 기가 꺾인다. 물론, 충성 및 헌신은 회사의 원활한 운영에 기여하는 요소로서 장려할 사항이다. 그러나 이러한 특질이 비판적 사고와 도덕적 용기를 방해할 경우, 이들은 집단의 응집력에서 집단 사고로 옮겨간다. 아난드, 에쉬포스, 그리고 조사이는 직원들은 점진적으로 비윤리적인 행동 안으로 끌려들어감으로써 부패한 관행 속으로 사회화될 수 있음을 강조한다. 달리가 올바르게 지적하는 바와 같이, 집단의 응집력은 왜 비윤리적 행동이 발견되었을 때 거부되거나 책임이 있는 사람에게 내부 고발되지 않는지에 대한 이유일 수도 있다. 또한 달리에 의하면, 집단의 응집력에 대한 이러한 강조가 새로운 사람들을 부패 관행으로 끌어들인다. 집단의 응집력이 특히 효

---

6) M. M. Scharff, "Understanding WorldCom' s Accounting Fraud: Did Groupthink Play a Role?" Journal of Leadership and Organizational Studies(2005년 봄).

7) Gregory Moorhead 외, "group Decision Fiascoes Continue: Space Shuttle Challenger and a Revised Groupthink Framework," Human Relations 44, no. 6(1991년 6월): 539-550쪽; Howard S. Schwarz, "On the Psychodynamics of Organizational Disaster: The Case of the Space Shuttle Challenger," Columbia Journal of World Business 22, no. 1 (1987년 봄):59-67쪽.

과적일 경우, 이 집단은 실제로 사회적 고치와 같은 존재가 되는데, 그 안에서 직원들은 조직 안에서의 삶을 구획하고 일련의 다른 규칙에 의해 행동한다.[8] 엔론의 환경에 대한 쉐론 왓킨스의 묘사는 최소한 부분적으로라도 이 상황에 부합하는 듯하다.

동료의 압력 외에도, 조직의 위계적 특성도 윤리에 반하는 방식으로 카드를 쌓아 올린다.[9] 관료적 구조를 수반하는 업무의 전문화 및 노동의 분화로 직원들은 큰 맥락과 자신의 행동의 결과를 보지 못하게 된다. 하위 직급 직원들은 종종 그들은 큰 그림을 보지 못하며, "무슨 일이 일어나면" 그것은 고위 경영진이 책임질 것이라는 말을 듣는다. 그래서 "운전은 다른 사람에게 맡기고" 책임을 지기보다는 자신은 "지시를 따랐을 뿐"이라고 주장하기가 더 쉽다.

쉐론 왓킨스 등의 엔론 경험은 도덕적 용기를 발휘하기 원하는 사람에게 불리하게 작용할 수 있는 조직상의 요인들에 대한 좋은 예이다. 집단 사고 및 권위자의 명령과 결합한 경쟁이 개인들에게 집단의 복리를 위해 양심을 포기하라는 엄청난 압력을 조성했다. 집단 압력과 위계는 사기적인 카드 쌓기 효과를 강화했다. 왓킨스는 보너스뿐만 아니라 누가 다음 해에 일자리를 유지할지도 결정하는, "순위와 해고"라는 연례 직원 평가 시스템에 대해 묘사한다. 엔론 직원들은 "순위 및 해고" 위원회 앞에서의 연례 검토에 영향을 줄 수 있는 모든 사항들에 매우 조심스러워했기 때문에 조직에서 어떤 행위도 유보할 수 없었다.

윤리에 도움이 되는 조직 환경 건설에 있어서, 이를 달성하는 몇 가지 **공식적인** 메커니즘으로 보고 관계 및 인센티브 시스템을 꼽을 수 있다. 트레비노와 브라운은 조직의 현재의 윤리적 문화에 대해 알고, 공식적인 윤리 강령 및 인식을 심화하는 정규적인 교육을 통해 기준 및 기대를 명확하게 소통하는 것이 얼마나 중요한지 강조한다. 그들은 또한 조직의 보상 시스템이 윤리적 행동을 격려할 수도 있고 부패를 보상할 수도 있음을 강조한다.

시어스 오토 센터스(Sears Auto Centers) 사례는 이러한 보상 현상에 대한 예이다.[10] 많은 민

---

8) Anand, Ashforth, and Joshi, "Business as Usual," 16쪽.
9) 이에 관한 보다 자세한 내용은 H. R. Smith와 Archie B. Carroll, "Organizational Ethics: A Stacked Deck," Journal of Business Ethics 3, no. 2(1984년 5월): 95-100쪽을 보라.
10) Paine, "Managing for Organizational Integrity," 107-108쪽에서 인용함.

원 및 주 전역에 걸친 비밀 작전의 결과, 캘리포니아 주는 시어스가 고객들에게 불필요한 자동차 수리 작업을 권고해서 평균 235달러를 과잉 청구하고 있음을 발견했다. 이 상황에서, 고위 경영진들에 의해 정해진 비현실적인 매출 목표를 달성하는 유일한 방법은 불필요한 "예방적" 서비스를 제공하는 것이었기 때문에, 직원들은 자신도 모르는 사이에 사기를 저지르도록 장려되고 있었다. 어느 직원도 대중을 사기치려고 의도한 것 같아 보이지 않았다. 그보다는, 보상 시스템, 즉 일자리 상실 위협과 결부된 비현실적으로 높은 목표 할당, 그리고 서비스 조언자 역할로 매출한 부분에 대한 수수료가 비리가 성행하는 보상 풍토에 직접적으로 기여했다. 비윤리적인 행동에 보상이 주어지면, 그러한 행동이 발생하게 되어있다.

보상 시스템은 또한 긍정적인 방향으로도 작용할 수 있다. 예를 들어, 코노코(Conoco)는 1990년대 말부터 연례 기업 윤리 사장 상을 수여한다. 이 상은 컴플라이언스 기대를 초과하여 "탁월한 행동을 보여주는 이례적인 리더십의 예"를 제공하고 "코노코가 지향하는 바를 행동으로 구현한 역할 모델"에게 수여된다. 후보자는 동료들에 의해 추천되며, 선정 위원회가 후보자들을 검토하여 최종 선발한다. 이 상의 목적은 최고의 윤리 기준으로 비즈니스를 수행한다는 코노코의 가치를 강조한다.[11] 기타의 공식적인 메커니즘들도 신조 선언문, 연수 프로그램 시행, 그리고 직원들에 대한 구체적인 가이드라인 제공 등을 통한 문화 형성에 일익을 담당할 수 있다. 이러한 영역에서의 노력들이 회사의 문화에 윤리를 주입하는 데에 기여한다는 점은 의심할 나위가 없다. 그러나 트레비노와 브라운이 강조하는 바와 같이, 성과 검토와 보상 및 승진 관련 의사 결정과 같은 공식적인 메커니즘을 통해 집행되지 않으면 신조와 윤리 강령만으로는 충분하지 않다. 실상, 많은 비판자들이 윤리 강령 및 연수 프로그램들은 자세한 조사와 정부 간섭을 떨쳐 버리기 위한 PR 도구 역할을 하는 단순한 "분식"에 지나지 않는다고 말한다. 사실, 윤리적 및 법률적 선을 넘다 적발된 많은 회사들이 윤리에 높은 우선순위를 부여한다는 사명 선언문을 가지고 있다. 따라서 제정된 신조 및 강령들은 선포될 뿐만 아니라 그에 따라 살아가야 한다. 언명된 가치에 강제력이 없거나, 직원들이 임원들이 이를 위반

11) 이 상에 대해서는 O. C. Ferrell, John Fraedrich, and Linda Ferrell, Business Ethics: Ethical Decision Making and Cases, 6판(New York: Houghton Mifflin, 2005): 377-395쪽을 보라.

하는 것을 보게 될 경우, 일부 직원들은 재빨리 이를 간파하고, 실제로 보상되는 행동으로 돌아갈 것이다.

또한, 제정된 컴플라이언스 프로그램에 대한 율법주의적 헌신도 불충분하다. 올곧음을 지배적인 윤리로 배양해서 윤리가 전략적 의사 결정과 목표 수립의 핵심 부분이 되어야 한다. 단순한 법규 준수를 뛰어넘는 올곧음과 신뢰의 윤리가 도덕적인 기업 풍토를 장려하는 훨씬 좋은 방법이다. 컴플라이언스 프로그램은 대개 직원들이 권한 구조를 두려워하고, 윤리는 경영진이 직원들을 잡아내고 책임으로부터 자신을 보호하는 수단으로 삼기 위해 위로부터 만들어진 산물이라고 인식하는 환경을 만들어 낸다.

이에 반해, "올곧음 전략"은 모든 직원들이 윤리를 총체적인 회사의 목표로 보고 이에 대해 오너십을 가지게 한다.[12] 모든 직급 및 모든 부문의 매니저들이 올곧음의 윤리의 성공적인 실행에 관여할 필요가 있다. 모든 직급의 매니저들을 논의에 관여시키는 것은 인식을 제고시키고 이 목표에 대한 오너십 의식을 강화하는 데 참으로 도움이 된다. 우리는 이에 더해서 경영진이 아닌 직원들도 대화에 관여해야 한다고 말하고 싶다. 모든 직원들이 자유롭게 집단 및 동료들의 압력에 대항해 일어서게 하려면, 참으로 열린 양방향 소통 환경이 배양되어야 한다. 집단 사고 및 권위에 대한 맹목적인 복종과 같은 현상은 의견의 다양성을 참으로 가치 있게 여기는 풍토에 의해서만 극복될 수 있다. 시어스 및 기타 회사들이 발견한 바와 같이, 가장 하위 직급의 직원들이 윤리적인 의사 결정을 내리기가 가장 힘든 경우가 흔하다. 또한, 많은 조직들이 집단의 합의에 도전하는 혁신적이고 창의적인 사고를 가치 있게 여기기 때문에 성공한다. 따라서, 소통 채널이 열려 있고 피드백이 환영받는 풍토는 회사의 재무적 및 윤리적 복리에 기여할 것이다.

이러한 공식적인 메커니즘 외에, 비공식적인 메커니즘도 행동 형성에 기여한다. 예를 들어, 모든 조직은 오랜 기간에 걸쳐 발달해온 자신의 이야기, 신조 및 행동 규범을 가지고 있다. 서사(narrative) 및 이야기들은 조직의 가치에 관해 많은 것을 소통하기 때문에 행동 및 사회화를 위한 강력한 가이드가 될 수 있다. 도덕적 목소리를 갖추고 비윤리적인 관행에 대해 반대 의견을 낸 회사의 영웅에 관한 이야기가 이러한 예가 될 수 있다.

일반적으로, 회사 경영진은 이러한 이야기를 말하고, 신조를 개발하고, 회사의 가치

---

12) 컴플라이언스와 윤리의 차이에 관한 보다 자세한 내용은 Paine, "Managing for Organizational Integrity"를 보라.

를 분명히 밝히고, 이들을 집행함으로써 기업 문화를 발달시킴에 있어서 중요한 역할을 한다. 그러나 회사의 리더들이 가치를 분명히 소통하지 않고 모델 역할을 하지 않는다면, 기업 문화는 제 멋대로 될 것이다. 따라서, 직원 입장에서의 윤리적 행동을 강화하는 문화인가 아니면 이를 억제하는 문화인가가 중요한 질문이다. 윤리적인 행동을 장려하는 문화가 개발될 가능성을 높이기 위해서는, 회사의 리더들이 기업 문화의 도덕적 가치 형성에 전향적으로 도움이 되어야 한다. "윤리는 상부에서부터 시작된다"는 말이 이제 잘 알려진 상투어로 들리지만, 회사의 리더들, 특히 CEO는 회사의 가치를 정하는 중요한 사람이다. 비록 트레비노와 브라운이 지적하는 바와 같이 가치 자체만으로는 윤리적인 문화를 확보할 수 없을지라도 말이다. 가치에 대한 리더의 태도는 흔히 말과 모델을 통해 조직의 전체적인 기조를 형성한다. 말로 표현되는 메시지와 행동으로 보여지는 바가 다를 경우, 직원들은 말과 행동이 충돌할 때 상사가 말하는 것이 아니라 행동하는 대로 하기 때문에 이는 윤리적 환경에 대한 커다란 장애물이다.

결론

회사들은 기업 문화를 통해, 그리고 전체 조직을 위한 기조를 정하는 임원들의 올곧음의 모델을 통해 가치를 주입함으로써 도덕적인 기업 문화를 장려할 수 있다. 그러나 윤리가 조직의 장기적인 사명의 일부로 보여지지 않으면, 사명 선언문, 신조 및 윤리 강령에 윤리를 언급하는 것은 공허해진다. 윤리는 성과 검토 및 승진 결정과 같은 공식적인 정책을 통해 보상되어야 한다. 조직들은 장기적인 관점을 취하고 윤리를 전략적 의사 결정의 핵심 부분으로 삼음으로써 윤리적인 풍토를 조성하는 길로 들어서기 시작해야 한다. 그럴 경우에만 윤리가 밑으로 흘러내려가 일상의 운영 정책 사안이 될 것이다.

이번 장의 목표는 일부 조직에서 발생하는 비윤리적 행동의 조건들을 변명하는 것이 아니라 설명하는 것이었다. 교육이 뭔가를 이룰 수 있다면, 그것은 교육이 우리가 순응하는 경향이 있다는 점에 대한 의식을 제고해 줄 수 있고, 이러한 유형의 행동들을 피할 수 있는 방법을 보여줄 수 있다는 것이다. 우리가 전제적 압력 및 사회적 압력에 직면하여 우리의 도덕적 확신에 반하는 행동을 하는 경향이 있다는 인식이 우리에게 도덕적으로 옳은 경로로 한 걸음을 내딛게 해 주기를 희망한다.